北方稀土志

1997—2016

《北方稀土志》编纂委员会　编

北　京
冶　金　工　业　出　版　社
2017

图书在版编目(CIP)数据

北方稀土志：1997—2016/《北方稀土志》编纂委员会编．—北京：冶金工业出版社，2017.8

ISBN 978-7-5024-7546-8

Ⅰ.①北…　Ⅱ.①北…　Ⅲ.①稀土金属—有色金属企业—概况—中国—1997-2016　Ⅳ.①F426.32

中国版本图书馆 CIP 数据核字（2017）第 168849 号

出 版 人　谭学余
地　　址　北京市东城区嵩祝院北巷 39 号　邮编　100009　电话　(010)64027926
网　　址　www.cnmip.com.cn　电子信箱　yjcbs@cnmip.com.cn
策划编辑　任静波　责任编辑　杜婷婷　美术编辑　彭子赫
版式设计　孙跃红　责任校对　石　静　责任印制　牛晓波
ISBN 978-7-5024-7546-8
冶金工业出版社出版发行；固安华明印业有限公司印刷
2017 年 8 月第 1 版，2017 年 8 月第 1 次印刷
210mm×285mm；40.75 印张；20 彩页；1246 千字；643 页
398.00 元

冶金工业出版社　投稿电话　(010)64027932　投稿信箱　tougao@cnmip.com.cn
冶金工业出版社营销中心　电话　(010)64044283　传真　(010)64027893
冶金书店　地址　北京市东四西大街 46 号(100010)　电话　(010)65289081(兼传真)
冶金工业出版社天猫旗舰店　yjgycbs.tmall.com

《北方稀土志》编纂委员会

《北方稀土志》评审委员会

（2017 年 3 月 29 日）

主任委员	胡云晖	包头市地方志办公室主任、副编审
副主任委员	王　臣	北方稀土副总经理
	窦　瑛	包头市地方志办公室副主任、副编审
	吕培荣	包钢信息服务中心副经理（原档案馆馆长）
委　　员	贾　毅	包头市国家保密局副局长
	高志昌	原包头市志史办党史科科长、副编审
	史明明	包头市志续修聘请专家
	刘慎义	包头市志续修聘请专家
	邢　斌	北方稀土监事会主席
	刘石政	原稀土高科党委书记、总经理
	王晓铁	原稀土高科总工程师
	赵占斌	原稀土高科党委副书记、工会主席
	张大勇	原稀土研究院工会主席

1964年4月9日，时任中共中央总书记、国务院副总理邓小平（左三）视察白云鄂博矿

中东有石油，中国有稀土。中国的稀土资源占世界已知储量的百分之八十。其地位可与中东石油相比，具有极其重要的战略意义，一定要把稀土的事情办好，把我国稀土优势发挥出来。

——摘自邓小平同志1992年1月南巡讲话

搞好稀土開发应用
把資源優勢轉化為
經濟優勢
江澤民
一九九九年元月
廿九日于包頭

1999年1月29日，时任中共中央总书记、国家主席江泽民（右一）视察包头稀土研究院并题词

1994年8月15日，时任中共中央政治局常委、中央书记处书记胡锦涛（右二）视察包头稀土研究院

把稀土的生产和应用工作推到一个新的更高的阶段上去

书赠包头稀土三厂

一九八六年八月书于包头　方毅

1978 年 7 月 ~ 1986 年 8 月，时任国务院副总理方毅（右一）七下包头，亲自推动包头白云鄂博矿资源综合利用的科技攻关

点土成金

朱镕基

一九八九年三月

1989年8月，时任上海市委书记、市长朱镕基（中）参观包头稀土研究院

2003年5月12日，时任中共中央政治局常委、全国人大常委会委员长吴邦国（左二）视察内蒙古稀奥科镍氢动力电池有限公司

2003年12月28日，时任中共中央政治局常委、全国政协主席贾庆林（左一）视察内蒙古稀奥科镍氢动力电池有限公司

2010年8月6日，原中共中央政治局常委、中央纪律检查委员会书记吴官正（右二）视察包钢稀土

2011年3月21日，时任中共中央政治局常委、国务院副总理李克强（前排右一）视察包钢稀土

2011年6月17日，时任中共中央政治局委员、国务院副总理王岐山（左一）视察包钢稀土

2013年5月13日，中共中央政治局常委、国务院副总理张高丽（右三）视察包钢稀土

1990年9月，时任内蒙古自治区党委书记王群（右一）参观包钢稀土三厂生产车间

2002年7月10日，时任内蒙古自治区政府主席乌云其木格（左二）视察内蒙古稀奥科镍氢动力电池有限公司

2002年11月，时任内蒙古自治区党委书记储波(右三)视察内蒙古稀奥科镍氢动力电池有限公司

2011年9月，时任内蒙古自治区党委书记胡春华（左二）视察包钢稀土

2014年10月31日，时任内蒙古自治区党委书记王君(右三)、政府主席巴特尔(右二)视察包头稀土研究院中试基地

2016年9月22日，内蒙古自治区党委书记李纪恒（前排左二）视察北方稀土

丁道衡先生(1899 ~ 1955 年),我国著名的地质学家、古生物学家、白云鄂博铁矿的发现者

何作霖先生(1900 ~ 1967 年),中国最早的光性矿物学家、白云鄂博铁矿中稀土元素的发现者

2009 年,我国著名物理化学家、无机化学家、2008 年度“国家最高科学技术奖”获得者、被誉为“中国稀土之父”的徐光宪先生(左)考察包钢稀土

白云鄂博矿主矿

稀土选矿厂浮选生产线

冶炼分公司稀土萃取生产线

稀土磁性材料合金熔炼生产线

稀土抛光粉生产线

稀土三基色荧光粉隧道窑

稀土贮氢合金生产线

稀土基 SCR 烟气脱硝催化剂生产线

稀土镍氢动力电池生产线

稀土永磁磁共振成像仪生产线

LED 封装固晶生产线

包头稀土研究院

包头稀土研究院天津分院

包头稀土研究院中试基地

中国科学院包头稀土研发中心

包头稀土研究院理化检测中心

包头稀土研究院信息中心

博士后科研工作站

国家认定企业技术中心

白云鄂博稀土资源研究与综合利用国家重点实验室

稀土冶金及功能材料国家工程研究中心

院士专家工作站

北方稀土生产力促进中心

1997年9月12日，内蒙古包钢稀土高科技股份有限公司创立大会暨首届股东大会

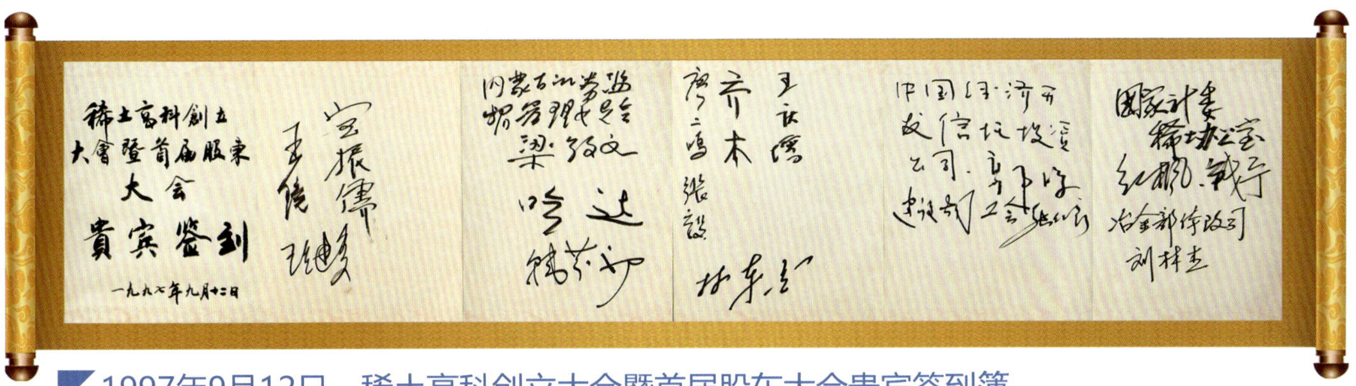

1997年9月12日，稀土高科创立大会暨首届股东大会贵宾签到簿

上证30: 3285.169　上海证券交易所动态行情　09.24　9:31:18

上证指数	A股	B股	工业	商业	地产	公用	综合
1078.832	1125.43	74.759	819.584	878.483	1828.37	1781.26	970.438

代码	证券	昨收盘	今开盘	最新价	最高价	最低价	成交总量	涨跌幅
600111	N稀土	4.430	7.380	7.530	7.680	7.350	2768200	3.100
600071	凤凰光学	9.100	9.580	9.450	9.700	9.430	15300	0.350
600072	江南重工	10.920	11.300	11.600	11.750	11.300	21800	0.680
600073	上海梅林	6.160	6.340	6.420	6.450	6.340	6200	0.260
600074	南京中达	10.800	11.080	11.000	11.150	11.000	7500	0.200
600075	新疆天业	14.080	14.510	14.860	14.860	14.510	6900	0.780
600076	华光科技	14.400	14.800	14.850	15.180	14.800	8000	0.450
600077	精工集团	7.700	8.180	8.100	8.300	8.100	5200	0.400
600078	鼎球实业	10.500	10.800	11.200	11.200	10.800	18333	0.700
600079	当代科技	11.830	12.200	12.300	12.400	12.200	12800	0.470

1997年9月24日，稀土高科股票上市在上海证券交易所的动态行情

1998年8月26日，包钢稀土高科与美国ECD / OBC公司在内蒙古自治区礼堂举行镍氢动力电池项目合同签字仪式

1998年12月26日，中共内蒙古包钢稀土高科技股份有限公司第一次党员代表大会代表合影

2000年3月，稀土高科镍氢动力电池项目开工奠基仪式

2001年6月28日，包头稀土研究院（有限责任公司）、瑞科稀土冶金及功能材料国家工程研究中心有限公司成立暨揭牌庆典

2002年8月21日,组建成立包头瑞鑫稀土金属材料股份有限公司

2007年9月，内蒙古包钢稀土高科技股份有限公司上市十周年庆典大会

2009年5月，包钢稀土年产15000吨高性能磁性材料产业化项目开工奠基仪式

2010年9月28日，包头市稀宝博为、美国GE医疗、新奥博为三方战略合作框架协议签约仪式

2010年11月8日，包钢稀土与信丰新利、全南晶环、赣州晨光成功合作暨包钢稀土国贸公司赣州分公司开业庆典

2011年8月6日，包钢稀土与安徽大地熊新材料股份公司合资建设钕铁硼合作项目签字仪式

2012年6月2日，包钢天彩靖江科技有限公司开工奠基仪式

2012年8月8日，包头稀土产品交易所在第四届中国包头•稀土产业(国际)论坛正式揭牌

2012年9月，宁波包钢展昊新材料有限公司奠基仪式

2013年1月24日，中共内蒙古包钢稀土（集团）高科技股份有限公司第一次代表大会

2013年12月27日，包钢稀土实现生产废水零排放启动仪式

2013年12月31日，《 内蒙古自治区稀土上游企业整合重组协议 》签字仪式

2014年5月，包头稀土研究院研发的拥有自主知识产权的PVC热稳定助剂开始成果转化

2015年5月12日，中国科学院包头稀土研发中心成立揭牌仪式

2015年6月，稀土生产“三废”综合治理技术改造工程新建后处理及配碳铵生产线

2015年9月，国家科学技术部批准成立“白云鄂博稀土资源研究与综合利用国家重点实验室”

2015年12月30日，中国北方稀土集团组建工作通过验收

2016年8月8日，包头稀土产业联盟成立

2016年11月6日，内蒙古希捷环保科技有限责任公司年产50000立方米稀土基SCR烟气脱硝催化剂项目开工仪式

2016年11月15日，北方稀土召开科技大会

包钢稀土2007年度股东大会

北方稀土六届十次董事会会议

包钢稀土五届八次监事会会议

激情迎奥运

拔河比赛

2012年8月，包钢稀土首届田径运动会

北方稀土迎新联欢会

2008年5月，为汶川地震灾区捐款

2012年8月，“金秋助学 ” 奖学金、助学金发放仪式

2014年11月，扶贫固阳县万和店村

2015年2月，慰问生产一线员工

稀土高科第一届领导班子合影，左起：刘忠涛、赵占斌、邹连顺、王成印、陈隆淮、孙鸣凤、杨兴山、王晓铁、邢斌

北方稀土现任领导班子合影，左起：李德东、王占成、许涛、李金玲、杨占峰、魏栓师、张忠、邢斌、张日辉、刘义、杨志、王臣

1998年，稀土高科获得ISO 9002质量体系认证证书

1999年4月，稀土高科被认定为国家火炬计划重点高新技术企业

2006年12月，稀土高科获国家质量监督检验检疫总局颁发的产品质量免检证书

2009年4月，包钢稀土白云鄂博商标被国家工商行政管理总局、商标局授予中国驰名商标

2011年，包钢稀土被评为央视财经50指数十佳成长公司

2011年度金治理投资者关系公司董秘奖

2011年度金牛上市公司百强

2013第三届中国"星光董事局"传媒大奖年度最佳董事局

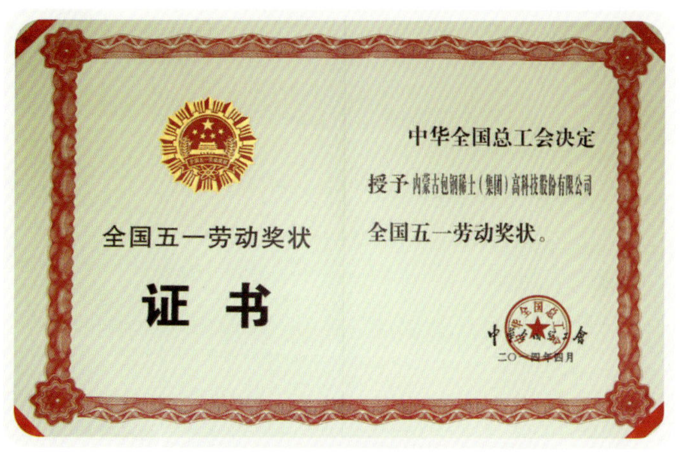

2014年4月，包钢稀土获中华全国总工会颁发的全国五一劳动奖状

2014年度最受投资者尊重的百强上市公司

"2015中国最受投资者尊重的上市公司"入围奖

2016年12月，北方稀土被国家知识产权局授予国家知识产权优势企业

2010年5月，包钢稀土被内蒙古自治区人民政府授予国家高新技术企业内蒙古自治区十强

2010年5月，包钢稀土被内蒙古自治区人民政府评定为内蒙古自治区创新型企业

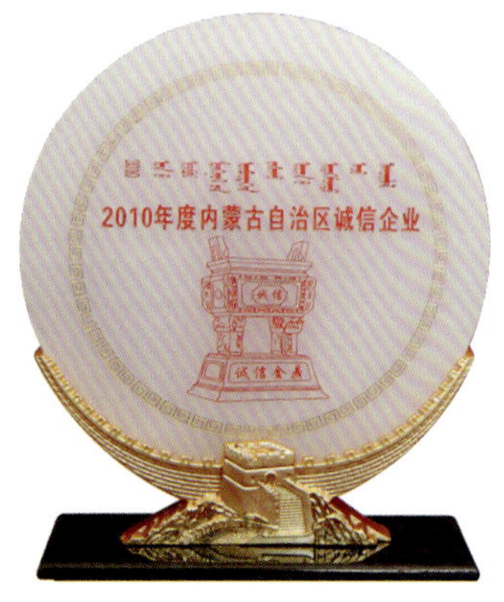

2010年度内蒙古自治区诚信企业

2012年度内蒙古自治区地方税收纳税百强企业

2013年4月，包钢稀土以总分第一名获得内蒙古自治区主席质量奖

2015年1月，包钢稀土（氧化镨钕、氧化铈、氧化镧）获内蒙古名牌产品

序

稀土，中国的骄傲，草原钢城的自豪！

1927 年，年轻的地质学者丁道衡发现了蕴藏丰富而有开采价值的大型铁矿白云鄂博；1933 年，稀有元素矿物学家何作霖发现白云鄂博矿中的稀土元素，并论证白云鄂博矿也是一个巨大的稀土矿床。宝山的神秘面纱徐徐揭开，世界稀土史自此有了中国篇章。

1954 年，依托白云鄂博丰富的铁、稀土资源，党和国家开始实施了第一个五年计划的重点项目——现代化的钢铁联合企业包钢的建设。与钢铁生产相伴，中国的稀土作为一个产业开始了新纪元。历经近四十载发展，1997 年 9 月 24 日，内蒙古包钢稀土高科技股份有限公司股票在上海证券交易所挂牌交易，“中华稀土第一股”孕育而生。如白驹过隙，转眼间公司迎来上市 20 周年华诞，为总结过去、启迪未来，公司组织编纂了这部《北方稀土志》。

国之重托，期望殷殷。包钢的稀土产业发展得益于党和国家的高度重视。自 1960 年开始，白云鄂博资源综合利用问题，先后得到了时任中央军委副主席、国务院副总理聂荣臻，国务院副总理陈毅，中共中央总书记、国务院副总理邓小平的高度关注。1978 年至 1986 年，时任国务院副总理方毅为解决白云鄂博矿稀土、铁、铌等资源综合利用问题，率领国家有关部门技术专家七次到包头组织科技攻关，极大地推动了包头白云鄂博资源综合利用和中国稀土工业的快速发展。

包钢的稀土产业发展史是科技创新和工业进步的历史，它倾注了几代稀土人的辛勤汗水和无私奉献。1960 年，包钢开始试制用稀土代替镍、铬的军用钢材，以满足国防军工材料所需。1974 年，包钢稀土三厂配合中科院院士、北京大学徐光宪教授开展稀土串级萃取理论工业规模实验并取得成功，奠定了稀土工业化生产的基础。1978 年，包头冶金研究所主导的“提高包头稀土精矿品位的研究”“稀土元素的提取、分离、分析和应用的研究，包括‘从白云鄂博矿提取分离钍和稀土的工艺流程’‘伯胺萃取法从包头矿中分离钍和混合稀土’”“稀土钴永磁材料的研制—稀土钴永磁材料工艺的研究”等多项成果获全国科学大会表彰。1981年，全面完成“P_{507}—盐酸体系萃取分离轻中稀土全流程的研究”，并于1985年获国家科技进步二等奖。1990年，包头稀土研究院承担的国家“七五”重点攻关项目“高性能钕铁硼磁体的研究”通过鉴定，跃居世界领先水平。2001年，“万安培稀土熔盐电解关键技术与成套设备的研制”通过技术鉴定，达到国际先进水平。

时光荏苒，岁月如梭。沐浴着各级领导的关怀，伴着祖国改革发展的华章，包钢的稀土产业勇立潮头，在资本市场先后经历过“稀土高科”“包钢稀土”“北方稀土”的名称变更，这背后是一次次战略上的华丽转型。

志以立政，志以树人。北方稀土不仅供应了全球一半左右的优质稀土，为工业、农业、国防及百姓生活增光添彩，更培养了一支高素质的员工队伍，打造了独具特色的企业文化。

志以资政，志以启新。《北方稀土志》力求全面、真实、系统地记载一代代稀土人艰苦卓绝的创业历程，努力为探索总结北方稀土发展规律、提高扩大北方稀土的知名度荟精集萃，为今天和未来探索探求北方稀土提供可靠的史籍，为擘划明天、为强国懿政、富民圆梦提供科学依据。

漫道雄关真如铁，而今迈步从头越。我们坚信，打造“国内最强、世界一流”稀土龙头企业的目标一定会实现。明天的北方稀土，必将对世界稀土产业发挥越来越大的影响力。

在《北方稀土志》出版之际，谨向关怀、支持北方稀土发展的各级领导和有关部门致以崇高的敬意！向曾为北方稀土的建设、发展作出贡献的开拓者、创业者致以诚挚的谢意！向为本志书的编纂、出版工作付出辛勤劳动的全体同志和社会各界表示衷心的感谢！

中国北方稀土（集团）高科技股份有限公司董事长 魏栩平

凡　例

一、《北方稀土志》的编纂，坚持历史唯物主义和辩证唯物主义为指导，坚持实事求是、求真存实的基本原则，努力突出行业特色、地方特色，翔实记述中国北方稀土（集团）高科技股份有限公司（以下简称北方稀土）的历史和现状。争取做到资料性与科学性的统一，以达到“资政、育人、存史”以及提升科研能力、提供信息交流、促进产业升级发展的目的，繁荣国家经济、政治、文化和社会事业。

二、本志时间上限原则上从1997年公司上市起，但根据部门、行业内容记述的实际需要，可适当追溯到需要的年份，以达到历史上限的相对完整；时间下限截至2016年12月底。大事记、资源部分追溯到以往历史资料记述年份为止。全志主要记述北方稀土上市20年的历史和现状。

三、本志按照国家和内蒙古自治区地方志的规定进行编纂，遵循志体的基本框架，横排门类，纵述史实，述而不论。体例采用述、记、志、传、图、表、录等体裁，以达到志书内容丰富完整、资料翔实、厚重、飨予后人之目的。

四、本志首部设综述、大事记，志文篇章节下根据需要编写无题序，概要记述其基本内容。大事记以编年体为主。志为全书的主体，采用语文体式的记述体，将本部门（行业）的各项工作按照横排纵述法进行记述。志文中，根据内容需要随文穿插图、表、照片。全书图、表、照片不统一编排序号。

五、本志突出改革开放的经济和政治史实，突出科技突破、创新的重点。根据新形势之特点，党组织和行政领导多为交叉任职，可以在同一节目内同时出现，体现了党政领导同责共管的整体化效应。

六、“人物”的收录范围：北方稀土历任董事会成员、监事会成员、公司高级管理人员；享受省部级及以上政府津贴人员；获得省部级及以上各类先进人员（包括政府授予的劳动模范、先进工作者、优秀共产党员、草原英才）；出席历届市（包钢）级及以上人大、政协人员；出席历届市（包钢）级党代会人员；出席历届市（包钢）级职工、会员代表大会人员；获得高级专业技术资格人员。

七、单位名称、地名、人名、官职人员等称谓，均用当时当地的全称。出现频率高时，在每章节第一次出现时用全称，并注明简称，以后直接用简称。特定名词、专用名词、带引号的简缩句，在章节中第一次出现时，随文注明全意。专业名词尽量多用文字表述，少用字母型号，以满足最广大的读者群。人的称谓原则不带“同志”，有职务者在姓名前冠之；一律使用第三人称。

八、北方稀土自 1997 年上市至 2016 年 12 月底志书下限，名称经过两次易改。1997 年 9 月~2009 年 6 月称内蒙古包钢稀土高科技股份有限公司，简称稀土高科；2009 年 7 月~2015 年 1 月称内蒙古包钢稀土（集团）高科技股份有限公司，简称包钢稀土；2015 年 2 月后称中国北方稀土（集团）高科技股份有限公司，简称北方稀土。文中出现以上三种称谓均指本公司。三种称谓根据时期、内容使用，力减错时错位使用；本志记述需要频频使用“公司”二字，均指北方稀土。包头钢铁（集团）有限责任公司简称包钢或包钢（集团）公司。北方稀土下属企业在 1 个节目内，在全称之后使用简称。正文中所用“日前”指 2016 年 12 月底之前的近期。

九、数据与计量单位。尽量使用统计部门认可数据，余者使用部门、单位内部的数据或其他数据。数据力求准确。数字表示，从 1 位到多位全部使用阿拉伯数字。带小数点数据，最多保留小数点后两位数。年份全部使用阿拉伯 4 位数表示。计量单位，尽量使用国家统一规定的计量单位。

十、本志文字以现代汉语通用字表为准，标点符号按照国家发布的《标点符号用法》（GB/T 15834—2011）执行。

目　　录

第三篇　科　　研

第四篇　管　　理

第六篇　人　　物

综　述

一、中国稀土产业的兴起

地球用慈母的情怀将稀土这一神奇珍宝孕育给这片纯洁而美丽的草原。以她不可思议的伟力赐予这方人民无与伦比的富贵。千百年来，她默默无言、沉睡在广袤草原的白云鄂博山间，没被这方勤劳善良的人们所发现，但人们已经感悟到了她的富贵。蒙古族语将其称为“富饶的神山”，一语中的她的本质内涵。中国一代伟人邓小平曾确定“白云鄂博是座宝山”。

世界的稀土在中国，中国的稀土在包头。得天独厚的稀土资源就出自祖国北疆白云鄂博。近一个世纪以来，正是中华人民共和国成立初年，在中国共产党领导之下，开始对这座宝藏探密，一步一步揭开其神秘而复杂的面纱。也就是从这时起，白云鄂博开始让世界的关注者青睐。也就是从这时起，一批批、一代代中外地质学家，纷纷踏上这块富庶的地质学圣地，痴迷地、孜孜不倦地开始了艰辛复杂的探奇之旅。也就是从这时起，他们准确论证：白云鄂博孕育的是世界罕见的、超大规模综合性铁、稀土、铌综合矿床，她蕴藏着地球上巨量的珍奇宝藏。业已发现 183 种矿物，71 种元素。铁矿石储量约 14 亿吨，铌储量约 660 万吨，居中国之首、世界第二；而稀土储量约 1 亿吨，占世界已探明储量的 38%，储量居世界第一！也就是从这时起，神秘的稀土之山，给了从事矿研科学家们挑战思维极限的千古课题。也就是从这时起，白云鄂博成为举世闻名的地球骄子！白云鄂博成为世界稀土之乡！包头则成为世界稀土之都！

其实，早在 1927 年丁道衡第一次发现白云鄂博矿床、何作霖第一次证明稀土元素之后，白云鄂博首先触动的是日本人。1939 ~ 1944 年，日本考察队先后 11 次到白云鄂博探查。他们估算主体矿储量 6000 万吨。这也引发日本侵略者对中华资源的垂涎。他们侵占包头大部地盘长达 6 年之久，终未得逞。在中国共产党领导下，经过抗日战争、解放战争，中国新民主主义革命取得了彻底胜利，白云鄂博回到人民事业的怀抱。

1950 年 5 月，中央人民政府专门组团成立了地质调查队。这是中华人民共和国的第一批探宝队，他们肩负着开国元勋们和人民的重托，进驻白云鄂博。1953 年后，时任政务院副总理陈云、政务院政务委员李富春等先后视察白云鄂博。

1954 年 6 月，中央人民政府决定，在包头宋家壕建立包头钢铁厂。同年 11 月，包头至白云鄂博铁路专线破土动工，1957 年 3 月，包白铁路正式通车运营。从此，远在阴山北端的白云鄂博与祖国的命运紧紧相连。

1958 年，时任中共中央副主席、国家副主席朱德一行，在内蒙古自治区党政领导乌兰夫等人的陪同下，视察白云鄂博。朱德亲笔书写了“提前建成白云鄂博矿山”的伟大号召。

1959 年 10 月，周恩来总理亲赴包头为包钢一号炉剪彩，标志着包钢正式投产。从此，世界最大的铁、稀土、铌共生矿揭开了开发冶炼的新篇章。包钢作为中国稀土的发源地、母基地，承载着中国稀土工业的航船乘风破浪胜利前行。包钢稀土产业发展成为一项前无古人、后有来者的重大事业，一直受到党和国家各级政府的高度重视和大力支持。一批批矢志不渝、坚韧不拔的钢铁人、稀土人以及科研团队开始了顽强的开采、冶炼、分离、应用的战天斗地的艰辛战斗。

1960 年 4 月 15 日，时任国务院副总理聂荣臻元帅，主持召开了包头矿综合利用和稀土应用工作会议。会议要求，在四五年内查明白云鄂博矿石中的物质成分、稀土及稀有元素的赋存状态及分布规律。会后，地质部 105 地质队再次勘探白云鄂博矿，中国科学院（以下简称中科院）地质所各研究室联合组成白云队，对白云鄂博矿物等进行深入研究，并取得重要成果。同年 10 月 29 日，国务院副总理聂荣臻视察包头，他指示：“…

要集中力量在包头搞个稀土、稀有金属研究中心，将研究试验、生产试制、使用结合起来，搞综合利用。”国家及部门领导人董必武、陈毅、贺龙、班禅额尔德尼·确吉坚赞、罗瑞卿、李维汉、谢觉哉等人先后视察白云鄂博。

1962 年，包钢成立选矿试验厂，隶属于包钢冶金研究所。1963 年，包钢将选矿试验厂改名为八八六一厂。1963 年，包钢冶金研究所划归冶金部，易名为冶金工业部包头冶金研究所。包头稀土试验厂（八八六一厂）仍为研究所的附属试验厂。

1964 年 4 月，时任中共中央政治局委员、中共中央书记处总书记、国务院副总理邓小平，中共中央政治局委员、书记处书记彭真及国务院有关部委负责人 50 余人汇集白云鄂博，研究白云鄂博矿床开采、冶炼等工作。邓小平指出：“白云鄂博是座宝山，我们要很好地开发、利用…白云鄂博蕴藏着大量稀有金属，有个综合利用的问题。需要双管齐下，设立个专门搞稀土的研究机构，有步骤地开发…我们要搞钢铁，也要搞稀土。要综合开发、利用宝贵的矿山资源。”他还告诫当地领导者：“国家进行大规模的社会主义建设，离不开少数民族人民的支持…一定要搞好民族团结工作。”邓小平在这里阐明了开发钢铁和稀土的关系。钢铁和稀土二者是白云鄂博矿中的难分难离的母子关系、同胞关系。没有钢铁的发展，稀土不能顺利发展，更没有稀土的辉煌；没有稀土的发展，包钢的发展就偏离了重心；“铁稀并举”则是包钢长久之策。

1970 年，冶金工业部将包头冶金研究所连同八八六一厂下放归包钢领导，包头冶金研究所复称包钢冶金研究所。12 月，包钢军管组决定，将八八六一厂从包钢冶金研究所划出，直属包钢领导，定名为包钢八八六一厂。1971 年初，包钢决定将八八六一厂改名为八八厂。同年，又将八八厂改名为包钢有色金属三厂。

1979 年，国家经济贸易委员会（以下简称国家经贸委）在包头成立包头稀土铌公司。稀土铌公司受冶金工业部和内蒙古自治区双重领导，以冶金部为主。包钢有色一厂、有色二厂、有色三厂、包钢选矿厂的重选车间以及包头设计院有关专业人员，划归包头稀土铌公司领导。包钢有色三厂更名为冶金工业部稀土公司三厂。同年 7 月，冶金工业部稀土公司更名为中国稀土公司。

1978~1986 年，时任国务院副总理方毅先后带领 20 多位部长七下包头，召开 7 次全国性包头资源的综合利用会议，领导和部署稀土资源综合利用工作，调集全国 200 多个科研单位参与白云鄂博开发利用科技攻关大会战，有力推动了包头资源的综合利用和中国稀土工业的发展。

1982 年 4 月，国家经济贸易委员会批准，中国稀土公司连同 3 个稀土厂正式划归包钢。冶金工业部稀土公司三厂改称为包钢稀土三厂。1986 年 6 月，包头市人民政府批准，以包钢为骨干的北方稀土集团正式成立，主要成员单位有 16 家。

从 1984 年开始，中国的稀土产业开始了持续 5 年的快速发展。特别是从 1986 年起，中国稀土产业步入一个大发展时期。产业规模、产品价格均实现大幅增长。1989 年 5 月，经内蒙古自治区政府批准，内蒙古自治区包头钢铁公司更名为内蒙古自治区包头钢铁稀土公司。更名后，按照“铁稀并举”指导方针，包钢加强了对稀土产业的管理和建设。

伴随着国内稀土工业的快速发展，小型稀土企业遍地开花，盲目扩张、低价竞销，扰乱了国内外稀土市场秩序，形成一哄而起、一哄而下的混乱局面，导致 1989 年下半年后稀土市场全面疲软。企业效益持续下滑，国内大多数稀土生产企业出现亏损，包钢的稀土企业也在其中。

至 1990 年，包钢的稀土生产完成了从小规模试验性生产到大规模工业化生产的演变，形成了年产稀土精矿 8 万吨、稀土中间合金 1 万吨、混合稀土化合物 4900 吨、单一稀土氧化物 120 吨、混合稀土金属和单一稀土金属 150 吨的综合生产能力，成为国内稀土行业一支重要的力量。

1991 年 7 月，经内蒙古自治区政府批准，成立了内蒙古稀土集团公司。该集团是以包头钢铁稀土公司为核心，以包头稀土冶炼厂等 7 个单位组成的经济联合体。集团公司的成立，在国内外稀土界引起强烈的反映，使北方稀土统一了。特别是稳定了价格，并从最低价开始稳定上升，很快迎来了一段新的稀土产业的发展时期。国内外稀土市场回暖，中国稀土工业才开始走出市场不景气的阴霾。稀土生产形势开始好转，产品产量、销量逐步增加。特别是 1992 年，中国改革开放的总设计师邓小平视察南方，对中国改革开放大业

作出重要指示时，把中国稀土产业发展提到战略高度，指出：中东有石油，中国有稀土，一定要把稀土的事情办好，把我国稀土优势发挥出来。小平的重要指示，极大地促进了中国稀土行业加大改革力度、推进产业结构调整的步伐。

1993年，包钢与广东中山火炬合作，在广东中山市建设年产500吨稀土贮氢合金粉生产线。该生产线的顺利投产，迈出了包钢发展稀土新材料产业的第一步。此外，包钢投资6000万元，在包钢稀土三厂建设年产5000吨氯化稀土生产线、500吨混合稀土金属生产线，并配套完成原有2400吨氧化钕二期工程、1000吨碳酸稀土生产线和100吨金属钕生产线等工程。1994年上述项目相继竣工投产后，大幅提升了包钢对稀土精矿的处理能力，使包钢稀土三厂工业总产值首次突破亿元。

1995年，包钢和日本清美化学株式会社、大仓商事株式会社、中外钢铁稀土株式会社三家企业合资成立包头天骄清美稀土抛光粉有限公司。以混合轻稀土碳酸盐为原料，建成年产2000吨H-500型稀土抛光粉生产线。

1997年，包钢（集团）公司联合了3家企业组建“内蒙古包钢稀土高科技股份有限公司”，并在沪股成功上市，奠定了包钢稀土产业发展的基础。

1999年1月，时任中共中央总书记江泽民在包头视察稀土时指出：“我们要从战略高度来认识稀土，真正把小平同志的指示落到实处。要有一定的投资力度，有一定的人才集中，要有一定的协调配合，真正把稀土高科技这项工作作为重大课题切实抓好，变资源优势为经济优势。”总书记为中国稀土产业的发展指明了方向和重点。

1999年11月28日，内蒙古自治区人民政府批准内蒙古稀土集团公司正式挂牌成立，隶属于自治区人民政府，为独立企业法人单位。后因经营业务逐步萎缩，2007年12月并入稀土高科。内蒙古稀土集团公司组建后，充分利用包头稀土高新技术开发区的良好政策环境，组织和协调集团成员单位，发挥“集团军”的规模优势，迅速拓展国内外市场，形成发展中国北方稀土深加工产品的技术创新优势、企业规模优势、市场占有优势和经济发展优势。

2001年，国家计划委员会（以下简称国家计委）发布《中国稀土工业“十五”发展规划》，明确提出“保护资源，合理开采”的发展思路，强调要坚决防止和杜绝重复建设，发展骨干企业，加快稀土产业结构调整步伐。包钢集团遵循国家有关稀土行业发展方针和政策要求，在各级政府的大力支持下，按照“优化钢铁、突出稀土”的发展思路，充分发挥资源优势和上市公司的融资优势，通过深化资源控制力度，积极推动企业联合重组和对外合资合作，实现了低成本扩张、产业链延伸和南北稀土资源优势互补，使包钢的稀土产业规模快速发展壮大，对稀土市场的调控能力大大增强，行业影响力显著提升。

2002年，包钢集团提出“优化钢铁，突出稀土，大力发展非钢产业”的发展战略，按照“强化内功，整合资源，联合地方，控制市场”的总体思路，坚持产业发展和资本运作协调发展，以组建大集团为契机，加大稀土产业内部资源的整合力度，从源头上治散治乱。促进了稀土产业的发展。

2002年9月，国家经济贸易委员会下发《关于组建全国性稀土企业集团有关问题的通知》，国家决定按地域、分类组建南方、北方两大稀土集团。2002年10月，中国北方稀土（集团）股份有限公司筹备组成立大会及第一次工作会议在包头召开，后又召开多次工作会议。2004年底，国家暂停南北稀土集团的组建，中国北方稀土公司筹备组解散。

2006年，时任国务院总理温家宝在内蒙古考察期间指出：“稀土产业主要是两件事：一是控制，二是综合利用。”明确了中国稀土产业今后发展的两项重点工作。

2007年，随着稀土原料的规范化统一管理，取而代之的是原料市场稳定，带动矿后产品价格提升，产品结构趋向合理，新材料、新品种得以推广应用，资源优势转化为经济优势成为现实。稀土产业呈现蒸蒸日上、欣欣向荣的繁荣景象。

2012年6月，国务院发布《中国的稀土状况与政策》白皮书。白皮书指出：“经过半个多世纪的超强度开采，中国稀土资源保有储重及保障年限不断下降，主要矿区资源加速衰减，原有矿山资源大多枯竭。包头稀土矿（白云鄂博）主要矿区资源仅剩三分之一，南方离子型稀土矿储采比已由20年前的50降至目前的15。加强对稀土行业的环境管理和相应的法规建设，是促进稀土利用与生态环境协调发展的重要保障。”这是国家对中国稀土产业的整体现状的总结，并指明今后发展的方向。

2016 年 11 月，国土资源部为保障国家经济安全、国防安全和战略性新兴产业发展需求，发布《全国矿产资源规划（2016—2020 年）》，规划将稀土等 24 种矿产列入国家战略性矿产目录。

经过近一个世纪的建设发展，中国的稀土产业取得长足发展，产能不断扩大，产品种类、规格、型号不断增加，已经成为世界上唯一能够提供各种规格、各种型号稀土产品的国家。并且已形成了从矿产品、冶炼加工及深加工产品的生产、研发、贸易到推广应用完整的稀土工业体系，拥有了完备、先进的稀土生产技术和装备，产业规模实现跨越式发展，已成为全球最大的轻稀土产品生产基地和供应商，在国内外稀土市场具有极大的影响力。中国已由当年只有稀土资源世界第一，发展成为今天同时拥有产量第一、出口量第一、应用第一，共四个“世界第一”。在世界稀土市场占据主导地位。

二、北方稀土的发展壮大

1994 年后，中国稀土工业再次进入高速发展时期，产销两旺。随着稀土市场好转，特别是稀土抛光材料、稀土催化材料、稀土贮氢材料等产业的发展，对包头稀土精矿的需求量大幅增加。为充分发挥包钢的稀土资源优势，加速包钢的稀土产业技术改造与升级，转换企业经营机制，建立现代企业制度。1997 年，包钢（集团）公司联合嘉鑫有限公司（香港）、包钢综合企业（集团）公司，以包钢稀土三厂、选矿厂稀选车间的资产为基础，发起组建了“内蒙古包钢稀土高科技股份有限公司”。同年 8 月 27 日，经中国证券监督管理委员会（以下简称中国证监会）批准，8 月 31 日上网发行；9 月 24 日，内蒙古包钢稀土高科技股份有限公司的股票在沪正式挂牌上市，股票简称“稀土高科”。时任包钢公司党委书记、总经理、包钢稀土高科董事长曾国安、总经理陈隆准，亲临上海敲响了开盘的锣声。从此，被誉为“中华稀土第一股”的“稀土高科”开始了腾飞的旅程，奠定了包钢稀土产业跨越式发展的基础。

稀土高科上市所筹集资金建设的第一个重点工程，新建年产能 3000 吨的单一稀土分离生产线。1999 年 3 月竣工投产。产品全部为高纯单一稀土化合物，生产能力为当时国内单体生产线之最。该生产线的投产，改变了包钢的稀土产业以初级、混合型产品为主的产品结构，提升了产品附加值，增强了市场竞争能力及应变能力，也为后续发展稀土材料产业创造了条件。

1999 年，稀土高科收购包钢综合企业（集团）公司稀土回收厂和同仁稀土综合厂；并与美国 ECD/OBC 公司稀土高科与美国能源转换器件公司（ECD）、美国欧文尼克电池公司（OBC）、美国和光交易公司（WKC）签署了镍氢动力电池项目合同及协议，共同投资建设内蒙古稀奥科镍氢动力电池公司项目。2000 年 3 月，成立内蒙古稀奥科镍氢电池极板有限公司，正式向贮氢材料、动力电池等深加工产品进军。该项目引进美国成套先进技术及装备，利用包钢的稀土资源，生产高技术、高附加值的稀土材料及应用型产品，成为发展稀土产业的重要项目。同年，稀土高科与中山市火炬高新技术实业股份有限公司共同收购中山市天骄稀土材料有限公司。中山市天骄稀土材料有限公司成为稀土高科的绝对控股子公司。

2002 年，是中国加入 WTO 的第一年。随着入市，中国稀土行业与国际市场接轨的步伐加快，稀土行业面临新的机遇和挑战。国家计划委员会发布的《外商投资稀土行业管理暂行规定》，进一步加快了中国稀土行业对外合资合作步伐。这一年，稀土高科与日本昭和电工、中国冶金进出口公司及日本东海贸易共同投资，组建包头昭和稀土高科新材料有限公司，开始发展稀土磁性材料产业；稀土高科和北京众从新世纪文化发展有限公司共同投资，建成包头市京瑞新材料有限公司；稀土高科与瑞科稀土冶金及功能材料国家工程研究中心有限公司、中国机电出口产品投资公司、包头稀土研究院等 4 家发起人共同建成包头瑞鑫稀土金属材料股份有限公司，建成年产 8000 吨金属钕及镨钕金属生产线，产品为生产稀土磁性材料必不可少的原料。

2003 年 5 月，公司镍氢动力电池项目的贮氢合金生产线投产，年生产混合稀土贮氢合金粉 1500 吨，配套内蒙古稀奥科电池极板有限公司镍氢电池极板生产；9 月，公司高性能 TE 稀土抛光粉生产线竣工投产，进一步完善了稀土抛光粉产品系列，提升了企业竞争力；年末，镍氢电池极板生产线和镍氢动力电池生产线也初步具备了生产运营条件。稀土高科镍氢动力电池项目的竣工投产，标志着包钢正式向稀土贮氢材料和动力电池行业进军。同年公司收购包头华美稀土公司33.3%股权、收购山东淄博包钢灵芝公司40%股权，使稀土高科在稀土资源控制方面迈出的重要一步；同年，由包头华美稀土高科有限公司投资的4万吨稀土精矿清洁生产一期工程竣工投产。该工程采用低温浓硫酸焙烧生产工艺处理包头稀土精矿，配套尾气处理回收系统，建成钍回收生产线和氟盐、铵盐回收生产线。该工程的竣工投产，不仅使稀土高科在精矿的处理能力上逐步与稀土精矿产能匹配，而且在国内首次突破了包头稀土精矿浓硫酸焙烧生产过程尾气的资源化治理关键技术，初步实现了包头稀土精矿前处理清洁生产。同年，公司为整合资产，在上海成立了上海鄂博稀土贸易有限公司。2003年，稀土高科加大“矿后持平”工作力度，将稀选厂实行单独经济核算，矿后冶炼原料按稀土精矿市场价结算，成立独立运作的冶炼厂。并且调整了公司管理体制，建立起母子公司管理框架。

2004年2月，稀土高科控股与日本日产稀元素株式会社、日本东海贸易株式会社，合资建立包头科日稀土材料公司，成为科日公司第一大股东，主要进行铈类产品的深加工，满足稀土催化材料生产要求。9月投料试运转，实现当年投资、当年生产、当年销售的目标，取得同类合资项目建设的新业绩。

2004~2005年，稀土高科入选中国新材料领域“2004年度成功企业”。国家发展和改革委员会（以下简称国家发改委）将《中国稀土工业“十一五”发展规划》编制项目列入国家发改委稀土2004年稀土应用研究项目专项计划。国家科学技术部认定华美公司为“2005年国家火炬计划重点高新技术企业”。

2006年后，国务院为有效保护和合理利用稀土资源，保护环境，加快培育发展战略性新兴产业，改造提升传统产业，促进稀土行业持续健康发展，决定加快实施稀土大集团战略，用1~2年时间建立起规范有序的稀土资源开发、冶炼分离和市场流通秩序；有效遏制资源无序开采、生态环境恶化、生产盲目扩张和走私出口猖獗等现象，基本形成以大型稀土集团为主导的稀土行业格局。稀土开采实行总量控制指标。当年，稀土高科完成了股权分置改革，促进了公司治理结构的完善和各类股东利益的一致，为公司未来发展奠定了资本市场融资基础。12月，国家工商行政管理总局商标局正式批准，稀土高科取得“白云鄂博”注册商标专用权。这对于稀土高科企业文化和品牌建设具有里程碑的重要意义。新商标于2007年1月1日起正式启用。

2007年，稀土高科进一步贯彻包钢“突出稀土”发展战略，落实稀土产业化发展目标，以1.7亿元收购包钢集团稀土类资产。特别是通过收购包头稀土研究院，获得稀土科研力量支持，提升了研发实力，增强了整体盈利能力；彻底解决了双方存在同业竞争、减少关联交易的问题。公司完成包钢（集团）稀土产业资产重组整合后，形成了以上市公司“稀土高科”为载体，包含包头（包钢）稀土研究院、包头天骄清美稀土抛光粉公司、中山天骄稀土材料有限公司及包钢其他稀土选矿类资产的全新的包钢稀土产业。从而，进一步延伸了产业链，使稀土高科集中度得到进一步增强，确保了稀土行业的龙头地位。

2008年，国家发改委稀土协会与甘肃省国有资产监督管理委员会（以下简称国资委）、甘肃稀土集团、稀土高科经过多次商谈，最终达成共识，稀土高科与甘肃稀土集团进行战略重组，通过强强联合，实现互利共赢。同年，公司与江西赣州市政府举行会谈，搭建起与南方稀土产业合作的工作平台。2008年，包头稀土研究院的“超高温电致热陶瓷发热体制造方法”项目荣获中国第十届专利优秀奖。内蒙古稀奥科镍氢动力电池公司通过ISO9001质量认证。镍氢动力电池产品获欧盟CE认证、欧盟ROHS认证、北美UL认证，经美国ECD/OBC公司授权，可在全球各地区销售。同年，稀土高科与和发稀土有限公司签订《内蒙古和发稀土科技开发股份有限公司股权转让合同》，稀土高科出资收购其51%股份。公司重组更名为内蒙古包钢和发稀土有限公司，成为稀土高科绝对控股分子公司。稀土高科接受包钢持有的包头天骄清美稀土抛光粉有限公司股权，稀土高科成为天骄清美第一大股东。12月，稀土高科联合8家股东共同组建的内蒙古包钢稀土国际贸易有限公司，正式运营。稀土高科占有55%股份。

包钢稀土国贸公司的成立，让包钢稀土一个声音对外成为可能。对使用包钢稀土资源的所有生产企业产品进行统一收购、统一定向销售，可以更好地发挥稀土资源优势，提高包头稀土产业的集中度，维护稀土原料产品市场价格平稳，实现稀土原料定向销售，就地转化，营造包头稀土产业发展的小环境，吸引更多的国内外附加值较高的稀土深加工企业、应用企业，落户包头、聚集包头，推动包头稀土产业集群的形成与壮大；并使北方稀土产业大整合向前推进了一大步，进一步提高了稀土高科的行业地位和市场份额。同年，稀土高科根据现代企业制度和集团化管理模式，建立健全了总公司组织机构，按照 M 型母子公司管理模式，构建起以创新与发展为宗旨的母公司“理念统合、战略规划、交易协调”管理及决策体系，以利润中心为特征的子公司生产经营体系。当年，稀土高科被评为 2008 年内蒙古自治区质量效益型先进企业。

2009 年 3 月，稀土高科以 2043 万元从包头市金蒙稀土有限责任公司、北京金蒙双龙科技有限责任公司购入北京三吉利新材料股份有限公司 44%的股权，成为北京三吉利的最大股东。由此，收获了稀土磁性材料产业对外联合战略的首个成果；迈出了并购延伸稀土产业链的第一步。4 月，稀土高科张忠等领导与物理学家 Grum Teklemriam、GE 公司 Gopal Sudnaramoorthy 就关于稀土核磁项目进行签约。5 月，稀土高科技与包头市林峰稀土化工有限公司合资建立包钢稀土林峰科技公司。

2009 年初，稀土高科着手组建“内蒙古包钢稀土集团”，集团公司定名为“内蒙古包钢稀土（集团）高科技股份有限公司”，上报国家工商总局批准；同年 7 月，公司正式更名为“内蒙古包钢稀土（集团）高科技股份有限公司”。

9 月 28 日，内蒙古包钢稀土（集团）高科技股份有限公司下发通知：包头稀土研究院的经济性质由全民所有制变更为有限公司；注册资本金由 1500 万元人民币变更为 6129 万元人民币。

同年，包钢稀土投资成立包钢稀土磁性材料有限公司，占有 100%的股份。该工程的顺利建成投产，标志着包钢 3 万吨钕铁硼项目布局的正式启动，表明包钢稀土向四大稀土功能材料全国第一的规模迈出了最为关键的一步。为提高白云鄂博矿稀土资源综合利用率，实施稀土战略储备项目，包钢稀土投资约 1600 万元，以包钢选矿厂磁矿生产线选铁后的强磁尾矿为原料，在包钢稀土稀选厂建成年产稀土精矿（品位 REO 45%以上）4.5 万吨生产线。同年，为满足市场需求增长，投资 8470 万元，实施包钢稀土高性能抛光材料异地扩建（搬迁）工程，使稀土抛光材料总产能达到 5000 吨/年，居全国之首。

2009 年，包钢稀土淄博包钢灵芝稀土高科技股份有限公司在天津股权交易所挂牌。包钢稀土获国家高新技术企内蒙古自治区十强，内蒙古自治区创新型企业称号。

2010 年 2 月，内蒙古自治区人民政府批准内蒙古包钢稀土国际贸易有限公司实施稀土原料产品战略储备。内蒙古稀土资源战略储备，对于保障国家战略资源安全，体现稀土的价值，保持稀土产业可持续发展，增强我国稀土产业在国际市场上的竞争力和定价权、话语权，改善国内稀土市场供需关系，提升国家对稀土资源的控制力，具有重要的现实意义和长远的战略意义。上半年，包钢稀土联手国内最大的民营能源企业之一河北新奥集团，以及国际知名的核磁共振成像系统专家团队：稀宝博为、美国 GE 医疗、新奥博为，三方战略合作框架协议正式签约。共同组建包头市稀宝博为医疗系统有限公司，公司专业定位于生产永磁磁共振成像（MRI）产品，成为集研发、生产、销售和服务于一体的高科技企业。由此，进一步促进包钢稀土资源的转化与综合利用，加快稀土产业链延伸，并在普及社区和家庭医疗等方面发挥重要作用。9 月，包钢稀土与全南晶环科技有限责任公司共同合资组建全南包钢晶环稀土有限公司；包钢稀土以收购股权和增资扩股的方式对信丰新利投资成立信丰县包钢新利稀土有限责任公司。10 月，包钢稀土和安徽大地熊新材料股份有限公司共同出资组建安徽包钢稀土永磁合金制造有限责任公司。安徽永磁成为包钢稀土绝对控股分子公司。11 月，包钢稀土与赣南晨光稀土金属冶炼厂合作成立赣州晨光稀土新材料股份有限公司，并进行增资扩股和股权重组收购。与南方稀土企业的合资合作，实现了中国南北稀土产业优势互补、双惠互赢；标志着包钢稀土跨出了整合全国稀土资源重要的一步，进一步推进中国稀土行业联合重组，促进了南北稀土加快合资合作步伐。同时，为包钢发展下游稀土新材料、高科技应用产品，提供了有力的支撑和保障，对提升包钢稀土产业的综合效益、转变经济增长方式、调整产品结构产生了深远影响。

2011年4月，包钢稀土收购包头华美稀土高科公司其他股东持有的66.7%的股权。至此，包头华美高科稀土公司成为包钢稀土全资子公司。

6月17日，中共中央政治局委员、国务院副总理王岐山一行到包钢视察稀土资源保护和科研开发工作。

9月，内蒙古稀奥科镍氢动力电池公司、稀奥科极板公司完成工商变更，成为包钢稀土的全资子公司。12月，稀奥科镍氢动力电池有限公司完成包钢稀土下达的生产经营指标，全年销售镍氢动力电池40796只。

2011年，包钢稀土成为中国上市公司十大盈利王，被评为央视财经50指数十佳最具成长性公司；同时，再次荣获“2011年度中国上市公司市值管理百佳奖”殊荣，在百家企业总排名中位列第二。

2012年，包钢稀土在完成内蒙古自治区范围内稀土上游企业整合，在实现稀土战略资源由包钢分类专营和管理的基础上，继续完善对内蒙古、四川、甘肃省区内北方轻稀土企业的整合；加大对南方稀土的整合力度，扩大与江西、广东稀土企业的投资力度。包钢稀土与宁波展杰磁性材料有限公司、宁波雄海稀土速凝技术有限公司合资组建新公司——宁波展昊新材料有限公司，新公司年产5000吨高性能钕铁硼薄片；包钢稀土与江苏天彩及三位自然人共同发起组建包钢天彩靖江科技有限公司，投资建设规模为年产4000吨节能灯用稀土三基色荧光粉生产线，标志公司开始涉足稀土发光功能材料领域。同年，包钢稀土与国储物资调节中心等6家单位组建包头稀土产品交易所有限公司，实现了稀土业界广泛参与的交易平台、稀土产业可持续发展的金融平台、政府监管和政策制定的决策平台，对中国稀土行业真正实现国际定价权和话语权意义显著。通过包钢稀土联合重组后对全国轻稀土控制力达到95%以上；控股和参股的中重稀土的比例达到20%左右，实现了国务院提出的使稀土产业集中度达到80%以上的目标。包钢稀土成为国内最大的集生产、科研、贸易、资本运营为一体的综合性稀土企业集团。

2013年，为加快推进整合重组步伐，由包钢（集团）公司与9户企业签署了《内蒙古自治区稀土上游企业整合重组协议》，纳入包钢稀土管理体系，标志着内蒙古自治区稀土上游企业整合重组工作全面完成。

2014年6月，包钢集团牵头组建中国北方稀土（集团）高科技股份有限公司，以包钢稀土为平台，组建大型国有控股稀土企业。6月，内蒙古自治区人民政府批复同意；7月，工业和信息化部办公厅复函同意；同年12月，国家工商行政管理总局批复同意。2015年2月，内蒙古包钢稀土（集团）高科技股份有限公司正式更名为中国北方稀土（集团）高科技股份有限公司，简称为“北方稀土”。成为中国稀土行业率先完成大集团组建的企业。

2014年12月，包钢稀土以原料供应、准入、市场以及未来分红作为对价，换取原股东部分股权的方式，分别持有飞达稀土、金蒙稀土、红天宇公司、五原润泽34%股权，以及新源稀土5%股权。

2015年，北方稀土与包头市达茂稀土有限公司、甘肃稀土新材料股份有限公司、生一伦公司签署了股东权的《股权转让协议》，与鸿达兴业股份有限公司、新达茂稀土签署了《合作协议》，受让润泽稀土公司、金蒙公司34%的股权，并完成对企业的重组。

2016年，北方稀土与北京京运通科技发展有限公司、自然人邱海旺合资组建内蒙古希捷环保科技有限公司，北方稀土占股比为45%。该项投资有助于提高稀土镧铈类产品附加值，培育稀土功能材料新的利润增长点，标志着北方稀土开始涉足稀土催化剂产业。同年北方稀土整合重组了包头市飞达稀土有限责任公司等5家稀土企业。截至年底，公司共有员工3131人，公司所有分子公司共有员工9838人。员工中硕士以上学历210人，大学本科学历780人，大学专科学历574人，高中及以下学历1567人。大专及以上学历占员工总数43.2%。中国北方稀土（集团）高科技股份有限公司拥有3家直属厂（分公司）、4家全资子公司、10家绝对控股子公司、12家相对控股子公司、9家参股公司，公司系统员工总数近万人，成为国内外稀土行业最大的龙头企业集团。

三、北方稀土业绩斐然

1997 年，稀土高科建立之初主要生产经营的业务有：稀土精矿，稀土深加工产品，稀土新材料生产与销售，稀土高科技应用产品的开发、生产与销售、稀土产品出口，生产、销售冶金化工产品等。同年，稀土高科成为稀土行业首家上市公司。

1998~2014 年，国家对稀土产品出口实行有配额管理制度。1998 年 8 月，稀土高科获得进出口经营权。

1999 年，稀土高科建成单一稀土氧化物全分离生产线，年生产稀土氧化物 3000 吨。年底，公司通过中国证监会审核，实现了公司首次成功配股。货币资金由 1999 年初的 7000 万元上升到年末的 1 亿元，使 1999 年的现金流量呈现正值，股票每股收益 0.174 元。公司在开发国际市场方面做了大量工作，业务得到迅速发展。同美国、日本、韩国、奥地利、法国、澳大利亚和中国台湾等国家和地区的 10 家用户开展了贸易往来。稀土高科被国家经贸委指定为“国家自营进出口重点联系企业”。同年，稀土高科实现销售收入 2.4 亿元，出口创汇 1047.4 万美元，实现净利润 6340 万元，资产总额达到 7.734 亿元。经过三年快速发展，稀土高科成为全国稀土行业生产规模最大、品种较完善的企业之一。

2000 年，内蒙古自治区下达稀土出口配额，自营出口工作有了大幅度的飞跃。产品出口到日本、美国、法国、奥地利、荷兰、韩国、澳大利亚、中国香港和中国台湾等 11 个国家和地区，客户发展到 24 个。稀土高科被评为“包头市对外出口贸易先进单位”。

1999 年和 2000 年，稀土高科均一次性通过中国质量认证会的认证监督检查。2000 年，稀土高科主要经营业务新增了充电电池、五金化工产品，以及进口企业生产、科研所需的原辅材料、机械设备、仪器仪表及零配件等。年底，实现销售收入 3.92 亿元，出口创汇 1472.67 万美元，实现净利润 9808 万元。年末，股票每股收益 0.243 元，资产总额 12.23 亿元，是上市初 1997 年的 3 倍多。

2002 年，国际稀土市场价格出现大幅下挫，由于稀土产量过增，导致供大于求。在市场状态低迷的情况下，稀土高科在发展新客户的同时保住老客户，为公司多接订单打下坚实的基础。

2003 年，稀土高科通过股票融资等渠道，投入 6000 余万元，完成全面的、大规模的技术改造，基本实现公司内部资源的优化整合，使单一稀土分离能力提高近 3 倍，达到 15000 吨/年产规模。至此，稀土高科拥有稀土选矿到稀土冶炼、分离、电解金属和稀土深加工等稀土生产工艺，具备年产 8 万吨稀土精矿的生产能力，可生产稀土精矿、各种混合及单一稀土化合物、电池级混合稀土金属和各种单一稀土金属以及其他稀土应用产品约 64 个品种、130 多个规格；年生产的矿产品占中国矿产品总量的 65%，冶炼稀土金属、分离稀土氧化物的能力为中国最大；产品 75% 出口日本、法国、美国、韩国等 20 多个国家和地区；全年完成生产稀土氧化物 8707 吨，实现销售收入 5.2 亿元，出口创汇 617 万美元，总资产达 19.72 亿元。

2004 年为保护战略资源、控制稀土原料型产品出口，国家实行对稀土出口主动配额限制的政策。稀土高科在出口方面遇到配额短缺、限制的问题，导致出口创汇下降。

2005 年，稀土高科生产稀土氧化物 5935 吨，实现销售收入 3.3 亿元。生产的氧化镧产品被评为内蒙古自治区名牌产品。

2006 年，稀土高科按照市场效益最大化原则，调整产品结构，转变经营理念，加大创利产品的生产。全年生产稀土产品折合氧化物 12442 吨，同比增长 6452 吨，增幅达到 110%；实现销售收入 13.28 亿元，增幅达到 51%；实现净利润 7906 万元，同比增长 6601 万元，增幅达到 506%；出口创汇 478 万元，同比增长 145 万元，增幅达到 42%。镧、铈产销率达到 132%，比上年销量增长 6880.71 吨。首次实现镧、铈产品销量大于产量，产量突破万吨大关的局面。同年，稀土高科成功实施了股权分置改革工作，获得资本市场高度赞赏。

2008 年，包钢稀土投资一亿多元，采用先进生产工艺和装备，对包钢稀土冶炼厂生产线进行升级改造和配套完善，不仅大大提高生产线自动化控制水平、减少废水产出量，而且大幅度提升了包钢稀土冶炼厂原有稀土分离生产线产能。

从稀土销售总体情况看，1997~2009 年，为稀土的买方市场。由于受亚洲金融危机的影响，稀土销售市场非常疲软，加之稀土精矿的产量太大及精矿市场的无序竞争，导致矿后产品出现严重的供大于求局面。企业经营步履维艰。

2009年，国贸公司成立后，统一了包钢稀土的出口渠道，根据市场变化及时对销售策略进行调整。由于稀土配额制度的制约，出口数量有限，公司积极保证对大客户的供应，以维护良好的长期合作关系。同时，包钢稀土抓住国家实施积极的货币政策——银行贷款利率下浮、收储成本相对较低的有利时机，将过去用于短贷长投的银行贷款置换成中长期贷款，保证了资金链的安全合理延续，并适时开展了稀土资源战略储备。该项工作稳定了市场价格，缓解了企业保持满负荷生产的经营压力，为产业链纵深发展提供原料基础和保障，达到一举多得的效果。各子公司积极在金融危机期间的调整期，大力提高管理水平，充分挖掘技术潜力。公司全年实现销售收入25.9亿元，利润总额1.74亿元，实现净利润5577万元。

2010年，各国经济进一步恢复，国际稀土市场全面回暖，各类产品的销售都保持良好的势头。市场需求稳步增加，稀土产品价格随之回升。另一方面，国家对源头的管理加强，国土资源部对稀土等矿产开发秩序专项整治行动初见成效。国家收储工作的进行使得市场供应紧缩，总体货源数量减少，市场信心进一步恢复。全年的销售收入较上年有大幅度的提高。国贸公司经过两年多运行，价格引领作用愈发明显，各类产品的价格调整已经成为市场的风向标。稀土高科为不断提高市场运作水平，深入调研下游市场行情，掌握市场需求；对下游行业重点跟踪，根据市场运行态势采取相应的营销策略，继续完善销售网络布局、巩固并发展供需联盟，保证稳定销售。同年10月，包钢稀土国贸公司在赣州成立“内蒙古包钢稀土国际贸易有限公司赣州分公司”，创立新营销模式基地，推进了南北稀土合作，实现了南北方稀土产品的优势互补，加强在南方地区的销售工作。同时，公司积极筹谋组建包头稀土产品电子交易平台，打造中国稀土价格指数的形成，着力提升国际稀土市场的话语权。同年，公司稀土系列7个产品获内蒙古自治区名牌产品；“白云鄂博”商标被认定为“中国驰名商标”。公司全年实现销售额52.88亿元，利润总额18.4亿元，净利润7.5亿元；年末总资产达到87亿元。

2011年，由于中国稀土出口配额、关税及限价的三重管制，导致稀土产品国内外价差拉大，使用稀土的企业开发替代产品及减量技术也在加速进行。加之，部分国外企业将使用稀土的工序转移至中国，加工成不需要稀土配额的产品间接出口，因此造成稀土产品直接出口减少。包钢稀土受到巨大影响，全年配额使用量为总下发配额使用量的15%。面对市场的各种变化，公司主要在出口报价时采取及时灵活应对措施，在客户寻求新领域产品应用时，尽量满足客户的最大需求。同年，包钢稀土首次进入销售收入百亿元企业行列，净资产收益位列全国上市公司之首！生产稀土精矿23.9万吨，各类稀土分离产品6.5万吨；各项生产均超额完成年度任务，实现合并销售收入115亿元，实现利润72.8亿元，归属母公司净利润34.8亿元，合并总资产147亿元，比年初增长68%。

2012年，受全球经济下滑以及稀土供求关系失衡等多方面的影响，稀土市场持续低迷，稀土产品价格出现大幅下挫，主要由于产量过增导致供大于求，行业陷入低谷。针对稀土市场持续下跌、下游需求不旺的局面，年初，国贸公司切实掌握市场预期和下游企业的需求，制定了“多方向努力，多渠道争取，拓宽销售领域，提升销售业绩”的策略，并且产品价格在贴近市场价格的基础上，根据采购数量给予一定优惠。10月，公司为了进一步拓展市场，引导市场价格顺势上行，再次实行限产保价的销售策略，起到稳定稀土市场的积极作用。

2013年，包钢稀土实现合并销售收入84.72亿元，利润总额12.08亿元，稀土新材料和应用产品的销售收入占比，由2010年的13.5%上升到27%，总额由7.1亿元提高到22.6亿元。

2014年，国际稀土市场整体呈现持续下滑趋势，稀土市场依旧处于弱势。国外矿山开发产出的产品进入市场，挤占了部分国际市场份额，而整体稀土产品的需求只是处于微弱的恢复期，实际采购量较上年增加不明显。面对如此严峻的出口形势，包钢稀土一方面维护好与老客户的良好关系，争取扩大对其销售份额，积极开拓新客户，拓宽销售领域；另一方面，在现有配额不足的情况下，公司积极与国家级贸易公司联系，增加出口配额。自营及间接出口数量比2013年增加 23%。

2015 年 1 月 1 日起，中国稀土政策正式取消配额管理制度，稀土政策经历了较大调整。出口方面，先后取消稀土产品出口配额和关税，国际与国内的稀土市场价格趋于一致；稀土资源税由“从量计征”改为“从价计征”。当年包钢稀土与国外多家大客户保持密切联系，加强了深入合作。同年 10 月，中国北方稀土联合甘肃和四川地区共 6 家稀土企业成立“中国轻稀土企业联盟”，有效地控制了无序波动的市场环境，使得镧、铈类产品价格开始止跌上扬，稀土销售取得很大提升，稀土市场有了明显的好转态势。

2016 年，稀土出口延续“量增价减”的趋势，已经完全转变为买方市场。国际稀土市场询单有所增加，但产品价格竞争更加激烈。由于国内市场疲软，导致出口价格与国内市场价格持平，个别产品出现阶段性地低于国内市场价的情况。针对这种形势，公司积极拓展镧、铈类产品升级、服务，采取灵活批量采购、现金结算等激励性销售政策；推动了与国际大客户的合作，与大客户签订长期战略协议，稳定出口数量；积极跟进与潜在大客户的合作，争取更多市场份额。2016 年 1~10 月，公司生产运行总体平稳，累计完成稀土分离产品产量 3.52 万吨（折 REO），稀土金属 5017 吨，各类功能材料 1.76 万吨，镍氢电池 38.4 万只，稀土核磁共振成像仪 38 台，LED 封装 5.49 亿颗；公司实现合并营业收入 43.15 亿元，同比减少 6.50 亿元，比预算进度减少 2.7 亿元；实现合并利润总额 2.46 亿元，同比减少 0.33 亿元，比预算进度减少 0.04 亿元；公司收入、利润水平均好于上年同期及预算水平，在稀土行业几乎全行业亏损的情况下，北方稀土取得了来之不易的成绩。

纵观世界稀土生产与消费市场，中国作为世界最大的稀土生产国和出口国，已经能为世界稀土应用市场提供各种类型和品级的稀土产品，供应量约占世界总需求量的 90%以上，而中国北方稀土无论是生产、应用、消费都占据了主体份额和地位。

四、创新科技领军稀土产业

白云鄂博矿为世界罕见的铁、稀土等多金属共生矿床，从开采之初到 2016 年，包钢一直致力于多种元素的开发利用研究，包钢的稀土产业就是白云鄂博资源综合利用的产物。由于白云鄂博矿的复杂性，使得其中稀土资源的利用从稀土精矿选别到冶炼、分离提纯过程难度均高于其他稀土矿。

1954 年，国家开始建设包钢，相关稀土研究随之展开。1960 年 10 月，聂荣臻副总理提议在包头建立稀土稀有金属研究机构。1961 年，组建包钢中央实验室，稀土科研从零条件起步。至 1962 年，以包钢中央实验室为主的科研单位，共取得重大稀土科研成果 13 项。1963 年，开始建立包钢冶金研究所。其中，邹元曦等人发明的硅热法生产稀土硅铁合金工艺一直沿用，稀土高品位精矿选矿工艺，使得资源综合利用取得重大突破；徐光宪院士创建稀土串级萃取理论和张国成院士的硫酸法新工艺等，无不体现出中国稀土资源分离提取技术的特色与先进性，包钢稀土提取分离技术已经达到世界先进水平。

1965 年秋至 1966 年 7 月，在包钢开展了稀土综合利用全国性的第一次科研生产大会战，国家科技部调集全国 200 多名科技工作者参加稀土综合利用科研会战，并取得一批重要的科研成果应用于钢铁、稀土生产。至 1975 年，稀土生产品种增加至 129 种。

1976 年 10 月，全国第一次稀土萃取经验交流会在包钢召开，预示了又一个科学的春天即将到来。1978~1986 年，中共中央政治局委员、国务院副总理方毅先后带领 20 多位部长七下包头，召开 7 次全国性包头资源的综合利用会议，领导和部署稀土资源综合利用工作；先后调集全国 200 多个科研单位的专家参与白云鄂博开发利用第二次科技攻关大会战，时称“淮海战役”的主战场。为了寻找综合利用选矿工艺，在多年的技术攻关中，进行了一项项、一次次重要的选矿工艺试验。历时 6 年，进行了大量的扩大、工业性试验和试生产，最后取得较好的技术指标。方毅副总理锲而不舍、一抓到底的工作精神，有力推动了包头资源的综合利用和中国稀土工业的发展。他为中国稀土事业的振兴做出了不可磨灭的杰出贡献，同时也为后人留下了宝贵的精神财富。

经济的发展要依靠科学技术，科学技术要依靠科技人才。方毅副总理关心爱护和培养支持科研工作者的事例不胜枚举。而广大科技工作者没有辜负方毅副总理的殷切期望，他们为包钢资源的综合利用，为中国稀土事业的发展，向祖国和人民交出了满意的答卷。他们为了包钢的钢铁和稀土事业，献出了青春、甚至生命。包钢的每一步发展都凝结了他们的血汗，每一块土地上都能寻觅到他们的永恒足迹。

1981 年，包钢冶金研究所全面完成“P_{507}—盐酸体系萃取分离轻中稀土全流程的研究”，该成果于 1985 年获国家科技进步二等奖。1983 年在选矿方面，进行的“以重选粗精矿为原料分选高纯稀土精矿”工业试验取得成功，使稀土品位达到 71%，稀土回收率高达 73%。1985~1986 年，新型稀土捕收剂试验成功，稀土回收率高达 74.74%，达到国内外先进技术水平。

1990 年，由包头稀土研究院承担的国家“七五”攻关项目“高性能钕铁硼磁体研究”，顺利通过国家技术鉴定，达到国际领先水平。1997 年，由包头稀土研究院承担的国家“八五”攻关项目“稀土超磁致伸缩材料研制的扩大试验”、“高纯稀土金属镝、铽研制的扩大试验”、“稀土高温电热元件研制的扩大试验”，通过内蒙古自治区科学技术委员会技术鉴定。稀土高温电热元件研制成功填补了中国的空白。同年 11 月，中国运载火箭研究院致贺信，感谢包头稀土研究院为中国航天事业做出的贡献。

1998 年，包头稀土研究院为科学家丁肇中的 AMS 项目空间环境试验提供重要的关键部件。2000~2001 年，该院承担的“双相纳米晶稀土合金弹性磁体粉材料”、“高钕铁硼稀土永磁材料”、“镍氢电池用廉价稀土储氢合金负极材料研究”，获准列入内蒙古自治区 2000 年科学技术项目计划；“万安培稀土熔盐电解关键技术及成套设备的研制”通过技术鉴定，达到世界领先水平，打破了国外该领域对中国的技术封锁。

2002 年，稀土高科完成科研课题 8 项，新产品研制 42 项，获内蒙古自治区科技进步二等奖 1 项，三等奖 1 项；获包头市科技进步一、二、三等奖各 1 项；获包钢科技进步二等奖 1 项，三等奖 1 项，四等奖 3 项；获国家专利授权 1 项。“山梅”牌低氯根碳酸锌产品以及“山梅”牌氧化铈、氧化钕产品质量等级确认条件，被内蒙古自治区质监局评为一等品和优等品，抛光粉公司被评为内蒙古科技明星企业。

2003 年 10 月，包头稀土研究院为举世瞩目的神舟五号飞船首次载人飞行成功和长征二号 F 运载火箭发射成功，提供了重要配件，再次为祖国的航天事业和国防建设做出了贡献。这是中国航天发展史上具有里程碑意义的大事。

2004 年，内蒙古自治区发改委专家验收通过了包头华美高科有限公司“纳米晶稀土合金磁粉产业化示范工程”。该项目拥有自主知识产权并获得国家发明专利。2005 年，由包头稀土研究院提供永磁器件的“神舟”六号载人航天飞船发射成功。稀土高科被国家列为火炬计划重点高新技术企业。稀土精矿清洁生产技术项目通过包头市科学技术局（以下简称科技局）成果鉴定，技术水平达到国内领先。

2006 年，包头华美稀土高科有限公司的碳酸稀土和低镨碳酸铈产品，荣获内蒙古自治区名牌产品称号。内蒙古稀奥科贮氢合金有限公司承担的国家级火炬计划项目“高性能混合稀土系贮氢合金粉”，通过内蒙古自治区科学技术厅（以下简称科技厅）考核验收。11 月，中国航天时代电子公司感谢包头稀土研究院，为“嫦娥一号”卫星发射成功所作的配套贡献。

2007 年 2 月，内蒙古自治区政府发布科技自主创新十大名牌技术、名牌产品和重大自主知识产权成果名单，稀土高科生产的“白云鄂博”牌稀土高纯氧化物，荣获科技自主创新名牌产品奖；中频感应炉混熔电池级混合稀土金属工艺方法，荣获重大自主知识产权成果奖。稀土高科生产的富铈氧化物、氧化铈两个产品，获内蒙古自治区名牌产品称号；“白云鄂博”牌稀土氧化物，获国家免检产品称号。至此，稀土高科已有 5 个产品被评为内蒙古自治区名牌产品，9 个产品被内蒙古自治区评为优等品和一等品。包头稀土研究院的“高性价比新型稀土——镁基储氢电极材料的研究”项目，通过了国家科技部的考核验收。12 月，内蒙古稀奥科贮氢合金有限公司的“MH-Ni 电池用高容量稀土——镁基贮氢合金及其制作方法”，获国家知识产权局发明专利授权。此项方法填补了国内外高容量稀土——镁基贮氢合金技术的空白。同年，稀土研究院完全自主开发项目（课题）54 项，其中，国家级项目 23 项，至年末，鉴定验收项目（课题）10 项；全院 15 项科研项目获奖，获国家授权专利 62 项。

2008 年，由包钢牵头联合国内 32 家稀土骨干企业和科研院所，共同发起成立的“内蒙古稀土产业技术创新战略联盟”，聚集了国内优质的稀土产业资源和科技资源，搭建了产学研合作创新平台。包钢充分利用技术资源和配置，针对现行工艺技术和装备水平的提升、节能减排、资源综合利用以及稀土新材料、稀土应用技术产业化等关键技术问题，开展了一系列的科技公关。在稀土选冶领域，自主研发的新型稀土捕收剂 H205，实现了高品位包头稀土精矿产业化生产；针对白云鄂博矿磁矿中稀土矿物较氧化矿中稀土矿物难以选别组织技术攻关，使长期在尾矿坝堆存的部分稀土资源得以利用，进一步提高了白云鄂博稀土资源综合利用率。在稀土材料和应用领域，自主完成了“超细稀土抛光材料的研制”、电子级铈基稀土研磨材料、“LCE-600 型稀土抛光粉”、“静态焙烧大颗粒稀土抛光粉的生产技术”等一系列具有国际先进水平的项目，不仅进一步丰富了产品品种，也为下一步新型抛光粉的发展奠定了技术基础，对于带动以稀土抛光粉为基础的稀土产业链的发展、促进内蒙古及周边经济起到一定的积极作用；“稀土高温电热元件研发”填补了中国等直径稀土高温电热元件的空白；由中国和美国等国家共同研制的重达 3 吨的宇宙探测器“阿尔法磁谱仪”，其关键部件原料用永磁磁铁由包钢提供，标志着包钢在高性能永磁材料方面的研究达到了国际先进水平。在产业化方面，包钢稀土冶炼厂单一稀土分离生产线、包头京瑞稀土公司中重稀土萃取分离生产线、包头瑞鑫稀土金属材料公司金属生产线、包钢稀土磁性材料有限公司稀土磁性材料生产线建设等一批重大工程，从生产工艺和装备的研发、设计到施工组织、达产达标，基本依靠包钢自有技术力量完成。

2009 年，稀土研究院完成国家科技部国际合作项目——蒙古国材料研究理化检测中心的建设，并对蒙古国科技人员进行培训和设备安装调试；内蒙古中蒙技术转移中心设在稀土研究院。与德国、蒙古国的合作项目“稀土在养殖业中的应用”进展顺利，并获得内蒙古科技厅立项支持。同年，稀土院开展科技开发项目（课题）66 项，其中国家级项目（课题）30 项，省部级项目（课题）15 项，新获资助项目（课题）28 项。科研经费到款 1202 万元，再创历史新高。全年通过鉴定验收项目（课题）7 项，在各类学刊发表科技论文 23 篇，获国家专利授权 3 项，共有 21 个项目获各类科技奖。国家科技部审定、批准包头稀土研究院为国家级“稀土材料国际科技合作基地”。

2010 年 9 月，包钢稀土申报国家级企业技术中心获得批准。10 月底，申报包头市 2 项科技成果，获包头市科技进步奖。12 月，包头稀土研究院与清华大学合作完成的“稀土复合助剂提高聚氨酯橡胶耐热性能研究”成果，为稀土在聚氨酯橡胶乃至整个高分子材料中的应用奠定了基础，填补了世界低成本耐高温耐磨橡胶的空白。截止到 2010 年末，公司建成包钢稀土企业技术中心、瑞科稀土冶金及功能材料国家工程研究中心、理化检测中心及北方稀土行业生产力促进中心等国家级中心 4 个、国家实验室 1 个，自治区级研发中心及实验室 8 个、市级研发中心 2 个、开发区级研发中心 3 个，形成了以技术中心为主要形式的技术创新体系。

2011 年，包钢稀土高纯无水氯化铈产业化技术、新型高性价比稀土储氢材料的应用研究及产业化、系列化稀土发光材料产业化开发、铬酸镧材料应用器件的开发研究 4 个项目，获内蒙古自治区科学技术进步奖。

2013 年 5 月，包钢稀土承担的国家 863 课题“先进镧铈材料制备技术及应用”，通过国家科技部现场验收。包头稀土研究院负责研制的标准样品和起草的国家标准有 3 项，荣获 2013 年度中国有色金属工业科技进步奖，其中，“镨钕氧化物标准样品的研制”和“钆镁合金及钆镁合金化学分析方法”荣获二等奖，国家标准《金属钕》（GB/T 9967—2010）荣获三等奖。稀土院为“神舟十号”载人飞船和“嫦娥三号”月球探测器的成功飞天提供了优质产品，受到合作单位贺信高度赞誉。全年，稀土研究院开展科技开发项目（课题）61 项，其中国家级科研项目（课题）23 项，省部级项目（课题）10 项；通过鉴定验收项目（课题）12 项，获国家专利授权 5 项。

2014 年，包头稀土研究院修订的《稀土术语》及《稀土产品牌号表示方法》，获全国稀土标准化技术委员会稀土标准优秀一等奖；参与修订的行业标准《钕铁硼合金化学分析方法》获二等奖；参与修订的行业标准《废弃稀土荧光粉化学分析方法》和《离子型稀土原矿化学分析方法离子相稀土总量的测定》获三等奖。全国稀土标准化技术委员会审定通过了稀土院修订的行业标准《钐钴永磁合金粉化学分析方法》《钐钴永磁合金粉物理性能测试方法　平均粒度及粒度分布的测定》和《稀土金属及其氧化物中非稀土杂质化学分析方法　第1部分：碳、硫量的测定　高频—红外吸收法》。

2015年，北方稀土出资1亿元与中科院北京分院、内蒙古自治区科技厅、包头市人民政府共建了中科院包头稀土研发中心。包头稀土研发中心于5月12日正式挂牌成立，稀土中心旨在借助中科院研发优势，助力整体科技水平提升产业链延伸，加快稀土资源优势向经济优势转化。至2016年底，中科院包头稀土研发中心运行良好。2015年9月，科技部正式批准，依托包头稀土研究院建设"白云鄂博稀土资源研究与综合利用国家重点实验室"。国家重点实验室围绕稀土采选、高效清洁冶炼技术、稀土轻质合金材料、稀土磁性材料及应用、稀土等有价资源综合回收利用等领域，开展应用研究和共性技术研究。

2016年，北方稀土围绕新产品开发、节能、环保、资源回收利用、产业升级等重点工作，推进技术创新工作。开展各类科技项目94项，其中国家级项目32项，包括国家"973"重点项目子课题1项，国家重点研发项目4项、工业和信息化部（以下简称工信部）稀土转型升级专项7项，获批科研经费3000多万元。稀土院自主研发的含镧、铈稀土PVC用热稳定剂，可满足各种PVC无毒制品的生产要求，产品技术达到国际先进水平；"稀土冶炼废水及氯化稀土料液中有机物去除试验研究"项目，成果将在冶炼厂及华美公司投入使用。"新型节能稀土金属电解槽研究开发"取得阶段进展，该项科研成果即将在稀土金属电解生产线进行扩大试验。公司申报的"稀土永磁磁共振创新技术研发及产业化"等6项目获得"中国好技术"荣誉称号；参与起草的《稀土工业污染物排放标准》，获得中国有色金属工业科学技术奖一等奖。截至年底，共获得专利49项，通过验收14项。制修订国家标准、行业标准14项。北方稀土在实施人才强企战略上，积极开展青年人才池选拔工作，有3名干部入选青年人才池；大力开展高层次人才选拔推荐工作。公司共有获得国家级人才奖项12人，自治区级人才奖项41人；年底中级及以上职称的专业技术人员521人，占在岗全职工的16.6%。院士工作站和博士后科研工作站运行正常。

20年来，北方稀土依托得天独厚的资源优势，经过科技工作者的顽强拼搏，依靠自主创新，充分发挥技术创新的支撑作用，不断增加科研投入，增强自主创新能力，构建和完善技术创新体系；建立了完整的、适合中国资源特点的稀土选冶工艺流程和独具特色的稀土工业体系；形成了以稀土硅铁合金、轻稀土氧化物、电池级混合稀土金属、金属钕及镨钕合金、稀土抛光粉、稀土贮氢合金、稀土磁性材料为代表的系列产品。其中包钢稀土冶炼厂的氧化铈、氧化镨钕、氧化镧，包头瑞鑫金属材料有限公司的白云鄂博牌金属钕、镨钕合金，包头华美高科公司的物华牌氧化镨钕、氧化镨、钐铕钆富集物等产品连续多年被评为内蒙古自治区名牌产品；电池级混合稀土金属被命名为国家级新产品，稀土氧化物产品荣获国家免检产品称号，"白云鄂博"商标被国家工商总局认定为"中国驰名商标"，是国内稀土行业内唯一获此殊荣的企业，在生产规模上真正达到了"规模最大"，产品产量方面出现许多名牌和用户信得过产品。在稀土应用方面，中国又是世界最大的消费国。把稀土用于改造传统产业，发展稀土处理钢、稀土铸铁、石油裂化催化和陶瓷等方面，中国都拥有自己的创新技术。在稀土功能材料领域，中国科学家紧跟世界科技步伐，在稀土永磁材料、发光材料、储氢材料、激光材料、高温超导材料等方面不断创新，取得一批拥有自主知识产权的成果。中国的稀土农用、稀土电工铝开发应用科学研究硕果累累，在成果转化上取得了令人瞩目的成就。稀土对改造提升中国传统产业和发展高科尖端技术正发挥着越来越大的作用。稀土研究院以其对白云鄂博稀土资源综合利用研究，奠定了中国稀土事业的基石。中国北方稀土集团公司的稀土研究开发和综合应用，已经遍及国民经济13个领域40多个行业，研发和应用已达到世界先进水平。

事实表明，中国的稀土产业是以科技为推动力的产业。稀土科技进步推动着稀土产业的进步，稀土产业的迅速发展又不断推动稀土科技事业的发展与进步。二者相辅相成，共同发展进步。包钢的稀土开发及综合利用的历史就是一部科技发展的历史；包钢的稀土产业发展创业史也是一部科技发展的进步史。

向前看去，稀土开发应用就是一片科技林；向后看去，广阔无垠的稀土科研大舞台，等待着科研工作者描绘更高层次的美好蓝图。稀土是奋斗之土，科技之土，财富之土，珍贵之土，希望之土！

五、愿景展望

世界高新技术产业的迅速发展，带动了稀土产业的不断进步。21 世纪，是全球经济继续腾飞和发展的时代，稀土工业则成为本世纪当之无愧的朝阳产业，同时也给中国稀土产业创造无限的发展空间。稀土人定将以“抓住机遇、深化改革、强化内功、整合资源、调控市场”为宗旨，尊重客户、善待员工、共同努力、奋勇拼搏，以良好的业绩回报广大投资者和支持者，为稀土事业做出应有的贡献。

随着世界科技的快速发展和经济一体化的不断深入，展望稀土工业的发展。一方面稀土在国防军工、航空航天、核工业、汽车、电子、信息、新能源等高等技术领域和稀土永磁、稀土储氢、稀土发光、稀土催化等各类稀土新材料及器件的需求将继续保持快速增长，为中国稀土产业的发展提供了广阔的市场空间。另一方面，面对复杂多变的经济环境和发达国家设置的技术贸易壁垒，发达国家凭借资金、技术、市场等优势，加快掌控高端领域并将中低产业不断向发展中国家转移。稀土科研和生产将日趋多元化，市场格局将发生新变化，竞争也将越来越激烈，稀土产业面临严峻挑战。为此，中国稀土业要加强资源保护，实现可持续利用；依靠科技创新，促进产业升级；改善行业管理，促进行业运行规范；加强交流合作，推动和实施世界稀土资源合理配置的全球战略。

北方稀土从中国的广阔草原走向世界，将肩负起历史的重任，与时俱进，谱写自己发展的篇章，将以新的业绩塑造中国稀土事业的新辉煌。展望全球未来，北方稀土一定会以她雄厚强大的实力，继续屹立于世界的潮头，让世人瞩目全球稀土宝谷的璀璨之星。作为中国人和包钢的钢铁人、稀土人都为有这样的伟业而自豪。

富饶的神山，美丽的家园。神奇的白云鄂博赋予我们丰富宝贵的资源；悠悠黄河水滋养了勤劳智慧的一代代包钢的钢铁人和稀土人，是他们给中国稀土事业插上了腾飞的翅膀，翱翔于世界稀土的广阔蓝天。展望未来，中国稀土人面对世界，豪情满怀，审时度势，开拓进取，共谋发展，不断超越自我，追求卓越；展望未来，中国稀土人将乘着中华民族伟大崛起的巨型航船，沿着中国共产党引领的社会主义道路，乘风破浪，勇往直前！中国稀土人将以更加出色的表现，更加优异的业绩，回报中华民族！回报人类世界！

稀 土 大 事 记

1927 年

7月3日，丁道衡发现白云鄂博矿。中瑞（典）西北科学考察团中的中国地质工作者丁道衡（1898~1955年）在途经包头白云鄂博时，独往探看，首次发现白云鄂博矿主峰裸露的铁矿体，对该矿的地形地貌、地质结构、矿的生成、储量、成分及地上水源等项目进行了调查，并采集岩矿标本。该团成员詹蕃勋绘制了两幅地形图。

1934 年

我国著名矿物学家、前中央研究院地质研究所研究员何作霖（1899~1967年）在北平对丁道衡采回的白云鄂博矿石进行研究，发现该矿含有两种稀土矿物。

1935 年

何作霖在《中国地质学会会志》第14卷第2期上发表题为《绥远白云鄂博稀土类矿物的初步研究》（英文）的研究报告，首次向世界宣告，在白云鄂博萤石型矿石中发现两种稀土矿物。何作霖以“白云矿”和“鄂博矿”对所发现的两种稀土矿物予以命名。后经验证，这两种矿物即是氟碳铈矿和独居石。而后，我国著名化学家严济慈教授用光谱仪分析了白云鄂博矿，发现两种稀土矿物中的镧、铈、钕等元素含量，进一步证实了白云鄂博铁矿中伴生有大量稀土元素。

1944 年

6月11日~8月2日，地质工作者黄春江等人受伪华北开发会社资源调查局派遣，在白云鄂博进行了为时70天的调查。调查中，除发现白云鄂博“东方矿体”及“西方矿体群”（今白云鄂博铁矿的东矿和西矿）以外，还见到“萤石中常包裹淡绿黄色、微粒状屈折率较高之矿物”。黄春江称：“此矿物曾由何作霖教授详细研究，分别为‘白云矿’及‘鄂博矿’，系含有铈、镧等之稀土类元素矿物。”调查结束后，黄春江将其采集到的矿脉中氟石较富之标本数块，送到日本京都帝大田久保教授及东京帝大黑田副教授处，“据两氏分析之结果，氧化稀土元素（大部分为氧化铈）为2.80%~12%”。

1947 年

前中央地质调查所北平分所所长高平等4人踏勘了白云鄂博矿区，并在北平对采集的岩矿标本进行室内研究。高平在《地质评论》第13卷第3~4合期上发表了《内蒙古草原地质》的报告，论述了白云鄂博铁矿和稀土元素矿产资源的发现，并进行了评价。

1949 年

12月，在全国第一次钢铁会议上，中央人民政府把包头列为“关内新建钢铁中心”之一，决定投入大量人力、物力对白云鄂博矿进行勘探工作。

1950 年

5月，中央人民政府专门组成地质调查队进驻白云鄂博，对白云鄂博矿床进行全面勘探。

1951 年

矿产地质勘探局分两批将6箱白云鄂博矿样交重工业部综合工业试验所。该所李维时对矿样进行分析证实：白云鄂博矿中的稀土大部分为铈，其余有镧、镨、钇等，并提取出115克稀土氧化铈，提供电极厂试做放映电影用的电极碳棒。李维时于同年提交了《铈之提取研究报告》。

1953 年

4月23日，重工业部钢铁工业局在北京成立“包头筹备组”，由副局长杨维负责包头钢铁联合企业筹备工作。6月15日，定名为“五四”钢铁公司。1954年5月1日更名为包头钢铁公司，杨维任经理。

5月15日，中苏两国政府在莫斯科签订协定，苏联将援助中国建设和改造141项重点援华工程，包括1953年前曾签订的50项在内，并商定把将在包头兴建的钢铁企业初步设计交由苏联黑色冶金工业部国立冶金工厂设计院列宁格勒分院等单位承担。12月29日，两国就上述协议签订了102412号合同。

7月3日，中国科学院接受包头矿的研究工作，召开专门会议，讨论大冶、白云鄂博两矿问题。

8月，中央人民政府政务院副总理、财经委员会主任陈云，政务院政务委员、财经委员会副主任李富春，铁道部部长滕代远一行视察白云鄂博。

9月23日，郭承基、钟志诚、张大炳提出《绥远省白云鄂博矿的研究报告》，详述了郭承基等对何作霖于1934年发现的白云矿和鄂博矿进行的研究，论述了这两种稀土矿物的物质成分、物理性质及化学分析方法。通过分析结果确定白云鄂博稀土矿为以铈组稀土为主要成分的轻稀土矿（Y_2O_3 质量分数为0.32%）。

年内，中国科学院上海冶金陶瓷研究所坩埚冶炼试验结果认为：“白云鄂博矿石中含有的稀土金属对炼铁影响甚微，但危害植物，并腐蚀炉体设备。”中国科学院沈阳金属研究所开始对白云鄂博矿进行稀土的选矿及冶炼回收研究。

1954 年

6月，中央人民政府决定，在包头宋家壕建立包头钢铁厂。11月，包头至白云鄂博铁路专线破土动工。1957年3月，包白铁路专线正式通车运营。

12月31日，地矿部华北地质局241勘探队副队长严坤元率先提出，白云鄂博矿属特种高温热液交代型矿床。他与李毓英等提交了《内蒙古白云鄂博铁矿主东矿地质勘探报告》及补充报告，内容包括气象、矿石体积测定、山地工程、化验分析、物理性能测定、选矿试验矿样、冶炼试验矿样、水文地质和各项经济技术指标等。1955年3月28日，全国矿产储量委员会批准该报告提出的铁和稀土储量。

年内，中国科学院地质研究所用X光粉晶照相进一步证明，白云矿是氟碳铈矿，鄂博矿是独居石。

1955 年

3月28日，全国储委审查了241地质勘探队1950~1954年提交的《内蒙古白云鄂博铁矿主东矿地质勘探报告》，批准了主东矿表内铁矿石储量，其中稀土储量为主矿C1级13610400吨，C2级12942460吨，东矿C1级4691000吨，C2级15433000吨。

6月，中国科学院技术科学部“配合大冶及包头两新钢铁中心的建立所进行的研究工作”称：上海冶金陶瓷研究所用电解法已制得混合稀土金属。

9月17日~19日，中科院两矿资源委员会加工小组召开第十二次会议。会议的中心内容是讨论进一步开展包头铁矿石中稀土金属的研究。会议由两矿加工小组组长、中国科学院技术科学部主任严济慈主持。会议内容：一是各研究所汇报有关包头矿稀土金属研究工作进展情况；二是确定下一步各项研究工作；三是配合苏联设计组年底到中国讨论初步设计，确定各有关研究院所要提供有关稀土方面的资料内容与时间；四是建议中国科学院与苏联科学院合作进行稀土研究工作。会后印发了会议记录。这是国内首次专门讨论稀土问题的会议。

11月15日~16日，包头钢铁公司设计总承包单位——苏联列宁格勒黑色冶金设计院，举行包钢初步设计技术讨论会。院长考锡列夫在会上报告说：“在包钢初步设计中，遇到下述困难：矿石复杂，性质特殊，含有质量分数为10%的氟和8%的稀土元素，世界上从未见过。”

1956年

1月，华北地质勘探公司541地质队李金盛、马宗林等提交《内蒙古乌兰察布盟白云鄂博厂区（矿区）稀土元素普查总结报告》及附件、附图。认为白云鄂博铁矿工业厂区冲积层普遍含稀土元素，但含量低（REO<0.2%），不影响厂区建设。

3月，中国科学院上海冶金陶瓷研究所编写出《从包头铁矿提取稀土金属的第一次进度报告》。引言中说：本所从1954年起进行从包头铁矿提取稀土金属的研究，已进行的工作包括从尾砂及炉渣中提取稀土、无水氯化稀土的制备、稀土复盐的电解和铈、镧分离及提纯电解。从尾砂提取稀土的工作，包括火法和水法两部分。从炉渣提取稀土系采用硫酸化焙烧结合水浸出的方法。无水氯化稀土制备的关键问题为脱水，试验了减压脱水法与真空脱水法。关于稀土复盐电解制取稀土合金（即混合稀土合金）方面，曾系统地试验了湿度对电流效率的影响。

4月25日，全国储委审查了地质部华北地质局241地质队1951~1955年提交的《内蒙古白云鄂博西矿地质勘探报告》，基本确定了西矿铁矿储量和稀土储量：“稀土储量为C2级10494949.7吨，REO（总氧化稀土）平均品位1.09%。”

年内，中国科学院金属研究所从1953年开始，经过3年对白云鄂博矿的研究，提出了6份报告，提供了选矿初步设计及设计方案等技术资料，在学术领域首次阐明了白云鄂博矿石的选矿方法和流程。

1957年

2月27日，包头钢铁公司决定成立白云鄂博铁矿。至年底共采出富铁矿石2573510吨（平均含REO质量分数为2.88%）。

4月，中国科学院上海冶金陶瓷研究所编写出《从包头铁矿提取稀土研究工作第二次进度报告》。报告中称：本进度报告总结了1956年的工作。在尾砂提取稀土工作方面，主要是继续试验稀酸浸出法的适当条件，改进了二次处理的方法，研究了尾砂中硫的作用，并系统地研究了酸量及酸度的配合对浸出率的影响，还初步进行了用硫酸铵焙烧后浸出的试验。

12月，中国科学院和苏联科学院签订了关于白云鄂博矿中铁、稀土研究工作的合作协议。研究项目是：一是白云鄂博铁矿及稀土矿床的物质组成及成因；二是白云鄂博铁矿中稀土金属的提取和利用；三是从白云鄂博矿中提取稀土元素，研究其性质和用途；四是对白云鄂博矿区进行经济技术估价并确定其工业利用远景。

年内，中国科学院长沙矿冶研究所开始进行从白云鄂博选铁尾矿中回收稀土的选矿研究，用大豆油硫酸化皂为捕收剂，采用浮选法得到稀土氧化物20%的稀土粗精矿，稀土收率为65%~73%。

年内，中国科学院上海冶金陶瓷研究所编写出《从包头铁矿提取稀土研究工作第三次进度报告》。该所继续进行了5项研究工作。

1958年

2月10日~12日，包头铁矿研究工作领导小组在中国科学院召开扩大会议，会议由严济慈、恽子强、尹赞勋共同主持，这次会议主要讨论贯彻落实1957年12月11日签订的“中国科学院和苏联科学院关于1958年度科学合作协议”和科学合作措施计划第六部分第十三项——“白云鄂博铁矿中稀土元素的提取和利用”问题。会上中科院有关所汇报了对包头稀土提取分离的研究工作情况，明确了今后稀土研究的分工等。

3月，北京有色金属研究院成立了第五冶金研究室，从事稀土分离提取和材料应用研究，它是中国最早的稀土研究单位之一。

6月16日，以何作霖和Γ·A·索科洛夫为队长的中苏科学院白云鄂博合作地质队抵达白云鄂博矿区，进行该队第一次野外地质调查工作。

7月19日~21日，中共中央副主席、中央人民政府副主席朱德元帅一行，在国务院副总理、内蒙古自治区党委第一书记、自治区主席乌兰夫等陪同下视察白云鄂博，并亲笔题词：“提前建成白云鄂博矿山”；还接见了中苏合作地质队的主要成员，对苏联地质工作者参加白云鄂博矿床的研究工作表示欢迎，希望这一合作项目取得成功。

8 月，包头钢铁公司经理李超就包钢筹建稀土金属厂事宜进京并赴沪。此行与冶金部有色金属司、有色设计院、上海冶金陶瓷研究所负责人交换了意见，起草了《关于包头稀土金属厂筹建工作》的报告并呈交冶金部和包头市委。

9 月 1 日，包头钢铁公司决定抽调申毅等 12 人组建稀土金属厂筹备处，11 月 3 日该筹备处正式成立。

9 月 8 日~10 日，中国科学院召集各有关研究所在上海召开会议，共同商讨为包头建厂提供设计依据问题。会议确定：从包头矿冶炼炉渣提取混合稀土金属及混合稀土氧化物的生产流程，由上海冶金陶瓷研究所提供；选铁尾砂选矿和炉渣选矿回收稀土精矿的生产流程由长沙矿冶研究所提供；从混合稀土氧化物分离铈、镧、镨、钕的生产流程分别由长春应用化学研究所、上海冶金陶瓷研究所和化学研究所提供。会上以签订合同的方式，分别规定了各所提交设计流程的最后限期（在 1958 年 11 月 30 日以前）。

9 月，中国科学院上海冶金陶瓷研究所编写出《从包头铁矿提取稀土研究工作第四次进度报告》。为了迅速建立包头稀土工业，该所应包头钢铁公司的要求，提前完成从炉渣提取稀土的研究。所得研究结果列入本报告中，供设计部门参考之用。报告的内容除引言、总结外，主要内容有稀土硅铁合金的制备、从稀土硅铁合金制备混合稀土金属、从稀土硅铁合金制备混合稀土氧化物和从炉渣用水法提取混合稀土氧化物等。

10 月 4 日，冶金部发出《关于包头稀土金属试验厂的建设原则的通知》。

12 月 26 日，中国科学院在北京召开包头矿研究工作会议，会议由以中科院技术部主任严济慈为首的包头矿综合利用领导小组主持。会议主要讨论解决包头稀土生产和应用研究问题。会上宣读了 39 篇学术论文和工作报告。会议就 1959 年的工作任务和要采取的重要措施通过了相应的决定。

年底，《包钢有色金属厂筹备处 3 个月筹建工作基本总结》中写道：从 9 月末开始调集人员，建立小型试验车间，到 12 月底，用土洋结合的办法，生产出了混合稀土氧化物、混合稀土金属和铈、镧、镨、钕、钐五种单一稀土氧化物。

年内，中苏白云鄂博合作地质队提交了《1958 年度中苏白云鄂博合作地质队野外工作总结》，其中包括工作情况、地质工作成果、成果在实际和理论上的意义及工作取得的经验。合作队对白云鄂博所含稀土元素矿物再次确定为白云矿为氟碳铈矿、鄂博矿为独居石。

年内，白云鄂博复杂多金属共生矿在稀土提取利用研究方面取得了突破性进展，特别是上海冶金陶瓷研究所的“炉渣入电炉冶炼混合稀土硅铁合金—湿法冶金制取氯化稀土—氯化稀土电解制取稀土金属的工艺流程”，长沙矿冶研究所的“选铁尾矿选出大于 40% 品位的稀土精矿工艺流程”，上海冶金陶瓷研究所的“稀土精矿酸法、碱法处理工艺”和“镧、铈、镨、钕、钐、钆、镝、钇等单一稀土金属的制备”。

年内，北京有色冶金设计研究总院和包钢设计院合作，编制了《包头稀土金属试验厂设计意见书》，工程规模为混合稀土金属 50 吨/年，用包钢高炉渣为原料，用 5 吨电弧炉还原回收稀土生产硅铁稀土合金，进而用 HCl 浸出，过滤浓缩得氯化稀土，熔盐电解得混合稀土金属。工艺由中国科学院上海冶金陶瓷研究所提供。厂址设于包钢炼钢厂以南 3 公里。

1959 年

2 月 26 日，“包头中间工厂分离小组会议”在中国科学院长春应用化学研究所举行。会议中心议题是从炉渣硅铁还原制得的稀土合金中，提取稀土混合物及进行个别稀土分离扩大试验。会议决定包钢提供合金，长春应用化学研究所进行试验，上海冶金陶瓷研究所派人分别到包钢和长春应用化学研究所指导生产合格的稀土合金和提取分离试验。

5 月 5 日~8 日，“包头矿尾矿中心小组工作会议”在上海召开。会议检查了尾矿研究工作的进展情况，讨论修订了 1959 年研究工作计划和重要措施，并通过了相应的决议：一是从尾矿中选出稀土精矿的研究，拟进行浮选—重选—焙烧磁选和浮选—湿式强磁选—重选两个方案，其中第二方案为重点方案，由长沙矿冶研究所负责；二是从各级稀土精矿中提取稀土元素的研究，由中科院上海冶金陶瓷研究所负责；三是稀土元素分离扩大试验，由中科院长春应用化学研究所负责。

5 月 25 日，白云鄂博中苏地质队队长何作霖在《关于白云鄂博矿床含稀土的白云岩的勘探问题》的报告中称：经过 1958 年调查研究后，查明白云鄂博矿体外的白云岩（铁矿的围岩）含稀土矿物，稀土品位达到工业要求，远景储量大大超过已知的铁矿体中的稀土储量。因此，专家建议应该进行勘探，以查明白云岩的稀土 C1 + C2 储量。

6 月 17 日，包头钢铁公司、中科院技术科学部、地质研究所、北京化学研究所、长春应用化学研究所、上海冶金陶瓷研究所、冶金部矿冶研究院、内蒙古地质局共同签署“白云鄂博铌、钽、稀土矿床的工作计划协议书”。包钢 541 地质队和地质所共同负责白云岩的稀土勘探工作。

7 月，中国科学院上海冶金陶瓷研究所编写的《从包头铁矿中提取稀土元素进度第五次报告》称：为配合包头钢铁公司稀土厂第一期建设计划，本所又深入地进行了如下研究：一是对于稀土硅铁合金重点研究了盐酸浸出法；二是对于混合稀土金属的电解研究了可溶阳极电解及氧化稀土电解；三是进行了铈、镧、镨、钕的分离试验。

9 月 3 日~7 日，中国科学院在包头主持召开“包头矿研究工作会议（第二次）”。会议听取了中国科学院和苏联科学院白云鄂博地质队提交的《1958~1959 年研究工作总结报告》及有关单位关于从选矿尾矿选别稀土精矿中提取分离稀土的研究工作报告，并提出了 1960 年对包头矿开展研究工作的意见。

9 月，中科院地质研究所研究员、中国著名岩石矿物学家何作霖与苏联科学院教授 Г · А · 索洛科夫等 19 人组成的中苏合作地质队，完成了对白云鄂博矿床中的轻稀土元素进行地球化学、矿物学及成矿规律的研究。

10 月 15 日，中共中央副主席、国务院总理周恩来在国防委员会主任叶剑英元帅和国务院副总理、内蒙古自治区党委第一书记、自治区主席乌兰夫等陪同下到包头视察。为包钢 1 号高炉出铁剪彩。16 日，在包头一宫作报告，在市委院内接见包钢和包头市先进工作者。接着叶剑英、乌兰夫、李维汉、徐冰、张执一、胡克实、刘春、萨空了、余心清、吕东、夏耘、卓维、孙兰峰、苏谦益等领导人陆续视察了白云鄂博铁矿。

12 月 30 日，包钢第二选矿厂第一座 5 吨电炉建成并炼出第一炉稀土硅铁合金。这是包头工业规模生产稀土合金的起始点。

年内，中苏科学院白云鄂博合作地质队（中方队长为何作霖教授，苏方队长为索科洛夫教授，秘书为司幼东教授），经过 1958~1959 两年的野外地质工作和室内实验工作，编写出《内蒙古白云鄂博铁—氟—稀土和稀有矿床研究总结报告》，分上、下两册，内部打印、存档。

年内，中国科学院上海冶金陶瓷研究所编写了《从包头铁矿中提取稀土元素第六次报告》。报告论述了用硅铁还原法从炉渣中提取稀土的研究获得初步成功后，曾在电弧炉及反射炉中进行扩大试验，初步证明该法具有工业化可行性。但所得合金质量不够稳定，杂质含量较高，且在电弧炉中反应时间较长。因此，该所针对上述问题又进行了较深入的工业性试验。

年内，包头钢铁公司撤销了有色金属厂筹备处，成立第二选矿厂（即后来的 704 厂）。

年内，241 地质队李毓英的专著《白云鄂博铁矿地质与勘探》一书，由地质出版社出版。

年内，中国科学院地质研究所洪文兴和包钢白云鄂博铁矿姜中元编写了《白云鄂博铁矿铌、钽产出情况及远景评价报告及其附图》。

年内，中国科学院地质研究所张培善（何作霖教授的研究生，中苏科学院白云鄂博合作地质队成员）在地质工作期间，发现了黄河矿等稀土新矿物，并将这一发现写入《白云鄂博稀土矿物学研究》的研究生毕业论文中。

年内，包钢公司用稀土硅铁合金作球化剂，试制成功球墨铸铁。

1960 年

年初，包钢公司生产出的稀土硅铁合金，开始向内蒙古第一机械制造厂和第二机械制造厂提供，试制用稀土代替镍、铬的军用钢材。

3 月，中科院上海冶金陶瓷研究所提出《从包头铁矿提取稀土研究工作第七次进度报告》称：1959 年，矿冶研究所就包头铁矿的矿砂富选稀土工作研究出了工艺流程，并开始提供精矿样品，上海冶金陶瓷研究所随即开展了从精矿中提取稀土的研究。此外，因已查明包头铁矿中还含有铌、钽等稀有元素，上海冶金陶瓷研究所对精矿中的铌、钽回收也进行了初步研究。研究工作主要试验了高温还原稀硫酸浸出、加碳氯化和浓硫酸分解三种方法，并对稀硫酸浸出、浓硫酸分解两种方法进行了扩大试验。

4 月 15 日，国务院副总理聂荣臻主持召开了包头矿综合利用和稀土应用工作会议。会议要求，在四五年内查明白云鄂博矿石中的物质成分、稀土及稀有元素的赋存状态及分布规律。会后，地质部 105 地质队再次勘探白云鄂博矿，中科院地质所各研究室联合组成白云队，对白云鄂博矿物等进行深入研究，并取得重要成果。

5 月 5 日，经包钢同意，包钢第二选矿厂宣布成立厂稀有金属研究所（对外称包钢科学研究所）。

7 月 13 日，包头市委在包钢公司召开现场会议。会上介绍了包钢试验厂、铁合金厂、耐火厂、炼铁厂等四个单位发动群众大办稀土的经验，并参观稀土冶炼现场。

8 月，国家冶金部决定，从北京钢铁研究院、有色金属研究院、黑色冶金设计院、选矿研究院等四单位先后调到包钢 319 人，从事包头白云鄂博矿的综合利用研究工作。这些科技人员分别分配到冶金科学试验所和 704 厂。

9 月 1 日，国家科学技术委员会（以下简称国家科委）党组向党中央提出关于包头稀土开发报告，报告共三部分：一是包头有关工厂、研究机构和提炼稀土元素的“小土群”、“小洋群”的情况。二是中国以白云鄂博矿为主要稀土资源的情况。三是科委有关稀土方面的工作安排：大力发展稀土钢的生产；土洋并举，迅速发展稀土生产；为了适当地集中力量，接近生产基地，并加强第二线研究基地的建设，拟在包头建立稀土元素研究中心。

9 月 12 日，包钢公司遵照国家冶金部指示，下达（60）包钢干字第 1401 号通知，包钢第二选矿厂改名为包钢 704 厂。同日，中科院上海冶金陶瓷研究所提出《从包头铁矿提取稀土研究工作第八次进度报告》，本报告专题为氯化稀土电解的研究情况。从 1959 年 10 月起，该所开始氯化稀土电解制取混合稀土金属的进一步研究。实验证明，含水氯化稀土电解可获得较稳定、较高的电解效率，且省去脱水手续。因此，较无水氯化稀土电解为优。

9 月，国家科委党组向党中央提出《关于以改善钢种为纲，大力研究生产应用稀土元素的报告》。报告中提出，两年内在包钢建成年产 1500 吨稀土精矿试验车间和年产 1 万吨稀土合金的建议。

10 月 25 日，中共内蒙古自治区委员会向党中央转报，包头市委《关于发动群众大办稀土的报告》和包头市委转报的内蒙古第一机械制造厂《关于新钢种试制报告》。内蒙古党委的报告表示：稀土金属的提取，特别是稀土合金钢的试炼成功，再一次证明了中央指示的正确。包头市委的报告表示：“3 个多月，全市建起各种土炉，生产稀土硅铁合金 200 吨、混合稀土氧化物 2 吨。”

10 月 29 日，中共中央军委副主席、国务院副总理聂荣臻在视察包头时，就包头稀土的开发利用作出指示：“好些国家工业和国防用的合金钢都建立在国内资源的基础上，都有自己的体系。这个问题我们没有解决。中国镍、铬资源都很少，即使有一点，也要节约下来用在最需要的地方。现在试验成功了无镍稀土钢，解决了这个问题，是个方向，是有历史意义的。中国稀土资源不少，又可以综合利用，很有意义。要坚决地搞，无论如何要走这条路。还要组织搞科学研究，要集中力量，在包头搞个稀土、稀有金属研究中心，将研究试验、生产试制、使用结合起来，搞综合利用。”

12 月 9 日~14 日，根据聂荣臻副总理的指示，冶金工业部、中国科学院和包头市委在包头共同主持召开“包头稀土提取及在合金钢中应用的科学研究工作会议”。会议结束后，三个主持单位联合向聂荣臻副总理及国家科委提交会议报告：会议重点研究了今后两年的工作方向和 1961 年的工作计划。要加速包头稀土生产基地的建设，计划 1961 年建设成试验工厂，生产出合乎质量标准的稀土硅铁合金、混合及单一稀土金属；加强稀土应用研究，逐步建立中国的稀土合金钢体系；研究提取铌、钽和其他金属；探索提取稀土的新的生产方法。保证措施是：成立包头稀土综合利用委员会；冶金部和中科院派人帮助包钢稀土金属试验厂建设和生产；组织稀土军用钢专门小组，交流和推广研究成果；冶金部抽调人员在包钢建立稀土金属研究所；每年召开一次稀土会议，交流经验，检查工作。

年内，中国科学院地质所、冶金部包钢白云鄂博铁矿和苏联科学院联名正式提交了《白云鄂博铁—氟—稀土和稀有元素1958~1959年中苏科学院合作地质队研究总结报告》。该报告由何作霖、索科洛夫担任主编。合作队主要队员均参加了编写，其中包括白云鄂博铁矿地矿科长姜中元。报告写道：切实弄清并补充了矿床的矿物研究；证明首次发现的三种新矿物，定名为包头矿、钡铁钛石、黄河矿；并第一次在中国发现的铈磷灰石、氟碳钙铈矿、镧石、磷镨镧矿、硅钛铈钇矿等；初步计算了矿体及围岩中的稀土氧化物储量。

1961年

1月，北京有色冶金设计研究总院完成包钢704厂稀土硅铁合金生产的设计修改，产品设计规模为年产各种规格的稀土硅铁合金1万吨。这是中国第一个，也是当时世界上最大的稀土硅铁合金厂，为中国军工和民用提供了急需的优质稀土硅铁合金。

3月，包钢8861工程（后改为包钢稀土三厂）开工建设。建设项目包括：稀土精矿选矿车间；混合稀土氧化物、混合稀土金属、单一稀土氧化物、单一稀土金属提取分离车间以及相应的辅助设施工程。

4月，根据国务院副总理聂荣臻的指示，冶金部决定从北京钢铁研究院、北京有色金属研究院、北京黑色冶金设计院、北京矿山研究院等四单位抽调300多名科技人员，分配到包头钢铁公司以加强白云鄂博资源开发利用的研究力量。这部分调入的科技人员，陆续分配到包钢冶金科学试验所和包钢704厂稀有金属研究所。1962年，两所合并为包钢冶金研究所。这批科技人员成为该所从事白云鄂博资源综合利用研究的骨干力量。

5月5日，包钢704厂稀有金属研究所成立。

9月，国家科委党组向党中央提出《关于以改善钢种为纲，大力研究生产应用稀土元素的报告》。报告中提出，两年内在包钢建成年产1500吨稀土精矿试验车间和年产1万吨稀土合金的建议。

10月29日，中央军委副主席、国防科工委主任聂荣臻到包头视察内蒙古第一机械制造厂、内蒙古第二机械制造厂，了解“601”镍铸造装甲钢试制情况，并对无镍稀土新钢种的研制作了重要指示。

11月，国务院副总理兼外交部长陈毅在国务院副总理、内蒙古自治区党委第一书记、自治区主席乌兰夫等陪同下视察包钢，参观了稀土中间试验基地（704厂）稀土合金生产。

年内，包钢704厂稀有金属研究所和包钢冶金科学试验所合并，筹备成立包钢冶金研究所。冶金部明确该所的任务是进行稀土提取和应用研究。

1962年

1月26日，经国家冶金部（61）冶发亥人字578号文批准，包钢下达（62）干字0048号文，决定撤销铁合金厂建制，并入704厂。

2月20日，包钢公司决定将钢铁研究所和704厂稀有金属研究所合并，成立包钢冶金研究所。

3月31日，包钢公司决定成立选矿试验厂（今稀土三厂），隶属于包钢冶金研究所，作为该所的试验工厂。

7月，中国著名化工冶金学家、中科院学部委员叶渚沛提出“关于合理利用包头稀土稀有资源的建议”，呈送中国科学院及有关部委领导。

8月9日，国家科委召开包头矿临时协调小组第二次会议。会议经讨论商定：一是对包头资源要提出综合开发方案；二是解决建设选矿车间所缺资金；三是为了充实包头冶金研究所的技术力量，国家科委在留学生分配时尽量加以照顾；四是由包头冶金研究所负责集中交流国内有关研究情况和技术情报资料。

8月13日，国家科委下发通知：为了加速进行包头稀土资源开发利用的科研工作，国家科委等几部委组成包头稀土临时协调小组，负责科研方面的组织协调工作。临时协调小组指定，包头冶金研究所负责各科研单位的工作情况、试验研究成果、技术资料的交流工作。年内，聂荣臻副总理指示：白云鄂博矿是世界上稀土稀有资源最大的、最集中的、最便于开采的矿藏。近年来，世界各国都在加强稀土稀有金属方面的研究，稀土稀有冶金工业方兴未艾。中国在稀土稀有方面创造了几个钢种，效果显著，但有时还不稳定。

目前我们这方面的知识还非常原始。希望我们在这方面的研究工作搞些名堂出来，使我国在稀土稀有金属研究方面走在前面。要集中全国力量，把包头冶金研究所配置成国家级的研究所或研究院。冶金部副部长吕东指示：建立这个所的目的，是搞出稀土金属和稀土钢来，特别是最终要搞出稀土钢来。在包头正式成立稀土稀有金属研究所，担负稀土稀有金属从选矿、冶炼到应用的研究试验工作。稀土稀有研究所与包钢中心试验室完全分开。稀土稀有研究所与704厂合并，铁合金厂和选矿冶炼厂作为研究所的中间试验厂。稀土稀有研究所可先由包钢领导，将来成为冶金部的冶金研究所。

年内，中国科学院长沙矿冶研究所对包钢白云鄂博矿山送长沙的矿样进行选矿试验。获得稀土精矿含 REO 45%~48%（质量分数），回收率为10%~15%。首次从白云鄂博矿石中获得如此高的稀土精矿品位，为上海化工冶金研究所提供了高品位稀土精矿，作为稀土合金的原料。

1963 年

2月4日，包钢公司经理会议决定，将包钢冶金研究所划分为包钢中央试验室和包钢冶金研究所两部分。中央试验室承担黑色冶金的试验研究任务，冶金研究所承担稀土、稀有金属的科研任务。同年3月31日机构分设工作办理完毕。

3月，包钢公司决定将冶金研究所所属的选矿试验厂，改名为8861厂，仍隶属于包钢冶金研究所领导。同月，冶金部将包钢稀土硅铁试验厂（代号704厂）设计任务书报国家计委审批。该厂厂址在包头市宋家壕工业区，计划年产稀土硅铁合金5000~10000吨（后更名包钢稀土一厂）；同月，冶金部将包钢稀土及稀有金属试验厂（代号8861工程）设计任务书报送国家计委审批。该厂厂址在包头市昆都仑区张家营（后更名包钢稀土三厂）。

4月1日，包头冶金研究所正式成立，李光任所长。该所的研究任务为研究稀土稀有资源的综合利用，研究从包头矿中提取稀土稀有金属。成立当月，冶金部通知，经国家科委批准，同意将包头冶金研究所（包括704厂）改由冶金部直接领导，并定名冶金工业部包头冶金研究所（1985年更名为包头稀土研究院）。

4月6日，冶金部发出（63）冶人字2206号文，决定将包钢冶金研究所改由冶金部直接领导，定名为冶金工业部包头冶金研究所。文中规定，新的领导关系由4月1日起执行。经国家科委（63-2）科综张字第095号文批准，冶金部决定撤销包钢704厂建制，将该厂并入包头冶金研究所，改称包头冶金研究所合金试验厂。随后包钢公司成立5人小组，着手进行合并工作。同年7月20日，包钢公司和包头冶金研究所召开联席会议，研究厂、所合并问题，8月5日合并工作结束。

4月15日~28日，由国家科委、冶金工业部、中国科学院共同主持召开的包头矿综合利用和稀土应用工作会议（第一次“415”会议）在北京举行。会议领导小组由国家科委张有萱等15位组成。到会代表包括科学家、工程技术以及管理人员等107名。会议特邀了叶渚沛、邹元爔、侯德封三位著名科学家。叶渚沛将“关于合理利用包头稀土稀有资源的建议”提交给大会。会议提出本着“保护国家资源、合理开发利用”的方针，对开发包头矿进行了充分的讨论。一致认为：白云鄂博铁、稀土、稀有元素是世界罕见的宝贵资源，必须进行综合利用。会议讨论制订了包头矿综合利用稀土科研、生产、应用3年（1963~1965年）规划，部署了矿山地质研究和综合勘探的任务；冶炼方面，为适应推广应用的需要，特别是满足稀土合金钢的需要，要试制多品种中间合金，研究各种经济合理地处理稀土精矿的流程。会议决定成立综合勘探白云鄂博稀土和铌的105地质勘探队，胡科任队长，宋恒鑫、任湘任总工程师。

5月20日，国家科委向聂荣臻副总理呈送了《关于包头白云鄂博矿藏开发利用问题的报告》，报告介绍了白云鄂博地质资源情况及稀土、铌、钽的用途，汇报了“415”会议的召开情况以及在执行综合利用方针上存在的不同意见。《报告》指出：“鉴于白云鄂博矿藏的开发利用和包钢的建设方针，涉及国民经济的全面安排，建议国家计委组织力量全面地加以研究。”

6月3日，国务院副总理聂荣臻就“白云鄂博矿藏开发问题”致信周恩来、李富春、薄一波。信中简单介绍了“415”会议的情况，介绍了专家们的意见，请中央对白云鄂博矿的开发决定一个方针。同时上报了国家科委《关于包头白云鄂博矿藏开发利用问题的报告》和《关于白云鄂博矿放射性元素的点滴情况》。

6月8日，国家科委、国家计委批准《8861工程设计任务书》。批文指出：该工程建设应考虑满足多种流程、多种方法中间试验的需要。建设规模为：选矿系统日处理原矿100吨的破碎车间及日处理矿石25吨的焙烧车间，日处理矿石500吨的选矿车间，年产精矿1500吨。冶炼部分由冶金部研究，按满足小型工业试验研究需要的最小规模进行设计。附属工程应尽量利用包钢已有的基础，能少建就少建。

6月12日，地质部成立直属105地质队，主要任务为对白云鄂博稀土矿进行综合评价和勘探。要求1966年底提交《白云铁矿稀土—稀有元素综合评价报告》和《白云鄂博都拉哈拉铌、稀土矿床普查及勘探报告》。

6月21日，国家科委下达《1963～1967年白云鄂博矿综合利用及稀土应用研究试验规划》，要求各有关部、委、院纳入十年科学技术发展规划，并下达所属有关单位，立即开展工作。

7月19日，冶金部以（63）冶设字第4847号文，发出《关于冶金研究所建设问题的指示》，文中再一次确定“包头矽（硅）铁稀土合金厂（注：合金试验厂）和包头稀土试验厂（注：8861厂）为研究所的附属试验厂（已报国家科委批准）”。

8月2日，冶金部党组向党中央、国务院呈报《冶金部关于包钢建设方针的意见》。具体意见有四条：第一，开始建设包钢时，不仅就已知道白云鄂博是一个含有大量稀土金属的铁矿，而且注意了稀土金属的综合利用；第二，白云鄂博继续开采，不会破坏这一宝贵资源；第三，包钢建设可成为重要的钢铁基地，又可促进稀土稀有金属的利用；第四，从上述情况出发，冶金部认为，包钢仍按原设计方案建设，可先建成150万吨规模。在设计和建设中可以贯彻钢铁和稀土金属同时并举，并提出应彻底搞清地质资源和加强科学研究。

9月18日，冶金部下发（63）冶人字7105号文，批复包头冶金研究所，同意包头冶金研究所与七0四厂机构合并。

9月26日，包钢公司成立矿山研究室。1976年改称矿山研究所。

年内，郭承基编写的《稀土矿物化学》由中国工业出版社出版，其中详细列举并描述了白云鄂博矿的稀土矿物化学特征。

年内，中国科学院地质研究所张培善、洪文兴编写出《白云鄂博矿物志》，由科学出版社出版。书中对白云鄂博矿床中70余种矿物做了全面的鉴定和描述，特别是对稀土、稀有元素矿物和新发现的矿物叙述更为详细。同时，还简要地介绍了该矿床区域地质及矿区地质构造特征、矿化作用等问题。

年内，包钢矿山研究室调查编写了《白云鄂博矿区主东矿铁矿成分查定报告》和《白云鄂博矿床中稀土元素和矿物的初步调查报告》及附图。

年内，冶金部（63）冶设字第4847号《关于冶金研究所建设问题的指示》：经反复研究决定，包头冶金研究所合并到包头稀土试验厂内，建设一个完整的冶金研究所和试验厂。冶金部根据国家计委与国家科委对包头冶金研究所和包头稀土试验厂（8861工程）的设计任务书的审批意见，作了三项重大的变动和决定：一是包头冶金研究所不仅是一个全国性的包头矿综合利用的研究基地和中心，而且为了形成一个拳头，要逐步建成从研究到试验直到生产的完整体系；二是将包头冶金研究所与704厂合并为一，建立统一的领导，党政仍由包钢代管；三是原研究所所址由河东改建在河西。为了贯彻上述决定，成立五人领导小组，着手进行两单位的合并工作。

1964年

3月，“包头稀土铁矿资源综合利用”列入国家“1963～1972年科学技术发展规划”，经中共中央和国务院批准国家科委和中国科学院联名向各单位下达《研究任务书》。

4月9日，中共中央政治局委员、中共中央书记处总书记、国务院副总理邓小平，中共中央政治局委员、全国人大常委会副委员长、北京市委第一书记、市长彭真，中共中央政治局候补委员、国务院副总理康生，在内蒙古自治区党委第一书记、政府主席乌兰夫等陪同下视察了包钢，10日去白云鄂博，11日登上矿山山顶。邓小平同志在听取了白云鄂博铁矿汇报后指出：“白云鄂博是座宝山，我们要很好地开发、利用……白云鄂博蕴藏着大量稀有金属，有个综合利用的问题。需要双管齐下，设立个专门搞稀土的研究机构，有步骤地开发……我们要搞钢铁，也要搞稀土。要综合开发、利用宝贵的矿山资源。”他还告诫当地领导者：“国家进行大规模的社会主义建设，离不开少数民族人民的支持……一定要搞好民族团结工作。”

年内，包头冶金研究所 8861 试验厂选矿试验车间建成。冶金部决定其承担白云鄂博矿焙烧—磁选、混合浮选、优先浮选等选矿流程的扩大试验。

年内，包头冶金研究所 704 试验厂全年生产稀土硅铁合金 350 吨（1 号合金）。

年内，中国科学院地质研究所从 1963～1964 年，在白云鄂博矿床中发现 3 种世界新矿物——氟碳铈钡矿、钕氟碳钙铈矿、钕氟碳铈钡矿。

年内，中国科学院地质研究所编写了《白云矿区物质成分工作汇报》《白云鄂博矿区物质成分的研究报告》和《研究补充报告》《白云鄂博主矿上盘铌、钽研究工作初步报告》《白云鄂博矿区东部接触带铌、钽、稀土研究简报》等。

年内，北京有色金属研究总院编写了《白云鄂博铁矿体中稀土矿物物相分析方法研究》等报告。

年内，包头冶金研究所编写了《内蒙古白云鄂博白云岩型铌稀土矿石选矿样品物质成分研究报告》。

1965 年

3 月 22 日，包头冶金研究所接冶金部党委电报：国家经贸委、科委把“包头钢铁基地的综合利用技术”列入技术革命项目，此项目指定由何树声、李光两位同志负责，迅速组织领导小组，搞出规划，作出安排报冶金部。

4 月 15 日～24 日，国家科委、国家经贸委、冶金部在包头召开第二次“包头矿综合利用及稀土推广应用工作会议（简称第二次‘415’会议）”。冶金部部长吕东和副部长李超先后在会上作报告，国家科委副主任张有萱作了会议总结。会议确定了“以铁为主，综合利用”的方针，制订了《包头钢铁基地综合利用技术 3 年（1965～1968 年）规划》，并决定在包钢建设回收稀土、铌的中间试验厂。张有萱副主任说：“对白云鄂博这块宝藏进行综合利用的方针已经定了，有文字为据。在中央批准 31 项技术革命项目中列为第二项。聂荣臻元帅亲自向毛主席汇报过。”会议有 140 个单位 369 名代表参加。各单位向大会提交了技术报告、论文等共 149 篇。

4 月，冶金部根据第二次包头矿综合利用和稀土应用工作会议精神，决定将 1961 年停产“下马”的原包钢试验厂恢复改建成提铌试验工厂，隶属于包钢中央试验室领导，称包钢中央试验室试验厂。同月，国家科委、冶金工业部组织白云鄂博铁矿中贫氧化矿浮选会战，参加会战的有地质部矿产综合利用研究所、北京有色金属研究院、北京有色冶金设计总院、鞍山黑色金属矿山设计院、包头冶金研究所以及包钢、鞍钢、二冶等，至 1966 年 1 月 5 日结束。鞍山矿院据会战成果对包钢选矿三、六系列工艺流程进行设计修改。

5 月 25 日，国家科委、国家计委下达包头白云鄂博矿综合利用研究试验及稀土元素应用试验推广计划。其注意事项中指出：包头冶金研究所为稀土研究与应用的情报交流中心，各有关单位应将研究试验工作进展情况及推广应用情况等资料，定期送给该所，以便汇总交流。

6 月 15 日，包头矿综合选矿试验会战领导小组向冶金部呈报《处理包头中贫铁矿综合浮选会战计划任务书》：根据第二次“415”会议决定，立即在包头集中全国有关单位的技术力量对包头中贫铁矿进行综合浮选试验。试验的目的是综合回收铁、铌和稀土三大金属，要求铁精矿含铁达到 58%～60%（质量分数），回收率 80%以上；铌氧化物富集在铁精矿中，回收率达到 50%；稀土精矿 REO 品位达到 35%，回收率 50%以上。参加会战的有 12 个科研单位。

12 月 6 日，包头冶金研究所上报《稀土中间合金多品种歼灭战工作总结》。取得的主要成果：一是试制成功 5 个新品种，即低钛合金、高稀土合金、镁稀土合金、铝稀土合金、高钙稀土合金。其中已有 4 个品种转入工业生产；二是精矿可以直接入炉；三是精矿炼得的产品合金粉化严重，正在开展防合金粉化的研究试验工作。

年内，包头冶金研究所采用高炉冶炼白云鄂博中贫铁矿制取稀土富渣，为冶炼稀土合金提供优质原料的试验取得成功。90%以上稀土富集在炉渣中，稀土品位 10%～15%。

年内，由国家科委拨款在包头冶金研究所8861试验厂建成专门进行稀土湿法提取扩大试验的二车间，日处理稀土精矿能力为100公斤。

年内，由内蒙古地质局主持，18个单位126人参加对白云鄂博矿区的物质成分进行深入研究，查明了6个大样的物质成分及铌（钽）稀土元素等赋存状态，提交了《内蒙古自治区白云鄂博铁矿区主东铁矿体内物质成分及铌（钽）稀土元素赋存状态实验报告》（1978年获全国科学大会表彰）。

1966年

1月5日，白云鄂博中贫氧化矿浮选会战攻关组提交两个工艺流程的半工业试验结果。全优先浮选工艺流程获稀土精矿品位21.32%（REO），稀土回收率为24.35%，首次得到用浮选法处理包头矿回收稀土的较系统完整的半工业试验数据。

4月15日，冶金部委托包头冶金研究所主持，于4月15~25日在包头召开包头矿稀土提取分离流程座谈会。中国科学院、冶金部、内蒙古地区有关单位的代表参加了会议。会议交流了一年来的试验研究工作，通过了《包头矿稀土提取分离流程座谈会纪要》，对今后工作提出了措施和建议。

4月28日，中共包钢委员会第517次常委会议决定，将试验厂从中央试验室划出，直属公司领导，改称包钢试验厂。后因政治运动的影响，干部配备未能及时解决，5~9月，试验厂仍由中央试验室代管。同年10月4日，中共包钢委员会临时常委会发出通字总第12号文，再次决定将试验厂从中央试验室分出，直属公司领导。新成立的包钢试验厂即稀土二厂前身。

4月，地质部105地质队提交了《白云鄂博铁矿稀有稀土元素综合评价报告》。报告计算了主东矿体铁、铌、稀土、钛、钍及萤石储量和品位。提交的稀土储量和品位为：主东矿稀土总储量为3505.7万吨氧化物。其中主矿为2165.3万吨（平均品位6.19%）、东矿1340.4万吨（平均品位5.71%）。另外，全矿区稀土氧化物远景储量为1亿吨（西矿4800万吨，主矿上下盘4200万吨，东介勒格勒460万吨，都拉哈拉540万吨）。还第一次提出白云鄂博矿区共发现了71种元素、114种矿物和26种可供综合利用的元素。已发现的稀土矿物有12种，其中黄河矿为世界首次发现的新矿种。

6月11日，陈毅副总理来包头视察，了解包头建设情况。为了加强包头冶金研究所的科研工作，陈毅副总理同意调给该所300名转复军人。

8月，北京有色金属研究院、包头冶金研究所等单位组成的包头矿浮选会战队在包头冶金研究所8861试验厂进行了全浮选半工业试验（25吨/日），获得稀土精矿品位为REO质量分数24.84%、稀土回收率37.29%的试验结果。

12月28日，包头稀土提取会战工作队给国家科委和冶金部报送的《包头稀土精矿湿法处理提取稀土氧化物和包头稀土精矿氯化—电解制取混合稀土金属及其合金（火法）中间试验计划（草案）》称：根据第二次“415”会议的要求和1966年“415”座谈会的决定，由中科院长春应用化学研究所、北京有色金属研究院、上海跃龙化工厂和包头冶金研究所组成的会战工作队，已于1966年11月组成并开始工作。

年内，包头冶金研究所提交了《关于稀土镁合金工业性试验总结》《稀土硅钙合金试验总结》《高稀土硅铁合金的半工业性试验总结》和《稀土铝合金的试验》（半工业性）等技术报告。

年内，中国科学院地质研究所和贵阳地球化学研究所提交了《内蒙古白云鄂博矿床的物质成分、地球化学及成矿规律的研究报告》。

年内，按全国第二次“415”会议推荐的试验流程，由包头冶金研究所等单位组成的“415”会战队，在8861试验厂进行“碳酸钠焙烧精矿—硫酸浸出，用P204萃取分离铈的流程”扩大试验，取得较好指标并用于该厂生产。这是包头稀土湿法提取用于生产的第一个流程。

年内，包钢选矿厂在第一系列生产线上安装了5台摇床，开始了稀土精矿的试验性生产，精矿品位为15%~25%，年产量不足300吨。

1967年

5月，地质部105地质队自1964年对白云鄂博矿区都拉哈拉（包括菠萝头和东部接触带）铌、稀土矿床进行普查和勘探，提交了《内蒙古白云鄂博都拉哈拉铌、稀土矿床普查报告》，计算了氧化铌储量 C1+C2 级 669951 吨，Nb_2O_5 质量分数 0.097%~0.202%；稀土储量 C2 级 21755641 吨，含 REO 质量分数 0.30% ~ 3.00%，表外矿 134139 吨。

8 月 10 日，冶金部决定将包头冶金研究所合金试验厂划归包钢公司。同年 11 月 21 日，包钢公司与包头冶金研究所签署划分协议：合金试验厂重新划归包钢后，恢复包钢 704 厂名称。

8 月 14 日，包头冶金研究所给国家科委和冶金部《关于包头稀土精矿的提取流程进行扩大试验的报告》称：两个流程对比（即碳酸钠焙烧—碳酸盐提铈和碳酸钠焙烧—P204 萃取）。试验结果表明，萃取法提铈与碳酸盐法相比有以下优点：第一，流程的技术性可靠，对不同的精矿和浸出液的杂质适应性强；第二，产品纯度高（99%），收率高（单萃取大于 95%），成本低；第三，基建投资少，定员少，自动化程度高。

年内，包头市东风钢铁厂开始生产稀土富渣。冶金部和内蒙古决定由东风钢铁厂 80m^3 高炉生产稀土富渣供给包头冶金研究所 704 厂冶炼稀土中间合金，1967 年共生产稀土富渣 20671 吨。

年内，包钢 704 厂改用包头东风钢铁厂生产的稀土富渣为原料，使稀土合金产量倍增，全年累计生产 5975 吨，同时还增加了稀土硅铁镁合金新品种。产品成本由 1964 年的 4800 元/吨降到 2600 元/吨。

1968 年

年内，包头冶金研究所已能从包头稀土精矿中制备出 17 种稀土产品。氧化物：混合稀土氧化物、氧化镧、氧化铈、氧化钕、氧化钐、氧化铕；化合物：混合稀土氯化物（或碳酸盐）、氟化铈、氯化铈、硝酸铈；金属：混合稀土金属、高镧金属、金属铈；中间合金：稀土镁合金、镨钕镁合金、钕镁合金、稀土铝合金。

1969 年

年内，中国人民解放军冶金部军代表生产组拨给包钢科学实验经费 50 万元，要求包钢进行的主要科学实验项目如下：萤石回收；提高稀土精矿品位；铁水喷雾提铌；铌铁冶炼；704 厂稀土合金一步法冶炼稀土硅铁合金。

年内，包头冶金研究所研制的 10MnNbRE 钢用于造船、石油井架和钢板桩，开创了民用稀土钢的研制先河。

年内，包钢选矿厂在选铁精矿中，逐步开展稀土回收工作，试验性地从浮选泡沫中用重选法回收稀土粗精矿（含 REO 质量分数 30%）取得成功，在选矿车间安装了 5 台摇床，1966~1969 年共生产稀土粗精矿 728.6 吨。

1970 年

5 月 1 日，包头市东风钢铁厂 0.5 吨小电炉建成投产，炼出了第一炉合格的稀土硅铁合金。

5 月 23 日，冶金部军管组下达（70）冶军生字第 661 号文，决定将包头冶金研究所连同 8861 厂下放归包钢领导。同年 6 月 7 日，包钢召开干部大会，宣布上述决定。包头冶金研究所下放包钢后，改称包钢冶金研究所。同年 12 月，包钢军管组决定将 8861 厂从包钢冶金研究所划出，直属公司领导，定名为包钢 8861 厂。

年内，包头冶金研究所等单位，在包钢试验厂 500mm 回转窑上进行了碳酸盐焙烧—硫酸浸出流程的半工业试验，稀土浸出率达 95%以上。

年内，包头冶金研究所在 8861 厂完成了“用 P204-TBP-煤油溶液从稀硫酸浸出液中萃取分离钍、铈、三价稀土”等扩大试验。

年内，包头市稀土冶炼厂开始采用酸法生产氯化稀土和电解法生产混合稀土金属。

年内，包钢 704 厂新建一座 5 吨电炉，稀土中间合金生产能力达年产 1 万吨。本年内合金生产又增加了 6 号低稀土硅铁合金（RE 质量分数 5%~7%，Mg 质量分数 5%~7%），并开始大量生产，主要用于球墨铸铁。

1971 年

年初，包钢公司决定将 8861 厂改名为 88 厂。

5 月，包头市东风钢铁厂用 1 号电炉生产稀土硅铁合金，该厂炼钢车间从此转为稀土中间合金生产车间。当年，该厂冶炼稀土硅铁合金成功。

5 月，包钢选矿厂第 4 选矿系列进行稀土选别作业工业生产调试，将设计药剂组合中硫酸改用明矾代替，取得稀土精矿品位15%~20%、回收率20%左右的结果。

11月22日，包钢公司革命委员会发出革办字第77号文，决定将包钢704厂、试验厂、88厂分别改名为包钢有色一厂、有色二厂、有色三厂。

1972年

3月，包钢公司撤销革命委员会生产指挥部，恢复原各职能处室，并成立有色金属处，负责稀土系统的生产和科研管理。有色金属处下设生产科和综合科。1975年7月，包钢公司决定将有色金属处并入生产处，在生产处下设有色金属科，负责有色金属的生产管理。

3月，包头冶金研究所与包头市东风钢铁厂在3吨电炉上，以稀土富渣和白云石为主要原料进行冶炼稀土硅钙镁合金的工业试验获得成功。

年内，包头冶金研究所从20世纪60年代后期开始进行稀土阴极发射材料——六硼化镧的研究，本年正式列题。之后陆续向用户提供LaB6粉和热压块。

年内，包钢有色一厂编印了《稀土中间合金》一书（内部资料），内容包括概论、冶炼、化学分析、防护和应用等五部分。

1973年

6月5日，冶金部下达包钢1973年基本建设计划指标，总投资6000万元，其中主要项目有建设选矿厂重选车间，年产稀土精矿1万吨。同时还有建设稀土试验厂及稀土铁合金车间等项目。

9月24日，冶金部基建局下达设计任务：由北京有色冶金设计研究院承担包头有色金属冶炼厂（有色三厂）每年处理1000吨稀土精矿的配套工程初步设计。该设计采用稀土精矿浓硫酸焙烧工艺。

10月，北京有色冶金设计研究总院按冶金部基建局要求，由涂理著等人完成了《包头钢铁公司包头有色金属冶炼厂配套工程初步设计书》。主要设计内容为：新建焙烧车间，设计工艺为浓硫酸焙烧，复盐、碱转化酸溶，萃取离子交换等。鉴于国内当时浓硫酸焙烧均采用的外热式回转窑腐蚀严重、寿命短热效率低的缺点，该院建议在施工图时采用内热式回转窑，并建议进行焙烧尾气中HF、SO_2等的处理回收扩大试验。

年内，包钢有色三厂自制自建一台日处理含稀土氧化物不小于30%精矿2.5吨的外热式浓硫酸焙烧回转窑。

年内，包头冶金研究所倪德祯、庄永泉等起草《稀土产品化学分析方法部颁标准》（1977年定为冶金部标准）。氧化镧、氧化钕、氧化钐、氧化铕、氧化钆、氧化钇光谱分析方法均纳入了标准，被评为冶金部重大科技成果。

年内，包钢选矿厂第三系列弱磁—强磁流程中增设了稀土浮选作业，泡沫品位12%，稀土回收率13%左右。

1974年

4月14日，冶金部指示包钢要提供4种稀土氧化物出口。白云鄂博矿中含氧化钇较低，按现有生产流程，每年只能回收2~3公斤，因此不能供货。该年可提供氧化镧1000公斤，氧化钕500公斤，品位大于99.5%的氧化钆50公斤。

6月，全国稀土元素分析化学报告会在武汉大学召开。来自全国各地的稀土分析科技工作者150多人参加并进行了学术和经验交流。著名稀土分析化学专家曾云鹗教授主持会议。本次会议对推动中国稀土事业的发展（特别是稀土分析化学）和学术水平的提高都起了十分重要的作用。被中国稀土学会确认为“第一届全国稀土分析化学学术报告会”。

8月10日，冶金部批复包钢有色冶炼厂的配套工程，要求1976年建成投产，其建设规模为年处理稀土精矿1000吨（含REO质量分数大于35%），并要求在平面布置上留有扩建的余地。

年内，包头冶金研究所创办了稀土科技期刊《稀土与铌》。起初作为内部交流刊物，1980年定为中国稀土学会会刊，更名为《稀土》，面向全国发行。1980~1985年间为季刊，1986年改为双月刊。

年内，中国科学院地质研究所编写的《内蒙古白云鄂博矿床物质成分、地球化学及成矿规律研究》，由科学出版社内部出版。

年内，包钢选矿厂重选车间建成投产。该车间设计规模为40%品位稀土精矿1000吨和15%~

20%稀土精矿 1.5 万吨。

年内，在包钢科技处主持下，由包头冶金研究所、北京有色金属研究总院、北京有色冶金设计研究总院、湖南冶金材料研究所等 8 个单位 15 位同志组成的稀土氯化试验小组，在包头冶金研究所进行试验。

1975 年

2 月~7 月，包头冶金研究所、包钢有色一厂等单位在南京铁合金三厂完成矿热炉直接冶炼稀土硅铁合金（一步法）工业试验（1000 千伏安），并提出了报告。与硅铁还原两步法比较，该法具有节约硅铁、石灰和减少工序等优点。技术经济指标与两步法相近。采取稀土精矿为原料，电耗有明显下降。但该法存在电极下积聚生长 SiC 硬块和合金粉化问题，尚未能有效解决。

5 月，包钢选矿厂稀土重选车间建成投产。

8 月 25 日，国家经贸委、冶金部决定，包头市东风钢铁厂两座高炉全部生产稀土富渣。

8 月 25 日~9 月 5 日，经李先念等 4 位副总理批准，全国稀土推广应用会议在包头召开。会议由国家计委、中科院、冶金部联合主持，全国有 300 多个单位 458 名代表到会。国务院副总理孙健、国家计委副主任袁宝华、冶金部副部长杨殿奎参加会议。会议重申了白云鄂博资源“以铁为主，综合利用，全面发展”的方针。会上共收到 200 多份学术论文、研究报告和资料，有 100 多位代表发言，总结交流了稀土生产、应用和科研工作。会议讨论并制定了“全国稀土生产、科研和应用十年规划草案”；会议决定成立“全国稀土推广应用领导小组”，袁宝华任组长；会议决定以包头冶金研究所为主，五机部五二研究所参加，在配合会议举办的稀土展览会基础上举办“全国稀土推广应用展览会”，到全国各地巡回展出。

9 月，国家计委、中国科学院和冶金工业部在包头共同主持召开全国稀土推广应用会议后，中共包钢委员会于同年 10 月 11 日，决定成立包钢综合利用领导小组，下设综合利用办公室。综合利用办公室的主要任务是：宣传并督促检查“以铁为主，综合利用，全面发展”方针的贯彻落实，并对资源利用的规划、计划、科研设计、生产建设等方面的工作进行内外协调，特别是对重大项目的确立和组织实现，以及一些重大技术方针问题进行调查研究，及时向领导小组提出意见和建议；并明确有一名领导分管综合利用方面的业务。包钢综合利用办公室成立后，生产处仍保留有色金属科建制，负责各稀土厂的日常生产管理。

10 月 17 日，经国务院批准，全国稀土推广应用领导小组在北京正式成立。领导小组组长袁宝华。会议还决定将“稀土科研、生产和应用十年发展规划（草案）”提交全国计划会议审议；以全国稀土推广应用领导小组办公室名义印发简报，经常向国务院领导同志和国务院各部、委、局，各省、市、自治区反映全国稀土推广应用会议贯彻情况。

1976 年

4 月 20 日~25 日，冶金部稀土金属科技情报网（现全国稀土信息网）成立大会在包头召开。会议由冶金部情报标准研究总所主持，有 60 个单位 80 名代表参加。会议讨论通过了情报网工作细则。经情报总所与冶金有关司局商定，由包头冶金研究所担任情报网的组长单位，北京有色金属研究总院广东分院、上海跃龙化工厂和沈阳金属研究所为副组长单位。

10 月 8 日，冶金部委托包钢主持在包头召开了全国第一次稀土萃取经验交流会。出席会议的有全国 20 个省、市、自治区工厂、科研、设计、应用、高等院校等 63 个单位，153 名代表。会议交流了稀土萃取技术的经验，明确了主攻方向。会后由包头冶金研究所编辑出版了《稀土萃取资料选编》。

11 月~12 月，由中科院长春应用化学研究所等 13 个单位组成的“伯胺萃取扩大试验会战组”在包钢有色三厂 0.5 立升混合澄清萃取槽上进行了“用伯胺从包头矿浓硫酸焙烧水浸液中萃取分离钍和提取混合稀土氧化物”的扩大试验，获得氧化钍纯度为 99.6%，回收率为 99.4%；制得氯化稀土，稀土总回收率为 95.8%的结果。

年内，包头冶金研究所与上海跃龙化工厂合作，开展碱法分解包头稀土精矿的试验研究，完成半工业试验后，通过冶金部组织的技术鉴定。此碱法工艺被称为第一代碱法。

年内，包头冶金研究所与包头市第三化工厂

完成“稀土矿物新型捕收剂——N羟基环烷酸的研制及工业合成试验”（获自治区1980~1981年科技成果二等奖）。

年内，包钢公司增加4个稀土合金牌号。稀土硅铁合金：牌号“稀土17”和“稀土20”；稀土硅铁镁合金9-9和稀土硅铁镁合金13-9。

1977年

7月，根据国家计委、科学院、冶金部下达的（75）冶科字第1364号文件，由包头冶金研究所和五机部五二研究所负责组织，以国家经贸委、国家计委、国家科委和冶金部联名举办的“全国稀土推广应用展览”，自1975年10月开始至1977年7月结束，历时近2年，先后到北京、天津、上海、湖北、湖南、广东、内蒙古、甘肃、四川、辽宁等10个省市自治区巡回展出。该展览展出各种实物展品1000余件，文字板面展线120米。展出期间接待观众17万多人次，举办讲座和座谈283场。

12月，包钢矿山办公室组织包钢勘探队、白云鄂博铁矿和矿山研究所组成的白云鄂博铁矿深部开拓设计地质编图组于12月提交了《白云鄂博铁矿主东矿储量计算说明书》。其中提出铁矿体及有用岩石中稀土氧化物储量为4941万吨。稀土氧化物平均含量（质量分数）：主矿为5.58%，东矿为5.60%。1978年3月内蒙古冶金局受冶金部委托，对上述《说明书》进行了审查并批复，指出：“储量计算说明书所提供的地质资料可作为矿山设计建设的依据。”

年内，包头冶金研究所、包钢中央试验室、包钢有色一厂、北京铁合金厂、包头合金冶炼厂、大同合金冶炼厂、唐山钢厂合作研究的“一步法配合炉外冲镁冶炼稀土合金新工艺”项目获冶金部表彰。

年内，包头冶金研究所、陕西钢铁研究所研究的“稀土元素改善Fe-Cr-Al电热合金抗氧化作用机制”获冶金部科技成果奖。

年内，包头冶金研究所研究的“稀土钴永磁材料的研制——稀土钴永磁材料工艺的研究”，获冶金部表彰。

年内，包头冶金研究所采用絮凝脱泥的方法对白云鄂博中贫氧化矿进行选矿新工艺试验研究，获得品位大于62%的铁精矿（回收率大于80%）、一级稀土精矿为REO 61%（回收率33.5%）、稀土次精矿为REO 36%（回收率27.69%）。

年内，包钢公司进行稀土精矿球团回转窑焙烧试验，被列为国家重点科研项目。

年内，包头冶金研究所湿法室用P_{204}萃取分离制取高纯氧化钆获得成功。氧化钆纯度为99.99%，其中杂质铕的含量由原来的3000×10^{-6}降到$(6\sim10)\times10^{-6}$。

年内，包头冶金研究所技术资料选编小组编印了《稀土合金冶炼技术资料选编》。该选编总结与介绍了有关稀土硅铁等中间合金的生产技术与冶炼工艺，介绍了国内稀土硅铁与稀土镁硅铁等稀土中间合金生产厂的基本情况，并对进一步发展我国稀土合金生产提出看法，同时还介绍了国外稀土中间合金的生产和应用概况。

1978年

2月15日，冶金部党组决定成立白云鄂博资源综合利用领导小组，并建立试验专题负责人制度。领导小组设在包钢科技办公室，要求1980年以前抓好六大试验研究项目。

3月~6月，北京有色金属研究总院和包头冶金研究所等单位，在包钢有色一厂5吨电弧炉上，采用硅热法进行冶炼稀土品位大于40%的合金工业试验，制取了REO≥40%、P质量分数0.06%的不粉化合金；稀土一次回收率为30%~40%；二次渣补加石灰后制取稀土大于25%的合金。两次冶炼稀土总收率达70%以上。主要存在有稀土精矿烧结中粉尘及氟气的污染和精矿成本高等问题尚待解决。

7月28日~8月3日，国家科委、国家计委、冶金部在包头联合召开“包头矿资源综合利用汇报会”，36个单位的160多名代表参加会议。中共中央政治局委员、国务院副总理、国家科委主任方毅参加会议并作报告。会议期间，方毅在内蒙古自治区党委第一书记尤太忠、第二书记周惠、内蒙古自治区革委会副主任云世英以及包头市领导的陪同下，视察了包钢白云铁矿、选矿厂、有色一、二、三厂、冶金研究所和东风钢铁厂等单位。会议中听取了包头共生矿综合利用科研专题汇报、白云鄂博西矿地质和矿产综合评价汇报。

方毅副总理提出七点希望。会议提出了“加速开发西矿，保障包钢的钢铁生产的需要；根据国内的需要和出口的可能，有计划地对主东矿进行开采，实行提取稀土、铌为主，兼对铁、磷、锰、氟进行综合利用”的方针。会议确定了50项科研项目，重点是白云鄂博矿综合利用第二流程的试验研究。会议决定成立“包钢白云鄂博西矿建设总指挥部”，对西矿的地质、科研和建设全面组织领导。

8月21日，冶金部批准《包钢高品位稀土精矿精选车间设计任务书》。精选车间规模为日处理重选粗精矿70吨，年产含稀土氧化物大于60%的稀土精矿5000吨，大于35%的中品位精矿4000~5000吨。选矿药剂由包钢自建的年产100吨的羟肟酸车间解决。

8月26日，方毅副总理视察包钢后，给中央的书面报告提出：“是否成立包头稀土铌公司，进行专门经营管理。”中共中央副主席邓小平对这个报告作了批示：“意见很好，请计委、经贸委拟定。”

9月~11月，包头冶金研究所与上海长风化工厂在该厂共同进行N-羟基环酰胺（即环基羟肟酸）工业合成试验并获得成功。产品用于小型选别包钢重选粗精矿（REO 25.1%）可得REO 63.8%精矿，回收率为77.14%，N-羟基环酰胺用量为1.5公斤/吨。该药剂生产工艺简单，成本比C5-9异羟肟酸约低30%。

10月，遵照方毅副总理视察包钢时关于要把“全国稀土推广应用领导小组”恢复起来的指示精神，全国稀土推广应用领导小组恢复工作，下设办公室，处理日常业务。办公地点设在北京有色金属研究院。同月，遵照方毅副总理在视察包钢时关于加快稀土在钢中应用推广的指示，冶金部召开了“稀土钢冶炼工艺和加入方法会议”，着重讨论稀土在钢中的推广应用问题。50多个单位120多位代表参加会议。会上交流了经验，制订了科研规划，确定以16MnRE、09MnRE、25MnTiBRE和铁铬铝等4个钢种，作为重点攻关项目。

11月3日~8日，冶金部在北京召开“包头资源综合利用科研课题汇报落实会”。会议讨论协调了近期科研计划，按五大流程进行工作；研究如何降低稀土产品价格和扩大出口的问题。

12月12日，冶金部在《成立包头稀土铌公司的报告》中称：“遵照邓副主席批示，同意方毅副总理视察白云矿综合利用给党中央的报告，成立专门机构管理这方面的工作非常必要”。《报告》提出包头稀土铌公司设在包头，该机构隶属内蒙古和冶金部双重领导。

12月26日，经国务院李先念、王震、方毅、余秋里、谷牧、康世恩等6位副总理批准，成立“包头稀土铌公司”。

年内，为了解决外热式回转窑硫酸焙烧时窑体腐蚀严重、热效率低等问题，北京有色冶金设计研究院涂理著、曾天元等会同北京有色金属研究总院、包钢有色三厂等兄弟单位在哈尔滨火石厂进行了包头稀土矿内热式回转窑浓硫酸焙烧工业试验，取得圆满成功。从此，我国处理包头稀土精矿步入了大规模生产的全新阶段。

年内，包钢有色三厂、北京有色金属研究总院广东分院、包头冶金研究所、包钢选矿厂合作研究的“提高包头稀土精矿品位的研究”获全国科学大会表彰。

年内，包头冶金研究所等6个科研单位合作研究的“稀土元素的提取、分离、分析和应用的研究——从白云鄂博矿提取分离钍和稀土的工艺流程”，获全国科学大会表彰。

年内，包头冶金研究所、甘肃第一冶炼厂、包钢有色三厂合作研究的“稀土元素的提取、分离、分析和应用的研究——伯胺萃取法从包头矿中分离钍和混合稀土”项目，获全国科学大会表彰。

年内，包头冶金研究所研究的“稀土钴永磁体磁滞回线显示仪”、“稀土钴永磁材料的研制——稀土钴永磁材料工艺”，获全国科学大会表彰。

年内，包头冶金研究所对白云鄂博主东矿萤石型中贫氧化矿进行了两个流程的试验研究，取得较好结果，超过了冶金部下达的指标。

年内，包头冶金研究所以含Eu_2O_3质量分数10%左右的钐铕钆富集物为原料，经脉冲萃取塔还原萃取，获得纯度大于99.5%、回收率大于90%的Eu_2O_3。该工艺流程简单，革除了保护气体，成本低，收率高，可连续化、自动化操作，达到国内先进水平。

年内，包头冶金研究所、包钢选矿厂等单位

在包钢有色三厂进行了羟肟酸浮选包头稀土精矿半工业试验，精矿稀土品位达到60%，是包头稀土资源综合利用上的一大突破。该项成果结束了从包头矿中只能选出低品位稀土精矿的历史。从1978年4月开始，包钢有色三厂进行试生产，并获得成功。

年内，包钢选矿厂重选车间1974~1978年共生产稀土精矿26212吨（其中1978年稀土精矿产量为9075.5吨），REO品位为29.90%，基本满足国内需要。

年内，包钢有色二厂，采用55m^3高炉冶炼含REO 8%~10%的中贫氧化铁矿石，直接生产稀土富渣，所得富渣含REO约13%，供有色一厂用作稀土合金生产原料。年生产能力为2~2.5万吨。

年内，包钢有色一厂、包头冶金研究所和北京有色金属研究总院组成高品位稀土合金攻关组，试制出含稀土35%~45%（质量分数）的高品位稀土合金，并在试验中解决了合金粉化的问题。

年内，包钢选矿厂稀土选矿车间、有色三厂的湿法提取车间、单一稀土分离车间等相继建成投产，使包钢稀土工业初具规模。

1979年

1月15日~18日，全国稀土推广应用领导小组办公室在北京召开“稀土出口产品质量把关座谈会”。会上学习了方毅副总理给党中央的报告——《关于包头白云矿综合利用的一些意见》及冶金部文件。会上分析研究了国际市场对稀土产品的需求情况，建议可出口稀土精矿、氯化稀土等11种产品，并决定统一分析方法。为了做好质量把关工作，希望引进一定数量的分析仪器。

2月13日，经国务院批准，国家经贸委下发《关于成立包头稀土铌公司的通知》〔1979〕33号。由冶金部成立包头稀土铌公司。稀土铌公司受冶金部和内蒙古自治区双重领导，以部为主。包钢有色一厂、有色二厂、有色三厂、包钢选矿厂的重选车间以及包头稀土设计院有关专业配套人员，划归包头稀土铌公司领导。

3月~7月，包钢公司两次向冶金部提出包钢与稀土铌公司在生产管理上的分工意见：“原料生产部分，包括稀土矿开采和稀土精矿选收由包钢管理；稀土冶炼加工和提铌由稀土铌公司管理。”由于包钢公司两次提出不同意见，重选车间未划归稀土铌公司，仍隶属于包钢选矿厂领导。

4月25日，冶金部发出通知，从1979年5月1日起启用冶金工业部稀土铌公司印章。5月30日，中国稀土铌公司正式接收包钢有色一厂、有色二厂、有色三厂，并将这三个厂更名为冶金工业部稀土铌公司一厂、二厂、三厂。稀土铌公司成立后，包钢公司撤销生产处有色金属科和科技处有色金属科建制，有关人员调入稀土铌公司。

4月26日~29日，北京有色金属研究总院等单位，在哈尔滨火石厂进行日处理量为2~3吨的“包头稀土精矿硫酸强化焙烧—萃取法生产氯化稀土工业试验”。处理REO 35%稀土精矿比原流程原材料单耗降低20%，适应性强、工艺简单、放射性集中在渣中，稀土总回收率达94%。

5月~6月，经国务院批准，内蒙古自治区和冶金部分别于1979年5月11日和6月19日发出通知，决定将包钢冶金研究所改为以冶金部为主的双重领导体制，即计划、财务、物资供应、人事由冶金部管理，党务工作和思想政治工作由地方管理。体制变更后，包钢冶金研究所改称冶金工业部包头冶金研究所。1985年5月30日，经国家科委批准改称冶金工业部包头稀土研究院。

6月~8月，包头冶金研究所与稀土铌公司二厂等单位在稀土铌公司二厂进行了包头高品位稀土精矿（REO约60%）“纯碱焙烧制取氯化稀土流程工业试验（第一部分）”。每批投料500公斤焙烧矿，制取氯化稀土的稀土总回收率为80%以上。

8月15日~24日，全国稀土推广应用会议暨第二次包头资源综合利用科研工作会议在包头召开。会议由国家经贸委、国家计委、国家科委、冶金部和全国稀土推广应用领导小组联合主持。有216个单位，366名代表参会。中共中央政治局委员、国务院副总理、国家科委主任方毅，国家计委副主任袁宝华，冶金部副部长高扬文、张益民，内蒙古自治区党委书记周惠，内蒙古自治区主席孔飞等领导参加会议。著名科学家李熏、邹元爔等特邀代表参加会议。会议提出贯彻1978年“825”会议制订的方针，西矿开发还需要时间，包钢公司在近几年内还需要继续开采主东矿。为此，会议对白云鄂博资源提出自1979年起，经过3~5年努力，创造条件，逐步向主、东矿以稀土为主的方针过渡；制订了今后 3~5 年综合利用规划和全国稀土生产、科研、推广应用及出口外销的长远计划和近期工作安排。方毅、袁宝华、高扬文、张益民等在会上作了报告。

10 月 11 日，冶金工业部向国家科学技术委员会提出《关于建设包头矿资源综合利用中间试验基地的报告》。根据全国稀土会议精神，把包头冶金研究所建成包头资源综合利用的研究中心。在 2~3 年内把该所的试验基地建设起来。11 月 2 日，国家科委批准了这个报告。

年内，由北京有色冶金研究设计研究总院牵头，会同长春应化所、包钢有色三厂、包头冶金研究所等兄弟单位，在北京通县冶炼厂进行 1000 吨/年规模的“包头稀土精矿硫酸焙烧水浸液伯胺萃钍——硝酸钍制备”工业试验，并取得圆满成功。在该试验中，第一次从包头稀土精矿中提取了数十公斤的二氧化钍，为包头稀土矿中钍的综合回收利用打下了牢固基础。

年内，包头冶金研究所发表《石油发酵产物作为包头矿浮选药剂的研究》报告。研究试验结果：浮选稀土、萤石（精矿）、铁（尾矿），可获得三个 90%的回收率。

年内，上海跃龙化工厂、包头冶金研究所等单位，自 1978 年对包头稀土精矿生产氯化稀土工艺，采用“烧碱法流程”研究。1978 年完成 3 次扩大试验，1979 年进行补充试验，年底通过冶金部技术鉴定。

年内，包头冶金研究所与包钢选矿厂，采用环烷基异羟肟酸铵为捕收剂，对重选稀土精矿（REO 35.62%）进行再浮选试验，用 4 天半时间，首批生产出高品位稀土精矿 55.8 吨，稀土品位为 REO 62.76%，稀土浮选回收率为 66.75%。

1980 年

2 月 7 日~10 日，美国钼公司稀土访华团到包头参观访问并进行技术交流。参观了白云鄂博矿山、包钢选矿厂和中国稀土公司三厂。团长崔木毕勒说：“我承认世界上最大的稀土矿山是白云鄂博矿山。”在座谈会上，美方介绍了美国钼公司的组织机构，以及芒顿帕斯矿山资源稀土储量、开采、选矿和冶炼厂情况。

4 月，中国稀土学会出版发行会刊《稀土》。该刊的前身是包头冶金研究所在 1974 年创办的内部交流刊物《稀土与铌》，1980 年初改名为《稀土》，向全国发行。该杂志的编辑、出版和发行工作，仍由包头冶金研究所负责。

5 月~8 月，北京矿冶研究院、包头冶金研究所和中国稀土公司三厂共同完成了“浮选—选择性絮凝脱泥流程选别白云鄂博主东矿中贫氧化矿半工业试验”。该成果 1982 年获冶金部科技成果一等奖。1984 年和 1986 年两次在包钢选矿厂进行工业试验，并于 1988 年获得国家发明一等奖。

6 月 25 日，包头冶金研究所等单位采用镧镍五（$LaNi_5$）稀土贮氢材料研制成功中国第一台燃氢汽车。

7 月 13 日，包钢选矿厂年产 5000 吨高品位稀土精矿（REO 60%以上）浮选车间建成投产。产品品位达到设计标准要求。

7 月 17 日~22 日，国家科委、冶金部和内蒙古自治区人民政府在包头联合召开“包头资源综合利用第三次会议”。来自全国 75 个单位的 172 名代表参加会议。中共中央政治局委员、国务院副总理、中国科学院院长方毅，内蒙古自治区政府主席孔飞，副主席李斌三，冶金部部长唐克，副部长张益民、周传典，国家科委二局局长林华，国家经贸委重工业局局长刘耀宗，冶金部科技办主任刘克刚以及包头市、包钢的领导出席会议。方毅在会上作重要讲话。会议提出要继续坚持全面综合利用的方针，优先发展深加工稀土产品，在发展稀土生产中要贯彻“薄利多销、推广应用、扩大出口、促进生产”的方针。会议全面总结了地质科研、包钢生产、主东矿三大选矿流程、稀土精矿处理五大流程、第二流程和稀土应用等方面取得的成果。

7 月 27 日，《人民日报》第二版以“白云鄂博共生矿综合利用取得新进展”为题，报道了白云鄂博矿近年来综合利用的发展情况。

年内，包头冶金研究所以包钢选矿厂高品位混合型稀土精矿（REO 59.15%）为原料，成功地完成了分选单一氟碳铈精矿的小型试验。试验采用该所新研制的 802 号浮选药剂。所获精矿 REO 78.29%，氟碳铈矿物占有率为 95%。与此同时，采用 802 号新药剂还直接从重选粗精矿选出稀土品位为 REO 69%的高品位稀土精矿，稀土回收率大于 70%。

年内，包头冶金研究所研制成功“大直径六硼化镧单晶”，经鉴定，符合应用要求并接近世界先进水平。

年内，中国稀土公司三厂建成年产 5000 吨 60%品位稀土精矿和年产 3000 吨品位 30%稀土精矿的选矿车间。

1981 年

5 月 3 日，冶金部下达包钢 1981 年主要产品产量计划经济指标，其中稀土精矿年产 1 万吨。

5 月，中国稀土公司三厂、北京有色冶金设计院对包钢选矿厂尾矿进行“从尾矿中回收高品位稀土精矿半工业试验研究”，原矿品位 REO 6.82%，获得高品位稀土精矿 REO 56.91%、回收率 27.87%和中品位稀土精矿 REO 29.16%、回收率 7.14%的试验结果。

7 月 25 日~31 日，“第四次包头资源综合利用科研工作会议”在包头召开。会议由国家科委、内蒙古自治区人民政府和冶金工业部联合主持，有 92 个单位 231 名代表参会。中共中央政治局委员、国务院副总理方毅到会并作重要讲话。他提出要打好包头资源综合利用“淮海战役”的口号。会议制订了三项主攻目标：第一，尽快在选矿生产上采用新技术，立即组织进行絮凝选矿流程的工业试验；第二，降低稀土成本，打开应用局面，争取在 1~2 年内，把氯化稀土成本由 4500 元/吨降低到 3000 元/吨左右；第三，包钢炼钢、轧钢的质量和产量要尽快达到设计能力。

年内，包钢选矿厂等单位，采用苯羟肟酸为捕收剂，进行浮选稀土粗精矿和尾矿的工业试验，指标分别达到：浮选稀土精矿 REO 60.21%，稀土回收率 83.12%；重选稀土粗精矿 REO 32.32%，稀土回收率 75.39%。

年内，包头冶金研究所采用浮选稀土粗精矿（REO 28.16%）为原料，研究成功电硅热法分段还原和末渣返回新工艺，制得高稀土低钛合金。两种合金的成分分别为 RE 质量分数 50%~60%、TiO_2 质量分数 0.37%~0.67% 和 RE 质量分数 30%~40%、TiO_2 质量分数 0.25%~0.36%，稀土总回收率大于 90%。

年内，包头冶金研究所全面完成了“P_{507}-盐酸体系萃取分离轻中稀土全流程的研究”，并提交了报告。该流程采用一种萃取剂，在一种介质体系中连续萃取分离，在国内首次完成了 La（镧）、Ce（铈）、Pr（镨）、Nd（钕）、Sm（钐）、Eu（铕）、Gd（钆）等 7 种单一稀土的全萃取分离。

年内，冶金部以计字第 1361 号文向国家经贸委呈报：建议将中国稀土铌公司划归包头钢铁公司领导。

1982 年

1 月 9 日，国家经贸委向国务院呈报《关于改变包头稀土铌公司管理体制的请示》。经国务院批准将中国稀土铌公司划归包头钢铁公司领导。冶金部于 1982 年 2 月 5 日，向包头钢铁公司和中国稀土铌公司全文转发。同年 4 月，稀土公司连同 3 个稀土厂正式划归包钢。领导体制改变后，原中国稀土改称包钢稀土。3 个稀土厂也分别改称为包钢稀土一厂、稀土二厂、稀土三厂。

4 月 26 日~30 日，全区稀土推广应用经验交流会在包头召开。出席会议的代表共 130 人。会议传达了全国稀土推广应用会议精神，自治区科委副主任古韦、冶金厅副厅长吴玉良作报告。包头冶金研究所副所长马鹏起介绍了自治区稀土资源、生产、科研情况。会议交流了推广应用经验资料 22 篇。会议代表参观了稀土应用产品和稀土科研、生产、应用现场。会议落实了 1982 年稀土推广应用和科研计划。

12 月，包钢选矿厂与包头冶金研究所合作，选别 68%以上品位稀土精矿的工业试验获得成功。1983 年进一步进行试验，结果相同。此项目 1984 年获冶金部科技成果二等奖，1985 年获冶金部重大技术进步一等奖。

年内，包头冶金研究所进行了从 60%稀土精矿经焙烧—浮选分离氟碳铈精矿小型试生产（日处理量 1 吨），获得氟碳铈矿纯度为 93.13%、稀土总回收率为 79.55%的结果；若以重选稀土粗精矿为原料，采用浮选—强磁选—浮选流程，以磷苯二甲酸或 802 号等浮选药剂，可获得氟碳铈和独居石两种精矿。两种精矿矿物纯度均大于 75%，稀土品位（REO）前者为 73.44%~74.10%，后者为 59%~68%；从原矿直接选氟碳铈精矿的试验，得到稀土品位为 72.30%、对原矿回收率为 12.88%的结果。

年内，包头冶金研究所工程师叶祖光等人完成“P_{507}盐酸体系萃取连续分离轻中稀土工艺”的扩大试验，并通过冶金部鉴定。

年内，包头市东风钢铁厂全年生产稀土合金6000吨，成为中国生产稀土合金的第二大厂家。

年内，包钢选矿厂全年生产高品位稀土精矿5200吨，中品位稀土精矿5242吨，创历史最高水平。

1983年

1月25日~29日，冶金部在包头召开“包头资源综合利用科研项目汇报会议”。有73个单位220名代表参会。会议总结了1982年包头资源综合利用取得的成果，修订了“六五”期间工作规划，确定了1983年的工作项目。

4月29日，包钢稀土应美国海洋技术交流中心的邀请，组成中国内蒙古稀土展销考察团，参加了在美国休斯敦举办的展览会。展览会展出了包钢稀土矿产品、稀土合金和化合物产品以及稀土应用产品270件。这是中国稀土产品首次在国外展出，8万余人参观了展览，有40家厂商和中方商谈了稀土贸易。

5月12日~28日，包钢选矿厂完成从重选粗精矿精选68%稀土精矿的工业试验。

7月31日~8月5日，全国第五次包头资源综合利用科研工作会议在包头召开。会议由国家科委、内蒙古自治区人民政府、冶金部和有色工业总公司联合主持。中共中央政治局委员、国务委员、国家科委主任方毅第五次来包头参加会议并作重要讲话。到会代表235人。会上就27个专题进行了系统汇报。会议明确提出了下一阶段的6项主要任务，提出要把包钢建成一个有特色的钢铁和稀土生产重要基地。

8月17日~18日，冶金部军工办在包头召开技术鉴定会。对包头冶金研究所先后研究成功的“电弧区熔法制备六硼化镧单晶”、“三元素六硼化镧制备”及“六硼化镧粉末和压块制备”3项科研成果进行评审，并通过技术鉴定。3项成果分别获1983年部级科技成果三等奖1个和四等奖2个；第一项成果于1990年获国家发明四等奖。

11月，“用工业铝电解槽生产铝稀土合金工艺”工业试验，在包头铝厂获得成功。该项目由包头铝厂和东北工学院合作，在内蒙古冶金研究所和包钢稀土三厂共同参与下完成。该项目成果为中国开展稀土在电工铝等铝合金中的应用奠定了基础。

12月5日~7日，包头市召开第三次稀土工作会议。会议由包头市经贸委、科委、包头冶金研究所和包钢稀土联合主持，有84个单位130名代表参加。会议落实了13项计划，并决定在稀土量大面广的铸铁、皮毛和陶瓷等方面重点推广。会议宣布成立包头稀土推广应用领导小组及其成员名单。

年内，包钢公司决定改革稀土公司的管理体制：三个有色厂由包钢统一管理；保留稀土公司的名称，作为包钢统筹管理稀土和综合利用发展的职能机构。从5月份起，按改变后的体制进行工作。

年内，包头冶金研究所研制成功“制备稀土六硼化物单晶用双电弧加热悬浮区熔炉”。用该新型设备所生产的六硼化镧单晶性能已达到国际水平。用稀土六硼化物单晶制成的电子探针标样其稳定性和均匀性都超过国家标准GB 4930—85，已被国家技术监督局批准为国家级电子探针标样，这种新型探针标样属首创。

1984年

1月，《稀土信息》创刊。该刊由冶金部稀土金属情报网办公室负责编辑出版，主编窦学宏。编辑部设在全国稀土信息网办公室包头稀土研究院。

3月7日~9日，冶金部军工办、全国稀土推广应用领导小组办公室在包头召开新型永磁合金Nd-Fe-B（钕铁硼）论证会。会议通过了钕铁硼新型材料可行性论证报告，确定组织联合课题组进行开发研究和协作攻关。由北京钢铁研究总院和包头冶金研究所任组长单位，讨论制定了攻关内容、技术路线和近期目标，并进行了具体分工。

5月，国家重点攻关项目“P_{507}盐酸体系轻中稀土全萃取连续分离工艺”工业试验车间，在包钢稀土三厂建成并投入试运行。该工程投资195万元，设计能力年分离氯化稀土300吨。

7月22日~25日，冶金部军工办和全国稀土推广应用领导小组办公室在包头召开技术鉴定会。

包头冶金研究所等单位完成的“钕铁硼永磁材料研制”、“高矫顽力 2∶17 型钐钴铜铁锆永磁材料”、“稀土钴永磁径向多极整体磁环”等 8 项成果通过了技术鉴定。

7 月 28 日～31 日，国家科委、冶金部、有色金属工业总公司和内蒙古自治区人民政府，在包头主持召开“第六次包头资源综合利用科研工作会议”，有 117 个单位 226 名代表参会。中共中央政治局委员、国务委员、中科院院长方毅第六次来包头出席会议并在会上作重要讲话，还就稀土铝合金试验工作作重要指示；与会代表们检查了“六五”攻关计划并讨论了“七五”攻关方向和目标，观看了 30 部录像汇报，并分组召开了专业会议。

8 月 14 日，包钢下达（84）劳字第 488 号文，决定将 3 个稀土厂的生产改由包钢总调度室管理，在总调度室设立稀土科。稀土公司原主管生产的人员随同业务转入总调度室。

10 月，包头冶金研究所采用氧化物电解制取钕铁合金新工艺的研究获得成功。所进行的 1000～1500 安培规模的扩大试验在解决工业电解槽结构和槽衬材料等方面取得了重大突破。此工艺为国内首创，填补了国内空白。并适用于所有轻稀土金属及其合金的生产，具有投资少、能耗低、可大规模生产的特点。该项成果获冶金部 1984 年度科技成果二等奖；1986 年国家科技进步二等奖；1988 年 9 月被批准为国家专利。

12 月 16 日，包钢公司以（84）劳字第 757 号文，决定撤销稀土公司建制，改为稀土办公室，负责稀土技术业务的管理。

年内，包头冶金研究所、包钢稀土三厂、包头稀土冶炼厂合作研究的“P_{507}盐酸体系轻中稀土全萃取连续分离工艺”，获冶金部科技成果一等奖。

年内，包头冶金研究所在包钢选矿厂成功地完成了从重选稀土粗精矿分选氟碳铈矿精矿的工业试验。获冶金部科技成果一等奖。1986 年又相继完成从重选稀土粗精矿中分选独居石精矿的工业试验，获冶金部科技成果一等奖。

年内，包头冶金研究所研究的“直接萃取制备荧光级氧化铕工艺”，获冶金部科技成果二等奖。

年内，包头冶金研究所研究的“氧化物电解法连续制取钕铁合金和金属钕”，获冶金部科技成果二等奖。

年内，包钢稀土二厂研制的高效新碱法分解包头稀土精矿新工艺，通过冶金部部级鉴定。

1985 年

1 月，包头冶金研究所情报室主办的英文版《中国稀土信息》创刊（季刊）。

5 月，经冶金部上报国家科委批准，“包头冶金研究所”改名为“包头稀土研究院”，隶属关系不变。

年内，北京有色金属研究总院“包头稀土硫酸浸出液转型、P_{507}萃取半逆流反萃法分离单一稀土”、“钙热还原制备固相烧结用 $SmCo_x$（$4.5<x<5$）永磁粉末工艺”项目分别获得国家科技进步二等奖和三等奖。“回转窑焙烧—萃取法冶炼包头稀土精矿”项目获国家发明三等奖。

年内，包头稀土研究院、包钢稀土三厂、包头稀土冶炼厂合作研究的“P_{507}盐酸体系轻中稀土全萃取连续分离工艺”获国家科技进步二等奖。

年内，年产 120 吨单一稀土氧化物生产线，在包钢稀土三厂正式建成投产。

1986 年

3 月，包钢公司决定，将稀土办所属的情报科成建制划归包钢经济技术情报研究所，改称包钢经济技术情报研究所稀土情报研究室。

6 月 27 日～29 日，内蒙古自治区政府在包头主持召开“北方稀土联合集团成立暨内蒙古自治区第三次稀土开发应用会议”。参加会议的有 120 余人。全国稀土开发应用领导小组办公室、冶金部稀土办公室、有色总公司科技部派代表出席会议。全国稀土开发应用领导小组顾问徐驰到会并讲话。北方稀土联合集团董事长、包钢经理张国忠就有关情况作了大会发言。会议通过了《北方稀土联合集团章程》，总结了全区稀土开发应用经验，讨论了全区“七五”稀土工业发展规划，对稀土开发应用先进单位和个人进行了表彰。

8 月 25 日～29 日，由国家科委、冶金部、有色金属工业总公司和内蒙古自治区联合主持的“包头资源综合利用科技工作会议”在包头召开。

出席会议的有国务院有关部委、全国稀土开发应用领导小组、中国科学院、各省市自治区和全国有关单位 200 多名代表。中共中央政治局委员、国务院副总理方毅第七次来包头亲临会议并讲话。

10 月 27 日，中共中央总书记胡耀邦视察了由包头稀土研究院与江苏常熟市联合创办的江南稀土材料总厂，对包头稀土研究院走技术入股与地方联营办厂的道路予以肯定，并题词："开发稀土，大有作为"。

11 月 1 日~3 日，国家"六五"重点科技攻关项目"白云鄂博主、东矿中贫氧化矿浮选—选择性絮凝选矿工业试验"通过冶金部技术鉴定。该项目经过 1984 年和 1986 年两次试验，达到了设计指标，完成了国家科委下达的攻关任务。鉴定认为：指标是目前各方案中最好的，达到国内外先进水平。但有待进一步完善，以便尽早投入生产。

年内，包钢选矿厂与包头稀土研究院合作，采用稀土院最新研制出的新型稀土捕收剂——H205，进行稀土选矿工业性试验，获得稀土精矿品位为 62.32%、稀土回收率达到 74.74%的结果。

1987 年

3 月，包钢决定将矿山研究所所属稀土铌研究室划归包钢钢铁研究所。

8 月 13 日，内蒙古自治区稀土协会成立暨第一次会员代表大会在包头召开。本协会经内蒙古自治区科委批准成立。会上选举自治区副主席刘作会、张灿公等 60 位同仁组成第一届理事会，刘作会为名誉理事长、张灿公为理事长，李铁生（自治区科委主任）、刘凤鸣（包头市副市长）、张国忠（包头钢铁公司经理）、马鹏起（包头稀土研究院副院长）为副理事长；李佩章为秘书长。会议讨论通过了《内蒙古自治区稀土协会章程》。

8 月，冶金工业部在包头召开第三次钕铁硼工作会议。全国稀土开发应用领导小组办公室、国家经贸委重工业局代表、特邀专家及冶金部钕铁硼攻关组成员等 35 个单位 79 人参加会议。会议总结 1985 年第二次会议以来所取得的成绩和存在问题、与国外的差距，提出今后奋斗目标。

年内，"全国第四次稀土化学与湿法冶金学术会议"在包头召开，会议由包头稀土研究院主持，共交流论文 125 篇。

年内，长沙矿冶研究院、包钢选矿厂进行了规模为 20~25 吨/日综合回收铁和稀土矿物的工业分流试验。试验在包钢选矿厂第三系列进行，获得含铁质量分数 60.54%，铁的回收率 79.19%，其中含 F 质量分数 0.85%；稀土精矿含 REO 61.44%，回收率 18.81%，稀土次精矿含 REO 39.91%，回收率 18.81%。

年内，包头稀土研究院焦士琢、吴迪武等人完成的研究"氧化物电解法连续制取钕铁合金和金属钕"，获国家科委科技进步二等奖。

年内，包头稀土研究院"全国冶金科技普查数据分析处理及科技活动分类研究"项目，获冶金部科技进步软科学二等奖。

年内，包头稀土研究院从 1987 年起，为了满足导航系统永磁陀螺马达的需要，承担了"高场强多级磁环充磁装置"研制。将其用于新型高精度陀螺仪所需的轴向磁路陀螺马达，研制的超薄型微电机指标达国际水平，所研制成功的多极磁环属国内首创。

年内，包头稀土研究院、江西省寻乌稀土分离厂共同完成了"寻乌矿 15 个稀土元素全萃取分离工艺"。在稀土生产实践中取得的一项具有显著经济效益的研究成果，第一次实现了寻乌稀土矿 15 种单一稀土的全萃取分离，并投入工业生产。1988 年获冶金部科技进步一等奖。

年内，由包头稀土研究院承担的"萃取过程稀土总量在线分析的研究课题"，在线测量萃取工艺各段稀土总量的方法和装置是国内首次研究，并获得成功。

1988 年

2 月 7 日~9 日，受国家经贸委委托，包头稀土研究院主持召开了全国第二次稀土资源政策讨论会，会议由该院副院长马鹏起主持，包头市副市长刘凤鸣、包钢经理张国忠出席会议并讲话。会议对由包头稀土研究院起草的《中国稀土资源开发利用的方针政策建议（讨论稿）》进行了修改，并在审定后予以通过。

3 月 8 日，包钢印发（88）劳字第 859 号文，决定撤销稀土办公室建制，包钢的稀土科研管理工作由科技处分管，在科技处设稀土综合利用管

理科。

4月8日~9日，内蒙古自治区稀土领导小组在包头召开会议。自治区副主席刘作会、张灿公、包头市委书记任铁、副市长刘凤鸣等参加会议。会议决定，鼓励引进外资，可以享受比特区还优惠的税收政策；对包头稀土研究院在免税、奖金发放和工资制度方面给予特殊的优惠政策。会议决定建立内蒙古自治区稀土开发应用基金。会议同意包钢年处理8000吨稀土精矿及其深加工的技术改造项目。会议表彰了1986年以来取得突出成绩的稀土工作先进集体和先进工作者。

4月，包钢决定成立稀土信息中心，其业务由包钢经济技术情报研究所稀土情报室兼管，一套机构挂两个牌子。

7月，中共中央政治局委员、国务院副总理方毅为包头稀土研究院题词："为振兴我国稀土工业努力奋斗"。

9月13日，冶金部军工办、全国稀土开发应用领导小组办公室在包头召开40吨钕铁硼工程验收暨推广应用会议。建在包头稀土研究院的、国内最大的40吨钕铁硼永磁材料生产线工程竣工。验收认为：该工程建设进度快、质量好、工艺设备设计思想合理，引进设备是成功的，这条生产线具有80年代国际水平。

11月4日，冶金工业部在包头主持召开的"包头矿轻、中、重稀土三出口萃取工艺流程——理论设计与一步放大"鉴定会。该工艺流程是由北京大学化学系和包钢稀土三厂合作完成的。该流程是对串级萃取理论的新发展，将包头矿稀土分离工艺提高到一个新水平。

12月29日，国务院稀土领导小组在北京召开第一次全体会议。会议传达了中央领导同志关于发展中国稀土工业的重要指示和中央确定的"强化管理、保护资源、科学开发、联合对外"发展中国稀土工业的十六字方针。会议讨论通过了关于如何加强关于资源、稀土外贸、稀土对外合作、稀土生产和稀土科研的管理而制定具体措施的报告。会议特别强调："包钢尾矿坝是中国的重要稀土资源，内蒙古自治区和冶金部要采取有效措施加以保护；对白云鄂博矿山剥离的含稀土围岩和中贫铁矿要设点进行保护性堆存。"

年内，包头稀土研究院研究的"稀土氧化物电解制取稀土金属"，获国家科技进步二等奖，获国家专利权。

年内，包头稀土研究院与包钢选矿厂合作研究的"采用H205从重选稀土粗精矿中分选高品位稀土精矿工业试验"项目，获冶金部科技进步二等奖。

年内，包头稀土研究院研究的"高矫顽力钕铁硼永磁材料的研制"获冶金部科技进步二等奖。

年内，包钢稀土三厂第三代浓硫酸酸法流程生产线建成投产。该工艺的优点是去掉了原酸法流程的复盐沉淀、碱转化、酸溶三个工序，节省了大量原材料及能源的消耗。

年内，包钢公司召开稀土一厂改扩建工程审定会议。包钢决定扩建该厂的生产规模，在原有基础上，稀土合金的生产能力扩大到2万吨/年，硅铁扩大到2.8万吨/年。工程投资约为5500万元。

1989年

3月7日，包钢以（89）办字第103号文，向内蒙古自治区人民政府报送《关于变更包钢名称的请示》。由"内蒙古自治区包头钢铁公司"，改为"内蒙古自治区包头钢铁稀土公司"。同年5月31日，自治区人民政府同意改名，并致函冶金工业部备案。随后又以内政函（1989）36号文通知包钢。同年7月2日，包钢向所属单位发出通知，正式启用"包头钢铁稀土公司"名称，简称仍为包钢。

3月31日，包钢钢铁研究所向包钢呈送报告：申请将包钢钢铁研究所更名为包钢冶金研究所。同年4月17日，包钢下达（89）劳字18号文，批准更名为包钢冶金研究所。

4月8日，自治区稀土领导小组副组长、包头市市长乌杰主持召开包头市政府第八次常务会议，听取并讨论内蒙古稀土领导小组办公室《关于内蒙古包头地区稀土工业发展现状及今后发展的建议》和包钢、202厂以及包头稀土研究院有关稀土发展情况的汇报。会议同意由内蒙古和包头市两级科委列项、由内蒙古稀土办组织制定稀土工业长远发展战略和"八五"发展规划。为加强内蒙古稀土办的领导和理顺工作关系，会议决定由刘凤鸣副市长兼任内蒙古稀土办公室主任。该办公室是内蒙古自治区和包头市两级稀土办合署办公机构，隶属包头市政府领导。

6月，内蒙古自治区稀土领导小组办公室主持召开包头地区稀土销售工作会议。会议就本年春季广交会稀土市场滑坡的形势、原因以及对策交换了意见。

8月，上海市市长、后任中共中央政治局常委、国务院总理朱镕基，到包头稀土研究院考察。详细了解了稀土科学研究、技术与学术发展等有关情况。此前，朱镕基曾到包头稀土研究院与江苏常熟市合办的江南稀土材料总厂考察，并题词“点土成金”。

10月28日，中共中央政治局常委、国务院总理李鹏到包头钢铁稀土集团公司视察，并听取包头稀土研究院胡玉林书记汇报科研和生产情况。

12月4日，内蒙古包头地区“稀土谷”座谈会在包头召开。企事业单位领导及专家共33人参加会议。会议认为，内蒙古包头地区要建成“稀土谷”，需要有一个长远的战略规划，有政策、基金等支持，经过长期、稳步的发展，才能逐步实现“稀土谷”的战略目标。会议形成了《内蒙古包头地区“稀土谷”座谈会纪要》。

12月7日，包钢公司通知包深稀土有限公司各股东和董事会，决定由包钢冶金研究所代表包钢参与承办包深稀土有限公司生产经营任务。

年内，包头稀土研究院和北京有色金属研究总院等单位共同起草的《稀土金属和氧化物国家标准分析方法》，通过技术鉴定。

年内，包头钢铁稀土公司稀土精矿扩产技改工程完工。精矿生产能力由10000吨（REO）增至24000吨。北方稀土精矿长期供不应求的状况得到根本扭转。

1990年

2月15日~16日，国务院稀土领导小组在北京召开稀土产品价格座谈会，商讨自本年起实行国家指令性管理的3个稀土产品（包头稀土精矿、氯化稀土、离子型混合稀土氧化物）的价格管理方案。

3月20日，在原冶金部稀土在钢铁中应用领导小组办公室的基础上成立全国稀土钢铁协作网，办公室设在包头稀土研究院，业务接受国务院稀土领导小组办公室指导。

3月~7月，由自治区科委主任李铁生、包头市科委主任高永生和包头稀土研究院院长马鹏起主持，编制了《内蒙古包头稀土高新技术产业开发区规划纲要》和《内蒙古包头稀土高新技术产业开发区规划》。7月，由自治区科委主持，有国家科委、冶金部和北京有色金属研究总院等部门有关专家参加，评审通过了这两个文件。

4月7日~14日，冶金工业部在包头召开全国稀土钢锭模推广应用会议。会议围绕如何提高钢锭模使用寿命、降低模耗，进行了学术交流和经验介绍。与会专家认为，采用稀土合金作为球化剂、蠕化剂生产球墨铸铁、蠕墨铸铁钢锭模，能有效提高钢锭模的使用寿命，降低模耗、节约生铁，应大力推广使用。

5月18日~20日，中共中央政治局常委乔石在内蒙古自治区主席布赫等陪同下，到包钢和包头稀土研究院视察。

6月19日~20日，内蒙古稀土领导小组工作会议在包头召开。会议中心议题是：针对国内稀土工业发展“过热”、出口市场出现疲软的问题，研究自治区稀土工业的现状和对策。会议听取了自治区稀土工作报告，讨论了内蒙古、包头两级科委主持编制的《内蒙古包头稀土高新技术发展规划》。会议认为：克服当前困境的基本对策是控制稀土产量，提高质量、增加品种、降低消耗和强化销售；实现高起点、高水平和高标准的《内蒙古包头稀土高新技术开发区规划》是发展自治区稀土工业的根本出路。

7月20日~27日，中共中央政治局常委宋平在包头视察期间，到包钢公司和包头稀土研究院考察，详细了解有关稀土生产与科研情况。

8月21日~24日，包头资源综合利用科技工作会议在包头召开。会议由国家科委、计委、冶金部、中国有色金属工业总公司和内蒙古自治区政府共同主持。科研院所、生产单位的领导及科技人员248人参会，列席48人。会议主要任务是：贯彻中央关于进一步治理整顿和深化改革的决定，总结交流自1986年以来推进科技进步、加速发展钢铁、稀土、铌工业生产建设等方面的成绩和经验；检查“七五”国家科技攻关项目“包头资源综合利用”的进展情况；研究包头资源综合利用的战略目标和“八五”期间科技工作的重点任务，进一步提高包头资源综合利用的水平，推动高新技术和新材料工业的发展，进一步加强科技与经济的结合，促进西北地区的资源开发和经济繁荣。

9月25日~27日，中共中央总书记江泽民、中共中央书记处书记温家宝等，在内蒙古、包头党政领导陪同下，到包头视察了包钢、内蒙古第一机械制造厂、内蒙古第二机械制造厂，中共中央总书记江泽民对稀土工作作出重要指示。

10月29日~11月6日，第二次中日稀土交流会议在北京和包头分两段进行。日方代表团由日本通商产业省资源能源厅次长深沢亘率领，出席会议的代表共37人。中方出席会议的代表共70余人。11月2日上午以前，代表们在北京国际会议中心开会进行学术交流，双方专家交流了稀土管理、政策制定和稀土开发等方面的经验，就今后中日稀土的合作交换了意见，并在北京参观。11月3日~5日日本代表团到包头参观白云鄂博矿山、包钢稀土选矿厂、包头稀土研究院等单位。这是中国首次对日开放白云鄂博稀土矿山和包钢大型稀土选矿厂。

12月，包头稀土研究院承担的国家“七五”重点攻关项目“高性能钕铁硼磁体的研究”通过冶金部组织的技术鉴定会。经中国计量科学研究院测定，最大磁能积达到52.5兆高奥，超过了国际公开报道的50.6兆高奥的世界纪录，跃居世界领先水平。在实验室内生产出具有磁能积为49~50兆高奥的批量产品。

年内，包头稀土研究院研究的“钕铁硼永磁体系列产品开发”，获全国“火炬”项目金箭金奖。

年内，包头稀土研究院对镍—金属氢化合物二次电池负极材料的研制，被列为国家“863”高技术研究项目，各项指标均达国际水平，获国家科委“863”成果二等奖。

年内，大冶钢厂、包头稀土研究院和北京科技大学共同承担的“七五”攻关项目“特殊钢中稀土处理技术开发研究及推广”和大冶钢厂与北京科技大学共同承担的“稀土处理20MnVB齿轮钢研制”通过冶金部鉴定，研究成果达到了国际先进水平。

年内，由包头稀土研究院信息中心建设的中国第一个稀土事实数据库通过了冶金部科技司主持的鉴定。该数据库已输入1980年以后各种有关稀土事实信息，并开始为国内稀土界服务。

年内，《1990年内蒙古稀土工业综述》显示：1990年包头地区的中央和地方11个稀土企事业单位稀土产品的工业总产值（按不变价计）达2.4亿元，比上年增长18%；稀土产品销售额1.8亿元，比上年下降13.6%；实现税金1717万元，比上年下降36.8%；利润67万元，比上年大幅度下降；出口创汇669万美元，比上年下降41.5%。

1991年

2月，国家“七五”攻关科研项目“强化还原法制取稀土硅铁合金生产工艺研究”，在包钢稀土一厂试验成功。此项工艺可使稀土硅铁合金单位成本降低2%~7%，标志着中国冶炼稀土合金工艺的新进展，填补了国内外本项空白。

6月7日，国务委员、国家科委主任宋健在内蒙古自治区副主席刘作会等陪同下，到包头视察，参观了包头钢铁稀土公司选矿厂稀土精矿浮选车间、包钢轨梁厂和包头稀土研究院。为包头稀土研究院题词：“大力发展稀土高科技，形成产业，走向世界”。

7月1日，包钢召开包头钢铁稀土企业集团成立大会。内蒙古自治区政府副主席刘作会在会上讲话。该集团是经自治区政府批准的全区第一个大型企业集团，是以包头钢铁稀土公司为核心，以包头稀土铁合金厂、包头稀土冶炼厂、包头市火石厂、包头稀土研究院、包头市磁性材料厂和国营202厂等单位组成的经济联合体。会后举行了挂牌仪式。

8月1日，在内蒙古自治区政府副主席刘作会主持下，包头钢铁稀土企业集团成员单位正式通过《包头钢铁稀土企业集团章程》。刘作会宣读自治区政府《关于成立包头钢铁稀土企业集团管理委员会以及组成人员的通知》，并作重要讲话。中共包头市委书记袁明泽在会上讲话。企业集团管理委员会是集团稀土管理的领导和决策机构。会上，集团管理委员会主任、包钢经理张国忠提出做好当前工作的具体意见。

8月，全国总工会书记处书记薛昭鋆在内蒙古自治区总工会副主席李玉、包头市总工会主席张咸钊的陪同下，到包钢视察。薛昭鋆和包钢工会干部进行了座谈并参观包钢稀土三厂。

年内，包头光华化学工业公司稀土厂三基色荧光粉开发研制成功，并通过核工业总公司稀土办的验收。

1992 年

年初，中国改革开放的总设计师邓小平，在南巡讲话中指出："中东有石油，中国有稀土。中国的稀土……具有极其重要的战略意义，一定要把稀土的事情办好，把我国稀土的优势发挥出来。"

6 月 26 日，包钢公司召开"关于包头稀土研究院进入包头钢铁稀土公司会议"。内蒙古自治区政府副主席宋志民在会上宣读了冶金工业部和内蒙古自治区政府《关于包头稀土研究院进入包头钢铁稀土公司的批复》。包头稀土研究院进入包钢后，名称定为"包头钢铁稀土公司稀土研究院"，归包钢领导，主要承担包钢下达的任务，同时仍保留"冶金工业部包头稀土研究院"的名称，仍视同部属院所，继续承担国家和冶金部下达的重点科研项目，继续享受国家给予独立科研院所的各项优惠政策，单位仍保留正地师级。包钢经理毕群兼任该院院长，包钢党委书记曾国安兼任该院党委书记，原稀土研究院院长马鹏起任常务副院长，原党委书记胡玉林任常务副书记。

10 月 6 日，包头稀土研究院完成了"金属氢化物—镍二次电池负极材料的研制"（1990~1992 年）项目，通过由内蒙古自治区科委组织的技术鉴定。其综合性能优良，达到国外同类产品的性能。获 1992 年国家科委"863"计划先进集体二等奖。

10 月 23 日~25 日，包头钢铁稀土公司负责起草的《稀土硅铁合金》和《稀土镁硅铁合金》两个国家级稀土产品标准，通过审定，分别达到国际同类产品的先进水平和一般水平。

11 月 24 日，内蒙古自治区政府副主席林用三一行到包钢稀土三厂考察工作，了解包钢的稀土生产情况。

年内，包头稀土研究院研究的"高场强多级磁环充磁装置"、"高使用温度钕铁硼永磁体及其生产方法"获国家发明三等奖。

1993 年

1 月 1 日，经国务院稀土领导小组办公室批准，挂靠在包头稀土研究院的"全国稀土情报网"，更名为"全国稀土信息网"。

1 月 8 日，中共包钢委员会召开工作会议。稀土二厂、稀土三厂获得公司"十佳"单位。

2 月 26 日，《包钢报》报道：包钢决定以稀土三厂为龙头，投资 6000 万元，兴建两条 2400 吨氯化稀土生产线、500 吨混合稀土金属生产线，并配套完成 2400 吨氧化钕二期工程、1000 吨碳酸稀土生产线和 100 吨金属钕工程等几大项目。这几项基建技改项目完成后，稀土三厂的工业总产值达 1 亿元左右。

7 月 21 日，全国人大常委会副委员长卢嘉锡一行，在内蒙古自治区人大常委会副主任刘作会陪同下，到包钢稀土三厂考察工作，了解包钢的稀土生产情况。

8 月 21 日，由包钢稀土三厂研制的萃取色层法制备高纯氧化镝、氧化铽工业试验，通过了内蒙古自治区技术鉴定。

11 月 4 日，包钢稀土三厂 2400 吨二期工程——150 吨氧化钕生产线建成投产。该工程总投资 381.5 万元，设计能力为年产氧化钕 150 吨。

年内，包钢稀土一厂、包头稀土研究院、上海钢铁工艺技术研究所合作研究的"强化还原法冶炼稀土硅铁合金"获冶金部科技进步二等奖。

年内，包头稀土研究院科研成果"金属氢化物—镍二次电池负极材料"，在广东中山市国家火炬高新技术开发区中山市天骄稀土材料公司成功地实现了产业化。

年内，包头华美稀土制品有限责任公司成立，主要产品为混合稀土化合物和单一稀土金属。

1994 年

3 月 14 日，包钢与美国西湖投资开发公司合资建设的包头天骄稀土有限公司举行开工奠基仪式。中共包头市委书记谭博文，中方代表、包钢经理曾国安，美方代表、西湖投资开发公司董事长张济民共同为奠基仪式剪彩。

4 月，由包头稀土研究院实施的"新型高压汞灯用荧光粉研究"课题，通过内蒙古自治区科学技术委员会鉴定。

8 月 15 日，中共中央政治局常委、中央书记处书记，后任中共中央总书记、国家主席、中央军委主席胡锦涛，在内蒙古自治区党政领导王群、乌力吉等陪同下到包钢视察。胡锦涛等领导人视察了包头稀土研究院等单位，了解有关稀土科研与开发应用情况。

8月28日~31日，由包头市人民政府组织的“1994年中国包头首届国际稀土科技经贸洽谈会”在包头召开。全国人大常委会副委员长布赫、全国政协副主席洪学智等中央和自治区各有关方面的领导出席开幕式。会议期间召开了“中国包头国际稀土学术研讨会”、“中国稀土学会第三届年会”、“第六届中国稀土企业家联谊会”、“稀土科研成果和应用产品展览会”和“经济技术项目招商贸易洽谈会”等会议。8月31日，大会组委会召开“1994年中国包头首届国际稀土科技经贸洽谈会新闻发布会”，来自美国、日本、法国、德国、俄罗斯、意大利等17个国家和地区约200名外宾和国内各界人士约1800人出席了新闻发布会。据大会组委会统计共签合同32项（总投资13.33亿人民币、外资2860.63万美元），签订协议38项（总投资22.06亿人民币、外资9164.49万美元），商品贸易成交额达2.86亿人民币。

9月6日，包钢公司召开稀土工作会议，研究部署1995年包钢稀土生产经销工作。会议由包钢公司经理曾国安主持，他在听取包钢公司经理助理赵德民、包钢公司总工程师马鹏和包钢稀土一厂、稀土三厂、稀土研究院、选矿厂等单位关于1995年自我发展目标的汇报后，作了重要讲话。

10月26日，由国家计委稀土办公室（原国务院稀土办公室）1991年立项、包头稀土研究院承担的“稀土西文文献数据库”课题，在包头通过国家计委技术鉴定。鉴定意见认为：该数据库已按任务要求完成，属于国内首创并达到国际水平。

12月14日，包钢稀土三厂天骄2000吨稀土工程竣工投产。包钢党政领导曾国安、许万成、王镜等为该工程竣工投产剪彩。

12月30日，包钢稀土一厂新建项目——中频炉车间竣工投产。

年内，内蒙古三吉利稀土材料有限责任公司成立。

年内，包钢稀土一厂中频工程竣工投产，年产稀土合金8000吨，使稀土系列合金年生产能力达到1.5万吨，成为全国最大的稀土合金生产厂。

1995年

4月，内蒙古自治区经济委员会、内蒙古自治区质量管理协会联合开展的1994年度“质量效益”评比活动中，包钢稀土三厂生产的混合稀土金属被评为“用户满意产品”。

6月29日，包头稀土研究院与意大利国家新技术、能源和环境委员会（ENEA）签订了技术合作意向书。意向书确定了双方在稀土湿法冶炼工艺和设备方向的合作意向。

6月，包头稀土研究院信息中心承担的国家重点科技项目“稀土中西文信息数据库联机网络”，通过由国家计划委员会组织的专家论证，列入国家“九五”计划推广。

7月5日，包钢稀土一厂6000千伏安矿热炉竣工投产。

8月21日~25日，“中国第三届国际稀土开发与应用学术会议”（简称ICRE′95）在包头市召开。会议由中国稀土学会主办，包头市人民政府协办。来自美国、日本、俄罗斯、印度等20多个国家的63名外国代表和115名国内代表参加会议。会议收到论文232篇，部分论文在会上作了大会报告、分会报告或墙报交流。

11月14日，包头稀土研究院承担国家“八五”科技攻关项目——“高纯单一稀土氧化物分析方法研究”，通过冶金工业部组织的技术鉴定。

11月，国家科学技术委员会批准，包钢稀土三厂生产的电池级混合稀土金属为“国家级重点新产品”。同月，包头钢铁公司、日本清美化学株式会社、大仓商事株式会社及中外钢铁株式会社4家公司在日本签订合同，共同在中国包头合资兴建稀土抛光粉生产线。该生产线的规模为年产1200吨H-500型稀土抛光粉。生产技术和主体设备从日本清美化学株式会社引进。合资公司的总投资额为635万美元，其中包钢占55%，日方三家占45%。合资公司的经营年限为22年。其产品主要销往日本和东南亚地区，部分产品在国内销售。

12月27日，包钢稀土集团依照《集团章程》的有关条款，吸收江西稀土公司、哈尔滨稀土材料总厂、焦作解放稀土冶炼厂、济源市化工厂和达茂旗稀土冶炼厂等5家企业为包钢稀土集团成员单位。至此，包钢稀土集团拥有 14 个成员单位，跨全国四大区六个省。

年内，内蒙古自治区隆重召开企业技术进步暨内蒙古名牌产品表彰大会。会上，包钢稀土一厂生产的稀土硅铁合金，被认定为内蒙古自治区首批名牌产品。

1996 年

1 月 21 日~23 日，国际著名物理学家、诺贝尔奖金获得者美籍华人丁肇中教授，到包头稀土研究院参观访问。与该院领导及科技工作者进行了座谈，并对该院试生产的高性能钕铁硼给予较高的评价，并提出今后加强合作的意愿。

8 月，经内蒙古自治区专利管理局评奖委员会评审，稀土一厂发明的“稀土精矿球团（或块）矿热炉制备稀土精矿渣和磷铁”与“稀土精矿渣电弧炉冶炼稀土中间合金”项目，获内蒙古自治区专利技术实施项目金奖。同月，内蒙古自治区人民政府副主席沈淑济在包钢公司党委书记、经理曾国安、公司副经理许万成、王子仁等人的陪同下，到稀土三厂视察工作。

1997 年

1 月 18 日，为充分发挥包钢公司的稀土资源优势，加速稀土产业技术改造与升级，转换企业经营机制，建立现代企业。按照内蒙古自治区人民政府内政股批字〔1997〕第 1 号文件，以包头钢铁公司所属稀土三厂、选矿厂稀选车间为基础，联合其他发起人，以募资方式成立了内蒙古包钢稀土高科技股份有限公司（简称稀土高科）。

7 月 24 日，全国政协副主席万国权率中央慰问团到包头稀土研究院慰问，并题词：“发展稀土优势，支持祖国建设”。

9 月 1 日，内蒙古包钢稀土高科技股份有限公司（筹）8000 万股社会公众股，其中公司职工股 800 万股（A 股）。股票摇号抽签仪式在上海市举行，并公布了中签号码。

9 月 1 日，在稀土高科股票上市时，包钢公司对同仁稀土选矿厂稀选车间进行资产合并重组，成建制划归稀土高科。

9 月 12 日，中国稀土行业首家股份有限公司——内蒙古包钢稀土高科技股份有限公司在包头召开创立暨首届股东大会。稀土高科筹委会委员、包钢总经济师徐福贵作创立工作报告。就稀土高科公司创立的条件、3 个发起人——包钢、嘉鑫有限公司（香港）、包钢综企（集团）公司的概况、稀土高科筹备过程及发展前景作了全面介绍。与会的全体股东、股东代表听取审议并一致通过《工作报告》《公司章程》《发行费用的报告》；选举曾国安为董事长，廖二鸣、王子仁为副董事长，孙鸣凤为监事会主席、杨兴山为副主席，聘陈隆淮为公司总经理。国家计委稀土办处长红峰、冶金工业部体改司处长刘林杰、申银万国证券股份有限公司副总裁缪恒生等到会并讲话。

9 月 21 日，按照中共包钢委员会《关于成立内蒙古包钢稀土高科技股份有限公司党委的通知》，在包钢稀土三厂党委基础上，成立了内蒙古包钢稀土高科技股份有限公司党委。

9 月 24 日，内蒙古包钢稀土高科技股份有限公司股票“稀土高科”在上海证券交易所正式挂牌上市，股票代码为 600111。包钢党委书记、经理、稀土高科董事长曾国安、稀土高科总经理陈隆淮亲临上海证券交易所敲锣开盘。开盘价每股 7.38 元。

10 月 16 日，国务院副总理李岚清到包头稀土研究院视察，并对稀土的发展前景作重要讲话。

10 月 30 日，包钢公司召开关于《稀土高科年处理 3000 吨稀土氧化物分离工程工艺方案》审查会议。会议审查通过了稀土专家叶祖光教授汇报的《工艺方案》及基本设计。

11 月 13 日，由包头稀土研究院承担的国家“八五”攻关项目“稀土超磁致伸缩材料研制的扩大试验”，通过内蒙古自治区科委主持的技术鉴定。

11 月 14 日，由包头稀土研究院承担的国家“八五”攻关项目“高纯稀土金属镝、铽研制的扩大试验”，通过内蒙古自治区科委主持的技术鉴定。

11 月 16 日，中国运载火箭研究院给包头稀土研究院致贺信：感谢包头稀土研究院为中国航天技术做出的贡献。

11 月，包头稀土研究院“稀土高温电热元件研制的扩大试验”攻关项目，通过内蒙古自治区技术鉴定，填补了中国等直径稀土高温电热元件的空白。

1998年

1月8日，中国航天工业总公司给包头稀土研究院致感谢信：“在航天型号研制生产试验等各项工作中，都一如既往得到了你们的巨大支持和热忱帮助。你们急航天之所急，帮航天之所需，想方设法，采取措施，及时为航天型号提供了高质量的配套产品，有力地保证了航天系统各项任务的圆满完成，为航天事业的发展做出了可贵的贡献。在新春佳节到来的时候，我们谨向你们的支持和帮助表示衷心的感谢，并致以崇高的敬意。”

3月18日，稀土高科在包钢宾馆召开一届二次董事会议，审议通过《稀土高科收购第一大股东包头钢铁公司控股的包头天骄清美抛光粉有限公司55%股权的预案》《关于更换董事的预案》《关于修改公司章程的预案》《关于授权董事会行使不超过净资产20%的投资决策权的预案》等议案，聘任王成印为公司副总经理。

4月18日，稀土高科在包钢宾馆召开一届三次董事会会议。会议通过了1997年度报告和利润分配等议案，聘任刘忠涛为公司副总经理。

4月19日，稀土高科在包钢宾馆召开了一届四次董事会会议。会议决定，曾国安因工作变动不再担任公司董事长，免去曾国安董事长职务；选举张志公为董事长。

4月，稀土高科董事会决定，投资建设镍氢电池项目。

5月11日，稀土高科在包钢宾馆召开一届五次董事会会议。会议通过了《关于修改募集资金运用项目的议案》及稀土高科标志logo设计。

5月19日，包头稀土研究院承担的内蒙古自治区计划委员会科研项目“万安培熔盐电解稀土金属”，被列入国家高新技术产业化工程项目计划。

5月22日，稀土高科在包钢宾馆召开1997年度股东大会。董事长张志公主持会议。会议审议通过了1997年度《董事会工作报告》《监事会工作报告》《1997年度利润分配及资本公积金转增股本预案》等报告。同日，稀土高科在公司召开一届二次监事会会议。会议听取了1997年度总经理业务工作报告和1997年度财务决算报告，讨论修改募集资金运用项目等议案。

6月6日，中国共产党内蒙古自治区委员会办公厅向包头稀土研究院发来贺电：“欣悉包头稀土研究院研制的高性能磁铁作为阿尔法磁谱仪的关键材料，日前随美国‘发现号’航天飞机升入太空，进行空间科学实验和探测，这是我国我区科技界的一件大事，标志着我区在稀土永磁材料研究方面已达到国际领先水平。自治区党委政府特向参与此项科研成果研制的院领导和广大科技人员表示热烈的祝贺。”

6月8日，包头市市长胡忠、包钢公司党委书记张志公一行十余人到稀土高科，听取筹建稀土集团公司建设汇报。

6月16日，中国科学院电工研究所给包钢稀土院发来贺信函：“1998年6月3日清晨，阿尔法磁谱仪（AMS）搭载美国‘发现号’航天飞机首次成功升空，揭开了人类到太空寻找反物质科学试验的序幕。在研制AMS磁体过程中，得到贵单位的通力合作，鼎力协助。我们向贵单位发出此函及本所6月4日的科技简报，特别要向积极支持本所工作的丁善宝、郭炳麟、谢宏祖同志表示衷心感谢。”

7月6日~8日，中国质量管理协会工作组一行6人到稀土高科进行ISO9002质量体系认证。于8月8日，获得北京中质协质量保证中心和中国质量管理协会、质量保证中心颁发的质量体系认证证书和质量体系注册证书，获得国家技术监督局质量体系认证和出口商品生产企业质量保证体系认证证书并注册登记。

9月10日，国家发展计划委员会下发计高技〔1998〕1797号文，同意“万安培稀土熔盐电解关键技术与成套设备研制开发项目可行性研究报告，由包头稀土研究院承担”，并组织签订了项目合同。国家发展计划委员会和财政部下发计高技〔1998〕2445号文，给“万安培稀土熔盐电解关键技术与成套设备研制”项目，下拨经费400万元。

10月23日，丁肇中教授于日内瓦给中国科学院院长路甬祥教授的信中提到：“包头稀土研究院的科学家尽了最大努力，来为第一台磁体提供材料，该磁体用来进行空间环境试验。这项工作是在丁善宝和谢宏祖教授领导下完成的。为此，表示感谢！”

11月30日~12月5日，稀土高科在北京与美方ECD（美国能源转换器件公司）、OBC（欧文尼克电池公司）、WKC（美国和光交易公司）、中方代理中电公司就镍氢电池生产项目的合作进行协商，并签订《镍氢电池合作协议书》。

12月25日，稀土高科3000吨稀土氧化物分离工程，空负荷试车成功。

年内，朱镕基总理在一份关于超导材料的文件中批示："不要让我国的稀土超导材料流失。"

1999年

1月29日，中共中央总书记江泽民一行，到包头稀土研究院视察，参观了包头稀土研究院的稀土成果展览馆，听取了有关稀土方面的汇报。江泽民总书记对稀土产业的发展前景作重要讲话。他指出："我们要从战略高度来认识稀土，真正把小平同志的指示落到实处。要有一定的投资力度，有一定的人才集中，要有一定的协调配合，真正把稀土高科技这项工作作为重大课题切实抓好，变资源优势为经济优势。"并且亲笔题词："搞好稀土开发应用，把资源优势转化为经济优势。"

1月，稀土高科生产的"混合碳酸稀土"，被内蒙古人民政府命名为第三批内蒙古名牌产品。

1月，由包头稀土研究院建立的国际互联网络"中国稀土"网站正式开通。

2月，稀土高科向内蒙古自治区计划委员会提出《圆柱形镍氢动力电池生产项目的立项请示》，并获批准。

4月22日，稀土高科召开首届一次职工、会员代表大会，会议审议通过《工会工作报告》《提案处理工作报告》等报告。陈隆淮、杨兴山分别代表行政、职工举行了《集体合同》签字仪式。选举产生了稀土高科工会首届委员会及主席等人事职务。

5月21日，稀土高科在包钢宾馆召开1998年度股东大会。大会审议通过了关于变更募集资金投向的议案和放弃收购包头天骄清美稀土抛光粉有限公司55%股权的议案。

5月，包头天骄清美稀土抛光粉有限公司的产品骄美牌H500型稀土抛光粉，正式通过ISO9002质量体系认证。

8月26日，稀土高科与美国ECD/DBC公司在内蒙古自治区政府礼堂举行镍氢动力电池项目合同签字仪式。中国电子进出口总公司总裁钱本源，包钢公司党委书记、副董事长兼稀土高科董事长张志公，美国ECD公司董事长奥佛辛斯基，美国和光公司总裁陈文波作为中美双方代表，在项目合同上签字。

8月30日，稀土高科决定将1999年募集资金用于圆柱形镍氢动力电池项目，并经1999年度临时股东大会审议通过。

8月，在内蒙古自治区第五批企业技术进步奖励评审中，包头天骄清美抛光粉有限公司生产的骄美H-500稀土抛光粉，获内蒙古自治区企业技术进步一等奖。

10月6日，稀土高科在包钢宾馆召开临时股东大会。审议通过如下决议：一是本公司1999年度增资配股议案，同意公司控股股东——包钢公司以现金认购本次配股获配股份的10%、授权董事会在本次配股议案的有效期内，全权办理与本次增资配股相关的具体事宜；二是募集资金变更方案。

10月8日，稀土高科召开第一届第十三次董事会，会议审议同意张志公不再担任稀土高科董事长职务，选举乔木担任稀土高科董事长职务。

10月15日，稀土高科成立公司下属企业：稀选一分厂、二分厂、三分厂。

2000年

1月，稀土高科与苏州小羚羊电动车公司等5家镍氢动力电池用户，签署了计900万只镍氢电池的购销合作意向书。

3月，经包头市工商局批准，中美双方组建的合资公司——内蒙古稀奥科贮氢合金有限公司、内蒙古稀奥科镍氢电池极板有限公司成立，简称内蒙古稀奥科公司（REO）。注册资本1300万美元。同时，内蒙古稀奥科镍氢动力电池项目建设工程指挥部成立。

3月，经包头市工商局批准，由稀土高科、美国能源转换器件公司（ECD）、欧文尼克电池公司（OBC）和美国通用能源科技股份有限公司（GET）共同投资建设内蒙古稀奥科贮氢合金有限公司成立。公司是稀土高科绝对控股的分子公司。注册资本1300万美元，中方占75%股权（现金），外方占25%股权（现金+技术）。

4月4日，内蒙古稀奥科公司与中国电子工程设计院签订初步设计委托合同。

5月22日，由包头稀土研究院承办的“全国稀土经济技术信息交流会”在包头宾馆召开，全国近百家主要稀土生产厂家派代表出席了会议。

9月14日，由包头稀土研究院承担的《双相纳米晶稀土合金弹性磁体粉材料》《高钕铁硼稀土永磁材料》《镍氢电池用廉价稀土储氢合金负极材料研究》，获准列入内蒙古自治区2000年科学技术项目计划。

9月28日，中央政治局常委、中纪委书记尉健行一行在自治区及包钢领导陪同下，到稀土研究院视察。

年内，稀土高科与中山市火炬高新技术实业股份有限公司，共同收购中山市天骄稀土材料有限公司。时年注册资金500万元，其中稀土高科占70%股份，中炬高新占30%股份。天骄稀土材料有限公司成为稀土高科的绝对控股分子公司。

2001年

2月8日，国家自然科学基金委员会化学科学部唐晋、陈荣、孙宏伟一行，到包头稀土研究院参观。

2月28日，内蒙古自治区科技厅认定包头稀土研究院为高新技术企业单位，并授予《高新技术企业认定证书》（内科发新字〔2001〕7号）。

2月，稀土高科3种产品被内蒙古自治区技术监督局评为优等品和一等品。其中，“电池级混合稀土金属”被评为优等品。

4月12日，内蒙古自治区副主席云公民到内蒙古稀奥科公司视察，项目建设工程指挥部负责人向云公民副主席汇报项目建设的近况。

4月18日，内蒙古自治区稀土领导小组下发关于稀土工作会议纪要的通知（内稀字〔2001〕1号文）。主要解决做大做强稀土产业、深化包头稀土研究院体制改革等问题，特别对包头稀土研究院的改革与发展问题。明确具体的发展方向：把稀土研究院建设成为中国稀土产业的研发中心。同时，根据“一院多制”的思路，以项目为载体，把稀土研究院建成科技先导型企业。会议明确稀土研究院的转制方案，由内蒙古自治区科技厅、体改办协助完成，在6月底挂牌。

5月，内蒙古稀奥科公司镍氢动力电池技术中心正式挂牌，中试线开始运行。

6月20日，包钢公司党委任命刘石政为稀土高科党委书记；免去孙鸣凤稀土高科党委书记职务，离休。

8月31日，包头稀土研究院与长春应化所达成稀土研究的全面合作协议，主要在稀土分离流程、稀土新材料、选送研究生等方面进行多项合作。

9月4日，稀土高科第二届第一次董事会，审议并选举乔木为稀土高科董事长，选举崔臣、陈宁宁（女士）为稀土高科副董事长，增补刘石政、燕洪全为公司董事。同时，公司副董事长、董事张毅因工作变动，不再担任公司副董事长、董事职务。同日，稀土高科召开公司2000年度第一次临时股东大会，会议选举产生了公司第二届监事会成员。同日，稀土高科召开第二届第一次监事会，选举杨兴山为公司监事会主席。

9月28日，稀土高科召开2001年第二次临时股东大会。会议审议通过《关于公司2001年发行可转债的议案》《关于公司2001年发行可转债募集资金投资项目可行性的议案》及《本次发行可转债决议有效期限的议案》等。

2002年

1月16日，国家经贸委副主任蒋黔贵、内蒙古自治区经贸委副主任汤爱军、国家计委稀土办公室王彩凤，在自治区副主席牛玉儒、包钢董事长总经理林东鲁陪同下，到稀土高科调研。

1月18日~26日，陈隆淮总经理一行4人赴美国CEO公司谈判。

2月22日，稀土高科稀选二、三分厂统一行政管理，将二分厂的经营业务归并至稀土高科三分厂核算。同年5月25日，成立稀选分厂。

3月6日，稀土高科召开第二届董事会第四次会议。会议审议并通过2001年度《董事会工作报告》《总经理工作报告》《公司财务决算报告》《公司报告及其摘要》《公司利润分配的预案》，以及2002年度《公司预计利润分配政策》《关于设立独立董事》等预案。同日，稀土高科召开第二届监事会第二次会议。会议审议通过《2001年度监事会工作报告》《关于更换监事的预案》等。

3月8日，内蒙古自治区发展计划委员会下达《关于包头稀土研究院大型稀土熔盐电解成套装备国产化项目初步设计的批复》（内计工字〔2002〕288号文）。批复要求该项目确保在2002年11月底前保质保量建成，同时做好市场开发工作。

3月15日，包头市京瑞新材料有限公司正式成立，注册资本500万元。由稀土高科出资300万元和北京众从新世纪文化发展有限公司投资200万元建成；稀土高科持有300万元股权，占注册资本的30%。京瑞公司成为稀土高科的相对控股分子公司。

3月21日，内蒙古自治区发展计划委员会下发《关于内蒙古包钢稀土高科技股份有限公司变更合资项目注册资本》的批复，同意内蒙古稀奥科电池极板公司、动力电池公司注册资本变更。

3月29日，包头稀土研究院与瑞科稀土冶金及功能材料国家工程研究中心有限公司、中国机电出口投资公司、内蒙古包钢稀土高科技股份有限公司、包头市信托投资公司、自然人张大勇6家发起人，本着平等互利的原则通过协商，同意在包头稀土高新技术开发区共同出资发起，设立“包头瑞鑫稀土金属材料股份有限公司”。

4月8日，稀土高科被包头市稀土高新区地税局评选为“诚信纳税十佳企业”。

4月9日，稀土高科2001年年度股东大会在包钢宾馆召开，审议通过了2001年年度工作报告及利润分配等预案。

4月16日，稀土高科被包头市评为全市扶贫工作先进单位。

4月24日，稀土高科分别召开第二届董事会第五次会议、第二届监事会第三次会议。会议分别审议通过公司《2002年第一季度报告》及关于对镍氢动力电池项目的投资，在3个合资公司减少注册资本后转为长期债权投资的预案，同意公司与瑞科稀土冶金及功能材料国家工程研究中心有限公司、包头稀土研究院等5家单位共同投资，组建包头瑞鑫稀土金属材料股份有限公司等议案。

5月22日，中国工程院院士、国务院专家组首席专家李东英一行8人，在参加稀土企业联谊会期间，到内蒙古稀奥科公司稀土镍氢动力电池项目工程建设现场参观考察。

5月23日，内蒙古自治区副主席周维德在稀土高科领导陪同下，视察内蒙古稀奥科贮氢合金有限公司。

5月27日，稀土高科召开2002年临时股东大会。会议投票表决通过《关于对镍氢动力电池项目投资在3个合资公司减少注册资本后转为长期债权投资的议案》等。

5月27日，稀土高科召开第二届监事会第四次会议。会议审议并通过瑞科稀土冶金及功能材料国家工程研究中心有限公司有关增资扩股及股权转让的预案及《监事会议事规则》的预案。

5月，包钢对内蒙古稀土集团进行重组，对包钢内部9家稀土生产企业实行“五统一”管理。

6月10日，稀土高科召开第二届第八次董事会，会议审议同意乔木不再担任董事、董事长职务；选举崔臣为稀土高科董事长；同意颜维华不再担任董事职务；增补孙国龙为公司董事、副董事长候选人；增补刘志忠为公司董事候选人。同日，稀土高科召开2002年第二次临时股东大会。会议投票表决通过《关于前次募集资金使用情况的说明》《关于对公司可转换债券发行方案进行修改及确认的议案》《关于对公司可转换债券募集资金投资项目进行调整及确认的议案》《关于本次发行可转换债券决议有效期限的议案》《关于对授权董事会办理本次发行可转换债券相关事宜进行确认的议案》《关于向3个合资公司进行长期债权投资的具体方案的议案》。

6月17日，日本昭和电工株式会社派代表到稀土高科进行商务谈判。

6月28日，稀土高科召开2002年第三次临时股东大会。会议审议通过《参股瑞科稀土冶金及功能材料国家工程研究中心有限公司有关增资扩股及股权转让》《股东大会议事规则》《董事会议事规则》《独立董事工作规则》《信息披露管理制度》《监事会议事规则》等议案。

7月1日，稀土高科股票入选上证180指数。同日，稀土高科召开第二届董事会第九次会议，选举孙国龙为公司副董事长。

7月24日，稀土高科分别召开第二届董事会第十次会议、第二届监事会第五次会议。会议分别审议通过《2002年半年度报告及摘要》《关于公司独立董事津贴、其他董事和监事津贴的预案》《关于修改公司章程的预案》。

8月16日，参加包头稀土高新区“中国工程院院士行”活动的13位中国工程院院士、专家，参观内蒙古稀奥科镍氢动力电池有限公司。

9月13日，稀土高科召开第二届董事会第十一次会议。会议审议通过《关于投资中外合资包头昭和稀土高科新材料有限公司》《关于设立公司董事会战略、提名、审计、薪酬与考核4个委员会》等议案。

10月24日，包头昭和稀土高科新材料有限公司（简称：BSR）正式成立。该公司由稀土高科（股份：30%）、日本昭和电工株式会社（股份：60%）和日本东海贸易株式会社（股份：10%）共同投资建立，为中外合资企业。

2003年

1月6日，稀土高科召开“2003年全分离扩容技改项目”审查会，技术委员会主任王晓铁主持会议，公司高管及有关车间主管参加会议。

2月26日，稀土高科分别召开第二届董事会第十五次会议、第二届监事会第八次会议。会议分别审议通过2002年度工作报告及分配预案，投资6000万元对稀土高科三、五、七车间及全分离车间进行技术改造，使分离稀土氧化物的能力提高2倍的议案。

3月27日，包头昭和稀土高科新材料公司举行开工奠基仪式。

3月，包头稀土研究院主办的《稀土》杂志，在国家新闻出版总署主办的“第二届国家期刊奖”评选活动中，获重点期刊奖。

4月1日，稀土高科召开第二届监事会第九次会议。会议选举通过赵占斌为稀土高科监事会主席。

4月10日，原稀选一分厂、二分厂正式并入三分厂。原一分厂、二分厂、三分厂合并更名为稀选分厂。法定负责人、经营场所、经营范围与原稀选三分厂相同。

4月21日，稀土高科根据传染病流行趋势及包钢有关文件精神，成立稀土高科非典型肺炎预防控制工作领导小组，组长由公司党委书记、总经理刘石政担任。

4月24日，稀土高科召开第二届董事会第十六次会议。会议审议并通过《2003年第一季度报告》《关于同包头市红天宇稀土厂共同投资组建包头市科宇稀土有限公司》的议案；以现金2491.5万元出资对山东省淄博市临淄有色金属冶炼厂进行增资，将其变更为淄博包钢灵芝稀土高科有限公司，其中稀土高科占注册资本的40%；以1370.36万元收购包头华美稀土制品有限公司33.3%的股权，成为包头华美稀土高科有限公司第一大股东；关于向交通银行申请流动资金贷款的议案；关于美国ECD公司紧急撤回电池项目美方技术人员的通告。

4月24日，稀土高科与华美公司签订股权转让协议，稀土高科收购华美公司33.3%的股权。

4月29日，稀土高科将原成立的公司预防和控制非典型肺炎工作领导小组改为预防和控制非典型肺炎指挥部。总指挥由公司党委书记、总经理刘石政担任，指挥部下设督导组、办公室、预防组、宣传组、维护稳定组。

4月，包头稀土研究院信息中心承担的“内蒙古稀土工业信息统计分析系统”项目顺利完成，并通过验收。此项目是内蒙古自治区计委、财政厅下达给包头稀土研究院信息中心的项目，主要目的是全面、及时、准确地掌握全自治区稀土产业的总体状况、动态变化情况，为自治区党政领导部门管理稀土企业提供准确决策的参考依据，确保国家和全区稀土产业健康发展。

4月，稀土高科以相对控股的资本结构收购包头华美稀土高科有限公司33.3%股权，形成了国有上市公司与民营企业合作共赢、新的经济发展模式。企业性质变更为股份制企业。

5月，包头华美稀土高科有限公司承担国家发改委批准立项的“新建4万吨稀土精矿集中焙烧清洁生产工程”项目（计产业〔2002〕235号），该项目的建成将成为中国最大的稀土初级原料产品生产供应基地。

6月，淄博包钢灵芝稀土高科有限公司吸收稀土高科、赵建军、张先彬3位为新股东，公司注册资本由2055万元增至3425万元。2009年1月22日，淄博包钢灵芝稀土高科有限公司更名为淄博包钢灵芝稀土高科技股份有限公司。

7月26日，稀土高科第二届监事会第十次会议在包钢宾馆召开。会议审议通过《公司2003年半年度报告和摘要》《关联交易管理办法（暂行）》。同日，稀土高科第二届董事会第十七次会议在包钢宾馆召开。会议审议并通过《关于设立上海市鄂博稀土贸易有限公司子公司的议案》《关于聘任、解聘公司高管人员的议案》《关于增补独立董事和更换董事的预案》《关联交易管理办法》《建设项目管理办法》等议案。

7月30日，法国罗地亚公司工业总监、中国区总裁、亚太地区总经理、包头罗地亚公司总经理一行5人，到稀土高科参观考察。

8月25日，包头稀土研究院举行建院40周年庆祝大会。中国稀土协会名誉理事长周传典、董事长毕群，包头市领导赵道尔基、杨建和、朱蒙以及包钢公司领导林东鲁等到会祝贺。

8月30日，稀土高科召开2003年临时股东大会。会议通过关于增补独立董事和更换董事的议案。

9月23日，稀土高科董事长办公会研究决定，稀土高科冶炼厂即日正式成立。

9月26日，内蒙古自治区科技厅组织评审，通过了包头华美稀土高科有限公司的“纳米级稀土氧化物和复合物产业化”火炬计划项目。

9月28日，国家科技部为包头稀土研究院下拨2003AA32X080课题研究经费100万元（国科发财字〔2003〕319号文），本次先拨款50万元。

10月7日，中国航天时代电子公司717厂给包头稀土研究院发来感谢信：“举世瞩目的神舟五号飞船首次载人飞行成功，这是中国航天发展史上的一件具有历史里程碑意义的大事。长期以来，作为我厂重要的军工外协配套单位，与我厂的产品一起参与了多种航天型号的飞行试验任务，均获得了圆满成功，为祖国的航天事业和国防建设做出了贡献。为此我厂全体员工向贵院表示衷心的感谢!”

10月20日，中国航天科技集团公司230厂给包头稀土研究院发来贺信：“在举国欢庆中国首次载人航天飞行圆满成功时刻，作为长征二号F运载火箭主要研究制造单位之一，我们衷心感谢贵院长期以来对航天的关心、帮助和支持。”

10月21日~26日，第十五次中日稀土交流会在日本仙台市举行。中方代表团由国家发展改革委、财政部有关政府官员组成。稀土高科等国内5家企业负责人参加此次会议。稀土高科常务总经理王晓铁赴日本参加会议。日本三德金属（株式）会社等企业参加了此次会议。会上双方代表通报了两国2002年度稀土及主要有色金属的产销情况（含进出口），并就双方共同关心的问题交换了意见。会议期间，中方代表参观了日本有关金属冶炼厂、资源回收利用企业和研究单位。王晓铁了解到日方有关稀土生产的基本情况。

10月24日，国家自然科学基金会给包头稀土研究院下达“$La_2Mg_{17}/LaNi_5$复合贮氢材料电极容量衰减的研究”项目资助金额18万元（国科化函〔2003〕15号文）；给“多功能稀土铬酸镧纳米材料的膨胀机理”项目资助金额23万元（国科金工函〔2003〕20号文），两项合计41万元。

10月25日，稀土高科召开第二届董事会第十九次会议。会议审议并通过《2003年第三季度报告》《投资成立包头高科日升稀土材料有限公司》；以现金380.08万元出资对包头市京瑞新材料有限公司进行增资，成为该公司第一大股东。

10月30日，中国人民解放军总装备部〔2003〕装9字第153号文，颁发中国首次载人航天飞行荣誉纪念状，其中包头稀土研究院荣获这一纪念证书。

11月8日，由稀土高科控股的包头华美稀土高科有限公司4万吨稀土精矿清洁生产一期工程竣工投产。11月18日，该公司“4万吨稀土精矿集中焙烧清洁生产工程”项目完工。

12月17日，国家知识产权局下发国知发管字〔2003〕21号文，授予专利金奖和专利优秀奖，包头稀土研究院的“生产稀土金属及合金的熔盐电解槽”项目荣获优秀专利奖。

12月19日，包头昭和稀土高科新材料公司举行竣工典礼仪式。

12月23日，国家科技部下发国科外函〔2003〕364号文，支持2003年度政府间科技合作项目，批准“城市森林技术模式研究”等48个项目。包头稀土研究院的“稀土分离提纯与应用”课题为其中之一。

年内，成立上海鄂博稀土贸易有限公司，是稀土高科在上海设立的销售分公司。公司注册资本50万元。股权结构：稀土高科90%，包头市昆区新宇华综合经营部10%。

2004年

1月，内蒙古包钢稀土高科技股份有限公司、日本日产稀元素株式会社、日本东海贸易株式会

社共同出资组建起包头科日稀土材料有限公司。其中，稀土高科出资63.125万美元，日产稀元株式会社出资43.75万美元，日本东海贸易株式会社出资18.125万美元。稀土高科占50.5%，日方占49.5%。为稀土高科的绝对控股分子公司。

2月6日，包头科日稀土材料有限公司举行开工仪式，并召开了公司第一次董事会。

3月9日，经内蒙古自治区推进工业化进程领导小组等部门认定，包头华美稀土高科有限公司技术中心为自治区级企业技术中心。

3月16日，包头市工业项目领导小组办公室下达2004年全市重点项目实施意见（〔2004〕1号文），包头瑞鑫稀土金属材料有限公司3000吨金属钕生产线被列入续建、拟竣工重点工业项目，总投资8000万元，建设地点在包头稀土开发区。

3月27日，稀土高科召开第二届董事会第二十次会议。会议审议并通过《2003年工作报告及利润分配》《关于更换公司董事的预案》《调整董事会4个专门委员会成员的预案》《关于修改公司〈章程〉的预案》《公司2004年资本运作计划》《申请2004年银行贷款总授信额度的预案》《聘任、解聘公司高级管理人员的议案》等议案。同日，稀土高科召开监事会第二届第十二次会议。会议审议通过《2003年监事会工作报告》《2003年度公司财务决算报告》《2003年年度报告及摘要》等预案。

3月，包头华美稀土高科有限公司改进萃取工艺，对部分分离段采取了分馏—逆流置换萃取工艺，产量由400吨增至650吨。实现了萃取段酸碱零消耗的目标，该项工艺改进荣获2004年度包头市科技进步一等奖。

4月22日，稀土高科召开第二届董事会第二十一次会议。会议审议并通过2004年第一季度报告及关于投资成立包头科日稀土材料有限公司的议案。

5月13日，中共中央书记处书记何勇一行在自治区、包头市领导陪同下，参观稀奥科镍氢动力电池公司。

5月18日，稀土高科召开2003年度股东大会。审议通过2003年董事会、监事会工作报告、年度报告及摘要、年度利润分配、关联交易，更换董事、修改公司章程、调整长期债权投资回报率等议案。

5月31日，北京国金恒信有限公司认证中心对稀土高科ISO9001：2000版标准进行了监督检查，经过检查符合2000版质量体系要求。

6月30日，内蒙古发改委下发《关于包头稀土研究院稀土冶金及功能材料国家工程研究中心项目，主体搬迁初步设计的批复》，原则同意该设计，并要求确保完成可行性研究报告的7项主要建设内容，达到建设规模和主要功能。7月5日，内蒙古发改委受国家发改委的委托，组织有关专家和部门对该项目进行了整体验收。7月12日，专家评审委员会认为，该项目的7项建设内容基本完成，具备了工程化研究开发和工程化验证的功能。该工程项目总投资额13542万元，实际完成投资11424万元。投资实际完成情况符合国家有关要求。

7月26日，国家科技部给包头稀土研究院下达专项资金96万元（国科发财字〔2004〕237号文），专门用于“高性价比稀土系复合储氢电极材料的研发”课题。

8月18日，内蒙古自治区发改委组织专家验收了包头华美高科有限公司“纳米晶稀土合金磁粉产业化示范工程”。该项目拥有自主知识产权并获得国家发明专利。

10月16日，稀土高科召开第二届董事会第二十四次会议。会议审议并通过《2004年第三季度报告》《关于包钢（集团）公司稀土高科供水、供电价格进行调整的议案》《稀土高科关于以土地增资入股包头瑞鑫稀土金属材料股份有限公司的议案》。

11月11日，内蒙古发改委下发关于包头稀土研究院大型熔盐电解成套装备国产化项目竣工验收意见的报告。该项目历时两年多竣工，本年7月2日，自治区领导和专家对该项目进行考察、评审，认为：该项目符合国债项目建设的有关程序；具有工程化研究开发和工业化的生产能力、具备产业化的条件；测试和配套设备、设施能够满足工艺要求。并通过该项目验收。

2005年

1月，稀土高科入选中国新材料领域“2004年度成功企业”。

2月16日，国家发改委稀土办下发关于稀土应用研究项目有关事宜的通知（发改稀土函〔2005〕3号文）。将包头稀土研究院申报的《中国稀土工业“十一五”发展规划编制》项目列入国家发改委2004年稀土应用研究项目专项计划，补助财政专项资金50万元。项目完成后，由国家发改委稀土办组织验收。

4月29日，公司召开2004年度股东大会，以累计投票方式选举崔臣、陈宁宁女士、孟志泉、刘志忠、燕洪全、张忠、易尚聪、李学舜、杨颖女士为公司第三届董事会非独立董事，选举胡玉林女士、李含善、班均、李刚为公司第三届董事会独立董事。同日，公司召开第三届董事会第一次会议，选举崔臣为公司董事长，选举陈宁宁女士、孟志泉为公司副董事长。

5月18日，国家科技部认定包头华美稀土高科有限公司为“2005年国家火炬计划重点高新技术企业”。

6月，按照包头市政府关于解决本市稀土焙烧企业环境污染会议纪要的要求，包头华美稀土高科有限公司东厂的稀土精矿焙烧生产线实施搬迁，合并到西厂。

8月20日，包头稀土研究院与内蒙古科技大学签订“内蒙古科技大学实习基地共建协议”。签约有效期为2005年9月1日~2010年8月31日。

9月5日~10月26日，日本三樱工业株式会社组织对稀奥科公司电池生产线进行验证评估，提交了《生产线验证结果报告》和《生产线改造方案》。

9月，根据包头市委、市政府及包钢公司的决定，包头稀土研究院整体搬迁至包头稀土高新区。

10月12日，由包头稀土研究院蒙稀磁业公司提供重要永磁器件的“神舟”六号载人航天飞船，发射成功。

11月25日，国家科技部给稀土研究院下达科研院所社会公益研究专项资金70万元（国科发财字〔2005〕476号）。

2006年

2月3日，包头市科技局下发包科高发〔2006〕2号文，包头稀土研究院的“包头磁制冷工程技术中心”，被认定为包头市工程技术研究中心单位。

2月21日，国家产权局确定第三批全国企业事业知识产权试点单位（国知发管字〔2006〕24号文），包头稀土研究院被列为试点单位之一。

2月27日，稀土高科发布股权分置改革公告，启动稀土高科股权分置改革，稀土高科股票在上海证券交易所停盘。3月3日，稀土高科进行股改网上路演，公司董事长崔臣、副董事长孟志泉、股东代表孙文彪、曹忠魁参加。

3月8日，包头华美稀土高科有限公司西厂萃取分离生产线开工建设。10月18日，生产线竣工投产，成为北方稀土企业中首条采用模糊萃取方式进行轻稀土分离的、规模最大的萃取分离生产线。

3月29日，稀土高科2005年度股东会议审议表决通过《股权分置改革方案》，公司非流通股股东以其持有的4659.20万股公司的股票作为对价而向公司流通股股东送股，已获得上市流通权，即流通股股东每持10股流通股将获得非流通股股东支付的3.2股的股份对价。上述送股对价于2006年4月13日实施完成后，公司股份总数不变，股份结构发生相应变化。

3月，稀土高科生产的氧化镧荣获内蒙古自治区名牌产品称号。这是继2004年镨钕系列稀土产品后又一被评为自治区名牌的产品。

4月22日，稀土高科召开第三届董事会第四次会议。会议审议并通过《2005年董事会工作报告》《2005年度报告及摘要》《2005年总经理工作报告》《2005年度财务决算报告》《2005年度利润分配及资本公积金转增股本的预案》《2006年度财务预算报告》《关于更换董事的预案》《关于聘任公司总经理的议案》《关于聘任公司财务总监的议案 》等议案。同日，稀土高科召开第三届监事会第四次会议。会议审议并通过《2005年监事会工作报告》《2005年度报告及摘要》《2005年度财务决算报告》《关于更换监事的预案》等议案。

5月13日，包钢公司一届董事会9次日常会议，审议、批准了《稀奥科电池公司镍氢动力电池生产线改造方案》（包钢董决字〔2006〕18号）。

5月31日，北京国金恒信公司对稀土高科质量管理体系进行复评，并召开第三次监督检查会议。国金恒信公司评价了公司ISO9001：2000质

量管理体系运行的有效性，推荐公司继续使用质量管理体系认证证书。这一审核结论标志着稀土高科质量管理体系通过复评审核，第三次监督检查工作圆满结束。

6月19日，全国政协“稀土资源合理开发利用和保护”专题调研组，到稀土高科冶炼厂调研，国家发改委稀土办的领导、内蒙古自治区政协副主席刘芝兰、包头市政协主席李玉然等领导陪同调研。

6月，国家环保总局公布的2006年21个国家级清洁生产示范合作项目中，稀土高科冶炼厂冶炼分解工艺榜上有名。

7月3日，国家科技部授予内蒙古稀奥科贮氢合金有限公司为2006年国家火炬计划重点高新技术企业。

7月10日，稀土高科通过GB/T 19001—2000质量管理体系认证，北京国金恒信管理体系认证有限公司为稀土高科颁发ISO9001:2000质量管理体系认证证书，证书编号：02206Q10085RIM。

7月25日，包头华美稀土高科有限公司的碳酸稀土和低镨碳酸铈产品，荣获内蒙古自治区名牌产品称号。

8月11日，内蒙古发改委下发《内蒙古稀土产业“十一五”发展规划纲要》（内发改字〔2006〕450号文）。其中，内蒙古稀土产业“十一五”规划重点建设项目——“包头瑞鑫稀土金属材料股份有限公司金属镨钕扩产项目”拟定投资1亿元。

10月25日，国家科技部给包头稀土研究院下达技术开发研究专项资金143万元（国科发财字〔2006〕435号文）。

11月17日，内蒙古稀奥科贮氢合金有限公司承担的国家级火炬计划项目“高性能混合稀土系贮氢合金粉”，通过内蒙古自治区科技厅考核验收。

11月24日，稀土高科组织撰写的论文《稀土资源管理与可持续发展》，荣获国家级创新管理一等奖。

11月28日，中国航天时代电子公司给包头稀土研究院发来感谢信，感谢包头稀土研究院为“嫦娥一号”卫星发射成功所做的配套工作。

12月14日，《稀奥科电池公司镍氢动力电池生产线技术改造项目》获内蒙古自治区发改委正式核准，并于年底正式启动。

12月21日，国家质检总局在北京人民大会堂召开国家免检产品表彰大会。公布2006年获得国家免检产品的企业名单，稀土高科成为中国稀土行业唯一获此殊荣的企业。

12月25日，内蒙古自治区政府发布科技自主创新名牌技术和名牌产品（内政字〔2006〕391号）。包头稀土研究院的“铬酸镧制品”为自主创新名牌产品；“生产稀土金属及合金的熔盐电解槽”项目为重大自主知识产权成果。

12月27日，在内蒙古自治区科学技术大会上，稀土高科荣获自治区十强高新技术企业称号，排名首位。

12月，经国家工商行政管理总局商标局批准，稀土高科取得了“白云鄂博”注册商标专用权。这标志着备受稀土行业关注的、对稀土高科企业文化和品牌建设具有重要意义的“白云鄂博”商标注册工作全部完成。新商标于2007年1月1日起正式启用。

年内，国务院总理温家宝在内蒙古考察期间，对稀土产业作出指示：“稀土产业主要是两件事，一是控制，二是综合利用。”

2007年

1月5日，国家科技部批准立项的包头稀土研究院“新型稀土储氢材料在MH-空气蓄电池中的应用研究”项目（国科外字〔2007〕2号文），决定资助项目专项经费总额为265万元，其中本年度拨付150万元。资助额度为200万元以上项目的后续经费，根据项目执行情况分年度滚动支持。

2月，内蒙古自治区政府发布科技自主创新十大名牌技术、名牌产品和重大自主知识产权成果名单，稀土高科生产的“白云鄂博”牌稀土高纯氧化物，荣获科技自主创新名牌产品奖；中频感应炉混熔电池级混合稀土金属工艺方法，荣获重大自主知识产权成果奖。

3月2日，上海迪捷、美国天骄公司携Altair纳米技术公司到稀土高科进行会谈，双方先后陈述了各自公司的情况，并就供货事宜进行了深入探讨，达成共识。

3月7日，稀土高科召开第三届董事会第七次会议，会议审议并通过《2006年度报告及摘要》

《2006 年度利润分配及资本公积金转增股本的预案》《关于调整董事会 4 个专门委员会成员的预案》等议案。

3 月 13 日，包头市名牌战略推进委员会印发《关于 2006 年包头市名牌战略有关情况的通报》，稀土高科生产的富铈氧化物、氧化铈两个产品，获内蒙古自治区名牌产品称号，“白云鄂博”牌稀土氧化物，获国家免检产品荣誉称号。稀土高科成为包头市唯一一家获此荣誉的企业。至此，稀土高科已有 5 个产品被评为内蒙古自治区名牌产品，9 个产品被内蒙古自治区评为优等品和一等品。

3 月 26 日，内蒙古科技厅批准内蒙古自治区煤炭化学重点实验室等 14 个重点单位（内科发计字〔2007〕6 号文）。包头稀土研究院的“稀土功能材料室”被列为内蒙古自治区重点实验室之一。同日，内蒙古科技厅公布 2006 年度自治区工程技术研究中心（内科发计字〔2007〕7 号文）。包头瑞鑫稀土金属材料股份有限公司被自治区认定为工程技术研究中心依托单位。

3 月 28 日，内蒙古自治区副主席赵双连应包头稀土研究院院长赵增祺的邀请，到包头稀土研究院视察。在汇报会上，赵双连副主席作了重要讲话。

3 月，包头稀土研究院的“高性价比新型稀土—— 镁基储氢电极材料的研究”项目，通过了由国家科技部委托内蒙古自治区科技厅的验收。

5 月 16 日，包头华美稀土高科有限公司研发成功的“分馏—逆流置换萃取生产高纯单一稀土”项目，获得包头市科技进步一等奖。包头华美稀土高科有限公司技术中心被授予全市科技创新先进集体。

6 月 26 日，稀土高科第三届董事会第九次会议以通信形式召开。会议审议并通过了重新修订的稀土高科《信息披露管理制度》，对公司信息披露行为做出进一步规范。

6 月 28 日，稀土高科召开纪念中国共产党成立 86 周年暨“创先争优”表彰大会。

8 月 23 日，包头市工商局及包头市知名商标认定委员会授予包头华美稀土高科有限公司“物华”牌商标为“包头市知名商标”称号。

8 月 24 日，国家知识产权局下发关于设立第一批专利工作交流站的通知（国发管字〔2007〕126 号文），包头稀土研究院被列为第一批专利交流工作站单位之一。

8 月 28 日，包钢稀土产业整合会议在稀土高科召开。

9 月 18 日，内蒙古稀奥科镍氢动力电池公司生产线改造项目，完成了生产线全线联动负荷，通过验收并正式投入生产运营。

9 月 20 日，内蒙古包钢稀土高科技股份有限公司上市十周年庆典在会展中心隆重举行。

10 月 22 日，国家科技部给包头稀土研究院下达 164 万元国际科技交流经费（国科发财字〔2007〕642 号文），用于“钙钛矿型材料用于金属—空气电池氧扩散催化剂的研究”课题。

10 月 27 日，稀土高科召开第三届董事会第十一次会议。会议审议并通过《关于收购包头钢铁（集团）有限责任公司稀土类资产的议案》《关于向包头钢铁（集团）有限责任公司购买土地使用权的议案》《关于收购包钢综合企业（集团）公司钢球加工厂稀土类资产的议案》《关于收购包钢白云铁矿博宇公司稀土类资产的议案》等议案。会议通过决议，决定现金收购包钢集团所持有的包头稀土研究院 100%出资权益、包头天骄清美稀土抛光粉有限公司 60%出资权益、中山市天骄稀土材料有限公司 66.5%出资权益、包头瑞福鑫磁性材料有限责任公司 24.38%出资权益、包钢集团矿山研究院选矿试验分公司的资产，加上此前决定收购的包钢白云博宇公司的稀土资产，包钢的稀土产业资产全被稀土高科囊括。

10 月，包钢公司一届董事会审议了《关于包钢稀土产业整合重组的议案》，同意对包钢稀土产业整合重组。决定，以包钢白云铁矿博宇公司经营性资产作为出资设立分公司。分公司名称定为“内蒙古包钢稀土高科技股份有限公司白云博宇分公司”。2008 年，稀土高科整体收购白云博宇分公司，成为稀土高科的一家分公司。

11 月 6 日，按照内蒙古国有资产监督管理委员会下发《关于有偿转让出资稀土企业国有产权的批复》（内国资产权字〔2007〕193 号），稀土高科持有包头稀土研究院 100%国有股权。

11 月 20 日，内蒙古政府办公厅下发〔2007〕277 号文件，同意包头稀土院承办第四届“国际室温磁制冷学术会议”。

11 月，稀土高科“白云鄂博”商标，荣获内蒙古自治区著名商标，包头市共有3家企业获得自治区著名商标。

11月，经国家知识产权局批准，包头稀土研究院成为全国第一批专利工作交流站。

12月10日，中证指数有限公司发布公告，进行为期半年一次的沪深300指数调整。稀土高科于2008年第一个交易日进入沪深300指数，这是自2005年4月5日沪深300指数发布以后稀土高科首次入选。

12月23日，稀土高科冶炼厂一车间萃取生产线恢复建设工程竣工。包钢领导周茂森、魏栓师、周秉利、李金贵及参加工程建设的单位领导和有关部门领导出席试车仪式。

12月，内蒙古党委、政府、国防科技办公室以及包头市党委、政府分别给包头稀土研究院发来慰问信：中国第一颗探月卫星“嫦娥一号”发射成功，对包头稀土研究院为该项工程作为重点配套单位做出的贡献，表示感谢和鼓励。同月，内蒙古稀奥科贮氢合金有限公司的“一种MH-Ni电池用高容量稀土—镁基贮氢合金及其制作方法”，获国家知识产权局发明专利授权。此项方法填补了国内外高容量稀土—镁基贮氢合金技术的空白。

年内，包头稀土研究院党委划归稀土高科党委。

2008年

1月26日，国家知识产权局发布《第十届中国专利奖授奖的决定》（国知发管字〔2008〕19号文）。包头稀土研究院的“超高温电致热陶瓷发热体制造方法”项目荣获中国第十届专利优秀奖。

3月21日，内蒙古自治区科技厅发布《2007年自治区重点自主知识产权成果》（内科发知字〔2008〕4号文）。包头稀土研究院的“大尺寸等直径铬酸镧发热元件成型的研究”项目，被评为自治区10项重大自主知识产权成果之一。

3月29日，稀土高科召开第三届董事会第十二次会议。会议审议并通过《2007年董事会工作报告》《2007年度报告及摘要》《2007年度利润分配及资本公积金转增股本的预案》《关于聘任高级管理人员的议案》《关于组织机构调整的议案》等议案。同日，稀土高科召开第三届监事会第十一次会议。会议审议并通过《2007年监事会工作报告》《2007年度报告及摘要》等议案。

3月，稀土高科公布2007年年度报告。2007年，实现营业收入25亿元，净利润3.08亿元，分别比2006年增长55.33%和325.84%，股票每股收益0.763元。稀土高科第三届董事会第十二次会议决定，以稀土高科2007年年底总股本403674000股为基数，向全体股东每10股送5股红股、派发1元现金红利，同时拟将资本公积金向全体股东每10股转增5股。

4月23日，稀土高科召开2007年度股东大会，会议表决通过如下议案：2007年董事会、监事会工作报告，2007年度报告及摘要，2007年度利润分配及资本公积金转增股本等议案。

4月26日，全国稀土标准化委员会关于下发《稀土金属及其化合物中稀土总量的测定》等12项标准会议纪要（稀土标委〔2008〕12号文）。包头稀土研究院承担了其中8项标准化制定任务。

5月，内蒙古稀奥科镍氢动力电池公司通过ISO9001质量管理体系认证，镍氢动力电池产品获欧盟CE认证、欧盟ROHS认证、北美UL认证，经美国ECD/OBC公司授权可在全球各地区销售。

6月16日，稀土高科正式成立包钢磁性材料产业化项目建设指挥部，负责磁性材料产业化项目的筹建工作。2009年5月，正式成立内蒙古包钢稀土磁性材料有限责任公司（BGM），成为稀土高科的控股子公司。

6月，包钢瑞鑫稀土金属材料股份有限公司四车间投产，使公司金属钕（镨钕）年生产能力达到5000吨，年产量一跃成为行业第一。

8月23日，稀土高科召开第三届董事会第十五次会议。会议审议并通过《公司2008年半年度报告》《关于建设包头稀土精矿储备库项目的议案》《关于投资组建内蒙古包钢稀土国际贸易有限公司的议案》《关于收购内蒙古和发稀土科技开发股份有限公司部分股权的议案》《关于包头瑞鑫稀土金属材料股份有限公司扩展的议案》《关于稀选厂技改的议案》等议案。

8月23日，稀土高科领导张忠、邢斌、张日辉与内蒙古和发稀土有限公司董事长赵润狗、总经理赵继承在包钢宾馆签订了《内蒙古和发稀土科技开发股份有限公司股权转让合同》。

8月，由稀土高科出资，收购内蒙古和发稀土科技开发股份有限公司 51%股份，注册资本 5001 万元。公司重组后更名为内蒙古包钢和发稀土有限公司，成为稀土高科绝对控股分子公司。企业由股份有限公司转制为国有控股有限公司。

9 月 13 日，稀土高科召开第四届董事会第一次会议。会议审议并通过《关于选举第四届董事会董事长、副董事长议案》《关于调整董事会 4 个专门委员会成员议案》《关于免除内蒙古稀奥科镍氢电池极板有限公司和内蒙古稀奥科镍氢动力电池有限公司 2008 年长期债权投资利息的议案》。

9 月 21 日，稀土高科办公地址由内蒙古稀奥科镍氢动力电池有限公司院内迁址至包头稀土高新技术开发区新址。

9 月 25 日~27 日，中国“神舟七号”载人航天飞行取得圆满成功。由包头稀土研究院蒙稀磁业公司科研人员制造的永磁器件再次被成功用于“神舟七号”运载火箭，顺利完成推进升空任务。

9 月 27 日，由国家工业和信息化部原材料工业司稀土办主办、稀土高科承办的“全国稀土重点企业座谈会”在包头举行。总经理张忠主持会议，会议进行了以下主要议题：第一，国家稀土行业主管部门变化后管理方式，政策导向等情况通报；第二，面对当前稀土市场低迷局面，各稀土行业重点企业共同探讨了应对措施；第三，交流稀土行业现状与未来发展趋势。稀土行业重点生产、贸易企业、内蒙古自治区稀土办、包头市政府有关部门负责人、包头稀土高新技术产业开发区管委会负责人及包钢负责人参加了座谈会。

9 月，稀土高科接受包钢公司持有的包头天骄清美稀土抛光粉有限公司股权，稀土高科成为天骄清美第一大股东。

11 月 19 日，在内蒙古自治区“实施用户满意工程”推进表彰大会上，稀土高科被评为 2008 年自治区质量效益型先进企业。

11 月，在包头市科技局公布的首批 16 家包头市创新型试点企业名单中，稀土高科、瑞科稀土冶金及功能材料国家工程研究中心有限公司、包头市京瑞新材料有限公司、包头天骄清美稀土抛光粉有限公司、内蒙古稀奥科贮氢合金有限公司、包头市天彩稀土发光材料有限责任公司、包头瑞鑫稀土金属材料股份有限公司 7 家稀土企业榜上有名。

12 月 5 日，经包头质量技术监督局考核推荐，由自治区质量奖审定委员评审，包头华美稀土高科有限公司申报的“物华”牌氧化镨、氧化镨钕、钐铕钆富集物三项产品被评为 2008 年度内蒙古名牌产品。

12 月 10 日，稀土高科联合内蒙古高新控股有限公司等发起共同组建的内蒙古包钢稀土国际贸易有限公司，正式运营。公司由 8 家股东共同出资建立，其中内蒙古包钢稀土高科技股份有限公司占 55%，内蒙古高新控股有限公司占 30%，包头华美稀土高科有限公司占 5%，山东淄博包钢灵芝稀土高科有限公司占 4%，内蒙古和发稀土科技开发股份有限公司占 3%，包头市金蒙稀土有限责任公司、包头市新源稀土高新材料有限公司、包头市飞达稀土有限责任公司 3 家公司各占 1%。国贸公司成为内蒙古包钢稀土高科技股份有限公司绝对控股分子公司。

年内，新时代信托投资股份有限公司和自然人张大勇将所持有的瑞鑫公司股份全部转让给稀土高科，瑞鑫公司成为内蒙古包钢稀土高科技股份有限公司的绝对控股分子公司。

2009 年

1 月，在 2008 年“内蒙古自治区诚信企业、企业诚信人物”评选活动中，包钢（集团）公司、内蒙古稀奥科贮氢合金有限公司被授予 2008 年“内蒙古自治区诚信企业”称号；包钢（集团）公司董事长、党委书记崔臣被评为 2008 年“内蒙古自治区企业诚信人物”。

1 月，在自治区举办的“改革开放 30 年内蒙古先锋企业和先锋人物”颁奖晚会上，稀土高科获评“改革开放 30 年内蒙古创新型企业”。

2 月，稀土高科获 2008 年内蒙古自治区工业自主品牌专项资金支持，“白云鄂博”商标争创全国驰名商标工作由此得到了自治区相关政策及资金扶持。

3 月 2 日，稀土高科以 2043. 57 万元的价格从包头市金蒙稀土有限责任公司、北京金蒙双龙科技有限责任公司购入北京三吉利新材料股份有限公司 44%的股权，成为北京三吉利的最大股东。同月，稀土高科以相对控股的资本结构收购三吉利公司 44%股权，包头市金蒙研磨材料有限责任公司持有 36%股权，北京金蒙双龙科技有限公司持有20%股权，3方签订股权转让协议。公司注册资本为3500万元人民币。三吉利成为稀土高科相对控股分子公司。

3月27日，澳大利亚摩根大通自然资源组负责人Hugh Thomas先生到稀土高科访问，公司总经理张忠、副总经理张日辉、证券部部长白宝生接待来访客人。双方就上游资源整合、优质稀土资源、可控项目风险、合理的公司估值等问题进行了探讨。

4月16日，稀土高科张忠、张志坚、张日辉等领导与物理学家Grum Teklemriam、GE公司Gopal Sudnaramoorthy就关于稀土核磁项目举行签字仪式。

4月18日，稀土高科第四届第三次董事会通过《关于变更公司名称的议案》，决定将内蒙古包钢稀土高科技股份有限公司更名为内蒙古包钢稀土（集团）高科技股份有限公司，上报包钢。4月28日，包钢机构编制委员会批复，同意内蒙古包钢稀土高科技股份有限公司更名为内蒙古包钢稀土（集团）高科技股份有限公司；7月3日，内蒙古自治区工商行政管理局核准，内蒙古包钢稀土高科技股份有限公司名称变更为内蒙古包钢稀土（集团）高科技股份有限公司。同日，稀土高科召开四届三次董事会、四届三次监事会。会议审议并通过《2008年度报告及摘要》《关于2008年度利润分配的议案》《2008年度社会责任报告》《关于变更公司名称的方案》《关于新建年产15000高性能磁性材料产业化项目的议案》《关于建设萃取钠皂化废水资源化处理及循环利用的议案》《关于授权公司经理层筹备与河北新奥集团合资建设永磁核磁共振影像系统产业化项目的议案》。

4月24日，包头天骄清美稀土抛光粉有限公司第十五次董事会通过，高性能稀土抛光粉材料异地扩建（搬迁）工程项目。同年，天骄清美公司异地扩建工程项目，通过了初步设计编制、国家节能评估、环评报告书评估、包头市和内蒙古自治区发改委等部门审核。

5月11日，稀土高科全体高管在公司召开总经理办公会，会议由总经理张忠主持。会议讨论通过《关于在冶炼厂建立专业技术职务新序列深化专业技术职务聘任制的实施方案（试行）》，从即日起下发执行。

5月13日，稀选厂磁矿选别稀土精矿生产线建设工程开工，总投资1593万元。同年7月28日竣工。该项目是基于综合利用白云鄂博矿稀土资源和稀土战略储备任务而制定、研发与建设的。磁矿生产线的建成，不仅为公司创造了巨大的经济效益，同时也填补了从磁铁矿中选别稀土精矿的空白。

5月16日，稀土高科召开2008年度股东大会，包括包钢、嘉鑫有限公司在内的18名股东及股东授权代表出席本次会议。会议审议通过《2008年度报告及摘要》《2008年董事会工作报告》《2008年度财务决算报告》等议题。批准公司投资新建年产15000吨高性能磁性材料产业化项目和投资建设稀土萃取钠皂化废水资源处理及循环利用项目议案。

5月18日，稀土高科控股子公司内蒙古包钢和发稀土有限公司、包头市京瑞新材料有限公司、淄博包钢灵芝稀土高科技股份有限公司、包头华美稀土高科有限公司在北京分别召开了本公司的董事会。公司领导张忠、邢斌、赵增祺、张日辉及公司有关部门负责人、子公司有关人员参加了4家子公司董事会会议。4家子公司董事分别审议通过了本公司《2008年度总经理工作报告》《2008年度利润分配的议案》《2009年目标经营责任书》。在4家子公司董事会上，根据稀土高科2009年全面预算管理办法，稀土高科总经理、4家子公司董事长张忠代表4家子公司董事会与子公司总经理分别签订了《2009年目标经营责任书》。

5月31日，稀土高科15000吨高性能磁性材料产业化项目（一期）工程举行奠基仪式。内蒙古自治区发改委工业处副处长郑广成，包头市委常委、开发区工委书记张海顺，包头市副市长冀学斌和包钢公司董事长、党委书记崔臣、包钢公司副总经理、稀土高科副董事长孟志泉及稀土高新区管委会各部门、稀土高科各部门、建设单位领导出席奠基仪式。磁性材料有限责任公司总经理王标主持仪式，稀土高科总经理、磁性材料有限责任公司董事长张忠在仪式上致辞。

5月，因包头稀土研究院在中国与蒙古国的科技合作项目中贡献突出，院长赵增祺、副院长许涛分别被蒙古国政府、蒙古国教育文化科技部授予蒙古国科技突出贡献勋章、科技突出贡献最高荣誉证书。同月，稀土高科与包头市林峰稀土化工有限公司合资建立包钢稀土林峰科技公司，注册资本 3900 万元。

6 月 18 日，包钢稀土国贸公司授权宁波展杰磁性材料有限公司作为华东地区销售总代理庆典在浙江省慈溪市国际大酒店举行，稀土高科领导孟志泉、张忠等和宁波市委副书记、浙江慈溪经济开发区管委会常务副主任高庆丰、浙江慈溪经济开发区管委会副主任潘银浩等出席了仪式。

7 月 17 日，稀土高科下发《关于成立内蒙古包钢稀土（集团）及集团母公司名称相关事宜的通知》（公司发〔2009〕第 84 号）。内蒙古包钢稀土集团正式成立。其母公司名称正式变更为“内蒙古包钢稀土（集团）高科技股份有限公司”，公司简称“包钢稀土”。当日启用新印章。同日，公司下属各控股及参股子公司同时更名。

8 月 15 日，包钢稀土四届四次董事会、监事会在公司会议室召开。公司全体重事、监事、高级管理人员和公司常年法律顾问参加了会议，会议审议并通过了公司《2009 年半年度报告》《关于内蒙古稀奥科镍氢动力电池有限公司转型生产汽车用镍氢动力电池的议案》《关于变更会计师事务所的议案》。内蒙古稀奥科镍氢动力电池有限公司总经理李金华在会上作了《关于转型生产汽车用镍氢动力电池的工作汇报》。

8 月 22 日，巴西矿业资源公司总经理 Jubo Barroso 先生到包钢稀土访问，包钢稀土领导张忠、邢斌、王晓铁等主要领导参加，双方就巴西矿产资源（稀土、钛矿）开发合作事宜进行了探讨。

8 月 30 日，内蒙古包钢稀土高科技股份有限公司在上海证券交易所的股票简称“稀土高科”更名为“包钢稀土”。

9 月 10 日，包钢稀土通过 ISO9001：2008 质量、ISO14001：2004 环境管理体系认证，恩可埃认证有限公司为包钢稀土颁发 ISO9001：2008 质量、ISO14001：2008 环境管理体系认证证书，证书编号：33327、E3082。

9 月 15 日，证监局上市处王芳、王俊生到公司现场检查工作。主要对公司近 3 年的三会资料、近 3 年的年度报告、公司各项制度及财务报表进行检查。

9 月 28 日，包钢稀土董事会下发《关于包头稀土研究院变更“经济性质”及“注册资本”的通知》（董发〔2009〕06 号文）。包头稀土研究院的经济性质由全民所有制变更为有限公司；注册资本金由 1500 万元人民币变更为 6129 万元人民币。

9 月 29 日，包钢稀土稀选厂为磁矿生产线顺利投产召开嘉奖发布会，包钢稀土总经理张忠、常务副总经理邢斌等领导参加会议，同时参会的还有给予磁矿生产线大力技术支持的选矿厂领导，会上公司领导为磁矿生产线顺利投产作出突出贡献的选矿厂、稀选厂给予嘉奖，并发放了奖金。

10 月 27 日，包钢稀土召开四届五次董事会、监事会议。会议分别审议并通过《2009 年第三季度报告》《关于变更独立董事的议案》《关于中国证监会内蒙古监管局巡检发现问题的整改报告》《关于向金融机构统一融资、协调使用的议案》《关于向包头稀土研究院转让内蒙古包钢稀土磁性材料有限责任公司部分股权的议案》。

10 月，国家科技部审定批准，包头稀土研究院为国家级“稀土材料国际科技合作基地”。同月，包头稀土研究院编辑出版的《稀土》杂志被评为“北方优秀期刊”，第三次蝉联此项殊荣。

11 月 10 日，包钢稀土通过 GB/T 28001—2001 职业健康安全管理体系认证，北京新世纪认证有限公司为包钢稀土颁发 GB/T 28001—2001 职业健康安全管理体系认证证书，注册号：01609S10435ROM。

11 月 23 日，内蒙古科技厅下发《关于在包头稀土研究院设立“中蒙技术转移中心”的批复》（内科发合字〔2009〕24 号文）。经研究，同意将“中蒙技术转移中心”设在包头稀土研究院。

11 月 27 日，经包钢稀土四届五次董事会批准：包钢稀土将持有内蒙古包钢稀土磁性材料有限公司 30%股份转让给包头稀土研究院，相应增加对稀土研究院的投资 4661.59 万元。并对稀土院的注册进行相应的修改，新章程另行颁布。同日，包钢稀土与包头稀土研究院签订《股权转让协议》。转让标的：内蒙古包钢稀土磁性材料有限公司 30%股权。包头稀土研究院、内蒙古包钢稀土磁性材料公司是内蒙古包钢稀土（集团）高科技股份有限公司的全资子公司，内蒙古包钢稀土（集团）高科技股份有限公司是以上两公司的唯一股东。

12 月 3 日，包钢稀土入选第四批全国企事业知识产权试点单位。此次评选是根据《关于开展

第四批全国企事业单位产权试点工作的通知》，按照企事业知识产权试点单位评定程序要求，结合国家知识产权战略在企业层面推进实施的需要，经国家知识产权局评审研究确定。全国共有805家企事业单位入围，其中内蒙古自治区入选企业有12家。

12月11日，包钢稀土四届六次董事会、监事会以通信方式召开。会议审议并通过《关于为内蒙古稀奥科镍氢电池极板有限公司贷款担保的议案》《内蒙古包钢稀土（集团）高科技股份有限公司金融工具管理办法》。

12月18日，上海工程化学设计院有限公司副总经理、副院长顾晓，副总工程师张诚中教授，商务部经理殷昉，原上海天原集团副总工程师、氯碱专家沈志良等一行人到包钢稀土交流访问。包钢稀土总经理张忠、副总经理李金玲等领导及相关部门负责人参加会议。双方就稀土萃取钠皂化废水资源化处理及循环利用进行了技术交流。

12月27日，包钢稀土2009年临时股东大会在公司会议室召开。会议审议通过了《关于更换独立董事的议案》《关于为内蒙古稀奥科镍氢动力电池极板有限公司贷款担保的议案》《关于更换会计师事务所的议案》。

2010年

1月，内蒙古稀奥科镍氢动力电池有限公司召开董事会，合资方宣布美方退出。

2月3日，内蒙古华美稀土高科有限公司自主研发的“废酸回收产业化技术的研发与应用”项目，获得2009年包头市科学进步环保节能二等奖。

2月9日，根据内蒙古自治区人民政府批复的《内蒙古自治区稀土资源战略储备方案》，自治区人民政府批准，由包钢稀土下属的包钢稀土国际贸易有限公司实施包头稀土原料产品战略储备。储备资金将主要由企业自行承担。内蒙古自治区、包头市、包钢将共同给予贴息支持。内蒙古自治区贴息1000万元，包头市贴息1000万元，其余由包钢贴息。

2月21日，北京万东医疗装备股份有限公司董事长卫华诚、总经理蒋达一行到包钢稀土访问，包钢稀土董事长孟志泉、总经理张忠、包钢稀土磁性材料公司总经理王标等领导陪同。卫华诚一行参观了包钢稀土磁性材料有限责任公司合金厂房和磁体厂房、包头稀土研究院理化检测中心、包钢稀土展厅。随后双方就医疗装备情况进行了座谈沟通，商谈战略合作事宜。

3月2日，包钢稀土第四届董事会第七次会议在公司会议室召开。会议审议并通过了《关于与河北新奥集团合资建设稀土永磁核磁共振影像系统产业化项目的方案》。

3月21日，包钢稀土与新奥博为技术有限公司在包钢稀土会议室签订了《合资协议》。

4月15日，包钢稀土召开2010年第一次临时股东大会。会议审议通过了《关于河北新奥集团合资建设稀土永磁核磁共振影像系统产业化项目的议案》。同日，包钢稀土召开四届八次董事会，审议通过《2009年度报告及摘要》《2009年度董事会工作报告》《2009年度总经理工作报告》《关于申请2010年银行总授信额度的议案》《关于为子公司金融机构融资提供担保的议案》和《2010年第一季度报告》等20项议案。同日，包钢稀土召开四届八次监事会，会议审议通过《2009年度监事会工作报告》等议案，并对公司《2009年度报告及摘要》和《2009年第一季度报告》出具了书面审核意见。

4月19日，天骄清美高性能抛光粉异地扩建工程开工建设。

4月22日，包头市稀宝博为医疗系统有限公司首次股东会、一届一次董事会在包钢稀土会议室召开。会议审议了《公司章程（草案）》《公司股东会、董事会和监事会议事规则（草案）》《选举董事、非职工代表监事》《聘请新厂区设计单位的议案》等。

4月29日，包头市稀宝博为医疗系统有限公司正式成立。注册资本5亿元人民币。公司股份组成为：包钢稀土占股40%、新奥博为占股30%、科学家团队占股30%。公司属于包钢稀土相对控股分子公司，性质为国有控股公司。

5月8日，包钢稀土召开2009年度股东大会，会议审议通过《2009年度报告及摘要》《2009年度董事会工作报告》《关于2009年度利润》《关于修改〈章程〉的议案》等。

5月27日，包头稀土研究院（稀土冶金及功能材料国家工程研究中心）2010年学术会开幕。

国内知名稀土专家受邀就稀土领域的科研、产业和技术发展现状及趋势作了专题报告。包钢稀土总经理张忠在开幕式上讲话。包头稀土研究院院长赵增祺在开幕式上致词。包钢稀土董事朝鲁与包头稀土研究院科研人员共同聆听报告。

6月18日，第二届中国内蒙古国际低碳产业及节能减排科技博览会在呼和浩特市会展中心开幕。包钢稀土作为清洁能源产品的重要生产企业携新材料、动力电池等特色产品参加展览。

7月15日，国务院参事调研组课题组组长、国务院参事、中国有色金属工业协会副会长、党委副书记陈全训，中国有色金属工业技术开发交流中心总经理金锐，中国有色金属工业协会科技部副部长、中国有色金属工业技术开发交流中心副总经理史文方一行在内蒙古自治区政府研究室陈国庆等陪同下，到包钢公司调研包钢稀土工作。陈全训一行实地考察了包钢选矿厂尾矿库、稀土院稀土展厅、包钢稀土磁性材料生产线、贮氢合金生产线和镍氢动力电池生产线，并听取了包钢稀土总经理张忠作的工作汇报。

7月31日，包钢稀土召开第四届董事会第十次会议，会议审议并通过《关于选举公司董事长、副董事长的议案》《关于调整董事会三个专门委员会成员的议案》《2010年上半年度报告及摘要》《关于投资信丰新利稀土有限公司的议案》《关于与全南晶环科技有限公司共同出资组建稀土企业的议案》《关于投资赣州晨光稀土新材料股份有限公司的议案》。同日，包钢稀土2010年第二次临时股东大会在公司会议室召开，会议以投票方式选举了周秉利、朝鲁为公司新任董事。

8月6日，包钢稀土领导张忠、邢斌等有关部门负责人在公司会议室与全南晶环稀土有限公司总经理邬元旭签署《合资协议》，与信奉县新利稀土新材料有限公司总经理刘勇签署《股权转让协议》和《增资扩股协议》。

8月8日，全国人大常委会副委员长华建敏、全国人大常委会财经委副主任委员储波一行，在内蒙古自治区人大常委会副主任柳秀、包头市人大常委会主任张俊华等陪同下，到包头稀土研究院视察，公司董事长、党委书记周秉利和董事朝鲁等陪同。

8月12日，包钢稀土领导张忠、邢斌及相关部门负责人在公司会议室与赣州晨光稀土新材料有限公司董事长黄平及其现有股东签署《增资扩股协议书》和《增资扩股协议书补充协议》。

8月17日，由国家发改委副主任杜鹰带队的国家联合调研组综合一组，到包头稀土研究院参观考察。内蒙古自治区党委副书记、政府常务副主席任亚平，自治区副主席、包头市委书记郭启俊，自治区发改委主任梁铁成，包头市委副书记、市长呼尔查，公司领导周秉利、朝鲁等陪同考察。

8月24日，由包头稀土研究院承办的2010年第四届国际室温磁制冷会议在万號酒店开幕。国际制冷学会总干事迪迪埃·库龙、包头市市长呼尔查和公司总经理李春龙在会上致词，中国稀土学会秘书长林东鲁、公司董事朝鲁和来自中、美、日以及欧洲等20多个国家近140名国际磁制冷协会成员、磁制冷技术专家学者和关注磁制冷技术的企业家参加了会议。

8月，2009年内蒙古自治区名牌产品揭晓，全区有45个产品登上“内蒙古名牌产品”光荣榜。包钢稀土华美公司的干燥碳酸镧、低镨碳酸铈、碳酸稀土3个稀土产品名列其中。

9月6日，包钢稀土15000吨高性能磁性材料项目一期工程，竣工庆典仪式在包钢稀土磁性材料公司举行。包头市领导张海顺、冀学斌、包钢领导周秉利、李春龙、朝鲁以及磁性材料行业有关人员及用户代表出席竣工庆典仪式。包钢董事长、党委书记周秉利讲话，包钢总经理李春龙剪彩。包钢稀土总经理、包钢稀土磁性材料有限责任公司董事长张忠在竣工仪式上致辞。庆典仪式由包钢稀土磁性材料有限责任公司总经理王标主持。

9月19日，包头稀土研究院理化检测中心与北京纳克分析仪器有限公司联合实验室在包头稀土研究院建立。

9月27日，在包头市召开的国家商标战略实施示范城市授牌暨全市商标品牌战略推进动员大会上，包钢稀土获评包头市实施商标战略先进单位。

9月28日，稀宝博为、美国GE医疗、新奥博为三方战略合作框架协议签约仪式在公司会议室举行。稀宝博为董事长张忠代表稀宝博为，Steven先生代表美国GE医疗，连建宇总经理代表新奥博为签署《三方战略合作框架协议》和《保密协议》。公司领导邢斌、张志坚、张日辉及有关部门负责人参加了签约仪式。

9月29日，原全国人大常委会副委员长布赫在自治区人大常委会副主任、总工会主席云秀梅和包头市人大常委会主任张俊华陪同下到包钢考察。布赫一行参观了包钢会展中心和包头稀土研究院稀土展厅。在稀土展厅，稀土院院长赵增祺向布赫一行详细介绍了包钢稀土资源概况以及稀土在现代工业、尖端技术和生物工程等领域的应用情况。

9月，全南晶环科技有限责任公司的稀土原矿分离部分与包钢稀土共同合资组建成立全南包钢晶环稀土有限公司，企业改制为股份制企业。包钢稀土持股49%，全南晶环科技有限责任公司持股31%，邬元旭、钟月明、凌卫东、曾兰荣分别持股5%。注册资本18205.67万元人民币。

10月12日，包头稀土研究院邀请中国科学院物理研究所研究员、博士生导师、磁学国家重点实验室主任沈保根，作了题为《磁热效应材料的某些研究进展》的专题讲座。

10月27日，包头稀土研究院申请的“La-Fe-B系贮氢电极合金中硼对动力学性能的影响研究”项目，获国家自然科学基金资助，资助金额为27万元，期限3年。

10月，经公司第一次临时股东会上审议批准，在赣州成立了“内蒙古包钢稀土国际贸易有限公司赣州分公司”。2011年11月，将赣州分公司改为赣州分子公司。

10月，由包钢稀土和安徽大地熊新材料股份有限公司共同出资，组建成立安徽包钢稀土永磁合金制造有限责任公司，注册资本9000万元。两公司出资比例分别为60%和40%。安徽永磁成为包钢稀土绝对控股分子公司。

11月8日，包钢稀土与江西信丰新利、全南晶环、赣州晨光成功合作，建立包钢稀土国贸公司赣州分公司。暨日分公司开业庆典仪式在江西省赣州市举行。江西省副省长、赣州市委书记史文清，赣州市委常委、常务副市长骆炳峰，国家工信部原副巡视员王彩凤，包钢董事长、党委书记、包钢稀土董事长周秉利及国家有关部委、行业协会领导和内蒙古自治区、江西省、包头市、赣州市有关委、办、局领导及来自全国稀土企业的领导和有关人员参加庆典仪式。包钢稀土总经理、国贸公司董事长张忠致辞。包头市副市长冀学斌、包钢公司董事长周秉利、赣州市副市长刘琮分别讲话。包钢公司董事、内蒙古稀土集团副董事长朝鲁和赣州市政协副主席、赣州市工业投资集团公司董事长曹晓秋为包钢稀土国际贸易有限公司赣州分公司揭牌。

12月23日，包钢稀土在包头市召开的国家商标战略实施示范城市授牌暨全市商标品牌战略推进动员大会上，获评包头市实施商标战略先进单位。

12月，包头稀土研究院与清华大学合作完成的“稀土复合助剂提高聚氨酯橡胶耐热性能研究”成果，为稀土在聚氨酯橡胶乃至整个高分子材料中的应用奠定了基础，填补了世界低成本耐高温耐磨橡胶的空白。同月，内蒙古自治区党委书记、人大常委会主任胡春华到白云鄂博调研。他指出：“白云鄂博的稀土储量非常丰富，希望各级党委、政府和有关部门一定采取有效措施，切实保护好这一宝贵的资源。保障资源的合理利用。要加强稀土产业调控，加速应用成果产业化，扩大稀土深加工及终端应用产业规模，变资源优势为经济优势，把稀土产业培育为自治区重要的战略性新兴产业。”

年内，包钢稀土以增资扩股的方式设立信丰县包钢新利稀土有限责任公司，相对控股信丰新利48%的股权。注册资本3846万元。

年内，赣州晨光稀土新材料有限公司进行增资扩股和股权重组，重组后注册资本变更为5735万元。其中包钢稀土以战略投资者身份持有赣州晨光9.25%股权。

2011年

1月19日，由自治区党委宣传部、金融办、发改委等单位联合举办的“2010年度内蒙古自治区诚信企业、诚信人物”评选活动揭晓。包钢稀土荣获“2010年度内蒙古自治区诚信企业”称号，包钢稀土总经理张忠被评为“2010年度内蒙古自治区诚信人物”。

3月3日，美国通用能源科技股份有限公司（GET）董事长兼总裁、内蒙古稀奥科贮氢有限公司董事曾敏，太平洋能源稀土有限公司法兰克、英格沙利到包钢稀土访问，并与公司总经理张忠、内蒙古稀奥科贮氢有限公司总经理蔄建生及有关部门负责人，在公司商讨内蒙古稀奥科贮氢合金有限公司股权转让事宜。

3 月 16 日，内蒙古环保厅到包钢稀土调研，公司领导张日辉及有关部门负责人在会议室接待。环保厅领导现场指导了公司环保核查、环评验收等事宜。

3 月 25 日，在包头市质量技术监督局召开的质量大会上，包钢稀土被评为 2010 年度包头市质量工作先进单位及包头市质量信用优级企业。

3 月 26 日，由内蒙古日报传媒集团、内蒙古北方企业和企业家联合会主办的“兴泰杯”2010 内蒙古经济年度人物评选揭晓。内蒙古自治区党委副书记、政协主席任亚平，自治区人大常委会副主任罗啸天，自治区政协副主席肖黎声等出席颁奖晚会。包钢稀土总经理张忠荣膺“2010 年度内蒙古十大经济人物”。自治区政协副主席肖黎声为张忠颁奖。

3 月 29 日，杭州东方电机有限公司党委书记刘辉、副总经理兼东方电气新能源设备（杭州）有限公司总经理兰向军等人到包钢稀土访问，公司总经理张忠、包钢稀土磁性材料有限责任公司总经理王标及相关部门负责人在公司接待室与刘辉一行就新能源产业合作相关事宜进行了交流。

4 月 7 日，包钢稀土召开 2011 年第一次临时股东大会，进行了第五届董事会换届选举。公司第五届董事会成员中，周秉利、朝鲁、汪辉文、张忠、李学舜、邢斌、杨占峰、翟文华、甘韶球为公司非独立董事，吴振平、赵文小、李保卫、裴治武、郭晓川为独立董事。

4 月 27 日，包钢稀土召开 2010 年度股东大会。会议表决通过《2010 年度董事会工作报告》《2010 年度监事会工作报告》《2010 年度报告及摘要》《关于 2010 年度利润分配的议案》《关于 2012 年重新确定稀土矿浆供应定价模式的议案》《关于 2010 年度日常关联交易执行和 2011 年度日常关联交易预计的议案》《关于收购包头华美稀土高科有限公司股权的议案》《关于重组内蒙古稀奥科镍氢电池极板有限公司与内蒙古稀奥科镍氢动力电池有限公司的议案》等。同日，包钢稀土召开第四届董事会第十三次会议。会议审议并通过《2011 年第一季度报告》《关于更换董事的议案》《关于聘任高级管理人员的议案》《关于制定董事会秘书工作制度的议案》等。

4 月 29 日，包钢稀土收购包头华美稀土高科公司股权仪式在包钢稀土会议室举行。包钢稀土总经理张忠、常务副总经理邢斌、副总经理张日辉及有关部门负责人、包头华美稀土高科公司股东马永茂、张海霞、郭俊女、财务总监吴贵梅参加。包钢稀土出资 4.65 亿现金收购华美稀土公司 66.7%的股权，至此，包钢稀土已持有包头华美稀土高科公司 100%的股权，华美稀土成为包钢稀土的全资子公司。

4 月，包钢稀土董事会决定对两家公司通过豁免债务、核减资本金进行重组。同年 9 月极板公司、电池公司完成工商变更，由中美合资公司成为包钢稀土的全资子公司。

5 月 28 日，在中国上市公司市值管理研究中心、证券时报、证券市场周刊、新浪网、和讯网、清华大学中国金融研究中心等联合主办的第五届中国上市公司市值管理高峰论坛上，包钢稀土荣膺“2011 年度中国上市公司市值管理百佳”称号，并在 100 家入选企业中总排名第二位，这是包钢稀土继 2009 年荣获百佳奖后再一次获得该项殊荣；同时，包钢稀土董事会秘书张日辉荣膺“2011 年度最佳创富 IR（投资者关系管理）奖”，这是包钢稀土董事会秘书连续三年蝉联这一荣誉。

5 月，包头稀土产品交易所有限公司经内蒙古自治区人民政府〔2011〕131 号文件批准建立，由包钢稀土、国储中心、中铝稀土、五矿稀土、中色股份、广东稀土、四川江铜、厦门钨业、甘肃稀土、高新控股、中钢贸易、中核投资、新华指数等 13 家相关机构、中央及地方大型稀土骨干企业共同出资，组建的国内唯一一家专门以各类稀土产品为交易品种的大宗商品现货电子交易平台。

6 月 17 日，中共中央政治局委员、国务院副总理王岐山一行，到包钢视察稀土资源保护和科研开发工作。内蒙古自治区党委书记胡春华，自治区副主席、包头市委书记郭启俊等领导陪同视察。包钢董事长、党委书记周秉利，总经理李春龙向王岐山汇报了包钢稀土资源保护和科技研发工作。包钢稀土党委副书记、稀土研究院党委书记、副院长琚建勇对白云鄂博稀土资源储量、稀土元素的特点和稀土生产的工艺流程等情况做了介绍。王岐山听了汇报，对包钢集团保护稀土资源的措施和做法表示满意。他指出，稀土是国家

的宝藏，包钢集团要承担起国家责任，一定要从源头上实施有效保护。

6月28日，包钢稀土与广晟有色金属股份有限公司签署了《共同推进稀土产业发展合作框架协议书》，加强在资本、资源利用、稀土深加工和科研等方面的合作。

6月30日，经包头稀土开发区民政局审核（包开民发〔2011〕14号文件），批准包头天骄清美稀土抛光粉有限公司在校园路东39号建厂，完成高性能稀土抛光粉异地扩建工程。天骄清美划分成两个生产车间，一车间（位于内蒙古包头金属深加工工业园区）和二车间（位于内蒙古包头稀土高新区）。8月完成生产设备调试工作；9月完成生产试运行工作，具备年产5000吨稀土抛光粉生产能力。

7月6日，全国稀土出口工作会议在包头召开。国家发展和改革委、财政部、工业和信息化部、国土资源部、环境保护部、海关总署等有关部门负责人出席会议并讲话。国内稀土主产区商务主管部门、行业协会（学会）、稀土出口企业的代表共100多人参加会议。会议介绍了稀土生产、开采、环保及出口方面的相关政策措施。内蒙古、江西、中国五矿集团公司的代表介绍了在稀土开发与综合利用等方面的工作和取得的成效。包钢稀土总经理张忠在会上发出自律倡议：号召稀土企业为形成合理开发、有序生产、高效利用、技术先进、集约发展的健康发展格局而共同努力。会议结束后，钟山一行参观了包头稀土研究院、包钢稀土磁性材料公司等单位。

7月22日，丹麦格陵兰稀土公司董事总经理Mike Drew—Managing Director of RAM Resources、英国李贞驹律师行主席等人到包钢稀土访问，包钢矿业公司总经理章自强、包钢稀土总经理张忠、包头稀土研究院院长杨占峰及有关部门领导在公司会议室接待洽谈，并就双方感兴趣的能源项目进行了交流。

7月26日，内蒙古广播电台记者联合采访团到包钢稀土采访。公司总经理张忠、副总经理张日辉接受了本次采访。采访内容主要涉及加强稀土源头的保护、稀土资源的储备、稀土交易平台的搭建情况、稀土专营等提升稀土价格的几个方面。

7月，包钢晶环技改后污水处理设施已稳定运行3个月。污水站增加pH自控仪、流量自控仪，新建两个1200m^{3}污水澄清池等。改造后污水站关键工序实现了自动控制，按照最佳工艺参数精确控制温度、药剂量、沉淀剂量等，对曝气、吹托、生化处理设施进行了全面维护。此项技改工程的完成，大大提高了污水处理设施运转稳定性，保证全南晶环污水完全达标排放。处理后污水较清亮透明，各项污染物均有所降低，悬浮物大幅下降。

8月5日，包钢稀土召开2011年第一次临时股东大会，审议通过《关于董事会换届的议案》《关于监事会换届的议案》《关于制定监事会巡视工作制度的议案》《关于修改章程的议案》等。同日，包钢稀土与安徽大地熊新材料股份有限公司共同出资组建的安徽包钢稀土永磁合金制造有限责任公司举行开业仪式。中国工程院院士、副院长干勇，包钢公司董事长、党委书记、包钢稀土董事长周秉利，包钢稀土董事、总经理、永磁合金公司董事长张忠，安徽大地熊新材料股份有限公司董事长熊永飞等出席了开业仪式。

8月6日，包钢稀土召开四届十四次董事会和四届十三次监事会。会议分别审议通过公司《2011年半年度报告及摘要》《关于董事会换届的议案》《关于修改章程的议案》《关于与安徽大地熊新材料股份有限公司共同出资组建钕铁硼合金公司的议案》，公司决定组建“安徽包钢稀土永磁合金制造有限责任公司”，新公司注册资本为1亿元人民币，其中包钢稀土占新公司60%股权，大地熊公司占新公司40%股权。

8月8日~11日，第三届中国包头·稀土产业论坛在包头市举办。论坛围绕“中国稀土储氢材料产业的发展与共赢”为主题，邀请了国家有关部委领导、著名专家学者、全国重点稀土生产及应用企业的企业家代表人士座谈，就国家稀土行业管理政策、稀土市场形势、技术突破及应用等产业发展的重点问题展开深入细致的交流和探讨。公司总经理张忠在论坛上作了题为《我国稀土市场现状分析与预测》的报告。

8月22日，包钢稀土举行2011年度“金秋助学”奖学金发放仪式。本次共有60名职工子女获得奖励，共计发放奖学金13.05万元。

9月6日~8日，由国家工业和信息化部与黑龙江省人民政府共同主办的首届中国国际新材料产业博览会在哈尔滨国际会展体育中心开展。包钢稀土作为国内稀土新材料生产企业参加了此次展会。博览会上，公司共展出1个特装区和10个标准展位，主要展出稀土磁性材料、稀土发光材料、稀土抛光材料、稀土贮氢材料等稀土新材料。

9月28日，包钢稀土通过ISO9001：2008质量、ISO14001：2004环境、OHSAS18001：2007职业健康安全管理体系认证，恩可埃认证有限公司为包钢稀土颁发ISO9001：2008质量、ISO14001：2008环境、OHSAS18001：2007职业健康安全管理体系认证证书，证书编号：33327、E3082、H1628。

9月，内蒙古稀奥科镍氢动力电池公司、稀奥科极板公司完成工商变更，成为包钢稀土的全资子公司。

10月13日，包钢公司董事长周秉利、李春龙、朝鲁及办公厅、规划发展部、计划财务部等部门的有关领导在包钢稀土办公大楼会议室听取了包钢稀土领导关于包钢稀土“十二五”发展规划落实情况的汇报。

10月26日，包钢稀土召开了第五届董事会第一次会议，会议选举周秉利为公司董事长，选举朝鲁、汪辉文为公司副董事长。公司第五届董事会自2011年10月26日开始履职。

11月22日，包钢稀土以通信方式召开了五届二次董事会、五届二次监事会，分别审议通过了包钢稀土与包钢集团财务有限责任公司签署《金融服务协议》和《关联交易的风险控制制度》两项议案。

12月6日，包头稀土研究院理化检测中心的“全国分析检测人员培训中心”经全国分析检测人员能力培训委员会的考核和评定，顺利通过了现场审核。

12月15日，内蒙古自治区组织部、科技厅、科技协会下发《关于9个单位建立内蒙古自治区院士专家工作站的通知》（内科发〔2011〕106号文）。包头稀土研究院为稀土新材料院士专家站。

12月22日，包头稀土研究院副院长张志宏被中国科学技术协会授予“全国先进科技工作者”称号。

年内，包钢稀土成为中国上市公司十大盈利王，被评为央视财经50指数十佳最具成长性公司。

2012年

1月8日，包钢稀土控股的包头市稀宝博为医疗系统有限公司，自主研发、具有完全知识产权的首台高性能0.45T（特斯拉）稀土永磁磁共振系统顺利调试完成，发往中东。这标志着全球规模最大的一体化永磁磁共振生产基地正式建成下线。

1月23日，包钢稀土发布《2011年度业绩预增公告》。

1月，内蒙古稀奥科极板公司注销，电池公司成为全资子公司，注册资本5000万元。

2月25日，由内蒙古自治区医学会主办、包钢稀土控股公司包头市稀宝博为医疗系统有限公司承办的“内蒙古磁共振学术论坛暨永磁磁共振临床应用学术研讨会”在稀宝博为召开。包钢稀土领导张忠在会议开幕式上致词。

2月28日，包头市白云鄂博矿区国土资源局局长范志亮一行与包钢稀土总经理张忠及有关部门负责人在公司会议室签署《2012年内蒙古自治区稀土矿开采总量控制合同书》。

3月7日，稀土高新区党工委、管委会对2011年度有突出贡献的企业及个人进行表彰。其中，包头稀土研究院为中国“天宫一号”、“神舟八号”成功发射提供关键部件，荣获了2011年度“科研特殊贡献奖”；包头稀土研究院副院长许涛、功能材料中心沈雷军和孔繁清、火法实验室主任王小青由于在科技工作中做出特别重大贡献，荣获2011年度“科研贡献奖”。

3月20日，包钢稀土副董事长朝鲁、总经理张忠及相关部门负责人，在公司会议室召开包头稀土产品交易所有限公司组建筹备相关事宜会议。五矿有色金属股份有限公司成巍、中国稀有稀土有限公司王洪、刘建军、何永青、张青，中国有色金属建设股份有限公司王继明、张维国，中钢贸易有限公司霍江平，广晟有色金属股份有限公司李国林、胡浔昌，四川江铜稀土有限责任公司赵亚，厦门钨业股份有限公司王启凤、郭清，甘肃稀土新材料股份有限公司姚钰、瞿业栋，中国原子能工业有限公司王卫东，国储物资调节中心邢筱豫、赵子明，内蒙古高新控股有限公司王志伟、张久利参加了本次会议。

3月22日，国家“863”科技项目中期检查在包钢稀土会议室举行。南昌大学李永绣教授、北京工业大学梅燕教授、钢铁研究总院王龙妹教授、东北大学吴文远教授、公司总经理张忠及稀土院有关人员参加了本次中期检查。在“863”项目中，包头稀土研究院主要承担其中的子课题“规模化千克级大磁熵变稀土镧铁硅基磁制冷材料的制备”，该课题的开展为室温磁制冷提供了高性能的磁制冷材料。

3月24日，包钢稀土召开五届三次董事会，会议审议通过2011年度董事会工作报告、年度报告及摘要、年度总经理工作报告、财务决算预算、利润分配、关联交易、内控规范工作方案、对外担保、对外投资、子公司项目建设和技改等议题。同日，包钢稀土召开五届三次监事会，审议通过了《2011年度监事会工作报告》和《2011年度报告及摘要》等议题。公司通过《中国证券报》《上海证券报》和上海证券交易所网站对本次董事会和监事会会议形成的决议和相关文件进行了披露。同日，包钢稀土根据五届三次董事会《对外投资公告》，与宁波展杰磁性材料有限公司、宁波雄海稀土速凝技术有限公司合资组建新公司——宁波展昊新材料有限公司，包钢稀土占51%股权。新公司拟年产5000吨高性能钕铁硼薄片。

3月31日，由中国科学院院士、中国工程院院士王淀佐、中国工程院院士陈毓川、中国地质科学院战略中心主任王安建、中国工程院院士殷瑞钰、中国工程院院士裴荣富等多位院士、专家组成的考察组，到包头稀土研究院参观考察，院长杨占峰等陪同考察。

4月7日，由包钢稀土、稀宝博为和GE医疗集团共同举行的MR235稀土永磁磁共振成像系统产品发布会在包头香格里拉大酒店举行。在发布会上，来自北京协和医院、核工业417医院、包头市各大医院的医学专家，就稀宝博为所生产的MR235稀土永磁磁共振成像系统的临床应用与管理作了汇报。

4月8日，包钢稀土五届四次董事会通过《关于与江苏天彩科技材料有限公司等合作投资建设稀土发光材料项目的议案》，包钢稀土与江苏天彩及三位自然人李静、管沛林、刘勇共同发起组建包钢天彩靖江科技有限公司。包钢稀土占35%股权，投资建设规模为年产4000吨节能灯用稀土三基色荧光粉生产线。标志公司开始涉足稀土发光功能材料领域。

4月10日，包钢稀土出台2011年度利润分配预案，每10股送10股红股、派发3.5元现金红利（含税），现金分红额达42385.77万元。同日，包钢稀土拟以现金方式出资7650万元，在浙江宁波发起设立宁波包钢展昊新材料有限公司，简称包钢展昊，并以新公司为主体建设年产5000吨钕铁硼真空速凝甩带片项目。包钢展昊注册资本1.5亿元，其中公司占包钢展昊注册资本的51%；宁波展杰磁性材料有限公司出资6600万元，占包钢展昊注册资本的44%；宁波雄海稀土速凝技术有限公司出资750万元，占包钢展昊注册资本的5%。包钢展昊在宁波市慈溪新兴产业集群区建厂，形成年产5000吨钕铁硼真空速凝甩带片的生产能力。

4月12日，包头市人民政府对2010年度和2011年度荣获包头市科学技术进步奖的科研成果进行了表彰。包头稀土研究院有3项成果荣获三等奖。这三项成果分别是：“铈系列化合物产业化开发科研”项目、“GB/T 12690.1—2002等稀土金属及其氧化物中非稀土杂质化学分析方法”、“新型稀土红色长余辉发光材料的研制”。

4月16日，中国资本市场最有影响力的评选活动之一——第八届《新财富》“金牌董秘”评选活动结果揭晓，包钢稀土董事会秘书张日辉再次榜上有名。

4月18日，包钢稀土2011年度股东大会、五届四次董事会、五届四次监事会在包钢稀土会议室召开，会议分别审议通过包钢稀土《2011年度董事会工作报告》《2011年度报告及摘要》《关于2011年度利润分配的议案》等16项议案。

4月24日，挪威豪塔投资集团董事长Kjetil Holta先生及总裁Dag Teigland先生、卢森堡宁捷国际有限公司北京代表处首席代表范怀宇及卢森堡宁捷国际有限公司北京代表处业务经理陈伟和北京嘉和汇成公司赵建辉、董文湘到访公司。公司总经理张忠、财务总监邢斌及有关部门负责人在公司会议室洽谈。会议就了解中国稀土产业政策、包钢稀土的发展展望、中国稀土行业协会、稀土硅铁合资项目、包头稀土交易所及对于欧美经济、欧债危机等问题的研究分析与观点进行讨论。

4月26日，包头稀土研究院院士专家工作站（内蒙古自治区“稀土新材料院士工作站”）揭牌仪式在包钢宾馆举行，中国工程院院士余永富、包钢公司总经理李春龙共同为工作站揭牌。中国科学院化学研究所研究员宋卫国参加揭牌仪式，并作了题为《纳米结构材料的制备方法及在催化吸附中的应用》的报告。同日，包头市总工会召开“包头市庆祝五一国际劳动节及‘五一劳动奖状’、奖章和‘工人先锋号’命名表彰大会”。包钢稀土荣获“包头市五一劳动奖状”。

4月27日，在包钢纪念“五一”国际劳动节暨2011年度工会工作表彰大会上，包钢稀土工会再次被授予“模范职工之家”、“厂务公开民主管理工作先进单位”、“工会财务工作优秀组织单位”、“2010年度工会调查研究工作优秀组织单位”、“抓特色、育精品、创品牌”项目厂级项目二等奖等荣誉称号。公司工会主席于志军获“模范工会主席”称号，包头稀土研究院荣获“包钢学习型标兵单位”称号。

5月9日，包钢稀土总经理张忠在全景网举行的内蒙古上市公司2011年度业绩网集体说明会上表示，今后公司将重点发展稀土新材料及功能材料，有选择地发展稀土高科技应用产品，继续延伸稀土产业链。

5月14日，包钢稀土在美国知名杂志《福布斯》发布的2012年全球企业2000强排名中位居1858位。

5月16日，罗地亚稀土全球事业部总裁杜华、罗地亚中国投资有限公司总经理朱铭岳、罗地亚稀土中国区总经理周敬民、包头罗地亚总经理张补河到包钢稀土访问，公司总经理张忠、公司常务副总经理国贸公司总经理邢斌及有关部门负责人在公司会议室商谈当前稀土市场形势及两公司业务事宜。

5月19日，由国内公司治理领域第一传媒品牌——《董事会》杂志发起举办的中国上市公司董事会“金圆桌”论坛在北京举办。在论坛颁奖盛典上，包钢公司董事长、党委书记、包钢稀土董事长周秉利被评为中国上市公司“最具战略眼光董事长”，包钢稀土董事会获中国上市公司“优秀董事会”称号，包钢稀土董事会秘书、副总经理张日辉获评“最具创新力董秘”。

5月30日，内蒙古自治区发改委下发《关于公布2012年度内蒙古自治区工程研究中心（工程实验室）认定结果的通知》（内发改高技字〔2012〕1087号文）。包头稀土研究院被认定为内蒙古自治区工程实验室单位之一。

5月，包钢稀土、宁波展杰磁性材料有限公司、宁波雄海稀土速凝技术有限公司共同出资兴建宁波包钢展昊新材料有限公司，2014年5月建成投产。3家股东股权比例为：包钢稀土持股51%，宁波展杰磁性材料有限公司持股44%，宁波雄海稀土速凝技术有限公司持股5%。

5月，中国上市公司市值管理研究中心发布2012年度市值管理绩效报告，包钢稀土以总分78.14分的成绩跃居“2012年度中国上市公司市值管理百佳榜”榜首。

6月2日，包钢稀土与江苏天彩等共同出资组建包钢天彩靖江科技有限公司。包钢稀土持股35%，9位自然人股东持股总计65%。包钢天彩成为包钢稀土的相对控股分子公司。公司注册资本2.5亿元。当日，在江苏靖江经济开发区开工建设。包钢董事、包钢稀土副董事长朝鲁参加开工奠基仪式。

6月6日，包钢稀土子公司包头市稀宝博为医疗系统有限公司最新研制的永磁磁共振产品Brivo MR245（0.45T）获得了由德国南德意志集团（TUV）颁发的CE认证证书，标志着稀宝博为这款新产品可以在欧盟各成员国和其他承认CE认证的海外市场销售。

6月11日～12日，国家工信部副部长苏波、国家工信部原材料司副司长国家稀土办主任贾银松、国家工信部稀土处副处长靖大伟一行到包钢就稀土产业发展情况进行调研。苏波一行先后到白云铁矿、包钢尾矿库、稀土冶炼厂、包钢磁材、稀宝博为、稀土高新区展厅等视察，实地了解包钢稀土产业从矿石开采、选矿、冶炼分离、功能材料、终端应用的全过程。

6月12日，内蒙古自治区推进品牌战略理论研讨会在包头青山国宾馆举行。会议为商标品牌战略实施示范区、示范企业授牌。包钢稀土荣获内蒙古自治区商标品牌战略实施示范企业称号。包钢稀土是中国稀土行业唯一拥有“中国驰名商标”的企业，其“白云鄂博”品牌已成为包钢稀土走向世界的“名片”。

6月16日，包钢稀土下发《关于由包头稀土研究院全面负责“稀土材料中试实验基地项目”建设的决定》(公司发〔2012〕22号)。该项目拟定在包头稀土研究院南、包头天骄清美稀土抛光粉有限公司北侧，占地面积约30亩，总投资7973万元，建期为一年。为推进该项目的顺利实施、建设、便于管理，包钢稀土决定，由包头稀土研究院全面负责该项目的建设及管理工作。

6月，国务院新闻办发布《中国稀土状况与政策》白皮书。白皮书指出：“经过半个多世纪的超强度开采，中国稀土资源保有储重及保障年限不断下降，主要矿区资源加速衰减，原有矿山资源大多枯竭。包头稀土矿（白云鄂博）主要矿区资源仅剩三分之一。”

7月7日，由《中国证券报》组织的“第14届（2011年度）上市公司金牛奖”评选活动榜单揭晓，包钢稀土位列“2011年度金牛上市公司百强（综合榜）”第四名。

7月10日，国家财政部、工信部公布了2012年国家重大科技成果转化项目拟支持单位名单。包头市稀宝博为医疗系统有限公司“年产300台稀土永磁磁共振影像系统产业化项目”荣列其中。

7月13日，财富中文网发布了2012年中国企业500强排行榜，包钢稀土排名315位，包钢稀土净资产收益率高居2012年中国企业500强第5名。

7月18日，包头稀土研究院天津分院前期启动项目“光谱转换材料”、“PVC固定床无汞稀土催化剂的研发及工业生产应用”通过论证。

7月20日，包钢稀土以通信方式召开了第五届董事会第五次会议、第五届监事会第五次会议，会议分别审议通过《关于参与组建包头稀土产品交易所有限公司的议案》。公司通过《中国证券报》《上海证券报》和上海证券交易所网站对本次董事会和监事会会议决议和《关于参与组建包头稀土产品交易所有限公司的公告》进行了披露。

7月21日，包钢稀土首届田径运动会在内蒙古科技大学体育场开幕。

7月23日，环境保护部对第三批符合环保要求的稀土企业环保核查情况进行公示，有24家稀土企业符合环保法律法规要求。其中，包钢稀土（冶炼分离部分）及两家控股子公司（内蒙古包钢和发稀土有限公司、淄博包钢灵芝稀土高科技股份有限公司）位列名单之内。

8月3日，包钢稀土下发〔2012〕71号文件，转发包钢集团公司《关于包头稀土研究院增设环保实验室的批复》：为探索和研究稀土生产中“三废”综合治理的新技术和新工艺，回收有价值的部分，同意稀土研究院成立环保实验室。

8月7日，中国科学院院士苏锵、中国工程院院士唐任远到包头稀土研究院参观。

8月8日，国家工信部副部长苏波一行到包头华美稀土高科有限公司和包头稀土研究院参观，包钢稀土副总经理李忠陪同，苏波详细了解生产经营、环境治理等情况并给予了肯定。

8月17日，包钢稀土以通信方式召开第五届董事会第六次会议、第五届监事会第六次会议，会议分别审议通过了《2012年半年度报告及摘要》《关于修改公司〈章程〉的议案》《关于修改〈内幕信息知情人登记备案制度〉的议案》。同日，包头市质量技术监督局到包钢稀土调研，公司领导张忠，刘义、质量管理部部长贺云芳陪同调研。调研人员就包钢稀土近年来在质量提升、品牌建设、科技创新、标准化、计量、认证等方面进行了详细了解。

8月31日，包钢稀土质量、环境、职业健康安全管理体系复评认证末次会议在公司会议室召开。公司党委书记郑玉君、包钢稀土副总经理刘义参加会议并宣布包钢稀土一次性通过质量、环境、职业健康安全管理体系复评认证。

8月，包头稀土交易所在第四届中国包头稀土产业（国际）论坛开幕式揭牌。

9月12日，包钢公司第29次民族团结进步表彰大会在包钢文化宫隆重举行。包钢稀土被授予“民族团结进步先进单位”，包钢稀土冶炼厂三车间等8个集体被授予“民族团结进步先进集体”，包钢稀土朝克图等11人被授予“民族团结进步先进个人”。

9月13日，包钢稀土召开干部大会，宣布包钢稀土新任职干部名单。包钢公司党委常委、组织部（人事部）部长孟繁英，包钢公司副总工程师、包钢稀土总经理张忠等领导及各部门及分子公司主要领导出席会议。同日，江西信丰县县委副书记、县人民政府县长邱建军一行到公司考察。公司总经理张忠、党委书记郑玉君、公司常务副总经理财务总监邢斌，主要部门负责人与客人就稀土深加工产业项目建设事宜进行了交流。

9月24日，包头稀土研究院和韩国矿物资源公社共同主办的以稀土磁性材料为主题的“中韩稀土应用技术交流研讨会”成功召开。

9月27日，包钢稀土以通信方式召开了第五届董事会第七次会议。全体董事参加会议，审议并通过《关于参股公司赣州晨光稀土新材料股份有限公司与舜元地产发展股份有限公司重大资产重组的议案》。会议由包钢董事长、党委书记、包钢稀土董事长周秉利主持。赣州晨光稀土与舜元地产重组完成后，包钢稀土持有赣州晨光9.25%的股权转变为持有舜元地产6.67%的股权。

10月9日，内蒙古质监局批准了51家企业为全区首批A级质量信用企业，包钢稀土榜上有名。

10月12日，韩国LG访问团到包钢稀土访问，包头市副市长冀学斌和包钢董事长、包钢稀土董事长周秉利陪同，包钢稀土总经理张忠、常务副总经理财务总监邢斌及有关部门负责人接待，双方就MQ3项目合作事宜进行了交谈，事后参观了包钢稀土展厅、磁材公司、稀宝博为等单位。10月15日，包钢稀土与韩国LG商事、BZMAG公司签署《备忘录》，拟合作共同研发磁体新产品。《备忘录》约定：三方秉承诚信原则，同意建立合作关系，共同研发新产品；三方将合作建立磁体研发中心；三方还就知识产权转移、原料供应及其价格、产品海外销售等事宜进行初步原则性约定。

10月18日，内蒙古自治区科技创新奖励大会表彰和奖励2011年度为自治区科技事业作出突出贡献的先进集体和个人。包钢稀土有4个项目获自治区科学技术进步奖，分别是：高纯无水氯化铈产业化技术项目、新型高性价比稀土储氢材料的应用研究及产业化项目、系列化稀土发光材料产业化开发项目、铬酸镧材料应用器件的开发研究项目。

10月19日，包钢稀土召开第五届董事会第八次会议。会议审议通过《2012年第三季度报告》《关于部分高级管理人员职位变动的议案》《关于公司管理机构调整的议案》。同日，包钢稀土召开第五届监事会第八次会议，审议通过了《2012年第三季度报告》等议案。根据公司《2012年第三季度报告》，2012年1~9月份，公司实现营业收入19.65亿元，同比下降52.2%；实现净利润1.2亿元，同比下降89.6%；每股收益0.05元。

11月19日，在深圳召开2012年度国际稀土标准化技术委员会年会暨《稀土术语》工作会议。会议对包头稀土研究院为主起草的国家标准《稀土术语》进行了预审。包头稀土研究院理化检测中心参加起草的《钆铁合金及钆铁合金化学分析方法》获得全国稀土标准化技术委员会技术标准一等奖；另有《氯化稀土和碳酸稀土化学分析方法》获得中国有色金属工业科学技术二等奖。

11月22日，国家质检总局产品质量监督司巡视员郑卫华一行，在内蒙古质监局副局长张立忠、包头市质监局局长袁宏志等陪同下，到包钢稀土调研。包钢公司领导丁志云、谭晓莲，包钢稀土领导张忠、刘义及有关部门负责人参加调研，与会领导听取了工业产品生产许可证情况和稀土产品情况的简要汇报并观看了公司宣传片。

11月30日，包钢稀土国贸公司公开挂牌稀土氧化物价格。

12月20日，包钢稀土召开2012年临时股东大会。会议审议通过《关于购买包钢集团白云鄂博矿主、东矿部分已开采稀土矿石的议案》《关于购买包钢集团下属的巴润矿业有限责任公司所拥有的白云鄂博西矿部分已开采的稀土矿石的议案》《关于修改〈章程〉的议案》。

12月26日，由《投资者报》与香港管理专业协会联合举办的上市公司年报奖评选活动中，包钢稀土编制的《2011年度报告》以11.22分、主板第六名的总成绩荣获“中国上市公司年报奖”铜奖。

12月27日，包钢稀土与内蒙古自治区内12家中上游稀土企业在包钢宾馆举行“企业整合重组框架协议”签字仪式。包钢公司董事长周秉利、书记贾振国、包钢公司规划部部长刘志宏、包钢稀土总经理张忠、党委书记张志坚、副总经理董事会秘书张日辉等领导与12家企业法定代表人参加了签字仪式。12家企业分别是包头市玺骏稀土有限责任公司、包头市三隆稀有金属材料有限责任公司、包头市圣友稀土有限责任公司、包头市红天宇稀土磁材有限公司、包头市达茂稀土有限公司、包头市金蒙稀土有限公司、包头市飞达稀土有限公司、包头市新源稀土高新材料有限公司、包头市鑫业新材料有限责任公司、内蒙古航天金峡化工有限责任公司、内蒙古生一伦稀土材料有限责任公司、五原县润泽稀土有限责任公司。

12月28日，包钢稀土冶炼分公司党总支、包钢稀土稀选厂党总支分别升格为党委。仍隶属包钢稀土党委。

12月28日，包头市白云博宇矿区国土资源局局长范志亮等与公司总经理张忠、集团管理部部长陈秀昆，在公司签署《2012年内蒙古自治区稀土矿开采总量控制合同书》。

12月29日，包钢稀土召开党政联席会，会议研究通过了科职管理人员解聘后相关待遇的补充规定、2012年职工收入调整方案、综合厂集体工改制后的安置方案；修订了包钢稀土机关各部室副部长、主办职数设置议案及下属单位的机构设置、科职职数调整方案；以及包头华美稀土高科有限公司、内蒙古包钢和发稀土公司党组织关系划归包钢稀土党委的请示；通报了包钢稀土第一次党代会筹备情况；布置了贯彻中共包钢（集团）公司一届八次全委（扩大）会议精神安排。

年内，包钢稀土以总分第一的成绩获评2012年度“自治区主席质量奖”；配合稀土高新区申报并荣获“全国稀土新材料产业知名品牌创建示范区”称号，公司及所属4家单位被评为“品牌建设示范企业”。科研成果转化取得新成效，为“神舟九号”载人飞船成功发射提供了优质钐钴永磁器件，研发的“新能源汽车用镍氢动力电池”被列为国家重点新产品。

2013年

1月14日，澳大利亚北部矿业代表团常务董事George Bauk、商务经理Robert Sill、财务总监Mark Tory、顾问Wenjie HAO、董事长岳琮林、财务总监蔡斌一行到包钢稀土访问洽谈，公司总经理张忠、董事杨占峰、副总经理刘义及有关部门负责人参加，双方就中重稀土合作进行了讨论。会后，参观了磁材公司、稀宝博为公司、稀选厂、冶炼厂生产线。

1月29日，包钢稀土以通信方式召开了第五届董事会第十次会议，会议审议通过了《关于更换公司董事的议案》《关于聘任公司高级管理人员的议案》。公司领导邢斌因工作原因，辞去了公司董事、常务副总经理、财务总监职务。经包钢推荐，公司董事会提名委员会提名王晔接替邢斌担任公司董事职务。经公司总经理张忠提名，公司董事会聘任王晔为公司副总经理、财务总监。

2月2日，包钢稀土子公司包头市稀宝博为医疗系统有限公司总经理连建宇当选第十二届全国政协（科学技术界）委员。

2月25日，包钢稀土子公司内蒙古包钢稀土磁性材料有限责任公司、包头市稀宝博为医疗系统有限公司正式被认定为国家高新技术企业。

3月20日，《稀土》杂志入选美国《工程索引》（EI）收录期刊。

3月28日，包钢稀土召开第五届董事会第十一次会议。会议审议通过董事会工作报告、总经理工作报告、年度报告、财务决算预算、利润分配、关联交易、对外担保、社会责任报告、调整董监事津贴等在内的19项议题。同日，公司召开了第五届监事会第十次会议。审议通过《2012年度监事会工作报告》和《2012年度报告及摘要》等14项议题。

4月3日，由中国董事局网主办、亚商社与海瀛新锐协办的2012第二届中国“星光董事局”传媒大奖评选结果在北京揭晓。包钢稀土董事长周秉利获评“优秀董事长”，包钢稀土董事会获评“最具股民人气董事局”。

4月10日，自治区人大常委会副主任吴团英一行到包头稀土研究院调研，包头市人大常委会副主任王飞、开发区管委会主任苗玉梁、包头稀土研究院院长杨占峰等陪同调研。

4月19日，包钢稀土召开2012年度股东大会、五届十二次董事会、五届十一次监事会，会议分别审议通过《2012年度董事会工作报告》《2012年度监事会工作报告》《2012年度报告及摘要》等14项议案。同日，国家科技部高技术研究发展中心专家组在包头稀土研究院，对包钢稀土承担的国家“863”课题“先进镧铈材料制备技术及应用”进行评估，通过了科技部现场验收。

5月11日，由国内专业品牌期刊——《董事会》杂志主办的第九届中国上市公司董事会“金圆桌论坛”暨“金圆桌奖”颁奖典礼在北京举行。包钢稀土董事会秘书、副总经理张日辉荣获“金圆桌奖——最具创新力董秘”称号。

5月13日，中共中央政治局常委、国务院副总理张高丽一行，在内蒙古自治区党委书记王君、主席巴特尔、自治区副主席、包头市委书记郭启俊、市长孙炜东等领导陪同下，到包头稀土研究院视察。

6月11日，中国长征二号F运载火箭在酒泉卫星发射中心发射，将“神舟十号”载人飞船成功送入预定轨道，包头稀土研究院蒙稀磁业公司生产的钐钴永磁辐射环，再次为“长征二号F”火箭提供了精确的定位、导航服务，助力“神十”成功飞天。

6月17日，由上海证券交易所主办的“我是股东——中小投资者走进上市公司”活动组到包钢稀土调研。中央电视台、第一财经、中国证券报、上海证券报、证券时报等媒体记者参加了此次活动。内蒙古证监局副局长郑振国及上市处王鹏等出席活动。包钢稀土总经理张忠、党委书记兼监事会主席张志坚等领导与投资者和媒体记者，就公司经营情况、行业整合、环境保护、未来规划等问题进行深入交流。

7月3日，福布斯中文版推出“2013年中国最佳CEO”，共有50位CEO入选榜单。包钢稀土总经理张忠位列榜单第11位，是内蒙古自治区唯一入选的上市公司总经理。在上海证券交易所A股上市的2469家公司的CEO中位列第2名。

7月18日，包头稀土研究院建院50周年庆祝大会在稀土院中试基地举行。中国工程院副院长、院士，中国稀土学会理事长、中国稀土行业协会会长干勇，工信部稀土办公室主任贾银松，中国科学院化学所研究员万立骏，中国工程院院士、北京航空航天大学常务副校长徐惠彬，中国科学院院士、北京大学稀土化学国家重点实验室主任严纯华，内蒙古自治区国防科技工业办公室主任郝茂荣以及中国稀土学会、中国稀土行业协会、内蒙古自治区和包头市有关部门领导、包钢领导、国家各类科研所、院校、兄弟企业领导、包头稀土研究院老领导、享受政府津贴专家及全体干部职工共同参加庆祝大会。

8月11日，包头稀土研究院与包钢天彩靖江科技材料有限公司共同建立的“包钢稀土发光材料工程技术研究中心”揭牌成立。

8月15日，包钢稀土以通信方式召开第五届董事会第十三次会议、第五届监事会第十二次会议。会议分别审议通过了《2013年半年度报告及摘要》等议案。同日，国家工信部原材料工业司司长陈燕海一行到包钢稀土院调研工作，杨占峰院长、张志宏副院长陪同调研。

8月19日~23日，“2013年亚太矿业与能源投资论坛”大会在马来西亚吉隆坡举行。包头稀土研究院以党委书记、副院长琚建勇为团长的代表团应邀参加此次论坛。会上琚建勇作了题为《发展进取中的稀土研究院及理化检测中心》的大会发言，并就此与参会学者进行了学术讨论。

8月26日，首届“海峡两岸稀土学术研讨会”在包钢稀土院隆重举行。研讨会由包头稀土研究院与台北科技大学合作主办。

8月28日，包钢稀土发布了《关于参股公司赣州晨光稀土新材料股份有限公司重组厦门银润投资股份有限公司的公告》，包钢稀土参股公司赣州晨光稀土新材料股份有限公司（简称：赣州晨光）拟借壳厦门银润投资股份有限公司（股票简称：银润投资；股票代码：000526）上市。

9月10日，在内蒙古自治区质量奖颁奖仪式上，包钢稀土总经理张忠代表包钢稀土从自治区副主席常军政手中接过代表全区质量最高荣誉的“自治区主席质量奖”奖杯和奖状。

9月12日，国家环保部华北督查中心就《稀土工业废水治理工程技术规范》和《稀土工业污染物排放标准实施评估》研讨会在包钢稀土举行。公司领导李冬及冶炼、华美、科日、稀土院、新源5家单位的相关负责人参加。

10月1日~7日，“2013年能资源整合技术论坛暨永续环境研讨会”在台湾举行。包头稀土研究院副院长许涛和副总工程师、环保室主任马莹参加此次会议，许涛应邀作了题为《稀土固体废物的综合利用》的专题报告。

10月8日，包钢稀土召开“包钢稀土冶炼厂高盐废水零排放处理的资源化利用中试项目”论证会，公司副总经理刘义，副总工程师、生产技术部部长李冬以及部分包头稀土领域的专家听取了燕山大学韩树民教授关于项目中试结果的报告，并进行分析讨论。

10月10日，包钢公司副总工程师、包钢稀土总经理张忠会见日本AGC清美化学株式会社董事社长小野裕朗，双方就进一步加强合作，促进合资企业——包头天骄清美稀土抛光粉有限公司的发展交换意见。

10月16日，美国东北大学电子与计算机工程系陈亚杰教授和温森特·哈里斯教授应邀莅临包头稀土研究院进行学术访问。

10月25日，包钢稀土领导张忠、张志坚会见了江西省赣州市信丰县县长邱建军一行，双方就促进信丰县包钢新利稀土有限责任公司的发展交换意见。

10月29日，包钢稀土召开“三集中”项目废水治理方案论证会，对煤炭科学研究院杭州环保研究院碳沉废水治理方案和燕山大学皂化废水治理方案的可行性进行讨论。会议特别邀请了大连化工研究设计院、石家庄双联碱厂、中海油天津化工研究设计院等化工行业专家对方案进行把关、审验。

11月1日，包头稀土产品电子交易所在稀土高新区金融广场举行推介会，来自包头、北京、宁波、信丰等地的40多家稀土企业参加推介会。

11月，赣州晨光公司申报的镨钕合金、全南县新资源稀土有限责任公司申报的氧化镝均通过了江西省审查，荣获“2013年江西名牌产品”称号。

12月2日，长征三号乙火箭成功将嫦娥三号探测器以及“玉兔”号月球车送入轨道。在长征三号火箭上，又一次使用了包钢稀土院研制的稀土永磁器件，这也是包钢稀土永磁材料第十一次助飞祖国航天梦。

12月21日，中科院院长、党组书记白春礼、办公厅主任汪克强、中科院长春应用化学研究所书记张洪杰和中科院北京分院副院长李静一行到包头稀土研究院调研稀土新材料应用研究，稀土院院长杨占峰全面汇报工作。

12月26日，包钢稀土旗下的子公司包头市京瑞新材料有限公司成功入选国家火炬计划重点高新技术企业。

12月27日，包钢稀土举行了实现生产废水零排放启动仪式。包头市环保局副局长吴士忠、包钢（集团）公司总工程师李德刚、包钢（集团）公司生产部部长刘振刚，包钢稀土党委书记张志坚、副总经理李金玲、刘义以及相关部室的有关人员，包钢稀土冶炼厂、华美公司领导班子成员及相关人员参加了本次生产废水零排放启动仪式。

12月31日，包钢公司董事、包钢稀土总经理张忠代表包钢公司与9家整合重组企业法人或代表签订《内蒙古自治区稀土上游企业整合重组协议》。至此，内蒙古自治区稀土上游企业整合重组已全面完成。9家企业分别是新源稀土、红天宇稀土、飞达稀土、达茂稀土、般天金峡、金蒙稀土、生一伦、五原润泽和鑫业稀土。

2014年

1月15日，澳大利亚Lynas公司首席运营官Jean一行到包钢稀土访问，双方就稀土环境保护与治理、市场发展趋势、未来合作等方面进行深入交流。

1月，第三届中国“星光董事局”传媒大奖评选结果在北京揭晓。包钢稀土董事会获评“2013年度最佳董事局”。同时，包钢稀土副总经理、董事会秘书张日辉获评“2013年度金牌董秘”称号。

2月24日~27日，由蒙古国教科部、蒙古国科技基金委代表团与内蒙古自治区科技厅、包头稀土研究院中蒙技术转移中心、内蒙古农业大学、内蒙古农牧业科学院、北京中关村京蒙高科孵化器有限责任公司相关负责人，在呼和浩特市进行科技合作交流座谈。

2月27日，包头稀土研究院负责研制的标准样品和起草的国家标准，有3项荣获2013年度中国有色金属工业科技进步奖。其中，“镨钕氧化物标准样品的研制”和“钆镁合金及钆镁合金化学分析方法”荣获二等奖，国家标准《金属钕》荣获三等奖。

2月，包钢稀土出台2014年环保管理工作计划。该计划以自治区“8337”发展思路为指导，旨在通过加快重大环保项目建设、加大技术升级改造力度、强化管理，将企业效益和生态文明建设有机结合起来，走投资低、效益好、可持续的新道路，坚持生产和保护并重，实现共赢发展。

3月6日，天津海泰咨询有限公司首席咨询师陈元祯将他所收集的有关包钢、包钢稀土发展方面的文献资料无偿赠予包钢稀土。包钢稀土党委书记、监事会主席张志坚，包钢稀土副总经理、财务总监王晔及各部门相关人员参加了赠送仪式，张志坚为陈元祯颁发感谢纪念证书。

3月13日，包钢稀土召开五届十五次董事会。会议表决通过《2013年度董事会工作报告》《2013年度报告及摘要》《2014年度财务预算报告》《关于增选董事的议案》等18个议案。

3月14日，包钢稀土发布2013年年报：全年实现营业收入 84.72 亿元，同比下降 8.33%；归属于上市公司股东的净利润 15.74 亿元，同比增长 4.22%；基本每股收益 0.65 元。

3 月 20 日，先进稀土材料产业技术创新战略联盟（试点）启动会暨第二届联盟理事会在北京召开。来自全国稀土行业的 33 家联盟成员单位共 45 名代表参加会议。包钢董事长、党委书记周秉利当选联盟常务副理事长，包钢稀土当选联盟常务副理事长单位。

3 月 21 日，在第 26 届国际医疗食品设备展览会上，包钢稀土分子公司稀宝博为成功入围第二届中国医疗设备行业“金人奖”，并荣膺“2013 年度中国医疗设备技术创新奖”。

3 月 28 日，包头稀土产品交易所在试运行 4 个多月后即日正式开盘运营。国家工业和信息化部原材料司巡视员、国家稀土办主任贾银松，新华社内蒙古分社社长景如月，内蒙古自治区经信委副主任、内蒙古自治区稀土办主任杨瑞平，包头市政府有关领导，包钢董事长、党委书记周秉利，包钢稀土及交易所各股东单位，合作方各资金监管银行以及交易所会员等来自全国各地稀土上下游单位 180 多人参加开盘运营仪式。包钢董事、包钢稀土总经理、包头稀土产品交易所有限公司董事长张忠代表包头稀土产品交易所 13 家股东单位以及稀交所董事会致辞。

4 月 3 日，包钢稀土召开 2013 年度股东大会。会议表决通过《2013 年度董事会工作报告》《2013 年度监事会工作报告》《2013 年度财务决算报告》《关于 2013 年度利润分配的议案》《关于 2014 年度日常关联交易预计的议案》等 14 项议案。

4 月 3 日，包钢稀土召开五届十六次董事会。会议审议通过《关于选举公司董事长的议案》和《关于调整董事会四个专门委员会成员的议案》，选举产生了公司新一任董事长，包钢（集团）公司党委副书记、包钢稀土党委书记孟志泉担任包钢稀土董事长。

4 月 9 日~11 日，全国稀土标准技术化委员会在北京召开会议，讨论并审定了《稀土产品牌号表示方法》《废弃稀土荧光粉化学分析方法》等 18 项稀土标准。包钢稀土及下属单位包钢稀土稀土院、国贸公司、华美公司、贮氢公司派代表参与制定其中多项标准。

4 月 15 日，包钢稀土董事长、党委书记孟志泉主持召开五届十七次董事会。会议审议通过《2014 年第一季度报告》。晚间，公司发布一季度报告，期内公司实现营业收入 10.85 亿元，实现净利润 6937.74 万元。

4 月 21 日，全国总工会举行新闻发布会，宣布 2014 年全国五一劳动奖状、奖章和全国工人先锋号评选结果，包钢稀土荣获“全国五一劳动奖状”。

4 月 29 日，包钢稀土召开反腐倡廉、综合治理、员工自主改善工作会议。包钢党委副书记、包钢稀土董事长、党委书记孟志泉出席会议并讲话。工会主席于志军作了员工自主改善工作动员。会上，包钢稀土党委副书记代兆丰宣读《包钢稀土 2013 年度综合治理先进名单》，表彰了 2013 年度综合治理及消防工作先进集体和个人。孟志泉代表公司党委与班子成员与所属单位主要领导签订《包钢稀土 2014 年度落实党风廉政建设责任和推进惩防体系建设工作责任状》《包钢稀土 2014 年综合治理工作责任状》《包钢稀土 2014 年消防工作责任状》。

4 月，白云博宇稀土选矿厂浮选车间乙班被自治区总工会授予“工人先锋号”荣誉称号。

5 月 7 日，包钢党委副书记、包钢稀土董事长、党委书记孟志泉，包钢稀土党委常务副书记、监事会主席张志坚以及建设部、财务部、稀选厂负责人，赴白云博宇和氧化矿搬迁工程稀土选别进行调研。

5 月 21 日，内蒙古自治区质量奖审定委员会办公室对“2013 年内蒙古名牌产品”进行通报：包头华美稀土高科有限公司氧化镧、氧化铈、氧化钕 3 个产品获得“2013 年度内蒙古名牌产品”称号。至此，包钢稀土共有 16 个产品获此殊荣。

5 月 27 日~29 日，全国稀土环保及劳动卫生学术与技术交流会在江苏省宜兴市召开。包钢集团董事、包钢稀土总经理张忠以及稀土院、冶炼厂、华美公司有关专业负责人参加会议。

5 月，内蒙古自治区党委组织部发布 2013 年度产业创新创业人才团队、高层次人才创新创业基地、“草原英才”。其中，包钢磁材高性能稀土永磁材料创新人才团队被评为全区产业创新创业人才团队，稀土院闫慧忠、黄焦宏和京瑞公司张瑞祥被评为“草原英才”。

5月，包钢稀土科技人才王标、张志宏、李波三人受到内蒙古科协及相关部门表彰。王标、张志宏被授予“首届内蒙古自治区科技标兵”称号，稀土研究院李波荣获第九届内蒙古自治区青年科技奖。

6月9日，华美东厂环保设施综合升级改造工程完成内部立项程序，项目于11月开工，2015年7月竣工。投资概算7861.37万元，工程决算5081.8223万元。

6月17日，全国政协副主席卢展工率团到包头稀土研究院调研，内蒙古自治区政协主席任亚平、政协副主席杨成旺、包头市市长包钢、市政协主席程刚、包钢总经理李春龙、董事张忠陪同调研。

6月25日，内蒙古自治区人民政府以内政字〔2014〕140号文件批复，同意包钢集团牵头组织《中国北方稀土（集团）高科技股份有限公司组建实施方案》。8月8日，内蒙古自治区人民政府向国务院提交《关于内蒙古包钢稀土（集团）高科技股份有限公司更名为中国北方稀土（集团）高科技股份有限公司的请示》（内政发〔2014〕93号）。后批转国家工商行政管理总局。同年12月12日，国家工商行政管理总局向内蒙古自治区工商行政管理局下发（国）名称变核字〔2014〕第3072号文件，同意更名报告。此后，公司开展了后续配套更名工作。

6月，经中国证监会上市部确认，“2014年度最受投资者尊重的上市公司”评选结果揭晓。北方稀土从A股2635家上市公司脱颖而出，最终荣获“2014年度最受投资者尊重的上市公司百强奖”。

7月1日，包钢稀土召开纪念中国共产党成立93周年暨创先争优表彰大会。公司党委书记、董事长孟志泉在会上作了题为《以创先争优精神推动公司向一流稀土企业迈进》的讲话，总经理张忠主持本次会议。包钢公司纪委纪检九组成员出席大会。会上，包钢稀土郭剑等35名新党员面对党旗庄严宣誓。包钢稀土党委常务副书记、监事会主席张志坚宣读表彰决定，孟志泉等领导先后为获奖的先进集体代表和个人颁奖。

7月8日，包钢稀土董事长、党委书记孟志泉、包钢稀土总经理张忠等会见中国银行内蒙古分行副行长高宗胜一行。双方就今后进一步加强银企合作等事宜进行深入交流。总经理张忠表示，中国银行内蒙古分行是包钢稀土的重要战略合作伙伴，双方具有良好的合作基础和广阔的发展前景，今后双方要继续发挥优势，深化产融结合，同时希望中国银行内蒙古分行能够在企业发展需要的关键时期给予重要支持。

7月11日，包钢公司董事长、党委书记周秉利到包头稀土研究院天津分院调研。包钢公司党委副书记、包钢稀土董事长、党委书记孟志泉，包钢党委常委、总经理助理、办公厅主任岳建秋等陪同调研。

7月14日，《财富》中文网发布了2014年度中国500强排行榜单，包钢稀土连续第4年入选，位列第492位。

7月14日，国家财政部、工业和信息化部公布2014年稀土产业调整升级专项资金的支持项目名单。包钢稀土有11个项目入选，占项目总数的十分之一。

7月，包钢稀土“白云鄂博”商标完成在欧盟、美国、日本、澳大利亚、韩国的注册，获准在上述国家使用。

8月7日，国家工信部原材料工业司巡视员、国家稀土办主任贾银松到包钢稀土调研，包钢公司党委副书记、包钢稀土董事长、党委书记孟志泉，包钢公司董事、包钢稀土总经理张忠及部分在包高管陪同调研。

8月9日，包钢稀土第二届田径运动会在内蒙古科技大学举行。包钢公司领导周秉利、王胜平、孟志泉、李金贵、张忠、宝志华、岳建秋，内蒙古科技大学党委副书记、常务副校长安胜利，包钢稀土所有在包高管，原包钢稀土领导及曾经在包钢稀土工作过的部分领导受邀出席开幕式。

8月11日，包钢稀土与中国石化催化剂有限公司、包头稀土高新区管委会签署了《三方战略合作框架协议》。

8月25日，包钢稀土召开第五届董事会第十八次会议，会议审议通过《2014年半年度报告及摘要》《关于董事会换届的议案》《关于聘任高级管理人员的议案》《关于设立技术质量部的议案》《关于建设稀土生产“三废”综合治理技术改造工程的议案》5项议题。同日，公司召开第五届监事会第十六次会议，审议通过《2014年半年度报告及摘要》《关于监事会换届的议案》《关于建设稀土生产“三废”综合治理技术改造工程的议案》3 项议题。

8 月，包头市政府公布 2013 年度包头市名牌产品名单。稀宝博为“XBO”系列永磁磁共振成像仪、电池公司“奥科”新能源汽车用动力电池榜上有名。获奖企业可在产品包装、广告宣传上使用包头市名牌产品标志，荣誉称号有效期为 3 年。

9 月 26 日，中国钢铁股份有限公司事业发展处处长陈钟勋一行到包钢稀土展览馆、磁材公司考察。包钢公司党委副书记、包钢稀土董事长、党委书记孟志泉等领导陪同。双方就稀土磁性材料合作意向和合作领域进行了交流洽谈。

10 月 13 日，包头市市委常委、副市长徐德林，包钢党委副书记、包钢稀土董事长孟志泉，包钢公司董事、包钢稀土总经理张忠，包钢公司总经济师刘志宏，包钢稀土财务总监王晔、副总经理张日辉与宏达兴业股份有限公司在包头市政府签署了《稀土产业战略合作协议》。同日，包钢稀土召开党政联席会。会议讨论通过《国贸公司产品销售定价办法》《白云博宇科职干部换届方案》《关于包钢稀土科职干部离岗年龄待遇方案》《关于 2014 年度科职干部年度考核及后备干部推荐方案》《关于上报包钢稀土岗位性质界定、岗位定员核定方案》。

10 月 23 日，包头稀土研究院“人力资源可持续发展机制的建立与创新”获中国钢铁工业协会 2014 年冶金企业管理现代化创新三等成果奖。

10 月 23 日，第 72 届中国国际医疗器械（秋季）博览会在重庆国际博览中心开幕。包钢稀土党委常务副书记、监事会主席、稀宝博为董事长张志坚等携便携式永磁磁共振成像仪新品参加展会。

10 月 24 日，包钢稀土以通信方式召开第五届董事会第十九次会议，会议审议通过了包钢稀土《2014 年第三季度报告》《关于会计政策变更的议案》《关于重新提名独立董事的议案》。同日，公司以通信方式召开第五届监事会第十七次会议，会议审议并通过了包钢稀土《2014 年第三季度报告》和《关于会计政策变更的议案》。

10 月 29 日，包钢公司党委副书记、包钢稀土董事长、党委书记孟志泉等领导，会见来访的甘肃稀土董事长、总经理杨文浩一行，双方就组建北方稀土集团、国内外稀土行业形势、稀土市场发展趋势等问题深入交换了意见。

10 月 31 日，自治区党委书记、人大常委会主任王君，自治区党委副书记、自治区政府主席巴特尔率自治区重点工作重点工程现场观摩检查组，到包头稀土研究院稀土材料中试基地观摩检查。

10 月，中国稀土行业协会在北京召开中国稀土行业协会检测与标准分会发起人会议。会议同意成立中国稀土行业协会检测与标准分会。会议推荐中国稀土行业协会副秘书长王晓铁拟任本届分会会长，推荐包钢稀土总工程师许涛拟任本届分会秘书长。会议还推荐包钢稀土、包头稀土研究院、天骄清美、钢铁研究总院、北京有色金属研究总院等 17 家单位拟任分会副会长单位，推荐国家稀土产品质量监督检测中心、磁材公司、贮氢公司等 9 家单位为分会拟任理事。会议审议通过了《中国稀土行业协会检测与标准分会工作规则（草案）》。11 月 18 日，中国稀土行业协会检测与标准分会成立大会在中国有色大厦召开。会议选举产生全部人事事项。选举稀土行业协会副秘书长汪德勇担任分会会长，选举包钢稀土总工程师许涛担任分会秘书长。

11 月 3 日，在包钢公司第 31 次民族团结进步表彰大会上，包钢稀土、冶炼厂、稀选厂、稀土院 4 家单位被授予“民族团结进步先进单位”称号。

11 月 14 日，受德国巴斯夫公司委托，SGS 认证公司对包钢稀土进行了主题为“携手可持续发展战略”的跟进审核。包钢稀土生产部、技术质量部、物资供应分公司、建设部、组织（人事）部有关人员，冶炼厂及国贸公司相关工作人员参与评审。

11 月 16 日，第十六届中国国际高新技术成果交易会在深圳会展中心举行。包钢稀土多项高新技术成果亮相“高交会”，其中，稀宝博为自主创新的新型稀土永磁磁共振仪荣获组委会颁发的优秀产品奖。

11 月 20 日，内蒙古自治区科技厅组织成立稀土专家项目验收委员会，由丁文江院士任验收委员会主任。对包头稀土研究院承担的自治区重点软科学研究项目“内蒙古自治区稀土产业技术路线图”进行审核并通过验收。

11 月 26 日，为配合工信部等八部委组织开展的打击稀土违法违规行为专项行动，维护稀土行业正常生产经营秩序，保障广大会员企业的正当权益和合法利益，包钢稀土与行业协会有关会员单位签署了《稀土行业维护正常生产经营秩序自律协议书》。

11月，包头市发布2013年科学技术进步奖授奖项目，包钢稀土有7个项目获奖。

12月4日，包头稀土召开企业联合会三届一次理事会。会议选举孟志泉为联合会理事长，张忠为常务副理事长，孙连坤等13人当选副理事长，王成印当选秘书长。王晓铁应邀在会上作《2014年1月至9月稀土行业动作情况及产业政策调整预测》报告。同日，包头市质量信用优级企业评选结果出炉。包钢稀土稀宝博为公司获得2013年度“包头市质量信用优级企业”称号。

12月8日，京蒙科技创新合作签约仪式在北京举行。此次签约有京蒙科技合作项目43项，其中高校院所及相关机构签约14项，科技企业签约29项。包头稀土研究院与北京航空航天大学共同签约了关于“开发高性能稀土磁性功能材料及其应用技术”的合作协议，此次签约对于稀土院与北航的进一步深入合作具有重要的推动作用。

12月11日，包钢稀土发布公告，公司将整合重组包头市飞达稀土有限责任公司、包头市金蒙稀土有限责任公司、包头市红天宇稀土磁材有限公司、包头市五原县润泽稀土有限责任公司、包头市新源稀土高新材料有限公司五家稀土企业，整合重组后公司名称变更为“中国北方稀土（集团）高科技股份有限公司”。

12月15日，包头稀土研究院修订的基础通用标准《稀土术语》及《稀土牌号表示方法》，获全国稀土标准化技术委员会稀土标准优秀一等奖；参与修订的行业标准《钕铁硼合金化学分析方法》获二等奖；参与修订的行业标准《废弃稀土荧光粉化学分析方法》和《离子型稀土原矿化学分析方法离子相稀土总量的测定》获三等奖。审定并通过了稀土院修订的行业标准《钐钴永磁合金粉化学分析方法》《钐钴永磁合金粉物理性能测试方法平均粒度及粒度分布的测定》和《稀土金属及其氧化物中非稀土杂质化学分析方法碳硫量的测定》。同日，包钢稀土任命总工程师许涛为包钢稀土首席质量官（CQO），这是包钢稀土首次设立首席质量官。

12月18日，内蒙古自治区国家税务局、地方税务局联合开展2012~2013年度纳税人信用等级评定工作，包钢稀土、国贸公司、和发公司被评为“A级信用纳税人”。

12月29日，包钢稀土召开2014年临时股东大会，审议通过了《关于选举第六届董事会非独立董事的议案》《关于选举第六届监事会非职工监事的议案》《关于建设稀土生产“三废”综合治理技术改造工程的议案》《关于修改公司〈章程〉的议案》。会议选举出第六届董事会成员。同日，包钢稀土召开六届监事会第一次会议，提名监事张志坚为公司监事会主席候选人；提名董事孟志泉为公司董事长候选人；提名董事汪辉文为公司副董事长候选人。

12月，包头稀土研究院承担的自治区重点软科学研究项目——“内蒙古自治区稀土产业发展定位与技术路线图”通过内蒙古自治区科技厅验收。同月，白云博宇汇同稀土院、稀选厂、林峰科技等多家单位，共同对中贫矿的综合开发利用进行了研究。小型试验取得成功，转入工业试验阶段，基本达到了预期效果。同月，中央电视台、中国品牌建设促进会、中国国际贸易促进委员会、中国资产评估协会、中国标准化研究院、中国优质农产品开发服务协会等权威机构，联合发布2014年中国品牌价值评价信息。包钢稀土以其较强的市场知名度和行业影响力荣登中国品牌价值榜单，以59.21亿元的品牌价值高居内蒙古自治区上榜企业榜首，成为内蒙古自治区“最贵”的品牌价值企业，并位居冶金建筑行业第二名。

2015年

1月1日，公司产品包装上启用“白云鄂博”商标新图案。

1月5日，公司的白云鄂博牌氧化铈、氧化镨钕、氧化镧，瑞鑫公司白云鄂博牌金属钕、镨钕合金，华美公司物华牌氧化镨钕、氧化镨、钐铕钆富集物共8个产品，获得“内蒙古名牌产品”荣誉称号。

1月9日，包头稀土研究院中试基地稀土复合稳定剂生产线通过设备厂家验收，正式投产。

1月13日，公司证券部在内蒙古自治区工商行政管理局将“内蒙古包钢稀土（集团）高科技股份有限公司”变更为“中国北方稀土（集团）高科技股份有限公司”。

1月14日，根据《包钢（集团）公司加强高技能人才工作的实施意见》规定，结合2014年新取得技师、高级技师资格人员情况，公司聘任了胡刚等80名高技能人才。

1月15日，包头市新达茂稀土有限公司正式成立，注册资本为5000万元，为包钢稀土的参股分子公司。

1月20日，公司股票简称更名为“北方稀土”，股票代码不变。

2月13日，根据包钢公司包钢字〔2015〕35号文《关于包钢稀土更名的通知》，内蒙古包钢稀土（集团）高科技股份有限公司正式更名为中国北方稀土（集团）高科技股份有限公司，简称由“包钢稀土”更名为“北方稀土”。

2月26日，由包头金属深加工园区管委会主办的《包头金属深加工园区产业链规划》研讨会在浙江大学包头工研院三楼会议室召开。北方稀土包括冶炼分公司、华美公司、京瑞公司等多家企业位于包头金属深加工园区内。稀土产业作为园区的支柱产业之一，在整个规划中占据着十分重要的地位。

3月17日，包钢公司董事、北方稀土总经理张忠会见日本豪雅（HOYA）株式会社硬盘公司总经理宫本，双方就加强合作事宜进行交流。公司综合办公室、天骄清美抛光粉有关人员参加会见。

3月，经中国证监会上市部确认，“2014年度最受投资者尊重的上市公司”评选活动的获奖名单揭晓，北方稀土从A股2635家上市公司中脱颖而出成功入围，最终荣获“2014年度最受投资者尊重的上市公司百强奖”。同月，五原县润泽稀土有限责任公司与北方稀土签订股权转让协议，北方稀土受让润泽稀土公司34%的股权。该企业成为中国北方稀土的相对控股分子公司。同月，稀奥科电池公司申报“内蒙古自治区新能源汽车用镍氢动力电池工程研究中心创新能力建设项目——混合动力汽车用6.5安时镍氢动力电池系统的应用开发”，并于2016年获得500万元项目资助。

4月2日，公司召开六届二次董事会。会议审议并通过了《2014年度董事会工作报告》《2014年度报告及摘要》《2014年度总经理工作报告》《关于2014年度利润分配的议案》《关于向稀土院增资建设中国科学院包头稀土研发中心的议案》《关于修改公司〈章程〉的议案》等15个议案。

4月8日，公司分别与鸿达兴业股份有限公司、包头市达茂稀土有限公司签署整合新达茂稀土有限公司相关协议。包头市委常委、常务副市长徐德林，鸿达兴业董事长周奕丰，包钢公司党委副书记、北方稀土董事长、党委书记孟志泉以及北方稀土有关领导出席签字仪式。

4月8日~10日，2015中国国际稀土产业发展成果展在上海举行，包钢公司董事、北方稀土总经理张忠率团参展。国贸公司、包头稀土研究院、天骄清美、京瑞公司等公司派员参加。

4月24日，公司召开2014年度股东大会。会议审议通过了《2014年度董事会工作报告》《2014年度监事会报告》《2014年度独立董事会述职报告》《2014年度报告及摘要》《2014年度财务决算报告》《2015年度财务预算报告》《关于2014年度利润分配的议案》《关于2014年度日常关联交易执行和2015年度日常关联交易预计的议案》《关于申请2015年度综合授信额度的议案》《关于为控股子公司提供担保的议案》《关于制定〈北方稀土贷款统借统还管理办法〉的议案》《关于制定〈北方稀土对控股子公司融资担保管理办法〉的议案》《关于修改公司〈章程〉的议案》《关于修改公司〈股东大会议事规则〉的议案》《关于续聘会计师事务所的议案》，共15个议案。随后，召开了北方稀土六届三次董事会、监事会，审议并通过了《2015年一季度报告》。

4月，天骄清美“骄美牌”产品商标被评为包头市知名商标。

5月，公司完成对企业的重组，北方稀土占公司股份34%。金蒙公司成为北方稀土相对控股分子公司。公司注册资本达到4700万元，固定资产5577万元。

5月12日，中国科学院包头稀土研发中心在包头稀土研究院挂牌成立。

5月15日，第73届中国国际医疗器械（春季）博览会（CMEF）在上海召开。稀宝医疗携其Vivi X330、Mago X7等多款新产品亮相展会。

5月，公司7项成果获“中国好技术”称号。

分别是：稀土研究院新型镧铁硼系储氢合金、一种提高钕铁硼材料腐蚀性能的锌基复合涂层、铬酸镧陶瓷电热器件、纳米氧化铈半导体抛光液的研制、高灵敏非晶丝弱磁传感器；磁材公司重点应用领域的高性能永磁材料的产业化关键技术开发；天骄清美大规模集成电路专用高精度超细稀土抛光粉，共7项科研成果。

6月4日，2013年至2014年度自治区骏马奖评奖活动结束。稀土研究院胡伟康、天骄清美山口在久等10人获自治区骏马奖。

6月18日，飞达稀土公司与北方稀土签订股权转让协议，北方稀土受让飞达稀土公司34%的股权。公司其余股权为：王利平持有33.66%的股权，张林静持有32.34%的股权。飞达稀土公司为北方稀土的参股分子公司。

6月，为回顾总结公司发展历程，经北方稀土党政联席会议研究决定，编纂《北方稀土志》。公司班子成员为编纂委员会，负责《北方稀土志》重要事项审定和工作指导，研究解决《北方稀土志》编纂过程中重大问题。编纂委员会下设编纂办公室，办公室设在综合办公室，负责组织协调编撰具体工作。

6月，稀奥科电池公司通过ISO/TS16949：2009质量管理体系年度审核。10月获得“IATF”标志的ISO/TS16949：2009质量管理体系认证证书；承担工信部“新能源汽车用镍氢动力电池及储氢合金产业化”项目。

7月3日，公司召开纪念中国共产党成立94周年暨创先争优表彰大会。

7月21日，包钢公司党委副书记、北方稀土董事长、党委书记孟志泉会见日本丰田爱知制钢董事石神、丰田爱知制钢磁体项目采购经理菅田、丰田通商社长杉本一行，双方就加强在领域合作进行广泛而深入的交谈。北方稀土副总经理、财务总监王晔，副总经理王福生以及国贸公司、北方三吉利有关人员参加座谈。

7月22日，第11届中俄工商论坛暨2015中国（包头）第二届国际装备制造业博览会启幕，包钢公司党委副书记、北方稀土董事长、党委书记孟志泉和北方稀土总工程师许涛赴展参观。公司下属单位包头稀土研究院、国贸公司、稀宝医疗、天骄清美等10家单位参展。

7月28日，全国政协副主席、科技部部长万钢到北方稀土稀宝医疗调研。自治区政府主席巴特尔，自治区党委常委、包头市委书记王中和，自治区政府副主席白向群等陪同。

8月7日，商务部许可证事务处及中国五矿化工进出口商会有关领导到北方稀土，就国家有关稀土政策调整后，北方稀土及其他包头相关稀土企业在贸易、进出口等方面遇到的问题进行调研。北方稀土副总经理王福生，包头市商务局、高新区商务局、包头索尔维稀土有限公司、包头三德电池材料有限公司及北方稀土部分单位有关人员参加座谈会。

8月12日，自治区国资委副主任朝克图一行到北方稀土，就推进区属企业“互联互促、互保互助”指导意见落实情况、生产经营情况、“十三五”发展规划及面临的困难和问题等进行调研。包钢公司党委副书记、北方稀土董事长、党委书记孟志泉及公司领导张志坚、王晔、许涛、相关部门参加汇报会。

8月21日，公司召开第六届董事会第四次会议。会议以通信方式召开。会议通过了《北方稀土2015年半年度报告》《关于增资甘肃稀土新材料股份有限公司的议案》《关于整合重组内蒙古生一伦稀土材料有限公司的议案》《关于在美国设立子公司的议案》《关于使用部分闲置资金投资理财的议案》。

8月28日，稀宝医疗合作项目签约仪式在稀土国际大酒店举行。稀宝医疗与拉赫兰顿、康百家、心脏血管联盟3家公司，分别签订了稀宝医疗融资租赁项目、稀宝康百家联合医院项目和心脑血管病急救产业联盟（IBX）稀宝医疗移动车载共振项目。包头市副市长乌云出席签约仪式。包钢公司党委副书记、北方稀土董事长、党委书记孟志泉在仪式上讲话。

8月，稀奥科电池公司参加实施的国家863项目“高功率镍氢电池系统开发研究”通过国家科技部验收。

9月15日，公司第六届董事会第五次会议通过了《关于整合重组公司内部磁性材料产业的议案》，标志着北方稀土推动磁性材料产业在新三板挂牌相关工作正式启动。

9月25日，北方稀土通过ISO9001：2008质量、ISO14001：2004环境、OHSAS18001：2007职业健康安全管理体系认证，恩可埃认证有限公司为北方稀土颁发 ISO9001：2008 质量、ISO14001：2008 环境、OHSAS18001：2007 职业健康安全管理体系认证证书，证书编号：33327、E3082、H1628。

10 月 15 日，包头市“质量标杆”暨质量管理孵化基地授牌仪式在稀土展览馆举行。北方稀土被命名为包头市质量管理孵化基地，成为稀土高新区首家“质量标杆”暨质量管理孵化基地。

11 月 3 日，国家工信部原材料司巡视员、稀土办主任贾银松一行，到稀土研究院天津分院调研。天津市工信委领导，北方稀土党委副书记、稀土研究院党委副书记、副院长琚建勇等陪同调研。

11 月 10 日，内蒙古质监局公布自治区 2014 年第一批质量守信企业名单中，北方稀土榜上有名。同日，公司董事会发布关于参股公司重大资产重组公告。北方稀土将由投资赣州晨光变更为投资盛和资源控股股份有限公司，提升北方稀土对外投资的资产流动性。

11 月 16 日，包钢集团管理部到北方稀土调研管理现代化创新项目实施情况。北方稀土副总经理、财务总监王晔，相关部门及单位负责人参加调研会。北方稀土申报管理现代化创新项目 33 项，经包钢审定，确定立项项目 27 项。

11 月，自治区人民政府确定首批 5 个自治区级专家服务基地。包头稀土研究院“白云鄂博资源综合利用专家服务基地”名列榜首。设立专家服务基地，旨在更好地引导高层专家深入基地服务一线，推动自治区专家服务基层工作常态化。

12 月 8 日，安徽永磁通过 ISO9001 质量管理体系证书认证。

12 月 28 日，公司获“2015 中国最受投资者尊重的上市公司”入围奖。北方稀土副总经理、董事会秘书张日辉获评“2015 中国最受投资者欢迎的上市公司董秘”。

12 月 29 日，自治区公布第五批“草原英才”工程常规评审类产业创新创业人才团队、基地入选名单。公司稀土抛光材料创新人才团队、稀土清洁生产工艺及应用材料创新人才团队入选。稀土研究院江丽萍、磁材公司娄树普入选第五批“草原英才”个人名单。

12 月，稀奥科电池公司承担的“年产 1000 万只电动汽车用镍氢动力电池的研制”项目，获得内蒙古自治区科技进步二等奖。

年内，北方稀土磁性材料公司“重点应用领域的高性能永磁材料的产业化关键技术开发”项目，入选“中国好技术·产业化技术成果”。

2016 年

1 月 5 日，第三批精益车间创建的华美公司三分厂、天骄清美二车间，接受包钢精益车间验收组验收；2 月 17 日，通过评审，获包钢精益车间命名。

1 月 12 日，公司党委根据包钢公司党委部署，下发《北方稀土及所属单位领导班子召开 2015 年度党员领导干部民主生活会的通知》，明确要求，北方稀土及所属单位党员领导干部，1 月底之前严格按照相关要求召开以“三严三实”为主题的党员领导干部民主生活会。同日，公司出台《北方稀土精益改善项目管理办法（试行）》，进一步规范精益改善项目立项申请、组织实施、评价验收、成果固化与推广等工作。

1 月 21 日，北方稀土召开“2016 年第一次临时股东大会”。会议采用现场投票与网络投票相结合的方式，表决通过北方稀土《关于更换年审会计师事务所的议案》。

2 月 16 日，稀奥科电池公司主打产品“新能源汽车用镍氢动力电池 HRD6. 5”，获自治区名牌产品证书。

2 月 19 日，包钢公司反腐倡廉微电影剧本征集活动结果揭晓，北方稀土三作品获表彰。其中，贮氢公司张柳鑫作品《和风细雨的错》获一等奖、华美公司刘俊阁作品《治贪诊所》获二等奖、贮氢公司姜传博作品《周所长的反腐倡廉人生》获三等奖。

2 月 26 日，在自治区人民政府发布的《关于表彰 2015 年度全区金融工作先进集体和优秀个人的通报》中，北方稀土荣获“2015 年度推进资本市场发展贡献奖”。

3 月 1 日，内蒙古自治区质量奖审定委员会办公室通报了“2015 年内蒙古名牌产品”，北方稀土旗下稀宝医疗生产的“稀土永磁磁共振成像仪”和稀奥科电池公司主打产品“新能源汽车用镍氢动力电池 HRD6. 5”获得 2015 年度内蒙古名牌产品称号。

3月2日，包钢公司下发2014年度科技成果奖励，共评定获奖项目52项，一二三等奖9项。其中北方稀土7项科技成果榜上有名，分别是：稀土研究院《复合式永磁室温磁制冷机的研制》《国家标准铬酸镧高温电热元件》《国家标准镨钕镝合金化学分析方法》；和发公司《煤系高岭土工业化制备亚微米分子筛及其在稀土—Y催化剂载体上的应用》；电池公司《年产1000万只电动车用镍氢动力电池的研制》《新能源汽车镍氢动力电池技术路线研究》；天骄清美《节能减排型稀土抛光粉焙烧回转窑设计研究》成果。

3月22日，白云鄂博稀土资源研究与综合利用国家重点实验室建设与运行，实施方案论证评审会在稀土院举行。中国稀土行业协会副秘书长王晓铁等7名专家担任评审。包钢公司总经理、白云鄂博稀土资源研究与综合利用国家重点实验室主任李春龙，汇报实验室建设运行方案。自治区科技厅副厅长吴苏海及包头市科技局领导出席。

3月，国土资源部下达2016年度全国第一批稀土矿（稀土氧化物REO）开采总量控制指标共计52500吨，北方稀土共获得轻稀土开采指标29750吨，占全国第一批开采总量控制指标半数以上。

4月15日，北方稀土召开六届八次董事会。会议审议通过了《2015年度报告及摘要》《2015年度董事会工作报告》《2015年度总经理工作报告》《2015年度财务决算报告》《2016年度财务预算报告》《关于2015年度利润分配的议案》《2015年度社会责任报告》《2015年度内部控制评价报告》《关于申请2016年度综合授信额度的议案》《关于为控股子公司提供担保的议案》《关于建设包头稀土研究院白云鄂博稀土资源研究与综合利用国家重点实验室的议案》。

4月25日，包头市召开城市质量发展大会。北方稀土总经理张忠获2015年包头市“政府质量奖”。

5月18日，北方稀土召开2015年度股东大会。会议审议通过了《2015年度报告及摘要》《2015年度董事会工作报告》等议案。

5月19日，北方稀土召开六届十次董事会。包钢公司董事长、党委书记魏栓师主持会议，并当选为北方稀土董事长。会议审议并全票表决通过《关于选举公司董事长的议案》《关于调整公司董事会四个专门委员会成员的议案》。

5月23日，由中国生产力促进中心协会举办的“中国好技术、生产力促进奖颁奖大会暨高峰论坛”，在四川省德阳市举行。稀宝医疗“稀土永磁磁共振创产业化项目”，获2015年度“中国好技术”奖，成为全国93项好技术中唯一的一等奖。

5月，北方稀土下发《深入推进现场标准化作业实施方案（试行）》。在全公司深入推进现场标准化作业，构建标准化作业管理体系。

6月8日，安徽永磁召开第六次股东会，会议审议通过变更公司法定代表人议案。同意选举张忠为公司法定代表人，同时免去孟志泉原公司法定代表人职务；同意选举张忠为公司董事，同时免去孟志泉董事职务；新的董事会由张忠、王标、王晔、熊永飞、衣晓飞组成；选举高晓山为公司第二届监事。

7月1日，公司纪念建党95周年创先争优表彰暨专题党课报告会隆重召开。北方稀土党委书记、总经理张忠讲话。大会由北方稀土党委常务副书记张志坚主持。会上，北方稀土王雨潇等35名新党员面对党旗庄严宣誓。公司组织（人事）部部长张庆峰宣读表彰决定。张忠等领导为获奖先进集体代表和个人颁奖。

7月7日，包头市委副书记、市长杜学军到公司调研。包钢、北方稀土党政领导魏栓师、张忠、李忠、张志坚等陪同调研。

7月28日，北京三吉利新材料有限公司包头分公司举行开业庆典。

8月4日，全国人大常委会委员、财经委主任委员李盛霖一行，参观北方稀土展览馆。包钢公司董事、北方稀土总经理、党委书记张忠，包钢公司副总工程师、北方稀土董事、稀土院院长杨占峰陪同。

8月5日，包头稀土产业联盟召开成立。中国稀土行业协会秘书长马荣璋宣读了贺词，包钢公司董事、北方稀土总经理、党委书记张忠当选为会长；北方稀土领导杨占峰、张日辉等当选为副会长。会议由包头市经济和信息化委员会调研员匡思泉主持，包头稀土产业联盟会员单位代表参加会议。

8月8日，由内蒙古自治区人民政府、中国工程院、中国稀土行业协会、中国稀土学会主办的第八届中国包头·稀土产业（国际）论坛召开。北方稀土董事长魏栓师，包钢公司董事、北方稀土总经理、党委书记张忠出席开幕式。

8月12日，共青团中央书记处第一书记秦宜智一行到北方稀土调研。自治区团委书记常青，包头市委副书记徐德林、副市长乌云及包头团市委相关人员陪同。包钢公司董事，北方稀土总经理、党委书记张忠，包钢公司副总工程师、北方稀土董事、稀土研究院院长杨占峰介绍工作。

8月18日，北方稀土召开六届十一次董事会。包钢公司董事长、党委书记、北方稀土董事长魏栓师主持会议并讲话。董事会审议并通过了《北方稀土2016年半年度报告及摘要》《关于公司符合发行公司债券条件的议案》《关于公开发行公司债券方案的议案》《关于提请股东大会授权董事会及董事会授权人士全权办理本次发行公司债券相关事项的议案》《关于合资成立新公司并建设稀土催化剂项目的议案》等15个议案。

8月24日，中国标准化研究院专家到北方稀土调研标准化工作，包头市、稀土高新区技术监督局相关人员陪同。北方稀土技术质量部相关人员介绍情况。同日，北方稀土10项转型升级试点项目获得2016年战略新兴产业发展资金，分别是高性能大型医疗影像诊断设备产业基地项目、稀土基脱硝催化剂项目、煤系高岭土基分子筛及稀土催化剂工业化生产项目、稀土矿渣制备高性能耐磨耐腐蚀管材生产项目、绿色环保着色剂吨级连续化生产线建设项目、高效、节能加工新能源汽车用电机磁瓦项目、垂直轴稀土永磁盘式风力发电机组项目、烧结钕铁硼表面高效率物理气相沉积防护产业化装备项目、高品质稀土再生永磁及轻稀土添加剂的产业化项目以及高性能稀土抛光粉产业升级改造项目。

9月6日，北方稀土召开2016年第二次临时股东大会和六届十二次董事会、六届十一次监事会会议。2016年第二次临时股东大会和六届十二次董事会审议并通过了《关于公开发行公司债券方案的议案》《关于提请股东大会授权董事会及董事会授权人士全权办理本次发行公司债券相关事项的议案》《关于修改公司〈章程〉的议案》《关于增选公司董事的议案》等议案。监事会会议审议并通过了《关于选举公司监事会主席的议案》。邢斌当选为监事会主席。

9月，北方稀土与四川万凯丰稀土新能源科技有限公司在包头签署了《战略合作框架协议》。

10月9日，由六大稀土集团参加的重点稀土企业协调会在包头市青山宾馆召开，就如何应对当前国内外稀土市场形势等议题进行研究。国家工业和信息化部稀土办、内蒙古自治区及包头市经信委、稀土高新区领导参加会议。六大稀土集团主要负责人，包钢公司董事长、党委书记、北方稀土董事长魏栓师参加会议。包钢公司董事、北方稀土总经理、党委书记张忠主持会议。

10月，北方稀土团委在2015年度全国钢铁行业“青安杯”竞赛中，获得先进集体称号。

11月5日，内蒙古自治区国资委党委书记、主任张金亮率国资委调研组到北方稀土调研。包钢公司董事、北方稀土总经理、党委书记张忠主持会议并作汇报。

11月6日，内蒙古希捷环保科技有限责任公司年产5万立方米稀土基SCR烟气脱硝催化剂生产线开工仪式在稀土高新区举行。包钢公司董事长、党委书记、北方稀土董事长魏栓师宣布工程开工。包头市政府副市长张世明，稀土高新区党工委副书记、管委会主任苗玉梁，包钢公司董事、北方稀土总经理、党委书记张忠等领导出席开工仪式。北方稀土董事、副总经理李金玲主持开工仪式。

11月15日，北方稀土召开“北方稀土科技大会”。15项在服务企业生产、成果转化中取得重大突破的科技成果，获得129万元资金奖励。同日，安徽永磁通过了ISO14001环境管理体系认证。

12月5日，北方稀土与美德英国际顾问公司在公司会议室进行交流。内蒙古自治区国资委副主任司永涛，包钢公司董事、北方稀土总经理、党委书记张忠，北方稀土领导李金玲、许涛，稀土高新区负责人以及北方稀土相关单位负责人参加会议。

12月12日，由中国品牌建设促进会、经济日报社、中国国际贸促会、中国资产评估协会等单位联合举办的“2016中国品牌价值评价信息发布会”在北京举行，北方稀土以17.83亿元品牌价值上榜。

12月27日，在京召开的稀土标准化技术委员会（ISO/TC 298）第一次工作会议上，由北方稀土提出的《稀土术语矿产品及化合物》提案顺利通过中国、澳大利亚、韩国、加拿大、日本等多个国家代表的审议，进入国际标准委员会的新项目立项流程。此举意味着北方稀土将牵头制订首项稀土国际标准。

12月，中国技术市场协会公布第八届中国技术市场金桥奖评选结果，全国共有590个奖项上榜。北方稀土摘得两个奖项，包头稀土研究院获集体奖，稀奥科电池公司曹生彪获个人奖。

第一篇 公司组织机构

GONGSI ZUZHI JIGOU

第一章　中国北方稀土（集团）高科技股份有限公司机构设置

第一节　公司机构沿革

1960年1月，国家冶金部下达《包钢第二选矿厂任务书》，其中建设项目包括稀土选矿车间、第二车间和稀土合金车间（反射炉配套工程）。同年4月21日，冶金部北京有色冶金设计总院（以下简称有色设计总院）编制完成《包钢第二选矿厂设计意见书》，工程代号为“8860”工程。《包钢第二选矿厂设计意见书》中规定：“该工厂属试验性工厂”；选矿部分既可处理精矿，也可处理选铁尾矿。设计能力为日处理50吨尾矿；冶炼部分的设计能力为年处理1500吨尾砂精矿，并且将稀土选矿和稀土冶炼试验车间厂址建议设在尾矿坝北侧（即稀土三厂厂址）。又于同年7月正式提交了代号为“8860”工程的《包钢稀有金属试验厂建厂设计》，该工程在1960年内尚未施工。

1961年第一季度，有色设计总院对《包钢稀有金属试验厂建厂设计》作了部分修改，但原定的稀有金属试验厂的建设规模未变。修改后的建厂设计于1961年11月编制完成，代号为“8861”工程。主要项目包括：选矿试验车间（其中矿石破碎部分为独立系统）；第一车间（为混合稀土氧化物、氯化物试验性生产车间）；第二车间（试验性生产混合稀土金属、单一稀土金属、单一铈、镧氧化物和重稀土混合氯化物）；第三车间（试验性生产单一稀土氧化物）；动力车间；机修车间和化验室。“8861”工程设计总投资概算504万元，建设规模为年处理原矿30000吨，年产41%品位的稀土精矿1500吨，冶炼产品中混合稀土氧化物年产量200吨，混合稀土氯化物年产量50吨，混合稀土金属年产量140吨，单一稀土氧化物年产量3吨。

1962年1月，“8861”工程开始施工，主要施工单位为包钢建设公司所属的第三土建工程公司、机电公司、管道公司和筑炉公司等。

1962年3月31日，包钢决定成立选矿试验厂（今稀土三厂），隶属于包钢冶金研究所，作为该所的试验工厂。1963年3月，包钢决定将选矿试验厂改名为八八六一厂，隶属关系不变。

1963年4月1日，国家科委决定，包钢冶金研究所改由冶金部直接领导，定名为冶金工业部包头冶金研究所。7月19日，冶金部发出《关于冶金研究所建设问题的指示》（冶设字〔1963〕第4847号），再一次确定包头矽（硅）铁稀土合金厂（合金试验厂）和包头稀土试验厂（八八六一厂）为研究所的附属试验厂。

1964年10月，“8861”工程部分项目建成投产，项目包括选矿试验车间、第二车间、动力车间、机修车间、化验室、厂内铁路专用线和进厂公路线等，仅完成土建工程的项目有第一车间和第三车间。

1970年5月23日，冶金部军管组下达（70）冶军生字第661号文件，决定将包头冶金研究所连同八八六一厂下放给包钢领导。按此文件，包头冶金研究所改称为包钢冶金研究所。12月，包钢军管组决定将八八六一厂从包钢冶金研究所划出，直属包钢领导，定名为包钢八八六一厂。

1971年初，包钢决定将八八六一厂改名为八八厂。11月22日，包钢革命委员会下发革办字第77号文件，将八八厂改名为包钢有色金属三厂。

1979年2月13日，国家经贸委下发《关于成立包头稀土铌公司的通知》。通知指出：“冶金部《关于成立包头稀土铌公司的报告》，已经国务院批准。”“稀土铌公司由冶金部和内蒙古自治区双重领导，以部为主。包钢有色一厂、有色二厂、有色三厂、包钢选矿厂的重选车间以及包头设计院有关专业配套人员，划归包头稀土铌公司领导。”1979年4月25日，冶金部发出通知从1979年5月1日起启用冶金工业部稀土公司印章。同年5月30日，稀土公司正式接收包钢有色一厂、有色二厂、有色三厂，并将这三个厂更名为冶金工业部稀土公司一厂、二厂、三厂。同年7月27日，冶金部下达《关于启用中国稀土公司印章的通知》。按此通知，冶金工业部稀土公司改名为中国稀土公司。

1981年，冶金部向国家经贸委呈送报告。报告称："为了有利于白云鄂博资源综合利用的统一领导、统一规划和贯彻责任制，建议将中国稀土公司划归包头钢铁公司领导。"1982年4月国家经贸委批准后，中国稀土公司连同3个稀土厂正式划归包钢。领导体制改变后，原中国稀土公司改称包钢稀土公司，冶金工业部稀土公司三厂改称为包钢稀土三厂。

1986年6月7日，经包头市人民政府批准，以包钢为骨干的北方稀土集团正式成立，主要成员单位有：包头钢铁公司、包钢选矿厂、包钢稀土一厂、包钢稀土二厂、包钢稀土三厂、甘肃稀土公司、国营二〇二厂、包头市稀土铁合金厂、包头市稀土冶炼厂、包头市火石厂、哈尔滨市稀土材料总厂、沈阳市稀土公司、包深稀土有限公司、包头稀土研究院、北京有色金属研究总院、包头市稀土应用研究所16家单位。

1991年7月1日，为统一管理以包头稀土精矿为原料的稀土企业生产、销售，以协调市场价格，保障企业效益，内蒙古自治区人民政府批复包头市上报的《关于成立包头钢铁稀土企业集团的请示》（内政函〔1991〕第60号），批准成立包头钢铁稀土企业集团。该集团以包头钢铁稀土公司为核心，由包头市稀土铁合金厂、稀土冶炼厂、磁性材料厂、光华化学工业公司、火石厂以及包头市稀土研究院等单位，在自愿互利基础上组成经济联合体。其性质为社会主义公有制联营企业，具有独立法人地位。集团对紧密层企业和单位实行"产、供、销、人、财、物"六统一管理；对半紧密层企业实行"产、供、销"三统一管理，紧密层、半紧密层企业和单位仍保留原法人地位。

1997年1月13日，为充分发挥包钢的稀土资源优势，加速包钢的稀土产业技术改造与升级，转换企业经营机制，建立现代企业制度，按照内蒙古自治区人民政府股份制企业审批文件（内政股批字〔1997〕第1号），同意以包头钢铁公司所属稀土三厂、选矿厂稀选车间为基础，联合其他发起人（包头钢铁公司、嘉鑫有限公司（香港）、包钢综合企业（集团）公司），以募集方式，筹建内蒙古包钢稀土高科技股份有限公司。同年9月12日，中国稀土行业首家股份有限公司——内蒙古包钢稀土高科技股份有限公司，在包钢少年宫召开创立暨首次股东大会，内蒙古包钢稀土高科技股份有限公司正式成立，简称"稀土高科"。

2009年4月18日，内蒙古包钢稀土高科技股份有限公司第四届第三次董事会通过《关于变更公司名称的议案》，决定将内蒙古包钢稀土高科技股份有限公司更名为"内蒙古包钢稀土（集团）高科技股份有限公司"，并上报包钢（集团）公司。4月28日，包头钢铁（集团）有限责任公司机构编制委员会根据包钢编委〔2009〕第2号文件批复，同意内蒙古包钢稀土高科技股份有限公司更名为"内蒙古包钢稀土（集团）高科技股份有限公司"。7月3日，经内蒙古自治区工商行政管理局核准，内蒙古包钢稀土高科技股份有限公司名称变更为"内蒙古包钢稀土（集团）高科技股份有限公司"（简称包钢稀土）。7月17日，包钢稀土下发公司发〔2009〕84号文件，内蒙古包钢稀土高科技股份有限公司正式变更为"内蒙古包钢稀土（集团）高科技股份有限公司"，并启用新印章。同时，公司下属各控股及参股子公司均为集团成员并同时更名。

2014年6月初，包钢公司牵头组织制定了《中国北方稀土（集团）高科技股份有限公司组建实施方案》，拟以包钢稀土为平台，组建大型国有控股稀土企业，上报内蒙古自治区人民政府。6月25日，自治区人民政府以内政字〔2014〕140号文件批复，同意《中国北方稀土（集团）高科技股份有限公司组建实施方案》。7月25日，工业和信息化部办公厅以工信厅原〔2014〕142号文件复函，原则同意《关于包钢集团组建中国北方稀土（集团）公司实施方案》。并按照《国务院办公厅关于公司名称冠以"中国"等字样问题的通知》（国办发〔1995〕36号）相关要求，恳请国务院同意内蒙古包钢稀土（集团）高科技股份有限公司更名为中国北方稀土（集团）高科技股份有限公司。8月8日，内蒙古自治区人民政府向国务院提交《关于内蒙古包钢稀土（集团）高科技股份有限公司更名为中国北方稀土（集团）高科技股份有限公司的请示》（内政发〔2014〕93号）。后批转国家工商行政管理总局。同年12月

12 日，国家工商行政管理总局向内蒙古自治区工商行政管理局下发（国）名称变核字〔2014〕第 3072 号文件，同意更名报告。

2015 年 2 月 13 日，包钢公司下发《关于包钢稀土更名的通知》（包钢字〔2015〕35 号），按此通知，内蒙古包钢稀土（集团）高科技股份有限公司正式更名为“中国北方稀土（集团）高科技股份有限公司”，简称变更为“北方稀土”。北方稀土整合重组了包头市飞达稀土有限责任公司等 5 家稀土企业。截至 2016 年 12 月，中国北方稀土（集团）高科技股份有限公司成为拥有 3 家直属厂（分公司）、2 家全资子公司、11 家绝对控股子公司、13 家相对控股子公司、9 家参股公司，员工总数达到 1 万余人的国内大型稀土企业集团。

第二节　董　事　会

一、第一届董事会（1997. 09~2001. 09）

1997 年 9 月 12 日，内蒙古包钢稀土高科技股份有限公司（以下简称稀土高科）第一届董事会由公司创立大会暨第一次股东大会选举产生。会议选举王子仁、白凤仁、许万成、陈隆淮、张毅、徐福贵、曾国安、廖二鸣、颜维华为第一届董事会董事（按姓氏笔画为序），选举曾国安为第一届董事会董事长；廖二鸣、王子仁为副董事长，任期三年。

1998 年 4 月 19 日，稀土高科召开第一届董事会第四次会议。会议审议同意曾国安不再担任董事长职务，选举张志公为董事长；同意徐福贵为执行董事。

1999 年 10 月 8 日，稀土高科召开第一届董事会第十三次会议，会议审议同意张志公不再担任稀土高科董事长职务，选举乔木担任稀土高科董事长职务。

2000 年 3 月 16 日，稀土高科召开第一届董事会第十五次会议，会议同意廖二鸣不再担任稀土高科董事、副董事长职务。4 月 20 日，稀土高科召开 1999 年度股东大会，增补张峰为公司董事。同日，稀土高科召开第一届董事会第十六次会议，会议选举张毅为稀土高科董事会副董事长。同时，公司董事王子仁、徐福贵、白凤仁因退休离任，不再担任公司董事职务。

第一届董事会成员更迭

董 事 长：曾国安（1997. 09~1998. 04）
　　　　　张志公（1998. 04~1999. 10）
　　　　　乔　木（1999. 10~2001. 09）
副董事长：廖二鸣（1997. 09~2000. 03）
　　　　　王子仁（1997. 09~2000. 04）
　　　　　张　毅（2000. 04~2001. 09）
董　　事：许万成（1997. 09~2001. 09）
　　　　　徐福贵（1997. 09~2000. 04）
　　　　　颜维华（1997. 09~2001. 09）
　　　　　陈隆淮（1997. 09~2001. 09）
　　　　　张　毅（1997. 09~2000. 04）
　　　　　白凤仁（1997. 09~2000. 04）
　　　　　张　峰（2000. 04~2001. 09）

二、第二届董事会（2001. 09~2005. 04）

2001 年 9 月 4 日，稀土高科召开第二届董事会第一次会议，会议选举乔木为稀土高科董事长，选举崔臣、陈宁宁（女士）为稀土高科副董事长，增补刘石政、燕洪全为公司董事。同时，张毅因工作变动不再担任公司副董事长、董事职务。

2002 年 4 月 9 日，稀土高科召开 2001 年度股东大会，选举班均、李刚为公司独立董事。6 月 10 日，稀土高科召开第二届董事会第八次会议，会议审议同意乔木不再担任董事、董事长职务；同意崔臣辞去稀土高科副董事长职务，选举崔臣为稀土高科董事长；同意颜维华不再担任董事职务；增补孙国龙为公司董事、副董事长候选人；增补刘志忠为公司董事候选人。7 月 12 日，稀土高科召开 2002 年度第四次临时股东大会，选举孙国龙、刘志忠为公司董事。同日，稀土高科召开第二届董事会第九次会议，会议选举孙国龙担任稀土高科副董事长。11 月 26 日，稀土高科召开 2002 年第五次临时股东大会，选举胡玉林（女士）为公司独立董事。

2003 年 8 月 30 日，稀土高科召开 2003 年第一次临时股东大会，选举李含善为公司独立董事；选举张忠为公司董事；原董事陈隆淮由于工作变动辞去董事职务。

2004 年 3 月 27 日，稀土高科召开第二届董事会第二十次会议，同意易尚聪为公司董事候选人。5 月 18 日，稀土高科召开 2003 年度股东大会，选举易尚聪为公司董事；张峰因工作变动，辞去公司董事职务。

2005 年 3 月 19 日，稀土高科第二届董事会第二十五次会议审议通过了《关于选举第三届董事会的预案》，同意提名崔臣、陈宁宁（女士）、孟志泉、刘志忠、燕洪全、张忠、易尚聪、李学舜、杨颖（女士）为公司第三届董事会非独立董事候选人，提名胡玉林（女士）、李含善、班均、李刚为公司第三届董事会独立董事候选人。

第二届董事会成员更迭

董 事 长：乔　木（2001.09~2002.06）
崔　臣（2002.06~2005.04）
副董事长：崔　臣（2001.09~2002.06）
陈宁宁（女，2001.09~2005.04）
孙国龙（2002.07~2005.04）
独立董事：班　均（2002.04~2005.04）
李　刚（2002.04~2005.04）
胡玉林（女，2002.11~2005.04）
李含善（2003.08~2005.04）
董　　事：颜维华（2001.09~2002.06）
许万成（2001.09~2005.04）
陈隆淮（2001.09~2003.08）
刘石政（2001.09~2005.04）
刘志忠（2002.07~2005.04）
燕洪全（2001.09~2005.04）
张　峰（2001.09~2004.05）
张　忠（2003.08~2005.04）
易尚聪（2004.05~2005.04）

三、第三届董事会（2005.04~2008.09）

2005 年 4 月 29 日，稀土高科召开 2004 年度股东大会，以累积投票方式选举崔臣、陈宁宁（女士）、孟志泉、刘志忠、燕洪全、张忠、易尚聪、李学舜、杨颖（女士）为公司第三届董事会非独立董事，选举胡玉林（女士）、李含善、班均、李刚为公司第三届董事会独立董事。同日，稀土高科召开第三届董事会第一次会议，选举崔臣为公司董事长，选举陈宁宁（女士）、孟志泉为公司副董事长。

2006 年 4 月 22 日，稀土高科召开第三届董事会第四次会议，会议审议通过了《关于更换董事的预案》。公司董事陈宁宁（女士）由于工作原因、董事杨颖（女士）因已办理退休手续，分别辞去公司董事职务，根据《中华人民共和国公司法》、公司《章程》的规定，以及包钢公司和嘉鑫有限公司的推荐，公司董事会提名赵生平、汪辉文为公司董事候选人。5 月 27 日，稀土高科 2005 年度股东大会审议通过了《关于更换董事的议案》，以累积投票方式选举汪辉文、赵生平为公司第三届董事会非独立董事。8 月 12 日，稀土高科召开第三届董事会第五次会议，会议选举汪辉文为稀土高科副董事长。

2006 年 10 月 24 日，稀土高科召开第三届董事会第六次会议，会议审议通过了《关于更换董事的预案》。易尚聪由于工作变动辞去公司董事职务，公司董事会提名张国佐为公司董事候选人。

2007 年 4 月 21 日，稀土高科 2006 年度股东大会审议通过《关于更换董事的议案》，选举张国佐为公司第三届董事会董事。

第三届董事会成员更迭

董 事 长：崔　臣（2005.04~2008.09）
副董事长：陈宁宁（女，2005.04~2006.04）
孟志泉（2005.04~2008.09）
汪辉文（2006.08~2008.09）
独立董事：班　均（2005.04~2008.09）
李　刚（2005.04~2008.09）
胡玉林（女，2005.04~2008.09）
李含善（2005.04~2008.09）
董　　事：汪辉文（2006.05~2006.08）
赵生平（2006.05~2008.09）
刘志忠（2005.04~2008.09）
燕洪全（2005.04~2008.09）
张　忠（2005.04~2008.09）
易尚聪（2005.04~2006.10）
李学舜（2005.04~2008.09）
杨　颖（女，2005.04~2006.04）
张国佐（2007.04~2008.09）

四、第四届董事会（2008.09~2011.10）

2008 年 9 月 13 日，稀土高科召开 2008 年第一次临时股东大会，对董事会进行换届选举。公司第四届董事会成员中，崔臣、孟志泉、汪辉文、张忠、李学舜、邢斌、赵增祺、翟文华、甘韶球为公司非独立董事，胡玉林（女士）、李含善、吴振平、赵文小为公司独立董事。同日，稀土高科召开第四届董事会第一次会议。会议选举崔臣为稀土高科董事长，选举孟志泉、汪辉文为稀土高

科副董事长。

2009年12月，包钢稀土独立董事胡玉林（女士）、李含善连续任职六年，任期届满。经公司董事会提名，公司2009年临时股东大会审议通过选举李保卫、裴治武为公司独立董事。

2010年7月31日，包钢稀土召开2010年第二次临时股东大会，会议选举周秉利、朝鲁为公司董事。同日，包钢稀土召开第四届董事会第十次会议，会议选举周秉利为公司董事长，朝鲁为公司副董事长。公司原董事、董事长崔臣，原董事、副董事长孟志泉因工作变动，不再担任公司董事、董事长，董事、副董事长职务。

第四届董事会成员更迭

董 事 长：崔　臣（2008.09~2010.07）
周秉利（2010.07~2011.10）
副董事长：孟志泉（2008.09~2010.07）
汪辉文（2008.09~2011.10）
朝　鲁（2010.07~2011.10）
独立董事：胡玉林（女，2008.09~2009.12）
李含善（2008.09~2009.12）
吴振平（2008.09~2011.10）
赵文小（2008.09~2011.10）
李保卫（2009.12~2011.10）
裴治武（2009.12~2011.10）
董　　事：张　忠（2008.09~2011.10）
李学舜（2008.09~2011.10）
邢　斌（2008.09~2011.10）
赵增祺（2008.09~2011.10）
翟文华（2008.09~2011.10）
甘韶球（2008.09~2011.10）

五、第五届董事会（2011.10~2014.12）

2011年4月7日，包钢稀土召开2011年第一次临时股东大会，进行了第五届董事会换届选举。公司第五届董事会成员中，周秉利、朝鲁、汪辉文、张忠、李学舜、邢斌、杨占峰、翟文华、甘韶球为公司非独立董事，吴振平、赵文小、李保卫、裴治武、郭晓川为独立董事。同年10月26日，包钢稀土召开第五届董事会第一次会议，会议选举周秉利为公司董事长，选举朝鲁、汪辉文为公司副董事长。

2012年1月，包钢稀土董事李学舜因病在包头去世，公司发布了《关于董事李学舜逝世的公告》。同时，公司董事、常务副总经理、财务总监邢斌因工作原因，辞去公司董事、常务副总经理、财务总监职务。8月，公司董事朝鲁因病在包头去世，公司发布了《关于董事朝鲁逝世的公告》。

2013年4月19日，包钢稀土召开2012年度股东大会，经公司控股股东包钢公司推荐，大会选举王晔（女士）接替邢斌担任公司董事职务。

2014年4月，包钢稀土董事长周秉利因工作原因辞去董事长、董事职务。经公司控股股东包钢公司推荐，在4月3日包钢稀土召开的2013年度股东大会上，选举孟志泉、李忠、张日辉为公司董事。

第五届董事会成员更迭

董 事 长：周秉利（2011.10~2014.04）
副董事长：汪辉文（2011.10~2014.12）
朝　鲁（2011.10~2012.08）
独立董事：吴振平（2011.10~2014.12）
赵文小（2011.10~2014.12）
李保卫（2011.10~2014.12）
裴治武（2011.10~2014.12）
郭晓川（2011.10~2014.12）
董　　事：张　忠（2011.10~2014.12）
李学舜（2011.10~2012.01）
邢　斌（2011.10~2013.04）
王　晔（女，2013.04~2014.12）
李　忠（2014.04~2014.12）
孟志泉（2014.04~2014.12）
张日辉（2014.04~2014.12）
杨占峰（2011.10~2014.12）
翟文华（2011.10~2014.12）
甘韶球（2011.10~2014.12）

六、第六届董事会（2014.12~2016.12）

2014年12月29日，包钢稀土召开2014年临时股东大会，进行了第六届董事会换届选举会议，选举孟志泉、汪辉文、张忠、杨占峰、翟文华、王晔、张日辉、李金玲、甘韶球为公司第六届董事会非独立董事；选举裴治武、郭晓川、钱明星、丁文江、徐万春为公司第六届董事会独立董事。同日，包钢稀土召开第六届第一次董事会，选举孟志泉为公司董事长，选举汪辉文为公司副董事长。

2016年5月，北方稀土董事长孟志泉因工作原因不再担任公司董事、董事长职务，公司第六届董事会第十次会议，选举魏栓师为北方稀土董事长。5月18日，北方稀土召开2015年度股东大会，公司独立董事裴治武因连续任职满6年，不再担任公司独立董事职务，选举苍大强为公司第六届董事会独立董事。7月，公司董事王晔（女士）达到包钢公司离岗退养年龄，辞去公司董事职务。9月6日，北方稀土召开2016年第二次临时股东大会，选举王占成接替王晔（女士）担任公司董事职务。

第六届董事会成员更迭

董 事 长：孟志泉（2014.12~2016.05）
　　　　　魏栓师（2016.05~　　　）
副董事长：汪辉文（2014.12~　　　）
独立董事：裴治武（2014.12~2016.05）
　　　　　郭晓川（2014.12~　　　）
　　　　　钱明星（2014.12~　　　）
　　　　　丁文江（2014.12~　　　）
　　　　　徐万春（2014.12~　　　）
　　　　　苍大强（2016.05~　　　）
董　　事：张　忠（2014.12~　　　）
　　　　　杨占峰（2014.12~　　　）
　　　　　翟文华（2014.12~　　　）
　　　　　王　晔（女，2014.12~2016.07）
　　　　　张日辉（2014.12~　　　）
　　　　　李金玲（2014.12~　　　）
　　　　　王占成（2016.08~　　　）
　　　　　甘韶球（2014.12~　　　）

截至2016年12月，北方稀土共召开董事会会议110次。

第三节　监　事　会

一、第一届监事会（1997.09~2001.09）

1997年9月12日，稀土高科第一届监事会由公司创立大会暨第一次股东大会选举产生，第一届监事会成员为：孙鸣凤、杨兴山、车淑先（女士）、赵洪英（女士）、陈秀昆、胡治海、赵润年，任期三年。同日，稀土高科召开第一届监事会第一次会议，会议选举孙鸣凤为第一届监事会主席，杨兴山为第一届监事会副主席，任期三年。

第一届监事会成员更迭

监事会主席：孙鸣凤（1997.09~2001.09）
副　主　席：杨兴山（1997.09~2001.09）
监事会成员：车淑先（女，1997.09~2001.09）
　　　　　　赵洪英（女，1997.09~2001.09）
　　　　　　陈秀昆（1997.09~2001.09）
　　　　　　胡治海（1997.09~2001.09）
　　　　　　赵润年（1997.09~2001.09）

二、第二届监事会（2001.09~2005.04）

2001年9月4日，稀土高科召开2001年第一次临时股东大会，会议选举产生了稀土高科第二届监事会成员。同日，稀土高科召开第二届监事会第一次会议，公司监事会主席孙鸣凤因退休离任，会上选举杨兴山为公司监事会主席。

2002年4月9日，稀土高科召开2001年度股东大会，会议审议通过《关于选举更换监事的议案》，选举张君强为公司监事，由于工作变动赵生平辞去公司监事职务。9月10日，公司职代会团（组）长会议选举张洪涛为职工代表监事。11月26日，稀土高科召开2002年第五次临时股东大会，会议选举于永江、赵治华为公司监事。由于工作需要，赵洪英（女士）、车淑先（女士）不再担任公司监事职务，赵润年不再担任公司职工代表监事。

2003年4月1日，稀土高科召开2002年度股东大会，会上审议通过《关于更换监事的议案》。选举赵占斌和滕云为公司监事。原公司监事、监事会主席杨兴山因工作变动辞去监事和监事会主席职务；原公司监事陈秀昆因工作变动辞去监事职务。同日，稀土高科召开第二届监事会第九次会议，会议审议并通过《关于选举监事会主席的议案》，原公司监事、监事会主席杨兴山辞去监事和监事会主席职务，会议选举赵占斌为稀土高科监事会主席。

第二届监事会成员更迭

监事会主席：杨兴山（2001.09~2003.04）
　　　　　　赵占斌（2003.04~2005.04）
监事会成员：赵生平（2001.09~2002.04）
　　　　　　车淑先（女，2001.09~2002.11）
　　　　　　赵洪英（女，2001.09~2002.11）
　　　　　　胡治海（2001.09~2005.04）
　　　　　　赵润年（2001.09~2002.11）
　　　　　　陈秀昆（2001.09~2003.04）
　　　　　　张君强（2002.04~2005.04）

张洪涛（2002.09~2005.04）
于永江（2002.11~2005.04）
赵治华（2002.11~2005.04）
滕　云（2003.04~2005.04）

三、第三届监事会（2005.04~2008.09）

2005年3月19日，稀土高科召开第二届监事会第十七次会议，审议通过了《关于选举第三届监事会的预案》，同意提名赵占斌、于永江、张君强、赵治华、滕云为稀土高科第三届监事会股东代表监事候选人。4月29日，稀土高科召开2004年度股东大会，以累积投票方式选举赵占斌、于永江、张君强、赵治华、滕云为公司第三届监事会股东代表监事，经公司职工代表大会团（组）长会议选举胡治海、张洪涛为职工代表监事。同日，稀土高科召开第三届监事会第一次会议，选举赵占斌为公司监事会主席。

2006年4月22日，稀土高科召开第三届监事会第四次会议，审议通过了《关于更换监事的预案》，公司监事、监事会主席赵占斌因已退休，辞去公司监事、监事会主席职务。根据《中华人民共和国公司法》和公司《章程》的规定，公司监事会提名于志军为公司监事候选人。5月27日，稀土高科2005年度股东大会审议通过《关于更换监事的议案》，选举于志军为公司第三届监事会监事。8月12日，稀土高科召开第三届监事会第五次会议，选举于志军为公司监事会主席。

第三届监事会成员更迭

监事会主席：赵占斌（2005.04~2006.04）
于志军（2006.08~2008.09）
监事会成员：胡治海（2005.04~2008.09）
张君强（2005.04~2008.09）
于永江（2005.04~2008.09）
赵治华（2005.04~2008.09）
张洪涛（2005.04~2008.09）
滕　云（2005.04~2008.09）

四、第四届监事会（2008.09~2011.10）

2008年9月13日，稀土高科召开2008年第一次临时股东大会，对监事会进行换届选举。公司第四届监事会成员中，张志坚、张君强、王欣、郭成龙、白宝生为监事，赵治华、黄立东为职工监事。9月13日，稀土高科召开了第四届监事会第一次会议，会议选举张志坚为公司监事会主席。公司第四届监事会自2008年9月13日开始履行职责。

第四届监事会成员更迭

监事会主席：张志坚（2008.09~2011.10）
监事会成员：张君强（2008.09~2011.10）
赵治华（2008.09~2011.10）
黄立东（2008.09~2011.10）
王　欣（2008.09~2011.10）
郭成龙（2008.09~2011.10）
白宝生（2008.09~2011.10）

五、第五届监事会（2011.10~2014.12）

2011年10月11日，包钢稀土召开2011年第一次临时股东大会对监事会进行换届选举。公司第五届监事会成员中，张志坚、王欣、郭成龙、白宝生为公司非职工监事，赵治华、黄立东、郝玉峰为公司职工监事。10月26日，包钢稀土召开了第五届监事会第一次会议，会议选举张志坚为公司监事会主席。公司第五届监事会自2011年10月26日开始履职。

第五届监事会成员更迭

监事会主席：张志坚（2011.10~2014.12）
监事会成员：赵治华（2011.10~2014.12）
黄立东（2011.10~2014.12）
王　欣（2011.10~2014.12）
郭成龙（2011.10~2014.12）
白宝生（2011.10~2014.12）
郝玉峰（2011.10~2014.12）

六、第六届监事会（2014.12~2016.12）

2014年12月29日，包钢稀土召开临时股东大会，会上进行监事会换届选举工作。选举张志坚、白宝生、张庆峰、胡治海为公司第六届监事会非职工监事，与公司民主选举产生的职工监事赵治华、黄立东、郝玉峰共同组成公司第六届监事会。同日，包钢稀土召开第六届监事会第一次会议，选举张志坚为公司监事会主席。公司第六届监事会自2014年12月29日起履行职责。

2016年5月，北方稀土监事会主席张志坚因届满包钢公司离岗退养年龄，不再担任公司监事、监事会主席职务。8月，北方稀土监事白宝生因工作原因，不再担任北方稀土监事职务。9月6日，北方稀土召开2016年第二次临时股东大会，选举邢斌为公司非职工代表监事，同时在北方稀土第六届监事会第十一次会议上选举邢斌为公司监事会主席。

第六届监事会成员更迭

监事会主席：张志坚（2014.12~2016.05）
　　　　　　邢　斌（2016.05~　　　　）
监事会成员：赵治华（2014.12~　　　　）
　　　　　　黄立东（2014.12~　　　　）
　　　　　　白宝生（2014.12~　　　　）
　　　　　　郝玉峰（2014.12~　　　　）
　　　　　　张庆峰（2014.12~　　　　）
　　　　　　胡治海（2014.12~　　　　）

截至2016年12月，北方稀土共召开监事会会议88次。

第四节　公司领导班子

一、北方稀土现任领导班子成员

董事、总经理、党委书记	张　忠
董事	杨占峰
监事会主席	邢　斌
董事、副总经理	张日辉
董事、副总经理、董事会秘书	李金玲
副总经理	刘　义
党委副书记兼工会主席	代兆丰
党委副书记	杨　志
总工程师	许　涛
董事、副总经理、财务总监	王占成
副总经理	王　臣
总经理助理	李德东

二、历届领导班子

（一）第一届领导班子（1997.09~2001.09）

1997年9月12日，稀土高科第一届董事会由公司创立大会暨第一届股东大会选举产生。会议符合法律规定，通过如下决议：聘任陈隆淮为总经理，邹连顺、张毅为副总经理，王晓铁为总工程师，邢斌为财务总监，赵占斌为董事会秘书，刘忠涛为总经理助理，任期为三年。

1998年3月18日，稀土高科第一届第二次董事会会议审议通过：聘任王成印为公司副总经理；4月18日，稀土高科召开第一届第三次董事会，审议通过聘任刘忠涛为公司副总经理。

1999年7月26日，稀土高科召开第一届第十次董事会，会议审议通过：根据工作需要，同意张毅辞去公司副总经理职务。

第一届领导班子更迭

总　经　理：陈隆淮（1997.09~2001.09）
党委书记、监事会主席：
　　　　　　孙鸣凤（1997.09~2001.06）
党委副书记、监事会副主席：
　　　　　　杨兴山（1997.09~2001.09）
副 总 经 理：邹连顺（1997.09~2001.09）
　　　　　　张　毅（1997.09~1999.07）
　　　　　　王成印（1998.03~2001.09）
　　　　　　刘忠涛（1998.04~2001.09）
工 会 主 席：杨兴山（1999.04~2001.09）
总 工 程 师：王晓铁（1997.09~2001.09）
财 务 总 监：邢　斌（1997.09~2001.09）
董事会秘书：赵占斌（1997.09~2001.09）
总经理助理：刘忠涛（1997.09~1998.04）
副总工程师：赵春晖（1997.09~2001.09）
　　　　　　刘　义（1999.09~2001.09）

（二）第二届领导班子（2001.09~2005.04）

2001年9月4日，稀土高科第二届第一次董事会会议审议通过：聘任陈隆淮为公司总经理，刘石政为公司常务副总经理，邹连顺、王成印、刘忠涛为公司副总经理，王晓铁为总工程师，邢斌为财务总监，赵占斌为董事会秘书，刘义、洛朝阳为公司总经理助理。

2002年3月6日，稀土高科第二届第四次董事会会议审议通过：聘任赵生平为公司总经理助理。

2003年2月26日，稀土高科第二届第十五次董事会会议审议通过：解聘陈隆淮的公司总经理职务，解聘邢斌的财务总监职务；聘任刘石政为公司总经理，王晓铁为常务副总经理兼总工程师，邢斌为副总经理，刘义为副总经理，赵生平为副总经理，杨颖（女士）为财务总监；聘任陈秀昆为证券事务代表。

2004年3月27日，稀土高科第二届第二十次董事会会议审议通过：因为工作变动，邢斌辞去副总经理职务，陈秀昆辞去证券事务代表职务；

聘任李金玲为公司副总经理，张日辉为公司董事会秘书。

第二届领导班子更迭

总　经　理：陈隆淮（2001.09~2003.02）
　　　　　　刘石政（2003.02~2005.03）
党 委 书 记：刘石政（2001.06~2005.03）
常务副总经理：刘石政（2001.09~2003.02）
　　　　　　王晓铁（2003.02~2005.04）
副 总 经 理：邹连顺（2001.09~2003.02）
　　　　　　王成印（2001.09~2003.02）
　　　　　　刘忠涛（2001.09~2005.04）
　　　　　　邢　斌（2003.02~2004.03）
　　　　　　刘　义（2003.02~2005.04）
　　　　　　赵生平（2003.02~2005.04）
　　　　　　李金玲（2004.03~2005.04）
党委副书记兼工会主席、监事会主席：
　　　　　　杨兴山（2001.09~2003.04）
　　　　　　赵占斌（2003.04~2005.03）
总 工 程 师：王晓铁（2001.09~2005.04）
财 务 总 监：邢　斌（2001.09~2003.02）
　　　　　　杨　颖（女，2003.03~2005.04）
董 事 会 秘 书：赵占斌（2001.09~2003.02）
　　　　　　张日辉（2004.03~2005.04）
证券事务代表：陈秀昆（2003.02~2004.03）
总 经 理 助 理：刘　义（2001.09~2003.02）
　　　　　　洛朝阳（2001.09~2005.04）
　　　　　　赵生平（2002.03~2003.02）
副 总 工 程 师：刘　义（2001.09~2003.02）
　　　　　　赵春晖（2001.09~2002.06）

（三）第三届领导班子（2005.04~2008.09）

2005 年 4 月 29 日，在稀土高科第三届第一次董事会上，根据董事长崔臣先生的提名，董事会聘任：孟志泉为公司总经理、张日辉为公司董事会秘书。根据总经理孟志泉的提名，董事会聘任：王晓铁为公司副总经理、总工程师，刘忠涛、赵生平、刘义、李金玲为公司副总经理，杨颖（女士）为公司财务总监，洛朝阳为公司总经理助理。

2006 年 4 月 22 日，稀土高科第三届第四次董事会会议审议通过《关于聘任公司总经理的议案》。公司总经理孟志泉由于工作原因，辞去公司总经理职务，公司董事会根据董事长崔臣提名，聘任赵生平为公司总经理。公司财务总监杨颖（女士）因已办理退休手续，辞去公司财务总监职务；公司董事会根据总经理赵生平提名，聘任邢斌为公司财务总监。

2007 年 1 月，稀土高科总经理助理洛朝阳因已办理退休手续，辞去公司总经理助理职务。

2008 年 3 月 29 日，在稀土高科第三届第十二次董事会会议上，赵生平因工作变动，辞去公司总经理职务，公司董事会根据董事长崔臣提名，聘任张忠为公司总经理。根据总经理张忠提名，董事会聘任：邢斌为常务副总经理兼财务总监，李忠为副总经理，张日辉为副总经理兼董事会秘书，王晓铁为公司副总经理兼总工程师，刘忠涛、刘义、李金玲续聘公司副总经理职务。

第三届领导班子更迭

总　经　理：孟志泉（2005.03~2006.03）
　　　　　　赵生平（2006.03~2008.03）
　　　　　　张　忠（2008.03~2008.09）
党 委 书 记：张　忠（2006.02~2008.01）
　　　　　　兰一平（2008.01~2008.09）
党委副书记：兰一平（2005.03~2008.01）
　　　　　　刘忠涛（2005.06~2008.09）
　　　　　　琚建勇（2008.01~2008.09）
副 总 经 理：赵生平（2005.04~2006.04）
　　　　　　邢　斌（2008.03~2008.09）
　　　　　　李　忠（2008.03~2008.09）
　　　　　　张日辉（2008.03~2008.09）
　　　　　　王晓铁（2005.04~2008.09）
　　　　　　刘忠涛（2005.04~2008.09）
　　　　　　刘　义（2005.04~2008.09）
　　　　　　李金玲（2005.04~2008.09）
工 会 主 席：赵占斌（2005.04~2006.04）
　　　　　　刘忠涛（2006.06~2008.01）
　　　　　　于志军（2008.01~2008.09）
总 工 程 师：王晓铁（2005.04~2008.09）
财 务 总 监：杨　颖（女，2005.04~2006.03）
　　　　　　邢　斌（2006.03~2008.09）
董事会秘书：张日辉（2005.04~2008.09）
总经理助理：洛朝阳（2005.04~2007.01）
副总工程师：赵春晖（2005.04~2008.05）

（四）第四届领导班子（2008.09~2011.10）

2010 年 1 月，包钢稀土副总经理、总工程师王晓铁办理了退休手续，不再担任公司副总经理、总工程师职务。

2011年1月，包钢稀土副总经理刘忠涛已到退养年龄，公司董事会解聘刘忠涛副总经理职务。10月26日，包钢稀土第五届第一次董事会上，根据公司控股股东包钢公司的推荐，并经公司总经理张忠提名，公司董事会聘任王标为公司总工程师，自2011年4月27日开始履行总工程师职责。

第四届领导班子更迭

总　经　理：张　忠（2008.09~2011.10）
党委书记：兰一平（2008.09~2009.08）
　　　　　郑玉君（2010.05~2011.10）
董　　事：杨占峰（2011.05~2011.10）
党委副书记：刘忠涛（2008.09~2011.01）
　　　　　琚建勇（2008.01~2011.10）
　　　　　代兆丰（2011.04~2011.10）
常务副总经理：邢　斌（2008.09~2011.10）
副总经理：李　忠（2008.09~2011.10）
　　　　　张日辉（2008.09~2011.10）
　　　　　王晓铁（2008.09~2010.01）
　　　　　刘忠涛（2008.09~2011.01）
　　　　　刘　义（2008.09~2011.10）
　　　　　李金玲（2008.09~2011.10）
工会主席：于志军（2008.09~2011.10）
总工程师：王晓铁（2008.09~2010.01）
　　　　　王　标（2011.05~2011.10）
财务总监：邢　斌（2008.09~2011.10）
董事会秘书：张日辉（2008.09~2011.10）
副总工程师：赵春晖（2005.04~2008.09）

（五）第五届领导班子（2011.10~2014.12）

2013年1月29日，在包钢稀土2012年度股东大会上，邢斌因工作原因，辞去公司董事、常务副总经理、财务总监职务。公司控股股东包钢公司推荐，公司董事会提名，选举王晔（女士）接替邢斌公司董事职务。同日，包钢稀土第五届第十次董事会上，经公司总经理张忠提名，聘任王晔（女士）为公司副总经理、财务总监。

2014年8月25日，包钢稀土第五届第十八次董事会会议上，经公司总经理张忠提名，聘任王福生为公司副总经理，聘任许涛（女士）为公司总工程师，解聘李忠的公司副总经理职务。

第五届领导班子更迭

总　经　理：张　忠（2011.10~2014.12）
党委书记：郑玉君（2011.10~2012.12）
　　　　　张志坚（2012.12~2014.01）
　　　　　孟志泉（2014.01~2014.12）
董　　事：杨占峰（2011.10~2014.12）
常务副总经理：邢　斌（2011.10~2013.01）
党委副书记：张志坚（常务副书记）
　　　　　（2014.01~2016.07）
　　　　　代兆丰（2011.10~2014.12）
　　　　　琚建勇（2011.10~2014.12）
副总经理：王　标（2012.09~2014.12）
　　　　　王　晔（女，2013.01~2014.12）
　　　　　李　忠（2011.10~2014.08）
　　　　　张日辉（2011.10~2014.12）
　　　　　李金玲（2011.10~2014.12）
　　　　　王福生（2014.08~2014.12）
　　　　　刘　义（2011.10~2014.12）
工会主席：于志军（2011.10~2014.12）
总工程师：王　标（2011.10~2012.09）
　　　　　许　涛（2014.08~2014.12）
财务总监：邢　斌（2011.10~2013.01）
　　　　　王　晔(女，2013.01~2014.12)
董事会秘书：张日辉（2011.10~2014.12）
副总工程师：李　冬（2012.09~2014.12）

（六）第六届领导班子（2014.12~2016.12）

2014年12月29日，包钢稀土召开第六届第一次董事会，续聘了高级管理人员。

2016年5月，北方稀土董事、董事会秘书、副总经理张日辉因工作变动，辞去公司董事会秘书职务。7月，公司董事、副总经理、财务总监王晔（女士）因达到包钢公司离岗退养年龄，辞去公司董事、副总经理、财务总监职务；公司副总经理王标因身体原因、副总经理王福生因工作变动不再担任公司副总经理职务。8月18日，北方稀土召开第六届第十一次董事会，解聘王标副总经理职务；聘任公司董事、副总经理李金玲为公司董事会秘书。9月6日，北方稀土召开第六届第十二次董事会，解聘王晔（女士）副总经理、财务总监职务，聘任公司董事王占成担任公司副总经理、财务总监；解聘王福生副总经理职务，聘任王臣为公司副总经理。

第六届领导班子更迭

总　经　理：张　忠（2014.12~　　　）
党委书记：孟志泉（2014.12~2016.05）
　　　　　张　忠（2016.05~　　　）

董　　事：杨占峰（2014.12～　　　）
党委副书记：张志坚（常务副书记）
（2014.01～2016.07）
琚建勇（2014.12～2016.07）
代兆丰（2014.12～　　　）
杨　志（2016.08～　　　）
副总经理：王　标（2014.12～2016.07）
王　晔（女，2014.12～2016.07）
张日辉（2014.12～　　　）
李金玲（2014.12～　　　）
王福生（2014.12～2016.08）
刘　义（2014.12～　　　）
王占成（2016.08～　　　）
王　臣（2016.08～　　　）
工会主席：于志军（2014.12～2016.07）
代兆丰（2016.07～　　　）
总工程师：许　涛（女，2014.12～　　　）
财务总监：王　晔（女，2014.12～2016.07）
王占成（2016.08～　　　）
董事会秘书：张日辉（2014.12～2016.05）
李金玲（2016.05～　　　）
总经理助理：李德东（2016.05～　　　）
副总工程师：李　冬（2014.12～2016.08）

第五节　职能部室

一、职能部室概况

为适应公司集团化发展需要，建立完善的组织架构，通过对公司本部职能部室的优化、精减和调整，截至2016年12月31日，北方稀土共设置11个职能部室，分别为综合办公室、工会、组织（人事）部、计划财务部、规划发展部、生产部、技术质量部、集团管理部、审计部、证券部和建设部。

综合办公室

主任：肖剑；主管：张洪涛、郑雪飞；主办：张林、杨洋、崔昕；部门共有职工33人（包括公司高级管理人员）。

工会

主席：代兆丰；副主席：黄立东、冷云光；主办：刘忠；部门共有职工8人。

组织（人事）部

部长：张庆峰；副部长：杨建然；主管：魏晓鸥、刘德华、张华；主办：马慧、刘小燕、许立勇；部门共有职工17人。

计划财务部

部长：郭根全；副部长：郭平；主办：乔丽萍、孟浩、陶成克；部门共有职工10人。

规划发展部

部长：顾明；主管：肖飞；主办：李洁、岑治、马宁；部门共有职工8人。

生产部

副部长：周晓东、秦丽琳；主管：王心强；主办：刘梅；部门共有职工11人。

技术质量部

部长：刘建军；副部长：刘金荣；主办：卢龙、孙广杰、王俊清；部门共有职工7人。

集团管理部

部长：银建伟；副部长：王晨；主办：鲍永平、包文君；部门共有职工10人。

审计部

部长：胡治海；副部长：杨世锦；主办：方治华；部门共有职工4人。

证券部

副部长：乔慧峰；主办：郭剑；部门共有职工5人。

建设部

部长：李德东；副部长：赵国军；主办：王丽霞；部门共有职工13人。

二、职能部室沿革

1997年9月12日，内蒙古包钢稀土高科技股份有限公司正式成立（以下简称稀土高科）。同年9月30日，稀土高科印发《内蒙古包钢稀土高科技股份有限公司成立所属机构的通知》（公司办字〔1997〕第10号）。根据《中华人民共和国公司法》《内蒙古包钢稀土高科技股份有限公司章程》及工作的需要，成立以下机构：研究开发部、生产部、设备动力部、销售供应部、财务部、证券业务部、综合管理部、办公室和党群工作部。

1998年5月18日，稀土高科印发《关于成立内蒙古包钢稀土高科技股份有限公司稀选车间等机构的通知》（公司人字〔1998〕第18号），成立内蒙古包钢稀土高科技股份有限公司经营部、基建办公室、稀选车间。

1998 年 9 月 22 日，稀土高科印发《关于组建质量保证部的通知》（公司办字〔1998〕第 36 号），成立稀土高科质量保证部，与化验室合署办公，为一个机构两个牌子。

1998 年，稀土高科印发《关于成立内蒙古包钢稀土高科技股份有限公司销售部和供应部的通知》。撤销销售供应部，分别成立销售部和供应部。

2001 年 4 月 10 日，稀土高科印发《关于成立内蒙古包钢稀土高科技股份有限公司经营分公司的决定》（公司发〔2001〕第 18 号），成立内蒙古包钢稀土高科技股份有限公司经营分公司。

2001 年 4 月 13 日，稀土高科印发《关于成立内蒙古包钢稀土高科技股份有限公司能源计量部的通知》（公司发〔2001〕第 17 号）。成立内蒙古包钢稀土高科技股份有限公司能源计量部。

2002 年 5 月 25 日，按照中共内蒙古包钢稀土高科技股份有限公司委员会、内蒙古包钢稀土高科技股份有限公司联合印发《稀土高科公司机构改革方案》（公司发〔2002〕第 24 号），贯彻党和国家关于深化国有企业改革精神，落实《包钢（集团）公司“精干主体、减员分流”及“定编定岗定员”暂行办法》的文件精神，将公司原有的 13 个机关部室（财务部、党群部、生产部、综合部、开发部、基建办、质保部、供应部、机动部、能源部、销售部、证券部、办公室）改建为 9 部 1 室（销售部、生产技术部、财务部、组织人事部、质量保证部、证券部、机动能源部、供应部、综合管理部和办公室），新增企业发展部和成本管理中心。

2004 年 2 月，稀土高科印发《关于成立内蒙古包钢稀土高科技股份有限公司审计部的通知》，成立内蒙古包钢稀土高科技股份有限公司审计部。

2006 年 7 月，稀土高科印发《关于成立内蒙古包钢稀土高科技股份有限公司仓储部的通知》（公司发〔2006〕第 29 号），成立了内蒙古包钢稀土高科技股份有限公司仓储部。

2008 年 4 月 28 日，稀土高科印发《关于内蒙古包钢稀土高科技股份有限公司组织机构设置（行政）和部门工作职责的通知》（公司发〔2008〕第 23 号），为适应公司集团化发展需要，建立并完善集团化的组织架构，打造公司层面强有力的控制平台，实现对公司内部各单位、各种资源的统一管理、控制，充分发挥集团整合效应，根据现代企业管理制度的组织管理原则，本着岗位分离、部门牵制的内部控制原则，对公司本部职能部门的设置、工作职责进行了调整设置。成立以下职能部门：物资供应部、仓储部、财务部、审计部、资本运营部、战略规划部、生产技术部、销售部、资源管理部、人力资源部、基建设备部、质量管理部、证券部、办公室、武装保卫部及董事会秘书处，为建立集团公司奠定了基础。

2012 年 9 月 19 日，包钢稀土下发了《关于包钢稀土（集团）公司职能管理部门组织机构及人员调整的方案》（公司发〔2012〕94 号）。包钢稀土本着精简高效原则，对所属各职能管理部门组织机构及人员进行了调整。调整后的机构由 9 个职能部门和一个分公司组成：综合办公室，原办公室职能及人员、武装保卫部职能及人员、机关工委职能；工会，原工会职能及人员；组织（人事）部，原党委工作部职能及人员、人力资源部职能及人员、团委职能及人员；计划财务部，原财务部职能及人员、原战略规划部年度计划职能及相关人员；生产技术部，原生产技术部职能及人员，原质量管理部质量管理、贯标、品牌建设、标准化等职能及相关人员，原战略规划部企业技术创新联盟职能及相关人员，原物资供应部物资采购计划职能及相关人员，原质量管理部负责质量检查和质量统计的工作人员划归各直属厂；集团管理部，原资本运营部职能及人员，原资源管理部稀土精矿、碳酸稀土加工业务职能及人员，原战略规划部中长期产业规划、企业管理创新职能及相关人员，综合绩效管理职能，5S 管理办公室职能及人员，原资源管理部产品收购计划及相关人员划归国贸公司；审计部，原审计部职能及人员；证券部，原证券部职能及人员，同时行使董事会秘书处职能；建设部，原基建设备部职能及人员、原战略规划部项目管理前期工作、土地管理、基建技改规划等职能及相关人员、原仓储部备品备件管理职能及相关人员；物资供应分公司，原物资供应部物资采购计划执行职能及人员、原仓储部原燃材料管理职能及相关人员。

2014 年 9 月，包钢公司机构编委会下发《关于包钢稀土机关部分职能管理部门科职职数设置的批复》。同时根据包钢公司《关于部分机构调整的通知》精神，包钢稀土增设技术质量部，原生

产技术部更名为生产部。

2016年6月29日，包钢公司机构编制委员会下发《关于北方稀土成立规划发展部的批复》（编委〔2016〕6号），同意北方稀土内设机构调整，成立规划发展部。

（一）综合办公室

1997年9月30日，稀土高科成立办公室，主要负责文件起草、打印、收发，以及档案管理、车辆管理、信息工作、接待工作、会务工作、保密工作和服务工作。2008年4月28日，包钢稀土进行组织机构调整，重新划分部门工作职责，将原综合管理部部门职责划归办公室，划归后主要负责：公司各类行政、经营等文件、档案的收集、登记、保管、传达落实、整理、归档及保密工作；宣传、贯彻执行《中华人民共和国保守国家秘密法》及包钢稀土保密管理制度，并负责对各部门、直属厂的关键岗位的执行情况进行监督检查；负责总经理办公会议、公司办公会议、现场办公会议及其他重要会议的准备工作，做好会议记录，整理并撰写会议纪要，及时下发；负责起草、修改、审核、校对、印发公司下发的相关文件；组织制定和监督执行公司各项行政管理方面的制度；负责公司各职能部门之间的沟通、协调工作；负责公司印章的刻制、更换、启用、销毁等工作；负责公司本部的绿化、美化与环境卫生工作；负责公司本部办公用品的采购、保管、发放与保养、维护工作；负责公司本部食堂、浴池等各类后勤管理工作；接待、信访工作；负责配合党委开展精神文明建设和职工的思想政治工作。

2012年9月，包钢稀土对内设机构及职能进行调整，成立综合办公室，将武装保卫部划归到综合办公室，行使原办公室、武装保卫部、机关工委职能。

历任负责人

主　任：高　信（1997.09~1999.11）
李金玲（2000.11~2000.12）
李国庆（2000.12~2001.04）
黄立东（2002.05~2008.05）
张大勇（2008.05~2012.09）
张大勇（副处，2012.09~2014.08）
肖　剑（副处，2014.08~　　　）

副主任：李金玲（1999.03~2000.09）
黄立东（2001.04~2002.05）
马　鑫（2008.05~2012.09）
孙玉刚（2012.09~2016.07）

综合办公室集体合影

（二）工会

1997年9月30日，稀土高科成立工会，主要负责筹备和组织召开公司职代会、工会组织建设、女工、职工文化建设、群众性经济技术创新、职工之家建设等工作。

2004年2月，将综合管理部后勤、绿化、房管、卫生等工作划归工会。

2008年5月，稀土高科为进一步加强工会工作，主要职责：一是工会工作。筹备和组织召开公司职代会工作，做好职代会换届选举。建立健全各级工会组织，定期进行基层工会委员会换届选举。组织出席包钢公司职工代表、列席代表的选举及参加职代会工作；职代会闭会期间职工代表提案的征集、整理、转发承办单位及检查、落实。负责召集召开职代会团（组）长会议，对公司重大和涉及员工切身利益的决策进行讨论、表决；职工代表视察工作，深入基层了解公司职代会目标任务落实情况及民主管理、厂务公开、女工劳动保护等工作的开展情况，了解职工关心和需要解决的热点问题，并以书面形式将视察情况向公司党政汇报，向员工反馈意见；召开平等协商会议，定期签订《集体合同》和《女职工权益保护专项集体合同》；厂务公开日常管理工作；开展群众性经济技术创新活动。以开展立功竞赛、专项立功竞赛、重点项目立功竞赛和“安康杯”竞赛等几大竞赛为载体，以合理化建议、技术革新、技术攻关、对标升级、降本增效等多项活动为内容，组织引导广大员工在公司生产经营中勇挑重担、多做贡献。开展“双优竞赛”、“粉尘治理”等活动，改善员工生产环境，激发员工参与公司生产、关心企业的热情；公司先进生产（工作）者、先进集体和工会系统先进个人、先进集体的评比表彰，向包钢公司推荐劳动模范和各类先进；对基层工会工作的服务指导和督促检查，切实提高工会工作执行力。定期对工会干部进行培训，不断提高工会干部素质，推动工会工作面向基层，服务员工，多办实事，不断增强工会组织的凝聚力和战斗力；组织开展建设“模范职工之家”工作，对“建家”活动定期进行总结、考核、验收、评比、表彰；开展“旗、匾、杯”竞赛和“创争”活动，提高员工队伍素质。组织员工参加包钢公司的各类文体活动，在活动中力争取得好成绩，展现公司形象。根据公司生产任务实际，开展好公司内部员工文体活动；员工生活保险、互助互济和扶贫济困工作。定期对公司困难员工进行摸底，建立档案，春节等重大节日慰问困难、工伤员工及军属、离退休老同志，为员工或家属突发的重大疾病或困难捐赠、借款，向上级工会申请资助困难员工子女上学等；落实《工伤保险条例》，参与事故的调查、处理，为工伤员工家属办理抚恤费、丧葬费和在职死亡员工家属办理长期困难补助待遇审批手续，逐月为工伤员工家属发放抚恤费和在职死亡员工家属发放长期困难补助费，及时为死亡员工结算丧葬费；员工疗休养和健康体检工作；工残员工的日常管理和服务，包括重伤残员工的住院、陪床、家访、政策解答及安抚等，为重伤残员工发放陪床工资，为工伤员工报销工伤医药费；公司女员工工作。开展贯穿全年的“女工双文明建功立业竞赛”和“巾帼文明”活动，每年表彰一批先进女工。保障女员工特殊权益，做好女员工劳动保护，开展“五好文明家庭”创建和评比活动；发展会员及做好会员会籍档案管理；会员会费的收缴及办理工会经费拨缴手续；公司人民调解工作；定期开展工运理论政策研究和调查研究。二是计划生育工作。严格执行国家人口和计划生育政策，落实包钢公司《人口和计划生育工作目标管理责任书》，抓好符合政策员工生育率，已婚育龄妇女长效节育率。定期对基层计生干部进行培训。开展送温暖、献爱心、关爱女孩、为儿童办好事、实事活动。严格按照计划生育政策为员工办理生育指标审批和婚假、产假手续。为员工发放独生子女奖励费。每年对全公司已婚育龄女工进行妇科病体检。做好计划生育基础工作。三是后勤工作。公司员工房产过户审核，未参改住房的拆迁核实及组织协调，拆迁户住房分配，属公司产权的住宅、车库等发生费用的缴纳。对员工取暖费补贴进行统计、审核，按季度为员工发放取暖费补贴；中秋、春节等重大节日员工福利的发放；公司卫生绿化工作。检查、督促和考核厂区内外环境卫生，开展爱国卫生运动，组织员工学习疾病预防知识，特别是重大传染病预防知识，制定突发事件应急措施，监测厂区“鼠、蟑、蚊、蝇”四害密度，定期发放灭害药品。组织完成每年的无偿献血和食堂、浴池、水站等饮食服务卫生从业人员体检和换证。组织完成包钢每年的春季全民义务植树任务。制定公司每年的绿化计划，根据计划完成绿化任务，保证公司绿化面积逐年增加；公司对外扶贫、救灾捐助等社会公益活动；公司通勤车管理，保证员工安全、舒适上下班。

历任负责人

主　席：杨兴山（1999. 04～2003. 04）
　　　　赵占斌（2003. 04～2006. 05）
　　　　刘忠涛（2006. 05～2008. 01）
　　　　于志军（2008. 01～2016. 07）
　　　　代兆丰（2016. 07～　　　　）
副主席：车淑先（女，1997. 09～1998. 06）
　　　　乔永长（1998. 06～1999. 11）
　　　　郝玉峰（1999. 11～2004. 02）
　　　　夏学文（2004. 02～2008. 08）
　　　　黄立东（副处，2008. 08～　　　　）
　　　　冷云光（2016. 07～　　　　）

工会集体合影

（三）组织（人事）部

2002 年 5 月，稀土高科机构改革，重新划分职能部门。成立组织人事部，将原党群工作部业务和综合管理部劳资、培训业务职能划归组织人事部，主要负责：稀土高科组织、人事、宣传、纪检、劳资等职能。2008 年 4 月，稀土高科进行组织机构设置，重新明确部门工作职责，成立人

力资源部，主要负责：组织制定及实施公司人力资源战略规划和管理体系方案；搭建人力资源管理平台，组织编制、修订及实施公司各项人力资源管理规章制度；制定公司年度人力资源需求计划，进行人力资源供给与需求分析；编制公司年度人力资源预算，纳入公司全面预算管理体系统一管理；公司组织机构设计和岗位设置，组织、落实机构设置，监督定岗、定员、定薪等执行情况；实施人员招聘、甄选、评估工作及劳动合同管理和人员调配工作；组织实施公司绩效考核工作；建立与调整员工薪酬管理体系；制订培训计划，组织实施培训以及职称考试、评聘和职业技能鉴定工作；员工关系管理，建立和维护内部员工关系管理体系；员工档案的建立、保管；员工社会保险费的缴纳和日常管理工作。同年5月，将组织人事部的组织、宣传、纪检职能划入新设置的党委工作部。

2012年9月，包钢稀土内设机构及职能进行调整，成立组织（人事）部，行使原党委工作部职能、人力资源部职能、团委职能。

历任负责人

部　长：于永江（2003.12~2008.05）
　　　　邢　宏（2008.05~2012.09）
　　　　邢　宏（副处，2012.09~2014.08）
　　　　张庆峰（副处，2014.08~　　　　）
副部长：包立勇（2003.12~2008.05）
　　　　于永江（主持工作，2002.05~2003.12）
　　　　高青霞（女，2008.05~2012.09）
　　　　杨建然（女，2012.09~　　　　）
　　　　肖继中（2016.05~2016.10）

组织（人事）部集体合影

（四）计划财务部

1997年9月30日，稀土高科成立财务部，主要负责：公司财务管理的日常工作；对金融、财政、税务等外部机构的协调。2002年5月，公司机构改革，重新划分职能部门。财务部主要负责稀土高科财务管理工作，同时成立成本管理中心，负责稀土高科成本管理、成本分析及核算、考核工作。2008年4月，稀土高科进行组织机构调整，重新划分部门工作职责。财务部主要负责：严格执行财务会计制度，建立完整账簿管理体制和财务核算体系；公司的会计核算基础工作，收集、审核原始凭证，会计电算化工作的日常管理和核算工作，及时、准确地向决策者和有关人员提供真实、可靠的会计信息；及时了解掌握国家的最新税收政策，负责公司应纳税额的汇总申报，按时足额上交各项应交税费，做好出口退税申报及核对业务；执行资金结算中心的管理工作，审核货币资金的需求计划和资金支付计划，对公司及直属厂的银行账户进行统一管理，统一公司资金支付；对资金的来源、运用以及分配进行审核与监督。控制资金的流动性，加强风险管理，保证资金的盈利性；公司销售产品信用政策及内部价格结算的制定工作；参与审核公司重大经济合同的订立，对合同执行情况进行财务监督；公司财务预算编制工作，并对预算执行情况提出考核意见，按月进行经济活动分析；公司实物资产的价值管理，对有关资产的出租、出售等事项提供财务意见并及时完成相关会计处理工作；公司本部会计报表、合并会计报表及相关附注的编制工作，做好与工商、税务、银行等部门的接洽工作；对直属厂、控股子公司财务报告相关的活动实施管理控制，对外派财务人员进行业务指导、考核及培训；公司年度、季度及月度财务报告的编制及相关附注工作，配合中介机构完成公司的各项审计工作；参与公司融资、投资计划的编制工作，对公司融资、投资计划提供财务意见；提交并执行董事会利润分配和股利分配方案；公司本部和直属厂的会计档案管理。

2012年9月19日，包钢稀土对内设机构及职能进行调整，成立计划财务部，主要行使原财务部职能、原战略规划部年度计划职能。

历任负责人

部　长：邢　斌（兼，1997.09~2003.05）
　　　　王永中（2003.05~2008.06）
　　　　郭根全（2008.05~2012.09）
　　　　郭根全（副处，2012.09~　　　　）
副部长：何早娥（女，1997.09~1999.11）

姚成毅（1997.09~2001.04）
郭根全（主持工作，2001.04~2004.02）
周旭东（2004.02~2009.01）
郭　平（女，2009.01~　　　）
贺　军（2015.03~2016.07）

计划财务部集体合影

（五）规划发展部

2016年6月，北方稀土内设机构调整，成立规划发展部，主要负责：研究稀土产业政策，分析行业信息；制定中长期发展规划，组织控股子公司依据母公司发展战略规划制定本企业中长期发展规划；督促和检查规划执行情况，定期向北方稀土领导提交战略规划执行情况和报告；行业管理，对各类协（学）会、网站和期刊组织进行管理和监督；掌握国家、地方有关稀土行业的投资政策、法规；制定对外投资管理制度；制订并实施对外投资策略、年度对外投资计划；管理北方稀土的对外投资收购兼并业务；组织对外投资项目的具体实施。

负责人

部　长：顾　明（2016.06~　　　）

规划发展部集体合影

（六）生产部

1997年9月30日，稀土高科成立生产部，主要负责：稀土三厂原有各生产车间和稀选车间等直属生产单位的生产管理；对稀土高科各生产单位的生产、安全、环保工作任务的分解执行；生产车间的业务考核管理与各管理部门的沟通、配合。2002年5月，公司机构改革，职能部门重新划分，生产部更名为生产技术部，主要负责稀土高科生产的组织、安全的管理、环保、日常生产技术管理。2008年4月28日，公司进行组织机构设置，重新划分部门工作职责，生产技术部主要负责：编制和下达公司年度、月度生产计划；组织、协调生产过程中出现的各种问题，保证生产顺利进行；制定和实施与生产业务相关的各项规章制度，并组织有关部门对安全生产、环境保护及生产工艺的实施情况进行定期或不定期的检查，保证生产过程符合公司安全、环保及生产工艺要求；生产过程中资料的收集、统计与分析，并编制生产运行情况分析报告，定期向主管副总经理报告生产运行情况；公司科研项目的立项、审批及成果鉴定、专利申报、技术标准等管理工作；根据公司相关制度对直属厂生产情况进行考核和评价；协调各生产单位能源、计量、原辅材料和备品备件的调配及使用；根据公司年度经营目标，综合协调控股子公司的生产指标及计划安排。

2012年9月19日，包钢稀土内设机构及职能进行调整。生产技术部行使原生产技术部职能，原质量管理部质量管理、贯标、品牌建设、标准化等职能，原战略规划部企业技术创新联盟职能，原物资供应部物资采购计划职能。

2014年9月，包钢稀土部分职能机构进行调整。生产技术部更名为生产部，将技术研发、产品质量管理、技术质量管理等职能划归技术质量部，生产部主要负责包钢稀土的生产管理、安全管理、环保管理、计量管理、能源管理。

历任负责人

部　长：蔡　茂（2001.06~2004.02）
　　　　李　冬（2008.05~2012.09）
　　　　李　冬（副处，2012.09~2016.08）
副部长：刘殿勋（1997.09~2003.09）
　　　　王　波（2003.09~2013.03）
　　　　郭美琴（女，2012.09~2014.12）
　　　　周晓东（2013.05~　　　）

秦丽琳（女，2016.07～　　　　）
夏长林（2016.07～　　　　）

生产部集体合影

（七）技术质量部

2014年9月，包钢稀土为进一步理顺管理职能，依据包钢机构编委办批复（编委办〔2014〕第25号），对部分职能机构进行调整，增设技术质量部，主要负责：技术研发及新产品开发与管理；专利管理；原燃材料质量管理；产品质量管理；化检验管理；质量异议处理；质量、环境、职业健康及三标一体化的体系管理及产品认证；品牌管理等技术质量管理工作。

历任负责人

部　长：刘建军（副处，2014.08～　　　　）
副部长：郭美琴（女，2014.12～2016.07）
　　　　刘金荣（女，2014.12～　　　　）

技术质量部集体合影

（八）集团管理部

2012年9月，包钢稀土内设机构及职能进行调整，成立集团管理部，收编和行使原资本运营部职能（人员）、原资源管理部稀土精矿和碳酸稀土加工业务职能（人员）、原战略规划部中、长期产业规划、企业管理创新职能（相关人员）、综合绩效管理职能、5S管理办公室职能（人员）。

2016年6月，北方稀土内设机构调整，成立规划发展部，将集团管理部战略规划（中长期发展规划）和公司投资并购职能划归规划发展部。

历任负责人

部　长：陈秀昆（副处，2012.09～2016.08）
　　　　银建伟（2016.08～　　　　）
副部长：龚树春（2012.09～2013.03）
　　　　蒋振峰（2013.05～2014.12）
　　　　孙　鹏（2014.05～2014.08）
　　　　王　晨（2014.12～　　　　）

集团管理部集体合影

（九）审计部

2004年2月，稀土高科成立审计部。2008年4月，公司进行组织机构调整，重新划分部门工作职责。主要负责：对公司所属单位、直属厂、控股子公司及控股子公司管辖的公司的财务和经营活动独立行使审计监督权，对总经理负责并报告工作；对公司所属单位、直属厂、控股子公司及控股子公司管辖的公司的财务和经营活动及各项财务指标完成情况、利润情况进行财务常规审计和财务决算审计；对公司及所属单位有关负责人岗位变动进行离任审计；对公司各类物资购销、备品备件加工制作、劳务等活动进行审计监督；对基建技改、检修等工程项目管理的重要环节进行审计监督；对经济活动、财务事项等方面存在的问题进行专项审计；完成董事会、监事会、管理层领导交办的其他审计工作，及时提供有关审计资料；针对审计中发现的问题，负责提出改进管理、提高经济效益的建议；提出纠正、处理违反财经法纪行为的意见；提出追究严重违反财经法纪和造成严重损失浪费的单位或个人责任的建议；负责内部控制的日常检查监督工作，制订和实施内部控制检查评价标准、检查计划；对公司各职能部门、直属厂及控股子公司内部控制制度实施的有效性进行定期和不定期检查，并将检查结果形成书面的内部控制检查监督工作报告，向总经理报告，必要时可向董事会审计委员会报告；对公司内部控制中存在的风险和问题提出建议，并对建议的实施情况进行追踪检查。

2012 年 9 月，包钢稀土对内设机构及职能进行调整，审计部仍行使原职责。

历任负责人

部　长：王兴汉（2006.06~2008.05）
　　　　郭成龙（2008.05~2012.09）
　　　　胡治海（副处，2012.09~　　　）
副部长：王桂枝（女，2004.02~2008.05）
　　　　郭根全（主持工作，2004.02~2008.05）
　　　　胡治海（2008.05~2012.09）
　　　　杨世锦（2016.07~　　　）

审计部集体合影

（十）证券部

1997 年 9 月 30 日，稀土高科成立证券业务部，主要负责：规范公司法人治理结构，组织筹备股东大会、董事会、监事会及董事会专门委员会会议，筹备会议有关资料；贯彻执行公司信息披露制度，真实、准确、完整、及时、公平、规范地披露公司有关信息；组织公司定期报告、临时公告的编制与发布；投资者关系管理，回复投资者问询，接待股东及投资者现场调研；公司工商信息公示、变更、备案，营业执照管理等。2002 年 5 月 25 日，公司机构改革，职能部门重新划分，证券业务部更名为证券部，主要负责稀土高科上市公司业务和公司信息披露。2008 年 4 月，公司进行组织机构调整，重新划分部门工作职责。证券部主要负责：对中国资本市场的政策、信息进行收集、分析，掌握资本市场动态；及时跟踪、掌握各种媒体对公司的报道；具体贯彻执行公司信息披露制度、保密制度，按时编制公司年报、半年报、季报，草拟公司各种临时公告；真实、准确、完整、及时、公平地披露公司有关信息，保证股东能够按照规定了解公司相关情况；公司投资者关系管理工作，维护、发展公司与投资者的沟通渠道；接待投资者来电来访，准确、规范地解答投资者对公司生产经营等情况的咨询，维护公司良好的资本市场形象；与中国证监会、内蒙古证监局、上海证券交易所等证券监管机构的协调与沟通工作；组织公司有关部门进行公司股票、债券发行等资本市场融资业务；公司股权事务管理工作；公司董事、监事、高级管理人员买卖公司股票的管理工作，按照《中华人民共和国公司法》《中华人民共和国证券法》以及中国证监会及上海证券交易所的有关规定对公司董事、监事、高级管理人员买卖公司股票进行申报、披露和监督管理；公司对外法律事务的组织和协调工作，处理公司有关法律事务。

2012 年 9 月，包钢稀土对内设机构及职能进行调整。证券部除行使原证券部职能，同时行使董事会秘书处职能。

历任负责人

部　长：赵占斌（1997.09~2002.05）
　　　　陈秀昆（2002.05~2004.04）
　　　　白宝生（副处，2008.05~2016.08）
副部长：陈秀昆（1997.09~2002.05）
　　　　滕　云（2002.05~2008.05）
　　　　张大勇（2009.01~2016.08）
　　　　乔慧峰（女，2016.08~　　　）

证券部集体合影

（十一）建设部

1997年9月30日，稀土高科成立设备动力部，主要负责：稀土高科的设备管理及设备的大中修管理工作；对稀土高科各类产品利用能源指标的分解落实及能耗的统计；组织参与对生产和技术改进项目用能的评价，并提出改进意见或建议；负责计量设备的检定、校准、调整、计量验证等工作。2001年4月19日，稀土高科将设备动力部的计量方面工作职能划分出来，成立能源计量部。2002年5月，公司机构改革，重新调整和划分职能部门，将设备动力部、基建办公室与能源计量部合并，成立机动能源部。2008年4月，稀土高科进行组织机构调整，重新划分部门工作职责，成立基建设备部，主要负责：制定公司基建技改项目的相关规章、制度等；编制基建技改项目的预算及追加预算，并负责向公司预算委员会申请报批；组织基建技改项目设计、合同评审、招标、组织具体实施及验收工作；定期向公司领导及财务部提供基建技改项目建设情况报告；公司各类固定资产、机器设备及备品备件的采购、安装调试工作，监督和控制固定资产使用部门对固定资产的日常维修保养工作；制定、上报各类闲置、报废固定资产、机器设备及备品备件的处置方案，并组织实施；公司各类资产维修的项目管理工作，对各类固定资产、机器设备进行定期或不定期的巡回检查及盘点工作，监督检查生产单位的维护、保养及运行情况，防止跑、冒、滴、漏、锈、腐现象的发生；公司本部各类办公用固定资产的维护保养工作。

2012年9月，包钢稀土内设机构及职能进行调整，成立建设部，主要负责原基建设备部职能、原战略规划部项目管理前期工作、土地管理、基建技改规划等职能、原仓储部备品备件管理职能。

历任负责人

部　长：刘建刚（1997.09~2003.09）
银建伟（2009.01~2012.09）
银建伟（副处，2012.09~2016.08）
李德东（副处，兼，2016.08~　　）

副部长：陈宝宝（2001.04~2003.09）
王　波（1999.01~2001.04）
刘晓昆（2002.05~2008.05）
银建伟（2008.05~2009.01）
魏忠勤（2008.08~2016.07）
常忠亮（2013.05~2014.08）
赵国军（2016.07~　　）

建设部集体合影

（十二）物资供应分公司

1997年9月30日，稀土高科成立销售供应部，主要负责：稀土高科产品销售、物质供应的日常工作及公司各部门的协调工作；分解落实销售任务，分析预测市场形势，贯彻实施销售策略和负责制定、审批公司物资采购计划；组织对供应商进行评价、协调、控制工作，尤其是对采购过程的重大决策活动进行控制。1998年，稀土高科决定将销售供应部划分为销售部和供应部，将产品销售、分解落实销售任务，分析预测市场形势，贯彻实施销售策略等业务划归销售部。2002年5月，公司机构改革，重新划分职能部门。供应部主要负责稀土高科原辅材料的采购和供应。

2008年4月，稀土高科进行组织机构调整，重新划分部门工作职责，成立物资供应部，主要负责：公司本部、稀选厂、冶炼厂所需燃料、材料、包装物及低值易耗品等生产物资的统一采购；收集供应商和材料市场的基础信息，对供货渠道加以调查和掌握，组织对供应商的评估、优选，寻找、开发更加优秀的供应商，建立供应商及采购商品价格资料库；编制年度、月度采购计划，并严格按审批的采购计划实施采购；按相关规程、指标要求及授权范围执行具体采购业务，包括业务洽谈、询价、比价、议价、下单、催单、查单、差异记录等；采购订单的制定、发放、跟进、保存及货款支付的申请工作；组织采购合同会签工作，严格执行采购合同，并依据采购订单及合同控制供货进度，跟踪物料质量、数量和入库情况，对不合格物料办理退货、换货、补货、让步接收或索赔；生产物资的及时供应，并最大限度降低采购成本；定期对供应商的信誉、产品质量、售后服务等作出评估；采购数据、价格数据、供应商文件的归档、维护、更新，汇总统计重要信息，每月出具分类汇总报表。

2012 年 9 月，包钢稀土内设机构及职能进行调整，成立物资供应分公司，主要行使原物资供应部物资采购计划执行职能、原仓储部原燃材料管理职能。

历任负责人

部　长：张建忠（1997. 09～2001. 04）
　　　　洛朝阳（1997. 09～2000. 09）
　　　　姚成毅（2001. 04～2002. 05）
　　　　胡连仲（2002. 05～2008. 05）
　　　　陈立东（2008. 05～2012. 09）
副部长：徐　衡（1997. 09～2001. 04）
　　　　郭兰洁（1997. 09～1998. 11）
　　　　盛春利（2001. 04～2002. 05）
　　　　蒙建新（女，2008. 05～2012. 09）
分公司经理：
　　　　郭成龙（副处，2012. 09～2014. 08）
　　　　陈建东（副处，2014. 08～　　　　）
副经理：贺云芳（女，副处，2012. 09～　　　）
　　　　张　伟（2012. 09～2015. 11）

物资供应分公司集体合影

（十三）党委工作部

1997 年 9 月 30 日，稀土高科成立党群工作部（公司办字〔1997〕第 10 号文件），主要负责公司干部管理、党建工作等。2002 年 5 月，稀土高科机构改革，重新划分职能部门，成立组织人事部，将党群工作部职能划入其中。2008 年 5 月，为进一步加强党的各项建设工作，决定设置党委工作部，主要职责：一是组织干部工作职责。研究和指导系统内所属单位党的建设工作，制定措施，指导工作，定期检查、安排、部署和汇总所属单位的党建工作情况；研究、指导和审批系统内所属单位党委、党总支的换届选举工作和人员配备工作，负责草拟党员教育计划、党支部升级达标、民主评议党员安排、党员奉献专题活动、党代会选举安排、创先争优活动总结、组织工作的计划、总结；研究和指导系统内所属单位发展党员工作，制订组织发展计划，负责对积极分子的培养，组织入党积极分子参加包钢党校举办的入党积极分子培训班。做好入党人员的政治审查，对预备党员进行考核管理；研究和指导系统内所属单位的党员教育、培训、管理等工作。掌握所属单位的党员构成和数量，为所属单位党员征订党刊和有关书籍；研究和指导系统内所属单位领导班子民主生活会工作，并向包钢公司党委组织部、纪委汇报召开民主生活会的情况；系统内所属单位的党费收缴、管理工作；系统内所属单位党组织情况的统计、汇总和上报工作，并按时限要求上报包钢公司党委组织部。研究和指导系统内所属单位领导班子和干部队伍的教育、培训和日常管理，会同人力资源部负责对公司所管干部的考核、培养、调配、任免、奖惩等工作；干部定员，并负责干部档案管理工作；后备干部的考核、考察、培养等工作；受理系统内所属单位党员、干部的申诉、来信来访工作；完成包钢公司党委组织部和本公司党委、行政交办的其他临时任务。二是宣传思想工作职责。党的理论、方针、政策的宣传、学习，为中心组及干部、员工政治理论学习做好服务和管理工作；制定和完善企业愿景、企业理念、核心价值观念等公司企业文化工作的管理；配合公司有关部门负责策划、设计公司统一标识、统一中英蒙文名称等。负责印制企业画册、图文广告宣传等宣传品；对员工进行爱国主义、集体主义、社会主义、职业道德、公民道德等各种相关教育；公司党报党刊和各类报刊的订阅及管理工作；制定完善文明单位考核创建工作，加强精神文明建设，开展好公司级文明单位复查验收；做好党的民族理论、民族政策的宣传贯彻工作，维护各民族团结进步共同发展的良好局面。

做好蒙汉文并用工作，落实制度，规范使用。多形式开展民族团结进步活动和先进表彰；抓好统战工作。加强港、澳、台胞、侨属侨眷和民族党派及各类统战人士的联系沟通。开展统战工作调研、督导和检查；认真落实“五五”普法规划。组织好每年的干部法律知识培训和管理人员的法律考试，完成好员工的普法考试的购买资料、发放、登记上报等工作；抓好政治思想研究会工作，组织撰写调研文章，经验交流，及时总结、交流；加强与各级各类媒体的沟通与联系，做好公司重大活动、重点工作及工作成绩的对外宣传，为相关各类宣传我公司的媒体提供必要图文资料；编印公司简报、专刊等，编排设计公司图片、宣传橱窗。为公司各类重要会议、重大活动提供摄影、摄像以及媒体联络、沟通、接待、新闻发布等工作；完成公司领导交办的工作。三是纪检监察工作职责。贯彻落实包钢公司纪委、纪检组关于党风建设和反腐倡廉工作的部署；定期向公司党委报告开展党风廉政建设工作情况；制定、分解公司党风廉政建设责任制工作；制订公司党风廉政教育工作计划，开展党风廉政和反腐倡廉教育；开展效能监察；与纪检组沟通，及时向纪检组报告公司党风廉政建设和反腐倡廉工作情况；配合、协助纪委、纪检监察审计组查办案件；认真执行反腐倡廉各项工作的有关制度、规定；开展党风廉政建设调研活动。

2012 年 9 月 19 日，包钢稀土内设机构及职能进行调整，撤销党委工作部，将其职能划归组织（人事）部。

历任负责人

部　长：赵洪英（女，兼，1997. 09~2002. 05）
　　　　于永江（负责人，2002. 05~2008. 05）
　　　　王　欣（2008. 05~2012. 09）
　　　　夏学文（2008. 05~2009. 01）
副部长：梁　文（1997. 09~2001. 04）
　　　　杨建然（女，2008. 05~2012. 09）

（十四）团委

1997 年 9 月 30 日，稀土高科成立团委，主要负责对基层团组织和团员的管理；根据上级团组织的要求，制定各时期适合企业发展方向的团工作计划，并主动协调各基层团组织开展工作等。2008 年 5 月 20 日，包钢稀土为进一步加强共青团工作，决定设置团委机构，主要负责：根据包钢稀土发展战略和部署，协助党委宣传、贯彻、落实、执行党的路线、方针、政策；在上级团委和公司党委的领导、指引下，突出以经济建设为中心，坚持以科学发展观为指导，抓好公司团组织建设、三个文明建设，加强对基层团组织和团员的管理；根据上级团组织在各个时期的工作，结合公司实际和创新思路，制订各时期适合企业发展方向的团工作计划，并主动协调各基层团组织开展工作；根据《团章》的要求，结合公司实际，做好青年的“推优”审查，及时为党组织输送新鲜血液；发挥好上传下达的纽带作用，并定期向上级团组织和公司党委汇报工作；配合公司党委、工会等党群组织做好各项社会公益及慰问活动；引导广大团员青年，积极开展“青年创新创效”、“青年志愿服务”、“青年文化园”建设和“青年服务市场”等有利于企业发展的各项活动；积极参与、组织完成上级交办的其他工作任务。

2012 年 9 月，包钢稀土对内设机构及职能进行调整，将团委职能划归到组织（人事）部。

历任负责人

书　记：赵依峰（2003. 09~2006. 09）
　　　　胡志海（2006. 09~2008. 05）
　　　　郭文亮（2008. 05~2009. 01）
　　　　魏晓鸥（女，2013. 03~　　　）
副书记：黄立东（1997. 09~2001. 06）
　　　　赵依峰（2002. 05~2003. 09）
　　　　郭文亮（2009. 01~2010. 08）
　　　　魏晓鸥（女，2010. 08~2013. 03）
团委负责人：
　　　　赵依峰（2001. 06~2002. 05）

（十五）综合管理部

1997 年 9 月 30 日，稀土高科成立综合管理部，主要负责：公司定岗定员、调配、工资、培训、治安、武装保卫、后勤、绿化、房管、卫生和扶贫等工作。

2002 年 5 月 25 日，稀土高科机构改革，将综合管理部劳资工作划分到组织人事部。划分后综合管理部主要负责公司治安、武装保卫、汽车队、后勤、绿化、房管、卫生、扶贫及退办的管理。

2004 年 2 月，综合管理部后勤、绿化、房管、卫生、扶贫等工作划入工会。

2008 年 4 月，包钢稀土进行组织机构设置，重新划分部门工作职责，撤销综合管理部。其业务职能划入武装保卫部。

历任负责人

部　长：胡连仲（1997.09～2002.05）

　　　　盛春利（2002.05～2008.04）

副部长：张道明（1997.09～2002.05）

　　　　郝玉峰（兼，1999.12～2004.02）

（十六）武装保卫部

2008年4月28日，包钢稀土进行组织机构调整，重新划分部门工作职责，成立武装保卫部，主要负责：贯彻执行各级政府有关治安保卫工作的法律法规；开展社会主义法制和治安保卫工作的宣传教育工作，增强广大职工群众的法制观念和法律意识，自觉遵守各项法律法规，维护公司正常工作秩序；制定并实施公司各项治安保卫工作制度；公司本部和直属厂的综合治理工作，严格执行防火、防盗抢、防爆炸、防破坏、防诈骗和防窃密等治安管理工作，检查、监督、考核各职能部门及直属厂的各项治安保卫工作，及时发现安全隐患，并提出改进建议；公司的护厂队、治保会、义务消防队等群众性治安保卫组织的建设和群防群治工作；帮助和教育公司有轻微违法犯罪行为记录的人；协助公安机关监督、考察、教育公司被判处管制、剥夺政治权利、宣告缓刑、假释监外执行和依法保外就医的犯罪分子，以及被监视居住、取保候审的犯罪嫌疑人和劳动教养所外执行人员；协助公安机关管理公司雇佣的农民工和在公司施工现场居住的外来暂住人口；组织完成上级武装部门下达的民兵组织整顿、军事训练等任务，执行民兵国防教育和政治教育，使民兵受教育面达到95%以上；公司防凌防汛抢险队伍组建工作，完成上级下达的各项抢险任务；组织完成公司的拥军优属工作，建立军警民共建单位，协调好与共建单位的关系；组织完成民兵参建工作，建立单位内部的民兵工段、民兵班组，使民兵在参建工作中发挥作用。

2012年9月，包钢稀土内设机构及职能进行调整，武装保卫部撤销，其职能业务划归综合办公室。

历任负责人

部　长：盛春利（2008.05～2012.09）

副部长：孙玉刚（2009.01～2012.09）

（十七）研究开发部

1997年9月30日，稀土高科成立研究开发部，主要负责；研究公司稀土产品的开发与生产；拟定稀土产品的发展计划；技术攻关、质量、环保、工艺、推标、贯标等工作。2002年5月，公司机构改革，职能部门重新划分，研究开发部撤销，将拟定稀土产品的发展计划等职能划归企业发展部。

历任负责人

部　长：李　冬（1997.09～2002.05）

副部长：高新华（1997.09～2000.09）

　　　　吴喜真（1999.06～2002.05）

　　　　徐　衡（2001.04～2002.05）

（十八）基建办公室

1998年5月18日，稀土高科党政联席会议研究决定成立基建办公室，主要负责稀土高科的基础设施建设工作。2002年5月25日，公司机构改革，职能部门重新划分，撤销基建办公室，将设备动力部、基建办公室与能源计量部合并，成立机动能源部。

负责人

主　任：杨纯福（1998.05～2002.06）

（十九）能源计量部

2001年4月13日，稀土高科将设备动力部计量方面工作职能划分出来，成立能源计量部，主要负责：公司各类产品用能指标的分解落实及能耗的统计；组织参与对生产和技术改进项目用能的评价，并提出改进意见或建议；负责计量设备的检定、校准、调整、计量验证等工作。2002年5月25日，公司机构改革，职能部门重新划分，撤销能源计量部。将设备动力部、基建办公室与能源计量部合并，成立机动能源部。

负责人

部　长：王艳林（2001.04～2002.06）

（二十）销售部

1998年11月，稀土高科成立销售部，主要负责：稀土高科产品销售、分解落实销售任务，分析预测市场形势，负责制定贯彻实施销售策略。2002年5月，公司机构改革，重新划分职能部门。销售部主要负责稀土高科产品的销售、清理欠款工作。2008年4月，包钢稀土进行组织机构调整，重新划分部门工作职责。销售部主要负责：执行公司矿后产品的国内外销售工作，建立与维护销售渠道；根据公司中长期战略规划，制定、实施公司整体销售战略；制订、实施矿后产品年度、

月度销售计划；客户关系管理，建立并管理客户档案，定期对客户满意度进行调查，并编制调查报告，做好售后服务工作，及时将客户需求向公司相关部门和领导反馈；控制销售费用支出，降低销售成本；客户订单审核工作，做到按时、保质保量地满足客户需求；组织销售合同的评审，办理发货通知单等销售手续；根据公司销售回款制度，催收或结算货款，并协助财务部做好委托加工费结算及开具发票工作；配合仓储部进行产品交付管理，并根据客户需求做好货物运输的沟通与协调工作；制定公司的销售政策，建立客户信用评价体系，执行销售信用政策；严格执行公司价格委员会制定的销售价格，并监督控股子公司的执行情况。

2008 年 12 月，销售部业务及人员整体并入国贸公司。

历任负责人

部　长：洛朝阳（2000. 09 ~ 2003. 05）
白宝生（2003. 05 ~ 2005. 01）
姚成毅（2005. 01 ~ 2008. 05）
黄绍东（2008. 05 ~ 2008. 12）

副部长：斯　琴（女，蒙古族，1998. 11 ~ 2003. 09）
郭占勇（1999. 12 ~ 2003. 09）
白文平（2001. 06 ~ 2001. 11）
林晓军（2002. 05 ~ 2012. 09）
姚成毅（2003. 12 ~ 2005. 01）
龚树春（2003. 12 ~ 2005. 01）
于晶雪（女，2005. 01 ~ 2008. 12）

（二十一）仓储部

2006 年 7 月 1 日，稀土高科成立仓储部，主要负责：稀土高科生产经营所需各种原辅材料、备品备件、稀土精矿产品等易货贸易产品的出入库管理及日常保管业务；对库存物资进行妥善保管；办理各种库存物资的出入库手续。2008 年 4 月，公司进行组织机构调整，重新划分部门工作职责。仓储部主要负责：公司生产经营所需各种原辅材料、备品备件、需保存固定资产、燃料及稀土精矿产品、矿后产品、易货贸易产品的出入库管理及日常保管等业务；根据直属厂上报的物料请购计划，结合库存情况制定物料需求计划，向物资供应部提出采购要求；办理各种库存物资的出入库手续并及时登记台账，做到当天（当月）产生的账务必须当天（当月）清账，日清月结；根据库存管理制度对库存物资进行妥善保管，保证物品堆放整齐、不混杂、不变质，标识明显，做到“一物一签”，有明确的名称、存放地和实物量收发存记录，对库存产品的数量、质量进行盘点；配合财务部进行每月一次的月底签证工作，核查账、卡、物是否相符，发现问题及时汇报，查明原因，并提出处理意见；对仓库进行定期清理，针对死存、库存过大或过少的情况向物资供应部及时反映，保持合理安全库存；为采购、生产和技术部门提供准确的物资库存量，定期将库存物资收、发、存资金报表报财务部；按照“先进先出”原则，根据签字手续齐全的领料单或发货通知单配发生产用料、组织产品发货，保证供应物资的质量、数量符合使用单位及客户的要求。

2008 年 12 月，仓储部产品库存管理业务整体并入国贸公司。

2012 年 9 月，包钢稀土内设机构及职能进行调整，撤销仓储部，将其业务分别划归到建设部和物资供应分公司中。

历任负责人

部　长：王兴汉（2008. 05 ~ 2012. 06）

副部长：张卫东（2006. 07 ~ 2009. 01）
张　伟（2009. 01 ~ 2012. 09）

（二十二）质量管理部

1998 年 9 月 22 日，稀土高科成立质量保证部，与化验室合署办公，为一个机构两个牌子。主要负责稀土高科产品质量管理、贯标工作。2002 年 5 月，公司机构改革，职能部门重新划分，主要负责产品质量管理、原材料质量监督、贯标工作。2008 年 4 月，包钢稀土进行组织机构设置，重新划分部门工作职责，成立质量管理部，主要负责：公司质量管理体系的建立、运行及持续改进的管理工作；对采购原辅材料、工序间产品及产成品进行制样、监督、检查，对最终产品进行判定和把关，出具产品质量保证书和产品入库单；编制公司年度质量工作计划并组织实施；出口产品检验检疫的取样、制样、报送工作及出口产品包装性能证、危险品包装证的申请办理；重点工序的质量监督检查工作；产品及各种原辅材料质量信息数据的汇总分析，并及时向有关领导及部门反馈；公司质量管理体系的日常监督管理工作及内部、外部审核工作；商标的申请、续展工作，公司品牌战略的制定和实施，以及QC课题的攻关工作；公司质量管理体系、原辅材料、工序质量、最终产品合格率等质量工作的考核；公司质量异议的沟通、协商及处理工作；质量管理相关文档的整理、归档、保管工作。

2012年9月，包钢稀土内设机构及职能进行调整，撤销质量管理部，将质量管理部质量管理、贯标、品牌建设、标准化等职能及相关人员划归生产技术部，质量管理部负责质量检查和质量统计的工作人员划归各直属厂。

历任负责人

部　长：熊　军（1998.10~2001.04）
蒙建新（女，2002.05~2008.05）
贺云芳（女，2009.01~2012.09）

副部长：闫冰夷（1999.12~2003.09）
胡维东（2001.04~2003.09）
汤运国（2002.05~2008.05）
贺云芳（女，2008.05~2009.01）
郭美琴（女，2009.01~2012.09）

（二十三）资本运营部

2008年4月，稀土高科进行组织机构调整，重新划分部门工作职责，成立资本运营部，主要负责：管理和控制公司全部的对外投资、资本运作及收购兼并等业务；及时了解、掌握国家和地方政府部门有关上市公司对外投资的相关政策、法规，为公司投资行为提供决策支持；根据公司中长期战略规划，制订并实施公司对外投资策略、年度对外投资计划；制定、修订公司对外投资管理的规范与制度；组织对外投资项目的具体实施；对公司对外投资项目的运作情况及效益情况进行监控和测算并定期编制公司投资情况报告；对子公司的日常监督管理工作，对控股子公司的变更注册资本、对外投资、担保、产权变动等涉及本公司对外投资安全的事项出具审核意见；母子公司各业务部门之间的沟通协调及文件传递工作，整理保管有关子公司上报母公司的所有资料。

2012年9月，包钢稀土内设机构及职能进行调整，撤销资本运营部，将资本运营部职能及人员划归集团管理部。

负责人

部　长：陈秀昆（2008.05~2012.09）

（二十四）资源管理部

2008年4月，稀土高科进行组织机构调整，重新划分部门工作职责，成立资源管理部，主要负责：按照国家有关部门控制稀土精矿总量的要求，实施稀土精矿“五统一”政策；按照公司制定的政策对稀土精矿委托加工、易货贸易量进行分配；按照公司制定的稀土精矿分配指标与用户签订委托加工或易货贸易合同，并组织实施稀土精矿委托加工、易货贸易工作。协助财务部做好委托加工押金的预收工作；依据委托加工合同或易货贸易合同规定及时收回易货贸易产品，协助仓储部做好产品入库工作；及时收集统计稀土精矿产品生产、销售及库存信息，为上级主管部门提供准确信息；与政府资源管理部门的对外联系与协调工作。根据内蒙古自治区发改委、国土资源厅要求，定期上报报表，配合包头市环保局对全市稀土企业稀土精矿尾渣进行统计报表工作；协助政府部门做好稀土矿产资源的控制与管理工作，维护稀土市场秩序；稀土产品市场信息的收集、整理与定期分析工作，了解市场行情，为制定公司销售战略提供依据。

2012年9月19日，包钢稀土对内设机构及职能进行调整，撤销资源管理部，资源管理部产品收购计划及相关人员划归国贸公司。

历任负责人

部　长：顾　明（2008.05~2012.09）

副部长：龚树春（2008.05~2012.09）

（二十五）战略规划部

2002年5月，稀土高科机构改革，重新划分职能部门，成立企业发展部，主要负责企业发展的规划、项目的前期准备工作。2008年4月，稀土高科进行组织机构设置，重新划分部门工作职责。企业发展部更名为战略规划部，主要负责：制定公司中、远期发展战略规划，拟定战略实施办法及措施；公司产业政策研究和行业信息分析工作；督促和检查战略规划执行情况，定期向公司领导提交战略规划执行情况报告；组织、协调控股子公司依据母公司发展战略规划制定本企业中长期发展战略规划；项目的立项、报批、审查等前期工作，编制投资项目的可行性分析报告，配合资本运营部制定公司战略重组、资源整合等有关建议和方案；拟定公司管理体制、经营创新及管理改革的建议和方案，组织有关部门制定公司管理制度，定期分析公司管理状况；组织公司有关部门对基建技改项目进行论证，并负责基建

技改项目的立项报批和报批前期工作。

2012 年 9 月，包钢稀土对内设机构及职能进行调整，撤销战略规划部，将年度计划职能及相关人员划归计划财务部；将企业技术创新联盟职能及相关人员划归生产技术部；将中长期产业规划、企业管理创新职能及相关人员划归集团管理部；将项目管理前期工作、土地管理、基建技改规划等职能及相关人员划归建设部。

历任负责人

部　长：王　静（女，2009. 01 ~ 2012. 09）

副部长：王凤龙（2003. 12 ~ 2008. 05）

王　静（女，主持工作，2002. 05 ~ 2009. 01）

邢志强（2008. 05 ~ 2010. 03）

第二章 北方稀土下属分子公司

第一节 直属单位

一、中国北方稀土（集团）高科技股份有限公司冶炼分公司（华美公司）

（一）公司概况

2003年9月23日，内蒙古包钢稀土高科技股份有限公司董事长办公会研究决定，成立稀土高科冶炼厂（公司发〔2003〕第35号），企业性质为稀土高科直属厂。2015年4月28日，根据（包钢字〔2015〕第35号）文件要求，内蒙古包钢稀土（集团）高科技股份有限公司冶炼厂更名为中国北方稀土（集团）高科技股份有限公司冶炼分公司（简称冶炼分公司），企业为北方稀土直属分公司。2016年10月27日，根据包钢（集团）公司《关于北方稀土部分机构调整的函》（包钢函〔2016〕72号），冶炼分公司与华美公司合并，实行一个机构两块牌子，合并后名称变更为中国北方稀土（集团）高科技股份有限公司冶炼分公司（华美公司）。

冶炼分公司是中国最早从事白云鄂博稀土矿冶炼分离的重点企业，公司位于内蒙古包头市昆都仑区西侧的包头金属深加工工业园区，中心地理坐标为东经109°50′，北纬40°38′，占地面积近670000平方米，总建筑面积143868.36平方米。企业依托白云鄂博矿丰富的资源优势，历经50多年的发展，已成为中国稀土行业最大规模的冶炼分离企业，拥有完备的稀土冶炼、分离生产工艺及设备，可以生产各类混合及单一稀土化合物，设计能力达年产各类稀土产品折氧化物2万吨。截至2016年12月，冶炼厂固定资产原值5.10206496亿元、净值2.26063670亿元。冶炼分公司目前下设7个机关职能管理部门和10个生产部门。

为推进企业管理升级，先后导入“三标一体”、5S管理、卓越绩效管理、精益管理等先进理念并贯穿至整个产品生命周期，创建出绿色、高效生产运营模式。特别是2010年以后，随着国家、自治区、包头市对环保工作要求的不断升级，企业始终恪守企业公民的社会责任，通过创新生产工艺、调整水处理方式，逐年加大环保投入力度，并于2013年年底率先实现稀土生产工业废水“零排放”，走在国内稀土行业的最前沿。2016年，通过北方稀土的稀土生产“三废”综合治理技术改造，冶炼分公司实现了科学、绿色发展的目标。50余年的励精图治、开拓进取，铸就出冶炼分公司“坚忍不拔、超越自我”的企业精神，半世纪的品格砥砺塑造了冶炼分公司“尊重客户，善待员工，以良好的业绩回报投资者”的企业价值观。冶炼分公司怀抱着对未来的强烈渴望，不断拓展工作方式、创新管理思路，矢志打造“国内最强 世界一流”绿色稀土分离企业！

截至2016年12月，冶炼分公司在岗职工1361人（女职工367人）。其中，管理岗184人、新序列专业技术人员73人、操作岗1104人；高级职称28人、中级职称67人、初级职称86人；高级技师2人、技师30人。

冶炼分公司办公楼

（二）领导班子

第一届领导班子

厂长、党总支书记：

刘忠涛（2003.09~2005.06）

副 厂 长：刘　义（2003.09~2005.06）
副厂长、工会主席：
张君强（2003.09~2005.06）
总工程师：陈建利（2003.09~2005.06）

第二届领导班子

党总支书记：李金玲（兼，2005.06~2008.05）
厂　　长：刘　义（兼，2005.06~2008.05）
工会主席：张君强（2005.06~2008.05）
总工程师：陈建利（2005.06~2008.05）

第三届领导班子

党总支书记：于永江（2008.05~2011.05）
厂　　长：陈建利（2008.05~2011.05）
总工程师：赵治华（2008.05~2011.05）

第四届领导班子

党总支书记：于永江（2011.05~2012.09）
行政负责人：赵治华（2011.05~2012.09）
总工程师：赵治华（2011.05~2012.09）

第五届领导班子

厂长（兼党委书记）：
刘　义（2012.09 ~ 2014.08）
党委副书记：于永江（2012.09~2014.08）
副厂长、总工程师：
赵治华（2012.09~2014.08）
副 厂 长：刘培勋（2012.09~2014.08）
厂长助理：刘建军（2012.09~2014.08）
刘　威（2012.09~2014.08）

第六届领导班子

行政负责人：赵治华（2014.08~2015.03）
党委负责人：于永江（2014.08~2015.03）
副 厂 长：刘培勋（2014.08~2015.03）
厂长助理：刘建军（2014.08~2014.08）
刘　威（2014.08~2015.03）

第七届领导班子

冶炼分公司负责人：
赵治华（2015.03~2016.08）
主持党委工作：于永江（2015.03~2016.08）
副 厂 长：刘培勋（2015.03~2016.08）
厂长助理：刘　威（2015.03~2016.08）

第八届领导班子

经　　理：赵治华（2016.08~　　　）
党委副书记：于永江（2016.08~　　　）
副 经 理：齐广和（2016.08~　　　）
刘培勋（2016.08~　　　）
刘　威（2016.08~　　　）
闫治国（2016.08~　　　）
连贵生（2016.12~　　　）
吴桂梅（女，2016.12~　　　）
工会代主席：郭成龙（2016.08~　　　）
经理助理：刘文彬（2016.12~　　　）
柳凌云（2016.12~　　　）

（三）职能部门

1. 综合管理部

2003年10月，稀土高科、稀土高科党委联合下发《关于冶炼厂机构设置的决定》（公司发〔2003〕39号），成立办公室，主要负责文件与会议管理、规章制度管理、保密工作、档案管理、印鉴管管理与接待工作。2013年5月，根据包钢稀土对所属单位组织机构设置要求（公司发〔2013〕55号文件），办公室更名为综合管理部。其主要职责是负责政策法规的研究与信息的管理、协调与督察督办、文件与会议管理、规章制度管理、保密工作、档案管理、印鉴管管理与接待工作。历任负责人按任职先后排序。

历任负责人

副主任：马　鑫（主持工作，2003.10~2008.08）
王　晨（2008.08~2013.05）
主　任：苗洪英（女，2008.08~2013.05）
部　长：苗洪英（女，2013.05~2016.04）
高岩松（2016.04~　　　）
副部长：云　强（蒙古族，2014.12~2016.04）
薛小青（女，2016.04~　　　）

2. 组织人事部

2008年8月，根据稀土高科对所属单位组织机构设置要求（党政联发〔2008〕第2号文件），成立组织人事科，主要负责党务、纪检、组织、人事、劳资等工作。2013年5月，根据包钢稀土对所属单位组织机构设置要求（党政联发〔2013〕55号文件），组织人事科更名为组织人事部，其职能不变。

历任负责人

部　长：高　信（2008.08~2012.09）
高　巍（2012.09~　　　）
副部长：包立勇（2013.05~2014.12）
陈立新（2016.04~　　　）

3. 财务部

2003 年 10 月，根据稀土高科对所属单位组织机构设置要求（党政联发〔2003〕39 号文件），成立财务核算部，主要负责公司日常财务管理，编制会计核算和财务报表，制定公司年、季、月度经营计划。2008 年 8 月，根据稀土高科对所属单位组织机构设置要求（党政联发〔2008〕第 2 号文件），财务核算部更名为财务科。2013 年 5 月，根据包钢稀土对所属单位组织机构设置要求（党政联发〔2013〕55 号文件），财务科更名为财务部。

历任负责人

部　长：郭根全（2003. 10～2008. 08）
　　　　王桂枝（女，2008. 08～2012. 05）
　　　　刘晓飞（2014. 12～　　　　）
副部长：马建平（2003. 10～2008. 08）
　　　　刘晓飞（2012. 06～2014. 12）

4. 生产部

2003 年 10 月，根据稀土高科对所属单位组织机构设置要求（党政联发〔2003〕39 号文件），成立生产技术部，主要负责对生产、安全、环保等工作任务的分解执行和生产车间的业务考核管理及各管理部门的沟通、配合。2008 年 8 月，根据稀土高科对所属单位组织机构设置要求（党政联发〔2008〕第 2 号文件），生产技术部更名为生产科。2013 年 5 月，根据包钢稀土对所属单位组织机构设置要求（党政联发〔2013〕55 号文件），生产科更名为生产部。

历任负责人

部　长：蔡　茂（2003. 10～2008. 08）
　　　　刘　威（主持工作，2008. 08～2013. 05）
　　　　刘建军（2008. 08～2013. 05）
　　　　张太红（2013. 05～2016. 04）
　　　　李俊平（2016. 04～　　　　）
副部长：王　波（2003. 10～2008. 08）
　　　　刘全科（2004. 05～2012. 09）
　　　　赫秀伟（兼，2008. 08～2013. 05）
　　　　高岩松（2013. 05～2016. 04）
　　　　张晓东（2016. 04～　　　　）

5. 物资供应部

2003 年 10 月，根据稀土高科《关于冶炼厂机构设置的决定》（党政联发〔2003〕39 号），成立物资供应部，主要负责公司物资采购计划的编制、物资的采购供给等。2008 年 8 月，直接归属稀土高科。

历任负责人

部　长：胡连仲（2003. 10～2008. 08）
副部长：王建军（2003. 10～2008. 08）

6. 机动能源部

2003 年 10 月，根据稀土高科《关于冶炼厂机构设置的决定》（党政联发〔2003〕39 号），成立机动能源部，主要负责：编制备品备件和基建技改及年检修计划；负责检修项目招（议）标，投标管理工作；负责施工现场组织、协调，并对其安全、质量、工期进度动态管理，解决检修中遇到的实际问题。2008 年 8 月，根据稀土高科对所属单位组织机构设置要求（党政联发〔2008〕第 2 号），机动能源部更名为机动科。2013 年 5 月，根据包钢稀土对所属单位组织机构设置要求（党政联发〔2013〕55 号），机动科复称机动能源部，主要负责：编制备品备件和基建技改及年检修计划；负责检修项目招（议）标，投标管理工作；负责施工现场组织、协调，并对其安全、质量、工期进度动态管理，解决检修中遇到的实际问题；负责组织有关人员对检修工程进行验收及能源计量管理工作。

历任负责人

部　长：银建伟（2003. 10～2008. 08）
　　　　赵利平（2008. 08～2011. 11）
　　　　杨文奎（2011. 11～2013. 05）
　　　　边永峰（2013. 05～　　　　）
副部长：陈宝宝（2003. 10～2008. 08）
　　　　刘全科（2003. 10～2004. 05）
　　　　桂立君（2004. 05～2008. 08）
　　　　陈宝宝（兼，2008. 08～2013. 05）
　　　　王凤龙（2008. 08～2016. 04）
　　　　王蒙军（2016. 04～　　　　）

7. 质量管理部

2003 年 10 月，根据稀土高科《关于冶炼厂机构设置的决定》（公司发〔2003〕39 号文件），成立质量管理部，主要负责：规定过程产品、最终产品的标识方法和管理，负责管理体系的策划、编制、运行监控，内部审核策划与实施工作，过程和产品的监视、测量以及数据分析等。2008 年 8 月，根据稀土高科对所属单位组织机构设置要求（党政联发〔2008〕第 2 号），质量管理部更名为

质量管理科。2013 年 5 月，根据包钢稀土对所属单位组织机构设置要求（党政联发〔2013〕55 号），质量管理科与技术科合并为技术质量部。

历任负责人

部　长：蒙建新（女，2003. 10～2008. 08）
　　　　国树山（2008. 08～2010. 12）
副部长：汤运国（2003. 10～2008. 08）
　　　　贺云芳（女，2003. 10～2008. 08）
　　　　张太红（2008. 08～2013. 05）
　　　　刘建军（主持工作，兼，2010. 12～2013. 05）

8. 技术科

2003 年 10 月，按照稀土高科《关于冶炼厂机构设置的决定》（党政联发〔2003〕39 号），成立技术中心。2008 年 8 月，根据稀土高科对所属单位组织机构设置要求（党政联发〔2008〕第 2 号），冶炼厂技术中心更名为技术科。2013 年 5 月，根据包钢稀土对所属单位组织机构设置要求（党政联发〔2013〕55 号），冶炼厂技术科与质量管理科合并成立技术质量部。

历任负责人

主　任：李　冬（2003. 10～2008. 08）
副主任：赵治华（2003. 10～2008. 08）
部　长：刘建军（主持工作，2008. 08～2013. 05）
副部长：赫秀伟（兼，2008. 08～2013. 05）
　　　　国树山（2010. 12～2013. 05）
　　　　桑晓云（女，2008. 08～2013. 05）

9. 技术质量部

2013 年 5 月，根据包钢稀土对所属单位组织机构设置要求（党政联发〔2013〕55 号），质量管理科与技术科合并为技术质量部。

历任负责人

部　长：夏长林（2013. 05～2014. 12）
　　　　桑晓云（女，2014. 12～2016. 04）
　　　　王凤龙（2016. 04～　　　）
副部长：古玉琛（2013. 05～2016. 04）
　　　　张俊莲（女，2016. 04～　　　）

10. 武装保卫部

2003 年 10 月，按照稀土高科党政联发《关于冶炼厂机构设置的决定》（公司发〔2003〕39 号文件），成立武装保卫部，主要负责武装、保卫工作并代管车队，2008 年 8 月直接归属稀土高科。

历任负责人

部　长：盛春利（2003. 10～2008. 08）

11. 工会

2003 年 10 月，按照稀土高科党政联发《关于冶炼厂机构设置的决定》（公司发〔2003〕39 号），冶炼厂组建了工会，主要负责员工体检、厂容厂貌、女工保护以及食堂浴室的管理。

历任负责人

主　席：杨兴山（1999. 04～2010. 09）
　　　　张君强（2003. 10～2008. 05）
　　　　于永江（2012. 03～2016. 08）
　　　　郭成龙（代，2016. 08～　　　）
副主席：谈包临（主持工作，2008. 08～2012. 03）
　　　　谈包临（2012. 03～2016. 04）
　　　　时　雨（代，2016. 04～　　　）

12. 巡防队

2013 年 5 月，根据包钢稀土对所属单位组织机构设置要求（党政联发〔2013〕55 号），冶炼厂成立巡防队，主要负责厂内机动车辆的交通运输管理、负责检查和监督全厂安全防盗和安全防火消防等综治工作。

历任负责人

队　长：赫秀伟（兼，2013. 05～2016. 04）
　　　　王久成（2016. 04～　　　）
副队长：王久成（2013. 06～2016. 04）
　　　　张顺喜（兼，2016. 04～　　　）

13. 团委

2009 年 9 月 4 日，冶炼厂成立团总支，主要负责筹备和组织召开厂团代会、团组织建设、团员发展、团费收缴、青年文化建设等工作。2013 年 4 月 19 日，冶炼厂团总支升格为团委。

负　责　人：时　雨（2009. 09～2013. 04）
团委副书记：时　雨（2013. 04～2016. 04）
团 委 书 记：时　雨（2016. 04～　　　）

二、中国北方稀土（集团）高科技股份有限公司稀选厂

（一）公司概况

中国北方稀土（集团）高科技股份有限公司稀选厂（简称稀选厂）位于内蒙古包头市昆都仑区河西工业园区内，以包钢（集团）公司选矿厂选铁后的弱磁尾矿为原料，生产 REO 50%～65%

稀土精矿，是中国北方稀土（集团）高科技股份有限公司（简称“北方稀土”）的直属企业。

1997 年 7 月 23 日，经包头市郊区工商局、哈业脑包乡经贸委批复，成立包头市“郊区同仁稀土综合厂”。同年 9 月 1 日，选矿厂稀选车间在稀土高科股票上市时，进行资产合并重组，成建制划归稀土高科。

1999 年，稀土高科收购了包钢劳动服务公司稀土回收厂和同仁稀土综合厂。同年 10 月 15 日，稀土高科成立内蒙古包钢稀土高科技股份有限公司稀选一分厂、二分厂、三分厂。

2001 年 2 月 22 日，稀土高科二、三分厂统一行政管理，将稀土高科稀选二分厂的经营业务归并至稀土高科稀选三分厂核算。2002 年 5 月 25 日，成立稀选分厂。

2003 年 4 月 10 日，将原稀选一分厂、二分厂正式并入三分厂，原一分厂、二分厂、三分厂合并更名为稀选分厂，法定负责人、经营场所、经营范围与原稀选三分厂相同。

2004 年 4 月 5 日，在稀选分厂基础上成立稀选厂，原稀选分厂机关各部室为稀选厂管理机构。

2008 年 5 月，包钢（集团）公司矿山研究院选矿试验厂划归包钢稀土稀选厂，至此稀选厂机构设置有 4 个生产车间。2012 年 9 月，稀选厂由党总支部升格为党委。随着包钢（集团）公司氧化矿综合利用工程的推进，稀选厂四车间 123 人于 2015 年 5 月成建制划归矿山研究院。2015 年 7 月，氧化矿综合利用稀土区域建设完工进入消缺试车阶段，稀选厂先后安排 224 名岗位职工上山，成立浮选车间和过滤车间，其中浮选车间 121 人，过滤车间 103 人，山下原一、二、三车间未上山人员 124 人组成综合三车间（只是厂内的暂时调整，并未进行机构调整的相关程序）。

2016 年 6 月，按照包钢（集团）公司《关于落实公司总经理孙国龙一行赴白云矿区调研会议有关事项的通知》及《关于部分单位机构及职能调整的通知》安排，实现资源统一配置和管理的高效统一，氧化矿稀土区域整体移交给宝山公司。稀选厂于 6 月 23 日顺利完成与宝山公司、白云铁矿和巴润公司的交接相关事宜，山上职工全部撤离白云矿区，7 月 1 日回到山下工作。之后，根据包钢（集团）公司《关于北方稀土稀选厂内设机构调整的批复》（编委办〔2016〕14 号）精神，稀选厂进行机构调整，成立选矿车间、检修车间、成品车间，撤销原一车间、二车间、三车间、四车间和巡防队。选矿车间现有职工 228 人，负责生产计划的组织实施和车间内部管理；检修车间现有职工 74 人，负责厂内各项生产及相关辅助设施的检修、维护；成品车间现有职工 147 人，负责成品的倒运、包装及配合北方稀土物资供应分公司完成发货任务和全厂范围内的综合治理工作。

多年来，稀选厂内增素质、外树形象，先后获得全国“青年安全示范岗”、包头市“绿化标兵单位”、包钢（集团）公司和北方稀土“先进单位”、“先进党委”、“民族团结进步先进单位”、“5S 管理先进单位”、“综合治理工作先进单位”等荣誉称号。

稀选厂作为北方稀土最重要的原料基地，南临选矿厂、西靠凯捷基地、东毗原料线，北接钢球厂、小轧厂，总占地面积 193778 平方米。其中，稀选厂选矿车间占地面积 81173 平方米；成品车间位于天桥门岗东南侧，占地面积 16954 平方米；原三车间位于张家营子，占地面积 23350 平方米；储矿场总面积 72301 平方米。全厂总建筑面积 32145.44 平方米。

截至 2016 年 12 月，稀选厂下设 3 个独立车间、6 个职能部室（组织人事部、综合管理部、财务部、生产部、机动能源部、技术质量部）和工会；在岗职工 591 人，其中管理人员 98 人（有技术职称的 57 人），操作工人 495 人；高级技师 4 人，技师 5 人，高级工 186 人，中级工 41 人，初级工 9 人，固定资产原值 13353.52 万元，净值 4649.78 万元。

稀选厂办公楼

（二）领导班子

第一届领导班子

厂长兼党支部书记：

赵生平（2002.02~2004.04）

副厂长：卢文棋（2002.02~2004.04）
　　　　刘金柱（2002.02~2004.04）
副厂长兼主任工程师：
　　　　王云飞（2002.02~2004.04）

第二届领导班子

厂　　长：赵生平（2004.04~2008.05）
副 厂 长：陈秀昆（2004.04~2008.05）
主任工程师：王云飞（2004.04~2008.10）

第三届领导班子

厂　　长：张君强（2008.05~2012.09）
党总支书记：郝玉峰（2008.05~2012.10）
厂长助理：陈宏超（2008.10~2012.10）
副总工程师：王云飞（2008.10~2012.10）

第四届领导班子

厂长兼党委书记：
　　　　蒿建生（2012.10~　　）
党委副书记（工会主席）：
　　　　郝玉峰（2012.10~2014.08）
　　　　夏学文（2014.08~　　）
副 厂 长：陈宏超（2012.10~　　）
　　　　赵海鹰（2016.08~　　）
副总工程师：王云飞（2012.10~2016.07）
总工程师：王云飞（2016.07~　　）
厂长助理：刘　军（2016.08~　　）

（三）职能部门

截至2016年12月，稀选厂下设6个职能部室和工会，分别是综合管理部、组织人事部、财务部、生产部、技术质量部、机动能源部和工会。

1. 综合管理部

2002年5月，分厂成立时设立办公室，主要负责包括文件流转、会议安排、办公设施维护、综治、食堂管理等，未明确具体负责人。2003年5月，正式成立办公室，与工会职责合并；2008年10月，组织机构增设工会，与办公室职责分离；2010年10月，小车队划归办公室；2011年11月，办公室增设保卫；2013年6月，厂组织机构增设巡防队，保卫职责划归巡防队，办公室更名为综合管理部。截至2016年12月，综合管理部下设食堂、车队，职工总数52人（其中厂级领导5人），主要负责办公基础设施配置、公文处理、企业管理、信访、文秘、机要、档案、后勤服务，提高办公效率，为企业发展提供保障。

历任负责人

部　长：张洪涛（2008.10~2010.10）
　　　　刘　军（2013.05~2016.07）
　　　　夏德东（2016.07~　　）
副部长：李春玲（女，2016.07~　　）
副主任：张洪涛（2003.05~2008.05）
　　　　姚建梅（女，2008.05~2008.10）
　　　　冷云光（2011.10~2013.04）
负责人：冷云光（2010.10~2011.10）
　　　　陈　鑫（2011.10~2013.05）

2. 组织人事部

2002年5月，分厂成立时，设立财务劳资组，主要负责分厂人力资源管理、劳资业务。2003年5月，劳资业务与财务分离，归并办公室。2008年10月，成立组织人事科。2013年5月，更名为组织人事部。截至2016年12月，组织人事部共有职工7人，主要负责厂内组织、人事、劳资、社保、党务、纪检、宣传、人事档案管理。

历任负责人

部　长：姚建梅（女，2013.05~2016.07）
　　　　刘　军（2016.07~　　）
科　长：姚建梅（女，2008.05~2013.05）
副科长：姚建梅（女，2002.05~2003.05）
负责人：张洪涛（2003.05~2008.05）

3. 财务部

2002年5月，分厂成立时，设立财务劳资组，主要负责：分厂原料采购—生产过程—销售全流程发生的经济活动全记录、计量和报告，并对经济活动全过程进行控制和监督；产品成本核算、资金管理、票据管理工作，同时对人力资源进行管理，包括劳资、人事和党务工作。2004年4月，人力资源管理及其相关的劳资、人事、保险、党务等职责剥离，划归办公室。2008年5月，稀土高科机构调整，产品销售统一由公司相关部门管理，稀选厂无销售业务。截至2016年12月，财务部现有职工7人，主要负责预算和财务表的编制并监督预算执行情况、成本核算、财务管理、收入支出管理、票据管理及各项专用资金的管理，并进行效益分析。

历任负责人

部　长：武传平（2012.02~2012.07）
　　　　王桂芝（女，2012.07~2015.03）
　　　　石文兵（2016.07~　　）

副部长：赵国栋（2015.03~　　　　）
科　长：姚建梅（女，2003.05~2008.05）
　　　　马建平（2008.05~2009.04）
　　　　赵玉生（2009.04~2012.02）

4. 生产部

2002年5月，稀选厂成立时设立生产技术组，主要负责生产运行、安全、统计以及成品分析结果的收集、核对工作。2004年2月，取样班划归生产技术组。2004年4月，成立稀选厂，生产技术组更名为生产技术科，增加体系管理以及车队管理职责。2008年5月，撤销生产成品组和材料供应组，将包装、发货与材料业务划归生产技术科，此时的发货业务是配合公司仓储部进行，同时增加了地磅计量业务；材料业务无采购环节，只是制定和上报需求计划和对材料进行验收、发放。2008年7月，取样班划归公司质量保证部统一管理。2009年4月，设立技术组。2010年4月，成品分析划归生产技术科。2009年12月，成立调度指挥中心。2010年10月，小车队划归综合管理部。2012年10月，取样班重回生产技术科。2013年5月，稀选厂成立技术质量部，将试验、工艺、技术创新、流程考察、成品检测、体系管理、取样业务划归技术质量部。2016年7月，稀选厂内设机构调整，包装、发货业务划归厂成品车间。截至2016年12月，生产部有职工22人，主要负责生产运行、调度指挥、生产统计、安全、环保、职业健康、标准化管理、5S管理、绩效考核、产品计量业务，保证全厂生产安全顺行，推进企业管理升级。

历任负责人

部　长：张　彪（2013.05~　　　　）
副部长：鲍永平（2013.05~2014.12）
　　　　杨晓东（2013.07~　　　　）
科　长：陈宏超（2008.10~2013.05）
副科长：陈宏超（2003.05~2008.10）
负责人：陈宏超（2002.05~2003.05）

5. 技术质量部

2013年5月，稀选厂调整内设机构，成立技术质量部，其前身是生产技术科技术组，主要负责：厂内试验、工艺、技术创新、流程考察、原料检测；体系管理、卓越绩效的审核管理、精益管理的管理模式推行以及成品检测等。自2013年氧化矿搬迁稀土选别区域试车以来，增加了流程样的分析检测；在2016年10月，稀选厂复产后增加了药剂分析检测。截至2016年12月，技术质量部共有职工30人。

历任负责人

部　长：刘金柱（2013.05~2016.07）
　　　　杨振华（蒙古族，2016.07~　　　　）
副部长：杨振华（蒙古族，2013.06~2016.07）
　　　　刘治平（2014.08~2016.07）
组　长：崔淑欣（女，2009.04~2013.05）

6. 机动能源部

2008年10月，稀选厂设立机动科，主要负责全厂的基建、技改项目的实施及工业建筑、基础设施的使用维护和检修，为企业正常运行和降本增效提供基础保障。2013年5月，更名为机动能源部，增加能源与计量管理职责。截至2016年12月，共有职工14人。

历任负责人

部　长：成福利（2013.05~2016.07）
　　　　刘　栋（2016.07~　　　　）
副部长：刘　栋（2013.05~2016.07）
　　　　白志忠（2016.07~　　　　）
副科长：刘　栋（2008.10~2013.05）

7. 工会

2002年5月，稀选分厂成立时未设立工会，其职责归综合管理部。2008年5月，正式建立工会，主要负责履行工会基本职责，参与民主管理、民主监督、民主决策，保证职代会决议的落实，同时负责自主改善、厂容绿化美化等项工作，创建和谐企业。截至2016年12月，工会共有职工9人。

历任负责人

主　席：郝玉峰（2008.05~2014.08）
　　　　夏学文（2014.08~　　　　）
副主席：郎铁柱（蒙古族，2008.10~　　　　）
负责人：张洪涛（2002.05~2008.05）

三、中国北方稀土（集团）高科技股份有限公司白云博宇分公司

（一）公司概况

中国北方稀土（集团）高科技股份有限公司白云博宇分公司（以下简称白云博宇分公司）位于内蒙古包头市白云鄂博矿区矿山路三号街坊。白云博宇分公司主要以生产稀土精矿及铁精矿为

主。白云博宇分公司的前身是包钢白云铁矿为解决矿山待业青年而成立的集体企业。1979年1月，白云铁矿向上级申报成立白云铁矿集体企业青年综合厂。同年6月，经包钢综合企业公司批复同意建厂。综合厂最后定名为“包钢综合公司白云铁矿综合厂”。1986年，根据包钢综合公司《关于大集体、五·七办、二集体机构设置问题决定》［（83）406号文件］精神，以及1983年以来白云铁矿的实际情况及有关政策，1986年1月，白云铁矿将大集体、二集体、五·七办正式合并，成立白云鄂博铁矿综合企业公司。公司下设7个车间、3个段、6个科室。职工总数2913人，其中全民工111人，集体工1065人，二集体708人，五·七工1029人。公司经营项目有建筑工程、铁路、公路大修、机械加工、地毯、服装、靠垫、印刷、洗理、汽车运输、农牧、采矿和劳务等。

1990年，白云鄂博铁矿综合企业公司更名为白云鄂博铁矿建筑安装工程公司，隶属于包钢综合企业（集团）公司和包钢白云铁矿双重管理，成为内蒙古自治区建设厅审定的三级施工企业。随着国家改革开放的不断深化和社会主义市场经济的进一步发展，公司逐步形成了“一业为主、多种经营”的经营格局。公司资产总额已达1200多万元，其中流动资产520多万元，有大型设备320台，占地面积5万平方米，成为以经营工业民用建筑、公路、铁路、采矿、稀土材料加工、机电安装、内燃设备大修、机加锻造、印刷、农牧、地毯、被服和靠垫等门类齐全的以建筑为主业其他兼营的中型综合企业。

2002年5月，包钢公司对内蒙古稀土集团进行重组，对包钢内部9家稀土生产企业进行“五统一”管理，包括白云铁矿建筑安装工程公司稀土选矿厂。同年，根据国家对建筑企业进行行业管理的要求，经包钢集团管理部和内蒙古稀土（集团）有限责任公司同意，包钢白云铁矿建筑工程公司企业名称变更为包钢白云铁矿博宇公司。建筑工程单独成立了包钢神马建筑安装有限责任公司，成为博宇公司的一个子公司。

2007年10月，包钢公司对稀土高科产业整合重组，以包钢白云铁矿博宇公司经营性资产作为出资设立分公司，分公司名称定为内蒙古包钢稀土高科技股份有限公司白云博宇分公司，将包钢白云铁矿博宇公司注销。2008年，稀土高科整体收购白云博宇分公司，成为稀土高科的一家分公司。2015年2月，随包钢稀土更名而更名为中国北方稀土（集团）高科技股份有限公司白云博宇分公司。公司下设综合管理部、组织人事部、工会、财务部、生产部、运营部、物资供应部；有3个直属厂和1个子公司（包钢神马建筑安装有限责任公司，具有三级建筑施工企业资质）。公司企业年销售收入在1亿元左右，占地面积为241887平方米，建筑面积为26340平方米。

截至2016年12月，白云博宇分公司固定资产原值11497.86万元，净值6557.75万元；企业员工378人，其中全民职工331人，人才派遣职工18人，新港劳务派遣职工29人；具有高级职称3人，中级职称6人，初级职称17人。

白云博宇分公司

（二）领导班子

第一届领导班子

经　　理：关晓光（2008.02~2009.08）
书　　记：解金铭（2008.02~2009.08）
副 经 理：秦曲亮（1992.08~2009.07）
工会主席：宋日中（1992.08~2012.09）
经理助理：杨新瑞（2003.12~2010.07）
　　　　　金树旗（满族，2003.12~2016.07）

第二届领导班子

经理兼书记：关晓光（2009.08~2012.12）
副 经 理：马泽新（2009.07~2012.09）
工 会 主 席：宋日中（1992.08~2012.09）
经 理 助 理：杨新瑞（2003.12~2010.07）
　　　　　　金树旗（满族，2003.12~2016.07）

第三届领导班子

经　　理：班　印（2012.12～　　　）

书记兼副经理（代管工会）：

陈建东（2012.12～2014.08）

经理助理：金树旗（满族，2003.12～2016.07）

第四届领导班子

经　　理：班　印（2012.12～　　　）

书记兼副经理：

郝玉峰（2014.08～　　　）

工会主席：李劲松（蒙古族，2014.12～　　）

经理助理：金树旗（满族，2003.12～2016.07）

（三）职能部门

截至2016年12月，白云博宇分公司下设7个职能部门，分别为综合管理部、组织人事部、工会、财务部、生产部、运营部、物资供应部。

1. 综合管理部

2008年4月，白云博宇分公司成立办公室，负责文件、会议管理、信息调研、参谋、接待、信访等工作。2009年，撤销原规划考核部后，其档案管理职能并入办公室。2012年10月，撤销办公室、党工人事部，将两部室整合为一部室，为综合办公室，主要负责公司文件、会议管理、信息调研、参谋、接待、信访维稳、党总支、工资、人事、办理离退休业务、工会日常工作等。2013年7月，综合办公室更名为综合管理部，主要负责公司文秘、文书、文件档案管理、文件呈办、会议、接待、小型车辆管理、信访维稳、调研、5S管理、保卫、卫生、环境治理等工作。2014年10月，将综合管理部的保卫划归物资供应部。2016年8月，将综合管理部的5S管理、车辆维修检测职能划入运营部。截至2016年12月，综合管理部共有员工9人。

历任负责人

主　任：曹京亮（2008.04～2012.10）

张玉莲（女，2012.10～2013.07）

部　长：董占京（2013.07～2016.07）

康　影（女，2016.07～　　　）

2. 党工人事部

2008年4月，白云博宇分公司成立党工人事部，负责党总支、工资、人事、办理离退休手续等工作。2012年10月，撤销党工人事部。

负责人

部　长：宋日中（2008.04～2012.10）

3. 工会

2008年4月，白云博宇分公司成立工会。2013年7月，公司进一步明确工会职能范围，主要负责公司工会日常工作、女工工作、计划生育、文体活动、劳动保护、职工维权、福利等。2013年12月，工会提供合理化建议的职能。截至2016年12月，工会共有员工4人。

历任负责人

主　席：宋日中（2008.04～2012.10）

张玉莲（女，综合办主任代管工会，2012.10～2012.12）

陈建东（党总支书记代管工会工作，2012.12～2014.08）

郝玉峰（党总支书记代管工会工作，2014.08～2014.12）

李劲松（蒙古族，2014.12～　　）

4. 财务部

2008年4月，白云博宇分公司成立财务结算中心，负责财务结算业务、财务管理等工作。2009年7月，财务结算中心更名为财务中心，负责会计核算工作。2013年7月，财务中心更名财务部，主要负责出纳、审核、材料核算、固定资产、税务核算及申报、往来核算、神马建筑公司财务核算等工作。2013年12月，财务部增加对标升级、降本增效两项职能。截至2016年12月，财务部共有员工7人。

历任负责人

部　长：董昭秋（2008.04～2012.09）

郭　涛（2012.09～　　　）

5. 规划考核部

2008年4月，白云博宇分公司成立规划考核部，负责发展规划和经营目标规划的制定与评价、公司档案管理、绩效考核、行政管理、日常业务管理考核等工作。2009年7月，撤销规划考核部，其职能并入生产经营综合管理部与办公室。

负责人

部　长：李全恒（2008.04～2009.07）

6. 生产经营综合管理部

2008年4月，白云博宇分公司成立管理部，负责安全生产、设备、技术质量、合同管理、固定资产、备件、原材料、能源、销售、工程管理

等工作。2009年7月，管理部更名为综合管理部。由于白云博宇分公司出现过两个综合管理部，但职能范围不同，文中由综合管理部与（生产经营）综合管理部来区分。主要负责公司生产经营、目标考核、质量、安全、合同管理，材、备件的采购、发放，产品销售、矿石进货，职业健康及环境保护等工作。2013年7月，撤销生产经营综合管理部，其职能分解到生产部、运营部、物资供应部。

负责人

部　长：马泽新（2008.04~2013.07）

7. 组织人事部

2013年7月，白云博宇分公司成立组织人事部，主要负责党务、纪检、劳资人事管理、社会保险、工资绩效管理、干部管理、定员管理、宣传、培训、共青团等工作。截至2016年12月，组织人事部有员工5人。

历任负责人

部　长：张玉莲（女，2013.07~2016.07）
　　　　杨晶亮（2016.07~　　　　）

8. 生产部

2013年7月，白云博宇分公司撤销（生产经营）综合管理部，成立生产部，下设调度指挥中心、检化验中心，负责生产计划、统计、安全环保、原料供应、质量、工艺技术管理、计量仪器检测等工作。同年12月，生产部增加科研技改、技术攻关两项职能。2014年10月，将生产部、检化验中心部分职能、机构与运营部仓储段合并成立成品检验车间，划归稀土选矿厂。截至2016年12月，生产部有员工17人。

历任负责人

部　长：金树旗（满族，2013.07~2016.07）
　　　　尹占军（2016.07~　　　　）

9. 运营部

2013年7月，白云博宇分公司撤销（生产经营）综合管理部，成立运营部，下设综合段、施工机械段、仓储段，负责合同管理、工程预算、绩效考核、固定资产、设备管理、能源、计量、销售等工作。同年12月，运营部增加精益管理、QC管理两项职能。2014年10月，将仓储段与生产部、检化验中心部分职能、机构合并成立成品检验车间，划归稀土选矿厂。2016年8月，将综合部5S管理、车辆维修检测划归运营部，并增加招投标管理职能。截至2016年12月，运营部有员工11人。

历任负责人

部　长：白志宁（2013.07~2016.07）
　　　　姬智强（2016.07~　　　　）

10. 物资供应部

2013年7月，白云博宇分公司撤销（生产经营）综合管理部，成立物资供应部，负责公司日常生产材料、备品备件计划及审核、材备采购、材备验收、库房管理、收发存账管理等工作。2014年10月，将综合管理部的保卫和运营部的综合段划归物资供应部，并组建了供应部服务大队，下设安保队、浴池服务队。截至2016年12月，物资供应部有员工66人。

历任负责人

部　长：王大力（2013.07~2016.07）
　　　　白志宁（2016.07~　　　　）

第二节　全资子公司

一、包头华美稀土高科有限公司

（一）公司概况

包头华美稀土高科有限公司（以下简称华美公司）的前身是专业从事稀土产品生产的民营股份制企业。华美公司分为东、西两个厂区，东厂区位于包头市九原区麻池镇东壕口村，占地面积12.27万平方米；西厂区位于包头市昆区金属深加工园区，占地面积32.44万平方米，共计约44.71万平方米。华美公司建筑总面积为12万平方米。

1992年11月，由包钢公司老龄委员会服务部（以下简称老龄委）与美国联合技术公司根据《中华人民共和国中外合资经营企业法》和内蒙古自治区人民政府《中华人民共和国外商投资企业批准证书》（蒙包审字〔1992〕0029号），共同出资在东壕口村建立外商投资企业——包头华美稀土制品有限公司。1997年初，老龄委将其持有公司的股权全部转让给包头市九源区溪布黄河鲤鱼综合养殖有限公司；2001年5月，外方美国联合技术公司将其持有公司的股权全部转让给中方包头市龙茂发稀土材料有限公司，此后，公司的经济性质确定为民营股份制企业。

2003年4月，内蒙古包钢稀土高科技股份有限公司以相对控股的资本结构收购包头华美稀土制品有限公司 33.3%股权，形成了国有上市公司与民营企业合作共赢、新的经济发展模式。同期，公司更名为包头华美稀土高科有限公司，企业性质变更为股份制企业。2011 年 4 月，内蒙古包钢稀土（集团）高科技股份有限公司出资 4.65 亿收购华美公司剩余 66.7%的全部股权。至此，包钢稀土持有华美公司 100%的股权，华美公司成为包钢稀土全资子公司，企业性质变更为国有控股企业。2016 年 10 月 27 日，根据包钢（集团）公司《关于北方稀土部分机构调整的函》（包钢函〔2016〕72 号），华美公司与冶炼分公司合并，实行一个机构两块牌子，合并后名称变更为中国北方稀土（集团）高科技股份有限公司冶炼分公司（华美公司）。

经过多年的艰苦创业，华美公司实现了生产规模和经济总量翻倍增长，已成为中国稀土行业规模较大的稀土生产基地之一，具备年处理稀土精矿 8 万吨、生产各类轻稀土氧化物和化合物 1.7 万吨的生产能力，拥有 22 种稀土产品生产线。公司生产的碳酸稀土、低镨碳酸铈、氧化镧、氧化铈、氧化镨、氧化钕、钐铕钆富集物、镨钕氧化物、干燥碳酸镧 9 项产品被评为内蒙古自治区名牌产品；“物华”牌商标于 2006 年被评为“包头市知名商标”，2008 年被评为“自治区著名商标”，2012 年“物华”牌商标被国家工商行政管理总局商标局认定为“中国驰名商标”（商标驰字〔2012〕718 号）。公司已通过 ISO9001 质量管理体系、ISO14001 环境管理体系和 OHSMS18001 职业健康安全管理体系认证，并被认定为国家级“高新技术企业”和“自治区创新型企业”；2013 年被包钢公司评为先进单位和精神文明标兵单位；2014 年五矿化工进出口商会授予华美公司“物华”牌产品优秀出口品牌称号，还曾荣获过“包头市质量工作先进单位”、“包头市安全生产工作先进企业”、“包头市节能工作先进单位”、“包头市文明单位”等荣誉称号。

截至 2016 年 12 月，华美公司共下设 10 个职能部门和 1 个生产辅助部门，3 个生产分厂和 1 个动力分厂，共有员工 1583 人，其中行政管理人员 122 人，高级别技术人员 28 人，操作人员 1433 人。高级职称 5 人，中级职称 23 人，初级职称 33 人。

华美公司

（二）领导班子

第一届领导班子

总 经 理：马永茂（2003.04～2007.05）
副总经理：郭如臻（2003.04～2007.05）
李茂山（2003.04～2007.05）
韩 英（2003.04～2007.05）
李雪铭（2003.04～2006.07）
财务总监：吴桂梅（女，2003.04～2007.05）
经理助理：解福生（2003.04～2007.05）

第二届领导班子

总 经 理：马永茂（2007.06～2008.07）
常务经理：马午龙（2007.06～2008.07）
副总经理：郭如臻（2007.06～2008.07）
郝胜民（2007.06～2008.07）
李茂山（2007.06～2008.07）
李雪铭（2007.06～2008.07）
财务总监：吴桂梅（女，2007.06～2008.07）
经理助理：解福生（2007.06～2008.07）
连贵生（2007.06～2008.07）

第三届领导班子

总 经 理：马永茂（2008.08～2011.04）
常务经理：马旭成（2008.08～2011.04）
副总经理：郝胜民（2008.08～2011.04）
连贵生（2010.03～2011.04）
财务总监：吴桂梅（女，2008.08～2011.04）
经理助理：张全友（2008.08～2011.04）

刘文彬（2008.08~2011.04）
解福生（2008.08~2011.04）
连贵生（2008.08~2010.02）
副总工程师：柳凌云（2008.08~2011.04）
龚建华（2008.08~2011.04）

第四届领导班子

总负责人：陈建利（2011.05~2012.09）
经　　理：陈建利（2012.09~2014.09）
副 经 理：夏学文（2012.09~2014.08）
连贵生（2011.05~2014.09）
李培忠（2013.04~2014.09）
财务总监：吴桂梅（女，2011.05~2014.09）
经理助理兼工会主席：
王刚英（2011.07~2013.12）
经理助理：刘文彬（2011.05~2014.09）
赵利平（2011.07~2013.12）
张全友（2011.05~2013.02）
解福生（2011.05~2013.06）
副总工程师：柳凌云（2011.05~2014.09）
龚建华（2011.05~2013.06）

第五届领导班子

经　　理：陈建利（2014.10~2016.08）
党总支书记：郭成龙（2014.08~2016.08）
副 经 理：连贵生（2014.10~2016.08）
李培忠（2014.10~2016.08）
财务总监：吴桂梅（女，2014.10~2016.08）
经理助理：刘文彬（2014.10~2016.08）
戎利军（2015.05~2016.08）
副总工程师：柳凌云（2014.10~2016.08）

第六届领导班子

经　　理：赵治华（2016.08~　　）
党委副书记：于永江（2016.08~　　）
副 经 理：齐广和（2016.08~　　）
刘培勋（2016.08~　　）
刘　威（2016.08~　　）
闫治国（2016.08~　　）
连贵生（2016.12~　　）
吴桂梅（女，2016.12~　　）
工会代主席：郭成龙（2016.08~　　）
经理助理：刘文彬（2016.12~　　）
柳凌云（2016.12~　　）

（三）股东会

2003 年 4 月 24 日，华美公司召开第一次股东会，会议决定华美公司转换为股份制。总股本 3252 万股，其中内蒙古包钢稀土高科技股份有限公司持有 1082.91 万股、占总股本 33.3%；马永茂持有 975.6 万股，占总股本 30%；包头市龙茂发稀土材料有限公司持有 872.84 万股，占总股本 26.84%；包头市九原区溪布黄河鲤鱼村养殖有限公司持有 320.65 万股，占总股本 9.86%。

2008 年 8 月 25 日，在股东会上经全体股东表决，同意华美公司股东马永茂将持有的公司 30%股权转让给包头豪仕投资公司。

2008 年 9 月 6 日，在股东会上经公司全体股东研究决定，将公司注册资金增至 13252 万元。其中内蒙古包钢稀土（集团）高科技股份有限公司出资 4412.91 万元，占股权 33.3%；包头豪仕投资公司出资总额为 3975.6 万元，占股权 30%；包头市龙茂发稀土材料有限公司出资总额为 3556.84 万元，占股权 26.84%；包头市九原区溪布黄河鲤鱼村养殖有限公司出资总额为 1306.65 万元，占股权 9.86%。

2010 年 10 月，在股东会上经全体股东表决，同意华美公司股东包头市龙茂发稀土材料有限公司将持有公司 26.84%股权转让给郭俊女。华美公司股东包头市九原区溪布黄河鲤鱼村养殖有限公司将持有的公司 9.86%股权转让给张海霞；华美公司股东包头豪仕投资公司将持有的公司 30%的股权转让给马永茂。

2011 年 4 月 29 日，华美公司股东马永茂、郭俊女、张海霞同意将持有的包头华美稀土高科有限公司股权转让给包钢稀土。

（四）董事会

截至 2016 年 12 月，华美公司共计召开 10 次董事会。

第一届董事会

董事长：崔　臣（2003.05~2007.05）
董　事：马永茂（2003.05~2007.05）
马东华（2003.05~2007.05）
李学义（2003.05~2007.05）
刘石政（2003.05~2007.05）

第二届董事会

董事长：赵生平（2007.06~2008.07）
董　事：马永茂（2007.06~2008.07）
马东华（2007.06~2008.07）
李学义（2007.06~2008.07）

刘石政（2007.06~2008.07）

第三届董事会

董事长：张　忠（2008.08~2011.05）

董　事：邢　斌（2008.08~2011.05）

马永茂（2008.08~2011.05）

马东华（2008.08~2011.05）

李学义（2008.08~2011.05）

第四届董事会

董事长：张　忠（2011.05~2013.04）

董　事：邢　斌（2011.05~2013.04）

郑玉君（2011.05~2013.04）

刘　义（2011.05~2013.04）

陈建利（2011.05~2013.04）

第五届董事会

董事长：张　忠（2013.04~2014.10）

董　事：张志坚（2013.04~2014.10）

王　晔（女，2013.04~2014.10）

刘　义（2013.04~2014.10）

陈建利（2013.04~2014.10）

第六届董事会

董事长：李　冬（2014.10~2016.09）

董　事：刘建军（2014.10~2016.09）

陈建利（2014.10~2016.09）

郭成龙（2014.10~2016.09）

郭根全（2014.10~2016.09）

第七届董事会

执行董事：赵治华（2016.09~　　　）

（五）监事会

第一届监事会

监事会主席：赵占斌（2003.04~2008.07）

监　　　事：郭如臻（2003.04~2008.07）

郭根全（2003.04~2008.07）

第二届监事会

监事会主席：张日辉（2008.08~2014.12）

监　　　事：郭如臻（2008.08~2014.12）

郭根全（2008.08~2014.12）

第三届监事会

监　事：张日辉（2014.12~2016.09）

第四届监事会

监　事：银建伟（2016.11~　　　）

（六）职能部门

截至2016年12月，华美公司共下设10个职能部门和1个生产辅助部门，分别为综合管理部、生产部、供应部、财务部、设备动力部、安环部、技术中心、组织人事部、质检部、运营部和化验室。

1. 供应部

2000年1月，华美公司成立供应部，主要负责采购生产所需的各类物资。截至2016年12月，供应部共有职工11人。

历任负责人

部　长：李美娜（女，2000.01~2003.04）

霍炳宇（2003.05~2006.08）

刘建国（2006.09~2008.06）

程　刚（2008.07~2010.11）

张　帅（2010.12~2011.11）

程　刚（2011.11~　　　）

2. 财务部

2000年1月，华美公司成立财务部，主要负责财务结算、内外部审计、资金预算编制、财税缴纳等工作。截至2016年12月，财务部共有职工9人。

历任负责人

部　长：吴桂梅（女，2000.01~2004.05）

赵　明（2004.06~2006.09）

张梅英（女，2006.09~2008.06）

董雪飞（女，2008.07~　　　）

3. 综合部

2000年1月，华美公司成立综合部，主要负责办公用品采购、食堂及卫生队的管理、公司安全保卫工作及公司人员招聘、工资发放等人事方面相关工作。2013年6月，综合部撤销，将其业务职能划归运营部。

历任负责人

部　长：任　喜（2000.01~2001.03）

李彩霞（女，2001.04~2002.03）

高利生（2002.04~2003.03）

曹　勇（2003.04~2004.03）

连贵生（2004.04~2005.03）

李二明（2005.04~2006.03）

张爱君（女，2006.04~2007.03）

冯忠东（2007.04~2007.12）

庞金亮（2008.01~2008.06）

李　军（2008.07~2011.06）

王刚英（2011.07~2013.06）

4. 行政部

2006年4月，华美公司成立行政部，主要负

责东厂食堂、卫生队管理工作以及东厂区各类后勤保障。2013 年 6 月，行政部撤销，将其业务职能划归到运营部。

历任负责人

部　长：李二明（2006.04～2007.06）
　　　　高利生（2007.07～2008.06）
　　　　张爱君（女，2008.07～2008.11）
　　　　冯忠东（2008.12～2010.10）
　　　　梁　伟（2010.10～2011.10）
　　　　武焕元（2011.11～2013.06）

5. 保卫部

2010 年 12 月，华美公司成立保卫部，主要负责巡防、保卫工作。2013 年 6 月，保卫部撤销，将其业务职能划归运营部。

历任负责人

部　长：黄福海（2010.12～2013.06）

6. 运营部

2013 年 6 月，华美公司成立运营部，由原综合部、行政部、保卫部合并而成，主要负责综治工作、车辆管理、办公用品采购、厂区内卫生整治、职工食堂管理及其他后勤保障工作。截至 2016 年 12 月，运营部共有职工 139 人。

历任负责人

部　长：王刚英（2013.06～2014.12）
　　　　张　帅（2016.08～　　　　）

7. 化验室

2000 年 1 月，华美公司成立化验室，下设原辅材料组、氯根组、煤气组、仪器组，主要负责生产所有原辅料及各个工艺监控点的化验分析工作。截至 2016 年 12 月，化验室共有职工 49 人。

历任负责人

主　任：董永胜（2000.01～2003.07）
　　　　孙笃河（2003.08～2005.06）
　　　　高银龙（2005.07～2006.07）
　　　　闫巧珍（女，2006.08～2008.04）
　　　　龚建华（2008.05～　　　　）

8. 质检部

2001 年 3 月，华美公司成立质检部，下设取样组、计量组、统计组、品牌建设组、精益管理组，主要负责：生产所用原辅料及各个工艺监控点的取样、分析结果的统计工作及公司精益、5S 工作；部分计量器具检定及公司品牌建设、商标管理工作。截至 2016 年 12 月，质检部共有职工 20 人。

历任负责人

部　长：刘文彬（2001.03～2002.03）
　　　　孙笃河（2002.04～2003.07）
　　　　潘惠山（2003.08～2007.02）
　　　　张爱君（女，2007.04～2008.06）
　　　　刘文彬（2008.08～2009.03）
　　　　虢培军（2009.03～2009.10）
　　　　高慧聪（2009.10～　　　　）

9. 销售部

2000 年 1 月，华美公司成立销售部，主要负责公司所有产品的对外销售工作。2009 年 5 月销售部撤销，将其业务职能划归生产部，成立生产部业务办。

历任负责人

部　长：吴红丽（女，2000.01～2004.08）
　　　　张爱君（女，2004.09～2006.03）
　　　　秦永强（2006.04～2007.09）
　　　　陈海瑛（女，2007.10～2009.05）

10. 储运部

2008 年 3 月，华美公司成立储运部，主要负责稀土精矿提矿、押运工作。2009 年 11 月储运部撤销，将其业务职能划归仓储部。

历任负责人

部　长：李二明（2008.03～2008.06）
　　　　张爱君（女，2008.07～2009.01）
　　　　王东来（2009.01～2009.11）

11. 仓储部

2003 年 3 月，华美公司成立仓储部，下设原辅材料组、成品组、精矿组，主要负责公司各类产品、原辅料及备品备件的存库及转运（发）工作。2013 年 6 月，仓储部撤销，将其业务职能划归生产部，成立生产部物资办。

历任负责人

部　长：武焕元（2003.03～2009.01）
　　　　李美娜（女，2009.09～2010.02）
　　　　杨占权（2010.03～2013.06）

12. 生产部

2002 年 2 月，华美公司成立生产部。2009 年，5 月将销售部业务划归生产部，成立生产部业务办。2013 年 6 月，将仓储部业务划归生产部，成立生产部物资办。截至 2016 年 12 月，生产部下设生产运行管理组、物资办、业务办，主要负责：公司生产计划的编制，生产调度、协调工作；公司5S建设，各类物资的出入库管理；对包钢稀土国贸公司相关业务工作。截至2016年12月，生产部共有职工55人。

历任负责人

部　长：郝卫平（2002.02~2005.07）
　　　　乔惠山（2005.08~2007.06）
　　　　刘　利（女，2007.07~2009.05）
　　　　武焕元（2009.05~2011.10）
　　　　乔喜庆（2011.11~　　　）

13. 项目部

2003年4月，华美公司成立项目部，主要负责各类建设项目相关材料的申报工作。2005年3月项目部撤销。

历任负责人

部　长：李雪铭（2003.04~2003.10）
　　　　秦永强（2003.11~2004.07）
　　　　张　帅（2004.07~2004.12）
　　　　亢璟轩（2005.01~2005.03）

14. 设备动力部

2005年4月，华美公司成立设备动力部，设备动力部下设电工组、机加车间，主要负责土建、施工管理、设备安装调试及水、电的管理工作。2016年2月设备动力部电工组划入动力分厂，机加车间划入三分厂。截至2016年12月，设备动力部共有职工11人。

历任负责人

部　长：王　彦（2005.04~2006.08）
　　　　陈　刚（2006.09~2008.12）
　　　　任　军（2009.01~2010.11）
　　　　程　刚（2010.12~2011.11）
　　　　赵利平（2011.11~2014.12）
　　　　戎利军（2015.05~　　　）

15. 中心实验室

2005年5月，华美公司成立中心实验室，主要负责公司所需工艺、技术的研发、试验工作。2011年4月中心实验室撤销，将其相关研发工作划归技术中心。

负责人

主　任：艾　娟（女，2005.05~2011.04）

16. 技术中心

2011年5月，华美公司成立技术中心，接收中心实验室所有研发工作，主要负责公司所需技改的实验性工作。截至2016年12月，技术中心共有职工14人。

历任负责人

主　任：陈建利（2011.05~2013.06）
　　　　柳凌云（2013.06~　　　）

17. 安环部

2007年5月，华美公司成立安环部，主要负责安全生产管理工作及环保方面相关工作。截至2016年12月，安环部共有职工5人。

历任负责人

部　长：韩　英（2007.05~2008.02）
　　　　任　军（2008.02~2008.12）
　　　　武焕元（2009.01~2009.05）
　　　　倪继广（2009.05~　　　）

18. 网络部

2008年7月，华美公司成立网络部，主要负责网站建设及计算机维护工作。2013年6月，网络部撤销，与经理办合并成立综合管理部。

负责人

部　长：齐晓春（2008.07~2013.06）

19. 经理办公室

2009年5月，华美公司成立经理办公室，主要负责：内外部会议安排，内外文件的收发、阅办、存档；来宾接待工作。2013年6月，经理办撤销，与网络部合并成立综合管理部。

历任负责人

主　任：张　帅（2009.05~2010.12）
　　　　虢培军（2010.12~2013.06）

20. 综合管理部

2013年6月，华美公司成立综合管理部，由原经理办及网络部合并而成，主要负责：公司内外部会议安排，内外文件的收发、阅办、存档；来宾接待；公司网站及计算机维护；企业宣传及公司使用土地事宜的办理。截至2016年12月，综合管理部共有职工9人。

负责人

部　长：虢培军（2013.06~　　　）

21. 组织人事部

2009年12月，华美公司成立人力资源部，将综合部的人事工作划归人力资源部。2013年6月，人力资源部与党支部、团委合并成立组织人事部，主要负责公司员工进退留转、薪酬管理、社会保险、绩效考核、技能鉴定、职称评审、档案管理

等工作，公司党总支、党务工作的开展及公司团委工作。截至 2016 年 12 月，组织人事部共有职工 56 人。

负责人

部　长：胡思源（2009. 12～　　　　）

二、内蒙古稀奥科镍氢动力电池有限公司

（一）公司概况

内蒙古稀奥科镍氢动力电池有限公司是中国北方稀土（集团）高科技股份有限公司全资子公司，注册资本为 5000 万元。工厂位于包头国家稀土高新技术产业开发区内，占地面积 6 万平方米。1999 年，为落实江泽民总书记“搞好稀土开发应用、把资源优势转为经济优势”的指示精神，实施包钢公司的“优化钢铁、突出稀土”战略，改变包钢的稀土产品多年来以初级产品为主的产品结构，培育新的经济增长点，稀土高科通过进行实地考察、专家论证、项目可行性研究，最终选择与美国能源转换器件公司（ECD）/欧文尼克电池公司（OBC）及美国和光交易公司（WKC）共同投资建设内蒙古稀奥科镍氢动力电池项目。其中，中方出资比例 75%，美方出资比例 25%。该项目属于稀土深加工应用项目，分别建设贮氢合金粉、镍氢动力电池正负极板、镍氢动力电池装配等 3 条生产线。经内蒙古自治区计划委员会批准实施后，被列为内蒙古自治区重点建设工程项目。

2000 年 3 月，经包头市外经局批准，引进项目的《制造技术和设备合同》及分别组建 3 个合资公司的《合资合同》《章程》正式生效。同时，成立内蒙古稀奥科镍氢动力电池建设项目工程指挥部，合资公司董事会授权指挥部在项目建设期内，统一组织协调 3 个引进项目的建设实施。3 月 21 日、4 月 19 日，经包头市工商局批准，内蒙古稀奥科贮氢合金有限公司、内蒙古稀奥科镍氢电池极板有限公司（以下简称极板公司）和内蒙古稀奥科镍氢动力电池有限公司（以下简称电池公司）等 3 个合资公司正式在包头稀土高新技术产业开发区注册成立，注册资本分别为 2102 万美元、2998 万美元和 2997 万美元。6 月 15 日，经合资公司投资各方董事会批准，项目《制造技术和设备合同》正式启动。2000 年 11 月，厂房破土动工。

2002 年 1 月，经 3 个合资公司董事会批准，按照中国合资企业注册资本的有关规定，3 个合资公司调整了注册资本。其中，极板公司、电池公司的注册资本由 2998 万美元、2997 万美元均降至 1600 万美元。稀土高科已投入的其他资本，作为对两公司的长期债权。同时，修改了《合资合同》和公司《章程》，并得到自治区计委、包头市外经局等政府管理部门的批准。同年 7 月，镍氢动力电池正负极板、镍氢动力电池装配两条生产线开始设备安装、调试。在项目建设过程中，由于美方没有产业化实践和缺乏企业管理方面的成功经验，导致所提供的技术和设备在安装、调试中出现很多问题。同时由于美方单方面变更生产线工艺、设备，导致一些关键工艺、设备存在缺陷，工期一拖再拖，从 2001 年到 2004 年，双方 4 次约定的设备验收工期，4 次落空。

2004 年 12 月，美方正式承认验收失败，并确认原因完全是美方工艺及设备问题。

2005 年 2 月，为将损失降低到最低限度，维护上市公司社会形象，极板公司、电池公司向包头市科技局申报了《镍氢动力电池自动生产线的研究与产业化》项目，对镍氢电池正负极板、镍氢动力电池装配两条生产线进行技术改造。

2007 年 9 月 18 日，镍氢动力电池生产线改造项目完成了生产线全线联动负荷验收并获得通过。极板公司、电池公司正式进入生产运营期。

2009 年极板公司、电池公司开始调整发展战略，实施产品转型，自主研发、生产混合动力汽车用镍氢电池并获得成功，同时抢占储能电源、矿用电源市场。

2010 年 1 月，极板公司、电池公司召开临时董事会会议，通过美方将两家公司所占 25% 的股权无偿转让给包钢稀土的决议。

2011 年 4 月，为了使极板公司、电池公司能够轻装上阵，以更好的形象参与市场竞争，赢得未来发展机遇，包钢稀土董事会决定对两家公司通过豁免债务、核减资本金进行重组。同年 9 月极板公司、电池公司完成工商变更，由中美合资公司成为包钢稀土的全资子公司。

2012 年 1 月，注销极板公司，电池公司吸收合并极板公司的重组工作完成。公司主要经营：生产、设计、开发、销售镍氢电池并进行相关的售后服务；五金、化工（危险品除外）、电动自行

车、电动观光车的销售；进口本企业所需原辅材料和出口本企业经营产品。公司拥有美国欧文尼克电池公司（OBC）在世界范围内的镍氢动力电池专有技术和专利，采用日本三樱工业株式会社（Sanoh，以下简称三樱公司）的镍氢动力电池生产工艺，并拥有多项自主知识产权，镍氢电池极板、镍氢动力电池装配自动化生产线及质量检测设备全部从美国、日本引进，形成年产 700 万只 D 型镍氢动力电池的设计生产能力，成为目前国内产能最大、技术装备水平最高的镍氢动力电池专业生产企业。

电池公司成立以来，一直秉承“求真务实、高能高效”的企业精神，恪守“卓越来自精细、业绩源于勤奋；压力产生动力，沟通创造和谐”的工作作风，以先进的技术、科学的管理、周到的服务、良好的信誉，与国内外企业和朋友真诚合作，共谋发展。公司被包头市科技局评为“包头市科技创新型企业”，注册的“奥科”牌商标，被评为包头市知名商标。公司先后获得中国生产力促进中心协会颁发的“生产力促进奖（企业进步奖）”、11315 全国企业征信系统和绿盾征信（北京）有限公司共同颁发的“立信单位”等荣誉称号。

截至 2016 年 12 月，电池公司共有员工 120 人，其中男职工 73 人、女职工 47 人。管理岗 30 人、技术岗 9 人、操作岗 81 人；高级职称 11 人、中级职称 8 人、初级职称 18 人；高级技师 1 人、技师 11 人。

电池公司

（二）领导班子

第一届领导班子

常务副总经理：张　忠（2002. 03 ~ 2002. 11）
总经理兼党支部书记：
张　忠（2002. 11 ~ 2004. 07）
总经理兼党总支书记：
张　忠（2004. 07 ~ 2006. 07）
副总经理：李金玲（2002. 03 ~ 2005. 04）
副总工程师：徐绍萍（女，2002. 03 ~ 2002. 11）
副总经理兼总工程师：
徐绍萍（女，2002. 11 ~ 2006. 07）
总经理助理：杨永刚（2002. 03 ~ 2002. 11）
副总经理：杨永刚（2002. 11 ~ 2006. 07）
副总会计师：郭晓萍（女，2003. 10 ~ 2006. 07）
副总工程师：曹生彪（2003. 10 ~ 2006. 07）

第二届领导班子

总经理兼党总支书记：
张　忠（2006. 07 ~ 2007. 10）
总经理：李金华（2007. 10 ~ 2012. 09）
总经理兼党总支书记：
李金华（2012. 09 ~ 2014. 06）
副总经理兼总工程师：
徐绍萍（女，2006. 07 ~ 2007. 10）
党总支书记兼副总经理兼总工程师：
徐绍萍（女，2007. 10 ~ 2012. 09）
副总经理：杨永刚（2006. 07 ~ 2012. 09）
副总会计师：
郭晓萍（女，2006. 07 ~ 2008. 05）
副总工程师：
曹生彪（2006. 07 ~ 2012. 09）
副总经理：曹生彪（2012. 09 ~ 2014. 08）
总经理兼党总支书记：
曹生彪（2014. 08 ~ 2014. 10）
总经理助理：
常忠亮（2014. 08 ~ 2014. 10）

第三届领导班子

总经理：曹生彪（2014. 08 ~ ）
副总经理：张志钢（2016. 08 ~ ）
总经理助理：常忠亮（2014. 10 ~ 2016. 03）
党总支书记：曹生彪（2014. 10 ~ 2016. 08）
蒋振峰（2016. 08 ~ ）
工会主席：蒋振峰（2014. 12 ~ ）

（三）董事会

1. 合资公司阶段（2000. 04 ~ 2011. 09）

第一届董事会

董事长：崔　臣（2000. 04 ~ 2004. 05）

副董事长：Robert C. Stempel（ECD/OBC）
（2000.04~2004.05）
董　　事：陈隆淮（2000.04~2004.05）
王成印（2000.04~2004.05）
王晓铁（2000.04~2004.05）
张　忠（2000.04~2004.05）
孙国龙（2002.06~2004.05）
刘石政（2002.06~2004.05）
张日辉（2002.06~2004.05）
Subhash K. Dhar
（2004.04~2003.11）
Meera Vijian（2004.04~2003.11）
陈文波（WKC）
（2000.04~2004.05）
董事会秘书：张日辉（2000.04~2004.05）

第二届董事会

董事长：崔　臣（2004.06~2006.06）
张　忠（2006.06~2008.05）
副董事长：Robert C. Stemple（ECD/OBC）
（2004.06~2008.05）
董　　事：孙国龙（2004.06~2006.06）
陈隆淮（2004.06~2006.06）
刘石政（2004.06~2006.06）
王成印（2004.06~2006.06）
王晓铁（2004.06~2008.05）
张日辉（2004.06~2008.05）
赵生平（2004.06~2008.05）
刘忠涛（2004.06~2008.05）
邢　斌（2004.06~2008.05）
李金玲（2004.06~2008.05）
于志军（2004.06~2008.05）
Meera Vijian（2003.11~2008.05）
陈文波（2004.06~2004.11）
Jamie Tseng（中文姓名：曾敏，WKC 更名为 GET）
（2004.11~2008.05）
董事会秘书：张日辉（2004.06~2008.05）

第三届董事会

董事长：张　忠（2008.06~2011.08）
副董事长：Robert C. Stempel（ECD/OBC）
（2008.06~2009.11）
Michael A. Fetcenko（ECD/OBC）
（2009.11~2011.08）
董　　事：邢　斌（2008.06~2011.08）
王晓铁（2008.06~2011.08）
张日辉（2008.06~2011.08）
刘忠涛（2008.06~2011.08）
于志军（2008.06~2011.08）
李金华（2008.06~2011.08）
徐绍萍（女，2008.06~2011.08）
Meera Vijian（ECD/OBC）
（2008.06~2009.11）
Kwo Young（中文名字：杨国雄，ECD/OBC）
（2009.11~2011.08）
Jamie Tseng（中文姓名：曾敏，GET）
（2008.06~2011.08）
董事会秘书：张日辉（2008.06~2011.08）

2. 独资公司阶段（2011.09~2016.12）

第一届董事会

董事长：张　忠（2011.09~2014.09）
董　事：李金华（2011.09~2014.09）
邢　斌（2011.09~2012.05）
杨永刚（2011.09~2012.05）
张日辉（2012.05~2014.09）
于志军（2012.05~2014.09）
徐绍萍（女，2011.09~2013.05）
曹生彪（2013.05~2014.09）
监　事：蒋振峰（2011.09~2014.09）

第二届董事会

董事长：于志军（2014.10~2016.09）
董　事：许　涛（女，2014.10~2016.09）
郭根全（2014.10~2016.09）
曹生彪（2014.10~2016.09）
常忠亮（2014.10~2016.09）
监　事：蒋振峰（2014.10~2016.09）

2016 年 9 月，经北方稀土研究决定：电池公司不再设立董事会，由曹生彪任执行董事。

（四）职能部门

1. 综合管理部

2002 年 1 月，内蒙古稀奥科镍氢动力电池项目建设工程指挥部（以下简称项目指挥部）成立综合办公室。综合办公室对贮氢、电池、极板 3 个公司共同行使管理职责。2002 年 11 月，极板、电池两个公司成立综合办公室。2004 年 6 月，综合办公室更名为经理办公室。2007 年 10 月，极板公司、电池公司经理办公室独立。2013 年 6 月，经理办公室将组织人事管理职能划归组织人事部，更名为综合管理部。截至 2016 年 12 月，综合管理部共有职工 7 人，主要负责公司办公及行政管理、内部治安保卫、5S 管理、计划生育、保密等工作。

历任负责人

部　长：石钱军（2013.06~　　　　）
主　任：李　季（2002.01~2002.11）
　　　　邢　宏（2002.11~2004.06）
　　　　黄　杰（2004.06~2006.04）
　　　　蒋振峰（2008.10~2013.05）
副主任：蒋振峰（主持工作，2006.04~2008.10）

2. 组织人事部

2002 年 1 月，项目指挥部成立人力资源部，2002 年 11 月，极板、电池两个公司成立人力资源部。同时，人力资源管理职能划归综合办公室，撤销人力资源部。2004 年 6 月，综合办公室将人力资源管理职能划归人力资源部。2007 年 10 月，撤销人力资源部，职能划归经理办公室。2013 年 6 月，电池公司成立组织人事部，组织、人事职能由经理办公室划归组织人事部。截至 2016 年 12 月，组织人事部共有职工 3 人，主要负责公司组织、干部工作、思想宣传、纪检监察、人力资源管理、劳资管理等项工作。

历任负责人

部　长：邢　宏（2002.01~2002.11）
　　　　李　季（2004.06~2006.04）
　　　　马逸君（女，2013.06~　　　　）
副部长：王亚男（女，主持工作，2006.04~2007.10）

3. 工程管理部

2002 年 1 月，项目指挥部成立工程管理部。2002 年 11 月，工程管理职能划归行政物业中心，撤销工程管理部。

负责人

副部长：黄　杰（2002.01~2002.11）

4. 行政物业中心

2002 年 11 月，成立行政物业中心，对贮氢、电池、极板 3 个公司行使管理职责。2007 年 10 月，行政物业中心划归稀土高科。

历任负责人

主　任：黄　杰（2002.11~2004.06）
　　　　邢　宏（2004.06~2007.10）

5. 财务部

2002 年 1 月，项目指挥部成立计划财务部。2002 年 11 月，公司正式运行后，计划财务部对贮氢、电池、极板 3 个公司行使管理职责。2012 年 4 月，电池公司财务部独立。截至 2016 年 12 月，财务部共有职工 4 人，主要负责公司建立账簿管理、财务核算体系、会计核算、税务管理、资金控制、预算编制、配合审计等工作。

历任负责人

部　长：郭晓萍（女，2002.01~2008.05）
　　　　梁少峰（2008.05~2010.07）
副部长：蔺春燕（女，主持工作，2010.07~2012.04）
　　　　姚弋戈（主持工作，2012.04~2016.07）
　　　　米　娜（女，回族，2016.07~　　　　）

6. 设备部

2002 年 3 月，项目指挥部撤销极板技术部和电池装配技术部，成立内蒙古稀奥科镍氢动力电池有限公司设备动力部，主要负责公司生产、监测设备的管理、备品备件采购及储备、环保、公辅设施管理、设备管理指标上报等。截至 2016 年 12 月，设备部共有职工 7 人。

历任负责人

部　长：杨永刚（兼，2002.03~2002.11）
　　　　朱　毅（2003.10~2006.02）
　　　　吴风明（2013.06~　　　　）
副部长：朱　毅（主持工作，2002.11~2003.10）
　　　　张　兴（主持工作，2006.02~2007.01）
　　　　赵小龙（主持工作，2007.01~2013.06）

7. 品质管理部

2002 年 3 月，项目指挥部撤销了极板技术部和电池装配技术部，成立质量检验部，承担电池极板、电池装配生产线的质量检验工作。2008 年 10 月，质量检验部更名为品质管理部，主要负责：公司质量管理，原料、生产过程、产品的测试；参与供方评审、产品质量异议分析；检测设备维护。截至 2016 年 12 月，品质管理部共有职工 6 人。

历任负责人

部　长：许国强（2002.11~2009.04）

副部长：赵小龙（主持工作，2009.04~2012.10）

　　　　张　俐（女，主持工作，2012.10~2013.06）

　　　　张卫华（主持工作，2013.06~　　　）

负责人：徐绍萍（女，兼，2002.03~2002.11）

8. 供应部

2004年1月，电池公司成立供应部，主要负责原辅材料采购、原料价格控制、协助新材料、新部件开发等原市场部所有采购供应业务。截至2016年12月，供应部共有职工3人。

历任负责人

部　长：张　兴（2007.01~2008.03）

　　　　徐绍萍（女，兼，2008.03~2008.10）

　　　　张　俐（女，2013.06~　　　）

副部长：张　兴（主持工作,2004.01~2007.01）

　　　　马逸君（女，主持工作，2008.10~2013.06）

9. 生产部

2002年3月，项目指挥部撤销了极板技术部和电池装配技术部，成立生产部。主要负责：电池极板、电池装配生产系统的运行管理；根据公司计划及订单组织生产、备品物料准备、设备维检，并负责公司整体安全工作。截至2016年12月，生产部共设正极板、负极板、装配、化成、成品五个工段，共有职工73人。

历任负责人

部　长：曹生彪（2002.11~2008.10）

　　　　常忠亮（2008.10~2013.06）

　　　　赵小龙（2013.06~　　　）

副部长：曹生彪（主持工作,2002.03~2002.11）

10. 销售部

2002年1月，项目指挥部成立市场开发部，承担市场开发及销售工作。2004年6月，更名为销售部，主要负责市场开拓、产品销售、产品交付、客户管理、售后服务、出口产品检验检疫等。截至2016年12月，销售部共有职工6人。

历任负责人

部　长：顾　明（2002.01~2008.05）

　　　　聂永强（2013.06~　　　）

副部长：朱晓梅（女，主持工作，2008.05~2010.03）

　　　　聂永强（主持工作，2010.03~2013.06）

11. 技术中心

2002年3月，项目指挥部成立技术中心，主要负责新产品开发、技术攻关、工艺改进、生产过程工艺技术指导、科研项目管理、技术文件翻译、资料管理、质量体系、卓越绩效管理等。截至2016年12月，技术中心共有职工11人。

历任责任人

主　任：徐绍萍（女，兼，2002.12~2008.10）

　　　　曹生彪（兼，2008.10~2013.06）

　　　　贾春明（2013.06~　　　）

负责人：李素珍（女，2002.03~2002.12）

12. 工会

2008年12月，极板、电池公司成立工会，主要负责：组织宣教工作；生产、劳动保护工作；文体工作；权益保障工作及女工工作。

历任负责人

主　席：徐绍萍（女，2012.05~2012.09）

　　　　蒋振峰（2014.12~　　　）

副主席：李劲松（2008.12~2014.12）

第三节　绝对控股公司

一、上海鄂博稀土贸易有限公司

上海鄂博稀土贸易有限公司成立于2003年，是北方稀土在上海设立的销售分公司。上海鄂博稀土贸易有限公司拥有2个厂区，共15幢厂房，均位于上海市青浦区赵巷镇，占地面积合计2.3万平方米，建筑面积分别为3882.8平方米、4875.4平方米。公司注册资本50万元。股权结构：北方稀土90%，包头市昆区新宇华综合经营部10%。

上海鄂博稀土贸易有限公司主要生产经营各种规格的稀土氧化物、碳酸盐、单一稀土氧化物和金属。产品质量优异，规格齐全，价格合理，产品出口到世界20多个国家和地区。上海鄂博稀土贸易有限公司同时经营内蒙古稀土集团的硅铁、抛光粉、镍氢动力电池。

上海鄂博稀土贸易有限公司利用地区优势，积极拓宽国内外市场，将北方稀土优势逐步发展到南方市场，为北方稀土的发展提供良好的外部环境。

历任负责人

赵占斌（2003. 08~2006. 12）
赵生平（2006. 12~2008. 05）
张　忠（2008. 05~2015. 01）
张日辉（2015. 01~2016. 09）
李金玲（2016. 09~　　　　）

二、包头稀土研究院

（一）公司概况

包头稀土研究院（简称稀土研究院）位于包头市稀土高新区黄河大街36号，是以稀土资源的综合开发、利用为宗旨，以稀土冶金、环境保护、新型稀土功能材料及在高新技术领域应用、提升稀土传统产业的技术水平、稀土分析检测、稀土情报信息为研究重点的多专业、多学科的综合性研发机构。

1960年，包头稀土研究院按照聂荣臻副总理指示筹建，1963年正式成立，直属原冶金工业部，1985年更名为“冶金工业部包头稀土研究院”，1992年并入包钢（集团）公司，是全国最大的综合性稀土科技研发机构，1999年成为242个转制院所之一，并正式更名为“包头稀土研究院”。

1999年4月20日，根据国家科技部国科政字〔1999〕143号《关于国家经贸委管理的10个国家局所属科研机构管理体制改革的实施意见》要求，并经工商行政管理部门批准、登记注册，将原保留的“冶金工业部包头稀土研究院”更名为“包头稀土研究院”。同时，党委印章为“中共包头稀土研究院委员会”。5月20日，国家经贸委、科技部联合下发《关于国家经贸委管理的10个国家局所属242个科研机构转制方案》（国科发政〔1999〕197号），其中，包头稀土研究院并入包钢公司。

2001年2月28日，内蒙古自治区科技厅下发内科发新字〔2001〕7号文：稀土院被认定高新技术企业单位之一，并授予“高新技术企业认定证书”。4月，包头稀土研究院决定：成立包头市金稀土生物应用有限公司。5月25日，经自治区政府研究同意，稀土院正式成为事业法人单位。6月28日，稀土院根据国家发展计划委员会高技〔1999〕1590号文的精神，依托包头稀土研究院承担“稀土冶金及功能材料国家研究中心”的建设任务，采取有限责任公司形式进行组建。

2003年1月11日，下发包稀院字〔2003〕23号文，在稀土院设立“全国稀土信息情报网”机构的通知，具体业务由稀土院信息中心负责。10月7日，中国航天时代电子公司七一七厂为稀土院发来感谢信：“举世瞩目的神舟五号飞船首次载人飞行成功，这是中国航天发展史上的一件具有历史里程碑意义的大事，长期以来，作为我厂重要的军工外协配套单位，与我厂的产品一起参与了多种航天型号的飞行试验任务，均获得了圆满的成功，为祖国的航天事业和国防建设做出了贡献。为此我厂全体员工向贵院表示衷心的感谢!”

2005年2月16日，国家发改委稀土办下发发改稀土函〔2005〕3号文件，国家发展改革委稀土办公室《关于组织实施2004年稀土应用研究项目有关事宜的通知》。将稀土院申报的《中国稀土工业“十一五”发展规划编制》项目，列入国家发展改革委稀土办公室2004年稀土应用研究项目专项计划，补助财政专项资金50万元。项目完成后，由国家发改委稀土办组织验收。7月12日，内蒙古发改委下发内发改高技字〔2005〕958号文件，向国家发改委上报“关于呈报包头稀土院稀土冶金及功能材料国家工程中心项目建设总结报告”：该项目于1999年10月批复可行性研究报告。8月2日，根据包头市委、市政府及包钢公司的决定，包头稀土研究院将于9月开始整体搬迁至包头稀土高新区。

2006年1月31日，内蒙古国防科技办下发内科工国防发〔2006〕26号文件，稀土院被列为“武器装备科研生产许可证名录”单位之一。2月21日，国家产权局下发国知发管字〔2006〕24号文件，《关于确定第三批全国企业事业知识产权试点单位的通知》，稀土院被列为试点单位之一。10月26日，内蒙古国防武器装备科研部门资格审查认证委员会下发内密认委〔2005〕2号文件，批准稀土院为三级保密资格单位。

2007年3月26日，内蒙古科技厅下发内科发计字〔2007〕6号文件，《关于批准“内蒙古自治区煤炭化学重点实验室”等14个重点单位的通知》。稀土院的“稀土功能材料室”被列为内蒙古

自治区重点实验室之一。4月5日，全国稀土标准化委员会下发稀土标委〔2007〕05号文件，《关于对首批主审专家进行确认的函》。稀土院的许涛为该机构的首批专家之一。11月6日，按照内蒙古国有资产监督管理委员会下发《关于有偿转让出资稀土企业国有产权的批复》（内国资产权字〔2007〕193号），稀土高科持有包头稀土研究院100%国有股权。

2009年9月28日，内蒙古包钢稀土（集团）高科技股份有限公司董事会下发董发〔2009〕06号文件，《关于包头稀土院变更“经济性质”及“注册资本”的通知》。其内容如下：“一、包头稀土院的经济性质由全民所有制变更为有限公司；二、包头稀土院的注册资本金由1500万元人民币变更为6129万元人民币。”10月19日，内蒙古包钢稀土（集团）高科技股份有限公司下发董发〔2009〕08文件，《关于同意稀土研究院转变“企业性质”及“转制方案”的批复》。其主要内容如下：同意你院企业性质由“全民所有制”企业转变为“有限责任公司”，并办理相关工商登记手续。按照“人随资产走”的原则，你院原有的全民所有制职工全部归入新转制公司，同时做好职工身份的转变和实现工作。11月2日，下发包稀院综办字〔2009〕15号文件，《关于启用“包头稀土研究院董事会、监事会”印章的通知》。11月23日，内蒙古科技厅下发内科发合字〔2009〕24号文件，《关于在包头稀土研究院设立“中蒙技术转移中心”的批复》，经研究同意将“中蒙技术转移中心”设在你院。11月27日，内蒙古包钢稀土（集团）高科技股份有限公司下发董发〔2009〕09号文件，《关于稀土研究院、磁材公司修改章程、注册资金等有关事宜的通知》。经本公司（包钢稀土）四届五次董事会批准：内蒙古包钢稀土（集团）高科技股份有限公司将持有内蒙古包钢稀土磁性材料有限公司30%股份转让给包头稀土研究，相应增加对稀土研究院的投资46615996.16元，并对稀土院的注册进行相应的修改，新章程另行颁布。稀土研究院接到通知后，相应办理注册资金等工商注册信息变更。

2011年9月29日，稀土院通过由内蒙古自治区国家保密局、国防科工办组织的武器装备科研生产单位二级保密资格现场审查，成为二级军工保密资格单位。12月28日，稀土院于11月22日给包钢（集团）公司报送关于设立“稀土研究院天津分院”的请示，得到包钢（集团）公司董事长批示：“同意，请包钢稀土（集团）开展工作。”而后由包钢稀土（集团）公司上报关于购买“天津华明工业园区厂房”授权委托书。

2012年4月26日，稀土院院士专家工作站（内蒙古自治区“稀土新材料院士工作站”）揭牌仪式在包钢宾馆举行，中国工程院院士余永富、包钢（集团）公司总经理李春龙共同为工作站揭牌。中国科学院化学研究所研究员宋卫国参加揭牌仪式，并作了题为“纳米结构材料的制备方法及在催化吸附中的应用”的报告。6月6日，下发包稀院人字〔2012〕26号文件，《关于包头稀土院相关部门和瑞科稀土冶金及功能材料国家工程中心有限公司机关部门合署办公及干部调整的通知》。8月，“稀土研究院天津分院”为全面贯彻落实包钢（集团）公司关于稀土产业发展的指示精神，经请示成立了“稀土研究院天津分院”筹建工作组，全面负责天津分院的依法设立、基础设施配套装修等保障工作。

2014年12月12日，包头稀土研究院股东内蒙古包钢稀土（集团）高科技股份有限公司，认缴出资14841.35万元，出资比例84.31%，股东内蒙古国有资产运营有限公司认缴出资2760.98万元，出资比例15.69%。

2015年4月2日，中国北方稀土（集团）高科技股份有限公司董事会通过，向包头稀土研究院新增认缴出资6484.6万元，增资后中国北方稀土（集团）高科技股份有限公司出资比例88.54%，内蒙古国有资产运营有限公司出资比例11.46%。

2016年，包头稀土研究院股权结构为中国北方稀土（集团）高科技股份有限公司持股88.54%，内蒙古国有资产运营有限公司持股11.46%。

截至2016年12月，稀土研究院固定资产原值29162万元、净值19091万元。包头稀土研究院下设4个管理部室、4个研究所、1个理化检测中心、1个信息中心、1个后勤保障中心和1个中试基地，拥有参控股公司16家，占地总面积为150亩，建筑面积为30388平方米。拥有在岗职工466人，离岗职工23人（女职工4人）。其中，管理岗41人，科研岗328人，操作岗97人；高级职称121人，中级职称120人，初级职称67人；高级技师 1 人，技师 4 人。

稀土研究院办公楼

（二）领导班子

1999 年 5 月 20 日，国家经贸委、科技部联合下发（国科发政〔1999〕197 号）文件，将包头稀土研究院并入包钢（集团）公司。包钢（集团）公司于 2001 年 6 月 27 日同意：包头稀土研究院正式成立包钢集团“包头稀土研究院有限责任公司”，并建立董事会、监事会。此为并入包钢（集团）公司成立有限责任公司后领导的班子。

第一届领导班子

院　　长：张安文（1999. 12～2006. 03）
党委书记：史志岩（1999. 12～2005. 03）
　　　　　刘石政（2005. 03～2006. 03）
副 院 长：赵增祺（2001. 09～2006. 03）
　　　　　王　标（2001. 09～2011. 05）
　　　　　琚建勇（2006. 03～2015. 05）
工会主席：杨丽颖（2001. 08～2007. 11）

第二届领导班子

院　　长：赵增祺（2006. 03～2011. 05）
党委书记：琚建勇（2006. 03～2011. 05）
副 院 长：王　标（2001. 09～2011. 05）
　　　　　许　涛（女，2006. 07～2014. 08）
　　　　　张志宏（2006. 07～　　　）
　　　　　琚建勇（兼，2006. 03～　　　）

第三届领导班子

院　　长：杨占峰（2011. 05～2014. 08）
党委书记：琚建勇（2011. 05～2015. 05）
副 院 长：张志宏（2006. 07～　　　）
　　　　　马志鸿（2011. 05～　　　）
　　　　　许　涛（女，2006. 07～2014. 08）
　　　　　梁行方（2014. 08～　　　）

第四届领导班子

院长、党委书记：
　　　　　孟志泉（2015. 05～2016. 05）
常务副院长：杨占峰（2014. 08～2016. 05）
党委副书记：琚建勇（2015. 05～2016. 05）
副　院　长：张志宏（2006. 07～　　　）
　　　　　马志鸿（2011. 05～　　　）
　　　　　梁行方（2014. 08～　　　）

第五届领导班子

院　　长：杨占峰（2016. 05～　　　）
党委书记：琚建勇（2016. 05～2016. 08）
工会主席：张大勇（2014. 08～　　　）
副 院 长：张志宏（2006. 07～　　　）
　　　　　马志鸿（2011. 05～　　　）
　　　　　梁行方（2014. 08～　　　）

第六届领导班子

院　　长：杨占峰（2016. 05～　　　）
党委书记：杨　志（2016. 08～　　　）
工会主席：张大勇（2014. 08～　　　）
副 院 长：张志宏（2006. 07～　　　）
　　　　　马志鸿（2011. 05～　　　）
　　　　　李　冬（2016. 08～　　　）
　　　　　梁行方（2014. 08～　　　）

（三）股东会

2015 年 7 月 3 日，稀土研究院 2015 年临时股东会以通信方式召开。稀土研究院全部两个股东均参加了会议，100%的股东表决权均对会议事项投了赞成票。会议审议通过了由孟志泉、杨占峰、琚建勇、张志宏、韩国信 5 名董事组成稀土研究院第一届董事会，由张大勇、张文骞、白建荣 3 名监事组成稀土研究院第一届监事会；审议通过了《关于变更股东名称的议案》，股东内蒙古包钢稀土（集团）高科技股份有限公司名称变更为“中国北方稀土集团高科技股份有限公司”，简称“北方稀土”；《关于北方稀土增资稀土研究院的议案》，北方稀土向稀土研究院以货币资金新增认缴出资 1 亿元。增资后稀土研究院注册资本由人民币 17602. 33 万元增加至人民币 24086. 94 万元。股东中国北方稀土（集团）高科技股份有限公司出资额为人民币 21325. 95 万元，股东内蒙古国有资产运营有限公司出资额为人民币 2760. 98 万元。股东持股比例变为中国北方稀土（集团）高科技股份有限公司 88. 54%，内蒙古国有资产运营有限公司 11. 46%；通过了《包头稀土研究院章程修正案》，同意将《包头稀土研究院章程》中第四章第

八条、第五章第九条、第八章第二十六条及第三十六条进行修正。

2015 年 10 月 10 日，稀土研究院 2015 年第二次临时股东会以通信方式召开。会议审议通过了《关于出资成立包头市中科发展科技有限责任公司的议案》，同意出资 1000 万元作为注册资本金成立“包头市中科发展科技有限责任公司”。稀土研究院另提供 9000 万元，结合稀土研究院自身定位和科研规划，可作为“包头市中科发展科技有限责任公司”项目的相关配套资金，按项目的实施情况具体掌握。

2015 年 10 月 20 日，稀土研究院 2015 年第三次临时股东会以通信方式召开。会议审议通过了《关于与内蒙古自治区锅炉压力容器检验研究院等 4 家公司合资成立内蒙古蓝鑫稀土检测与科技服务有限公司的议案》，同意参与设立内蒙古蓝鑫检测与技术服务有限公司（以下简称“蓝鑫公司”），蓝鑫公司注册资本为 1250 万元人民币，股东及股比结构为：内蒙古自治区锅炉压力容器检验研究院，出资 350 万元人民币，占注册资本 28%；包头市中小企业公共服务中心，出资 250 万元人民币，占注册资本 20%；稀土研究院，出资 250 万元人民币，占注册资本 20%；中国标准科技集团有限公司，出资 150 万元人民币，占注册资本 12%；包头稀土高新技术产业开发区生产力促进中心，出资 250 万元人民币，占注册资本 20%。审议通过了《关于向包头市中科发展科技有限责任公司推荐执行董事、监事、总经理的议案》，同意包头稀土研究院出资的全资子公司包头市中科发展科技有限责任公司不设立董事会，推荐周秉利为执行董事，执行董事为公司法定代表人；公司不设监事会，设监事一人，推荐杨占峰为监事；推荐池建义为总经理。审议通过该公司章程。

2016 年 7 月 11 日，稀土研究院 2016 年临时股东会以通信方式召开。会议审议通过了《关于变更公司股东名称的议案》，股东内蒙古国有资产运营有限公司名称变更为“内蒙古国有资本运营有限公司”。审议通过了《关于变更董事的议案》，同意张忠先生任稀土研究院董事，孟志泉先生不再担任稀土研究院董事。审议通过了《包头稀土研究院章程修正案》，同意将《包头稀土研究院章程》中第五章第九条进行修正。

（四）董事会

包钢（集团）公司于 2001 年 6 月 27 日同意：包头稀土研究院正式成立包钢集团“包头稀土研究院有限责任公司”，并建立董事会、监事会。

第一届董事会　［内蒙古稀土（集团）有限责任公司同意成立包头稀土研究院有限责任公司］

董事长：张安文（2001.06～2006.07）
　　　　赵增祺（2006.08～2009.08）
董　事：张安文（2001.06～2006.07）
　　　　史志岩（2001.06～2005.02）
　　　　琚建勇（2001.06～2009.08）
　　　　赵增祺（2001.06～2009.08）
　　　　王　标（2001.06～2009.08）
　　　　刘石政（2005.03～2006.07）
　　　　张志宏（2006.08～2009.08）
　　　　许　涛（女，2006.08～2009.08）

第二届董事会　［内蒙古包钢稀土（集团）高科技股份有限公司同意稀土院企业性质由全民所有制转为有限责任公司］

董事长：赵增祺（2009.09～2011.04）
　　　　杨占峰（2011.05～2014.07）
　　　　孟志泉（2014.08～2015.04）
董　事：赵增祺（2009.09～2011.04）
　　　　琚建勇（2009.09～2015.04）
　　　　王　标（2009.09～2011.04）
　　　　张志宏（2009.09～2015.04）
　　　　许　涛（女，2009.09～2014.07）
　　　　杨占峰（2011.05～2015.04）
　　　　马志鸿（2011.05～2015.04）
　　　　孟志泉（2014.08～2015.04）

第三届董事会　（国资委入股）

董事长：孟志泉（2015.05～2016.04）
　　　　张　忠（2016.05～　　　　）
董　事：孟志泉（2015.05～2016.04）
　　　　杨占峰（2015.05～　　　　）
　　　　琚建勇（2015.05～　　　　）
　　　　韩国信（2015.05～　　　　）
　　　　张志宏（2015.05～　　　　）
　　　　张　忠（2016.05～　　　　）

（五）监事会

第一届监事会

监事会主席：杨丽颖（2001.06～2009.08）
　　　　　　孙德友（2009.09～2015.04）
　　　　　　张大勇（2015.05～　　　　）
监　　　事：张文骞（2009.09～　　　　）

杨家勇（2009.09~2015.04）

韩国信（2015.05~　　　）

（六）职能部门

1. 综合办公室

2002 年 6 月，稀土研究院设立综合办公室，综合办公室下设保密办公室。2012 年 6 月，综合办公室与瑞科国家工程中心综合办公室合署办公，主要负责秘书、文书、印鉴、档案、接待、会务、办公、通信、法律事务及调研、机要、保密、信访、公务用车、出国人员审批、文印、董事会、督查、督办等方面工作。

历任负责人

主　任：何平娜（女，2002.06~2003.02）

孙德友（2003.02~2013.05）

苏秀兰（女，2013.05~2014.10）

李　波（2014.10~　　　）

2. 党委工作部、人事部

2002 年 6 月，稀土研究院将原组织部（人事处）调整为组织人事部，定员 4 人，下设组织干部科和劳资培训科。2008 年 7 月，调整为党委工作部、人事部，其中组织部和宣传部的职能并入党委工作部，主要负责党组织建设、宣传、纪检、职工队伍管理、劳动用工的管理、工资管理、统计、社会保障、职工培训、档案管理等工作。

历任负责人

部　长：王　欣（2002.06~2008.05）

张文骞（2008.07~2016.05）

高俊梅（女，2016.05~　　　）

3. 科研管理部

2002 年 6 月，稀土研究院将原科研处调整为科研管理部。科研管理部主要负责：科研项目管理、科研成果管理、返聘专家管理；组织制修订年度科研计划及中长期科研规划。科研管理部按业务分别设置部长 1 名，副部长 2 名，工作人员 9 人。

历任负责人

部　长：夏国金（2002.06~2009.01）

马志鸿（2009.01~2011.05）

闫慧忠（2011.05~2013.05）

王　荣（2013.05~　　　）

4. 计划财务部

2002 年 6 月，计划财务处调整为计划财务部，内设财务管理科、综合计划科。2008 年，计划财务部下设财务管理科、综合计划科。2012 年 6 月，稀土研究院计划财务部与国家工程中心财务部合署办公，主要负责：全院编制、执行、分析财务预决算；对资金实行集中管理；参与经营决策，并做好成本、费用、利润指标的制定、考核；如实反映财务状况和经营成果，依法正确计算、缴纳各项国家税（费）；配合其他部门做好各项基础管理工作。

历任负责人

部　长：王兴汉（2002.06~2005.09）

郭根全（2005.09~2008.07）

郭晓萍（女，2008.07~2010.12）

王　波（女，2010.12~　　　）

三、内蒙古包钢稀土磁性材料有限责任公司

（一）公司概况

内蒙古包钢稀土磁性材料有限责任公司（简称磁材公司）位于内蒙古包头市稀土高新区黄河大街 32 号。磁材公司前身是稀土研究院永磁事业部，1987 年建成国内第一条钕铁硼磁体生产线，1990 年在研究室达到了当时的世界最高纪录 52.2MGOe（兆高奥）；2005 年，成功建设了中国首条高性能磁性材料生产线。2008 年 6 月 16 日，稀土高科下发《关于成立包钢稀土磁性材料产业化项目建设指挥部的通知》（公司发〔2008〕40 号），正式成立包钢稀土磁性材料产业化项目建设指挥部，负责磁性材料产业化项目的筹建工作。2009 年 4 月，正式成立内蒙古包钢稀土磁性材料有限责任公司，是稀土高科的全资子公司。

2009 年 5 月 13 日，稀土高科根据发展需要，将全资子公司磁材公司注册资本由 2650 万元增至 17600 万元。其中，以土地新增资（55 亩）1541.01 万元，以货币新增资 13408.99 万元，合计新增资 14950 万元。

2014 年 12 月 24 日，磁材公司组织召开股东会，全体股东一致同意磁材公司注册资本金由 17600 万元人民币增资为 46666.47 万元人民币，新增注册资本 29066.47 万元。其中，由包钢稀土新增认缴出资 20600 万元人民币，出资比例 81.86%。新股东包头稀土研究院认缴出资额 5280 万元人民币，出资比例 11.31%，内蒙古国有资产运营有限公司认缴出资额 3186.47 万元人民币，出资比例 6.83%，磁材公司成为包钢稀土的绝对

控股子公司。磁材公司专业生产高品质钕铁硼速凝薄带合金及烧结钕铁硼磁体，业已具备年产15000吨钕铁硼速凝薄带合金及3000吨烧结钕铁硼磁体的能力。磁材公司以北方稀土资源为后盾，以磁性材料技术为依托，生产优质磁性材料产品，致力于实现“打造精品磁材，创建一流企业”的愿景。公司曾荣获包头市“5512工程”创新团队、2012年度包头市优良工程、2013年度自治区科技进步二等奖、“草原英才”工程内蒙古自治区产业创新人才团队、包头市知名商标等荣誉，申报获得1项发明专利和5项实用新型专利。

截至2016年12月，磁材公司下设9个职能部门、1个分公司，在岗职工376人，离岗职工29人。其中管理岗80人，操作岗281人，技术岗15人。高级职称人员10人，中级职称人员19人，初级职称人员25人，技师6人。

磁材公司

（二）领导班子

第一届领导班子

经　　理：王　标（2009.07~2016.05）
党总支书记：王　标（2009.12~2016.05）
副 经 理：高新华（2009.07~2016.05）
郭晓萍（女，2009.07~2016.05）
工会代主席：康　伟（2014.12~2015.03）
工会主席：康　伟（2015.03~2016.05）
副总工程师：娄树普（2009.07~2014.07）
董改华（女，2009.07~2016.05）
经理助理（内聘）：
夏　宁（2014.06~2016.05）

第二届领导班子

经　　理：张日辉（2016.05~　　）
党总支书记：张日辉（2016.05~2016.08）
樊海涛（2016.08~　　）
副 经 理：高新华（2016.06~　　）
郭晓萍（女，2016.06~2016.08）
刁东昌（2016.08~　　）
李俊义（2016.08~　　）
工会主席：康　伟（2016.05~　　）
副总工程师：董改华（女，2016.05~　　）
经理助理（内聘）：
夏　宁（2016.05~　　）

（三）董事会

截至2016年12月，磁材公司共有两届董事会。

第一届董事会

董事长：张　忠（2009.05~2014.10）
董　事：琚建勇（2009.05~2014.10）
邢　斌（2009.05~2014.10）
李　忠（2009.05~2014.10）
王　标（2009.05~2014.10）

第二届董事会

董事长：王　标（2014.10~　　）
董　事：杨占峰（2014.10~　　）
王　晔（女，2014.10~　　）
王福生（2014.10~　　）
郭晓萍（女，2014.10~　　）

（四）监事会

截至2016年12月，磁材公司仅有一位监事。

监　事：张日辉（2009.05~　　）

（五）职能部门

1. 综合管理部（工会）

2009年6月，磁材公司成立综合管理部（工会），主要负责：组织人事、劳资管理、绩效考核工作，文秘、档案工作，党建、工会、共青团工作，董事会相关工作及对外联络工作，信访、保密、武装保卫工作，厂容、浴室、食堂等后勤管理工作，公司证件、印章管理及综合治理工作等。截至2016年12月，综合管理部共有职工33人。

历任负责人

部长：张志刚（2009.06~2010.07）
夏　宁（2010.07~2016.08）
王　强（蒙古族，2016.08~　　）

2. 财务部

2009 年 6 月，磁材公司成立财务部，主要负责：融资及资金日常管理工作，全面预算管理、会计核算、财务决算、财务成本分析工作，公司财务相关的对外协调工作，财务管理工作，成本费用指标的考核工作及财政补贴的申领工作等。截至 2016 年 12 月，财务部共有职工 9 人。

历任负责人

部　长：肖　锐（2009. 06～2012. 06）
王晓霞（女，2012. 06～2016. 08）
贺　君（2016. 08～　　　　）

3. 基建设备部

2009 年 6 月，磁材公司成立基建设备部，主要负责：制订设备的大中修检修计划及全过程的监督管理，设备及备品备件的采购及供应商管理，设备备品备件库房管理，特种设备及计量器具的管理，设备及固定资产的日常管理，设备技术改造及基建技改工作，设备专项考核工作，设备点、巡检的监督检查考核，水、电、暖等能源动力的管理，工装模具的委外制作及委外供应商的管理，设备及图纸资料的管理，基础设施建设管理工作等。截至 2016 年 12 月，基建设备部共有职工 20 人。

历任负责人

副部长：戎利军（2009. 06～2016. 03）
蒋天舒（满族，2016. 03～2016. 08）
周　元（满族，2016. 08～　　　　）

4. 市场部

2009 年 6 月，磁材公司成立市场开发部。2012 年 2 月 9 日，市场开发部划分为合金市场部和磁体市场部。合金市场部主要负责合金产品的市场开发工作；磁体市场部主要负责磁体产品的市场开发工作。2016 年 7 月，磁体市场部和合金市场部重新合并为市场部，主要负责：根据公司营销战略组织制定年度销售规划，全面掌握市场信息并出具市场调研报告，签订销售合同以及应收账款按期回收工作，对外贸易及进出口业务工作，对顾客满意度的测量和顾客财产管理，客户维护及售后服务，物流工作，对外合作及加工费用核算管理工作，工业废物（例如：磁泥、炉渣、超细粉、旧桶及其他废旧物资）的销售工作等。截至 2016 年 12 月，市场部共有职工 11 人。

历任负责人

部　长：赵　超（2009. 06～2009. 12）
郭晓萍（女，主持工作，2010. 01～2010. 04）
贾海军（2010. 05～　　　　）

5. 质量管理部

2009 年 6 月，磁材公司成立质量管理部，主要负责：质量、环境、职业健康安全管理体系的建立、实施、保持，组织制定质量、环境、职业健康安全目标、指标和方案，原材料、过程检验、最终产品和出厂检验工作，二、三方审核及内外部质量信息、反馈处理、跟踪，全过程的质量考核工作，实验室的管理工作，品牌创优工作，不良质量成本的统计分析等工作。截至 2016 年 12 月，质量管理部共有职工 25 人。

历任负责人

部　长：张红艳（女，2009. 06～2015. 10）
董改华（女，主持工作，2015. 10～2016. 08）
麻灵芝（女，2016. 08～　　　　）

6. 物资供应部

2012 年 2 月 9 日，市场部的采购组独立分设，成立物资供应部，原采购组的工作职能和人员划归物资供应部，主要负责：根据生产计划编制采购计划，实施公司生产经营所需原辅材料的采购，原辅材料价格趋势分析，对原辅材料供应商进行管理，相关方管理（双福气体公司驻磁材公司气站），原辅材料的进出库及日常管理工作，低值易耗品、包装物等的管理工作等。截至 2016 年 12 月，物资供应部共有职工 4 人。

历任负责人

副部长：周　元（满族，2012. 02～2016. 08）
张　瑛（女，2016. 08～　　　　）

7. 生产技术部

2009 年 6 月，磁材公司成立生产管理部。2012 年 2 月 9 日，磁材公司成立技术部，制造部下设的工艺组工作职能及人员划归技术部。2016 年 7 月，生产管理部和技术部合并为生产技术部，原生产管理部、技术部职能及人员划归生产技术部，主要负责：生产计划、统计、调度工作，组织订单评审和按期交付、信息转化，生产过程中的对外协作，公司安全、环保、职业健康工作，公司精益管理工作，产品全生命周期工作，工作现场5S管理、监督，生产流程的监控与管理，环境、职业健康管理体系的运行控制及应急准备工作，成品库房的管理，产品的工艺定型、工艺改进和新产品开发，以及相关文档管理工作，现场工艺技术管理指导，收集行业技术的前沿信息，公司科研课题的立项申报，参与产品销售的技术支持，机加车间的管理等工作。截至2016年12月，生产技术部共有职工27人。

历任负责人

部　长：夏　宁（2016.08～　　　）

8. 合金车间

2009年6月，磁材公司设立合金一部和磁体二部，合金一部下设合金工段。2012年2月9日，成立制造部，合金工段提升为合金车间。2016年7月，合金车间独立分设，主要负责：根据生产计划组织均衡生产，车间安全、质量、技术及设备管理工作，车间内部成本控制，执行公司制定的生产定额、物料定额等，设备的日常维护、点检工作，生产线在制品的管理，车间记录及数据的统计分析，产品氢碎过程中的物资管理工作，车间的工装设计、维护管理工作。截至2016年12月，合金车间共有职工112人。

历任负责人

主　任：贾海军（2009.06～2010.04）
　　　　李颖军（2010.04～2016.08）
　　　　刘治平（2016.08～　　　）

9. 磁体车间

2009年6月，磁材公司设立合金一部和磁体二部，磁体二部下设磁体工段、加工工段和工艺组。2012年2月9日，成立制造部，下设3个车间（原3个工段提升为车间），分别是合金车间、磁体车间和加工车间，工艺组单独成立为技术部。2016年7月，磁体车间独立分设，主要负责：根据生产计划组织均衡生产，车间产品安全、质量、技术及设备管理工作，车间内部成本控制，执行公司制定的生产定额、物料定额等，设备的日常维护、点检工作，生产线在制品的管理，车间记录及数据的统计分析，车间的工装模具设计、维护管理工作。截至2016年12月，磁体车间共有职工65人。

历任负责人

主　任：耿霄鹏（2009.06～2012.05）
　　　　郭利群（2012.05～2014.06）
　　　　张延杰（2014.06～2016.08）
　　　　常瑞敏（2016.08～　　　）

10. 宁波分公司

2010年11月，磁材公司设立宁波加工检验中心。2012年2月9日，更名为宁波加工中心。2013年4月3日，成立宁波分公司，主要负责：建立和完善宁波分公司各项制度，按体系要求对电镀车间和委外加工厂进行审核和评价，保证其质量管理符合产品要求，宁波分公司内部正常运作，出现异常问题及时上报，控制宁波分公司预算，降低管理成本，宁波分公司产品出厂前的检验判定，出现异常或不合格及时协调处理，宁波分公司产品及辅料的仓储管理，宁波分公司的人员管理及培训工作等。截至2016年12月，宁波分公司共有职工45人。

历任负责人

经　理：李　红（2010.11～2011.02）
　　　　常瑞敏（2011.02～2014.06）
　　　　郭勇军（2014.06～2016.08）
　　　　蒋天舒（满族，2016.08～　　　）

四、内蒙古稀奥科贮氢合金有限公司

（一）公司概况

内蒙古稀奥科贮氢合金有限公司（简称贮氢公司），位于内蒙古包头市稀土高新区青工南路1号，占地面积为40354.62平方米。1999年2月11日，内蒙古自治区计划委员会下发内计原工字〔1999〕91号文件，同意内蒙古包钢稀土高科技股份有限公司混合稀土系贮氢合金粉项目立项。8月26日，中国稀土高科与美国ECD/OBC公司正式签订《制造技术和设备合同》。12月8日，内蒙古自治区计划委员会下发内计原工字〔1999〕1156号文件，对《关于中外合资建设混合稀土系贮氢合金粉生产项目可行性研究的请示》再次作出批复，认为“该项目依托内蒙古优质稀土资源，引进国际先进技术和装备，开发生产高附加值稀土应用产品，符合国家及自治区产业政策要求，同意混合稀土系贮氢合金粉项目建设”。2000年3月，经包头市工商局批准，由中国稀土高科、美国能源转换器件公司（ECD）/欧文尼克电池公司（OBC）和美国和光交易公司（WKC）共同投资建设内蒙古稀奥科贮氢合金有限公司，公司性质为中美合资企业，是中国稀土高科绝对控股的子公司。注册资本 1300 万美元，中方占 75%股权（现金），外方占 25%股权（现金+技术）。

贮氢公司引进国外先进的生产工艺和技术，集科研、开发、生产、销售于一体，拥有多项国际技术专利，主导产品为混合稀土系贮氢合金粉和高温合金，混合稀土系贮氢合金粉年生产能力为 1500 吨，用于汽车涡轮增压器的高温合金年生产能力为 500 吨，公司生产的混合稀土系贮氢合金粉，通过采用独特的配方，具有高吸放氢速率、活化快、长寿命等特点。同时，贮氢公司拥有国外先进的生产设备和检测设备，包括德国 SPECTRO CIROS CCD 电感耦合等离子体光谱仪、日本 Suznki 压力温度组成测试仪、美国 LECO TC-500 氧氮测试仪、美国 LECO C-200 碳测定仪、日本 Rigaku ZSXmini X-射线荧光分析仪、日本 Rigaku mini Flex X-射线衍射仪等。贮氢公司拥有一批长期从事质量检测、质量方法研究及质量管理工作的高级别专业技术团队，质量检测技术力量雄厚，检测手段先进，国内外专业技术标准齐全，对各类型的稀土样品均能提供准确的测试。公司成立以来，通过全体科研人员的共同努力，共取得国家级科研成果 5 项、自治区级科研成果 2 项、包头市级科研成果 6 项、包钢级科研成果 7 项，5 项专利被授权；还获得内蒙古名牌产品、内蒙古自治区十强企业、内蒙古自治区诚信企业、包头市质量信用优级企业等荣誉称号。2003 年 1 月，公司通过北京新世纪认证有限公司和英国国家质量保证有限公司的 ISO9001、ISO14001 质量环境管理体系认证，是目前国内较大的混合稀土系贮氢合金粉生产企业之一，被内蒙古自治区认定为高新技术企业。公司坚持客户至上，本着“求真务实、高能高效”的企业精神和不断创新的技术水平和全新的经营理念，积极开拓国内外市场，为客户提供一流的产品和全方位的服务。

截至 2016 年 12 月，贮氢公司拥有固定资产原值 185012377.68 元，净值 56666366.52 元，现有职工 155 人，其中操作人员 98 人，管理人员 37 人，科技人员 22 人。技术团队中有高级职称 14 人，中级职称 24 人，初级职称 14 人。

贮氢公司

（二）领导班子

第一届领导班子

总　经　理：陈隆淮（2000.03～2002.11）
总经理兼党支部书记：
张　忠（2002.11～2006.07）
常务副总经理：张　忠（2002.03～2002.11）
副总经理兼总工程师：
朱惜林（2002.11～2006.07）
副 总 经 理：李金玲（2002.03～2005.04）
杨永刚（2002.11～2006.07）
副 总 工 程 师：朱惜林（2001.10～2002.11）
总 经 理 助 理：杨永刚（2002.03～2002.11）
李金华（2003.10～2006.07）
副 总 会 计 师：郭晓萍（女，2003.10～2006.07）

第二届领导班子

总　经　理：李培良（2004.04～2005.06）
张　忠（2005.06～2007.10）
蒿建生（2007.10～2012.10）
副 总 经 理：邢　斌（2004.04～2005.06）
邢　斌（2005.06～2007.10）
李金华（2006.07～2007.10）
李　冰（女，2012.09～2012.10）
副总经理兼总工程师：
朱惜林（2006.07～2012.10）
副总经理兼党总支书记：
刘　义（2007.10～2012.10）
副总会计师：郭晓萍（女，2006.07～2008.05）
经 理 助 理：李　冰（女，2011.11～2012.10）
孙志刚（2011.11～2012.10）

第三届领导班子

总经理兼党总支书记：

杨永刚（2012.10～　　　　）
副总经理兼总工程师：
朱惜林（2012.10～　　　　）
副总经理：李　冰（女，2012.10～　　　　）
经理助理：孙志刚（2012.10～　　　　）
工会主席：肖　明（2014.12～　　　　）

（三）董事会

第一届董事会

董事长：崔　臣（2002.01～2004.11）
董　事：陈隆淮（2002.01～2004.11）
冀学斌（2002.01～2004.11）
王成印（2002.01～2004.11）
Subhash K. Dhar（2002.01～2004.11）
陈文波（2002.01～2004.11）

第二届董事会

董 事 长：崔　臣（2004.11～2005.06）
副董事长：Robert C. Stempel
（2004.11～2005.06）
董　　事：孙国龙（2004.11～2005.06）
刘石政（2004.11～2005.06）
张　忠（2004.11～2005.06）
陈文波（2004.11～2005.06）
陈隆淮（2004.11～2005.06）
王晓铁（2004.11～2005.06）
张日辉（2004.11～2005.06）
Subhash K. Dhar
（2004.11～2005.06）
曾　敏（2004.11～2005.06）

第三届董事会

董 事 长：崔　臣（2005.06～2006.06）
副董事长：Robert C. Stempel
（2005.06～2006.06）
董　　事：孙国龙（2005.06～2006.06）
刘石政（2005.06～2006.06）
张　忠（2005.06～2006.06）
陈隆淮（2005.06～2006.06）
王成印（2005.06～2006.06）
王晓铁（2005.06～2006.06）
张日辉（2005.06～2006.06）
Subhash K. Dhar
（2005.06～2006.06）
曾　敏（2005.06～2006.06）
陈文波（2005.6～2006.06）

第四届董事会

董 事 长：张　忠（2006.06～2014.10）
副董事长：Robert C. Stempel
（2006.06～2010.01）
Michael A. Fetcenko
（2010.01～2014.10）
董　　事：赵生平（2006.06～2008.05）
刘忠涛（2006.06～2014.10）
邢　斌（2006.06～2014.10）
Subhash K. Dhar
（2006.06～2010.01）
刘　义（2006.06～2014.10）
于志军（2006.06～2014.10）
王晓铁（2006.06～2014.10）
张日辉（2006.06～2014.10）
蒿建生（2008.05～2014.10）
曾　敏（2006.06～2014.10）
杨国雄（2010.01～2014.10）

第五届董事会

董 事 长：琚建勇（2014.10～2016.12）
副董事长：Michael A. Fetcenko
（2014.10～2016.12）
董　　事：王　晔（女，2014.10～2016.12）
杨永刚（2014.10～2016.12）
朱惜林（2014.10～2016.12）
Frank C. Ingriselli
（2014.10～2016.12）
杨国雄（2014.10～2016.12）

第六届董事会

董 事 长：张　忠（2016.12～　　　　）
副董事长：Michael A. Fetcenko（2016.12～　　　　）
董　　事：王占成（2016.12～　　　　）
杨永刚（2016.12～　　　　）
朱惜林（2016.12～　　　　）
Frank C. Ingriselli（2016.12～　　　　）
杨国雄（2016.12～　　　　）

截至2016年12月，贮氢公司共计召开6届董事会。

（四）职能部门

截至2016年12月，贮氢公司下设11个职能部门，分别是综合管理部、工会、组织人事部、财务部、生产部、设备部、供应部、销售部、品管部、技术中心和分析检测中心。

1. 综合管理部

2002 年 1 月，镍氢动力电池项目工程指挥部成立综合办公室。公司成立后，综合办公室对贮氢、电池、极板 3 个公司共同行使管理职责。2004 年 6 月，综合办公室更名为经理办公室。2007 年 10 月，贮氢公司经理办公室单独成立。2008 年 9 月，经理办公室将组织人事管理职能划归组织人事部。2013 年 5 月，经理办公室更名为综合管理部，主要负责：公司领导日常管理工作的具体组织和协调落实等工作；协调公司各部门落实公司重要会议的决定及公司领导重要批示的督查督办工作；公司绩效考核工作；负责上三级党委、行政文件的收发、传阅、转办、发放、清退、归档、销毁等工作；公司保密、机要管理工作；公司各类重要会议的会务组织工作；公司党政文件的审核、排版、校对、印制、复印、装订、发放工作；公司向上级部门汇报材料等综合文稿起草及信息报送工作；公司、法定代表人印章、介绍信管理和各部门印章的刻制与启用；上级领导、商务洽谈等活动的接待服务工作；公司公务用车及车辆安全、管理工作；负责公司领导交办的其他工作等。截至 2016 年 12 月，综合管理部共有职工 14 人。

历任负责人

主　任：李　季（2002.01~2004.06）
　　　　黄　杰（2004.06~2006.04）
副主任：蒋振峰（主持工作，2006.04~2007.10）
　　　　王亚男（女，2002.11~2008.08）
部　长：潘伟林（2008.12~2013.04）
　　　　朱　毅（2016.07~　　　）
副部长：王志忠（主持工作，2008.10~2013.06）
　　　　肖　明（2013.06~2016.07）

2. 组织人事部

2008 年 9 月，贮氢公司成立组织人事部，主要负责党组织工作（党员管理、干部管理、支部建设、创新争优和宣传报道工作）、纪检监察（党风廉政建设、效能监察和专项整治）、劳资人事（员工招聘、员工绩效考核、考勤管理、工资发放、教育培训、职称评审、职业技能鉴定和五险二金管理）和基础工作（5S 管理和精益化管理）。

历任负责人

部　长：王亚男（2008.09~2013.07）
副部长：何艳梅（女，2013.07~　　　）

3. 财务部

2002 年 1 月，稀奥科公司成立财务部，主要负责：贮氢公司、极板公司、电池公司的财务管理工作，包括会计核算、财务管理、税务管理、资金管理及其他与财务有关的管理。2004 年 6 月，公司经理办公会议研究决定，将现设组织机构、各部门职能进行调整，将现有的 3 个公司调整为贮氢公司和电池公司两个公司来进行管理，财务部也相应地分成两个部门单独管理，各自管理本公司的财务事宜。2005 年，贮氢公司和电池公司的财务部合并为一个财务部。2011 年 5 月，内蒙古稀奥科镍氢电池极板有限公司注销，财务部负责贮氢公司和电池公司的财务管理。2012 年 4 月，贮氢公司和电池公司的财务管理职能重新进行划分，分别设置贮氢公司财务部和电池公司财务部，贮氢公司财务部主要负责贮氢公司计划统计、会计核算、财务管理、税务管理、成本核算及考核、资金管理、审计，为公司生产提供服务。截至 2016 年 12 月，财务部共有职工 4 人。

历任负责人

部　长：郭晓萍（女，2002.01~2004.06）
　　　　梁少峰（2015.03~2015.11）
副部长：梁少峰（主持工作，2004.06~2010.10）
　　　　蔺春燕（女，2011.01~2012.07）
　　　　银淑萍（女，2012.07~2015.03）
　　　　杜鹏飞（2015.11~　　　）

4. 生产技术部

2002 年 11 月，贮氢公司成立生产技术部，下设熔炼工段、退火工段、制粉工段。2004 年 6 月生产技术部更名为生产设备部，负责公司生产计划、调度统计、劳动安全、生产作业管理、生产设备管理、大中修、日常维护、能源计量、生产质量成本控制、生产技术改造、合理化建议等。2006 年 2 月，生产技术部更名为生产部，下设熔炼工段、退火工段、制粉工段。2007 年 10 月，在原有的 3 个工段基础上成立称重工段。2009 年 2 月，成立生产部和发分厂。2012 年 10 月，成立高温合金工段，生产部和发分厂更名为和发工段。2013 年 12 月，工段重组，重组后分别为熔炼工

段、制粉工段、高温合金工段、检修工段和发工段。截至2016年12月，生产技术部共有职工77人。

历任负责人

主　任：梁维强（2002.11～2005.01）
　　　　赵午亮（2005.01～2007.07）
　　　　孙志刚（主持工作，2008.09～2013.07）
　　　　王建军（2013.07～2016.07）
副部长：王建军（2003.10～2005.01）
　　　　周　昱（主持工作，2007.07～2008.09）
　　　　王建军（2008.09～2013.07）
　　　　王洪达（2016.07～　　　　）

5. 设备部

2002年11月，贮氢公司成立设备部。2003年5月，设备部的维护、检修管理职能划归生产部。2004年，生产部和设备部合并成立生产设备部。2006年2月，公司重新组建设备部。2013年6月，设备部把检修和维护管理职能划归生产部，施行操检合一，设备部主要负责公司5S管理、设备管理、消防及物业管理。截至2016年12月，设备部共有职工12人。

历任负责人

主　任：赵午亮（2002.11～2004.06）
部　长：朱　毅（2006.02～2013.06）
　　　　张志远（2013.06～2016.07）
　　　　王建军（2016.07～　　　　）
副部长：张志远（2008.09～2013.06）

6. 供应部

2004年6月，贮氢公司成立供应部，主要职责是公司生产用原辅材料、备品备件、低值易耗品、劳保用品的采购供应及仓储和物流管理。截至2016年12月，供应部共有职工5人。

历任负责人

部　长：赵午亮（2004.06～2013.06）
　　　　朱　毅（2013.06～2016.07）
　　　　赵瑞霞（女，2016.07～　　　　）
副部长：梁维强（2005.06～2008.09）
　　　　赵瑞霞（女，2008.09～2016.07）

7. 销售部

2002年11月，贮氢公司成立市场部。2004年6月，市场部撤销，成立销售部，主要负责：制订公司销售计划、市场推广；组织计划实施、提高产品的市场占有率；制定销售组织管理、业务管理；建立公司的销售业务规范和管控制度，规范销售管理行为；掌握公司产销存动态，合理配置资源，优化物流管理，科学调度产品，提升公司效益。截至2016年12月，销售部现共有职工7人。

历任负责人

部　长：李　冰（女，2002.11～2012.09）
　　　　李　冰（女，主管工作，2012.09～2013.06）
　　　　朱晓梅（女，满族，2016.07～　　　　）
副部长：杨进峰（2008.09～2013.07）
　　　　朱晓梅（女，满族，2013.06～2016.07）

8. 品质管理部

2010年12月，贮氢公司成立品质管理部，主要负责：公司质量管理体系的运行监督及体系文件管理；组织相关部门对产品生产过程中出现的异常、用户质量异议等进行分析、查找原因并作出处理决定，对用户质量异议给予回复；根据用户提出的特殊品质要求，组织相关部门制订相应的控制标准并监督实施；负责对产品检测结果的有效性、准确性进行验证；负责过程监控；参与产品订单评审等。截至2016年12月，品质管理部共有职工5名，包括2名高级工程师、1名国家注册中级质量工程师、1名工程师、1名技师。

历任负责人

部　长：潘伟林（2010.12～2013.04）
　　　　封世群（2013.04～2016.07）
　　　　张志远（2016.07～　　　　）
副部长：封世群（2011.01～2013.04）

9. 技术中心

2006年2月，贮氢公司成立技术部，主要负责：公司新产品的开发推广应用、产品售后服务、用户质量异议处理、内部生产过程质量的抽检考核、生产质量检测分析的判定、生产产品质量的监督管理考核、质量管理体系贯彻落实的监控、产品质量异议的分析及建议、工艺技术文件、产品工艺标准修改的审定，科技情报、技术交流的管理等各项工作。2008年9月，技术部撤销，成立研发部。原技术部的部分业务职能及人员划归质检部和生产部，研发人员划入新成立的研发部，主要负责公司的新产品研发和推广工作。2013 年 6 月，研发部撤销，成立技术中心，下设产品组和工艺组。原研发部的职能并入技术中心，由技术中心负责公司的新产品研发和新工艺改进工作。截至 2016 年 12 月，技术中心共有职工 8 人。

历任负责人

部　长：朱惜林（兼，2006.02～2008.09）
　　　　周　昱（2008.09～2012.06）
　　　　朱惜林（主管工作，2012.06～2013.07）
副主任：吉力强（2013.07～　　　）

10. 分析检测中心

2002 年 11 月，贮氢公司成立质量检测中心，主要负责贮氢公司质量体系建设与维护以及成品和原辅材料的取样、检验、结果判定以及质量分析和异议处理等各项工作。2004 年 6 月，质量检测中心更名为质检部。2011 年 1 月，贮氢公司成立品质管理部，质检部的主要职责变更为成品及原辅材料的取样、检验及结果判定。2013 年 5 月，质检部更名为分析检测中心，主要负责样品的检验和分析，为公司生产及研发工作提供数据检验支持。截至 2016 年 12 月，分析检测中心共有检验人员 11 人。

历任负责人

主　任：李金华（2002.11～2006.07）
　　　　花军社（2008.12～2010.01）
　　　　周　昱（2010.01～2012.06）
　　　　朱惜林（主管工作，2012.05～2013.06）
　　　　赵午亮（2013.06～2014.12）
　　　　朱惜林（主管工作，2014.12～2016.07）
　　　　张志远（兼，2016.07～　　　）
副部长：潘伟林（主持工作，2008.9～2008.12）
　　　　张　俐（2008.9～2012.10）

11. 工会

2008 年 12 月，贮氢公司成立工会，主要负责：加强企业民主管理，发展和谐劳动关系，突出履行维护和参与职能；围绕公司生产经营活动，持续开展群众性的经济、技术创新活动；坚持厂务公开，持续推进民主管理、民主监督工作；负责公司劳动保护、劳动竞赛、民主管理、女工等工作；保障女工合法权益和特殊利益；结合“送温暖”工程，积极为群众做好事办实事；开展各项文体活动，丰富员工的业余文化生活。截至 2016 年 12 月，工会共有职工 2 人。

历任负责人

主　席：肖　明（2014.12～　　　）
副主席：王志忠（2008.12～2014.12）
　　　　梁少峰（2015.11～　　　）

五、中山市天骄稀土材料有限公司

（一）公司概况

中山市天骄稀土材料有限公司（简称中山天骄）成立于 1993 年 5 月，位于广东省中山市火炬开发区敬业路 8 号，占地面积 14958 平方米，建筑面积约 3000 平方米，是中国首批生产稀土储氢合金粉的专业公司。2000 年，成为内蒙古包钢稀土高科技股份有限公司与中山市火炬高新技术实业股份有限公司联营的企业。时年注册资金 500 万元，其中稀土高科占 70%股份，中炬高新占 30%股份。2002 年，双方股东同意注册资金变更为 2000 万元，资金来源是由内蒙古包钢稀土高科技股份有限公司出资 1115 万元加上 15%的技术股 285 万元及中炬高新技术实业（集团）股份有限公司出资 600 万元。并于 2002 年 4 月 11 日，向李培良先生转让 5%股份，股东结构变成稀土高科占 66.5%股份，中炬高新占 28.5%股份，李培良先生占 5%股份。2008 年 4 月，包钢公司将所持有股份转让于内蒙古包钢稀土高科技股份有限公司，至 2016 年股东构成：中国北方稀土（集团）高科技股份有限公司持有 66.5%股份，中炬高新持有 28.5%股份，李培良先生持有 5%股份。中山市天骄稀土材料有限公司成为中国北方稀土的绝对控股分子公司。

中山天骄主要研究和生产用于“金属氢化物—镍二次电池（简称镍氢电池）负极材料”——稀土贮氢合金粉。中山天骄具有年产贮氢合金锭 300 吨、储氢合金粉 800 吨的生产能力，产品主要销往珠江三角洲一带的镍氢电池厂家。中山天骄以产品性能好、质量稳定和良好的售前售后服务得到客户的信赖，起步于国家“863”计划，是将科研成果实现产业化的成功案例。经过多年的不懈努力，中山天骄曾几次获得中山市科技进步奖，并得到广东省产学研项目的资金扶持；2006 年，

经中山市科技局、外经贸局和发展改革局审核批准，建立中山市贮氢合金材料研究开发中心。

多年的实践积累了丰富的技术经验：1994 年“金属氢化物—镍电池及相关材料的开发研究”获国家教委二等奖（证书号：93-03103）；1997 年获中山市科技进步二等奖（证书号：962042020）。主要合作者包头稀土研究院，早在 20 世纪 70 年代已对稀土储氢合金方面开始了研究。1989 年对稀土储氢合金在金属氢化物—镍二次电池中应用进行研究。先后完成冶金部、国家“863”计划及内蒙古科委下达的课题——金属氢化物—镍二次电池负极材料的研究，于 1992 年通过内蒙古科委鉴定，达到当时国际先进水平；2005 科技项目“高容量储氢合金粉”获得中山市科技进步二等奖。

截至 2016 年 12 月，中山天骄固定资产原值 1391 万元，净值 1774 万元，有职工 21 人。其中管理人员 8 人（综合办公室 2 人、财务部 2 人、市场部 3 人、技术品质部 1 人），生产部 9 人（生产管理岗位 2 人、操作岗 7 人）、外聘保安 4 人；高级职称 1 人、初级职称 3 人。

中山天骄公司

（二）领导班子

第一届领导班子

总 经 理：李培良（1993. 05 ~ 1995. 03）

副总经理：王国仁（1993. 07 ~ 1995. 03）

第二届领导班子

总 经 理：李培良（1995. 03 ~ 1999. 06）

第三届领导班子

总 经 理：李培良（1999. 06 ~ 2002. 03）

第四届领导班子

总 经 理：李培良（2002. 03 ~ 2004. 12）

蒿建生（2004. 12 ~ 2012. 10）

经理助理：陈　波（2004. 12 ~ 2012. 10）

第五届领导班子

总 经 理：李　冰（2012. 10 ~　　　）

经理助理：陈　波（2012. 10 ~　　　）

（三）股东会

2002 年 4 月 11 日，中山天骄于包头市召开股东会议，就公司改组（转制）及股权变更事宜形成决议：为规范经营，同意将公司改组成有限责任公司，名称变更为中山市天骄稀土材料有限公司；双方股东按当时股权比例向李培良转让 5%的股权，其中包钢公司转让 3.5%，中炬高新转让 1.5%，变更后股东结构为：包钢公司占 66.5%股份，中炬高新占 28.5%股份，李培良先生占 5%；公司新董事会由 5 人组成，包钢公司委派 3 人，中炬高新委派 2 人，公司总经理由董事会聘任。

2007 年，中山天骄于包头市包钢宾馆召开第一次临时股东会，会议审议通过如下决议：同意公司股东包钢公司将所持本公司 66.5%的股权全部转让于内蒙古包钢稀土高科技股份有限公司；同意交易完成后对公司《章程》相应条款进行修改；同意对公司未分配利润进行分配，各股东按出资比例获得相应回报。

截至 2016 年 12 月，中山天骄共计召开两次股东会。

（四）董事会

第一届董事会

董 事 长：毕　群（1993. 05 ~ 1995. 04）

副董事长：葛志斌（1993. 05 ~ 1995. 03）

董　　事：马鹏起（1993. 05 ~ 1995. 03）

李培良（1993. 05 ~ 1995. 03）

魏德文（1993. 05 ~ 1995. 03）

第二届董事会

董 事 长：曾国安（1995. 03 ~ 1999. 06）

副董事长：肖　易（1995. 03 ~ 1999. 06）

董　　事：马鹏起（1995. 05 ~ 1999. 03）

李培良（1995. 05 ~ 1999. 03）

李　青（1995. 05 ~ 1999. 03）

第三届董事会

董 事 长：林东鲁（1999. 06 ~ 2002. 06）

副董事长：葛志斌（1995. 03 ~ 2002. 06）

乔力克（2002. 03 ~ 2003. 06）

董　　事：周家骞（1999. 06 ~ 2002. 06）

李培良（1999. 06 ~ 2002. 06）

沈　冲（1999.06～2002.06）

第四届董事会

董 事 长：崔　臣（2002.07～2010.03）
张　忠（兼，2010.03～2014.10）

副董事长：乔力克（2002.03～2003.06）
叶小舟（2003.06～2014.12）

董　　事：孙国龙（2002.03～2014.10）
李培良（2002.03～2004.12）
蒿建生（2004.12～2014.10）

第五届董事会

董 事 长：琚建勇（2014.10～　　　）

副董事长：张晓虹（2014.10～　　　）

董　　事：杨永刚（2014.10～　　　）
李　冰（2014.10～　　　）
吴继明（2014.10～　　　）

（五）职能部门

截至2016年12月，中山天骄下设5个职能部门，分别是办公室、市场部、财务部、生产部、技术品质部。

1. 办公室

2008年12月，中山天骄成立办公室，主要负责：处理各类文件；公司公章及相关印章的管理、使用；协助公司领导理顺各级行政组织、各部门之间的关系，明确各自职权，健全规章制度；负责相关单位的来客接待工作；公司的外事活动等所用车辆的安排调度；公司所需物品的采购、保管和发放，建立并严格执行对物品领用的登记签字制度；公司设施的维护和维修；楼内外环境建设和房屋的管理工作；负责公司的综合统计、填报综合统计报表。

历任负责人

主　任：陈　波（2008.12～2012.12）
余庆发（2012.12～　　　）

2. 市场部

2012年12月，中山天骄成立市场部，主要负责：销售产品并制订营销目标和计划，提供出未来市场的分析、发展方向和规划；制定产品价格；负责生产销售的协调工作；负责完成公司采购工作，仓储盘点结算对账业务。

负责人

部　长：史玉章（2012.12～　　　）

3. 财务部

2008年12月，中山天骄成立财务部，主要负责：日常财务核算，严格财务管理，加强财务监督，督促财务人员严格执行各项财务制度和财经纪律；负责全公司各项财产的登记、核对、抽查的调拨，按规定计算折旧费用，保证资产的资金来源；参与公司及各部门对外经济合同的签订工作，执行公司财务制度等。

负责人

部　长：余奇志（2008.12～　　　）

4. 生产部

2008年12月，中山天骄成立生产部，主要负责：根据销售订单，编制生产计划，及日作业计划；组织和管理生产，并全面落实实施；掌握生产任务状况，合理安排原辅材料的收货、储存、使用；负责生产现场管理；负责车间生产、安全环保、质量、设备、消耗等事项，加强生产安全、环保管理；负责合理安排员工培训，包括生产管理、岗位职责、业务技能、6S管理等内容。

负责人

部　长：杨再伦（2008.12～　　　）

5. 技术品质部

2008年12月，中山天骄成立技术品质部，主要负责产品检验、生产过程质量控制、产品技术标准确定、公司标准化方案的落实。

历任负责人

部　长：刘治平（2008.12～2013.06）
秦喜斌（2013.07～　　　）

六、包头天骄清美稀土抛光粉有限公司

（一）公司概况

包头天骄清美稀土抛光粉有限公司（简称天骄清美）位于包头市稀土高新区校园路东39号。天骄清美下设两个生产车间，一车间位于包头市金属深加工工业园区（张家营子西），占地面积21325平方米；二车间位于包头市稀土高新技术开发区（包头市稀土高新区校园路东39号），占地面积35352.7平方米。

1995年6月14日，按照国家冶金工业部发展规划司冶发投〔1995〕158号批准文件，由包钢公司出资55%、日本清美化学株式会社出资30%、日本大仓商事株式会社出资10%、日本中外钢铁稀土株式会社出资5%，合资兴建包头天骄清美稀土抛光粉有限公司。注册资金635万美元，生产及销售抛光粉系列产品，生产规模为1200吨/年，

合资年限为22年。1995年12月，包头天骄清美稀土抛光粉有限公司注册成立。1998年12月，合资方日本大仓商事株式会社破产，所持的10%的股份由包钢公司和日本清美化学各收购5%。2001年4月，日本中外钢铁稀土株式会社将所持5%股份转让给日本三菱商事株式会社。2007年10月，按照包钢公司董决〔2007〕23号的文件要求，对包钢稀土产业整合重组，包钢公司决定将所持天骄清美60%的股份转让给内蒙古包钢稀土高科技股份有限公司。2008年9月，全部完成股份收购。至此，天骄清美成为内蒙古包钢稀土高科技股份有限公司绝对控股子公司。

天骄清美主营“骄美牌”（KAGAYAKI）稀土抛光粉、抛光液，兼营各种稀土化合物产品。经过近20年的发展，形成年产5000吨稀土抛光粉的生产能力，拥有4个系列30余种规格型号的抛光粉产品，广泛应用于液晶玻璃基板、硬盘玻璃基板、手机外屏玻璃、精密光学元件、光掩膜及水晶水钻饰品等领域。产品在国内外具有较高的声誉，且远销日本、泰国、越南、中国台湾等东南亚国家和地区，是全世界最大的稀土抛光粉生产厂家，并为中国稀土行业协会抛光材料分会会长单位。天骄清美是内蒙古自治区级稀土研磨材料工程技术研发中心的依托单位，拥有完善的科研管理体系、先进的科研设备和分析检测手段，从事稀土研磨材料新技术、新产品的开发。公司通过了ISO9001国际质量体系认证、ISO14001环境管理体系认证、OHSAS18000职业健康安全管理体系认证；承担完成了两项国家“火炬计划”项目，一项国家“863计划”项目；修订了稀土抛光粉产品及其三项检测方法的国家标准，获得八项国家专利。

截至2016年12月，天骄清美有员工205人，其中管理人员55人，操作人员150人。专业技术人员47人，其中高级职称5人，中级职称8人，初级职称34人。

天骄清美公司

（二）领导班子

第一届领导班子

总　经　理：刘石政（1996.01~2001.06）
党总支书记：刘石政（2000.10~2001.06）
副 总 经 理：森下俶男（日本，1996.08~2001.06）
总 工 程 师：李学舜（1998.12~2001.06）

第二届领导班子

总　经　理：李学舜（2001.06~2012.01）
党总支书记：李学舜（2002.11~2008.06）
　　　　　　王永中（2008.06~2012.01）
副 总 经 理：崔凌霄（2006.02~2012.01）
　　　　　　森下俶男（日本，2001.06~2003.03）
　　　　　　藤田刚（日本，2003.03~2006.08）
　　　　　　陈基明（日本，2006.08~2012.01）
　　　　　　久恒哲史（日本,2006.04~2012.01）
总 工 程 师：李学舜（2001.06~2006.02）
副总工程师：谢　兵（2008.03~2012.01）
工会代主席：崔凌霄（2008.05~2012.01）

第三届领导班子

总　经　理：崔凌霄（2012.09~　　）
党总支书记：王永中（2012.01~2012.09）
　　　　　　徐绍萍（女，2012.09~　　）
副 总 经 理：崔凌霄（2012.01~2012.09）
　　　　　　谢　兵（2014.08~　　）
　　　　　　陈基明（日本，2012.01~　　）
　　　　　　久恒哲史（日本，2012.01~2013.04）
　　　　　　山口在久（日本，2013.07~2014.07）
副总工程师：谢　兵（2012.01~2014.08）
工 会 主 席：杨志钢（2015.05~　　）
工会代主席：崔凌霄（2012.01~2013.06）
　　　　　　安　青（2013.06~2014.12）
　　　　　　杨志钢（2014.12~2015.05）

（三）董事会

截至2016年12月，天骄清美共召开过22次董事会。

第十四次董事会

董 事 长：林东鲁（2008.05~2009.04）

副董事长：安藤豐（日本，2008.05~2009.04）

董　　事：孟志泉（2008.05~2009.04）

李学舜（2008.05~2009.04）

崔凌霄（2008.05~2009.04）

石附重德（日本，2008.05~2009.04）

久恒哲史（日本，2008.05~2009.04）

陈基明（2008.05~2009.04）

张　忠（2008.05~2009.04）

兰一平（2008.05~2009.04）

畠山和也（日本，2008.05~2009.04）

第十五次董事会

董 事 长：孟志泉（2009.04~2010.03）

副董事长：安藤豐（日本，2009.04~2010.03）

董　　事：石附重德（日本，2009.04~2010.03）

久恒哲史（日本，2009.04~2010.03）

陈基明（2009.04~2010.03）

畠山和也（日本，2009.04~2010.03）

李学舜（2009.04~2010.03）

张　忠（2009.04~2010.03）

兰一平（2009.04~2010.03）

崔凌霄（2009.04~2010.03）

谢　兵（2009.04~2010.03）

第十六次董事会

董 事 长：孟志泉（2010.03~2011.06）

副董事长：横山耕一（日本，2010.03~2011.06）

董　　事：李学舜（2010.03~2011.06）

张　忠（2010.03~2011.06）

兰一平（2010.03~2011.06）

崔凌霄（2010.03~2011.06）

谢　兵（2010.03~2011.06）

陈基明（2010.03~2011.06）

畠山和也（日本，2010.03~2011.06）

石附重德（日本，2010.03~2011.06）

永山俊男（日本，2010.03~2011.06）

第十七次董事会

董 事 长：孟志泉（2011.06~2012.05）

副董事长：横山耕一（日本，2011.06~2012.05）

董　　事：李学舜（2011.06~2012.05）

兰一平（2011.06~2012.05）

崔凌霄（2011.06~2012.05）

谢　兵（2011.06~2012.05）

石附重德（日本，2011.06~2012.05）

永山俊男（日本，2011.06~2012.05）

陈基明（2011.06~2012.05）

张　忠（2011.06~2012.05）

畠山和也（日本，2011.06~2012.05）

第十八次董事会

董 事 长：孟志泉（2012.05~2013.04）

副董事长：横山耕一（日本，2012.05~2013.04）

董　　事：张　忠（2012.05~2013.04）

兰一平（2012.05~2013.04）

崔凌霄（2012.05~2013.04）

谢　兵（2012.05~2013.04）

石附重德（日本，2012.05~2013.04）

陈基明（2012.05~2013.04）

山口在久（日本，2012.05~2013.04）

畠山和也（日本，2012.05~2013.04）

第十九次董事会

董 事 长：张　忠（2013.04~2014.04）

副董事长：横山耕一（日本，2013.04~2014.04）

董　　事：张志坚（2013.04~2014.04）

林　篤（2013.04~2014.04）

陈基明（2013. 04～2014. 04）
王　晔（女，2013. 04～2014. 04）
崔凌霄（2013. 04～2014. 04）
谢　兵（2013. 04～2014. 04）
李金玲（2013. 04～2014. 04）
戸塚貴博（日本，2013. 04～2014. 04）
山口在久（日本，2013. 04～2014. 04）

第二十次董事会

董 事 长：张　忠（2014. 04～2015. 06）
副董事长：小野裕朗（日本，2014. 04～2015. 06）
董　　事：张志坚（2014. 04～2015. 06）
王　晔（女，2014. 04～2015. 06）
李金玲（2014. 04～2015. 06）
崔凌霄（2014. 04～2015. 06）
谢　兵（2014. 04～2015. 06）
足立义治（日本，2014. 04～2015. 06）
陈基明（2014. 04～2015. 06）
山口在久（日本，2014. 04～2015. 06）
佐藤大辅（日本，2014. 04～2015. 06）

第二十一次董事会

董 事 长：张　忠（2015. 06～2016. 03）
副董事长：小野裕朗（日本，2015. 06～2016. 03）
董　　事：王　晔（女，2015. 06～2016. 03）
足立义治（日本，2015. 06～2016. 03）
崔凌霄（2015. 06～2016. 03）
谢　兵（2015. 06～2016. 03）
佐藤大辅（日本，2015. 06～2016. 03）

第二十二次董事会

董 事 长：张　忠（2016. 03～　　　）
副董事长：林　笃（2016. 03～　　　）
董　　事：王　晔（女，2016. 03～　　　）
崔凌霄（2016. 03～　　　）
谢　兵（2016. 03～　　　）
足立义治（日本，2016. 03～　　　）
花田知人（日本，2016. 03～　　　）

（四）职能部门

截至2016年12月，天骄清美共下设8个管理部室，即综合管理部、组织人事部、财务部、品质管理部、供应部、销售部、工会和生产技术部（包括一车间、二车间和技术中心）。

1. 综合办公室

1997年8月，成立经理办公室。2012年12月，天骄清美内部重新调整职能，经理办公室更名为综合办公室，将劳资人事工作职能划归党群工作部。2013年6月，根据包钢稀土对所属单位内部机构的设置要求，天骄清美印发〔2013〕1号文件，对内部组织机构进行调整，综合办公室更名为综合管理部。2016年8月，根据职能划分和业务需要综合管理部更名为综合办公室，主要负责协调督查、综合服务、会务组织、公文处理、综治信访、档案管理、后勤保障等。

历任负责人

部　长：杨国胜（2007. 04～2008. 03）
黄绍东（2008. 03～2008. 05）
李集斌（2008. 05～2013. 03）
副部长：孙　燕（女，2013. 03～2016. 07）
刘致文（2016. 07～　　　）

2. 财务部

1997年8月，成立财务部。2005年，更名为计划财务部，增加生产经营计划的职能。2013年6月，根据上级对所属单位组织机构设置要求，天骄清美将计划财务部更名为财务部，主要负责公司日常财务管理、编制会计核算和财务报表、制订公司年、季、月度经营计划。

历任负责人

部　长：董东东（2007. 07～2015. 03）
副部长：银淑萍（女，2015. 03～　　　）
林　渊（2016. 07～　　　）

3. 供应部

1997年8月，成立供应部。主要负责公司物资采购计划的编制、物资的采购供给、固定资产管理等。2012年12月，综合部撤销，将其原料管理职能划归供应部。

历任负责人

部　长：杨国胜（2007. 04～2012. 05）
杨志钢（2012. 05～　　　）
副部长：曹德全（2016. 07～　　　）

4. 销售部

1997 年 8 月，成立销售部，主要负责市场开发、产品推广、企业宣传、产品销售、物流管理等。2012 年 12 月，综合部撤销，其成品管理职能划归销售部。

历任负责人

部　长：杨国胜（2008.03～2013.06）
　　　　张　磊（2016.07～　　　）
副部长：杨志钢（2003.11～2008.05）
　　　　许义勤（2007.04～2008.03）
　　　　郭殿东（2006.12～2008.04）
　　　　郑　玮（女，达斡尔族，2013.06～2014.12）
　　　　张　磊（2013.06～2016.07）
　　　　吴帅帅（女，2016.07～　　　）

5. 组织人事部

2001 年 2 月，为优化公司管理机构，增设党群工作部，负责开展党组建设、纪检监察、党风廉政教育等。2012 年 12 月，实行党政一体化管理，将综合办公室劳资人事工作职能划归党群工作部。2013 年 6 月，根据包钢稀土对所属单位组织机构设置要求，天骄清美印发〔2013〕1 号文件，将党群工作部更名为组织人事部，主要负责党务、纪检、组织、人事、劳资等工作。

历任负责人

部　长：崔凌霄（2004.10～2008.05）
　　　　王永中（2008.05～2012.09）
　　　　许义勤（2013.06～2014.12）
　　　　郑　玮（女，达斡尔族，2016.07～　　　）
副部长：王铁胜（2011.04～2013.06）
　　　　郑　玮（女，达斡尔族，2014.12～2016.07）

6. 生产技术部

1997 年 8 月，成立生产技术部，主要负责：公司产品研发、制造、分析检测、品质管理，发展规划、科研技改、设备管理等。2001 年 4 月，生产技术部将产品研发、发展规划、新产品技改、科研规划以及分析检测、品质管理职能划归新成立的技术中心。2011 年 9 月，高性能稀土抛光粉异地扩建工程竣工投产，天骄清美划分成两个生产车间：一车间位于内蒙古包头金属深加工工业园区，二车间位于内蒙古包头稀土高新区。2012 年 12 月，综合部撤销，将其安全、环保、消防管理职能划归生产技术部。2013 年 6 月，根据上级对所属单位组织机构设置要求，天骄清美印发〔2013〕1 号文件，将技术中心划归生产技术部。至此，生产技术部下设一车间、二车间、技术中心三个职能机构。

历任负责人

部　　　长：谢　兵（2007.04～2013.06）
副　部　长：王传国（2007.04～2012.09）
　　　　　　王铁胜（2010.02～2011.04）
　　　　　　刘致文（2013.06～2016.07）
一车间主任：王海军（2016.07～　　　）
一车间副主任：王海军（2013.06～2016.07）
　　　　　　张喜龙（2016.07～　　　）
二车间副主任：李海林（2013.06～　　　）
　　　　　　罗慧妍（女，2016.07～　　　）

7. 技术中心

2002 年 1 月 24 日，天骄清美将生产技术部产品研发、发展规划、新产品技改、科研规划以及分析检测、品质管理职能剥离，成立技术中心。2008 年 3 月，为进一步理顺职责，提高工作效率，将分析检测、品质管理职能划归新设立的品质保证部。2013 年 6 月，对所属单位组织机构进行调整，将技术中心划归生产技术部下设部门，其人员及部门职能未变。

历任负责人

主　任：谢　兵（2001.04～2010.01）
　　　　许义勤（2008.03～2010.01）
　　　　山口在久（日本，2012.07～2014.07）
　　　　杨国胜（2013.06～　　　）

8. 品质管理部

2008 年 3 月，为进一步理顺职责，提高工作效率，成立品质保证部，将技术中心检查分析、品质管理职能划归品质管理部，主要负责：规定过程产品、最终产品的标识方法和管理，负责管理体系的策划、编制、运行监控，内部审核策划与实施工作，过程和产品的监视、测量以及数据分析等。2013 年 6 月，实施机构调整，品质保证部更名为品质管理部，其部门职能不变。

历任负责人

部　长：谢　兵（2008.03～2010.01）
　　　　许义勤（2008.03～2013.06）
　　　　杨国胜（2013.06～　　　）
副部长：孙　燕（女，2016.07～　　　）

9. 工会

2013年6月，天骄清美实施机构调整，天骄清美单设工会，主要负责：维护职工合法权益、组织开展职工文化体育活动；员工体检、厂容厂貌、女工保护以及食堂浴室的管理。

历任负责人

主　席：杨志钢（2015.05～　　　　）
代主席：崔凌霄（2008.05～2013.06）
　　　　杨志钢（2014.12～2015.05）
副主席：安　青（2013.06～2014.12）

10. 综合部

2008年4月，天骄清美根据发展需要增设综合部，主要负责公司安全、环保、消防、仓储管理等。2012年12月，撤销综合部，其安全、环保、消防职能划归生产技术部，仓储管理分成原料和成品两部分，原料划归供应部管理，成品划归销售部。

历任负责人

部　长：杨志钢（2008.04～2012.05）
副部长：马利军（2008.04～2010.07）

七、安徽包钢稀土永磁合金制造有限责任公司

（一）公司概况

安徽包钢稀土永磁合金制造有限责任公司（以下简称安徽永磁）位于安徽省合肥市庐江县万山镇军二路北侧，占地面积约11000平方米（16.5亩）。2011年10月，由内蒙古包钢稀土（集团）高科技股份有限公司和安徽大地熊新材料股份有限公司共同出资组建，注册资本9000万元。两公司出资比例分别为60%和40%，安徽永磁成为包钢稀土绝对控股分子公司。安徽永磁主要生产的产品是钕铁硼速凝薄带合金永磁片，业已建成3772平方米的生产车间，720平方米的材料仓库、配电房、水池及其他配套附属设施，920平方米办公用房，并购置了4台真空感应铸片炉等设备，具备了年产3000吨钕铁硼速凝薄带合金片生产能力。

截至2016年12月，安徽永磁拥有固定资产原值3454万元，净值2035万元。在岗职工26人（女职工13人）。其中，管理岗8人、技术岗2人、操作岗16人；高级职称2人、中级职称1人。

安徽永磁公司

（二）领导班子

第一届领导班子

总 经 理：衣晓飞（2011.10～2014.10）
副总经理：张德文（2011.10～2014.10）
财务总监：赵玉生（2011.10～2014.10）

第二届领导班子

总 经 理：衣晓飞（2014.10～2016.06）
副总经理：张德文（2014.10～2016.06）
财务总监：赵玉生（2014.10～2015.03）

第三届领导班子

总 经 理：衣晓飞（2016.07～　　　　）
副总经理：张德文（2016.07～　　　　）

（三）股东会

截至2016年12月，安徽永磁共计召开6次股东大会。

2011年9月22日，安徽永磁召开第一次股东会，会议审议通过以下事项：《安徽包钢稀土永磁合金制造有限责任公司章程》；选举张忠、邢斌、王标、熊永飞、衣晓飞为公司董事；选举张未龙为公司监事；同意设立安徽包钢稀土永磁合金制造有限责任公司，并申请设立登记。

2012年5月15日，安徽永磁召开2012年临时股东会，会议审议通过以下事项：实收资本确认为9000万元；同意修改章程；委托陈少付办理工商变更。

2013年4月7日，安徽永磁召开2013年股东会，会议审议通过同意更换董事的决议。

2014年10月16日，安徽永磁召开2014年股东会，会议审议通过以下事项：任命孟志泉、王晔为公司董事；选举孟志泉为公司法定代表人；通过公司章程修正案；委托何小丽办理工商变更手续。

2015年7月16日，安徽永磁召开2015年股东会，会议审议通过以下事项：通过2015年7月章程修正案；委托何小丽办理工商变更手续。

2016年6月8日，安徽永磁召开2015年股东会，会议审议通过以下事项：同意变更公司法定代表人，同意选举张忠为公司法定代表人，同时免去孟志泉原公司法定代表人职务；同意选举任命张忠为公司董事，同时免去孟志泉董事职务；新的董事会由张忠、王标、王晔、熊永飞、衣晓飞组成；选举高晓山为公司第二届监事，同时免去张未龙原监事职务；会议委托何小丽到庐江县市场监督管理局办理备案登记手续。

（四）董事会

截至2016年12月，安徽永磁共计召开过4届董事会。

第一届董事会

董事长：张　忠（2011.10~2013.04）
董　事：张　忠（2011.10~2013.04）
　　　　王　标（2011.10~2013.04）
　　　　邢　斌（2011.10~2013.04）
　　　　熊永飞（2011.10~2013.04）
　　　　衣晓飞（2011.10~2013.04）

第二届董事会

董事长：张　忠（2013.04~2014.10）
董　事：张　忠（2013.04~2014.10）
　　　　王　标（2013.04~2014.10）
　　　　李　忠（2013.04~2014.10）
　　　　熊永飞（2013.04~2014.10）
　　　　衣晓飞（2013.04~2014.10）

第三届董事会

董事长：孟志泉（2014.10~2016.06）
董　事：孟志泉（2014.10~2016.06）
　　　　王　标（2014.10~2016.06）
　　　　王　晔（女，2014.10~2016.06）
　　　　熊永飞（2014.10~2016.06）
　　　　衣晓飞（2014.10~2016.06）

第四届董事会

董事长：张　忠（2016.06~　　　）
董　事：张　忠（2016.06~　　　）
　　　　王　标（2016.06~　　　）
　　　　王　晔（女，2016.06~　　　）
　　　　熊永飞（2016.06~　　　）
　　　　衣晓飞（2016.06~　　　）

（五）职能部门

截至2016年12月，安徽永磁共下设3个职能部室，分别为管理部、生产经营部、品质部。其中，生产经营部下设销售科、采购科和生产科。

1. 管理部

2011年10月，安徽永磁成立管理部，主要负责：行政管理文件、外来文件的归口管理工作，以及环境记录的管理和控制工作；依据《岗位说明书》的规定招聘和引进人员，负责公司的劳资人事管理工作（包括能力评价、培训组织、薪酬制度建立与实施、员工档案等）；负责环境信息的收集、汇总、分类、分析、处理。掌握环境状态，发现问题组织有关部门采取纠正和预防措施（包括改进过程方法），验证实施效果，及时向管代、总经理报告；负责制定行政管理制度，并督促实施，对违纪人员提出处罚；负责公司的办公设备的管理工作；公司的行政后勤管理工作；负责与地方政府部门和其他部门的联络，确保公司的相关规定符合国家、地方的法规要求，做好行政管理工作；公司各部门的协调工作；仓库管理工作，组织合理贮存防护，确保物料进出手续齐全、账卡物相符、库容满足要求；负责建立产品标识，防止各种产品混淆；对本部门环境因素的识别、控制负责；公司日常财务核算和对外的税务申报等工作，参与公司的经营管理；根据公司资金运作情况，合理调配资金，确保公司资金正常运转；搜集公司经营活动情况、资金动态、营业收入和费用开支的资料并进行分析、提出建议，定期向总经理报告。截至2016年12月，管理部共有职工7人。

历任负责人

副部长：陈少付（2011.10~2012.08）
　　　　何小丽（女，2012.08~　　　）

2. 生产经营部

2011年10月，安徽永磁成立生产经营部，主要管理销售科、采购科和生产科。其一，销售科：负责市场营销策略的制订，编制年度营销计划并组织实施及考核；负责合同的评审、执行、管理及生产安排工作，并确保合同完成，对按时完成合同负责；产品的运输、销售，交付和货款回笼，对产品数量、价格差错负责；对顾客资产进行有效地防护，防止其损坏或短少；新顾客开发，负责与顾客的沟通和联络，协调公司各部门与顾客的沟通和联络；定期拜访顾客，及时解决顾客投诉与抱怨，对顾客满意度负责；收集、分析顾客对组织满意程度的信息，包括产品质量、服务、市场需求等，并以此评价组织的业绩，促进持续改进；对本部门环境因素的识别、控制。其二，采购科：组织供方选择、评价、日常控制及重新评价管理工作，对采购的产品符合规定要求负责；收集和编制充分、适宜的采购文件，依据产品生产计划和合理库存量，组织采购，并保质按量、按时完成产品采购，保证生产正常运行；对供方等相关方施加环境影响及管理；对本部门环境因素的识别、控制负责。其三，生产科：参与生产和服务提供过程的策划，对生产服务提供过程中人、机、料、法、环、测等诸要素进行控制，以保证过程质量；组织生产计划的实施、过程质量监控和调试工作，确保按质按量完成生产任务；对安全文明生产和执行工艺纪律情况进行定期检查、考核，并做好记录；组织采用适当的方法对产品进行标识和状态标识，必要时，实现追溯；对过程产品采取必要的防护措施，以免产品受损；正确使用和维护保养生产设备和监测设备，确保完好；组织成品的包装工作，确保满足顾客的质量保护和运输防护要求；做好与质量、环境管理体系过程活动有关的配合工作；对本部门环境因素的识别、控制负责；制定关键、特殊过程指定能力确认准则，并对其能力进行确认和再确认。截至2016年12月，生产经营部共有职工16人。

负责人

部　长：金柱根（2011.10~　　　　）

3. 品质部

2011年10月，安徽永磁成立品质部，主要负责：对质量与环境内部审核、QEMS运行和过程的监视和测量控制、纠正和预防措施控制、数据分析、环境因素的识别、法律法规要求控制、质量、环境有关的人力资源控制、质量、环境有关内部沟通、应急响应控制、环境不合格控制等归口管理；产品（包括原材料、过程、成品）的检验管理工作，确保检验结果的准确性；并做好相关的记录及检验与状态的标识，确保不合格品不投产、不转序、不入库、不交付；监测设备（计量设备）的配备、检定和维护管理工作；组织产品不合格的控制及管理工作，对产品的品质改进管理负责；收集、分析产品符合性、工艺可靠性、设备稳定性等信息，并以此评价组织的过程控制能力，促进持续改进；对本部门环境因素的识别、控制负责。截至2016年12月，品质部共有职工3人。

历任负责人

部　长：姚仁贵（2011.10~2014.06）
　　　　张德文（2014.07~　　　　）

八、内蒙古包钢稀土国际贸易有限公司

（一）公司概况

2008年12月10日，经内蒙古包钢稀土高科技股份有限公司2008年第一次临时股东大会审议通过，内蒙古包钢稀土国际贸易有限公司正式组建成立（以下简称国贸公司）。公司由8家股东共同出资建立，其中中国北方稀土（集团）高科技股份有限公司占55%，内蒙古高新控股有限公司占30%，包头华美稀土高科有限公司占5%，山东淄博包钢灵芝稀土高科有限公司占4%，内蒙古和发稀土科技开发股份有限公司占3%，包头市金蒙研磨材料有限责任公司、包头市新源稀土高新材料有限公司、包头市飞达稀土有限责任公司3家公司各占1%。国贸公司成为中国北方稀土（集团）高科技股份有限公司绝对控股子公司。2009年4月，经国贸公司2009年第二次股东会审议通过，成立了“内蒙古包钢稀土国际贸易有限公司太原分公司”，扩大了公司的区域销售网点，提高了市场占有率。2010年10月，经国贸公司第一次临时股东会上审议批准，在赣州成立了“内蒙古包钢稀土国际贸易有限公司赣州分公司”。2011年5月，由于市场情况变化，经研究决定，撤销了太原分公司。2011年11月，将赣州分公司改为赣州子公司。

公司主要经营：各种稀土氧化物、化合物、稀土金属等稀土产品的采购、仓储、销售；冶金、化工产品、有色金属及合金产品的采购、销售；稀土深加工产品、稀土新材料及稀土高科技应用产品的采购、销售；稀土行业生产中各类回收产品的采购与销售；稀土信息咨询服务；进出口贸易。公司自成立以来坚持依法经营、诚信经营，被包钢（集团）公司评为“诚信新风旗”先进单位，被内蒙古国税局评为2012~2013年度A级信用纳税人，被中国五矿化工进出口商会选为常务理事单位，扩大公司在稀土行业的影响力。

截至 2016 年 12 月，公司有在岗职工 98 人，其中，管理岗 60 人、操作岗 38 人；高级职称 7 人、中级职称 16 人、初级职称 7 人。2016 年底，公司注册资本 14.7 亿元，总资产 41.89 亿元。公司下设国内贸易部、国际贸易部、仓储部、质量检验部、财务部、综合管理部 6 个部门，拥有 1 个子公司和 1 个镨钕类产品华东地区总代理机构。

（二）领导班子

第一届领导班子

总　经　理：邢　斌（2009.01~2012.09）
常务副总经理：李　忠（2009.01~2012.09）
副 总 经 理：李振宏（2009.01~2012.09）
总经理助理：黄绍东（2009.01~2012.09）

第二届领导班子

经　　理：李　忠（2012.09~2014.10）
党总支书记：李　忠（2012.12~2014.10）
副　经　理：李振宏（2012.09~2014.10）
黄绍东（2012.09~2014.10）
顾　明（2012.09~2014.10）

第三届领导班子

经　理：王福生（2014.10~2016.08）
副经理：李振宏（2014.10~2016.08）
黄绍东（2014.10~2016.08）
顾　明（2014.10~2016.08）

第四届领导班子

经　　理：刘海峰（2016.08~　　）
党总支书记：黄绍东（2016.11~　　）
副　经　理：李振宏（2016.08~　　）
黄绍东（2016.08~　　）
潘　燚（2016.08~　　）
经理助理：廉　华（2016.12~　　）

（三）股东会

2009 年 1 月，国贸公司召开第一次股东会，会议审议通过了《股东会议事规则》《董事会议事规则》《监事会议事规则》《运营模式》《章程》。在 2011 年第一次股东会上审议通过了公司《2010 年度利润分配议案》，公司拟按持股比例向全体股东派发现金红利，并同比例转增注册资本 2.8 亿元；在 2012 年第一次股东会上审议通过了公司《2011 年度利润分配议案》，公司拟按持股比例向全体股东派发现金红利，并同比例转增注册资本 4.9 亿元。

截至 2016 年 12 月，国贸公司共召开 11 次股东大会。

（四）董事会

截至 2016 年 12 月，国贸公司共召开 13 次董事会。

第一届董事会

董 事 长：张　忠（2009.01~2012.09）
副董事长：张建中（2009.01~2010.07）
肖　军（2010.07~2012.09）
董　　事：邢　斌（2009.01~2012.09）
李　忠（2009.01~2012.09）
王志伟（2010.07~2012.09）
李振宏（2009.01~2012.09）
肖　军（2009.01~2010.07）
马永茂（2009.01~2012.09）
许维农（2009.01~2012.09）
赵润狗（2009.01~2012.09）

第二届董事会

董 事 长：邢　斌（2012.09~2012.12）
张　忠（2012.12~2014.10）
王福生（2014.10~2016.09）
张　忠（2016.09~　　）
副董事长：肖　军（2012.09~2014.10）
王志伟（2014.10~　　）
董　　事：李　忠（2012.09~2014.10）
王占成（2016.09~　　）
王　晔（女，2013.05~2016.09）
许　涛（女，2014.10~　　）
李　冬（2014.10~　　）
刘海峰（2016.09~　　）
李振宏（2012.09~　　）
黄绍东（2014.10~　　）
许维农（2012.09~2013.05）
赵润狗（2012.09~2014.10）

（五）监事会

截至 2016 年 12 月，国贸公司共召开两届多次监事会。

监事会主席：宣敦敦（2009.01~2010.07）
安四虎（2010.07~2014.10）
郝生荣（2014.10~　　）
监 事 成 员：陈秀昆（2009.01~2016.09）
于晶雪（女，2009.01~　　）
银建伟（2016.09~　　）

注：经 2016 年 9 月 19 日北方稀土党委（扩

大）会议研究，建议张忠任国贸公司董事、董事长，王占成、刘海峰任国贸公司董事，银建伟任国贸公司监事，以上高管待国贸公司召开股东会、董事会选举通过。

（六）职能部门

截至2016年12月，公司下设国内贸易部、国际贸易部、仓储部、质量检验部、财务部、综合管理部6个部门，拥有1个子公司和1个镨钕类产品华东地区总代理机构。

1. 国内贸易部

2008年12月10日，公司成立国内贸易部。2014年9月28日，将已划入综合管理部的计划部职能划归国内贸易部，同时将综合管理部的国储业务划归国内贸易部。国内贸易部（内设市场计划组、销售组）。主要负责资源平衡、国储、工作任务分解及完成情况分析、价格方案的确定、市场的调研及开发、客户管理政策和市场政策的制定、市场销售工作。2016年7月，国内贸易部计划组职能划归综合管理部。

历任负责人

部　长：黄绍东（兼，2009.02~2014.09）
　　　　陈海瑛（女，2016.07~　　　）
副部长：贾田贵（2009.02~2010.03）
　　　　陈海瑛（女，2011.03~2016.07）
　　　　梁丽霞（女，2011.05~2016.07）

2. 国际贸易部

2008年12月10日，公司成立国际贸易部，主要负责公司稀土分离产品及金属产品的出口销售工作，以及与出口相关的许可证申领、出口报关、外汇核销和资料翻译等工作。

历任负责人

部　长：于晶雪（女，2009.02~　　　）
副部长：陈海瑛（女，2009.02~2011.03）

3. 仓储部

2008年12月10日，公司成立仓储部，主要负责公司收购的所有稀土冶炼分离企业生产产品的收发、仓储和物流管理，是公司连接生产、供应、销售的中转站。

历任负责人

部　长：张卫东（2009.02~2016.07）
副部长：郝　峰（2013.03~2015.05）
　　　　郝　峰（主持工作，2016.07~　　）
　　　　底　迪（女，回族，2016.07~　　）

4. 财务部

2008年12月10日，公司成立财务部，主要负责公司融资、资金收付、会计核算、按时足额缴纳各项税费等财务工作。

历任负责人

部　长：王晓霞（女，2016.08~　　　）
副部长：米　娜（女，回族，2009.02~2016.07）
　　　　何建国（2016.07~　　　）

5. 质量检验部

2008年12月10日，公司成立质量检验部，主要负责完成公司收购和销售的稀土产品的出入库统计、质量检验、出口产品商检、质量异议处理等工作，同时保持公司“质量、环境、职业健康安全”管理体系的有效运行。

历任负责人

部　长：侯利生（2013.03~2016.07）
　　　　张卫东（2016.07~　　　）
副部长：郝　峰（主持工作，2015.05~2016.07）
　　　　孟凡伟（2016.07~　　　）

6. 综合管理部

2008年12月10日，公司成立综合管理部。2012年9月，将计划部职能划归国贸公司综合管理部。2014年9月，计划部职能和国储业务划归国内贸易部。2016年7月成立工会，与综合管理部合署办公，实行一个机构，两块牌子。综合管理部主要负责人力资源、员工培训、绩效考核、员工薪酬、5S、综治、公务车辆调派、党务、工会、团务等工作，做好后勤服务，为公司发展提供保障。2016年7月，国内贸易部计划组职能划归综合管理部，综合管理部职能增加稀土产品收购、资源平衡、国储、价格方案的确定、市场的调研及开发、客户管理政策和市场政策的制定等工作。

历任负责人

主　任：夏学文（2009.02~2012.09）
　　　　王　晨（2013.03~2014.11）
　　　　梁丽霞（女，2016.07~　　　）
副主任：姜婷婷（女，2013.03~　　　）

7. 计划部

2008年12月10日，公司成立计划部。2012年9月，稀土高科进行职能机构调整，将原稀土高科资源管理部所兼国贸公司计划部职能划归国贸公司综合管理部，取消计划部。计划部主要负责公司年度、季度、月度稀土产品收购计划的编制，与国内（外）贸易部共同测算稀土产品每月的统一收购价格，并按月计划规定的收购品种、数量、包装、质量等要求，以及当月执行的收购价格，与各稀土加工分离企业签订当月《稀土产品收购合同》，完成公司的稀土产品收购工作。

历任负责人

部　长：顾　明（兼，2009.02～2012.10）
　　　　龚树春（兼，2009.02～2012.10）

九、内蒙古包钢和发稀土有限公司

（一）公司概况

内蒙古包钢和发稀土有限公司（以下简称和发稀土）总部位于包头市高新区青工南路15号，占地总面积27万平方米。公司下辖和发分离厂（位于九原区沙河镇万水泉车站北）、包头市聚峰稀土有限责任公司（位于达茂旗稀土工业园区）、内蒙古天之娇高岭土有限责任公司（位于鄂尔多斯市沙圪堵开发区）三个分厂。

1997年，经包头市稀土开发区办公室批准，“包头市和发稀土试验厂”更名为“包头市和发稀土开发有限责任公司”，企业由集体所有制转制为有限责任公司。1998年10月，经国家对外贸易经济合作部批准，“包头市和发稀土开发有限责任公司”更名为“包头市和发稀土开发集团有限责任公司”，企业转制为集团化有限责任公司。2001年2月，经内蒙古自治区对外贸易经济合作厅批准，“包头市和发稀土开发集团有限责任公司”更名为“内蒙古和发稀土科技开发股份有限公司”，企业由集团化有限责任公司转制为股份有限责任公司。

2008年8月，由中国北方稀土（集团）高科技股份有限公司出资，收购内蒙古和发稀土科技开发股份有限公司51%股份，公司重组更名为内蒙古包钢和发稀土有限公司，注册资本5001万元。成为中国北方稀土（集团）高科技股份有限公司绝对控股子公司。企业由股份有限公司转制为国有控股有限公司。

包钢和发稀土公司主要经营：稀土产品生产，稀土产品技术咨询服务；自产的稀土产品出口（国家组织统一联合经营的16种出口商品除外）、科研所需的原辅材料，机械设备仪器仪表及零配件进口（国家实行核定公司经营的14种进口商品除外）；分子筛、催化剂的生产与销售等。2013年，和发稀土内设总经办、供应部、销售部、质检部、设备部、财务部、安环部、工会、分子筛催化剂事业部等部门。和发稀土总资产3亿元，年总产值5亿元以上。和发稀土建厂以来，先后获得国家级荣誉13项、自治区级荣誉19项、包头市级荣誉23项，成为国内外稀土行业的骨干企业。

截至2016年12月，和发稀土有在岗职工457人，管理岗46人，操作岗361人，技术岗50人；高级职称2人，中级职称12人，初级职称9人。

和发稀土公司

（二）领导班子

第一届领导班子

董　事　长：赵润狗（2001.01～2008.12）
总　经　理：赵继承（2001.01～2008.12）
常务副总经理：安卫国（2001.01～2008.12）
副 总 经 理：赵智承（2001.01～2008.12）
　　　　　　赵宇驰（2001.01～2008.12）
财 务 总 监：闫江河（2001.01～2008.12）

第二届领导班子

董　事　长：张　忠（2009.01～2013.12）
总　经　理：赵继承（2009.01～2013.12）
常务副总经理：安卫国（2009.01～2013.12）
副 总 经 理：赵智承（2009.01～2013.12）
　　　　　　赵宇驰（2009.01～2013.12）
财 务 总 监：马建平（2009.01～2013.12）
工 会 主 席：袁一平（2009.01～2013.12）

第三届领导班子

董　事　长：张日辉（2014.01～2016.09）

总　　经　　理：赵继承（2014.01~2016.09）
常务副总经理：安卫国（2014.01~2016.09）
副　总　经　理：赵智承（2014.01~2016.09）
　　　　　　　　赵宇驰（2014.01~2016.09）
财　务　总　监：马建平（2014.01~2016.09）
工　会　主　席：袁一平（2014.01~2016.09）

第四届领导班子

董　　事　　长：许　涛（女，2016.09~　　　）
总　　经　　理：赵继承（2016.09~　　　）
常务副总经理：安卫国（2016.09~　　　）
副　总　经　理：赵智承（2016.09~　　　）
　　　　　　　　赵宇驰（2016.09~　　　）
财　务　总　监：张　健（2016.09~　　　）
工　会　主　席：袁一平（2016.09~　　　）

（三）股东会

截至2016年12月，和发稀土共召开3次股东会。

2008年12月8日，和发稀土召开第一次股东会议，会议表决设立内蒙古包钢和发稀土有限公司，公司总股本5001万股，其中内蒙古包钢稀土高科技股份有限公司持有2550.51万股，占公司总股本的51%；另外，包头市工业国有资产经营有限公司持有150.03万股，占公司总股本的3%。

2014年10月24日，和发稀土召开第二次股东大会，将公司章程“第七条　董事长为公司的法定代表人。公司法定代表人：张忠。”修正为：“第七条　董事长为公司的法定代表人。公司法定代表人：张日辉。”

2016年10月27日，和发稀土召开第三次股东会，会上将公司章程“第七条　董事长为公司的法定代表人。公司法定代表人：张日辉。”修正为：“第七条　董事长为公司的法定代表人。公司法定代表人：许涛。”

（四）董事会

截至2016年12月，和发稀土共召开3届董事会。

第一届董事会

董事长：张　忠（2008.12~2014.09）
董　事：邢　斌（2008.12~2014.09）
　　　　赵润狗（2008.12~2014.09）
　　　　赵继承（2008.12~2014.09）
　　　　张日辉（2008.12~2014.09）

第二届董事会

董事长：张日辉（2014.10~2016.09）
董　事：赵润狗（2014.10~2016.09）
　　　　赵继承（2014.10~2016.09）
　　　　王　晔（女，2014.10~2016.09）
　　　　赵治华（2014.10~2016.09）
　　　　张　忠（2014.10~2016.09）

第三届董事会

董事长：许　涛（女，2016.09~　　　）
董　事：赵润狗（2016.09~　　　）
　　　　赵智承（2016.09~　　　）
　　　　王　臣（2016.09~　　　）
　　　　赵治华（2016.09~　　　）

（五）监事会

截至2016年12月，和发稀土共召开两届监事会。

第一届监事会

监事会主席：陈秀昆（2008.12~2014.09）
监　　　事：高全军（2008.12~2014.09）
　　　　　　刘　馨（女，2008.12~2014.09）

第二届监事会

监事会主席：陈秀昆（2014.10~　　　）
监　　　事：侯补玉（2014.10~　　　）
　　　　　　刘　馨（女，2014.10~　　　）

（六）职能部门

截至2016年12月，和发稀土下设职能部室共9个，分别为总经理办公室、销售部、供应部、安全环保部、设备部、财务部、工会、质检部和分子筛催化剂事业部。

1. 总经理办公室

2008年1月，和发稀土成立总经办，主要负责：主持制定本部门工作计划并组织落实；对外相关部门的协调工作；负责公司会议及重大活动的组织工作；负责企业文化建设、公司5S管理工作的组织实施监督；负责建立健全人力资源管理制度并监督执行。截至2016年12月，总经办共有员工10人。

负责人

主　任：侯俊巧（女，2008.01~　　　）

2. 安全环保部

2008年1月，和发稀土成立安环部，主要负责：组织落实贯彻执行国家有关安全生产及环保方面的法律、法规和上级各项安全生产及环保要求，协助主管领导组织开展安全生产及环保工作；编制安全生产及环保工作计划，并组织实施；组织或者参与拟订单位安全生产规章制度、操作规程和生产安全事故应急救援预案；组织或者参与单位安全生产教育和培训，如实记录安全生产教育和培训情况；督促落实单位危险源的安全管理措施；组织或者参与单位应急救援演练；检查本单位的安全生产状况，及时排查生产安全事故隐患，提出改进安全生产管理的建议；制止和纠正违章指挥、强令冒险作业、违反操作规程的行为；督促落实单位安全生产整改措施；公司内部的日常安全管理工作和公司各部门之间的安全协调工作；组织开展安全生产教育活动，总结、交流和推广安全生产经验；组织或参加事故调查、分析、处理等工作；公司职业卫生的申报和各类安全、环保报表的上报工作；组织制定并实施公司的生产安全事故应急救援预案；及时、如实报告生产安全事故。截至 2016 年 12 月，安环部共有员工 3 人。

负责人

部　长：张　军（2008. 01～　　　　）

3. 设备部

2008 年 1 月，和发稀土成立设备部，主要职责：协助分管领导对设备、土建、动力能源、计量等工作进行宏观管理，确保公司生产安全顺利有序进行，包括生产厂区、厂房、附属车间、道路等基础设施的建设、维护、改造工作的审批，图纸及施工方案的审定，现场施工管理、监督及验收等工作；负责审核、确定新增设备的选型及技术性能，组织新进设备的验收，设备中间使用过程的不定期检查，报废的审核等工作；负责设备、建筑、构筑物的大中修计划的编制、审核及验收，负责土建与设备改造外委工程的组织与协调工作；负责分厂能源使用过程的计量、管理、统计与技改等工作；负责监督能源使用过程中节能与技术改造，杜绝浪费能源的现象；负责传达、执行上级职能部门的文件精神，配合上级部门节能工作的检查；负责全厂计量器具的检定与管理，定期送检；配合使用单位对全厂特种设备的管理，联系相关部门对特种设备进行检测；执行公司领导与上级主管部门交办的工作。截至 2016 年 12 月，设备部共有员工 6 人。

负责人

部　长：张新蛇（2008. 01～　　　　）

4. 质检部

2008 年 1 月，和发稀土成立质检部，主要负责：公司 ISO9001 质量管理体系，建立并对运行过程进行监督与改进；内部质量管理体系审核组与相关的实施工作，对发现的问题不汇报而导致质量管理体系不能正常运行负责；原辅材料和产成品检验规程的编制与修订，并组织实施对实施过程进行监控；组织制定原辅材料、中间在制品、产成品的企业标准；全公司要求编制种类质量报表，并对报表的真实真实性与准确性负责；组织召开质量分析会、会议记录的整理、下发，对提出的整改事项或采取的纠正措施的实施情况进行监督检查；完善与修订本部门的有关制度，经批准后负责执行。截至 2016 年 12 月，质检部共有员工 5 人。

负责人

部　长：钟栓柱（2008. 01～　　　　）

5. 财务部

2008 年 1 月，和发稀土成立财务部，主要负责：执行国家财经制度和企业内部的规章制度，加强财务管理，保障企业财务活动的良性运行；根据本企业经营特点，做好各项财务收支计划、控制、核算、分析和考核工作，有效利用企业各项资产，努力提高经济效益；负责企业资金调配，正确核定流动资金定额，合理分配流动资金，实现资金归口管理，严格控制财务收支；加强财务队伍的自身建设，提高财务人员思想，业务管理水平，推行现代化管理方式；严格控制费用开支，搞好经济核算和分析，定期检查企业内部财务情况，加强财务物资管理，定期组织企业财产物资的清查盘点工作。及时清理债权、债务，正确反映企业经济情况及财务成果；负责财会历史资料、文件、凭证、报表的整理、搜集和立卷存档工作，并按规定手续报请销毁；负责组织起草企业财务管理方面的制度及有关规定；负责企业财会工作检查，督促落实整改工作；完成企业临时布置的任务。截至 2016 年 12 月，财务部共有员工 9 人。

历任负责人

部　长：张金兰（女，2008. 01～2010. 12）
　　　　王永军（2010. 12～　　　　）

6. 供应部

2008 年 1 月，和发稀土成立供应部，主要负

责：组织、协调、计划、指导、督促、检查工作；原辅材料及生产所需所有材料的合同评审；批准分承包方评审报告及合格分承包方名单；对最终的质量和质量管理全面负责。截至2016年12月，供应部共有员工8人。

负责人

部　长：崔宏俊（2008.01～　　　　）

7. 销售部

2008年1月，和发稀土成立销售部，主要负责：销售计划的编制（年、季、月）、下发与跟踪；收集市场信息、掌握市场动态；收集同行业信息；开发培育国内外市场，提高销量，提高市场占有率；按合同要求督促交货期；按合同要求负责货款回笼；塑窗口形象、搞好产品对外宣传；夯实售前、售中、售后服务，做好样品邮发与跟踪；负责销售合同的审核及会签；与销售相关事宜的衔接与协调。截至2016年12月，销售部共有员工4人。

历任负责人

副部长：王晓东（2008.01～2014.05）

　　　　马利星（2014.05～　　　　）

8. 分子筛催化剂事业部

2008年1月，和发稀土成立分子筛催化剂事业部，主要负责：公司的质量、技术、项目申报工作；贯彻执行国家有关科技方针、政策，用以指导技术管理工作，不断推进公司的技术进步；组织编制公司远期技术发展规划，制订近期技术改造计划，制订产品质量计划；领导有关部门制订技术革新和产品质量改进计划，解决产品质量中的重大技术问题；做好9000质量认证的宣贯、执行、检查工作，确保落实；组织领导完成新产品项目的申报、立项、审批等工作；审批公司内部技术革新、工艺改进计划，主持公司内部各种技术性会议；领导组织公司年度技术措施、技术计划的编制工作并负责保证计划顺利完成；负责建立健全公司技术管理、质量等规章制度，协调技术、质量部门与其他部门的关系，及时组织解决生产中出现的技术和质量问题；领导技术对外工作，负责组织技术改进、进口设备、进口原辅材料、合资合作生产项目的洽谈工作；审批外报技术、质量文件、资料；审批公司技术性合理化建议、技术革新的推广计划、新工艺、新技术的应用实施计划，组织技术革新成果的鉴定；领导科技情报档案管理工作，严格技术保密工作。做好公司知识产权保护；组织编制公司产品说明书、产品目录、产品宣传等技术服务资料。截至2016年12月，分子筛催化剂事业部共有员工7人。

负责人

主　任：周建国（2008.01～　　　　）

9. 工会

2008年1月，和发稀土成立工会，主要负责：工会各种资料的归类保存、建档工作；工会各类数据统计、报表的填报工作；工会各种文件的制作打印、上报下发；工会各种文体活动组织实施工作；调查、走访、慰问困难员工家庭；工会会费的收缴统计上缴工作；职工书屋的图书、借阅管理工作；各个活动室的内务整理保洁工作；完成领导交办的其他工作。截至2016年12月，工会共有员工2人。

负责人

主　席：袁一平（2008.01～　　　　）

十、宁波包钢展昊新材料有限公司

（一）公司概况

宁波包钢展昊新材料有限公司（简称宁波展昊）位于浙江省慈溪市宗汉街道新兴产业园区新兴一路8号，占地面积约53336平方米（80亩）。2012年4月28日，经慈溪市人民政府批准后，慈溪市国土资源局以拍卖方式出让位于慈溪市新兴产业集群区管委会的三宗（慈宗汉Ⅱ201202#、201206#、201207#）国有工业建设用地使用权。5月，内蒙古包钢稀土（集团）高科技股份有限公司、宁波展杰磁性材料有限公司、宁波雄海稀土速凝技术有限公司共同出资组建宁波包钢展昊新材料有限公司，并委托浙江省工业设计研究院编写《宁波包钢展昊新材料有限公司年产5000吨合金真空速凝甩带片生产线项目可行性研究报告》。同年6月，慈溪市经济发展局根据慈溪市人民政府文件，下发慈发改审备〔2012〕35号文件，同意立项。接着宁波展昊破土兴建。2014年5月，建成投产。

宁波展昊3家股东股权比例为：北方稀土持股51%，宁波展杰磁性材料有限公司持股44%，宁波雄海稀土速凝技术有限公司持股5%。宁波展昊注册资金1.5亿元，为私营有限责任公司（自然人控股或私营性质企业控股）。主要经营：合金新材料、完全降解高分子材料研究、开发；钕铁硼速凝甩带合金的研发及技术咨询服务；金属制品、合金真空速凝甩带片的制造、加工；自营和代理货物和技术的进出口（国家限定经营或禁止进出口的货物和技术除外）。宁波展昊专业从事钕铁硼真空速凝甩带片的研发和制造，拥有年产5000吨的生产能力。

截至2016年12月，宁波展昊总资产3.07亿元。公司有职工57人，其中管理10人、技术5人、操作29人；高级职称2人、中级4人、初级5人；硕士学历以上2人，本科学历6人，大专学历14人。

宁波展昊公司

（二）领导班子

第一届领导班子

董 事 长：张　忠（2012.05～2014.10）

副董事长：邹　宁（2012.05～2014.10）

总 经 理：励宇川（2012.05～2014.10）

副总经理：周　昱（2012.05～2014.10）

财务总监：武传平（2012.05～2014.10）

第二届领导班子

董 事 长：孟志泉（2014.10～2016.06）

副董事长：邹　宁（2014.10～2016.06）

总 经 理：励宇川（2014.10～2016.06）

副总经理：周　昱（2014.10～2016.06）

财务总监：武传平（2014.10～2016.06）

第三届领导班子

董 事 长：张　忠（2016.06～　　　）

副董事长：潘冲强（2016.06～　　　）

总 经 理：励宇川（2016.06～　　　）

副总经理：周　昱（2016.06～　　　）

财务总监：姚弋戈（2016.06～　　　）

（三）职能部门

截至2016年12月，宁波展昊共下设5个职能部门，分别是综合部、财务部、生产技术部、品质部和营销部。

1. 综合部

2014年5月，宁波展昊成立综合部，主要负责人力资源、企业文化、行政后勤管理，并接管保安劳务外派6人。截至2016年12月，综合部共有职工8人。

历任负责人

经　理：邹培军（2014.05～2015.03）

武传平（2015.04～2016.06）

邹培军（2016.06～　　　）

2. 财务部

2012年5月，宁波展昊成立财务部，主要负责公司预算、资金资产、成本费用、开季核算、筹融资、审计、税务和财务分析等管理。截至2016年12月，财务部共有职工6人。

历任负责人

经　理：武传平（2012.05～2016.06）

姚弋戈（2016.06～　　　）

3. 生产技术部

2014年5月，宁波展昊成立生产部，主要负责公司生产计划安排、现场管理、安全生产、加工制造等管理。同年12月，生产部计划新增工艺技术研发和运用管理，并更名为生产技术部。截至2016年12月，生产技术部共有职工36人。

负责人

经　理：吕忠山（2014.05～　　　）

4. 品质部

2014年5月，宁波展昊成立品质部，主要负责采购生产销售产品的检验、质量体系、不合格品控制和质量分析等管理。截至2016年12月，品质部共有职工4人。

历任负责人

经　理：邹旭杰（2014.05～2015.03）

胡　特（2015.04～2016.05）

励　柳（2016.05～　　　）

5. 营销部

2014年5月，宁波展昊成立营销部，主要负责市场信息分析和开发、采购与销售、订单合同、客户管理、仓储物流和甩带片配料等管理。截至2016年12月，营销部共有职工3人。

历任负责人

经　理：张世芳（2014.05～2015.03）

潘冲强（2015.04～　　　）

十一、包头科日稀土材料有限公司

（一）公司概况

包头科日稀土材料有限公司（简称科日稀土公司）是北方稀土绝对控股分子公司，成立于2004年1月5日，占地面积3100平方米。科日稀土公司由具有稀土行业前沿分离技术和优质原料的稀土行业最大上市公司的北方稀土、日本日产稀元素株式会社、日本东海贸易株式会社共同组建。科日稀土公司投资总额177.26万美元，注册资本125万美元。其中，北方稀土出资63.125万美元，日本日产稀元株式会社出资43.75万美元，日本东海贸易株式会社出资18.125万美金。北方稀土占50.5%，日方占49.5%。2016年3月8日，包头市华星稀土科技有限责任公司以6674626.93元人民币购买了日产稀元素株式会社持有标的公司35%股权及东海贸易株式会社持有标的公司14.5%股权。至此，包头市华星稀土科技有限责任公司持有包头科日稀土材料有限公司49.5%的股权，为此包头市华星稀土科技有限责任公司成为包头科日稀土材料有限公司第二大股东。至此，包头科日稀土材料有限公司的股东及股份持有情况变更如下：北方稀土持有公司50.5%股权，认缴出资额：5224666.87元人民币，实缴出资额5224666.87元人民币，出资形式为货币；包头市华星稀土科技有限责任公司（以下简称“华星稀土”），持有公司49.5%的股权，认缴出资额：5121208.13元人民币，实缴出资额5121208.13元人民币，出资形式为货币。2016年3月，科日稀土公司资产总额为3871.32万元，净资产为3041.25万元。

截至2016年12月，科日稀土公司在岗职工36人（女职工11人），管理岗14人、操作岗16人、其他6人；高级职称1人，中级职称5人，初级职称3人。

科日稀土公司

（二）领导班子

第一届领导班子

总 经 理：大迫尚人（日本，2004.03～2005.11）

副总经理：蔡　茂（2004.02～2005.11）

第二届领导班子

总 经 理：石井和夫（日本，2005.11～2009.03）

党委书记：蔡　茂（2005.04～2008.05）

副总经理：蔡　茂（2005.04～2008.05）

工会主席：蔡　茂（2006.03～2008.05）

第三届领导班子

总 经 理：中川正行（日本，2009.03～2013.12）

党委书记：姚成毅（2008.05～2013.12）

副总经理：姚成毅（2008.05～2013.12）

工会主席：姚成毅（2008.05～2013.12）

第四届领导班子

总 经 理：佐藤博行（日本，2014.01～2014.07）

党委书记：姚成毅（2014.01～2014.07）

副总经理：姚成毅（2014.01～2014.07）

工会主席：姚成毅（2014.01～2014.07）

第五届领导班子

总 经 理：佐藤博行（日本，2014.07～2015.12）

党委书记：韩丽娟（女，2014.07～2016.06）

科日公司负责人：

韩丽娟（女，2014.07～2014.12）

工会主席：韩丽娟（女，2014.07～2016.06）

第六届领导班子

代理总经理：李　冬（2016.01～2016.04）

总　经　理：鲁　强（2016.04～　　　）

副 总 经 理：韩丽娟（女，2014.12～2016.11）

党 委 书 记：韩丽娟（女，2014.07～2016.11）

工 会 主 席：韩丽娟（女，2014.07～2016.11）

（三）董事会

截至2016年12月，科日稀土公司共召开过5届董事会。

第一届董事会

董事长：崔　臣（2004.02～2006.05）

赵生平（2006.05～2008.05）

董　事：刘忠涛（2004.02～2008.05）

杨　颖（2004.02～2008.05）
大迫尚人（日本，2004.02～2005.10）
石井和夫（日本，2004.02～2008.05）
小林武敏（日本，2005.10～2007.08）
三井元（日本，2004.02～2008.05）
崔　臣（2006.04～2008.05）

第二届董事会

董事长：张　忠（2008.05～2013.05）
董　事：兰一平（2008.05～2011.06）
邢　斌（2008.05～2013.05）
石井和夫（日本，2008.05～2009.03）
中川正行（日本，2008.05～2013.05）
三井元（日本，2008.05～2013.05）
森正实（日本，2009.03～2010.03）
石井和夫（日本，2010.03～2013.05）
郑玉君（2011.06～2013.05）

第三届董事会

董事长：张　忠（2013.05～2014.10）
董　事：王　晔（女，2013.05～2014.10）
刘　义（2013.05～2014.10）
中川正行（日本，2013.05～2014.10）
石井和夫（日本，2013.05～2014.10）
三井元（日本，2013.05～2014.10）

第四届董事会

董事长：李　冬（2014.10～2016.09）
董　事：郭根全（2014.10～2016.09）
刘　威（2014.10～2016.09）
中川正行（日本，2014.10～2016.04）
小林武敏（日本，2014.10～2016.04）
三井元（日本，2014.10～2016.04）
鲁　强（2016.04～2016.09）
何　毅（2016.04～2016.09）

第五届董事会

董事长：赵治华（2016.09～　　　）
董　事：王　臣（2016.09～　　　）
许　涛（女，2016.09～　　　）
鲁　强（2016.09～　　　）
何　毅（2016.09～　　　）

（四）职能部门

截至2016年12月，科日稀土公司共下设总务部、财务部、供销部、生产技术部4个职能部室。

1. 总务部

2004年7月，科日稀土公司成立总务部，主要负责公司组织人事及后勤保障、信访、维稳、车队管理、设施维护、消防安全等工作。

历任负责人

部　长：李培忠（2004.07～2008.06）
刘建刚（2009.06～2012.10）
办事员：黄瑞清（女，2012.10～2014.07）
副部长：黄瑞清（女，2014.07～2016.06）
李海燕（女，2016.06～　　　）

2. 供销部

2004年7月，科日稀土公司成立供销部，主要负责购买公司所需原辅材料，销售公司生产的产品。

历任负责人

部　长：刘志强（2004.07～2009.06）
办事员：赵怀师（2009.06～2016.06）
主　办：赵怀师（2016.06～　　　）

3. 财务部

2004年7月，科日稀土公司成立财务部，主要负责公司整体资金的管理以及日常业务的核算工作，为公司董事会和总经理提供所需的财务数据资料并做好参谋工作，对与财务工作相关的外部单位做好联络、沟通工作，按时出具财务报表，分析公司经营成果。

历任负责人

部　　长：韩丽娟（女，2004.02～2014.07）
会　　计：赵红艳（2014.07～2016.07）
财务部部长：孔秀丽（女，2016.07～　　　）

4. 生产技术部

2004年7月，科日稀土公司成立生产技术部，主要负责根据销售订单安排生产任务，由生产现场人员按要求生产出合格的产品，由生产技术部分析室对生产过程的中间产品实施中控和对产品提供详细的分析报告单。

历任负责人

工厂长：石井和夫（日本，2004.02～2005.10）
小林武敏（日本，2005.10～2007.07）
中川正行（日本，2007.07～2009.03）
森正实（日本，2009.03～2013.12）
北佳介（日本，2013.12～2014.12）
副工厂长兼部长：
董晓军（2015.01～2016.06）
部　长：小林武敏（日本，2004.12～2005.10）
森正实（日本，2007.07～2009.03）

北佳介（日本，2009.06~2013.12）
副部长：董晓军（2014.07~ ）

第四节 相对控股公司

一、全南包钢晶环稀土有限公司

（一）公司概况

全南包钢晶环稀土有限公司（以下简称全南晶环）位于江西省赣州市全南县工业园一区再生资源加工利用工业区内，公司占地面积13多万平方米（200多亩），建筑面积3.5万平方米。全南晶环前身为全南晶环科技有限责任公司。1998年9月，邬元旭、钟月明、凌卫东3人出资成立全南木金化工厂，企业性质为普通私营合伙企业。2001年4月，全南木金化工厂更名为全南明捷化工厂，企业性质不变。2004年12月，根据发展需要，将全南明捷化工厂重新整合为集生产、研发、销售为一体的有限责任公司，并更名为全南晶环科技有限责任公司。公司于2005年1月，通过了ISO9001和2000质量体系认证，2006年被江西省科技厅认定为高新技术企业。

2010年9月，全南包钢晶环稀土有限公司由全南晶环科技有限责任公司的稀土原矿分离部分与内蒙古包钢稀土（集团）高科技股份有限公司（简称包钢稀土）共同合资组建，企业改制为股份制企业。包钢稀土持股49%，全南晶环科技有限责任公司持股31%，邬元旭、钟月明、凌卫东、曾兰荣分别持股5%。注册资本18205.67万元人民币。全南晶环主要从事稀土矿产品的冶炼、分离及产品销售，具备分离能力3600吨/年，其中高纯、复合高纯产品生产能力1500吨。主要产品有：各类稀土氧化物、碳酸盐、高纯单一氧化物及共沉产品，其中氧化镧、氧化钇、氧化铽、Y+Eu（纯度≥99.99%）为公司拳头产品。公司采用模糊萃取与常规分离相结合的生产工艺，率先推行清洁生产，以节能、降耗、减污、增效为目标，采用环境友好型材料替代污染量大的落后工艺，促使废酸、废水回收循环利用的节约型工艺不断发展，使企业以依赖资源转为依托资源，发挥废渣回收的潜力价值，不断创新工艺，提高循环利用率，实现经济和环境协调、可持续发展。为强化自主创新能力，公司于2012年创立了企业研发中心，配备ICP发射光谱仪、COD检测仪、放射性测试仪、超声稀土盐类制备设备、萃取分离设备、盐类制备洗涤中试实验设备等各种实验设备。中心占地面积1000多平方米，有专职研发人员9人，其中1位硕士，3位具有高级职称技术人员。研究方向以稀土冶炼清洁生产工艺技术及稀土新产品、新材料开发为主。自2010年9月新公司成立以来，公司在科技创新与技术研发方面，取得了较大成绩，共获得授权专利18项。其中发明专利6项，实用型专利12项；获得江西省人民政府“先进非公有制企业”、赣州市企业家协会“全市50强企业”、中共全南县委、全南县人民政府“纳税大户”等奖。

截至2016年12月，全南晶环共有职工213人，其中操作人员170人、管理人员18人、专业技术人员25人；具有大专及以上学历的14人；具有高级职称3人，中级职称2人。

全南晶环公司

（二）领导班子

第一届领导班子

总 经 理：邬元旭（2010.09~2016.06）
副总经理：容开志（2010.09~2014.03）
陈勇春（2010.09~2012.06）
蔡立宁（2010.09~2016.10）

财务总监：梁少峰（2010.10~2013.06）

第二届领导班子

总 经 理：邬元旭（2010.09~　　　）

副总经理：蔡立宁（2010.09~2016.10）

财务总监：赵国栋（2013.06~2014.12）

第三届领导班子

总 经 理：邬元旭（2010.09~　　　）

常务副总经理兼财务总监：

姚成毅（2014.07~2016.07）

副总经理：蔡立宁（2010.09~2016.10）

第四届领导班子

总 经 理：邬元旭（2010.09~　　　）

常务副总经理：

姚成毅（2016.07~　　　）

财务总监：马建平（2016.07~　　　）

总经理助理：罗飞龙（2013.09~　　　）

黄 芳（女，2015.09~　　　）

林 斌（2015.11~　　　）

何德华（2016.03~　　　）

（三）股东会

2010年8月8日，全南晶环召开第一次股东会，会议审议通过了内蒙古包钢稀土（集团）高科技股份有限责任公司持有49%股权，全南晶环科技有限责任公司持有31%股权，邬元旭、钟月明、凌卫东、曾兰荣分别持有公司5%股权的议案。

（四）董事会

第一届董事会

董事长：张 忠（2010.08~2014.10）

董 事：邢 斌（2010.08~2013.04）

李 忠（2010.08~2014.10）

郑玉君（2010.08~2013.04）

陈秀昆（2010.08~2014.10）

邬元旭（2010.08~　　　）

钟月明（2010.08~　　　）

凌卫东（2010.08~　　　）

曾兰荣（2010.08~　　　）

张志坚（2013.04~2014.10）

王 晔（女，2013.04~2016.09）

第二届董事会

董事长：李金玲（2014.10~　　　）

董 事：王 晔（女，2013.04~2016.09）

王福生（2014.10~2016.09）

许 涛（女，2016.09~　　　）

王占成（2016.09~　　　）

刘 义（2014.10~2016.09）

刘海峰（2016.09~　　　）

陈秀昆（2014.10~2016.09）

银建伟（2016.09~　　　）

邬元旭（2010.08~　　　）

钟月明（2010.08~　　　）

凌卫东（2010.08~　　　）

曾兰荣（2010.08~　　　）

（五）监事会

第一届监事会

监事会主席：肖 飞（2010.08~　　　）

监　　事：张继聪（2010.08~2011.03）

鲍永平（2011.03~2013.06）

赵国栋（2013.06~2014.12）

蔡启剑（2010.08~　　　）

（六）职能部门

截至2016年12月，全南晶环下设职能部室共8个，分别为综合部、财务部、供销部、生产部、安环部、品管部、物流部和生产车间。

1. 综合部

2010年8月，全南晶环成立办公室。2014年9月，根据包钢晶环字〔2014〕第10号文件要求，将办公室更改为综合部，主要负责公司人力资源、行政事务、后勤管理和保安工作。

负责人

部 长：廖继红（2012.08~　　　）

2. 财务部

2010年8月，全南晶环成立财务部，主要负责公司的投资、贷款、资产评估、年报、季报、月报表、日常会计核算、税务申报和财务管理工作。

历任负责人

部 长：黄智明（2010.08~2014.04）

黄 芳（女，2014.04~　　　）

3. 供销部

2010年8月，全南晶环成立供销部，主要负责：原辅材料、主要材料、包装材料、备品、备件、检验用品及燃料等的采购供应工作；根据生产、库存情况，编制与之相配套的销售计划，保证经营过程中的产品销售工作。

负责人

部　长：罗飞龙（2010.08～　　　）

4. 生产部

2010年8月，全南晶环成立生产部，主要负责对生产车间的生产工艺控制、指挥、调度、考核等工作。

历任负责人

部　长：陈勇春（2010.08～2012.06）
　　　　吴健华（2012.06～2013.09）
　　　　郭爱成（2013.09～　　　）

5. 安环部

2012年4月，全南晶环成立安环部，主要负责消防安全、安全生产环境保护和特种设备管理工作。

历任负责人

部　长：吴健华（2012.04～2015.12）
　　　　钟小英（女，2015.12～　　　）

6. 品管部

2010年8月，全南晶环成立品管部，主要负责公司生产过程的控制分析、原辅料、半成品、成品以及试验样品的分析及对公司的原辅料、过程产品、半成品、产品标准制订及执行工作。

负责人

部　长：何德华（2010.08～　　　）

7. 物流部

2010年8月，全南晶环成立物流部，主要负责公司内部及时准确做好原主材料、原辅材料、配件的购入登记及办理入库手续并配齐所附注资料等工作。

历任负责人

部　长：凌庆梅（女，2010.08～2011.07）
　　　　陈金红（女，2011.07～　　　）

8. 生产车间

2010年8月，全南晶环成立生产车间，主要负责公司的生产安排、生产工艺控制、设备物料管理、生产技术保障及员工管理工作。

负责人

主　任：林　斌（2010.08～　　　）

二、包钢新利稀土有限责任公司

（一）公司概况

信丰县包钢新利稀土有限责任公司（简称信丰新利稀土）位于江西省赣州市信丰工业园区内，占地面积约133332平方米（200亩）。2010年，内蒙古包钢稀土（集团）高科技股份有限责任公司以增资扩股的方式设立信丰县包钢新利稀土有限责任公司，相对控股信丰新利48%的股权，注册资本3846万元。公司主要从事稀土分离、稀土金属生产、钕铁硼废料加工销售业务。业已形成年处理3500吨南方离子型稀土矿、年综合回收利用5000吨钕铁硼废料的生产能力；拥有20余条工艺先进、设备精良的南北方轻重稀土混合分离深加工生产线和现代化的检测仪器，具备生产15个稀土元素单一氧化物、化合物及一系列高纯度高附加值的新产品，如超细系列产品、低氯根系列和特殊物理性能产品的能力。主要产品有氧化镧、氧化镨钕、氧化钐、氧化铕、氧化钆、氧化铽、氧化镝、氧化钬、氧化铒、荧光级氧化铽、氧化钇、氧化钇铕等。

公司秉承“诚实做人，认真做事，传承优良，不断创新”的管理理念，奉行“平等、务实、激情、创新”的企业文化精神，充分发挥当地稀土资源和科技人才资源的双重优势，不断加大稀土产品的研发力度，丰富产品结构链，多次受到省、市、县政府部门的表彰。先后荣获江西省“五一劳动奖状”、“先进非公有制企业”、“优秀非公有制企业”、“A级纳税信用企业”，赣州市“五一劳动奖状”、“最佳企业”、“非公有制百家先进企业”、“纳税信用企业”、“金融信用企业”、“纳税突出贡献奖”、“工人先锋号”、“全市先进基层党组织”，信丰县“纳税大户贡献奖”、“先进职工之家”、“企业文化建设先进单位”、“先进党支部”等称号。

截至2016年12月，公司固定资产原值9800万元，净值7600万元。下设8个部门、1个技术中心、1个工程中心，分别为生产部、财务部、经营部、办公室、质检部、检测中心、技术研发部、环保安全部、省级企业技术中心、江西省二次资源综合利用工程技术研究中心。在职人员220人，其中管理岗18人、技术岗26人、操作岗176人；高级职称3人、中级职称12人、初级职称16人；高级技师5人、技师12人。

信丰新利稀土公司

（二）领导班子

第一届领导班子

总 经 理：刘 勇（2010.09~2013.12）
党支部书记兼副总经理：
张 华（2010.09~2013.12）
总 工 程 师：刘伟华（2010.09~2011.08）
梁观华（2012.03~2013.12）
财 务 总 监：冯庆革（2010.09~2013.11）
总经理助理：陈世华（2012.03~2013.12）
监事会主席：刘 波（2010.09~2013.12）
工会主席兼总经理助理：
张相良（2010.09~2013.12）

第二届领导班子

总 经 理：刘 勇（2014.01~ ）
党支部书记兼副总经理：
张 华（2014.01~ ）
总 工 程 师：梁观华（2014.01~2016.05）
财 务 总 监：赵玉生（2015.03~2016.07）
总经理助理：陈世华（2014.01~ ）
监事会主席：刘 波（2014.01~ ）
工会主席兼总经理助理：
张相良（2014.01~ ）

（三）股东会

包钢新利稀土有限责任公司公司有4个股东，分别为：内蒙古包钢稀土（集团）高科技股份有限公司（后更名为中国北方稀土）、刘勇、邱龙、张华。

（四）董事会

第一届董事会

董 事 长：张 忠（2010.09~2014.10）
董事成员：刘 勇（2010.09~2014.12）
张 华（2010.09~2014.12）
李 忠（2010.09~2013.10）
邢 斌（2010.09~2013.10）

第二届董事会

董 事 长：李金玲（2014.10~ ）
董事成员：刘 勇（2010.09~ ）
张 华（2010.09~ ）
王 晔（女，2013.10~ ）
王福生（2013.10~ ）

（五）监事会

第一届监事会

监事会主席：肖 飞（2010.09~2011.4 ）
刘 波（2011.04~2013.12）
监 事：张相良（2010.09~2013.12）
蔡启剑（2010.09~2013.12）

第二届监事会

监事会主席：刘 波（2011.04~ ）
监 事：张相良（2011.04~ ）
蔡启剑（2011.04~ ）

（六）职能部门

截至2016年12月，包钢新利稀土有限责任公司下设8个部门，分别为生产部、财务部、经营部、办公室、质检部、检测中心、技术研发部、环保安全部。

1. 财务部

2010年9月，公司下设财务部，财务部下设财务科、仓库，主要负责公司财务及仓库管理业务。

负责人

部 长：徐冬梅（女，2010.09~ ）

2. 经营部

2010年9月，公司下设经营部，经营部下设采购科、销售科、物流科，主要负责公司物资采购、销售及物流管理等。

负责人

部 长：邓太荣（2010.09~ ）

3. 办公室

2010年9月，公司下设办公室，办公室下设行政科、人事科、后勤科、保卫科、体系科、工会、党支部、团委、妇委会，主要负责公司行政管理、人事档案、后勤管理、体系管理、党工团等。

负责人

主　任：张相良（2010.09～　　　）

4. 生产部

2010年9月，公司下设生产部，生产部下设溶矿车间、萃取车间、沉淀车间、灼烧车间、钕铁硼车间、钇铕车间、维修车间。主要负责公司各类稀土产品的生产、生产车间的生产管理等。

历任负责人

部　长：廖雨生（2010.09～2012.03）

　　　　梁观华（2012.03～2016.05）

　　　　刘　波（2016.06～　　　）

5. 质检部

2010年9月，公司下设质检部，质检部下设原料科、产品科，主要负责公司原材料的检验、稀土产品质量检验等。

负责人

部　长：袁祥云（女，2010.09～　　　）

6. 检测中心

2010年9月，公司下设检测中心，检测中心下设仪器分析科、化学分析科、环保分析科，主要负责公司稀土产品的分析化验、化学分析、环保分析等。

历任负责人

部　长：刘忠华（2010.09～2015.06）

　　　　黄小燕（女，2015.07～　　　）

7. 环保安全部

2010年9月，公司下设环保安全部，环保安全部下设环保科、安全科、能源科、基建科，主要负责公司环保管理、安全管理、能源管理、基建管理等。

负责人

部　长：叶　健（2010.09～　　　）

8. 技术研发部

2010年9月，公司下设技术研发部，技术研发部下设工艺科、试验科，主要负责公司工艺技术改进、稀土产品工艺流程改进、各类生产实验等。

负责人

部　长：陈世华（2012.03～　　　）

三、内蒙古希捷环保科技有限责任公司

（一）公司概况

内蒙古希捷环保科技有限责任公司（简称希捷环保）由中国北方稀土（集团）高科技股份有限公司、北京京运通科技发展有限公司及自然人邱海旺共同投资组建，分别占股45%、35%和20%。主营业务是：稀土基SCR烟气脱硝催化剂的研发、设计、制造、销售和工程实施；汽车尾气催化剂及其器件研发和技术转让；环保工程设计、施工及维护。希捷环保将致力于工业烟气、尾气的脱硝治理，集工程技术开发、设计、施工及服务为一体，向客户提供专业化的工业烟气、尾气脱硝治理技术解决方案。希捷环保年产50000立方米稀土基SCR烟气脱硝催化剂项目，总投资4.5亿元，占地面积约131012平方米（196.52亩），位于稀土高新区稀土产业应用园区阿拉坦汗大街以北、沼园东路以南、规划路以东。项目一期已于2016年11月开工建设，于2016年12月底完成土建基础建设。

截至2016年12月，希捷环保下设4个部门，在岗职工20人。其中，管理岗5人；高职称3人，中级职称1人，初级职称2人。

（二）领导班子

总　　经　　理：王志民（2016.09～　　　）

常务副总经理：张世明（2016.10～　　　）

副　总　经　理：邱海旺（2016.09～　　　）

　　　　　　　　李培忠（2016.09～　　　）

财　务　总　监：韩丽娟（2016.09～　　　）

（三）股东会

2016年9月23日，希捷环保召开创立大会第一次股东会，会议表决成立内蒙古希捷环保科技有限责任公司，公司注册资本为6000万人民币，由中国北方稀土（集团）高科技股份有限公司出资45%、北京京运通科技有限公司出资35%、自然人邱海旺出资20%三方共同投资组建。

（四）董事会

截至2016年12月，希捷环保共计召开1届董事会。

第一届董事会

董事长：李金玲（2016.09～　　　）

董　事：王志民（2016.09～　　　）

　　　　杨世明（2016.09～　　　）

　　　　王占成（2016.09～　　　）

　　　　许　涛（2016.09～　　　）

（五）监事会

监事会主席：邱海旺（2016.09～　　　）

监　　事：顾　明（2016.09～　　　）
　　　　　葛永录（2016.09～　　　）

（六）职能部门

截至2016年12月，希捷环保共下设4个职能部门，分别为营销部、基建部、财务部和综合办公室。

1. 营销部

2016年12月，希捷环保成立营销部，主要负责市场开拓、客户信息管理、市场调研、开发方案的制订、安排实施等事宜。截至2016年12月，营销部有6名职工。

负责人

副总经理：邱海旺（2016.09～　　　）

2. 基建部

2016年9月，希捷环保成立基建部，主要负责建设期的工程设计、工程招标、工程质量管理、安全文明施工管理及相关部门对接手续等工作，为公司的运行提供保障作用。截至2016年12月，基建部有4名职工。

负责人

副总经理：李培忠（2016.09～　　　）

3. 财务部

2016年9月，希捷环保成立财务部，主要负责日常财务核算、根据公司资金运作情况合理调配资金、搜集公司经营活动情况、资金动态、营业收入和费用开支的资料并进行分析、提出建议、负责现有资产管理等事宜，为公司的正常运转提供有力的保障。截至2016年12月，财务部有3名职工。

负责人

副总经理：韩丽娟（2016.09～　　　）

4. 综合办公室

2016年9月，希捷环保成立办公室，主要负责档案管理、公司接待、员工招聘离职等事宜，为公司的发展起到保障作用。截至2016年12月，综合办公室有3名职工。

负责人

主　任：朱贵龙（2016.09～　　　）

四、北京三吉利新材料有限公司

（一）公司概况

北京三吉利新材料有限公司（简称北京三吉利）位于北京市延庆区益祥北街3号。2001年7月19日，北京市延庆县政府相关部门批复同意，三吉利公司正式成立。2009年3月，内蒙古包钢稀土（集团）高科技股份有限公司以相对控股的资本结构收购三吉利公司44%股权，包头市金蒙研磨材料有限责任公司持有36%股权，北京金蒙双龙科技有限公司持有20%股权，3方签订股权转让协议。公司注册资本为3500万元人民币。三吉利成为包钢稀土相对控股分子公司。

北京三吉利新材料有限公司是国内第一家专门研究、生产和销售稀土合金材料，特别是高性能钕铁硼合金材料的专业生产企业。公司主导产品钕铁硼合金薄带年生产能力为5000吨，是国内最大的钕铁硼合金薄带专业制造商。经营范围：生产钕铁硼永磁材料、储氢材料、稀土材料及其合成材料；销售钕铁硼永磁材料、储氢材料、稀土材料及其合成材料；技术开发、技术咨询；货物进出口、技术进出口、代理进出口。公司产品出口日本、欧洲等发达国家。产品质量、性能等指标均达到国际先进水平。2009年，公司被评为国家级高新技术企业，已通过ISO9001质量管理体系认证、ISO14001环境管理体系认证。三吉利公司作为国内最大的钕铁硼（NdFeB）合金薄带专业制造商，发挥企业优势，做好企业文化宣传工作，树立企业良好对外形象，先后获得北京市“纳税信用A级企业”、“延庆县工业十佳企业”、“延庆县优秀工业企业”的荣誉称号及“延庆县区域经济发展贡献奖”的表彰。

截至2016年12月，公司总资产为33141万元，净资产为20182万元。下设7个职能部门，并设有1个控股子公司（北京吉利汇磁新材料有限公司）。公司在岗职工132人，其中管理岗17人，操作岗67人，技术岗18人，其他岗位30人；高级职称2人、中级职称5人、初级职称2人；高级技师6人、技师4人。

北京三吉利公司

（二）领导班子

第一届领导班子

董　事　长：张　忠（2009. 03～2014. 10）
总　经　理：孙喜平（2009. 05～2014. 10）
常务副总经理：仝　明（2001. 07～2014. 10）
总 工 程 师：胡云忠（2009. 12～2014. 10）
财 务 经 理：马瑞琪（2005. 02～2014. 10）

第二届领导班子

董 事 长：孟志泉（2014. 10～2016. 04）
总 经 理：孙喜平（2014. 10～2016. 06）
副总经理：仝　明（2014. 10～2016. 06）
总工程师：胡云忠（2014. 10～2016. 06）
财务经理：马瑞琪（2014. 10～2016. 06）

第三届领导班子

董 事 长：张　忠（2016. 04～　　　）
总 经 理：孙喜平（2016. 06～　　　）
副总经理：仝　明（2016. 06～　　　）
总工程师：胡云忠（2016. 06～　　　）
财务经理：马瑞琪（2016. 06～　　　）

（三）职能部门

截至 2016 年 12 月，公司共下设 7 个职能部门，分别为供销部、生产技术部、设备部、品质管理部、综合部、财务部、人力资源部。

1. 供销部

2008 年 12 月，公司成立供销部，主要负责：公司贸易合同的签订以及产品销售工作；销售货物的运输、商检、报运手续，督导完成材料和配件等采购工作与保证监督采购产品的质量符合验收标准；督导完成采购物资的搬运、储运的组织工作，负责产品的出厂和包装，组织原料和成品的运输。

负责人

部　长：朱伟亮（2008. 12～　　　）
副部长：张　楠（女，2009. 12～　　　）

2. 生产技术部

2001 年 12 月，公司成立生产技术部，主要负责公司生产管理、技术管理、质量及现场管理。2009 年，生产技术部下设技术部，主要负责生产工艺技术管理、技术改进及新产品技术研发工作。

历任负责人

部　长：朱国锋（2001. 12～2015. 05）
　　　　栗补和（2015. 05～　　　）
　　　　任志远（技术部，2012. 04～　　　）

3. 设备部

2010 年 10 月，公司成立设备部，主要负责：设备管理及设备维修维护，完成设备改造、创新等计划的设计、实施工作；探索节能改造方案，降低生产成本；公司新设备入厂的安装、调试与验收工作；大宗备件的选型、采购与外协修理工作；设备备件的技术改进工作。

负责人

部　长：高万宝（2010. 10～　　　）

4. 品质管理部

2006 年 3 月，公司成立品质管理部，主要负责：公司质量体系建设和维护工作；对不合格品的控制管理，组织调查质量事故；对公司原材料、产品等抽样和测试工作进行指导；编制产品、原材料等检验规程和各种质量记录表单。2009 年，品管部下设理化分析室，主要负责：产品测试分析，对分析数据进行检查分析，及时对产品质量进行跟踪；分析数据的存档，保管；监督设备的点检记录的检查与存档。

历任负责人

部　　　长：刘彦杰（女，2006. 03～2014. 11）
　　　　　　胡云忠（2014. 11～2015. 05）
　　　　　　朱国锋（2015. 05～　　　）
理化室主任：张荣芬（女，2009. 06～　　　）

5. 综合部

2005 年 7 月，公司成立综合部，主要负责：协助公司领导处理日常行政管理事务，对外公共关系的宣传、联络；主管公司保密、消防、食堂、保卫、环境卫生、基础设施等工作，杜绝各类隐患的发生；公司各类证照的管理、年检、更换。

历任负责人

部　长：马瑞琪（2005. 07～2010. 10）
　　　　胡云忠（2010. 10～　　　）
主　任：郎春燕（女，2010. 10～　　　）

6. 财务部

2001 年，公司成立财务部，主要负责：公司财务管理工作；原始凭证、记账凭证审核工作；编制公司财务报表、经营预算；定期对经营成果进行分析，及时向领导进行汇报，提出合理建议；公司资金占用情况分析，及时向领导进行汇报；负责公司税收筹划工作。

负责人

部　长：马瑞琪（2005. 02～　　　）

7. 人力资源部

2014 年 1 月，公司成立人力资源部，主要负责：公司制度建设与管理，人力资源规划与配置，员工招聘与培训，薪酬管理与绩效考核以及员工关系管理等人事工作；与北方稀土集团公司各部门的对接工作；将集团公司的各项工作指示传达给公司相关部门；各类报表及文件的上报工作，集团公司相关接待工作。

负责人

部　长：张　核（女，2014. 01～　　　）

五、包头市稀宝博为医疗系统有限公司

（一）公司概况

包头市稀宝博为医疗系统有限公司（简称稀宝医疗）位于包头市稀土高新区稀土产业应用园区 8-03 号。2010 年 3 月 21 日，内蒙古包钢稀土（集团）高科技股份有限公司（简称包钢稀土）与新奥博为签署合资协议。协议约定：新奥博为技术有限公司以全部核磁事业部板块的业务、技术、产品、人员、资产作价 3 亿元出资，包钢稀土以现金 2 亿元出资，在包头设立合资公司。公司名称为包头市稀宝博为医疗系统有限公司。同日，稀宝医疗与包头稀土高新技术产业开发区签署入区协议。同年 4 月 29 日，稀宝医疗在包头稀土高新技术产业开发区工商局完成工商注册取得营业执照。注册资本 5 亿元人民币。公司即日正式成立。公司股份组成为：包钢稀土占股 40%、新奥博为占股 30%、科学家团队占股 30%，公司属于包钢稀土相对控股分子公司，性质为国有控股公司。

稀宝医疗是以医用稀土永磁磁共振成像仪研发、设计、生产、销售、服务为一体的大型医疗器械企业，主要产品有医用稀土永磁磁共振成像仪，是中国北方稀土的稀土产业链条终端高科技应用企业。公司经营范围是医用磁共振设备的生产和销售，二类、三类医疗器械的销售及贸易。公司主要产品是 Elixbo PM545 磁共振、Elixbo PM335 磁共振、Vivi X330 磁共振。稀宝医疗的成立及相关产品的研制，填补了自治区无大型医疗器械企业及生产能力的空白。企业成立以来，以服务社会、树立良好形象、争创两个效益为宗旨，先后获得全国发明金奖、中国好技术奖一等奖、包头市科技进步奖一等奖、自治区科技进步奖三等奖、中国医疗设备行业技术创新奖、国家高新技术企业、自治区企业技术中心、自治区科技名牌产品、包头市知名商标、包头市质量先进单位、高新区企业研发中心等各类荣誉 30 多项，提升了企业美誉度和知名度。企业愿景是：在健康产业打造民族高科技品牌，成为中国最大的高端稀土永磁材料应用基地之一；促进高端医疗设备的普及化，助力解决“看病难、看病贵”的民生问题。

截至 2016 年 12 月，公司资产总计 59861 万元。共有员工 241 人，其中操作人员 76 人，管理人员 53 人，专业技术人员 47 人，其他人员 65 人；具有高级职称人员 7 人，中级职称 6 人。

稀宝医疗公司

（二）领导班子

第一届领导班子

董　事　长：孟志泉（2010. 04～2011. 05）
　　　　　　张　忠（2011. 06～2014. 12）
　　　　　　张志坚（2015. 01～2016. 06）
　　　　　　张　忠（2016. 07～　　　）
副 董 事 长：甘中学（2010. 04～2015. 06）
　　　　　　连建宇（2015. 07～　　　）
总　经　理：连建宇（2010. 04～2015. 06）
　　　　　　王永中（2015. 07～　　　）
常务副总经理：王永中（2010. 04～2015. 06）
副 总 经 理：刘景顺（2010. 04～2014. 09）
　　　　　　邢志强（2010. 04～　　　）
　　　　　　孟洪卫（2015. 07～2016. 05）
总经理助理：王　轶（2010. 04～2016. 05）
　　　　　　孟洪卫（2010. 04～2015. 06）
　　　　　　刘培植（2014. 10～　　　）
　　　　　　刘晓斌（2016. 09～　　　）
　　　　　　房　瑛（女，2016. 09～　　　）

（三）股东会

2010 年 4 月 22 日，包头市稀宝博为医疗系统有限公司首次股东会会议在北方稀土大厦 305 会议室召开。会议通过包括《公司章程》在内的首次股东会会议决议，首次股东会会议选举产生首届董事会成员。

截至 2016 年 12 月，包头市稀宝博为医疗系统有限公司共召开了 6 次股东会。

（四）董事会

截至 2016 年 12 月，包头市稀宝博为医疗系统有限公司共计召开了 3 届董事会。

第一届董事会

董事长：孟志泉（2010.04~2011.05）
董　事：张　忠（2010.04~2011.05）
邢　斌（2010.04~2011.05）
张志坚（2010.04~2011.05）
王　标（2010.04~2011.05）
金永生（2010.04~2011.05）
甘中学（2010.04~2011.05）
赵小文（2010.04~2011.05）
GRUM（2010.04~2011.05）

第二届董事会

董事长：张　忠（2011.06~2014.12）
董　事：孟志泉（2011.06~2014.12）
邢　斌（2011.06~2014.12）
张志坚（2011.06~2014.12）
王　标（2011.06~2014.12）
金永生（2011.06~2014.12）
甘中学（2011.06~2014.12）
赵小文（2011.06~2014.12）
GRUM（2011.06~2014.12）

第三届董事会

董事长：张志坚（2015.01~2016.06）
张　忠（2016.06~　　　　）
董　事：邢　斌（2015.01~2016.06）
张志坚（2015.01~2016.06）
王　标（2015.01~2016.06）
金永生（2015.01~2016.06）
甘中学（2015.01~2015.06）
赵小文（2015.01~2016.06）
GRUM（2015.01~2016.06）
连建宇（2015.07~2016.06）

（五）监事会

截至 2016 年 12 月，包头市稀宝博为医疗系统有限公司共计召开了 1 届监事会。

第一届监事会

主　席：白宝生（2010.04~2016.06）
监　事：翟晓勤（女，2010.04~2013.04）
李　宁（2013.05~2016.06）
王　铁（2010.04~2016.06）
房　瑛（女，2016.06~　　　　）

（六）职能部门

截至 2016 年 12 月，稀宝博为共下设管理部门 9 个、生产车间 5 个、研发事业部 1 个（位于天津）。

1. 研发事业部

2010 年 4 月，公司成立研发事业部，下设软件部、硬件部、系统部、产品部、磁体实验室、综合办公室。研发事业部主要负责公司产品开发与改进、关键技术开发与改进、技术资料管理、工艺设计、产品技术支持等工作。

历任负责人

刘景顺（兼，2010.04~2014.09）
刘培植（兼，2014.10~　　　　）

2. 生产中心

2010 年 4 月，公司成立生产中心，下设机加车间、磁体车间、电子车间、梯度车间、集成车间。生产中心主要负责公司产品试制、验证及正式生产、与生产有关的过程管理及工艺技术管理、与生产有关的技术改进及完善。

历任负责人

主　任：郭　艳（2010.04~2012.11）
马贵荣（2012.12~2015.02）
余晓强（2015.03~　　　　）

3. 客服中心

2010 年 4 月，公司成立客服中心，主要负责公司产品售后管理，包括客户场地勘察及产品装机、产品操作培训、产品维护维修等工作。

历任责任人

主　任：张义权（2010.04~2012.07）
王吉学（2012.08~　　　　）

4. 采购中心

2010 年 4 月，公司成立采购中心，主要负责公司原辅材料的采购，供应商管理、采购成本控制等工作。

历任负责人

主　任：刘　伟（2010.04~2016.02）

副主任：刘志国（2016. 03~　　　　）

5. 商务中心

2010 年 4 月，公司成立商务中心，主要负责公司 OEM 业务的流程对接、自销产品的进出口管理及相关工作。

负责人

主　任：杨国红（2010. 04~　　　　）

6. 人本中心

2010 年 4 月，公司成立人本中心，主要负责公司组织建立、员工关系管理、员工招聘、培训，薪酬福利、绩效考核等工作。

历任负责人

主　任：王　静（女，2010. 04~2014. 12）
　　　　申　伟（2016. 09~　　　　）
副主任：申　伟（2015. 01~2016. 08）

7. 财务中心

2010 年 4 月，公司成立财务中心，下设库房，主要负责公司财务管理、资产管理、库房管理、资金计划及核算等工作。

负责人

主　　　任：马海峰（2010. 04~　　　　）
常务副主任：刘晓斌（2010. 04~　　　　）

8. 销售中心

2012 年 2 月，公司成立销售中心，主要负责产品营销、销售合同管理及销售回款工作。

负责人

经　理：张志勇（2012. 02~　　　　）

9. 质量中心

2010 年 4 月，公司成立质量中心，主要负责公司质量管理体系建立与执行、原辅材料检验、成品检验及过程控制、质量目标考核等工作。

历任负责人

主　任：孟洪卫（2010. 04~2012. 04）
　　　　刘胜田（2016. 09~　　　　）
副主任：郭　伟（2012. 05~2013. 05）
　　　　刘胜田（2013. 06~2016. 09）

10. 企管中心

2010 年 4 月，公司成立企管中心，2014 年 10 月，撤销企管中心，其职能划归行政中心。企管中心主要负责企业文化、市场管理、项目管理、外联工作。

历任负责人

王　轶（兼，2010. 04~2014. 10）

11. 市场运营中心

2014 年 10 月，公司成立市场部。2016 年 3 月，市场部更名为市场运营中心，主要负责公司市场拓展及宣传工作，包括市场调研、产品推广宣传、客户管理、销售支持、销售培训等支持工作。

负责人

副主任：李春棉（女，2014. 10~　　　　）

12. 行政中心

2010 年 4 月，公司成立行政中心，下设物业组。2014 年 10 月，将原企管中心职能划入。行政中心主要负责：公司文印管理，会议管理及服务，办公、车辆、食堂等后勤保障，外联工作，宣传及企业文化，生产厂区物业管理，项目申报、知识产权管理，公司各项资质、证书管理及办理，公司经营拓展，稀宝医疗产业基地项目筹备及实施等工作。

负责人

主　任：房　瑛（女，2010. 04~　　　　）

13. 技术中心

2016 年 9 月，公司成立技术中心，主要负责技术文件和工艺文件管理、新技术开发、参与技术管理标准和新产品设计的评审工作、组织进行新产品各种零部件的试制工作。

负责人

主　任：张义权（2016. 09~　　　　）

六、淄博包钢灵芝稀土高科技股份有限公司

（一）公司概况

淄博包钢灵芝稀土高科技股份有限公司（简称淄博灵芝）位于山东省淄博市临淄区金山镇经济开发区中心路 11 号。1994 年 4 月，经临淄区计划委员会〔1994〕第 43 号批准，由淄博稀土材料厂与临淄胜达实业有限公司共同出资，成立淄博市临淄有色金属冶炼厂，注册资金 699. 78 万元，企业性质为集体企业。1995 年 7 月，淄博稀土材料厂、临淄胜达实业有限公司分别增加投资，注册资本增至 1575 万元。1998 年 3 月，淄博稀土材料厂将出资全部转让给临淄齐腾经济技术发展总公司，企业注册资本增至 2055 万元。

1999 年 9 月，淄博市临淄有色金属冶炼厂向淄博市工商局提出公司变更登记申请，企业类型由集体企业变更为有限公司；临淄齐腾经济技术

发展总公司出资770万元转让给自然人许维农。

2003年6月，淄博市临淄有色金属冶炼厂更名为淄博包钢灵芝稀土高科有限公司，吸收内蒙古包钢稀土高科技股份有限公司（2015年2月后称北方稀土）、赵建军、张先彬三位为新股东，公司注册资本由2055万元增至3425万元。2009年1月22日，经淄博市工商局批准，淄博包钢灵芝稀土高科有限公司更名为淄博包钢灵芝稀土高科技股份有限公司。同年2月11日，淄博包钢灵芝稀土高科技股份有限公司进行增资，将公司注册资本由3425万元增加至3800万元，新增注册资本375万元。

淄博灵芝下设4个职能部门、2个业务部门和1个研发中心，并拥有淄博灵芝化工有限公司、淄博灵芝磁业高科技有限公司、冶炼分公司、金属制膜分公司等分子单位。公司所属4个单位均分布在淄博市临淄区，占地面积20万平方米，建筑面积7万平方米。公司是以稀土分离、生产加工为主的中型股份制企业，主要产品有镧、铈、镨、钕各元素的盐类产品、氧化物产品、P_{507}萃取剂、OPE膜等。公司作为山东省稀土产业龙头企业，发挥企业优势，内抓管理，外树形象，公司曾多次获得当地政府“优秀工业企业”、“淄博市百强企业”和“重合同守信用企业”等荣誉。

截至2016年12月，淄博灵芝共有10个股东。其中，中国北方稀土持有1370股，占公司股本总额的36.05%，其他股东持有2430股，占公司股本总额的63.95%。公司固定资产原值2.16亿元、净值0.94亿元。在岗职工910人，其中，管理岗157人、技术岗75人、操作岗678人；高级职称6人、中级职称11人、初级职称125人；高级技师2人、技师8人。

淄博灵芝公司

（二）领导班子

第四届领导班子

董 事 长：崔　臣（2003.06~2006.12）
副董事长兼总经理：
许维农（2003.06~2006.12）
党总支书记兼副总经理：
徐宗文（2003.06~2006.12）
副总经理：张玉忠（2003.06~2006.12）
总工程师：赵建军（2003.06~2006.12）
工会主席：许维友（2003.06~2006.12）

第五届领导班子

董 事 长：赵生平（2006.12~2008.10）
总 经 理：许维农（2006.12~2008.10）
党委书记兼副总经理：
徐宗文（2006.12~2008.10）
副总经理：张玉忠（2006.12~2008.10）
总工程师：赵建军（2006.12~2008.10）
工会主席：许维友（2006.12~2008.10）

第六届领导班子

董 事 长：张　忠（2008.10~2011.01）
总 经 理：许维农（2008.10~2011.01）
党委书记兼副总经理：
徐宗文（2008.10~2011.01）
副总经理：张玉忠（2008.10~2011.01）
总工程师：赵建军（2008.10~2011.01）
工会主席：许维友（2008.10~2011.01）

第七届领导班子

董 事 长：张　忠（2011.01~2014.11）
总 经 理：许维农（2011.01~2014.11）
党委书记：徐宗文（2011.01~2014.11）
常务副总经理：
郭玉生（2011.01~2014.11）
副总经理：王秉军（2011.01~2014.11）
李遵主（2011.01~2014.11）
罗德顺（2011.01~2014.11）
常传德（2011.01~2014.11）
工会主席：张玉忠（2011.01~2014.11）

第八届领导班子

董 事 长：许　涛（女，2014.11~2014.12）
总 经 理：许维农（2014.11~2014.12）
党委书记：徐宗文（2014.11~2014.12）
常务副总经理：
郭玉生（2014.11~2014.12）

副总经理：王秉军（2014.11~2014.12）
　　　　　李遵主（2014.11~2014.12）
　　　　　罗德顺（2014.11~2014.12）
　　　　　常传德（2014.11~2014.12）
工会主席：张玉忠（2014.11~2014.12）

第九届领导班子

董 事 长：许　涛（女，2015.01~　　　）
总 经 理：许维农（2015.01~　　　）
党委书记：徐宗文（2015.01~　　　）
常务副总经理：
　　　　　郭玉生（2015.01~　　　）
副总经理：王秉军（2015.01~　　　）
　　　　　李遵主（2015.01~　　　）
　　　　　罗德顺（2015.01~　　　）
　　　　　常传德（2015.01~　　　）
工会主席：张玉忠（2015.01~2016.06）
　　　　　李遵主（2016.07~　　　）

（三）股东会

2003年6月2日，公司第一次股东会在临淄有色金属冶炼厂会议室召开，会议决定将淄博市临淄有色金属冶炼厂变更为淄博包钢灵芝稀土高科有限公司，同意吸收内蒙古包钢稀土高科技股份有限公司为新股东，公司总股本3425万股。

2009年1月，在淄博包钢灵芝稀土高科有限公司召开二届二次股东会，会议表决将淄博包钢灵芝稀土高科有限公司变更为淄博包钢灵芝稀土高科技股份有限公司，公司性质变为股份制公司，总股本为3800万股。

2012年5月，公司召开2011年股东大会，会议审议通过了公司《2011年年度报告》和《2011年度利润分配的议案》；选举了公司第二届董事会董事，选举张忠 邢斌 许维农 徐宗文 赵建军为公司第二届董事会董事；选举了公司第二届监事会监事，选举张日辉 郭根全为公司第二届监事会非职工监事。

2016年6月，公司召开2011年股东大会，会议审议通过《2015年年度报告》《2015年度董事会工作报告》《2015年度财务决算报告》《关于2015年度利润分配的议案》《关于2016年全面预算的议案》《关于2016年度综合授信额度的议案》和《关于更换公司董事的议案》，选举郭平为第三届董事会董事，并审议通过《关于增加经营范围及修改〈章程〉的议案》。

截至2016年12月，淄博灵芝共计召开8次股东大会。

（四）董事会

截至2016年12月，淄博灵芝共计召开3届董事会。

第一届董事会

董 事 长：张　忠（2009.01~2012.05）
副董事长：许维农（2009.01~2012.05）
董　　事：邢　斌（2009.01~2012.05）
　　　　　赵建军（2009.01~2012.05）
　　　　　徐宗文（2009.01~2012.05）

第二届董事会

董 事 长：张　忠（2012.06~2014.11）
　　　　　许　涛（女，2014.11~2015.05）
副董事长：许维农（2012.06~2015.05）
董　　事：邢　斌（2012.06~2013.05）
　　　　　王　晔（女，2013.06~2015.05）
　　　　　徐宗文（2012.06~2015.05）
　　　　　赵建军（2012.06~2015.05）

第三届董事会

董 事 长：许　涛（女，2015.06~　　　）
副董事长：许维农（2015.06~　　　）
董　　事：王　晔（女，2015.05~　　　）
　　　　　赵建军（2015.06~　　　）
　　　　　徐宗文（2015.05~　　　）
　　　　　郭　平（2016.06~　　　）

（五）监事会

截至2016年12月，公司共计召开3届监事会。

第一届监事会

监事会主席：张日辉（2009.01~2012.05）
监　　　事：郭根全（2009.01~2012.05）
　　　　　　龚丽华（女，2009.01~2012.05）

第二届监事会

监事会主席：张日辉（2012.06~2013.05）
监　　　事：郭根全（2012.06~2013.05）
　　　　　　王　欣（2013.06~2015.05）
　　　　　　龚丽华（女，2012.06~2013.05）

第三届监事会

监事会主席：张日辉（2013.06~　　　）
监　　　事：蔺春燕（女，2015.06~　　　）

龚丽华（女，2013.06～　　　）

（六）职能部门

截至2016年12月，淄博灵芝共下设4个职能部门，分别是行政人事部、生产部、财务部和监察室；两个业务部门，分别是销售部和采购部。

1. 行政人事部

1994年6月，淄博灵芝成立办公室。2003年6月，撤销行政科、劳资科，其工作职能及人员划归办公室；2008年1月，公司成立综合管理部，办公室的职能和人员划归综合管理部；2010年6月，撤销综合管理部成立综合部，设保卫科、后勤科、小车队。2015年10月将综合部、人力资源部合并，成立行政人事部，主要负责公司行政后勤管理、人力资源管理、接待服务，车辆服务，为生产经营提供保障。截至2016年12月，行政人事部下设行政人事科、后勤科、小车队，共有职工39人。

历任负责人

主　任：王明学（1994.06～1996.05）
　　　　孙继宽（1996.05～2002.04）
　　　　孙成良（2002.04～2008.01）
部　长：张先彬（2008.01～2008.12）
　　　　李遵主（2008.12～2011.10）
　　　　王国栋（2011.10～2014.10）
　　　　李遵主（2014.10～　　　）

2. 生产部

1994年6月，淄博灵芝成立生产科，下辖萃取车间、后处理车间、机动车间。2009年3月，公司成立生产部，下设生产计划科、安全环保科、设备管理科。生产部主要负责全公司年度及月度生产计划、生产信息统计、生产运行考核与分析、生产技术革新和公司安全环保工作。截至2016年12月，生产部共有职工9人。

历任负责人

科　长：王元木（1994.06～2002.04）
　　　　罗德顺（2002.04～2006.12）
　　　　李立坡（2006.12～2009.03）
部　长：赵建军（2009.03～2011.10）
　　　　常传德（2011.10～　　　）

3. 财务部

1994年6月，淄博灵芝成立财务科。2008年1月，财务科更名为财务部，下设机关财务科、冶炼财务科、灵芝化工财务科。财务部主要负责全公司财务预算和决算、资金管理及资本运作、系统内财务业务指导和监管、子公司财务人力资源平衡、子公司财务目标考核与激励。截至2016年12月，财务部共有职工18人。

历任负责人

科　长：郭玉生（1994.06～2002.04）
　　　　姜能业（2002.04～2008.01）
部　长：姜能业（2008.01～2009.12）
　　　　郭玉生（2009.12～2011.04）
　　　　路　明（2011.04～　　　）

4. 监察室

2009年6月，淄博灵芝成立监察室，主要负责全公司管理审计、管理人员离任审计、重大投资项目和资本运作项目的审计与监督、行政监察、与外部监督机构的协调和配合。截至2016年12月，监察室共有职工5人。

负责人

部　长：闫明波（2009.01～2016.12）

5. 销售部

1994年6月，淄博灵芝成立供销科。2008年1月，销售部改称经营部。2009年3月，销售和采购分离，成立销售部，下设稀土销售科、化工销售科。销售部主要负责全公司产品的销售及市场开发、营销策划等工作。截至2016年12月，销售部共有职工19人。

历任负责人

科　长：石昌汇（1994.06～2000.12）
　　　　郭玉生（2000.12～2008.01）
部　长：郭玉生（2008.01～2009.12）
　　　　罗德顺（2009.12～　　　）

6. 采购部

2009年3月，淄博灵芝成立采购部，下设采购科和运输科。采购部主要负责公司原辅材料、备品备件等物资的采购等工作。截至2016年12月，采购部共有职工23人。

负责人

部　长：王秉军（2009.06～　　　）

七、包钢天彩靖江科技有限公司

（一）公司概况

包钢天彩靖江科技有限公司（简称包钢天彩）位于江苏省靖江市城南工业园区城西大道永益路南侧，公司临江而建，依江发展，处于中国经济发达的长三角经济带，距离上海约 150 公里，长江大桥、京沪、沪宁高速公路穿境而过，具有优越的区域优势和交通优势。

1997 年，村办集体企业靖江光源节能材料厂在江苏靖江新桥镇新柏村成立。1998 年，靖江光源节能材料厂改制为民营企业，俞鹏程等 6 人成为公司股东。2000 年 9 月 14 日，靖江光源节能材料厂正式更名为靖江市天彩新材料有限公司。2004 年，靖江天彩正式入驻靖江市城南工业园区，并更名为江苏天彩科技材料有限公司，注册资本 1000 万元。

2012 年 6 月 2 日，内蒙古包钢稀土（集团）高科技股份有限公司（现更名为中国北方稀土）与江苏天彩等共同出资组建包钢天彩靖江科技有限公司，包钢稀土持股 35%，9 位自然人股东持股总计 65%，包钢天彩成为包钢稀土的相对控股子公司。公司注册资本 2.5 亿元，股东结构由以前江苏天彩公司的 6 位自然人变更为 1 位法人股东和 9 位自然人股东。

公司主要从事：稀土深加工产品、三基色荧光粉、发光材料研发、生产、销售；金属及金属矿销售；自营和代理各类商品及技术的进出口业务等。经过多年不懈奋斗，公司多次获得省、市级高新技术企业、百优企业、明星企业等荣誉称号，公司申报的“灯用稀土双峰蓝粉及混合粉产品开发”入围国家级星火计划项目，灯用稀土三基色荧光粉获得高新技术产品认定，“三彩牌”荧光粉荣获国家知名商标品牌称号等。公司生产的高性能稀土发光材料产品应用于众多国际和国内知名的照明制造商，如欧司朗照明、飞利浦照明、佛山照明、荆州大明、浙江山蒲、浙江阳光、江西美的贵雅、江苏日月等。长期合作共赢，使天彩公司的产品赢得了客户一致好评，在行业内拥有较高的知名度。公司在巩固国内市场的同时，还不断开拓国际市场，以高质、高效、稳定的服务受到德国、阿联酋、印度、韩国等国家和地区灯企的信赖和称赞。

2016 年起包钢天彩开始实行事业部管理制度，公司分为光电事业部、发光材料事业部和工程中心事业部，各事业部实行独立核算、自负盈亏的管理模式，在公司层面设立销售部、财务部和综合部 3 个部门，保障事业部各项生产经营工作的顺利开展。管理模式的重大创新是公司迈向现代企业适度管理、提高工作效率和效能的改变，打破了以往权责不清、一锅粥、一团乱的混沌局面，为公司今后独立核算各事业部的实际经营效果、为追求效能、效益工作，管理层团结协作，形成层次分明的管理体制提供了依据。

截至 2016 年 12 月，公司共有职工 159 人，其中各类专业技术人员 46 人，中级职称以上人员 2 人。

包钢天彩公司

（二）领导班子

第一届领导班子

董 事 长：张　忠（2012.06~2014.10）
　　　　　李金玲（2014.10~2015.06）
总 经 理：俞鹏程（2012.06~2015.06）
副总经理：王兴汉（2012.06~2015.06）
　　　　　封庆德（2012.06~2015.06）
　　　　　封　德（2012.06~2015.06）
财务总监：蔺春燕（女，2012.06~2015.03）

第二届领导班子

董 事 长：李金玲（2015.06~　　　）
总 经 理：俞鹏程（2015.06~　　　）
副总经理：王兴汉（2015.06~2016.08）
　　　　　封庆德（2015.06~　　　）
　　　　　封　德（2015.06~　　　）
　　　　　冯庆革（2016.08~　　　）

（三）董事会

截至 2016 年 12 月，包钢天彩靖江科技有限公司共召开两届董事会。

第一届董事会

董事长：张　忠（2012.06~2014.10）
　　　　李金玲（2014.10~2015.06）

董　事：邢　斌（2012.06~2013.04）
　　　　李金玲（2012.06~2014.10）
　　　　俞鹏程（2012.06~2015.06）
　　　　封庆德（2012.06~2015.06）
　　　　王　晔（女，2013.04~2015.06）
　　　　杨占峰（2014.10~2015.06）

第二届董事会

董事长：李金玲（2015.06~　　　）
董　事：王　晔（女，2015.06~2016.10）
　　　　杨占峰（2015.06~2016.10）
　　　　俞鹏程（2015.06~　　　）
　　　　封庆德（2015.06~　　　）
　　　　王　臣（2016.10~　　　）
　　　　王占成（2016.10~　　　）

（四）监事会

截至2016年12月，包钢天彩靖江科技有限公司共召开两届监事会。

第一届监事会

主　席：肖　飞（2012.06~2015.06）
监　事：封　德（2012.06~2015.06）
　　　　王远明（2012.06~2015.06）

第二届监事会

主　席：肖　飞（2015.06~2016.10）
　　　　顾　明（2016.10~　　　）
监　事：封　德（2015.06~　　　）
　　　　王远明（2015.06~2016.10）
　　　　徐　军（2016.10~　　　）

（五）职能部门

1. 综合部

2005年，江苏天彩设置厂办，主要负责各类行政事务的办理。2012年，包钢天彩成立后，原厂办更名为办公室，继续保留各项行政职能。2015年，包钢天彩经过部门调整后，办公室更名为综合部，主要负责公司内部行政事务的办理、工会、人事、后勤、采购、车辆调度等。

历任负责人

主　任：王远明（2005.01~2013.01）
　　　　徐　军（2013.01~　　　）

2. 财务部

财务部负责公司的资金筹措、使用、监督等财务工作、公司的成本核算、经济效益考核等会计核算工作以及公司目标经营责任制的制定和考核等工作。

历任负责人

主　任：封友德（2004.09~2013.01）
　　　　赵增顺（2013.01~　　　）

3. 销售部

销售部负责公司市场开发的组织协调工作、公司产品销售目标的制定与考核、销售合同的评审、签订的协调工作及销售回款、售后服务的监督管理工作。

负责人

部　长：封　德（2004.09~　　　）

八、包头瑞鑫稀土金属材料股份有限公司

（一）公司概况

包头瑞鑫稀土金属材料股份有限公司（以下简称瑞鑫公司）位于内蒙古包头稀土高新技术开发区新建区青工路2号，厂区占地面积达5.43万平方米。2002年3月29日，包头稀土研究院、瑞科稀土冶金及功能材料国家工程研究中心有限公司、中国机电出口产品投资公司、内蒙古包钢稀土高科技股份有限公司、包头市信托投资公司、自然人张大勇6家发起人，本着“平等互利”原则，通过协商同意在包头稀土高新技术开发区共同出资组建“包头瑞鑫稀土金属材料股份有限公司”。同年8月21日，包头瑞鑫稀土金属材料股份有限公司宣告正式成立。公司现总注册资本为4880万元人民币（每股面值为1元人民币）。

2005年8月，瑞鑫公司成立包头瑞达稀土有限责任公司，注册资本150万元人民币，作为瑞鑫公司的分子公司，主要以生产稀土氟化物为主。

2008年，新时代信托投资股份有限公司和自然人张大勇将所持有的瑞鑫公司股份全部转让给内蒙古包钢稀土高科技股份有限公司，瑞鑫公司成为内蒙古包钢稀土高科技股份有限公司的绝对控股分子公司。瑞鑫公司内设自治区级稀土高温冶金工程技术研究中心，下设5个生产车间、1个检修车间、1个包装车间、6个管理部门和1个全资子公司（瑞达稀土材料有限公司）。瑞鑫公司主要经营：研制、生产、销售单一稀土金属、特种稀土合金、稀土金属材料、稀土应用产品以及相关成套设备；制造销售相关化工材料（除专营）和金属材料（除专营），以及相关产品、仪器设备的进出口业务；稀土技术咨询、转让等。公司已形成从稀土火法冶金工艺技术及装备开发到专用

设备的制造、功能材料用稀土金属及合金生产的较为完整的科研生产经营配套体系，瑞鑫公司主要产品金属钕及镨钕合金年生产能力为 8000 吨，为全行业之首，市场占有率接近 25%；子公司瑞达公司稀土的化合物生产能力达到 400 吨/年。公司主要产品金属钕及镨钕、镨钕合金的生产工艺，采用自主知识产权和专利技术的“万安培生产稀土金属及合金的熔盐电解槽”，有 62 台万安培电解成套设备，其工艺布局的合理性和先进性在国内同行中处于领先地位，设备设施的综合实力处于国内一流，并达到国际先进水平。

瑞鑫公司成立以来，为增强市场的竞争能力，始终坚持“技术创新、品质优良”的生产宗旨和“恪守合同、顾客至上”的经营理念。此外，公司携稀土资源和先进制造技术等优势，努力扩大稀土金属材料的生产规模，并不断研制开发新产品、新设备、新技术，以便更好地满足顾客的需求和期望。瑞鑫公司不断加强建立健全管理规范，明确 6 个部门 41 个岗位职责；5 个生产车间、1 个包装车间、1 个维检车间 22 个岗位职责。同时，建立和完善相应的公司管理制度，包括人力资源管理、财务制度管理、生产调度管理、质量管理、设备管理、能源动力管理及档案管理等。

瑞鑫公司是国家级高新技术企业，拥有内蒙古自治区级稀土高温技术冶金工程研究中心。已先后通过了 ISO9001-2000 质量管理体系、GB/T 24001—2004、GB/T 28001—2001 环境与职业健康安全管理体系认证。

2005 年，瑞鑫公司荣获包头稀土高新区评为高新技术成果产业化突出贡献奖，包头稀土高新区消防工作先进集体；2007 年，荣获包头市质量信用优级企业；2009 年，首次通过国家级高新技术企业认证，被包头市人民政府评为节能减排示范技术企业；2012 年，又通过国家级高新技术企业复评；2013 年，获包头稀土高新区质量工作先进单位、包头市 5512 工程创新团队、内蒙古自治区重点行业清洁生产示范企业等荣誉称号。2016 年，“万安培熔盐电解稀土金属装备及工艺升级”项目获得北方稀土科技进步奖。

截至 2016 年 12 月，瑞鑫公司共有职工 334 名，其中高级职称 14 名，正高 3 名，中级职称 14 名。

瑞鑫公司

（二）领导班子

第一届领导班子

总 经 理：琚建勇（2002.07~2005.09）
副总经理：张志宏（2002.07~2005.09）
梁行方（2002.07~2005.09）
张　万（2002.07~2005.03）
王佐成（2002.07~2005.09）
财务总监：郭成龙（2002.07~2005.06）

第二届领导班子

总 经 理：琚建勇（2005.09~2008.04）
副总经理：张志宏（2005.09~2006.08）
梁行方（2005.09~2008.04）
张　万（2005.09~2008.04）
王佐成（2005.09~2008.04）
财务总监：郭成龙（2005.09~2006.04）

第三届领导班子

总 经 理：琚建勇（2008.04~2009.03）
梁行方（2009.03~2013.05）
副总经理：梁行方（2008.04~2009.03）
张　万（2008.04~2009.03）
王佐成（2008.04~2013.05）
郭海涛（2009.03~2013.05）
柳景山（2009.03~2013.05）
总经理助理：郭海涛（2008.04~2009.03）
柳景山（2008.04~2009.03）

第四届领导班子

总 经 理：梁行方（2013.05~　）
党总支书记：邢　宏（2014.08~　）
副总经理：郭海涛（2013.05~　）
柳景山（2013.05~2016.07）

王佐成（2013.05~2015.07）
总经理助理：任明洲（2016.07~　　　）
李满才（2016.07~　　　）
孔向民（2016.07~　　　）

（三）股东会

2002年7月11日，包头瑞鑫稀土金属材料股份有限公司创立大会于包头青山宾馆召开，应出席本次会议股东代表的股本总数为4000万股，实际出席股本为4000万股，占公司股本总数的100%。

2007年10月，瑞鑫公司召开第二次股东大会，应出席本次会议的股东代表的股本总数为4880万股，实际出席股本为4880万股，占公司股本总数为100%。会议审议同意新时代信托投资股份有限公司和自然人张大勇提出的转让其分别持有的公司股权各50万股的申请，共计100万股，内蒙古包钢稀土高科技股份有限公司全部购买。

截至2016年12月，瑞鑫公司共计召开7次股东大会。

（四）董事会

截至2016年12月，瑞鑫公司共计召开5届董事会。

第一届董事会

董 事 长：孙国龙（2002.07~2005.09）
副董事长：张安文（2002.07~2005.09）
闫慧娴（2002.07~2005.09）
董事会秘书：张大勇（2002.07~2005.09）
董　　事：史志岩（2002.07~2005.09）
刘石政（2002.07~2005.09）
王兴国（2002.07~2005.09）
琚建勇（2002.07~2005.09）
韩青树（2002.07~2005.09）
赵增祺（2002.07~2005.09）

第二届董事会

董 事 长：崔　臣（2005.09~2008.04）
副董事长：刘石政（2005.09~2008.04）
闫慧娴（2005.09~2008.04）
董事会秘书：张大勇（2005.09~2006.08）
董　　事：孟志泉（2005.09~2008.04）
琚建勇（2005.09~2008.04）
韩青树（2005.09~2008.04）
赵增祺（2005.09~2008.04）
陈永利（2005.09~2008.04）
张大勇（2006.08~2008.04）
赵生平（2006.08~2008.04）

第三届董事会

董 事 长：孟志泉（2009.03~2013.05）
董事会秘书：王佐成（兼，2008.04~2013.05）
董　　事：张　忠（2009.03~2013.05）
兰一平（2009.03~2013.05）
邢　斌（2009.03~2013.05）
琚建勇（2009.03~2013.05）
韩青树（2009.03~2013.05）
郑永春（2009.03~2013.05）
梁行方（2009.03~2013.05）

第四届董事会

董 事 长：杨占峰（2013.05~2015.05）
董事会秘书：王佐成（兼，2013.05~2016.07）
董　　事：张　忠（2013.05~2015.05）
张志坚（2013.05~2015.05）
王　晔（2013.05~2015.05）
琚建勇（2013.05~2015.05）
代兆丰（2013.05~2015.05）
毕军生（2013.05~2015.05）
梁行方（2013.05~2015.05）
赵艳霞（2013.05~2015.05）

第五届董事会

董事长：杨占峰（2015.05~2016.05）
董　事：王福生（2015.05~2016.05）
琚建勇（2015.05~2016.05）
毕军生（2015.05~2016.05）
赵艳霞（2015.05~2016.05）
梁行方（2015.05~2016.05）
邢　宏（2015.05~2016.05）

（五）监事会

截至2016年12月，瑞鑫公司共计召开5届监事会。

第一届监事会

监事会主席：王　欣（2002.07~2005.09）
监　　事：王小青（2002.07~2005.09）
赵玉山（2002.07~2005.09）
赵占斌（2002.07~2005.09）
李树新（2002.07~2005.09）

第二届监事会

监事会主席：王　欣（2002.07~2008.04）
监　　事：肖　锐（2005.09~2006.01）

赵玉山（2005.09~2008.04）
赵占斌（2005.09~2008.04）
张红权（2005.09~2008.04）
赵占斌（2005.09~2007.03）
郭根全（2006.01~2008.04）

第三届监事会

监事会主席：张日辉（2009.03~2013.05）
监　　　事：郭晓萍（2009.03~2013.05）
赵玉山（2009.03~2013.05）
陈秀坤（2009.03~2013.05）
张文骞（2009.03~2013.05）

第四届监事会

监事会主席：张日辉（2013.05~2014.05）
监　　　事：王　波（2013.05~2014.05）
张　炜（2013.05~2014.05）
陈秀坤（2013.05~2014.05）
张文骞（2013.05~2014.05）

第五届监事会

监事会主席：张日辉（2015.05~2016.05）
监　　　事：王　波（2015.05~2016.05）
张　炜（2015.05~2016.05）
陈秀坤（2015.05~2016.05）
张文骞（2015.05~2016.05）

（六）职能部门

1. 综合部

2005年10月，瑞鑫公司成立综合部，主要负责：召开公司董事会和股东大会的相关事宜，在党总支领导下开展党建组织工作、宣传工作，维护职工权益，开展工会工作；负责办公室管理、人力资源管理及保卫、消防及综合治理管理工作。为党政合一的双职能组织。截至2016年12月，综合部共有职工8人。

历任负责人

部　长：张大勇（2005.10~2010.06）
王光跃（2010.06~2016.06）
张志刚（2016.06~　　　　）
副部长：王光跃（2008.07~2010.06）

2. 生产管理部

2008年7月，瑞鑫公司成立生产管理部，主要负责：对公司生产进行组织安排，对生产过程进行管理；负责公司的电解生产工艺管理、环境和职业健康安全管理、“5S”和精益生产管理。截至2016年12月，生产部共有职工5人。

历任负责人

部　长：郭海涛（2008.07~2014.04）
孔向民（2014.03~　　　　）
副部长：邓　沅（2014.11~　　　　）

3. 质量保证部

2008年7月，瑞鑫公司成立质量保证部，主要负责：公司年度质量工作计划和质量工作考核办法的制定及组织实施工作；对外购和委托加工的稀土原料、辅料及产成品的验证、管理；对客户质量异议及质量事故的调查、责任的确认及组织整改；负责ISO9000质量管理体系运行的管理工作；负责公司的产品包装、储存、交付和包装车间进行管理和考核。截至2016年12月，质量保证部共有职工9人。

历任负责人

部　长：柳景山（2008.07~2014.03）
副部长：吴国芳（女，2014.03~　　　　）

4. 财务部

2008年7月，瑞鑫公司成立财务部，主要根据国家颁布的《中华人民共和国会计法》和《企业会计准则》以及公司章程和内部管理制度，对公司的所有生产经营活动进行具体核算，对公司的资产履行监督管理职能，合理安排资金，充分发挥资金使用效率，严格执行法律法规，杜绝不合理开支，为公司领导决策提供切实可行的财务数据。截至2016年12月，财务部共有职工3人。

历任负责人

部　长：王　芳（女，2008.07~2016.06）
副部长：张瑞青（女，2014.11~　　　　）

5. 基建设备部

2008年10月，瑞鑫公司成立基建设备部，主要负责公司固定资产的管理、设备及备品备件的管理、特种设备的管理、计量器具的管理、能源动力的管理以及基建技改管理工作。截至2016年12月，基建设备部共有职工4人。

历任负责人

部　长：张亚林（2008.07~2014.03）
任明洲（2014.03~　　　　）

6. 物资供应部

2008年7月11日，瑞鑫公司将原市场部更名为物资供应部。物资供应部主要负责公司的来料加工管理、辅料采购工作、合同管理及评审、废

旧物资处置及管理工作。截至2016年12月，物资供应部共有职工3人。

历任负责人

部　长：李满才（2010.06~　　　　）

副部长：李满才（2008.07~2010.06）

九、包头市京瑞新材料有限公司

（一）公司概况

包头市京瑞新材料有限公司（简称京瑞公司）位于内蒙古包头市昆都仑区金属深加工园区，公司占地面积为21887.82平方米，建筑面积为11000平方米。2002年3月15日，包头市京瑞新材料有限公司经包头市工商行政管理局注册登记并成立（经营期限为50年），注册资本500万元。瑞科稀土冶金及功能材料国家工程研究中心有限公司出资200万元和北京蒙生基业科技发展有限公司投资300万元，共同成立京瑞公司。2003年，公司注册资本增至1000万元，其中包钢稀土持有300万元股权，占注册资本的30%，京瑞公司成为包钢稀土的相对控股子公司。2004年，公司注册资本增至1200万元。各股东持股情况如下：中国北方稀土（集团）高科技股份有限公司出资360万元，占注册资本的30%；瑞科稀土冶金及功能材料国家工程研究中心有限公司出资200万元，占注册资本的16.67%；自然人任文捷出资280万元，占注册资本的23.33%；自然法人谢兰出资280万元，占注册资本的23.33%；自然法人谢峰出资80万元，占注册资本的6.67%。

公司主要经营：生产和销售高纯稀土化合物、特殊物化性能稀土化合物、催化材料、发光材料用稀土化合物；稀土技术转让、咨询；经营本企业自产产品及技术的出口业务；经营本企业生产所需要的原辅材料、机械设备、零配件、原辅材料的进口业务（国家限定公司经营和国家禁止进出口的商品及技术除外）；经营进料加工和“三来一补”业务（法律、行政法规、国务院决定规定应经许可的、未获许可不得生产经营）。经过多年努力，现已具备年产氧化钐350吨、氧化铕100吨、氧化钆120吨、氧化铽8吨、氧化镝30吨的生产能力。

京瑞公司在稳定现有生产线产品前提下，加大研发力度，以人为本，积极吸引和培养创新人才增强企业核心竞争力，掌握核心技术和自主知识产权。紧跟国际市场开发前沿应用产品，以科技创新为驱动力，不断完善产品结构，努力提高产品科技附加值，合理利用和保护资源，拓宽国内外市场，立足于包头稀土资源优势，力争形成规模优势。2007年后，公司参与稀土行业国标制订（修订）4项，先后承担科研项目40余项，申报国家发明专利50余项，目前已授权28项。2009年，京瑞公司建设了国内首条无水氯化稀土生产线，该生产线的成功运行将单一初产品进行深加工，为高新技术、功能材料领域提供直接的优质原料，并形成无水氯化稀土产品，带动稀土行业由附加值较低的初级产品向深加工、高附加值的、高新技术领域应用的产品转化，填补中国无水氯化稀土生产的空白。京瑞公司曾先后被评为国家高新技术企业、国家火炬计划重点高新技术企业，包头市首批创新型企业和产学研合作示范单位，是内蒙古自治区环保型稀土应用材料工程技术研究中心依托单位。在稀土分离清洁生产工艺、催化材料和固体氧化物燃料电池材料和热障涂层材料领域取得良好成绩，部分产品填补了国内空白。公司两项研发的稀土新功能材料“SO_4^{2-}/ZrO^{2-}（SmGd）$_2O_3$固体酸催化剂”和“高纯度无水氯化铈”分别获得国家重点新产品称号。

截至2016年12月，公司拥有资产1.65亿元（固定资产原值0.41亿元，净值0.15亿元）。下设3个职能部室（综合部、生产技术部、财务部），有3个生产车间（湿法车间、中试生产氯化铈车间、废水处理车间），1个内蒙古自治区级工程技术中心。共有在岗职工107人（女职工31人）。其中，管理人员12人、技术人员20人、操作人员67人，其他辅助人员8人；高级职称7人、中级职称4人、初级职称10人。

京瑞公司

（二）领导班子

第一届领导班子

总　经　理：谢　兰（女，2002.03～2006.12）
党委书记兼常务副总经理：
　　谢　峰（2002. 03～2006.12）
董事会秘书：陈秀坤（2003.11～2004.05）
　　张日辉（2004.05～2006.12）
副总经理兼总工程师：
　　郝先库（2002.03～2006.12）
财务总监：郭成龙（2002.03～2002.10）
　　汪立新（女，2002.10～2006.12）
工会主席：孟　祥（2002.03～2006.12）

第二届领导班子

总　经　理：谢　兰（女，2006.12～2008.05）
党委书记兼常务副总经理：
　　谢　峰（2006. 12～2008.05）
副总经理兼总工程师：
　　郝先库（2006.12～2008.05）
董事会秘书：张日辉（2006.12～2008.05）
财务总监：汪立新（女，2006.12～2008.05）
工会主席：孟　祥（2006.12～2008.05）

第三届领导班子

总　经　理：谢　兰（女，2008.05～2014.11）
党委书记兼常务副总经理：
　　谢　峰（2008. 05～2014.11）
副总经理兼总工程师：
　　郝先库（2008.05～2014.11）
董事会秘书：张日辉（2008.05～2014.11）
财务总监：汪立新（女，2008.05～2014.11）
工会主席：孟　祥（2008.05～2014.11）

第四届领导班子

总　经　理：谢　兰（女，2014.11～　）
党委书记兼财务总监：
　　汪立新（女，2014.11～　）
常务副总经理：谢　峰（2014.11～　）
副总经理兼总工程师：
　　郝先库（2014.11～　）
副总经理：张瑞祥（2014.11～　）
工会主席：王士智（2014.11～　）

（三）股东会

2003 年，公司召开年度股东会，会议决议通过由内蒙古包钢稀土高科技股份有限公司和北京众从新世纪文化发展有限公司分别出资 300 万元和 200 万元，同时，北京蒙生基业科技发展有限公司将其持有的本公司 20 万元的股权转让给北京众从新世纪文化发展有限公司，公司注册资本增至 1000 万元。增资后各股东持股情况如下：稀土高科持有 300 万元股权，占注册资本的 30%；北京蒙生基业科技发展有限公司持有 280 万元股权，占注册资本的 28%；北京众从新世纪文化发展有限公司持有 220 万元股权，占注册资本的 22%；瑞科稀土冶金及功能材料国家工程研究中心有限公司持有 200 万元股权，占注册资本的 20%。注册地址、经营范围未变更，法定代表人变更为崔臣。

同时，根据公司 2003 年度股东会决议和修改后章程规定，内蒙古华盈科技投资股份有限公司以现金方式投入 253.39 万元，折 200 万股，公司注册资本增至 1200 万元。增资后各股东持股情况如下：稀土高科持有 300 万元股权，占注册资本的 25%；北京蒙生基业科技发展有限公司持有 280 万元股权，占注册资本的 23.33%；北京众从新世纪文化发展有限公司持有 220 万元股权，占注册资本的 18.33%；瑞科稀土冶金及功能材料国家工程研究中心有限公司持有 200 万元股权，占注册资本的 16.67%；内蒙古华盈科技投资股份有限公司持有 200 万元股权，占注册资本的 16.67%。

2007 年，公司召开年度股东会，会议审议通过《关于内蒙古华盈科技投资股份有限公司股权转让的议案》。全体股东同意公司归还内蒙古华盈科技投资股份有限公司全部投资人民币 2533900.00元。同时，公司按照投资收益率 10% 向内蒙古华盈科技投资股份有限公司分配 2006 年现金股利，人民币 253390.00 元，内蒙古华盈科技投资股份有限公司退出京瑞公司股东会。修改后各出资人及其出资额和所占注册资本的比例为：稀土高科出资 360 万元，占注册资本的 30%；北京蒙生基业科技发展有限公司出资 280 万元，占注册资本的 23.33%；北京众从新世纪文化发展有限公司出资 280 万元，占注册资本的 23.33%，瑞科稀土冶金及功能材料国家工程研究中心有限公司出资 200 万元，占注册资本的 16.67%；自然人谢峰出资 80 万元，占注册资本的 6.67%。

2011 年，北京蒙生基业科技发展有限公司将其持有的 23.33%股份转让给自然人谢兰，转让完成后各出资人及其出资额和所占注册资本的比例为：包钢稀土出资 360 万元，占注册资本的 30%；自然法人谢兰出资 280 万元，占注册资本的 23.33%；北京众从新世纪文化发展有限公司出资 280 万元，占注册资本的 23.33%；瑞科稀土冶金及功能材料国家工程研究中心有限公司出资 200 万元，占注册资本的 16.67%；自然人谢峰出资 80 万元，占注册资本的 6.67%。

2016 年 11 月，北京众从新世纪文化发展有限公司将其持有的 23.33% 股份转让给自然人任文捷，转让完成后各出资人及其出资额和所占注册资本的比例为：北方稀土出资 360 万元，占注册资本的 30%；瑞科稀土冶金及功能材料国家工程研究中心有限公司出资 200 万元，占注册资本的 16.67%；自然人谢兰出资 280 万元，占注册资本的 23.33%；自然人谢峰出资 80 万元，占注册资本的 6.67%；自然人任文捷出资 280 万元，占注册资本的 23.33%。

截至 2016 年 12 月，公司共计召开 22 次股东会议。

（四）董事会

截至 2016 年 12 月，公司共计召开 27 次董事会。

第一届董事会

董事长：崔　臣（2002.03~2006.12）
董　事：谢　兰（女，2002.03~2006.12）
谢　峰（2002.03~2006.12）
史志岩（2002.03~2006.12）
钱敢增（2002.03~2006.12）

第二届董事会

董事长：赵生平（2006.12~2008.05）
董　事：谢　兰（女，2006.12~2008.05）
谢　峰（2006.12~2008.05）
史志岩（2006.12~2007.07）
钱敢增（2006.12~2008.05）

第三届董事会

董事长：张　忠（2008.05~2014.11）
董　事：谢　兰（女，2008.05~2014.11）
谢　峰（2008.05~2014.11）
赵增祺（2007.07~2014.11）
钱敢增（2008.05~2014.11）

第四届董事会

董事长：杨占峰（2014.11~2016.11）
董　事：谢　兰（女，2014.11~2016.11）
谢　峰（2014.11~2016.11）
王　晔（女，2014.11~2016.11）
钱敢增（2014.11~2016.11）

第五届董事会

董事长：杨占峰（2016.11~　　　）
董　事：谢　兰（女，2016.11~　　　）
谢　峰（2016.11~　　　）
王占成（2016.11~　　　）
任文捷（女，2016.11~　　　）

（五）职能部门

截至 2016 年 12 月，公司下设 3 个职能部室，分别是综合部、生产技术部、财务部。

1. 综合部

2002 年 3 月，公司成立综合部，主要负责：管理公司原辅材料的采购及仓储；通过降低采购成本、科学合理计划采购数量和时间来实现辅助材料库存量的最优化；公司的后勤保障工作，包括交通运输、职工食堂、门卫和综合治理等人员和设备的管理，保障公司生产正常运行所需。截至 2016 年 12 月，综合部共有职工 13 人。

负责人

部　长：刘海旺（2002.03~　　　）

2. 生产技术部

2002 年 3 月，公司成立生产技术部，主要负责：公司与生产相关的新改扩建项目的具体实施工作；生产车间的绩效考核工作；公司的安全生产、职业健康、环保和消防的日常管理工作；制定并实施产品质量控制方案；完成日常质量检验、质量监控及结果上报工作；建立、改进并运行质量管理体系，实现对产品、工艺的质量控制目标；公司人力资源管理等工作。截至 2016 年 12 月，生产技术部共有职工 3 人。

历任负责人

部　长：张瑞祥（2002.03~2013.05）
王士智（2013.05~　　　）

3. 财务部

2002 年 3 月，公司成立财务部，主要负责：公司财务战略的制定、财务管理及内部控制工作；筹集公司运营所需资金，完成企业财务计划；公司财务预决算、财务核算、会计监督和财务管理工作；组织协调、指导监督财务部日常管理工作，监督执行财务计划，完成公司财务目标。截至 2016 年 12 月，财务部共有职工 4 人。

负责人

部　长：汪立新（女，2002.03～　　　）

十、包头市飞达稀土有限责任公司

（一）公司概况

包头市飞达稀土有限责任公司（简称飞达稀土）位于包头市九原区工业开发区，是以混合稀土分离、单一稀土氧化物生产为主的稀土分离企业，公司占地面积为 13320 平方米，建筑面积为 6300 平方米，主要生产稀土氧化镨钕、氧化镧、氧化铈、碳酸镧铈、氯化钐铕钆等。

2002 年，飞达稀土通过注册，注册资本 500 万元，公司股权结构比例为：王利平持有 51%的股权，张林静持有 49%的股权。

2015 年 6 月 18 日，飞达稀土与中国北方稀土（集团）高科技股份有限公司签订股权转让协议，北方稀土受让飞达稀土 34%的股权，公司其余股权为：王利平持有 33.66%的股权，张林静持有 32.34%的股权，飞达稀土为中国北方稀土的参股分子公司。

截至 2016 年 12 月，飞达稀土共有在岗职工 15 人。其中，管理岗 13 人、操作岗 2 人；高级职称 1 人、初级职称 3 人。

飞达稀土公司生产车间

（二）领导班子

第一届领导班子

经　理：王利平（2002.01～2015.05）

副经理：张林静（2002.01～2015.05）

厂　长：祁日畅（2002.01～2015.05）

副厂长：杨亦然（2002.01～2015.05）

第二届领导班子

经　　理：王利平（2015.06～　　　）

副 经 理：张林静（2015.06～　　　）

厂　　长：祁日畅（2015.06～　　　）

副 厂 长：杨亦然（2015.06～　　　）

财务总监：武传平（2016.07～　　　）

（三）股东会

2016 年 5 月 5 日，飞达稀土召开了 2015 年度股东会，会议上全体股东一致通过了 2015 年度财务决算的议案、2015 年度利润分配预案的议案、2016 年度经营预算的议案、2016 年度资金使用计划的议案、关于稀土分离生产线整体搬迁改造升级的议案、关于特殊用途稀土化合物生产线及稀土固体废弃物资源综合利用的议案。

（四）董事会

截至 2016 年 12 月，飞达稀土共计召开过两届董事会。

第一届董事会

董事长：王利平（2002.01～2015.06）

董　事：张林静（2002.01～2015.06）

第二届董事会

董事长：许　涛（女，2015.06～　　　）

董　事：王占成（2015.06～　　　）

　　　　王　臣（2015.06～　　　）

　　　　王利平（2015.06～　　　）

　　　　张林静（2015.06～　　　）

（五）职能部门

截至 2016 年 12 月，飞达稀土共设立 3 个职能部室，分别为综合办公室、企业生产部和财务部。

1. 综合办公室

2002 年，公司成立综合办公室，主要负责：公司综合性文件、资料的起草、整理，做好各种会议记录；各种来电、来文、来函等文书的处理，认真做好保密和管理工作；公司的印章的刻制、保管、使用、销毁等管理工作；办公设备、办公用品、固定资产、低值易耗品的采购、管理及报刊、杂志的征订、收发工作；公司人力资源的招聘、任用、调动、辞退等事务，员工的培训与开发管理；公司日常行政事务管理工作。

负责人

主　任：武金梅（2002.05～　　　）

2. 企业生产部

2002 年，公司成立企业生产部，主要负责企业生产、工艺、统计、质检、安全环保等有关具体工作。

历任负责人

部　长：张凤枝（2002.03～2008.10）

　　　　祁日畅（2008.11～　　　）

3. 财务部

2002年，公司成立企业生产部，主要负责：企业生产经营的核算，税收的申报及核算；制定并完成公司的财务管理制度、规定和办法；公司的会计核算业务工作和会计电算化管理工作；组织拟定公司的成本管理办法和目标成本控制指标及考核办法。

负责人

部　长：武金梅（2002.05～　　　）

十一、包头市红天宇稀土磁材有限公司

（一）公司概况

包头市红天宇稀土磁材有限公司（简称红天宇）是一家以稀土精矿为原料生产混合碳酸稀土的企业，生产区占地面积约21333平方米（32亩）。公司前身为包头市红天宇稀土厂，1996年建于包头市九原区红旗农场，2005年搬迁至包头市昆区哈业胡同钢铁稀土工业园区，更名为包头市红天宇稀土磁材有限公司。2008年，公司酸法焙烧稀土精矿工艺尾气和废水治理方法通过内蒙古自治区科学技术厅鉴定，已达到世界领先水平。同年12月，此项技术获得国家专利。2010年，公司稀土体系萃取转型生产氯化稀土工艺废水再利用方法申请专利后，于2012年7月获得国家专利。2012年4月，公司经中国稀土行业协会第一届理事会第一次会议通过，成为中国稀土行业协会会员。2013年成为《中国环境报》理事会理事单位。

2015年5月，中国北方稀土（集团）高科技股份有限公司完成对企业的重组，北方稀土占红天宇股份34%。红天宇成为北方稀土相对控股子公司。红天宇注册资本达到4700万元，固定资产5577万元，年生产能力为25000吨混合碳酸稀土。红天宇设有4个车间，分别是焙烧车间、水浸车间、碳沉车间、环保车间；下设5个部门，分别是综合管理部、生产技术部、财务部、安环部和供应部。

截至2016年12月，红天宇共有职工177人；初级职称12人、中级职称1人、高级职称2人。

红天宇公司生产一角

（二）领导班子

第一届领导班子

总经理：陈新芳（2015.05～　　　）

副经理：陈振鑫（2015.05～　　　）

　　　　王国营（2015.05～　　　）

　　　　蒋建峰（2015.05～　　　）

财务总监：王桂枝（女，2015.05～　　　）

（三）董事会

红天宇设董事会，共有5名董事，其中北方稀土3名，董事长从北方稀土董事中选举。

从2015年5月至2016年12月，红天宇共召开1届董事会。

第一届董事会

董事长：刘　义（2015.05～　　　）

董　事：王　晔（女，2015.05～2016.09）

　　　　李　冬（2015.05～2016.09）

　　　　陈新芳（2015.05～　　　）

　　　　邹　宁（2015.05～2016.01）

　　　　励宇川（2016.01～　　　）

　　　　王占成（2016.09～　　　）

　　　　王　臣（2016.09～　　　）

（四）监事会

红天宇有1名监事，为北方稀土推荐。

监　事：张庆丰（2015.05～　　　）

（五）职能部门

截至2016年12月，红天宇设有5个部门，分

别是综合管理部、生产技术部、财务部、安环部和供应部。

1. 综合管理部

2015 年 1 月，公司成立综合管理部，主要负责：公司制度建设，根据国家和集团公司的相关规定，结合本公司发展实际，修订完善规章制度；公司综合性文件、资料的起草、整理，做好各种会议记录；各种来电、来文、来函等文书的处理，认真做好保密和管理工作；公司的印章的刻制、保管、使用、销毁等管理工作；办公设备、办公用品、固定资产、低值易耗品的采购、管理及报刊、杂志的征订、收发工作；公司人力资源的招聘、任用、调动、辞退等事务，员工的培训与开发管理；公司日常行政事务管理工作。

负责人

部　长：陈渭学（2015. 01~　　　）

2. 生产技术部

2015 年 1 月，公司成立生产技术部，主要负责：传达国家有关生产、技术、设备、安全、环保、质量、计量等管理方面的方针、政策、法律、法规和上级有关规定、指示；组织编制公司的生产、技术、设备、质量、计量等管理制度；组织编制、修订公司工艺操作规程，技术标准，并在实施过程中对操作人员进行工艺纪律操作培训、技术指导和安全检查；公司年度、月度生产计划的编制；根据公司的经营目标和经营计划组织生产，从产品的品种、产量、质量、成本、交货期等要求出发，采取有效的方法和措施，对生产人员、材料、设备、能源等资源进行计划、组织、指挥、协调和控制，确保按计划完成生产任务；每星期组织召开生产会议，汇报生产动态，分析质量及产量上升下滑的原因，共同研究解决问题的方法；组织对不合格产品的控制，对质量问题的调查、分析和处理以及纠正和预防措施的检查落实；负责完成领导交办的其他工作。

负责人

部　长：王国营（2015. 01~　　　）

3. 财务部

2015 年 1 月，公司成立财务部，主要负责：根据《中华人民共和国会计法》等国家有关财经法规，建立健全财务规章制度和内部控制制度；财务管理、费用收支及成本核算等会计业务工作；挖掘潜力，降低成本，提高经济效益；管理货币资金，办理日常会计核算业务，根据会计基础工作规范化原则，及时做好记账、算账、报账、复查核对工作，做到手续完备、内容真实、数字准确、账目清晰、日清月结、账表相符，负责清理债权债务；监督检查各项财务收支计划和指标的完成情况，严格计划用款和报批手续，发现经济管理薄弱环节，及时向领导提出管理意见和建议；做好财务、物资的核算工作，定期进行资产盘点；每月按时完成会计报表的编制、上报工作，并按时完成税务申报及交纳工作；如实反映财务状况，及时提供真实可靠的信息；对与财务工作有关的外部及政府部门，如税务局、财政局、银行、会计事务所等联络、沟通工作；完成领导交办的其他工作。

负责人

部　长：蒋建锋（2015. 01~　　　）

4. 安环部

2015 年 1 月，公司成立安环部，主要负责：贯彻执行国家及公司安全生产、环保的方针、政策、法律、法规和有关规章制度，在分管副总的领导下负责公司的安全、环保监督管理工作；本公司与政府主管部门有关安全、环保方面工作的沟通与协调；组织制订、修订本公司安全生产监督管理制度和安全技术操作规程，并监督检查执行情况；对员工进行日常安全教育和培训；归口管理特种作业人员的安全技术培训和考核；组织安全大检查；执行事故隐患整改制度，对查出的隐患制定防范措施，检查监督隐患整改工作的完成情况；压力容器、压力管道、特种设备、危化品的安全监督工作；负责对压力容器、起重设备等特种设备的登记取证工作；确保公司环保处理设施正常运行，“三废”达标排放、减低环保运行费用；建立健全安全管理网络，指导生产车间安全工作，加强安全基础建设，定期召开安全工作会议；完善各类安全、环保管理台账，及时向政府主管部门提供各类报告资料；完成领导交办的其他工作。

负责人

部　长：陈振鑫（2015. 01~　　　）

5. 供应部

2015 年 1 月，公司成立供应部，主要负责：按照国家法律法规及集团公司的规章制度，制定和完善本公司的物资管理流程和内部控制制度；

按照总公司集团管理部资源配置，负责与集团公司签订加工协议，按生产进度提取原材料；公司日常生产所需原辅材料的计划编制、采购、调拨、仓储、使用监督及处置管理，保证生产经营工作的正常进行；公司所需能源的采购；各类物资采购合同的签订与管理工作，做到既要价格合理，又要保证质量；对物资供应商及市场反馈信息的收集及备案工作；物资的仓储和台账建立工作；完成领导交办的其他工作。

负责人

部　长：陈　维（2015.01~　　　）

十二、包头市金蒙稀土有限责任公司

金蒙稀土公司

（一）公司概况

包头市金蒙稀土有限责任公司（简称金蒙稀土）成立于2000年10月17日，占地面积26000多平方米，由孙喜平、宋卿、王志强和张永康共同出资设立。2014年，国家要求对稀土市场进行整合重组，金蒙公司被列入重组名单中。同年7月，公司聘请北京卓信大华资产评估有限公司对公司资产做了评估，以2014年7月31日为基准日并出具了《评估报告》（卓信大华评报字〔2014〕第1058-2号），加快了公司重组的步伐。2015年4月，北方稀土以相对控股的资本结构收购金蒙公司34%的股权，金蒙公司成为北方稀土的分子公司，注册资本为1600万元。

金蒙稀土地处素有“稀土之乡”美称的包头市昆都仑区哈业脑包镇新光三村。公司自成立以来，生产规模不断扩大，现有稀土精矿焙烧回转窑、稀土萃取分离线、氧化焙烧八孔窑等生产线，涉及稀土的粗加工和深加工等不同层，年处理稀土精矿10000吨，萃取分离稀土10000吨，氧化焙烧稀土氧化物4500吨；产品包括稀土焙烧矿、稀土分离的氯化盐、碳酸盐、氧化物等二十余种。单一稀土产品的纯度可满足99.9%及99.99%不同规格的要求。同时，公司本着“顾客为中心，质量是根本，创新做保证，诚信值万金”的经营理念在同行业深受好评。

截至2016年12月，金蒙稀土拥有职工174人；离职16人；女职工有73人；大专以上学历占到职工总人数的19.8%，近50%的职工在企业工作5年以上。

（二）领导班子

总 经 理：宋　卿（2015.05~　　　）

工会主席：肖　革（2015.05~　　　）

财务总监：董东东（2015.05~　　　）

（三）职能部门

截至2016年12月，金蒙稀土下设生产设备部、安环部、行政部、财务部、业务部、质量部及储运部7个管理部室。其中生产部下设3个车间，质量部下设1个技术中心。

1. 生产设备部

2003年1月，公司成立生产设备部，主要负责公司生产的组织和管理、公司生产设备的管理、公司生产安全的管理、公司生产过程的工艺管理、公司生产过程的技术管理。

历任负责人

部　长：柳　勇（2003.01~2006.01）

　　　　宋　卿（2006.02~2009.12）

　　　　张补河（2009.02~2010.12）

　　　　曹　鹏（2011.01~　　　）

2. 安环部

2003年1月，公司成立安环部，主要负责加强安全生产管理、认真落实安全管理的各项制度、加强日常现场检查监督、保证生产全过程的安全管理落到实处。

历任负责人

部　长：柳　勇（2003.01~2006.01）

　　　　宋　卿（2006.02~2010.05）

　　　　李玉新（2010.06~　　　）

3. 行政部

2003年1月，公司成立行政部，主要负责：

公司人力资源的招聘、培训；公司公文的发放、存档；公司员工的劳资及审核；公司的后勤保障；社会保险的办理；公司车辆的管理；公司各项管理制度的拟定。

负责人

部　长：谢　鹏（2003.01～　　　）

4. 财务部

2003 年 1 月，公司成立财务部，主要负责：制定并完成公司的财务管理制度、规定和办法；公司的会计核算业务工作和会计电算化管理工作；组织拟定公司的成本管理办法和目标成本控制指标及考核办法；公司的成本核算、预算、分析、控制等日常管理工作；主持会审编制公司的会计报表和财务决算报告，并进行综合分析。

历任负责人

部　长：张为民（2003.01～2011.03）
　　　　王秉智（2011.03～2013.03）

5. 业务部

2003 年 1 月，公司成立业务部，主要负责：公司产品采购与销售；接、发、处理、保管一切商务来电函及文件，对客户反馈的意见及时传递、处理并建立客户档案；销售工作的汇总报表、日常工作；采购台账的建立、记录和保存及相关票据的管理工作与财务定期对账工作。

历任负责人

部　长：张振宇（2003.01～2008.03）
　　　　孙小平（2008.03～2011.03）
　　　　董秀琴（2011.03～　　　）

6. 质量部

2003 年 1 月，公司成立质量部，主要负责原辅材料、产成品的质量检查、监督工作、分析室的管理工作。

历任负责人

部　长：王志强（2003.01～2006.05）
　　　　张存瑞（2006.06～2007.12）
　　　　肖　革（2008.01～　　　）

7. 储运部

2003 年 1 月，公司成立储运部，主要负责：全厂进厂物资的质量、重量、品种、产地的管理；全厂的原材料、辅料、机械设备、备品备件、产品的半成品、成品的库存管理及全厂的废品的管理；全厂物料领用、控制、统计、核算的消耗管理；全厂产品的发货、出库管理；磅房、厂内运输、装卸队的管理；每月进行仓库盘存，提出物资采购计划。

历任负责人

部　长：潘惠山（2007.12～2014.06）
　　　　步晓鹏（2014.07～　　　）

十三、五原县润泽稀土有限责任公司

（一）公司概况

五原县润泽稀土有限责任公司（简称润泽稀土）位于内蒙古五原县隆兴昌镇，占地面积为 88931 平方米。2001 年 8 月，五原县政府经济委员会批复，同意在隆兴昌镇新建五原县润泽稀土有限责任公司，并确定为有限责任公司，企业性质为其他有限责任公司。2015 年 3 月，润泽稀土与中国北方稀土（集团）高科技股份有限公司签订股权转让协议，北方稀土受让润泽稀土 34%的股权，润泽稀土成为中国北方稀土的相对控股分子公司。

润泽稀土设两个分厂（即一分厂与二分厂），是以带料加工碳酸稀土为主的加工企业。内设 4 个职能部室（办公室、财务部、供销部、技术部）。作为中国北方稀土（集团）高科技股份有限公司稀土产品的中间加工环节企业，润泽稀土充分发挥企业优势，积极推进技术改造，完善工艺流程，节能高效，提高产品质量，尤其对环保设施进行彻底更新，达到国家环保法标准。优化企业文化，树立企业形象，曾一度获得免检产品荣誉称号。

（二）领导班子

第一届领导班子

厂　　长：李珍国（2001.08～2014.03）
总 经 理：张　富（兼总工程师，2001.08～2014.03）
副总经理：范永刚（2001.08～2014.03）
财务总监：朱文礼（2001.08～2004.03）

第二届领导班子

厂　长：杨景忠（2014.03～2015.03）
总经理兼总工程师：
　　　　李月明（2014.04～2015.02）
副总经理兼董事会秘书：
　　　　郝　福（2014.04～2015.02）

第三届领导班子

总 经 理：张统鑫（2015.03～　　　）

总工程师：李月明（2015.03～　　　　）
副总经理：程银虎（2014.04～2016.02）
财务总监：张　健（2015.03～2016.06）
　　　　　王兴汉（2016.06～　　　　）

（三）股东会

2001年8月2日，润泽稀土召开创立大会第一次股东会，会议表决成立五原县润泽稀土有限责任公司，公司注册资本为150万元，全部由7个自然人出资。

2011年12月31日，润泽稀土经股东会一致通过注册资本由原来的150万元增资为1550万元，股东人员未变且为原有股东。

2014年4月18日，润泽稀土经股东会一致决定全额转让，全部由张统鑫收购为个人独资企业，注册资本1550万元。

2015年3月1日，企业重组，由个人独资企业变更为以中国北方稀土（集团）高科技股份有限公司控股的股份公司，北方稀土占34%的股权，其他7个自然人占66%的股权。

截至2016年12月，润泽稀土共计召开5次股东大会。

（四）董事会

截至2016年12月，润泽稀土共计召开3届董事会。

第一届董事会

董事长：李　斌（2001.08～2014.03）
董　事：朱文礼（2001.08～2014.03）
　　　　董全喜（2001.08～2014.03）
　　　　韩宝荣（2001.08～2014.03）
　　　　刘喜亮（2001.08～2014.03）
　　　　范永刚（2001.08～2014.03）
　　　　葛艳峰（2001.08～2014.03）
　　　　郝　福（2001.08～2014.03）
　　　　马占勇（2001.08～2014.03）

2014年4月至2015年2月，润泽稀土此阶段为个人独资企业，未成立董事会与监事会，期间董事长为张统鑫（2014.04～2015.02）。

第二届董事会

董事长：刘　义（兼，2015.03～2016.06）
董　事：张统鑫（2015.03～2016.06）
　　　　谭志礼（2015.03～2016.06）
　　　　赵志华（兼，2015.03～2016.06）
　　　　郭根全（兼，2015.03～2016.06）

第三届董事会

董事长：刘　义（兼，2016.06～　　　　）
董　事：张统鑫（2016.06～　　　　）
　　　　谭志礼（2016.06～　　　　）
　　　　王占成（兼，2016.06～　　　　）
　　　　王　臣（兼，2016.06～　　　　）

（五）监事会

截至2016年12月，润泽稀土不设立监事会，只设一名监事，由中国北方稀土胡治海兼任。

监　事：胡治海（兼，2015.03～　　　　）

（六）职能部门

1. 办公室

2001年8月，润泽稀土成立办公室，下设档案资料室、后勤室、劳资室、接待办，主要负责档案管理、后勤保障、公司接待、员工招聘离职事宜，为公司的发展起到保障作用。截至2016年12月，办公室有职工2人。

负责人

主　任：韩宝荣（2001.08～　　　　）

2. 供销部

2001年8月，润泽稀土成立供销部，主要负责公司的原材料采购、备品备件管理及产品销售结算工作，为公司的正常运转提供有力的保障作用。截至2016年12月，供销部有职工5人。

历任负责人

部　长：郝　福（2001.08～2014.12）
　　　　程银虎（2015.01～　　　　）

3. 财务部

2001年8月，润泽稀土成立财务部，主要负责公司财务核算，向工商税务总公司报送各种报表。截至2016年12月，财务部有职工3人。

历任负责人

部　长：朱文理（2001.08～2015.04）
　　　　张　瑞（2015.04～　　　　）

第五节　参股公司

一、包头昭和稀土高科新材料有限公司

包头昭和稀土高科新材料有限公司（简称BSR）成立于2002年10月24日，位于包头市稀土高新技术产业开发区，总投资15亿日元，注册资金10亿日元。占地面积1.94万平方米，建筑

面积 7400 平方米，绿化面积 5800 平方米。

包头昭和稀土高科新材料有限公司由中国北方稀土（集团）高科技股份有限公司（股份：30%）、日本昭和电工株式会社（股份：60%）和日本东海贸易株式会社（股份：10%）共同投资成立的合资企业。在 2007 年 3 月取得 ISO9001 质量认证，2008 年通过 ISO14001 环境认证，2010 年取得 OHSAS18001 职业健康体系认证。包头昭和稀土高科新材料有限公司从日本引进先进的年产 1000 吨的 500 千克大型高频熔炼炉和 Strip-cast（简称 SC 法）生产技术（脱模铸造工艺或称为速凝甩带工艺，俗称甩片工艺），生产高性能钕铁硼合金速凝永磁片（SC 合金）。公司产品加工成永磁体后最大磁能积达到 53MGOe 以上，主要用于音圈电机（VCM）、油电混合动力汽车、汽车转向助力（EPS）、核磁共振设备（MRI）、节能空调压缩机及其他节能永磁电机等高科技或节能领域。产品全部出口日本。从 2011 年开始，包头昭和稀土高科新材料有限公司积极开拓国内市场，产品应用到国内下游行业之中，是内蒙古自治区重点稀土应用及深加工企业，其工艺技术和生产性能在国际上处于领先地位。

二、包头市新达茂稀土有限公司

包头市新达茂稀土有限公司（简称新达茂稀土）成立于 2015 年 1 月 15 日，注册资本为 5000 万元，位于内蒙古自治区包头市达茂新型工业园区，新达茂稀土是鸿达兴业股份有限公司绝对控股分子公司，同时也是中国北方稀土（集团）高科技股份有限公司的参股分子公司。

新达茂稀土拥有碳酸稀土及氧化稀土分离生产线，拥有完善的供电、供水、供热系统和尾矿库、废渣库、废水处理系统等配套设施，并且是全国少数几家拥有从稀土选矿、焙烧冶炼到稀土氧化物分离的全产业链企业。新达茂稀土主要经营稀土精粉、碳酸稀土、稀土分离产品的生产、销售，铁精粉的销售。新达茂稀土依托着“稀土之都”得天独厚的矿产资源优势，有助于加快鸿达兴业在包头市投资建设稀土助剂、稀土颜料等稀土深加工及应用产业链项目，增加市场竞争力和可持续发展的能力。

三、内蒙古包钢稀土林峰科技有限公司

内蒙古包钢稀土林峰科技有限公司是中国北方稀土（集团）高科技股份有限公司与包头市林峰稀土化工有限公司于 2009 年 5 月合资成立，注册资本 3900 万元。主要从事稀土选矿药剂研发、生产和选矿技术服务。十几年来，包头市林峰稀土化工有限公司一直是稀土选矿药剂研发、生产和技术服务的龙头企业，年均生产销售各种选矿药剂 9000 多吨，已成为西北地区最主要的选矿药剂生产厂家和选矿技术咨询服务商。

四、北方稀土生一伦高科技有限公司

北方稀土生一伦高科技有限公司（以下简称生一伦）注册成立于 2005 年，其前身是内蒙古生一伦稀土材料有限责任公司。自 2012 年 8 月以来，生一伦成为内蒙古自治区稀土上游企业整合重组正式保留十三家企业之一，按照自治区相关实施方案要求，2015 年 8 月，完成与中国北方稀土（集团）高科技股份有限公司的整合，中国北方稀土（集团）高科技股份有限公司占股 10%。公司正式更名为北方稀土生一伦高科技有限公司，成为北方稀土旗下专业从事稀土分离加工的重要骨干企业，生一伦于 2006 年 3 月通过 ISO9001 系列认证，取得国家发明专利 2 项以及实用新型专利 2 项，于 2015 年被认定为国家高新技术企业，2016 年被认定为呼和浩特市企业研发中心。

生一伦业务范围为稀土产品的加工、销售以及合金产品的加工、销售，对外贸易。按照中国北方稀土（集团）高科技股份有限公司每年度所指定的稀土原料品种供应生一伦公司，公司经过采用行业先进的模糊/联动萃取分离技术，生产出单一镧、单一铈等 4 个系列、20 多种产品，供国内多个下游生产企业。生一伦自建立以来，始终坚持优秀的经营宗旨，赢得了良好的经济效益和社会效益。公司实现价值是通过直接交易，与市场、与客户直接见面。其中，采购模式为与供应方直接进行采购方式。生产模式为从原料进厂，经过各工序加工，直至生产出成品。销售模式为与国内固定的下游生产企业直接进行交易，公司为生产加工+产品销售+科研设计的经营模式。

生一伦采用行业先进的模糊/联动萃取分离技术，前处理、萃取分离、后处理、污水处理等工序采用公司自主研发及整合的行业先进的工艺及设备，主要包括连续自动化溶料系统、联动/模糊萃取多元素分离系统、连续碳沉及固液分离系统、

连续干燥及焙烧系统、闪蒸浓缩稀土氯化物系统、高效蒸氨污水处理及循环利用系统等设备220余台（套）。生一伦依照国家及相关行业标准，生产包括单一镧1200（REO）（氧化物、碳酸盐或氯化物）、单一铈2200（REO）（氧化物、碳酸盐或氯化物）、镨钕氧化物1750（REO）、低镨镧铈碳酸盐或氯化物5000吨以及钐铕钆富集物200吨等4个系列、20多种产品，产品纯度等级达到3~4N（99.9%~99.99%），并且可根据用户的特色需求提供多种不同元素、纯度等多种化合物产品。

截至2016年12月，生一伦共设有财务部、供销部、综合管理部、人力资源部、安环部、储管部、生产质量部、设备机械部8个职能部门，现有员工150余人。

五、内蒙古航天金峡化工有限责任公司

内蒙古航天金峡化工有限责任公司（简称金峡公司）成立于2007年9月，是国有控股公司，隶属内蒙古航天红峡化工有限公司（简称红峡公司），为红峡公司的绝对控股分子公司。金峡公司位于呼和浩特市金山开发区金山大道17号，占地面积约为111552平方米（167.33亩），注册资金为1264.04万元。其中，公司股权比例分配为红峡公司持有92.125%的股权，中国北方稀土（集团）高科技股份有限公司（简称北方稀土）持有5.066%的股权，自然人持股有2.809%的股权，金峡公司同时也属于北方稀土的参股子公司。

金峡公司主要经营：民用化工产品（不包含杀虫剂等有害、易燃易爆品及原材料）的生产、销售和开发；稀土系列产品及稀有金属产品的生产、销售与开发。公司现有年产440吨的P_{507}稀土萃取剂生产线和年处理5000吨碳酸稀土分离生产线，主要产品有氧化镨钕、钐铕钆氧化物、镧铈氯化稀土、碳酸镧、碳酸铈、氧化镧、氧化铈等稀土系列产品。

金峡公司共设置11个职能管理部门和5个生产车间，对各职能部门进行明确的职责划分，保证公司管理工作渠道顺畅、有章可循。公司在生产经营管理中实行“权责统一，逐级负责”的分级管理模式。管理部门的设置模式能够满足公司生产经营管理各项工作的需求。金峡公司努力营造良好的文化氛围，塑造共同的企业价值观，最大限度调动职工积极性，不断提升公司竞争力为出发点，坚持贯彻航天科工集团公司和六院企业文化建设方针与积极主动进行公司特色企业文化建设实践相结合。

六、甘肃稀土新材料股份有限公司

甘肃稀土新材料股份有限公司（以下简称“甘肃稀土”）是由原甘肃稀土公司改制发展而来的大型国有控股企业，始建于1969年，建厂初期主要从事铍产品的冶炼与加工。1975年，按照国家产业总体布局，由当时主管工业的方毅副总理批准，转产稀土。甘肃稀土原隶属于中国有色金属工业总公司，2000年下放甘肃省人民政府管理，2003年改制成立股份公司，2015年12月，经增资扩股成为中国北方稀土（集团）高科技股份有限公司的参股子公司。现为甘肃省国资委监管的大型企业，是科技部认定的国家火炬计划重点高新技术企业，也是甘肃省首批支持发展的战略性新兴产业骨干企业之一。甘肃稀土现有18家股东，总股本49537.5万股。截至2016年底，总资产33亿元，净资产27亿元，从业员工2000多人。

甘肃稀土是中国最早从事稀土生产加工分离的企业之一，见证了中国稀土工业从无到有、从小到大、从弱到强的发展历程。40多年来，在各级组织、领导和社会各界的关心支持下，几代甘肃稀土人在十分艰苦的环境下，始终坚持传承和发扬“自强不息，艰苦创业，团结奋斗，开拓创新”的企业精神，持之以恒，坚持不懈，长期在工艺技术、装备、科研开发、企业管理、产品品质、经济技术指标等方面努力保持行业领先优势，为我国稀土工业和地方经济社会发展做出了重要的贡献。

2001年以来，甘肃稀土根据国家稀土产业政策，进一步加强企业管理，推进技术进步，不断调整产品结构和产业结构，大力推进资源综合利用，加强环保治理，做精、做优、做特、做细稀土加工分离，延伸发展稀土功能材料和应用材料，形成了稀土加工分离、稀土金属、稀土研磨材料、稀土贮氢材料、稀土磁性材料、稀土荧光材料、氯碱化工等7大较为紧密的产业链条，可生产10大系列、100多个品种、200多个规格的产品，是中国稀土行业产品品种多、产业链长的企业之一。

“十三五”期间，甘肃稀土将紧紧围绕“质量和效率”这个中心，把握“苦练内功、开拓创新”

两个主旋律，狠抓“科技创新、精益管理、人才造就、共同奋斗”四个核心战略；坚持创新驱动发展战略，充分发挥科技创新在全面创新中的引领作用，推动“大众创业，万众创新”；以文化引领、科技进步、精益管理为方向，以强化中间、延伸两头、兼顾两侧为主线，以调整结构、优化方式、创新发展为要求，以科研开发、项目建设为抓手，始终把提升企业的核心竞争力作为第一要务，坚持不断调整产品和产业结构，优化经济增长方式；致力于做精、做细、做优、做特稀土加工分离产业，保持在这一领域的领先优势；做强、做优、做好稀土新材料产业，力争实现新材料产业的规模化、集群化、高端化，再造甘肃稀土产业发展的新优势；扎实推动供给侧结构性改革，不断寻求新的经济效益增长点；加快推进白银刘川工业集中区稀土新材料园的开发建设，形成地企共建新亮点，全面提升企业核心竞争力，不断拓展企业发展空间！

七、包头市新源稀土高新材料有限公司

包头市新源稀土高新材料有限公司（以下简称新源稀土），成立于 2002 年 9 月，属股份制企业，法人冀代雨。2016 年，中国北方稀土（集团）高科技股份有限公司收购新源稀土 5%的股权，新源稀土属于北方稀土参股分子公司。新源稀土位于高新稀土产业应用园区内，占地面积 5.5 万平方米，建筑面积 1.54 万平方米，公司注册资金 1020 万元，拥有年产 8500 吨高纯稀土系列产品和年产 3000 吨高端稀土抛光材料、稀土功能材料特殊化合物、纳米稀土自动化生产线各一条。

新源稀土主要生产产品有：镧系列产品（氧化镧、氯化镧、碳酸镧、硝酸镧、低氯根碳酸镧、硬脂酸镧、氢氧化镧、草酸镧、无水镧、干燥镧、醋酸镧、砂状氯化镧、小粒度氧化镧、氟化镧）；铈系列产品（普通氧化铈、氯化铈、磺酸铈、硝酸铈、醋酸铈、高纯碳酸铈、氢氧化铈、氯化亚铈、无水氯化铈、草酸铈、低氯根碳酸铈、硝酸铈铵、大、中、小粒度氧化铈、大比表面积氧化铈、白氧化铈、砂状氯化铈、硫酸铈、硫酸高铈）；镧铈系列产品（镧铈氯化稀土、镧铈碳酸稀土、镧铈稀土氧化物、镧铈氟化物、醋酸镧铈、硝酸镧铈、氢氧化镧铈、低氯根碳酸镧铈、大粒度碳酸镧铈）；镨钕系列产品（镨钕氧化物）；镨系列产品（氯化镨、硝酸镨、草酸镨、氟化镨、氧化镨）；钕系列（氯化钕、硝酸钕、草酸钕）；少钕系列产品（少钕氯化稀土、少钕硝酸稀土、少钕氧化稀土、少钕氟化稀土、少钕碳酸稀土）；少铕系列产品（少铕氧化稀土、少铕氯化稀土、少铕碳酸稀土）；纳米抛光稀土系列产品，XYLaCe-10、XYLaCe-20、XYLaCe-50、XYLaCe-100 系列（高端 LCD 光学级、高端 LCD 级）；纳米 XYCe-10、XYCe-20，XYCe-50、XYCe-100 系列（高端 LCD 光学级、高端光学级）；金属系列产品（金属镧、金属铈、金属镧铈、金属镨钕、混合稀土金属）。

新源稀土通过了 ISO9001：2000 质量管理体系认证，ISO14001 环境管理体系认证，OHSAS18000 职业健康安全管理体系认证，拥有自营进出口经营权，连续十年被内蒙古自治区和包头市工商行政管理部门评为“重合同、守信用”单位。2006 年、2011 年分别通过两轮清洁生产验收；2006 年开展了企业安全生产现状评价工作和环境风险评价工作并通过验收；2005 年首次被评定为国家级高新技术企业；2009 年再次被评定为国家级高新技术企业；2012 年通过了国家环保部稀土核查；2012 年再次被评定为国家级高新技术企业；2014 年被包头市认定为知名商标；2015 年再次通过国家级高新技术企业复审；2015 年新源稀土设立的包头市北方稀土应用研发中心，被内蒙古自治区科技厅认定为自治区级企业研发中心；2016 年公司被内蒙古公共信用服务中心评价委员会评审核定为 AA 级信用等级企业。

八、包头稀土产品交易所有限公司

2011 年 5 月，包头稀土产品交易所有限公司经内蒙古自治区人民政府〔2011〕131 号文件批准建立，由包钢稀土、国储中心、中铝稀土、五矿稀土、中色股份、广东稀土、四川江铜、厦门钨业、甘肃稀土、高新控股、中钢贸易、中核投资、新华指数等 13 家相关机构、中央及地方大型稀土骨干企业共同出资组建的国内唯一一家专门以各类稀土产品为交易品种的大宗商品现货电子交易平台。稀交所作为包头市首家大宗商品电子交易所，其组建成立，是稀土行业转变营销理念、创新商业模式、实现转型升级、打造中国未来稀土价格指数的一项重要举措。

2012年8月8日，包头稀土产品交易所在第四届中国包头稀土产业（国际）论坛开幕式上正式揭牌。2013年底，顺利通过了国家清理整顿各类交易所的专项审查验收。公司注册资本1.3亿元人民币，营业场所位于包头市稀土高新技术产业开发区金融、商贸行业汇聚的核心地段金融广场四层，营业办公面积2043平方米。

2014年3月28日，稀交所投入正式运营，按照国家稀土产业政策要求，以服务稀土行业为己任，充分发挥市场在资源配置中的决定性作用，准确把握市场脉搏，完善具有稀土行业特色的市场交易规则，在对稀土市场起到规范和积极引导作用的同时，集聚行业资源，促进稀土行业市场化价格机制和制衡机制的形成，从而建立起规范有序的稀土市场流通秩序，实现稀土产品价格和价值的统一，并力争将稀交所打造成为中国稀土产品的交易中心、稀土产品的市场定价中心和稀土行业经济运行的信息中心，逐步形成品牌影响力，在提高中国稀土世界话语权与国际竞争力，促进中国稀土产业健康发展方面发挥积极的作用。

包头稀土产品交易所秉承公平、公正、公开原则，以规范、透明的交易规则，优良的服务理念，创新的服务体系，有机整合行业资源，为稀土上下游企业提供一个全新的贸易对接平台。同时为参与交易各方提供稀土交易结算、仓储物流、质量检测、信息咨询、金融融资等多种方式的专业服务，努力推动各方实现合作共赢。

九、赣州晨光稀土新材料股份有限公司

赣州晨光稀土新材料股份有限公司（以下简称赣州晨光）成立于2003年。2010年，赣州晨光进行了增资扩股和股权重组，重组后注册资本变更为5735万元。其中包钢稀土以战略投资者身份持有赣州晨光9.25%股权。赣州晨光稀土新材料股份有限公司是生产稀土金属、混合稀土金属、稀土合金系列产品的专业厂家，拥有“采、选、冶、收”为一体的产业链，年产稀土金属、稀土合金4000吨，稀土氧化物4000吨，废料回收1000吨，是目前国内冶炼、分离技术最先进的企业之一。赣州晨光下属4家子公司，分别是全南县新资源稀土有限公司、赣州步莱铽新资源有限公司、赣州腾远钴业有限公司、赣州奥利斯特有色金属回收有限公司。

赣州晨光曾被当地政府授予“明星企业”、“纳税大户”等荣誉称号，是赣州市重点扶持的50家重点企业之一。2008年获得江西“全省外贸出口先进企业”、“工业经济突出贡献奖”等荣誉。

2010年后，赣州晨光依靠先进的管理和技术、可靠的产品质量、稳定的供货能力、灵活的经营方式、合理的价格、完善的售后服务赢得众多国内外客户的认可和信任，产品出口至日本、美国、欧洲等国家和地区，并与国内外许多知名企业建立长期稳定的合作关系。赣州晨光以“市场为导向，技术创新为动力，努力开发自己的国际市场竞争力”为战略目标，紧跟国际高新技术的发展方向，进一步扩大国内外市场占有份额，致力建成具有影响力和竞争力的稀土高新技术企业。

第二篇　生　产

SHENG CHAN

第一章 资 源

第一节 发 现

1927年，时任北平大学地质系助教的丁道衡先生应邀参加中国学术团体协会与瑞典地理学家斯文·赫定等共同组成的中国西北科学考察团，主要负责地质、古生物研究和沿途矿产调查。为工作方便，考察团分为三支队伍行进。

7月2日，丁道衡所在的北队抵达白音布拉克，发现此地尽为花岗岩露头，地势平坦，略有丘陵起伏；北部逶迤的山岭在阳光下泛着青黑色光。查阅军用地图得知此山名为白云鄂博，又名白云博格都，还称哈拉托洛海。7月3日，丁道衡前往白云鄂博，发现铁矿石沿沟散布，比比皆是。越接近山峰矿石越多，攀上主峰俯瞰众山，南坡半壁皆为矿区，从而确知此处是一个大型铁矿床（今白云鄂博矿主矿）。7月4日，丁道衡致中方团长徐炳昶（字旭生，北平大学西洋哲学系教授）函，报告了白云鄂博铁矿的发现：“矿质虽未分析，就外形而论，成分必高。且矿量甚大，全山皆为铁矿所成。此矿交换作用所成，前为灰岩，后经潜水中含有铁质者所交换而成。又经岩浆冲出了其他杂质皆气化而去，故其质体较纯。以衡推测，成分必在八九十分以上。……全量皆现露于外，开采极易。”

之后，丁道衡进行了为期10天的徒步踏查，采集矿石标本，初步调查了白云鄂博的地形、地质构造、矿区生成、铁矿储量、矿石成分等，认定这是一个蕴藏丰富、远景广阔、极有开采价值的大型铁矿。

1930年8月，丁道衡与西北考察团部分团员历经3年艰辛工作返回北平，但在白云鄂博采集的岩矿标本几经辗转，待1年后丁道衡找到标本箱，标本已所剩无几。

1932至1933年间，丁道衡对采集的白云鄂博岩矿标本进行了初步室内研究，发现铁分测定把握不准，同时发现某些力所不及的问题。

1933年12月，丁道衡在实业部地质研究所和北平研究院地质研究所合办的《地质汇报》第23卷发表《绥远白云鄂博铁矿报告》。报告中对白云鄂博主体矿的特征及发现经过作了详尽描述，认为：该矿床的矿物以赤铁矿和辉铁矿为主，矿石品位在50%~60%之间，估计铁矿石储量大约有上千万吨，萤石矿大约有上万吨。

1934年夏，丁道衡对研究中遇到的“铁分测定把握不准”等问题，商请当时专事岩矿学研究与著述的中央研究院北平地质研究所研究员何作霖先生接手白云鄂博岩矿标本的室内研究工作。

何作霖对标本磨片进行显微镜观察时除发现常见的磁铁矿、磷灰石和重晶石之外，还见到有一种粒度极小的、异常的矿物。当这些矿物被紫色的萤石颗粒包裹时，每个颗粒的周围都有一层无色的晕圈。在钠光源的检验下，发现这些颗粒为两种不同的晶体，颜色也不相同。一种属四方晶系，呈浅黄绿色，另一种属六方晶系，呈浅绿黄色。为了解这些矿物的化学成分，何作霖请北平自然研究院协助进行光谱分析，在弧形光谱图上看到萤石粉末中有镧、铈、钇、铒等稀土元素的谱线波长。由此证明：白云鄂博萤石矿脉中有稀土矿物存在。随后，何作霖决定，从萤石型岩矿标本中提取这两种稀土矿物，经采用多种物理和化学方法，从萤石粉中得到0.01毫克的浅黄色稀土矿物粉末。

1935年，何作霖撰写的《绥远白云鄂博稀土类矿物的初步研究》（英文）在《中国地质学会会志》第十四卷第二期上发表。文中称：他发现“两种目前设想是稀土元素来源的矿物，并建议分别用Beiyinte和Oborte（白云矿和鄂博矿）暂时命名”。且初步研究表明：“白云矿”的性质在很多方面都与氟碳铈矿相似；“鄂博矿”为独居石。

1944年6月11日至8月2日，黄春江等人受伪华北开发株式会社资源调查局派遣，到白云鄂博进行为期 70 天的资源调查。同年 8 月 15 日，京城帝国大学（日本设在朝鲜的 1 所大学）蒙疆学术调查队由百灵庙到达白云鄂博进行第三次“绥远省稀元素矿物”调查。12 月，朝鲜京城帝国大学无机化学教室主任岩濑荣编写了《绥远省之稀元素矿物及其产地》报告。报告中提及“白云鄂博铁矿萤石脉中多量含有稀土矿物……尚未详，稀土矿物需进一步研究”。

1946 年 8 月，黄春江在《地质论评》第十一期发表《绥远省百灵庙白云鄂博附近铁矿》调查报告。报告记载，调查队“最初利用十万分之一军用地图从事矿区一带地质之概查，于主要矿床之东方及西方，复发现有规模相当宏大之新矿床”（今白云鄂博铁矿的东矿和西矿），报告中矿床部分还描述了“萤石中常包裹淡绿黄色、微粒状屈折率较高之矿物，此矿物曾由何作霖教授详细研究，分别为‘白云矿’及‘鄂博矿’，系含有铈、镧等之稀土类元素矿物”。著者曾将其采集到的“近于鄂博矿体上盘之矿脉中氟石较富之标本数块，送到日本京都帝大田久保教授及东京帝大黑田副教授处”，“据两氏分析之结果，氧化稀土元素（大部分为氧化铈）为 2.80%~12%”。报告结论中认为：“白云鄂博是华北地区最大的铁矿床，建议进行深部钻探以查清其准确储量”，同时指出“该矿脉又可为铈、镧之主矿石”，“应引起特别注意”。

同年，日本人本间不二男将其所写的《关于华北铁矿调查及开发的地质学上的几个问题》的资料，递交中国中央地质调查所北平分所。资料中言及：“绥远省百灵庙西部的白云鄂博矿床……呈暗浓紫色潜品质的萤石甚多。向南倾斜的矿床下部萤石与铁矿交杂在一起……分析结果，萤石中含有稀土元素（以铈元素为主），其氧化物含量达 12%~32%左右。若把萤石量设为全矿量 6000 万吨的 1/30，则萤石量和稀土类氧化物量储存量非常大……该矿床作为萤石（矿）可称是世界上屈指可数的。”

第二节 勘 探

1950 年 5 月初，中央人民政府地质工作计划指导委员会，组建了以矿床地质学家严坤元总工程师担任队长的 50 人“中央人民政府白云鄂博地质调查队”，即“地质部华北地质局二四一地质勘探大队”（以下简称 241 队），从北京出发抵达白云鄂博矿区，开展勘探工作。1950~1952 年，241 队进行了白云鄂博主矿普查性质的地质调查和槽探工作，确定地面矿体分布范围和矿体形状；并进行 3 行 8 孔的钻探工作，了解矿体下部变化情况。1952 年转入初步勘探阶段，1953 年进入详勘阶段，1954 年上半年完成全部钻探工作。主矿地面山地完成的工作量为探槽 36 条，长 5222 米，土石方量 28736 立方米；浅井 49 个，长 150 米。

241 队来包头市白云鄂博矿区开展勘探工作

在东矿，1951 年开始对矿区普查工作，1953 年转入初步勘探，1954 年进入详细勘探。东矿地面山地完成的工作量为探槽 22 条，长 3673 米，土石方量 14009 立方米；浅井 58 个，长 200 米。

1953 年 9 月，在何作霖教授发现命名的白云矿和鄂博矿的基础上，241 队分别对两种矿物进行物质成分、物理性质、选矿及化学分析等方面的研究，编写成《绥远省白云鄂博产鄂博矿的研究报告》《绥远省白云鄂博产白云矿的研究报告》。认为鄂博矿是铈族稀土的磷酸盐，铁矿石中磷主要来源于鄂博矿；白云矿是铈族稀土的氟碳酸盐。证实稀土矿物主要为铈，其他为镧、镨、钇、铒等。

1954 年 12 月，241 队提交《内蒙古白云鄂博铁矿主、东矿地质勘探报告》，经全国储委会予以审查、鉴准，平衡了表内矿石中主矿、东矿铁矿石储量和稀土氧化物的储量。

1955 年 10 月，中国与前苏联在北京签订《中苏两国政府科学技术合作协议》，其中第 4204 项为共同进行白云鄂博铁矿的研究。在此基础上，1958 年 1 月 18 日，中苏两国政府签订了《关于共

同进行和帮助中国进行重大科学技术研究的协议》，协议中包括合作研究白云鄂博铁矿、稀土矿的计划。为执行上述协议，同年 6 月 15 日，中苏合作地质队到达白云鄂博矿床进行第一次野外地质调查；1959 年 6 月末至 7 月末，中苏合作地质队对白云鄂博矿床进行第二次野外调查，期间，分别在北京和莫斯科开展了室内研究工作。此次合作项目历经 15 个月结束。

此后，由索科洛夫与何作霖担任主编，完成《内蒙古自治区白云鄂博铁—氟—稀土和稀有元素矿床，1958 至 1959 年中苏科学院合作地质队研究总结报告》的编写工作。报告除引言、结束语、参考文献外，共分 6 部分 24 章，分别用中文和俄文书写，分上下两册装订。报告中相关稀土、稀有元素的主要研究成果有：第一，发现了白云鄂博白云岩中的稀土元素矿床、白云鄂博铌钽元素矿床和白云鄂博蓝石棉矿床等 3 种稀土、稀有元素及特种矿产资源。第二，发现了包头矿 [$Ba_4(Ti_4,Nb,Fe)_8O_{16}(Si_4O_{12})C_1$]、钡铁钛石 [$Ba(Fe,Mn)_2Ti(O_x,OH,Ce)_2(Si_2O_7)$] 及黄河矿 [$Ba(Ce,La,Nd)(CO_3)_2F$] 等 3 种稀有元素新矿物。在中国首次发现并详细描述了铈磷灰石、氟碳钙铈矿、硅钛铈钇矿、易解石（镧石、磷镧镨矿）等，确定了白云鄂博矿石中的主要稀土元素矿物为独居石和氟碳铈矿（即鄂博矿和白云矿）。第三，明确了矿床中的稀土元素以铈族元素为主，含有微量的钇族稀土元素；确定了铈族元素的平均比值约为铈：镧：钕 = 50：30：15。第四，据初步研究，白云鄂博矿体及部分围岩中稀土的储量为：稀土总储量（以 REO 计）达到上亿吨。

1959 年，包钢公司 541 地质勘探队进行主矿、东矿下盘白云岩地质普查工作，共完成 1：2500 比例尺地质测量 0.3 平方公里；钻孔 11 个，总进尺 2453 米；槽探 260 立方米；采样 821 个。探明白云岩中稀土氧化物 C_1+C_2 级储量数千吨，并对白云岩稀土矿化深度及矿化深度及矿化规律有初步认识，于同年 12 月编制上报国家《白云鄂博主东矿底盘白云岩稀土矿床普查工作报告》。

1963 年 4 月，国家科委在北京召开了包头矿资源综合利用和稀土应用工作会议（即第一次“415”会议），会议指出：白云鄂博矿区是包钢公司重要的铁矿石原料基地，正在大量开采。为保护国家资源，必须尽快查明矿石中物质成分、稀土及稀有元素的赋存状态和在矿石中的分布规律，以及稀土和稀有元素的资源状况。为此，地质部抽调 600 多人组建了 105 地质队（以下简称 105 队），对白云鄂博主东矿进行综合评价工作。6 月，105 队到达白云鄂博，开始对白云鄂博矿的详查。

白云鄂博矿

1966 年，105 队历经 3 年，完成白云鄂博稀有元素的勘探工作，编制上报《内蒙古白云鄂博铁矿稀土稀有元素综合评价报告》。通过详勘和科学分析，在白云鄂博主东矿体中已发现有 71 种元素、114 种矿物，其中具有或可能具有综合利用价值的元素有铁、稀土、铌、钍、钛、磷、钡、锰、铀等 26 种。

白云鄂博稀土矿显微照片

90%以上的稀土元素分布在稀土矿物中，仅有少量的稀土元素呈类质同象或细小包裹体存在于铁矿物、铌矿物及其他脉石矿物中；矿床内主要稀土矿物为氟碳铈矿和独居石，其次为易解石；80%~90%的铈族稀土及约 70%的钇族稀土分布在氟碳铈矿和独居石中；估算矿区 48 平方公里范围内，地表以下 150~200 米的稀土铌矿化白云岩及板岩等岩石中稀土元素总储量非常之大。

第三节 开 采

白云鄂博铁矿是一座世界罕见的铁、稀土、铌等多金属共生矿床，作为包钢公司铁矿石供应基地，矿石开采规模是按照包钢公司生产需求设计，稀土、铌等稀有资源随铁顺采。

白云鄂博矿由主矿体、东矿体、西矿体和东介格勒矿体组成，包钢公司开采的为主矿体和东矿体。

白云鄂博矿的主矿体和东矿体两座采场于 1956 年开始筹建，1959 年建成投产，均采用水平分层采剥方法生产。即在上盘矿岩接触带的岩石中开纵向沟，然后向上、下盘两帮推进，相邻两个工作水平的超前距为 60~70 米，各工作水平以此推进到最终境界为止。同时工作水平数为 5~7 个，工作面阶段高度一般为 12~14 米。矿石按富氧化矿、中贫氧化矿、磁铁矿等品种进行分采、分运、分选；对于稀土白云岩、霓石岩、混合岩等有用岩石也按岩石品种或品级进行分爆、分采、分运、分场堆存，以便有用资源的保护和利用。

白云鄂博矿山年均开采铁矿约千万吨，稀土氧化物量达几十万吨以上（按稀土平均品位 4%~5%计）。稀土随铁采出，经破碎、磨矿、选铁等过程，稀土含量在选铁尾矿得到提高。稀土随铁矿进入选铁流程，选铁的尾矿部分直接排入尾矿库，仅有强磁中矿、强磁尾矿作为选稀土的原料进入稀选流程，北方稀土稀选厂以此尾矿为原料生产稀土精矿。

第四节 稀土资源相关的产业政策

一、稀土生产总量控制计划

为有效保护和合理利用稀土资源，保护生态环境，规范稀土生产经营活动，促进稀土行业持续健康发展。国家工业和信息化部于 2012 年 6 月 13 日下发《稀土指令性生产计划管理暂行办法》（工信部原〔2012〕285 号）。

办法将稀土矿产品和稀土冶炼分离产品纳入指令性计划管理范围。2013 年之前，工业和信息化部将指令性计划分配至地方，然后由地方主管部门再次分配，2014 年之后，工业和信息化部直接将内蒙古自治区的计划分配至包钢稀土。2014 年，该计划改称“稀土生产总量控制计划”。

二、稀土开采总量控制计划

1991 年国务院下达《关于将钨、锡、锑、离子型稀土矿产列为国家实行保护性开采特定矿种的通知》（国发〔1991〕5 号），明确离子型稀土矿产为国家实行保护性开采的特定矿种。2006 年，国土资源部印发《关于下达 2006 年钨和稀土矿产开采总量控制指标的通知》（国土资发〔2006〕63 号），将国家实行保护性开采的离子型稀土矿种，扩展为所有稀土矿（含矿岩性稀土矿）。至此，白云鄂博矿纳入国家保护性开采特定矿种，按照国家保护性矿种开采指标进行采矿。

每年包头市国土局要求包钢（集团）公司与白云区国土分局签订稀土矿开采总量控制责任书。

2013 年之前，国土资源部将开采总量控制计划分配至内蒙古自治区国土厅，然后由内蒙古自治区国土厅和包头市国土局将该计划再次分配至包钢（集团）公司。2014 年之后，国土资源部将该计划直接分配给包钢（集团）公司。

三、稀土列入国家战略性矿产目录

2016 年 11 月，为保障国家经济安全、国防安全和战略性新兴产业发展需求，国土资源部发布《全国矿产资源规划（2016—2020）》，规划将稀土等 24 种矿产列入国家战略性矿产目录。目录作为矿产资源宏观调控和监督管理的重点对象，并在资源配置、财政投入、重大项目、矿业用地等方面加强引导和差别化管理，提高资源安全供应能力和开发利用水平。

四、稀土开发秩序专项整治

2010 年 7 月，内蒙古自治区人民政府下发《关于开展稀土资源开发秩序专项整治的工作方案》（内政发电〔2010〕19 号）。方案明确，到 2010 年年底，内蒙古自治区范围内稀土战略资源由包头钢铁（集团）有限公司专营。并于 2010 年 7 月~12 月，开展了“打击、整合、管理稀土资源专项行动”，进一步整治了内蒙古自治区稀土开采、选矿、冶炼秩序。

包钢（集团）公司经过此次专项整治，先后在矿区采场和岩石堆放场、白云鄂博西矿、白云鄂博铁矿外围、尾矿库周边等区域，设立网围栏和壕沟，在重点区域建设视频监控系统。

第五节　资源保护

一、矿石分类堆置保存

开采过程中，严格按照工业品位指标对含铌混合岩、稀土白云岩、霓石岩等有用岩分别进行分穿、分爆、分采、分运、分场堆存。按照采矿工程岩石排放设计，建立了5个稀土白云岩堆置场和一个混合岩堆置场，将稀土白云岩和含铌混合岩设专门的排土场进行资源储备和保护。

二、选矿后尾矿库堆存保护

包钢（集团）公司选矿厂铁精矿选矿生产分为处理氧化矿石和磁铁矿石两种工艺流程。经选矿富集，尾矿中稀土氧化物等资源品位均有所提高，除部分进入稀土选矿厂外，大部分排入尾矿库进行保存和储备，形成国家重要的二次资源，待以后开发利用。

三、建立稀土资源战略储备机制

结合白云鄂博稀土资源和稀土配分的特点，确定实施稀土资源战略储备的3种储备方式，即矿石型（包括尾矿）储备、原料型（稀土精矿）储备、产品型储备（即对稀土冶炼分离产品的储备）。稀土资源储备有助于提高稀土资源回收利用率，调控稀土产品市场价格和产品流向，增强国家对稀土产业发展的宏观调控力度。

四、建设工程设施保护稀土资源

白云鄂博主、东矿：在矿区采场和岩石堆放场周边建设25.2公里长的网围栏和壕沟；建设覆盖全矿区的视频监控系统。白云鄂博西矿：在矿区周边建设了28公里长的网围栏和壕沟。白云鄂博铁矿外围：在白云鄂博铁矿外围区域建设14.5公里长网围栏及2米宽壕沟。尾矿库：在尾矿库周边建设12公里长围墙和6公里网围栏；建设视频监控系统。

五、建设稀土、铁及铌资源综合利用示范基地

2011年，国土资源部、财政部确定白云鄂博矿为全国首批40个矿产资源综合利用示范基地之一，基地建设方案大纲已通过国家审核。示范基地建成后，除创造经济效益外，更重要的是，可大幅提高矿产资源利用效率，实现矿山可持续发展，转变以消耗资源、破坏生态为代价的发展方式，打造绿色矿山。

六、建设尾矿库综合治理与保护工程

尾矿库综合治理与保护系列工程包括“600万吨氧化矿选矿生产线和稀土选矿生产线搬迁工程”、“尾矿库及周边地区生态系统恢复工程”、“尾矿库防渗工程”、“尾矿库及周边地区保护工程”、“一电厂灰渣坝综合治理工程”和“周边农牧民搬迁安置工程”六大工程。该工程实施后，将与白云鄂博资源综合利用示范基地对接，最大限度实现铁、稀土、铌等元素及水资源的综合利用，基本解决尾矿库的污染问题，实现彻底闭库、资源储备的目标。

第六节　北方稀土资源管理

一、实施稀土精矿“五统一”政策

2002年5月包钢（集团）公司印发《包钢（集团）公司关于进一步加强稀土精矿集中统一管理办法》（包钢办字〔2002〕90号），决定对包钢（集团）公司控股和所属生产稀土精矿的6个单位整体委托内蒙古稀土（集团）公司进行统一管理。“五统一”是统一管理的重要内容，“五统一”是指统一发展规划、统一生产计划、统一产品价格、统一对外销售、统一收款结算。委托管理的6个单位是：稀土高科一、二、三分厂；矿研院试验厂；综企集团钢球厂稀选厂；综企集团稀土三厂综合厂；综企集团白云建安公司稀选厂；选矿厂（稀选回收系统）。

此后，因稀土集团运行问题，原包钢（集团）公司范围内的6家稀土精矿生产企业委托稀土高科代管。

二、北方稀土原料管理办法

为有效保护和合理利用稀土资源，规范稀土

资源管理，提升北方稀土资源配置效率，保障生产顺利进行，促进公司提质增效，2016 年制定实施了《中国北方稀土（集团）公司稀土原料管理办法》（公司发〔2016〕99 号）。办法进一步细化了公司各职能部门在涉及稀土原料管理方面的职责，对原料管理过程中的原则性事项进行了规定，办法首次明确原料内部价考虑稀土配分的差异。

三、建立稀土产品追溯管理体系

2016 年 3 月，工业和信息化部下发《关于填报稀土产品追溯系统台账数据的通知》（工信原函〔2016〕128 号），要求具有稀土开采和冶炼分离总量控制计划的企业，全部纳入稀土产品追溯体系管理。北方稀土按照通知的要求，组织相关企业参加工业和信息化部的专题培训，建立了稀土产品追溯系统台账。

四、北方稀土原料管理机构

2008 年稀土高科成立资源管理部，主要负责稀土精矿与混合碳酸稀土的委托加工、冶炼分离产品的收购以及国家指令性计划的管理。2012 年 11 月，资源管理部业务分别划归集团管理部与国贸公司，其中稀土精矿与碳酸稀土委托加工业务、稀土指令性计划业务并入集团管理部，稀土分离产品收购业务并入国贸公司。

2012 年 11 月，资源管理部（部分业务）、资本运营部、战略规划部（部分业务）、5S 管理推进办公室合并成立集团管理部。合并后的集团管理部主要业务涵盖发展规划、资本运营、企业管理、资源管理四大类。其中资源管理具体包括：国家稀土指令性计划管理；稀土精矿委托加工业务；稀土资源的计划与分配业务；部分分离产品的委托加工管理；协助政府做好稀土资源的管控工作。

包钢（集团）公司机构编制委员会于 2016 年 6 月 29 日印发《关于北方稀土成立规划发展部的批复》，批准北方稀土成立规划发展部，集团管理部“战略规划”、“投资并购”等职能划归规划发展部，资源管理职能任保留在集团管理部。

第二章 选 矿

中国北方稀土（集团）高科技股份有限公司生产稀土精矿产品的有中国北方稀土（集团）高科技股份有限公司稀选厂（以下简称稀选厂）和中国北方稀土（集团）高科技股份有限公司白云博宇分公司（以下简称白云博宇分公司）。

第一节 中国北方稀土（集团）高科技股份有限公司稀选厂

一、基础建设

中国北方稀土（集团）高科技股份有限公司稀选厂位于包头市昆都仑区西侧的包钢厂区选矿厂北侧，其前身为包钢选矿厂稀选车间，始建于1974年，1997年初并入包钢稀土三厂，成为新组建的内蒙古包钢稀土高科技股份有限公司下属生产车间。当时厂区占地面积45713平方米，主要建筑包括生产厂房3座、公辅设施8间，总建筑面积3074平方米。截止1997年8月，稀土高科稀选厂主要建筑物详情见表2-1。

表2-1 主要建筑物一览表

建筑物名称	建成时间	建筑面积/m^2	用途	备注
稀选精矿浓缩室	1974年11月	912	浓缩	一车间
稀选浴池	1974年11月	432	浴池	一车间
稀选办公室	1974年11月	462	办公	一车间
稀选厕所	1974年11月	54	厕所	一车间
稀选自行车库房	1974年11月	260	库房	一车间
稀选车间备件库	1974年11月	403	库房	一车间
装载机库	1974年11月	297	库房	一车间
磅房及沉淀池	1974年11月	254	生产用房	一车间

1999年开始，为整合资源、理顺工艺、扩大产能，对生产及公辅设施进行多次改扩建。

1999年建成并投入使用生产厂房12座、仓库4间、车库5间以及办公室、餐厅等辅助设施，总建筑面积18817.8平方米。

2005年，在浮选厂房外新建两个总面积80平方米的澄清池，用以回收精矿井溢流水内的部分精矿和澄清水循环利用，效果显著，回收了大量的30%品位的稀土精矿，2007年末废弃。

2006年，在稀选厂二车间实施了电器、工艺管线改造，建设二车间氧化线电磁站、泵间、工人休息室等相应配套设施，建筑面积339平方米。

2007年，新建实验厂仪表房、生产用房、实验厂备品备件库、试验厂硫酸制备间、试验厂原矿仓、试验厂破碎车间、浮选包装房屋、化验室、库房、锅炉房、变电所、过滤间等公辅设施，总建筑面积4794平方米。

2008年5月，为进一步提高白云鄂博稀土资源综合回收率，实施稀选厂整体配套完善技改项目。此次技改工作分为三部分：一是稀选厂一车间、二车间生产设施配套完善和供应调配系统扩能，以及中压蒸汽外网改造；二是恢复停产多年的三车间、四车间、五车间生产；三是新建ϕ50米浓密机及公辅设施。第一项工程于当年12月25日竣工投产，改造工作主要包括二车间浮选泵间从地下-7米迁移到浮选厂房地面，同时将部分地下流槽改为地面管道，改善了生产操作条件，且利于维护检修，并从根本上消除了淹泵坑的生产隐患；第二项工程分别于2009年3月15日和4月15日竣工，主要建设内容包括拆除三车间旧厂房，新建彩板厂房1600平方米，新增两台过滤机和一个射流浮选系统，同时将矿浆管道由无缝钢管更换为复合耐磨管道；拆除四车间原有厂房内部无用的设备，新建2.8立方米的浮选配套生产线；第三项工程于2009年5月6日竣工投入使用，主要建设内容包括新建ϕ50米浓缩大井，敷设从选矿厂强磁厂房至新建50米的配套管道7000米，配套的泵房和配电室以及新建综合楼，改善了员工生活、办公条件。

2009年5月13日，稀选厂磁矿选别稀土精矿生产线建设工程开工，总投资1593万元，同年7

月 28 日竣工。该项目是基于综合利用白云鄂博矿稀土资源和稀土战略储备任务而制定、开发建设的。由于白云鄂博磁矿中与氧化矿一样，含有大量的稀土资源，约占选矿厂入选矿中稀土总量的 40%左右，但是由于磁矿中稀土矿物较氧化矿中稀土矿物选别更加困难，此部分稀土资源一直在尾矿坝堆存。磁矿选别稀土精矿生产线主要是利用包钢选矿厂磁矿生产线选铁后的强磁尾矿和尾矿旋流器溢流作为原矿，采用自主研发的从磁矿中选别高品位稀土精矿生产技术，利用原有重选厂房，新建 4 立方米浮选系统一套、浮选药剂配药给药系统一套，厂房外部配套管道 4000 米，并将原一车间的两个精矿井改为原矿井和精矿井，同时增加两套过滤机及分矿系统，建成年产含稀土氧化物 45%以上品位的稀土精矿生产线。磁矿生产线的建成，不仅为包钢稀土创造了巨大的经济效益，同时也填补了从磁铁矿中选别稀土精矿的空白。

至此，稀选厂总占地面积达到 193778 平方米，总建筑面积为 32145.44 平方米，主要建筑物详情见表 2-2。

表 2-2　稀选厂主要建筑物一览表

建筑物名称	建筑面积 /m^2	建成时间	用途	备注
稀选精矿浓缩室	912	1999 年 11 月	浓缩	一车间
稀选浴池	432	1999 年 11 月	浴池	一车间
稀选办公室	462	1999 年 11 月	办公	一车间
稀选厕所	54	1999 年 11 月	厕所	一车间
稀选自行车库房	260	1999 年 11 月	库房	一车间
稀选车间备件库	403	1999 年 11 月	库房	一车间
装载机库	297	1999 年 11 月	库房	一车间
磅房及沉淀池	254	1999 年 11 月	生产用房	一车间
黄河水加压泵站	20	1999 年 11 月	加压泵房	二车间
3 号 50 米大井铁仪表房	20	1999 年 11 月	仪表房	二车间
车库	180	1999 年 11 月	车库	二车间
车库	184	1999 年 11 月	车库	二车间
车库	780	1999 年 11 月	车库	二车间
车库	182	1999 年 11 月	车库	二车间
车库	118	1999 年 11 月	车库	二车间
餐厅	190	1999 年 11 月	餐厅	二车间
餐厅	86	1999 年 11 月	餐厅	二车间

续表 2-2

建筑物名称	建筑面积 /m^2	建成时间	用途	备注
仓储（稀选药库）	81	1999 年 11 月	仓储（稀选药库）	二车间
仓储（稀选成品库）	936	1999 年 11 月	仓储（稀选成品库）	二车间
仓储（稀选成品库）	754.79	1999 年 11 月	仓储（稀选成品库）	二车间
厕所	48	1999 年 11 月	厕所	二车间
生活间	344.65	1999 年 11 月	生活间	二车间
3 号中矿大井	1962	1999 年 11 月	浓缩井	二车间
工业生产用房	27.2	1999 年 11 月	生产用房	二车间
工业生产用房	193	1999 年 11 月	生产用房	二车间
工业生产用房	60	1999 年 11 月	生产用房	二车间
工业生产用房	1273.93	1999 年 11 月	生产用房	二车间
工业生产用房	2003.1	1999 年 11 月	生产用房	二车间
工业生产用房	3496.19	1999 年 11 月	生产用房	二车间
工业生产用房	279.42	1999 年 11 月	生产用房	二车间
汽车库	2003.1	1999 年 11 月	汽车库	二车间
工人休息室	211	1999 年 11 月	休息室	二车间
泵房	310	1999 年 11 月	泵房	二车间
50 米大井泵房	288	2009 年 12 月	工人休息室	一车间
储矿池	675	2011 年 12 月	储矿	一车间
检修库	800	2011 年 12 月	检修	一车间
门卫室	30	2011 年 12 月	看护	一车间
浴池	339	2011 年 12 月	浴池	二车间
检修库	260	2011 年 12 月	检修	二车间
18 米大井泵房	914	2010 年 12 月	泵房	二车间
实验厂加压泵房	16.00	2007 年 12 月	三车间管道加压	三车间
主厂房	970.22	2009 年 12 月	浮选	三车间
化验室	159.3	2009 年 12 月	化验室	三车间
稀土库	302.56	2009 年 12 月	储矿	三车间
锅炉房及加固	388.8	2009 年 12 月	锅炉房	三车间
职工浴池	341.86	2009 年 12 月	洗浴	三车间
办公楼	916	2009 年 12 月	办公楼	三车间
加压泵房等	50	2009 年 12 月	加压泵房	三车间
新建加压泵站	98.8	2010 年 12 月	加压泵房	三车间
储矿间	375	2010 年 12 月	储矿	三车间
实验厂仪表房	16	2007 年 12 月	仪表	四车间
生产用房	581	2007 年 12 月	办公楼	四车间
实验厂备品备件库	68	2007 年 12 月	备品备件库房	四车间

续表 2-2

建筑物名称	建筑面积/m^2	建成时间	用途	备注
试验厂硫酸制备间	20.14	2007 年 12 月	化学药品库房	四车间
试验厂原矿仓	396	2007 年 12 月	库房	四车间
试验厂破碎车间	598	2007 年 12 月	原破碎车间	四车间
18 米大井泵房	126	2009 年 12 月	泵房	四车间
浮选间	442.9	2009 年 12 月	浮选间	四车间
食堂浴池	405	2009 年 12 月	洗浴	四车间
化验室检修间	291.6	2009 年 12 月	化验室	四车间
包装间	180	2010 年 12 月	包装间	四车间
备品备件库	180	2011 年 12 月	备品备件库房	四车间
浮选包装房屋	200.00	2007 年 12 月	浮选包装房屋	六车间
库房	650.00	2007 年 12 月	库房	六车间
化验室	147.00	2007 年 12 月	化验室	六车间
厂房屋面	47.00	2007 年 12 月	厂房屋面	六车间
休息室	200.00	2007 年 12 月	休息室	六车间
锅炉房	348.50	2007 年 12 月	锅炉房	六车间
库房	65.00	2007 年 12 月	库房	六车间
变电所	65.00	2007 年 12 月	变电所	六车间
锅炉房	340.00	2007 年 12 月	锅炉房	六车间
休息室防水	22.00	2007 年 12 月	休息室防水	六车间
仓库	154.38	2007 年 12 月	仓库	六车间
门卫房	40.00	2007 年 12 月	门卫房	六车间
厂房	40.00	2007 年 12 月	厂房	六车间
蓄水池间	63.00	2007 年 12 月	蓄水池间	六车间
浴池	120.00	2007 年 12 月	浴池	六车间
泵房	27.00	2007 年 12 月	泵房	六车间
污水泵房	42.00	2007 年 12 月	污水泵房	六车间
过滤间	72.00	2007 年 12 月	过滤间	六车间
车库	48.00	2007 年 12 月	车库	六车间
简易药剂库	18.00	2007 年 12 月	简易药剂库	六车间
12 米井房	390.00	2007 年 12 月	12 米井房	六车间

2010 年，由于稀土精矿产量逐步增加、储矿设施饱和等原因，为改善工艺条件、配套储矿设施和加强管理工作，稀选厂进行了四车间储矿场、50 米大井配套平流池和一车间检修库、门卫室等基础建设项目。其中四车间储矿场建筑面积约 9000 平方米，实际投资 214.6828 万元；一车间 50 米井边储矿池建筑面积为 12235.2 平方米，实际投资 267.9802 万元；50 米大井配套平流池项目建成后每小时处理 700 立方米溢流水；一车间检修库、门卫室建筑面积为 1160 平方米；另外进行了二车间检修库和四车间备品备件库的建设。同年对二车间 12 米井、15 米井、18 米大井和三车间 18 米大井进行了升级改造，并进行了稀选厂采暖系统局部汽改水和监控系统的建设改造等项目。

2011 年，为进一步加强稀土精矿储存工作，稀选厂四车间新建一储矿场，该储料场建筑面积约 21000 平方米，实际投资 455.6069 万元。

2012 年，包钢（集团）公司开始实施包钢尾矿库综合治理工程，其子项目包钢氧化矿选矿搬迁及白云鄂博矿资源综合利用工程于同年 10 月 17 日开工建设，总投资概算 23783.40 万元。新建稀土选矿厂位于白云鄂博矿区西 7 公里处，东临选矿厂、西接选铌区域，占地面积 25156.4 平方米，总建筑面积为 45400 平方米，管道工程量 12801 米，设备安装共计 801 台（套）。其中浮选主厂房占地面积 10348.0 平方米，建筑面积 10043.6 平方米，建筑高度 33.3 米。

稀选厂浮选车间

2013 年 4 月 2 日，主厂房开始进行防土墙混凝土浇筑；同年 9 月 22 日，主厂房屋面梁安装完毕。

同年 5 月 4 日，ϕ60 米区域的 1 号溢流泵站、4 号砂泵站及 1 号事故泵站及 60 米浓缩池打完垫层，其中 4 号砂泵站占地面积 637.1 平方米，建筑面积 1160.3 平方米；1 号溢流泵站占地面积 228.2 平方米，建筑面积 408.2 平方米；5 号砂泵站及 2 号事故泵站占地面积 478.11 平方米，建筑面积 680.26 平方米。2014 年 7 月 14 日建成，15 日开始单体通水试车。

同年 6 月 19 日，过滤厂房开始画线，建筑面积 6205 平方米，占地面积 6400 平方米。

项目建设土建工程主要由内蒙古广夏建安工程有限责任公司第五建筑工程分公司、内蒙古广夏建安工程有限责任公司纪元安装分公司、内蒙古广夏建安工程有限责任公司锐新建筑分公司、内蒙古广夏建安工程有限责任公司土建装修分公司、上海顺宝彩板制作安装公司四家单位负责；设备安装主要由包钢综企第二分公司负责安装。管道工程主要由包钢综企第二分公司负责安装。管道工程主要由扬州巨业高分子材料制作安装有限公司、包钢综企第二分公司、白云铁矿附属厂施工；电气施工由包钢综企劲泰负责施工。

2015 年 7 月 28 日~8 月 14 日，稀土区域浮选线进行通水试车；同年 8 月 4 日至 8 月 22 日，过滤线进行空载联动；同年 8 月 14 日 10 时浮选车间开始带负荷试车，8 月 26 日 13:00~17:00 加药试车。截至 2016 年 4 月 27 日，新线累计试车 600 多小时。

生产线投产后，形成年产 25 万吨稀土精矿（按稀土氧化物 50%计）生产能力。其中新增的干燥及自动包装生产线，可满足工艺的连续性及环保、职业健康安全的要求。

二、生产与设备

1997 年，有稀土选别生产线 1 条，主要生产设备有浮选机 29 台（套）、浓缩机和过滤机 4 台（套）、各类泵 14 台，空压机 3 台，可生产品位 50%、60%两种规格的稀土精矿产品。

1999 年，稀土高科收购包钢劳动服务公司尾矿稀土回收厂和同仁稀土厂，新增稀选生产线 2 条，新增主要生产设备有浮选机 24 台（套）、浓缩机 2 台，过滤机 2 台（套）、各类泵 14 台。2002 年 6 月，为落实内蒙古自治区对稀土资源进行总量控制的精神，新增生产线停产。

2006 年，稀选厂二车间实施了电器、工艺管线改造，淘汰原有浮选机 17 台，新增浮选机 17 台；淘汰尾矿泵 9 台、中矿及精矿泵 4 台，新增尾矿泵 2 台、中矿及精矿泵 4 台；将原有 6 台 1.5 米搅拌槽，统一更换为 6 台 3 米搅拌槽，新增产能 30000 吨（折合稀土氧化物 50%计）。

2008 年，包钢综企集团公司钢球厂尾选分厂、包钢矿研院选矿试验厂及包钢稀土三厂综合厂成建制划入稀选厂，新增稀选生产线 3 条，新增主要生产设备有浮选机 72 台（套）、浓缩机 6 台、过滤机 6 台、各类泵 30 台（套），年新增稀土精矿（折合 50 矿）产能 53000 吨。

2009 年 3 月，新增过滤机 2 台、射流浮选系统 1 台（套）投入使用。

同年 4 月，新建的 2.8 立方米浮选生产线投产，年新增稀土精矿（折合 50 矿）产能 40000 吨。

同年 5 月，因新建磁矿系列尾矿选别稀土精矿生产线将占用原来一车间 3 号 ϕ50 米大井，导致浓缩工艺不能完全供给一车间浮选工艺，因此新建 ϕ50 米浓缩大井并投入使用，新增产能 15000 吨。

稀选厂浓缩大井

同年 8 月，新建磁矿系列尾矿选别稀土精矿生产线竣工投产，新增主要生产设备有浮选机 36 台（套）、浓缩机 1 台、过滤机 2 台（套）、各类泵 8 台、年增加稀土精矿（折合稀土氧化物 50%计）产量 40000 吨。

2010 年 10 月，完成水环式真空泵、砂浆泵、电力变压器等落后设备设施进行更新，淘汰真空泵 9 台，新增真空泵 10 台；淘汰了原有旧型电力变压器。

2011 年 6 月至 12 月，完成汽改水系统、电动双梁抓斗桥式起重机、ϕ50 米浓缩机、ϕ30 米浓缩机、2 台 ϕ18 米浓缩机等设备设施的更新改造，淘汰原有浓缩机 4 台，并更新了 4 台浓缩机。

2013 年 6 月，根据包钢公司要求，位于包钢厂区的包钢稀土稀选厂全面停产。

2015 年 8 月，位于白云鄂博矿山的新建稀土厂进行试生产。新建稀选厂按 3 个浮选系列设计，主要生产设备有浓缩机 4 台、浮选机 33 台、过滤机 4 台，具备年产 25 万吨稀土精矿（折合稀土氧化物 50%计）生产能力。

第二节 中国北方稀土（集团）高科技股份有限公司白云博宇分公司

一、基础建设

中国北方稀土（集团）高科技股份有限公司白云博宇分公司（简称白云博宇分公司）坐落于包头市达尔罕茂明安联合旗中部白云鄂博矿区境内，南距包头市150公里，北距中蒙边界90公里。

白云博宇分公司的前身是1979年成立的包钢综合公司白云铁矿综合厂，2008年被稀土高科收购，成为其直属分公司。当时白云博宇分公司占地面积241887平方米，总建筑面积10863平方米，有生产厂房3座，泵房、锅炉房、仓库及办公楼等公辅设施21座，主要建筑物详情见表2-3。

表2-3 2008年白云博宇分公司主要建筑物一览表

建筑名称	建成时间	建筑面积/m^2	用途	备注
冲压厂房（原小工厂）	1985年12月	330	生产辅助	维检中心
铆焊厂房（原小工厂）	1986年8月	365.4	生产辅助	维检中心
仓库（现材备组仓库）	1986年8月	720	生产辅助	机关办公楼
办公室（原小工厂）	1991年12月	255	生产辅助	维检中心
汽车库	1991年12月	500	生产辅助	机械段
活动中心	1991年12月	303.18	生产辅助	机关办公楼
办公室（原采农队）	1991年12月	227.9	生产辅助	香庄园
12号楼	1995年7月	2400	生产辅助	机关办公楼
材备组	1996年1月	250	生产辅助	原汽车库
主厂房（现2157磨矿厂房）	1998年12月	1500	生产	稀土选矿厂
锅炉房（4吨锅炉）	1998年12月	70	生产	稀土选矿厂
锅炉房库房休息室（4吨锅炉）	2000年12月	248.4	生产	稀土选矿厂
球磨机厂房（现立磨厂房及办公室）	2001年12月	216	生产	稀土选矿厂
粉矿仓（已废弃）	2003年12月		生产	稀土选矿厂
精矿池厂房	2004年12月	1500	生产	黑脑包选矿厂
泵房（清水泵房）	2004年12月	20	生产	黑脑包选矿厂
配电室（旧1250变压器室）	2005年4月	210	生产辅助	白云矿选矿厂
球磨厂房（2130磨机厂房）	2005年4月	540	生产辅助	白云矿选矿厂
粉矿仓	2005年4月		生产辅助	白云矿选矿厂
锅炉房	2005年4月	72	生产	白云矿选矿厂
厂房新建（ZPG-30盘式过滤机厂房）	2005年4月	720	生产	白云矿选矿厂
办公室厂房（已拆除，现ZPG-30过滤机厂房）	2005年12月	375	生产辅助	白云矿选矿厂
彩板水泵房	2006年11月	25	生产	黑脑包选矿厂
变压器室（原1205变压器室）	2007年12月	15	生产辅助	白云矿选矿厂

2008年8月15日，稀土高科在白云铁矿宾馆组织召开了“稀土高科白云博宇分公司选矿厂项目可行性研究报告论证会”，2009年开始实施项目工程，新增两台2100×5700球磨机、2台立式强磁机和2台旋流器组，并对浮选工艺进行技术改造，由二精浮选改为三精浮选工艺。完成两台2100×4500磨机的安装，对二选系列破碎系统进行改造；新增155D圆锥破碎机，将原有的15×30球磨机改造成了三段磨矿。2011年，选矿厂破、磨、选、水、电、运、尾的工艺改造全线贯通，主体设备具备了年处理原矿100万吨的生产能力。

2013年，为理顺白云博宇分公司生产线，有效解决生产原料供应受限的弊端，确保原矿的供给及生产车间用水，同时降低能耗、提高产品产量和质量，包钢稀土投资近1900万元，在白云博宇公司新建占地面积8600平方米的破碎站、铺设用水管线1.8公里、新增4台立式磨机和4台ϕ150旋流器，于2013年底竣工投入使用。同时在铁精粉成品库安装约4300平方米防风抑尘墙，显著减少了露天堆放铁精粉成品造成的损失，改善了生产环境。

2014年，为满足国家环境保护要求，包钢稀土投资330万元，在白云博宇选矿厂实施了除尘工程，分别做了破碎除尘系统、筛分除尘系统、选矿厂磨机上料除尘系统等3个系统的除尘，有效改善了粉尘对生产工人的伤害及对周边环境的影响，该工程于2014年8月竣工。

同年，包钢稀土投资200万元，实施白云博宇分公司白云矿选矿厂至白云博宇分公司稀土选矿厂矿浆管道工程项目，地埋矿浆管线总长为2.8公里，将白云矿选矿厂生产排出的尾渣，用管道水力输送至3公里外的稀土选矿厂进行再磨再选，作为稀土精矿的生产原料。该项目于2014年9月竣工投入使用，减少了汽运造成的环境粉尘污染和尾气排放污染，降低了人工成本，管道输送不再受天气环境因素的制约而影响生产。

2015年5月，北方稀土投资1046万元，实施白云博宇分公司稀土选矿厂尾矿并库工程。新建ϕ24米浓密池泵房，新增高效浓缩机、压滤机，进行配套管道铺设及泵类安装。项目工程分别于2016年9月、10月进行了两次联动试车，对发现的问题进行了消缺及优化改造，基本实现全线贯通。

截至2016年底，白云博宇分公司总占地面积241887平方米，总建筑面积26340平方米，现存主要建筑物详情见表2-4（含2008年建筑物）。

表2-4 白云博宇分公司主要建筑物一览表

建筑名称	建成时间	建筑面积/m^2	用途	备注
冲压厂房（原小工厂）	1985年12月	330	生产辅助	维检中心
铆焊厂房（原小工厂）	1986年8月	365.4	生产辅助	维检中心
仓库（现材备组仓库）	1986年8月	720	生产辅助	机关办公楼
办公室（原小工厂）	1991年12月	255	生产辅助	维检中心
汽车库	1991年12月	500	生产辅助	机械段
活动中心	1991年12月	303.18	生产辅助	机关办公楼
办公室（原采农队）	1992年12月	227.9	生产辅助	香庄园
12号楼	1995年7月	2400	生产辅助	机关办公楼
现材备组（原汽车库）	1996年1月	250	生产辅助	材备组
主厂房（现2157磨矿厂房）	1998年12月	1500	生产	稀土选矿厂
锅炉房（4吨锅炉）	1998年12月	70	生产	稀土选矿厂
锅炉房库房休息室（4吨锅炉）	2000年12月	248.4	生产	稀土选矿厂
球磨机厂房（现立磨厂房及办公室）	2001年12月	216	生产	稀土选矿厂
粉矿仓（已废弃）	2003年12月		生产	稀土选矿厂
精矿池厂房	2004年12月	1500	生产	黑脑包选矿厂
泵房（清水泵房）	2004年12月	20	生产	黑脑包选矿厂
配电室新建（旧1250变压器室）	2005年4月	210	生产辅助	白云矿选矿厂
球磨厂房（2130磨机厂房）	2005年4月	540	生产辅助	白云矿选矿厂
粉矿仓	2005年4月		生产辅助	白云矿选矿厂
锅炉房	2005年4月	72	生产	白云矿选矿厂
厂房新建（ZPG-30盘式过滤机厂房）	2005年4月	720	生产	白云矿选矿厂
办公室厂房（已拆除，现ZPG-30过滤机厂房）	2005年12月	375	生产辅助	白云矿选矿厂
彩板水泵房	2006年11月	25	生产	黑脑包选矿厂
变压器室（原1205变压器室）	2007年12月	15	生产辅助	白云矿选矿厂

续表 2-4

建 筑 名 称	建成时间	建筑面积/m²	用 途	备 注
过滤机厂房加高（厂房新建）	2008 年 12 月	改造	生产	白云矿选矿厂
过滤机场房（ZPG-30 过滤机）	2008 年 12 月	132.5	生产	黑脑包选矿厂
铁精粉存放库	2010 年 3 月	1100	铁精粉存放	白云矿选矿厂
破碎 8 号皮带通廊封闭彩钢房	2010 年 7 月	720	生产	白云矿选矿厂
2145 磨机厂房钢结构	2010 年 12 月	1500	磨矿厂房保温	稀土选矿厂
矿渣保温棚	2010 年 12 月	934.4	生产辅助	白云矿选矿厂
保温库		700	进矿保温	稀土选矿厂
12 米浓密厂房新建（铁 12 米厂房）	2011 年 8 月	1200	生产	稀土选矿厂
10 吨锅炉房	2011 年 8 月	540	生产	稀土选矿厂
稀浮选厂房	2011 年 8 月	900	生产	稀土选矿厂
仓储库（1 号库）	2011 年 8 月	270	存放精矿	稀土选矿厂
清水泵房（东青水泵房）	2011 年 8 月	75	生产	稀土选矿厂
18 米厂房休息室	2011 年 8 月	720	生产辅助	白云矿选矿厂
浴池	2011 年 8 月	30	生产辅助	白云矿选矿厂
成品库混料间（2 号稀土库）	2012 年 8 月	3420	生产	稀土选矿厂
稀选办公室	2012 年 8 月	946.3	生产辅助	稀土选矿厂
稀选库房新建（材备组库房）	2012 年 8 月	420	存放精矿	稀土选矿厂
地泵房	2012 年 8 月	25	生产	白云矿选矿厂
稀土选矿厂 1 号蓄水池泵房改造	2013 年 1 月	60	生产	稀土选矿厂
会议室及门厅	2013 年 12 月	25	生产辅助	稀土选矿厂
稀土库	2013 年 1 月	改造	存放稀土	白云矿选矿厂
旋流器彩钢封闭	2013 年 12 月	225	生产辅助	白云矿选矿厂
1250kVA 变压器室	2013 年 12 月	180	生产	白云矿选矿厂
配电室（100 万吨破碎站配电室）	2014 年 11 月	360	生产辅助	稀土选矿厂

二、生产与设备

2008 年初并入稀土高科时，白云博宇分公司下设白云矿选矿和稀土选矿厂两个选厂，其中白云矿选矿厂有选矿生产线 1 条，主要生产设备有球磨机 3 台、分级机 2 台、磁选机 4 台、浓缩机 1 台、20 平盘式过滤机 1 台。稀土选矿厂有选矿生产线 1 条，主要设备有球磨机 6 台、分级机 5 台、浓缩机 2 台、浮选机 18 台、磁选机 2 台、2 吨锅炉 1 台、4 吨锅炉 1 台。

2008 年 9 月后，为完善生产工序、理顺工艺流程、实现白云博宇分公司白云矿选矿厂独立生产，开始在白云选矿厂逐步引入破碎系统、磨矿系统。新增主要设备如下：2008 年，新增 1 台盘式过滤机，降低铁精矿杂质含量，提高铁精矿品位；2010 年 1 月，增加 1 台盘式过滤机进一步提高铁精矿产品质量，提升处理量；2011 年 8 月，新增 3 台圆锥破碎机和 1 台圆锥破碎机，进一步完善了破碎系统，提高破碎系统处理量；2013 年，实施球磨厂房改造，新增湿式滚筒磁选机 2 台、精选机 1 台、粗选机 1 台，使铁精矿回收率提高 10%左右。同年，增设破碎除尘系统，减少因扬尘对周边环境和职工身体的影响，达到了环保要求，改善了一线员工的工作环境。

2010 年 3 月开始对白云博宇分公司稀土选矿厂实施磨矿系统升级改造，以进一步提高铁精矿品位、增加产品收率，满足包钢公司生产要求。新增设备如下：2010 年 3 月，增加两台强磁选机，进一步提升产品质量。同年新增球磨机 2 台，并配备高堰式分级机 2 台；新增溢流型球磨机 2 台，配套 350、250、150 旋流器组，为铁精矿回收提供更合适的解离粒度，保证了产品质量；2012 年 8 月，新增 3 台磁选机；同年 11 月，新增 1 台磁选机，进一步提高铁精矿质量，降低磁选尾矿中铁的含量；同年，新增 2 台立式磨机，降低磨矿细度，与传统磨机相比节能 20%~50%；新增变频器 8 台，更有效地实现节约电能并减少设备启动时的损伤；2014 年，新增 2 台立式磨机，进一步完善了磨矿系统，为产品质量合格提供了保障；2015 年，新增变频器 2 台，加强了对设备的保护。

为彻底解决白云博宇分公司生产原料供应问题，保证稀土选矿厂的连续稳定生产，2013 年 8 月~2014 年 4 月，在稀土选矿厂新建年处理原矿能力 100 万吨破碎站。主要配套设备有重型板式给矿机 1 台、颚式破碎机 1 台、圆锥破碎机 2 台、振动给料机 2 台、圆盘振动筛 1 台、P1~P4 皮带机及配套结构、配电系统及操作台、机旁操作系统、皮带秤。

第三章 稀土冶炼分离

北方稀土旗下主要从事稀土冶炼分离产品生产企业有中国北方稀土（集团）高科技股份有限公司冶炼厂分公司（华美公司）、包头华美稀土高科有限公司、内蒙古包钢和发稀土有限公司、包头科日稀土材料有限公司、全南包钢晶环稀土有限公司、包钢新利稀土有限责任公司、包头京瑞新材料有限公司、淄博包钢灵芝稀土高科技股份有限公司、包头市红天宇稀土磁材有限公司、包头市金蒙稀土有限责任公司、包头市飞达稀土有限责任公司、五原县润泽稀土有限责任公司，以及专业从事稀土金属冶炼的生产企业包头瑞鑫稀土金属材料股份有限公司，主要产品包括混合以及各类单一、分组（或富集物）等稀土盐类、稀土氧化物、稀土氢氧化物产品、各种单一及混合稀土金属产品。

第一节 中国北方稀土（集团）高科技股份有限公司冶炼分公司（华美公司）

一、基础建设

中国北方稀土（集团）高科技股份有限公司冶炼分公司（华美公司）（以下简称冶炼分公司）厂区为始建于1961年的八八六一厂（即北方稀土前身包钢稀土三厂），位于内蒙古包头市昆都仑区西侧的包头金属深加工工业园区，中心地理坐标为东经109°50′，北纬40°38′。

1961年11月，由北京有色冶金设计总院编制完成代号为“88-61”工程的设计任务书，工程主要项目包括选矿试验车间（其中矿石破碎部分为独立系统）、第一车间（为混合稀土氧化物、氯化物试验性生产车间）、第二车间（试验性产品混合稀土金属、单一稀土金属、单一铈、镧、氧化物和重稀土混合氯化物）、第三车间（试验性生产单一稀土氧化物）、动力车间、机修车间、化验室。工程设计投资概算504万元。

1962年初，“88-61”工程动工建设，主要施工单位为包钢建设公司所属的第三土建公司、机电公司、管道公司和筑炉公司等。

1964年10月，选矿试验车间、第二车间、动力车间、机修车间、化验室竣工交付使用，工程总投资524.4万元，占地面积3873.5平方米，总建筑面积为6845.5平方米。其中选矿试验车间建筑面积684平方米、第二车间建筑面积1980平方米、动力车间建筑面积1137平方米、机修车间建筑面积701平方米、化验室建筑面积2343.5平方米。

1970年，“88-61”工程全部结束投入使用。先后建成第一车间、第三车间、厂区食堂、浴池，工程总投资429.4万元，占地面积2480.6平方米，总建筑面积3861.6平方米。其中，第一车间建筑面积1065.3平方米、第三车间建筑面积1974平方米。铺设厂内铁路专用线和进厂公路线，其中铁路正线建筑面积4930平方米、铁路岔线建筑面积1000平方米、进厂公路线建筑面积12500平方米，总投资1144.7万元。

1979年，工程代号为“88-73”的工程破土动工。该项工程由北京有色冶金设计总院编制初步设计书，设计规模为年处理稀土氧化物大于35%的稀土精矿1000吨。施工单位为第二冶金建筑公司。“88-73”工程于1982年2月竣工，主要工程项目有焙烧车间、湿法冶炼车间、锅炉房扩建、机修车间锻造间和聚氯乙烯塑料加工间等。主要设备有：回转窑1座，重油贮槽2台，水浸槽5台，中和槽4台，转型萃取槽1套，5立升萃取器1套，高低位槽及料液贮槽32台，铈氧化系统设备5台，2立方米浓缩罐4台等。该项目工程总投资907.2万元。

同年11月，北京有色冶金设计研究总院编制完成《中国稀土公司三厂精选车间初步设计书》，工程代号“88-79”。该工程设计规模为年生产含稀土氧化物60%的高品位精矿5000吨，年生产30%品位的稀土次精矿3000吨。同月，“88-79”工程开始施工，施工单位为第二冶金建设公司。1980年12月，“88-79”工程竣工。主要项目有：

稀土三厂 1000 吨电池级混合稀土金属生产线

第一，重选厂房。建筑面积 2883 平方米，占地面积 2883 平方米。第二，浮选厂房。建筑面积 996.6 平方米，占地面积 996.6 平方米。第三，浓密机房。建筑面积 205.26 平方米，占地面积 205.3 平方米。第四，站台库。建筑面积 747 平方米，占地面积 747 平方米。第五，精矿过滤干燥厂房。建筑面积 2152 平方米，占地面积 1373.7 平方米。第六，过滤干燥通廊。建筑面积 128.55 平方米，占地面积 128.5 平方米（用于稀土精矿包装后，经皮带机运输到站台库）。第七，浮选药剂间（与浮选厂房一体，靠近厂房一端）。第八，生活间。建筑面积 472.5 平方米，占地面积 472.5 平方米。第九，中间泵房。建筑面积 214.21 平方米，占地面积 214.2 平方米。第十，尾矿泵房（自己设计，自己施工）。建筑面积 70 平方米，占地面 70 平方米，投资 1.8461 万元。主要设备有摇床 120 台、浮选机 20 台、搅拌槽 3 台、浓密机 2 台、10 平方米折带式过滤机 2 台、圆盘给料机 2 台、5 段抓斗吊车 1 台、螺旋运输机 2 台以及斗式提升机 1 台等，1981 年 5 月投入生产，工程总投资为 517.7 万元。

稀土三厂回转窑

1987 年 2 月，包钢公司委托北京有色冶金设计研究总院进行年产 2400 吨氯化稀土三代酸法生产线设计，工程项目主要有火法厂房、湿法厂房及稀土精矿仓 1 座。主要设备有精矿干燥窑、回转窑、冷却塔、浸出槽、萃取槽、板框压滤机等共 118 台。项目工程于 1992 年 12 月竣工，工程建设投资 652 万元，火法厂房建筑面积 1921.3 平方米，湿法厂房建筑面积 3500 平方米。

1988 年稀土三厂浮选生产线

1988 年 11 月，稀土三厂自行设计并组织施工利用湿法冶炼设施，引进湖南稀土金属材料研究所用锌粒还原硫酸沉淀法，从钐铕钆富集物中提取氧化铕的新工艺，改建一条年产 1500 公斤的氧化铕生产线，1989 年 3 月竣工投产。施工中利用旧厂房 1530 平方米，新建厂房 80 平方米。安装的主要设备有 0.5 立方米搪瓷反应罐 1 台，一次锌粒还原柱 4 根，二次锌粒还原柱 2 根，各类沉淀槽、反应槽、溶解槽 9 台，各类灼烧窑 3 座，工程总投资 31.56 万元。

1989 年 2 月，稀土三厂自行设计的 P_{507} 全萃取连续分离单一稀土氧化物生产线配套工程开工，同年 6 月完成施工，7 月投入生产，12 月生产线形成了年产 127.6 吨各种单一稀土氧化物的综合生产能力。工程总投资为 99.14 万元。

1993 年 2 月，为扩大包钢的稀土产业深加工能力，将资源优势逐步转化为经济优势，包钢公司决定投资 6000 万元，在稀土三厂兴建两条 2400 吨氯化稀土生产线、500 吨混合稀土金属生产线，并配套完成原有 2400 吨氧化钕二期工程、1000 吨碳酸稀土生产线和 100 吨金属钕工程等几大项目。1994 年 5 月，项目工程相继竣工，建成三代酸法生产线 2 条，其中火法厂房建筑面积6000平方米、湿法厂房建筑面积9265平方米；建成混合稀土金属生产线1条，总建筑面积3039平方米，其中电解生产厂房建筑面积2377平方米；建成年处理1000吨氟碳铈矿生产线，占地面积2555平方米。使稀土三厂的工业总产值首次突破亿元。

1994年，稀土三厂混合稀土金属生产线投产

稀土高科上市后，为改变包钢的稀土产业以初级、混合型产品为主的产品结构，进一步提升产品附加值，增强市场竞争能力及应变能力，也为后续发展稀土材料产业创造条件，经包钢计划委员会批准、自治区计划委员会审批，稀土高科投资近1.4亿元，建设年产能为3000吨单一稀土分离生产线。项目于1998年5月开工，1999年3月竣工投产。总建筑面积31174.15平方米，总投资近1.4亿元。项目建设规模为年处理包头矿氯化稀土（碳酸稀土）能力6700吨及钐铕钆富集物70吨。产品方案为年生产21个品种、24个规格的各类高纯单一稀土化合物，生产能力为当时国内单条生产线之最。项目主要包括溶液配料、P_{507}全萃取分离、高纯产品处理、产品沉淀、灼烧及包装等设施，建成主体生产厂房3座、办公楼、浴池、车库、维修休息室等公辅设施60间。该项目是稀土高科上市所筹集资金建设的第一个重点工程，是改变产品结构、生产高附加值产品、增强市场竞争能力及应变能力的企业形象工程。工程由包头稀土研究院作为技术总负责，包钢集团设计研究院为设计负责单位，包钢基建工程处代表包钢公司承担工程发包、施工管理工作，包钢质量监督站监督工程质量。稀土高科作为业主单位，参与工程管理及工程结算。

2003年9月，为适应稀土高科发展，便于管理考核，正式成立稀土高科冶炼厂（即北方稀土冶炼分公司）。当时冶炼厂主要建筑物包括生产厂房66座、各类公辅设施39座，厂区占地面积近670000平方米，总建筑面积67482.1平方米，建筑物详情见表2-5。

表2-5 冶炼分公司主要建筑物一览表

建筑物名称	建成时间	建筑面积/m^2	用 途	备 注
办公楼	1956年1月	2243.4	办公	
食堂	1964年1月	464.6	职工就餐	2011年拆除
2号深井泵房	1964年1月	29	取水	1995年拆除
1号加压泵房	1964年1月	129	水加压输送	2015年拆除
污水泵房	1964年1月	75	废水排放	2015年拆除
6.5吨锅炉房	1964年1月	1137	生产蒸汽	2014年拆除
化验楼	1964年1月	2343.50	样品检测	
动力办公楼	1964年1月	524	办公	
1号深井泵房	1964年1月	29	水加压输送	2015年拆除
材料库	1964年1月	605.15	存放材料	
药品库	1964年1月	461.7	存放药剂	
一车间萃取厂房	1964年1月	1974	生产	2014年拆除
一车间焙烧厂房	1964年1月	1065.3	生产	2014年拆除
机修加工段	1964年1月	701	机械加工	
干燥窑厂房	1964年1月	684	生产	2014年拆除
回水泵房	1965年1月	61	锅炉回收水再用	2014年拆除

续表 2-5

建筑物名称	建成时间	建筑面积/m^2	用　途	备　注
托儿所	1966 年 1 月	409. 48		2011 年拆除
四车间提铈厂房	1966 年 1 月	2070. 3	生产	2015 年拆除
酸库	1970 年 1 月	76	存放盐酸、硫酸	2009 年拆除
干燥厂房	1970 年 1 月	800	生产	2014 年拆除
小 P_{507}厂房	1970 年 1 月	2046. 63	生产	科日公司
尾矿泵房	1972 年 1 月	70	稀土矿输送	2015 年拆除
7 号深井泵房（水源）	1972 年 1 月	28	取水	2003 年报废
8 号深井泵房（水源）	1972 年 1 月	28	取水	2003 年报废
9 号深井泵房（水源）	1972 年 1 月	28	取水	2003 年报废
2 号仓库	1972 年 1 月	211. 1	仓储	
哈加压值班室	1972 年 1 月	132	办公	1995 年报废
哈加压泵房	1972 年 1 月	152	水加压	
27 万厂房	1978 年 1 月	680	稀土生产	
一车间碳酸稀土厂房	1978 年 1 月	688	碳酸稀土生产	2014 年拆除
1 号仓库	1979 年 1 月	369	仓储	
动力值班室	1980 年 1 月	178. 55	办公	
3 号深井泵房	1981 年 1 月	16. 2	取水	1995 年拆除
4 号深井泵房	1981 年 1 月	30. 5	取水	1995 年拆除
5 号深井泵房	1981 年 1 月	22	取水	1995 年拆除
中间泵房	1981 年 1 月	214. 21	稀土泡沫加压	2003 年拆除
站台库	1981 年 1 月	747	存放产品	2014 年拆除
酸库	1981 年 1 月	72	存放盐酸、硫酸	2009 年拆除
浓密机房	1981 年 1 月	205. 26	浓缩原矿	
10 吨锅炉通廊	1981 年 1 月	300	供煤	2015 年拆除
过滤干燥通廊	1981 年 1 月	128. 55	给站台库输送精矿	2014 年拆除
2 号加压泵房	1981 年 1 月	158. 2	来水加压	
浮选厂房	1981 年 2 月	996. 60	稀土精矿生产	2014 年拆除
重选厂房	1981 年 2 月	2883	稀土精矿生产	
过滤干燥厂房	1981 年 2 月	2152. 8	稀土精矿干燥	2014 年拆除
空压机房	1981 年 8 月	141. 18	制造压缩空气	2015 年拆除
机修锻造间	1982 年 1 月	232. 75	加工、锻造	
煤场上煤仓	1982 年 1 月	184	给锅炉供煤	2014 年拆除
三车间维修间	1982 年 1 月	184		
机修防腐厂房	1982 年 1 月	480	机械检修	
10 吨锅炉房	1983 年 1 月	1398. 7	蒸汽生产	2014 年拆除
10 吨软水房	1983 年 1 月	194	制备软化水	2014 年拆除
三车间生活间	1983 年 1 月	272. 25	职工休息	2014 年拆除
一车间办公室	1983 年 1 月	308	办公	2015 年拆除
2 号汽车库	1983 年 1 月	531	存放车辆	
碱法厂房	1983 年 1 月	1719	生产	2008 年拆除
湿法厂房	1983 年 1 月	3132. 8	生产	

续表 2-5

建筑物名称	建成时间	建筑面积/m²	用　途	备　注
大 P_{507}厂房	1983 年 1 月	2257.88	生产	2015 年拆除
设备露天库	1984 年 1 月	320	存放设备	2016 年拆除
设备仓库	1984 年 1 月	525	存放备件	2016 年拆除
行政科办公室	1985 年 1 月	480	办公	2010 年拆除
退休办公室	1986 年 1 月	86	办公	1999 年拆除
二车间电解厂房	1986 年 1 月	1980	生产	
洗衣房	1988 年 1 月	192.4	职工洗衣	2014 年拆除
沉泥厂房	1988 年 1 月	232.75	回收稀土	2008 年拆除
（一车间）维修间	1988 年 1 月	120	维修人员休息	2014 年拆除
生产办公楼	1988 年 1 月	1611	办公	2016 年拆除
溶碱泵房	1988 年 1 月	28	将固碱溶成固体	
仓库办公室	1989 年 1 月	69	办公	
产品库	1990 年 1 月	2096.47	存放产品	
（工会）职工之家	1992 年 1 月	465	会议、活动	
三车间办公楼	1992 年 1 月	443	办公	
1 号汽车库	1992 年 1 月	576	存放车辆	
设备发料室	1992 年 1 月	57	办公	2016 年拆除
2400 湿法厂房	1992 年 1 月	3500	生产	
2400 吨火法厂房	1992 年 1 月	1921.3	生产	
20 吨锅炉回水泵房	1994 年 2 月	126.62	采暖水回收再利用	
20 吨锅炉房	1994 年 2 月	2727	蒸汽生产	
空压站	1994 年 2 月	384.5		
酸塔	1994 年 2 月	249.6	高位供酸	
重油库	1994 年 3 月	78.8	贮存重油	2014 年拆除
1000 吨氟碳铈矿厂房	1994 年 6 月	1327	氟碳铈矿生产	2015 年拆除
碱库	1994 年 7 月	72	仓储	2015 年拆除
500 吨办公室	1995 年 12 月	436.6	办公场所	2014 年拆除
500 吨维修间	1995 年 12 月	105	休息场所	2014 年拆除
500 吨渣库	1995 年 12 月	115	存放稀土废渣	2014 年拆除
500 吨电解间	1995 年 12 月	2510.19	生产	2014 年拆除
500 吨泵房	1995 年 12 月	130.9	喷淋水循环	2014 年拆除
湿法提取车间（八）	1995 年 12 月	1893.4	稀土生产	
萃取分离车间（八）	1995 年 12 月	1045.09	稀土生产	
灼烧车间（八）	1995 年 12 月	493.4	稀土生产	2016 年拆除
焙烧车间（八）	1995 年 12 月	395.91	灼烧稀土	
化验室机修车间（八）	1995 年 12 月	192.48	样品检测、设备检修	
净水站加压泵房	1995 年 12 月	265	给黄河水加压	
循环水泵站（八）	1995 年 12 月	158.6	纯水制备	
变电室（八）	1995 年 12 月	91.2	供电	
电解车间（八）	1995 年 12 月	869.41	生产	
天骄汽车库（八）	1995 年 12 月	269.8	存车	

续表 2-5

建筑物名称	建成时间	建筑面积/m^2	用 途	备 注
天骄食堂（八）	1995 年 12 月	174.81	职工就餐	
天骄办公楼	1995 年 12 月	375.76	办公场所	
净水站澄清池间	1995 年 6 月	1436	黄河水净化	
净水站过滤水间	1995 年 6 月	446.36	黄河水净化	
净水站配水泵房	1995 年 6 月	1143.73	净水输送	
净水站排污泵房	1995 年 6 月	103.50	废水排放	
净水站综合楼	1995 年 6 月	928.2	综合性办公	
原材料仓库	1995 年 6 月	418.12	存放材料	
成品仓库	1995 年 8 月	363.85	产品存放	
机动科办公室	1996 年 1 月	508.42	办公	
5000 吨污水泵房	1996 年 3 月	118	废水排放	
七车间火法厂房	1996 年 3 月	5997.09	生产	
七车间湿法厂房	1996 年 3 月	9265	生产	
污水泵房（八）	1996 年 6 月	18	废水排放	
新食堂	1996 年 2 月	1868.35	用餐	2011 年拆除
3000 吨生产厂房	1998 年 5 月	31174.15	生产用	
四车间灼烧厂房	2003 年 12 月	3400	生产用	
三效蒸发厂房	2009 年 12 月	967.68	生产用	
厂办公楼	2011 年 9 月	3059.4	办公	
厂食堂	2011 年 9 月	1868.35	用餐	

2003 年，稀土高科决定对冶炼厂酸法冶炼生产线、部分碱法冶炼生产线、萃取分离生产线进行配套改造，通过替换一批落后装置，优化、整合冶炼厂现有内部资源配置，达到大幅度提升稀土萃取分离生产能力、增强工艺灵活性和产品品种、降低生产成本的目的，并增加一条硝酸铈生产线。

工程于 2003 年陆续开工，由稀土高科总指挥部统一指挥。施工单位包括包钢集团工业与建筑工程公司、包钢冶金建筑研究所、包钢综企工程修建部建安十六队、中国二冶（包头）纪元建筑工程公司、包钢第五建筑工程公司机电队、中国二冶纪元公司、包钢综企劲锋修建公司、包头市博德塑料制品有限公司、包头市博辉机电设备有限公司、中国二冶纪元建筑公司第四分公司、包钢建安公司电线器材厂、包钢建筑炉窑分公司、包头钢球工程修建公司、包钢工业筑炉工程公司、包钢老科协鸿泰机械制造厂、包钢第五建筑安装工程机电工程队、包钢筑炉公司、包头市宏印塑料制品厂、包钢鸿联工程修建公司、中国二冶纪元建筑公司第八分公司、沛县防腐保温工程总公司第六分公司、包头市原区经纬防水维修队、达拉特旗福兴机井队、达拉特旗草原机井队、中国二冶（包头）纪元建筑工程公司第三分公司、中国二冶（包头）纪元建筑工程公司、管铁分公司、河南防腐企业集团第二工程公司、河北枣强科力空调公司、包钢建安（集团）有限责任公司电线器材厂、包头市通成电力工程处、包钢建安集团电气修造厂、包钢特种技术服务中心、包头中材贸易发展有限公司、包头市五公司机电队、宜兴市金法水处理设备厂、宜兴市元发玻璃钢设备厂、河南泌阳玻璃钢公司包头分公司等 38 个单位。项目工程主要内容包括拆除设备基础及地坪面积 1921 平方米、敷设管网 3000 米，淘汰了回转窑系列设备设施，新增玻璃钢储罐、离心机、板式换热器、箱式压滤机、有机热载体炉、纯水制备设备、搪瓷反应罐等配套设备设施。

在施工过程中，因遇到了前所未有的“非典”疫情，导致工期延长，至 2004 年中陆续竣工投产，项目总投资 6412 万元。

2004 年 8 月，为减少“三废”排放，对原有七车间酸法生产线实施改造，建成一条碱法氯化

冶炼厂稀土萃取生产线主控室

稀土生产线，并配套建成碱回收生产线。项目工程利用原有厂房及中和槽、板框机、渣洗槽及水浸贮槽等设备，新增相应配套设备设施，敷设管网1500米。同年9月，项目工程竣工，建成年处理稀土精矿16000吨碱法生产线，碱回收生产线年回收碱液1768吨。

2005年11月，实施污水集中排放项目，敷设管网2000米，新增胶泵、污水在线检测系统等设备设施，实现北方稀土冶炼厂污水集中排放、集中及在线监测，达到当地政府环保排放要求。项目工程于2006年5月竣工投入使用。

2006年4月，实施碱回收生产线改造，进一步完善碱回收生产条件，降低生产成本。同年5月项目工程竣工投入使用，共敷设管网1800米，制铵碱锅11台、砌筑碱炉11座、新增9D型引风机1台及其他工艺配套设备设施。

同年5月，为实现稀土高科三届一次职工代表会议的生产经营目标，合理、高效地利用原有设备、设施、人员及工艺技术，扩大富铈氧化稀土分离生产线产能，摊薄各种产品成本，提高产品市场竞争力，改善目前的冶炼厂生产经营状况，实施“一车间提钕工程Ⅰ”项目，敷设管网1856米，新增各类输送泵、风机等设备。同年6月，项目工程竣工。

在实施“一车间提钕工程Ⅰ”过程中，考虑到各车间之间料液的转移绝大部分依靠汽车来完成，转料成本高，且车辆有限，直接影响改造后生产线顺行，同期实施“一车间提钕工程Ⅱ”项目。该项目利用原有的设备设施，从稀土高科冶炼厂二车间拆除两台120立方米玻璃钢贮罐，移装到一车间，敷设一条1500米料液输送管道，将车辆运输转变成管道运输，解决了人员、车辆不足的问题，降低了成本。同年6月项目工程竣工投入使用。

同年9月，实施三车间酸溶碳酸稀土工段改造，以解决一车间自溶料供给萃取生产线原料不足的问题。该项目利用原有设备，将溶料工序改在三车间进行，在提高设备利用率的同时，保证一车间萃取生产线用料。工程内容主要包括拆除120立贮罐基础、厂房拆窗、堵砌窗300平方米、敷设管网1600米，新增各类输送泵、风机、搅拌器等配套设备设施。同年10月竣工，形成了“碱法料→酸溶槽混料→酸溶板框→渣洗→渣洗板框→回调→除铅→辅助设施”的生产流程。

同期，根据《中华人民共和国清洁生产促进法》的规定，冶炼厂为促进清洁生产，实施三车间萃取工段环保改造（Ⅰ期）项目。由稀土高科冶炼厂技术科针对三车间萃取生产线采取的工艺技术，从工艺和装备上进行改进，从源头上消减或避免生产过程中污染物的产生和排放，使萃取工艺逐步形成有利于环保的生产方式。同年10月项目竣工，敷设工艺管网359米，新增各类输送泵、搅拌器、流量计等设备。

同年11月，实施一车间萃取工段环保改造（Ⅱ期）项目，重点对工艺和生产装备进行改进，实现环保生产方式。同年11月末竣工，敷设PVC管网732米、钢管网84米，新增各类输送泵、流量计、传动装置等配套设备设施。同期实施一车间萃取工段环保Ⅲ期改造，该项目是针对一车间萃取生产线中的镧铈段、提钕段萃取生产线实施的环保改造。改造中拆除设备基础50平方米，新建设备基础48平方米，敷设PVC管网1152米、钢管网36米，新增各类输送泵、传动装置、流量计等设备设施。项目于2007年1月竣工。

2007年6月，由于在生产过程中发生意外事故，全分离生产线萃取工段遭到毁损，为此，在原厂房基础上进行萃取工段恢复建设。同年9月，萃取工段恢复建设工程开工。此次恢复建设采用当时先进的生产工艺、控制技术和设备，并根据当时市场需求变化，将原9个系列品种调整为4个系列。同年12月，萃取工段竣工投产，建成镧铈分离、铈镨分离、镨钕分离和钕钐分离等4条生产线，敷设管网30000米，总建筑面积11205平方米。

冶炼厂单一稀土产品全分离生产线

新建冶炼分公司三车间钕钐萃取分离线

2008 年 4 月，实施冶炼厂配套完善建设项目。项目实施方案制定采取新起点、高效率、充分利用的设计原则，以现行工艺为主进行扩容生产、提高整体配套能力和基础设施水平，以满足 2 万吨稀土氧化物处理能力。工程内容包括前、后处理生产线及辅助配套设施改扩建等 22 个子项目，其中在碳酸稀土沉淀工序改造时，采用了具有自主知识产权的高浓度连续沉淀新工艺，并且用带式过滤机替代了离心机，将间歇操作改为连续生产；淘汰高能耗推板窑，采用清洁能源天然气隧道窑替代。达到年处理稀土氧化物 9000 吨生产能力；新增锅炉、浓缩油炉、冷却塔、各类泵等配套设备设施。项目工程于同年 12 月竣工，新增建筑面积 1050 平方米、敷设管网 400 米，项目总投资 10438.9 万元。

2009 年 7 月，冶炼厂氯化铵回收项目开工建设，总投资 3037 万元。该项目采用先进的三效蒸发工艺回收固体氯化铵，日处理氯化铵废水 600 立方米，既利用了废水中的有用资源，又解决了废水排放而造成的水污染，符合国家节约用能和环保的要求。项目工程于同年 11 月竣工，建成生产厂房及配套公辅设施 2 座，新增建筑面积 2640 平方米，敷设管网 2000 米。

2011 年 4 月，新办公楼、食堂建设项目开工，同年 11 月竣工。新办公楼为 3 层、建筑面积 3059.4 平方米；同步建设 1868.35 平方米职工食堂，可容纳 600 人就餐，改善了办公和职工就餐条件。

2015 年 5 月，新建后处理生产线项目开工。拆除了氯化稀土金属主体生产厂房 1 座及公辅设施，拆除建筑面积 4544.89 平方米；新建后处理生产厂房及公辅设施，新增建筑面积 7020 平方米，敷设管网 30000 米。项目工程于 2016 年 8 月竣工，总投资 1.7 亿元。

截至 2016 年底，冶炼分公司占地面积达到 670000 平方米，总建筑面积 143868 平方米。现存主要建筑物详情见表 2-6。

表 2-6 冶炼分公司主要建筑一览表

建筑物名称	建成时间	建筑面积 /m^2	用 途
办公楼	1956 年 1 月	2243.40	办公
化验楼	1964 年 1 月	2343.50	产品检测
动力办公楼	1964 年 1 月	524.00	办公
碳酸稀土厂房	1978 年 1 月	688.00	生产用
27 万厂房	1978 年 1 月	680.00	生产用
机修厂房	1982 年 1 月	480.00	生产用
湿法厂房	1983 年 1 月	3132.80	生产用
三车间生活间	1983 年 1 月	272.25	生产用
二车间电解厂房	1986 年 1 月	1980.00	生产用
生产办公楼	1988 年 1 月	1611.00	办公
2400 吨湿法厂房	1992 年 1 月	3500.00	生产用
2400 吨火法厂房	1992 年 1 月	1921.30	生产用
工会职工之家	1992 年 1 月	465.00	活动
三车间办公楼	1992 年 1 月	443.00	办公
20 吨锅炉房	1994 年 2 月	2727.00	生产用
1000 吨氟碳铈矿厂房	1994 年 6 月	1327.00	生产用
湿法提取车间	1995 年 12 月	1893.40	生产用
灼烧车间	1995 年 12 月	493.40	生产用
焙烧车间	1995 年 12 月	395.91	生产用
天骄办公楼	1995 年 12 月	375.76	办公
净水站综合楼	1995 年 6 月	928.20	生产用

续表 2-6

建筑物名称	建成时间	建筑面积/m^2	用 途
七车间火法厂房	1996 年 3 月	5997.09	生产用
七车间湿法厂房	1996 年 12 月	9265.00	生产用
3000 吨生产厂房	1998 年 5 月	31174.15	生产用
四车间灼烧厂房	2003 年 12 月	3400	生产用
三效蒸发厂房	2009 年 12 月	967.68	生产用
厂办公楼	2011 年 9 月	3059.4	办公
厂食堂	2011 年 9 月	1868.35	用餐

二、生产与设备

“88-61”工程自 1962 年初开工建设，1964 年 10 月，选矿实验车间、第二车间、动力车间、机修车间、化验室、场内铁路专线和进厂公路等部分项目建成投入使用，至 1970 年工程全部结束。在 1964 年至 1970 年间，八八六一厂主要承担稀土的选矿及湿法冶炼等方面实验任务。

1970 年，八八六一厂转为正式生产厂（更名为包钢有色三厂）。1970 年至 1971 年间，主要以白云鄂博中贫铁矿为原料，进行稀土精矿的生产。选矿车间原设计有两个选别工艺系统，生产能力为年处理原矿 3000 吨。主要生产设备有颚式破碎机 1 台、摆式给矿机 2 台、棒磨机 1 台、球磨机 3 台、螺旋分及机 3 台、2A 浮选机 2 组及摇床 5 台，以及直径为 1.6 米×16 米磁选焙烧窑 1 座。限于当时的稀土选矿技术水平，主要产品为含稀土氧化物 15%~35%的低品位稀土精矿；1972 年开始改用包钢选矿厂为原料，生产品位大于 35%，次精矿品位大于 15%的稀土精矿，新增主要设备 4.5 英寸衬胶泵、直径 150 毫米旋流器 2 组、直径 160 米脱水槽 1 个、2A 浮选机 4 组及摇床 5 台；1981 年 5 月开始采用包钢选矿厂泡沫为原料生产高品位稀土精矿，同年 9 月，因包钢选矿厂泡沫供应不足和设备不配套等原因，该生产线停止生产。

同年，以 35%品位的稀土精矿为原料，采用纯碱法生产氯化稀土，但因产品质量不稳定等问题，于 1974 年 1 月停产。

同年，在第二车间采用化学法提取工艺生产粗氧化铈，1971 年开始采用萃取法生产氧化铈，1972 年停止生产；以少铈富镧稀土为原料、P_{350}为萃取剂，采用萃取工艺生产氧化镧。主要设备有 2.2 升萃取槽 1 套、各种贮罐及高地位槽 20 个。在三车间采用离子交换法生产纯度较高的氧化镨和氧化钕，由于离子交换法存在生产周期长、生产能力小、产品成本高等问题，于 1974 年停产。

1973 年，自建外热式浓硫酸焙烧回转窑投产，设计能力为具备日处理 30%品位的包头稀土精矿 2.5 吨，实际达到能力为年处理稀土精矿 200 吨。

1974 年 9 月，采用季铵盐络合萃取工艺进行镨钕分离生产，日处理原料能力为 7.2 公斤，得到纯度为 99.00%的氧化镨钕产品、纯度大于 99.00%的氧化钕产品。

1977 年，针对国内磁性材料工业急需金属钐的情况，利用二车间旧厂房，新增 ZG-0.01 中频真空感应炉，生产能力为年产金属钐 0.5 吨。金属钐 1983 年被评为部级（中国有色金属公司）优质产品。

1980 年，在二车间改建一条氟化稀土生产线，年内生产氟化稀土 3.849 吨并实现产品出口。同年，为外贸部门试生产氧化稀土 10 吨。1981 年建成氧化稀土生产线，1983 年氟化稀土生产线停产。

同年 8 月，设计能力为年处理品位大于 30%稀土精矿 2300 吨的一代酸法生产线投入生产。运行后的实际生产能力达到年处理稀土精矿 3000 吨。

1984 年 5 月，建成 P_{507} 全萃取连续分离工艺工业试验车间，主要生产设备有各种规格的萃取器 26 台、各类反应罐及溶液贮槽 86 台、灼烧窑 10 座、隧道电热炉 2 台、自动控制仪 23 套、在线快速分析装置 13 套。该车间在完成工业试验之后，于 1985 年 6 月转入正式生产。

1985 年 3 月，三车间烧碱法生产线改造工程竣工投产，年产分组氯化稀土 1204 吨、钐铕钆富集物 7.6 吨。

1988 年 11 月，一车间三代酸法生产线改造工程竣工投产。该生产线是在原一代酸法生产线的基础上改造，新增主要设备有钕钐分离萃取器 28 级、萃取转型设备 14 级，其他各类高低贮槽、液体输送泵、过滤及浓缩设备共 32 台。年处理 50%品位稀土精矿 1620 吨，生产分组氯化稀土 1402 吨、钐铕钆富集物 17 吨，稀土收率达到 80%。

1992 年 12 月，新建年产 2400 吨氯化稀土酸法生产线竣工，新增主要设备有精矿干燥窑 1 台、回转窑 1 台、冷却塔 4 座、浸出槽 4 台、钕钐分组萃取槽 10 组、转型萃取槽 1 套、板框压滤机 5 台、稀土精矿仓 1 座等设备设施。该生产线的投产，标志着“三代酸法”工艺处理包头混合稀土精矿技术在包钢的稀土生产中成功应用。

1995 年 5 月，采用“三代酸法”技术新建年产 5000 吨氯化稀土生产线竣工投产，包钢稀土稀土精矿处理总能力达到 1 万吨。

截至 1997 年稀土高科成立之初，有酸法生产线 4 条、碱法生产线 2 条、萃取生产线 3 条。酸法生产线主要生产设备有回转窑 3 条、水浸槽 16 台、1380 升萃取槽 30 组；碱法生产线主要生产设备有 5 立方米化选槽 6 台、20 立方米水洗槽 10 台、各类贮液槽 13 台、60 平方米板框压滤机 2 台、各类输液泵 13 台等；萃取生产线主要生产设备有 1380 升萃取器 45 组、900 升萃取器 12 组等设备。可生产 14 个品种的稀土产品，具备年处理稀土精矿（折合稀土氧化物 50%计）12520 吨、年产各类稀土产品（折合稀土氧化物 100%计）5634 吨生产能力。

稀土高科萃取分离控制室

1999 年，新建 3000 吨全分离生产线投产，新增主要设备有玻璃钢萃取器 18 组、萃取槽 55 台、净水器 1 台、超声波清洗器 16 台、板框压滤机 1 台、纯水设备 1 套、离心机 11 台及其他配套设备设施，可生产 4 个品种高纯单一稀土产品，年产各类高纯稀土产品（折合稀土氧化物计）2820 吨，改变了稀土高科以初级混合稀土化合物产品为主的状况。

2004 年 3 月，冶炼厂酸法、碱法及萃取分离生产配套改造工程竣工，新增主要设备有玻璃钢储罐 1 台、离心机 10 台、板式换热器 6 台、100 平方米箱式压滤机 13 台、15 平方米箱式压滤机 2 台、有机热载体炉 1 套、离心机 20 台、搪瓷反应罐 2 台及 30 吨/小时、40 吨/小时、50 吨/小时纯水制备设备各 1 套等。年新增稀土精矿处理能力（折合 50 矿）11505. 68 吨，年新增稀土氧化物分离能力 7765. 19 吨。

2004 年 6 月，萃取分离生产线镧铈段、铈镨段改造相继竣工，新增主要设备有 1380 升萃取器 120 套、400 升萃取器 15 套，年新增高纯硝酸铈溶液（折合稀土氧化物）720 吨，彻底解决了对高纯铈原料的需求，保证包头科日稀土材料有限公司连续稳定生产。

冶炼厂过滤工段

同年 9 月，稀土高科控股包头华美稀土高科有限公司，为减少企业内部竞争及“三废”排放量，全部淘汰冶炼厂原有年处理稀土精矿 9000 吨的酸法生产线，年减排废水 150000 立方米。同时利用酸法生产线厂房及部分设备改建的碱法生产线竣工投产，新增主要设备有箱式压滤机 1 台、热风幕 3 台、搅拌装置 20 套、抗腐耐磨泵 12 台、水环真空泵 2 台、泥浆泵 3 台、磁力泵 1 台、磁力泵 2 台，形成年处理稀土精矿 16000 吨产能，保证了冶炼厂萃取生产线原料的正常供给。

2005 年 10 月，碱回收生产线新增 100 平方米Ⅰ效蒸发器 1 台、100 平方米Ⅱ效蒸发器 1 台、100 平方米Ⅲ效蒸发器 1 台、加料泵 2 台、流量计 2 台、真空机组 2 台、输送泵 5 台、采盐泵 2 台、热水泵 1 台、预热器 2 台、冷凝器 2 台、3000 升真空罐 2 台、2000 升碱罐 1 台、耐腐耐磨泵 2 台、

分汽缸 1 台。年回收碱液 1768 吨，降低了碱法生产线成本。

同年 12 月，在稀土氧化物灼烧生产线安装处理风量 60000m^3/h、30000m^3/h 高效陶瓷多管除尘器各 1 套，减少烟尘排放量，达到环保要求。

2006 年 10 月，对（车间）萃取生产线改造项目竣工，新增玻璃转子流量计 2 台、32PVH-20K 泵 1 台、65PVH-50K 泵 2 台、CQB32-110F 磁力泵 3 台、CQB40-120F 磁力泵 2 台，实现了环保型生产方式。

同期，三车间萃取生产线恢复性改造项目竣工，新增主要设备有 2 立方米空压泵 1 台、65-50K 研磨泵 5 台、80-40 氟合金泵 1 台、40-FSY-35-1000 玻璃钢液下泵 3 台、2 米搅拌器 1 台等，实现了冶炼厂月产 1000 吨（折合稀土氧化物 100%计）分离产品的目标，并解决了环保问题。

同年，五车间电解设备复产检修工程完工，新增主要设备有耐磨泵 3 台、破碎机 1 台、抛丸机 1 台，更新铸锭模 80 件、炉胎具 5 件、ϕ150×150 配重棒 50 件、ϕ150×50 配重棒 200 件，修复变压器 1 台，全面恢复了电解生产线的生产，实现年产混合稀土金属 500 吨。

冶炼厂沉淀生产线

2007 年 1 月，三车间碱法水洗扩产改造竣工，新增 ϕ3 米×3 米搅拌装置 2 套、2PNL 液下泵 3 台、50YWN12-20 液下泵 2 台等设备，提升水洗工序生产能力，确保冶炼厂各条生产线的正常运行。

同期，一车间萃取工段环保改造项目竣工，新增主要设备有氟塑料合金泵 14 台、LZB 型转子流量计 18 套、储槽 1 台、萃取槽传动装置 4 套，消除一车间萃取分离生产线氨氮废水的产生，年新增稀土萃取分离能力 17000 吨。

冶炼分公司稀土萃取生产线

2010 年 9 月，三车间钕钐 I 改造项目竣工，淘汰 1380 升玻璃钢萃取器 4 组、950 升萃取器 3 组、500 升萃取器 1 组，新增 1 立方米 PVC 萃取器 8 组。

2015 年 9 月，锅炉房改造项目竣工，淘汰燃煤锅炉 3 台及配套除氧器、软化水设备，新增锅炉 2 台。

2016 年 1 月，新增锅炉 1 台。

第二节　包头华美稀土高科有限公司

一、基础建设

包头华美稀土高科有限公司（以下简称华美公司）分为东、西两个厂区，西厂区位于包头市昆区金属深加工园区，东厂区位于包头市九原区麻池镇东壕口村。公司占地面积 447900 平方米，建筑面积总计 12.27 万平方米。2003 年，稀土高科收购华美公司 33.3%的股份，成为第一大股东。2011 年 4 月，包钢稀土收购其剩余股份，华美公司成为包钢稀土下属全资子公司。

华美公司东厂前身为始建于 1992 年的稀土金属冶炼企业，1999 年开工扩建，到 2003 年厂区占地面积达到 122713 平方米，主要建筑物包括 4 座生产厂房、2 座仓库及锅炉房、办公楼等公辅设施，总建筑面积 12952 平方米。截至 2003 年主要建筑物详情见表 2-7。

表 2-7 华美公司主要建筑物一览表

建筑物名称	建成时间	建筑面积 /m^2	用 途	备 注
办公楼		1240.91	办公	
办公楼副楼		356.42	办公	
西精矿库		392.94	稀土精矿存储	
北精矿库		348.04	稀土精矿存储	
焙烧窑	1999 年	1200	精矿焙烧	2005 年拆除
萃取车间	2000 年	4693.27	稀土萃取分离	
碳沉车间	2000 年	1591.38	单一碳酸稀土沉淀	
灼烧窑	2000 年	2534.2	烧稀土氧化物	2014 年 5 月改建
北锅炉房		595.15	生产用蒸汽	2014 年 5 月改建

2003 年，华美公司西厂开工建设，新建年处理 4 万吨稀土精矿的焙烧生产线、碳酸稀土生产线、氯化稀土生产线以及“三废”资源化处理等生产设施，同时配套建设机修、锅炉房、空压站、污水处理站、循环冷却水系统、仓储、厂区综合管网，以及厂区食堂、办公、浴室等公辅设施，项目工程于 2004 年 7 月竣工，占地面积 177091 平方米、总建筑面积 20927 平方米。

2006 年 3 月，华美公司西厂开工建设生产能力为月产稀土氧化物 1200 吨的萃取分离生产线，同年 10 月竣工，将原 3319.68 平方米库房改建为萃取车间，建设 320 级玻璃钢萃取槽及配套蒸汽管线、支架平台、电机搅拌、车间照明等公辅设施。

2006 年 6 月，华美公司采用自主研发的稀土废水回收及全循环处理的工艺方法（专利号：ZL00119174.8，以下简称酸回收技术），对原有尾气净化设施进行改造，建成了年回收 70% 硫酸 30000 吨及 12% 氢氟酸 10000 吨的酸回收系统及处理焙烧尾气 72000Nm^3/h 的尾气处理系统。项目工程于 2006 年 6 月开工，新建酸浓缩厂房、酸水循环池、地下泵房、支架平台、冷却塔基础等设施，新增建筑面积 3748 平方米，总投资 3861.5 万元，2007 年 8 月竣工。

同年，华美公司西厂沉淀及灼烧生产线同时开工建设。新建生产厂房 1 座、隧道窑 4 条、玻璃钢沉淀罐 32 个、离心机 7 台及配套蒸汽管网、水泵、电机等公辅设施。新增建筑面积 8828.16 平方米，2006 年 10 月竣工。

华美公司环保处理设施

2013 年 5 月，包钢稀土召集下属各稀土冶炼分离企业布置了环保治理的任务，要求从 2014 年开始，包钢尾矿库周边所有稀土企业不得再向库内排水，各单位 2013 年底必须实现工业废水全循环利用。根据这一要求，华美公司成立“废水零排放”项目组，明确项目实施的组织机构和承担的职责，便于统一协调和指挥，并结合现行生产现状，制定了华美公司工业废水零排放的实施方案，提出了与包钢稀土冶炼厂联动生产的废水零排放方案，经包钢稀土审核通过后实施。改造方案主要涵盖：沉渣废水中和回用系统改造、喷淋废水回用、停止使用水洗除硫酸根改用化学法除硫酸根、转型废水中和回用、氯化铵废水送至冶炼厂处理、东厂恢复沉淀工序。随着 2013 年 12 月 30 日包钢公司将设在尾矿库的总排口完全切断，华美公司进入生产用水全循环工程改造阶段。

2014 年 3 月，华美公司西厂开始生产用水全循环技术改造，投资 122 万元，新建中和槽 3 套，压滤机 13 台，对生产废水进行处理，使生产废水达到回用标准，阶段性实现废水零排放目标。该改造项目于 2014 年 8 月完工。

2014 年 6 月，华美公司东厂实施稀土生产环保设施改造工程，项目主要建设内容包括改造完善现有稀土生产废水处理系统、能源系统改造，接入天然气系统、拆除东厂南锅炉房 3 台 4 吨的燃煤锅炉，在原址上新建 2 台 10 吨燃气锅炉，项目工程预计投资 7758.11 万元，于 2014 年 6 月开工，2015 年 7 月竣工。同时新建一套日处理 400 立方米废水预处理系统及 500 立方米多效蒸发系统，建设专供蒸汽管网、调压站、控制阀门以及计量仪表等。

2015 年，华美公司西厂实施稀土生产“三废”综合治理技术改造工程，项目主要建设内容包括：在尾气净化工序新建脱硫系统、新增两套喷淋系统和一套电除雾；在酸回收工序新增换热和蒸发设备以提高酸回收能力；新建氟酸深加工系统；在焙烧生产线进行过滤设备升级改造，水浸渣减重化；新建硫酸铵废水处理系统；新建碳沉废水、稀土皂化废水澄清过滤系统；新建硫酸镁废水处理系统；对能源系统进行改造升级，淘汰原有燃煤锅炉；新建放射性废渣处理系统。项目新增土地约147965平方米（221.95亩），新增建筑面积21502.75平方米，总投资79397.12万元。

华美公司萃取生产线

截至2016年底，华美公司占地面积为44.79万平方米，总建筑面积达到12.15万平方米，现存主要建筑物详情见表2-8。

表2-8 华美公司现存主要建筑物一览表

建筑物名称	建成时间	建筑面积/m²	用 途	备注
办公楼		1240.91	办公	华美公司东厂
办公楼副楼		356.42	办公	
萃取车间		4693.27	生产	
碳沉车间		1591.38	生产	
一分厂焙烧车间	2004年	3700	生产	华美公司西厂
一分厂水浸厂房	2004年	3362.39	生产	
办公楼	2004年	2825.83	办公	
一分厂碳沉车间	2004年	2690.23	生产	
库房	2004年	3319.68		
高压配电室	2004年	528	公司电力控制系统	
4吨锅炉房	2004年	711.03	供应蒸汽	
6吨锅炉房	2004年	490	供应蒸汽	
精矿库	2004年	1936.93	存储精矿	
南库房	2004年	1363.15	物资存放	
二分厂碳沉车间	2007年	2952.4	生产	

续表2-8

建筑物名称	建成时间	建筑面积/m²	用 途	备注
二分厂灼烧、混料车间	2007年	5875.76	生产	华美公司西厂
综合楼	2007年	3310.8	办公	
煤气站	2007年	290.32	生产用煤气	
办公楼	2007年	3367.65	办公	
10吨锅炉房	2007年	994.3	供应蒸汽	
库房	2008年	2577.25	成品存储	
三分厂环保车间	2014年	460	铵盐回收	
配碳铵车间	2015年	2317	溶碳铵	
配酸车间	2015年	1025.07		
燃气锅炉房	2015年	2015	供应蒸汽	
硫酸铵沉淀车间	2016年	9571.93	硫酸铵回收	

二、生产与设备

2003年，华美公司有稀土精矿焙烧生产线3条，主要设备有回转窑3台、水浸槽12个、离心机36台，具备年处理稀土精矿（品位含稀土氧化物50%）36000吨生产能力；有稀土萃取分离生产线1条，主要设备有600升萃取槽580级，具备年产稀土化合物（折合稀土氧化物100%计）6000吨生产能力。

2004年，华美公司西厂工程竣工投产，同时东厂焙烧至混合碳酸稀土生产线停止运行。新增稀土精矿焙烧生产线4条，新增主要设备有回转窑4台、水浸槽22个，新增年处理稀土精矿（品位含稀土氧化物50%）36000吨生产能力；新增混合碳酸稀土生产线1条，新增沉淀罐30台、离心机36台，新增年产混合碳酸稀土（折合稀土氧化物45%计）3.2万吨生产能力。

华美公司焙烧车间

2005 年 6 月，按照包头市政府“关于解决我市稀土焙烧企业环境污染问题的会议纪要”的要求，将华美公司东厂 3 条稀土精矿焙烧生产线实施搬迁，合并到西厂，东厂配套水浸等设施拆除，并新增稀土精矿焙烧生产线 3 条，新建 ϕ1860×28000 回转窑 2 条、ϕ1780×28000 回转窑 1 条。

2006 年 10 月，华美公司西厂新建萃取分离生产线竣工投产，新增主要设备有萃取槽 320 级、离心泵 270 台，新增年产稀土化合物（折合稀土氧化物 100%计）11000 吨生产能力，成为当时北方地区规模最大的萃取分离生产线。该萃取生产线也是当时北方稀土企业中首条采用模糊萃取方式（分馏—逆流置换萃取）进行轻稀土分离的生产线，相较于传统分离生产线，一次性产出产品纯度提高至 99.95%~99.995%范围内，同时酸碱消耗量降低了 37%。

2007 年 10 月，华美公司采用自主研发技术建成的稀土精矿焙烧尾气净化系统投产，项目总投资 3861.5 万元。新增蒸发器 4 台、预热器 2 台、冷凝器 4 台，具备尾气系统处理量 72000Nm^3/h、年回收 70%硫酸 30000 吨、12%氢氟酸 10000 吨生产能力。该工艺改变传统的三级喷淋治理工艺，采用循环吸收、降温冷却、多级除雾工艺，提高了氟、硫、尘各类污染物的捕集率和尾气净化效率，有效地解决了稀土冶炼分离生产过程中产生的烟气及酸性废水的污染问题，年节约用水 50 万吨。

2006 年 12 月，华美公司西厂沉淀及灼烧生产线竣工投产。在灼烧生产线建设过程中，公司创新性地提出采用隧道窑方式进行稀土氧化物的灼烧，摆脱了传统土窑温度不稳定，间断性作业等缺点，形成连续性半自动化作业方式，实现了稀土氧化物生产的稳质增产。新增 72.8 米隧道窑式灼烧窑 4 条及相应配套管道设施，新增生产稀土氧化物 1.8 万吨能力；在沉淀生产线建设过程中，华美公司大胆引入真空皮带式吸滤机作为主要沉淀过滤设备，购置带式过滤机 3 台，使沉淀工序产量大幅增加，产品质量更为稳定。同时改善了离心机过滤危险系数高、劳动强度大的弊端。2008 年，华美公司为空皮带式吸滤机增加气水分离器，有效地延长了真空泵的使用寿命。

华美公司灼烧车间

2008 年 3 月，华美公司对沉淀生产线实施改造，将传统的单罐沉淀工艺变更为多级连续沉淀工艺，成功解决了连续沉淀工艺中流量控制及有机夹带等难题，先后建成了 6 条连续沉淀生产线。与单罐沉淀工艺相比较，连续沉淀工艺将产量由月产 800 吨稀土氧化物提升至月产 2200 吨，一次交检合格率由 73%提升至 96%以上，产品氧化物总量明显提升，产品粒度增大，使产品质量得到新的提高。华美公司是首家使用连续沉淀工艺进行生产的稀土企业，2008 年 11 月混合碳酸稀土生产线沉淀段完成连续碳沉工艺改造。至此华美公司连续沉淀生产线全部改造完成。

同期，为解决外排废水中氨氮总量的问题，华美公司采用自主设计、研发的氧化镁用于稀土溶液沉淀剂的生产工艺（专利号：ZL200710102777.9）对萃取皂化段实施技术改造。经过 3 个月的建设改造，新的氧化镁皂化生产线代替传统氨皂投入运行。增设除杂槽。通过 3 个月的试生产，有效控制了由皂化剂带入的非稀土杂质，皂化率达到 36%。同时具备了年产氧化铕、特定用途镧铈产品及低锆、低铝、低镁的稀土产品 2000 吨综合生产能力。

2013 年，在回转窑窑头增加自动拌料机，实现回转窑的自动化，连续进料功能，通过 DCS 系统与工艺的结合，实现生产过程由经验操作向数据化、自动化控制转型升级，实现工艺数据精确采集及精确控制，填补了稀土精矿酸法焙烧工艺自动化控制技术领域的空白。

2015 年，华美公司西厂实施稀土生产“三废”综合治理技术改造工程，新建脱硫系统，新增净化组合塔 2 套、脱硫吸收塔 2 套、解析塔 1 套；新增 2 套喷淋系统、冷却塔 2 台和 1 套电除雾装置；在酸回收工序新增换热器 6 台、蒸发设备 8 台、蒸发罐 4 个，以提高酸回收能力；在焙烧生产线进行过滤设备升级，对表面过滤器进行改造，新增过滤器 2 台；在水浸渣减重化系统，新增表面过滤器 6 台；新建硫酸铵废水处理系统，新增降膜蒸发器 1 台、强制循环换热器 2 台、母液预热罐 1 台、降膜分离器 1 台、结晶分离器 1 台、蒸馏水罐 1 台；新建碳沉废水、稀土皂化废水澄清过滤系统，新增 DU-50 表面过滤器 2 台；新建硫酸镁废水处理系统，新建 7000 立方米废水处理池；对能源系统进行改造升级，在华美西厂新增 15 吨燃气锅炉 1 台、25 吨燃气锅炉 3 台，淘汰原有燃煤锅炉；新建放射性废渣处理系统，新增箱式隔膜压滤机 4 台。该项目的实施实现了稀土冶炼生产废水全部循环使用，不再向包钢尾矿坝排放，不仅能够减少排水量，而且能够最大限度减少生产过程中新水的使用量，从而实现清洁化生产、资源循环利用，全面解决环境污染问题，最大化提高资源利用率。

第三节 内蒙古包钢和发稀土有限公司

一、基础建设

内蒙古包钢和发稀土有限公司（以下简称和发公司）前身为始建于 1997 年的包头市和发稀土开发有限责任公司，2008 年 8 月，稀土高科出资收购内蒙古和发稀土科技开发股份有限公司 51%股份后，更名为内蒙古包钢和发稀土有限公司。

和发公司下辖包钢和发公司分离厂、包头市聚峰稀土有限责任公司、内蒙古天之娇高岭土有限责任公司等三个分厂（公司）。

公司总部位于包头市高新区青工南路 15 号，占地面积为 116517 平方米，有铈系列产品、氧化铕产品、稀土抛光粉产品、储氢合金粉产品、催化剂产品等生产车间，以及维修、仓储、办公等公辅设施，总建筑面积 36661 平方米，全部租用包头市和茂稀土有限公司土地、厂房。

和发公司分离厂位于九原区沙河镇万水泉车站北，占地面积 95145 平方米，有 11 座生产厂房以及泵房、仓库、办公、食堂等公辅设施，总建筑面积 33660 平方米。

包头市聚峰稀土有限责任公司位于达茂旗稀土工业园区，占地面积 104000 平方米，包括原料区、焙烧工段、水浸工段、碳沉工段、硫铵工段、终水处理工段、放射性废渣库、化验室等生产区，以及供水、供电、行政办公、食堂、浴室、宿舍等公共辅助设施，总建筑面积 48898 平方米。

内蒙古天之娇高岭土有限责任公司位于鄂尔多斯市沙圪堵开发区，占地面积 59338.1 平方米，已建成两个生产车间及仓储、办公、食堂、职工宿舍等配套设施，总建筑面积 23422 平方米。

2009 年，和发分离厂实施了灼烧、锅炉、煤气、萃取、碳沉整体改造项目，新建煤气站 924 平方米、隧道窑车间 2160 平方米、回转窑车间 1029 平方米、萃取车间 3318 平方米、碳沉车间 2444 平方米、配酸间 318 平方米、中控分析室 58 平方米、环保车间（南）394 平方米，以及库房、储水池、厕所等配套设施。

2010 年，聚峰公司建成库容为 42 万立方米废渣库，使用期限为 30 年，满足环保要求。截至 2016 年底，和发公司现存建筑物详情见表 2-9。

表 2-9 和发公司主要建筑物一览表

<table>
<tr><th>建筑物名称</th><th>建成时间</th><th>建筑面积/m²</th><th>建设地点</th><th>备 注</th></tr>
<tr><td>办公楼</td><td>1985 年</td><td>3084</td><td>公司院内</td><td rowspan="3">租用包头市和茂稀土有限公司厂房</td></tr>
<tr><td>实验室</td><td>2001 年</td><td>2654.1</td><td>公司院内</td></tr>
<tr><td>抛光粉车间</td><td>2001 年</td><td>2469</td><td>公司院内</td></tr>
<tr><td>铈系列车间</td><td>1985 年</td><td>2588.4</td><td>公司院内</td><td>部分搬迁至和发分厂</td></tr>
<tr><td>氧化铕车间</td><td>1985 年</td><td>429</td><td>公司院内</td><td rowspan="2">租用包头市和茂稀土有限公司厂房</td></tr>
<tr><td>动力车间</td><td>1985 年</td><td>267</td><td>公司院内</td></tr>
<tr><td>储氢粉车间</td><td>1985 年</td><td>3186</td><td>公司院内</td><td>外租</td></tr>
<tr><td>华信冶炼</td><td>1985 年</td><td>1134</td><td>公司院内</td><td rowspan="14">租用包头市和茂稀土有限公司厂房</td></tr>
<tr><td>催化剂车间</td><td>1985 年</td><td>2300</td><td>公司院内</td></tr>
<tr><td>泵站</td><td>1985 年</td><td>134.8</td><td>公司院内</td></tr>
<tr><td>隧道窑</td><td>2001 年</td><td>268</td><td>公司院内</td></tr>
<tr><td>原水化车间</td><td>1985 年</td><td>944</td><td>公司院内</td></tr>
<tr><td>原锅炉房</td><td>1985 年</td><td>1984</td><td>公司院内</td></tr>
<tr><td>机修车间</td><td>1985 年</td><td>136.7</td><td>公司院内</td></tr>
<tr><td>成品库</td><td>1985 年</td><td>537</td><td>公司院内</td></tr>
<tr><td>材料库</td><td>1985 年</td><td>483</td><td>公司院内</td></tr>
<tr><td>原料库</td><td>1985 年</td><td>956</td><td>公司院内</td></tr>
<tr><td>车队办公室</td><td>1985 年</td><td>75</td><td>公司院内</td></tr>
<tr><td>后勤办公室</td><td>1985 年</td><td>90</td><td>公司院内</td></tr>
<tr><td>食堂</td><td>1985 年</td><td>756</td><td>公司院内</td></tr>
<tr><td>技校</td><td>1985 年</td><td>383</td><td>公司院内</td></tr>
</table>

续表 2-9

建筑物名称	建成时间	建筑面积 /m²	建设地点	备 注
礼堂	1985 年	846	公司院内	租用包头市和茂稀土有限公司厂房
招待所	1985 年	288	公司院内	
产品库	1985 年	1350	公司院内	
碳沉一	1985 年	216	公司院内	
碳沉二	1985 年	670	公司院内	
环保车间（北）	2001 年	672	和发分厂院内	
纯水车间	2001 年	313	和发分厂院内	
铈系列车间	2001 年	317	和发分厂院内	
高压配电室	2000 年	306	和发分厂院内	
单身宿舍	1993 年	289	和发分厂院内	
水泵房	1998 年	19.5	和发分厂院内	
旧煤气站房	2007 年	20	和发分厂院内	
成品保管及三车间办公室	2007 年	19	和发分厂院内	
新混料车间	2001 年	303	和发分厂院内	
半成品库	2004 年	2050	和发分厂院内	
食堂	1998 年	541	和发分厂院内	
办公楼	1998 年	1569	和发分厂院内	
机修办公室	1998 年	952	和发分厂院内	
车库	2000 年	248	和发分厂院内	
机修库房	2000 年	840	和发分厂院内	
萃 1-2 段	1994 年	1576	和发分厂院内	
萃 3 段	1997 年	1097	和发分厂院内	
萃 12 段	1997 年	469	和发分厂院内	
旧碳沉车间	1998 年	663	和发分厂院内	
酸溶车间	1998 年	642	和发分厂院内	
浓缩车间	1998 年	521	和发分厂院内	
东碳沉	1998 年	2498	和发分厂院内	
储水池	2005 年	10000m³	和发分厂院内	
煤气站	2009 年	924	和发分厂院内	
隧道窑车间	2011 年	2160	和发分厂院内	
回转窑车间	2011 年	1029	和发分厂院内	
萃取车间	2012 年	3318	和发分厂院内	
碳沉车间	2012 年	2444	和发分厂院内	
配酸间	2012 年	318	和发分厂院内	
中控分析室	2012 年	53	和发分厂院内	
水冲厕所	2012 年	75	和发分厂院内	
氯铵库房	2014 年	38.8	和发分厂院内	
环保车间（南）	2014 年	394	和发分厂院内	
储水池	2009 年	10000m³	和发分厂院内	

二、生产与设备

2008 年，和发公司拥有稀土精矿焙烧生产线 4 条，主要设备有回转窑 4 台、20 立方米水浸槽 38 个、20 立方米碳沉搅拌罐 18 台、煤气发生炉 1 台、硫铵处理系统 1 套，具备年处理稀土精矿（含稀土氧化物 50%）2 万吨生产能力。

有稀土萃取分离生产线 6 条，主要设备有 600 升×74 级（6750×3100×1100）萃取槽 1 组、600 升×76 级（6750×3100×1100）萃取槽 1 组、600 升×112 级（6750×3100×1100）萃取槽 2 组、380 升×56 级（5520×2730×1100）萃取槽 1 组、600 升×112 级（110110×3100×1100）萃取槽 1 组、萃取槽 24 台。可生产 7 个品种、纯度大于 99.95%的稀土化合物产品，具备年产稀土化合物（折合稀土氧化物 100%计）1 万吨生产能力。

有煅烧高岭土生产线 2 条，主要设备有破碎机、皮带机、提升机、立式研磨机、湿法超细研磨机、喷雾干燥塔、解聚机、热风炉、高压风机、回转窑等，可生产涂料级、造纸级及分子筛催化剂用途等产品，年产量可达 30000 吨。

2009 年，和发公司分离厂实施设备升级改造，将原有单位燃煤灼烧改为煤气灼烧，改建 2 座 56 米燃气隧道窑；将单段 2 米煤气炉改造为两段式 3.4 米冷煤气发生炉；淘汰 3 台 6 吨燃煤锅炉，新增 2 台 10 吨燃气锅炉为全厂提供热能；新建 6 条自动流量控制分离生产线，新增主要设备有 600 升×74 级（6750×3100×1100）PVC 萃取槽 5 组、380 升×56 级（5520×2730×1100）萃取槽 1 组；10 立方米 PPH 高位罐 18 个、5 立方米 PPH 高位罐 6 个、8 立方米 PPH 高位罐 1 个、仪表控制箱 1 个、板框压滤机 1 台、酸雾吸收塔 1 个，淘汰了原来 5 个车间 15 条分离生产线，实现了生产工艺技术的全面转型升级。

2012 年 1 月，和发公司分离厂实施动力车间燃煤锅炉改燃气锅炉项目，淘汰燃煤煤气炉 3.4 米双段冷煤气发生炉 2 台，新增燃气锅炉 2 台。

同年 6 月 ，和发公司分离厂实施萃取碳沉车间改造，淘汰萃取槽 15 套、离心机 13 台，新增离心机 20 台，提高了产品质量及稳定性，年增稀土氧化物产量 3000 吨。

2014 年末，在和发公司分离厂环保车间新增四效蒸发系统 4 套（换热面积 140 平方米），年废

水处理量达到150000吨的能力。

2015年12月，聚峰公司三效蒸发及MVR蒸发工艺投产运行，意味着聚峰公司生产废水实现零排放的跨越，彻底解决处理工业废水的难题。

第四节　包头科日稀土材料有限公司

一、基础建设

包头科日稀土材料有限公司（以下简称科日公司）成立于2004年1月5日，位于内蒙古包头市北方稀土冶炼分公司院内，占要地面积为3100平方米，总建筑面积为1619.27平方米。

2004年3月20日，经内蒙古自治区发展和改革委员会批准，科日公司投资177.26万美元，利用冶炼厂原有小P_{507}厂房改建。主要生产用于电子、汽车尾气净化催化剂、原子反应堆催化、高性能抛光粉等行业的高纯铈系列产品。

科日公司高纯铈系列产品生产线

二、生产与设备

科日公司拥有高纯铈系列产品生产线2条，主要生产设备有反应槽12台、压滤机2台、离心机3台、2立方米双螺旋干燥机1台。可生产3种规格的特殊用途碳酸铈和氢氧化铈产品，年产量（折合稀土氧化物100%计）300吨。

2014年至2016年4月，因环保原因，科日公司停产。

2016年4月，包头市华星稀土科技有限责任公司受让日方所持股份，成为科日公司第二大股东，对科日公司原有生产线进行升级改造。9月份，科日公司与北方稀土规划发展部和基建部签订合同并与冶炼分公司完成了对后三段（500吨）厂房及内部设备的交接，后三段升级改造后将具备年产2000吨的镧铈类碳酸盐系列产品生产能力。

科日公司高纯铈系列产品生产线

第五节　全南包钢晶环稀土有限公司

一、基础建设

全南包钢晶环稀土有限公司（以下简称包钢晶环公司）是2010年9月由包钢稀土和全南晶环科技有限责任公司合资组建，包钢稀土持股49%。公司主厂区位于江西省赣州市全南县工业园一区再生资源加工利用工业区，占地面积约133332平方米（200亩），有生产厂房54座，动力系统、仓储及办公、食堂、宿舍等配套公辅设施7座，总建筑面积3.5万平方米。

截至2016年底，现存建筑物详情见表2-10。

表2-10　包钢晶环公司主要建筑物一览表

建筑物名称代号	建成时间	建筑面积/m^2	用　途
第00022577号	2012年止	188.96	高纯沉淀/附属车间
第00023305号	2012年止	307.64	精制草酸库
第00023312号	2012年止	35.39	高压配电房
第00023307号	2012年止	380	萃取三角车间
第00023306号	2012年止	280.84	灼烧一车间半成品、灼烧一车间灼烧房、灼烧一车间成品仓库、混料车间
		73.16	
		1254	
		540	
		744	
第00023308号	2012年止	51.2	萃取车间浴室
第00023315号	2012年止	226.38	厂门楼值班室

续表 2-10

建筑物名称代号	建成时间	建筑面积/m²	用途
第 00023319 号	2012 年止	294	灼烧二车间成品仓库
第 00023311 号	2012 年止	546	灼烧一车间炉料仓库
第 00023323 号	2012 年止	922.5	灼烧二车间 15 米
第 00023314 号	2012 年止	584.08	厂综合楼
第 00023316 号	2012 年止	93.13	小食堂
第 00023322 号	2012 年止	400	灼烧二车间成品仓库
第 00023320 号	2012 年止	495.9	灼烧二车间 15 米
第 00023324 号	2012 年止	946.4	52 米沉淀车间
第 00023321 号	2012 年止	1472	灼烧二车间 23 米
第 00023317 号	2012 年止	240	成品仓库
第 00023328 号	2012 年止	424.01	萃取车间
第 00023318 号	2012 年止	922.5	灼烧二车间 15 米
第 00023327 号	2012 年止	269.61	4 吨锅炉房、破碎车间
		519.96	
第 00023332 号	2012 年止	143.88	锅炉房
第 00023358 号	2012 年止	190.61	—
第 00023371 号	2012 年止	105.04	住宿
第 00023357 号	2012 年止	196.35	炉料车间
第 00023352 号	2012 年止	149.63	配制车间
第 00023359 号	2012 年止	103.88	萃取车间
第 00023383 号	2012 年止	287.08	办公楼
第 00023365 号	2012 年止	712.5	沉淀四车间
第 00023377 号	2012 年止	331.21	沉淀车间
第 00023381 号	2012 年止	282.36	配制车间
第 00023372 号	2012 年止	156.02	萃取车间
第 00023361 号	2012 年止	408.49	沉淀四车间
第 00023375 号	2012 年止	259.6	原料车间
第 00023336 号	2012 年止	354.75	预处理车间
第 00023368 号	2012 年止	290.4	萃取车间
第 00023382 号	2012 年止	375.3	灼烧二车间
第 00023363 号	2012 年止	414.9	萃取车间
第 00023355 号	2012 年止	85.71	原料库
第 00023309 号	2012 年止	214.77	灼烧一车间职工宿舍
第 00023354 号	2012 年止	125.25	沉淀车间
第 00023366 号	2012 年止	495.6	萃取三车间
第 00023326 号	2012 年止	1924.32	化工一车间
第 00023374 号	2012 年止	202.14	萃取车间
第 00023376 号	2012 年止	295.3	仓库车间
第 00023373 号	2012 年止	303.21	水处理车间
第 00023356 号	2012 年止	73.5	沉淀草酸库
第 00023364 号	2012 年止	547.27	沉淀车间
第 00023330 号	2012 年止	268.3	配制车间
第 00023369 号	2012 年止	441.64	特种材料车间

续表 2-10

建筑物名称代号	建成时间	建筑面积/m²	用途
第 00023384 号	2012 年止	237.39	预处理车间
第 00023331 号	2012 年止	749.63	灼烧车间
第 00023335 号	2012 年止	324.71	机修车间
		34.19	
第 00023370 号	2012 年止	614.69	沉淀车间
第 00023329 号	2012 年止	353.6	食堂
第 00023325 号	2012 年止	657.6	萃取五车间
		1687.2	
第 00023310 号	2012 年止	792	灼烧一车间炉料仓库
第 00023334 号	2012 年止	346.63	酸溶车间
第 00023333 号	2012 年止	939.4	萃取车间
		29.96	
第 00023362 号	2012 年止	462.16	萃取车间
第 00023313 号	2012 年止	64.89	5 千瓦配电房
第 00023378 号	2012 年止	621.42	宿舍
第 00023380 号	2012 年止	659.1	萃取二车间
第 00033672 号	2012 年止	2641.31	住宅楼
第 00033673 号	2012 年止	2431.06	综合楼

二、生产与设备

包钢晶环公司有稀土萃取分离生产线 23 条，主要设备有萃取槽 13 组，可生产 15 个品种、4 种规格的稀土氧化物、碳酸盐、高纯单一氧化物等产品，具备年处理稀土氧化物 3600 吨生产能力。

2013 年，实施“南北稀土优化组合”国家支撑项目，新增主要设备有萃取槽 22 级、5 立方米玻璃钢反应桶 4 只、砂浆泵 3 台、磁力泵 2 台、减速机 6 台、电动机 4 台、电动机 4 台及其他配套设备设施，年处理稀土氧化物能力达到 5000 吨。

第六节　包钢新利稀土有限责任公司

一、基础建设

包钢新利稀土有限责任公司（以下简称包钢新利公司）前身是始建于 1988 年 5 月的信丰县稀土冶炼厂。2010 年，包钢稀土以增资扩股的方式相对控股信丰新利 48%的股权。

包钢新利公司位于江西省赣州市信丰工业园

区内，占地面积约133332平方米（200亩），拥有20余条工艺先进、设备精良的南北方轻重稀土混合分离深加工生产线，有生产厂房26座，仓储、办公、宿舍等配套公辅设施12座，总建筑面积63612平方米。

2011年至2013年间，随着产业规模扩大，新建配套混料房、仓库、办公楼及员工宿舍，新增建筑面积8200平方米。

2013年，经赣市发改委批准，对原有钕铁硼废料综合利用生产线实施技改搬迁，新增土地面积33333平方米（50亩）、新增建筑面积7000平方米。项目于2014年竣工，产能达到年综合回收钕铁硼废料5000吨。

截至2016年底，现存主要建筑物详情见表2-11。

表2-11　包钢新利公司主要建筑物一览表

建筑物名称	建成时间	建筑面积/m^2	用　途
溶矿车间厂房	1988年1月	8500	溶矿
萃取车间厂房	2008年3月	4600	萃取分离
沉淀车间厂房	2008年3月	2600	沉淀
灼烧车间厂房	2008年3月	2350	灼烧
钇铕车间厂房	2008年3月	2200	高纯产品
维修车间厂房	2008年3月	1000	设备维修
老办公楼	1988年1月	1000	办公
1号宿舍楼	2007年5月	2000	员工住宿
立体仓库	2011年	1800	产品仓储
2号宿舍楼	2011年	2400	食堂、住宿
新办公楼	2012年	2200	办公
混料房	2013年	1800	产品混料
钕铁硼回收厂房	2014年	7000	生产
五金仓库	2015年	1600	仓储

二、生产与设备

2010年，包钢新利公司有稀土萃取分离生产线17条，主要设备有650升萃取槽46台、550升萃取槽32台、320升萃取槽26台、200升萃取槽22台，年分离稀土氧化物生产能力达3500吨，可生产15个稀土元素单一氧化物、化合物及一系列高纯度高附加值的新产品，如超细系列产品、低氯根系列和特殊物理性能产品的能力，主要产品包括氧化镧、氧化镨钕、氧化钐、氧化铕、氧化钆、氧化铽、氧化镝、氧化钬、氧化铒、荧光级氧化铽、氧化钇、氧化钇铕等；有稀土氧化物灼烧生产线2条，主要设备有12孔灼烧窑2条，年产能可达3000吨稀土氧化物；有钕铁硼废料回收生产线1条，主要设备有旋转窑2条、雷蒙机2台、除尘设备2套、提升机2台，年处理钕铁硼废料5000吨；有钕铁硼预处理生产线1条、钕铁硼溶解生产线1条，萃取生产线8条，沉淀反应釜及配套设备12台套。

2011年，新建配套混料房、仓库，新增设备有提升机2台、混料振动筛及相关设备6台套。

2012年，将2条灼烧窑燃烧系统更换为自主研发的半煤气发生炉2套，完全替代水膜除尘设备，取得良好的节能减排效果。

2013年，将萃取车间280台萃取槽电机全部更换为节能电机，年节电80万度；同年将1台4吨锅炉和1台6吨锅炉更换为1台6吨节能锅炉，年节约能耗20%。

同年，实施钕铁硼废料综合利用生产线技改搬迁工程，新增设备有旋转窑2台、提升机2台、雷蒙磨2台，年综合回收钕铁硼废料能力达到5000吨。

包钢新利公司稀土荧光材料钇铕车间

第七节　包头市京瑞新材料有限公司

一、基础建设

包头市京瑞新材料有限公司（以下简称京瑞公司）位于内蒙古包头市昆都仑区金属深加工园区，占地面积21887.82平方米，总建筑面积11000平方米。

2002年3月，经包头市稀土办公室批准，氧化铕生产线开工建设，并于当年建成投产，建成生产厂房1座、公辅设施1座，建筑面积2647平方米，总投资500万元。

2005年5月，为优化京瑞公司稀土萃取工艺和生产布局，同时为精益生产提供基础的保障，新建厂房2座，新增建筑面积1140平方米。同年10月工程竣工，总投资304万元。

京瑞公司稀土产品生产线

2006年12月，经内蒙古发改委批准，京瑞公司新建无水氯化稀土生产线开工建设。生产线在原有生产厂房内建设，项目工程于2009年9月竣工投产，总投资137万元。

2007年5月，为响应自治区和包头市对优势资源进行集约化管理的政策，采用优化后的“荧光级氧化铕清洁生产及资源综合回收利用工艺”实施氧化铕生产线的改建。改造工程于2007年12月竣工投产，新增建筑面积1615平方米，总投资420万元。

京瑞公司荧光级稀土氧化铕生产线

2011年6月，为改善员工工作条件，新建450平方米职工浴室和更衣室。同年9月竣工投入使用，总投资82万元。

同年，为响应国家和包头市关于节能环保、减少污染物排放的要求，京瑞公司着手实施天然气替代原煤技术改造项目，投入59.27万元敷设天然气管道100米、投入86.7万元新建天然气锅炉及锅炉厂房。2014年5月投入使用，厂区已无燃煤设施，是所处园区内第一家使用清洁能源的生产企业。

2012年3月，新建360平方米废水处理车间，新建一套三效强制循环废水处理设施替代原废水处理设施，消除了原使用石墨降膜蒸发系统和常压蒸发系统进行废水处理存在的能耗高、污染物排放量大等缺点，进一步提升了京瑞公司环保治理水平。项目于2012年12月竣工，总投资591.23万元。

2014年4月，拆除原有机热载体锅炉房、废水处理设施、原面积较小的仓库及食堂，新建仓库及食堂，总建筑面积2178平方米，总投资302万元。同年11月新建设施投入使用，显著改善职工就餐环境。

2014年，新建723平方米分析检测楼，总投资88.66万元，改善京瑞公司分析检测作业环境，分析检测能力和水平也得到提升。

截至2016年底，京瑞公司现存建筑物详情见表2-12。

表2-12　京瑞公司现存建筑物一览表

建筑物名称	建成时间	建筑面积 /m²	用　途
办公楼	2003年3月	833	办公
厂房	2002年11月	1814	生产分离生产
厂房2	2005年	1140	稀土分离生产
厂房3	2007年	1615	稀土分离生产
职工浴室	2011年	450	
废水处理车间	2012年	360	
食堂和仓库	2015年	2178	
分析检测楼	2015年	723	

二、生产与设备

2002年10月，京瑞公司氧化铕生产线建成投产，主要生产设备有萃取器190级、$\phi500\times600$还原槽3个、$\phi1400\times1700$沉淀槽5台、$\phi500\times600$过滤（贮液）器2个、燃气推板式灼烧窑1台及各类储槽43个。可生产荧光级氧化铕、钐钆富集物、重稀土富集物等产品，具备年产氧化铕10

吨、其他稀土产品（折合稀土氧化物100%计）114吨的生产能力。

2007年5月，通过优化萃取工艺，在未增加主体设备的情况下使得氧化铕产能达到年产100吨，成为全球最大的荧光级氧化铕生产基地。2009年，新建中重稀土萃取分离生产线，并于当年建成达产，新增氧化钐、氧化钆、氧化铽、氧化镝等产品，使京瑞公司的稀土产品结构更加优化、合理。

京瑞公司稀土生产线

2012年2月，无水氯化镧（铈）生产线投产，新增主要生产设备有反应釜5台、结晶罐5台、储槽16个、300升混料机2台、真空脱水炉5组、离心机3台及其他配套设备设施。可工业化生产无水氯化镧和氯化铈两种产品，年总产量100吨。该生产线是国内首条无水氯化稀土生产线，其成功运行实现了对单一初级稀土产品进行深加工，为高新技术、功能材料领域提供直接的优质原料，带动稀土行业由附加值较低的初级产品向深加工、高附加值、高新技术领域应用的产品转化，填补我国无水氯化稀土工业化生产的空白。

2012年11月，京瑞公司新建三效强制循环废水处理设施投入使用，新增主要设备有蒸发室3套、100平方米表面冷凝器1台、20平方米板式预热器1台、旋流增稠器1台、活性炭柱1根、离子交换柱3根及其他配套设备设施。淘汰了原有采用燃煤加热的常压蒸发废水处理系统和石墨降膜废水处理设施，每年节约燃煤1500吨、节约水4580吨，同时减少导热油用量5吨、烟尘排放10吨、二氧化硫排放9.8吨、氮氧化物排放10吨、煤渣排放200吨，节能减排效果显著。

2014年5月，新建天然气锅炉1台投入使用，淘汰原有燃煤蒸汽锅炉1台、有机热载体炉2台，年减少烟尘排放10吨、二氧化硫排放9.8吨、氮氧化物排放10吨，煤渣排放200吨，提升京瑞公司清洁化生产水平。

第八节　淄博包钢灵芝稀土高科技股份有限公司

一、基础建设

淄博包钢灵芝稀土高科技股份有限公司（以下简称淄博灵芝）位于山东省淄博市临淄区，原为淄博市临淄有色金属冶炼厂，创立于1994年4月，为区属集体企业。2003年6月与稀土高科合作，成为稀土高科相对控股子公司。

淄博灵芝现有淄博灵芝化工有限公司（以下简称灵芝化工）、王朱生产厂区、冶炼分公司和金属制膜分公司等4个生产厂区，均分布在淄博市临淄区，总占地面积20万平方米，总建筑面积7万平方米。其中淄博灵芝化工有限公司位于齐鲁化学工业区精细化工区，成立于1996年3月，主要生产液体氯化稀土和P_{507}萃取剂产品，年产液体氯化稀土25000吨，年产P_{507}萃取剂1200吨。

截至2003年6月，灵芝化工有生产车间3间，维修、仓储、办公等配套设施5间，厂区占地面积61823平方米，总建筑面积13569平方米，主要建筑物详情见表2-13。

表2-13　灵芝化工主要建筑物一览表

建筑物名称	建成时间	建筑面积/m^2	用　途	备　注
稀土西车间	2003	1476	生产	
P_{507}车间	2003	1771	生产	
稀土东车间	1997	720	生产	
稀土车间办公室	2003	412	办公	
五金仓库	2003	66	仓库	
配件仓库	2003	221	仓库	
维修东车间	2002	236	生产	
稀土原办公室	2002	430	办公	2009年6月拆除

淄博灵芝王朱生产厂区（公司综合办公楼所在地）位于临淄区辛店街道办王朱村北，占地面积80400平方米，总建筑面积34240平方米，原计划实施“年产2500吨高性能钕铁硼项目”，该项目用地、项目核准、用地规划许可、工程规划许可、环评、安评、节能评估、水土保持方案、水资源论证等所需手续以及项目报建均已于2013

年12月前完成。目前因市场原因暂缓设备安装工作。

淄博灵芝冶炼分公司位于临淄区南王经济开发区加华路11号，占地面积53336平方米。于1994年创立，主要生产镧、铈、镨、钕各元素的盐类产品及氧化物产品，以及金属镨钕、稀土抛光粉等。

截至2003年6月，总建筑面积19400平方米，主要建筑物详情见表2-14。

表2-14 淄博灵芝冶炼分公司主要建筑物一览表

建筑物名称	建成时间	建筑面积/m^2	用途	备注
后处理车间	1994年6月	1119.25	生产	北沉淀
灼烧车间	1994年6月	650.3	生产	萃取四厅
萃取车间	1994年6月	1233.22	生产	萃取二厅
制酸岗位	1994年6月	283.41	生产	
纯水泵房	1994年6月	678.64	生产	制水岗位
老研究所	1994年6月	2945.63	研究所、抛光粉化验楼	
变电室	1994年6月	228.17	总配电室	
汽车车库	1994年6月	502.57	北仓库	
锅炉房（北）	1994年6月	577.72	生产	
北烘干岗位	1994年6月	319.69	生产	
供水泵房	1994年6月	76.14	供排水	
更衣室	1994年6月		已拆除	
职工浴室	1994年6月		已拆除	
5排平房	1994年6月		后处理办公室	四排已拆除
泵修及后处理维修	1994年6月	230.80	大维修	
办公楼	1996年8月	2065.03	办公楼	
研究所	1996年8月	2945.63		
二期萃取车间	1996年8月	1430.7	生产	三厅
二期前处理车间	1996年8月	40.9	生产	处理乳化物
二期萃取副楼	1996年8月	242.4	萃取办公室	三厅北
二期成品车间	1996年8月	654.61	地磅西仓库	地磅西仓库
二期中间料池	1996年8月	429.55	南中间料	南中间料、拆除20米
二期锅炉房	1996年8月	231.00	南锅炉房	南锅炉房
东仓库	1996年8月	953.25	后处理、采购部	
东处理车间	1998年5月	512.50	南沉淀岗位	

续表2-14

建筑物名称	建成时间	建筑面积/m^2	用途	备注
氟化稀土烘干车间	2001年6月	175.68	后处理氟转	
煤烧炉车间	2002年8月			已拆除
南配电室	2002年12月			已拆除
上煤房	2002年12月			已拆除
南门卫室	2002年12月		抛光粉仓库	
水塔				已拆除
北中间料		346.61	萃取车间	拆除、新建板房
南烘干及供排水配电室		203.54		

淄博灵芝金属制膜分公司位于临淄区乙烯南路，土地为租赁，成立于2004年6月，主要生产金属镨钕、OPE薄膜、金拉线膜产品，产能为1500吨/年氧化镨钕和1000吨/年PE薄膜。

截至2007年6月，金属制膜分公司共有生产车间2间，维修、仓储、办公等配套设施9间，厂区占地面积4862平方米，总建筑面积2420平方米。

2004年1月，经淄博齐鲁化学工业区管理委员会（淄齐鲁化工管发〔2004〕6号）批准，年分离2.5万吨氯化稀土项目开工。在原临淄有色金属冶炼厂已有年分离1500吨氯化稀土生产线基础上改建，新建生产厂房1座、改建厂房1座，增加两个萃取大厅及相应配套设施，未新增建筑面积。项目工程于2005年3月竣工，总投资6000万元，形成年分离氯化稀土25000吨生产能力。

2004年6月，经淄博齐鲁化学工业区管理委员会（淄齐鲁化工管发〔2004〕16号）批准，年产1500吨金属钕（镨钕）冶炼项目开工。在金属制膜原有150吨/年金属镨钕冶炼装置基础上改建，利用齐鲁石化工程公司原厂房进行建设。项目工程于2008年4月竣工，总投资1300万，形成年产1500吨金属钕（镨钕）产能。

2005年10月，经淄博齐鲁化学工业区管理委员会（淄齐鲁化工管发〔2004〕27号）批准，年产2.5万吨氯化稀土项目开工建设。在淄博灵芝化工公司生产厂区原有年分离11560吨氯化稀土生产线基础上改建，新建生产厂房2座、新增稀土西车间水洗岗位和碱分解岗位、稀土东车间酸

泡岗位和水洗岗位以及配电室、车间办公室、分析室，新增建筑面积 1080 平方米。项目工程于 2005 年 3 月竣工，总投资 2900 万。通过长期技术攻关、工艺优化，在增加少量生产设施的基础上，形成年产氯化稀土 25000 吨产能。

2005 年 11 月，经临淄区发展计划局（临计字〔2005〕122 号）批准，年产 300 吨 P_{507} 萃取剂项目在淄博灵芝化工有限公司生产厂区开工建设。新建生产厂房 2 座、增加 P_{507} 萃取剂 3 条生产线以及配电室、供水设施、导热油炉设施，新增建筑面积 1728 平方米。项目工程于 2006 年竣工，总投资 490. 54 万元，形成年产 300 吨 P_{507} 萃取剂产能。P_{507} 萃取剂生产线的投产，不但可以满足淄博灵芝内部萃取生产需要，并且部分外卖，为淄博灵芝带来利润新增长点。

2007 年 11 月，经淄博市临淄区发展和改革局（临发改发〔2007〕104 号）批准，在冶炼分公司建设年产 300 吨氧化铈超细粉体生产线。新建生产厂房两座、新增建筑面积 2364 平方米。生产线于 2008 年 2 月竣工，总投资 2026 万元，达到年产 300 吨氧化铈超细粉体生产能力。

2010 年 12 月，经淄博市临淄区发展和改革局（临发改项〔2010〕132 号）批准，年产 2000 吨稀土抛光粉项目开工建设。在冶炼分公司原有 300 吨氧化铈超细粉体项目上改建，项目生产线于 2012 年 8 月竣工，总投资 400 万元，达到年产 2000 吨稀土抛光粉生产能力。

同年 12 月，经淄博市临淄区发展和改革局批准，年产 6000 吨稀土抛光粉焙烧（稀土氧化物）项目开工建设。在冶炼分公司北厂新建生产厂房 2 座、隧道窑 2 条、辊道窑 2 条，新增建筑面积 3456 平方米。项目工程于 2014 年 11 月竣工，总投资 500 万元，达到年产 6000 吨稀土氧化物或稀土抛光粉灼烧生产能力。

2011 年 5 月，对冶炼分公司环保设施及厂容厂貌等实施全面改造。新建生活污水生化处理装置 2 座、新建废气收集处理装置 18 套、新建罐区酸性废气收集处理装置 2 套、一般工业固废和危险废物暂存库各 1 座，新增建筑面积 288 平方米；安装 COD 和氨氮在线检测设备各 1 套，改造厂区雨水收集池、事故应急池各 1 座，实施外排污水管网出地工程、雨污收集管线防渗工程、废水池废气收集处理工程；厂区内罐区、地面防渗措施、道路防渗工程、生产区厂房及设备出新改造等。项目工程于 2011 年 5 月全部竣工投入使用，总投资 2300 余万元。

同期，灵芝化工先后投入资金 1700 余万元，实施了废水处理设施改造工程。建设中水回用池 1 座、改造了稀土水洗料回收系统、新建除氟车间及配套设施、完善污水配电设施、车间沉淀池及排水沟改造防腐、新建生活污水生化处理装置 1 座、新建废气收集处理装置 7 套、新建盐酸罐区废气收集处理装置 3 套、一般工业固废和危险废物暂存库各 1 座、新建厂区雨水收集池、事故应急池各 1 座，实施生产废水与外排污水管网出地工程、雨污收集管线防渗工程、废水池废气收集处理工程、厂区内道路、罐区、车间地面防渗等大修工程，厂房、设备等生产设施升级改造工程等。项目工程于 2012 年 11 月全部竣工投入使用，新增建筑面积 2950 平方米，敷设管网 4500 米。

2013 年 3 月，经淄博灵芝董事会批准，实施冶炼萃取、南北沉淀加热改造工程。改造内容包括 1 号、2 号、3 号、4 号厅萃取槽加热改造及大厅水暖改造、南北沉淀水暖改造、提铕车间萃取槽加热改造及水暖改造、室外主管线、换热站设备安装等。改造工程于 2014 年 10 月全部竣工，未新增建筑面积、敷设管网 5058 米，总投资 195 万元。改造完成后，冬季每天可节约蒸汽 30 吨左右，同时可回用水 24 吨左右。

经临淄区经信局批准，在灵芝化工厂区实施年产 25000 吨液体氯化稀土装置安全环保技改项目。项目建设内容包括：新建 1 座 450 平方米的轻钢厂房及钢结构平台，安装 8 台 100 平方米板框、13 个反应罐、2 个优容罐、2 套浓缩装置，铺设工艺管线 1100 米，安装配套电器系统，对该项目原围堰及设备进行拆除拆迁等。项目工程于 2015 年 8 月全部竣工，总投资 274 万元。

同期，经临淄区经信局批准，在灵芝化工公司厂区实施年产 1200 吨 P_{507} 萃取剂生产装置技改项目。改造内容包括导热油加热反应釜改为蒸汽加热、对车间三条生产线进行自动化控制改造、新建三氯化磷和石油醚储罐及罐区、水洗工艺设备改造、淘汰燃煤锅炉改用清洁能源（蒸汽）等。项目工程于 2015 年 8 月全部竣工投入使用，使员工工作环境得到改善、风险度得到降低，项目总投资 459 万元。

2015 年，根据临淄区人民政府办公室文件，关于集中开展彩钢板建筑整治工作的通知要求，对车间、仓库、办公室等使用的彩钢板墙面更换为不燃材料，冶炼分公司、灵芝化工共计投入 730 万元，对所有建筑墙体进行了更换，12 月份施工结束，达到政府部门的要求并降低了火灾风险隐患。

2015 年 3 月，经临淄区经信局批准，在王朱厂区实施“8000 吨/年稀土氧化物生产窑炉节能环保改造项目”，项目一期投资 300 余万元，建设两条辊道窑，与同年 11 月投入使用。

2015 年 5 月，在产能、生产设备不变情况下，冶炼分公司进行技术改造，萃取工序皂化段由液碱皂化改为氨水皂化，沉淀工序由碳酸钠改为碳酸氢铵来沉淀稀土，并同期对生产废水处理设施进行配套升级改造，以保障生产废水的达标处理。项目投资一千多万元，2015 年试运行，目前项目还在不断完善中。

截至 2016 年底，淄博灵芝现存主要建筑物详情见表 2-15。

淄博灵芝稀土生产车间

表 2-15　淄博灵芝现存主要建筑物一览表

建筑物名称	设计单位	建成时间	建筑面积/m^2	用　途	备　注
后处理车间（北沉淀）		1994 年 6 月	1119.25	后处理车间	冶炼分公司
灼烧车间（萃取四厅）		1994 年 6 月	650.3	萃取车间	冶炼分公司
萃取车间（萃取二厅）		1994 年 6 月	1233.22	萃取车间	冶炼分公司
制酸岗位		1994 年 6 月	283.41	萃取车间	冶炼分公司
纯水泵房（制水岗位）		1994 年 6 月	678.64	萃取车间	冶炼分公司
老研究所		1994 年 6 月	2945.63	研究所、抛光粉化验楼	冶炼分公司
变电室		1994 年 6 月	228.17	总配电室	冶炼分公司
汽车车库		1994 年 6 月	502.57	北仓库	冶炼分公司
锅炉房（北）		1994 年 6 月	577.72	后处理车间溶解	冶炼分公司
北烘干岗位		1994 年 6 月	319.69	后处理车间	冶炼分公司
供水泵房		1994 年 6 月	76.14	供排水	冶炼分公司
1 排平房		1994 年 6 月		后处理办公室	冶炼分公司
办公楼		1996 年 8 月	2065.03	办公楼	冶炼分公司
二期萃取车间（三厅）		1996 年 8 月	1430.7	萃取三厅	冶炼分公司
二期前处理车间（处理乳化物）		1996 年 8 月	40.90	萃取车间	冶炼分公司
二期萃取副楼（三厅北）		1996 年 8 月	242.4	萃取办公室	冶炼分公司
二期成品车间（地磅西仓库）		1996 年 8 月	654.61	地磅西仓库	冶炼分公司
二期中间料池（南中间料）		1996 年 8 月	429.55	南中间料	拆除 20 米 冶炼分公司
二期锅炉房（南锅炉房）		1996 年 8 月	231.00	南锅炉房	冶炼分公司
东仓库		1996 年 8 月	953.25	后处理、采购部	冶炼分公司
东处理车间		1998 年 5 月	512.50	南沉淀岗位	冶炼分公司
氟化稀土烘干车间		2001 年 6 月	175.68	后处理氟转	冶炼分公司
南门卫室		2002 年 12 月		抛光粉仓库	冶炼分公司
北中间料		2014 年	346.61	萃取车间	冶炼分公司

续表 2-15

建筑物名称	设计单位	建成时间	建筑面积/m^2	用 途	备 注
研究所		1996 年 8 月	2945.63		冶炼分公司
南烘干及供排水配电室			203.54		冶炼分公司
泵修及后处理维修		1994 年 6 月	230.80	大维修	冶炼分公司
萃取一厅	齐鲁石化设计院	2006 年 11 月	1009	萃取车间 1 号厅	冶炼分公司
雨水应急池	临淄科林环保科技有限公司	2004 年 7 月	179	厂区应急池、雨水池	冶炼分公司
提铕车间（沉淀）	临淄科林环保科技有限公司	2005 年 5 月	270	萃取提铕沉淀	冶炼分公司
COD 岗位	齐鲁石化设计院	2005 年 12 月	270	供排水车间	冶炼分公司
轻钢仓库（湿法抛光粉）	齐鲁石化设计院	2006 年 12 月	1300	抛光粉车间	冶炼分公司
混料岗位	齐鲁石化设计院	2007 年 12 月	464	后处理车间	冶炼分公司
混料南仓库	齐鲁石化设计院	2007 年 12 月	350	后处理车间	冶炼分公司
混料西仓库	齐鲁石化设计院	2007 年 12 月	220	后处理车间	冶炼分公司
隧道窑岗位	齐鲁石化设计院	2009 年 12 月	1728	后处理车间	冶炼分公司
辊道窑岗位	齐鲁石化设计院	2008 年 12 月	1728	后处理车间	冶炼分公司
抛光粉轻钢厂房（气粉）	齐鲁石化设计院	2006 年 10 月	1064	抛光粉岗位	冶炼分公司
厕所		2008 年 12 月	33	西厕所	冶炼分公司
三厅碱屋		2008 年 12 月	133	萃取车间	冶炼分公司
三厅北新增轻钢房	齐鲁石化设计院	2014 年 5 月	120	萃取车间	冶炼分公司
二厅碱屋		2008 年 12 月	85	萃取车间	冶炼分公司
一厅碱屋		2008 年 12 月	66	萃取车间	冶炼分公司
溶解岗位	齐鲁石化设计院	2009 年 12 月	460	后处理车间	冶炼分公司
分析化验综合楼	齐鲁石化设计院	2009 年 12 月	2021	分析室、食堂	冶炼分公司
北中间料	齐鲁石化设计院	2009 年 12 月	274	萃取车间	冶炼分公司
南锅炉房空压机房		2013 年 3 月	60	抛光粉车间	冶炼分公司
地磅西大棚		2011 年 12 月	648	抛光粉车间	冶炼分公司
北院厕所		2012 年 9 月	21		冶炼分公司
新建水表房		2012 年 9 月	15	南大井水表房	冶炼分公司
东仓库附棚	齐鲁石化设计院	2013 年 3 月	360	后处理车间	冶炼分公司
厂区南厕所		2013 年 12 月	29		冶炼分公司
固废仓库		2010 年	288		冶炼分公司
合成气粉生产车间	西安有色冶金设计研究院	2013 年 9 月	7155	抛光粉车间	冶炼分公司
灼烧生产车间	西安有色冶金设计研究院	2014 年 12 月	10947	后处理车间	冶炼分公司
王朱办公楼	西安有色冶金设计研究院	2013 年 9 月	2700	公司综合办公楼	王朱厂区
1 号车间	西安有色冶金设计研究院	2013 年 9 月	6300	钕铁硼车间	王朱厂区
2 号车间	西安有色冶金设计研究院	2013 年 9 月	5400	抛光粉车间	王朱厂区
3 号车间	西安有色冶金设计研究院	2013 年 9 月	10125	氧化物灼烧车间	王朱厂区
10kV 开关站	西安有色冶金设计研究院	2011 年 12 月	243	钕铁硼车间	王朱厂区
1 号仓库	山东海城石化工程有限公司	2011 年 10 月	2167.39	国贸仓库	王朱厂区
2 号仓库	山东海城石化工程有限公司	2011 年 10 月	2167.39	国贸仓库	王朱厂区
3 号仓库	山东海城石化工程有限公司	2012 年 9 月	2167.39	国贸仓库	王朱厂区
金属半成品厂房		2005 年	60	存放半成品金属	金属制膜厂区
金属厂房		2005 年	100	清理金属电解质	金属制膜厂区
门卫厂房		2006 年	30	公司保安	金属制膜厂区
南配电室		2006 年	120	厂区供电设施	金属制膜厂区

续表 2-15

建筑物名称	设计单位	建成时间	建筑面积/m^2	用　途	备　注
制膜厂房		2007 年	700	OPE、金拉线膜	金属制膜厂区
食堂厂房		2007 年	270	职工用餐	金属制膜厂区
锅炉房		2007 年	120	职工取暖	金属制膜厂区
成品厂房		2008 年	500	存放 OPE 膜	金属制膜厂区
配件厂房		2008 年	200	存放备品备件	金属制膜厂区
金属整流厂房		2008 年	100	车间硅整流柜	金属制膜厂区
金属整流厂房		2008 年	100	车间硅整流柜	金属制膜厂区
电解炉附房		2007 年	120	存放电解质	金属制膜厂区
碳铵护棚		2015 年 11 月	421.2	存放碳铵	灵芝化工
外排罐护棚		2016 年 2 月	247		灵芝化工
消防泵房		2014 年 6 月	50		灵芝化工
碳铵护棚		2015 年 11 月	421.2	存放碳铵	灵芝化工
外排罐护棚		2016 年 2 月	247		灵芝化工
东车间三期	汇智工程科技有限公司	2015 年	448	东车间水洗	灵芝化工
东车间一期		1999 年 6 月	462	东稀土生产车间	灵芝化工
东车间二期		2004 年 4 月	290	东稀土生产车间	灵芝化工
东车间三期	汇智工程科技有限公司	2015 年 4 月	448	东车间水洗	灵芝化工
西车间一期		2002 年 7 月	696	稀土生产车间	灵芝化工
西车间二期		2004 年 6 月	350	稀土生产车间	灵芝化工
西车间三期	齐鲁石化设计院	2010 年 10 月	389	稀土生产车间	灵芝化工
P_{507}车间		2003 年 9 月	1765	P_{507}生产车间	灵芝化工
洗渣车间		2006 年 10 月	858	稀土生产车间	灵芝化工
苛化岗位		2005 年 12 月	307	碱水回收	灵芝化工
精矿仓库		2007 年 8 月	1875	仓库	灵芝化工
东车间片碱仓库		2005 年 10 月	678	仓库	灵芝化工
污水板框		2008 年 7 月	650	污水污泥处理	灵芝化工
西车间片碱仓库		2007 年 11 月	749	仓库	灵芝化工
P_{507}仓库		2015 年 6 月	640	仓库	灵芝化工
低品位精矿仓库		2007 年 11 月	1268	仓库	灵芝化工
淘汰渣仓库		2007 年 11 月	728	仓库	灵芝化工
锅炉房仓库		2008 年 1 月	520	仓库	灵芝化工
除氟岗位		2012 年 1 月	217	污水处理	灵芝化工
氯化钙岗位		2014 年 8 月	252	氯化钙生产	灵芝化工
办公楼		2007 年 11 月	331	办公楼	灵芝化工
会议室		2007 年 11 月	292	会议室、配电	灵芝化工
西车间办公室		2002 年 7 月	412	办公室、配电室	灵芝化工
氟磷回收岗位		2004 年 4 月	123	氟磷回收	灵芝化工
东车间办公室		1999 年 7 月	37	办公室	灵芝化工
东车间维修		1999 年 7 月	235	东车间维修	灵芝化工
西车间维修		1999 年 7 月	174	西车间维修	灵芝化工
保管办公室		1999 年 7 月	157	保管、叉车值班	灵芝化工
P_{507}维修		1999 年 7 月	442	维修岗位	灵芝化工
西门卫		2009 年 10 月	82	西门卫	灵芝化工

二、生产与设备

2003 年，淄博灵芝有氯化稀土生产线 1 条，主要设备有 6.3 立方米碱分解槽 2 台、20 立方米水洗罐 6 台，12 立方米酸泡罐 2 个，6 立方米回调罐 4 台，3 立方米优溶罐 2 个，80 平方米板框压滤机 4 台以及配电、供水等附属设备，具备年产混合氯化稀土（折合稀土氧化物 100%）15000 吨生产能力；有稀土萃取分离生产线 14 条，主要设备有 220 升萃取槽 44 台、260 升萃取槽 68 台、80 升萃取槽 16 台、180 升萃取槽 16 台、300 升萃取槽 19 台、400 升萃取槽 13 台，可生产氯化镧、氯化铈、氯化镨、氯化钕、氯化钐铕钆等 5 个品种、纯度 99%的稀土化合物产品，具备年产稀土化合物（折合稀土氧化物 100%计）15000 吨生产能力；后处理车间（沉淀碳酸盐）生产线 3 条，主要设备有 10 立方米沉淀罐 21 个、离心机 9 台，可生产 3 个品种碳酸稀土产品，年总产量达 3240 吨。

2005 年 3 月，灵芝化工年产 2.5 万吨氯化稀土生产线竣工投产，新增碱法氯化稀土生产线 1 条，新增主要设备有 14 立方米化选罐 2 台、20 立方米水洗罐 13 台、6.3 立方米碱解罐 3 台，氯化稀土年产能达到 25000 吨。同期，配套年分离 2.5 万吨氯化稀土工程竣工，新增萃取分离生产线 2 条，新增主要设备有 600 升铈镨线 24 台、600 升镧铈线 16 台，年氯化稀土分离能力达到 25000 吨。

2006 年，灵芝化工新建 P_{507}萃取剂生产线竣工投产，新增 P_{507}萃取剂生产线 3 条，新增主要设备有 2 立方米反应釜共计 25 个、计量罐 19 个、接收罐 28 个、列管换热器 12 台，P_{507}萃取剂年产能达到 300 吨。

2008 年 2 月，新建氧化铈超细粉体生产线竣工投产，新增主要设备有 10 立方米空气压缩机 2 台、冷冻式干燥机 2 台、气流粉碎机 2 台，形成年产 300 吨氧化铈超细粉体（抛光粉）生产能力。

同年 4 月，金属钕（镨钕）冶炼建设项目竣工，新增主要设备有 4000 安电解炉 24 台、6000 安/12 伏硅整流电解柜 24 台、抛丸机 1 台、红外线碳硫分析仪 1 台，金属钕（镨钕）年产能达到 1500 吨。

同年，在金属车间安装水膜除尘箱 7 台，2011 年新增脉冲袋式除尘器 7 台，年减排 1920 千克粉尘颗粒。

2011 年，金属车间采用 8000 安/15 伏高频开关电源（电解用）17 台，替换低效率 6000 安/12 伏硅整流电解柜 24 台，年节能 40 万度电。

同年 8 月，淄博灵芝冶炼分公司环保设施改造工程竣工投入使用，新建生活污水生化处理装置 1 座、废气收集处理装置 10 套，配套新增主要设备有喷淋塔 10 台、10 号离心通风机 3 台、8 号离心通风机 6 台、6 号离心通风机 1 台；新建罐区酸性废气收集处理装置 2 套，配套新增主要设备为酸雾吸收塔 2 套；安装 COD 检测设备 1 台、氨氮在线检测设备 1 套。年废水处理能力达到 28.86 万吨，实现“三废”达标排放。

2012 年对炉体进行改造，炉体使用寿命由原来的 12 个月左右，延长到 20 个月左右。

同年 8 月，稀土抛光粉生产竣工投产，新增主要设备有燃气热风炉 1 台、离心喷雾干燥机 1 台、球磨机 1 台、回转窑 1 台、20 立方米空气压缩机 2 台、储气罐 2 台、冷冻式干燥机 2 台、气流粉碎机 3 套、凉水塔 1 台、分级机 3 套，可生产 TREO≥90%、$D_{50}=0.5\sim3.0\mu m$、$w(F)=3\%\sim5\%$规格的稀土抛光粉产品，年总产能达到 2000 吨。

2012 年 11 月，灵芝化工废水处理设施改造工程竣工，新建中水回用池 1 座，配套新增主要设备有厢式程控压滤机共计 4 台；改造稀土水洗料回收系统，配套新增主要设备为 800 立方米的水洗沉淀池、480 立方米的化选沉淀池及其配套设施；新建除氟车间及配套设施，配套新增主要设备有 50 立方米/小时的斜板沉淀箱、50 立方米/小时的砂滤罐、50 立方米/小时的超微过滤及其配套的药剂系统；完善污水配电设施，配套新增主要设备有 1000 千伏安的变压器 1 台、低压配电柜 8 台；新建生活污水生化处理装置 1 座，配套新增主要设备有 5 立方米/小时处理能力的污水处理箱 1 台；新建废气收集处理装置 7 套，配套新增主要设备有 7 套，包括废气净化塔 7 台、离心风机 7 台及其配套的玻璃钢通风、排放系统；新建盐酸罐区废气收集处理装置 3 套，配套新增主要设备 350×H3650 聚丙烯废气净化塔 3 台及其配套管线；年新增废水处理量 50000 吨，“三废”达标排放。

2014 年 10 月，冶炼萃取、南北沉淀加热改造工程竣工，新增主要设备有智能化换热机组 2 套、750×500 石墨加热片 91 组、800×500 石墨加热片

48 组、700×400 石墨加热片 30 组、500×400 石墨加热片 20 组、300×300 石墨加热片 13 组。冬季每天可节约蒸汽 30 吨左右，同时可回用水 24 吨左右。

2015 年 11 月，新建稀土抛光粉（稀土氧化物）焙烧项目竣工，新增焙烧生产线 2 条，新增主要设备有 62 米辊道窑 2 套，稀土氧化物或稀土抛光粉年灼烧生产能力达到 6000 吨。

2015 年 8 月，灵芝化工厂区年产 25000 吨液体氯化稀土装置安全环保技改项目竣工，新增主要设备有压滤机 7 台、10 立方米搪瓷反应釜 2 台、12.5 立方米搪瓷蒸馏罐 2 台、各类储罐 10 个以及配电柜、上料泵等附属设备，年碱水回用率提高 25% 、吨氯化稀土片碱单耗降低 0.05 吨，年节约清水 45000 吨，年减少污水排放量 45000 吨。

同期，灵芝化工 P_{507} 萃取剂生产装置技改项目竣工投产，将 2 立方米导热油加热反应釜 11 台改为蒸汽加热；对车间 3 条生产线进行自动化控制改造，新增主要设备有 3 立方米搪瓷反应釜 2 台、DCS 控制系统 1 套及压缩机等附属设备；新建三氯化磷及罐区，新增主要设备有 20 立方米碳钢储罐 1 台；对水洗工艺设备改造；淘汰旧有机热载体燃煤锅炉 1 台，改用 2 立方米的外盘管蒸汽加热反应釜 11 台。P_{507} 萃取剂年产量达到 1200 吨，年生产成本减少 60 万元，员工工作环境得到改善，风险度得到降低，环保符合当地政府要求。

第九节　包头瑞鑫稀土金属材料股份有限公司

一、基础建设

包头瑞鑫稀土金属材料股份有限公司（以下简称瑞鑫公司）位于内蒙古包头稀土高新技术开发区新建区青工路 2 号，自 2002 年成立后，公司发展驶入了快车道。瑞鑫公司下设 5 个生产车间、1 个检修车间、1 个包装车间、6 个管理部门和全资子公司瑞达稀土材料有限公司。

2002 年 10 月，瑞鑫公司一期工程开始投建，新建生产厂房 1 座，建筑面积 1694.11 平方米；装配车间 1 个，建筑面积 843 平方米；实验楼、配电室等公辅设施 2 座，总建筑面积 902.1 平方米。一期工程于 2003 年 5 月竣工投产，项目总投资 1020 万元，占地面积 26395.64 平方米，总建筑面积 3439 多平方米。

2004 年 4 月，瑞鑫公司二期扩建工程开工建设。此次扩建工程包括生产二车间、车库、机加工车间、泵房和水池，新增生产厂房 3 座，建筑面积 2486 平方米；新增 25 千安实验厂房、机关办公楼、库房等公辅设施 3 座，总建筑面积 3855 平方米。二期工程于同年 10 月竣工投产，总投资 2000 万元，新增总建筑面积 6341.1 平方米。

2007 年 4 月，瑞鑫公司再次实施扩建工程，新增生产厂房 2 座，新增建筑面积 2954 平方米；新增附属办公室、仓库等公辅设施 5 座，新增建筑面积 1712.9 平方米。扩建工程于同年 10 月竣工，总投资 223 万元，新增土地 13585.16 平方米，总建筑面积达 4666.9 平方米。

2008 年，瑞鑫公司扩建年产量 8000 吨轻稀土金属的生产车间建成并投产使用，新增生产车间 3 座、配套公辅设施 3 座，新增土地 13539.96 平方米、总建筑面积 5217 平方米，总投资 3077 万元。

截至 2016 年底，瑞鑫公司占地面积达到 54345 平方米，总建筑面积 19664 平方米。主要建筑物详情见表 2-16。

表 2-16　瑞鑫公司主要建筑物一览表

建筑物名称	建成时间	建筑面积/m^2	用　途	备　　注
装配车间	2003 年 5 月	843	稀土院火法室	
检修车间	2003 年 5 月	1694	铆焊、制板	2003 年 5 月建成生产厂房，于 2008 年 11 月改为检修车间
配电室	2003 年 5 月	158	公司用电	
技术中心	2003 年 5 月	739.29	检测分析	
机关办公楼	2004 年 10 月	1913.61	办公	
25 千安实验厂房	2004 年 10 月	551.83	稀土院火法室	
机加车间	2004 年 10 月	261.04		于 2007 年由改为公司食堂
后处理车间	2004 年 10 月	333.25	金属包装	于 2011 年改为维修二班与金属取样

续表 2-16

建筑物名称	建成时间	建筑面积/m^2	用 途	备 注
电解二车间	2004 年 10 月	1891.78	生产	
库房	2007 年 10 月	1338.58	产品储存	
电解三车间	2008 年 5 月	2055.63	生产	
电解四车间	2009 年 1 月	1952.6	生产	
电解五车间	2009 年 1 月	1952.6	生产	
新一车间	2009 年 1 月	1440	生产	

二、生产与设备

2003 年 5 月，瑞鑫公司年产量 1000 吨轻稀土金属的生产线、年产量 10 套大型熔盐电解成套设备的装配车间建成投产，主要生产设备有 10 千安/11 伏电解设备 10 套，可生产镨钕金属和金属钕两个品种、4 个规格的稀土金属产品。

2004 年 10 月，瑞鑫公司二期建设工程竣工，新建电解生产线 1 条，新增 12 千安/11 伏的电解设备 10 套，瑞鑫公司轻稀土金属年总产量达到 3000 吨。

2007 年 10 月，瑞鑫公司生产线扩建工程竣工，新增 12 千安/11 伏电解设备 10 套，瑞鑫公司轻稀土金属年总产量达到 5000 吨。

瑞鑫公司生产车间

同期，瑞鑫公司新建电解车间投产，新增 12 千安/11 伏电解设备 24 套，主营产品金属钕及镨钕合金年总生产能力达到 8000 吨，在全国同行业中排名前一，市场占有率达到全国第一。

2014 年，瑞鑫公司对电解工艺所用整流设备实施改进，淘汰 12 千安/11 伏可控硅整流设备 11 台，引进 IGBT 设备 11 台，降低了生产过程中的电能损耗，节能约 5%以上。

2015 年至 2016 年，瑞鑫公司陆续引进 IGBT 设备 20 台，电解设备不断在更新，达到节能减排、降本增效的目的。

第十节 包头市金蒙稀土有限责任公司

一、基础建设

包头市金蒙稀土有限责任公司（以下简称金蒙公司）成立于 2000 年 10 月 17 日，地处素有“稀土之乡”美称的包头市昆都仑区哈业脑包镇新光三村。2015 年 4 月，北方稀土以相对控股的资本结构收购金蒙公司 34%的股权，金蒙公司成为北方稀土相对控股分子公司。

截至 2016 年底，金蒙公司占地面积 26000 多平方米，总建筑面积 18000 平方米。主要建筑物详情见表 2-17。

表 2-17 金蒙公司主要建筑物一览表

建筑物名称	建筑面积/m^2	落成时间	用 途
一车间焙烧厂房	391.3	2000 年 7 月	精矿焙烧
二车间萃取厂房	2768.29	2003 年	稀土分离生产
三车间灼烧厂房	728.76	2005 年	稀土氧化物生产
办公楼、食堂	1188.3	2007 年	办公、职工就餐

二、生产与设备

金蒙公司自成立以来，生产规模不断扩大，现有稀土精矿焙烧生产线、稀土萃取分离生产线，主要生产设备有回转窑、萃取槽、氧化焙烧八孔窑及其他配套设备设施，涉及稀土的粗加工和深加工等不同层次，具备年处理稀土精矿（50 矿）10000 吨、萃取分离稀土 10000 吨、氧化焙烧稀土氧化物 4500 吨的生产能力；产品包括稀土焙烧矿、稀土氯化盐、碳酸盐、氧化物等 20 余种，单一稀土产品的纯度可满足 99.9%及 99.99%不同规格的要求。

第十一节　包头市红天宇稀土磁材有限公司

一、基础建设

2015 年 5 月，根据内蒙古政府的有关要求，北方稀土完成了对内蒙古地区稀土冶炼分离企业的整合重组，包头市红天宇稀土磁材有限公司（简称红天宇公司）成为北方稀土相对控股分子公司。

红天宇公司位于包头市昆区哈业胡同钢铁稀土深加工园区，下设焙烧车间、水浸车间、碳沉车间、环保车间等 4 个生产车间，综合管理部、生产技术部、财务部、安环部和供应部等 5 个管理部门，具备年产混合碳酸稀土 25000 吨生产能力。

截至 2016 年底，红天宇公司占地面积为 21344 平方米，主要建筑物详情见表 2-18。

表 2-18　红天宇公司主要建筑物一览表

建筑物名称	落成时间
生产区厂房	2007 年 6 月
水池/基础道路	2007 年 7 月
四号水池 85.75 平方米	2010 年 12 月
清水池 375.4 平方米	
地面水池 1600 平方米	
除尘塔	
彩钢复合板	2014 年 12 月
水处理房	2015 年 2 月
水处理房	2016 年 11 月

二、生产与设备

截至 2015 年 5 月，红天宇公司酸法生产线 1 条，主要生产设备有回转窑 3 台、各类槽罐总计 61 个、过滤设备 47 台，以及其他配套设备设施，年产混合碳酸稀土 25000 吨。

2015 年末，红天宇公司硫酸铵废水治理一期工程正式投入运行，新增 MVR 蒸发设备 1 套，硫酸铵废水处理能力达到 20 吨/小时，月处理硫酸铵废水 600 吨，达到预期治理目标。但因废水处理能力不足，导致 2015 年主产品产量低，造成部分生产线闲置。

2016 年 5 月，继续实施废水处理二期工程，新增硫酸铵废水预处理膜浓缩提浓设备，同年 10 月份完成设备调试投入使用，红天宇公司硫酸铵废水处理能力达到 60 吨/小时。膜浓缩提浓设备配合 MVR 设备后，降低能源消耗量，使单位产品废水处理成本远低于单一 MVR 设备或单一膜处理设备的处理成本，同时，该设备自动化程度高，降低了人工成本及检修维护费用，提高劳动生产率。

第四章 稀 土 材 料

北方稀土生产的稀土材料产品包括稀土磁性材料、稀土贮氢合金、稀土抛光粉、稀土荧光粉及稀土催化材料，主要生产企业有内蒙古包钢稀土磁性材料有限责任公司、内蒙古稀奥科贮氢合金有限公司、中山天骄稀土材料有限公司、包头天骄清美稀土抛光粉有限公司、安徽包钢永磁合金制造有限责任公司、宁波包钢展昊新材料有限公司、北京三吉利新材料有限公司、包钢天彩靖江科技有限公司等。

第一节 内蒙古包钢稀土磁性材料有限责任公司

一、基础建设

内蒙古包钢稀土磁性材料有限责任公司（BGM）（以下简称磁材公司）成立于2009年4月，是北方稀土的控股子公司，位于内蒙古包头市稀土高新区黄河大街32号，占地面积84507.85平方米。

2008年6月16日，稀土高科下发《关于成立包钢稀土磁性材料产业化项目建设指挥部的通知》（公司发〔2008〕40号），正式成立了包钢稀土磁性材料产业化项目建设指挥部（以下简称项目指挥部），负责磁性材料产业化项目的筹建工作；7月22日，项目指挥部召开可行性研究报告第一次讨论会，确定了项目可研报告的建设目标和主要内容；8月10日，内蒙古自治区发改委主持召开了“内蒙古包钢稀土高科技股份有限公司《包钢稀土年产15000吨高性能磁性材料产业化项目》可行性研究报告”评审会，认为可行性研究报告提出的工艺方案先进、可行，符合国家和地区的产业发展政策；11月10日，经内蒙古自治区发展和改革委员会批准，项目正式启动。项目建设规模为年产钕铁硼速凝薄带15000吨、钕铁硼氢碎粉5000吨、钕铁硼磁体2000吨。

2009年6月，项目一期工程开工建设，新建生产厂房1座、办公楼、仓库等公辅设施2座，总建筑面积24751平方米；敷设管网1500余米。一期工程于同年11月竣工投产，总投资13409万元，形成年产钕铁硼合金5000吨、磁体1500吨的生产能力。

2011年11月，磁材公司二期工程开工建设。新建生产厂房3座、新建公辅设施1座，总建筑面积23813平方米；敷设管网1200余米。二期工程于2012年8月竣工投产，形成年产钕铁硼合金15000吨、磁体3000吨的总生产能力。

磁材公司磁性材料生产线

截至2016年底，磁材公司总建筑面积48564余平方米，主要建筑物详情见表2-19。

表2-19 磁材公司主要建筑物一览表

建筑物名称	建成时间	建筑面积/m^2	用 途
办公楼	2010年	5238	办公楼
1号厂房	2009年12月	4357	生产合金
3号厂房	2006年	8465	生产磁体
2号厂房	2012年	7646	后加工
4号厂房	2012年	6442	生产磁体
5号厂房	2012年	7060	生产合金
成品库	2009年9月	6691	仓储
办公楼副楼	2012年	2665	职工生活楼

二、生产与设备

2009 年 11 月，磁材公司一期工程竣工，建成钕铁硼合金生产线 1 条，主要设备有真空熔炼炉 4 台，钕铁硼合金年产能达到 5000 吨；建成磁体生产线 1 条，主要设备有气流磨 4 台、稀土永磁成型压机 5 台、等静压 2 台、烧结炉 10 台，可生产 N52、38EH 等产品，年产磁体 1500 吨。

2012 年 8 月，磁材公司二期工程竣工，新增钕铁硼合金生产线 1 条，新增主要设备有真空熔炼炉 19 台，钕铁硼合金年总产能达到 15000 吨；新增磁体生产线 1 条，新增主要设备有气流磨 4 台、稀土永磁成型压机 11 台、等静压 2 台、烧结炉 43 台，可生产 40EH、45UH、无镝 N52 产品，磁体年总产能达到 3000 吨。

磁材公司烧结炉生产线

第二节　内蒙古稀奥科贮氢合金有限公司

一、基础建设

内蒙古稀奥科贮氢合金有限公司（简称贮氢公司）位于包头稀土高新区青工南路 1 号，占地面积 40354.62 平方米（稀奥科贮氢公司和电池公司共同使用）。

1999 年 8 月 26 日，稀土高科与美国 ECD/OBC 公司正式签订《制造技术和设备合同》。12 月 8 日，内蒙古自治区计划委员会发出（内计原工字〔1999〕1156 号文件），对《关于中外合资建设混合稀土系贮氢合金粉生产项目可行性研究的请示》作出批示，认为该项目依托内蒙古优质稀土资源，引进国际先进技术和装备，开发生产高附加值稀土应用产品，符合国家及自治区产业政策要求，同意混合稀土系贮氢合金粉项目建设。

2000 年 7 月 15 日，举行项目建设开工奠基仪式。项目总投资 2998 万美元，建成生产厂房 1 座、废水处理站 1 座以及仓库、办公楼、食堂等其他公辅设施 7 座。其中办公楼、仓库、汽车库（后来改作仓库使用）、食堂浴池以及门卫值班室（含消防值班），皆为贮氢公司和电池公司共同使用。

2002 年 3 月，开始进行熔炼炉、退火炉和制粉设备的安装调试。同年 7 月，美方结束熔炼炉、退火炉调试，并通过验收，交付使用。

贮氢合金生产线真空退火炉

2003 年 5 月，美方结束制粉设备的调试，并通过验收，交付使用。贮氢合金生产线正式转入生产经营期，主要产品为稀土系 AB_5 型贮氢合金粉。

2010 年 9 月，由包钢稀土投资实施贮氢公司生产厂房扩建项目，新建生产厂房占地面积 1216 平方米。2011 年 6 月，新厂房竣工验收，交付贮氢公司使用。

截至 2016 年底，贮氢公司现存主要建筑物详情见表 2-20。

二、生产与设备

2002 年 7 月，贮氢公司贮氢合金生产线投产，主要生产设备有美国 CONSARC 公司制造、处理能力 2000 磅的真空熔炼炉 2 台、美国 VFS 公司制造、处理能力 4000 磅的真空退火炉 4 台、美国 ATS 公司制造的破碎设备 1 套，可生产 6 个品种、27 种规格的贮氢合金产品，年产能 1500 吨。

表 2-20 贮氢公司主要建筑物一览表

建筑物名称	建成时间	建筑面积/m^2	用 途	备 注
贮氢合金粉生产厂房	2002 年 11 月	4425.63	贮氢合金粉生产	
办公楼	2002 年 10 月	3738.99	办公使用	
汽车库	2002 年 11 月	690.6	车库	2008 年以后，改变使用功能，作为库房使用
食堂、浴池	2002 年 11 月	1414.66	食堂、浴池	
仓库	2002 年 11 月	1398.00	仓库	
大门及消防值班室（传达室）	2002 年 11 月	75.71	公司大门和门卫消防值班	
消防水池及泵房	2002 年 11 月	162.68	储存消防用水消防水泵	
废水处理站	2002 年 11 月	61.75	处理电池生产过程中产生的废水	
高温合金生产厂房	2011 年 6 月	1216.00	高温合金生产厂房	

同年 11 月，与中山市天骄稀土材料有限公司达成贮氢合金锭供货协议，第一批贮氢合金锭发往中山，迈出了走向市场的第一步。

2003 年 5 月，制粉生产线投产，主要设备有美国 VORTEC 公司制造的旋转冲击磨 3 台、美国 SURE SYSTEM 公司制造包装设备 1 套，年产贮氢合金粉 1500 吨，是目前国内较大的混合稀土系贮氢合金粉生产企业之一。

贮氢公司生产的混合稀土系贮氢合金粉，通过采用独特的配方，具有高吸放氢速率、活化快、长寿命等特点。产品齐全，有高容量型、大功率型和廉价型等多种规格，覆盖了镍氢电池用贮氢合金负极材料的各个方面。以该产品作为负极材料生产出的镍氢电池具有容量大、体积小、循环寿命长、无记忆效应、无污染环保型等优点。

贮氢合金生产线真空熔炼炉

2007 年以来，本着“能改则改”的原则，坚持走生产设备国产化之路，实现对熔炼炉充氩阀、包装机、10 立方米氩气罐、研磨机喂料器以及退火、破碎、研磨的照明系统的改造和国产化，直接经济效益达 50 万元。

2009 年 2 月，对熔炼设备的浇铸系统进行了改造，1 号熔炼炉由平模浇铸改为竖模水冷模浇铸，使浇铸后的贮氢合金由自然冷却改变为循环水冷却，单炉日熔炼量由 3 炉增加到 6 炉。

2011 年 6 月，贮氢公司生产厂房扩建项目竣工，主要用于生产高温合金产品，新增主要设备有履带式抛丸清理机 3 台、普通车床 2 台、多用磨床 1 台、线切割机床 4 台、喷码机 1 台，可生产 K418、K418B、K419、K424、K18C 等多种规格高温合金及自主研发的含有微量稀土元素的高温合金产品，年产量达到 500 吨，贮氢公司是目前内蒙古自治区唯一生产镍基高温合金的企业。

2014 年 9 月，新增带锯床 1 台，用于提高锯切钢管的切割效率。

2015 年 12 月，新增冲击磨 1 套，用于生产含铜的合金粉产品。

第三节 中山天骄稀土材料有限公司

一、基础建设

中山市天骄稀土材料有限公司（简称中山天骄公司）于 1993 年成立，2008 年 4 月，稀土高科收购中山天骄公司 66.5%股份，成为控股股东。

中山天骄公司位于广东省中山市火炬开发区敬业路 8 号，占地面积 14958 平方米，由中山市桓安建设有限公司进行岩土工程勘察方案，中山市建筑设计院一室设计图纸，中山市建筑工程公司三工区施工建设。工程于 1992 年 3 月开工建设，1993 年 3 月竣工，建成冶炼车间 1 座、制粉车间及办公楼1座、机修车间1座、员工宿舍1栋，总建筑面积2865平方米，总投资352万元。

截至2016年底，中山天骄公司主要建筑物详情见表2-21。

表2-21　中山天骄公司主要建筑物一览表

建筑物名称	建成时间	建筑面积/m^2	用　途	备　注
宿舍	1994年3月	1013.9	员工宿舍	
机修车间	1994年3月	252.8	仓库，机修	
制粉车间（办公）	1994年3月	923.5	制粉工艺	二楼办公室
冶炼车间	1994年3月	675	冶炼工序	

二、生产与设备

1994年9月，贮氢合金粉生产线建成投产，主要设备有50真空熔炼炉2台、100真空熔炼炉1台、球磨机12台，具备年产贮氢合金粉600吨生产能力。

第四节　包头天骄清美稀土抛光粉有限公司

一、基础建设

1995年12月，由包钢公司、日本清美化学株式会社、日本大仓商事株式会社、日本中外钢铁稀土株式会社共同出资组建包头天骄清美稀土抛光粉有限公司（以下简称天骄清美）。

2008年9月，包钢公司对内部稀土产业实施重组，包钢公司将所持天骄清美60%的股权转让给稀土高科，天骄清美成为稀土高科控股子公司。

天骄清美下设两个生产车间，一车间位于包头市金属深加工工业园区（张家营子西），占地面积21325平方米；二车间位于包头市稀土高新技术开发区（以下简称包头稀土开发区）校园路东39号，占地面积35352.7平方米。

天骄清美一车间建于1997年，截至2016年12月，建有生产厂房2座、TE厂房废水间1间、开发中心主楼1座、废水处理1间及其他配套公辅设施12间，总建筑面积8156平方米。

2008年，为融合国际市场瞬息万变的发展潮流，稀土高科决定在包头稀土开发区新建年产3000吨高性能稀土抛光粉生产线，使天骄清美公司年产稀土抛光粉能力达到5000吨，满足快速增长的市场需求。同年8月，由包钢集团设计研究院完成项目可行性研究报告编制；9月底，委托中冶东方工程技术有限公司编写《环境影响报告书》，开展环境评估工作；10月，委托内蒙古工业大学华远化学工程有限责任公司开展节能评估工作，并与包头稀土高新技术开发区签订《入区协议》；11月，收到包头稀土高新区城建局的《建设工程规划设计要点通知书》；12月，开始办理建设用地规划许可证，开始土地定桩工作。

2009年4月，完成项目初步设计，并顺利通过国家节能评估审核；同年8月，项目环评报告书通过内蒙古环境厅审核，同时通过包头发改委核准；9月，项目平面总图通过高新区规划局审查，开始办理消防等相关手续；11月，项目通过内蒙古发改委核准。

2010年4月19日，举行工程奠基仪式，4月29日开始土建作业；7月29日主厂房基础工程通过验收，电气、管道、设备安装等施工开始有序进行；12月，完成主体厂房、分析餐浴楼建设，产品库、原料库投入使用，办公楼进行内部装修，废水处理系统土建进入收尾阶段，电气安装完成电缆桥架安装、穿线管预埋工作，完成高压配电柜、低压配电柜、控制柜的安装，同时进行主厂房及仓库的照明施工，管道安装完成采暖、给水、消防、排水、循环冷却水、天然气等外网的施工。

2011年9月，项目工程竣工投产，建成生产厂房、废水处理间、锅炉房、水泵房以及仓库、办公、餐浴等其他公辅设施10座，总建筑面积16257.87平方米，总投资8471万元。

天骄清美TE稀土抛光粉生产线竣工投产

截至2016年底，天骄清美总占地面积为56678平方米，总建筑面积达到24414平方米，现存主要建筑物详情见表2-22。

表 2-22　天骄清美主要建筑物一览表

建筑物名称	建成时间	建筑面积/m^2	用　途
主厂房	1997 年	1260	生产车间
废水间	1997 年	108	废水处理
柴油库	1997 年	44	油库
包装	1997 年	180	包装车间
仓库	1997 年	600	物料存放
热交换室及汽车库	1997 年	143	车库
办公楼一期	1997 年	500	办公
产品仓库	2000 年	450	物料存放
洗浴及工会	2000 年	198	洗浴及工会办公室
办公楼二期及食堂	2000 年	552	办公
TE 厂房	2003 年	1620	生产车间
TE 厂房废水间	2003 年	176	废水处理
TE 厂房走廊	2003 年	122	通道
TE 厂房配电室	2003 年	150	配电室
开发中心主楼	2003 年	526	研发中心
维修休息室	2004 年	163	休息室
原料仓库	2004 年	1049	物料存放
办公楼	2011 年	2528.79	办公
餐浴楼	2011 年	2841.92	餐浴
厂房	2011 年	6841.92	生产车间
叉车通道	2011 年	1620.6	叉车通道
废水处理间	2011 年	88.8	废水处理
水泵房	2011 年	45	生产、生活用水
锅炉房	2011 年	45	锅炉房
原料仓库及配电室	2011 年	1104	存放原料、高压配电
成品仓库	2011 年	1104	存放产品
门房	2011 年	37.84	门卫室

二、生产与设备

1997 年 8 月，天骄清美第一条稀土抛光粉生产线投产，主要设备有球磨罐 2 台、干燥窑 2 台、烧成窑 2 台、粉碎机 1 台、分级机 1 台、混合机 2 台，可年产 H-500 型稀土抛光粉 1200 吨。

2004 年 8 月，天骄清美为适应国内、国际市场对稀土抛光粉的升级、换代的发展要求，引进日本清美化学株式会社更先进的“TE 稀土抛光粉”生产技术，建成年产 820 吨高性能 TE 稀土抛光粉生产线。新增主要设备有球磨罐 2 台、干燥窑 2 台、烧成窑 2 台、粉碎机 1 台、分级机 1 台、混合机 2 台。

2011 年 9 月，位于包头稀土开发区的二车间生产线建成投产，新增设备有球磨罐 4 台、干燥窑 4 台、烧成窑 4 台、粉碎机 2 台、分级机 3 台、混合机 2 台，年产高性能稀土抛光粉 3000 吨，使天骄清美稀土抛光材料总产能达到 5000 吨/年，居全国之首。

2012 年 12 月，二车间新增气流粉碎机 1 台，用于开发新工艺、新产品。

2013 年 6 月，二车间新增砂磨机 2 台、喷雾干燥 1 台。

2014 年 3 月，二车间新增 4 立方米混合机 2 台。

2015 年 6 月，车间新增 Q100 球磨机 1 台；同年 8 月，二车间新增粉碎机 1 台。根据市场需求，以完善产品结构，提升企业竞争力，自主研发成功 LCE 系列稀土抛光粉生产工艺。截至 2016 年底，天骄清美已形成 4 个系列 30 余种规格型号的产品结构，广泛应用于液晶玻璃基板、硬盘玻璃基板、手机外屏玻璃、精密光学元件、光掩膜及水晶水钻饰品等领域，产品在国内具有很高的声誉，并且远销日本、泰国、越南、中国等东南亚国家，以一流的品质赢得了国内外用户的一致好评。产品具有粒度均一、品质稳定、抛光速度快、颗粒研磨性好、悬浮性好、易清洗等特点，可以满足各领域产品的抛光要求。

天骄清美生产线

第五节　安徽包钢稀土永磁合金制造有限责任公司

一、基础建设

2011 年 10 月，由包钢稀土和安徽大地熊新材料股份有限责任公司共同出资组建安徽包钢稀土永磁合金制造有限责任公司（简称安徽永磁），包钢稀土占股 60%。

安徽永磁位于安徽省合肥市庐江县万山镇军二路北侧，占地面积约 11000 平方米（16.5 亩）。建有生产车间、生产管理及办公房，以及材料仓库、配电房等其他配套附属设施，总建筑面积 5412 平方米。

截至 2016 年底，安徽永磁现存主要建筑物详情见表 2-23。

表 2-23 安徽永磁主要建筑物一览表

建筑物名称	建成时间	建筑面积/m^2	用途	设计单位	施工单位
7 号厂房及办公楼	2011 年 7 月	4692	熔炼、办公	庐江县精和建筑设计院有限公司	安徽省安居建筑安装有限公司
9 号厂房	2011 年 7 月	720	材料仓库	中铁工程设计院有限公司	

二、生产与设备

2011 年 10 月，安徽永磁钕铁硼速凝薄带合金片生产线投产，主要设备有真空感应铸片炉 2 台，形成年产钕铁硼合金 1500 吨生产能力。

2012 年 4 月，在 7 号厂房新增 800 千克真空感应铸片炉 1 台，使钕铁硼速凝薄带合金片年总生产能力达到 2000 吨。

2013 年 1 月，在 7 号厂房新增第 4 台 800 千克真空感应铸片炉，安徽永磁钕铁硼速凝薄带合金片年总生产能力达到 3000 吨。

第六节 宁波包钢展昊新材料有限公司

一、基础建设

宁波包钢展昊新材料有限公司（简称宁波展昊）成立于 2012 年 5 月 15 日，由包钢稀土与宁波展杰磁性材料有限公司（简称展杰磁材）、宁波雄海稀土速凝技术有限公司（简称宁波雄海）合资组建，注册资金 15000 万元，包钢稀土拥有合资公司 51%股权。

宁波展昊位于浙江省慈溪市宗汉街道新兴产业园区新兴一路 8 号，占地面积 53333 平方米（80 亩），规划总用地面积 53333 平方米（80 亩）。设计单位为慈溪市建筑设计研究院有限公司，施工单位为慈溪城关建筑有限公司。

2012 年 4 月，宁波展昊委托浙江省工业设计研究院编写《宁波包钢展昊新材料有限公司年产 5000 吨合金真空速凝甩带片生产线项目可行性研究报告》，总投资 1.5 亿元人民币。后根据慈溪市人民政府建议，增加投资额度到 2.128 亿元人民币，列入重大项目，便于保证项目的顺利申报；4 月 28 日，经慈溪市人民政府批准，慈溪市国土资源局以拍卖方式出让位于慈溪市新兴产业集群区管委会的慈宗汉Ⅱ201202#、慈宗汉Ⅱ201206#、慈宗汉Ⅱ201207#共三宗国有建设用地使用权（工业用地）；5 月 23 日，委托化工部福州地质工程勘察院承担新建厂房的岩土工程详细（施工图）勘察任务；6 月由慈溪市经济发展局批准立项；7 月 27 日，获得慈溪市规划区下发建设用地规划许可证；8 月 27 日，委托宁波市科迪施工图审查有限公司审查宁波包钢展昊新材料有限公司 2~5 号厂房；8 月 30 日，与慈溪科健工程造价咨询有限公司签订施工招标合同。

2013 年 4 月 9 日，慈溪市规划局下发建筑工程规划许可证；4 月 19 日，慈溪市住房和城乡建设局下发建筑工程施工许可证；4 月 23 日，与慈溪城关建筑有限公司签订年产 5000 吨合金真空速凝甩带片生产线项目涉及的桩基、土建、钢结构、暖通、水电安装等施工图范围内的所有工程建设施工合同。

2013 年 5 月，项目工程开工建设。

2014 年 9 月，项目建设工程竣工，建成生产车间及仓库 5 座，办公、食堂、宿舍等公辅设施 1 座，总建筑面积 40137.49 平方米；10 月 27 日，慈溪市环境保护局组织现场检查和评估，11 月 14 日，慈溪市环境保护局同意进行试生产。在建设过程中，由于生产工艺和设备作了相应调整，当年 11 月 6 日，委托宁波市环境保护科学研究设计院编制年产 5000 吨合金真空速凝甩带片生产线项目设备调整说明，慈溪市环保局予以批复。

2015 年 1 月 8 日，慈溪市环境保护局组织现场检查验收；2 月 9 日，慈溪市环境保护局通过竣工环境保护验收，准予投入正式运营；7 月 29 日，慈溪市永敬工程造价咨询有限公司对年产 5000 吨合金真空速凝甩带片生产线附属工程、土建、电力进行结算审核，项目总投资15000万元。

2014年5月，项目生产线正式投产，具备年产5000吨合金真空速凝甩带片的生产能力。

截至2016年底，宁波展昊主要建筑物详情见表2-24。

表2-24　宁波展昊主要建筑物一览表

建筑物名称	建成时间	建筑面积/m²	用　途
1号大楼	2014年6月	16362.04	办公、宿舍、食堂
2号仓库	2014年6月	9268.8	车间与仓库
3号仓库	2014年6月	11442.44	车间与仓库
4号仓库	2014年6月	2030.31	仓库
5号仓库	2014年6月	463.28	剪铁车间
6号厂房	2014年6月	570.62	配电房

二、生产与设备

2014年5月，宁波展昊磁性材料生产线正式投产，主要设备有感应加热式真空速凝熔炼炉8台，可生产M系列、SH系列等规格的合金产品，年产合金5000吨。

第七节　北京三吉利新材料有限公司

一、基础建设

北京三吉利新材料有限公司（简称北京三吉利）成立于2001年7月，2009年3月，稀土高科收购北京三吉利44%股权，成为第一大股东。

北京三吉利位于北京市延庆区益祥北街3号，占地面积约18666平方米（28亩）。截至2009年初，主要建筑物包括生产车间、办公楼、配电室，总建筑面积4632.3平方米。主要建筑物详情见表2-25。

表2-25　北京三吉利主要建筑物一览表

建筑物名称	建成时间	建筑面积/m²	用　途
生产一车间	2002年	2643.85	合金薄片熔炼车间
办公楼	2002年	1854.30	办公使用
配电室	2002年	134.15	配电专用

2009年9月，用于辅料加工的二期厂房开工建设。2010年4月，二期厂房建设项目竣工，总投资414.59万元，新增建筑面积3277.86平方米。

2011年5月，三期库房开工建设。2012年3月，三期库房建设项目竣工，总投资179.32万元，新增建筑面积1476平方米。

2013年1月，用于合金铸锭生产线临时厂房开工建设，2013年4月，临时厂房建设项目竣工，总投资141.78万元，新增建筑面积860平方米。

截至2016年底，北京三吉利总建筑面积达到9483平方米，主要建筑物详情见表2-26。

表2-26　北京三吉利主要建筑物一览表

建筑物名称	建成时间	建筑面积/m²	用　途
生产一车间	2002年	2643.85	厂房
办公楼	2002年	1854.30	办公楼
配电室	2002年	134.15	配电室
二期厂房	2010年	3277.86	厂房
三期库房	2012年	1476	厂房
临时厂房	2013年	860	厂房

二、生产与设备

北京三吉利是国内第一家专门研究、生产和销售稀土合金材料，特别是高性能钕铁硼合金材料的专业厂家。

经过多年建设发展，到2009年9月，北京三吉利有600千克真空感应速凝炉4台，年产钕铁硼合金薄带产品2055.70吨。

2010年9月，新增600千克真空感应速凝炉1台。

2012年，陆续新增二手100千克真空感应炉3台，使100千克真空感应炉增加到4台，同时对新增二手100千克真空感应炉进行改造，使其达到公司钕铁硼合金薄板生产的要求，大大提高了薄板产品的产量，使北京三吉利月生产能力由15吨提高到80吨，确保了出口订单的增量及完成。

2013年8月，新增100千克真空快淬炉1台，填补了北京三吉利在黏结钕铁硼领域的空白。

2014年10月，新增150千克半连续真空感应速凝炉1台，解决了新产品研发与生产冲突、新产品研发投料量过大等问题，对提高公司产品质量做出极大的贡献。

2015年5月，新增500千克真空烧结炉1台，对部分出口合金薄板进行热处理，使产品服务进一步延伸。

2014~2016年，在过去的设备、工艺基础上逐步改善等量浇铸和冷却系统，从而达到细化晶粒和控制晶粒生长的要求，使产品品质进一步提升。

截至2016年底，北京三吉利主导产品钕铁硼合金薄带年生产能力达到5000吨，成为国内最大的NdFeB合金薄带专业制造商，在产品质量、性能等指标均达到国际先进水平，产品出口日本、欧洲等发达国家。

第八节 包钢天彩靖江科技有限公司

一、基础建设

2012年6月，包钢稀土与江苏靖江天彩科技材料有限公司（简称江苏天彩）及3位自然人共同出资组建包钢天彩靖江科技有限公司（简称包钢天彩），其中包钢稀土占其注册资本的35%，为第一大股东。包钢天彩位于江苏省靖江市城南工业园区城西大道永益路南侧，濒江而建，依江发展，处于中国经济发达的长三角经济带，距离上海约150千米，长江大桥、京沪、沪宁高速公路穿境而过，有着得天独厚的区域优势和交通优势。

包钢天彩的前身江苏天彩始建于1997年的村办集体企业靖江光源节能材料厂，1998年改制为民营企业，2000年9月更名为靖江市天彩新材料有限公司（简称靖江天彩）。2004年靖江天彩正式入驻靖江市城南工业园区，并更名为江苏天彩，主要从事稀土荧光粉的研发、生产和销售。

截至2012年6月，包钢天彩厂区占地面积11591.8平方米，主要建筑物包括生产厂房2座以及机修、仓储、办公、食堂、宿舍等公辅设施2座，总建筑面积10971.43平方米。包钢天彩成立初期主要建筑物详情见表2-27。

表2-27 包钢天彩主要建筑物一览表

建筑物名称	建成时间	建筑面积/m^2	用途	设计和施工单位
办公楼	2009年	1727.51	行政办公	设计单位：靖江市建筑设计院；施工单位：靖江市城南建筑安装工程公司、靖江市苏源安装工程公司
1号车间	2009年	2641.9	生产荧光粉	
2号车间	2009年	5936.16	生产荧光粉	
辅房	2003年	665.86	传达室、机修、食堂、宿舍、仓储等	

2012年6月，经江苏省发改委《省发展改革委关于包钢天彩靖江科技有限公司高性能稀土发光材料项目核准的通知》批准，年产4000吨高性能稀土发光材料生产线开工建设。新厂区位于靖江市经济开发区城南园区城西大道永益路，新增土地面积110667平方米，主要建设内容包括办公楼、研发楼、1号和2号厂房，以及配套公辅设施。

2013年2月，新厂区建设项目招标，江苏华昊建设集团有限公司中标，建设周期定为270天；同年9月，新厂区办公楼、1号、2号厂房竣工封顶。同时，项目工程竣工，总投资4903.3万元。建成标准化生产厂房2座、办公楼1座、研发楼1座，总建筑面积33521.3平方米。

2014年9月，江苏省环保厅发布《关于对包钢天彩靖江科技有限公司年产4000t高性能稀土发光材料项目环境影响报告书的批复》；同年11月，靖江市维护稳定工作领导小组办公室正式出具《社会稳定风险评估意见书》；同年12月末，新厂区项目主体工程基本建设完毕。

截至2016年底，包钢天彩现存主要建筑物详情见表2-28。

表2-28 包钢天彩主要建筑一览表

建筑物名称	建成时间	建筑面积/m^2	用途	设计和施工单位
辅房	2003年	665.86	传达室、机修、食堂、宿舍、仓储等	设计单位：靖江市建筑设计院；施工单位：靖江市城南建筑安装工程公司、靖江市苏源安装工程公司
办公楼	2009年	1727.51	行政办公	
1号车间	2009年	2641.9	生产荧光粉	
2号车间	2009年	5936.16	生产荧光粉	
新建办公楼	2015年	5834.4	行政办公	施工单位：江苏华昊建设集团有限公司
新建1号车间	2015年	12321.8	生产LED封装产品	
新建2号车间	2015年	12321.8	暂未使用	
研发楼	2015年	3043.3	暂未使用	

二、生产与设备

2012 年 6 月，包钢天彩建立之初有稀土荧光粉生产线 1 条，主要设备有 100 升×2 双锥形混料机 7 台、2000 升双锥形混料机 12 台、400 升双锥形混料机 5 台、1450°全自动灼烧炉 8 台、PE120×150 颚式破碎机 6 台、DP-230 辊式破碎机 10 台、密封耐蚀泵 4 台、电动双隔膜耐腐泵 5 台等，可生产稀土三基色荧光粉包括红粉、绿粉、蓝粉及其他规格混合粉等。年产各类荧光粉共计约 300 吨。

2013 年 9 月，包钢天彩经营层根据市场变化的实际情况，考虑到产品更新换代的风险，在稀土荧光粉需求量逐年减少的现实面前，及时调整转型方向，在继续致力于传统发光材料生产的基础上，向 LED 发光材料、封装配套以及高性能发光材料领域出击。

2015 年 11 月，LED 封装生产线投产，新增主要设备有固晶机 10 台、焊线机 10 台、点胶机 10 台，年产 LED 封装件 10 亿颗，向 LED 领域转型迈出了重要的一步。

2016 年 7 月，在一期上马 10 条生产线的基础上，包钢天彩继续加码 LED 产业，新增 10 条生产线，目前共计投产 20 条生产线。至三季度末已形成了每 10 条线 100KK/月的产能。在新产品热销的带动下，初步实现了扭亏为盈，三季度已获毛利 150 万元。这是包钢天彩自 2012 年成立以来首次实现扭亏为盈。

第五章 稀 土 应 用

北方稀土生产稀土应用产品的企业仅有内蒙古稀奥科镍氢动力电池有限公司和包头市稀宝博为医疗系统有限公司。

第一节 内蒙古稀奥科镍氢动力电池有限公司

一、基础建设

内蒙古稀奥科镍氢动力电池有限公司（简称电池公司）是北方稀土下属全资子公司，工厂位于包头市稀土高新区青工南路 1 号，占地面积 60000 平方米，总建筑面积 12092. 78 平方米。

1999 年 2 月，稀土高科圆柱形镍氢动力电池生产线建设项目获内蒙古自治区计划委员会批准。该项目依托内蒙古自治区优势资源，采用具有国际先进水平生产工艺和设备，生产电动车配套镍氢电池。

1999 年 9 月，圆柱形镍氢动力电池正负极板生产线建设项目获得内蒙古自治区计划委员会批准。该生产线主要为稀土欧文尼克圆柱形镍氢电池 C 型动力电池配套，同时还可以为国内镍氢电池生产企业配套。

2000 年 11 月 2 日，内蒙古稀奥科镍氢动力电池项目建设举行开工奠基。

2001 年 4 月至 11 月中旬，完成生产线国内配套设备的采购安装工作。年底，电池公司镍氢动力电池中试生产线全线贯通。

2002 年 7 月，开始镍氢动力电池正负极板、装配生产线进口设备安装，到年底仍处于设备精密调试阶段。因美方原因，项目建设进度比原计划延误了 4~6 个月，未能按期在 2002 年年底全面投产。

2003 年，按照包钢公司在年初职代会上提出的“镍氢动力电池生产线在 6 月底投入批量生产”的要求，原定于 2003 年 6 月之前完成生产线验收，受非典型肺炎疫情的影响，2003 年 4 月美方 13 名现场技术人员撤离，致使生产线安装、调试进度推迟，未能如期按进度表完成。同年 5 月开始，在征得美方的同意下，中方组织自己的技术人员继续对镍氢动力电池极板和装配生产线进行调试，发现并解决了 14 个工艺、设备难题，在涂浆头改造、焊接分切线改进、摸索生产 8 安时电池的工艺参数、调试卷绕机连续运行等方面取得了进展，形成小批量生产能力。7 月底，美方人员开始陆续返回，并重新提交了一份生产线不晚于 2003 年 11 月 3 日验收的新工期计划。但是由于美方原因，导致工期再次拖延。稀土高科果断提出变被动调试为主动调试，美方接受了这一建议并表示了积极合作的态度。12 月份组织试生产，实现了由单批次向连续批次的过渡，并且产品收率、电池容量、内阻一致性等指标均有明显的改善和提高，整条生产线已基本具备了投产条件。

2004 年 12 月，中美双方按照引进《制造技术与设备合同》的规定，组织了电池极板生产线第一次联动试车验收，由于设备和工艺技术问题，验收失败，失败原因完全是美方工艺及设备问题。生产线产能和产品质量未能通过验收，导致生产线投产工期拖延，未能实现 2004 年年内投入生产的目标。为维护中方出资人的利益，电池公司多次督促美方按照《制造技术与设备合同》规定采取有效措施消除缺陷，尽快组织第二次验收并承担所有费用。此后，美方虽经多次努力，仍无法解决生产线缺陷。

2005 年初，美方表示不再进行第二次验收，同时正式承认验收失败，并放弃剩余合同价款 415. 54 万美元。其间，电池公司向稀土高科董事会进行了“电池项目进展通报”。至此，电池公司引进美国“镍氢动力电池生产线项目”已明确无法完成。

2005 年，在包头市科技局大力支持和组织下，电池公司通过项目招标形式引进技术支持，在国际范围进行改造项目招标，日本三樱工业株式会社通过评审中标。10月份按照投标方案完成生产线现场验证评估工作。该方案的改造费用约为5500万人民币，改造后生产的D型镍氢动力电池综合性能可达到日本三樱工业株式会社的技术水平。

2006年5月13日，包钢（集团）董事会包钢董决字〔2006〕18号文件批准电池公司引进日本三樱公司技术，按年产700万只电池的产能进行生产线改造，工期10个月。6月与日本三樱公司就引进设备和技术转让、技术服务的合同进行谈判。12月8日，双方最终确定的合同总价格为8.7亿日元（折合人民币5925万元），其中，引进设备费用6.936亿日元（折合人民币4700万元），技术转让费为1.264亿日元，技术指导费用为0.5亿日元。12月，履行了进口设备网上公开招标程序，改造项目环境影响评价通过了内蒙古自治区环保部门批准，完成了内蒙古自治区发展和改革委员会的外资企业引进设备改造的项目核准备案，转入合同实施阶段。

CE认证标志

UL认证标志

2007年9月18日，完成了生产线全线联动负荷验收，并获得通过。正式投产运营后，由于市场已发生重大变化，与铅酸电池、锂离子电池和镍镉电池相比，镍氢动力电池产品的性价比低，在市场上处于急剧萎缩的状态，因此一直未能正常达产。

2002年10月，项目土建工程竣工投产，总投资2480万美元，建成生产厂房1座、废水处理站1座，以及仓库、办公楼、食堂等其他公辅设施7座，总建筑面积12092.78平方米。其中办公楼、仓库、汽车库（后来改作仓库使用）、食堂浴池以及门卫值班室（含消防值班），皆为贮氢公司和电池公司共同使用。

截至2016年底，电池公司现存主要建筑物详情见表2-29。

ISO9001认证标志

表2-29　电池公司主要建筑物一览表

建筑物名称	建成时间	建筑面积/m^2	用　途	备注
办公楼	2002年4月	3738.99	办公	
电池厂房	2001年10月	4525.64	生产镍氢动力电池	
食堂、浴室	2001年4月	1414.66	职工就餐、洗澡	
仓库	2001年4月	1398	存放原材料、产成品	3个
车库	2001年4月	690.6	汽车停放	5个
大门、消防值班室	2001年3月	75.71	保安值班、消防设施放置	
废水处理站	2001年9月	61.75	生产排放废水处理	
消防水池及泵房	2001年9月	187.43	储蓄消防用水	

二、生产与设备

2008年12月，电池公司生产线投产，可生产D型的镍氢动力电池产品，年设计产能7000000只，当年实现产量1011017只。

电池公司历年设备改进、更新情况见表2-30。

电池公司生产线

表 2-30　电池公司历年设备改进、更新情况

序号	设备名称	数　量	改进点及实施效果	改 进 时 间
1	正极涂浆线	1 套	改进工艺，更新涂浆头，有效提高涂浆质量	2006 年 12 月～2007 年 10 月
2	正极镍带焊接	1 套	更新设备后极板焊接效果良好	2006 年 12 月～2007 年 10 月
3	正极板分切生产线	1 套	改进工艺，更新设备后有效提高极板分切质量	2006 年 12 月～2007 年 10 月
			改进工艺，更新设备后有效提高极板成型质量	2006 年 12 月～2007 年 10 月
			改进工艺，更新设备后保证了极板边沿质量，有效降低电池短路率	2006 年 12 月～2007 年 10 月
			改进工艺，更新设备后保证了极板分级的一致性	2006 年 12 月～2007 年 10 月
4	负极涂浆线	1 套	改进工艺，更新涂浆头，有效提高涂浆质量	2006 年 12 月～2007 年 10 月
5	负极碾压生产线	1 套	改进工艺，更新设备后保证了负极板碾压厚度的一致性	2006 年 12 月～2007 年 10 月
6	负极板分切线	1 套	改进工艺，更新设备后有效提高极板分切质量	2006 年 12 月～2007 年 10 月
			改进工艺，更新设备后有效提高极板成型质量	2006 年 12 月～2007 年 10 月
			改进工艺，更新设备后保证了极板分级的一致性	2006 年 12 月～2007 年 10 月
7	卷绕机	3 台	改进工艺，更新设备后有效提高电池卷绕质量和合格率	2006 年 12 月～2007 年 10 月
8	正集流片焊接机/负集流片焊接机	各 1 台	改进工艺，更新设备后有效改进焊接质量和降低短路率	2006 年 12 月～2007 年 10 月
9	壳底焊接装置	1 台	改进工艺，更新设备后有效改进焊接质量和降低短路率	2006 年 12 月～2007 年 10 月
10	极耳焊接装置	1 台	改进工艺，更新设备后有效改进焊接质量和降低短路率	2006 年 12 月～2007 年 10 月
11	注液机	1 台	改进工艺，更新设备后提高注液量的一致性，保证了电池品质	2006 年 12 月～2007 年 10 月
12	盖帽焊接装置	1 台	改进工艺，更新设备后有效改进焊接质量和降低短路率	2006 年 12 月～2007 年 10 月
13	封口机	3 台	改进封口模具，提高了电池封口的密封性	2006 年 12 月～2007 年 10 月
14	1 号正极中央分切机	1 台	更新模具后实现 6.5 安时电池的批量生产	2009 年 6 月～2009 年 10 月
15	1 号正极毛刺碾压机	1 台	更新模具后实现 6.5 安时电池的批量生产	2009 年 9 月～2009 年 11 月
16	1 号卷绕机	1 台	更新模具后实现 6.5 安时电池的批量生产	2009 年 11 月～2010 年 3 月
17	3 号正极中央分切机	1 台	更新模具后实现 6.5 安时电池的批量生产	2009 年 11 月～2010 年 3 月
18	1 号负极油压冲切机	1 台	更新模具后实现 6.5 安时电池的批量生产	2009 年 11 月～2010 年 3 月
19	极耳焊接设备	1 台	更新模具后实现 6.5 安时电池的批量生产	2010 年 1 月～2010 年 3 月
20	1 号负极中央分切机	1 台	更新模具后实现 6.5 安时电池的批量生产	2010 年 3 月～2010 年 5 月
21	3 号正极毛刺碾压机	1 台	更新模具后实现 6.5 安时电池的批量生产	2010 年 3 月～2010 年 5 月
22	3 号正极油压冲切机	1 台	更新模具后实现 6.5 安时电池的批量生产	2010 年 3 月～2010 年 5 月
23	3 号负极中央分切机	1 台	更新模具后实现 6.5 安时电池的批量生产	2011 年 10 月～2011 年 12 月
24	1 号正极中央分切机	1 台	更新模具后实现 6.5 安时电池的批量生产	2013 年 12 月～2014 年 3 月
25	1 号正极油压冲切机	1 台	更新模具后实现 6.5 安时电池的批量生产	2013 年 12 月～2014 年 3 月
26	3 号负极油压冲切机	1 台	更新模具后实现 6.5 安时电池的批量生产	2015 年 6 月～2015 年 10 月

电池公司装配生产线

电池公司正极板生产线

电池公司负极板生产线

第二节 包头市稀宝博为医疗系统有限公司

一、基础建设

包头市稀宝博为医疗系统有限公司（简称稀宝医疗）位于包头市稀土高新区稀土产业应用园区 8-03 号，占地面积约 124000 平方米（186 亩）。稀宝医疗是以医用稀土永磁磁共振成像仪研发、设计、生产、销售、服务为一体的大型医疗器械企业，主要产品有医用稀土永磁磁共振成像仪。

2010 年 8 月，经内蒙古自治区发改委批准（内发改工函〔2010〕236 号），稀宝医疗年产 300 台稀土永磁核磁共振影像系统产业化项目开工建设，主要建设内容包括生产综合楼（含生产车间、辅助用房、办公用房等）、职工食堂、生活楼（含职工宿舍和浴室），以及 10 千伏开闭所、热交换站、天然气调压箱、消防水泵房等公辅设施。2011 年 8 月，项目竣工，总投资 2.2 亿元人民币，总建筑面积 27602 平方米。

截至 2016 年底，稀宝医疗现存主要建筑物详情见表 2-31。

表 2-31 稀宝医疗主要建筑物一览表

建筑物名称	建成时间	建筑面积 /m^2	用 途
生产综合楼	2011 年 8 月	21912	研发生产及行政办公
动力中心	2011 年 8 月	1003.3	提供燃气动力及热能
职工食堂	2011 年 8 月	1068	员工用餐
职工宿舍	2011 年 8 月	3567.2	员工住宿
门卫	2011 年 8 月	51.5	安保

二、生产与设备

2010 年 8 月，稀宝医疗稀土永磁核磁共振影像系统生产线投产，设有机加车间、磁体车间、电子车间、梯度车间、集成车间 5 个生产车间，分别承担磁共振系统不同的生产加工及装配任务。其中，机加车间承担磁共振机架及主要机械零件的加工任务；磁体车间承担磁共振设备的磁体加工安装任务；梯度车间承担磁共振诊疗仪的梯度线圈制作；电子车间负责磁共振设备的控制柜、穿透板和病床控制盒等电控产品的生产；集成车间负责磁共振整机的组装、联调、屏蔽、包装任务。主要设备有 2000 毫米×2000 毫米自动高压水切割机 1 台、d2000 毫米数控立车 3 台、400×1500×500 中型立式数控铣床 1 台、250×1000×300 小型立式数控铣床 1 台、数控加工中心 1 台、35 吨天车 1 台、7 米×5 米屏蔽室 9 间，形成年产稀土永磁核磁共振影像系统 300 台生产能力。项目生产线的投产填补了包头市无大型医疗器械生产企业的空白，在医疗器械和诊断领域打造民族名牌，对地方的医疗卫生事业发展起到了积极的推动作用，同时助推高端医疗设备国产化、普及化进程，加快民族品牌企业市场化、国际化发展步伐。

稀宝医疗产品 Elixbo PM545

稀宝医疗按照“生产一代、研发一代、储备一代”的规划，持续开发了 0.3T 产品、0.45T 产品、CMR 产品、0.7T 产品、移动式磁共振、远程医学诊疗综合信息服务系统等。稀宝医疗产品已完成中国 SFDA、美国 FDA 注册，并通过欧盟 CE 认证和美国 ETL 认证，在全球 60 多个国家和地区完成销售注册。

稀宝医疗生产车间

第三篇　科　研

KE YAN

第一章　研究机构

第一节　包头稀土研究院

1963年4月，冶金工业部包头冶金研究所正式成立（包头稀土研究院前身），由冶金部直接领导。研究所设地质岩相、选矿、稀土金属、稀有金属、稀土钢、同位素和放射防护、金属物理、化学、技术情报等9个专业研究室和1个机械加工厂以及机关职能机构。主要研究方向有稀土稀有元素选冶、新钢种研制以及黑色冶金的产品质量与品种及生产工艺研究。

1992年6月11日，包头稀土研究院（以下简称稀土研究院）划归包钢公司，作为包钢公司的研究开发机构，同时仍保留“冶金工业部包头稀土研究院”名称，保持科研机构的完整性，继续承担国家和冶金部下达的重点科研课题和行业技术管理任务，并为全国稀土行业服务。

2012年，稀土研究院形成规范的母子公司体系，拥有以科技开发和行业服务及生产经营为主的全资、控股、参股公司12家。建有国家级的“白云鄂博稀土资源研究与综合利用国家重点实验室”、“稀土冶金及功能材料国家工程研究中心”和“北方稀土行业生产力促进中心”，内蒙古自治区级的“内蒙古希苑稀土功能材料工程技术研究中心”、“内蒙古自治区稀土生产力促进中心”、“内蒙古自治区稀土高温冶金工程技术研究中心”以及“内蒙古自治区铌冶金工程实验室”。“天津包钢稀土研究院有限责任公司”是稀土研究院在天津市设立的分院，新建的“稀土材料中试实验基地”已投入使用。建有内蒙古自治区和包头市两级“稀土新材料院士工作站”、国家科技部“稀土材料国际科技合作基地”、内蒙古稀土集团博士后工作站。与中科院化学所合作建立了“稀土化学与材料联合实验室”。

第二节　包钢稀土高科技股份有限公司技术中心

1998年10月13日，由内蒙古自治区经济贸易委员会、内蒙古自治区国家税务局、内蒙古自治区地方税务局、呼和浩特海关下发内经贸科发〔1998〕47号文件，确认“包钢稀土高科技股份有限公司技术中心”为自治区级企业技术中心，研发方向：主要针对稀土原料的纯度、性能、冶炼机理、工艺及下游产业链的延伸和稀土新产品，进行研究开发。

2010年11月11日，由国家发展和改革委员会、国家科技部、国家财政部、国家海关总署、国家税务总局2010年第30号（公告）文件，确认为第17批“国家认定企业技术中心”。技术中心下设机构有中心实验室、分析检测中心和信息中心，现有研发人员400余人。

第三节　白云鄂博稀土资源研究与综合利用国家重点实验室

2015年9月，科技部正式发文批准包头稀土研究院建设白云鄂博稀土资源研究与综合利用国家重点实验室。该国家重点实验室将建成聚集培养高端人才实验装备和科研能力达到国内一流水平的公共创新平台，在提升稀土企业自主创新能力、引领和带动行业技术进步、推进国家技术创新体系建设等方面发挥重要作用，实现了内蒙古自治区国家重点实验室零的突破。2016年10月，稀土研究院组织召开了重点实验室学术委员会一届一次会议，审议并确定了重点实验室的研究方向及发展计划。实验室总体目标是围绕社会经济发展、制造强国建设等重大需求，在稀土资源采选、高效清洁冶炼技术、稀土轻质合金材料、稀土磁性材料及应用、稀土等有价资源综合回收利用等领域，开展应用基础研究和前瞻性共性技术研究，制（修）订国际、国家和行业标准，以提高我国稀土行业自主创新能力和整体技术水平，解决白云鄂博稀土资源综合利用中存在的重大技术难题，引领稀土科研和稀土产业快速发展。实验室主要研究方向有：（1）稀土资源采选新技术研究；（2）稀土资源高效提取清洁冶炼研究；（3）稀土轻质合金材料研究；（4）稀土磁性材料及应用研究；（5）稀土等有价资源综合回收利用研究。

第四节　稀土冶金及功能材料国家工程研究中心

2001 年成立稀土冶金及功能材料国家工程研究中心，隶属包头稀土研究院。工程研究中心下设稀土湿法冶金工艺及环境保护工程化实验室及中试生产线、稀土功能材料工程化实验室及磁致伸缩材料中试生产线、稀土分析检测中心、稀土信息服务中心。另外，在控股的瑞鑫稀土金属材料股份有限公司建有稀土火法冶金工艺及环境保护工程化实验室和大型稀土熔盐电解示范生产线。

第五节　内蒙古稀土功能材料工程技术研究中心

1998 年 10 月 9 日，内蒙古自治区科学技术委员会同意建立“内蒙古自治区稀土功能材料工程技术研究中心”（内科发计字〔1998〕22 号文），具体建设由包头稀土研究院承担，资金以承担单位自筹和协作单位投资为主。1999 年 3 月 22 日，包头稀土研究院决定，以设备及资金 200 万元投资建立稀土功能材料研究中心。该中心具有法人资格，独立核算，自主经营。1999 年，正式成立内蒙古自治区稀土功能材料工程技术研究中心，隶属瑞科稀土冶金及功能材料国家工程研究中心有限公司。该中心是中国功能材料研究与开发的重要基地之一，主要从事稀土储氢材料、稀土发光材料、铬酸镧发热材料、稀土磁致伸缩材料、稀土非晶材料、磁制冷材料及器件、抛光液及光谱转化材料、陶瓷靶材等新型功能材料的研究开发。中心具有发热材料、大磁致伸缩材料两条中试生产线及先进的物理检测仪器，可以满足中心研究开发和中试生产的需要。

第六节　包头稀土研究院天津分院

2011 年 11 月 22 日，稀土研究院下达包稀院综办字〔2011〕48 号文件，申报成立天津包钢稀土研究院有限责任公司。同年 12 月 16 日，包钢公司根据稀土研究院申请，同意设立稀土研究院天津分院，分院选址在天津东丽区华明工业园。天津分院的宗旨是为稀土产业的发展，完善科技创新体系建设，发展稀土新材料和延伸产业链，便于吸引和培养稀土发展战略所需的高素质人才队伍。科技开发初期任务：稀土催化材料制备与应用技术、稀土发光材料制备及应用技术、稀土磁性材料应用及永磁电机制造相关技术。

第七节　稀土新材料院士工作站

2011 年 12 月 15 日，内蒙古自治区党委组织部、科学技术厅、科学技术协会下达内科发〔2011〕106 号文件，批准稀土研究院、内蒙古晨宏力化工有限责任公司等 9 家单位建立“内蒙古自治区院士专家工作站”，以深入实施“草原英才”工程，充分发挥自治区与中国科学院、中国工程院全面合作优势，加强区院合作，搭建自治区引才、育才的有效平台载体，引进院士专家等高端人才，提升企业科技创新能力，促进先进技术成果转移转化。

第八节　内蒙古稀土研磨材料工程技术研究中心

2002 年 1 月 24 日，包头天骄清美稀土抛光粉有限公司成立技术中心；2003 年建立了包头稀土高新技术产业开发区包头天骄清美稀土抛光粉有限公司稀土研磨材料研发中心；2004 年 2 月 11 日，包头市科学技术局文件《关于认定包头市企业技术中心的通知》（包科高发〔2004〕3 号文），包头天骄清美稀土抛光粉有限公司企业技术中心被认定为“包头市企业技术中心”；2006 年，包头天骄清美稀土抛光粉有限公司技术中心通过内蒙古自治区评审；2007 年 3 月 26 日，包头天骄清美稀土抛光粉有限公司技术中心被自治区内蒙古科技厅（内科发计字〔2007〕7 号文件）认定为

"内蒙古自治区稀土研磨材料工程技术研究中心"。

内蒙古稀土研磨材料工程技术中心由研究中心、信息中心、检验中心三部分组成。研究开发中心的职责：第一，参与制订自治区的技术发展技术创新、引进、改造、开发规划和计划。第二，研究开发有市场前景的新技术、新产品、新工艺、新材料、新装备，为全区产品更新换代和形成新的经济增长点提供技术支持。第三，为全区稀土研磨水平的提高和研究开发新的稀土研磨材料提供必要的技术指导和理论支持。第四，参与制订新的稀土研磨材料的检测方法检测标准。研究中心职责：负责新产品的开发、生产，落实；为自治区的技改、科研提供技术指导和理论支持。检测中心职责：负责稀土研磨材料开发过程中样品分析检测；外委样品的评价分析，负责新的分析方法和分析标准的制定。信息中心职责：负责相关信息的收集管理汇总，为新技术方案的制订提供指导方向。历经了近十年的发展，工程技术中心目前总面积2500平方米，下设1个实验室以及1个实验车间，实验及检测设备齐全，先后开发了LCE系列、TCE系列等两大系列十余种新产品。

第九节　内蒙古新能源汽车用镍氢电池工程研究中心

2003年12月23日，"稀奥科镍氢动力电池及其材料研究中心"成立；2005年1月12日，通过自治区的审核，获得自治区级研究中心证书；同年6月20日，获得包头市市级企业技术中心证书；2012年5月，申请内蒙古自治区级工程研究中心，名称为"新能源汽车用镍氢电池工程研究中心"，同年5月30日通过审核，获得自治区级工程研究中心证书。

工程研究中心拥有动力电池半自动卷绕机、NH-Ni电池正负极综合生产线、400/60对辊机、台式真空注液机、机械式滚槽机以及液压单程封口机等一套完整的镍氢电池中试线，研究开发新能源新产品。拥有美国Maccor公司生产Maccor-4000电池综合性能测试设备，共有180个独立设置的测试通道，可满足半电池、单体电池、电池组块的多项测试要求。研发成功10安时镍氢电池、9安时镍氢电池、A1型镍氢动力电池、C型镍氢电池、SC型镍氢电池和大容量方型镍氢电池共6种产品。

第十节　博士后科研工作站

中国北方稀土（集团）高科技股份有限公司博士后科研工作站前身是内蒙古稀土集团博士后科研工作站，于2001年5月28日正式挂牌成立。2012年12月，更名为"内蒙古包钢稀土（集团）高科技股份有限公司博士后科研工作站"，并成立博士后工作站领导小组；2016年4月，更名为"中国北方稀土（集团）高科技股份有限公司博士后科研工作站"，并制定了《中国北方稀土（集团）高科技股份有限公司博士后科研工作站管理暂行规定》。北方稀土博士后工作站下设办公室，具体设在北方稀土组织（人事）部，负责博士后的日常管理、进出站管理、中期考核等事宜。

2001年建站当年，工作站引进清华大学博士赵宏生与包头稀土研究院共同进行"隔热/滤紫外汽车玻璃的研究"课题研究。2003年12月工作站引进燕山大学博士韩树民，主要在稀奥科公司、燕山大学、稀土研究院进行"宽温区MH-Ni动力电池负极材料研究"的课题研究。期间，韩博士在国内外学术期刊共发表论文7篇，参加和组织了4次重要的学术活动，并促成稀奥科公司与燕山大学签订了培养人才计划，共培养16名硕士和3名博士。2005年12月韩博士完成工作任务，结题出站。2011年11月，工作站与北京科技大学博士后流动站联合引进大连理工大学毕业的张涛博士，研究方向为磁制冷材料，参加了北方稀土课题"稀土基室温磁制冷材料批量制备及应用"，获支助经费80万元。此项目获批内蒙古自然科学基金立项。2015年1月工作站与长春理工大学博士后流动站联合招收博士乔君，乔君毕业于长春光学精密机械与物理研究所物理专业，主要从事稀土发光材料与物理研究。进站后，在稀土研究院参与"高显色白光LED用荧光粉的制备与研究"项目，北方稀土对该项目支助经费137万元，此项目获批内蒙古自然科学基金立项。

第十一节　内蒙古环保型稀土应用材料工程技术研究中心

2004年依托包头市京瑞新材料有限公司成立

的环保型稀土应用材料工程技术研究中心被认定为自治区级工程技术研究中心。

中心现建有一个中心实验室、两条（中）扩试生产线和理化检测中心，扩试生产线建设均为自主研发技术转化成果。中心现有固定资产近 400 万元、设备 184 台（套），建筑面积 700 平方米。

中心主要研究方向为稀土分离清洁生产工艺和稀土新型材料，在燃料电池和制氧机用阴极材料和电解质材料、高纯度无水氯化稀土和无水溴化稀土、特殊性能稀土化合物取得进展。

自主研发的“荧光级氧化铕清洁生产和资源综合回收利用”项目曾获内蒙古自治区科技进步一等奖、“包头矿中重稀土清洁生产工艺”获自治区科技进步二等奖。累计为国内外用户研发十余个稀土类和非稀土类新产品，已有 10 个新产品进行了工业化生产。

该中心成为内蒙古大学、内蒙古科技大学等高校本科生、研究生毕业论文研究和实习基地。截止到 2016 年的研发成果包含申报国家发明专利 50 余项，已获得授权超过 30 项。

第二章 科研管理

第一节 管理机构与管理体制

1997 年，稀土高科成立研究开发部。1998 年，在原研究开发部的基础上建立了企业技术中心。研究开发部是公司研发管理机构，负责具体科研项目的实施。同年 10 月 13 日，由内蒙古自治区经济贸易委员会、内蒙古自治区国家税务局、内蒙古自治区地方税务局、呼和浩特海关以内经贸科发〔1998〕47 号文件，确认为自治区级企业技术中心。

技术中心设技术委员会，由公司主管领导和相关部门技术人员组成，并根据工作情况进行调整。技术中心设咨询委员会，由本行业专家组成。技术中心下设机构由试验中心、分检中心、信息中心 3 个部分组成。

技术中心的职责是：第一，参与制订和执行企业技术发展战略和技术创新、技术改造、技术引进、技术开发规划和计划。第二，组织完成科研、技改项目的立项、审批、实施工作。第三，承担新产品、新技术、新工艺、新装备的研究开发工作，为本企业的产品更新换代和形成新的经济增长点提供技术支持。第四，负责引进技术的消化、吸收和创新工作，形成具有自主知识产权的技术和主导产品。第五，组织和运用国内外的技术和智力资源，开展范围广泛的、形式多样的国内外技术交流与合作，与高等院校、研究院所及同行企业建立长期稳定的合作关系。第六，收集、分析与本企业相关的全球技术和市场信息，研究行业发展动态，为产品和技术发展提供咨询、意见和建议。第七，创造良好的工作条件，建立有效的人才激励机制，吸引国内外的技术人才以各种形式为本企业工作。第八，开展技术经营和服务，对科技成果进行技术经济评估、技术咨询和技术转让，促进科技成果在企业内外的推广应用。

2003 年 8 月，公司印发《稀土高科公司企业技术中心管理制度》，进一步全面系统地确定了技术中心管理上的具体办法。

2008 年 7 月，生产技术部成立，将科研工作划归生产技术部管理，负责公司科研项目的收集、整理、项目的立项、科研计划的下达、科研项目的中期检查、结题验收、科技报奖及专利和标准管理。

2010 年 9 月，公司向国家发展和改革委员会提交了国家企业技术中心申请材料。2010 年 11 月，由国家发展和改革委员会、国家科技部、国家财政部、国家海关总署、国家税务总局以 2010 年第 30 号公告，确认为第十七批国家认定企业技术中心。

2014 年 9 月，包钢稀土技术质量部成立，负责公司科研管理工作，具体为公司科研项目的收集、整理、项目的立项、科研计划的下达、科研项目的中期检查、结题验收、科技报奖及专利和标准管理。

第二节 科技工作管理

2003 年 8 月，稀土高科印发《公司科技工作管理办法》，全面系统地明确了公司在科技项目选择、论证、立项、计划的编制、费用核算、实施、监督检查、成果鉴定、推广应用等管理上具体政策措施。

一、科研管理办法

（一）科研项目选择

（1）科研项目选择应符合公司发展规划要求，以新产品开发、节能降耗、改善环境为核心。

（2）根据市场及相关领域发展趋势，选择有推广应用价值、能带来明显经济效益或能形成自主知识产权的项目。

（3）项目的选择应具有较高的技术含量和创新性，有明确的目标、合理可行的研究方案。

（4）软科学项目研究必须是对公司发展有一

定影响，能为决策提供参考依据的项目。

（5）项目来源：一是根据公司发展规划目标，由公司技术委员会专家组提出对公司经济技术指标、工艺技术水平有较大影响的重点攻关和新产品开发项目。二是由技术中心提出的或与其他科研院所合作的项目。三是由公司各部门结合本单位需要提出的项目。

（6）科技主管部门下发下一年度公司科研项目指南，各部门结合本单位需要和指南开展申报工作，经本部门领导审核同意后报主管部门。

（二）项目的论证

（1）为保证项目选择合理、研究方向正确、目的意义明确、技术及实施方案切实可行，提高科研成果的实用性和采用技术的先进性，由公司技术委员会对项目进行评审。

（2）主管部门汇总项目、评审结果，提交总工程师审批后发布。批准立项项目填写《科技开发项目合同书》，要求一式两份报主管部门，经主管部门、总工程师审批后生效。

（三）年度科技计划的编制

（1）主管部门编制年度科技工作计划草案并报送总工程师批准后下发。

（2）科研计划一经下发，应立即组织实施，一般不得随意变动，以保证按计划进度完成。

（3）在科技计划的实施过程中，如因市场变化或新技术的出现而产生新项目，可经有关程序随时进行适当调整。

（四）项目实施

（1）项目负责人必须按合同规定严格执行，不得随意变更。如确需修改，必须提出申请报告，说明理由按程序审批。

（2）项目负责人编写项目进展总结报告交主管部门审查，特殊情况及时通报。总结报告内容应包括试验工作进展及经费使用情况。

（3）项目负责人必须认真如实填写记录，尤其对技术要点、重大科学发现和新技术、新设计构思的提出人和情况进行重点记载。

（4）公司定期进行项目中期进展情况检查，及时发现、协调解决出现的问题。

（五）项目的鉴定、验收及成果推广

（1）项目的鉴定验收主要采取会议、函审两种方式进行，两种方式具有同等效力。

（2）项目按合同要求完成后，课题组编写工作报告、技术工作总结报告、经济效益分析报告等有关文件资料提交主管部门。

（3）由主管部门对提交的验收材料进行形式审查，对于符合验收要求但暂时不宜公开的成果，由公司技术委员会进行评价。

（4）对于一些技术先进、经济效益显著及有广泛推广价值的项目，或在包钢公司以上科技部门立项的项目，由主管部门协助申请国家、自治区、包头市、包钢科委（科技处）组织鉴定。

（5）拟申请专利的成果，在专利受理前不得进行任何形式的鉴定、发表科技论文等影响项目新颖性审查的一切活动。

（六）成果的评审与奖励

（1）在北方稀土及分子公司成功应用 1 年以上的项目均可申报稀土高科科技成果奖，具体申报、评审程序执行《包钢稀土高科技股份有限公司科技成果奖励办法》。

（2）一项科技成果只能获得同一级别奖励一次，不得重复授奖。

（3）执行公司任务或主要利用公司物质技术条件完成的科技成果为职务科技成果，其使用权、转让权属公司所有，成果完成人享有相应权利。

（七）项目资料管理

（1）凡通过包钢公司以上级别鉴定的项目，必须及时将两套完整的技术文件资料报公司档案室归档；一套完整的技术资料和原始记录交技术中心资料室存档。

（2）凡通过稀土高科技术委员会评审的项目，必须将一套完整的技术资料（包括原始记录）交技术中心资料室存档。

（3）取得科技成果的项目，有关人员对该项目技术关键负有保密责任。成果完成人欲在刊物上公开发表科技论文，需经主管部门审查并报总工程师批准方可投稿。

（4）科技保密工作按《中华人民共和国保守国家秘密法》和国家科委制定的《科学技术保密条例》中有关规定执行。

二、科技管理制度改革

公司 2003 年印发《稀土高科公司企业技术中心管理制度》，经过十多年的运作，有些方面已经不适应科技管理工作发展的需要。2014 年，公司对科研管理办法进行了全面重新修订。2015 年 3

月 17 日，正式下发《中国北方稀土（集团）高科技股份有限公司科研管理办法》（公司发〔2015〕31 号）。重新修订的科研管理工作涉及技术质量部、计划财务部、技术委员会、项目（课题）承担单位以及项目（课题）负责人。科研管理工作具体内容及工作流程是：

（1）科研管理部门负责组织搜集汇总信息和问题；负责编制、发布项目（课题）申报大纲；负责组织项目（课题）申报、评审、立项、实施过程管理、检查、验收等；负责知识产权、标准、技术成果等的管理工作。

（2）计划财务部负责项目（课题）经费的评审、拨付；负责项目（课题）经费使用的监督和管理；负责项目（课题）的财务验收。

（3）技术委员会负责组织专家分专业评审，负责组织公司技术委员会讨论确定年度科研项目。

第三节 技术规程管理

公司技术规程按照《文件控制程序 BFXT-01》要求进行管理，由各生产厂根据工艺编制技术操作规程或作业指导书，上报公司技术规程主管部门，由公司主管部门审核并修改后，报总工程师批准。总工程师批准后由主管部门按照文件控制程序要求进行下发，并建立台账及发放清单。各生产厂如有工艺技术调整应及时编制新的规程报公司技术规程主管部门审核，审核通过后按上述程序下发新的技术操作规程或作业指导书，根据实际情况同时废止旧版本的规程。所建立的技术操作规程或作业指导书同时报综合办公室备案。

第四节 技术标准管理

公司技术标准管理部门负责管理公司标准工作。其任务是：贯彻国家的标准工作方针、政策、法律、法规，编制公司标准工作计划；组织制定、修订和实施国家标准、行业标准、团体标准、地方标准和企业标准（规范）；组织协调和指导公司的标准管理工作，对各单位、部门实施标准的情况进行监督检查；参与研制新产品、改进产品、技术改造和技术引进中的标准工作，提出标准工作要求，组织标准审查；做好标准工作效果的评价，总结标准工作经验；搜集国内外标准化情报资料；统一归口管理各类标准，建立标准数据库、草案库，对公司有关人员进行标准化工作宣传教育，对标准化工作进行指导；承担上级标准工作行政主管部门和有关行政主管部门委托的标准工作任务；组织标准样品的研制工作；每年度组织各单位、部门召开公司标准工作会议。

标准计划编制要以公司技术质量管理要求、市场需求、产品与成果转化、标准化发展计划等作为依据。各单位、部门适时根据编制标准计划项目的原则和要求，编制项目草案（参考现行国家标准格式）或企业标准（规范）项目建议书，报送技术标准管理部门。经公司标准技术委员会审查合格后，制（修）订企业标准（规范）的，由提出单位填写任务落实书并上报技术标准管理部门；上报各标委会制（修）订国家、行业、团体和地方标准的，由技术标准管理部门安排人员按照有关部门的要求组织实施或上报。

第三章　科 研 项 目

第一节　稀 土 选 矿

白云鄂博矿石属以铁、稀土、铌等为主的多金属元素共生矿。矿区已查明有 77 种元素，近 170 种矿物，其中稀土、稀有金属矿物达到 36 种之多。

白云鄂博矿石中各种有用元素的赋存状态，是以“贫”、“细”、“杂”为主要特征。绝大多数矿物的嵌布粒度极为细小，一般为 0.02 毫米左右，它们的可选性差异小，则为矿石中各种矿物有效的分选带来了大的困难。因而也决定了白云鄂博矿选矿工艺流程的特殊性、多样性和复杂性，必须采用多种选矿方法的联合工艺进行矿石处理。

稀土选矿的重点研究工作主要集中在白云鄂博矿产资源的综合利用和国内其他金属矿的选矿研究工作，不但对白云鄂博矿中铁、稀土、稀有铌（钽）的最佳选矿方法和合理的选矿工艺流程的确立进行了研究，还从包头矿中分选高品位稀土精矿、高纯稀土精矿、单一氟碳铈精矿和独居石精矿以及稀土浮选药剂的研制等方面都进行了研究。选矿科研方面曾获得多项国家、冶金部及内蒙古和包钢科技奖，其中，“从包钢选矿厂稀土精矿中选别 68% 品位精矿试验研究”，1984 年获冶金部科技成果一等奖；“从重选稀土粗精矿中分选氟碳铈精矿工业试验研究”，1984 年获冶金部科技成果一等奖等；“白云鄂博中贫氧化矿浮选—选择性团聚选矿工艺”，1988 年获国家发明一等奖；“白云鄂博矿用新型稀土选矿捕收剂 H205”，1990 年获国家发明三等奖；“同位素 X—荧光载流测定富含稀土矿浆浓度的方法”，1990 年获国家发明四等奖。

选矿实验室研究方向为资源综合利用，包括铁、稀土及其他有色金属矿产资源的综合回收利用研究、矿山固体废弃物的减量化、资源化、无害化处理，以及冶炼固体废弃物的资源综合利用技术研究，配置装备先进、手段齐全的重选、磁选、浮选及相关检测设备。

2008 年，稀土高科稀选厂开展了 60% REO 稀土精矿生产工艺研究并进行了工业试验，并在 2010 年 3 月由包头市人民政府授予包头市科技进步三等奖。

2009 年，包钢稀土稀选厂进行了“白云鄂博尾矿回收稀土精矿”项目研究，该项目采用选矿厂磁选矿旋流器溢流作为原矿进行工业试验，首次增加了白云鄂博磁选矿尾矿选别稀土精矿生产线，使选别稀土矿源更加丰富，年生产能力 3.6 万吨 50% REO 稀土精矿。该项目于 2011 年 4 月获得了包头市人民政府科技进步三等奖。

2012 年，包头稀土研究院参加国家重点基础研究计划（“973”计划）项目“稀土资源高效利用和绿色分离的科学基础”的研究。该项目由北京大学严纯华院士牵头，参加单位有 4 所高校（北京大学、清华大学、东北大学、南昌大学）、3 个中科院的研究所（上海有机所、长春应化所、过程所）、3 个行业科研院所（稀土研究院、北京有色金属研究总院、广州有色院）。项目设 7 个课题，其中课题 5“混合型轻稀土矿绿色选冶过程的基础研究”由东北大学、稀土研究院、内蒙古包钢稀土（集团）高科技股份有限公司共同承担。稀土研究院承担“稀土矿物及磁化处理矿物浮选过程的界面传质规律及选别机制”的研究工作。

2013 年，包头稀土研究院承担工信部稀土共性关键技术研发项目“白云鄂博稀土资源高效选别清洁冶炼工艺技术研究”，选取包钢选矿厂氧化矿弱磁尾矿以及尾矿库中尾矿为原料，进行浮选试验。分别以氟碳铈矿和独居石、萤石、赤铁矿等矿物为目的矿物，进行实际矿物浮选试验，研究浮选条件，如不同药剂及其添加量、矿浆温度、矿浆浓度、浮选时间、搅拌时间、刮泡时间等对浮选效果的影响。在条件试验的基础上进行闭路循环试验，以确定较佳的浮选工艺路线。稀土精矿品位达到 50%以上，回收率达到 80%以上。

2014年，稀土研究院承担工信部稀土共性关键技术研发项目“包头白云鄂博尾矿资源综合利用技术研究”，该项目由马莹负责。以白云鄂博矿物选矿流程产出的尾矿为原料，研究各种矿物在不同条件下的浮选行为，确定选别稀土、萤石、铁、铌等矿物的工艺条件，达到的技术指标：稀土精矿品位达到60%以上，回收率70%以上；萤石精矿品位大于95%，回收率75%；铁精矿品位64%，回收率60%；同时得到铌富集物。

2014年，包头稀土研究院与包钢稀土稀选厂共同承担了包钢稀土课题，“高品位稀土精矿选矿工艺技术开发”的工业试生产扩大试验，结果表明：新型选矿工艺可实现50%、65%（REO）规格的稀土精矿的共线生产；65%（REO）与50%（REO）的稀土精矿产量比例为37%：63%，且稀土总作业回收率与单产50%（REO）精矿回收率相接近。

2014年，包头稀土研究院与白云博宇公司、包头市林峰药剂厂共同承担了包钢稀土课题“白云鄂博中贫矿氧化堆置矿综合利用技术开发”的研究，该项目针对20世纪50年代包钢公司剥离的大量的中贫铁矿石堆置时间长、组分复杂、矿石经受长期风化、水浸及氧化，表面的物理化学性质已发生变化，造成矿石选别难度大的问题，在包钢稀土白云博宇分公司稀土选矿厂进行了白云鄂博中贫氧化矿的工业生产试验。工业生产试验结果表明，新型LF-P86稀土捕收剂具有选择性好、适应性强等特点，稀土精矿品位（REO）大于50%，稀土回收率可达29.2%~33%。

近年来，由项目带动，包头稀土研究院开辟了新的研究领域，恢复了矿物选矿及岩相鉴定领域的研究。2015年，与中国中钢集团公司合作，共同开发土耳其稀土资源。针对土耳其ETI稀土矿矿物成分多、稀土品位低、矿物嵌布关系复杂的特点，开展了系列研究工作。

稀土选矿专业科研项目汇总见表3-1。

表3-1 稀土选矿专业科研项目汇总

编号	项 目 名 称	立项时间	审批部门	参加单位	完成人
1	包钢白云鄂博磁铁矿石选矿技术攻关——选矿新型磁选机的研制	2003年7月	稀土研究院	稀土研究院	黄焦宏
2	60%稀土精矿提产	2004年11月		林峰、稀选厂	陈宏超、田 峰
3	包头难选复杂氧化铁矿选矿工艺研究	2007年1月	科技部	包钢巴润矿业公司、包钢矿山研究院	李春龙、夏国金、李晓刚
4	白云鄂博磁矿系列尾矿回收稀土精矿	2009年3月	稀土高科生产技术部	选矿、稀选厂	李玉刚、张君强、陈宏超
5	白云鄂博矿中钪资源提取技术研究	2012年6月	包头市科技局	瑞科国家中心	许延辉、马升峰、赵文怡、孟志军、王英杰
6	白云鄂博稀土资源高效选别清洁冶炼工艺技术研究	2013年10月	工信部	稀土研究院	马 莹、许延辉、李 娜、郝肖丽、张 弓
7	白云鄂博中贫堆置矿综合利用技术开发	2014年		稀土研究院	班 印、马 莹、侯少春、李二斗
8	高品位稀土精矿选矿工艺技术开发研究	2014年	包钢稀土	稀选厂、稀土研究院	陈宏超、马 莹
9	白云鄂博矿产资源中中重稀土元素赋存状态调研及评估	2015年4月	北方稀土	稀土研究院	杨占峰、马 莹、郝 茜、包呈敏、王振江

第二节　稀土湿法冶金

稀土湿法冶金的科技开发重点研究项目主要集中在矿物清洁冶炼工艺，特殊物性稀土化合物等无机稀土功能材料制备领域。

一、稀土精矿分解工艺研发

1998 年，进行了包头矿碳酸钠焙烧提铈工业试验，该工艺可将包头稀土精矿中占总氧化物 50%的铈直接提取出来，减轻了单一稀土后续分离工艺的压力，氧化铈产品纯度达到了 99.9%，降低了碳酸钠配比，改善了焙烧窑的结圈。

1998 年，完成了烧碱法生产低锌镁氯化稀土，该工艺对于传统的碱法工艺有了较大改进，解决了碱法工艺生产氯化稀土锌、镁含量高的难题，以此为原料生产的低锌低镁电池级混合氯化稀土产品质量达到国际先进水平。

2004 年，中国科学研究院长春应用化学研究所与稀土高科合作完成了国家“863”项目——包头稀土资源清洁冶金流程工业试验。该流程属先进技术的综合，并拥有自主知识产权。采用低温焙烧，使钍和稀土变为可溶性硫酸盐，用伯胺 N_{1923} 萃取分离钍，钍产品的纯度大于 95%，收率大于 93%；水浸渣总比活度小于 2×10^3 Bg/kg，可达建坝排放标准；采用 P_{507} 转型，可直接与 P_{507}-HCl 体系分离单一稀土衔接，具有效率高、分离选择性好、单耗低等特点。该流程为大型工业生产提供了可行的主要工艺参数。

2010 年，包头稀土研究院承担包头稀土精矿连续碱分解生产工艺技术开发的研究改造。在实验室进行了全流程的实验，采用 56%矿稀土分解率大于 97%，稀土收率大于 93%，通过焙烧分解、水洗、酸溶、萃取等工序，稀土矿物中的稀土、钍、氟、磷、钙、铁等有价元素得到综合回收。在 ϕ40 厘米×4000 厘米内热式刮板回转窑中进行了扩大实验，解决了焙烧过程的“结圈”问题。通过了包头市和内蒙古科技厅的鉴定验收，达到国内领先水平，获得包头科技进步二等奖。工艺过程无污染废气排放，无含氨氮的废水，实现了清洁生产，具有良好的社会和经济效益。

2011 年，包头稀土研究院首次对包头矿中的钪和铌资源进行了湿法提取研究。针对钪含量 $(300\sim500)\times10^{-6}$ 的选铌尾矿及铌含量 4%～6%、钪含量（$600\sim1000)\times10^{-6}$ 的富铌渣进行了钪和铌提取技术研究。通过活化浸出可以使选铌尾矿中钪的提取率达到 95%以上；富铌渣中铌、钛、钪和稀土同时浸出，浸出率在 90%左右。在实验室制备了 99%纯度的氧化钪和氧化铌。

2015 年，包头稀土研究院开展了高品位稀土精矿碱分解技术研究工作，包钢稀土高品位稀土精矿（65%）工业试生产之后，稀土研究院首次进行了高品位稀土精矿碱分解技术研究，提出了高浓度碱直接分解高品位稀土精矿短流程技术，并进行了工业试验。精矿分解率大于 99%，稀土收率大于 95%。大幅度提高设备利用率，使碱分解处理稀土精矿的大工业化、自动化生产成为可能。

二、稀土萃取分离研究

继 1982 年包头稀土研究院叶祖光等完成的国内首次“P_{507} 盐酸体系中稀土全萃取连续分离工艺扩大试验”（该项目荣获冶金部科技成果一等奖、国家科技进步二等奖）后，我国单一稀土深加工工业在全国不断发展壮大。

1999 年，在包钢稀土高科冶炼厂完成了全国第一条单条处理能力达 3000 吨的单一稀土全分离生产线，该生产线采用了在线皂化、在线稀土皂、洗反合一、液—液沉淀等先进技术和先进的分析仪器设备、流量在线自控装备，实现了产品结构由粗放型向深加工型的转变。

2003 年，包头稀土研究院与意大利国家能源、新技术及环境委员会合作进行了稀土分离提纯与应用的工作。用长链脂肪酸作为稀土萃取剂，从硫酸体系中萃取稀土元素转型制备氯化稀土新工艺的研究，有较好的产业化应用前景。稀土萃取过程在线分析装置及其应用研究，采用能谱分析仪对稀土元素的总量和分量进行在线检测，首次实现了一机两点和稀土总量和分量的同时在线分析，具有国内先进水平。本成果 2006 年 8 月由内蒙古科技厅组织鉴定。

2005 年，在华美稀土三分厂完成了拥有自主知识产权的“分馏—逆流置换萃取单一稀土工艺”，该工艺成功研制并应用于生产，萃取分离能力 650t REO/月，大幅降低了萃取工艺酸碱消耗。2007 年，被授予包头市科技进步一等奖。

2006 年，包钢稀土冶炼厂萃取生产线完成了钙工艺研究，并应用于工业生产，大幅降低了工厂生产成本。同年，在华美稀土首次采用 P_{507} 氧化镁皂化工艺，并且实现了一步硫酸稀土萃取转型分离的工业产业化。

2006 年，在包钢稀土冶炼厂完成了 LaCe/CePrNd 的联动萃取工艺，该工艺的应用大幅降低了萃取分离生产线的运行成本。

2007 年，完成了万吨级稀土萃取分离新技术、新装备的应用，该项目建成了当时国内单一轻稀土分离最大的生产线。运行结果证明工艺设计和槽体结构改进合理，分离效率高，产品质量稳定，经济效益显著。采用了在线盐酸调配工艺，100% 连续皂化工艺，技术达到国内先进水平。

2013 年，完成了稀土工业生产废水零排放的工艺改造，实现生产工艺废水的全循环，此项目获中国冶金科学技术二等奖。

三、特殊物性稀土化合物

1998 年，包头稀土研究院进行了高纯稀土产品除杂工艺研究（荧光级氧化铕生产技术改进）的工作，尤其是降低了荧光级氧化铕中的非稀土杂质含量。该工艺缩短了生产周期，节约了能源及草酸等试剂，提高了收率，降低了成本。

2001 年，稀土高科冶炼厂完成了特殊物性化合物（硝酸铈铵、醋酸铈及硝酸铈等）的研发工作，并应用于生产。

2001 年，包头稀土研究院进行了特殊物理化学性状稀土新型化合物制备工艺开发的工作，采用可工业化生产的共沉淀法，使用不同的沉淀剂，控制不同的沉淀、干燥、焙烧条件，解决了粉体团聚问题，制备出不同物性的稀土化合物。

2006 年，包头稀土研究院承担铈系列化合物产业化开发的研究课题。在硝酸体系中采用碳酸氢铵沉淀法制备纳米 CeO_2 和大比表面积 $Ce_xZr_{1-x}O_2$，确定了制备纳米 CeO_2、大比表面积 CeO_2、大比表面积 $Ce_xZr_{1-x}O_2$ 的最佳工艺条件。

2008 年，包头稀土研究院与中科院化学所合作研发了大颗粒稀土氧化物制备技术及反应机理研究项目。通过优化工艺，在不添加表面活性剂或分散剂的条件下，用草酸盐沉淀法制备中值粒径在 20~100μm 的大颗粒氧化钇。

2008 年，包头稀土院与包钢稀土冶炼厂合作进行了超细纳米氧化铈的工业扩大试验，生产的超细氧化铈产品 d_{50} 可达 0.5μm。

2009 年，包钢稀土冶炼厂成功开发了盐酸体系单一稀土高浓度连续沉淀生产可控粒度的碳酸盐新工艺，并应用于工业生产。

2012 年，包钢稀土完成了国家“863”项目——先进稀土材料及应用技术。该项目用碳酸氢铵直接转化法处理硫酸稀土焙烧矿，研制了大型离型剂，稀土转化率达到 96.7%，稀土收率为 92.9%，节水 60% 以上。由 60 台离心机组成镧、铈分离示范线，经 6 个月的连续运行，示范线及配套的数值化流量系统稳定可靠。采用真空加热脱水法研制了无水氯化铈，用新型氟化炉制备了氟化镧，采用共沉积电解设备制备了稀土镁中间合金，制备了抛光液和纳米氧化铈，研究了稀土喂丝技术等。

四、稀土湿法冶金环保治理领域

2005 年，完成了华美稀土“三代酸法”生产线尾气酸回收项目建设，生产出合格的 70% 浓度的硫酸，全部回用于生产。回收的氟酸进行二次加工，实现了酸法工艺尾气治理的新突破。

2006 年，包头稀土研究院承担了稀土湿法冶金废水治理和综合利用的研究项目。对硫酸法转型产生的硫酸铵废水采用沉淀法进行处理，处理后的废水中氨氮浓度小于 40mg/L，达到三级排放标准，同时得到磷酸铵镁产品。沉淀法处理硫酸铵废水后产生的二次硫酸钠废水，可以直接浓缩结晶生产工业级硫酸钠产品。冷凝后的水回用，废水回用率达到 85% 以上。焙烧尾气用硫酸钠废水吸收，用铝盐中和回收工业级氟铝酸钠产品，氟的回收率达到 96% 以上。

2011 年，《稀土工业污染物排放标准》出台，对稀土工业生产废水的排放提出了更高的要求。北方稀土冶炼分公司完成了稀土工业生产产生的氯化铵废水中钙、镁离子及油等污染因子的原料液净化试验，并应用于工业生产，解决了蒸发器结垢的问题，大幅提高了蒸发系统的运行效率和换热效率。

2013 年，包钢稀土冶炼厂与杭州煤炭科学研究院合作进行了氯化钠废水双极膜电解制取盐酸和氢氧化钠的工业试验。同年，包钢稀土冶炼厂与上海东硕合作进行了低浓度氯化钠废水的处理工业试验。

2014 年，包钢稀土冶炼厂与燕山大学合作进行了氯化钠、氯化铵废水处理试验，借鉴侯氏制碱法工艺，将氯化钠转化成碳酸氢钠，碳酸氢钠返回萃取生产线皂化有机。

2015 年，进行了北方稀土稀土生产“三废”改造项目，从而彻底解决稀土工业生产废水零排放制约生产的废水处理瓶颈问题，目前多项项目处于调试运行中。

1997~2016 年，公司以稀土研究院为研究主体，通过申报、自主研发等多种方式在湿法冶金方面立项研究 55 项，详见表 3-2。

表 3-2 湿法冶金专业稀土院科研项目汇总表

编号	项目名称	立项时间	审批部门	参加单位	完成人
1	高纯稀土产品除杂的研究	1997. 1~1997. 12	稀土研究院	稀土研究院	李　梅
2	晶型碳酸钕的研制	1997. 1~1998. 12	稀土研究院	稀土研究院	冷忠义
3	荧光级氧化铕生产技术的改进	1998. 1~1998. 12	稀土研究院	稀土研究院	李　梅、冷忠义
4	包头稀土矿综合利用绿色新工艺	1999. 1~1999. 12	稀土研究院	稀土研究院	张丽萍、马　莹
5	铈系列化合物的合成研究	1999. 1~2001. 12	稀土研究院	稀土研究院	乔　君
6	制备氯化稀土工艺重晶石废渣中回收氯化钡	1999. 1~2001. 12	稀土研究院	稀土研究院	张丽萍、马　莹
7	铈系列化合物	2000. 1~2000. 12	稀土研究院	稀土研究院	乔　军
8	稀土锆系列复合物	2000. 1~2000. 12	稀土研究院	稀土研究院	叶祖光
9	稀土化合物物理性能	2000. 1~2000. 12	稀土研究院	稀土研究院	李　梅
10	包头稀土精矿浓硫酸焙烧新工艺	2000. 1~2000. 12	稀土研究院	稀土研究院	马　莹
11	单一稀土氧化物特殊粒度及比表面技术研究	2000. 1~2000. 12	稀土研究院	稀土研究院	李　梅
12	硫酸稀土水浸液中钍与稀土分离	2000. 1~2000. 12	稀土研究院	稀土研究院	张丽萍、马　莹
13	包头稀土精矿酸法分解“三废”综合治理新工艺	2000. 1~2004. 12	国家科委	稀土研究院	马　莹
14	特殊物化性状的稀土新型化合物的制备	2000. 1~2004. 12	科技部	稀土研究院	李　梅、柳召刚
15	连续旋转离子交换柱稀土分离的研究	2001. 1~2003. 12	科技部	稀土研究院	白　彦
16	高纯稀土萃取过程在线分析与闭环控制	2002. 1~2005. 6	国家科委	稀土研究院	许延辉、王　强
17	镧系列化合物制备	2003. 3~2004. 12	稀土研究院	稀土研究院	马　莹、许延辉
18	稀土分离提纯与应用	2003. 6~2005. 6	科技部	稀土研究院	许延辉
19	功能陶瓷用特殊稀土化合物的制备	2005. 1~2005. 12	稀土研究院	稀土研究院	许延辉、马　莹
20	纳米氧化铈的制备	2005. 1~2005. 12	稀土研究院	稀土研究院	刘铃声
21	稀土纳米催化剂在催化燃烧节能及环境净化上的应用	2005. 1~2006. 12	内蒙古科技厅	稀土研究院	许延辉、马　莹
22	稀土湿法冶金过程中氨氮废水的资源化综合利用研究	2005. 1~2006. 12	科技部	稀土研究院	许延辉、马　莹
23	稀土转化膜成膜工艺的研究	2006. 1~2006. 12	稀土研究院	稀土研究院、内蒙古一机集团	马　莹、许延辉、乔　军、常　叔、徐海平
24	稀土在防腐防水涂料中的应用研究	2006. 1~2007. 12	稀土研究院	稀土研究院	张玉玺、许延辉、刘铃声、谢修伟
25	中国白云鄂博地区资源综合利用成套工艺技术及装备研究开发	2006. 1~2010. 12	包钢公司	稀土研究院	许延辉、马　莹、徐海平、胡卫红、乔　军

续表 3-2

编号	项目名称	立项时间	审批部门	参加单位	完成人
26	稀土湿法冶金废水治理和综合利用研究	2006.1～2007.12	科技部	稀土研究院	许延辉、马 莹、徐海平、马志鸿、胡卫红
27	包头稀土资源冶炼新工艺新设备技术研究	2007.1～2007.12	稀土研究院	稀土研究院、稀土高科、长春应化所、有色院	赵增祺、许延辉、马 莹、徐海平、郭文亮
28	稀土复合助剂提高聚氨酯橡胶耐热性能研究	2007.1～2007.12 2007.6～2008.12	稀土研究院、包头市科技局	稀土研究院、清华大学	张玉玺、许延辉、刘铃声、熊晓柏、曹鸿璋
29	钛矿型材料用于金属-空气蓄电池氧扩散催化剂的研究	2007.7～2010.7	科技部	瑞士瑞沃特技术科学院、稀土研究院	许延辉、闫慧忠、马 莹、郭文亮、孔繁清
30	大颗粒稀土氧化物制备技术及反应机理的研究	2008.1～2009.12	内蒙古科技厅	中科院化学所	马 莹、乔 军、王晶晶、王宝荣、常 叔
31	稀土元素掺杂纳米二氧化钛光催化剂的制备工艺研究	2009.1～2009.12	稀土研究院	稀土研究院	崔建国、许延辉、胡卫红、张旭霞、王英杰
32	包头稀土矿碱法动态焙烧工艺研究	2009.1～2010.12	内蒙古科技厅	瑞科国家中心	许延辉、孟志军、刘海娇、崔建国、王英杰
33	包头稀土矿碱法冶炼连续清洁生产工艺的研究	2009.1～2010.12	稀土高科	稀土研究院、包钢稀土冶炼厂	许延辉、孟志军、刘海娇、崔建国、王英杰
34	稀土配合物设计合成及其催化性能研究	2009.1～2010.12	包头市科技局	中科院化学所、稀土研究院	许延辉、王英杰、崔建国、张旭霞、孟志军
35	厌氧氨氧化高效处理稀土冶炼氨氮废水工艺技术的研究	2009.1～2010.12	内蒙古科技厅	北京科技大学、稀土研究院	马 莹、乔 军、王晶晶、王宝荣、常 叔
36	稀土改性助剂提高氟橡胶性能研究	2010.1～2010.12	稀土研究院	湿法室	曹鸿璋、张玉玺、许延辉、马 莹、刘铃声
37	稀土氧化物对改善 Al_2O_3-MgO 系耐火材料性能的研究	2010.1～2010.12	稀土研究院	湿法室	王晶晶、马 莹、乔 军、王宝荣、常 叔
38	包头稀土矿碱法动态焙烧工艺研究	2010.1～2011.12	包头市科技局	稀土研究院	许延辉、刘海娇、孟志军、崔建国、赵文怡
39	离子嵌脱型 CuO/Al_2O_3-RE_2O_3 催化剂的制备与性能研究	2011.1～2011.12	稀土研究院	稀土研究院	赵文怡、许延辉、崔建国、张旭霞
40	稀土改性无机水性防火涂料的研究	2011.1～2011.12	稀土研究院	稀土研究院	于晓丽、张玉玺、曹鸿璋
41	稀土复合助剂提高硅橡胶耐热性能研究	2012.1～2013.12	包头市科技局	稀土研究院	张玉玺、曹鸿璋、于晓丽、刘铃声
42	催化臭氧化法去除稀土萃取废水中的有机物	2012.7～2013.7	包钢稀土	稀土研究院	马 莹、李 娜、包呈敏、宋 静、李二斗
43	水浸渣处理技术开发	2012.7～2013.7	包钢稀土	稀土研究院	马 莹、崔建国、张赟馨、丁艳荣、常 叔
44	稀土基脱硝催化剂工业化生产技术开发	2012.7～2013.7	包钢稀土	湿法室	李兆强
45	光催化处理稀土冶炼氨氮废水	2013.1～2013.12	稀土研究院	稀土研究院	赵文怡、孟志军、张旭霞
46	稀土矿液碱焙烧连续分解技术扩大试验	2013.1～2014.12	科技部	稀土研究院	许延辉、刘铃声、张旭霞、王英杰、赵文怡
47	负载型稀土钙钛矿催化剂上氮氧化物和碳烟的同时催化消除	2013.1～2015.12	内蒙古科技厅	稀土研究院	李兆强、王 艳
48	稀土 Ce 基脱硝催化剂的开发	2013.7～2014.12	包头市科技局	稀土研究院	李兆强、王 艳

续表 3-2

编号	项目名称	立项时间	审批部门	参加单位	完成人
49	高品位稀土精矿资源清洁高效提取技术的研究	2015.1~2016.12	内蒙古科技厅	稀土研究院	许延辉
50	高品位稀土精矿碱分解工业实验	2015.4~2016.3	北方稀土	稀土研究院、包钢灵芝稀土公司	许延辉、田　皓、张　丞、马升峰、刘铃声
51	盐酸介质中低氯根碳酸铈产品的扩大试验	2015.8~2016.7		稀土研究院	田　皓、张　丞、马升峰、侯睿恩、王　哲
52	混合型轻稀土矿绿色选冶过程的基础研究	2012~2016	科技部		马　莹、李　娜、张赟馨、秦玉芳、李二斗
53	稀土冶炼废水及氯化稀土料液中有机物去除试验研究	2014.7~2016.6	包钢稀土	稀土研究院、华美稀土有限公司	包呈敏、张文娟、赵永志
54	土耳其稀土矿石样品试验	2015.1~2016.12	中钢集团		马　莹、郝　茜、侯少春、李　娜、李二斗
55	稀土萃取工序损失有机物的走向研究	2015.8~2016.7	稀土研究院	稀土研究院	包呈敏、张文娟、宋　静

第三节　稀土金属及合金

一、稀土金属及合金的品质

稀土金属通常指元素周期表ⅢB族中钪、钇、镧系17种元素的总称，通常单一稀土元素质量分数在99%以上；稀土合金指由稀土元素与其他元素组成的具有金属特性的合金。工业纯的稀土金属生产方法包括熔盐电解法、真空热还原法、中间合金—真空蒸馏法。电解法用于制备熔点较低的轻稀土金属，具有流程短、设备简单的优点。真空热还原法、中间合金—真空蒸馏法用于制备熔点较高的重稀土金属，其优点是产品纯度高、杂质含量低。由工业纯的稀土金属经过真空蒸馏、电子束熔炼、区域熔炼、固态电迁移等方法，可以得到99.9%~99.99%的高纯稀土金属。

二、重点研究项目

20世纪70年代，稀土研究院开始研究氟化物—氧化物体系电解制备稀土金属技术。1984年，率先开发成功了3千安金属钕工业规模电解槽，我国拥有了自主知识产权工业规模生产稀土金属的工艺技术及装备，此项成果荣获国家科技进步二等奖，并在全国迅速推广。

1990年，刘文准起草制订了金属钇国家标准。该标准适用于钙热还原法、电解法制得的用作黑色和有色特种合金添加剂、电子及原子能工业领域功能材料的金属钇。1992年7月9日由国家技术监督局颁布，1993年4月1日实施，编号为GB/T 13559—92。

1991~1992年，受原冶金工业部委托，刘文准、郝俊英等制订了金属钆行业标准，该标准适用于用钙热还原法生产的金属钆。1993年11月，由冶金部发布实施，编号为YB/T 046—93。

1991~1992年，刘文准、王玲等制订了金属铽行业标准，该标准适用于用钙热还原法生产的金属铽。1993年11月，由冶金部发布实施，编号为YB/T 047—93。

1995年以后，稀土研究院开始研究大型稀土熔盐电解槽生产稀土金属技术，进行了大量氟化物熔盐体系物化性质、电化学性质、稀土熔盐电解槽电解过程数值仿真技术等研究工作，并建立了具有先进手段的物理化学、电化学试验室及产业化试验基地。同时，开始研究高温高真空蒸馏技术，以钙热还原法生产的金属钬、金属铒为原料，用钨坩埚和钼接收器组成的蒸馏体系提纯制备高纯金属钬、金属铒，产品直收率大于90%。

同期，又以铥、镱、镥富集物为原料，采用选择性还原新工艺，在真空特种电阻炉内，用钼坩埚、钼套筒和冷凝器组成的还原—蒸馏系统，优先还原富集物中的氧化镱，获得金属镱。金属纯度大于99.9%，金属直收率大于90%。进一步提取铥，金属纯度大于90%。工艺新颖、稳定可行，生产成本低。

1997年，张志宏负责国家计委立项的“九五”重点产业前期攻关项目“万安培稀土熔盐电

解槽关键技术与成套设备的研制”。2000 年 10 月，启动 10 千安大型氟盐体系氧化物电解生产金属钕的试验电解槽，并获得了国家发明专利和实用新型专利，整体达到国际先进水平。“万安培稀土熔盐电解槽关键技术与成套设备的研制”，于 2001 年获内蒙古自治区“技术经济创新工程”奖、包钢科技进步一等奖、内蒙古科技进步二等奖、中国冶金科学技术三等奖。2001 年国家计委“万安培稀土熔盐电解成套设备国产化”项目在稀土研究院正式立项，完成了万安培稀土熔盐电解成套装备的研究、制造及生产。

2001 年，为了降低钕铁硼的生产成本，研制镝铁合金代替原用金属镝。稀土研究院王小青、陈国华、贾恩泽、周艳新、任永红、许涛等人负责包头市科技攻关项目“稀土功能材料用廉价重稀土中间合金的研究”，以氧化镝为原料，采用熔盐电解法在氟化物熔盐体系中生产了成分稳定的镝铁合金。电流效率 76.59%，金属直收率 98%，镝质量分数不小于 80mass%，碳质量分数不小于 0.05mass%，电耗 11.79MW・h/t。2003 年 5 月建立了一条 3 千安规模镝铁合金生产线，11 月由内蒙古科技厅组织鉴定，获得包钢科技进步二等奖，2004 年，获得包头市科技进步二等奖。

2001 年 8 月～2003 年 12 月，姜银举、张小琴、代清等人进行了高纯金属钆的研制。采用高温高真空蒸馏技术，以钙热还原生产的金属钆为原料，用钨坩埚、钨套筒和钼接收器组成的蒸馏体系提纯，制备高纯金属钆，绝对纯度 99.5%，相对纯度 99.95%。2003 年获得包钢科技进步二等奖。

20 世纪 90 年代，张志宏、于雅樵等进行了稀土镁中间合金制备的研究。确定了生产 Mg-Nd 和 Mg-Y 稀土镁中间合金产品所采用的氧化物电解共析法工艺技术，优化并确定了氧化物电解共析法生产 Mg-Nd 和 Mg-Y 稀土镁中间合金的工艺技术参数。氧化物电解共析法生产 Mg-Nd 和 Mg-Y 稀土镁中间合金工艺技术稳定、可靠。所生产的 Mg-Nd 和 Mg-Y 稀土镁中间合金产品成分稳定，纯度达到 99.86%。

2003 年，稀土研究院承担了科技部国家“十五”重点科技攻关项目“25 千安氟化物体系熔盐电解氧化钕工艺及设备开发”项目，形成的电解工艺合理易行、稳定、高效率、低消耗，三废处理达标，操作实现全部机械化，技术经济指标达到了国际领先水平。依托万安培稀土熔盐电解技术和 25 千安氟化物体系熔盐电解氧化钕技术形成的“大型氟化物体系氧化物电解制备稀土金属工艺技术及装备的研制”成果获内蒙古科技进步二等奖、包头市科技进步一等奖。依托研究成果成立的包头瑞鑫稀土金属材料股份有限公司，已在包头稀土高新技术产业开发区建成年产 7000 吨稀土金属生产线，并高效稳定运行，成为全国稀土金属生产的龙头企业。

2005 年，于雅樵等开始进行感应炉熔兑法生产稀土镁中间合金技术开发，并形成了中试规模。2010 年，张志宏、王小青、陈国华等开始进行通信领域用高品质稀土镁合金及应用关键技术的研究，开发了阴极共沉积法电解制备稀土镁中间合金技术，同时采用自主知识产权技术开发的稀土镁合金专用中试熔炼炉，有效改善了稀土镁合金的均一性，降低了制备成本。采用新技术制备稀土镁合金，合金收率达到 95%以上，成分质量分数波动在 0.3%～0.7%，加工成本降低 40%以上。依托该项目成果，建成了年产 1000 吨稀土镁合金中试基地。

2007～2014 年，张志宏、王小青、李瑞红、陈国华、于雅樵等人制订了金属铽的国家标准（GB/T 20893—2007）、氟化镨钕国家标准（GB/T 23590—2009）、镝铁合金产品标准（GB/T 26415—2010）、Mg-Gd 中间合金产品标准（GB/T 26414—2010）、金属镧国家标准（GB/T 15677—2010）、金属钕国家标准（GB/T 9967—2010）、钇镁国家标准、钕镁国家标准、镨钕镝国家标准、镧镁国家标准、稀土富渣行业标准。此外，还参与制订镨钕合金产品标准以及金属镝国家标准（GB/T 15071—2008）。

2009～2014 年，生产功能材料用的镝（铁）、钆（铁）等金属主要由金属热还原法或自耗阴极电解法制备。热还原法工艺流程长，并采用活性金属钙作为还原剂，生产成本高。自耗阴极法制备镝铁、钆铁合金成分不稳定、电效低、能耗高、金属收率低，影响功能材料的生产成本和产品质量。张志宏、王小青、陈国华等人对熔盐电解法制备镨钕镝、镨钕钆进行了研究并实现了工业化生产。镨钕镝合金中镝质量分数（6±0.5)%、（8±0.5)%，镨钕钆中钆质量分数（15±0.5)%。

2009~2014 年，上置式阴阳极槽型配置空间拥挤，运行操作不便，工艺参数调整困难，电的上部导入使电场、温场布局也不尽合理。这些因素限制了稀土电解槽节能化、大型化的发展。张志宏、王小青、陈国华等人进行了“新型节能稀土金属电解槽研究开发”研究。通过对万安电解槽流场、电场、温度场的数值进行模拟分析、绝缘材料、电极升降系统等方面的研究，成功研制了千安级新型节能电解槽，开发了电解槽运行工艺，完成了 6 千安级稳定运行试验，结果表明：新型节能电解槽能够稳定运行，研制的绝缘材料在高温氟盐下具有较好的绝缘性，平均电流效率 90%以上，节能 15%以上，产品质量优异，w(C)<0.02mass%，w(Fe)<0.1mass%。

2014 年，于雅樵等人承担了课题“稀土钢用新型稀土铁中间合金的研制”，完成制备铈铁中间合金关键技术攻关，合金中稀土收得率大于 95%；合金中 w(S)<0.01%，w(P)<0.01%，w(O)<0.03%，w(Si)<0.01%。并进行了中试生产，产品已经在包钢技术中心、中科院金属研究所、内蒙古二机、内蒙古科技大学等企业、科研院校得到试用，效果良好。

2014 年，张先恒等人开展了“真空蒸馏法制备（高纯）稀土金属工艺及设备的研究 ”，开发了高纯稀土金属镱、铕制备技术，实现了金属镱中试生产，收率大于 92%，相对纯度 99.995%；建成了高纯稀土金属中试线，具备年产 5 吨生产能力。

1997~2016 年，公司以稀土研究院为研究主体，通过向国家科委、内蒙古科技厅等部门申报以及包钢公司下发和自主研发等多种方式，在稀土金属专业领域立项项目 43 项，详见表 3-3。

表 3-3 稀土金属及合金专业稀土研究院科研项目汇总

编号	项 目 名 称	立项时间	审批部门	参加单位	完成人
1	萤石白云岩冶炼稀土硅铁合金工艺探索研究	1997.6~1998.12	稀土研究院	稀土研究院	王小青、高海洲
2	低氧稀土氟化物制备工艺扩大试验	1998.1~1998.12	稀土研究院	稀土研究院	姜银举、郝占忠
3	真空电弧炉熔炼稀土金属	1998.1~1999.12	稀土研究院	稀土研究院	郝占忠、姜银举
4	万安培稀土熔盐电解关键技术及成套设备的研究	1998.10~2001.12	国家科委	稀土研究院	张志宏
5	新工艺制取氟化物的研究	1999.1~1999.12	稀土研究院	稀土研究院	姜银举、李瑞红
6	稀土氟化物干法生产制备技术开发	2000.1~2000.6	稀土研究院	稀土研究院	姜银举、郝占忠
7	稀土金属提纯新技术开发	2000.1~2000.12	稀土研究院	稀土研究院	郝占忠、姜银举
8	功能材料用稀土中间合金生产技术开发	2000.1~2001.12	稀土研究院	稀土研究院	于雅樵、李瑞红
9	高纯稀土金属钆及硅钆合金研制	2000.1~2002.12	稀土研究院	稀土研究院	姜银举、张小琴
10	火法氟化制备稀土氟化物的研究	2000.8~2002.6	稀土研究院	稀土研究院	于雅樵
11	大型稀土熔盐电解成套设备国产化	2001.1~2002.12	科技部	稀土研究院	张安文、赵增祺
12	稀土功能材料用廉价重金属稀土中间合金的研究	2001.8~2002.8	包头科委	稀土研究院	王小青、陈国华
13	万安培稀土熔盐电解工艺“三废”处理	2002.1~2002.12	包头科委	稀土研究院	梁行方、张志宏
14	25 千安氟化物体系熔盐电解氧化钕工艺及设备研究开发	2002.6~2005.6	科技部	稀土研究院	张志宏
15	磁光记录溅射靶用异型高纯稀土金属制备	2003~2004	科技部	稀土研究院	郝占忠
16	稀土金属材料应用技术研发中心	2004.1~2005.12	开发区	稀土研究院	张志宏
17	新型材料用稀土金属及合金粉末的制备	2005.1~2005.12	稀土研究院	稀土研究院	张志宏
18	镍—钛系形状记忆合金的探索研究	2006.1~2006.12	稀土研究院	稀土研究院	郑天仓、陈国华、桑跃图
19	稀土金属合金粉末及溅射靶材的研制	2006.8~2007.12	内蒙古科技厅	稀土研究院	陈国华
20	耐热稀土镁合金及镁中间合金的研究	2007.1~2007.12	稀土研究院	清华大学、稀土研究院	
21	稀土镁中间合金及稀土耐热镁合金的研制	2007.1~2008.12	包头市科技局	清华大学、稀土研究院	梁行方、于雅樵、桑跃图

续表 3-3

编号	项 目 名 称	立项时间	审批部门	参加单位	完成人
22	铌精矿冶炼铌铁合金新工艺研究	2008. 1～2010. 12	内蒙古科技厅	稀土研究院	张志宏、张先恒、王小青、陈国华、郝　茜
23	氧化物电解出金属装置的工业化试验	2009. 1～2009. 12	稀土高科	稀土研究院	陈国华、张学江、孔向民、冯和云、梁行方
24	混合稀土金属配分稳定性的研究	2009. 1～2010. 12	稀土高科	稀土研究院 冶炼厂	于雅樵、吕卫东
25	氧化物电解制备稀土金属节能环保技术的研究	2009. 1～2010. 12	稀土高科	瑞鑫公司、稀土研究院	梁行方、郑天仓、侯复生
26	稀土金属清洁生产工艺技术综合集成	2009. 9～2010. 12	内蒙古科技厅	瑞鑫公司	梁行方、张志宏、陈国华、郭海涛、孔向民
27	稀土金属熔盐电解节能减排集成技术开发	2010. 1～2011. 12	科技部	瑞鑫公司	张志宏、梁行方、陈国华、郑天仓、郭海涛
28	大型氧化物电解制备稀土金属专利技术优化综合集成	2010. 1～2011. 12	内蒙古科技厅	瑞鑫公司	陈国华、于雅樵、李　坤
29	稀土镁中间合金产业化关键技术开发	2012. 1～2013. 12	包钢公司	稀土研究院	陈国华、王小青、胡文鑫、杨正华、于雅樵
30	新型节能电解槽制备稀土金属工艺及装备研究开发	2012. 9～2013. 12	包头市科技局	稀土研究院	王小青、陈国华、于　兵、李　坤、李　麟
31	熔盐电解法制备 Mg-Gd 中间合金的应用基础研究	2013. 1～2013. 12	稀土研究院	稀土研究院	曹永存、李志强、程子洲
32	稀土镁合金 WE43 产业化技术研发	2013. 1～2014. 12	包头市科技局	稀土冶金及功能材料国家工程研究中心	王小青、胡文鑫、吴俊子、杨正华、程子洲
33	氧化（镨）钕物理性能对稀土电解过程的影响研究	2014. 1～2014. 12	瑞鑫公司	稀土研究院	赵文怡、刘铃声
34	新型节能稀土金属电解槽开发研究	2014. 1～2016. 6	包钢稀土	稀土研究院	陈国华、于　兵、陈宇昕、曹　钰、冯和云
35	镨钕金属冶炼工艺废渣资源综合利用研究	2015. 4～2016. 4	瑞鑫稀土	稀土研究院、瑞鑫公司	侯睿恩、邓　沅、郝肖丽、李志强、崔建国
36	高纯稀土金属和合金粉体、丝材、板材产品产业化	2015. 1～2017. 12	稀土研究院	稀土研究院	张先恒、赵二雄、苗旭晨、戴默涵、高日增
37	稀土铁合金及中间合金产业化	2015. 1～2017. 12	工信部	稀土研究院	于雅樵、高日增、于　兵、陈宇昕、曹　钰
38	稀土镁锆合金制备新工艺及装备研究开发	2015. 1～2016. 12	科技厅	瑞科国家工程研究中心	吕卫东、陈国华、胡文鑫、王小青、侯复生

续表 3-3

编号	项 目 名 称	立项时间	审批部门	参加单位	完成人
39	电解自动出金属工艺及装备研制与应用	2015.5~2016.12	北方稀土	稀土研究院、瑞鑫公司	梁行方、陈国华、王小青
40	稀土合金材料研发	2015.6~2016.5	山东非金属材料研究所	瑞科国家工程研究中心	陈宇昕、陈国华、于 兵、刘玉宝、高日增
41	高品质、低成本金属钇、钆的制备	2015.7~2016.7	稀土研究院		
42	锌基稀土合金的制备工艺优化研究	2015.12~2016.12	宁波双鹿		
43	功能材料用新型稀土合金扩试与产业化示范	2016.1~2016.6	经信委	瑞科国家工程研究中心	张志宏、于 兵、陈宇昕、曹 钰、冯和云

第四节 稀土功能材料及终端产品应用

一、稀土储氢材料

稀土储氢合金最早使用纯 La 稀土金属，当时稀土分离成本高，La 的价格远高于混合稀土。因此，就逐步用混合稀土替代部分 La 来降低成本。由于混合稀土金属中含有大约 25%（质量分数）的镨、钕元素，价值较高。因此，2000 年后，开始逐步以镧、铈金属作为原料生产合金。稀土研究院先后开展了稀土—镁—镍系多相复合储氢电极材料、镁基储氢电极材料等多方面的研发工作，获得了国家科技部、内蒙古科技厅、包头科技局的大力资助，部分研究成果在该领域达到了国际先进水平。2006 年以后，为了研发满足 MH-Air 蓄电池要求的高能量、高功率型 La-Mg-Ni 系储氢材料，同时开展新型稀土储氢材料在 MH-Air 蓄电池中的应用研究，与瑞士瑞沃特技术科学院合作，共同开展了国际科技合作项目——“新型稀土储氢材料在 MH—空气蓄电池中的应用研究”。所研制的低钕低钴 $LaNi_5$型高功率储氢合金达到国内先进水平。2008 年开始，为了进一步改善 MH-Ni 电池的大电流放电能力及低温电化学性能，开发出了一种新型的 La-Fe-B 系储氢材料，该材料表现出了良好的电化学动力学性能。属国内首创，具有完全自主知识产权。2013 年以后，自主开发出了高容量 La-Y-Ni 储氢合金，该合金放电容量大于 380mA · h/g，高于 $LaNi_5$ 型合金的理论容量。目前，正在进行试制成品电池并对电池性能进行评估，该合金有望成为新一代高容量储氢合金。

稀土储氢材料重点课题研发情况如下：

第一，包头市重大科技项目“新型稀土—镁—镍系多相复合储氢电极材料的开发”。研发时间：2004 年 1 月~2005 年 12 月。

本项目采用熔炼—球磨—热处理工艺，制备了高容量非晶态储氢材料，该材料能够在室温下实现可逆电化学储放氢。通过球磨包覆硼和铝元素以及电极表面缓蚀处理，显著地改善了材料的充放电循环稳定性。新型储氢电极材料的技术指标和参数：在恒流充放电制度下 1 次活化；实际比容量 410mA · h/g（放电电流 100mA/g）；充放电循环 200 次，容量保持率 82%，达到了合同提出的技术指标和参数，与国内外同类研究相比属于先进水平。2006 年 4 月获包钢科技进步二等奖。

第二，国家自然科学基金项目“La_2Mg_{17}/$LaNi_5$复合贮氢材料电极容量衰减的研究”。研发时间：2004 年 1 月~2006 年 12 月。

本项目研究发现，在球磨材料中添加少量的非金属元素，如硼、硅等，可以实现连续球磨工艺制备非晶态 MgNi 基储氢合金。同时，非金属元素的掺杂有利于抑制储氢电极材料的容量衰减；选用 OP-10（烷基酚聚氧乙烯醚）、水玻璃（$Na_2O \cdot nSiO_2$）、甘油（丙三醇）3 种具有表面活性的物质作为缓蚀剂分别处理储氢合金粉体、成型电极、添加到电解液中。其中后两种方式在不显著降低初始容量的情况下，均不同程度地抑制了电极的容量衰减，前两种缓蚀剂的效果更加明显。当用 OP-10 和水玻璃分别同时处理成型电极和电解液时，可进一步提高储氢电极的充放电循环稳定性。2010 年获内蒙古自治区自然科学三等奖。

第三，科技部科研院所专项资金项目“高性价比稀土系复合贮氢电极材料的研发”。研发时间：2004 年 1 月~2006 年 12 月。

本项目开发出一种新型高容量稀土—镁—镍系储氢电极材料，容量接近 400mA・h/g，充放电循环 200 次容量保持率不小于 80%，完成了项目目标。这种材料与 $LaNi_5$型的主要成分均为镍且含量相当，因此新型材料的成本与 $LaNi_5$型相近。

第四，国家科技部国际科技合作（中国—瑞典）重点项目“高性价比新型稀土—镁基储氢电极材料的研究”。研发时间：2005 年 4 月~2006 年 12 月。

本项目优选出适合于制备新型高性价比 RE-Mg-Ni 系储氢材料的 $REMg_x$（$x=2\sim5$）中间合金；添加硼（B）、硅（Si）等非金属元素，缩短了非晶化转变的球磨时间，提高了非晶态材料的生产效率，同时改善了电极材料在充放电循环过程中的容量稳定性；采用缓蚀剂处理成型电极或加入电解液中，降低了材料充放电循环的容量衰减率，为控制镁基储氢电极材料的容量衰减开辟了一条新的途径；采用低钕低钴 $LaNi_5$储氢合金做原料制备 $AB_{3\sim3.5}$型 La-Mg-Ni 系储氢材料，有利于缓解稀土资源开发利用中 Nd 需求量大，La、Ce 严重过剩的问题，而且在 Co 等有色金属价格居高不下的背景下降低了材料成本。在研制新型高性价比储氢材料，尤其是控制稀土—镁基储氢电极材料容量衰减方面明显提高了我国自主创新能力。

第五，国家科技部国际科技合作（中国—瑞士）项目“新型稀土储氢材料在 MH—空气蓄电池中的应用研究”。研发时间：2006 年~2009 年 6 月。

本项目开发出具有自主知识产权的新型 La-Fe-B 系稀土储氢合金，其组成、组织结构和性能特点不同于已有的其他金属储氢材料，具有低成本、高功率和良好的低温放电特性，已申报 6 项国内发明专利和 1 项国际发明专利，成为我国在金属储氢材料领域的原创性成果。项目利用中方在储氢电极材料研制方面和外方在可充电空气电池研制方面的优势，合作双方的科研人员应用中方自主研发的稀土系储氢材料，共同开发出了具有可逆特性的 MH—空气蓄电池。2010 年获包钢公司科技进步二等奖。

第六，国家科技部科技型中小企业技术创新基金无偿资助项目“高功率 La-Fe-B 系贮氢电极合金的应用开发研究”。研发时间：2009 年 5 月~2011 年 5 月。

本项目研究了 4 种 La-Fe-B 系贮氢合金（$La_8Fe_{27}B_{24}$、$La_8Fe_{28}B_{24}$、$La_{15}Fe_{77}B_8$、$La_{17}Fe_{76}B_7$）的组成、组织结构与性能之间的关系，了解了合金组成元素与性能的关系；研究了 La-Fe-B 系贮氢合金的制备（中频感应熔炼—快淬）和热处理（温度、保温时间及方式）工艺及其对材料结构和性能的影响；项目开发出具有自主知识产权的高功率 La-Fe-B 系贮氢电极合金，能够用于制备镍氢动力电池，1~3 次活化；电化学容量 $C=310\sim322$mA・h/g（0.2C）；30C（10A/g）放电时间 22~32s；−40℃ 低温条件下的放电容量大于室温容量的 62%~78%；成本比传统 $LaNi_5$型合金降低 15%以上。项目制定了年产 200 吨 La-Fe-B 系贮氢合金生产能力的方案。

第七，国家自然科学基金地区科学基金项目“La-Fe-B 系贮氢电极合金中硼对动力学性能的影响研究”。研发时间：2011 年 1 月~2013 年 12 月。

本项目主要完成了 B 对两种不同类型的 La-Fe-B 系合金（$La_{15}Fe_{77}B_8$型和 $La_{17}Fe_{76}B_7$型）微观结构和电化学性能，特别是高倍率放电性能的影响研究工作，揭示了 La-Fe-B 合金电化学动力学性能随 B 含量变化而变化的机理，获得了一些研究成果。B 对合金高倍率放电性能的影响机理在不同的 B 含量范围内是不同的，在 B 含量为 0~1.5 合金的高倍率性能增加主要是由于 B 使氢的扩散速率不断增加的缘故，而在 B 含量为 1.5~3 合金的高倍率性能下降则主要是由于 B 使合金电极表面的电荷转移能力逐渐下降的原因。

第八，国家科技部国际科技合作（中国—瑞典）专项项目“金属氢化物—空气电池的合作研发”。研发时间：2011 年~2014 年 12 月。

本项目主要研究了空气电极材料及其空气电极制备技术、储氢材料及其金属氢化物（MH）电极制备技术、MH-Air 单体电池的设计和优化；同时，研究和评价了不同的封装材料及防电液泄漏技术、电池组的串联设计、优化和电化学特性测试、电池组的装配、工程化设计研制及性能测试工作。该项目的研究成果促进了中国金属氢化物空气电池的发展，达到国内先进水平。

第九，国家科技部国际科技合作（中国—俄罗斯）项目“稀土系 Y_2FeSb_2储氢合金的制备及性能研究”。研发时间：2011 年 6 月~2013 年

6月。

本项目在进行当中，实验研究发现，Y_2FeSb_2储氢合金大的放电容量是由导电剂 Cu 粉引起的，而合金本身不具有大容量特性。同时，合金中的 Sb 有剧毒，不适宜在储氢合金中应用，对 Y_2FeSb_2进行更深入的研究已没有必要。所以本项目在保留 Y 的前提下，将合金中的 Sb 全部用 Ni 代替，并用 La 部分替代 Y 改进成为 La-Y-Ni 型储氢合金。随后，主要对 A_2B_7型及 A_5B_{19}型 La-Y-Ni 合金的结构、气相吸放氢性能和电化学性能进行了研究；并研究了不同的过渡族金属部分替代 Ni 对合金结构和电化学性能的影响，逐步优化了合金成分及性能。通过优化合金成分及热处理制度，目前已研制出了气相储氢量达到 1.5%（质量分数）、放电容量大于 380mA·h/g、循环 300 次容量保持率大于 65%的合金。

二、稀土磁制冷材料

1997 年，美国的埃姆斯（Ames）国家实验室的皮恰斯基（V. K. Pecharsky）和哥斯奈德（K. A. Gschneidner）发表了题为《$Gd_5Si_2Ge_2$的巨磁热效应》的论文后，引起了世界的广泛关注。随后，日本、欧洲、中国等国家及地区也相继开展了磁制冷方面的研发工作。中国开展磁制冷研发的单位有十几家，主要有北科大、中科院物理所、南京大学、四川大学、稀土研究院等。

1999 年 10 月，由稀土研究院作为主研单位，包头钢铁学院作为主要参加单位，联合向中国科技部申报了“十一五”科技开发项目“稀土磁制冷技术开发”课题，确定开展“稀土磁制冷技术开发”工作，主要目的是跟踪国外的室温磁制冷研究状况，开发有自己特色的磁制冷项目。

稀土研究院主要开展室温磁制冷材料金属 Gd，Gd_3Al_2、$Gd_5(Si_xGe_{1-x})$ 等的研究工作。同时，设计并研制了具有自主知识产权的室温磁制冷机—磁液体磁制冷机，并申报了专利，该室温磁制冷机实际上是国内设计的第一台磁制冷机。

通过十多年的研发，磁制冷项目取得了较大成果，磁制冷材料方面，能够批量制备金属 La 基、Gd 基系列材料及磁工质；磁场系统方面，能够设计各种类型的永磁磁场系统，满足不同磁制冷机要求；磁制冷机方面，最新研发的磁制冷机，在负载为 65~117 升空间下，最大温跨可达 24.5℃，最大制冷功率 150 瓦，可以满足冷藏的要求。

磁制冷重点课题研发情况如下：

第一，国家“863”项目子课题“室温磁制冷材料与磁制冷机研究”。研发时间：2002 年 7 月~2005 年 6 月。

本项目主要研究了 $La(FeCoSi)_{13}B_x$室温磁制冷材料的磁热效应，重点研究了 $La(FeCoSi)_{13}B_x$合金的磁熵变和绝热温变，研究了 $La(FeCoSi)_{13}B_x$合金的相结构。首次在$La(FeCoSi)_{13}$中添加了微量 B 元素，增大了晶格常数，提高了合金的 T_c；确定了合金由三相组成，主相为 1∶13 相，同时存在富 La 相和 α-Fe 相；设计研发了第一台往复式磁制冷样机，最大温差达到 18℃，在国际上居于前列。

第二，国家自然基金课题“烧结 $La(FeCoSi)_{13}B_x$合金磁热效应机理的研究”。研发时间：2009 年 1 月~2011 年 12 月。

本课题采用粉末冶金的方法制备 LaFeCoSi 系列材料，有效拓展该系列材料的磁热性能曲线的半峰宽，有效降低均匀化热处理时间；采用 SPS 粉末烧结工艺制备了 $La(Fe_{11.05}Co_{0.85}Si_{1.1})B_{0.25}$合金，磁热效应与铸锭样品相比有所下降，居里点提高 6K，且其半峰宽明显增大，表明该合金可以在较宽的温度范围内制冷；研究了 Ni、V、Cr 和 Ti 合金元素对 $La(FeMCoSi)_{13}B_{0.25}$合金的磁热效应、磁相变点的影响等。V、Ti 这两种合金元素含量的微小变化将导致材料磁热效应和居里温度的巨大变化，Ni 和 Cr 合金元素含量的微小变化仅会对材料的居里温度和磁热性能有微小的影响。本课题获得专利 3 项，发表论文 7 篇。

第三，国家“863”项目“新型稀土磁热和磁应变材料及其应用”子课题。研发时间：2012 年 1 月~2013 年 12 月。

本项目采用工业纯原料进行磁制冷材料的研制，大大降低了材料的成本，通过吸氢、放氢工艺参数温度、时间、压力的调整，来调控材料的氢含量从而调整材料的居里温度在-10~60℃区间变化，并保持大磁熵变，在 2T 磁场下，磁熵变不小于 10J/(kg·K)。本项目突破了关键技术，并能够规模化生产该材料，具有创新性。本项目发表论文 3 篇，申报发明专利 1 项。

第四，国际合作项目“新型稀土磁热和磁应变材料及其应用”研发。研发时间：2012 年 1 月~

2013 年 12 月。

本项目采用工业纯的稀土 La 及其他原料，批量（公斤级）制备了 $LaFe_{11.9-x}Co_xSi_{1.1}B_{0.2}$ 合金，确定了公斤级合金的制备工艺，其性能达到了实际应用的要求。采用粉末冶金、SPS 工艺制备了 $LaFe_{11.9-x}Co_xSi_{1.1}B_{0.2}$ 样品，研究了组织结构和磁热性能，SPS 工艺样品的磁热性能低于铸态合金的磁热性能。用工业纯金属 Gd 制备了球形颗粒、不同厚度的薄片、槽型等磁工质，制备了 $LaFe_{11.9-x}Co_xSi_{1.1}B_{0.2}$ 合金薄片和槽型磁工质。制备的磁工质在制冷机上进行了制冷能力测试。本项目发表论文 6 篇，获得实用新型专利 1 项。

第五，工信部稀土专项项目“室温磁制冷关键技术及系统集成化研发”。研发时间：2013 年 1 月~2015 年 4 月。

本项目采用工业纯原料，批量制备了 $LaFe_{11.9-x}Co_xSi_{1.1}B_{0.2}$ 合金，确定了公斤级合金的制备工艺，其性能达到了实际应用的要求。同时制备了 $LaFe_{11.9-x}Co_xSi_{1.1}B_{0.2}$ 合金薄片和槽型磁工质。用工业纯金属 Gd 制备了球形颗粒、不同厚度的薄片、槽型等磁工质；制备了 $La_{1-x}Ce_xFe_{11.44}Si_{1.56}H_y$ 合金，其居里温度在室温附近，1.5T 外磁场下等温磁熵变可达 9.467J/(kg·K)。在该化合物中加入 Mn 元素来调节居里温度，随着 Mn 元素的增加，材料的居里温度逐渐降低，居里点在 257~300K 连续可调，最大等温磁熵变随 Mn 含量的增大而降低。

采用双环双组圆柱形永磁磁场系统（1.5T）设计研制了永磁室温磁制冷保温柜。磁制冷保温柜采用主动式 AMR 蓄冷器，循环过程中可形成温度梯度；采用金属 Gd、Gd-Er 球形颗粒作为磁工质，在冷端分别装配了 65 升和 117 升的制冷空间。制冷空间为 65 升时，最大制冷温差超过 25.5℃，冷端的最低温度达到了-6.1℃，制冷室（冰箱）温度达到 0.1℃，零温差最大制冷功率为 108 瓦左右（实际测量值）。制冷空间为 117 升时，最大制冷温差超过 25.3℃，冷端的最低温度达到了-4.1℃，制冷室温度达到 3.2℃，零温差最大制冷功率达到 107 瓦（实际测量值），可以满足冷藏要求。本项目申报专利 1 项，发表论文 5 篇。

第六，国家自然科学基金“一级相变磁热效应材料磁制冷能力和效果的研究”。研发时间：2013 年 1 月~2016 年 12 月。

本项目进行了公斤级 $La_{0.6}Pr_{0.4}Fe_{11.4}Si_{1.6}B_{0.2}$ 材料的制备工艺及热处理工艺研究，进行了吸氢实验，通过对温度、压力、时间等参数调整，确定吸氢工艺；并通过添加 Mn 元素，来调控吸氢后材料的居里温度，得到居里温度在室温附近的合金粉末，并通过黏结方法制备了磁工质。本项目优化了 La 基材料的批量制备工艺及热处理工艺，利用粉末黏结方法制备了具有大磁热效应的磁工质，可以应用到室温磁制冷机上。本项目发表相关论文 6 篇。

三、稀土磁致伸缩材料

稀土超磁致伸缩材料（以下简称稀土磁伸材料）是美国等少数先进国家 20 世纪 80 年代研制出的一种高效功能材料，磁致伸缩材料处于外磁场中时长度会发生变化，可以运用于微位移驱动、阀门、泵、燃油喷射技术等领域；还可以进行机械能和电能的转换，运用于声呐的水声换能器技术、电声换能器技术、海洋探测与开发技术、机器人技术等；当外加磁场为交变磁场时，它可以反复伸长与缩短，产生震动，运用于超声、减振与防振、减噪与防噪技术。磁致伸缩材料于 1989 年投入商业化生产，其应用对于高技术产业的发展有重要意义。

稀土研究院于 1990 年开始对稀土磁伸材料进行探索性研究，1995 年得到国家计委和内蒙古计委攻关项目支持，课题组增加了材料研究和性能检测设备，进行了大量工艺研究。经过 5 年努力，制备工艺已基本成熟，研制的材料规格范围宽，性能超过课题指标要求，接近或达到了国际先进水平，制备了 100 多支高性能样品供应用户。

2000 年后，各领域对传感器的要求越来越高，特别是对位移、界面等测量提出了新的要求，要求其具有非接触、大量程、高分辨率、高精度、高可靠性及使用方便等性能。这类传感器要求其核心部件用的磁致伸缩材料具有大的磁致伸缩系数、优良的软磁性能、良好的机械性能和可加工性能，一般为线材或薄片，而 Terfenol-D 较脆、Fe-Ga 合金可加工性较差，都难以达到要求，而 Fe-Ni(Co) 合金在很宽的成分范围内都很容易形成具有 FCC 结构的固溶体，韧性好，强度高，很容易加工成细丝或薄片，容易满足位移传感器的需求。更重要的是 Fe 基磁致伸缩合金有比较低的成本，这对于磁致伸缩器件进入民品市场带来重要的机遇。

2010 年，稀土研究院开始与美国东北大学电子与计算机工程学院微波铁磁材料与集成电路研究中心展开合作，美国东北大学陈亚杰博士将稀土研究院提供的铁基材料用于微磁传感器，效果良好。目前，正在开发其他新型磁致伸缩合金材料，同时在现有磁致伸缩材料研究的基础上，开展磁致伸缩材料组织与物理性能控制的基础理论研究及其磁致伸缩材料在传感器中的应用基础研究。

稀土超磁致伸缩材料重点课题研发情况如下：

第一，国家科技部项目“稀土冶金及功能材料国家工程研究中心”项目中“稀土超磁致伸缩材料中试生产线建设”子项目的研发。研发时间：2000 年 10 月~2005 年 4 月。

本项目完成了中试生产线项目建设书、可行性报告、初步设计的编写工作。根据磁致伸缩材料的生产工艺，配备了冶炼设备、定向凝固设备、热处理设备、检测设备、机械加工设备，铺设了循环冷却水、增容电源电缆、氩气净化气路等配套设施。2005 年通过了国家验收。

第二，科技部中小型科技企业创新基金项目“多种规格尺寸稀土磁致伸缩材料研究”。研发时间：2003 年 10 月~2006 年 10 月。

本项目生产出多种规格尺寸的磁致伸缩材料，可以满足不同的用户。使用中间合金最大限度地减小了稀土元素成分的波动，确保了稀土超磁致伸缩材料性能的稳定。同时，大幅度地降低原料成本。本项目 2008 年获包钢科技进步二等奖，2009 年获包头市科技进步二等奖，申报了专利《稀土中间合金制备稀土磁致伸缩材料的方法》，专利号：ZL 03127241. X。

第三，国家自然基金项目“稀土改善镍锰镓合金性能的机理研究”。研发时间：2006 年 1 月~2008 年 12 月。

本项目系统研究了 NiMnGaTb 合金中稀土 Tb 的存在位置和存在形式。结果显示，稀土元素在 Ni_2MnGa 合金中主要以第二相的形式存在，大量析出于晶界上，少量在晶内析出。析出相的结构初步确定为 Th_2Ni_{17} 型［$Tb_2(Ni, Mn, Ga)_{17}$］金属间化合物。对第二相的定量分析表明，Mn 含量相对较低，基体中 Mn 含量相对提高，这对合金中 Mn-Mn 原子的交换作用有直接影响；研究了 $Ni_{50}Mn_{29}Ga_{21}Tb_x$（$x$ = 0、0. 05、0. 1、0. 2、0. 4、0. 8、1. 2）合金的磁性能和力学性能，发现 Tb 明显提高合金的力学性能，$x \geqslant 0.2$ 时，饱和磁化强度最高，随 Tb 含量的增加，饱和磁化强度降低；研究了 $Ni_{50}Mn_{25+x}Ga_{25-x}Tb_{0.5}$（$x$=0、1. 5、3、4. 5、6、7. 5）合金的马氏体相变和磁感生应变，随着 Mn 原子的增加和 Ga 原子的减少，相变点升高，磁感生应变增大；同时进行了以 Co 代 Ni 的研究，发现 Co 的加入没有改变合金的晶体结构，但磁化强度随 Co 的增加而降低。

第四，国家发改委课题“FeGa-RE 磁致伸缩合金加工工程化技术研究”。研发时间：2008 年 7 月~2011 年 12 月。

本项目系统研究了 FeGa-RE 合金系列材料与外加磁场相关的特性，特别是磁致伸缩性能；研究冷热轧制（拉拔）变形热处理工艺，以及该工艺对所选材料性能的影响，建立有关 Fe-Ga 系列合金材料的结构、性能以及工艺的关系，并给出优化的加工工艺参数，为 Fe-Ga 磁致伸缩合金实现产品化生产提供技术的基础研究。

第五，国际合作项目“新型铁基稀土磁致伸缩材料在传感器中的应用研究”。研发时间：2010 年 6 月~2012 年 12 月。

本项目主要研究开发了满足高精度磁致伸缩位移、界面测量传感器要求的具有较好磁致伸缩、软磁性能、机械性能和可加工性好的新型铁基磁致伸缩材料；研发提高铁基磁致伸缩波导丝与薄带磁致伸缩系数、软磁性能及机械性能的关键技术；开展新型铁基磁致伸缩材料在传感器中的应用研究，实现该材料在位移、界面测量传感器中的应用。本项目 2013 年 11 月通过了科技部验收，申请了专利《一种铁基磁致伸缩合金丝及其制备方法》，专利号：201010145717. 7。

第六，国家自然科学基金委主任基金“稀土 Tb 对 Fe-Ga 快淬合金磁致伸缩性能的影响机理研究”。研发时间：2012 年 1 月~2012 年 12 月。

本项目以添加稀土 Tb 的 Fe-Ga 合金薄带作为研究对象，通过研究 Tb 元素在合金中的存在形式、分布特点及其含量对合金微观组织的影响探究了 Tb 对合金薄带磁致伸缩性能的影响规律，进一步揭示了 Tb 对合金磁致伸缩性能的影响机理，为今后 Fe-Ga 磁致伸缩材料的应用开发提供了理论依据。

第七，科研院所技术开发研究专项资金“新型铁基磁致伸缩合金制备及产业化技术开发”。研发时间：2012 年 1 月~2013 年 12 月。

本课题以 Fe-Ga(Ni) 为基体添加稀土 La、Ce、Tb、Dy、Y 等元素，采用熔炼法制备了合金基体，通过对甩带工艺和轧制工艺进行优化，制备性能稳定的，在低磁场下具有较高磁致伸缩性能的 Fe-Ga (Ni) -RE 合金薄带和线材；研究稀土元素的成相形式和分布特点；研究稀土元素对合金磁致伸缩性能的作用及影响规律；研究稀土元素对合金磁性能参数的影响规律；研究 Fe-Ga(Ni)-RE 系磁致伸缩材料的合金组成、制备工艺、热处理工艺对磁致伸缩性能、软磁性能、机械性能、显微组织、相结构的影响；优化制备工艺以制备符合磁致伸缩位移、界面测量传感器要求的 Fe-Ga(Ni)-RE 合金薄带和线材器件。本项目申报了发明专利《高性能快淬 Fe-Ga 基磁致伸缩薄带材料及其制备工艺》，2015 年 6 月 24 日授权，专利号：ZL201310063881.7。

第八，工信部稀土专项项目“高性能稀土超磁致伸缩材料研发”。研发时间：2013 年 1 月~2014 年 12 月。

该项目研究开发了宽使用温度、高力学性能、多种规格及高成品率的稀土超磁致伸缩材料。通过元素组分的调整、微量元素的添加以及热处理工艺参数的优化，降低了磁致伸缩性能的温度敏感性，提高了宽温度范围磁致伸缩性能的温度稳定性及合金的力学性能，使之满足了换能器或传感器等应用的要求。

四、稀土发热材料

1997 年，国内使用的铬酸镧发热元件均从日本进口，国内产品不能完全达到日本进口产品的性能。国内从事铬酸镧材料研究的有包头稀土研究院、山东大学、上海祖发设备有限公司、清华大学等少数研究机构，且以研究材料的机理为主。

稀土研究院主要开展铬酸镧材料的合成工艺、制粉工艺、器件成型工艺、材料烧结工艺的研究；上海祖发设备有限公司主要以器件的应用设备开发为主，多数产品是电加热设备；山东大学主要研究铬酸镧材料的合成方法、合成机理、材料的烧结过程及机制和温度、时间、气氛的影响机制，为器件制备提供工艺设计参数；清华大学在研究铬酸镧材料核电余热制氢方面有优势，与稀土研究院合作发明了制氢装置的铬酸镧隔板，试验效果极好。铬酸镧的主要应用还是在电发热领域，稀土研究院在发热器件的开发方面投入了较多的力量，也取得了很好的效果，在国内成功开发了操作简单、成本低于日本的铬酸镧发热元件。自 2000 年，我国已经能够生产性能与日本一致的产品，终止了该产品的进口，成为目前电发热领域、氧化气氛下使用的温度最高的发热元件。稀土研究院开发的制备铬酸镧发热元件的技术处于国内领先地位，获得相关国家专利 6 项，对中国陶瓷发热元件领域的技术进步作出了贡献。

稀土发热材料重点课题研发情况如下：

2001 年，国家科技部中小企业技术创新基金项目“大尺寸等直径铬酸镧发热元件中试线”，解决了开发市场应用产品没有生产试验场所的困难，为开发新产品提供了方便快捷的试验基地。

2001~2003 年，承担的国家科技部“863”项目“超高温电致热特种功能材料产业化”，解决了发热元件的批量生产关键技术。

2004~2006 年，承担的国家自然科学基金项目“多功能稀土铬酸镧纳米材料的膨胀机理”，解决了材料烧结成型的机理问题，提高了产品质量和合格率。

重要成果如下：

1999~2014 年，在《中国稀土学报》《金属热处理》《稀土》《硅酸盐学报》《Journal of Rare Earths》《稀有金属》《工业加热》《材料导报》等核心学术期刊杂志上发表论文 40 余篇，部分论文被 SCI 和 EI 收录。1999 年编制了国家标准《铬酸镧高温电热元件》，并进行了修订。

稀土研究院共获 7 项专利。2003 年，稀土研究院获得《超高温电致热陶瓷发热体制造方法》专利；2006 年，获得《复合导电陶瓷加热片》专利；2011 年，获得《热分析仪用陶瓷加热筒及其制作方法》专利；2013 年，获得《一种 YSZ 陶瓷靶材造粒设备》专利；2014 年，获得《一种铬酸镧高温发热元件的接线结构》专利；2015 年，获得《一种铬酸镧高温发热元件的接线方法》和

《一种铬酸镧电热体的制造方法》两项专利。

稀土研究院研究的铬酸镧相关工艺技术，获得多项奖励：

1999 年，“稀土高温发热元件扩大试验”获得包头市科技进步三等奖。

2003 年，“大尺寸等直径铬酸镧发热元件成型工艺的研究”获得包钢科技进步一等奖。

2003 年，与山东大学合作的“500mm 以上铬酸镧发热元件制备工艺研究”获得山东省科技进步二等奖。

2006 年，生产的铬酸镧产品获内蒙古科技名牌产品称号。

2007 年，“超高温电致热陶瓷发热体制造方法”获得中国发明协会金奖。

2007 年，与山东大学合作的“掺杂铬酸镧电热材料的低温致密化工艺”，获得山东省科技进步二等奖。

2007 年，“大尺寸铬酸镧发热元件成型工艺的研究”获得内蒙古自治区重大自主知识产权成果。

2008 年，“超高温电致热陶瓷发热体制造方法”获得国家专利局发明专利优秀奖。

2008 年，“超高温电致热特种功能材料关键工艺技术产业化”获得包头市科技进步三等奖。

2009 年，“大尺寸铬酸镧发热元件成型工艺的研究”获得内蒙古自治区科技进步三等奖。

2009 年，“超高温电致热特种功能材料关键工艺技术产业化”获得内蒙古自治区科技进步三等奖。

2011 年，与山东大学合作的“钢铁生产用铬酸镧基耐火材料的研究”，获得山东省科技进步二等奖。

2011 年 11 月，“铬酸镧材料应用器件的开发研究”获内蒙古自治区科技进步三等奖。

2014 年，国家标准《铬酸镧高温电热元件》获得中国有色金属工业科学技术三等奖。

五、稀土发光材料

稀土发光材料应用领域主要包括绿色照明、平板显示、探测等领域。稀土节能灯是一种优质、高效的绿色照明产品，与白炽灯、卤粉制成的荧光粉等相比，具有光效高、节能、低光衰、长寿命等优点。我国从 20 世纪 80 年代后期开始研究和试产稀土节能荧光灯。目前，我国生产的三基色节能灯出口量达到约 80%，是全球节能光源的最大制造基地。作为制备稀土节能灯的关键材料，中国稀土三基色荧光粉产业也有了长足发展。但随着半导体照明的逐步推广，节能灯用三基色荧光粉市场需求发生了一定数量的萎缩，但未来几年将仍然会保持一定的实物销量。

白光 LED 是一种新的光源。白光 LED 具有十大优点：一是完全无汞，真正的绿色照明；二是寿命超长，可达 10 万小时；三是高效节能；四是全固态照明，抗恶劣环境；五是结构简单；六是体积小；七是质量轻；八是响应快；九是工作电压低；十是抗震性及安全性好。LED 灯耗电量只有白炽灯的 10%～20%，被业界认为是未来 10 年传统照明器具的替代品。

1984 年，稀土研究院开始进行稀土发光材料的研究工作，是国内最早开展发光材料研究的单位之一，有一支基础理论扎实、实践经验丰富的发光材料研制及工程技术开发团队。30 多年来，团队一直致力于显示、照明及特种稀土发光材料的研制与开发，在发光材料设计合成、机理研究及应用开发方面有特长，成功研制了灯用稀土三基色荧光粉、稀土高压汞灯用荧光粉、PDP 荧光粉、稀土长余辉荧光粉、白光 LED 稀土荧光粉等。目前，研究成果获包钢科技进步奖 2 项、包头市科技进步奖 5 项、内蒙古科技进步奖 1 项，拥有发明专利 1 项，实用新型专利 4 项。

稀土发光材料重点研究工作如下：

第一，内蒙古重点科技攻关项目“等离子平板显示稀土三基色荧光粉的研制”。研发时间：2002～2005 年。

项目开发出一种稀土复合硼铝酸盐红色荧光粉，明显改善了红色发光材料的发光效率和色纯度；首次合成（Mg,Sr,Ba）O・$n\mathrm{Al_2O_3}$：M（M=$\mathrm{Ce^{3+}}$，$\mathrm{Tb^{3+}}$）绿色荧光粉，克服了掺 Mn 体系 PDP 绿色发光材料色纯度低、余辉时间长的缺点。成果达到国际先进水平，2009 年获包头市科技进步三等奖。

第二，内蒙古重大科技攻关项目“系列化稀土发光材料产业化开发”。研发时间：2005～2008 年。

项目有多个创新点：采用新的配方合成了钙钛矿体系红色长余辉荧光粉，其初始亮度为当时商用红色长余辉红粉的 2 倍以上，余辉长度大幅提高；合成了掺铌、钽的钒磷酸钇新体系蓝色荧光粉，材料性能优越，属国内外首创，可推广在紫外激发的多种显示和照明器件中应用；采用新的液相合成法研制成功白光 LED 用 YAG：Ce^{3+}粉，提高了 YAG：Ce^{3+}粉的二次性能。本项目形成 5 种稀土发光材料的产业化制备技术，成果达到国际先进水平，2011 年获内蒙古科技进步三等奖。

第三，国家发改委稀土应用研究项目“白光 LED 用新型稀土钒酸盐荧光粉的关键技术开发”。研发时间：2007～2009 年。

本项目成功开发了适合紫光和紫外激发的钒酸盐体系白光 LED 用新型荧光粉，全面完成课题性能指标，符合半导体照明发展的需求；2009 年项目通过验收。项目研制的新型高效稀土钒酸盐蓝色荧光粉产品获国家发明专利 ZL200710006071.2，被评为 2009 年内蒙古自治区十大科技名牌产品。

第四，包头市产学研相结合项目“新型稀土红色长余辉发光材料的研制”。研发时间：2007～2009 年。

项目合成了 $RECaTi_xM_{1-x}O_3$：Pr，R（RE＝La、Y、Gd 等；M＝Al、Si、B、Ga 等；R＝Eu、Er 等）系列红色长余辉荧光粉，有效改善了 $CaTiO_3$：Pr^{3+}碱土钛酸盐红色长余辉发光材料的初始亮度和余辉长度，对可见光区的激发强度也有一定的改善。主要技术性能指标：初始亮度达到国内商用红粉的 200%以上，发射主峰位于 613 纳米，一次激发后，发光可持续 3 小时以上；中心粒径 d_{50}＝4.077 微米，并可根据使用要求调整粉体粒度，全面完成合同书要求的各项指标。与中国科学院理化技术研究所合作，共同探讨了燃烧合成稀土氮化物、氮氧化物发光材料的方法，申请国家发明专利 1 项，实用新型专利 1 项，实用新型专利 2010 年获得授权。成果达到国际先进水平，2012 年获包头市科技进步三等奖。

第五，国家科技部科研院所技术开发研究专项资金项目“低色温高显色性白光 LED 用荧光粉产业化技术开发”。研发时间：2010～2012 年。

本项目采用液相合成了钇铝石榴石体系黄色、绿色荧光粉，降低了合成温度，缩短了合成时间；合成了稀土碱土钨钼酸盐体系红色荧光粉，激发光谱在 395 纳米（紫光）和 465 纳米（蓝光）附近有两个线性激发峰，与现阶段紫外—紫光及蓝光 LED 芯片非常匹配，发光亮度高，且光色纯正；合成了稀土碱土复合钨钼酸盐体系蓝紫色荧光粉；合成一种新型红色发光封装材料；在中国科技大学同步辐射国家实验室检测了样品的发光性能，并对检测结果进行了分析，得到了符合任务指标要求的荧光粉样品，用于试制白光 LED 可有效提高显色指数，改善色温。本项目通过验收，成果 2013 年获包头市科技进步三等奖。

第六，内蒙古自治区科技创新引导奖励资金项目“年产 3 吨高性能稀土白光 LED 荧光粉技术开发”。研发时间：2012～2014 年。

本项目采用新的配方制备了新型钨钼酸盐体系红色荧光粉，激发光谱主峰位于 460 纳米附近，与蓝光 LED 芯片的发射非常匹配；发射光谱呈一峰值位于 614 纳米的锐锋，发光强度高，可以承受高功率激发，光色纯正，物理化学性能稳定。采用液相制备前驱体的方法成功制备了白光 LED 用 YAG 体系荧光粉，改善了 YAG：Ce^{3+}粉的粒度分布，大幅降低了合成成本。用于调制不同照明要求的白光 LED，研究成果填补自治区行业空白。

第七，包钢公司研发招标项目“低色温高显色性白光 LED 用荧光粉的制备及产业化技术开发”。研发时间：2012～2014 年。

项目开发出一种适合蓝光激发的新型钨钼酸盐体系红色荧光粉及黄—绿色发光材料 $(Y,Gd,Lu)_3(Al,B,Ga)_5O_{12}$：$(Ce,Tb,Er)^{3+}$的规模化制备技术，并将黄—绿色发光材料 $(Y,Gd,Lu)_3(Al,B,Ga)_5O_{12}$：$(Ce,Tb,Er)^{3+}$的发射光谱主峰设计成 530 纳米、550 纳米、580 纳米可调。将项目合成的两种荧光粉按一定比例混合，选择 LED 蓝光芯片，制成色温 3000K 以下的白光 LED 灯，其中，制成的低色温高显色性白光 LED 灯样品，相关色温 2692K，显色指数 81.8，光通量 440.2/4＝110.05lm/W。

第八，包钢稀土研发项目“高性能稀土碱土硅酸盐体系白光 LED 绿色荧光粉的研究”。研发时间：2014 年。

项目研制晶体结构稳定、在近紫外/蓝光区具有良好吸收特性的稀土碱土硅酸盐绿色荧光粉，并开发规模化制备技术。绿色荧光粉对于 LED 照明器具的色温和显色性有决定性作用。

1997~2016 年，稀土的研究逐渐侧重材料应用领域，公司以稀土研究院为主要研究单位，通过多渠道、多方面合作，申请立项完成项目 217 项，详见表 3-4；主要分子公司完成项目 190 项，详见表 3-5~表 3-15。

表 3-4 应用材料及其他专业科研项目汇总表

编号	项目名称	立项时间	审批部门	参加单位	完成人
1	稀土超磁致伸缩材料的研制开发	1997.1~1998.12	稀土研究院	稀土研究院	李 碚
2	锂离子电池正极材料	1997.7~2000.12	内蒙古科委	稀土研究院	赵增祺、朱惜林
3	三车间提高产品档次的研究	1998.1~1998.12	稀土研究院	稀土研究院	郭炳麟、张义民
4	稀土发光涂料的研究	1998.1~1998.12	稀土研究院	稀土研究院	张忠义
5	磁光盘用稀土—过渡族金属合金溅射靶的研制	1999.1~1999.12	稀土研究院	稀土研究院	庞文杰
6	高灵敏度振动传感器用急冷稀土合金丝材及器件的研究	1999.1~1999.12	稀土研究院	稀土研究院	梁乃茹
7	高性能、高矫顽力钕铁硼研究	1999.1~1999.12	稀土研究院	稀土研究院	刘国征、丁开鸿
8	钕铁硼磁粉包覆新工艺的研究	1999.1~1999.12	稀土研究院	稀土研究院	王 标、张义民、刘金荣
9	稀土金属中 Mg、Al、Ti 等十五种非稀土金属杂质的 ICP-MS 同时测定	1999.1~1999.12	稀土研究院	稀土研究院	崔爱端
10	电动车用高矫顽力钕铁硼永磁材料的研究	1999.1~2000.12	包头科委	稀土研究院	刘国征、丁开鸿
11	汽车尾气净化催化剂的金属载体研究	1999.1~2000.12	内蒙古科委	稀土研究院	赵增祺、江丽萍
12	高档钕铁硼稀土永磁材料	1999.1~2003.12	内蒙古科委	稀土研究院	刘国征、丁开鸿
13	稀土超磁伸材料和器件开发、产业化研究	1999.1~2003.12	稀土研究院	稀土研究院	赵增祺、江丽萍
14	双向纳米晶稀土合金弹性磁体粉材料的研究	1999.9~2002.12	内蒙古科委	稀土研究院	梁乃茹、张 鑫
15	300 吨高性能钕铁硼示范生产线（烟台首钢磁性材料股份有限公司）	1999.10~2002.11	稀土研究院	稀土研究院	王 标
16	稀土磁致伸缩器件开发	1999.12~2003.12	内蒙古科委	稀土研究院	江丽萍
17	钕铁硼粉末混料设备的研制	2000.1~2000.12	稀土研究院	稀土研究院	刘树峰、贾晓清
18	钕铁硼瓦形磁钢热压成型工艺的研究	2000.1~2000.12	稀土研究院	稀土研究院	王 标、张义民、娄树普
19	稀土产品标准及分析方法标准的建立—焙烧矿产品及分析标准的建立	2000.1~2000.12	稀土研究院	稀土研究院	许 涛
20	稀土金属中镁、铝、钛等十五种非稀土杂质的同时测定	2000.1~2000.12	稀土研究院	稀土研究院	张翼明
21	X 射线增感屏用硫氧化物发光材料的开发	2000.1~2002.6	稀土研究院	稀土研究院	姜银举
22	快淬稀土合金丝磁性能及稀土的作用机制研究	2000.1~2002.12	内蒙古科委	稀土研究院	梁乃茹
23	稀土磁制冷技术的开发	2000.1~2002.12	国家科委	稀土研究院	徐来自
24	稀土萃取分离过程及产品分析检验方法	2000.1~2002.12	稀土研究院	稀土研究院	许 涛、郝 茜
25	成套稀土钢纤维生产装置及工艺研究	2000.1~2003.12	稀土研究院	稀土研究院	梁乃茹、孙晓华
26	稀土化合物中阴离子的测定	2000.2~2000.12	稀土研究院	稀土研究院	郝 茜
27	镍氢电池用廉价稀土储氢合金负极材料研究	2000.6~2001.12	内蒙古科委	稀土研究院	耿朝青、徐绍平
28	高性能钕铁硼辐射环的研究	2000.10~2003.12	稀土研究院	稀土研究院	李 红
29	等离子平板显示稀土三基色发光材料的研制	2000.11~2004.12	高新技术开发区	稀土研究院	张忠义、沈雷军
30	漏磁探伤仪探靴国产化	2000.12~2001.12	高新技术开发区	稀土研究院	孙晓华
31	MRI 用 PrNbFeB 磁体产业化试验	2001.1~2001.4	稀土研究院	稀土研究院	陈蓓新

续表 3-4

编号	项 目 名 称	立项时间	审批部门	参加单位	完成人
32	大尺寸等直径铬酸镧发热元件的中试线	2001.1~2001.12	科技部	稀土研究院	孙良成
33	湿法实验室稀土盐类化合物产业化研究	2001.1~2001.12	稀土研究院	稀土研究院	郝 茜
34	稀土产品中阴离子分析方法的研究	2001.1~2001.12	稀土研究院	稀土研究院	郝 茜
35	超高温电致热特种功能材料关键工艺技术产业化	2001.1~2003.12	科技部	稀土研究院	孙良成、李德辉
36	微波对金属/合金粉末的作用原理及其应用	2001.3~2004.3	内蒙古科技厅	稀土研究院	解 伟
37	超高性能钕铁硼磁体及速凝烧结磁粉的研制	2001.6~2003.12	内蒙古科技厅	稀土研究院	刘国征、吕卫东
38	大块非晶的研制与开发	2001.8~2003.12	包头市科技局	稀土研究院	孙晓华
39	镍锰镓新型功能材料的研制	2001.8~2004.12	包头市科技局	稀土研究院	赵增祺
40	电池材料的研制及电化学性能的测试	2002.1~2002.12	稀土研究院	稀土研究院	闫慧忠
41	聚乙烯醇缩醛胶粘剂的应用开发	2002.1~2002.12	稀土研究院	稀土研究院	闫慧忠
42	新型稀土合金丝材料研究	2002.4~2003.12	内蒙古科技厅	稀土研究院	梁乃茹、吴晋彬
43	室温磁制冷材料及室温磁制冷样机研制	2002.9~2005.8	科技部	稀土研究院	黄焦宏
44	稀土—镁基储氢材料的制备及电化学性能研究（锂离子+汽车尾气）	2003.1~2003.12	稀土研究院	稀土研究院	闫慧忠
45	稀土金属及其氧化物中稀土杂质的测定	2003.1~2004.12	稀标委	稀土研究院	许 涛
46	强磁场下高频用 TbDyFe 制备技术	2003.1~2005.12	科技部	稀土研究院	江丽萍、赵增祺
47	非 AB_5 型稀土系贮氢电极材料的基础研究	2003.7~2004.12	内蒙古科技厅	稀土研究院	闫慧忠
48	镍锰镓材料磁感生应变行为及合金元素的作用	2003.7~2004.12	内蒙古科技厅	稀土研究院	赵增祺
49	新型高效钕铁硼辐射磁体的开发	2003.7~2005.12	科技部	稀土研究院	刘国征
50	新型高梯度、强磁力稀土永磁磁选机的研制	2004.1~2004.12	内蒙古科技厅	稀土研究院	黄焦宏
51	包头稀土永磁材料研究开发中心	2004.1~2005.12	开发区	稀土研究院	刘国征
52	多种规格尺寸稀土磁致伸缩材料研究	2004.1~2005.12	科技部	稀土研究院	赵增祺
53	铁水脱硫用熔铸镁粉的研究	2004.1~2005.12	稀土研究院	稀土研究院	梁乃茹
54	新型稀土—镁—镍多相复合贮氢电极材料的开发	2004.1~2005.12	科技部	稀土研究院	闫慧忠
55	$La_2Mg_{17}/LaNi_5$ 复合贮氢材料电极容量衰减的研究	2004.1~2006.12	国家基金委	稀土研究院	闫慧忠
56	多功能稀土铬酸镧纳米材料的膨胀机理	2004.1~2006.12	国家基金委	稀土研究院	孙良成
57	超高温铬酸镧陶瓷发热管 B 型	2004~2005	科技部	稀土研究院	孙良成
58	《镝铁合金》和《金属铽》产品标准的制定	2005.1~2005.12	稀标委	稀土研究院	陈国华、于雅樵
59	《矿石中稀土总量的测定—萃取分离—偶氮氯 MA 光度法》和《镝铁合金中稀土杂质、Si、Ca、Al、Mg、Ni、Mo、W、Ti、Cr的测定》分析方法制定	2005.1~2005.12	稀标委	稀土研究院	许 涛
60	高性价比稀土系复合贮氢电极材料的研发	2005.1~2005.12	科技部	稀土研究院	闫慧忠
61	镍锰镓材料磁感生应变行为及稀土元素的作用	2005.1~2005.12	科技部	稀土研究院	赵增祺

续表 3-4

编号	项 目 名 称	立项时间	审批部门	参加单位	完成人
62	钕铁硼氢粉碎新型工艺技术和装备系统的研制	2005.1~2005.12	稀土研究院	稀土研究院	娄树普
63	强磁场下高频用粘结 TbDyFe 制备技术	2005.1~2005.12	科技部	稀土研究院	赵增祺
64	系列稀土发光材料产业化开发	2005.1~2005.12	稀土研究院	稀土研究院	张忠义、沈雷军
65	陀螺仪用高性能钐钴 2∶17 型永磁材料	2005~2006	稀土研究院	稀土研究院	李泽军
66	钐钴永磁材料军品专用生产线技术改造	2006.1~2006.12	稀土研究院	稀土研究院	纪圣业、李泽军、崔国宏、赵秉科、蔡明光
67	稀土钆粉制备及其包覆技术的研究	2006.1~2006.12	稀土研究院	稀土研究院	黄焦宏、袁方利、刘金荣、金培育、徐来自
68	差热分析仪用铬酸镧电热器件技术开发的研究	2006.1~2007.12	稀土研究院	稀土研究院	孙良成、李德辉、王　峰、成　宇、史守华
69	差热分析仪用铬酸镧电热器件技术开发的研究	2006.1~2007.12	科技部	稀土研究院	孙良成、李德辉、王　峰、成　宇、史守华
70	包头铌资源选冶新工艺新技术研究及产业化	2006.1~2008.12	科技部	稀土研究院、稀土高科、包钢矿研院	张志宏、张先恒
71	La、Ce 稀土功能材料的技术开发	2006.1~2009.12	稀土研究院	稀土研究院	刘国征、孙良成、闫慧忠、江丽萍、沈雷军
72	高磁能积、低温度系数稀土永磁材料	2006.1~2010.12	稀土研究院	稀土研究院、北京钢铁总院	陈蓓新、王　标、娄树普、阮　航、解　萍
73	新型稀土储氢材料在 MH—空气蓄电池中的应用研究	2006.7~2009.6	科技部	稀土研究院、瑞士（ReVolt Technology AS）	闫慧忠、赵增祺、孔繁清、熊　玮、李宝犬
74	铬酸镧材料应用器件的开发研究	2006.8~2007.12	内蒙古科技厅	稀土研究院	孙良成、李德辉、王　峰、夏国金、武国琴
75	发热材料应用工程技术研究开发中心	2006.10~2007.12	稀土研究院	稀土研究院	李德辉、王　峰、史守华、成　宇、张志宏
76	高温陶瓷电致热薄膜制备工艺技术的研究	2007.1~2009.12	内蒙古科技厅	稀土研究院	王　峰、孙良成、李德辉、成　宇、史守华
77	烧结钕铁硼永磁材料产品标准修订	2007.1~2007.12	稀标委	稀土研究院	刘国征、武国琴
78	2∶17 型钐钆钴铜铁锆永磁材料	2007.1~2008.12	稀标委	北京有色金属研究总院、中国西南应用磁学研究所（绵阳九所）、稀土研究院	崔国红、李泽军、纪圣业、蔡明光
79	氟化镧产品标准的制订	2007.1~2008.12	稀标委	湖南稀土金属材料研究院、赣州虔东公司、江西新世纪稀土公司	李瑞红、尹祖平、于雅樵
80	氟化镨钕产品标准的制订	2007.1~2008.12	稀标委	湖南稀土金属材料研究院、江西新世纪稀土公司、稀土研究院	李瑞红、尹祖平、于雅樵
81	高场强稀土永磁磁场系统和磁分离设备研制	2007.1~2008.12	科技部	稀土研究院	黄焦宏、金培育、刘金荣、闫宏伟、刘翠兰

续表 3-4

编号	项 目 名 称	立项时间	审批部门	参加单位	完成人
82	漏磁探伤仪关键器件国产化研究	2007.1~2008.12	内蒙古科技厅	稀土研究院	孙晓华、赵 军、孙广杰、王世伟
83	新型室温磁制冷机的研制	2007.1~2008.12	内蒙古科技厅	内蒙古师范大学、稀土研究院	黄焦宏、金培育、闫宏伟、邓 沅、程 娟
84	包头地区环境中钍元素的环境化学行为研究	2007.1~2009.12	国家基金委	长春应用化学研究所、稀土研究院	许 涛、郭鹏然、宋雪洁、刘 杰、张翼明
85	内蒙古自治区稀土功能材料重点实验室	2007.1~2011.12	内蒙古科技厅	希苑中心	刘国征、孙良成、闫慧忠、江丽萍、黄焦宏
86	Fe-Ga 磁致伸缩合金产品研制	2007.6~2008.6	稀土研究院	稀土研究院	江丽萍、吴双霞、郝洪波、张光睿
87	稀土镁合金中稀土、镁的测定	2007.6~2008.6	稀土研究院	稀土研究院	张志刚、郝 茜、刘晓杰
88	新型室温磁制冷保温柜的研制	2007.6~2008.6	稀土研究院	稀土研究院	黄焦宏、金培育、刘翠兰、闫宏伟
89	稀土电子金属材料及靶材的技术攻关（靶材）	2007.6~2008.12	包头市科技局	瑞科国家工程研究中心	李德辉、王小青、孙良成、成 宇、史守华
90	TCP-MS 法测定铬片及铬粉中杂质元素	2007.6~2008.6	稀土研究院	稀土研究院	张翼明、郝冬梅、包香春
91	氟化稀土中硼的测定	2007.6~2008.6	稀土研究院	稀土研究院	崔爱端、杜 梅、李玉梅、金斯琴高娃、蒋天怡
92	白光 LED 用新型稀土钒酸盐荧光粉的关键技术开发	2007.6~2009.12	国家发改委	稀土研究院	沈雷军、周永勃、李 波
93	稀土技术标准体系研究	2007.8~2008.12	稀土研究院	中国科学院长春应用化学研究所、稀土研究院	许 涛、郝 茜、张翼明、王海涛
94	镝铁合金化学分析方法	2008.1~2009.6	稀标委	赣州虔东公司、包头市玺骏稀土公司、包钢稀土、稀土研究院	郝 茜、高励珍、张立峰、崔爱端
95	镝铁合金化学分析方法标准的制订	2008.1~2009.6	稀标委	赣州虔东公司、包头市玺骏稀土公司、包钢稀土、稀土研究院	郝 茜、张志刚、高励珍、张立峰、杜 梅
96	氯化稀土、碳酸稀土化学分析方法	2008.1~2009.6	稀标委	北京有色金属研究总院、稀土高科、江阴加华新材料公司、稀土研究院	郝 茜、高励珍、崔爱端、倪善克
97	稀土硅铁及镁硅铁合金化学分析方法标准制订	2008.1~2009.6	稀标委	五二所、包头商检局、包钢技术中心、稀土研究院	郝 茜、周凯红、崔爱端、李玉梅、金斯琴高娃
98	稀土矿石化学分析方法	2008.1~2009.6	稀标委	稀土高科、北京有色研究总院	郝 茜、高励珍、张立峰、崔爱端
99	镝铁合金产品标准的制订	2008.1~2009.9	稀标委	北京有色金属研究总院、稀土研究院	陈国华
100	《镝铁合金》产品标准的制订	2008.1~2009.12	稀标委	稀土研究院	陈国华、张志宏、于雅樵
101	FeGa-RE 磁致伸缩合金轧制工艺研究	2008.1~2009.12	包头市科技局	稀土研究院	江丽萍、赵增祺、吴双霞、郝宏波、张光睿

续表 3-4

编号	项 目 名 称	立项时间	审批部门	参加单位	完成人
102	Mg-Gd 中间合金产品标准	2008.1~2009.12	稀标委	湖南稀土金属材料研究院、北京有色金属研究总院、稀土研究院	陈国华、张志宏、梁行方
103	钆—镁中间合金产品标准的制订	2008.1~2009.12	稀标委	湖南稀土金属材料研究院、北京有色金属研究总院	陈国华、张志宏、梁行方、于雅樵
104	铬酸镧高温电热元件标准的修订	2008.1~2009.12	稀标委	稀土研究院	王 峰、孙良成、李德辉
105	核磁共振成像仪用高性能钕铁硼磁体的开发	2008.1~2009.12	包头市科技局	稀土研究院	刘国征、刘小鱼、武 斌、刘树峰、赵明静
106	钕铁硼多极辐射环 XYNF35H	2008.1~2009.12	内蒙古科技厅	稀土研究院	刘国征、刘树峰、刘小鱼、武 斌、鲁富强
107	烧结钕铁硼辐射磁环的产业化技术开发	2008.1~2009.12	科技部	稀土研究院	刘国征、刘树峰、武 斌、张志宏、鲁富强
108	实用型室温磁制冷保温柜的研制	2008.1~2009.12	包头市科技局	中科院理化所、稀土研究院	黄焦宏、金培育、闫宏伟、刘翠兰、程 娟
109	新型稀土红色长余辉发光材料的研制	2008.1~2009.12	稀土研究院	中国科学院理化技术研究所、稀土研究院	沈雷军、李江涛、周永勃、李 波
110	一种磁环的多极聚合辐射取向成型制备方法发明专利技术实施	2008.1~2009.12	包头市科技局	稀土研究院	刘国征、刘树峰、武 斌、赵瑞金、刘小鱼
111	晶间合金元素扩散对稀土永磁材料的结构和性能影响的研究	2008.1~2010.12	国家基金委	稀土研究院	刘国征、武 斌、赵瑞金、赵明静
112	镨改善 La-Mg-Ni 系储氢材料电化学动力学机理的研究	2008.1~2010.12	内蒙古科技厅	稀土研究院	孔繁清、闫慧忠、熊 玮、李宝犬、李 金
113	微量元素对 $La(FeMSi)_{13}$ 合金磁热效应的影响及机理的研究	2008.1~2010.12	内蒙古科技厅	稀土研究院	黄焦宏、刘翠兰、闫宏伟、张占山、金培育
114	稀土铁铌资源高效利用关键技术开发	2008.1~2011.12	科技部	长沙矿冶研究院、东北大学、稀土研究院	张志宏、张先恒
115	功能性电子金属材料及靶材的技术开发	2008.4~2009.12	内蒙古科技厅	稀土研究院	李德辉、孙良成、王 峰、史守华、成 宇
116	超高温电致热陶瓷发热体制备方法的专利转化	2008.7~2009.12	内蒙古科技厅	稀土研究院	孙良成、李德辉、王 峰、成 宇、史守华
117	建设蒙古国材料研究理化检测中心	2008.8~2009.12	科技部	蒙古国科学院物理技术院、稀土研究院	许 涛、郝 茜、张翼明、张志宏、朝克图
118	过程控制流量传感器及系统	2008.10~2010.12	科技部	稀土研究院	娄树普、陈培新、王 强、黄焦宏、江丽萍
119	FeGaTb 合金甩带法制备工艺及其性能研究	2009.1~2009.12	稀土研究院	希苑中心	张光睿、郝宏波、王世伟、吴双霞、江丽萍
120	$La(FeCoSi)_{13}B_x$ 系磁制冷材料及在磁制冷机上的应用	2009.1~2009.12	稀土研究院	日本三德公司、稀土研究院	黄焦宏、闫宏伟、刘翠兰
121	NdFeB 稀土永磁薄膜的制备工艺及膜性能研究	2009.1~2009.12	稀土研究院	希苑中心	夏 宁、刘国征、刘小鱼
122	金属镧产品标准的修订	2009.1~2009.12	稀标委	稀土研究院	张志宏、解 萍
123	室温、低磁场中庞磁电阻材料的研究	2009.1~2009.12	稀土研究院	希苑中心	邢正茂、陈蓓新、王 强
124	特殊用途的钕铁硼永磁材料的开发	2009.1~2009.12	稀土高科	国内钕铁硼磁体生产、加工、表面处理优秀企业、稀土研究院	王 标、陈蓓新、娄树普、王 强、邢正茂

续表 3-4

编号	项目名称	立项时间	审批部门	参加单位	完成人
125	添加元素对 NdFeB/α-Fe 双相纳米稀土复合永磁材料粉末性能的影响	2009.1~2009.12	稀土研究院	希苑中心	赵明静、刘国征、鲁富强、刘小鱼、赵　军
126	铁精矿粉中氟及有害元素测定方法研究与标准样品的研制	2009.1~2009.12	稀土研究院	稀土研究院	张立锋、张翼明、于勇海、包香春、蒋天怡
127	稀土掺杂红外探测用复相陶瓷的制备与性能研究	2009.1~2009.12	稀土研究院	希苑中心	李　波、沈雷军、周永勃、高乐乐、王忠志
128	稀土化合物应用于聚丙烯阻燃体系的研究	2009.1~2009.12	稀土研究院	希苑中心	李　金、闫慧忠、胡　源、宋　磊、孔繁清
129	稀土系贮氢材料新产品研发及产业化	2009.1~2009.12	稀土高科	稀奥科贮氢合金公司、中山天骄稀土材料公司、稀土研究院	闫慧忠、孔繁清、熊　玮、李宝犬、李　金
130	超高温、低热导 ZrO_2 基抗烧结热障涂层材料的研制	2009.1~2010.6	包头市科技局	稀土研究院、内蒙古科技大学	孙良成、王　峰、韩　亮、白　洋、李德辉
131	高性能、低温度系数 2：17 型钐钴永磁体集成工艺技术	2009.1~2010.12	科技部	稀土研究院	王　标、李泽军、崔国红、杨明生、蔡明光
132	无缝钢管在线探伤用器件国产化研制	2009.1~2010.12	包头市科技局	稀土研究院、包钢无缝厂	孙晓华、孙广杰、赵　军、王世伟、闫柱威
133	稀土红外反射涂料在玻璃上的隔热效果研究	2009.1~2010.12	包头市科技局	稀土研究院、中科院化学所	张玉玺、李春成、曹鸿璋、肖耀南、于晓丽
134	稀土系贮氢材料新产品研发及产业化	2009.1~2010.12	稀土高科	稀奥科贮氢合金公司、中山天骄稀土材料公司、稀土研究院	闫慧忠、孔繁清、熊　玮、李宝犬、李　金
135	一种磁环的多极聚合辐射取向成型制备方法专利技术转化	2009.1~2010.12	内蒙古科技厅	稀土研究院	刘国征、赵瑞金、刘树峰、刘小鱼、武　斌
136	FeGa-RE 磁致伸缩合金工程化加工技术研究	2009.1~2011.12	国家发改委	稀土研究院	江丽萍、赵增祺、吴双霞、郝宏波、张光睿
137	烧结 $La(FeCoSi)_{13}B_x$ 合金磁热效应机理的研究	2009.1~2011.12	国家基金委	稀土研究院	黄焦宏、金培育、刘翠兰、闫宏伟、邓　沅
138	NdFeB 磁体表面防护新工艺的研究	2009.3~2010.12	内蒙古科技厅	稀土研究院	陈蓓新、王　强、娄树普、邢正茂
139	高功率 La-Fe-B 系贮氢电极合金的应用开发研究	2009.5~2011.5	科技部 内蒙古科技厅	希苑中心	闫慧忠、孔繁清、熊　玮、李宝犬、李　金
140	铬酸镧 φ18-B 型发热元件	2009.6~2010.12	包头市科技局	瑞科国家工程研究中心	王　峰、李德辉、白　洋、史守华、孙良成
141	长寿命高温电解制氢装置隔板的研究	2009.6~2010.12	包头市科技局	清华大学、稀土研究院	孙良成、白　洋、王　峰、李德辉、韩　亮
142	四川新力光源有限公司 PDP 用荧光粉本土化项目	2009.6~2011.6	稀土研究院	四川新力光源公司、稀土研究院	沈雷军、周永勃、李　波、高乐乐、王忠志
143	稀土中间合金制备稀土磁致伸缩材料的方法的专利转化	2009.7~2010.12	内蒙古科技厅	稀土研究院	吴双霞、赵增祺、江丽萍、郝宏波、张光睿
144	稀土离子对钛酸锶钡/铌酸锶钡热释电陶瓷结构和性能的影响机理研究	2009.8~2011.12	内蒙古科技厅	稀土研究院	李　波、沈雷军、周永勃、高乐乐、王忠志
145	稀土无机磷酸盐作为阻燃剂在聚丙烯中的应用研究	2009.8~2012.8	中国科学院	中国科技大学、稀土研究院	孔繁清、闫慧忠、孙晓华、熊　玮、李宝犬

续表 3-4

编号	项目名称	立项时间	审批部门	参加单位	完成人
146	年产 1000 吨新型 La-Fe-B 系储氢合金的开发	2009. 10~2011. 10	内蒙古科技厅	瑞科国家工程研究中心	闫慧忠、孔繁清、熊　玮、李宝犬、李　金
147	Fe-Ni 磁致伸缩线材的制备工艺研究	2010. 1~2010. 12	稀土研究院	希苑中心	郝宏波、张光睿、杨建东、吴双霞、江丽萍
148	氟化稀土中氧含量测定方法的研究	2010. 1~2010. 12	稀土研究院	理化检测中心	赵长玉、吴文琪、张淑杰、王安丽
149	高性能 2∶17 型钐钴稀土永磁材料工程化技术研究	2010. 1~2011. 12	工信部	稀土研究院	王　标、崔国红、李泽军、杨明生、蔡明光
150	镨钕氧化物标样研制	2010. 1~2011. 12	稀标委	江阴加华新材料公司、赣州虔东稀土公司、包头出入境检验检疫局、北京有色研究总院、包钢稀土等	张翼明、许　涛、郝　茜、高励珍、张立峰
151	铽镝铁大磁致伸缩材料标准修订	2010. 1~2011. 12	稀标委	稀土研究院	江丽萍、解　萍、吴双霞、郝宏波、张光睿
152	优质镍—钛形状记忆合金的研制	2010. 1~2011. 12	包头市科技局	瑞鑫公司、稀土研究院	郑天仓、吕卫东、于　兵
153	稀土改善快淬 Mg_2Ni 型合金电极过程动力学性能的机理研究	2010. 1~2012. 12	国家基金委	稀土研究院	马志鸿、刘金荣、贾　涛、申孟林
154	钆镁合金化学分析方法	2010. 3~2010. 12	稀标委	湖南稀土金属材料研究院、202 理化检测中心、赣州冶金研究所、稀土研究院	郝　茜、王素梅、王东杰、刘晓杰
155	SiO_2 包覆纳米稀土离子掺杂上转换材料的研制	2010. 1~2010. 12	稀土研究院	希苑中心	王忠志、沈雷军、周永勃、高乐乐、李　波
156	非晶丝零功耗传感器设计研制	2011. 1~2011. 12	稀土研究院	希苑中心	王世伟、孙广杰、赵　军、孙晓华
157	稀土改性无机水性防火涂料的研究	2011. 1~2011. 12	稀土研究院	稀土研究院	于晓丽、张玉玺、曹鸿璋
158	稀土镁合金强流脉冲电子束表面改性研究	2011. 1~2011. 12	稀土研究院	大连理工大学、稀土研究院	况　军、韩　莉、黄继民、董　闯、郝胜智
159	金属氢化物—空气电池的合作研发	2011. 1~2013. 12	科技部	瑞典斯德哥尔摩大学、稀土研究院	闫慧忠、孔繁清、熊　玮、李宝犬、李　金
160	添加稀土元素对 FeCo 基软磁合金性能的影响	2011. 1~2011. 12	稀土研究院	希苑中心	刘树峰、刘国征、刘小鱼、赵明静、武　斌
161	稀土离子掺杂上转换纳米晶的表面氨基修饰与机理研究	2012. 1~2013. 12	包头市科技局	哈尔滨工业大学、稀土研究院	王忠志、沈雷军、陈向群、周永勃、李　波
162	溅射 CIGS 太阳能薄膜用化合物靶材的产业化	2012. 1~2013. 12	包钢公司	功能材料中心	孙良成、王　峰、刘小鱼、刘树峰、白　洋
163	稀土复合助剂提高硅橡胶耐热性能研究	2012. 1~2013. 12	包头市科技局	稀土研究院	张玉玺、曹鸿璋、于晓丽、刘铃声
164	新型铁基磁致伸缩合金及产业化技术开发	2012. 1~2013. 12	科技部	稀土研究院	江丽萍、吴双霞、张光睿、郝宏波、杨建东
165	主辅合金混合新工艺制备高矫顽力烧结钕铁硼磁体的研究	2012. 1~2013. 12	内蒙古科技厅	稀土研究院	刘国征、鲁富强、武　斌、赵明静、赵瑞金

续表 3-4

编号	项目名称	立项时间	审批部门	参加单位	完成人
166	高 La、Ce 含量稀土永磁体的研究	2012. 1～2014. 12	工信部	包钢稀土磁性材料公司、稀土研究院	陈培薪、邢正茂
167	稀土 Tb 对 Fe-Ga 快淬薄带磁致伸缩性能的影响机理研究	2012. 1～2014. 12	内蒙古科技厅	稀土研究院	张光睿、江丽萍、吴双霞、郝宏波、杨建东
168	元素替代对高容量储氢合金 Y_2FeSb_2 电化学性能的影响机理研究	2012. 1～2014. 12	内蒙古科技厅	稀土研究院	王 利、闫慧忠、孔繁清、熊 玮、李宝犬
169	镍氢电池回收利用技术的研发	2012. 3～2013. 12	包头市科技局	长春应化所、稀土研究院	闫宏伟、黄焦宏、张旭霞
170	年产 3 吨高性能稀土白光 LED 荧光粉技术开发	2012. 4～2013. 12	内蒙古科技厅	稀土研究院	沈雷军、李 波、王忠志、高乐乐、周永勃
171	低色温高显色性白光 LED 用荧光粉的制备及产业化技术开发	2012. 4～2014. 12	包钢公司	稀土研究院	沈雷军、李 波、王忠志、高乐乐、周永勃
172	建立包钢稀土标准样品体系和标准方法检测体系	2012. 4～2014. 12	包钢公司	稀土研究院	张翼明、郝 茜、许 涛、张立峰、王东杰
173	钕铁硼合金化学分析方法——锆、铌、钼、钨量的测量	2012. 6～2013. 4	稀标委	北京有色金属研究总院、赣州冶金研究所、赣州晨光新金属材料公司、钢研纳克检测技术公司、赣州虔东稀土公司、稀土研究院	郝 茜、杜 梅、刘 春、王东杰
174	新型稀土材料中试实验研究	2012. 6～2013. 12	包头市科技局	稀土研究院	闫慧忠、刘国征、王小青、陈国华、胡文鑫
175	电机用低重稀土烧结永磁材料的研究	2012. 7～2013. 7	包钢稀土	包钢稀土、磁材公司、稀土研究院	陈蓓新、王 标、董改华、邢正茂、苏满有
176	稀土发光材料产业合作方现有技术评价	2012. 7～2013. 7	包钢稀土	稀土研究院	李 波、沈雷军、王忠志、高乐乐、周永勃
177	高性能 CIGS 太阳能薄膜电池靶材研究	2012. 10～2013. 10	包头市科技局	稀土研究院	王 峰、白 洋、刘小鱼、李德辉、刘树峰
178	钕铁硼氢处理柔性加工系统开发	2012. 10～2014. 12	山东爱科公司	稀土研究院	娄树普
179	CMP 氧化铈半导体抛光液的研究	2012. 12～2013. 12	包头市科技局	稀土研究院	张忠义、高 婷、李静雅、陈传东、张立业
180	太阳能电池用稀土光谱转化材料的研发	2012. 12～2013. 12	包头市科技局	稀土研究院	张忠义、琚建勇、张立业、陈传东、孔祥贵
181	氟化镝行业标准修订	2013. 1～2013. 12	稀标委	赣州虔东稀土公司、有研稀土、赣州晨光新金属材料公司	尹祖平、许 涛、解 萍、徐志广、贾恩泽
182	氟化钕行业标准修订	2013. 1～2013. 12	稀标委	有研稀土、赣州虔东稀土公司、赣州晨光新金属材料公司、稀土研究院	尹祖平、许 涛、解 萍、贾恩泽、徐志广

续表 3-4

编号	项 目 名 称	立项时间	审批部门	参加单位	完成人
183	富铌渣中铌及有害元素测定方法的研究	2013.1~2013.12	稀土研究院	稀土研究院	刘　春、常　诚、金斯琴高娃
184	铬酸镧电热元件新生产工艺的研究	2013.1~2013.12	稀土研究院	稀土研究院	白　洋、王　峰、成　宇、李德辉
185	金属钆行业标准修订	2013.1~2013.12	稀标委	有研稀土、赣州虔东稀土公司、湖南益阳、稀土研究院	王小青、陈国华、解　萍、侯复生、于雅樵
186	利用晶间扩散工艺提高烧结 NdFeB 永磁体矫顽力研究	2013.1~2013.12	稀土研究院	稀土研究院	王　誉、孔祥薇、武　斌、鲁富强、赵瑞金
187	钠盐沉淀氯化稀土工艺条件研究	2013.1~2013.12	稀土研究院	稀土研究院	宋　静、侯少春、李　娜、包呈敏、李二斗
188	磁记录硬盘抛光专用稀土基抛光液的研制	2013.1~2014.12	包头市科技局	包头市金杰公司、稀土研究院	孔祥贵、陈传东、高　婷、李静雅
189	高温高性能稀土永磁材料产业化开发	2013.1~2014.12	包头市科技局	稀土研究院	刘国征、赵明静、武　斌、鲁富强、赵瑞金
190	深过冷液体调控对连铸大块非晶合金形成的影响机制研究	2013.1~2015.12	内蒙古科技厅	稀土研究院	张　涛、刘翠兰、金培育、程　娟、闫宏伟
191	稀土元素 Y 对 Cu-Zr 基非晶合金玻璃形成能力的影响机理研究	2013.1~2015.12	内蒙古科技厅	稀土研究院	孙广杰、王世伟、赵　军、隋　意、张　成
192	一级相变磁热效应材料磁制冷能力和效果研究	2013.1~2016.12	国家基金委	沈阳理工大学、稀土研究院	黄焦宏、金培育、孙乃坤、张英德、闫宏伟
193	磁制冷模块开发	2013.4~2014.4	海尔集团	稀土研究院	黄焦宏、金培育、张英德、闫宏伟、张　涛
194	稀土系 Y_2FeSb_2 储氢合金的制备及性能的合作研究	2013.4~2016.12	科技部	莫斯科大学、稀土研究院	熊　玮、王　利、闫慧忠、李宝犬、李　金
195	超细稀土复合氧化物紫外线屏蔽剂应用研究	2013.6~2014.12	内蒙古科技厅	稀土研究院	张玉玺、曹鸿璋、于晓丽
196	稀土掺杂水滑石纳米材料的制备及其电化学性能研究	2013.6~2015.5	北京化工大学	稀土研究院	孔祥贵、李静雅、高　婷
197	磁制冷机用 La-Fe-Si-H 复合磁工质的制备	2013.7~2014.12	包头市科技局	中科院宁波材料所、稀土研究院	程　娟、刘　剑、黄焦宏、刘翠兰、张英德
198	新型铁基磁致伸缩材料线材、薄带产业化工艺研究	2013.10~2014.12	包头市科技局	北京航空航天大学、稀土研究院	江丽萍、张光睿、郝宏波、吴双霞、孙广杰
199	钐钴永磁合金粉化学分析方法	2013.11~2014.12	稀标委	稀土研究院	郝　茜、吴文琪、金斯琴高娃、刘晓杰、任旭东
200	稀土金属及其氧化物中非稀土杂质化学分析方法　碳、硫量的测定　高频—红外吸收法	2013.11~2014.12	稀标委	包钢稀土、稀土研究院	郝　茜、吴文琪
201	1∶5 型钐钴永磁合金粉物理性能测试方法——平均粒度的测定	2014.1~2014.12	稀标委	稀土研究院	刘国征、赵明静、鲁富强、王　誉、武　斌
202	铈铁合金产品标准的制订	2014.1~2015.12	稀标委	稀土研究院	于雅樵、许　涛、陈国华、刘玉宝、赵二雄
203	稀土系 Y_2FeSb_2 储氢合金的制备及性能的合作研究	2013.4~2016.12	科技部	稀土研究院	熊　玮、王　利、闫慧忠、李宝犬、李　金
204	稀土元素对 FeGa 合金性能影响机理研究	2015.1~2018.12	国家自然基金委	稀土研究院	江丽萍、郝宏波、张光睿、吴双霞、梁雨萍

续表 3-4

编号	项 目 名 称	立项时间	审批部门	参加单位	完成人
205	一级相变磁热效应材料磁制冷能力和效果研究	2013.1~2016.12	国家自然科学基金委		金培育、孙乃坤、闫宏伟、张 涛、程 娟
206	高性能稀土碱土硅酸盐体系白光 LED 绿色荧光粉的研究	2014.7~2016.6	包钢稀土	稀土研究院	李 波、沈雷军
207	蓝光激发橙光—红光荧光粉及荧光玻璃的研究	2015.8~2016.12	北方稀土	稀土研究院	沈雷军、周永勃、王忠志、乔 鑫、李 波
208	RE-Mg-Ni 系 A_2B_7 型储氢合金产业化研究	2014.10~2016.12	包头市科技局	稀土研究院、瑞科国家工程研究中心	李宝犬、熊 玮、王 利、李 金、赵 鑫
209	高密度氧化镁陶瓷靶材热压技术的研究	2015.5~2016.4	南开大学泰达应用物理研究院	希苑中心	李 慧、成 宇、刘树峰
210	白光 LED 用红色发光玻璃发光性能及成型工艺优化	2015.8~2016.7	稀土研究院	稀土研究院	王忠志、沈雷军、高乐乐、周永勃、乔 鑫
211	基于环氧树脂防腐涂层材料的微纳米稀土改性应用研究	2015.8~2016.7	稀土研究院	稀土研究院	隋 意、辛 博、王婷婷、王世伟
212	稀土功能材料中试示范基地平台项目	2014.11~2016.12		稀土研究院	王小青、陈国华、胡文鑫、吕卫东、侯复生
213	稀土镁（铝）合金添加剂及其应用合金的产业化	2015.6~2017.12	工信部	稀土研究院	胡文鑫、王小青、吴俊子、王 玮、姜佳鑫
214	稀土新材料中试基地产业化示范项目	2014.1~2016.12	包头市经信委	稀土研究院	
215	高稳定性烧结钕铁硼辐射（多极）磁环产业化开发	2015.1~2016.6	包钢稀土	稀土研究院	刘国征、赵明静、付建龙、韩建锋、王 誉
216	包钢稀土生产工序及产品的质量检测及环保监测控制标准体系	2014.8~2016.7	包钢稀土	稀土研究院	刘晓杰、郝 茜、马 莹、王小青、刘 春
217	酸稀土沉淀废水转化净化及资源化利用研究	2015.1~2016.12	包头市科技局	稀土研究院	马 莹、王东杰、周凯红、李建亭、张文娟

表 3-5 内蒙古包钢稀土磁性材料有限责任公司（简称磁材公司）科研项目汇总表

编号	项 目 名 称	立项时间	审批部门	参加单位	完 成 人
1	包钢稀土年产 15000 吨高性能磁性材料产业化	2009	包钢稀土	磁材公司	王 标、郭晓萍、高新华、董改华、娄树普
2	西门子风电用磁体开发	2009	磁材公司	磁材公司	王 标、董改华、娄树普、杨俊林、蒋天舒
3	降低配方镝的含量的研发	2009	磁材公司	磁材公司	王 标、董改华、杨俊林、蒋天舒、张 瑛
4	51.5×51.5×130 方块自动模一次成型	2009	磁材公司	磁材公司	郭晓萍、董改华、杨俊林、蒋天舒、陈翠英
5	产品取消等静压的工艺研发	2009	磁材公司	磁材公司	董改华、杨俊林、肖 锐、蒋天舒、李 红
6	立磨无磁加工磁块	2010	磁材公司	磁材公司	王 标、董改华、杨俊林、李佩璋、李 红
7	新型纳米锌铬复合钕铁硼涂层	2010	磁材公司	磁材公司	郭晓萍、董改华、王 强、杨俊林、苏满有
8	西门子产品模具设计	2010	磁材公司	磁材公司	高新华、董改华、杨俊林、苏满有、蒋天舒
9	N52 磁体的开发	2010	磁材公司	磁材公司	王 标、董改华、杨俊林、苏满有、蒋天舒
10	电机用圆环磁体开发	2010	磁材公司	磁材公司	王 标、董改华、夏 宁、杨俊林、蒋天舒
11	高性能稀土永磁性材料产业升级改造项目（续建）结题报告	2011	工信部	磁材公司	王 标、郭晓萍、高新华、董改华、娄树普
12	钕铁硼铸片牌号 CNZ 的开发	2011	磁材公司	磁材公司	王 标、董改华、娄树普、杨俊林、苏满有
13	EPS 用磁体开发	2011	磁材公司	磁材公司	娄树普、董改华、杨俊林、王 强、蒋天舒
14	低氧钕铁硼快速凝固鳞片的开发	2011	磁材公司	磁材公司	王 标、王 强、董改华、杨俊林、苏满有

续表 3-5

编号	项目名称	立项时间	审批部门	参加单位	完成人
15	高场强开放式磁共振用超高性能钕铁硼永磁体的开发	2011	磁材公司	磁材公司	董改华、郭晓萍、杨俊林、夏　宁、高新华
16	45H 斜向充磁磁体（20℃）开发	2011	磁材公司	磁材公司	杨俊林、崔国红、戎利军、张红艳、贾海军
17	无重稀土 N50~N52 产品开发	2012	磁材公司	磁材公司	王　标、董改华、麻灵芝、耿霄鹏、苏满有
18	汽车电机用圆环和方块磁体开发	2012	磁材公司	磁材公司	王　标、董改华、耿霄鹏、戎利军、杨俊林
19	N54 磁体的开发	2012	磁材公司	磁材公司	董改华、娄树普、杨俊林、耿霄鹏、王　强
20	38H-C 产品模具设计	2012	磁材公司	磁材公司	王　标、高新华、董改华、耿霄鹏、苏满有
21	低重稀土 42H 磁体开发	2013	磁材公司	磁材公司	王　标、董改华、娄树普、杨俊林、苏满有
22	钕铁硼牌号 CSQ 铸片的研究	2013	磁材公司	磁材公司	董改华、郭晓萍、杨俊林、夏　宁、高新华
23	低氮钕铁硼快速凝固 LH 系列鳞片的生产	2013	磁材公司	磁材公司	王　标、郭晓萍、王　强、董改华、杨俊林
24	超高性能钕铁硼铸片 NZ 系列的生产	2013	磁材公司	磁材公司	王　标、董改华、娄树普、王　强、杨俊林
25	重点应用领域的高性能永磁材料的产业化关键技术开发	2013	包头市科技局、内蒙古科技厅	磁材公司	王　标、董改华、娄树普、杨俊林、苏满有
26	低成本核磁共振用 N45 产品的开发	2014	磁材公司	磁材公司	王　标、董改华、耿霄鹏、苏满有、王　强
27	西门子风电磁体 45H 开发	2014	包钢公司	磁材公司	董改华、耿霄鹏、苏满有、郭毛毛
28	斜向充磁钕铁硼磁体的开发	2014	包钢公司	磁材公司	董改华、耿霄鹏、苏满有、常双全
29	低重稀土高性能钕铁硼磁体的研制及批量化生产	2014	包钢稀土	磁材公司	王　标、董改华、耿霄鹏、苏满有、赵　芬
30	不含镝 42H 产品的开发	2015	包钢公司	磁材公司	董改华、耿霄鹏、苏满有、高　娇
31	伺服电机用 42UH 磁钢的开发	2015	包钢公司	磁材公司	董改华、耿霄鹏、苏满有、赵　芬
32	添加 La、Ce 及混合稀土钕铁硼磁体的研制	2015	北方稀土	磁材公司	王　标、董改华、耿霄鹏、苏满有、常双全
33	电动汽车用高端磁性材料的产业化	2015	工信部	磁材公司	王　标、郭晓萍、高新华、董改华、娄树普
34	添加 La、Ce 及混合稀土核磁共振用钕铁硼磁体的产业化	2015	磁材公司	磁材公司	王　标、董改华、苏满有、王　升、郭毛毛
35	电动汽车用低成本磁体的产业化	2015	磁材公司	磁材公司	耿霄鹏、董改华、崔国红、王　强、常双全
36	合金与金属复合工艺制作高性能烧结 NdFeB 永磁体产业化	2015	磁材公司	磁材公司	苏满有、董改华、王　强、崔国红、郭毛毛
37	风力发电用 52H 钕铁硼磁体的研制	2015	磁材公司	磁材公司	王　标、董改华、耿霄鹏、苏满有、高　娇
38	钕铁硼无镝 45H 产品的研制	2015	磁材公司	磁材公司	苏满有、董改华、耿霄鹏、赵　芬、乌　云
39	钕铁硼磁体晶界扩散工艺研发	2015	磁材公司	磁材公司	耿霄鹏、董改华、苏满有、张时茂、宋晶晶
40	海上 5MW 直驱电机用钕铁硼磁体的研制及批量化生产	2016	磁材公司	磁材公司	王　标、董改华、耿霄鹏、苏满有、张时茂

表 3-6　内蒙古稀奥科镍氢动力电池有限公司（简称电池公司）科研项目汇总表

编号	项目名称	立项时间	审批部门	参加单位	完成人
1	镍氢动力电池中试	2001.8	包头市科技局	电池公司	李国峰、王敬国、李素珍、徐绍萍、朱惜林
2	圆柱形镍氢动力电池	2004.8	内蒙古科技厅	电池公司	徐绍萍、杨永刚、曹生彪、邢志强、许国强
3	正极混料均匀性研究	2003.11	包钢科技部	电池公司	徐绍萍、曹生彪、张　兴、常忠亮、冯恒志
4	镍氢电池负极板湿法涂浆头的设计	2004.2	包钢科技部	电池公司、贮氢公司	曹生彪、张　兴、常忠亮、许国强、刘　东
5	镍氢动力电池活化制度研究	2005.2	包钢科技部	电池公司	徐绍萍、梁万龙、张　忠、曹生彪、张卫华

续表 3-6

编号	项目名称	立项时间	审批部门	参加单位	完成人
6	镍氢动力电池正极活性物质及添加剂研究	2005.2	包钢科技部	电池公司	马逸君、徐绍萍、杨永刚、曹生彪、许国强
7	单体镍氢动力电池组块条件研究	2004.2	包钢科技部	电池公司	张 忠、徐绍萍、马逸君、刘 东、贾春明
8	镍氢动力电池自动生产线的研究与产业化	2005.3	包头市科技局	电池公司	张 忠、徐绍萍、曹生彪、许国强、马逸君
9	内蒙古自治区镍氢动力电池材料工程技术研究中心能力建设	2007.1	内蒙古科技厅	电池公司、贮氢公司	张 忠、徐绍萍、朱惜林、李金华、曹生彪
10	稀奥科镍氢动力电池及其材料研发中心	2008.5	内蒙古科技厅	电池公司、贮氢公司	张 忠、徐绍萍、朱惜林、李金华、曹生彪
11	年产 1000 万只电动车用镍氢动力电池的研制	2008.5	内蒙古科技厅	电池公司	李金华、曹生彪、杨永刚、贾春明、韩树民
12	新型 La-Fe-B 系贮氢合金的应用开发及产业化	2008.11	包头市科技局	电池公司	李金华、曹生彪、贾春明、皇甫益、王云波
13	高倍率 SC 型镍氢动力电池研究	2009.1	内蒙古科技厅	电池公司	李金华、徐绍萍、杨永刚、曹生彪、贾春明
14	新能源汽车镍氢动力电池技术路线研究	2009.12	内蒙古科技厅	电池公司、燕山大学、包钢稀土	李金华、曹生彪、贾春明、皇甫益、王云波
15	奇瑞 ISG 中度混合动力轿车产业化技术攻关	2010.12	国家科技部	奇瑞汽车股份有限公司、电池公司	李金华、曹生彪、贾春明、皇甫益、王云波
16	高功率镍氢电池系统开发研究	2011.6	国家科技部	春兰清洁能源有限公司、电池公司、武汉大学	李金华、曹生彪、贾春明、皇甫益、王云波
17	创新体系建设专项——包头市创新型试点企业	2011.6	包头市科技局	电池公司	李金华、曹生彪、贾春明、马逸君、常忠亮
18	新能源汽车用镍氢动力电池产业化技术改造	2012.10	内蒙古发改委	电池公司	李金华、曹生彪、贾春明、皇甫益、王云波
19	新能源汽车用镍氢动力电池 HRE 6.0	2012.10	内蒙古科技厅	电池公司	李金华、曹生彪、贾春明、皇甫益、王云波
20	新能源汽车用镍氢动力电池产业化	2012.12	包头市科技局	电池公司	李金华、曹生彪、贾春明、皇甫益、王云波
21	电动汽车用镍氢动力电池的高倍率充放电研究	2014.12	包头市科技局	电池公司	曹生彪、贾春明、皇甫益、王云波、尹亮亮
22	混合动力汽车用 6.5A·h 电池性能提升研究及应用开发	2015.1	包钢稀土	电池公司	曹生彪、贾春明、皇甫益、王云波、尹亮亮

表 3-7 内蒙古包钢和发稀土有限公司（简称和发公司）**科研项目汇总表**

编号	项目名称	立项时间	审批部门	参加单位	完成人
1	煤系高岭土基 3A、4A、5A 分子筛的制备	2007.8	和发公司	和发公司、武汉科技大学	周志辉、赵继承、赵智承、赵宇驰、周建国
2	高岭土制备脱硫剂技术的开发	2010.1	和发公司	和发公司、大连理工大学	王 刃、赵继承、赵智承、赵宇驰、周建国
3	煤系高岭土基 13X 分子筛的制备	2010.6	和发公司	和发公司、武汉科技大学	周志辉、赵继承、赵智承、赵宇驰、周建国
4	和发无油碳酸铈	2011	和发公司	和发公司	赵继承、安卫国、张丽萍、吴晓健、张 军

续表 3-7

编号	项目名称	立项时间	审批部门	参加单位	完成人
5	煤系高岭土基 Y 型分子筛的制备	2013.3	和发公司	和发公司、大连理工大学	祝　刚、赵继承、赵智承、赵宇驰、周建国
6	聚峰公司硫铵回收项目	2014	和发公司	和发公司	赵继承、安卫国、张　军、张　富、吴晓健
7	和发氯铵回收项目	2014	和发公司	和发公司	赵继承、安卫国、张　军、张　富、吴晓健

表 3-8　包头华美稀土高科有限公司（简称华美公司）**科研项目汇总表**

编号	项目名称	立项时间	审批部门	参加单位	完成人
1	特定用途铈类系列化合物	2000.7	内蒙古发改委	华美公司	马永茂、叶祖光
2	50 公斤炉纳米晶稀土合金磁粉工业试验项目	2000.12	内蒙古发改委	华美公司	马永茂、梁乃茹
3	纳米级稀土氧化物和复合物项目	2000.12	内蒙古发改委	华美公司	马永茂、梁乃茹
4	稀土精矿湿法冶炼清洁生产项目	2002.6	国家发改委	稀土高科、华美公司	
5	分馏—逆流置换萃取生产高纯单一稀土工艺工业试验	2004.1	内蒙古环保局	华美公司	叶祖光、马永茂、李茂山
6	废酸回收产业化技术的研发与应用项目	2004.8	国家发改委	华美公司	马克印、马永茂、李茂山、郭如臻
7	尾气净化用稀土催化材料的产业化制备技术	2006.1	包头市稀土工作领导小组	华美公司	
8	较高性能廉价永磁材料研制与开发	2007.10	华美公司	内蒙古科技大学、华美公司	张雪峰
9	氧化镁皂化工艺改造	2007.12	华美公司	华美公司	马永茂、郝胜民、柳凌云、张俊龙、张　刚
10	稀土元素钆在磁性材料中的应用	2008.10	华美公司	内蒙古科技大学、华美公司	张雪峰
11	稀土冶炼废水、废气及余能余热资源化综合利用技术	2011.11	包头市经信委	华美公司	陈建利、柳凌云、刘文彬、连贵生、刘　磊
12	高总量低氯根羟基碳酸铈	2011.12	华美公司	华美公司	陈建利、柳凌云、刘　磊
13	优化稀土冶炼工艺及大型连续生产装备研制的研究开发	2013.12	华美公司	华美公司	陈建利、柳凌云、刘文彬、刘　磊、戴永锋
14	碳酸钠连续沉淀项目	2014.8	华美公司	华美公司	陈建利、柳凌云、刘文彬、刘　磊、冯希斌
15	稀土废水分析检测项目	2014.6	华美公司	华美公司	李培忠、龚建华、李　靖、薛建平、都业俭

表 3-9　包头市京瑞新材料有限公司（简称京瑞公司）**科研项目汇总表**

编号	项目名称	立项时间	审批部门	参加单位	完成人
1	荧光级氧化铕清洁生产及资源综合回收利用中试	2003.1	国家科技型中小企业创新基金	京瑞公司	郝先库、谢　峰、张瑞祥、刘海旺、王士智
2	荧光级氧化铕清洁生产及资源综合回收利用	2004.1	包头市科技局	京瑞公司	郝先库、谢　峰、张瑞祥、刘海旺、王士智
3	钐钆复合物稀土锆酸盐隔热陶瓷涂层材料	2005.1	内蒙古科技厅	京瑞公司、清华大学	郝先库、潘　伟、张瑞祥、齐龙浩、刘海旺
4	钐钆复合物稀土锆酸盐低导热隔热陶瓷涂层材料	2005.1	包头市科技局	京瑞公司、清华大学	郝先库、潘　伟、张瑞祥、齐龙浩、刘海旺

续表 3-9

编号	项目名称	立项时间	审批部门	参加单位	完成人
5	国家火炬计划	2005. 1	国家科技部	京瑞公司	郝先库、谢 峰、张瑞祥、刘海旺、王士智
6	稀土—锌复合硬脂酸盐制备工艺中试	2006. 1	包头市中小企业创新基金	京瑞公司	郝先库、张瑞祥、刘海旺、王士智、孟 祥
7	锆基稀土固体超强酸催化剂的制备	2006. 1	内蒙古科技厅	京瑞公司	郝先库、张瑞祥、刘海旺、王士智
8	包头混合碳酸稀土沉淀废水二次利用	2006. 1	内蒙古科技厅	京瑞公司	郝先库、张瑞祥、刘海旺、王士智
9	SO_4^{2-}-ZrO_2-$(SmGd)_2O_3$固体酸催化剂	2006. 11	国家科技部	京瑞公司	郝先库、张瑞祥、王士智、刘海旺
10	铈钆复合氧化物在燃料电池和制氧机中的应用	2007. 1	内蒙古科技厅	京瑞公司、中科院	张瑞祥、胡万起、郝先库、刘海旺、王士智
11	固体氧化物燃料电池阴极材料中试生产	2009. 1	内蒙古科技厅	京瑞公司、内蒙古科技大学	郝先库、张瑞祥、王士智、马显东、许宗泽
12	镨钕氧化物物理性能对电解工艺影响的研究	2009. 11	合作项目	瑞鑫公司、内蒙古科技大学、京瑞公司	李慧琴、梁新芳、郝先库、陈国华、刘海旺
13	包头矿中重稀土分离废水循环利用工艺	2010. 1	包头市科技局	京瑞公司	郝先库、张瑞祥、马显东、许宗泽、王士智
14	大粒径燃料电池阴极材料的制备	2010. 1	包头市昆都仑区科技局	京瑞公司	张瑞祥、郝先库、刘海旺、王士智、许宗泽
15	气体分离电解质的研究	2010. 11	合作项目	京瑞公司	张瑞祥、郝先库、刘海旺、王士智、马显东、许宗泽
16	特种用途镧铈化合物制备技术的研究（国家“863”项目子课题）	2010. 12	国家科技部	京瑞公司	张瑞祥、郝先库、刘海旺
17	用于闪烁晶体材料无水溴化镧、溴化铈产业化技术开发	2011. 1	包头市科技局	京瑞公司	张瑞祥、郝先库、马显东、许宗泽、王士智
18	高纯度无水氯化铈	2011. 8	国家科技部	京瑞公司	张瑞祥、郝先库、马显东、许宗泽、王士智
19	杂多酸催化剂磷钨酸铈合成工艺研究	2012. 1	包头市昆都仑区科技局	京瑞公司	张瑞祥、胡珊珊、郝先库、马显东、许宗泽
20	包头市专利试点企业建设	2012. 6	包头市科技局	京瑞公司	郝先库、张瑞祥、马显东、许宗泽、王士智
21	高纯稀土卤化物专利技术成果转化	2013. 1	内蒙古科技厅	京瑞公司	张瑞祥、郝先库、马显东、许宗泽、王士智
22	磷钨酸铈催化剂在合成 C8～C18 羧酸甲酯循环利用的研究	2013. 12	包头市科技局	京瑞公司	郝先库、胡珊珊、张瑞祥、马显东、赵永志
23	耐老化大比表面积氧化铈的制备	2015. 1	内蒙古人力资源和社会保障局	京瑞公司	张瑞祥、郝先库、马显东、许宗泽、王士智

表 3-10 淄博包钢灵芝稀土高科技股份有限公司（简称包钢灵芝）科研项目汇总表

编号	项目名称	立项时间	审批部门	参加单位	完成人
1	硝酸铈铵	2002. 5	淄博市科技局	包钢灵芝	赵建军、任国华、付连永、杨晨轩、江 勇
2	氧化镨钕电解制取金属镨钕	2012. 3	淄博市科技局	包钢灵芝	范永生、任国华、曾 杰、王 鹏、江 勇
3	无氨氮模糊萃取生产稀土系列氧化物	2012. 8	山东省经信委	包钢灵芝	龚丽华、饶向东、李立坡、常传德、谭 伟
4	高性能抛光材料	2012. 8	山东省经信委	包钢灵芝	李炳伟、常传德、徐会生、杨晨轩、谭 伟

表 3-11 包头天骄清美稀土抛光粉有限公司（简称天骄清美）科研项目汇总表

编号	项目名称	立项时间	审批部门	参加单位	完成人
1	超细稀土抛光材料的研制	2003	包头市科技局	天骄清美	李学舜、谢 兵、杨国胜、崔凌霄、王传国
2	火炬计划—TE-500 型稀土抛光粉	2003	科学技术部	天骄清美	李学舜、谢 兵、杨国胜、崔凌霄、王传国
3	火炬计划—LCE-600 型稀土抛光粉	2005. 1	科学技术部	天骄清美	谢 兵、杨国胜、崔凌霄、王传国、黄绍东
4	电子级铈基稀土研磨材料	2006. 10	包头市科技局	天骄清美	李学舜、谢 兵、崔凌霄、刘致文、罗亚明
5	LSI 大规模集成电路母板专用抛光粉的研制	2007. 10	包钢	天骄清美、东北大学	李学舜、谢 兵、崔凌霄、王传国、刘致文
6	“节能减排”型稀土抛光粉焙烧回转窑设计研究	2009. 6	包头市科技局	天骄清美、东北大学	谢 兵、崔凌霄、杨国胜、王传国、许义勤
7	半导体用光掩膜专用稀土抛光粉的研制	2010. 1	包头市科技局	天骄清美	谢 兵、崔凌霄、刘致文、许义勤、王传国
8	“节能减排—油改气工程”技术	2010. 3	包头市科技局	天骄清美	谢 兵、崔凌霄、刘致文、王传国、许义勤
9	国家高技术研究发展计划（“863”计划）先进镧、铈材料制备技术及应用—CeO_2抛光液/粉关键制备技术及工艺开发	2010. 12	中华人民共和国科技部	天骄清美	李学舜、谢 兵、刘致文
10	复合型稀土抛光粉的研制	2012. 12	包头市科技局	天骄清美	崔凌霄、谢 兵、吴 旭、张喜龙、杨国胜

表 3-12 包头市稀宝博为医疗系统有限公司科研项目汇总表

编号	项目名称	立项时间	审批部门	完成人
1	应用于新型永磁磁共振成像设备的 LTHF 磁体技术研发项目	2011. 12	自治区科技厅	连建宇、Grum、孟洪卫、韦 巍、宋永忠
2	提高永磁磁共振成像系统中稀土永磁材料及磁路优化研究	2011. 9	包头市科技局	连建宇、孟洪卫、韦 巍、宋永忠、王 振
3	磁共振虚拟匀场一点式水脂分离成像技术研发	2013. 1	包头市科技局	向清三、刘景顺、王义槐、张春光、王占立
4	磁共振成像系统中新型谱仪（SPM）研发项目	2013. 1	包头市科技局	侯晓萍、王义槐、Mark Quaratiello、Steve McQuaid、Kevin DeTerra
5	0. 7T 永磁开放式磁共振成像系统研制	2013. 1	包头市科技局	刘景顺、Grum Teklemarine、王小辉、王义槐、韦 巍
6	年产 100 台 0. 45T 永磁磁共振影像系统（MRI）研发项目	2013. 4	自治区科技厅	连建宇、Grum Teklemariam、刘景顺、孟洪卫、韦 巍
7	国内首台集成型永磁磁共振影像系统（CMRI）研发项目	2013. 12	自治区科技厅	连建宇、刘景顺、孟洪卫、韦 巍、刘培植
8	0. 7T 开放式超导磁共振影像系统研发应用项目	2014. 11	包头市科技局	刘培植、孟洪卫、王义槐、薛德强、任重山

表 3-13 信丰新利科研项目汇总表

编号	项目名称	立项时间	审批部门	完成人
1	盐酸优溶法回收钕铁硼废料中稀土元素的研究与生产项目	2005. 5	信丰县科技局	刘 勇、张 华、刘卫华
2	高性能稀土荧光材料氧化钇的生产与研究	2008. 1	信丰县科技局	刘 勇、张 华、张相良、廖雨生、邱华芬
3	利用皂化废水的循环工艺萃取分离轻重稀土的技术		科技部	刘 勇、张 华、张相良、梁观华、陈世华

表 3-14　包钢稀土高科技股份有限公司冶炼厂科研项目汇总表

编号	项 目 名 称	立项时间	审批部门	参加单位	完 成 人
1	N_{235}萃取除铁工业试验	1997	包钢集团	冶炼厂	娄利平、朱晓梅、刘建军、刘　威、桑晓云
2	双氧水提铈工业试验	1997	包钢集团	冶炼厂	白文平、曹生彪、陈秀昆、赵治华、朱晓梅
3	包头矿碳酸钠焙烧提铈工业试验	1997	包钢集团	包钢稀土、包钢稀土研究院	王晓铁、张存瑞、赵春晖、刘建军、乔　军
4	优化电池级混合稀土金属电解综合工艺条件	1997	包钢集团	包钢稀土	刘金鹏、张连顺、杨建鹏、桂立君、于　鹏
5	高纯稀土氧化物	2000	包钢集团	冶炼厂	陈隆淮、王晓铁、李　冬、王　静、刘建军、陈建利
6	硝酸铈铵产品研制	2001	包钢集团	冶炼厂	刘建军、王　静、刘志平、李　冬、成　忠
7	盐酸体系中 La/CePr/NdSm 萃取分离工艺研究	2001	包钢集团	冶炼厂	李　冬、刘建军
8	单一稀土全分离生产过程控制	2001	稀土高科	稀土高科	张桂梅、方　斌、苗红英
9	稀土产品中铝等十种非杂质的测定	2001	稀土高科	稀土高科	周晓东、陈立民、姜春华、于晶雪、艾凤革
10	各种稀土富集物中稀土组分的快速分析	2001	稀土高科	稀土高科	于晶雪、李　洁、汤运国
11	稀土金属及其他氧化物中碳、硫量的测定	2002	稀土高科	稀土高科	方　斌、李　洁、周晓东
12	ICP-MS 法测定高纯镧、铈、镨氧化物中稀土杂质的含量	2002	稀土高科	冶炼厂	于晶雪、张桂梅、周晓东、陈利民
13	包头稀土资源清洁冶金流程工业试验	2003	国家“863”项目	长春应用化学研究所、稀土高科	李德谦、王晓铁
14	ICP-AES 法测定稀土产品中的铝量	2004	包钢稀土	冶炼厂	张桂梅、周晓东、汤运国、于晶雪
15	连续沉淀生产混合碳酸稀土及可控粒度氧化铈工艺技术研究	2005	包头市科技局	冶炼厂	桑晓云、赵治华、李　冬、王　静、陈建利
16	低浓度氨氮废水的治理	2005	包头市科技局	冶炼厂、中科院过程研究所	王晓铁
17	高纯镧、铈、钕、铕氧化物中十四种稀土杂质的测定方法	2006	包钢稀土	冶炼厂	周晓东、于晶雪、张桂梅
18	碳酸稀土国家标准的制定	2007	包钢稀土	冶炼厂	李　冬、王　静、刘恒昌、郭美琴
19	万吨级稀土萃取分离新工艺、新装备技术应用	2007	包钢稀土课题	冶炼厂	赵治华、陈建利、李　冬、桑晓云、李俊平
20	钐铕钆富集物化学分析方法	2007	全国稀土标准化委员会	冶炼厂	张桂梅、周晓东、杨春红、王新萍、常瑞敏
21	回用碳沉废水生产高品质稀土碳酸盐工艺研究	2009	包钢课题	冶炼厂	赵治华、陈建利、刘建军、张文斌、桑晓云
22	包头市节能减排技术推广应用示范专项	2009	包头市科技局	冶炼厂	陈建利
23	控制乳化干扰的 P_{507}—煤油—$RECl_3$ 体系萃取新工艺	2009	包头市科技局	东北大学、冶炼厂	吴文远、赵治华
24	高浓度溶液共沉技术制备晶型碳酸镨钕工业生产线	2009	包钢稀土	冶炼厂	夏长林、岑　治、方　斌、郑　超、梁永生

续表 3-14

编号	项 目 名 称	立项时间	审批部门	参加单位	完 成 人
25	稀土产品在灼烧过程中降低氯根含量的研究	2010	包钢稀土	冶炼厂	赵志强
26	特殊物性和组成稀土氧化物高效清洁制备技术	2010	国家科技部	北京有色金属研究总院、包钢稀土	黄小卫、李 冬、刘建军
27	先进镧、铈材料制备技术及应用	2010	国家科技部	包钢稀土、包头钢铁（集团）有限责任公司、包头稀土研究院	张 忠、周秉利、李春龙、赵增祺
28	环烷酸体系中稀土与铝的分馏萃取	2012	包钢稀土	冶炼厂	赵治华、邢全生、刘建军、桑晓云、郭晓晖
29	制备高纯碳酸铈、生产低氯根的硝酸铈溶液	2012	包钢课题	冶炼厂	卢国贞
30	稀土钠皂化废水制备酸和碱技术开发	2012	包钢课题	包钢稀土、杭州蓝然环境技术有限公司	李 超、李 冬
31	包钢稀土废水处理技术研发	2012	包钢课题	包钢稀土、上海东硕环保科技有限公司	李 冬
32	N_{235}除杂工艺废水循环使用工艺改进研究	2012	包钢课题	冶炼厂	李俊平、张 磊
33	混合型轻稀土资源清洁高效提取新技术及应用		科技部国家“十二五”支撑计划	包钢稀土、和发稀土、内蒙古科技大学	李 梅、李 冬
34	溶液中超细颗粒的固液分离方法	2013	包钢稀土	冶炼厂	夏长林、方 斌、郑 超、郭 晖
35	P_{507}萃取转型法制备硝酸铈溶液	2013	包钢稀土	冶炼厂	赵治华、刘建军、邢全生、国树山、桑晓云
36	较高浓度低氯根碳酸铈沉淀工艺研究	2013	包钢稀土	冶炼厂	娄利平、汪 萍、高天佐、白 杰、高 媛
37	N_{235}萃取废水回用	2013	包钢稀土	冶炼厂	李俊平、张 磊、代晓斌、王 坚、周建平
38	自动配酸试验线	2013	包钢稀土	冶炼厂	桑晓云、王蒙军、赵治华、许 慧、李俊平
39	基于光纤光谱仪的稀土在线配分分析仪的研发	2013	包钢课题	冶炼厂	王凤龙、桑晓云、张文斌、王蒙军
40	氧化铈粒度控制			冶炼厂	
41	高盐废水零排放处理和循环利用项目中试技术	2013	包钢稀土	燕山大学、包钢稀土	韩树民、刘建军
42	高品位稀土精矿选矿工艺技术开发	2014	包钢稀土	稀土研究院、稀选厂	陈宏超、马 莹、王云飞、李 娜、杨振华、李二斗
43	白云鄂博中贫氧化堆置矿综合利用技术开发	2014	包钢稀土	稀土研究院、白云博宇	班 印、马 莹、侯少春、李二斗
44	碳酸氢铵+氨水混合沉淀剂制备碳酸稀土的研究	2016	北方稀土	冶炼厂	刘瑞金、赵治华、桑晓云、张文斌、张正中

表 3-15 内蒙古稀奥科贮氢合金有限公司（简称贮氢公司）科研项目汇总表

编号	项 目 名 称	立项时间	审批部门	参加单位	完 成 人
1	动力型镍氢电池贮氢合金的研制与开发	2002.7	包钢	贮氢公司	李金华、张 忠、韩树民、朱惜林、周 昱
2	高性能混合稀土系贮氢合金粉	2003.1	内蒙古科技厅	贮氢公司	张 忠、朱惜林、李培良、李金华、周 昱

续表 3-15

编号	项目名称	立项时间	审批部门	参加单位	完成人
3	廉价稀土贮氢合金负极材料的研究开发	2003. 3	包钢科技部	贮氢公司	朱惜林、张　忠、周　昱、李金华、张　俐
4	高温型贮氢合金的研制	2003. 11	包钢	贮氢公司	潘伟林、朱惜林、张　忠、李金华、张　俐
5	新型高容量镍氢电池负极材料的产业化研究	2004. 1	内蒙古科技厅	贮氢公司	韩树民、朱惜林、张　忠、李金华、朱凤银
6	冷却制度对贮氢合金性能影响的研究及应用	2004. 12	包钢科技部	贮氢公司	朱惜林、梁维强、王建军、周　昱、陈丕生
7	稀土镁系贮氢合金负极材料研究及产业化	2006. 2	包钢	贮氢公司	张　忠、朱惜林、韩树民、李金华、刘海东
8	AB_5型高容量、长寿命贮氢合金的研究	2008. 1	包钢	贮氢公司	吉力强、朱惜林、周　昱、陈丕生、刘治平
9	稀土系贮氢材料重点新产品研发及产业化	2008. 12	内蒙古科技厅	贮氢公司	张　忠、周　昱、刘治平、吉力强、熊　玮
10	高倍率型贮氢合金的开发	2009. 1	包钢	贮氢公司	周　昱、朱惜林、孙志刚、李　冰、种法耀
11	超低成本高性能镍氢电池用贮氢合金负极材料的产业化技术开发	2011. 1	包头市科学技术局	贮氢公司	刘宝忠、周　昱、吉力强、范燕平、王永光
12	镍氢电池用高容量无镨钕贮氢合金的产业化技术	2013. 12	包头市科学技术局	贮氢公司	吉力强、孙志刚、李　冰、徐　津、张志远
13	利用电聚合聚苯胺改善储氢合金粉末电化学性能的方法专利转化	2013. 12	包头市科学技术局	贮氢公司	朱惜林、王永光、吉力强、赵　鑫、李　倩
14	RE-Mg-Ni 系 A_2B_7型储氢合金产业化研究	2014. 1	包头市科学技术局		朱惜林、闫慧忠、吉力强、赵　鑫、熊　玮

第四章 科 研 成 果

1997~2016 年，针对白云鄂博稀土矿和中国稀土资源的开发利用，公司在稀土选矿、稀土湿法冶炼、稀土冶金、稀土材料及应用等方面研究取得很大成就。科研项目 500 多项，获奖成果 267 项，其中获得国家级及重大奖项 56 项，获省、自治区奖项 41 项，获市级奖项 71 项，获包钢奖项 99 项；获得发明专利 117 项，实用新型专利 143 项；为中国稀土产业制订或修订国家标准或行业标准 137 项，包括稀土产品标准、稀土产品分析检测标准及部分与冶金行业有关材料理化检测标准等。

第一节 获奖项目

获奖成果包括国家级及重大奖项 56 项，省、自治区奖项 41 项，市级奖项 71 项，包钢奖项 99 项，详见表 3-16~表 3-19。

一、获国家级及重大科研奖成果

表 3-16 获国家级及重大科研奖成果汇总表

编号	项 目 名 称	奖励等级	获奖时间	完 成 人
1	碳酸稀土国家标准的制订	国家科技进步四等奖	1998	
2	AMALDG Ⅱ 型漏磁探伤仪靴及二次变送仪的研制	国家冶金局三等奖	1999	梁乃茹
3	万安培稀土熔盐电解关键技术成套设备研制	冶金三等奖	2001	张志宏
4	生产稀土金属及合金的熔盐电解槽	中国专利优秀奖	2002	杨胜岭
5	生产稀土金属及合金的熔盐电解槽	《全国杰出专利工程技术评审》预展项目	2005	杨胜岭、张志宏、郝占云、任永红、陈国华
6	廉价稀土贮氢合金负极材料的研究开发	冶金科学技术三等奖	2005	朱惜林、张 忠、周 昱、李金华、张 俐
7	超高温电致热陶瓷发热体制备方法	第十七届全国发明展览会金奖	2006	孙良成、李德辉
8	万安培稀土熔盐电解关键技术与成套设备研制	第十七届全国发明展览会银奖	2006	杨胜岭、张志宏、郝占云、任永红、陈国华
9	稀土金属及其氧化物中非稀土杂质化学分析方法 GB/T 12690. 1~3—2002、GB/T 12690. 4~13—2003	中国有色金属工业科学技术二等奖	2006	许 涛、张翼明、崔爱端
10	超高温电致热陶瓷发热体制造方法	中国专利优秀奖	2007	孙良成、李德辉
11	稀土材料标准研究	中国有色金属工业科学技术一等奖	2007	许 涛
12	稀土金属及其氧化物中非稀土杂质化学分析方法 高频—红外吸收法测定碳、硫量 GB/T 12690. 1—2002、稀土金属及其氧化物中非稀土杂质化学分析方法 重量法测定稀土氧化物中酌减量 GB/T 12690. 2—2002 等 13 项标准	中国有色金属工业科学技术三等奖	2007	许 涛、张翼明
13	稀土金属及其氧化物中稀土杂质化学分析方法 GB/T 18115. 1~12—2006	中国有色金属工业科学技术二等奖	2008	许 涛、杜 梅
14	国家标准《镨钕合金》研究与制订	中国有色金属工业科学技术三等奖	2008	
15	出口钕铁硼永磁材料、灯用稀土三基色荣耀粉技术指南	中国有色金属工业科学技术三等奖	2008	刘国征

续表 3-16

编号	项 目 名 称	奖励等级	获奖时间	完 成 人
16	氯化稀土、碳酸轻稀土化学分析方法（21 项）	全国稀土标准化技术二等奖	2009	杨 萍、刘鹏宇、潘建忠、郝 茜、杜 梅
17	氯化稀土、碳酸轻稀土化学分析方法（21 项）	技术标准优秀三等奖	2009	郝 茜、杜 梅
18	稀土精矿化学分析方法（11 项）	全国技术标准化技术优秀一等奖	2010	郝 茜 等
19	金属氢化物—镍电池负极用稀土系 AB_5 型贮氢合金粉	全国技术标准化技术优秀二等奖	2010	闫慧忠
20	钕镁合金（1 项）	全国技术标准化技术优秀三等奖	2010	解 萍
21	镝铁合金及镝铁合金化学分析方法（6 项）	全国技术标准化技术优秀一等奖	2010	张志宏、许 涛、陈国华、解 萍、侯复生、高丽珍
22	硝酸盐稀土植物生长调节剂化学分析方法（3 项）	全国技术标准化技术优秀二等奖	2010	张翼明
23	金属氢化物—镍电池负极用稀土系 AB_5 型贮氢合金粉	全国稀土标准化技术委员会技术标准二等奖	2010	朱惜林、韩树民、李培良、高军伟、张永健
24	金属氢化物—镍电池负极用稀土系 AB_5 型贮氢合金粉	全国稀土标准化技术二等奖	2010	朱惜林、韩树民、李培良、高军伟、闫慧忠
25	稀土精矿化学分析方法（11 项）	全国稀土标准化技术一等奖	2010	郝 茜、刘晓杰、周凯红、李玉梅、王安丽
26	稀土金属及其化合物的化学分析方法 稀土总量的测定 GB/T 14635—2008	中国有色金属工业科学技术二等奖	2010	
27	新能源汽车用镍氢动力电池	国家重点新产品	2011	
28	烧结钕铁硼永磁材料 GB/T 13560—2009 国家标准制订	中国有色金属工业科学技术三等奖	2011	刘国征、赵增祺、赵明静、王 标
29	镝铁合金及镝铁合金化学分析方法（6 项）	全国稀土标准化技术一等奖	2011	张志宏、许 涛、陈国华、解 萍、侯复生
30	硝酸稀土植物生长剂化学分析方法（3 项）	全国稀土标准化技术二等奖	2011	杨 萍、王长华、刘 兵、王东杰、张翼明
31	钕镁合金（1 项）	中国有色金属工业科学技术三等奖	2011	刘荣丽、翁国庆、苏正夫、易 师、姚茂海
32	金属氢化物—镍电极用稀土系 AB_5 型贮氢合金粉 GB/T 26412—2010 国家标准制订	全国稀土标准化技术二等奖	2012	朱惜林、韩树民、李培良、高军伟、张永健
33	镍氢动力电池（组）	第十四届中国国际高新技术成果交易会优秀产品奖	2012	
34	烧结钕铁硼永磁材料 GB/T 13560—2009	中国有色金属工业科学技术三等奖	2012	刘国征、赵增祺、赵瑞金、赵明静、朱玉华
35	氟化镨钕 GB/T 23590—2009	中国有色金属工业科学技术三等奖	2012	李瑞红、琚建勇、许 涛、解 萍、尹祖平
36	氯化稀土、碳酸轻稀土化学分析方法	中国有色金属工业科学技术二等奖	2012	郝 茜
37	钆铁合金及钆铁合金化学分析方法	全国稀土标准化技术一等奖	2012	杜 梅、于勇海、郝 茜
38	镨钕镝合金及镨钕镝合金化学分析方法	全国稀土标准化技术二等奖	2012	张志宏、许 涛、陈国华、郝 茜、王小青
39	稀土精矿化学分析方法	中国有色金属工业科学技术二等奖	2013	郝 茜、刘晓杰、李玉梅、高励珍、周凯红

续表 3-16

编号	项目名称	奖励等级	获奖时间	完成人
40	氟化镧 XB/T 223—2009	中国有色金属工业科学技术三等奖	2013	解　萍、许　涛、尹祖平、李瑞红、于雅樵
41	国家标准　镝铁合金及镝铁合金化学分析方法	中国有色金属工业科学技术三等奖	2013	张志宏、许　涛、陈国华、郝　茜、王小青
42	镨钕氧化物标准样品的研制	中国有色金属工业科学技术二等奖	2013	张翼明、高励珍、郝　茜、许　涛、周晓东
43	钆镁合金及钆镁合金化学分析方法	中国有色金属工业科学技术二等奖	2013	张志宏、许　涛、陈国华、王素梅、高　兰
44	国家标准金属钕	中国有色金属工业科学技术三等奖	2013	张志宏、许　涛、王小青、陈国华、解　萍
45	铽镝铁大磁致伸缩材料国家标准的制订	中国有色金属工业科学技术三等奖	2013	江丽萍、赵增祺、张光睿、刘国征、解　萍
46	稀土冶炼工业废水零排放治理工艺研究	中国钢铁工业协会中国金属学会冶金科学技术三等奖	2014	陈建利
47	基础通用标准　稀土术语及稀土牌号表示方法	全国稀土标准化技术一等奖	2014	许　涛、谢建伟、张志宏、梁行方、闫慧忠
48	钕铁硼合金化学分析方法（7 个部分）	中国有色金属工业科学技术二等奖	2014	刘鹏宇、姚南红、郝　茜、杜　梅、刘　春
49	废弃稀土荧光粉化学分析方法（3 个部分）	中国有色金属工业科学技术三等奖	2014	吴玉峰、章启军、王　维、俞嘉梅、龚　裕
50	离子型稀土原矿化学分析方法　离子相稀土总量的测定	中国有色金属工业科学技术三等奖	2014	刘　鸿、叶春生、谢　璐、黎　英、杨　峰
51	混合轻稀土氧化物（包头矿、少铕）标准样品研制	中国有色金属工业科学技术三等奖	2014	张翼明、郝　茜、王东杰、于勇海、赵立东
52	国家标准　铬酸镧高温电热元件	中国有色金属工业科学技术三等奖	2014	王　峰、李德辉、何　青、孙良成、解　萍
53	国家标准　铽镝铁大磁致伸缩材料	中国有色金属工业科学技术三等奖	2014	江丽萍、张光睿、赵增祺、刘国征、解　萍
54	国家标准　钕镁合金	中国有色金属工业科学技术二等奖	2014	刘荣丽、翁国庆、苏正夫、易　师、姚茂海
55	国家标准　钆铁合金化学分析方法	中国有色金属工业科学技术三等奖	2014	钟道国、刘　鸿、杨　峰、黎　英、邝　静
56	重点应用领域的高性能永磁材料的产业化关键技术开发	2014 年中国好技术	2014	王　标、董改华、娄树普、杨俊林、苏满有

二、获省、自治区级奖科研成果

表 3-17　获省、自治区级奖科研成果汇总表

编号	项目名称	奖励等级	获奖时间	完成人
1	稀土精矿浓硫酸焙烧水浸液制取晶型碳酸稀土工艺研究	内蒙古企业技术进步一等奖	1997	冷忠义、陈隆淮、刘石政
2	碳酸稀土电解制取稀土金属	内蒙古企业技术进步三等奖	1997	陈文亮
3	150℃使用的 NdFeB 永磁材料工业试验	内蒙古企业技术进步三等奖	1997	张义民

续表 3-17

编号	项 目 名 称	奖励等级	获奖时间	完 成 人
4	分光光度法稀土在线检测系统的研究	江西省科技进步二等奖	1998	游文海
5	稀土磁致伸缩材料的研制	内蒙古科技进步二等奖	1998	李　培
6	Cu 基形状记忆合金的研制与开发	内蒙古科技进步三等奖	1999	赵增祺
7	高纯金属镝、铽研制扩大试验	内蒙古科技进步三等奖	1999	姜银举
8	优化电池级混合稀土金属综合工艺条件	内蒙古企业技术进步三等奖	1999	刘金鹏、张连顺、杨建鹏、桂立君、于　鹏
9	烧碱法生产低锌低镁氯化稀土工艺研究	内蒙古企业技术进步三等奖	1999	李　冬、庞　清
10	骄美牌 H-500 稀土抛光粉	内蒙古企业技术进步一等奖	1999	刘石政、李学舜、崔凌霄、谢　兵、杨国胜
11	H-500 型稀土抛光粉开发	内蒙古科技进步二等奖	2000	刘石政、李学舜、崔凌霄、谢　兵、杨国胜
12	金属氢化物—镍二次电池负极材料	内蒙古科技进步三等奖	2001	李培良
13	电动车用超高矫顽力钕铁硼磁体的研究	内蒙古科技进步三等奖	2002	刘国征
14	12kA 全数字大容量风冷晶闸管稀土熔盐电解电源技术开发	内蒙古科技进步二等奖	2002	张志宏
15	万安培稀土熔盐电解关键技术与成套设备研制	内蒙古科技进步二等奖	2003	张志宏
16	特殊物理化学性状稀土新型化合物制备工艺开发	内蒙古科技进步二等奖	2003	李　梅
17	500mm 以上铬酸镧发热元件制备工艺研究	山东省科技进步二等奖	2003	孙良成
18	混合碳酸稀土生产低铈稀土抛光粉	内蒙古科技进步三等奖	2005	李学舜、崔凌霄、谢　兵、杨国胜
19	掺杂铬酸镧电热材料的低温致密化工艺	山东省科技进步二等奖	2006	李胜利、孙良成、李德辉
20	荧光级氧化铕清洁生产及资源综合回收利用	内蒙古科技进步一等奖	2008	郝先库、张瑞祥、刘海旺、王士智、包文彦
21	超高温电致热特种功能材料关键工艺技术产业化	内蒙古科技进步三等奖	2008	孙良成、李德辉、李胜利、成　宇、敖　青
22	烧结钕铁硼各向异性辐射环的研究	内蒙古科技进步三等奖	2008	刘国征、刘树峰、李　红、吕卫东、赵瑞金
23	年产 300 吨高性能钕铁硼永磁材料国家高技术产业化示范工程	内蒙古科技进步一等奖	2009	王　标、林喜峰、丁开鸿、娄树普、陈蓓新
24	大尺寸等直径铬酸镧发热元件成型工艺的研究	内蒙古科技进步三等奖	2009	孙良成、李德辉、吕卫东、琚建勇、王　峰
25	航天航空用高性能低温度系数 2：17 型钐钴永磁材料的研制	内蒙古科技进步三等奖	2009	李泽军、崔国红、马志鸿、琚建勇、纪圣业
26	新型高效钕铁硼辐射磁体的开发	内蒙古科技进步三等奖	2009	刘国征、刘树峰、赵瑞金、武　斌、鲁富强
27	荧光级氧化铕清洁生产及资源综合回收利用	内蒙古科技进步一等奖	2009	郝先库、张瑞祥、王士智、刘海旺、孟　祥
28	大型氟化物体系氧化物电解制备稀土金属工艺技术及装备的研制	内蒙古科技进步二等奖	2010	张志宏、王小青、陈国华、刘中兴、郭海涛
29	$La_2Mg_{17}/LaNi_5$ 复合储氢电极容量衰减的研究	内蒙古自然科学三等奖	2010	闫慧忠、孔繁清、熊　玮
30	高性能钕铁硼多极辐射环及器件的产业化开发	内蒙古科技进步三等奖	2010	
31	废酸回收产业化技术的研发与应用	内蒙古科技进步一等奖	2010	马克印
32	连续沉淀生产混合碳酸稀土及可控粒度氧化铈工艺技术研究	内蒙古科技进步三等奖	2010	王晓铁、赵治华、桑晓云、李　冬、王　静

续表 3-17

编号	项 目 名 称	奖励等级	获奖时间	完 成 人
33	高纯无水氯化铈产业化技术	内蒙古科技进步二等奖	2011	张瑞祥、马显东、郝先库、刘海旺、王士智
34	包头矿中重稀土废水循环利用工艺	内蒙古科技进步二等奖	2012	郝先库、张瑞祥、王士智、刘海旺、汪立新
35	系列化稀土发光材料产业化开发	内蒙古科技进步三等奖	2012	赵增祺、沈雷军、周永勃、韩　莉、李　波
36	新型高性价比稀土储氢材料的应用研究及产业化	内蒙古科技进步三等奖	2012	闫慧忠、孔繁清、熊　玮、朱惜林、蔫建生
37	铬酸镧材料应用器件的开发研究	内蒙古科技进步三等奖	2012	孙良成、李德辉、李胜利、王　峰、成　宇
38	煤系高岭土基制备微米级/亚微米级沸石分子筛吸附剂	湖北省科技厅科学技术进步二等奖	2012	赵继承、赵智承、赵宇驰、马建平、周建国
39	重点应用领域的高性能永磁材料的产业化关键技术开发	内蒙古科技进步二等奖	2013	王　标、董改华、娄树普、杨俊林、苏满有
40	中日合资包头天骄清美稀土抛光粉有限公司高性能抛光粉扩建工程项目	内蒙古优秀工程勘察设计三等奖	2013	谢　兵、高浩军、王　蕾、刘致文、张喜龙
41	稀土金属中镁、铝等 11 种非稀土杂质 ICP-MCS 法同时测定	内蒙古出入境检验检疫局三等奖	2003	张翼明

三、获地市级奖科研成果

表 3-18　获地市级奖科研成果汇总表

编号	项 目 名 称	奖励等级	获奖时间	完 成 人
1	稀土磁致伸缩材料的研制	包头市科技进步一等奖	1998	李　培
2	Cu 基形状记忆合金的研制与开发	包头市科技进步三等奖	1999	赵增祺
3	高纯金属镝、铽研制扩大试验	包头市科技进步二等奖	1999	姜银举
4	稀土高温电热元件的扩大试验	包头市科技进步三等奖	1999	贾文武
5	H-500 型稀土抛光粉	包头市科技进步一等奖	2000	刘石政、李学舜、谢　兵、黄绍东、张树源
6	烧碱法生产低锌低镁氯化稀土工艺研究	包头市科技进步三等奖	2001	
7	金属氢化物—镍二次电池负极材料	包头市科技进步二等奖	2001	李培良
8	H-800 稀土抛光粉的开发与应用	包头市科技进步三等奖	2002	李学舜、崔凌霄、谢　兵、杨国胜
9	电动车用超高矫顽力钕铁硼磁体的研究	包头市科技进步二等奖	2003	刘国征
10	稀土功能材料用廉价重稀土中间合金的研究	包头市科技进步二等奖	2003	王小青
11	坦克用非晶粒材料及其传感器的研制	包头市科技进步三等奖	2003	梁乃茹
12	烧结钕铁硼各向异性辐射环的研究	包头市科技进步二等奖	2004	刘国征、刘树峰、李　红、吕卫东、赵瑞金
13	稀土超磁致伸缩材料的研究	包头市科技进步三等奖	2004	江丽萍、赵增祺、吴双霞、王方恕、黄继民
14	大块非晶的研制与开发	包头市科技进步三等奖	2004	孙晓华、吴晋彬、赵　军、孙广杰、罗　蒙
15	硝酸铈铵	临淄市科技进步二等奖	2004	赵建军、任国华、付连永、杨晨轩、江　勇
16	H-502 稀土抛光粉的开发	包头市科技进步三等奖	2004	李学舜、崔凌霄、谢　兵、杨国胜

续表 3-18

编号	项 目 名 称	奖励等级	获奖时间	完 成 人
17	混合碳酸稀土生产低铈稀土抛光粉技术研究	包头市科技进步三等奖	2005	李学舜、崔凌霄、谢 兵、杨国胜
18	超细稀土抛光粉材料的研制	包头市科技进步三等奖	2006	李学舜、崔凌霄、谢 兵、杨国胜
19	专利 超高温电致热陶瓷发热体制备方法	包头市最有价值专利	2006	孙良成、李德辉
20	生产稀土金属及合金的电解槽	包头市最有价值专利	2006	杨胜岭、张志宏、郝占云、任永红、陈国华 等
21	稀土磁致冷技术开发	包头市科技进步二等奖	2006	黄焦宏、刘金荣、马志鸿、王正德、徐来自
22	高档钕铁硼稀土永磁材料	包头市科技进步三等奖	2006	刘国征、吕卫东、武 斌、赵瑞金、鲁富强
23	镍锰镓新型功能材料的研制	包头市科技进步三等奖	2006	江丽萍、赵增祺、吴双霞、熊 玮、王方恕
24	分馏—逆流置换萃取生产高纯单一稀土	包头市科技进步一等奖	2006	叶祖光
25	包头稀土精矿清洁生产技术	包头市科技进步三等奖	2006	王晓铁、李 冬、王 静
26	廉价稀土贮氢合金负极材料的研究开发	包头市科技进步三等奖	2006	朱惜林、张 忠、周 昱、李金华、张 俐
27	动力型镍氢电池贮氢合金的研制与开发	包头市科技进步三等奖	2006	李金华、张 忠、韩树民、朱惜林、周 昱
28	航空航天用高性能低温度系数 2：17 型钐钴永磁材料的研制	包头市科技进步二等奖	2007	李泽军、崔国红、马志鸿、纪圣业
29	超高温电致热特种功能材料关键工艺技术产业化	包头市科技进步三等奖	2007	孙良成、李德辉、李胜利、成 宇、敖 青
30	镍氢动力电池的自动生产线的研究与产业化	包头市科技进步一等奖	2007	张 忠、徐绍萍、杨永刚、曹生彪、常忠亮
31	荧光级氧化铕清洁生产及资源综合回收利用	包头市科技进步三等奖	2007	郝先库、张瑞祥、王士智、刘海旺、孟 祥
32	新型高容量镍氢电池负极材料的产业化研究	包头市科技进步三等奖	2008	韩树民、朱惜林、张 忠、李金华、朱凤银
33	大型氟化物体系氧化物电解制备稀土金属工艺及设备研究开发	包头市科技进步一等奖	2008	张志宏、王小青、陈国华、任永红、梁行方
34	多种规格尺寸稀土磁致伸缩材料的研究	包头市科技进步二等奖	2008	赵增祺、江丽萍、吴双霞、马志鸿、刘金荣
35	新型高效 NdFeB 辐射磁体的开发	包头市科技进步三等奖	2008	刘国征、刘树峰、赵瑞金、武 斌、鲁富强
36	等离子平板显示稀土发光材料（PDP）的制备	包头市科技进步三等奖	2008	张忠义、沈雷军、李小丽、韩 莉、周永勃
37	高性价比新型稀土—镁基储氢电极材料的研究	包头市科技进步三等奖	2008	闫慧忠、孔繁清、熊 玮、李宝犬、李 金
38	系列化稀土发光材料产业化开发	包头市科技进步三等奖	2009	沈雷军、赵增祺、周永勃、韩 丽 等
39	盐酸优溶法回收钕铁硼废料中稀土元素的研究与生产项目	信丰县科技进步二等奖	2009	刘 勇、张 华、刘卫华
40	高性能稀土荧光材料氧化钇的生产与研究	信丰县科技进步二等奖	2010	刘 勇、张 华、张相良、廖雨生、邱华芬
41	废酸回收产业化技术的研发与应用	包头市科技进步二等奖	2010	马克印
42	60%稀土精矿选别	包头市科技进步三等奖	2010	李继胜、王云飞

续表 3-18

编号	项 目 名 称	奖励等级	获奖时间	完 成 人
43	新型稀土浮选药剂 LF-P8、LF-Q6 选别稀土高科南、北系统给矿小型试验研究报告、工作总结报告、鉴定大纲、经济效益分析报告	包头市科技进步一等奖	2010	
44	连续沉淀生产混合碳酸稀土及可控粒度氧化铈工艺技术研究	包头市科技进步二等奖	2010	桑晓云、赵治华、李　冬、王　静、陈建利
45	铈系列化合物产业化开发	包头市科技进步三等奖	2010	刘铃声、王秀艳、熊晓柏、曹鸿璋、解　萍
46	烧结钕铁硼永磁材料 GB/T 13560—2009	包头市科技进步二等奖	2010	刘国征、赵增祺、赵瑞金、赵明静、王　标
47	稀土金属及其氧化物中非稀土杂质化学分析方法 GB/T 12690. 1—2002	包头市科技进步三等奖	2010	崔爱端、杜　梅、郝　茜、张翼明、刘晓杰
48	新型稀土红色长余辉发光材料的研制	包头市科技进步三等奖	2011	沈雷军、赵增祺、李　波、王忠志、高乐乐
49	稀土金属及其氧化物中非稀土杂质化学分析方法 GB/T 12690. 1—2002	包头市科技进步三等奖	2011	崔爱端、杜　梅、郝　茜、张翼明、刘晓杰
50	回用碳沉废水生产高品质稀土碳酸盐工艺研究	包头市科技进步三等奖	2011	赵治华、陈建利、刘建军、张文斌、桑晓云
51	高纯无水氯化铈产业化技术	包头市科技进步三等奖	2011	张瑞祥、马显东、郝先库、刘海旺、王士智
52	高倍率型贮氢合金的开发	包头市科技进步二等奖	2012	周　昱、朱惜林、孙志刚、李　冰、种法耀
53	金属氢化物—镍电极用稀土系 AB_5 型贮氢合金粉 GB/T 26412—2010	包头市科技进步三等奖	2012	朱惜林、韩树民、李培良、高军伟、张永健
54	新能源汽车用镍氢动力电池技术攻关及产业化开发	包头市科技进步三等奖	2013	李金华、杨永刚、曹生彪、贾春明、皇甫益
55	无氨氮模糊萃取生产稀土系列氧化物	临淄市科技进步三等奖	2013	龚丽华、饶向东、李立坡、常传德、谭　伟
56	氧化镨钕电解制取金属镨钕	临淄市科技进步一等奖	2013	范永生、任国华、曾　杰、王　鹏、江　勇
57	应用于新型永磁磁共振成像设备的 LTHF 磁体技术研发项目	包头市科技进步一等奖	2013	连建宇、Grum、孟洪卫、韦　巍、宋永忠
58	万吨级稀土萃取分离新工艺、新装备技术应用	包头市科技进步三等奖	2013	赵治华、陈建利、李　冬、桑晓云、侯利生
59	无氨氮模糊萃取生产稀土系列氧化物	临淄市科技进步二等奖	2014	龚丽华、饶向东、李立坡、常传德、谭　伟
60	包头稀土精矿连续碱分解生产工艺技术开发	包头市科技进步二等奖	2014	许延辉、刘海蛟、孟志军、崔建国、赵文怡
61	稀土金属熔盐电解节能减排集成技术开发	包头市科技进步三等奖	2014	张志宏、梁行方、王小青、陈国华、郑天仓
62	低色温高显色性白光 LED 荧光粉产业化技术开发	包头市科技进步三等奖	2014	沈雷军、周永勃、李　波、王忠志、高乐乐
63	新型室温磁制冷机的研制	包头市科技进步二等奖	2014	黄焦宏、金培育、闫宏伟、刘翠兰、程　娟
64	包头稀土精矿连续碱分解生产工艺技术开发	包头市科技进步二等奖	2014	许延辉、刘海蛟、孟志军、崔建国、赵文怡
65	风力发电机用 38UH 烧结钕铁硼磁体的时间稳定性的制造方法研究	包头市科技进步三等奖	2014	刘国征、赵明镜、赵瑞金、武　斌、鲁富强

续表 3-18

编号	项 目 名 称	奖励等级	获奖时间	完 成 人
66	低色温高显色性白光 LED 荧光粉产业化技术开发	包头市科技进步三等奖	2014	沈雷军、周永勃、李 波、王忠志、高乐乐
67	稀土金属熔盐电解槽节能减排集成技术开发	包头市科技进步三等奖	2014	张志宏、梁行方、王小青、陈国华、郑天仓
68	高功率 La-Fe-B 系贮氢电机合金的应用开发研究	包头市科技进步三等奖	2014	闫慧忠、孔繁清、熊 玮、李宝犬、李 金
69	高倍率 SC 型镍氢动力电池研究	包头市科技进步三等奖	2014	李金华、曹生彪、贾春明、皇甫益
70	煤系高岭土工业化制备亚微米级分子筛及其在稀土—Y 催化剂载体上的应用	包头市科技进步三等奖	2014	赵继承、赵智承、赵宇驰、周建国
71	电子级铈基稀土研磨材料项目	包头市科技进步三等奖	2015	杨国胜、刘致文、张喜龙、林玉虎、谷 月

四、获包钢公司奖科研成果

表 3-19 获包钢公司奖科研成果汇总表

编号	项 目 名 称	奖励等级	获奖时间	完 成 人
1	铈的电解氧化及提铈工业试验	包钢科技进步二等奖	1997	刘建刚
2	高纯金属钬、铒的研制	包钢科技进步三等奖	1997	郝占忠
3	选择还原法制备金属镱工艺研究	包钢科技进步二等奖	1997	郝占忠
4	金属镧	包钢科技进步三等奖	1997	马 捷
5	稀土大磁致伸缩材料的研制	包钢科技进步二等奖	1997	李 培
6	优化电池级混合稀土金属综合工艺条件	包钢科技进步一等奖	1997	崔凌霄
7	稀土高温电热元件的扩大试验	包钢科技进步二等奖	1998	贾文武
8	AMALDG Ⅱ 型漏磁探伤仪靴及二次变送仪的研制	包钢科技进步二等奖	1998	梁乃茹
9	高纯金属镝、钺研制扩大试验	包钢科技进步一等奖	1998	姜银举
10	N_{235}萃取除铁工业试验	包钢科技进步三等奖	1999	刘 威
11	双氧水提铈工业试验	包钢科技进步二等奖	1999	
12	高纯镧、铈、钕、铕氧化物中十四种稀土杂质的测定方法	包钢科技进步三等奖	1999	
13	高纯氧化镧中微量氧化镍、氧化铅、氧化铜的测定	包钢科技进步四等奖	1999	
14	骄美牌 H-500 型稀土抛光粉生产技术	包钢科技进步一等奖	1999	刘石政、李学舜、崔凌霄、谢 兵、杨国胜
15	H-502 型稀土抛光粉的开发	包钢科技进步二等奖	2000	刘石政、李学舜、崔凌霄、谢 兵、杨国胜
16	筛分方法在稀土抛光粉分析检测中的应用	包钢科技进步四等奖	2000	刘石政、李学舜、崔凌霄、谢 兵、杨国胜
17	H-500 系列稀土抛光粉二次除尘设备设计应用	包钢科技进步二等奖	2000	刘石政、李学舜、崔凌霄、谢 兵、杨国胜
18	稀土抛光粉研磨实验研究	包钢科技进步二等奖	2000	刘石政、李学舜、崔凌霄、谢 兵、杨国胜
19	中日合资包头天骄清美稀土抛光粉有限公司年产1200吨稀土抛光粉生产线	包钢科技进步优秀设计一等奖	2000	刘石政、李学舜、崔凌霄、谢 兵、杨国胜
20	抛光粉烧成过程影响因素的研究	包钢科技进步三等奖	2000	刘石政、李学舜、崔凌霄、谢 兵、杨国胜
21	万安培稀土熔盐电解关键技术与成套设备研制	包钢科技进步一等奖	2000	张志宏

续表 3-19

编号	项 目 名 称	奖励等级	获奖时间	完 成 人
22	镍氢电池用廉价稀土储氢合金负极材料研究	包钢科技进步二等奖	2000	耿朝青
23	稀土超磁致伸缩材料和器件的产业化研究	包钢科技进步二等奖	2000	江丽萍
24	高灵敏度振动传感器用急冷稀土合金丝材及器件的研究	包钢科技进步三等奖	2000	梁乃茹
25	电动车用超高矫顽力钕铁硼磁体的研究	包钢科技进步二等奖	2000	刘国征
26	X 射线分析仪在铈镨分离中控检测中的应用	包钢科技进步四等奖	2001	刘 威
27	TCE 高性能稀土抛光粉研究与开发	包钢科技进步三等奖	2001	李学舜、崔凌霄、谢 兵、杨国胜
28	H-700 型稀土抛光粉的生产及应用研究	包钢科技进步四等奖	2001	李学舜、崔凌霄、谢 兵、杨国胜
29	混合碳酸稀土生产低铈稀土抛光粉技术研究	包钢科技进步二等奖	2001	李学舜、崔凌霄、谢 兵、杨国胜
30	特殊物化性状的稀土新型化合物制备	包钢科技进步二等奖	2002	李 梅
31	高纯金属钆的研制	包钢科技进步三等奖	2002	姜银举
32	稀土功能材料用廉价重稀土中间合金的研究	包钢科技进步二等奖	2002	王小青
33	大尺寸等直径铬酸镧发热元件成型的研究	包钢科技进步一等奖	2002	李德辉
34	稀土磁制冷技术开发	包钢科技进步二等奖	2002	黄焦宏
35	坦克用非晶丝材料及其传感器的研制	包钢科技进步三等奖	2002	梁乃茹
36	镍锰镓新型功能材料的研制	包钢科技进步二等奖	2003	赵增祺
37	NCS 全重介精煤、中煤、矸石磁选机	包钢科技进步二等奖	2003	徐中德
38	高频用 TbDyFe 磁伸颗粒合成材料的研究	包钢科技进步三等奖	2003	赵增祺
39	动力型镍氢电池贮氢合金的研制与开发	包钢科技进步二等奖	2003	李金华、张 忠、韩树民、朱惜林、周 昱
40	镍氢动力电池中试	包钢科技进步三等奖	2003	王敬国、李国峰、徐绍萍、朱惜林、曹生彪
41	正极混料均匀性研究	包钢科技进步四等奖	2003	徐绍萍、曹生彪、张 兴、常忠亮、冯恒志
42	LCE-600 型稀土抛光粉的研究	包钢科技进步二等奖	2003	李学舜、崔凌霄、谢 兵、杨国胜
43	TE-500 稀土抛光粉生产技术	包钢科技进步二等奖	2004	李学舜、崔凌霄、谢 兵、杨国胜
44	包头天骄清美稀土抛光粉有限公司高性能抛光粉扩建工程	包钢科技进步优秀设计二等奖	2004	李学舜、崔凌霄、谢 兵、杨国胜
45	提高稀土精矿品位工艺技术攻关	包钢科技进步二等奖	2004	
46	氧化铈粒度控制	包钢科技进步三等奖	2004	
47	ICP-AES 法测定稀土产品中的铝量	包钢科技进步三等奖	2004	
48	ICP-MS 法测定高纯镧、铈、镨氧化物中稀土杂质的含量	包钢科技进步三等奖	2004	
49	稀土系列企业标准的制订	包钢科技进步三等奖	2004	
50	冷却制度对贮氢合金性能影响的研究及应用	包钢科技进步二等奖	2004	朱惜林、梁维强、王建军、周 昱、陈丕生
51	廉价稀土贮氢合金负极材料的研究开发	包钢科技进步二等奖	2004	朱惜林、张 忠、周 昱、李金华、张 俐
52	稀土金属及其氧化物中非稀土杂志化学分析方法	包钢科技进步三等奖	2005	许 涛、张翼明、崔爱端、郝冬梅、郝 茜
53	XTB-1024 型永磁筒式新型磁选机	包钢科技进步二等奖	2005	黄焦宏、刘金荣、金培育、闫宏伟、赵增祺
54	新型装甲车辆用铁基块体非晶转速传感器材料	包钢科技进步二等奖	2005	赵增祺、孙晓华、吴晋彬、赵 军、孙广杰

续表 3-19

编号	项 目 名 称	奖励等级	获奖时间	完 成 人
55	烧结钕铁硼各向异性辐射环的研制	包钢科技进步二等奖	2005	刘国征、刘树峰、李 红、吕卫东、赵瑞金
56	新型稀土—镁—镍多相复合储氢电极材料的开发	包钢科技进步二等奖	2005	闫慧忠、赵增祺、孔繁清、夏国金、熊 玮
57	非晶丝润滑油磁性过滤器的研制	包钢科技进步三等奖	2005	孙晓华、吴晋彬、赵 军、孙广杰、梁乃茹
58	大块非晶的研制与开发	包钢科技进步三等奖	2005	孙晓华、吴晋彬、赵 军、孙广杰、罗 蒙
59	超细稀土抛光粉材料的研制	包钢科技进步一等奖	2006	李学舜、崔凌霄、谢 兵、杨国胜
60	高温型贮氢合金的研制	包钢科技进步三等奖	2006	潘伟林、朱惜林、张 忠、李金华、张 俐
61	航空航天用高性能低温度系数 2：17 型钐钴永磁材料的研制	包钢科技进步一等奖	2006	李泽军、崔国红、马志宏、纪圣业、赵秉科
62	磁热效应直接测量仪的研制	包钢科技进步二等奖	2006	黄焦宏、马志鸿、刘金荣、金培育、闫宏伟
63	等离子平板显示稀土发光材料（PDP）的制备	包钢科技进步三等奖	2006	张忠义、沈雷军、李晓丽、韩 莉
64	新型高梯度、强磁力稀土永磁磁选机的研制	包钢科技进步三等奖	2006	黄焦宏、刘金荣、金培育、赵增祺、闫宏伟
65	包头市稀土高新技术产业“十一五”发展规划	包钢科技进步三等奖	2006	赵增祺、夏国金、张安文、李振宏、徐广尧
66	镍氢动力电池活化制度研究	包钢科技成果二等奖	2006	徐绍萍、梁万龙、张 忠、曹生彪、张卫华
67	包头稀土精矿清洁生产技术	包钢科技进步二等奖	2006	
68	稀土萃取分离新工艺的应用	包钢科技进步二等奖	2007	刘 威
69	新型高效钕铁硼辐射磁体的开发	包钢科技进步一等奖	2007	刘国征、丁开鸿、李 红
70	室温磁制冷机的研制	包钢科技进步一等奖	2007	黄焦宏、马志鸿、金培育、刘金荣、闫宏伟
71	多种规格尺寸稀土磁致伸缩材料研究	包钢科技进步二等奖	2007	赵增祺、江丽萍、吴双霞、马志鸿、刘金荣
72	稀土纳米催化剂在催化燃烧节能及环境净化上的应用	包钢科技进步三等奖	2007	许延辉、朱永法、马 莹
73	镍氢动力电池正极活性物质及添加剂研究	包钢科技成果二等奖	2008	马逸君、徐绍萍、杨永刚、曹生彪、张 兴
74	镍氢动力电池的自动生产线的研究与产业化	包钢科技成果一等奖	2008	张 忠、徐绍萍、杨永刚、曹生彪、常忠亮
75	磁矿系列尾矿选别稀土精矿项目	包钢科技进步三等奖	2009	李玉刚、张君强、陈宏超
76	万吨级稀土萃取分离新工艺、新装备技术应用	包钢科技进步二等奖	2009	赵治华、陈建利、李 冬、桑晓云、李俊平
77	连续沉淀生产混合碳酸稀土及可控粒度氧化铈工艺技术研究	包钢科技进步一等奖	2009	桑晓云、赵治华、李 冬、王 静、陈建利
78	AB_5 型高容量、长寿命储氢合金的研究	包钢科技进步三等奖	2009	吉力强、朱惜林、周 昱、陈丕生、刘治平
79	整体改制分步实施科技开发的创新体系	包钢公司管理现代化创新成果一等奖	2009	
80	HF 气体法制备高质量稀土氟化物产业化研究	包钢科技进步二等奖	2009	尹祖平、李瑞红、徐志广、王云锡、孔向民

续表 3-19

编号	项 目 名 称	奖励等级	获奖时间	完 成 人
81	系列稀土发光材料产业化开发	包钢科技进步二等奖	2009	赵增祺、沈雷军、周永勃、韩 莉、李 波
82	稀土金属钆粉体制备及包覆的研究	包钢科技进步三等奖	2009	黄焦宏、张志宏、刘翠兰、闫宏伟、马志鸿
83	铈系列化合物产业化开发	包钢科技进步三等奖	2009	刘铃声、王秀艳、熊晓柏、解 萍、张玉玺
84	稀土复合助剂在氯磺化聚乙烯防腐涂料中的应用	包钢科技进步三等奖	2009	张玉玺、曹鸿璋
85	高倍率型贮氢合金的开发	包钢科技进步三等奖	2010	周 昱、朱惜林、孙志刚、李 冰、种法耀
86	LIS 大规模集成电路母板专用抛光粉的研制	包钢科技进步二等奖	2010	李学舜、崔凌霄、谢 兵、杨国胜、刘致文
87	回用碳沉废水生产高品质稀土碳酸盐工艺研究	包钢科技进步二等奖	2010	赵治华、陈建利、刘建军、张文斌、桑晓云
88	钐铕钆富集物化学分析方法	包钢科技进步三等奖	2010	张桂梅、周晓东、杨春红、王新萍、常瑞敏
89	大型进口设备漏磁探伤仪用漏磁探靴的国产化	包钢科技进步三等奖	2010	孙晓华
90	新型稀土储氢材料在 MH—空气蓄电池中的应用研究	包钢科技进步二等奖	2010	闫慧忠、孔繁清、熊 玮、李 金、李宝犬
91	稀土硅铁合金及镁硅铁合金化学分析方法 国家标准分析方法的制定及修订	包钢软科学三等奖	2012	刘晓杰、金斯琴高娃、崔爱端、李玉梅、周凯红
92	稀土金属熔盐电解节能减排集成技术开发	包钢科技进步三等奖	2012	王小青、陈国华、郑天仓、郭海涛、侯复生
93	稀土硅铁合金及镁硅铁合金化学分析方法 国家标准分析方法的制定及修订	包钢科技进步三等奖	2012	郝 茜
94	包头天骄清美稀土抛光粉有限公司高性能抛光粉扩建工程	包钢科技进步三等奖	2013	谢 兵、高浩军、王 蕾、刘致文
95	高浓度溶液共沉技术制备晶型碳酸镨钕工业生产线	包钢科技进步二等奖	2014	夏长林、岑 治、方 斌、郑 超、梁永生
96	环烷酸体系中稀土与铝的分馏萃取	包钢科技进步三等奖	2014	邢全生、桑晓云、郭晓晖、王 珊、赵志强
97	铽镝铁大磁致伸缩材料 国家标准的制定	包钢科技进步三等奖	2014	江丽萍、赵增祺、刘国征、张光睿、解 萍
98	K418 高温合金母合金精密铸造产业化开发	包钢科技进步三等奖	2014	孙志刚、朱 毅、陈玉龙、焦伟利、黄志军
99	“节能减排”型稀土抛光粉焙烧回转窑设计研究	包钢科技进步三等奖	2015	崔凌霄、谢 兵、杨国胜、刘致文、张喜龙

第二节 技术专利

1997~2016 年，公司获得授权专利 260 项，其中发明专利 116 项，实用新型专利 142 项，见表 3-20 和表 3-21。

表 3-20 1997~2016 年发明专利项目汇总表

编号	专 利 名 称	专利号	授权时间	完 成 人
1	一种阳离子交换纤维色层法制备≥5N 的单一中重稀土氧化物的制备方法	94115903.5	1999.12.3	叶祖光
2	运用直接相位编码技术的水脂成像方法（美国）	6091243	2000.7.18	向清三、安 里

续表 3-20

编号	专 利 名 称	专利号	授权时间	完 成 人
3	生产低锌低镁混合稀土金属的方法	95121833.6	2000.7.21	贾千贵、王　静、平　蔚、陈立东、刘建军
4	一种稀土矿物捕收剂的合成工艺	96107505.8	2001.6.2	黄林旋
5	稀土氯化物熔盐电解制取电池级混合稀土金属及其装置	97103269.6	2001.10.17	刘金鹏、杨建鹏、谢景全、贾延凌、苗　龙　等
6	晶态和非晶态稀土金属合金细丝生产及装置	96107506.6	2001.10.24	梁乃茹
7	生产稀土金属及合金的熔盐电解槽	98104785.8	2002.9.4	杨胜岭
8	一种双氧水氧化法提铈工艺	00108521.2	2003.8.27	白文平、曹生彪
9	稀土废水回收及全循环处理的工艺方法	ZL00119174.8	2003.10.1	马克印
10	直接生产混合稀土氧化物的加工工艺	99102208.4	2003.12.17	丁善宝
11	超高温电致热陶瓷发热体制造方法	02102689.0	2003.12.31	孙良成
12	磁液体磁制冷的冷反馈系统	02143636.3	2004.3.31	徐来自
13	一种碱度法制备荧光级氧化铕的方法	00138014.1	2004.6.2	李　梅
14	稀土高性能摩擦材料	00134952.X	2004.7.21	刘小平
15	一种磁环的多极聚合辐射取向成型制备方法	01111509.2	2004.9.29	李　红
16	稀土精矿浓硫酸低温焙烧分解工艺	02144405.6	2004.10.27	马　莹
17	电磁振荡雾化制粉工艺及装置	ZL00122011.X	2004.10.27	梁乃茹
18	中频感应炉混熔电池级混合稀土金属工艺方法	01143276.4	2004.10.27	王晓铁、刘金鹏、刘　义、张连顺、于　鹏
19	一种从含铈稀土硫酸溶液中氧化萃取铈的方法	01135307.4	2004.11.24	刘建军、贾千贵、李　冬、王　静、吴喜真
20	稀土硫酸溶液二（2-乙基己基）磷酸萃取一步转型、分组工艺方法	01139974.0	2006.1.18	李　冬、王　静、刘建军、贾千贵、王晓铁
21	一种 MH-Ni 电池用高容量稀土—镁基多相贮氢合金及其制备方法	CN200410084845.X	2006.4.5	韩树民、张　忠、朱惜林、李金华、徐绍萍
22	含铽多晶 Ni-Mn-Ga 磁性记忆合金	200310109804.7	2006.4.26	赵增祺
23	一种制备纳米稀土氧化物的方法	ZL200310100377.6	2007.1.24	叶祖光、马永茂
24	稀土中间合金制备稀土磁致伸缩材料的方法	03127241.X	2007.1.24	江丽萍
25	非晶态稀土镁—镍系储氢电极材料及其制备方法	200510096987.2	2007.6.6	熊　玮
26	改善镍氢电池用镁基储氢电极容量衰减的方法	200510096984.9	2007.6.27	孔繁清
27	一种高纯单一稀土的生产方法	ZL200510000550.4	2007.7.4	叶祖光、马永茂
28	非晶态镁—镍系储氢电极材料及其制备方法	200510096986.8	2007.7.11	闫慧忠
29	一种镍氢电池用稀土—镁基复合贮氢合金的制备方法	ZL200410092078.7	2007.12.5	韩树民、张　忠、朱惜林、李金华、徐绍萍
30	稀土盐类的制备方法及装置	200510063033.1	2008.6.4	赵治华、王　静、李　冬、桑晓云
31	镍氢电池预充电化成工艺	ZL200610151962.2	2008.8.27	徐绍萍、梁万龙、张　忠、杨永刚、曹生彪
32	从铸造型砂废料中回收氧化锆、莫来石和稀土方法	ZL200810166639.1	2008.10.10	邬元旭、钟月明、黄日平、凌卫东、陈勇春
33	还原萃取法制备荧光级氧化铕萃取剂自保护工艺	ZL200410062958.X	2009.1.14	郝先库、张瑞祥、刘海旺、王士智、孟　祥
34	一种 FeGa-RE 系磁致伸缩材料及其制造工艺	200710101498.0	2009.2.18	江丽萍

续表 3-20

编号	专 利 名 称	专利号	授权时间	完 成 人
35	生产稀土金属用石墨阳极抗氧化涂层	ZL200510105659.4	2009.4.8	张志宏、汪进宝、侯复生
36	锌粉还原法制备富铕溶液工艺	ZL200410059619.6	2009.5.6	郝先库、张瑞祥、刘海旺、王士智、孟　祥
37	一种白色氧化铈的制备方法	ZL200410097548.9	2009.7.29	李学舜、谢　兵、杨国胜
38	一种通过准确检测回波信号来调整回波位置的方法	ZL200710098517.9	2009.9.16	章玮玮、吴葛铭、赵　磊
39	一种基于预扫描测量校正磁共振信号相位偏移的方法	ZL200710098519.8	2009.10.28	赵　磊、许　丹、吴葛铭
40	一种钕铁硼氢粉碎的柔性加工方法	ZL200610101242.5	2009	娄树普、陈蓓新、阮　航
41	一种钒磷酸钇体系蓝色发光材料及其制备方法	200710006071.2	2009.11.25	沈雷军
42	一种利用抑制激励回波峰来准确调整回波位置的方法	ZL200710098518.3	2010.2.17	赵　磊、章玮玮、吴葛铭
43	室温磁制冷系统及其应用	200710305996.7	2010.2.24	黄焦宏
44	稳定永磁核磁共振成像梯度线圈温度的方法及装置	ZL200610139716.5	2010.5.12	刘景顺、吴葛铭、连建宇
45	氧化镁用于稀土溶液沉淀剂的生产工艺	ZL200710102777.9	2010.6.2	马永茂、芮新斌、郝胜民
46	Compact Whole-body Open Magnet for Magnetic Resonance Imaging（用于 MRI 的全身小型开放式磁场）（美国）	7843196	2010.11.30	Grum、连建宇
47	稀土—镁—镍基 AB_3 型贮氢合金的表面复合处理方法	CN200910073745.X	2011.1.5	韩树民、白桃于、李　媛、扈　林
48	一种稀土氟化物的制造方法	200910174475.1	2011.5.4	尹祖平、琚建勇、梁行方、徐志广、贾恩泽
49	稀土萃取皂化废水循环利用方法	200910138821.0	2011.5.4	王晓铁、李　冬、王　静、赵治华、邢志强
50	热分析仪用陶瓷加热筒的制作方法	200810145920.7	2011.5.11	王　峰
51	用钕铁硼粉末废料制作钕铁硼永磁材料方法	ZL200910003955.1	2011.7.20	张雪峰
52	一种气压式呼吸门控系统	ZL200810055806.5	2011.7.27	王小辉、侯晓萍、朱映华、张秀梅、刘培植
53	具有大磁热效应的稀土磁制冷材料及其制备工艺	200810169727.7	2011.11.23	黄焦宏
54	利用电聚合聚苯胺改善储氢合金粉末电化学性能的方法	CN201110158364.9	2011.12.14	韩树民、沈文卓、朱惜林、周　昱
55	$La_{15}Fe_{77}B_8$ 型储氢合金及其用途	200810176873.2	2011.12.28	闫慧忠
56	一种制备大颗粒、大比表面积氟化镨钕的方法	ZL201010238936.X	2012.4.25	张瑞祥、郝先库、王士智、李慧琴、刘海旺
57	一种用四价铈进行水处理的方法	ZL201010282395.0	2012.4.25	赵建军、杨晨轩、李炳伟、饶向东
58	Cylindrical Biplanar Gradient Coil for Magnetic Resonance Imaging（用于磁共振成像的圆平板梯度线圈）（美国）	8203341	2012.6.19	Grum、连建宇
59	一种制备大颗粒稀土氧化物的简易方法	201010120667.7	2012.7.4	马　莹
60	一种铁基磁致伸缩合金丝及其制备方法	201010145717.7	2012.7.4	江丽萍
61	一种各向异性 V 型取向磁环	201010624002.X	2012.7.4	李　红
62	回用稀土萃取分离皂化废水洗涤有机、配置反萃液和洗液的方法	ZL201010238887.X	2012.7.18	郝先库、张瑞祥、刘海旺、王士智、斯琴毕力格
63	一种超细稀土复合氧化物紫外线屏蔽剂的制备方法	201010120562.1	2012.8.8	张玉玺

续表 3-20

编号	专 利 名 称	专利号	授权时间	完 成 人
64	一种循环回用碳酸稀土沉淀废液生产碳酸稀土的方法	201010532329.4	2012.8.29	陈建利、赵治华、刘建军、张文斌、桑晓云
65	碳酸稀土沉淀废水回用到萃取分离工艺洗涤有机、配置反萃液	ZL201010238864.9	2012.9.26	郝先库、张瑞祥、刘海旺、王士智、斯琴毕力格
66	一种多级聚合V型取向磁环的成型制备方法	201010623999.7	2012.12.5	李 红
67	一种钛复合氧化物的制备方法	201110008772.6	2013.1.2	崔建国、许延辉
68	环保型灌充液氮、液氩的方法	ZL201110316130.2	2013.4.3	苏庆魁
69	氯化稀土溶液用于粒状氯化稀土结晶的稀土工艺	ZL201310118822.5	2013.4.8	陈建利、王永利
70	组合型双效氧催化剂和含该催化剂的电极以及电池	201010154586.9	2013.6.12	孔繁清、闫慧忠、熊 玮、李 金、李宝犬
71	一种混合稀土精矿液碱焙烧分解提取工艺	201010145840.9	2013.6.12	许延辉、孟志军、刘海娇、牟保畏、崔建国
72	一种程序升温法制备高纯无水溴化镧和溴化铈的方法	ZL201110344581.7	2013.7.3	郝先库、张瑞祥、马显东、许宗泽、胡珊珊
73	一种程序升温法制备高纯无水氯化镨和氯化钕的方法	ZL201110346246.2	2013.7.24	郝先库、张瑞祥、马显东、许宗泽、胡珊珊
74	一种程序升温法制备高纯无水氯化镧和氯化铈的方法	ZL201110346254.5	2013.8.14	郝先库、张瑞祥、马显东、许宗泽、胡珊珊
75	一种石墨碳素材料的生产方法	ZL201110005456.3	2013.8.28	张存禄、孔繁凯、郭海涛、梁行方、孔向民
76	草酸稀土沉淀母液处理回收方法	ZL201210532309.6	2013.11.20	李永绣、谢爱玲、王 悦、宋丽莎、周新木
77	包头矿混合碳酸稀土沉淀废水用于硫酸亚铈沉淀的方法	ZL201110344591.0	2013.12.11	郝先库、张瑞祥、刘海旺、王士智
78	氟离子电极法直接测定碳酸稀土中氟离子含量的分析方法	ZL201410032064.X	2014.1.24	龚建华、李培忠、李 靖
79	RE-Fe-B系储氢合金	200810176872.8	2014.2.5	闫慧忠、孔繁清、熊 玮、李 金、李宝犬
80	超声波辅助草酸盐沉淀生产低氯根细粒度高纯度稀土化合物	ZL201210532240.7	2014.6.18	李永绣、丁 龙、谢爱玲、宋丽莎、王 悦
81	一种能显著降低碳酸稀土结晶过程氯根夹带量的方法	ZL201210532105.2	2014.6.18	李永绣、丁 龙、谢爱玲、宋丽莎、王 悦
82	一种防止回转窑结圈的工艺方法	ZL201310153170.9	2014.6.18	陈建利、柳凌云、赵 军
83	一种制备高稀土总量碳酸铈的工艺方法	ZL201210139102.2	2014.6.25	陈建利、牟保畏、戴永久
84	一种提高稀土浓硫酸焙烧矿浸出液中稀土浓度的方法	201410286589.6	2014.6.26	陈建利、牟保畏
85	沉淀碳酸稀土的方法	ZL201210507469.5	2014.7.9	李炳伟、牟元章、江 勇、李剑飞
86	酸性络合萃取有机相的稀土皂化方法	ZL201210552467.8	2014.8.6	李永绣、宋丽莎、刘艳珠、周雪珍、符 裕
87	一种稀土金属及合金生产过程中的尾气处理方法	201310063926.0	2014.9.3	郑天仓
88	制备球形过氧碳酸钕的方法	ZL201210383455.7	2014.10.8	张瑞祥、郝先库、赵永志、汪立新、刘海旺
89	制备球形过氧碳酸钇的方法	ZL201210383454.2	2014.10.8	张瑞祥、郝先库、赵永志、汪立新、刘海旺
90	高容量储氢合金电极材料及其生产方法	CN201310268222.7		朱惜林、赵 鑫、吉力强、王永光、李 倩

续表 3-20

编号	专利名称	专利号	授权时间	完成人
91	一种镍氢电池用储氢合金	CN201310728257.4		吉力强、赵　鑫、朱惜林、韩树民、王永光
92	一种从稀土抛光粉废渣中制取氧化稀土的方法	201310063829.1	2014.11.26	刘晓杰、于亚辉、许　涛、郝　茜、张翼明
93	制备多孔片状大颗粒氧化镨的方法	ZL201210382926.2	2014.12.3	张瑞祥、郝先库、赵永志、汪立新、刘海旺
94	制备大颗粒氧化镥的方法	ZL201210386972.X	2014.12.3	郝先库、张瑞祥、赵永志、刘海旺、王士智
95	制备大颗粒氧化铒的方法	ZL201210386974.9	2014.12.3	张瑞祥、郝先库、赵永志、汪立新、刘海旺
96	制备大颗粒氧化钆的方法	ZL201210386973.4	2014.12.3	张瑞祥、郝先库、赵永志、汪立新、刘海旺
97	制备菱形过氧碳酸钬的方法	ZL201210383472.0	2014.12.3	张瑞祥、郝先库、赵永志、汪立新、刘海旺
98	制备球形大颗粒氧化钕的方法	ZL201210383507.0	2014.12.17	张瑞祥、郝先库、赵永志、刘海旺、王士智
99	制备过氧碳酸铕的方法	ZL201210383474.X	2014.12.17	郝先库、张瑞祥、赵永志、王士智、汪立新
100	制备大颗粒氧化镝的方法	ZL201210386975.3	2014.12.17	郝先库、张瑞祥、赵永志、刘海旺、王士智
101	一种去除稀土溶液中铝的方法	ZL201310115296.7	2014.12.24	赵治华、邢全生、刘建军、桑晓云、郭晓辉
102	用电导率指导抛光粉生产和产品质量控制的方法	ZL201210507466.1	2015	李炳伟、牟元障
103	一种去除稀土溶液中铝的方法	201310115287.8	2015.1.7	王　珊、桑晓云、赵治华、方　斌、杨蕾华
104	一种消除电池极板应力的方法	201310118460.X	2015.2.25	李金华、曹生彪、贾春明、吴风明、皇甫益
105	制备片状过氧碳酸镨的方法	ZL201210383471.6	2015.1.28	张瑞祥、郝先库、赵永志、刘海旺、王士智
106	一种提高钕铁硼磁体耐蚀性能的锌基复合涂层	201210131203.5	2015.3.11	陈蓓新、邢正茂
107	一种铬酸镧高温发热元件的接线方法	201310480787.1	2015.4.22	成　宇、李德辉、王　峰、孙良成、白　洋
108	一种常温碳酸氢铵沉淀制备大颗粒氧化镨钕的方法	201410024527.8	2015.6.24	赵文怡、许延辉、李志强、张旭霞、田　皓
109	高性能快淬 Fe-Ga 基磁致伸缩薄带材料的制备工艺	201310063881.7	2015.6.24	张光睿、江丽萍、郝宏波、杨建东、吴双霞
110	磁热效应测量系统及方法	201310072922.9	2015.9.2	金培育、黄焦宏、杨占峰、琚建勇、许　涛
111	一种热动系统及其方法	201310070764.3	2015.9.2	金培育、王利明、金　鑫、黄焦宏
112	一种磁共振病床驱动装置	ZL201410050673.8	2015.10.28	任重山、程艳龙、宋永忠、李杰银、张克俭
113	一种磁体平移驱动装置及其使用方法	ZL201410009143.9	2015.11.18	任重山、程艳龙、宋永忠、张克俭、吴志强
114	一种无重稀土高性能钕铁硼永磁体及其制造方法	2015107893454	2015	苏满有、王　标、董改华、耿霄鹏、郭毛毛
115	一种分离硫酸氨废水中钙镁离子的方法	20140180093.0	2016.6.29	赵治华、刘建军、张文斌
116	一种分离氯化铵废水中钙镁离子的方法	20140180131.2	2016.4.3	赵治华、刘建军、张文斌

表 3-21　1997～2016 年实用新型专利项目汇总表

编号	专利名称	专利号	授权时间	完成人
1	生产稀土金属及合金的熔盐电解槽	98211093.6	2000.2.5	杨胜岭
2	一种磁环的多极聚合辐射取向成型装置	01209054.9	2002.1.30	李　红
3	稀土精矿浓硫酸焙烧回转窑燃烧装置	1269843.1	2002.10.23	冯东萍、刘建刚、金国林
4	稀土永磁磁力拖动辊	02239544.X	2003.6.25	李德辉
5	熔盐电解生产稀土合金的自动阴极升降装置	200320104025.3	2004.11.10	王小青
6	预留焊接空白带的多路涂浆器	ZL200420065793.7	2005.8.24	张　忠、张　兴、许国强、刘　东、常忠亮
7	永磁式磁热效应直接测量仪器	200520008166.4	2006.5.3	黄焦宏
8	复合导电陶瓷加热片	200520016535.4	2006.5.17	王　峰
9	一种气流磨制粉分选装置	200520107145.8	2006.9.6	刘国征
10	一种电解槽虹吸出稀土金属装置	ZL200520127615.7	2007.1.3	王小青、张志宏、陈国华、齐怀宇
11	铁基块体非晶转速传感器	200520145606.0	2007.1.31	孙晓华
12	铁基块体非晶高精度液位计	200620112750.9	2007.4.4	孙晓华
13	用于浇注稀土类合金用的中间包装置	ZL200620137281.6	2007.10.3	郑海山、仝　明、耿朝青
14	一种无线控制的磁共振病床手柄装置	ZL200620133915.0	2007.10.10	刘培植、郭瑞宾、刘景顺、连建宇
15	屏蔽室地表恒温装置	ZL200620157984.5	2007.10.31	王建东、刘景顺、连建宇
16	一种集电动和手动于一体的磁共振病床	ZL200620158779.0	2008.3.5	刘景顺、连建宇、刘培植
17	一种用于 MRI 系统中的生命信号监护系统	ZL200820122506.X	2009.7.8	王小辉、米红娟、侯晓萍、张秀梅
18	一种用于磁共振成像系统中的血氧监护仪	ZL200820122508.9	2009.7.15	米红娟、刘培植、程玉权、连建宇、刘景顺
19	漏磁探伤仪用非晶耐磨探靴	200820210453.7	2009.8.12	孙广杰
20	室温磁热效应演示仪	200820189693.3	2009.11.25	黄焦宏
21	稀土萃取分离生产自动控制装置	200920152590.4	2010.1.20	赵治华、桑晓云、李　冬、闫晋峰、陈利新
22	焊极	ZL201020158874.7	2010.10.27	杨永刚、吴凤明、胡德江、祖永胜、赵小龙
23	镍氢电池极片毛刺冲压机	ZL201020158886.X	2010.10.27	李金华、曹生彪、徐绍萍、杨永刚、常忠亮
24	正极板集流带超声波焊机	ZL201020154887.7	2010.11.10	张　忠、徐绍萍、杨永刚、常忠亮、马逸君
25	电动车用镍氢电池组	ZL201020158887.4	2010.11.17	李金华、曹生彪、贾春明、吴凤明、延　青
26	镍氢电池组连接组件	ZL201020154903.2	2010.11.17	李金华、曹生彪、许国强、马逸君、贾春明
27	一种用于还原反应腔室的内衬管	200920352041.1	2010.11.17	沈雷军
28	高频无氧冶炼活性金属合金装置	201020158206.4	2010.11.24	沈雷军
29	可持续供电的 UPS 配套装置	ZL201020158875.1	2011.3.16	李金华、曹生彪、吴凤明、贾春明、皇甫益
30	方形二次金属氢化物—空气电池	201120160680.5	2011.12.28	李　金
31	稀土灼烧半煤气发生炉	ZL201120028272.4	2011	张　忠、刘　勇、张　华
32	新型钇铕沉淀反应装置	ZL201120028266.9	2011	张　忠、刘　勇、张　华
33	钕铁硼废料高效氧化焙烧回转窑	ZL201120028267.3	2011	张　忠、刘　勇、张　华
34	槽罐车卸车负压装置	ZL201120028273.9	2011	张　忠、刘　勇、张　华

续表 3-21

编号	专 利 名 称	专利号	授权时间	完 成 人
35	稀土萃取孔板流量装置	ZL201120028271. X	2011	张　忠、刘　勇、张　华
36	连续给料稳压装置	ZL201120028268. 8	2011	张　忠、刘　勇、张　华
37	环保式溶矿装置	ZL201220194255. 2	2012	张　忠、刘　勇、张　华
38	钕铁硼废料综合回收焙烧窑炉余热利用装置	ZL201220194304. 2	2012	张　忠、刘　勇、张　华
39	钕铁硼废料综合回收工艺废气二级吸收装置	ZL201220194318. 4	2012	张　忠、刘　勇、张　华
40	钕铁硼废料综合回收焙烧窑炉碾磨装置	ZL201220194325. 4	2012	张　忠、刘　勇、张　华
41	钕铁硼废料综合回收工艺废气一级吸收装置	ZL201220194363. X	2012	张　忠、刘　勇、张　华
42	煅烧窑炉余热利用装置	ZL201220194341. 3	2012	张　忠、刘　勇、张　华
43	一种稀土萃取分离控制装置	ZL201220500524. 3	2012	张　忠、刘　勇、张　华
44	一种稀土草酸盐沉淀装置	ZL201220502520. 9	2012	张　忠、刘　勇、张　华
45	一种制备稀土化合物微粉的装置	ZL201220500777. 0	2012	张　忠、刘　勇、张　华
46	萃取槽水封环保装置	ZL201220604873. X	2012	张　忠、刘　勇、张　华
47	粉体定量输送装置	ZL201220091197. 0	2012. 10. 3	张　总、邬元旭、陈勇春
48	稀土分离流量控制仪	ZL201220091177. 3	2012. 10. 3	张　总、蔡立宁、吴健华
49	污水自动检测 COD 自动报警装置	ZL201220091163. 1	2012. 10. 3	张　总、蔡立宁、鲍永平
50	新型高效节能稀土盐溶电解设备	ZL201220091161. 2	2012. 10. 3	张　总、林　斌、郭爱成
51	液位自动控制装置	ZL201220091164. 6	2012. 10. 3	张　总、陈勇春、郭爱成
52	稀土连续沉淀装置	ZL201220091176. 9	2012. 10. 3	张　总、林　斌、吴健华
53	新型环保节能型连续烘烤炉	ZL201220091153. 8	2012. 10. 10	张　总、陈勇春、郭爱成
54	固液自动分离控制装置	ZL201220091188. 1	2012. 10. 10	张　总、蔡立宁、鲍永平
55	稀土浓度分析仪	ZL201220091171. 6	2012. 12. 12	张　总、林　斌、郭爱成
56	一种稀土分离用物料酸值自动控制设备	ZL201220091162. 7	2012. 12. 12	张　总、邬元旭、郭爱成
57	阴极棒保护装置	ZL201220293398. 9	2013. 1. 16	任国华、曾　杰、王　鹏
58	防渗漏柱状石墨锅	ZL201220293508. 1	2013. 1. 16	曾　杰、王　鹏、任国华
59	金属车间阳极固定装置	ZL201220293397. 4	2013. 1. 16	曾　杰、王　鹏、任国华
60	用于稀土生产中酯置换的乙醇冷凝装置	ZL201220293390. 2	2013. 1. 16	林虎军、孙宝忠、范忠胜
61	稀土生产污水处理装置	ZL201220293531. 0	2013. 1. 16	田冬昌、李刚远、于勇军
62	用于水洗罐出口管线上的放料装置	ZL201220293561. 1	2013. 1. 16	刘宇波、曾少华、林虎军
63	用于气浮机的进料系统	ZL201220293570. 0	2013. 1. 16	张文军、孙永康、王　峰
64	用于稀土萃取剂生产的缓冲槽	ZL201220293592. 7	2013. 1. 16	孙宝忠、林虎军、范忠胜
65	用于稀土生产的防腐罐	ZL201220293387. 0	2013. 1. 16	常传德、范忠胜、林虎军
66	用于稀土生产的碱解罐	ZL201220293742. 4	2013. 1. 16	范忠胜、刘　刚、于勇军
67	用于碱解反应釜人孔上的过滤机构	ZL201220293400. 2	2013. 1. 16	张海东、杨京平、李超杰
68	用于稀土生产中水洗罐的抽水装置	ZL201220293741. X	2013. 1. 16	范忠胜、刘　刚、李超杰
69	用于稀土生产反应罐的温度检测装置	ZL201220293388. 5	2013. 1. 16	张海东、杨京平、李超杰
70	用于板框式压滤机的接料装置	ZL201220293389. X	2013. 1. 16	田冬昌、李刚远、于勇军
71	用于稀土生产化选反应罐水封	ZL201220293396. X	2013. 1. 16	曾少华、刘宇波、范忠胜
72	用于 pH 在线检测电极的保护机构	ZL201220293528. 9	2013. 1. 16	龚丽华
73	工具挂板	ZL201220293745. 8	2013. 1. 16	刘　健、唐行华
74	酸雾吸收器	ZL201220293790. 3	2013. 1. 16	孙继锋、穆守勤
75	稀土分离装置	ZL201220294201. 3	2013. 1. 16	李立坡、桑树楹、孙永康

续表 3-21

编号	专利名称	专利号	授权时间	完成人
76	水位自动打料装置	ZL201220294150.4	2013.1.16	任国华
77	反萃有机相缓流澄清槽	ZL201220294110.X	2013.1.16	孙继锋、饶向东
78	萃取槽混合室搅拌装置	ZL201220293789.0	2013.1.16	任国华
79	稀土萃取乳化物处理分离装置	ZL201220294231.4	2013.1.16	饶向东、孙继锋、吕友军
80	电解炉连接装置	ZL201220296765.0	2013.1.16	王　鹏、曾　杰、任国华
81	金属车间除尘装置	ZL201220296002.6	2013.1.16	王　鹏、曾　杰、任国华
82	塑料薄膜筒保护装置	ZL201220295684.9	2013.1.16	史宝强
83	一种管道立体加速控制装置	CN201220672122.1	2013.5.29	朱惜林、赵　鑫、吉力强
84	一种 YSZ 陶瓷靶材造粒设备	201320097514.4	2013.8.21	温永清
85	一种磁制冷部件及磁制冷机	201320101369.2	2013.9.25	黄焦宏
86	用于稀土镁合金熔炼的合金化装置	201320103637.4	2013.9.25	陈国华
87	一种新型除尘回收装置	ZL201220224090.9	2013.4.10	谢　兵、崔凌霄、王传国、刘致文
88	用于稀土镁合金熔炼的合金化装置	201320103637.4	2013.7.31	陈国华、王小青、胡文鑫、杨正华、侯复生
89	一种 YSZ 陶瓷靶材造粒设备	201320097514.4	2013.8.21	温永清、刘树峰、刘小鱼、孙良成、王　峰
90	电池端子焊接定位装置	ZL201320127515.9	2013.9.4	李金华、曹生彪、贾春明、王云波、尹亮亮
91	一种磁制冷部件及磁制冷机	201320101369.2	2013.9.25	黄焦宏、闫宏伟、金培育、刘翠兰、程　娟
92	负极涂覆装置	ZL201320127460.1	2013.11.6	李金华、曹生彪、贾春明、皇甫益、张万超
93	一种稀土萃取过程中的有机相连续皂化设备	ZL201320358404.9	2013.12.4	邬元旭、蔡立宁、鲍永平、林　斌、钟　平
94	稀土沉淀洗涤废水综合回收处理系统	ZL201320358638.3	2013.12.4	邬元旭、蔡立宁、鲍永平、郭爱成、吴健华
95	一种生产稀土金属及合金的熔盐电解槽	ZL201320212242.8	2013.12.25	郭海涛、梁行方、张志军、孔向民、艾玉忠
96	圆柱形电池绝缘隔圈	ZL201320128321.0	2013.12.25	李金华、曹生彪、贾春明、皇甫益、王云波
97	一种用于稀土生产的振动筛	ZL201320597434.5	2014.3.26	俞鹏程
98	一种用于稀土产品生产的混料装置	ZL201320544483.2	2014.3.26	俞鹏程
99	一种用于生产稀土产品的筛选系统	ZL201320544231.X	2014.3.26	俞鹏程
100	一种用于稀土生产加工的破碎机	ZL20132597434.5	2014.3.26	俞鹏程
101	一种稀土灼烧炉的排烟风道	ZL201320545946.7	2014.3.26	俞鹏程
102	一种用于烘干稀土原料的烘箱	ZL201320524631.4	2014.3.26	俞鹏程
103	一种紧凑开放磁共振用平板梯度线圈	ZL201320708501.6	2014.4.30	孟洪卫、王　振、王　剑、杨　杰
104	一种薄片物料厚度分选机	ZL201320765346.1	2014.6.11	韩文超、任志远、胡云忠
105	一种铬酸镧高温发热元件的接线结构	201320634960.4	2014.6.18	成　宇
106	一种环形磁芯的磁通门探头	201420030654.4	2014.6.18	王世伟
107	一种真空落管金属—合金球形颗粒制备设备	201420033022.3	2014.6.18	闫宏伟
108	一种用于稀土生产的搅拌桶	ZL201320708898.9	2014.6.18	俞鹏程
109	一种用于稀土氧化物灼烧炉上节能装置	ZL201320882913.1	2014.7.2	俞鹏程

续表 3-21

编号	专利名称	专利号	授权时间	完成人
110	一种用于生产稀土产品的灼烧炉排烟风道	ZL201320884608.6	2014.7.2	俞鹏程
111	一种紧凑开放磁共振用永磁体	ZL201320708479.5	2014.7.23	孟洪卫、王　振、王　剑、杨　杰
112	一种用于 MRI 系统的无线多功能呼讲控制台	ZL201420056927.2	2014.7.23	董聪坤、康建政、王小辉
113	一种基于 PID 调节和 PWM 技术的 MRI B0 场补偿放大器	ZL201420056928.7	2014.7.23	董聪坤、王作辉、王小辉、刘培植、刘景顺
114	金属氢化物—空气电池使用的负极	201420029806.9	2014.7.23	李　金
115	一种并联式升降高温节能电阻炉	201420033401.2	2014.7.23	高乐乐
116	一种室温磁制冷机用板式换热器	201420029802.0	2014.7.23	金培育
117	用于磁共振系统的心电呼吸外周门控系统	ZL201420050601.9	2014.8.27	董聪坤、刘景顺、刘培植
118	一种新型冷却模具	CN201420262171.7	2014.10.22	王建军、蔺建生、朱惜林、孙志刚、朱　毅
119	一种制备荧光粉测试样品的装置	201320644493.3	2014.4.9	沈雷军、李　波、高乐乐、王忠志、周永勃
120	一种铬酸镧高温发热元件的接线结构	201320634960.4	2014.6.18	成　宇、李德辉、王　峰、孙良成、白　洋
121	一种真空落管金属—合金球形颗粒制备设备	201420033022.3	2014.6.18	闫宏伟、张旭霞、黄焦宏、温永清、贾　涛
122	一种环形磁芯的磁通门探头	201420030654.4	2014.6.18	王世伟、孙广杰、孙晓华、赵　军、隋　意
123	金属氢化物—空气电池使用的负极	201420029806.9	2014.7.23	李　金、闫慧忠、胡伟康、孔繁清、熊　玮
124	一种并联式升降高温节能电阻炉	201420033401.2	2014.7.23	沈雷军、高乐乐、李　波、王忠志、周永勃
125	一种室温磁制冷机用板式换热器	201420029802.0	2014.7.23	金培育、黄焦宏、杨占峰、闫宏伟、刘翠兰
126	用于磁共振成像的磁体装置及其测量装置	ZL201420310314.7	2014.12.3	刘景顺、王　振、孟洪卫、王　剑、杨　杰
127	采用压缩气体冲击矿粉解决料斗矿粉板结的装置	201420372377.5	2014.12.31	王云飞、陈宏超、杨振华、白志忠、王新建
128	一种高温脱锁投料器	ZL201520173673.7	2015.7.29	胡云忠、韩文超
129	一种油烟净化静电设备	ZL201520173697.2	2015.8.5	胡云忠、韩文超、高万宝
130	电池绝缘圈组装装置	201520224142.6	2015.10.7	曹生彪、蒋振峰、常忠亮、皇甫益、尹亮亮
131	极片传送定位装置	201520224145.X	2015.10.7	曹生彪、蒋振峰、常忠亮、皇甫益、尹亮亮
132	一种粉末冶金成型压机上的磁致伸缩作动装置	ZL201520448447.5	2015	高　娇、李　红、王　标、董改华、耿霄鹏
133	一种烧结钕铁硼自动剥皮摆盘系统装置	ZL201520455783.2	2015	常双全、王　标、董改华、耿霄鹏、苏满有
134	一种真空熔炼甩带炉稀土挥发粉尘收集装置	ZL201520448446.0	2015	赵　芬、王　标、董改华、耿霄鹏、苏满有
135	一种真空感应速凝薄带炉坩埚自动清洁装置	201520448448.X	2015	乌　云、娄树普、王　标、董改华、耿霄鹏

续表 3-21

编号	专利名称	专利号	授权时间	完成人
136	一种二次提高钕铁硼取向颗粒度装置	2015204484494	2015	张时茂、王 标、董改华、耿霄鹏、苏满有
137	一种研磨机用刮料装置	CN205146326U	2016.4.13	崔凌霄、谢 兵、杨国胜、赵 延、刘致文
138	一种稀土抛光粉焙烧回转窑的卸料装置	CN205156603U	2016.4.13	崔凌霄、谢 兵、杨国胜、李春旭、刘致文
139	一种重量法测定稀土抛光粉沉降速度的装置	CN205157365U	2016.4.13	崔凌霄、谢 兵、杨国胜、张倩悦、刘致文
140	一种抛光粉送料斗式提升机的防卡装置	CN205240530U	2016.5.18	崔凌霄、谢 兵、杨国胜、白小羽、刘致文
141	一种稀土抛光粉废料多级沉降回收装置	CN205235487U	2016.5.18	崔凌霄、谢 兵、杨国胜、周 薇、刘致文
142	一种研磨镜片摆放支架	CN205599633U	2016.9.28	谢 兵、崔凌霄、杨国胜、程 磊、赵 延

第三节 国家及行业标准制定修订

1997~2016 年，公司为中国稀土行业制定或修订国家标准或行业标准 137 项，包括稀土产品标准、稀土产品分析检测标准及部分与冶金行业有关材料理化检测标准等，见表 3-22。

表 3-22 1997~2016 年公司参与制定修订稀土标准

编号	标准号	名称	参加人（前五名）
1	GB/T 15676—1995	稀土术语	姜关实、钱建林、马 婕
2	GB/T 17803—1999	稀土产品牌号表示方法	杨 锐、朱玉华、亢锦文、马 婕
3	XB/T 212—2006 代替 XB/T 212—1995	金属钆	刘文准、李瑞红、于雅樵、武国琴、解 萍
4	XB/T 214—2006 代替 XB/T 214—1995	氟化钕	张晓明、吴克平、许 涛、杜 雯
5	XB/T 502—2007 代替 XB/T 502—1993	钐钴 1∶5 型永磁合金粉	辛模良、钱建林、朱金发、吴克平、许 涛
6	GB/T 20892—2007	镨钕合金	杜 雯、肖方春、卢能迪、邱立东
7	GB/T 20893—2007	金属铽	李瑞红、解 萍、武国琴、杨广禄、翁国庆
8	XB/T 501—2008 代替 XB/T 501—1993	六硼化镧	曾兴蒂、翁国庆、柳术平、杨瑞芳、解 萍
9	GB/T 15071—2008 代替 GB/T 15071—1994	金属镝	杨广禄、李瑞红、李宗安、解 萍、姚南红
10	XB/T 507—2009	2∶17 型钐钴永磁材料	崔国红、李泽军、解 萍、于敦波、张 明
11	XB/T 223—2009	氟化镧	解 萍、许 涛、李瑞红、于雅樵、尹祖平
12	GB/T 13560—2009 代替 GB/T 13560—2000	烧结钕铁硼永磁材料	刘国征、赵增祺、赵瑞金、赵明静、王 标
13	GB/T 23588—2009	钕铁硼废料	龚 斌、刘明彪、姚南红、高 兰、许 涛
14	GB/T 23590—2009	氟化镨钕	李瑞红、许 涛、解 萍、于雅樵、尹祖平
15	GB/T 18113—2010 代替 GB/T 18113—2000	铬酸镧高温电热元件	王 峰、李德辉、史守华、孙良成、解 萍
16	GB/T 26415—2010	镝铁合金	张志宏、陈国华、解 萍、侯复生、谢黎云
17	GB/T 26414—2010	钆镁合金	张志宏、于雅樵、陈国华、解 萍、侯复生
18	GB/T 9967—2010 代替 GB/T 9967—2001	金属钕	张志宏、许 涛、陈国华、解 萍、侯复生
19	GB/T 15677—2010 代替 GB/T 15677—1995	金属镧	张志宏、许 涛、陈国华、解 萍、侯复生
20	GB/T 26412—2010	金属氢化物—镍氢电池负极用稀土系 AB_5 型贮氢合金粉	朱惜林、韩树良、李培良、高伟军、闫慧忠

续表 3-22

编号	标 准 号	名 称	参加人（前五名）
21	XB/T 101—2011	高稀土铁矿石	郝高慧、许 涛、王 静、王小青、张先恒
22	XB/T 107—2011	稀土富渣	郝高慧、许 涛、王 静、王小青、张先恒
23	XB/T 209—2011 代替 XB/T 209—1995	氟化轻稀土	李 冬、王 静、尹祖平、郝高慧、陈 燕
24	GB/T 19396—2012 代替 GB/T 19396—2003	铽镝铁大磁致伸缩材料	江丽萍、赵增祺、张光睿、刘国征、解 萍
25	GB/T 28400—2012	钕镁合金	刘荣丽、翁国庆、解 萍、张德平、栾文洲
26	GB 29435—2012	稀土冶炼加工企业单位产品能源消耗限额	史卫东、肖 睿、王 静、谢建伟、朱玉华
27	GB/T 29915—2013	镧镁合金	王小青、许 涛、解 萍、赵立东、张德平
28	GB/T 29917—2013	镨钕镝合金	陈国华、张志宏、赵立东、侯复生、龚 斌
29	GB/T 29657—2013	钇镁合金	张德平、王小青、孟 健、陈国华、解 萍
30	GB/T 20165—2012	稀土抛光粉	谢 兵、刘致文、崔凌霄、许义勤、杨国胜
31	GB/T 12690.1—2002 代替 GB/T 12690.13—1990	稀土金属及其氧化物中非稀土杂质化学分析方法 高频—红外吸收法测定碳、硫量	周晓东、李 洁、方 斌、张志刚、张利群
32	GB/T 12690.4—2003 代替 GB/T 12690.12—1990、 GB/T 15917.4—1995	稀土金属及其氧化物中非稀土杂质化学分析方法 氧、氮量的测定 脉冲—红外吸收法和脉冲—热导法	张利群、张志刚、王 虹、周海收、王启芳
33	GB/T 12690.5—2003 代替 GB/T 8762.4—1988、 GB/T 8762.6—1988、 GB/T 11074.4—1989、 GB/T 12690.14—1990、 GB/T 12690.19—1990、 GB/T 12690.24—1990	稀土金属及其氧化物中非稀土杂质化学分析方法 铝、铬、锰、铁、钴、镍、铜、锌、铅的测定 电感耦合等离子体发射光谱法（方法 1）钴、锰、铅、镍、铜、锌、铝、铬的测定 电感耦合等离子体质谱法（方法 2）	封望亭、张晓明、刘鹏宇、刘 冰、张翼明
34	GB/T 12690.7—2003 代替 GB/T 8762.3—1988、 GB/T 11074.5—1989、 GB/T 12690.22—1990、 GB/T 12690.23—1990	稀土金属及其氧化物中非稀土杂质化学分析方法 硅量的测定 钼蓝分光光度法	郝 茜、王延珍
35	GB/T 12690.10—2003 代替 GB/T 12690.21—1990	稀土金属及其氧化物中非稀土杂质化学分析方法 磷量的测定 钼蓝分光光度法	郝 茜、陈一南
36	GB/T 12690.12—2003 代替 GB/T 12690.15—1990	稀土金属及其氧化物中非稀土杂质化学分析方法 钍量的测定 偶氮胂Ⅲ分光光度法和电感耦合等离子体质谱法	杨 萍、刘文华、郝冬梅、许 涛、张翼明
37	GB/T 12690.13—2003	稀土金属及其氧化物中非稀土杂质化学分析方法 钼、钨量的测定 电感耦合等离子体发射光谱法和电感耦合等离子体质谱法	崔爱端、杜 梅、刘晓杰、张翼明、许 涛
38	GB/T 12690.14—2006	稀土金属及其氧化物中非稀土杂质化学分析方法 钛量的测定	崔爱端、杜 梅、刘晓杰、许 涛、刘鹏宇
39	GB/T 12690.15—2006 代替 GB/T 12690.16—1990、 GB/T 12690.28—2000	稀土金属及其氧化物中非稀土杂质化学分析方法 钙量的测定	刘文华、扬惠晴、吴海洲、谢建伟、谈世群

续表 3-22

编号	标 准 号	名 称	参加人（前五名）
40	GB/T 18115.4—2006 代替 GB/T 18115.4—2000	稀土金属及其氧化物中稀土杂质化学分析方法 钕中镧、铈、镨、钐、铕、钆、铽、镝、钬、铒、铥、镱、镥和钇量的测定 电感耦合等离子体光谱法电感耦合等离子体质谱法	邓汉芹、钟新文、宋 耀、郝冬梅、张翼明
41	GB/T 18115.5—2006 代替 GB/T 18115.5—2000	稀土金属及其氧化物中稀土杂质化学分析方法 钐中镧、铈、镨、铕、钆、铽、镝、钬、铒、铥、镱、镥和钇量的测定 电感耦合等离子体光谱法电感耦合等离子体质谱法	江 红、杨 萍、刘鹏宇、童 坚、姚南红
42	GB/T 18115.6—2006 代替 GB/T 8762.7—1988、 GB/T 8762.8—2000	稀土金属及其氧化物中稀土杂质化学分析方法 铕中镧、铈、镨、钕、钆、铽、镝、钬、铒、铥、镱、镥和钇量的测定 电感耦合等离子体光谱法电感耦合等离子体质谱法	谈世群、封望亭、吴克平、李继东、胡小蒙
43	GB/T 18115.7—2006 代替 GB/T 18115.6—2000	稀土金属及其氧化物中稀土杂质化学分析方法 钆中镧、铈、镨、钕、钐、铕、铽、镝、钬、铒、铥、镱、镥和钇量的测定 电感耦合等离子体光谱法（方法1）	苗红英、张桂梅、于晶雪、董世哲、王寿虹
44	GB/T 18115.9—2006 代替 GB/T 18115.8—2000	稀土金属及其氧化物中稀土杂质化学分析方法 镝中镧、铈、镨、钕、钐、铕、钆、铽、钬、铒、铥、镱、镥和钇量的测定 电感耦合等离子体光谱法电感耦合等离子体质谱法	杜 梅、崔爱端、许 涛、张翼明、郝冬梅
45	GB/T 18115.10—2006 代替 GB/T 18115.9—2000	稀土金属及其氧化物中稀土杂质化学分析方法 钬中镧、铈、镨、钕、钐、铕、钆、铽、镝、铒、铥、镱、镥和钇量的测定 电感耦合等离子体光谱法电感耦合等离子体质谱法	刘鹏宇、童 坚、江 红、杨 萍、张翼明
46	XB/T 610.1—2007 代替 GB/T 15917.1—1995	钐钴 1∶5 型永磁合金粉化学分析方法 钐、钴量的测定 X 射线荧光光谱法	张 飞、金 杰、杨 萍、许 涛
47	XB/T 610.2—2007 代替 GB/T 15917.2～15917.3—1995	钐钴 1∶5 型永磁合金粉化学分析方法 钙、铁量的测定 火焰原子吸收光谱法	张 飞、金 杰、杨 萍、许 涛
48	XB/T 601.1—2008 代替 XB/T 601.1—93	六硼化镧化学分析方法 酸碱滴定法测定硼量	熊其涛、杨卫平、刘荣丽、翁国庆、高爾珍
49	XB/T 601.2—2008 代替 XB/T 601.2～5—1993、 XB/T 601.7～8—1993	六硼化镧化学分析方法 铁、钙、镁、铬、锰、铜量的测定 电感耦合等离子体发射光谱法	孙臣良、翟金铣、何捍卫、蒋天怡、崔爱端
50	XB/T 601.3—2008	六硼化镧化学分析方法 钨量的测定 电感耦合等离子体发射光谱法	成国庆、刘荣丽、翁国庆、金斯琴高娃、崔爱端

续表 3-22

编号	标 准 号	名 称	参加人（前五名）
51	XB/T 601.4—2008 代替 XB/T 601.9—1993	六硼化镧化学分析方法 碳量的测定 高频感应燃烧红外线吸收法	孙 羽、钟其云、刘荣丽、翁国庆、崔益新
52	XB/T 601.5—2008 代替 XB/T 601.6—1993	六硼化镧化学分析方法 酸溶硅量的测定 硅钼蓝分光光度法	崔文昌、刘荣丽、翁国庆、崔益新、高厣珍
53	GB/T 16484.2—2009 代替 GB/T 16484.2—1996	氯化稀土、碳酸稀土化学分析方法 氧化铕量的测定	杜 梅、包香春、郝 茜
54	GB/T 16484.9—2009 代替 GB/T 16484.9—1996	氯化稀土、碳酸稀土化学分析方法 氧化镍量的测定	曹爱红、蒋天怡、郝 茜
55	GB/T 16484.14—2009 代替 GB/T 16484.14—1996	氯化稀土、碳酸稀土化学分析方法 磷酸根量的测定	郝 茜、高励珍、王海涛
56	GB/T 23594.1—2009	钐铕钆富集物化学分析方法 稀土氧化物总量的测定	张淑杰、栾 红、周凯红
57	GB/T 23594.2—2009	钐铕钆富集物化学分析方法 十五种稀土元素氧化物配分量的测定 电感耦合等离子发射光谱法	刘晓杰、金斯琴高娃
58	XB/T 612.1—2009	钕铁硼废料化学分析方法 第1部分：稀土氧化物总量的测定 重量法	姚南红、陈 婕、单丽梅、郝 茜
59	GB/T 26416.1—2010	镝铁合金化学分析方法 第1部分：稀土总量的测定 重量法	高励珍、张立峰、崔爱端、姚南红、陈 婕
60	GB/T 26416.2—2010	镝铁合金化学分析方法 第2部分：稀土杂质含量的测定 电感耦合等离子发射光谱法	刘晓杰、杜 梅、崔爱端
61	GB/T 26416.3—2010	镝铁合金化学分析方法 第3部分：钙、镁、铝、硅、镍、钼、钨量的测定 等离子发射光谱法	崔爱端、蒋天怡、金斯琴高娃
62	GB/T 26416.4—2010	镝铁合金化学分析方法 第4部分：铁量的测定 重铬酸钾容量法	高励珍、王东杰、郝 茜
63	GB/T 26416.5—2010	镝铁合金化学分析方法 第5部分：氧量的测定 脉冲红外吸收法	赵长玉、张志刚
64	GB/T 16477.1—2010	稀土硅铁及镁硅铁合金化学分析方法 稀土总量的测定 容量法和发射光谱法	崔爱端、李玉梅、郝 茜、周凯红
65	GB/T 16477.2—2010	稀土硅铁及镁硅铁合金化学分析方法 钙、镁、锰量的测定 原子吸收光谱法	金斯琴高娃、刘晓杰
66	GB/T 16477.3—2010	稀土硅铁及镁硅铁合金化学分析方法 氧化镁量的测定 发射光谱法	刘晓杰、金斯琴高娃、崔爱端
67	GB/T 16477.4—2010	稀土硅铁及镁硅铁合金化学分析方法 硅量的测定 容量法（1） 重量法（2）	李建亭、郝 茜、王东杰、王素梅
68	GB/T 16477.5—2010	稀土硅铁及镁硅铁合金化学分析方法 钛量的测定 发射光谱法	李玉梅、崔爱端
69	GB/T 12687.1—2010	硝酸稀土植物生产调节剂化学分析方法 第1部分：砷、汞、铅、镉和铬量的测定 ICP-MS法	张翼明、张立峰

续表 3-22

编号	标 准 号	名 称	参加人（前五名）
70	GB/T 12687.2—2010	硝酸稀土植物生产调节剂化学分析方法 第 2 部分：氯量的测定	张慧珍、王东杰
71	GB/T 12690.16—2010	稀土金属及其氧化物中非稀土杂质化学分析方法 氟量的测定 离子选择性电极法	高丽珍、王安丽
72	GB/T 12690.17—2010	稀土金属及其氧化物中非稀土杂质化学分析方法 稀土金属中铌和钽量的测定	李玉梅、金斯琴高娃、杜 梅、包香春
73	GB/T 26417—2010	镨钕合金及其化合物化学分析方法 稀土配分的测定 ICP-AES 法和 X 荧光光谱法	崔爱端、张弘强
74	GB/T 18115.13—2010	稀土金属及其氧化物中稀土杂质化学分析方法 铥中镧、铈、镨、钕、钐、铕、钆、铽、镝、钬、铒、镱、镥和钇量的测定	崔爱端、李玉梅、张立峰、包香春
75	GB/T 18115.14—2010	稀土金属及其氧化物中稀土杂质化学分析方法 镱中镧、铈、镨、钕、钐、铕、钆、铽、镝、钬、铒、铥、镥和钇量的测定	崔爱端、刘晓杰、杜 梅、张立峰
76	GB/T 18115.15—2010	稀土金属及其氧化物中稀土杂质化学分析方法 镥中镧、铈、镨、钕、钐、铕、钆、铽、镝、钬、铒、铥、镱和钇量的测定	崔爱端、张弘强、杜 梅、包香春
77	GB/T 18114.1—2010	稀土精矿化学分析方法 稀土氧化物总量的测定 重量法	张秀艳、孙志峰
78	GB/T 18114.2—2010	稀土精矿化学分析方法 氧化钍量的测定 等离子发射光谱法（方法 1）、等离子质谱法（方法 2）	杜 梅、张立峰、刘晓杰、李玉梅
79	GB/T 18114.3—2010	稀土精矿化学分析方法 氧化钙量的测定 原子吸收光谱法（方法 1）、容量法（方法 3）	包香春、张立峰、崔爱端、周凯红、张翼明
80	GB/T 18114.4—2010	稀土精矿化学分析方法 第 4 部分：氧化铌、氧化锆、氧化钛量的测定 电感耦合等离子体发射光谱法	崔爱端、金斯琴高娃
81	GB/T 18114.5—2010	稀土精矿化学分析方法 第 5 部分：氧化铝量的测定 电感耦合等离子体发射光谱法	王安丽、郝 茜、李玉梅、刘晓杰
82	GB/T 18114.6—2010	稀土精矿化学分析方法 第 6 部分：二氧化硅量的测定	刘晓杰、李玉梅
83	GB/T 18114.8—2010	稀土精矿化学分析方法 第 8 部分：十五种稀土元素氧化物配分量的测定 电感耦合等离子发射光谱法	张桂梅、杨春红、曹俊杰
84	GB/T 18114.9—2010	稀土精矿化学分析方法 第 9 部分：五氧化二磷量的测定 磷铋钼蓝分光光度法	高励珍、郝 茜、王安丽

续表 3-22

编号	标 准 号	名 称	参加人（前五名）
85	GB/T 18114.10—2010	稀土精矿化学分析方法 第 10 部分：水分的测定 重量法	李净岩、郝 茜
86	GB/T 18114.11—2010	稀土精矿化学分析方法 第 11 部分：氟量的测定 EDTA 滴定法	孙志峰、于勇海
87	XB/T 614.1—2011	钆镁合金化学分析方法 稀土总量的测定 重量法	王素梅、张慧珍、郝 茜
88	XB/T 614.2—2011	钆镁合金化学分析方法 镁量的测定 EDTA 滴定法	李建亭、赵 静、崔爱端
89	XB/T 614.3—2011	钆镁合金化学分析方法 碳量的测定 高频红外吸收法	赵长玉、张淑杰
90	XB/T 614.4—2011	钆镁合金化学分析方法 氟量的测定 水蒸气蒸馏分光光度法	刘 春、崔爱端、曾 清、姚南红
91	XB/T 614.5—2011	钆镁合金化学分析方法 稀土杂质量的测定 等离子发射光谱法（1）、等离子质谱法（2）	张立峰、张翼明
92	XB/T 614.6—2011	钆镁合金化学分析方法 第 6 部分：铝、钙、铜、铁、镍、硅量的测定 电感耦合等离子体光谱法	李玉梅、王安丽
93	XB/T 616.2—2012	钆铁合金化学分析方法 第 2 部分：稀土杂质含量的测定 电感耦合等离子体原子发射光谱法	李玉梅、张翼明
94	XB/T 616.3—2012	钆铁合金化学分析方法 第 3 部分：钙、镁、铝、锰量的测定	杜 梅、于勇海、郝 茜
95	XB/T 616.5—2012	钆铁合金化学分析方法 第 5 部分：硅量的测定 硅钼蓝分光光度法	于雅辉、崔爱端
96	XB/T 615—2012	氟化稀土化学分析方法 蒸馏法测定氟量	刘 春、崔爱端、郝 茜
97	GB/T 20166.1—2012	稀土抛光粉化学分析方法 氧化铈量的测定 滴定法	谢 兵、王素梅
98	GB/T 20166.2—2012	稀土抛光粉化学分析方法 氟量的测定 比色法	谢 兵、刘 春
99	GB/T 20167—2012	稀土抛光粉物理性能测试方法 抛蚀量和划痕的测定 重量法	谢 兵、郝 茜
100	GSB 04-2805—2011	镨钕氧化物标准样品	张翼明、高励珍、郝 茜、许 涛、赵立东
101	GB/T 29918—2013	稀土系 AB_5 型贮氢合金压力—组成等温线（PCI）的测试方法	闫慧忠、熊 玮
102	GB/T 29916—2013	镧镁合金化学分析方法	周凯红、龙旭东、郝 茜、高励珍、金斯琴高娃
103	GB/T 29656—2013	镨钕镝合金化学分析方法	周凯红、赵长玉、赵 静、高励珍、于勇海
104	XB/T 612.3—2013	钕铁硼废料化学分析方法 第 3 部分：硼、钴、铝、铜、铬、镍、锰、钛、钙、镁含量的测定 电感耦合等离子体原子发射光谱法	于勇海、李玉梅
105	GSB 04-1645—2003	La_2O_3（La-1）	张志刚、许建平、张翼明、郝冬梅

续表 3-22

编号	标 准 号	名 称	参加人（前五名）
106	GSB 04-1646—2003	La_2O_3（La-2）	张志刚、许建平、张翼明、郝冬梅
107	GSB 04-1647—2003	Nd_2O_3-2N	张志刚、许建平、张翼明、郝冬梅
108	GSB 04-1648—2003	Nd_2O_3-3N	张志刚、许建平、张翼明、郝冬梅
109	GSB 04-2805—2011	镨钕氧化物-PN1、镨钕氧化物-PN2、镨钕氧化物-PN3	高励珍
110	GSB 04-3064—2013	混合轻稀土氧化物稀土配分标准样品	张翼明、王冬杰、赵立东、高励珍、许 涛
111	GSB 04-3065—2013	混合轻稀土少铕氧化物稀土配分标准样品	张翼明、王冬杰、赵立东、高励珍、许 涛
112	GSB 04-3139—2014	钐铕钆富集物标样制定	张翼明、杜 梅、张立峰、于勇海、郝 茜
113	XB/T 617. 1—2014	钕铁硼合金化学分析方法 第 1 部分：稀土总量的测定 草酸盐重量法	高立红、曾 清、高励珍
114	XB/T 617. 2—2014	钕铁硼合金化学分析方法 第 2 部分：十五种稀土元素量的测定	郝 茜、金斯琴高娃、刘 春
115	XB/T 617. 3—2014	钕铁硼合金化学分析方法 第 3 部分：硼、铝、铜、钴、镁、硅、钙、钒、铬、锰、镍、锌和镓量的测定 电感耦合等离子体原子发射光谱法	于勇海、金斯琴高娃
116	XB/T 617. 4—2014	钕铁硼合金化学分析方法 第 4 部分：铁量的测定 重铬酸钾滴定法	郝 茜、王素梅、郭 昱
117	XB/T 617. 5—2014	钕铁硼合金化学分析方法 第 5 部分：锆、铌、钼、钨、钛量的测定 电感耦合等离子体原子发射光谱法	杜 梅、刘 春、王东杰
118	XB/T 617. 6—2014	钕铁硼合金化学分析方法 第 6 部分：碳量的测定 高频红外吸收	郝 茜、蒋天怡、张术杰
119	XB/T 617. 7—2014	钕铁硼合金化学分析方法 第 7 部分：氧、氮量的测定 脉冲-红外吸收法和脉冲-热导法	张术杰、吴文琪、高励珍
120	GB/T 31967. 1—2015	稀土永磁材料物理性能测试方法 第 1 部分：磁通温度特性的测试	
121	GB/T 20165—2012	稀土抛光粉	谢 兵、刘致文、崔凌霄、许义勤、杨国胜
122	GB/T 20166. 1—2012	稀土抛光粉化学分析方法 第 1 部分：氧化铈量的测定滴定法	谢 兵、刘致文、崔凌霄、李宝莹、黄仲汉
123	GB/T 20166. 2—2012	稀土抛光粉化学分析方法 第 2 部分：氟量的测定 离子选择性电极法	谢 兵、刘致文、崔凌霄、李宝莹、黄仲汉
124	GB/T 20167—2012	稀土抛光粉物理性能测试方法 抛蚀量和划痕的测定 重量法	谢 兵、刘致文、崔凌霄、许义勤、郭建霞

续表 3-22

编号	标 准 号	名 称	参加人（前五名）
125	XB/T 102—2007	氟碳铈矿—独居石矿	郭美琴、王 静、陈宏超、李穗楠、高忠德
126	GB/T 12690. 1—2002	稀土金属及其氧化物中非稀土杂质化学分析方法 高频—红外吸收法测定碳、硫量	周晓东、李 洁、方 斌
127	GB/T 18115. 1—2006	稀土金属及其氧化物中非稀土杂质化学分析方法 镧中铈、镨、钕、钐、铕、钆、铽、镝、钬、铒、铥、镱、镥和钇量的测定	张 悫、曹勇钢
128	GB/T 18115. 2—2006	稀土金属及其氧化物中非稀土杂质化学分析方法 镧中铈、镨、钕、钐、铕、钆、铽、镝、钬、铒、铥、镱、镥和钇量的测定	周晓东、于晶雪、张桂梅
129	GB/T 18115. 3—2006	稀土金属及其氧化物中非稀土杂质化学分析方法 镧中铈、镨、钕、钐、铕、钆、铽、镝、钬、铒、铥、镱、镥和钇量的测定	何凤娟、张 悫
130	GB/T 18115. 4—2006	稀土金属及其氧化物中非稀土杂质化学分析方法 镧中铈、镨、钕、钐、铕、钆、铽、镝、钬、铒、铥、镱、镥和钇量的测定	郝冬梅、张翼明
131	GB/T 18115. 7—2006	稀土金属及其氧化物中非稀土杂质化学分析方法 镧中铈、镨、钕、钐、铕、钆、铽、镝、钬、铒、铥、镱、镥和钇量的测定	张桂梅、于晶雪、陈立民
132	GB/T 18115. 9—2006	稀土金属及其氧化物中非稀土杂质化学分析方法 镧中铈、镨、钕、钐、铕、钆、铽、镝、钬、铒、铥、镱、镥和钇量的测定	张翼明、郝冬梅、杨 宁
133	GB/T 18115. 10—2006	稀土金属及其氧化物中非稀土杂质化学分析方法 镧中铈、镨、钕、钐、铕、钆、铽、镝、钬、铒、铥、镱、镥和钇量的测定	胡小蒙、伍 星
134	GB/T 20166. 1—2006	稀土抛光粉化学分析方法 氧化铈量的测定滴定法	吴广伟、李春辉
135	GB/T 20170. 1—2006	稀土金属及其化合物物理性能测试方法——稀土化合物粒度分布的测定	陈 瑛、黄仲汉、卫 明、李 洁、周晓东
136	GB/T 26412—2010	金属氢化物—镍电池负极用稀土系 AB_5 型贮氢合金粉	朱惜林、韩树民、李培良、高军伟、张永健
137	GB/T 29918—2013	稀土系 AB_5 型贮氢合金压力—组成等温线（PCI）的测试方法	吉力强、刘晓鹏、朱惜林、闫慧忠、熊 玮

第四节 科技论文

1997~2016 年，在国家一级刊物和国外核心刊物发表专业论文 372 篇，见表 3-23。

表 3-23　主要科研论文统计（1997~2016 年）

序号	论文名称	作者	刊物名称	发表时间
1	稀土对 CuZnAl 形状记忆合金力学性能的影响	金培育、张文骞、熊　玮、赵增祺	稀土	1997
2	Fe-15Cr-4Al-Y 合金中的 Y-Fe 相及其作用	李　碚、吴双霞、颜玉新、刘翠兰	中国稀土学报	1997
3	FeCrAl 合金的 475℃脆化及钇抑制脆化的机制	李　碚、吴双霞、刘翠兰、韩　莉	材料研究学报	1997
4	溶液中 F^- 与 Ce^{4+} 络合行为的研究	乔　军	稀土	1997
5	中温处理对 FeCrAl 合金力学性能的影响	刘翠兰、李　碚、吴双霞、高　军	金属热处理学报	1998
6	$(TbDy)Fe_2$ 基定向凝固磁致伸缩合金的性能与组织和成分的关系	李　碚、江丽萍	中国稀土学报	1998
7	$Ce_2(CO_3)_3$转化制备 $Ce(OH)_4$ 工艺研究	乔　军	稀土	1998
8	稀土超磁致伸缩材料的应用	李　碚、滕　云、吴双霞、伍　虹、刘翠兰	功能材料	1998
9	铬酸镧发热元件的性质	孙良成	工业加热	1999
10	SX18 高温箱式电阻炉	孙良成	工业加热	1999
11	钇抑制 FeCrAl 合金脆性的作用与合金中铬、钇含量的关系	高　军、李　碚、吴双霞	金属功能材料	1999
12	稀土 Y 离子注入对形成不同类型氧化膜合金的高温抗氧化性能的影响	赵增祺、江丽萍、熊　玮、吴双霞	稀土	1999
13	包头矿碳酸钠焙烧反应动力学研究	乔　军	中国稀土学报	1999
14	热分析技术在包头矿添加 Na_2O_3 焙烧反应动力学中的应用	乔　军	中国稀土学报	1999
15	多组分硫酸体系 P_{507} 萃取分离铈（Ⅳ）工艺	乔　军	稀土	1999
16	Study on roast reaction kinetics of baotou concentrate of rare earth with 15% Na_2O_3 addition	乔　军	Journal of Rare Earths	1999
17	碳酸氢铵沉淀法制取碳酸钕和氧化钕	许延辉	中国稀土学报	1999
18	新型浮选药剂 LF-8、LF-6 在稀土选矿生产中的应用	赵春晖、陈宏超、岳学晨	稀土	2000
19	硫酸介质中铈的电解氧化及提铈工业实验研究	刘建刚、刘建军、方　斌	中国稀土学会第四届学术年会论文集	2000
20	铬酸镧发热元件的研究	孙良成	工业加热	2000
21	包头稀土精矿添加 25% Na_2O_3 焙烧反应动力学研究	乔　军	稀土	2000
22	铁矿石（高炉渣）中二氧化钍分析方法的研究	郝　茜	稀土	2000
23	用中频感应炉混熔电池级混合稀土金属工艺浅析	王晓铁、刘　义、于　鹏	稀土	2001
24	Proceedings of 4th international conference on rare earth revelopment and application	Chen Limin、Yu Jingxue、Zhang Guimei	Determination of Impurity Elements in Pure Neodymium Oxide product	2001
25	附壁效应在稀土抛光粉工艺精密气流分级的应用和推广	郭殿东、李学舜、谢　兵	稀土	2001
26	Dy 对 Gd 磁热效应的影响	金培育、黄焦宏、刘金荣、邱巨峰、徐来自	稀土	2001
27	粉末冶金粘结磁致伸缩材料	解　伟、吴双霞、江丽萍、黄继民、赵增祺	金属功能材料	2001
28	Sythetic process of high purity ammonium nitrate cerium（Ⅳ）	乔　军	第四届国际稀土学术会议论文集	2001
29	P_{538}（单烷基磷酸）从含少量稀土的废水中回收稀土	刘铃声	稀土	2001

续表 3-23

序号	论文名称	作者	刊物名称	发表时间
30	IRIS（CID）-ICP-AES 法测定金属钕中硅	刘晓杰	稀土	2001
31	铈硝酸盐及其硝酸铵复盐的结晶制法及性质	王晓铁、刘建军、赵治华、李　冬、王　静	中国稀土学报	2002
32	稀土氯化物熔盐电解加料方法的改进	桂立君、于　鹏	包钢科技	2002
33	铬酸镧材料的研究现状及应用领域	孙良成	稀土	2002
34	机动车尾气净化催化剂载体涂层的研究	闫慧忠、孔繁清、赵增祺、江丽萍、吴双霞、熊　玮	中国稀土学报	2002
35	溶胶—凝胶法制备金属基 γ-Al_2O_3 活性涂层的研究	闫慧忠、孔繁清、赵增祺、江丽萍、吴双霞	中国稀土学报	2002
36	催化剂载体 FeCrAlY 材料磷化工艺研究	闫慧忠、孔繁清、赵增祺、江丽萍、吴双霞	中国稀土学报	2002
37	催化剂载体 FeCrAlY 材料表面 γ-Al_2O_3 活性层的制备	闫慧忠、孔繁清、赵增祺、江丽萍、吴双霞	稀土	2002
38	稀土发光材料在化学复合镀中应用的研究	孔繁清、闫慧忠、赵增祺、黄继民	稀土	2002
39	不锈钢基体上化学镀铜工艺研究	孔繁清、闫慧忠、赵增祺	表面技术	2002
40	醋酸铈及醋酸稀土的研制工艺	乔　军	中国稀土学报	2002
41	HDEHP 在硫酸溶液中萃取分离轻稀土性能研究	乔　军	稀土	2002
42	碳酸稀土生产工艺优化	马　莹	中国稀土学报	2002
43	稀土抛光粉的生产及应用	李学舜	中国稀土学报	2002
44	光学玻璃抛光用稀土抛光粉的制备	黄绍东、刘铃声、李学舜、李培忠、郭殿东	稀土	2002
45	立弯式铸机生产线结晶器循环冷却水温度控制	赵海鹰	工业用水与废水	2002
46	稀土抛光粉在眼镜玻璃抛光中研磨条件的研究	李学舜、杨国胜、崔凌霄	中国粉体技术	2003
47	高频—红外吸收法测定稀土金属及其氧化物中碳、硫量	周晓东、李　洁、方　斌	稀土	2003
48	氟氧化钕耐火材料的应用与研制	任永红、陈国华、张志军、孔向民、侯复生	耐火材料	2003
49	稀土材料在绿色化学电源中的应用进展	熊　玮、闫慧忠、赵增祺、孔繁清	稀土	2003
50	离子色谱法测定氟化稀土中 Cl^- 的含量	郝　茜	稀土	2003
51	铬酸镧材料热膨胀机理研究现状	孙良成、李德辉、李胜利、付贵福、敖　青	工业加热	2004
52	Large magnetic-field-induced strains in rare earth polycrystalline Ni-Mn-Ga	Zhao Zengqi、Wu Shuangxia、Wang Fangshu, et al	Rare Metals	2004
53	Phase transformation behaviors and the effects of terbium in polycrystalline Ni-Mn-Ga magnetic shape memory alloys	Zhao Zengqi、Xiong Wei、Wu Shuangxia, et al	Journal of Rare Earths	2004
54	Bending strength and fracture behaviors of $Ni_{50}Mn_{29}Ga_{21}$ alloy with terbium addition	Zhao Zengqi、Xiong Wei、Wu Shuangxia, et al	Journal of Iron and Steel Research	2004
55	Tb 在多晶 Ni-Mn-Ga 合金中的存在行为及磁性能的研究	赵增祺、熊　玮、吴双霞　等	功能材料	2004
56	$Ni_{53}Mn_{22}Ga_{25}$磁性形状记忆合金中的相变内耗	赵增祺、熊　玮、吴双霞　等	钢铁研究学报	2004
57	多晶 Ni-Mn-Ga 磁性记忆合金的相变行为及稀土元素铽的作用	赵增祺、熊　玮、吴双霞　等	中国稀土学报	2004
58	稀土多晶 Ni-Mn-Ga 合金的磁性能研究	赵增祺、熊　玮、吴双霞　等	稀土	2004

续表 3-23

序号	论 文 名 称	作 者	刊物名称	发表时间
59	稀土铽对 Ni-Mn-Ga 磁性记忆合金力学性能的影响	赵增祺、熊 玮、吴双霞 等	稀土	2004
60	多晶 Ni-Mn-Ga 磁性记忆合金中间马氏体相变研究	赵增祺、熊 玮、吴双霞 等	金属功能材料	2004
61	锂离子电池正极材料 $LiMn_2O_4$ 的研究进展	熊 玮、闫慧忠、赵增祺	金属材料研究	2004
62	几种磁制冷材料的室温磁热效应	黄焦宏、徐丽琴、刘金荣、金培育、邱巨峰	功能材料	2004
63	稀土湿法冶金废水处理	许延辉	工业用水及废水	2004
64	X 射线分析仪在铈镨分离中控检测中的应用	陈建利、宋小明、张太红	稀土	2004
65	长链脂肪酸在硫酸介质中萃取稀土的研究	许延辉	稀土	2004
66	Study on extracting rare earth from sulfate system by long-chain fatty acid	Xu Yanhui	Journal of Rare Earths	2004
67	Preparing process of cerium acetate and rare earth acetate	乔 军	Journal of Rare Earths	2004
68	含铽多晶 Ni-Mn-Ga 磁性记忆合金的大磁感生应变	赵增祺、吴双霞、王方恕 等	稀有金属	2004
69	镍氢电池用廉价稀土储氢合金负极材料的研制	徐绍萍、李培良、耿朝青	稀土	2004
70	液压润滑系统工作介质的选用及检测维护	赵海鹰、李慧梅、王铁军、张利强	冶金设备	2005
71	碳酸稀土晶粒粉碎过程计算机数值模拟	李学舜、杨国胜、吴文远、涂赣峰	稀土	2005
72	掺钙铬酸镧显微组织、性能与制备工艺的关系	孙良成、朱新德、李胜利、李德辉、敖 青	稀土	2005
73	不同掺 Ca 量 $LaCrO_3$ 材料的热膨胀及显微结构	孙良成、李胜利、李德辉、敖 青、周天亮	稀土	2005
74	磁热效应的直接测量与测量仪器	黄焦宏、金培育、刘金荣、徐来自、张久兴	稀有金属	2005
75	室温磁热效应直接测量仪的误差分析	金培育、黄焦宏、郭 锋、刘金荣、邱巨峰	稀土	2005
76	$Ni_{50}Mn_{29}Ga_{21}Tb_x$ 磁性形状记忆合金的晶体结构研究	赵增祺、王志成、韩 莉、黄继民、熊 玮	兵器材料科学与工程	2005
77	$Tb_{0.3}Dy_{0.7}(Fe_{1-x}Al_x)_{1.95}$ 合金显微组织及低磁场的磁致伸缩性能研究	江丽萍、赵增祺、吴双霞 等	稀土	2005
78	磁致伸缩材料及其应用研究	郝宏波、江丽萍、吴双霞、王方恕、赵增祺	中国稀土学报	2005
79	稀土—镁—镍系储氢电极材料的研究进展	闫慧忠、孔繁清、韩 莉、熊 玮、孙晓华	稀土	2005
80	球磨时间对 MgNi 非晶态储氢合金电化学容量的影响	熊 玮、闫慧忠、孔繁清、李宝犬	中国有色金属学报	2005
81	硝酸高铈铵晶体的合成及性质研究	乔 军	中国稀土学报	2005
82	沉淀法处理稀土生产过程中氨氮废水的研究	许延辉	中国稀土学报	2005
83	去除碳酸镨钕中杂质铝	许延辉	湿法冶金	2005
84	Removing Al from rare earth chloride solution by the method of extraction	许延辉	Journal of Rare Earths	2005
85	白云鄂博矿稀土资源综合利用及清洁生产工艺	王 静、王晓铁	稀土	2006
86	高温合成时间对铬酸镧粉末性状的影响	王 峰、李德辉、成 宇、孙良成	稀土	2006
87	高温合成锰酸锶镧的缺陷	李德辉、王 峰、薛志伟、史守华、成 宇	中国稀土学报	2006

续表 3-23

序号	论 文 名 称	作 者	刊物名称	发表时间
88	Development of permanent magnetic refrigerator at room temperature	Huang Jiaohong、Liu Jinrong、Jin Peiyu，Yan Hongwei、Qiu Jufeng、Xu Laizi、Zhang Jiuxing	Rare Matals	2006
89	室温磁制冷机永磁磁场的设计	黄焦宏、张久兴、刘金荣、金培育、邱巨峰	北京工业大学学报	2006
90	$LaFe_{11.17-x}Co_{0.78}Si_{1.05}B_x$合金磁热效应的研究	黄焦宏、松 林、金培育、王高峰、刘金荣	功能材料	2006
91	强磁磁化水防垢的原理及相关效应概述	徐中德、刘翠兰、赵 军、解 萍	稀土	2006
92	磁形状记忆合金 $Ni_{54}Mn_{21}Ga_{24.75}Sm_{0.25}$ 的马氏体相变研究	吴双霞、赵增祺、熊 玮 等	金属功能材料	2006
93	The influence of ball milling process on formation and electrochemical properties of amorphous MgNi hydrogen storage alloys	H. Z. Yan、F. Q. Kong、W. Xiong、B. Q. Li、J. Li、M. Zhu	Materials Science and Engineering A	2006
94	缓蚀法改善镁基储氢电极充放电循环稳定性的研究	孔繁清、闫慧忠、熊 玮、李宝犬、李 金	稀土	2006
95	缓蚀剂提高镁基储氢电极在碱性电解液中耐蚀性的研究	孔繁清、闫慧忠、熊 玮、李宝犬、李 金	中国腐蚀与防护学报	2006
96	Effect of synergistic anticorrosion treatments on the cycling stability of Mg-based hydrogen storage electrode	F. Q. Kong、H. Z. Yan、W. Xiong、Y. Wang、B. Q. Li、J. Li、S. L. An	Journal of Rare Earth	2006
97	Manufacture of Block Amorphous Crystal and Microcrystal for $Pr_{60}Cu_{(20-x)}Ni_{10}Al_{10}Fe_x$ and Characteristic of Its Magnetic Apparatus	Sun Xiaohua	Journal of Rare Earths	2006
98	电磁振动雾化—速凝法镁粉制备工艺	梁乃茹、解 萍、赵 军 等	过程工程学报	2006
99	利用稀土冶炼硫酸铵废水生产磷酸铵镁	许延辉	稀土	2006
100	ICP-AES 法测定混合稀土金属及其化合物中的 11 个非稀土元素	杜 梅	稀土	2006
101	溶胶凝胶法制备微波介质陶瓷粉体钛酸钕的研究	马 莹	稀土	2006
102	锌与稀土分离及碱式碳酸锌的制备	李慧琴、张瑞祥、刘海旺、王士智	稀土	2006
103	稀土清洁冶金及萃取动力学	刘建军	中国科学院长春应用化学研究所	2007
104	Extraction kinetics of cerium（Ⅳ）from sulfuric acid medium by the primary amine N1923 using a constant interfacial area cell with laminar flow	Jianjun Liu、Yanliang Wang、Deqian Li	Journal of Chemical Technology and Bio Technology	2007
105	Interfacial behavior of primary amine N1923 and the kinetics of thorium（Ⅳ）extraction in sulfate media	Jianjun Liu、Weiwei Wang、Deqian Li	Colloids and Surfaces	2007
106	Kinetic study of ytterbium（Ⅲ）extraction from sulfate medium with Cyanex 923	Weiwei Wang、Jianjun Liu、Wenwei He、Deqian Li	Journal of Chemical Technology and Bio Technology	2007
107	Extraction kinetics of cerium（Ⅳ）from sulfuric acid medium by the primary amine N1923 using a constant interfacial area cell with laminar flow	Jianjun Liu、Yanliang Wang、Deqian Li	Separation Science and Technology	2008
108	离心沉降法去除稀土溶液中杂质铝和铁	赵治华、桑晓云、张文斌、郝高慧、段春坤、李 冬	稀土	2007
109	锂对 $LaCaCrO_3$ 稳定性及热膨胀的影响	孙良成、李德辉、李胜利、王 峰、史守华	稀有金属	2007

续表 3-23

序号	论文名称	作者	刊物名称	发表时间
110	红色稀土陶瓷颜料的研究现状与展望	刘翠兰、黄焦宏、闫慧忠、孔繁清	稀土	2007
111	热处理对 $La_{0.65}Pr_{0.05}Nd_{0.05}Mg_{0.25}Ni_{3.3}Al_{0.1}$ 储氢合金结构和电极性能的影响	闫慧忠、熊 玮、孔繁清、李宝犬、李 金	稀土	2007
112	电磁振动雾化—速凝镁粉钝化表征研究	梁乃茹、赵 军、黄继民、解 萍	特种铸造及有色合金	2007
113	干燥技术在催化剂制备中的应用	张旭霞	中国材料科技与设备	2007
114	Zn，Cd 对 $CaTiO_3$：Pr^{3+} 的发光性质的影响	沈雷军、赵增祺、韩 莉 等	发光学报	2007
115	等离子光谱法测定稀土矿石中钍	刘晓杰	稀土	2007
116	碳铵共沉淀法合成 $LaAlO_3$ 粉体材料的研究	万作波、沈雷军、周永勃 等	功能材料	2007
117	稀土抛光粉颜色的测定及影响因素	李学舜、谢 兵、杨国胜、吴文远、涂赣峰	稀土	2007
118	逆流洗涤技术在碱法回收稀土工艺中的应用	邢全生、李 冬、赵治华、王 珊、陈建利	稀土	2008
119	稀土抛光粉的应用及发展简介	黄绍东、李学舜	稀土	2008
120	无氟铈基稀土抛光粉制备过程的研究	杨国胜、谢 兵、任慧平、李学舜、黄绍东	稀土	2008
121	CeO_2-B_4C-C 体系的高温化学反应及相组成研究	徐璟玉、吴文远、边 雪、涂赣峰、李学舜	稀土	2008
122	TCE 高性能稀土抛光粉的制备及影响因素的研究	李学舜、崔凌霄、杨国胜、黄绍东、郭殿东	稀土	2008
123	掺杂助烧剂的铬酸镧粉末的 X 射线衍射分析	王 峰、李德辉、成 宇、孙良成、史守华	稀土	2008
124	$LaCrO_3$ 掺 Li^+ 的热膨胀行为研究	李德辉、王 峰、孙良成、史守华、成 宇	稀土	2008
125	$La_{0.55}Pr_{0.05}Nd_xMg_{0.4-x}Ni_{3.3}Al_{0.1}$ （x=0.10～0.20）储氢合金的研究Ⅰ：相结构和气相吸放氢性能	闫慧忠、孔繁清、熊 玮、李宝犬、李 金	稀土	2008
126	$La_{0.55}Pr_{0.05}Nd_xMg_{0.4-x}Ni_{3.3}Al_{0.1}$ （x=0.10～0.20）储氢合金的研究Ⅱ：电化学性能	闫慧忠、孔繁清、熊 玮、李宝犬、李 金	稀土	2008
127	$Y_3Al_5O_{12}$：Ce^{3+} 的合成及真空紫外发光性质的研究	沈雷军、赵增祺、万作波	发光学报	2008
128	钕含量对 $La_{0.70-x}Nd_xPr_{0.05}Mg_{0.25}Ni_{3.3}Al_{0.1}$ （x=0.05～2.0）合金动力学性能的影响	熊 玮、闫慧忠、孔繁清、李宝犬、李 金	金属功能材料	2008
129	包头稀土矿清洁冶炼废水综合治理工艺概述	许延辉	稀土	2008
130	共沉淀—喷雾干燥法制备大比表面积 $LaSrMnO_4$ 的研究	许延辉	稀土	2008
131	原子吸收光谱法测定洛沙坦钾药中钾含量	郝 茜	现代仪器	2008
132	原子吸收光谱法测定镝铁合金中钙镁镍铬锰铜的含量	蒋天怡	稀土	2008
133	Sm 在 $Ni_{54}Mn_{21}Ga_{24.5}$ 合金中的存在形式	吴双霞、韩 莉、黄继民、郝宏波、张光睿	稀土	2008

续表 3-23

序号	论文名称	作者	刊物名称	发表时间
134	制备醋酸镧的清洁生产循环工艺研究	桑晓云、赵治华、张文斌、郝高慧、李　冬	稀土	2009
135	溶胶—冷冻干燥法制备 $La_{1-x}Ca_{x}Co_{0.8}Ni_{0.2}O_{3}$ 及其性能研究	刘瑞金、许延辉、崔建国、张旭霞、任树林	稀土	2009
136	大颗粒大比表面积氟化铈的制备及表征	张瑞祥、刘海旺、李慧琴、斯琴毕力格、马显东	稀土	2009
137	掺杂 $BaTiO_3$ 对 $LaCrO_3$ 电阻率的影响	王　峰、李德辉、成　宇、孙良成、周天亮	稀土	2009
138	Effect of praseodymium substitution for lanthanum on structure and properties of $La_{0.65-x}Pr_{x}Nd_{0.12}Mg_{0.23}Ni_{3.4}Al_{0.1}$ (x=0.00~0.20) hydrogen storage alloys	Yan H. Z.、Kong F. Q.、Xiong W.、Li B. Q.、Li J.	J. Rare Earths	2009
139	$La_{0.65-x}Pr_{x}Nd_{0.12}Mg_{0.23}Ni_{3.4}Al_{0.1}$ (x = 0.0 ~ 0.2) 储氢合金电化学性能研究	熊　玮、闫慧忠、孔繁清、李宝犬、李　金	中国稀土学报	2009
140	The effects of annealing time on the structure and hydrogen storage properties of $La_{0.55}Nd_{0.15}Pr_{0.05}Mg_{0.25}Ni_{3.3}Al_{0.1}$ hydrogen storage alloy	Kong F. Q.、Yan H. Z.、Xiong W.、Li B. Q.、Li J.、Wang Y.	中国稀土学报	2009
141	$La_{0.55}Pr_{0.05}Nd_{x}Mg_{0.4-x}Ni_{3.3}Al_{0.1}$ (x=0.1~0.2) 储氢合金的高温电化学性能研究	李　金、闫慧忠、孔繁清、熊　玮、李宝犬	中国稀土学报	2009
142	SiO_2包覆 Gd_2O_3：Er^{3+}，Yb^{3+}纳米粉的制备与结构及发光性能	王忠志、陈向群、沈雷军　等	稀土学报	2009
143	$YVO_4 \cdot xTiO_2$：Eu^{3+}荧光粉的发光性质研究	李　波、沈雷军、周永勃　等	发光学报	2009
144	Tb 对 $Fe_{81}Ga_{19}$合金的组织和磁致伸缩性能的影响	张光睿、江丽萍、郝宏波、吴双霞	功能材料	2009
145	干燥技术在制备纳米氧化物中的应用	刘铃声	稀土	2009
146	ICP-MS 法测定氧化钆中铅、镉、汞、砷等有害元素	包香春	稀土	2009
147	重铬酸钾容量法测定镝铁合金中的铁量	高励珍	稀土	2009
148	稀土在涂料工业中的应用	张玉玺、唐黎明、曹鸿璋	涂料工业	2009
149	铽对磁性形状记忆合金 $Ni_{29}Mn_{29}Ga_{21}$性能的影响	郝宏波、江丽萍、吴双霞、张光睿、赵增祺	中国稀土学报	2009
150	$Fe_{83}Ga_{17}Tb_{5}$ 合金的显微组织分析	吴双霞、江丽萍、郝宏波、张光睿、韩　莉	中国稀土学报	2009
151	低钴贮氢合金性能研究及热力学函数测定	娄树普（第二作者）	稀土	2009
152	低氧速凝工艺制备 RE(Nd,Pr)-Fe-B 稀土母合金的研究	娄树普（第四作者）	稀土	2009
153	软测量在钕铁硼氢粉碎工艺过程中的应用	娄树普（第三作者）	稀土	2009
154	高浓度溶液共沉技术制备晶型碳酸镨钕工业化生产试验研究	岑　治、夏长林、姬志强、许朝辉、杨海涛	稀土	2010
155	采用化学法降低碳酸镧产品中的非稀土杂质	娄利平、古玉琛、张太红	包钢科技	2010
156	灼烧温度对镨钕二元氧化物比表面积、密度影响的研究	李慧琴、刘海旺、张瑞祥、许宗泽、胡珊珊	稀土	2010

续表 3-23

序号	论文名称	作者	刊物名称	发表时间
157	灼烧温度对镨钕二元氧化物粒度和形貌影响的研究	张瑞祥、李慧琴、刘海旺、许宗泽、胡珊珊	稀土	2010
158	热处理对 $LaFe_{11.2}Co_{0.7}Si_{1.1}B_{0.2}$ 合金磁热效应的影响	金培育、黄焦宏、刘翠兰、闫宏伟、邓 沅	稀土	2010
159	New La-Fe-B ternary system hydrogen storage alloys	H. Z. Yan、F. Q. Kong、W. Xiong、B. Q. Li、J. Li、L. Wang	International Journal of Hydrogen Energy	2010
160	$(Eu_xM_{1-x})Al_5O_{12}$（M=Y，Gd）的发光性质研究	李 波、沈雷军、赵增祺 等	稀土	2010
161	$Nd_{9.2}Fe_{84.8-x}Zr_xB_6$ 纳米复相永磁材料的研究	赵明静、刘国征、赵 军 等	中国稀土学报	2010
162	Luminescent properties of $YVO_4 \cdot xTa_2O_5$	王忠志、沈雷军、李 波 等	稀土学报（英文版）	2010
163	Research on microsture and magnetostriction of $Fe_{83}Ga_{17}Dy_x$ alloys	Jiang Liping、Zhang Guangrui、Yang Jiandong、Hao Hongbo、Wu Shuangxia、Zhao Zengqi	Journal of Rare Earths	2010
164	Fe-Ga 合金磁致伸缩性能的研究进展	张光睿、江丽萍、吴双霞、郝宏波	材料研究与应用	2010
165	$Ni_{50}Mn_{25+x}Ga_{25-x}Tb_{0.5}$（x=0、1.5、3、4.5、6）合金马氏体相变与磁性能	张光睿、江丽萍、吴双霞、郝宏波、赵增祺	金属功能材料	2010
166	碳酸氢铵沉淀法制备超细 Y_2O_3 反应条件对粒度的影响	刘铃声	稀土	2010
167	$La_{1-x}Ba_xCo_{0.8}Ni_{0.2}O_3$ 复合氧化物的制备及其对 CO 催化燃烧性能	许延辉	中国稀土学报	2010
168	铬掺杂钴酸镧催化剂制备及其甲烷催化燃烧性能	许延辉	稀有金属	2010
169	Fe-substituted nanometric $La_{0.9}K_{0.1}Co_{1-x}Fe_xO_{3-\delta}$ perovskite catalysts used for soot combustion, NO_x storage and simultaneous catalytic removal of soot and NO_x	李兆强	Chemical Engineering Journal	2010
170	Applications of X-ray fluorescence analysis of rare earths in China	吴文琪	Journal of rare earths	2010
171	采用化学法降低碳酸镧产品中的非稀土杂质	娄利平、张太红	包钢科技	2010
172	ICP-AES 法测定碳酸稀土、氯化稀土中氧化铕量	金斯琴高娃	稀土	2010
173	包头稀土精矿浓硫酸低温焙烧工艺技术研究	马 莹	稀土	2010
174	草酸沉淀法制备大颗粒氧化钇工艺研究	马 莹	稀有金属	2010
175	Study on the preparation process of large particle cerium oxide	马 莹	Journal of Rare Earths	2010
176	草酸盐重量法测定镝铁合金中稀土总量	高励珍	稀土	2010
177	稀土复合物在水性聚氨酯涂料中紫外屏蔽研究	张玉玺、肖耀南、曹鸿璋、李春成、于晓丽	涂料工业	2010
178	共沉淀—喷雾干燥法制备钴酸镧催化剂	张旭霞	稀土	2010
179	无水氯化铈在有机合成中的应用	边占喜、郝先库、张瑞祥、刘海旺、王士智	稀土	2010
180	链条锅炉的燃烧新技术	白 富	中国甜菜糖业	2011
181	球磨 $La_2Mg_{17}+x\%Ni$（x=50、100、150、200）复合贮氢合金的电化学性能研究	王 平、张 胤、李 霞、张羊换	中国稀土学报	2011

续表 3-23

序号	论文名称	作者	刊物名称	发表时间
182	甲基磺酸铈（Ⅳ）在有机合成中的应用	郝先库、张瑞祥、刘海旺、王士智	稀土	2011
183	掺杂 Sm^{3+} 对 CeO_2 基黄色颜料影响研究	郝志峰、常宏涛、胡珊珊、陈敏璇、张瑞祥	中国陶瓷	2011
184	大颗粒 LSM 的制备及表征	王 军、姜晓丽、李维华、张 敏、张瑞祥	稀土	2011
185	氢氧化镧增效阻燃聚丙烯的研究	孔繁清、胡 源、闫慧忠、李 金、熊 玮	稀土	2011
186	YVO_4 ：Er^{3+}的合成及真空紫外发光性质的研究	沈雷军、赵增祺、李 波 等	稀土	2011
187	纳米粉体表面改性研究现状	刘铃声	稀土	2011
188	富 H_2 中优先氧化 CO 的 CeO_2/CuO 催化剂的研究进展	王 艳	化工进展	2011
189	Solvent extraction of titanium from the simulated ilmenite sulfuric acid leachate by trialkylphosphine oxide	郝肖丽	Hydrometallurgy	2011
190	ICP-AES 法测定镝铁合金中稀土杂质	刘晓杰	稀土	2011
191	电感耦合等离子体质谱法测定钕铁硼中铝、钴、铜、镓、锆、铽、钛、铌	张立锋	冶金分析	2011
192	X 射线荧光光谱分析稀土的研究进展	吴文琪	冶金分析	2011
193	X 射线荧光光谱分析稀土的研究进展	吴文琪	稀土化合物与应用	2011
194	大粒度氧化钕的制备工艺研究	马 莹	稀土	2011
195	电感耦合等离子体发射光谱法测定镝铁合金中非稀土杂质	金斯琴高娃	稀土	2011
196	超细氧化铈提高聚氨酯耐热性能研究	张玉玺、唐黎明、曹鸿璋	稀土	2011
197	焙烧温度对介孔 CuO/CeO_2 变换催化剂结构和性能的影响	赵文怡	内蒙古工业大学学报	2011
198	稀土黄色颜料研究进展	陈建利、郝先库、赵永志、张瑞祥、胡珊珊	中国陶瓷	2012
199	显微组织对 $Al_{12}Zn_{2.4}Mg_{1.1}Cu$ 合金沉积态、挤压态力学性能的影响	刘玉宝、侯小虎	热加工工艺	2012
200	液相扩散对钕铁硼磁体性能和组织结构的影响	刘小鱼、赵明静、刘国征、刘树峰	稀土	2012
201	热处理工艺对粉末烧结样品 $La(Fe_{11.2}Co_{0.7}Si_{1.1})B_{0.25}$ 磁热效应的影响	刘翠兰、黄焦宏、程 娟、闫宏伟、金培育	稀土	2012
202	数控往复式室温磁致冷机的研制	金培育、黄焦宏、闫宏伟、刘翠兰、程 娟	稀土	2012
203	Sm_2O_3掺杂 BSTN 陶瓷的制备与介电性能	李 波、沈雷军、王忠志 等	稀土	2012
204	PDP 荧光粉的研究进展	高乐乐、沈雷军、李 波 等	稀土	2012
205	$La_{15}Fe_{77}B_8$ 型储氢合金的结构和电化学性能	闫慧忠、熊 玮、孔繁清、李 金、李宝犬	中国稀土学报	2012
206	$Fe_{83}Ga_{17}Dy_x$ 合金组织结构及磁致伸缩性能研究	江丽萍、张光睿、郝宏波、吴双霞、杨建东	材料热处理学报	2012
207	Decompose of bastnasite and monazite mixed rare earth minerals calcined by alkali-liquid	许延辉	Journal of Rare Earths	2012
208	包头混合稀土矿清洁冶炼资源综合提取技术研究	许延辉	中国稀土学报	2012
209	废抛光粉中稀土的回收	赵文怡	稀土	2012

续表 3-23

序号	论 文 名 称	作 者	刊物名称	发表时间
210	稀土纳米材料的研究进展	刘铃声	稀土	2012
211	EDTA 滴定法测定稀土矿石中氧化钙	周凯红	冶金分析	2012
212	工业化 HF 酸气体法氟化炉计算机控制与集中管理	孙奕立	稀土	2012
213	X 荧光光谱法分析稀土铝合金中稀土、铅、硅、磷	张术杰	稀土	2012
214	电感耦合等离子体质谱法测定铁精矿中铬砷镉锡锑铅铋	包香春	冶金分析	2012
215	ICP-AES 法同时测定钐钴合金中的钐、钴、铜、铁、锆和钆量	王东杰	稀土	2012
216	硫酸焙烧分解包头混合稀土精矿添加铁泥的研究	陈建利、柳凌云、董福柱、谢 军	稀土	2012
217	稀土黄色颜料研究进展	陈建利、郝先库、赵永志、张瑞祥、胡珊珊	中国陶瓷	2012
218	对数螺旋凸轮机构的设计与研究	刘军营、李 强、闫洪波、刘改珍	煤矿机械	2012
219	等压力角传动凸轮机构运动学分析及应用	刘军营、李 强、闫洪波、刘改珍	煤矿机械	2012
220	Microstructures and electrochemical characteristics of $La_{0.7}Ce_{0.3}Ni_{3.75-x}Cu_{0.75}Mn_{0.35}Al_{0.15}(V_{0.81}Fe_{0.19})_x$ (x =0~0.20) hydrogen storage alloys	吉力强 等	Journal of Alloys and Compounds	2012
221	Phase structure and electrochemical properties of $La_{0.7}Ce_{0.3}Ni_{3.75}Mn_{0.35}Al_{0.15}Cu_{0.75-x}(Fe_{0.43}B_{0.57})_x$ hydrogen storage alloys	吉力强 等	Journal of Alloys and Compounds	2012
222	Microstructures and electrochemical properties of $La_{0.7}Ce_{0.3}Ni_{3.75-x}Cu_{0.75}Mn_{0.35}Al_{0.15}(Fe_{0.43}B_{0.57})_x$ hydrogen storage alloys	吉力强 等	Electrochimica Acta	2012
223	Microstructure and electrochemical properties of $La_{0.7}Ce_{0.3}Ni_{3.75}Mn_{0.35}Al_{0.15}Cu_{0.75-x}(V_{0.81}Fe_{0.19})_x$ hydrogen storage alloys	吉力强 等	Journal of Rare Earth	2012
224	放电等离子烧结制备高强度奥氏体不锈钢	王海涛、陈宏超、王 鹏、向建勇、陈灿坤	燕山大学学报	2013
225	铈基稀土抛光粉焙烧过程的研究	杨国胜、崔凌霄、谢 兵、黄绍东、吴文远	稀土	2013
226	稀土蓝色颜料研究进展	王士智、郝先库、张瑞祥、刘海旺、马显东	中国陶瓷	2013
227	稀土绿色颜料研究进展	李慧琴、王士智、郝先库、刘海旺、张瑞祥	中国陶瓷	2013
228	钆元素在碳酸钠、碳酸氢铵溶液中溶解性研究	赵永志、郝先库、张瑞祥、胡珊珊、马显东	稀土	2013
229	过氧碳酸钆的制备及表征	陈建利、郝先库、赵永志、张瑞祥、王士智	稀土	2013
230	回用碳酸稀土沉淀废水配制萃取分离低反液和洗液	王士智、郝先库、张瑞祥、刘海旺、张力强	稀土	2013
231	压电发电技术及其应用研究	温永清、刘小鱼、鲁 飞、孙良成、刘树峰	稀土	2013
232	过氧碳酸钆的制备及表征	陈建利、郝先库、赵永志、张瑞祥	有色金属	2013

续表 3-23

序号	论文名称	作者	刊物名称	发表时间
233	碳酸氢铵沉淀法制备少钕碳酸稀土粒度研究	柳凌云、刘　磊、谢　军、戴永久、赵　军	稀土	2013
234	高总量碳酸铈的制备和表征	柳凌云、刘　磊、姚龙君、彭　婧、萨如拉	稀土	2013
235	稀土熔盐电解槽的电压平衡计算	陈国华、王小青、张志宏、刘中兴、伍永福	稀土	2013
236	掺杂 $CaCO_3$ 及 B_4C 对铬酸镧陶瓷连接体的影响	王　峰、孙良成、白　洋、成　宇、李德辉	中国稀土学报	2013
237	稀土元素对 FeCo 合金微观组织及磁性能的影响	刘树峰、赵明静、刘小鱼、鲁　飞、孙良成	稀土	2013
238	Refrigeration effect of $La(FeCoSi)_{13}B_{0.25}$ compounds and gadolinium metal in reciprocating magnetic refrigerator	Cheng Juan、Liu Guodong、Huang Jiaohong、Lin Cuilan、Jin Peiyu、Yan Hongwei	Journal of Rare Earths	2013
239	SPS 烧结样品 $La(Fe_{11.2}Co_{0.7}Si_{1.1})B_{0.25}$ 的磁热效应	刘翠兰、黄焦宏、张　涛、程　娟、金培育	稀土	2013
240	硼对 $La_{17}Fe_{76}B_7$ 型储氢合金结构和电化学性能的影响	王　利、闫慧忠、李宝犬、熊　玮、李　金	中国稀土学报	2013
241	淬火剂对快淬 $La_{12}Ce_3Fe_{10}Ni_{63}Mn_5Al_6B$ 合金的影响	李宝犬、赵伟杰、王　利、熊　玮、闫慧忠	电池	2013
242	Si 对 $Y_{0.3}Ca_{0.7}TiO_3:Pr^{3+}$ 发光性质的影响	高乐乐、沈雷军、李　波　等	稀土	2013
243	近紫外激发的新型蓝色荧光粉 $YV_xP_{1-x}O_4:Ta^{5+}$ 的合成与发光性能	王忠志、沈雷军、李　波　等	中国稀土学报	2013
244	Giant enhancement in the magnetostrictive effect of FeGa alloys doped with low levels of terbium	Liping Jiang、Jiandong Yang、Hongbo Hao、Guangrui Zhang、Shuangxia Wu、Yajie Chen	Appl. Phys. Lett.	2013
245	Dispersed conductive polymer nanoparticles on graphitic carbon nitride for enhanced solar-driven hydrogen evolution from pure water	Yi Sui、Jinghai Liu、Yuewei Zhang、Xike Tian、Wei Chen	Nanoscale	2013
246	Sr 掺杂对 $LaCoO_3/\gamma\text{-}Al_2O_3$ 催化剂结构和性能的影响	赵文怡	稀土	2013
247	负载型 $LaCoO_3/\gamma\text{-}Al_2O_3$ 催化剂的制备及性能的研究	赵文怡	稀土	2013
248	ICP-MS 法测定钆镁合金中稀土杂质	张翼明	稀土	2013
249	ICP-AES 法测定氧化钕中硫的含量	张秀艳	稀土	2013
250	基于现场可编程门阵列的水车式流量控制系统	孙奕立	稀土	2013
251	钆镁合金中稀土总量的测定——草酸盐重量法	王素梅	稀土	2013
252	静态离子交换分离—硫酸钡比浊法测定高铈化合物中硫酸根含量的测定	王素梅	冶金分析	2013
253	ICP-AES 法测定镨钕镝合金中的稀土杂质	杜　梅	稀土	2013
254	电感耦合等离子体发射光谱法测定稀土矿石中的三氧化二铝	刘晓杰	岩矿测试	2013
255	水蒸气蒸馏—EDTA 滴定法测定氟化镝中氟	刘　春	冶金分析	2013
256	稀土硅铁合金及镁硅铁合金中钙、镁、锰量的分析方法——ICP-AES 法	金斯琴高娃	稀土	2013
257	ICP-AES 法测定钕铁硼废料中非稀土杂质	刘晓杰	稀土	2013

续表 3-23

序号	论文名称	作者	刊物名称	发表时间
258	二氧化铈抗紫外性能研究进展	于晓丽、曹 璋、张玉玺、刘铃声、弓永强	稀土	2013
259	包钢稀土冶炼厂动力车间蒸汽冷凝水的利用	杨蕾华、南丽君	科技致富向导	2014
260	化工企业的库存成本分析	南丽君、杨蕾华	现代经济信息	2014
261	真空感应熔炼制备型储氢合金工艺研究	李 倩、刘永活、高 峰、景永强、曹 慧	金属功能材料	2014
262	白云鄂博矿稀土选别研究	陈宏超	稀土	2014
263	金属化率与还原度关系的探讨及应用	刘玉宝、曹永存、李 明 等	铁合金	2014
264	氟化物体系电解稀土氧化物制备稀土金属研究	陈宇昕	稀土	2014
265	碳化铌的合成及应用研究进展	刘玉宝、李 麟、张先恒 等	稀有金属与硬质合金	2014
266	CIGS 薄膜太阳能光伏产业发展现状	鲁 飞、刘小鱼、孙良成、王 峰、刘树峰	材料导报	2014
267	Effect of particle size on the hysteretic behavior and magnetiocaloric effect of $La_{0.5}Pr_{0.5}Fe_{11.4}Si_{1.6}$ compound	Jiaohong Huang、Naikun Sun、Cuilan Liu、Yumei Ge、Tao Zhang、Feng Liu、Pingzhan Si	Sin.	2014
268	筒式永磁室温磁制冷机的研制	金培育、黄焦宏、闫宏伟、杨占峰、张英德	稀土	2014
269	磁制冷技术的新进展	金培育、黄焦宏、闫宏伟、杨占峰、刘翠兰	稀土	2014
270	The influence of boron content on the structural and electrochemical properties of the $La_{15}Fe_{77}B_8$-type hydrogen storage alloy	Li Wang、Huizhong Yan、Wei Xiong、Baoquan Li、Jin Li、Fanqing Kong	Journal of power sources	2014
271	元素替代及导电剂对稀土 Y_2FeSb_2 合金结构和电化学性能的影响	王 利、熊 玮、闫慧忠、李宝犬、孔繁清	稀土	2014
272	Investigation of the thermodynamic and kinetic properties of La-Fe-B system hydrogen-storage alloys	W. Xiong、B. Q. Li、L. Wang、J. Li、F. Q. Kong、H. Z. Yan	International journal of hydrogen energy	2014
273	$La_{15-x}Ce_xFe_{14}Ni_{64}Mn_5B_2$ ($x=0\sim6$) 储氢合金结构及电化学性能研究	李宝犬、熊 玮、王 利、刘红军、闫慧忠	稀土	2014
274	A study of vacuum ultraviolet spectrals of YVO_4 : Tm^{3+}	沈雷军、李 波、王忠志 等	发光学报	2014
275	氯化钙焙烧盐酸分解提取白云鄂博选铌尾矿中的钪	许延辉	稀土	2014
276	废催化剂中稀土资源的回收与综合利用	秦玉芳	稀土	2014
277	Introduction of comprehensive utilization of 801 deposit mineral resources in jarud Banner, Inner Mongolia	罗淇文	Journal of Rare Earths	2014
278	电感耦合等离子体质谱法测定空气中氧化镨	张立锋	冶金分析	2014
279	电感耦合等离子体质谱法测定稀土氧化物中氧化铕	杜 梅	冶金分析	2014
280	电感耦合等离子体发射光谱法测定包头稀土矿中的稀土总量	杜 梅	岩矿测试	2014
281	电感耦合等离子体原子发射光谱法测定铌精矿中铌、锰、钛	杜 梅	理化检验（化学分册）	2014
282	重铬酸钾溶液浸取—电感耦合等离子体发射光谱法测定稀土镁硅铁合金中氧化镁	刘晓杰	冶金分析	2014
283	电感耦合等离子体原子发射光谱法测定钕铁硼中钼钨铌锆钛	杜 梅	冶金分析	2014

续表 3-23

序号	论文名称	作者	刊物名称	发表时间
284	碱熔融—分光光度法测定富铌渣中氟的探讨	刘　春	冶金分析	2014
285	ICP-AES 法测定钕铁硼废料中稀土总量	刘晓杰	稀土	2014
286	电感耦合等离子体质谱法测定镧镁合金中稀土杂质	张立锋	冶金分析	2014
287	重铬酸钾滴定法测定硼铁合金中全铁	王素梅	冶金分析	2014
288	钕铁硼磁性材料生产工艺及其废料综合利用的研究进展	刘晓杰	稀有金属与硬质合金	2014
289	稀土标准分析方法中稀土元素分析谱线的述评	杜　梅	稀土	2014
290	高氯酸脱水—重量法结合电感耦合等离子体原子发射光谱测定富铌渣中二氧化硅	刘　春	冶金分析	2014
291	水蒸气蒸馏—分光光度法测定钆镁合金中氟量	刘　春	稀土	2014
292	电感耦合等离子体质谱法测定硫化矿中金	张翼明	冶金分析	2014
293	稀土助剂改性水性氯磺化聚乙烯防腐涂料性能研究	曹鸿璋、张玉玺、于晓丽、刘铃声、弓永强	稀土	2014
294	氟橡胶改进技术研究进展	曹鸿璋、刘杰民、张玉玺、于晓丽、刘铃声	橡胶工业	2014
295	稀土复合助剂在胶粉改性路面沥青中的应用研究	张玉玺、孙晓华、孙广杰、王世伟、曹鸿璋、于晓丽	稀土	2014
296	Mg-25La 中间合金无溶剂保护熔炼工艺研究	胡文鑫	稀有金属	2014
297	稀土元素对镁合金组织结构与性能影响的研究进展	胡文鑫	稀土	2014
298	Fe-Ga 合金及应用研究进展	江丽萍、郭利利、郝宏波、张光睿	金属功能材料	2014
299	活化制度对镍氢电池高温性能的影响	皇甫益、曹生彪	稀土	2014
300	大颗粒氧化钆的制备及物理性能研究	王士智、赵永志、郝先库、张瑞祥、刘海旺	稀土	2014
301	稀土紫色陶瓷颜料研究进展	王士智、郝先库、赵永志、刘海旺、张瑞祥	中国陶瓷	2014
302	碳酸氢铵沉淀法制备大颗粒球形氧化钇的研究	刘慧琴、李　健、赵永志、张瑞祥、郝先库	稀土	2014
303	磷钨酸铈催化合成棕榈酸甲酯	李慧琴、马显东、陈娇华、张瑞祥、王士智	稀土	2014
304	矿化剂对黄色颜料 $Sm_3Ce_{0.66}Mo_{0.04}O_{(1.85-\delta)}$ 光学性能影响	李慧琴、陈敏璇、韩　强、马显东、胡珊珊	中国陶瓷	2014
305	氯化铵结晶工序的设备选型及校验	梁永生、边永峰、郑　超	包钢科技	2015
306	基于 EMC 模式实施节能项目的实践与探讨	马　越、王思捷、于海涛	冶金能源	2015
307	氯化铵结晶工序的设备原型及校验	梁永生、边永峰、郑　超	包钢科技	2015
308	N_{235}洗水废水的处理与资源回收探索	汤燕燕、马志明、王思捷	包钢优秀科技论文集	2015
309	用碳酸钠作沉淀剂制备低钠碳酸镧	姜晓丽、陈建博、国树山、桑晓云、邢全生	稀土	2015
310	P_{507}—盐酸—煤油萃取体系中去除氯化镨钕溶液中铝的工艺研究	王　珊、赵治华、桑晓云	科技创新导报	2015
311	稀土离子 Eu^{3+}、Tb^{3+}掺杂 $SrMoO_4$ 体系的制备及发光性能研究	张晓东、李　霞、刘勇俊、李二斗	山东工业技术	2015

续表 3-23

序号	论 文 名 称	作 者	刊物名称	发表时间
312	稀土精细化工的广阔前景	许 慧	中国化工贸易	2015
313	碳酸稀土沉淀废水回用配制皂化剂	李培忠、郝志峰、王士智、郝先库、张瑞祥	稀土	2015
314	稀土湿法冶炼工业中的化工问题	李婷婷	中国化工贸易	2015
315	锌与钐的萃取分离工艺研究	王 军、李向阳、郝先库、张瑞祥、胡珊珊	稀土	2015
316	化工稀土开发目标	张永华	中国化工贸易	2015
317	铈基稀土抛光粉组织结构研究	程 磊、任慧平、崔凌霄、金自力	稀土	2015
318	稀土萃取分离皂化工艺及其废水资源化探讨	刘瑞金、赵治华、桑晓云	稀土	2015
319	浓硫酸高温焙烧稀土精矿水浸液镁皂化废水的资源化	刘 磊、谢 军、李 赫、柳凌云	湿法冶金	2015
320	混合碳酸轻稀土产品和氯化稀土料液中磷的测定	张桂梅、杨春红、王新萍、徐 宁	包钢科技	2015
321	Phase Structure and electrochemical characteristics of rhombohedral super-Stacking $La_{0.77}Mg_{0.23}Ni_{3.72}$ hydrogen strage alloy	曹生彪	Journal of the Electrochemical Society	2015
322	树脂交换—比浊法测定混合碳酸轻稀土及氯化稀土料液中的硫酸根	张桂梅、张晓东、周晓东、王新萍、徐 宁	包钢科技	2015
323	Effect of Nd on subunits structure and electrochemical properties of super-stacking $PuNi_3$-type La-Mg-Ni-based alloys	曹生彪	Journal of the Electrochemical Society	2015
324	黄色颜料 $Sm_xCe_{(1-x-0.04)}Mo_{0.040(2-x/2+\delta)}$ 呈色性能的研究	李慧琴、刘 全、郝先库、赵永志、张瑞祥	中国陶瓷	2015
325	熔盐电解法制备镨钕镝合金的研究	陈国华、王小青、刘玉宝、赵二雄、于 兵	稀土	2015
326	轻稀土萃取分离皂化废水回用配制皂化剂	李培忠、郝志峰、王士智、郝先库、张瑞祥	稀土	2015
337	熔盐电解法制备镨钕钆合金的研究	陈国华、曹永存、刘玉宝、李 坤、陈宇昕	中国稀土学报	2015
328	稀土钒酸盐体系发光材料研究进展	沈雷军、李 波、王忠志 等	稀土	2015
329	白光 LED 用 $(Y_xGd_{(1-x)})(P,W)O_4$：Eu 红色荧光粉的发光性能研究	李 波、王育华、沈雷军 等	中国稀土学报	2015
330	Co，Mn 对 $La(FeSi)_{13}B_x$ 合金及其氢化物磁热性能的影响	刘翠兰、夏 伟、黄焦宏、程 娟、张英德	稀土	2015
331	制备条件对氧化镨钕物理性能的影响研究	赵文怡	稀土	2015
332	高纯氢氧化铈制备工艺研究	乔 军	湿法冶金	2015
333	从催化剂污泥中提取稀土试验研究	张旭霞	湿法冶金	2015
334	从催化剂污泥中稀土浸出及其动力学研究	张旭霞	稀土	2015
335	同时消除柴油车 Soot 与 NO_x 稀土催化剂的研究进展	王 艳	稀土	2015
336	钐钴合金中钴的测定方法研究	王东杰	稀土	2015
337	酸溶法测定稀土抛光粉中的稀土总量	于亚辉	稀土	2015
338	氧化钇稳定氧化锆中氧化锆含量的测定	王素梅	稀土	2015
339	聚苯乙烯树脂处理稀土皂化含油废水实验研究	张文娟	湿法冶金	2015
340	废镍氢电池的资源化利用可行性研究	王晶晶	环境污染与防治（增刊）	2015

续表 3-23

序号	论文名称	作者	刊物名称	发表时间
341	碱焙烧法从稀土抛光粉废渣中回收稀土	刘晓杰	稀土	2015
342	氟磷灰石模拟矿相合成工艺研究	李　娜	矿冶工程	2015
343	钐钴磁性材料废料综合利用技术研究	王晶晶	稀土	2015
344	白云鄂博稀土矿联动萃取分离流程的经济技术指标比较	赵治华、姜晓丽、胡　刚、郑　健、李俊林、王新宇	中国稀土学报	2016
345	提高碳酸铈稀土总量的工艺研究	高天佐、娄利平、张太红、郝一鸣、白　杰	包钢科技	2016
346	固固转化法高效制备氯化稀土的工艺研究	高　媛、李婷婷、刘瑞金、赵志强、刘建军	矿冶工程	2016
347	N_{235}净化稀土溶液废水净化回用的研究	张　磊、柳召刚、许　慧、代晓彬、李俊平	有色金属	2016
348	稀土萃取中模糊自调整 PID 的给料流量智能控制系统研究	刘　骏、李爱莲	中小企业管理与科技	2016
349	ICP-AES 法测定轻稀土分离生产线中的常量和微量稀土	张桂梅、曹俊杰、任　迪、李淑萍、董三力	山东化工	2016
350	稀土掺杂 ZnVO 基压敏陶瓷的研究进展	姚园林、李慧琴、韩晓星	金属功能材料	2016
351	低碳 PrNd 合金制备烧结钕铁硼磁体	邹旭杰	金属功能材料	2016
352	在 SmC_{13}和 $ZnCl_2$溶液中加入 NH_4Cl 制备 Sm_2O_3	李慧琴、郑　超、刘　全、郝先库、张瑞祥	稀土	2016
353	EuS 纳米晶合成方法及性能研究进展	许宗泽、郝先库、赵永志、张瑞祥、马显东	稀土	2016
354	从氧化铈废料中回收稀土试验研究	许国华、赵　军、刘　磊、牟保畏	湿法冶金	2016
355	包头含铌铁精矿选择性还原试验	刘玉宝、王静松、张先恒　等	钢铁	2016
356	碳化硅结合氮化硅材料绝缘性能的研究	陈国华、刘玉宝、赵二雄、于　兵、曹永存	稀土	2016
357	氧化钇陶瓷的热压烧结和耐蚀行为	鲁　飞、刘树峰、孙良成、刘小鱼、李　慧	稀土	2016
358	从盐酸体系中直接制备低氯根碳酸铈	田　皓	稀土	2016
359	分光光度法测定氯化稀土，碳酸稀土中磷酸根量	高励珍	稀土	2016
360	硫氰酸钾-1，10-二氮杂菲分光光度法测定镁锰铈合金中铁	于亚辉	冶金分析	2016
361	电感耦合等离子体发射光谱法测定稀土矿石中氧化铌，氧化锆，氧化钛量	金斯琴高娃	稀土	2016
362	电感耦合等离子体质谱法测定白云鄂博矿区土壤及植物中稀土总量	张立锋	稀土	2016
363	电感耦合等离子体原子发射光谱（ICP-AES）法测定镧玻璃废粉中稀土元素总量及配分量	周凯红	中国无机分析化学	2016
364	PVC 稀土改性剂的研究与应用	赵　峰、张玉玺、曹鸿璋、于晓丽、贾丽娜	聚氯乙烯	2016
365	用硝酸铵复盐沉淀法制备高纯硝酸铈铵	乔　军	湿法冶金	2016
366	氯化铈的制备工艺及表征	乔　军	湿法冶金	2016
367	稀土高温酸法工艺放射性废渣资源性研究	崔建国	稀土	2016
368	含稀土 NH_3-SCR 脱硝催化剂研究进展	王　艳	稀土	2016
369	电感耦合等离子体发射测定电池级混合稀土金属中稀土配分和非稀土杂质	张桂梅、周晓东	冶金分析	2016

续表 3-23

序号	论 文 名 称	作 者	刊物名称	发表时间
370	电感耦合等离子体发射光谱法测定稀土产品和中间控制产品中的铝	张桂梅、周晓东	理化检验	2016
371	热处理对 $La_{0.53}Ce_{0.47}Ni_{3.4}Co_{0.6}Mn_{0.3}Cu_{0.1}$ 合金相结构和储氢性能的影响	曹 慧、柳召刚、徐 津、王剑辉、罗淇文	有色金属	2016
372	A facile hydrothermal etching process to in-situ synthesize highly efficient TiO_2/Ag nanocube photocatalysts with high energy facets exposed for enhanced visible-light-driven photocatalytic performance	张 丽	CrystEngComm	2016

第五章 科技活动

第一节 科技情报机构

一、全国稀土信息网

1976年，冶金部在包头成立冶金部稀土金属情报网。由稀土研究院稀土信息中心（当时冶金研究所情报室）担任网长，其成员主要是冶金系统的稀土企事业单位及应用厂家。1986年11月，经全国稀土推广应用领导小组办公室（国务院稀土办前身）批准，将冶金部稀土金属情报网更名为全国稀土情报网。1992年12月，又更名为全国稀土信息网并延续至笔讫。30年来，全国稀土信息网在国内外的影响日益扩大，对推动中国稀土事业的发展做出了巨大的贡献。全国稀土信息网的业务工作由全国稀土推广应用领导小组办公室（即国家发展和改革委员会）领导。全国稀土信息网包括稀土生产、科研、应用、设计和管理部门的近百家会员单位，形成跨地区、跨部门、跨行业的全国性的稀土信息网络系统。

“七五”至2016年，以全国稀土信息网和中国稀土学会等名义，编印了100余种稀土文献资料，为中国稀土企业提供了丰富的文献服务。

二、中国稀土学会信息专业委员会

1991年，中国稀土情报专业委员会学会（现称中国稀土信息专业委员会）成立，挂靠单位包头稀土研究院，是中国稀土学会根据学术活动的需要，下设的15个专业委员会之一，具体工作由稀土信息中心做。学会成立后，组织全国稀土企业开展信息交流、座谈、联谊等会议，广泛开展国际间的交流活动，为政府、各级领导部门及稀土企事业单位提供了大量的科技情报信息，为科研院所与企业之间搭建了桥梁和纽带。

三、中国稀土学会技术经济专业委员会

1991年，中国稀土学会技术经济专业委员会成立（原称企业分会），是中国稀土学会根据学术活动的需要，下设的15个专业委员会之一。挂靠单位为冶金进出口公司稀土公司。2001年，挂靠单位更改为稀土研究院，具体工作由稀土信息中心承担。中国稀土学会技术经济专业委员会成立后，在中国稀土学会理事会的领导下，联合中国稀土学会信息专业委员会做了大量的工作，组织全国稀土企业开展信息交流、座谈、联谊等会议，广泛开展国际间的交流活动，为政府、各级领导部门及稀土企事业单位提供了大量的科技情报信息，为科研院所与企业之间搭建了桥梁和纽带。

四、北方稀土行业生产力促进中心

1999年4月，经国家科技部批准成立北方稀土行业生产力促进中心，4月27日举行揭牌仪式。国家科技部副部长徐冠华、内蒙古自治区副主席云公民和包头市有关领导出席并讲话。该中心依托稀土研究院稀土信息中心，宗旨是贯彻中央科技改革的决定，从中国稀土行业实际出发，发挥科技优势，以服务于稀土中小企业为主要方向和工作内容，全面提升中小企业素质，为稀土企业提供科技、人才、经济、政策等方面的多种服务；组织稀土企业与研究开发机构和大专院校的交流与合作，协助企业建立技术依托，全面提高企业的管理水平和科技素质；组织新技术的开发应用、示范推广，协助企业引进新技术、新产品和新工艺，增强企业技术开发能力；组织稀土中小企业加强内外交流，借鉴先进经验，并对一些有潜力的稀土企业进行重点扶持和帮助；协助开拓国内外合作等。2001年开通了北方稀土行业生产力促进中心网站。

五、内蒙古自治区稀土生产力促进中心

内蒙古自治区稀土生产力促进中心成立于1999年4月。其主要工作是为区内稀土中小企业提供信息、培训、技术等综合服务；引导其依靠科技进步，提高劳动者素质，促进科技成果向实

现生产力的转化，推动稀土产业的健康发展；并负责内蒙古自治区内稀土企业的统计、技术推广、先进管理经验的推广等工作。以提升内蒙古自治区稀土企业的管理水平和科技素质，帮助企业开发、引进人力资源，帮助企业造就具有技术创新意识和创新能力的人才。

第二节 信息研究

1988 年，稀土研究院与北京有色冶金设计研究总院、上海跃龙化工厂共同组织编写《国外稀土产品标准汇编》，1991 年获内蒙古自治区科技情报三等奖；承担的“包头资源综合利用和稀土事实数据库的建设”工作，1990 年通过了冶金部组织的鉴定，1991 年获内蒙古科技情报成果一等奖。

1990 年，参加拍摄了科技录像片“稀土的妙用”，该片 1991 年获内蒙古自治区科技情报成果三等奖。

1990 年，“稀土主题词表”获得内蒙古科技情报成果一等奖；“稀土应用与世界市场分析”获得内蒙古科技情报成果二等奖；“国内稀土产品标准汇编”获得内蒙古科技情报成果二等奖；“国外稀土情报”获得内蒙古科技情报成果三等奖；“国务院稀土领导小组专家调研报告汇编”（第一、二卷）获得内蒙古科技情报成果三等奖；“稀土西文数据库的建立”获得内蒙古科技情报成果一等奖，同时获得包钢科技进步三等奖。

2001 年 3 月 21 日，稀土研究院承担的包头市科委软课题项目“包头市稀土信息资源产业化发展趋势的研究”，通过了科委组织的专家鉴定，研究达到国内同类研究的先进水平。

2001 年 11 月 2 日，稀土研究院承担的国家计委软课题项目“国外稀土产业现状与发展趋势的研究”，通过国家计委稀土办组织的专家评审。该课题对中国稀土产业加强与国外同行的了解，特别是加入世贸组织后如何面对新的机遇和挑战，为政府主管部门决策提供了依据和参考意见。

2004 年，稀土研究院承担课题“中国稀土资源可持续发展的战略研究”、国家发改委课题“中国稀土资源可持续发展规划研究”及“稀土新材料在电子信息产业中的应用现状和展望”、国家知识产权局下达内蒙古知识产权局课题“中国稀土资源综合利用及产业化专利战略研究”等。

2005 年，稀土研究院承担国家发改委课题“稀土工业产业发展政策研究”和“国内外稀土产品现状及发展趋势研究”、内蒙古科技厅课题“稀土资源综合利用及产业化专利战略研究”，通过鉴定；包头科技局课题“包头稀土优势产业发展对策研究”，通过鉴定。

2006 年，稀土研究院配合包头市委政策研究室出版《决策与参考》稀土产业专刊的工作。参加相关软课题的编写工作，所写文章全部被包头市委政策研究室出版的《决策与参考》稀土产业专刊收录；10 月下旬，为了响应国务院副总理曾培炎等领导的批示，参与国家发展和改革委员会制定中国稀土中长期发展规划的编写工作。

2008 年，稀土研究院参与并完成了《国家稀土工业污染物排放标准》的部分内容的资料收集和撰写工作；内蒙古自治区发改委课题“稀土综合信息服务平台系统”；包头稀土高新区课题“中国稀土产业经济分析与国际竞争力研究”；为了贯彻落实自治区政府赵双连副主席在稀土研究院讲话中提出的建议，对稀土终端产品 20 强开展调研工作，稀土信息中心成立了调研小组，对发光材料、贮氢合金、永磁材料、抛光粉四大领域终端企业进行调研，完成调研报告。

2009 年，稀土研究院承担内蒙古自治区课题“稀土综合信息服务平台建设”，建立全新的稀土综合信息资源服务平台系统，使其为稀土企业和政府主管部门以及社会提供全方位的信息服务；完成内蒙古发改委下达的《内蒙古自治区稀土产业调整和振兴规划》的初稿撰写，该规划期为 2009~2013 年；完成“世界稀土专利检索平台”检索导航的编制；受工信部委托开展稀土行业准入条件的制定研究，已于当年完成。

2010 年，稀土研究院承担工信部课题“国内外稀土资源开发和市场需求研究”及国家发改委课题“稀土资源永续利用研究”。

2011 年，稀土研究院参与内蒙古自治区发改委、包头稀土开发区以及包钢稀土的“十二五”规划起草工作；参与撰写内蒙古经信委下达的内蒙古稀土“十二五”发展规划；参与撰写国家工信部“十二五”新材料发展规划中的稀土部分；参加稀土术语标准起草工作。

1997~2016 年，公司完成稀土领域相关信息研究及稀土产业战略、规划等研究项目 24 项，详见表 3-24。

表 3-24　信息课题项目汇总表

编号	项 目 名 称	立项时间	审批部门	参加单位	完 成 人
1	稀土冶金及功能材料国家工程研究中心	1999. 10~2005	国家计委	稀土研究院	张安文、赵增祺
2	国内外电池、汽车尾气净化、荧光粉、发光粉、抛光粉的现状和未来	2000. 1~2000. 12	稀土研究院	稀土研究院	张宏江、王文联
3	稀土应用发展战略研究	2002. 6~2005. 6	科技部	稀土研究院	张安文、夏国金、张宏江
4	我国稀土资源可持续发展规划战略研究	2004. 1~2005. 12	国家发改委	稀土研究院	张安文、夏国金
5	2006 年稀土科研发展方向的研究	2005. 1~2005. 12	稀土研究院	稀土研究院	夏国金
6	国内外主要稀土产品生产现状及发展趋势研究	2005. 1~2005. 12	国家发改委	稀土研究院	张安文、夏国金
7	我国稀土行业"十一五"发展规划	2005. 1~2005. 12	国家发改委	稀土研究院	张安文、夏国金
8	2007 年稀土科研发展方向的研究	2006. 1~2006. 12	稀土研究院	稀土研究院	夏国金、马志鸿、张宏江、张安文、赵增祺
9	国家工程研究中心自主创新能力建设	2006. 1~2006. 12	稀土研究院	瑞科国家工程研究中心	张安文、赵增祺、夏国金、刘国征、许延辉
10	技术创新体系建设（国家工程中心建设）	2006. 1~2007. 12	包头市科技局	瑞科国家工程研究中心	赵增祺、马志鸿、刘国征、闫慧忠、许延辉
11	发热材料应用工程技术研究开发中心	2006. 10~2007. 12	稀土研究院	稀土研究院	李德辉、王　峰、史守华、成　宇、张志宏
12	稀土材料理化检测及工程技术开发中心	2007. 1~2007. 12	科技部	瑞科国家工程研究中心	张志宏、马志鸿、刘国征、郝　茜、韩　丽
13	稀土行业专利信息平台的建立	2007. 1~2007. 12	包头市科技局	瑞科国家工程研究中心	张沛臣
14	内蒙古希苑稀土功能材料工程技术研究中心能力建设	2007. 1~2008. 12	内蒙古科技厅	希苑中心	刘国征、孙良成、孙晓华、闫慧忠、江丽萍
15	国家级稀土行业企业专利工作交流站建设	2008. 1~2009. 12	包头市科技局	稀土研究院	马志鸿、张沛臣、宋洪芳、贾　涛、刘金荣
16	稀土冶金及功能材料国家工程研究中心创新能力建设	2008. 1~2010. 12	国家发改委	瑞科国家工程研究中心	赵增祺、张志宏、马志鸿、许延辉、梁行方
17	稀土材料技术标准战略研究	2008. 3~2009. 12	内蒙古科技厅	稀土研究院	郝　茜、张翼明、许延辉、梁行方
18	加快构建和谐包头的战略研究	2008. 7~2009. 10	包头市科技局	稀土研究院	郭咏梅、宋洪芳、王　彦、邱晓梅、夏国金
19	内蒙古农牧业高新技术国际合作交流	2009. 9~2014. 9	内蒙古科技厅	蒙古国科学院、德国慕尼黑大学、稀土研究院	张宇生、许　涛、朝克图、范明洋
20	稀土功能材料工程技术研究中心能力建设	2012. 1~2013. 12	内蒙古科技厅	功能材料中心	孙晓华、闫慧忠、刘国征、孙良成、孔繁清
21	稀土新材料院士专家工作站	2012. 1~2013. 12	内蒙古科技厅	中国科学院化学研究所、稀土研究院	杨占峰、张志宏、闫慧忠、孙良成、黄焦宏
22	典型地区稀土开发与生产环境风险评估与监管技术研究	2012. 1~2014. 12	环保部	中国环境科学院、稀土研究院	马　莹、郝　茜、王晶晶、侯少春、乔　军
23	北方轻稀土勘查开发试点研究	2012. 3~2013. 3	国土资源部	稀土研究院	杨占峰、许　涛、马　莹、崔建国、王晶晶
24	自治区试点企业、园区资助	2012. 4~2013. 4	内蒙古科技厅	稀土研究院	闫慧忠、刘金荣、贾　涛、申孟林、关晓东

第三节 学术刊物、网站

一、《稀土》杂志

《稀土》杂志于1980年创刊。办刊宗旨：宣传稀土知识，进行学术交流，及时报道稀土新工艺、新技术，传递情报信息。《稀土》杂志是伴随着中国稀土产业的发展而成长起来。目前，在全国稀土及其相关行业中，《稀土》杂志已成为对稀土产业和学术有着重要影响的科技刊物。

《稀土》杂志1980~1985年间为季刊，1986年后改为双月刊。栏目包括：研究论文、综合评述、研究简报、新技术新材料、国外参考、稀土市场、科研成果转让以及会议简讯等。同时，有针对性地组织报道一批获国家科委、冶金部和省市重大科技成果奖的项目。1984年被评为内蒙古自治区稀土推广应用先进集体。1985年被评为全国稀土推广应用先进集体。

1991年，国际连续出版物数据系统中国国家中心授予ISSN证书，获得了国际标准连续出版物号ISSN1004-0277。1995年入选“中国自然科学核心期刊”，并被吸收为“中国科学引文数据库来源期刊”。1997年加入了光盘国家工程研究中心的学术光盘版的出版，并被各种数据库和文摘类刊物摘引。

2001年12月，《稀土》杂志被中国学术期刊（光盘版）编辑委员会授予“《CAJ—CD规范》执行优秀奖”。

2002年8月，《稀土》杂志被华北地区期刊评选委员会授予“第六届华北地区十佳期刊”奖，被内蒙古自治区新闻出版局授予“第二届内蒙古期刊”奖。

2004年9月，《稀土》杂志被北方期刊奖评选委员会授予“第一届北方优秀期刊”奖。

2013年，入选美国《工程索引》（EI）收录期刊。

二、《稀土信息》杂志

《稀土信息》创刊于1984年1月，时为国家冶金工业部稀土金属情报网网刊。1984年，第7期成为全国稀土推广应用领导小组办公室和冶金部稀土金属情报网联办刊物。1988年，国务院稀土领导小组成立，自1993年第1期起，《稀土信息》正式成为国务院稀土领导小组办公室机关刊物，后改为国家计委（发展改革委员会）稀土办机关刊物，由全国稀土信息网承办（设在稀土研究院），时为铅印，16开本，16页，月刊，属科技综合类刊物。

1986年，《稀土信息》在内蒙古新闻出版局办理了期刊注册登记，国内统一刊号：CN15-1100/TF，全国发行。1992年7月，办理了广告注册。

2005年1月，经相关主管部门批准，《稀土信息》正式改版。期刊由过去的普通16开版本，改为国际标准的大16开版本，内页增加到48页。内页纸质全部选用铜版纸，每期选用一种主色，并采用套色印刷，从承载内容、架构到页面设计焕然一新，更具时代气息。每期选用不同的企业形象做封面，既为企业作了宣传，又丰富了内容，同时也弥补了办刊经费的不足。为了拓展订阅渠道，开展了邮局订阅业务（邮发代号16-272）。这一举措，既提高了期刊的订阅范围，又发展了读者群。

《稀土信息》作为国家发展和改革委员会主管、稀土研究院主办、全国稀土信息网承办的刊物，成为中国稀土行业的权威性信息载体。《稀土信息》杂志，作为国内稀土综合类信息唯一的正式期刊，全面地记录了中国稀土产业从世界稀土资源大国跃居为世界稀土生产大国、出口大国和消费大国，并在国际稀土市场上占据主导地位的发展历程。

2004年3月，《稀土信息》被中国期刊全文数据库和中国学术期刊综合评价数据库收录。2006年1月被“万方数据——数字化期刊群”、中国核心期刊（遴选）数据库、中文科技期刊数据库全文收录。2009年，《稀土信息》入围内蒙古新闻出版局推荐的3家参加全国“新中国60周年最具影响力的期刊”的参评期刊之一。

三、《中国稀土信息》（英文版）

为了加强对外宣传、介绍中国稀土资源优势、稀土开发应用和稀土科技进展情况，促进对外稀土合作与交流，中国著名稀土科学家徐光宪院士，建议稀土研究院稀土信息中心出版一份英文版中国稀土信息。稀土研究院稀土信息中心采纳了徐院士的建议，当即起草了办刊报告。以稀土研究院的名义于1984年底呈报全国稀土开发应用领导小组办公室，很快便得到全国稀土开发应用领导小组组长徐驰亲笔批示——“同意”。

《中国稀土信息》（英文版）于1985年1月创刊。创刊初期为季刊，16开本。1986年，该刊划归中国稀土学会。1992年7月，《中国稀土信息》（英文版）在内蒙古自治区新闻出版局正式办理刊物登记注册，国内统一刊号为CN15-1147/TF。

1996年，刊物由季刊改为双月刊，2005年5月改为月刊，将单色印刷改为彩版，并增加了电子版。2007年，刊物版面由原四版增加为六版，期刊内容不断充实。

四、“中国稀土”网站

“中国稀土”网站（www.cre.net）创建于1998年12月，是创建最早的综合性稀土行业门户网站，是为稀土产业提供稀土行业资讯、稀土市场行情、稀土专业知识等的综合电子信息平台。

“中国稀土”网站初建时定位于搜集稀土行业信息、为企业提供相关稀土资讯、介绍稀土知识等。2002年稀土研究院进行了局域网建设，上网方式由拨号改为专线上网，加快了上网速度，提高了上网的方便性和受众范围；同时将中文稀土事实数据并入网站，实现数据库的互联网在线检索。中文稀土事实数据库是1988~1990年，全国稀土信息网根据原冶金部下达的科研课题建立完成的，该数据库1990年10月通过原冶金部组织的技术鉴定。

2005年年初，“中国稀土”网站采用先进的网络技术适时地再次对网站进行了成功的改版。此次改版在技术上，采用了先进的ASP网络技术，网页从最初的纯静态的、设计简单的网页发展到应用成熟的ASP系统的设计精美的动态网页。在内容上，增加了稀土书店、市场行情、供求信息、政策法规、综合评述、稀土会议等栏目。通过这次成功的改版、扩版，增加了网站信息量，提高了服务性。

2009年，“中国稀土”网站再次进行改版，网页制作上采用最新PHP+MySQL制作技术，采用PHPCMS内容管理系统，使网页维护、管理更方便快捷。内容上进行栏目的整合、增加，成为现在拥有新闻中心、行业资讯、市场行情、稀土书店、企业黄页、稀土科普、稀土人物、机构介绍及稀土综合信息服务平台等11个频道、26个栏目的中英文网页。此次改版进一步扩充原有稀土数据库内容，建成现在的稀土综合信息服务平台。该平台包括综合信息、市场行情、稀土企业、稀土专利、稀土标准等内容，为稀土行业提供新闻咨询、稀土市场变化及价格走势方面的动态统计分析数据，成为一个全新的信息发布、检索、互动平台系统。

“中国稀土”网站从建立到2016年年底，一直与国内众多稀土相关企业、科研院所、有关部门保持长期密切合作，以确保获得最新、最全、最快捷的行业资讯，同时为企业提供信息咨询、网页制作、网站建设、域名注册、租用主机、网络培训、企业网上宣传等服务。

第四节　科技交流

1999年11月，稀土研究院张安文副院长参加科技部召开的全国稀土应用经验交流会议，并带去交流的材料——“搞好机制创新和技术创新，加快稀土产品应用研究及产业步伐”，与其他院所进行交流。

2001年10月12日，韩国全北大学校朴弘锡等来稀土研究院参观、交流。

2002年5月26日，日本仙台市东北大学金属材料研究所余京智、川添良辛来稀土研究院参观、技术交流。7月3日，日本住特株式会社社长西村势至郎、岗田素郎等来稀土研究院洽谈、技术交流。12月6日，德国VAC公司Wied先生来稀土研究院洽谈有关技术合作项目。

2005年6月17日，包钢公司下发包钢外出字〔2005〕027号批文，批准稀土研究院黄焦宏赴意大利参加第十九届国际磁技术会议、第一届国际室温磁致冷会议。

2006年5月22日，稀土研究院许延辉参加中科院长春应化所组团访问意大利，历时12天。在访问期间主要讨论可能的合作项目（稀土新的分离技术、废水处理技术等）。10月12日，包钢下发包钢字〔2006〕254号文，批准稀土研究院赵增祺、闫慧忠、马志鸿等5人赴欧洲4国出访，主要是对“高性价比新型稀土——镁基储氢电极材料的研究”项目，进一步探讨合作事宜，提高整体水平。

2008 年 1 月 21～23 日，窦学宏应邀代表稀土研究院赴台湾参加“第六届海峡两岸纳米科学与技术研讨会”，并在会上做了《纳米技术在稀土功能材料上的应用》的专题报告。4 月 14 日，包钢公司下发包钢外出字〔2008〕008 号批文，批准稀土研究院的赵增祺、马志鸿、张万、黄焦宏赴日本三德公司研讨关于室温磁制冷材料的合作事宜；9 月 19 日，包钢公司下发包钢外出字〔2008〕020 号批文，批准稀土研究院许涛、张宇生、朝克图赴德国进行学术交流。

2010 年 3 月 28 日，包钢公司下发包钢外出字〔2010〕012 号批文，批准稀土研究院黄焦宏、王彦出访瑞士西北应用科学大学、法国 Nancy 大学；8 月 12 日，包钢公司下发包钢外出字〔2010〕028 号批文，批准稀土研究院黄焦宏、王彦赴美国国家标准技术局、美国材料学会参加技术年会、洽谈项目；8 月 27～30 日，稀土研究院成功举办第四届国际室温磁制冷会议。本届会议对室温磁热效应材料、磁制冷机、磁制冷用磁场及室温磁制冷的研究现状、研究热点和应用前景进行了深入的研究和讨论。

2011 年 4 月 7 日，中国中科普行科技发展有限责任公司、中国科学院成都有机化学所相关人员来稀土研究院作学术交流并达成共识、合作开展“催化臭氧法去除稀土萃取废水中的有机物”的研究；7 月 14 日，美国东北大学陈亚杰来稀土研究院作题为“磁弹材料的应用及前景”的学术报告；8 月 8～10 日，稀土研究院院长杨占峰主持第三届中国包头·稀土产业论坛专家报告会，稀土研究院闫慧忠作了题为“稀土在化学电源中的应用”的报告；10 月 12 日，北京大学化工学院严纯华院士、东北大学吴文远教授访问稀土研究院；10 月 25 日，内蒙古自治区下发内政出字〔2011〕0458 号批文，批准稀土研究院许涛等 3 人赴香港参加第七届国际稀土会；11 月 8 日，包钢下发包钢外出字〔2011〕037 号批文，批准稀土研究院琚建勇、闫慧忠、刘国征、张忠义等赴韩国参加稀土加工技术研究会。

2012 年 3 月 7 日，北京科技大学材料学院教授龙毅来稀土研究院，作题为“磁制冷技术研究动态”的专题学术报告；3 月 16 日，大连伯顿冠力电机公司、沈阳工业大学电机与控制技术研究所张炳义教授在稀土研究院作题为“稀土永磁电机技术与应用”报告。

同年 4 月 5 日，由中国科学院院士、中国工程院院士王淀佐，中国工程院院士陈毓川，中国地质科学院战略中心主任王安建，中国工程院院士殷瑞钰，中国工程院院士裴荣富等多位院士、专家组成的考察组，来稀土研究院参观，杨占峰院长与来宾座谈。4 月 26 日，稀土研究院院长专家工作站内蒙古自治区“稀土新材料院士工作站”揭牌仪式在包钢宾馆举行，中国工程院院士余永富、包钢公司总经理李春龙共同为工作站揭牌。9 月 6 日，稀土研究院举办“中韩稀土加工技术交流研讨会”，会上中韩双方 7 位专家做了学术报告，近 200 人参会。9 月 14 日，稀土研究院与包头市科技局在包头市共同举办“稀土镁合金应用技术研讨会”。会上中国科学院长春应用化学研究所稀土资源利用中国重点实验室的孟健研究员、上海交通大学材料学院轻合金精密成型国家工程研究中心王渠东、东北大学材料电磁过程研究部重点实验室乐启炽教授和稀土研究院副院长张志宏分别作了专题报告。9 月 24 日，稀土研究院和韩国矿物资源公社共同主办的、以稀土磁性材料为主题的“中韩稀土应用技术交流研讨会”成功召开。11 月 18～19 日，中国科协第 69 期新观点、新学说学术会议在北京大学召开，稀土研究院院长杨占峰在会上作主题报告；12 月 13～15 日，包钢稀土总经理张忠、稀土研究院院长杨占峰等，赴马来西亚的莱纳马来西亚新材料厂进行访问参观。

2015 年 5 月 21 日，稀土研究院张光睿等一行三人赴中国台湾台北参加台湾陶瓷研究学会 2015 年年会及稀土材料发展与应用论坛。7 月 9 日，国家重点基础研究发展计划“973”项目“稀土资源高效利用及绿色分离的科学基础”年度研讨会在包头召开，稀土研究院作为该项目之课题“混合型轻稀土矿绿色选冶过程的基础研究”的参加单位，邀请项目首席科学家严纯华院士、课题研究人员及科技部、行业相关专家 30 多人齐聚包头，参加此次研讨会。8 月 19～22 日，稀土研究院马志鸿副院长及院技术专家等 6 人赴湖北宜昌参加由中国金属学会材料科学分会、中国金属学会功能材料分会、中国稀土学会固体科学与新材料专业委员会共同举办的“2015 中国功能材料学术会议暨第四届全国电磁材料及器件学术会议”。会议期间，赴三峡大学和三峡大学磁电子与纳磁探测研究所与相关学者进行了学术交流。9 月 12 日，稀土研究院黄焦宏一行两人赴巴西参加“第 22 届软磁材料会议（SMM22）”，并执行工信部稀土产业调整专项资金项目“室温磁制冷关键技术及系统集成化研发”的课题任务。

2016 年 8 月 3 日，中国稀土行业协会储氢材料分会在包头市召开了 2016 中国稀土储氢论坛暨中国稀土行业协会储氢材料分会年会，稀土研究院为协办单位。10 月 17 ~ 19 日，白云鄂博稀土资源研究与综合利用国家重点实验室与内蒙古大学协办“2016 年无机材料与固体化学前沿研讨会”，中科院院士冯守华、谢毅参加了会议。

第五节　馆藏科技图书资料

一、包头稀土研究院图书、资料馆

稀土研究院图书、资料馆建立于 1963 年。馆藏图书、资料 23 万余册，其中中文图书 3.5 万册，外文图书 2.9 万册，内部资料 10 万册。有中外文期刊 300 多种，各种报纸 20 余种及音像、光盘和多种电子图书、电子期刊等，是全国稀土资料最全的中型专业图书馆。

二、北方稀土展览馆

北方稀土展览馆位于包头（包钢）稀土研究院内，于 2011 年 5 月开工建设，2013 年 12 月竣工开馆。展览馆集稀土展示、办公为一体，总投资 5997 万元，总建筑面积 6123 平方米，为三层单栋建筑，一层为展览区域，建筑面积 1800 平方米。展览馆全面介绍了稀土产业发展历程、产业新貌、科技成就、稀土在国民经济生活和航天军工等方面的应用，作为稀土知识和相关产业的参观、学习、教育基地。

展览馆采用工业蓝、金属银为设计主色调，采用了大量先进、复杂金属建造工艺，展示独具特色的稀土工业风格以及浓郁的地方色彩元素。展览馆采用高科技手段，将声光电巧妙融入多项展示环节，展示内容具有知识性、专业性、创新性，通过对工艺流程具象化、产品模型化、科研工作趣味化的展示，充分显现稀土的不同侧面和稀土的多学科性，让稀土更贴近生活、贴近实际。

展览馆分为中央展示区、外圈主展示区、内圈分展示区 3 个展示区。

中央展示区：采用具有丰富光电效果的巨型沙盘直观地展示了世界稀土资源的分布格局，充分体现出白云鄂博在世界稀土工业中的重要地位，可谓“世界稀土看中国，中国稀土看包钢”。该区域采用大型银幕播放精心制作的稀土概念宣传片，使参观者对稀土行业产生概念性的印象，进而引发一探究竟的兴趣。

外圈主展示区：分别展示了稀土科普、中国稀土产业、北方稀土产业、稀土应用领域。科普区域展示了什么是稀土，是如何发现的，有什么用等内容；中国稀土产业区域展示了中国稀土产业的发展历程以及取得的成果；北方稀土产业区域展示了包钢公司为中国稀土产业所作出的贡献；稀土应用区域通过大量的展品展示了稀土在现代国民经济生活以及国防军事中不可取代的地位。

内圈分展示区：依靠完备的生产装备和先进的工艺技术，北方稀土已成为世界上规模最大、品种最全的稀土原料生产基地。依托资源及技术优势，加快发展国家鼓励的五条产业链，通过开展重点项目建设和对外联合重组，北方稀土成为全球最大的稀土功能材料生产供应商。该部分采用了大量的立体工艺模型与生产产品相结合的方式，以北方稀土产业为蓝图对整个稀土产业的主流生产工艺进行了直观生动的展示。

第四篇　管　理

GUAN LI

第一章 公司治理

第一节 股东大会

1997年9月12日，内蒙古包钢稀土高科技股份有限公司（以下简称稀土高科）创立大会暨第一次股东大会在包钢少年宫召开。出席大会的股东和授权代表共28人，代表18416.5万股股份，占公司总股本的70.74%。大会一致表决通过了有关工作报告、公司章程、上市等议案。选举产生了第一届董事会成员和监事会成员。稀土高科创立时总股本为26035万股，其中发起人三方（法人股东）包头钢铁公司持股数量13294.41万股、嘉鑫有限公司持股数量3500万股、包钢综合企业（集团）公司持股数量1240.59万股，分别占总股本的51.06%、13.44%、4.77%。股票发行后法人持股占总股本比例69.27%、社会公众股（8000万股）占总股本比例30.73%（其中公司职工股占总股本比例3.07%）。股票发行上市后，发行总市值为35440.00万元，募集资金净额为34240.00万元。

1998年，公司召开1997年度股东大会和一次临时股东大会。

1998年4月19日，稀土高科临时股东大会在包钢宾馆召开。出席会议的股东及授权代表人数为19人，代表股份18174.4万股，占公司总股本的69.81%。会议审议并通过如下议案：一是审议通过了关于选举更换公司董事的议案。同意曾国安因工作变动，不再担任公司董事，选举张志公为公司董事。二是审议通过了关于授权董事会行使不超过最近一期审计公司净资产20%投资决策权的议案。三是审议通过了聘请建中律师事务所为常年法律顾问的议案和聘请内蒙古会计师事务所为公司审计机构的议案。四是审议通过了关于修改《公司章程》的议案。

1998年5月22日，稀土高科1997年度股东大会在包钢宾馆召开。出席会议的股东及授权代表共16人，代表股份18040.9万股，占公司总股本的69.29%。会议审议并通过如下议案：《董事会1997年度工作报告》《监事会1997年度工作报告》《1997年度总经理业务报告》《1997年度财务决算报告》《1997年利润分配方案及资本公积金转增股本的方案》和《收购包头天骄清美稀土抛光粉有限公司55%的股权的议案》。

1999年，公司召开1998年度股东大会和一次临时股东大会。

1999年5月21日，在包钢宾馆召开了稀土高科1998年度股东大会。出席会议的股东及授权代表人数共16人，代表股份25272.7万股，占公司总股本的69.34%。大会审议并通过了7项议案：《董事会1998年度工作报告》《监事会1998年度工作报告》《1998年度总经理业务报告》《1998年度财务决算报告》《1998年度利润分配方案》《关于变更募集资金投向的议案》和《放弃收购包头天骄清美稀土抛光粉有限公司55%股权的议案》。

1999年10月6日，在包钢宾馆召开了稀土高科临时股东大会。出席会议的股东及授权代表人数共22人，代表股份25259.51万股，占公司总股本的69.30%。大会审议并通过了如下议案：第一，经过投票，对本公司1999年度增资配股议案进行逐项表决，包括配股比例和配售方案、配股价格及配股价格定价方法、本次配股募集资金用途、本次配股议案的有效期、本次募集资金的可行性分析报告、同意公司控股股东——包钢（集团）公司以现金认购本次配股获配股份的10%以及授权董事会在本次配股议案的有效期内，全权办理与本次增资配股相关的具体事宜。第二，募集资金变更方案。第三，同意张志公因工作需要，不再担任本公司董事，选举乔木为本公司董事。

2000年，公司召开了1999年度股东大会。

2000年4月20日，在包钢宾馆召开了稀土高科1999年度股东大会。出席会议的股东及授权代表共 23 人，代表股份 25835.774 万股，占公司股份总数的 64.00%。大会审议通过了 6 项议案：《1999 年度董事会工作报告》《1999 年度监事会工作报告》《1999 年度财务决算的报告》《1999 年度利润分配议案》《公司 1999 年年报及年报摘要》和《同意廖二鸣因退休不再担任公司董事职务，增补张峰为公司董事》。

2001 年，公司召开了 2000 年度股东大会和两次临时股东大会。

2001 年 4 月 18 日，在包钢宾馆召开了稀土高科 2000 年度股东大会。出席会议的股东及授权代表共 23 人，代表股份 25828.4 万股，占公司股份总数的 63.98%。大会审议通过了 5 项议案：《2000 年度董事会工作报告》《2000 年度监事会工作报告》《2000 年度财务决算的报告》《2000 年年报及年报摘要》和《2000 年度利润分配议案》。

2001 年 9 月 4 日，稀土高科在包钢宾馆召开公司第一次临时股东大会，出席会议的股东及授权代表 19 人，代表股份 25818.33 万股，占公司股份总数的 63.96%，大会审议通过了 5 项议案：《修改公司〈章程〉的议案》《公司第一届董事会工作报告》《选举公司第二届董事会》《公司第一届监事会工作报告》和《选举公司第二届监事会》。

2001 年 9 月 28 日，稀土高科在包钢宾馆召开公司第二次临时股东大会，出席会议的股东及授权代表 18 人，代表股份 25816 万股，占公司股份总数的 63.95%。大会审议通过了 6 项议案：《关于前次募集资金使用情况的说明》《关于公司符合发行可转换公司债券条件的议案》《关于公司 2001 年发行可转债的议案》《关于公司 2001 年发行可转债募集资金投资项目可行性的议案》《本次发行可转债决议有效期的议案》和《关于授权董事会全权办理本次发行可转债相关事宜的议案》。

2002 年，公司召开了 2001 年度股东大会和五次临时股东大会。

2002 年 4 月 9 日，在包钢宾馆召开稀土高科 2001 年度股东大会。出席会议的股东及授权代表共计 24 人，代表股份 25830 万股，占公司股份总数的 63.99%。大会审议通过了 7 项议案：《2001 年度董事会工作报告》《2001 年度总经理工作报告》《2001 年度监事会工作报告》《2001 年度公司财务决算报告》《公司 2001 年度利润分配的议案》《关于选举独立董事的议案》和《选举更换监事的议案》。

2002 年 5 月 27 日，稀土高科在包钢宾馆召开第一次临时股东大会。出席会议的股东及股东授权代表共计 16 人，代表股份 20914.54 万股，占公司股份总数的 51.81%。会议审议通过了《关于对镍氢动力电池项目投资在三个合资公司减少注册资本后转为长期债权投资的议案》。

2002 年 6 月 10 日，稀土高科在包钢宾馆召开 2002 年第二次临时股东大会。出席会议的股东及股东授权代表共计 16 人，代表股份 25816.17 万股，占公司股份总数的 63.95%。大会审议通过了 6 项议案：《关于前次募集资金使用情况的说明》《关于对公司可转换债券发行方案进行修改及确认的议案》《关于对可转换债券募集资金投资项目进行调整及确认的预案》《关于本次发行可转换债券决议有效期限的议案》《关于对授权董事会办理本次发行可转换债券相关事宜进行确认的议案》和《关于向三个合资公司进行长期债权投资的具体方案的议案》。

2002 年 6 月 28 日，稀土高科在包钢宾馆召开 2002 年第三次临时股东大会。出席会议的股东及授权代表共计 15 人，代表股份 25814.99 万股，占公司股份总数的 63.95%。大会审议通过了 6 项议案：《参股瑞科稀土冶金及功能材料国家工程研究中心有限公司有关增资扩股及股权转让》《股东大会议事规则》《董事会议事规则》《独立董事工作规则》《信息披露管理制度》和《监事会议事规则》。

2002 年 7 月 12 日，稀土高科在包钢宾馆召开 2002 年第四次临时股东大会。出席会议的股东及授权代表共计 17 人，代表股份 25816.95 万股，占公司股份总数的 63.96%。大会审议通过了选举孙国龙、刘志忠为公司董事。

2002 年 11 月 26 日，稀土高科在包钢宾馆召开 2002 年第五次临时股东大会。出席会议的股东及股东授权代表共计 17 人，代表股份 20917.7 万股，占公司股份总数的 51.82%。会议审议通过如下议案：一是关于修改公司《章程》的议案。二是关于设立公司董事会战略、审计、提名、薪酬与考核四个委员会的议案。三是增补公司独立董事的议案，选举胡玉林女士为公司独立董事。四是关于更换公司监事的议案。五是关于公司独立

董事津贴、其他董事和监事津贴的议案。

2003年，公司召开了2002年度股东大会和一次临时股东大会。

2003年4月1日，稀土高科在包钢宾馆召开2002年度股东大会。出席本次股东大会的股东及股东授权代表共18人，所代表的股份为25841.93万股，占公司股份总数的64.02%。会议审议通过了7项议案：《2002年度董事会工作报告》《2002年度监事会工作报告》《2002年度公司财务决算报告》《公司2002年度报告及其摘要》《公司2002年度利润分配及资本公积金转增股本的议案》《强磁中矿、尾矿价格调整的议案》和《关于更换监事的议案》。

2003年8月30日，稀土高科在包钢宾馆召开了2003年第一次临时股东大会。出席会议的股东及股东授权代表17人，所代表的股份为25818.77万股，占公司股份总数的63.96%。会议审议通过了《关于增补独立董事和更换董事的议案》。

2004年，公司召开了2003年度股东大会。

2004年5月18日，稀土高科在包钢宾馆召开2003年度股东大会。出席会议的股东及授权代表共计17人，代表股份25817.75万股，占公司股份总数的63.96%。大会审议通过了13项议案：《2003年董事会工作报告》《2003年监事会工作报告》《2003年公司财务决算报告》《2003年年度报告及摘要》《2003年度利润分配议案》《资本公积金转增股本的议案》《关联交易的议案》《调整董事会四个专门委员会成员的议案》《关于修改公司〈章程〉的议案》《2004年向银行申请授信额度议案》《资产减值准备计提和损失处理的内控制度》《关于调整长期债权投资回报率的议案》和《关于更换公司董事的议案》。

2005年，公司召开了2004年度股东大会。

2005年4月29日，稀土高科在包钢宾馆召开2004年度股东大会。出席会议的股东及授权代表共计17人，代表股份25817.75万股，占公司股份总数的63.96%。大会审议通过了13项议案：《2004年董事会工作报告》《2004年监事会工作报告》《2004年度报告及摘要》《2004年度财务决算报告》《2005年度利润预算考核办法》《2004年度利润分配及资本公积金转增股本的议案》《关于申请2005年银行总授信额度的议案》《2005年度日常关联交易的议案》《关于修改公司〈章程〉的议案》《关于包钢（集团）公司对稀土高科供水、供电价格进行调整的议案》《关于续聘会计师事务所的议案》《关于选举第三届董事会的议案》和《关于选举第三届监事会的议案》。

2006年，公司召开了2005年度股东大会和公司股权分置改革相关股东会议。

2006年3月29日，公司股权分置改革相关股东会议以现场投票、委托董事会投票与网络投票表决相结合。出席会议的股东及股东授权代表共3676人，代表有效表决权的股份数为23590.77万股，占公司股份总数的58.44%。会议审议通过了《内蒙古包钢稀土高科技股份有限公司股权分置改革方案的议案》。本次相关股东会议经内蒙古建中律师事务所宋建中、焦健律师现场见证并出具了法律意见书。

2006年5月27日，公司2005年度股东大会在包钢宾馆召开。出席本次年度股东大会的股东及股东授权代表共计16人，代表股份21169.91万股，占公司总股份的52.44%。会议审议通过11项议案：《2005年董事会工作报告》《2005年监事会工作报告》《2005年度报告及摘要》《2005年度财务决算报告》《2005年度利润分配及资本公积金转增股本的议案》《2006年度财务预算报告》《2006年度日常关联交易的议案》《关于重新修订公司〈章程〉的议案》《关于续聘会计师事务所的议案》《关于更换董事的议案》和《关于更换监事的议案》。

2007年，公司召开了2006年度股东大会和一次临时股东大会。

2007年4月21日，稀土高科在包钢宾馆召开2006年度股东大会。出席本次年度股东大会的股东及股东授权代表共计15人，代表股份21217.83万股，占公司总股份的52.56%。大会审议通过了17项议案：《2006年董事会工作报告》《2006年监事会工作报告》《2006年度报告及摘要》《2006年度财务决算报告》《2007年度财务预算报告》《2006年度利润分配及资本公积金转增股本的议案》《2007年度日常关联交易的议案》《关于调整董事会四个专门委员会成员的议案》《关于修订公司〈股东大会议事规则〉的议案》《关于修订公司〈董事会议事规则〉的议案》《关于修订公司〈监事会议事规则〉的议案》《关于申请2007年银行总授信额度的议案》《关于部分资产报废及计提减值准备的议案》《关于续聘会计师事务所的议案》《关于为内蒙古稀奥科三家公司提供流动资金贷款担保的议案》《关于重新签署对内蒙古稀奥科三家控股子公司长期债权投资的议案》和《关于更换董事的议案》。

2007 年 12 月 1 日，稀土高科在包钢宾馆召开了临时股东大会。出席本次临时股东大会的股东及股东授权代表共计 24 人，代表股份 25861.22 万股，占公司总股份的 64.06%。大会审议通过了 5 项提案：《关于收购包头钢铁（集团）有限责任公司稀土类资产的议案》《关于向包头钢铁（集团）有限责任公司购买土地使用权的议案》《关于收购包钢综合企业（集团）公司钢球加工厂稀土类资产的议案》《关于收购包钢白云铁矿博宇公司稀土类资产的议案》和《关于提请股东大会授权董事会全权办理本次稀土资产整合有关事宜的议案》。

2008 年，公司召开了 2007 年度股东大会和一次临时股东大会。

2008 年 4 月 23 日，公司在包钢宾馆召开 2007 年度股东大会。出席本次年度股东大会的股东及股东授权代表共计 24 人，代表股份 20383.75 万股，占公司总股份的 50.50%。会议审议通过了 9 项议案：《2007 年董事会工作报告》《2007 年监事会工作报告》《2007 年度报告及摘要》《2007 年度财务决算报告》《2008 年度财务预算报告》《2007 年度利润分配及资本公积金转增股本的议案》《2008 年度日常关联交易的议案》《关于申请 2008 年银行总授信额度的议案》和《关于续聘会计师事务所的议案》。

2008 年 9 月 13 日，公司在包钢宾馆召开临时股东大会。出席本次临时股东大会的股东及股东授权代表 15 人，代表股份 39549.33 万股，占公司股份总数的 48.99%。大会通过以下议案：《关于公司发行短期融资券的议案》《关于建设包头稀土精矿储备库项目的议案》《关于投资组建内蒙古包钢稀土国际贸易有限公司的议案》《关于董事会换届选举的议案》《关于监事会换届选举的议案》《关于修改公司〈章程〉的议案》和《关于变更会计师事务所的议案》。

2009 年，公司召开了 2008 年度股东大会。

2009 年 5 月 16 日，公司 2008 年度股东大会在公司会议室召开。出席本次年度股东大会的股东及股东授权代表 18 人，代表股份 39588.66 万股，占公司股份总数的 49.04%。会议审议通过了 15 项议案：《2008 年度报告及摘要》《2008 年度董事会工作报告》《2008 年度监事会工作报告》《2008 年度财务决算报告》《2009 年度财务预算报告》《关于 2008 年度利润分配的议案》《关于 2009 年度日常关联交易的议案》《关于申请 2009 年银行总授信额度的议案》《关于 2008 年度计提资产减值准备的议案》《关于续聘会计师事务所的议案》《关于修改〈章程〉的议案》《关于为子公司贷款提供担保的议案》《关于新建年产 15000 吨高性能磁性材料产业化项目的议案》《关于建设稀土萃取钠皂化废水资源化处理及循环利用项目的议案》和《关于免除内蒙古稀奥科镍氢电池极板有限公司和内蒙古稀奥科镍氢动力电池有限公司 2008 年长期债权投资利息的议案》。

2010 年，公司召开了 2009 年度股东大会和两次临时股东大会。

2010 年 4 月 15 日，公司第一次临时股东大会在公司会议室召开。出席本次临时股东大会的股东及股东授权代表 13 人，代表股份 31468.96 万股，占公司股份总数的 38.98%。会议审议通过了《关于与河北新奥集团合资建设稀土永磁核磁共振影像系统产业化项目的议案》。

2010 年 5 月 8 日，公司 2009 年度股东大会在公司会议室召开。出席本次年度股东大会的股东及股东授权代表 11 人，代表股份 39902.02 万股，占公司股份总数的 49.42%。会议审议通过了 12 项议案：《2009 年度报告及摘要》《2009 年度董事会工作报告》《2009 年度监事会工作报告》《2009 年度财务决算报告》《2010 年度财务预算报告》《关于 2009 年度利润分配的议案》《关于 2010 年度日常关联交易的议案》《关于申请 2010 年银行总授信额度的议案》《关于为子公司从金融机构融资提供担保的议案》《关于部分资产计提减值准备的议案》《关于续聘会计师事务所的议案》和《关于修改〈章程〉的议案》。

2010 年 7 月 31 日，公司第二次临时股东大会在公司会议室召开。出席本次临时股东大会的股东及股东授权代表 6 人，代表股份 31459.59 万股，占公司股份总数的 38.97%。会议以累积投票方式选举了周秉利、朝鲁为公司董事。

2011 年，公司召开了 2010 年度股东大会和一次临时股东大会。

2011 年 4 月 27 日，公司 2010 年度股东大会在公司会议室召开。出席会议的股东及股东授权代表 23 人，代表股数占包钢稀土股份总数的 50.77%。会议审议通过了 14 项议案：《2010 年度董事会工作报告》《2010 年度监事会工作报告》《2010 年度报告及摘要》《2010 年度财务决算报告》《2011 年度财务预算报告》《关于 2010 年度利润分配的议案》《关于 2012 年重新确定稀土矿浆供应定价模式的议案》《关于 2010 年度日常关联交易执行和 2011 年度日常关联交易预计的议案》《关于 2011 年申请银行总授信额度的议案》《关于公司资产报废及计提资产减值准备的议案》《关于为子公司提供担保的议案》《关于收购包头华美稀土高科有限公司股权的议案》《关于重组内蒙古稀奥科镍氢电池极板有限公司与内蒙古稀奥科镍氢动力电池有限公司的议案》和《关于续聘会计师事务所的议案》。

2011 年 10 月 26 日，公司临时股东大会在公司会议室召开。出席本次会议股东及股东代表 15 人，代表股份 59454.64 万股，占公司股份总数的 49.09%。会议审议通过了 4 项议案：《关于董事会换届的议案》《关于监事会换届的议案》《关于制定〈监事会巡视工作制度〉的议案》和《关于修改〈章程〉的议案》。

2012 年，公司召开了 2011 年度股东大会和一次临时股东大会。

2012 年 4 月 18 日，公司 2011 年度股东大会在公司会议室召开。出席本次年度股东大会的股东及股东授权代表 12 人，代表股份 59592.75 万股，占公司股份总数的 49.21%。会议审议通过 16 项议案：《2011 年度董事会工作报告》《2011 年度监事会工作报告》《2011 年度独立董事述职报告》《2011 年度报告及摘要》《2011 年度财务决算报告》《2012 年度财务预算报告》《关于 2011 年度利润分配的议案》《关于修订包钢（集团）公司供应公司稀土矿浆定价公式的议案》《关于 2011 年度日常关联交易执行和 2012 年度日常关联交易预计的议案》《关于公司与包钢集团财务有限责任公司签署〈金融服务协议〉的议案》《关于制订〈内蒙古包钢稀土（集团）高科技股份有限公司与包钢集团财务有限责任公司关联交易的风险控制制度〉的议案》《关于 2012 年度申请银行总授信额度的议案》《关于发行短期融资券的议案》《关于为控股子公司提供担保的议案》《关于计提资产减值准备的议案》和《关于续聘会计师事务所的议案》。

2012 年 12 月 20 日，公司临时股东大会以现场投票与网络投票相结合的方式在公司会议室召开。出席会议的股东及股东代理人共 118 人，合计持有表决权股份 121878.04 万股，占公司股份总数的 50.32%。会议审议通过了 3 项议案：《关于购买包钢集团白云鄂博矿主、东矿部分已开采稀土矿石的议案》《关于购买包钢集团下属的巴润矿业有限责任公司所拥有的白云鄂博西矿部分已开采稀土矿石的议案》和《关于修改〈章程〉的议案》。

2013 年，公司召开了 2012 年度股东大会。

2013 年 4 月 19 日，公司 2012 年度股东大会在公司会议室召开。出席本次股东大会的股东及股东代理人共 12 人，合计持有表决权股份 96015.89 万股，占公司股份总数的 39.64%。会议审议通过了 14 项议案：《2012 年度董事会工作报告》《2012 年度监事会工作报告》《2012 年度独立董事述职报告》《2012 年度报告及摘要》《2012 年度财务决算报告》《2013 年度财务预算报告》《关于 2012 年度利润分配的议案》《关于 2012 年度日常关联交易执行和 2013 年度日常关联交易预计的议案》《关于修订〈独立董事工作规则〉的议案》《关于 2013 年度申请银行总授信额度的议案》《关于为控股子公司提供担保的议案》《关于增选董事的议案》《关于调整董事、监事津贴的议案》和《关于续聘会计师事务所的议案》。

2014 年，公司召开了 2013 年度股东大会和一次临时股东大会。

2014 年 4 月 3 日，公司 2013 年度股东大会在公司会议室召开。出席本次股东大会的股东及股东代理人共 9 人，合计持有表决权股份 120515.33 万股，占公司股份总数的 49.76%。会议审议通过了 14 项议案：《2013 年度董事会工作报告》《2013 年度监事会工作报告》《2013 年度独立董事述职报告》《2013 年度报告及摘要》《2013 年度财务决算报告》《2014 年度财务预算报告》《关于 2013 年度利润分配的议案》《关于修订包钢（集团）公司供应公司稀土矿浆定价公式的议案》《关于 2014 年度日常关联交易预计的议案》《关于制定〈股东回报规划（2014—2016）〉的议案》

《关于2014年度申请银行总授信额度的议案》《关于为控股子公司提供担保的议案》《关于增选董事的议案》和《关于续聘会计师事务所的议案》。

2014年12月29日，公司临时股东大会以现场投票与网络投票相结合的方式在公司会议室召开。出席本次股东大会现场与网络投票的股东及股东代理人共50人，合计持有表决权股份117455.19万股，占公司股份总数的48.49%。会议审议通过了5项议案：《关于选举第六届董事会非独立董事的议案》《关于选举第六届董事会独立董事的议案》《关于选举第六届监事会非职工监事的议案》《关于建设稀土生产“三废”综合治理技术改造工程的议案》和《关于修改公司〈章程〉的议案》。

2015年，公司召开了2014年度股东大会。

2015年4月24日，公司2014年度股东大会以现场投票与网络投票相结合的方式在公司会议室召开。出席会议的股东及股东授权代表128人，代表有表决权股份117039.59万股，占公司股份总数的48.32%。会议审议通过了15项议案：《2014年度董事会工作报告》《2014年度监事会工作报告》《2014年度独立董事述职报告》《2014年度报告及摘要》《2014年度财务决算报告》《2015年度财务预算报告》《关于2014年度利润分配的议案》《关于2014年度日常关联交易执行和2015年度日常关联交易预计的议案》《关于申请2015年度综合授信额度的议案》《关于为控股子公司提供担保的议案》《关于制定〈北方稀土贷款统借统还管理办法〉的议案》《关于制定〈北方稀土对控股子公司融资担保管理办法〉的议案》《关于修改公司〈章程〉的议案》《关于修改公司〈股东大会议事规则〉的议案》和《关于续聘会计师事务所的议案》。

北方稀土2014年度股东大会

2016年，公司召开了2015年度股东大会和三次临时股东大会。

2016年5月18日，公司2015年度股东大会在公司会议室召开。出席本次股东大会的股东及股东代理人15人，代表有表决权股份175093.73万股，占公司股份总数的48.19%。会议审议通过了14项议案：《2015年度报告及摘要》《2015年度董事会工作报告》《2015年度监事会工作报告》《2015年度独立董事述职报告》《2015年度财务决算报告》《2016年度财务预算报告》《关于2015年度利润分配的议案》《关于2015年度日常关联交易执行和2016年度日常关联交易预计的议案》《关于申请2016年度综合授信额度的议案》《关于为控股子公司提供担保的议案》《关于更换董事的议案》《关于更换独立董事的议案》《关于增加经营范围及修改〈章程〉的议案》和《关于续聘会计师事务所的议案》。

北方稀土2015年度股东大会

2016年1月21日，公司第一次临时股东大会在公司会议室召开。出席本次股东大会的股东及股东代理人22人，持有表决权的股份总数141764.53万股，占公司有表决权股份总数的39.02%；会议审议通过了《关于更换年审会计师事务所的议案》。

2016年9月6日，公司第二次临时股东大会在公司会议室召开。出席本次股东大会的股东及股东代理人26人，持有表决权的股份总数119979.52万股，占公司有表决权股份总数的33.02%。大会审议通过了6项议案：《关于公开发行公司债券方案的议案》《关于提请股东大会授权董事会及董事会授权人士全权办理本次发行公司债券相关事项的议案》《关于为部分子公司贷款提供担保的议案》《关于修改公司〈章程〉的议案》《关于增选公司董事的议案》和《关于更换公司监事的议案》。

2016年11月23日，公司第三次临时股东大会在公司会议室召开。出席会议的股东和代理人共34人，持有表决权的股份总数174860.48万股，占公司有表决权股份总数的48.13%。大会审议并通过了《关于增加2016年度综合授信额度的议案》。

第二节 董事会会议

一、第一届董事会会议

内蒙古包钢稀土高科技股份有限公司第一届董事会由公司创立大会暨第一次股东大会选举产生，并于1997年9月12日，在包钢少年宫召开第一次会议。会议应到董事9人，实到董事7人。会议审议通过如下决议：选举曾国安为第一届董事会董事长，廖二鸣为第一届董事会副董事长，任期均为三年；聘任赵占斌为第一届董事会秘书，陈隆淮为总经理，邹连顺、张毅为副总经理，王晓铁为总工程师，邢斌为财务总监，刘忠涛为总经理助理，任期均为三年。聘任的高级管理人员本年度未发生变动。

1998年3月18日，公司一届二次董事会在包钢宾馆召开。会议应到董事9人，实到董事8人。会议审议通过了8项决议：《关于收购第一大股东包头钢铁（集团）有限责任公司控股的包头天骄清美稀土抛光粉有限公司55%股权的预案》《同意曾国安不再担任董事、董事长职务，增补张志公为公司董事、董事长候选人的预案》《聘任王成印为公司副总经理》《关于修改公司〈章程〉的议案》《关于授权董事会行使不超过公司净资产20%投资决策权的预案》《关于聘请建中律师事务所为常年法律顾问的预案》《关于聘请内蒙古会计师事务所为公司审计机构的预案》和《决定1998年4月19日召开临时股东大会审议以上事项》。

1998年4月18日，公司一届三次董事会在包钢宾馆召开。会议应到董事9人，实到董事7人。会议审议通过了5项决议：《1997年年度报告和年报摘要》《1997年年度财务决算报告》《1997年度利润分配预案及资本公积金转增股本预案》《聘任刘忠涛为公司副总经理》和《决定1998年5月22日召开1997年年度股东大会》。

1998年4月19日，公司一届四次董事会在包钢宾馆召开。会议应到董事9人，实到董事9人。会议审议通过了3项决议：《同意曾国安不再担任董事长职务》《选举张志公为董事长》和《同意徐福贵为执行董事》。

1998年5月22日，公司一届五次董事会在包钢宾馆召开，全体董事参加。会议审议通过了2项决议：《修改募集资金运用项目的预案》和《董事会议事规则、公司标志》。

1998年7月28日，公司一届六次董事会在包钢宾馆召开。会议应到董事9人，实到董事6人。会议审议通过了《公司1998年度中期报告》。

1998年11月19~21日，公司一届七次董事会以通讯方式召开，全体董事参加。会议决定，通过多种融资渠道筹集资金，用于建设高科技稀土应用项目。

1999年3月11日，公司一届八次董事会在包钢宾馆召开。会议应到董事9人，实到董事7人。会议审议并通过了2项决议：《变更募集资金投向的预案》和《放弃收购包头天骄清美稀土抛光粉有限公司55%股权的预案》。

1999年4月19日，公司一届九次董事会在包钢宾馆召开。会议应到董事9人，实到董事9人。会议审议并通过了6项决议：《董事会1998年度工作报告》《总经理1998年度工作报告》《1998年度财务决算报告》《公司1998年年度报告及年报摘要》《1998年度利润分配预案》和《1998年度股东大会事项》。

1999年7月26日，公司一届十次董事会在包钢宾馆召开。会议应到董事9人，实到董事6人。会议审议并通过2项决议：《公司1999年中期报告》和《根据工作需要同意张毅辞去公司副总经理职务》。

1999年8月30日，公司一届十一次董事会在包钢宾馆召开。应到董事9人，实到董事6人，3名未到董事均授权其他董事代其行使表决权，全体监事列席会议，大会审议通过了4项决议：《1999年配股方案》《变更募集资金投向的预案》《关于前次募集资金使用情况的说明》和《关于召开临时股东大会的决定》。

1999年10月6日，公司一届十二次董事会在包钢宾馆召开。应到董事9人，实到董事6人，3名未到董事均授权其他董事代其行使表决权，全体监事列席会议，会议审议通过了《嘉鑫公司调整配股价格的提案》，将配股价格调整为6~10元/股。

1999年10月6日，公司一届十三次董事会在包钢宾馆召开。应到董事9人，实到董事6人，3名未到董事均授权其他董事代其行使表决权，全体监事列席会议，会议通过了2项决议：《同意张志公因工作需要，不再担任董事长职务》和《选举乔木为董事长》。

1999年12月14日，公司一届十四次董事会在包钢宾馆召开。应到董事9人，实到董事6人，3名未到董事均授权其他董事代其行使表决权，全体监事列席会议，会议通过了2项决议：《关于收购包钢综合企业（集团）公司部分资产的预案》和《公司总经理关于公司2000年生产经营计划的报告》。

2000年3月16日，公司一届十五次董事会在包钢宾馆召开。应到董事9人，实到董事6人，3名未到董事均授权其他董事代其行使表决权，全体监事列席会议。会议审议通过了9项决议：《1999年度董事会工作报告》《1999年度财务决算的报告》《1999年度年报及年报摘要》《1999年度利润分配预案》《公司关于四项资产减值准备和损失处理内部控制制度》《公司关于资金管理的办法（试行）》《公司2000年主要经营指标》《同意廖二鸣不再担任公司董事、副董事长职务》《增补张峰为公司董事候选人、张毅为副董事长候选人》和《关于召开1999年年度股东大会的决定》。

2000年4月20日，公司一届十六次董事会在包钢宾馆召开。应到董事9人，实到董事6人，3名未到董事均授权其他董事代其行使表决权，全体监事列席会议。会议审议通过了3项决议：《选举张毅为公司董事会副董事长》《关于转让〈贮氢合金制造技术和设备合同〉执行权利的议案》和《关于公司以资产为内蒙古稀奥科贮氢合金有限公司镍氢动力电池项目贷款提供担保的议案》。

2000年7月26日，公司一届十七次董事会在包钢宾馆召开。应到董事9人，实到董事6人，3名未到董事均授权其他董事代其行使表决权，全体监事列席会议。会议审议通过了4项决议：《2000年中期报告及其摘要》《2000年中期利润分配预案》《修改公司〈章程〉的预案》和《同意为内蒙古稀奥科电池极板有限公司、内蒙古稀奥科镍氢动力电池有限公司通过交通银行包头市支行所开信用证（L/C）免保证金部分提供担保的议案》。

2001年3月15日，公司一届十八次董事会在包钢宾馆召开。应到董事9人，实到董事6人，3名未到董事均授权其他董事代其行使表决权，全体监事列席会议。会议审议通过了10项决议：《公司2000年度总经理工作报告及2001年工作计划》《2000年度董事会工作报告》《公司2000年度财务决算报告》《公司2000年度报告及年报摘要》《公司2000年度利润分配预案》《预计公司2001年利润分配政策》《公司2001年经营责任书》《关于镍氢动力电池项目进度情况的报告》《关于召开2000年年度股东大会的议案》和《关于投资废水治理（环保）项目的议案》。

2001年7月31日，公司一届十九次董事会在包钢宾馆召开。应到董事9人，实到董事7人，2名未到董事均授权其他董事代其行使表决权，全体监事列席会议。会议审议通过了7项决议：《公司2001年中期报告及摘要》《公司2001年中期利润分配预案：不分配，不转赠》《公司资产减值准备的内部控制制度及今年上半年计提减值准备情况的报告》《关于修改公司〈章程〉的预案》《公司第一届董事会工作报告》《关于董事会换届选举的议案》和《召开临时股东大会的决定》。

2001年8月27日，公司一届二十次董事会在包钢宾馆召开。应到董事9人，实到董事6人，另有3位董事委托其他董事代行表决权，公司监事和高级管理人员列席会议。会议审议通过了7项决议：《公司前次募集资金使用情况的说明》《关于公司符合发行可转换公司债券（以下称“可转债”）条件的议案》《关于公司2001年发行可转债的议案》《关于公司2001年发行可转债募集资金投资项目可行性的议案》《本次发行可转债决议有效期限的预案》《关于授权董事会全权办理本次发行可转债相关事宜的议案》和《关于召开2001年第二次临时股东大会的议案》。

二、第二届董事会会议

2001年9月4日，公司二届一次董事会在包钢宾馆召开。应到董事9人，实到董事6人，3名未到董事均授权其他董事代其行使表决权，全体监事列席会议。会议审议通过了2项议案：一是选举乔木为公司董事长，选举崔臣、陈宁宁女士为公司副董事长。二是聘任公司高级管理人员。

2001年12月24日，公司二届二次董事会在包钢宾馆召开。应到董事9人，实到董事6人，3名未到董事均授权其他董事代其行使表决权，全体监事列席会议。会议审议通过《关于为内蒙古稀奥科贮氢合金有限公司、内蒙古稀奥科镍氢电池极板有限公司、内蒙古稀奥科镍氢动力电池有限公司办理海关设备通关提供担保的议案》和《向银行申请贷款的议案》。

2002年2月25日，公司第二届董事会第三次会议在包钢宾馆会议室召开。会议应到董事9人，实到董事8人，1名董事委托其他董事代行表决权，公司监事会成员和部分高级管理人员列席会议。会议审议通过4项决议：《关于计提2001年度八项减值准备的说明》《关于冲销2001年度减值准备的说明》《关于支付中天华正会计师事务所年报审计费40万元的议案》和《关于投资4500万元建设镍氢动力电池项目厂房，租赁给内蒙古稀奥科贮氢合金有限公司、内蒙古稀奥科镍氢动力电池有限公司和内蒙古稀奥科镍氢电池极板有限公司的议案》。

2002年3月6日，公司第二届董事会第四次会议在包钢宾馆会议室召开。会议应到董事9人，实到董事8人，1名董事委托其他董事代行表决权，公司监事会成员和部分高级管理人员列席会议。会议审议通过了9项决议：《2001年度董事会工作报告》《2001年度总经理工作报告》《2001年度公司财务决算报告》《公司2001年度报告及其摘要》《公司2001年度利润分配的预案》《公司2002年度预计利润分配政策》《聘任公司总经理助理》《关于设立独立董事的预案》和《决定2002年4月9日召开2001年度股东大会》。

2002年4月24日，公司第二届董事会第五次会议在包钢宾馆会议室召开。会议应到董事11人，实到董事8人，3名董事委托其他董事代行表决权，公司监事会成员和部分高级管理人员列席会议。会议审议通过4项决议：《公司2002年第一季度报告》《关于对镍氢动力电池项目的投资在三个合资公司减少注册资本后转为长期债权投资的预案》《同意公司与瑞科稀土冶金及功能材料国家工程研究中心有限公司、包头稀土研究院等五家单位共同投资组建包头瑞鑫稀土金属材料股份有限公司》和《决定2002年5月27日召开2002年临时股东大会》。

2002年5月9日，公司第二届董事会第六次会议在包钢宾馆会议室召开。会议应到董事11人，实到董事8人，3名董事委托其他董事代行表决权，公司监事会成员和部分高级管理人员列席会议。会议审议并通过7项决议：《关于前次募集资金使用情况的说明》《关于对公司可转换债券发行方案进行修改及确认的预案》《关于对可转换债券募集资金投资项目进行调整及确认的预案》《关于本次发行可转换债券决议有效期限的预案》《关于对授权董事会办理本次发行可转换债券相关事宜进行确认的议案》《关于向三个合资公司进行长期债权投资的具体方案》和《关于召开2002年第二次临时股东大会的议案》。

2002年5月27日，公司第二届董事会第七次会议在包钢宾馆会议室召开。应到董事11人，实到董事8人，3名董事委托其他董事代行表决权，全体监事和部分高级管理人员列席会议。会议审议通过7项决议：《参股瑞科稀土冶金及功能材料国家工程研究中心有限公司有关增资扩股及股权转让的预案》《股东大会议事规则的预案》《董事会议事规则的预案》《独立董事工作规则的预案》《信息披露管理制度的预案》《总经理工作细则》和《关于召开2002年第三次临时股东大会的决定》。

2002年6月10日，公司第二届董事会第八次会议在包钢宾馆会议室召开。应到董事11人，实到董事6人，5名董事委托其他董事代行表决权，全体监事和部分高级管理人员列席会议。会议审议通过了4项决议：一是增补董事的预案。由于工作变动，同意乔木不再担任董事、董事长职务；由于工作变动，同意颜维华不再担任董事职务。增补孙国龙为公司董事、副董事长候选人，增补刘志忠为公司董事候选人。二是选举董事长的议案。同意崔臣辞去公司副董事长职务，选举崔臣为公司董事长。三是《公司关于建立〈现代企业制度自查报告〉的决议》。四是《关于召开2002年第四次临时股东大会的议案》。

2002年7月12日，公司第二届董事会第九次会议在包钢宾馆会议室召开。会议由董事长崔臣主持，应到董事11人，实到董事9人，2名董事委托其他董事代行表决权。全体监事和部分高级管理人员列席会议。与会董事一致选举孙国龙为公司副董事长。

2002 年 7 月 24 日，公司第二届董事会第十次会议在包钢宾馆会议室召开。应到董事 11 人，实到董事 8 人，3 名董事委托其他董事代行表决权。全体监事和部分高级管理人员列席会议。会议审议通过 3 项决议：《公司 2002 年半年度报告及摘要》《关于公司独立董事津贴、其他董事和监事津贴的预案》和《关于修改公司〈章程〉的预案》。

2002 年 9 月 13 日，公司第二届董事会第十一次会议在包钢宾馆会议室召开。应到董事 11 人，实到董事 9 人，2 名董事委托其他董事代行表决权。公司监事和部分高级管理人员列席会议。会议审议通过了 3 项决议：《关于投资中外合资包头昭和稀土高科新材料有限公司的议案》《关于为内蒙古稀奥科贮氢合金有限公司、内蒙古稀奥科电池极板有限公司、内蒙古稀奥科镍氢动力电池有限公司流动资金贷款提供担保的议案》和《关于设立公司董事会战略、提名、审计、薪酬与考核四个委员会的预案》。

2002 年 10 月 10 日，公司第二届董事会第十二次会议以通讯方式召开，全体董事参加会议。会议审议通过了《关于向银行申请授信额度的议案》，同意向中国民生银行北京营业部申请授信额度 2 亿元，用于补充流动资金。

2002 年 10 月 19 日，公司第二届董事会第十三次会议在包钢宾馆会议室召开。会议应到董事 11 人，实到董事 7 人，4 名董事委托其他董事代行表决权。公司监事和部分高级管理人员列席会议。会议审议通过 3 项决议：《公司 2002 年第三季度报告》《关于增补独立董事的预案》和《决定 2002 年 11 月 26 日召开第五次临时股东大会》。

2002 年 12 月 18 日，公司第二届董事会第十四次会议以通讯方式召开。应参加表决董事 12 人，参加表决董事 12 人，会议审议通过了《关于为宁波天益金属冷挤压有限公司和西安市西骏稀土实业有限责任公司向银行贷款提供担保的议案》。

2003 年 2 月 26 日，公司第二届董事会第十五次会议在包钢宾馆会议室召开。会议应到董事 12 人，实到董事 9 人，3 名董事委托其他董事代行表决权，公司监事和高管人员列席会议。会议审议并通过了 12 项决议：《公司 2002 年董事会工作报告》《公司 2002 年总经理工作报告》《2002 年度公司财务决算报告》《公司 2002 年年度报告及摘要》《公司 2002 年度利润分配及资本公积金转增股本的预案》《关于强磁中矿、尾矿价格调整的预案》《关于公司加入中国北方稀土集团的预案》《公司 2003 年技术改造方案》《公司 2003 年经营责任书》《关于聘任、解聘公司高管人员的议案》《关于向银行申请授信额度议案》和《决定 2003 年 4 月 1 日召开 2002 年度股东大会》。

2003 年 4 月 24 日，公司第二届董事会第十六次会议在包钢宾馆会议室召开。会议应到董事 12 人，实到董事 9 人，3 名董事委托其他董事代行表决权。公司监事和部分高管人员列席会议。会议审议通过了 5 项决议：《2003 年第一季度报告》《关于同包头市红天宇稀土厂共同投资组建包头市科宇稀土有限公司的议案》《投资成立淄博包钢灵芝稀土高科有限公司（暂定名）的议案》《关于参股包头华美稀土高科有限公司（暂定名）股权的议案》和《关于向银行申请授信额度的议案》。

2003 年 7 月 26 日，公司第二届董事会第十七次会议在包钢宾馆会议室召开。会议应到董事 12 人，实到董事 10 人，2 名董事委托其他董事代行表决权，公司监事和部分高管人员列席会议。会议审议通过了 6 项决议：《2003 年半年度报告》《关于设立子公司的议案》《关于聘任、解聘公司高管人员的议案》《关于增补独立董事和更换董事的预案》《建设项目管理办法（暂行）》和《召开 2003 年度临时股东大会的议案》。

2003 年 9 月 29 日，公司第二届董事会第十八次会议以通讯方式召开。参加会议应到董事 13 人，实到董事 13 人。经全体董事审议，会议一致通过了《关于向上海浦东发展银行天津分行申请授信额度的议案》和《关于中国证监会呼和浩特证券监管特派员办事处巡回检查的整改报告》。

2003 年 10 月 25 日，公司第二届董事会第十九次会议在包钢宾馆会议室召开。会议应到董事 13 人，实到董事 11 人，2 名董事委托其他董事代行表决权。公司监事和部分高管人员列席会议。会议审议通过了《公司 2003 年第三季度报告》和《关于参股包头市京瑞新材料有限公司的议案》。

2004 年 3 月 27 日，公司第二届董事会第二十次会议在包钢宾馆会议室召开。应到董事 13 人，实到董事 10 人，3 名董事委托其他董事代行表决

权，公司监事会成员和高级管理人员列席会议。会议审议通过了19项决议：《2003年董事会工作报告》《2003年总经理工作报告》《2003年度公司财务决算报告》《2003年年度报告及摘要》《2003年度利润分配预案》《资本公积金转增股本的预案》《关联交易的预案》《2004年经济责任制》《公司2004年利润预算管理的议案》《实行母子（分）公司管理的议案》《关于更换公司董事的预案》《调整董事会四个专门委员会成员的预案》《关于修改公司〈章程〉的预案》《公司2004年资本运作计划》《申请2004年银行贷款总授信额度的预案》《资产减值准备计提和损失处理的内控制度》《为稀奥科公司贷款担保的议案》《聘任、解聘公司高级管理人员的议案》和《关于召开2003年年度股东大会的议案》。

2004年4月22日，公司第二届董事会第二十一次会议在包钢宾馆会议室召开。会议应到董事13人，实到董事8人，5名董事委托其他董事代行表决权，公司监事会成员和部分高级管理人员列席会议。会议审议通过了《2004年第一季度报告》和《关于投资成立包头科日稀土材料有限公司的议案》。

2004年5月10日，公司第二届董事会第二十二次会议以通讯方式召开。应到董事13人，实到董事13人。会议审议通过了《关于调整长期债权投资回报率的议案》。

2004年8月7日，公司第二届董事会第二十三次会议在包钢宾馆会议室召开。应到董事13人，实到董事8人，5名董事委托其他董事代行表决权。会议审议并通过了《2004年半年度报告及摘要》。

2004年10月16日，公司第二届董事会第二十四次会议在包钢宾馆会议室召开。会议由董事长崔臣先生主持，应到董事13人，实到董事10人，3名董事委托其他董事代行表决权，公司监事会成员和部分高级管理人员列席会议。会议审议并通过了3项决议：《2004年第三季度报告》《关于包钢（集团）公司对稀土高科供水、供电价格进行调整的议案》和《关于以土地增资入股包头瑞鑫稀土金属材料股份有限公司的议案》。

2005年3月19日，公司第二届董事会第二十五次会议在包钢宾馆会议室召开。会议应到董事13人，实到董事10人，3名董事委托其他董事代行表决权。会议审议通过了5项决议：《2004年董事会工作报告》《2004年度报告及摘要》《2004年总经理工作报告》《2004年度财务决算报告》和《2004年度利润分配及资本公积金转增股本的预案》。

2005年4月12日，公司第二届董事会第二十六次会议以通讯方式召开。会议应参加表决13人，实际参加表决13人。会议按照中国证监会《关于督促上市公司修改公司〈章程〉的通知》（证监公司字〔2005〕15号）和上海证券交易所2004年度报告工作备忘录第十二号《关于修改公司〈章程〉的通知》的有关规定，对原拟提交2004年度股东大会《关于修改公司〈章程〉的议案》的有关内容进行了补充修改，并对《股东大会议事规则》《董事会议事规则》和《独立董事工作规则》的修正案进行了审议，同意将上述三个《规则》的修正案作为《关于修改公司〈章程〉的议案》的附件提交2004年度股东大会审议。同时，会议对公司监事会递交的《监事会议事规则》的修正案进行审核，同意将其作为《关于修改公司〈章程〉的议案》附件提交2004年度股东大会审议。

三、第三届董事会会议

2005年4月29日，公司第三届董事会第一次会议在包钢宾馆会议室召开。会议由董事长崔臣主持，会议应到董事13人，实到董事11人，2名董事委托其他董事代行表决权。会议审议并通过了4项决议：《关于选举公司董事长、副董事长的议案》《关于聘任公司总经理、董事会秘书的议案》《关于聘任其他高级管理人员的议案》和《公司2005年第一季度报告》。

2005年8月13日，公司第三届董事会第二次会议在包钢宾馆会议室召开。全体董事参加会议，通过了公司《2005年半年度报告及摘要》。

2005年10月13日，公司第三届董事会第三次会议在包钢宾馆会议室召开。全体董事参加会议，通过了公司《2005年第三季度报告》。

2006年4月22日，公司第三届董事会第四次会议在包钢宾馆会议室召开。会议应到董事13人，实到董事9人，4名董事委托其他董事代行表决权。会议审议并通过5项决议：《2005年董事会工作报告》《2005年度报告及摘要》《2005年总经理工作报告》《2005 年度财务决算报告》和《2005 年度利润分配及资本公积金转增股本的预案》。

2006 年 8 月 12 日，公司第三届董事会第五次会议在包钢宾馆会议室召开。会议应到董事 13 人，实到董事 10 人，3 名董事委托其他董事代行表决权。会议审议通过了《2006 年中期报告及摘要》《关于选举公司副董事长的议案》。

2006 年 10 月 24 日，公司第三届董事会第六次会议在包钢宾馆会议室召开。会议应到董事 13 人，实到董事 7 人，6 名董事委托其他董事代行表决权。会议审议通过了《2006 年第三季度报告》和《关于更换董事的预案》。

2007 年 3 月 7 日，公司第三届董事会第七次会议在包钢宾馆会议室召开。会议应到董事 13 人，实到董事 10 人，3 名董事委托其他董事代行表决权。会议审议通过了 16 决议：《2006 年董事会工作报告》《2006 年度报告及摘要》《2006 年总经理工作报告》《2006 年度财务决算报告》《2007 年度财务预算报告》《2006 年度利润分配及资本公积金转增股本的预案》《2007 年度日常关联交易的预案》《关于调整董事会四个专门委员会成员的预案》《2007 经济责任制目标》《关于修订公司〈股东大会议事规则〉的预案》《关于修订公司〈董事会议事规则〉的预案》《关于申请 2007 年银行总授信额度的预案》《关于部分资产报废及计提减值准备的预案》《关于续聘会计师事务所的预案》《关于为内蒙古稀奥科三家公司提供流动资金贷款担保的预案》和《关于重新签署对内蒙古稀奥科三家控股子公司长期债权投资的预案》。

2007 年 4 月 21 日，公司第三届董事会第八次会议在包钢宾馆会议室召开。会议由董事长崔臣先生主持，会议应到董事 13 人，实到董事 10 人，3 名董事委托其他董事代行表决权。会议审议通过了《2007 年第一季度报告》和《关于会计政策、会计估计变更的议案》。

2007 年 6 月 26 日，公司第三届董事会第九次会议以通讯方式召开。会议由董事长崔臣先生主持，会议应到董事 13 人，实到董事 13 人。会议审议通过了《关于重新修订〈内蒙古包钢稀土高科技股份有限公司信息披露管理制度〉的议案》。

2007 年 7 月 28 日，公司第三届董事会第十次会议在包钢宾馆会议室召开。会议应到董事 13 人，实到董事 11 人，2 名董事委托其他董事代行表决权。会议审议通过了 4 项决议：《2007 年半年度报告及摘要》《公司治理专项活动的自查报告和整改计划》《关于公司冶炼厂一车间萃取厂房因失火事故导致部分资产报废的议案》和《关于公司稀选厂部分固定资产计提减值准备的议案》。

2007 年 10 月 27 日，公司第三届董事会第十一次会议在包钢宾馆会议室召开。会议应到董事 13 人，实到董事 10 人，3 名董事委托其他董事代行表决权。会议审议通过了 7 项决议：《2007 年第三季度报告》《公司治理专项活动的整改报告》《关于收购包头钢铁（集团）有限责任公司稀土类资产的议案》《关于向包头钢铁（集团）有限责任公司购买土地使用权的议案》《关于收购包钢综合企业（集团）公司钢球加工厂稀土类资产的议案》《关于收购包钢白云铁矿博宇公司稀土类资产的议案》和《关于提请股东大会授权董事会全权办理本次稀土资产整合有关事宜的议案》。会议通过决议，决定现金收购包钢集团所持有的包头稀土研究院 100%出资权益、包头天骄清美稀土抛光粉有限公司 60%出资权益、中山市天骄稀土材料有限公司 66.5%出资权益、包头瑞福鑫磁性材料有限责任公司 24.38%出资权益、包钢集团矿山研究院选矿试验分公司的资产，加上此前决定收购的包钢白云博宇公司的稀土资产，包钢的稀土产业资产被稀土高科囊括。

2008 年 3 月 29 日，公司第三届董事会第十二次会议在包钢宾馆会议室召开。会议应到董事 13 人，实到董事 11 人，2 名董事委托其他董事代行表决权。会议审议通过了 16 项决议：《2007 年董事会工作报告》《2007 年度报告及摘要》《2007 年总经理工作报告》《2007 年度财务决算报告》《2008 年度财务预算报告》《2007 年度利润分配及资本公积金转增股本的预案》《2008 年度日常关联交易的预案》《关于申请 2008 年银行总授信额度的预案》《关于为内蒙古稀奥科贮氢合金有限公司提供流动资金贷款担保的议案》《关于制定〈独立董事年报工作制度〉的议案》《关于制定〈审计委员会年报工作制度〉的议案》《关于续聘会计师事务所的预案》《关于聘任高级管理人员的议案》《关于组织机构调整的议案》《关于收购包头鑫垣稀土科技有限公司的议案》和《关于召开

2007年度股东大会的议案》。

2008年4月23日，公司第三届董事会第十三次会议暨2007年度股东大会在包钢宾馆会议室召开。会议由董事长崔臣主持，出席本次年度股东大会的股东及股东授权代表共计24人。会议审议通过了9项决议：《2007年董事会工作报告》《2007年监事会工作报告》《2007年度报告及摘要》《2007年度财务决算报告》《2008年度财务预算报告》《2007年度利润分配及资本公积金转增股本的议案》《2008年度日常关联交易的议案》《关于申请2008年银行总授信额度的议案》和《关于续聘会计师事务所的议案》。

2008年7月18日，公司第三届董事会第十四次会议以通讯方式召开。会议应参加表决董事13人，实际参加表决董事13人。会议审议通过了《关于公司治理专项活动整改情况的说明》。

2008年8月23日，公司第三届董事会第十五次会议在包钢宾馆会议室召开。会议应到董事13人，实到董事9人，4名董事委托其他董事代行表决权。会议审议通过了11项决议：《公司2008年半年度报告》《关于公司发行短期融资券的议案》《关于建设包头稀土精矿储备库项目的议案》《关于投资组建内蒙古包钢稀土国际贸易有限公司的议案》《关于参股包钢集团财务有限责任公司的议案》《关于收购内蒙古和发稀土科技开发股份有限公司部分股权的议案》《关于包头瑞鑫稀土金属材料股份有限公司扩产的议案》《关于稀选厂技改的议案》《关于董事会换届选举的议案》《关于修改公司〈章程〉的议案》和《关于变更会计师事务所的议案》。

四、第四届董事会会议

2008年9月13日，公司第四届董事会第一次会议在包钢宾馆会议室召开。会议由董事长崔臣主持，会议应到董事13人，实到董事12人，1名董事委托其他董事代行表决权。会议审议通过了3项决议：《关于选举第四届董事会董事长、副董事长的议案》《关于调整董事会四个专门委员会成员的议案》和《关于免除内蒙古稀奥科镍氢电池极板有限公司和内蒙古稀奥科镍氢动力电池有限公司2008年长期债权投资利息的议案》。

2008年10月28日，公司第四届董事会第二会议以通讯方式召开。全体董事参加，会议审议通过了《公司2008年第三季度报告》。

2009年4月18日，公司第四届董事会第三次会议在公司会议室召开。会议由副董事长孟志泉主持，会议应到董事13人，实到董事11人，2名董事委托其他董事代行表决权。会议审议通过了23项决议：《2008年度报告及摘要》《2008年度董事会工作报告》《2008年度总经理工作报告》《2008年度财务决算报告》《2009年度财务预算报告》《2009年度财务预算报告》《2009年度日常关联交易的议案》《2008年度社会责任报告》《2008年度董事会关于内部控制的自我评估报告》《关于申请2009年银行总授信额度的议案》《关于2008年度计提资产减值准备的议案》《关于变更公司名称的议案》《关于续聘会计师事务所的议案》《关于制定董事会四个专门委员会〈工作规则〉的议案》《关于制定〈募集资金管理办法〉的议案》《关于修改〈审计委员会年报工作制度〉的议案》《关于新建年产15000吨高性能磁性材料产业化项目的议案》《关于建设稀土萃取钠皂化废水资源化处理及循环利用项目的议案》《关于授权公司经理层筹备与河北新奥集团合资建设永磁核磁共振影像系统产业化项目的议案》《关于为子公司贷款提供担保的议案》《关于修改〈章程〉的议案》《关于召开2008年度股东大会的议案》和《2009年第一季度报告》。

2009年8月15日，公司第四届董事会第四次会议在公司会议室召开。会议应到董事13人，实到董事10人，3名董事委托其他董事代行表决权。会议审议通过了3项决议：《2009年半年度报告及摘要》、《关于内蒙古稀奥科镍氢动力电池有限公司转型生产汽车用镍氢动力电池的议案》和《关于变更会计师事务所的议案》。

2009年10月27日，公司第四届董事会第五次会议在公司会议室召开。会议应到董事13人，实到董事12人，1名董事委托其他董事代行表决权。会议审议通过了5项决议：《2009年第三季度报告》《关于更换独立董事的议案》《关于中国证监会内蒙古监管局巡检发现问题的整改报告》《关于向金融机构统一融资协调使用的议案》和《关于向稀土研究院转让内蒙古包钢稀土磁性材料有限责任公司部分股权的议案》。

2009年12月11日，公司第四届董事会第六次会议以通讯方式召开。会议应到董事13人，实到董事 13 人。会议审议通过了《关于为内蒙古稀奥科镍氢电池极板有限公司贷款担保的议案》和《内蒙古包钢稀土（集团）高科技股份有限公司金融工具管理办法》。

2010 年 3 月 2 日，公司第四届董事会第七次会议在公司会议室召开。会议应到董事 13 人，实到董事 11 人，2 名董事委托其他董事代行表决权。会议审议通过了《关于与河北新奥集团合资建设稀土永磁核磁共振影像系统产业化项目的议案》。

2010 年 4 月 15 日，公司第四届董事会第八次会议在公司会议室召开。会议应到董事 13 人，实到董事 11 人，2 名董事委托其他董事代行表决权。会议审议通过了 20 项决议：《2009 年度报告及摘要》《2009 年度董事会工作报告》《2009 年度总经理工作报告》《2009 年度财务决算报告》《2010 年度财务预算报告》《关于 2009 年度利润分配的议案》《关于 2010 年度日常关联交易的议案》《关于申请 2010 年银行总授信额度的议案》《关于为子公司从金融机构融资提供担保的议案》《关于部分资产计提减值准备的议案》《2009 年度社会责任报告》《2009 年度董事会关于内部控制的自我评估报告》《关于续聘会计师事务所的议案》《关于调整董事会四个专门委员会成员的议案》《关于修改〈章程〉的议案》《关于制定〈外部信息报送和使用管理制度〉的议案》《关于制定〈内幕信息知情人登记备案制度〉的议案》《关于制定〈年报信息披露重大差错责任追究制度〉的议案》《2010 年第一季度报告》和《关于召开 2009 年度股东大会的议案》。

2010 年 7 月 13 日，公司第四届董事会第九次会议以通讯方式召开。会议应到董事 13 人，实到董事 13 人。会议审议通过了《关于改选董事会两名董事的议案》。

2010 年 7 月 31 日，公司第四届董事会第十次会议在公司会议室召开。会议由董事长周秉利主持，会议应到董事 13 人，实到董事 11 人，2 名董事委托其他董事代行表决权。会议审议通过了 6 项决议：《关于选举公司董事长、副董事长的议案》《关于调整董事会三个专门委员会成员的议案》《2010 年半年度报告及摘要》《关于投资信丰新利稀土有限公司的议案》《关于与全南晶环科技有限公司共同出资组建稀土企业的议案》和《关于投资赣州晨光稀土新材料股份有限公司的议案》。

2010 年 10 月 27 日，公司第四届董事会第十一次会议以通讯方式召开。全体董事参加会议，会议通过了公司《2010 年第三季度报告》。

2011 年 4 月 2 日，公司第四届董事会第十二次会议在公司会议室召开。会议应到董事 13 人，实到董事 11 人，2 名董事委托其他董事代行表决权。会议审议通过了 18 项决议：《2010 年度董事会工作报告》《2010 年度报告及摘要》《2010 年度总经理工作报告》《2010 年度财务决算报告》《2011 年度财务预算报告》《关于 2010 年度利润分配的议案》《关于 2012 年重新确定稀土矿浆供应定价模式的议案》《关于 2010 年度日常关联交易执行和 2011 年度日常关联交易预计的议案》《关于制定〈包钢稀土关联交易管理办法〉的议案》《2010 年度社会责任报告》《董事会关于 2010 年度内部控制的自我评估报告》《关于 2011 年申请银行总授信额度的议案》《关于为子公司提供担保的议案》《关于公司资产报废及计提资产减值准备的议案》《关于收购包头华美稀土高科有限公司股权的议案》《关于重组内蒙古稀奥科镍氢电池极板有限公司与内蒙古稀奥科镍氢动力电池有限公司的议案》《关于续聘会计师事务所的议案》和《关于召开 2010 年度股东大会的议案》。

2011 年 4 月 27 日，公司第四届董事会第十三次会议在公司会议室召开。会议应到董事 13 人，实到董事 10 人，3 名董事委托其他董事代行表决权。会议审议并通过了 4 项决议：《2011 年第一季度报告》《关于更换董事的议案》《关于聘任高级管理人员的议案》和《关于制定〈董事会秘书工作制度〉的议案》。

2011 年 8 月 6 日，公司第四届董事会第十四次会议在公司会议室召开。会议应到董事 13 人，实到董事 11 人，2 名董事委托其他董事代行表决权。会议审议并通过了 4 项决议：《2011 年半年度报告及摘要》《关于与安徽大地熊新材料股份有限公司共同出资组建钕铁硼合金公司的议案》《关于董事会换届的议案》和《关于修改〈章程〉的议案》。

五、第五届董事会会议

2011 年 10 月 26 日，公司第五届董事会第一次会议在公司会议室召开。会议应到董事 14 人，

实到董事9人，5名董事委托其他董事代行表决权。会议审议并通过了《关于选举公司第五届董事会董事长和副董事长的议案》和《2011年第三季度报告》。

2011年11月22日，公司第五届董事会第二次会议以通讯方式召开。会议应到董事14人，实到董事14人。会议审议并通过了《关于公司与包钢集团财务有限责任公司签署〈金融服务协议〉的议案》和《关于制订〈内蒙古包钢稀土（集团）高科技股份有限公司与包钢集团财务有限责任公司关联交易的风险控制制度〉的议案》。

2012年3月24日，公司第五届董事会第三次会议在公司会议室召开。会议应到董事13人，实到董事10人，3名董事分别授权其他董事代为行使表决权，公司监事、高级管理人员及公司法律顾问列席会议。会议审议并通过了20项议案：《2011年度董事会工作报告》《2011年度报告及摘要》《2011年度总经理工作报告》《2011年度财务决算报告》《2012年度财务预算报告》《关于2011年度利润分配的议案》《关于修订包钢（集团）公司供应公司稀土矿浆定价公式的议案》《关于2011年度日常关联交易执行和2012年度日常关联交易预计的议案》《2011年度社会责任报告》《董事会关于2011年度内部控制的自我评价报告》《关于实施内部控制规范的工作方案》《关于2012年度申请银行总授信额度的议案》《关于发行短期融资券的议案》《关于为控股子公司提供担保的议案》《关于计提资产减值准备的议案》《关于建设稀土研究院稀土材料中试实验基地项目的议案》《关于对稀土研究院钐钴永磁材料中试线进行技改的议案》《关于合资成立宁波包钢展昊新材料有限公司并建设新项目的议案》《关于续聘会计师事务所的议案》和《关于召开2011年度股东大会的议案》。

2012年4月18日，公司第五届董事会第四次会议在公司会议室召开。会议应到董事13人，实到董事11人。受董事长周秉利先生委托，本次会议由公司副董事长朝鲁先生主持，并代周秉利董事长行使各项议案表决权；独立董事吴振平因工作原因未能参会，授权委托独立董事李保卫代为行使表决权。公司全体监事、部分高级管理人员及公司法律顾问列席会议。会议审议并通过了《2012年第一季度报告》和《关于与江苏天彩科技材料有限公司等合作投资建设稀土发光材料项目的议案》。

2012年7月20日，公司第五届董事会第五次会议以通讯方式召开。全体董事参加会议。会议审议并通过了《关于参与组建包头稀土产品交易所有限公司的议案》。

2012年8月17日，公司第五届董事会第六次会议以通讯方式召开。公司全体董事参加会议。会议审议并通过了3项决议：《2012年半年度报告及摘要》《关于修改公司〈章程〉的议案》和《关于修改〈内幕信息知情人登记备案制度〉的议案》。

2012年9月27日，公司第五届董事会第七次会议以通讯方式召开。公司全体董事参加会议。会议审议并通过了《关于参股公司赣州晨光稀土新材料股份有限公司与舜元地产发展股份有限公司重大资产重组的议案》。

2012年10月19日，公司第五届董事会第八次会议在公司会议室召开。会议应到董事12人，实到董事8人，4名董事分别授权委托其他董事代为行使表决权。公司部分监事、高级管理人员及公司法律顾问列席会议。会议由公司董事、总经理张忠主持，审议并通过了3项决议：《2012年第三季度报告》《关于部分高级管理人员职位变动的议案》和《关于公司管理机构调整的议案》。

2012年12月3日，公司第五届董事会第九次会议以通讯方式召开，全体董事出席会议。会议审议并通过了3项决议：《关于购买包钢集团白云鄂博矿主、东矿部分已开采稀土矿石的议案》《关于购买包钢集团下属的巴润矿业有限责任公司所拥有的白云鄂博西矿部分已开采稀土矿石的议案》和《关于修订内部控制制度的议案》。

2013年1月29日，公司第五届董事会第十次会议以通讯方式召开，公司全体董事出席会议。会议审议并通过了《关于更换公司董事的议案》和《关于聘任公司高级管理人员的议案》。

2013年3月28日，公司第五届董事会第十一次会议在公司会议室召开。会议应到董事12人，实到董事10人，2名董事分别授权委托其他董事代为行使表决权。公司全体监事、高级管理人员及法律顾问列席会议。会议审议并通过了19项议案：《2012年度董事会工作报告》《2012年度报告及摘要》《2012年度总经理工作报告》《2012年度财务决算报告》《2013 年度财务预算报告》《关于 2012 年度利润分配的议案》《关于 2012 年度日常关联交易执行和 2013 年度日常关联交易预计的议案》《2012 年度社会责任报告》《董事会关于 2012 年度内部控制的自我评价报告》《关于修订〈高级管理人员工作规则〉的议案》《关于修订〈独立董事工作规则〉的议案》《关于制订〈董事、监事、高级管理人员持股管理办法〉的议案》《关于 2013 年度申请银行总授信额度的议案》《关于为控股子公司提供担保的议案》《关于调整董事、监事津贴的议案》《关于公司对稀土研究院天津分院前期投入转稀土研究院注册资金的议案》《关于子公司将国家专项资金转增为注册资金的议案》《关于续聘会计师事务所的议案》和《关于召开 2012 年度股东大会的议案》。

2013 年 4 月 19 日，公司第五届董事会第十二次会议在公司会议室召开。会议应到董事 12 人，实到董事 9 人，3 名董事分别授权委托其他董事代为行使表决权。公司监事、高级管理人员、法律顾问列席会议。会议审议并通过了《2013 年第一季度报告》。

2013 年 8 月 15 日，公司第五届董事会第十三次会议以通讯方式召开。公司全体董事参加本次会议。会议由董事长周秉利主持，审议并通过了《2013 年半年度报告及摘要》。

2013 年 10 月 24 日，公司第五届董事会第十四次会议在公司会议室召开。公司全体董事参加了本次会议。会议由董事长周秉利主持，审议并通过了《2013 年第三季度报告》。

2014 年 3 月 13 日，公司第五届董事会第十五次会议在公司会议室召开。会议应到董事 12 人，实到董事 8 人，4 名董事授权委托参会董事代为行使表决权。公司监事、高级管理人员、法律顾问列席会议。会议审议并通过了 18 项议案：《2013 年度董事会工作报告》《2013 年度报告及摘要》《2013 年度总经理工作报告》《2013 年度财务决算报告》《2014 年度财务预算报告》《关于 2013 年度利润分配的议案》《关于修订包钢（集团）公司供应公司稀土矿浆定价公式的议案》《关于 2014 年度日常关联交易预计的议案》《2013 年度社会责任报告》《2013 年度内部控制评价报告》《关于制定〈股东回报规划（2014—2016）〉的议案》《关于申请 2014 年度综合授信额度的议案》《关于为控股子公司提供担保的议案》《关于增选董事的议案》《关于子公司将国家专项资金转增为注册资金的议案》《关于向包钢集团财务有限责任公司增资的议案》《关于续聘会计师事务所的议案》和《关于召开 2013 年度股东大会的议案》。

北方稀土五届十五次董事会会议

2014 年 4 月 3 日，公司第五届董事会第十六次会议在公司会议室召开。会议应到董事 14 人，实到董事 11 人，3 名董事授权委托参会董事代为行使表决权。公司监事、高级管理人员、法律顾问列席会议。会议审议并通过了《关于选举公司董事长的议案》和《关于调整董事会四个专门委员会成员的议案》。

2014 年 4 月 15 日，公司第五届董事会第十七次会议以通讯方式召开。公司全体董事参加会议。会议审议并通过了《2014 年第一季度报告》。

2014 年 8 月 25 日，公司第五届董事会第十八次会议在公司会议室召开。会议应到董事 14 人，实到董事 11 人，3 名董事授权委托参会董事代为行使表决权。公司全体监事和高级管理人员，法律顾问、律师列席会议。会议由公司董事长孟志泉主持，审议并通过了 5 项议案：《2014 年半年度报告及摘要》《关于董事会换届的议案》《关于聘任高级管理人员的议案》《关于设立技术质量部的议案》和《关于建设稀土生产“三废”综合治理技术改造工程的议案》。

2014 年 10 月 24 日，公司第五届董事会第十九次会议以通讯方式召开。公司全体董事参加会议。会议审议并通过了《2014 年第三季度报告》《关于会计政策变更的议案》和《关于重新提名独立董事的议案》。

2014 年 12 月 11 日，公司第五届董事会第二十次会议以通讯方式召开。公司全体董事参加会议。会议审议并通过了6项议案：《关于整合重组包头市飞达稀土有限责任公司的议案》《关于整合重组包头市金蒙稀土有限责任公司的议案》《关于整合重组包头市红天宇稀土磁材有限公司的议案》《关于整合重组五原县润泽稀土有限责任公司的议案》《关于整合重组包头市新源稀土高新材料有限公司的议案》和《关于修改公司〈章程〉的议案》。

六、第六届董事会会议

2014年12月29日，公司第六届董事会第一次会议在公司会议室召开。会议应到董事14人，实到董事12人，2名董事授权委托参会董事代为行使表决权。公司监事、高级管理人员、法律顾问列席会议。会议审议并通过了《关于选举公司董事长、副董事长的议案》和《关于调整董事会四个专门委员会成员的议案》。

2015年4月2日，公司第六届董事会第二次会议在公司会议室召开。会议应到董事14人，实到董事12人，2名董事授权委托参会董事代为行使表决权。公司监事、高级管理人员、法律顾问列席会议。会议由公司董事长孟志泉主持。会议审议通过了19项议案：《2014年度董事会工作报告》《2014年度报告及摘要》《2014年度总经理工作报告》《2014年度财务决算报告》《2015年度财务预算报告》《关于2014年度利润分配的议案》《关于2014年度日常关联交易执行和2015年度日常关联交易预计的议案》《2014年度社会责任报告》《2014年度内部控制评价报告》《关于向稀土院增资建设中国科学院包头稀土研发中心的议案》《关于申请2015年度综合授信额度的议案》《关于为控股子公司提供担保的议案》《关于制定〈北方稀土贷款统借统还管理办法〉的议案》《关于制定〈北方稀土对控股子公司融资担保管理办法〉的议案》《关于修改公司〈章程〉的议案》《关于修改公司〈股东大会议事规则〉的议案》《关于修改公司〈信息披露管理制度〉的议案》《关于续聘会计师事务所的议案》和《关于召开2014年度股东大会的议案》。

2015年4月24日，公司第六届董事会第三次会议在公司会议室召开。会议应到董事14人，实到董事10人，4人授权委托参会董事代为行使表决权。公司监事、高级管理人员、法律顾问列席会议。会议审议通过了《2015年第一季度报告》。

2015年8月21日，公司第六届董事会第四次会议以通讯方式召开。公司全体董事参加会议。会议由公司董事长孟志泉主持。会议审议通过了5项议案：《北方稀土2015年半年度报告及摘要》、《关于增资甘肃稀土新材料股份有限公司的议案》《关于整合重组内蒙古生一伦稀土材料有限公司的议案》《关于在美国设立子公司的议案》和《关于使用部分闲置资金投资理财的议案》。

2015年9月15日，公司第六届董事会第五次会议以通讯方式召开。公司全体董事参加会议。会议由公司董事长孟志泉主持。会议审议通过了《关于整合重组公司内部磁性材料产业的议案》。

2015年10月22日，公司第六届董事会第六次会议以通讯方式召开。公司全体董事参加会议。会议审议通过了《北方稀土2015年第三季度报告》。

2016年1月5日，公司第六届董事会第七次会议以通讯方式召开。公司14名董事中，13名董事参加了会议表决，会议由公司董事长孟志泉主持。会议审议通过了《关于更换年审会计师事务所的议案》。

2016年4月15日，公司第六届董事会第八次会议在公司会议室召开。会议应到董事14人，实到董事12人，2名董事分别授权委托其他董事代为行使表决权。公司监事、高级管理人员、法律顾问列席会议。会议审议通过了16项议案：《2015年度报告及摘要》《2015年度董事会工作报告》《2015年度总经理工作报告》《2015年度财务决算报告》《2016年度财务预算报告》《关于2015年度利润分配的议案》《关于2015年度日常关联交易执行和2016年度日常关联交易预计的议案》《2015年度社会责任报告》《2015年度内部控制评价报告》《关于申请2016年度综合授信额度的议案》《关于为控股子公司提供担保的议案》《关于应收款项合并报表范围内关联方组合计提坏账准备的会计估计变更的议案》《关于建设包头稀土研究院白云鄂博稀土资源研究与综合利用国家重点实验室的议案》《关于更换独立董事的议案》《关于续聘会计师事务所的议案》和《关于召开2015年度股东大会的议案》。

北方稀土六届八次董事会会议

2016 年 4 月 22 日，公司第六届董事会第九次会议以通讯方式召开。公司全体董事参加会议。会议由公司董事长孟志泉主持。会议审议通过了《2016 年第一季度报告》。

2016 年 5 月 19 日，公司第六届董事会第十次会议在公司会议室召开。会议应到董事 14 人，实到董事 11 人，3 名董事分别书面授权委托参会董事代为行使表决权。公司监事、高级管理人员、常年法律顾问列席会议。会议由公司董事长魏栓师主持。本次董事会会议审议并通过了 2 项议案：《关于选举公司董事长的议案》和《关于调整董事会四个专门委员会成员的议案》。

北方稀土六届十次董事会会议

2016 年 8 月 18 日，公司第六届董事会第十一次会议在公司会议室召开。会议应到董事 14 人，实到董事 8 人，4 名董事分别书面授权委托参会董事代为行使表决权。公司监事、高级管理人员、法律顾问列席会议。会议由公司董事长魏栓师主持。会议审议通过 15 项议案：《北方稀土 2016 年半年度报告及摘要》《关于公司符合发行公司债券条件的议案》《关于公开发行公司债券方案的议案》《关于提请股东大会授权董事会及董事会授权人士全权办理本次发行公司债券相关事项的议案》《关于开立本次发行公司债券募集资金专项账户的议案》《关于修订〈募集资金管理办法〉的议案》《关于合资成立新公司并建设稀土催化剂项目的议案》《关于投资华宸信托有限责任公司的议案》《关于投资建设稀土医疗产业基地项目的议案》《关于为部分子公司贷款提供担保的议案》《关于修改公司〈章程〉的议案》《关于更换董事会秘书的议案》《关于解聘部分高级管理人员的议案》《关于设立北方稀土规划发展部的议案》和《关于召开 2016 年第二次临时股东大会的议案》。

北方稀土六届十一次董事会会议

2016 年 9 月 6 日，公司第六届董事会第十二次会议在公司会议室召开。会议应到董事 14 人，实到董事 10 人，4 名董事分别书面授权委托参会董事代为行使表决权。公司监事、高级管理人员、法律顾问列席会议。受董事长魏栓师委托，会议由公司董事、总经理张忠主持。会议审议通过了 3 项议案：《关于增选董事会审计委员会委员的议案》《关于解聘及聘任公司高级管理人员的议案》和《关于制定公司〈信息披露暂缓与豁免管理制度〉的议案》。

2016 年 10 月 21 日，公司第六届董事会第十三次会议以通讯方式召开。公司全体董事参加会议。会议由公司董事长魏栓师主持。会议审议通过了《北方稀土 2016 年第三季度报告》。

2016 年 11 月 6 日，公司第六届董事会第十四次（临时）会议以通讯方式召开。公司全体董事参加会议。会议审议通过了 2 项议案：《关于增加 2016 年度综合授信额度的议案》和《关于召开 2016 年第三次临时股东大会的议案》。

第三节 监事会会议

一、第一届监事会会议

1997年9月12日，公司在包钢宾馆召开第一届监事会第一次会议。应到监事7人，实到监事7人。会议选举孙鸣凤为第一届监事会主席，杨兴山为第一届监事会副主席，任期均为三年。

1998年5月22日，公司召开一届二次监事会。应到监事7人，实到监事7人。会议听取审议总经理所做的业务报告以及财务总监所做的财务决算报告；一致通过了监事会主席所做的监事会工作报告、《监事会议事规则》，同意董事会做出的关于修改募集资金运用项目的决定。

1998年7月28日，公司召开一届三次监事会。应到监事7人，实到监事7人。会议审议通过了《1998年度中期报告》，对公司上半年的生产经营状况给予充分肯定，并提出建议。

1999年3月18日，公司召开一届四次监事会。应到监事7人，实到监事7人。会议一致通过了2项议案：《关于变更募集资金投向的预案》及《关于放弃收购包头天骄清美稀土抛光粉公司55%股权的预案》。

1999年4月19日，公司一届五次监事会在包钢宾馆召开，全体监事参加会议。会议审议通过了《1999年第一季度报告》。

1999年7月26日，公司一届六次监事会在包钢宾馆召开，全体监事参加会议。会议审议通过了《公司1999年中期报告》。

1999年8月30日，公司一届七次监事会在包钢宾馆召开。应到监事7人，实到监事7人。会议审议通过了4项议案：《1999年配股方案》《变更募集资金投向的预案》《关于前次募集资金使用情况的说明》和《关于召开临时股东大会的决定》。

1999年12月14日，公司一届八次监事会在包钢宾馆召开。应到监事7人，实到监事7人。会议审议通过了2项议案：《关于收购包钢综合企业（集团）公司部分资产的预案》和《关于公司2000年生产经营计划的报告》。

2000年3月16日，公司一届九次监事会在包钢宾馆召开。应到监事7人，实到监事7人。会议审议通过了7项决议：《公司1999年度监事会工作报告》《1999年度财务决算的报告》《1999年度年报及年报摘要》《1999年度利润分配预案》《公司关于四项资产减值准备和损失处理内部控制制度》《关于公司资金管理的办法（试行）》和《公司2000年主要经营指标》。

2000年7月26日，公司一届十次监事会在包钢宾馆召开。应到监事7人，实到监事7人。会议审议通过2项决议：《公司2000年中期报告及其摘要》和《公司2000年中期利润分配预案》。

2001年3月15日，公司一届十一次监事会在包钢宾馆召开。应到监事7人，实到监事7人。会议审议通过了8项议案：《公司2000年度监事会工作报告》《2000年度财务决算的报告》《2000年度年报及年报摘要》《2000年度利润分配预案》《预计公司2001年度利润分配政策》《本年度财务报告经中天华正会计师事务所审计并出具了无保留意见审计报告》《公司在人员、资产、财务方面与控股股东实行了三分开》和《关于投资废水治理（环保）项目的议案》。

2001年7月31日，公司一届十二次监事会在包钢宾馆召开。应到监事7人，实到监事7人。会议审议通过了5项议案：《公司2001年中期报告及其摘要》《公司2001年中期利润分配预案》《公司资产减值准备的内部控制制度及今年上半年计提减值准备的报告》《公司第一届监事会工作报告》和《公司监事会换届选举的报告》。

二、第二届监事会会议

2001年9月4日，公司二届一次监事会在包钢宾馆召开。应到监事7人，实到监事7人。会议审议通过了5项议案：《选举杨兴山先生为公司监事会主席》《检查公司财务情况》《公司关联交易严格按照公司承诺及有关合同执行，关联交易公平合理，严格按照市场原则进行，无损害公司利益的行为》《公司与控股股东在人员、资产、财务方面三分开，机构、业务独立》和《公司1997年发行A股所募集的资金严格按照〈招股说明书〉及股东大会变更决议投入使用，变更程序合法》。报告期内公司配股资金的使用情况，严格按照《配股说明书》承诺进行，配股程序，没有发现内幕交易，没有损害股东权益，没有造成公司资产的流失。

2002年3月6日，公司第二届监事会第二次会议在包钢宾馆召开。会议由监事会主席杨兴山主持，会议应到监事 7 人，实到监事 7 人，公司董事会秘书、财务总监列席会议。会议审议并通过了 3 项议案：《公司 2001 年度监事会工作报告》《公司 2001 年度报告及摘要》《关于更换监事的预案》。

2002 年 4 月 24 日，公司第二届监事会第三次会议在包钢宾馆召开。会议应到监事 7 人，实到监事 7 人，公司董事会秘书、财务总监列席会议。会议审议并通过了《公司 2002 年第一季度报告》。

2002 年 5 月 27 日，公司第二届监事会第四次会议在包钢宾馆召开。应到监事 7 人，实到监事 7 人，董事会秘书、财务总监列席会议。会议审议并通过了《参股瑞科稀土冶金及功能材料国家工程研究中心有限公司有关增资扩股及股权转让的预案》和《监事会议事规则的预案》。

2002 年 7 月 24 日，公司第二届监事会第五次会议在包钢宾馆召开。应到监事 7 人，实到监事 7 人，部分高级管理人员列席会议。会议审议通过了《公司 2002 年半年度报告及摘要》和《关于公司独立董事津贴、其他董事和监事津贴的预案》。

2002 年 9 月 13 日，公司第二届监事会第六次会议在包钢宾馆召开。应到监事 7 人，实到监事 7 人，部分高级管理人员列席会议。会议审议通过了《更换监事的预案》。根据工作需要，赵洪英、车淑先、赵润年（职工代表监事）不再担任公司监事职务。推荐于永江、赵治华为公司监事候选人，张洪涛为职工代表监事。

2002 年 10 月 19 日，公司第二届监事会第七次会议在包钢宾馆会议室召开。应到监事 7 人，实到监事 7 人，部分高级管理人员列席会议。会议审议通过了《公司 2002 年第三季度报告》。

2003 年 2 月 26 日，公司第二届监事会第八次会议在包钢宾馆召开。会议应到监事 7 人，实到监事 6 人，1 名监事委托其他监事代行表决权，部分高级管理人员列席会议。会议审议并通过了 5 项议案：《公司 2002 年度监事会工作报告》《公司 2002 年年度财务决算的报告》《2002 年度利润分配的预案》《公司 2002 年年报及摘要》和《关于更换监事的预案》。

2003 年 4 月 1 日，公司第二届监事会第九次会议在包钢宾馆召开。会议由监事会赵占斌主持，会议应到监事 7 人，实到监事 7 人，部分高级管理人员列席会议。会议审议并通过了《关于选举监事会主席的议案》。与会监事一致选举赵占斌为稀土高科监事会主席。

2003 年 7 月 26 日，公司第二届监事会第十次会议在包钢宾馆召开。会议由监事会主席赵占斌主持，应到监事 7 人，实到监事 7 人，部分高级管理人员列席会议。会议审议并通过了《公司 2003 年半年度报告》和摘要。

2003 年 11 月 25 日，公司第二届监事会第十一次会议在包钢宾馆召开。应到监事 7 人，实到监事 7 人，部分高级管理人员列席会议。会议审议通过了《公司 2003 年第三季度报告》。

2004 年 3 月 27 日，公司第二届监事会第十二次会议在包钢宾馆召开。会议应到监事 7 人，实到监事 7 人，部分高级管理人员列席会议。会议审议并通过了 7 项议案：《2003 年度监事会工作报告》《2003 年年度公司财务决算报告》《2003 年年度报告及摘要》《2003 年度利润分配及资本公积金转增股本的预案》《关联交易的预案》《2004 年利润预算管理的议案》和《资产减值准备计提和损失处理的内控制度》。

2004 年 4 月 22 日，公司第二届监事会第十三次会议在包钢宾馆召开。会议应到监事 7 人，实到监事 5 人，2 名监事授权委托其他监事代行表决权，部分高级管理人员列席会议。会议审议并通过了《2004 年第一季度报告》。

2004 年 5 月 10 日，公司第二届监事会第十四次会议在稀土高科会议室召开。应到监事 7 人，实到监事 5 人，2 名监事授权委托其他监事代行表决权。部分高级管理人员列席会议。会议审议并通过《向董事会提出年度股东大会临时议案的提议》。

2004 年 8 月 7 日，公司第二届监事会第十五次会议在包钢宾馆会议室召开。应到监事 7 人，实到监事 7 人，部分高级管理人员列席会议。会议审议通过了《2004 年半年度报告及摘要》。

2004 年 10 月 16 日，公司第二届监事会第十六次会议在包钢宾馆会议室召开。应到监事 7 人，实到监事 7 人，部分高级管理人员列席会议。会议审议通过了 3 项议案：《2004 年第三季度报告》《关于包钢（集团）公司对稀土高科供水、供电价格进行调整的议案》和《关于以土地增资入股包头瑞鑫稀土金属材料股份有限公司的议案》。

2005年3月19日，公司第二届监事会第十七次会议在包钢宾馆会议室召开。应到监事7人，实到监事7人，部分高级管理人员列席会议。审议并通过了6项决议：《2004年监事会工作报告》《2004年度报告及摘要》《2004年度财务决算报告》《2004年度利润预算考核办法》《2005年度日常关联交易的预案》和《关于选举第三届监事会的预案》。会议提名：赵占斌、于永江、张君强、滕云、赵治华为公司第三届监事会股东代表监事候选人；选举胡治海、张洪涛为职工代表监事。

2005年4月12日，公司第二届监事会第十八次会议在包钢宾馆以通讯方式召开。全体监事参加，会议由监事会主席赵占斌主持。会议审议并通过了《关于修改〈监事会议事规则〉的议案》。同意将《监事会议事规则》的修正案作为原公司2004年度股东大会《关于修改公司〈章程〉的议案》的附件提交公司董事会审核。经公司董事会审核同意后，可作为公司2004年度股东大会《关于修改公司〈章程〉的议案》附件审议。

三、第三届监事会会议

2005年4月29日，公司第三届监事会第一次会议在包钢宾馆会议室召开。应到监事7人，实到监事7人，部分高级管理人员列席会议。会议审议通过了《2004年监事会工作报告》。

2005年8月13日，公司第三届监事会第二次会议在包钢宾馆会议室召开，会议应到监事7人，实到监事7人，公司部分高级管理人员列席会议。会议审议通过了《公司2005年半年度报告及摘要》。

2005年10月13日，公司第三届监事会第三次会议在包钢宾馆会议室召开，会议应到监事7人，实到监事6人，监事张君强因工作原因，未能参加会议，授权委托监事胡治海代行表决权。公司部分高级管理人员列席会议。会议审议通过了《公司2005年第三季度报告》。

2006年4月22日，公司第三届监事会第四次会议在包钢宾馆会议室召开。会议应到监事7人，实到监事7人，公司部分高级管理人员列席会议。会议由监事会主席赵占斌先生主持，审议并通过了7项议案：《2005年监事会工作报告》《2005年度报告及摘要》《2005年度财务决算报告》《2006年度财务预算报告》《2006年度日常关联交易的预案》《关于更换监事的预案》和《公司2006年第一季度报告》。

2006年8月12日，公司第三届监事会第五次会议在包钢宾馆会议室召开。会议应到监事7人，实到监事7人，公司部分高级管理人员列席会议。会议由监事于志军主持，审议并通过了《关于选举公司监事会主席的议案》和《2006年中期报告及摘要》。

2006年10月24日，公司第三届监事会第六次会议在包钢宾馆会议室召开。全体监事参加会议，公司部分高级管理人员列席会议。会议审议并通过了《公司2006年第三季度报告》。

2007年3月7日，公司第三届监事会第七次会议在包钢宾馆会议室召开。会议应到监事7人，实到监事7人，公司部分高级管理人员列席会议。会议由监事会主席于志军主持，审议并通过了9项议案：《2006年监事会工作报告》《2006年度报告及摘要》《2006年度财务决算报告》《2007年财务预算报告》《2006年度利润分配及资本公积金转增股本的预案》《2007年度日常关联交易的预案》《关于修订公司〈监事会议事规则〉的预案》《关于部分资产报废及计提减值准备的预案》和《关于重新签署对内蒙古稀奥科三家控股子公司长期债权投资的预案》。

2007年4月21日，公司第三届监事会第八次会议在包钢宾馆会议室召开。会议应到监事7人，实到监事7人，公司部分高级管理人员列席会议。会议审议并通过了《2007年第一季度报告》和《关于会计政策、会计估计变更的议案》。

2007年7月28日，公司第三届监事会第九次会议在包钢宾馆会议室召开。会议应到监事7人，实到监事7人，公司部分高级管理人员列席会议。会议审议并通过了3项议案：《2007年半年度报告及摘要》《关于公司冶炼厂一车间萃取厂房因失火事故导致部分资产报废的议案》和《关于公司稀选厂部分固定资产计提减值准备的议案》。

2007年10月27日，公司第三届监事会第十次会议在包钢宾馆会议室召开。会议应到监事7人，实到监事7人，公司部分高级管理人员列席会议。审议并通过了6项议案：《2007年第三季度报告》《公司治理专项活动的整改报告》《关于收购包头钢铁（集团）有限责任公司稀土类资产的议案》《关于向包头钢铁（集团）有限责任公司购买土地使用权的议案》《关于收购包钢综合企业（集团）公司钢球加工厂稀土类资产的议案》和《关于收购包钢白云铁矿博宇公司稀土类资产的议案》。

2008 年 3 月 29 日，公司第三届监事会第十一次会议在包钢宾馆会议室召开。全体监事参加会议。会议审议通过了 14 项议案：《2007 年监事会工作报告》《2007 年度报告及摘要》《2007 年度财务决算报告》《2008 年度财务预算报告》《2007 年度利润分配及资本公积金转增股本的预案》《2008 年度日常关联交易的预案》《关于申请 2008 年银行总授信额度的预案》《关于为内蒙古稀奥科贮氢合金有限公司提供流动资金贷款担保的议案》《关于制定〈独立董事年报工作制度〉的议案》《关于制定〈审计委员会年报工作制度〉的议案》《关于续聘会计师事务所的预案》《关于聘任高级管理人员的议案》《关于组织机构调整的议案》和《关于收购包头鑫垣稀土科技有限公司的议案》。

2008 年 4 月 23 日，公司第三届监事会第十二次会议在包钢宾馆会议室召开。会议应到监事 7 人，实到监事 7 人，公司部分高级管理人员列席会议。会议审议并通过了《公司 2008 年第一季度报告》。

2008 年 8 月 23 日，公司第三届监事会第十三次会议在包钢宾馆会议室召开。会议应到监事 7 人，实到监事 7 人，公司部分高级管理人员列席会议。审议并通过了 8 项议案：《公司 2008 年半年度报告其摘要》《关于公司发行短期融资券的议案》《关于建设包头稀土精矿储备库项目的议案》《关于投资组建内蒙古包钢稀土国际贸易有限公司的议案》《关于参股包钢集团财务有限责任公司的议案》《关于收购内蒙古和发稀土科技开发股份有限公司部分股权的议案》《关于变更会计师事务所的议案》和《关于监事会换届选举的议案》，监事会提名张志坚、张君强、王欣、郭成龙、白宝生为公司第四届监事会非职工代表监事候选人。经公司职工代表选举，赵治华、黄立东为公司职工代表监事。

四、第四届监事会会议

2008 年 9 月 13 日，公司第四届监事会第一次会议在包钢宾馆会议室召开。会议应到监事 7 人，实到监事 7 人，公司部分高级管理人员列席会议。会议审议通过了 2 项议案：《关于免除内蒙古稀奥科镍氢电池极板有限公司和内蒙古稀奥科镍氢动力电池有限公司 2008 年长期债权投资利息的议案》和《关于选举第四届监事会主席的议案》，会议选举监事张志坚担任第四届监事会主席。

2008 年 10 月 23 日，公司第四届监事会第二次会议以通讯方式召开。全体监事参加会议。会议由监事会主席张志坚主持，本次会议审议并通过了公司《2008 年第三季度报告》。

2009 年 4 月 18 日，公司第四届监事会第三次会议在公司会议室召开。全体监事参加会议，会议由监事会主席张志坚主持，审议通过了《2009 年第一季度报告》。

2009 年 8 月 15 日，公司第四届监事会第四次会议在公司会议室召开。会议应到监事 7 人，实到监事 7 人，公司部分高级管理人员列席会议。会议由监事会主席张志坚主持，审议并通过了 3 项议案：《2009 年半年度报告及摘要》、《关于内蒙古稀奥科镍氢动力电池有限公司转型生产汽车用镍氢动力电池的议案》和《关于变更会计师事务所的议案》。

2009 年 10 月 27 日，公司第四届监事会第五次会议在公司会议室召开。会议应到监事 7 人，实到监事 7 人，公司部分高级管理人员列席会议。会议审议并通过了 4 项议案：《2009 年第三季度报告》《关于中国证监会内蒙古监管局巡检发现问题的整改报告》《关于向金融机构统一融资、协调使用的议案》和《关于向稀土研究院转让内蒙古包钢稀土磁性材料有限责任公司部分股权的议案》。

2009 年 12 月 11 日，公司第四届监事会第六次会议以通讯方式在包头宾馆召开。会议应到监事 7 人，实到监事 7 人，公司部分高级管理人员列席会议。会议审议并通过了 2 项议案：《关于为内蒙古稀奥科镍氢电池极板有限公司贷款担保的议案》和《内蒙古包钢稀土（集团）高科技股份有限公司金融工具管理办法》。

2010 年 3 月 2 日，公司第四届监事会第七次会议在公司会议室召开。会议应到监事 7 人，实到监事 7 人，公司部分高级管理人员列席会议。会议审议通过了《关于与河北新奥集团合资建设稀土永磁核磁共振影像系统产业化项目的议案》。

2010年4月15日，公司第四届监事会第八次会议在公司会议室召开。会议应到监事7人，实到监事7人，公司部分高级管理人员列席会议。会议审议通过了13项议案：《2009年度报告及摘要》《2009年度监事会工作报告》《2009年度财务决算报告》《2010年度财务预算报告》《关于2009年度利润分配的议案》《关于2010年度日常关联交易的议案》《关于申请2010年银行总授信额度的议案》《关于为子公司从金融机构融资提供担保的议案》《关于部分资产计提减值准备的议案》《2009年度社会责任报告》《2009年度董事会关于内部控制的自我评估报告》《关于续聘会计师事务所的议案》和《2010年第一季度报告》。

2010年7月31日，公司第四届监事会第九次会议在公司会议室召开。会议应到监事7人，实到监事7人，公司部分高级管理人员列席会议。会议由监事会主席张志坚主持，会议审议通过了4项议案：《2010年半年度报告及摘要》《关于投资信丰新利稀土有限公司的议案》《关于与全南晶环科技有限公司共同出资组建稀土企业的议案》和《关于投资赣州晨光稀土新材料股份有限公司的议案》。

2010年10月27日，公司第四届监事会第十次会议以通讯方式召开。全体监事参加会议。本次会议审议通过了《公司2010年第三季度报告》。

2011年4月2日，公司第四届监事会第十一次会议在公司会议室召开。会议应到监事7人，实到监事7人，公司部分高级管理人员列席会议。会议审议通过了16项议案：《2010年度监事会工作报告》《2010年度报告及摘要》《2010年度财务决算报告》《2011年度财务预算报告》《关于2010年度利润分配的议案》《关于2012年重新确定稀土矿浆供应定价模式的议案》《关于2010年度日常关联交易执行和2011年度日常关联交易预计的议案》《关于制定〈包钢稀土关联交易管理办法〉的议案》《2010年度社会责任报告》《董事会关于2010年度内部控制的自我评估报告》《关于2011年申请银行总授信额度的议案》《关于为子公司提供担保的议案》《关于公司资产报废及计提资产减值准备的议案》《关于收购包头华美稀土高科有限公司股权的议案》《关于重组内蒙古稀奥科镍氢电池极板有限公司与内蒙古稀奥科镍氢动力电池有限公司的议案》和《关于续聘会计师事务所的议案》。

2011年4月27日，公司第四届监事会第十二次会议在公司会议室以现场方式召开。全体监事参加会议。会议审议通过了《2011年第一季度报告》。

2011年8月6日，公司第四届监事会第十三次会议在公司会议室召开。会议应到监事7人，实到监事7人，公司部分高级管理人员列席会议。会议审议通过了4项议案：《2011年半年度报告及摘要》《关于与安徽大地熊新材料股份有限公司共同出资组建钕铁硼合金公司的议案》《关于监事会换届的议案》和《关于制定〈监事会巡视工作制度〉的议案》。

五、第五届监事会会议

2011年10月26日，公司第五届监事会第一次会议在公司会议室召开。会议应到监事7人，实到监事7人，公司部分高级管理人员列席会议。会议审议通过了《关于选举公司第五届监事会主席的议案》和《2011年第三季度报告》。

2011年11月22日，公司第五届监事会第二次会议以通讯方式召开。全体监事参加会议。会议审议通过了2项议案：《关于公司与包钢集团财务有限责任公司签署〈金融服务协议〉的议案》和《关于制订〈内蒙古包钢稀土（集团）高科技股份有限公司与包钢集团财务有限责任公司关联交易的风险控制制度〉的议案》。

2012年3月24日，公司第五届监事会第三次会议在公司会议室召开。会议应到监事7人，实到监事7人，公司部分高级管理人员列席会议。会议审议通过了18项议案：《2011年度监事会工作报告》《2011年度报告及摘要》《2011年度财务决算报告》《2012年度财务预算报告》《关于2011年度利润分配的议案》《关于修订包钢（集团）公司供应公司稀土矿浆定价公式的议案》《关于2011年度日常关联交易执行和2012年度日常关联交易预计的议案》《2011年度社会责任报告》《董事会关于2011年度内部控制的自我评价报告》《关于实施内部控制规范的工作方案》《关于2012年度申请银行总授信额度的议案》《关于发行短期融资券的议案》《关于为控股子公司提供担保的议案》《关于计提资产减值准备的议案》《关于建设稀土研究院稀土材料中试实验基地项目的议案》

《关于对稀土研究院钐钴永磁材料中试线进行技改的议案》《关于合资成立宁波包钢展昊新材料有限公司并建设新项目的议案》和《关于续聘会计师事务所的议案》。

2012 年 4 月 18 日，公司第五届监事会第四次会议在公司会议室召开。会议应到监事 7 人，实到监事 7 人，公司部分高级管理人员列席会议。会议审议通过了 2 项议案：《2012 年第一季度报告》和《关于与江苏天彩科技材料有限公司等合作投资建设稀土发光材料项目的议案》。

2012 年 7 月 20 日，公司第五届监事会第五次会议以通讯方式在公司会议室召开。全体监事参加会议。会议审议通过了《关于参与组建包头稀土产品交易所有限公司的议案》。

2012 年 8 月 17 日，公司第五届监事会第六次会议以通讯方式在公司会议室召开。全体监事参加会议。会议审议通过了 3 项议案：《2012 年半年度报告及摘要》《关于修改公司〈章程〉的议案》和《关于修改〈内幕信息知情人登记备案制度〉的议案》。

2012 年 9 月 27 日，公司第五届监事会第七次会议在公司会议室召开。会议应到监事 7 人，实到监事 7 人，公司部分高级管理人员列席会议。会议审议通过了《关于参股公司赣州晨光稀土新材料股份有限公司与舜元地产发展股份有限公司重大资产重组的议案》。

2012 年 10 月 19 日，公司第五届监事会第八次会议在公司会议室召开。会议应到监事 7 人，实到监事 7 人，公司部分高级管理人员列席会议。会议审议通过了《2012 年第三季度报告》。

2012 年 12 月 3 日，公司第五届监事会第九次会议在公司会议室召开。会议应到监事 7 人，实到监事 7 人，公司部分高级管理人员列席会议。会议审议通过了 3 项议案：《关于购买包钢集团白云鄂博矿主、东矿部分已开采稀土矿石的议案》《关于购买包钢集团下属的巴润矿业有限责任公司所拥有的白云鄂博西矿部分已开采稀土矿石的议案》和《关于修订内部控制制度的议案》。

2013 年 3 月 28 日，公司第五届监事会第十次会议在公司会议室召开。会议应到监事 7 人，实到监事 7 人，公司部分高级管理人员列席会议。会议审议通过了 14 项议案：《2012 年度监事会工作报告》《2012 年度报告及摘要》《2012 年度财务决算报告》《2013 年度财务预算报告》《关于 2012 年度利润分配的议案》《关于 2012 年度日常关联交易执行和 2013 年度日常关联交易预计的议案》《2012 年度社会责任报告》《董事会关于 2012 年度内部控制的自我评价报告》《关于 2013 年度申请银行总授信额度的议案》《关于为控股子公司提供担保的议案》《关于调整董事、监事津贴的议案》《关于公司对稀土研究院天津分院前期投入转稀土研究院资本金的议案》《关于子公司将国家专项资金转增为注册资金的议案》和《关于续聘会计师事务所的议案》。

2013 年 4 月 19 日，公司第五届监事会第十一次会议在公司会议室召开。全体监事参加会议。会议审议通过了《2013 年第一季度报告》。

2013 年 8 月 15 日，公司第五届监事会第十二次会议以通讯方式在公司会议室召开。全体监事参加会议。会议审议通过了《2013 年半年度报告及摘要》。

2013 年 10 月 24 日，公司第五届监事会第十三次会议在公司会议室召开。全体监事参加会议。会议审议通过了《2013 年第三季度报告》。

2014 年 3 月 13 日，公司第五届监事会第十四次会议在公司会议室召开。会议应到监事 7 人，实到监事 7 人，公司部分高级管理人员列席会议。会议审议通过了 15 项议案：《2013 年度监事会工作报告》《2013 年度报告及摘要》《2013 年度财务决算报告》《2014 年度财务预算报告》《关于 2013 年度利润分配的议案》《关于修订包钢（集团）公司供应公司稀土矿浆定价公式的议案》《关于 2014 年度日常关联交易预计的议案》《2013 年度社会责任报告》《2013 年度内部控制评价报告》《关于制订〈股东回报规划（2014—2016）〉的议案》《关于 2014 年度申请银行总授信额度的议案》《关于为控股子公司提供担保的议案》《关于子公司将国家专项资金转增为注册资金的议案》《关于向包钢集团财务有限公司增加注册资金的议案》和《关于续聘会计师事务所的议案》。

2014 年 4 月 15 日，公司第五届监事会第十五次会议以通讯方式在公司会议室召开。全体监事参加会议。会议审议通过了《2014 年第一季度报告》。

2014 年 8 月 25 日，公司第五届监事会第十六次会议在公司会议室召开。会议应到监事 7 人，实到监事7人，公司部分高级管理人员列席会议。会议审议通过了3项议案：《2014年半年度报告及摘要》《关于监事会换届的议案》和《关于建设稀土生产“三废”综合治理技术改造工程的议案》。

2014年10月24日，公司第五届监事会第十七次会议以通讯方式在公司会议室召开。全体监事参加会议。会议审议通过了《2014年第三季度报告》和《关于会计政策变更的议案》。

2014年12月11日，公司第五届监事会第十八次会议以通讯方式在公司会议室召开。会议应到监事7人，实到监事7人，公司部分高级管理人员列席会议。会议审议通过了6项议案：《关于整合重组包头市飞达稀土有限责任公司的议案》《关于整合重组包头市金蒙稀土有限责任公司的议案》《关于整合重组包头市红天宇稀土磁材有限公司的议案》《关于整合重组五原县润泽稀土有限责任公司的议案》《关于整合重组包头市新源稀土高新材料有限公司的议案》和《关于修改公司〈章程〉的议案》。

六、第六届监事会会议

2014年12月29日，公司第六届监事会第一次会议在公司会议室召开。会议审议通过了《关于选举公司监事会主席的议案》。

2015年4月2日，公司第六届监事会第二次会议在公司会议室召开。会议应到监事7人，实到监事6人，1名监事书面授权委托职工监事赵治华代为行使表决权。会议由监事会主席张志坚主持。会议审议通过了14项议案：《2014年度监事会工作报告》《2014年度报告及摘要》《2014年度财务决算报告》《2015年度财务预算报告》《关于2014年度利润分配的议案》《关于2014年度日常关联交易执行和2015年度日常关联交易预计的议案》《2014年度社会责任报告》《2014年度内部控制评价报告》《关于向稀土院增资建设中国科学院包头稀土研发中心的议案》《关于申请2015年度综合授信额度的议案》《关于为控股子公司提供担保的议案》《关于制定〈北方稀土贷款统借统还管理办法〉的议案》《关于制定〈北方稀土对控股子公司融资担保管理办法〉的议案》和《关于续聘会计师事务所的议案》。

2015年4月24日，公司第六届监事会第三次会议在公司会议室召开。会议应到监事7人，实到监事7人。会议审议通过了《2015年第一季度报告》。

2015年8月21日，公司第六届监事会第四次会议以通讯方式在公司会议室召开。全体监事参加会议。会议审议通过了5项议案：《北方稀土2015年半年度报告》《关于增资甘肃稀土新材料股份有限公司的议案》《关于整合重组内蒙古生一伦稀土材料有限公司的议案》《关于在美国设立子公司的议案》和《关于使用部分闲置资金投资理财的议案》。

2015年9月15日，公司第六届监事会第五次会议以通讯方式召开。公司全体监事参加会议。会议审议通过了《关于整合重组公司内部磁性材料产业的议案》。

2015年10月22日，公司第六届监事会第六次会议以通讯方式召开。全体监事参加会议。会议审议通过了《北方稀土2015年第三季度报告》。

2016年1月5日，公司第六届监事会第七次会议以通讯方式召开。全体监事参加会议。会议审议通过了《关于更换年审会计师事务所的议案》。

2016年4月15日，公司第六届监事会第八次会议在公司会议室召开。公司全体监事出席会议，部分高级管理人员列席会议。会议审议通过了13项议案：《2015年度报告及摘要》《2015年度监事会工作报告》《2015年度财务决算报告》《2016年度财务预算报告》《关于2015年度利润分配的议案》《关于2015年度日常关联交易执行和2016年度日常关联交易预计的议案》《2015年度社会责任报告》《2015年度内部控制评价报告》《关于申请2016年度综合授信额度的议案》《关于为控股子公司提供担保的议案》《关于应收款项合并报表范围内关联方组合计提坏账准备的会计估计变更的议案》《关于建设包头稀土研究院白云鄂博稀土资源研究与综合利用国家重点实验室的议案》和《关于续聘会计师事务所的议案》。

2016年4月22日，公司第六届监事会第九次会议以通讯方式召开。全体监事参加会议。会议审议通过了《北方稀土2016年第一季度报告》。

2016年8月18日，公司第六届监事会第十次会议在公司会议室召开。会议应到监事7人，实到监事5人。监事会主席张志坚、监事张庆峰未能参加会议，分别书面授权委托监事赵治华、监事白宝生代为行使表决权。本次会议经与会监事一致推荐，由监事赵治华主持。会议审议通过了12项议案：《关于更换公司监事的议案》《北方稀土2016年半年度报告及摘要》《关于公司符合发行公司债券条件的议案》《关于公开发行公司债券方案的议案》《关于开立本次发行公司债券募集资金专项账户的议案》《关于修订〈募集资金管理办法〉的议案》《关于合资成立新公司并建设稀土催化剂项目的议案》《关于投资华宸信托有限责任公司的议案》《关于投资建设稀土医疗产业基地项目的议案》《关于为部分子公司贷款提供担保的议案》《关于修改公司〈章程〉的议案》和《关于设立北方稀土规划发展部的议案》。

2016年9月6日，公司第六届监事会第十一次会议在公司会议室召开。会议应到监事6人，实到监事4人，2名监事分别书面授权委托参会监事代为行使表决权。经出席会议的监事共同推选，由监事邢斌主持会议。会议审议通过了《关于选举公司监事会主席的议案》，监事一致选举邢斌担任监事会主席。

2016年10月21日，公司第六届监事会第十二次会议以通讯方式召开。全体监事参加会议。会议由公司监事会主席邢斌主持。会议审议通过了《北方稀土2016年第三季度报告》。

2016年11月6日，公司第六届监事会第十三次（临时）会议以通讯方式召开。公司全体监事参加了会议。会议由公司监事会主席邢斌主持。会议审议通过了《关于增加2016年度综合授信额度的议案》。

第二章　集团化管控

第一节　公司发展与壮大

经过改革及兼并、投资、收购、整合等发展历程，北方稀土由一个生产企业，发展成为拥有从稀土选矿、冶炼分离、功能材料到深加工应用产品的完整产业链，集稀土生产、科研、贸易于一体的跨地区、跨所有制、多领域的高科技企业集团。其发展成果是中国改革开放、市场经济混合所有制发展的具体体现，对中国稀土产业的发展做出了贡献。

一、公司改革与变迁

1997 年，包头钢铁公司联合嘉鑫有限公司（香港）、包钢综合企业（集团）公司以募集方式，经内蒙古自治区人民政府内政股批字〔1997〕第 1 号文批准，成立内蒙古包钢稀土高科技股份有限公司。同年 8 月 27 日经中国证监会批准，稀土高科于 9 月 24 日在上海证券交易所挂牌交易。

1999 年 11 月，内蒙古自治区人民政府批准内蒙古稀土集团公司正式挂牌成立。该公司隶属于自治区人民政府，为独立企业法人单位。因经营业务逐步萎缩，几年未年检被吊销营业执照。

2002 年 9 月，国家经济贸易委员会下发《关于组建全国性稀土企业集团有关问题的通知》，国家决定按地域、分类别组建南、北两大稀土集团。2002 年 10 月，中国北方稀土（集团）股份有限公司筹备组成立大会及第一次工作会议在包头召开，后又召开多次工作会议。2004 年底，国家暂停南北稀土集团的组建，中国北方稀土公司筹备组解散。

2003 年 9 月 15 日，按照公司董事长办公会议决定，成立独立运作的冶炼厂，同年 11 月 21 日办理工商登记。调整了公司管理体制，建立起母子公司管理框架。摆脱了过分依赖稀土精矿、矿后产品严重亏损的不利局面，公司财务费用大幅降低。

2006 年，公司完成了股权分置改革，促进了公司治理结构的完善和各类股东利益的一致，为公司未来发展奠定了资本市场融资基础。

2007 年，公司完成包钢（集团）公司稀土产业资产重组工作。整合后，形成了以上市公司“稀土高科”为载体，包含包头（包钢）稀土研究院、包头天骄清美稀土抛光粉公司、中山天骄稀土材料有限公司及包钢其他稀土选矿类资产的全新的包钢稀土产业。公司股票名称变更为“包钢稀土”。

2009 年 4 月 18 日，包钢稀土四届三次董事会通过《关于变更公司名称的议案》，决定将“内蒙古包钢稀土高科技股份有限公司”更名为“内蒙古包钢稀土（集团）高科技股份有限公司”，上报国家工商总局批准，同年 7 月，公司正式更名为“内蒙古包钢稀土（集团）高科技股份有限公司”。

2014 年，在国家重点支持下，包钢（集团）公司以包钢稀土为平台，组建“中国北方稀土（集团）高科技股份有限公司”。

2015 年 1 月，中国北方稀土（集团）高科技股份有限公司完成工商变更登记，成为中国稀土行业率先完成大集团组建的企业。

二、投资并购与整合重组

1999 年 12 月 14 日，收购包钢综合企业（集团）公司稀土回收厂和同仁稀土综合厂。

2000 年 3 月 14 日，公司与美国能源转换器件公司（ECD）、美国欧文尼克电池公司（OBC）、美国和光交易公司（WKC）共同投资建设内蒙古稀奥科镍氢动力电池公司项目，注册资本为 3200 万美元。

2002 年 3 月 15 日，稀土研究院瑞科稀土冶金及功能材料国家工程研究中心与北京蒙生基业科技发展有限公司合资成立包头市京瑞新材料有限公司，注册资金 1200 万元。

2002 年 8 月 21 日，公司与瑞科稀土冶金及功能材料国家工程研究中心有限公司、中国机电出口产品投资公司、包头稀土研究院等 4 家发起人共同设立包头瑞鑫稀土金属材料股份有限公司，公司注册资本 4880 万元，具有 8000 吨稀土金属钕及镨钕合金年生产能力。

2002 年 10 月 24 日，公司参股 30%与日本昭和电工株式会社、中国冶金进出口总公司和日本东海贸易组成的股份有限公司共同投资 15 亿日元，组建包头昭和稀土高科新材料有限公司。

2003 年 4 月，公司收购包头华美稀土高科有限公司 33. 3%股权、收购淄博包钢灵芝稀土高科技股份有限公司 36. 05%股权。

2003 年 8 月 1 日，公司因债权清算在上海清偿回部分资产，以此成立了上海鄂博稀土贸易有限公司。

2004 年 1 月 5 日，公司与日本日产稀元素株式会社和日本国东海贸易株式会社 3 家公司共同投资设立包头科日稀土材料有限公司。注册资本 125 万美元，包钢稀土出资 63. 125 万美元，占注册资本的 50. 5%。

2008 年 8 月 23 日，按照公司三届十五次董事会决议，公司收购原内蒙古和发稀土科技开发股份有限公司个人股东 51%股权，并更名为“内蒙古包钢和发稀土有限公司”，稀土高科持有 51%股份。

2008 年 9 月 13 日，公司 2008 年第一次临时股东大会通过《关于投资组建内蒙古包钢稀土国际贸易有限公司的议案》，联合部分子公司及与包头稀土资源有关的冶炼分离及稀土应用企业、内蒙古高新控股有限公司共同出资组建了内蒙古包钢稀土国际贸易有限公司，稀土高科持有 55%股份。

2009 年 3 月 2 日，公司收购包头市金蒙稀土有限公司、北京金蒙双龙科技有限公司分别持有的北京三吉利新材料有限公司 29%、15%的股权，控股北京三吉利新材料有限公司，稀土高科持有 44%的股份。

2009 年 5 月 16 日，公司 2008 年度股东大会通过《关于新建年产 15000 吨高性能磁性材料产业化项目的议案》，投资成立包钢稀土磁性材料有限公司，稀土高科持有 100%的股份。

2010 年 3 月 2 日，包钢稀土根据四届七次董事会《关于与河北新奥集团合资建设稀土永磁核磁共振影像系统产业化项目的方案》，联手全国最大的民营能源企业之一新奥集团以及国际知名的核磁共振成像系统专家团队，共同组建包头市稀宝博为医疗系统有限公司，注册资本 5 亿元，包钢稀土占 40%相对控股权。新公司定位于专业生产永磁磁共振成像（MRI）产品。

2010 年 7 月 31 日，根据包钢稀土四届十次董事会通过《关于投资信丰新利稀土有限公司的议案》《关于与全南晶环科技有限公司共同出资组建稀土企业的议案》《关于投资赣州晨光稀土新材料股份有限公司的议案》，包钢稀土持有全南包钢晶环稀土有限公司 49%股权，持有信丰县包钢新利稀土有限公司 48%股权，持有赣州晨光稀土新材料有限公司 9. 25%股权。

2011 年 5 月 30 日，包钢稀土根据 2010 年度股东大会通过《关于收购包头华美稀土高科有限公司股权的议案》，收购包头华美稀土高科有限公司其他股东持有的 66. 7%的股权，收购后包钢稀土持有华美公司 100%股权。

2011 年 8 月 6 日，包钢稀土根据四届十四次董事会《关于公司与安徽大地熊新材料股份有限公司共同出资组建钕铁硼合金公司的议案》，新组建钕铁硼合金公司，名称为安徽包钢稀土永磁合金制造有限责任公司，注册资本为 9000 万元人民币，其中包钢稀土现金出资 6000 万元人民币，占 60%股权。

2012 年 3 月 24 日，包钢稀土根据五届三次董事会《对外投资公告》，与宁波展杰磁性材料有限公司、宁波雄海稀土速凝技术有限公司合资组建新公司——宁波包钢展昊新材料有限公司，包钢稀土占 51%股权，新公司年产 5000 吨高性能钕铁硼薄片。

2012 年 4 月 8 日，包钢稀土按照五届四次董事会《关于与江苏天彩科技材料有限公司等合作投资建设稀土发光材料项目的议案》，与江苏天彩及三位自然人李静、管沛林、刘勇共同发起组建包钢天彩靖江科技有限公司，包钢稀土占 35%股权，投资建设规模为年产 4000 吨节能灯用稀土三基色荧光粉生产线。

与包钢天彩签约仪式

2012年7月20日，包钢稀土五届五次董事会发布《对外投资公告》，包钢稀土与6家单位（国储物资调节中心、中国有色金属建设股份有限公司、四川江铜稀土有限公司、厦门钨业股份有限公司、甘肃稀土新材料股份有限公司、内蒙古高新控股有限公司）组建包头稀土产品交易所有限公司，各方均出资1000万元，包钢稀土占14.29%股权。

2014年12月，根据公司五届二十次董事会同意签署《股权转让协议》，包钢稀土以原料供应、准入、市场以及未来分红作为对价，换取原股东部分股权的方式，分别持有飞达稀土、金蒙稀土、红天宇公司、五原润泽34%股权，以及新源稀土5%股权。

2015年4月8日，北方稀土与包头市达茂稀土有限公司签署了关于转让包头市新达茂稀土有限公司股权的《股权转让协议书》、关于转让甘肃稀土新材料股份有限公司股权的《股权转让协议》，与鸿达兴业股份有限公司签署了《合作协议》，与新达茂稀土签署了《合作协议》。北方稀土以原料供应、准入、市场及1元为对价，接收达茂稀土持有的新达茂稀土20%股权；以1元为对价，接收达茂稀土持有的甘肃稀土新材料股份公司0.4%的股权。

2015年8月，北方稀土召开六届四次董事会，同意与生一伦公司股东签署《股权转让协议》，北方稀土以原料供应、准入、市场换取生一伦公司股东10%股权；同意采取专利技术出资的方式对航天金峡进行增资，持有航天金峡5.06%股权。

2016年8月18日，经北方稀土第六届董事会第十一次会议审议通过，北方稀土与北京京运通科技发展有限公司、自然人邱海旺合资组建内蒙古希捷环保科技有限公司，注册资本6000万元，其中北方稀土现金出资2700万元，所占股比为45%；京运通公司现金出资2100万元，所占股比为35%；自然人邱海旺现金出资1200万元，所占股比为20%。

第二节　组建稀土大集团

一、组建稀土大集团的背景

经过50多年发展，中国稀土开采、冶炼分离和应用技术研发取得较大进步，产业规模不断扩大。但稀土行业发展中存在非法开采屡禁不止，冶炼分离产能扩张过快，生态环境破坏和资源浪费严重，高端应用研发滞后，出口秩序较为混乱等问题，严重影响行业健康发展。

2011年《国务院关于促进稀土行业持续健康发展的若干意见》（国发〔2011〕12号文件）下发，文件提出：为保护环境，加快培育发展战略性新兴产业，改造提升传统产业，促进稀土行业持续健康发展，决定加快实施稀土大集团战略，用1~2年时间建立起规范有序的稀土资源开发、冶炼分离和市场流通秩序。有效遏制资源无序开采、生态环境恶化、生产盲目扩张和出口走私猖獗等现象，基本形成以大型稀土集团为主导的稀土行业格局。

二、组建稀土大集团的历程

内蒙古自治区制定相关政策，打击违法行为，整合上游企业，管理矿产资源，实现标本兼治。2010年7月自治区人民政府印发《关于开展稀土资源开发秩序专项整治工作方案的通知》（内政发电〔2010〕19号），结合自治区和包钢（集团）公司的实际，通过对自治区范围内稀土上游企业进行淘汰关停、有偿退出或由包钢稀土兼并重组，提高稀土产业集中度，实现自治区范围内稀土战略资源由包钢（集团）公司分类专营和管理。

在自治区人民政府和有关部门的指导和支持下，包钢（集团）公司成立了大型稀土集团组建工作领导小组，统一负责稀土资源管控和整合重组工作的领导和管理，统一组织调研论证、制定有关方案。坚持从国家和自治区的稀土产业发展大局出发，认真贯彻落实国家和自治区、包头市政府的各项政策，积极推进自治区稀土上游企业整合淘汰工作。

2010年11月底，由自治区经信委牵头，相关市、主管部门、包钢（集团）公司组成自治区范围内稀土上游企业考察调研小组，对呼和浩特市、包头市和巴彦淖尔市的35户稀土上游企业逐个进行考察摸底，2011年2月形成《自治区稀土行业上游生产加工企业整合工作实施意见》。

根据《整合淘汰工作方案通知》的精神，将区内35户稀土原料加工企业分为整合重组、补偿退出、淘汰关闭三类。其中：进入整合重组范围的企业9户，补偿退出企业18户，淘汰关闭企业4户（另外4户企业中，1户转型为设备生产，3户金属生产企业自愿退出重组合作范围）。

对于补偿退出的企业，包钢稀土根据《关于拨付自治区稀土上游企业整合淘汰补偿资金的通知》（内经信原工函〔2011〕318号）、《关于请拨付自治区稀土上游企业整合淘汰补偿资金的通知》（内经信原工函〔2011〕415号），于2011年11月、12月分两次支付补偿款共计5638万元，转入自治区经信委指定账户，配合自治区人民政府对退出企业予以补偿。

2013年，包钢（集团）公司大力推进自治区9户稀土上游企业整合工作。聘请中介机构陆续对各企业开展了尽职调查、财务审计、资产评估、法律专项尽职调查等工作。期间，发现各企业普遍存在制度不完善、资产存在瑕疵、财务处理不规范等问题。若贸然纳入包钢稀土，或将受到上市公司独立董事与公众投资者的广泛质疑，给包钢（集团）公司以及包钢稀土带来诸多不利影响。

为加快推进整合重组步伐，经自治区经信委、包头市及相关盟市人民政府同意，先由包钢（集团）公司与9户企业签署《内蒙古自治区稀土上游企业整合重组协议》，将9户企业纳入到内蒙古自治区稀土专营体系之内，再由包钢稀土帮助9户企业尽快实现环保达标并规范化运作，达到上市公司治理要求后，纳入包钢稀土管理体系。

2014~2015年，国家重点支持组建6家大型稀土集团。包钢（集团）公司结合内蒙古稀土产业特点和自身实际情况，完成《中国北方稀土（集团）高科技股份有限公司组建实施方案》编写工作。6月《实施方案》获得内蒙古自治区人民政府批准，7月获得国家工业和信息化部备案。同意包钢（集团）公司以包钢稀土为平台，组建“中国北方稀土（集团）高科技股份有限公司”，北方稀土作为整合重组主体，通过控（参）股或股权置换等方式，整合内蒙古自治区稀土上游企业以及甘肃稀土。

截至2015年底，北方稀土完成内蒙古自治区内及甘肃稀土的整合工作，持股情况见表4-1。

表4-1 9户企业持股情况

序号	企业名称	区域	内容	时间
1	包头市飞达稀土有限公司	内蒙古	相对控股34%	2014年12月
2	包头市金蒙稀土有限公司	内蒙古	相对控股34%	2014年12月
3	包头市红天宇稀土磁材有限公司	内蒙古	相对控股34%	2014年12月
4	五原县润泽稀土有限责任公司	内蒙古	相对控股34%	2014年12月
5	包头市新源稀土高新材料有限公司	内蒙古	参股5%	2014年12月
6	包头市新达茂稀土有限公司	内蒙古	参股20%	2015年4月
7	北方稀土生一伦稀土材料有限公司	内蒙古	参股10%	2015年8月
8	内蒙古航天金峡化工有限责任公司	内蒙古	参股5.06%	2015年12月
9	甘肃稀土集团有限责任公司	甘肃	参股5%	2015年12月

2015年12月，在包头市组织召开了中国北方稀土（集团）高科技股份有限公司组建工作验收会议，与会各部门及专家一致同意中国北方稀土集团组建工作通过验收。

第三节 规划编制与实施

一、发展规划编制

公司下设规划编制管理的职能部门历经3次变更，最早的企业发展部于2008年变更为战略规划部，2012年11月变更为集团管理部，2016年7月重组成立规划发展部。管理职能的不断优化，使公司整体战略规划体系不断完善，至2016年，业已形成运用现代企业战略管理理论，结合行业特点和企业自身实际，建立起科学的战略管理与规划体系，以战略为总纲，统领各项业务发展的基本局面。

公司在历次新规划的编制过程中，按照国家产业政策，依据稀土行业发展大环境，以顾客和市场为导向，把握稀土上下游市场行情，关注高

精尖技术成果及人才培养，结合企业现状及未来期望，制定长、短期战略规划，调配资源，在执行过程中及时调整、修正，保证战略规划成功推进。

二、规划编制依据、思路、目标

（一）“九五”时期发展规划

1994年3月，包头钢铁稀土公司和包头钢铁设计研究院共同编制完成《包头钢铁稀土公司600万吨钢发展规模预可行性研究》的报告。其中，“第五篇——稀土篇”对稀土产业在“九五”期间做出了整体规划。

“九五”期间发展规划的编制是根据国家计委、冶金部、全国稀土办公室及内蒙古自治区多次会议精神，要求包头钢铁稀土公司在20世纪末钢铁达双600万吨/年，并加速发展稀土工业，使包钢成为国内重要的稀土生产基地。稀土生产规划的指导思想是：根据包钢白云鄂博矿山资源的特点，继续在“八五”基础上贯彻钢铁和稀土、铌综合利用、并重的方针，在20世纪末，把包钢建成国内规模最大、质量最好、效益最好的稀土生产、科研基地，为繁荣内蒙古自治区经济做出贡献。

（二）“十五”时期发展规划

（1）2001年3月，包钢（集团）公司发布“十五”发展规划，其中，稀土产业发展的指导思想和发展思路是：抓住机遇，深化改革，强化内功，整合资源，联合地方，控制市场。尽快实现由粗放型生产向集约化生产的根本性转变；充分利用稀土资源的优势，提高稀土矿产品和原料型产品的生产水平，提高市场占有率。有选择性地开发稀土的下游产品和深加工产品，有重点地发展稀土功能材料以及在高科技领域应用产品的科研和开发，不断进行产业结构和产品结构的调整、优化和升级。

（2）“十五”期间的发展目标：到“十五”末（2005年），由包钢控股的包钢稀土集团股份有限公司年实现销售收入要达到30亿元以上（其中，稀土高科等企业要实现15亿元以上）。

（三）“十一五”时期发展规划

（1）2006年3月，包钢完成“稀土产业十一五发展规划”的编制，提出“十一五”期间稀土产业的发展思路：**一是优化稀土上游产品**。加强、巩固、提高稀土矿产品生产基地的建设，以稀土资源的有效利用和技术含量的提升为突破口。进一步提高选矿的回收率，使宝贵的稀土资源得到有效的、充分的利用。**二是集中力量深度开发稀土中游产品**。在稀土产品结构上，充分发挥包钢（集团）公司稀土资源优势，扬长避短，突出重点。优化稀土矿产品，大力发展冶炼和深加工产品，有选择性地开发下游产品，着力提高稀土产品的技术含量和附加值。积极、稳妥、慎重地推进应用产品项目建设工作。科学合理地使用融资资金，着力选择和发展回报率高、技术成熟、符合包钢稀土产业特点的应用项目，特别是加快瑞鑫金属公司、昭和钕铁硼公司、三菱铈材料公司、天骄抛光粉公司扩建、新增铈系列产品抛光粉等项目建设，尽快发展成为包钢稀土新的经济增长点。**三是有选择性地开发稀土下游产品**。提高稀土深加工技术水平，不断扩大应用领域，促进包钢（集团）公司稀土产业的结构调整、优化和升级。因地制宜发展稀土高新材料。有选择地开发一些技术成熟、市场潜力巨大、能利用现有资源和产业优势，并且能带动其他产业发展的稀土新材料项目。进一步延伸稀土产业链，形成以混合稀土金属为主要原料，从贮氢合金负极粉材料到镍氢动力电池的产业链；形成以金属钕等单一稀土金属到稀土永磁材料、磁致伸缩材料等产品的产业链；形成以铈类产品为主要原料，从铈的化合物到稀土催化剂、抛光材料等产品的产业链；形成以氧化镧为主要原料，从镧的化合物到贮氢材料、发热材料等产品的产业链；以氧化铕为主要原料到钇铕化合物到稀土发光、荧光材料的产业链。同时，规范并加快运作稀土冶金功能材料国家工程研究中心的项目和稀土在钢中应用等项目的建设。**四是巩固、提高、完善技术创新体系，形成自主创新机制**。以稀土院稀土冶金功能材料国家工程研究中心为核心，建成与产业发展相配套的包钢稀土研发基地。加快实验室建设，跟踪国内外稀土前沿技术，注重企业自主知识产权的技术开发，同时积极有效地引进、消化和吸收外来技术，解决好稀土行业具有共性的重大、关键技术难题，为包钢稀土产业发展提供强有力的技术支撑。**五是加大包钢稀土资源与资产的整合力度，提高竞争能力**。

按照包钢稀土资源整合三步走战略，第一步

整合包钢内部稀土资源，调整和优化产品结构。做大、做强、做精现有稀土产业，特别是要以稀土高科发行可转债或配股为契机，以稀土院搬迁到包头稀土高新区为途径，加快稀土高科与稀土院的融合速度，通过增量资产带动流动的存量资产，将稀土高科的上市融资优势和稀土院无形资产的优势融合成包钢稀土的核心优势。第二步要以双赢为目标，加快与包头地方稀土企业特别是民营稀土企业的联合重组。第三步要积极与甘肃、四川和山东等地的稀土企业联合，牵头组建好中国北方稀土集团股份有限公司，同时做好中国北方稀土集团股份有限公司的运作，建立和规范法人治理结构。通过资源控制和出口配额控制，达到控制价格、稳定市场、发展稀土的目的。通过以上三个步骤，增强包钢稀土产业的销售收入和整体实力，增强竞争能力。

（2）“十一五”期间总体发展目标：将稀土及其相关产业打造成为包钢（集团）公司发展新的经济增长点。以稀土高科为核心形成众多的稀土产业群，真正把包钢建设成为全国规模最大、质量最好、效益最高、管理一流的稀土生产、出口基地。所有产品的技术经济指标都要达到国际同类产品的先进水平。在科学技术、新材料和新产品研发方面接近国际先进水平。

“十一五”发展规划的经济目标：到“十一五”末（2010年），包钢稀土集团股份有限公司年实现销售收入达到60亿元以上（其中，包钢稀土高科技股份有限公司等企业要实现30亿元以上）。

（四）“十二五”时期发展规划

2011年3月，由包钢稀土集团编制完成《包钢稀土“十二五”时期发展规划》。

（1）“十二五”期间发展的指导思想：深入贯彻落实科学发展观，严格执行国家稀土行业发展的方针政策，按照建设“大包钢”的总体发展战略，以加快转变发展方式为主线，以调整产业结构为主攻方向，以科技进步和创新为重要支撑，扎实推进节能减排和环境保护，强化控制资源力度，积极推动资源开发整合和企业兼并重组，巩固提高稀土原材料产业优势，集中力量发展稀土新材料产业，有选择地发展稀土高新技术应用产品，确保包钢稀土持续、健康、快速发展。

（2）“十二五”期间的发展思路：**第一，实施转型升级**。把转变发展方式贯穿企业发展的全过程，在继续巩固提高稀土原料型产品生产规模和质量水平的基础上，加速壮大稀土新材料及其应用产品产业，有的放矢地发展稀土高新技术元器件和终端产品，着力推动产业结构优化升级，促进产业链向中高端发展，提高企业发展的全面性、协调性、可持续性。**第二，实施科技创新**。要坚持“研发市场化、产品高端化、竞争国际化”的原则，完善技术创新管理模式，加强科技基础平台建设，提高科技资源配置效率，集中力量突破一些重点领域核心技术，形成一批拥有知识产权的核心技术和产品，加快科技成果的转化和孵化，发挥科技进步对企业发展的重要支撑作用。**第三，实施兼并重组**。要以市场为导向，以资源、资产、技术和产业链为纽带，通过强强联合、兼并重组、互相持股、整合产能等方式实现企业重组整合，提高产业集中度，促进资源的合理配置，有效增强企业竞争力，构筑结构优化、技术先进、清洁安全的现代化产业体系。**第四，实施人才强企**。要强化创新人才发展机制，优化人才发展环境，畅通人才发展渠道，营造各类人才大量聚集、创造活力竞相迸发、聪明才智充分发挥的氛围，推进企业经营管理、专业技术、高技能员工等人才队伍建设，发挥人才对企业发展的基础性、战略性和决定性作用。**第五，实施节能环保**。要加强节能减排、环境保护工作，依靠科技进步和技术创新提高节约能源和环境治理水平，形成节约能源和保护环境的产业结构、增长方式和消费模式，实现可持续发展的目标。**第六，实施资源储备**。要加强稀土资源的收储，完善储备制度。积极争取国家支持，推进建立政府和企业相结合的稀土资源储备体系，依托稀土资源储备平台，提高调节供需和抵御风险能力，维护企业持续稳定发展。

（3）“十二五”期间的奋斗目标：到2012年，销售收入达到100亿元，年均增长率为38.7%；到2015年，销售收入力争实现200亿元，年均增长率为30.9%，在包钢（集团）公司经济总量中所占比重大幅提升，实现跨越式发展。

第四节　管理现代化创新

一、管理现代化创新选题立项

为提升北方稀土管理现代化整体创新水平和

持续创新能力，充分发挥管理对生产经营和技术研发的支撑保障作用，根据包钢稀土“十二五”规划结构调整、产业延伸、降本增效和创新驱动发展的总体要求，围绕破解影响公司经营发展、技术创新、项目建设等管理难点和重大关键问题，积极推动管理创新工作。

2013年申报管理现代化创新选题立项33项，经包钢（集团）公司集团管理部审定，有31项被确定立项，并向包钢上报4项管理创新成果；2014年申报32项，经包钢（集团）公司集团管理部审定，有31项被确定立项，并向包钢上报6项管理创新成果；2015年申报29项，经包钢（集团）公司集团管理部审定，有27项被确定立项。2016年申报25项，经包钢（集团）公司集团管理部审定，有23项被确定立项。

2013~2016年管理创新立项项目见表4-2~表4-5。

表4-2　2013年管理创新立项项目表

序号	立　项　名　称	实施单位
1	稀土产业品牌文化建设	组织（人事）部
2	人力资源可持续发展机制的建立与创新	稀土院
3	拓宽营销思路，促进公司下游产业链发展	国贸公司
4	卓越绩效管理模式在营销体系的推行和实践	国贸公司
5	推动公司信息化建设，带动经营管理水平的提高	综合办公室
6	包钢稀土结构性调整中战略转型建设	集团管理部
7	优化全面预算管理，推进全方位降本增效	计划财务部
8	信息网络环境下的企业思想政治工作	组织（人事）部
9	现代企业人力资源管理和思想政治教育的有机结合	组织（人事）部
10	新形势下企业新闻宣传的工作创新	组织（人事）部
11	企业员工培训管理模式的探索与实践	组织（人事）部
12	完善招投标管理，提高管理工作效能	建设部
13	工程建设项目设计变更管理体系建设	建设部
14	借势资本市场加快发展，打造国内一流上市公司	证券部
15	推动信息化建设，带动经营管理水平的提高	冶炼厂
16	开展利库利旧工作，合理减少库存积压	冶炼厂
17	稀土分离企业萃取分离过程自动化控制生产管理方式的建立与健全	冶炼厂
18	精细化管理推动降本增效的实践	稀选厂
19	强化设备管理，增设厂内局域网	稀选厂
20	实现职工与企业共同发展的班组建设	稀选厂
21	加强浮选重点设备的维修降低设备故障率	稀选厂
22	稀土电子交易平台建设的探索与实践	稀土交易所
23	安全生产目标责任制的建立与实施	华美公司
24	优化科技研发管理	华美公司
25	5S管理对推动精细化管理的探索与实践	华美公司
26	能源计量工作的创新管理	华美公司
27	人力资源评价体系创新和实践	华美公司
28	提升精细管理，推行设备TPM管理	磁材公司
29	精细化管理推动降本增效的实践	磁材公司
30	企业推行ISO/TS16949管理体系统筹各项管理的实践	磁材公司
31	提升工艺控制水平，稳定提高产品质量、产量	磁材公司

表4-3　2014年管理创新立项项目表

序号	立　项　名　称	实施单位
1	强化设备管理、降低设备故障率	白云博宇
2	人力资源管理体系创新和实践	
3	改善库存管理减少资金占用率	
4	安全标准化模式的建立与实施	
5	企业财务风险防范和预警	
6	5S管理常态化运行机制的构建与实施	
7	依托资源优势 借力电子商务 加速实现营销模式转型升级	国贸公司
8	优化信息化管理体系的探索	冶炼厂
9	依托稀土工业废水零排放，提升企业环保管理水平	冶炼厂
10	总包管理的创新和实践	冶炼厂
11	推进职工书屋信息化建设	冶炼厂

续表 4-3

序号	立　项　名　称	实施单位
12	创新培训理念运行机制及方法充分挖掘人力资源的隐性效益	冶炼厂
13	A1 型汽车用镍氢电池的研发与成果产业化	电池公司
14	优化综合检查构建有效安全管理工作程序防护网	稀选厂
15	包钢稀土组织架构的扁平化设计	证券部
16	包钢稀土产品质量体系构建	稀土院
17	科研成果的集成化管理模式构建	
18	企业知识产权管理体系建设的探索和实践	
19	开展降本增效工作的实践与成效	天骄清美
20	新产品研发、生产和市场培育一体化管理模式的构建	
21	员工素质提高与和谐劳动关系的构建	
22	创建学习型企业的探索与实践	组织（人事）部
23	优化中层干部绩效考核管理体系的探索	组织（人事）部
24	浅谈国有企业人力资源管理与可持续发展	组织（人事）部
25	如何实现人事档案管理信息化	组织（人事）部
26	青年职业生涯导航的探索与实践	组织（人事）部
27	以市场为导向，以优势项目为依托，加快稀土产业链延伸——通过新产品开发进入新能源汽车行业	组织（人事）部
28	深化企业效能监察，构建长效运行机制	组织（人事）部
29	安全标准化模式的建立与实施	华美公司
30	加强原材料管理，降低生产成本	
31	强化设备管理，降低设备故障率	
32	开展降本增效工作的实践与成果	

表 4-4　2015 年管理创新立项项目表

序号	立　项　名　称	实施单位
1	完善及优化北方稀土（集团）绩效考核管理体系	集团管理部
2	北方稀土集团质量控制标准体系的建立与推广	技术质量部
3	企业薪酬管理制度的探索与研究	组织（人事）部
4	完善大宗物资采购管理，提高管理工作效能	物资供应分公司
5	完善仓储管理，降低库存资金占用	

续表 4-4

序号	立　项　名　称	实施单位
6	创建流程优化，提升管理水平	冶炼分公司
7	创建萃取槽体巡视管理体系	
8	推行员工自主改善项目积分卡	
9	依靠科技进步，提高企业综合治理工作	
10	强化设备管理，降低设备故障率	
11	优化工艺管理流程，促进资源综合利用	
12	挖掘工艺控制潜力，优化工艺管理流程	
13	稀土精矿生产企业安全标准化模式的建立与实施	稀选厂
14	公司能源体系管理的创新与实践	白云博宇
15	推进信息化建设在科研管理中的应用与研究	稀土院
16	建立 TPM 设备管理系统	磁材公司
17	安全标准化管理体系的建立与实施	电池公司
18	稀土湿法冶金生产过程安全标准化模式的建立与实施	华美公司
19	能源计量工作的创新管理	
20	人力资源管理体系创新和实践	
21	5S 管理常态化机制的构建与创新	
22	推进信息化建设与发展电子商务的探索与实践	国贸公司
23	优化全面预算管理，推进全方位降本增效	
24	创新工艺管控 优化资源回收 创建精益车间	天骄清美
25	推行“三化”管理，实现量化定制	
26	推进精益管理项目的管理实践	贮氢公司
27	依托江苏省稀土发光材料工程中心构建新产品研发和生产一体化管理模式	包钢天彩

表 4-5　2016 年管理创新立项项目表

序号	项　目　名　称	实施单位
1	产品差异化竞争战略及营销体系构建	国贸公司
2	生产车间员工培训模式的创新与实践	天骄清美
3	构建稀宝医疗全流程质量监控管理的创新与实践	稀宝博为
4	构建精益管理模式的管理实践	电池公司
5	员工自主改善活动管理体系构建与探索	华美公司
6	出门证电子审批系统的创新与实践	华美公司
7	安全标准化模式的建立与实施	华美公司
8	设备管理模式的创新与实践	华美公司
9	精益思想在库存管理中的探索与实践	华美公司

续表 4-5

序号	项 目 名 称	实施单位
10	精益车间创建的探索与实践	白云博宇
11	优化生产现场控制流程，构建精益生产管理体系	冶炼分公司
12	以信息化管理为驱动，创新企业文档管理系统	冶炼分公司
13	高效能源管控体系实践与创新	稀选厂
14	吸收台资企业管理经验，构建公司管理新模式	包钢天彩
15	建设项目招投标的创新性研究——以三废治理项目为例	建设部
16	稀土企业环境风险管理体系的构建	生产部
17	北方稀土团校项目的探索与实践	组织（人事）部
18	创新对标升级管理，提升核心能力	磁材公司
19	提高产品合格率，提升生产效率	磁材公司
20	构建精益车间管理模式	瑞鑫公司
21	完善监事会制度，提高公司治理水平	证券部
22	优化生产组织管理，提升产品品质	冶炼分公司
23	绩效考评体系创新与探索	稀选厂

二、重要管理创新项目

（一）组建国贸公司

2008 年，为贯彻自治区政府有关文件精神，更好地利用和发挥稀土资源优势，提高稀土产业集中度，维护稀土原料产品市场价格平稳、实现稀土原料定向销售，就地转化，促进与包头稀土资源有关的稀土企业跨越式发展，内蒙古包钢稀土高科技股份有限公司联合其他各方股东，出资 7 亿元，组建了内蒙古包钢稀土国际贸易有限公司。其指导思想是：在国家指令性生产计划的指导下，坚持以控制包头稀土原料产品生产为基础；以与包头资源有关的稀土原料产品统一收购、定向销售为手段；以实现全国稀土原料产品价格相对稳定为目的，以实现包头地区稀土原料产品的就地转化及深度加工，提升包头地区稀土原料产品的核心竞争力。

包钢稀土国贸公司对稀土产品采用统一收购、定向销售原则。统一收购：即由包钢稀土国贸公司收购全部与包头稀土资源有关的冶炼、分离产品。根据市场情况，适当收购国内其他矿源地冶炼、分离产品。定向销售：由包钢稀土国贸公司本着稀土应用产业发展本地化的原则，根据落户在包头稀土高新区稀土园区的稀土深加工企业、应用企业对稀土氧化物或化合物、稀土金属产品的需求情况，依据当时的市场价格，实行优惠、优先、满足供应，支持本地稀土应用企业的发展。根据市场情况，适量销售区外、国外企业。

组建国贸公司的益处：一是有利于国家稀土产业政策的落实，达到治乱、治散、规范发展的目的。二是有利于整个稀土产业的良性发展。三是有利于包头地区稀土产业集群的形成与壮大。四是有利于包头稀土工业的技术进步。五是有利于调整产业布局，集中搞好三废治理和环境保护，改善城市环境。因此，组建国贸公司是包钢稀土管理的重大创新，对于优化国家稀土产业环境，提升包头市稀土产业地位，延伸产业链，发挥包头稀土产业整体优势，进军国内外行业市场具有重要意义。

（二）稀土电子交易平台建设

在稀土行业，买卖双方进行交易时没有一个统一且规范的价格指导体系，导致交易双方在交易前必须通过自有渠道进行询价，并通过对询价的分析制定出售与购买价格。流程及定价的过程相当繁琐，同时也大大影响了稀土交易的活跃性。稀交所的建立可以配合国家大力整合稀土产业的步伐，有利于形成中国稀土的定价机制，并利用我国的资源优势，进一步巩固在国际稀土行业的定价权。稀交所通过对稀土产品线上、线下交易的价格进行结算，对交易价格进行统一的统计与分析并将结果发布。

稀交所是首家全国性的稀土现货交易中心。针对稀土产品现货贸易中所存在着种种问题，稀交所采用交易公开化、交易合法化的机制，有效地避免非计划内稀土交易等现象。稀交所以现货贸易电子商务为中心，展开集中、公开、透明、公正的交易。稀交所以全新的线上现货交易模式解决现在行业中存在的种种问题。

三、管理创新成果

管理创新取得的优秀成果：《稀土电子交易平台建设的探索与实践》和《人力资源可持续发展机制的建立与创新》获得包钢 2013～2014 年度管理创新成果一等奖，其中《人力资源可持续发展机制的建立与创新》获得中国钢铁工业协会三等奖。2015 年，《稀土电子交易平台建设的探索与实践》获得中国钢铁工业协会三等奖，稀土电子交易平台是北方稀土参与的探索掌控稀土市场话语权、规范稀土产品流通秩序的重要尝试。

第五节 “5S”管理

为提升现场管理水平，实现夯实环境基础、推动精细化管理，树立“人造环境，环境育人”的理念，达到环境整洁有序，职工素养不断提高的目的。包钢（集团）公司于 2011 年 3 月启动推行 5S 管理，优化现场管理，提升企业形象。

在充分结合公司实际的基础上，公司决定自 2011 年 6 月起对在包控股以上直属厂、分子公司全面推行 5S 管理，确定了推进 5S 管理的指导思想与目的：全力推进、分类组织、系统协调、整体改观、持续进步；使现场更加安全、整洁清爽，物品定置管理、摆放有序，员工规范作业、素养提升，工作效率不断提高。最终，构建持续改进和可视可控的现场管理模式，为公司打造“国内最强，世界一流”稀土企业奠定坚实的现场管理基础。

一、组织机构和职责分工

2011 年 6 月 10 日，公司下发《包钢稀土（集团）公司 5S 管理推进办法》，明确 5S 管理推进的组织机构及职责划分。成立由公司总经理、公司党委书记担任主任、公司分管领导担任委员的 5S 管理推进委员会。推进委员会办公室设在 5S 管理推进综合组。下设 5S 管理推进综合组、外围环境推进小组、生产现场推进小组、施工现场推进小组、建（构）筑物及设备状态推进小组、办公环境推进小组。同年 7 月 1 日，成立包钢稀土 5S 管理推进办公室。同年 7 月 4 日增设 5S 管理推进监察督导组和治安、道路交通、消防安全推进小组。2012 年 9 月 19 日，5S 管理推进办公室职能并入集团管理部，机构、职责依然不变。

二、宣传培训和教育引导

2011 年 8 月 11 日，公司 5S 办公室协助办公环境推进小组，邀请包钢 5S 管理咨询公司讲师对机关 100 余名管理人员进行 5S 管理知识专题培训；组织各单位分管领导及督导员到包钢 5S 管理先进单位参观学习；利用展板、条幅等渠道，宣传 5S 管理理念及改善前后对比照片。

2012 年 2 月，邀请包钢 5S 管理副主任进行了“清洁、素养”阶段的专题培训，各单位分管领导和督导员 200 余人参加了此次培训；5 月，制作 5S 管理专题纪实片《固本强基促发展》，对广大员工进行“清洁、素养”的 5S 理念教育。

三、管理制度和运行体系

2011 年 7 月 19 日，公司下发《包钢稀土（集团）公司 5S 管理推进实施方案》，明确“全力推进、分类组织、系统协调、整体改观、持续进步”的指导思想，确立“以提升公司形象和员工素养为宗旨，实现样板单位现场根本改观，公司及所属单位现场明显改观，按期通过验收达标”的总体目标。为充分发挥 5S 管理督导员队伍的作用建设，公司转发《包钢（集团）公司 5S 管理推进督导员管理办法》，并以《关于下发包钢稀土第一批 5S 督导员名单及有关事宜的通知》形式予以公告。为指导各单位 5S 管理的稳步实施，公司及时转发包钢（集团）公司《5S 管理推进整理阶段“不要物”判定方法》《5S 管理推进整理阶段现场“6 源”排查说明》《5S 管理推进常用方法和技巧实施意见（试行）》和《关于在实施 5S 管理过程中需清理物资的处置办法的通知》等指导性文件。

2012 年，为统一标准和全面指导各单位 5S 管理工作，更好地保持 5S 管理成果，公司转发《包钢（集团）公司 5S 管理检查标准（试行）》，同时制定下发《包钢稀土 5S 管理检查、考核、评价实施办法》。由此标志着 5S 管理结束集中推进期，进入常态运行期。

2013 年，公司建立 5S 管理工作计划制度，下发《包钢稀土 2013 年 5S 管理工作计划》，优化 5S 管理检查标准和评价办法；为实现公司 5S 管理常态化持续推进，充分调动二级单位做好 5S 管理的积极性和创造性，又下发《2013 年度包钢稀土（集团）公司 5S 管理奖罚办法》。

2014 年，公司 5S 管理由常态化进入创新发展阶段，全面推行“标准化、看板化、目视化”工作，构建可视可控的精益现场管理模式。

2015 年，首次在工作计划中明确“制度化、常态化、标准化、看板化、目视化”量化考核目标及

推进措施，年度考核，全部达标。年内，实现5S管理与包钢主线单位的齐头并进。在包钢年度5S管理表彰中，公司5家单位被评为包钢5S管理先进单位，1家单位被评为包钢5S管理标兵单位。

2016年对“标准化、看板化、目视化”工作提出的量化目标，结合自身实际，按照实施步骤，开展了各具特色的推进工作，尤其是通过各岗位作业（操作）标准的编制，为精益管理的顺利实施奠定了基础。

四、检查验收和评价指导

5S管理检查是检验各单位5S管理工作开展情况的重要手段，也是指导各单位按公司要求开展5S管理工作的过程。

2011年10月，公司按照日程安排组织对16个在包控股以上单位进行5S管理推进“整理、整顿、清扫”阶段的验收工作。验收组人员由抽调的机关管理部门人员和二级单位督导员组成，共分8个验收小组，按照专业分工从不同的角度进行检查验收。

2012年3月20~28日，公司组织检查验收组对8家单位进行5S管理推进工作现场全面检查，其他8家单位进行自检自查，公司集中听取了推进工作及自检自查开展情况汇报。下半年共检查16家单位。其中，首次会同工会相关人员，就各单位5S管理和爱国卫生运动开展联合检查。

2013年，公司坚持全面检查和专业检查、随机抽签和整体安排相结合的方式，由原来每季度一次检查改为每半年一次检查；检查过程中，首次将受检单位5S管理亮点列入评价范围，并要求各检查组从“重点工作推进效果”、“员工自主改善活动”、“亮点措施、先进做法、典型经验”、“其他亮点”4个方面综合评述受检单位5S管理工作亮点；首次从领导重视程度，组织机构建设及运行情况，区域划分与责任落实，检查考核体系运行，标准化、目视化、看板化工作进展，员工自主改善活动等10个方面量化制度检查内容；从下半年起，首次采用照片写实和量化打分相结合方式评价检查结果，实现评价方式上的创新发展。

第六节　精益管理

2013年7月，为通过管理升级、转型发展，提升企业核心竞争力，实现“国内最强，世界一流”的企业目标。在5S管理取得成效的基础上，包钢（集团）公司全面启动了精益管理项目，从最基层做起，构建精益管理体系，向卓越绩效和一流企业迈进。

包钢稀土紧随其后，首先对在包控股以上单位推进精益管理，逐步推广全公司，构建精益管理体系，打造卓越价值流程和管理模式，不断增强企业核心竞争能力。截至2016年底，主要完成总体布局、理念导入、建立组织机构、培养人才队伍、制定规章制度、打造样板车间等工作。

一、组织机构

2013年8月28日，包钢稀土下发《关于成立精益管理推进委员会的通知》，标志着公司正式成立精益管理项目推进的组织机构。推进委员会下设精益管理推进办公室，同时成立10个推进工作组，分别从现场优化、生产质量管理、项目建设及设备管理、物资采购、营销管理、成本核算、人力资源、宣传工作、监察督导等方面开展工作。2015年3月23日，对精益管理委员会和工作组进行调整，将原来的10个工作组调整为生产管理组、环保管理组、项目建设组、设备管理组、物资供应组、质量管理组、成本核算组、市场营销组、人力资源组、宣传工作组、现场管理组、综合治理组等12个工作组。各二级单位也相应成立推进组织机构，并作为“一把手”工程由主要领导负责推进工作，为精益管理项目顺利推进提供组织保障。

2015年7月23日，公司召开“精益管理和5S管理工作会议”，董事长就构建北方稀土特色的精益管理体系强调提出四点要求：一是不仅在包单位要推行精益5S管理，外埠单位也要根据自身实际适时启动精益5S管理；二是精益管理要与生产经营有机结合，避免出现“两张皮”；三是各单位和推进工作组要从实际出发，因地制宜地做好推进工作和督导工作；四是加强组织保障，强化组织领导，各单位和各部门要认真落实“一把手”负责制，做好工作指导和过程督导，保证精益管理顺利推进。

二、精益人才队伍

为尽快建立精益督导员队伍，在全公司范围

内选聘督导员，公司机关 5 个部门和 15 家二级单位，共选拔精益督导员 20 名。2013 年 9～11 月，精益督导员参加包钢精益管理调训，分别从精益管理思想、精益管理项目主要内容、项目推进技术路径、精益车间创建、精益管理工具和方法等多方面进行培训，为精益管理项目顺利推进提供了人力资源保障。

2015 年 6 月，公司正式启动为期 3 个月的精益管理调训工作，致力为企业推行精益管理工作夯实思想保障与人才基础。首批精益调训人员由包钢级精益内训师组成，对在包各单位进行精益管理专题培训。北方稀土分管领导、各单位、车间负责人、各级督导员累计 518 人参加培训。8 月 17 日～10 月 16 日，来自 14 家单位的 25 名精益督导员参加第二期精益调训。通过两期精益管理调训工作，极大提升了员工对精益管理的认识，培养了一批精益管理骨干人才。

2016 年以内训师为培训骨干，以包钢精益培训资料为基础教材，对培训课件进行了修订，增加了“方法研究”、“作业测定”等科目，共修订完善补充课件 80 课时。

北方稀土精益管理专题培训

三、创建精益车间

公司决定通过推进精益车间创建活动，将消除浪费、精简流程、精干队伍、持续改进的思想，落实到基层组织，打造具有北方稀土特色的现场管理竞争能力，提升各单位的基层管理能力。2015 年 9 月，公司下发《北方稀土推进精益车间工作安排》。以分子公司（包括直属厂、分公司、控股公司）精益车间创建为基础平台，发挥包钢集团、北方稀土、分子公司 3 个层级推进作用，鼓励样板示范、全面覆盖和持续进步，计划分 3 个阶段推进精益车间。

第一阶段：2015 年底前，在包直属厂、分公司、绝对控股公司学习参考包钢集团验收的精益车间创建经验，分别开展本单位的样板精益车间创建工作，12 月份北方稀土开始验收样板精益车间。其中，已经通过包钢集团精益车间验收的单位，进一步扩展精益车间创建范围。冶炼分公司一车间、磁材公司制造部、贮氢公司制造部顺利通过包钢精益车间评价验收，被命名为包钢精益车间。

第二阶段：2016 年度，在包的分子公司大力推广样板精益车间经验，全面开展本单位的精益车间创建工作。北方稀土共有 5 个车间获评包钢精益车间，其中原华美公司三分厂获评包钢优秀精益车间；共有 16 个车间获评北方稀土级精益车间。通过以上车间的成功创建为北方稀土更好地开展精益车间创建工作积累了经验，起到了样板带动的示范作用。

第三阶段：2017 年上半年，全面完成在包的分子公司精益车间创建工作验收评价，表彰先进，总结、推广经验，开展学习、交流成果活动，规范精益车间管理，巩固创建成果，力求持续改进。在此期间，倡导外埠绝对控股公司结合自身实际，参照样板经验适时推进。

在精益管理项目推进过程中，公司始终贯彻一个思维，就是要培养提升各单位自主精益管理能力。推进精益管理项目，最重要的是各单位需要通过精益管理知识的学习、工具和方法的不断应用，使“消除浪费、精简流程、持续改进”的精益思想真正落地，在项目结束以后，仍能够持续不断地提升企业的核心竞争力。

四、精益项目管理

2015 年公司制定下发了《北方稀土精益改善项目管理办法》，规范了公司级、单位级和车间级精益改善项目从立项申请、组织实施、验收评价到成果固化等工作。通过精益改善项目的实施，系统性地解决制约生产、质量、技术、设备、现场等方面的问题，突破瓶颈问题点，助推精益车间创建工作及生产经营绩效指标的提升，并将提升后的指标固化下来作为标准化作业、绩效考核、全面预算的基础。

2015 年，共有 9 家单位申报包钢和北方稀土两级精益改善项目36项，实施32项。其中，磁材公司“磁体出材率改进”项目获得包钢精益改善项目成果二等奖、“精细化排产项目”获鼓励奖；冶炼分公司“提高蒸发结晶系统（C系统）固体产出量”项目获鼓励奖。

2016年，共计7家单位申报精益改善项目33项，已实施完成30项。

包钢2015年精益管理工作总结暨深入推进大会

第七节 绩效考核

2007年，稀土高科拉开了兼并重组的大幕，子公司数量迅速增长，加强集团化管理迫在眉睫。2008年，公司在总结历年经营管理经验的基础上，逐步建立并完善经济责任制管理体系，首次以通过与子公司签署《年度目标经营责任书》的方式，实现了对子公司的绩效考核。《年度目标经营责任书》内容涵盖责任书签订方、经营责任期限、被考核方承担的经营指标、经理层的报酬、奖罚及支付方式等内容，有效地激发了各被考核单位经理层的工作热情。

2014年，为实现“国内最强，世界一流”稀土企业的目标，按照科学发展、转型升级、精益管理、创新驱动的工作思路，建立科学的绩效管理体系，发挥绩效考核的杠杆作用，引导公司各单位提高生产经营质量和效益，激励广大员工努力提升工作业绩，公司制定了《绩效考核管理办法（试行）》。绩效考核范围包括公司机关职能部室、直属厂、分子公司；考核人员范围包括机关职能部室、直属厂全体员工、分子公司经理层及包钢稀土外派高管人员。设立了绩效考核管理委员会，由公司高管组成，下设绩效考评工作办公室，办公室主任由集团管理部部长担任，成员包括组织（人事）部、计划财务部、生产部、技术质量部、集团管理部。

绩效考核方案经过两年的调整、完善，2016年，为贯彻落实包钢（集团）公司“两会”工作部署，以“创新、协调、绿色、开放、共享”五大发展理念为引领，结合自身特点和发展需要，持续提升经济运行质量，促进产业协调发展，推动各项工作目标的完成，按照坚持“提质增效、优化结构”的工作主线，完善绩效管理体系，发挥绩效考核的杠杆作用，引导公司各单位提高生产经营质量和效益，激励广大员工努力提升工作业绩，经北方稀土首届二次职代会审议通过了《2016年绩效考评方案》（下称《新方案》）。《新方案》为实现公司总体经济效益和提升公司集团管控水平为目标，按照公司全面预算管理办法，层层分解预算指标，同时通过与分子公司签署《目标经营责任书》，全面落实公司的经营战略，全面覆盖公司管理体系，全方位分专业设置企业管理考核指标，提升企业管理水平。

绩效考核体系体现北方稀土特色，依据各单位性质和职能的特点，实行分类考核。关键绩效指标体现差异化，对职能部门的考核突出其专业化，对直属厂、分公司突出其“成本中心”地位，重点考核产量、收率、成本等指标，体现降本增效和对标升级工作的成果；对子公司突出其“利润中心”地位，重点考核利润总额、销售收入、产量等指标，体现母公司的投资收益和对国有资产的保值增值成果。新方案覆盖相对控股以上单位，将绩效考核贯穿各单位经营管理的全过程。与单位工资总额、员工薪酬直接挂钩，体现公司投资收益、单位效益、经营者和员工收入挂钩浮动。

依据《新方案》考核原则，绩效考核指标包括否定性指标、关键绩效指标和企业管理指标三类指标。

（1）否定性指标包括：工亡事故、突发环境事件、重特大设备事故等，实行“一票否决制”，考核范围覆盖直属厂、分子公司。

（2）关键绩效指标包括：利润、产量、收率、加工费的单位变动成本、可控费用总额等，考核范围覆盖机关部门、直属厂、分子公司。

（3）企业管理指标：主要本着提升企业管理水平和强化专业管理的原则，结合各项管理工作的管理目标责任，按照相应分值设定，总计 100 分。根据各单位执行公司规章制度和开展各项管理工作的具体情况，由各职能部门对机关部门、直属厂、分子公司进行考核，逐项进行打分，得分情况与各单位绩效薪酬的兑现直接挂钩。

除北方稀土“集团一级”考评方案以外，各分子公司根据自己实际情况分别出台了本公司的绩效考评办法、方案，以此进行更为详细的考核并进行二次分配。

第八节　提质增效

2016 年 9 月，为落实《包钢（集团）公司 2016 年提质增效工作实施方案》的总体安排，全面做好北方稀土提质增效、减亏治亏工作，公司制定了《北方稀土 2016 年提质增效工作实施方案》（下称《方案》），并成立了以公司高管组成的提质增效领导小组，下设提质增效领导小组办公室，办公室主任由集团管理部部长担任，成员包括组织（人事）部、计划财务部、生产部、技术质量部、集团管理部。

《方案》总体工作目标：努力提升发展质量，调结构，控成本，补短板，抓创新，确保 2016 年北方稀土实现销售收入 55 亿元，利润总额 3 亿元。

《方案》确定了 2016 年北方稀土提质增效的五项重点工作，分别是强化市场开拓、全面质量管理、加强运营管理、优化产业结构、推进创新驱动。为积极有效推进提质增效工作，推进五项重点工作进程，公司按照提质增效任务及管理职能，在公司提质增效工作领导小组下设立八个专项任务工作组，通过明确工作职责，分解落实任务，促进分工协作，形成整体合力，确保提质增效工作目标的实现。

《方案》下发后，各单位迅速行动起来，围绕重点工作任务开展了提质增效工作，并取得良好的效果。加强了与其他稀土大集团合作，积极推动行业内的价格联动机制，维护市场秩序；增加稀土贸易量，做活做大销售，创年内最高。在推进降本增效工作方面，一是争取低成本贷款，平均贷款利率在基准利率基础上下浮 5%，二是过紧日子，大力压缩办公费、差旅费、劳务费等支出，提高开工率，减少停工损失。三是加强公司内部企业之间的对标升级工作，收率稳中有增，材料消耗水平进一步下降。

第九节　制度建设

集团管理部按照公司要求，将包钢（集团）公司截至 2015 年底现行有效运行的 724 项制度分解到对应部门，经各部门认真梳理分析，共有 544 项规章制度与公司职能及业务对应。其中，涉及由包钢统一管理或遵照包钢制度执行的制度有 402 项，比如档案管理、保密管理、信访工作、工会工作、“五险二金”相关制度、党群管理、纪检监察、特种设备管理、土地管理等，该类制度遵照包钢执行即可，无需另行下文；另外 142 项制度需结合实际进行制定，公司对其中的 94 项进行了转化并发文，另外 48 项需要转化或制定（修订）。截至 2016 年 12 月 30 日，48 项制度已转化 32 项，拟执行包钢文件 3 项，申请延期 2 项，暂不发文的 2 项，已拟定草案决定 2017 年发文的 9 项。此项工作的开展，进一步夯实了公司管理运行基础，为规范化运作提供了制度保障。

第三章　证券管理

第一节　股票上市

中国北方稀土（集团）高科技股份有限公司是由包头钢铁公司、嘉鑫有限公司（香港）、包钢综合企业（集团）公司于1997年9月共同发起设立。自稀土高科股票在上海正式挂牌上市后，稀土高科成为国家稀土行业第一家股票上市公司，同时也被中国科技部认定为国家火炬计划重点高新技术企业，到2016年末公司总资产为156.22亿元，净资产为82.97亿元。

一、上市筹备

1997年1月13日，内蒙古自治区人民政府下发内政股批字〔1997〕1号文件，批复包头钢铁公司：同意筹建内蒙古包钢稀土高科技股份有限公司。

1997年3月7日，发起人包头钢铁公司、嘉鑫有限公司（香港）、包钢综合企业（集团）公司，签署发起人协议，组建了内蒙古包钢稀土高科技股份有限公司。3月24日，国家冶金工业部下达冶体办〔1997〕12号《关于下达包钢稀土高科技股份有限公司股票发行额度的通知》，批复稀土高科股票发行额度为8000万股。

1997年3月31日，包头钢铁公司下发包钢办字〔1997〕109号文件，以稀土三厂、选矿厂稀选车间为主体，设立包钢稀土高科技股份有限公司，并组建成立包钢稀土高科技股份有限公司筹建工作领导组。包钢稀土高科技股份有限公司简称稀土高科。至此各项筹建工作进入实质性工作阶段。4月8日，内蒙古工商行政管理局以（内）名称预核〔1997〕第173号文件，同意预先核准企业名称为“内蒙古包钢稀土高科技股份有限公司”。

1997年4月21日，上海证券交易所向内蒙古包钢稀土高科技股份有限公司作出上市承诺：如果内蒙古包钢稀土高科技股份有限公司股票经中国证监会复审通过，并符合该所的上市条件，内蒙古包钢稀土高科技股份有限公司股票将在该所上市挂牌交易。

1997年4月28日，发起人会议通过《章程》草案决议：内蒙古包钢稀土高科技股份有限公司向社会公开募集8000万股普通股股票。若发行成功，股票将在上海证券交易所上市交易；并成立筹备委员会，授权公司筹委会办理关于本次股票公开发行及交易的有关手续。筹委会主任：曾国安，成员：许万成、宝振儒、王继多、张志公、王镜、韩芬初、徐福贵、林东鲁、王子仁、李昇旭、颜维华、刘志忠、陈隆淮、白凤仁、郭景龙、廖二鸣、张毅。

1997年5月26日，内蒙古自治区国有资产管理局以内国资工字〔1997〕61号文件批复，同意内蒙古包钢稀土高科技股份有限公司国有股权设置及管理方案。

1997年5月27日，稀土高科向冶金部提交《公开发行股票的申请报告》。5月29日，冶金工业部向中国证监会发冶体〔1997〕262号文，《冶金部关于申请对包钢稀土高科技股份有限公司（筹）公开发行股票申报材料予以复审的函》，材料均已上报复审。同日，冶金工业部以冶体办〔1997〕23号文出具《冶金部关于申银万国证券公司在包钢稀土高科技股份有限公司〈筹〉股票承销过程辅导工作验收意见的函》，验收合格。同日，冶金工业部以冶体〔1997〕263号文出具《冶金部关于同意包钢稀土高科技股份有限公司〈筹〉A股上网定价发行方案的函》。

二、股票发行

1997年8月27日，经国家计委和中国证券监督管理委员会审查通过，内蒙古包钢稀土高科技股份有限公司成为中国稀土产业第一家上市公司，“稀土高科”股票在沪市上网发行，内蒙古包钢稀土高科技股份有限公司成功在上海证券交易所上市。

1997 年 9 月 1 日，内蒙古包钢稀土高科技股份有限公司（筹）8000 万股社会公众股（A 股），其中公司职工股 800 万股，7200 万股向社会公众公开发行，发行价格为 4.43 元/股。股票摇号抽签仪式在上海市举行，9 月 2 日公布摇号结果，二级市场配售中签率 0.6509%。

三、股票上市

1997 年 9 月 12 日，中国稀土行业首家股份有限公司——内蒙古包钢稀土高科技股份有限公司，在包钢少年宫召开创立暨次届股东大会。“稀土高科”筹委会委员、包钢总经济师徐福贵作了创立工作报告。就“稀土高科”公司创立的条件，3 个发起人包头钢铁公司、嘉鑫有限公司（香港）、包钢综合企业（集团）公司的概况，“稀土高科”筹备过程及发展前景作了介绍。与会的股东、股东代表听取审议并一致通过了《工作报告》《公司章程》《发行费用的报告》。股东大会选举产生第一届董事会、监事会。选举曾国安为董事长，廖二鸣、王子仁为副董事长；选举孙鸣凤为监事会主席、杨兴山为副主席，聘任陈隆淮为总经理。国家计委稀土办处长红峰、冶金工业部体改司处长刘林杰、申银万国证券股份有限公司副总裁缪恒生等到会并讲话。

1997 年 9 月 24 日，稀土高科股票在沪正式挂牌上市。股本总额为 26035 万股，流通股为 8000 万股，发行总市值 35440.00 万元，募集资金净额 34240.00 万元，主承销商为申银万国证券股份有限公司，保荐人为申银万国证券股份有限公司和中国经济开发信托投资公司。

董事长曾国安亲临上海敲锣开盘，开盘价每股 7.38 元。发起人三方包头钢铁公司、嘉鑫有限公司（香港）、包钢综合企业（集团）公司分别占总股本比例为 51.06%、13.44%、4.77%。发行后股权结构：法人持股占总股本比例 69.27%、社会公众股占总股本比例 30.73%（其中公司职工股占总股本比例 3.07%）。具体情况见表 4-6 ~ 表 4-8。

表 4-6　发起人认股情况

发起人名称	持有股份/万股	占总股本比例/%
包头钢铁公司	13294.41	51.06
嘉鑫有限公司	3500	13.44
包钢综合企业（集团）公司	1240.59	4.77
合　计	18035	69.27

表 4-7　发行后股权结构

股份类别	股份数/万股	占总股本比例/%
总股本	26035	100
法人持股	18035	69.27
社会公众股 其中：公司职工股	8000 800	30.73 3.07

表 4-8　发行上市情况

网上发行日期	1997 年 8 月 27 日	上市日期	1997 年 9 月 24 日
发行方式	网上发行	每股面值/元	1.0000
发行量/万股	8000.00	每股发行价/元	4.4300
发行费用/万元	1200.00	发行总市值/万元	35440.00
募集资金净额/万元	34240.00	上市首日开盘价/元	7.38
上市首日收盘价/元	7.97	二级市场配售中签率/%	0.6509
每股摊薄市盈率	—	每股加权市盈率	14.3000
主承销商	申银万国证券股份有限公司		
保荐人	申银万国证券股份有限公司、中国经济开发信托投资公司		

第二节　运行管理

一、公司名称

1997 年 9 月 ~ 2009 年 7 月，公司称内蒙古包钢稀土高科技股份有限公司，简称稀土高科。

2009 年 7 月 ~ 2015 年 1 月，公司名称变更为内蒙古包钢稀土（集团）高科技股份有限公司，简称包钢稀土。

2015 年 2 月，公司名称变更为中国北方稀土

（集团）高科技股份有限公司，简称北方稀土。

二、股票名称变更

1997年9月12日~2007年8月29日，公司股票简称——“稀土高科”（股票代码600111）。

2007年8月30日~2015年1月19日，公司股票简称——“包钢稀土”（股票代码600111）。

2015年1月20日后，公司股票简称——“北方稀土”（股票代码600111）。

三、制度建设

公司股票发行上市后，公司设立证券部负责信息披露、上市公司规范运作等业务管理。根据中国证监会《上市公司股东大会规范意见》《上市公司股东大会规则》《上市公司章程指引》、上海证券交易所《董事会议事示范规则》《监事会议事示范规则》和《股票上市规则》等监管部门的规则及公司实际情况，公司进行了证券业务方面系统的制度建设与管理规范工作，及时制定规范运作制度并经董事会、监事会、股东大会审议批准后实施。1997年9月12日，《内蒙古包钢稀土高科技股份有限公司章程》经公司第一届股东大会审议通过。截至2016年，公司根据发展需要，先后14次对《章程》进行修订与完善，具体时间为：1998年4月、2001年9月、2002年11月、2004年5月、2005年4月、2006年5月、2008年9月、2009年5月、2010年5月、2011年10月、2012年12月、2014年12月、2016年5月、2016年9月。

2002年6月，为规范稀土高科公司对证券业务的运作，明确了公司股东大会、董事会、监事会职责权限；为提高公司规范运作水平，公司制定实施《股东大会议事规则》《董事会议事规则》《监事会议事规则》《独立董事工作规则》《总经理工作规则》和《信息披露管理制度》。2005年4月，公司对《股东大会议事规则》《董事会议事规则》《监事会议事规则》和《独立董事工作规则》进行第一次修订；2007年4月，对《股东大会议事规则》《董事会议事规则》和《监事会议事规则》第二次修订；2015年4月第三次修订《股东大会议事规则》；2013年3月，第二次修订《独立董事工作规则》，修订《总经理工作规则》和《高级管理人员工作规则》；2007年6月，第一次修订《信息披露管理制度》，2015年4月第二次修订《信息披露管理制度》。

2008年3月，为完善公司治理制度，加强内部控制建设，充分发挥独立董事及审计委员会在信息披露方面的作用，根据中国证监会的有关规定，公司特制定《独立董事年报工作制度》和《审计委员会年报工作制度》。2009年5月，公司制定实施《募集资金管理办法》《董事会战略委员会议事规则》《董事会提名委员会议事规则》《董事会审计委员会议事规则》与《董事会薪酬与考核委员会议事规则》，对《审计委员会年报工作制度》进行了修订。

2010年5月，为进一步规范公司内幕信息管理行为，维护公司信息披露的公开、公平、公正，增强信息披露的真实性、准确性、完整性和及时性，保护广大投资者的合法权益，公司根据《公司法》《证券法》《上市公司信息披露管理办法》和《上海证券交易所股票上市规则》等法律法规及公司《章程》《信息披露管理制度》的有关规定，制定并实施《外部信息报送和使用管理制度》《内幕信息知情人登记备案制度》和《年报信息披露重大差错责任追究制度》。2012年12月，公司对《内幕信息知情人登记备案制度》进行了修订。

2011年，为推进公司规范运作，公司制定并实施《董事会秘书工作制度》《监事会巡视工作制度》《关联交易管理办法》和《与包钢财务公司关联交易风险控制制度》。

2013年3月，为加强对公司董监高所持本公司股份及其变动的管理，公司制定并实施《董事、监事、高级管理人员持股管理办法》。

2015年4月，为规范集团统借统还融资行为，有效降低资金成本和维护财务安全，公司制定实施《统借统还管理办法》和《对控股子公司融资担保管理办法》。

2016年9月，为规范信息披露暂缓与豁免行为，公司制定实施《信息披露暂缓与豁免管理制度》。

四、信息披露

1997年公司上市以后，公司将历届历次股东会、董事会、监事会的决议及公司生产经营过程中涉及股东利益的重要事项，及时或定期以季报、中报、年报及临时公告的方式，通过《中国证券报》《上海证券报》和上海证券交易所网站 www. sse. com. cn 公布。

截至 2016 年底，公司共发布年报公告 19 次，中报公告 19 次，季报公告 30 次，临时公告 402 次。

五、发行短期融资券

截至 2016 年 12 月 31 日，公司发行短期融资券 4 次，分别是 2009 年 5 月 13 日、2009 年 10 月 30 日、2010 年 8 月 6 日、2013 年 1 月 9 日。

2009 年 5 月 13 日，发行债券代码：0981081；债券简称：09 稀土 CP01；发行方式：本期短期融资券由主承销商组织承销团，通过簿记建档集中配售的方式，在全国银行间债券市场公开发行；预计发行规模 4 亿元，实际发行规模 4 亿元；预案公布日：2008 年 8 月 26 日；开始发行期：2009 年 5 月 13 日；结束发行期：2009 年 5 月 14 日；债券到期日：2010 年 5 月 14 日；上市日期：2009 年 5 月 15 日。

2009 年 10 月 30 日，发行债券代码：0981209；债券简称：09 稀土 CP02；发行方式：本期短期融资券由主承销商组织承销团，通过簿记建档集中配售的方式在全国银行间债券市场公开发行；预计发行规模 3 亿元，实际发行规模 3 亿元；预案公布日：2009 年 10 月 27 日；开始发行期：2009 年 10 月 30 日，结束发行期：2009 年 11 月 2 日；债券到期日：2010 年 11 月 2 日；上市日期：2009 年 11 月 3 日。

2010 年 8 月 6 日，发行债券代码：1081257；债券简称：10 稀土 CP01；发行方式：本期短期融资券由主承销商组织承销团，通过簿记建档集中配售的方式发行，在全国银行间债券市场公开发行；预计发行规模 4 亿元，实际发行规模 4 亿元；预案公布日：2010 年 8 月 3 日；开始发行期：2010 年 8 月 6 日，结束发行期：2010 年 8 月 9 日，债券到期日：2011 年 8 月 9 日；上市日期：2010 年 8 月 10 日。

2013 年 1 月 9 日，发行债券代码：041362001；债券简称：13 稀土 CP001；发行方式：本期短期融资券由主承销商组织承销团，通过簿记建档集中配售的方式发行，在全国银行间债券市场公开发行；预计发行规模 10 亿元，实际发行规模 10 亿元；预案公布日：2013 年 1 月 4 日；开始发行期：2013 年 1 月 9 日，结束发行期：2013 年 1 月 9 日，债券到期日：2014 年 1 月 10 日；上市日期：2013 年 1 月 11 日。

六、融资回报

（一）首发上市

稀土高科股票于 1997 年 8 月 27 日在上交所上网定价发行，发行价格为 4. 43 元/股，发行数量为 8000 万股，募集资金总额 3. 544 亿元，募集资金投资于以下项目：

（1）稀土深加工系列生产线：

1）10000 吨/年碱法氯化稀土生产线。

2）单一稀土分离生产线。

3）万安培电解稀土金属生产线。

4）125 吨钕铁硼生产线。

5）碳酸钠焙烧氧化提铈生产线。

6）5000 吨酸法碳酸稀土生产线。

（2）稀土生产辅助配套项目。

（3）偿还 5000 吨氯化稀土生产线项目贷款。

（二）配股

公司以 1999 年 12 月 31 日总股本 36449 万股为基数，每 10 股配售 3 股，每股配股价 7. 6 元人民币，配股募集资金 28820. 33 万元，合并投入镍氢动力电池项目的 3 个中外合资公司。向国有法人配售 558. 4 万股，其余放弃，社会法人股全部放弃。向社会公众股东配售 3360 万股。

（三）派现送股情况

派现次数 13 次，派现总额 21. 57 亿元；送转次数 5 次，股本扩张倍数 12. 95 倍。

融资总额 6. 43 亿元，派现总额 21. 57 亿元；派现总额与融资总额之比 3. 14；上市公司排名 56 名；股本扩张倍数 12. 95，上市公司排名 718 名。

七、历次分红

该股自 1997 年上市以来累计分红 13 次，累计分红金额为 21. 57 亿元，股本扩张 12. 95 倍，详见表 4-9。

表 4-9 北方稀土 1998~2016 年历次分红明细表

公告日期	分红年度	分红方案（每 10 股）			股权登记日	除权除息日	红股上市日
		送股	转增	派息			
1998 年 5 月 23 日	1997	1	3	0.00	1998 年 5 月 28 日	1998 年 5 月 29 日	1998 年 5 月 29 日
1999 年 6 月 18 日	1998	0	0	1.70	1999 年 6 月 24 日	1999 年 6 月 25 日	—
2001 年 6 月 2 日	2000	0	0	1.20	2001 年 6 月 7 日	2001 年 6 月 8 日	—
2002 年 5 月 31 日	2001	0	0	1.00	2002 年 5 月 30 日	2002 年 5 月 31 日	—
2003 年 5 月 20 日	2002	0	0	0.50	2003 年 5 月 26 日	2003 年 5 月 27 日	—
2007 年 5 月 30 日	2006	0	0	0.50	2007 年 6 月 4 日	2007 年 6 月 5 日	—
2008 年 5 月 9 日	2007	5	5	1.00	2008 年 5 月 14 日	2008 年 5 月 15 日	2008 年 5 月 16 日
2010 年 5 月 25 日	2009	0	0	0.50	2010 年 5 月 28 日	2010 年 5 月 31 日	—
2011 年 5 月 6 日	2010	5	0	1.00	2011 年 5 月 11 日	2011 年 5 月 12 日	2011 年 5 月 13 日
2012 年 4 月 25 日	2011	10	0	3.50	2012 年 5 月 3 日	2012 年 5 月 4 日	2012 年 5 月 7 日
2013 年 5 月 10 日	2012	—	—	2.00	2013 年 5 月 15 日	2013 年 5 月 16 日	—
2014 年 5 月 13 日	2013	—	—	2.00	2014 年 5 月 16 日	2014 年 5 月 19 日	—
2015 年 5 月 5 日	2014	5	—	1.25	2015 年 5 月 8 日	2015 年 5 月 11 日	2015 年 5 月 12 日
2016 年 6 月 16 日	2015	0	0	0.3	2016 年 6 月 21 日	2016 年 6 月 22 日	—

八、股权分置改革

2006 年 2 月 27 日，内蒙古包钢稀土高科技股份有限公司提出股权分置改革方案向上海证交所申请股票停牌。

2004 年 1 月 31 日国务院发布《国务院关于推进资本市场改革开放和稳定发展的若干意见》明确指出应“积极稳妥解决股权分置问题”，提出“在解决这一问题时要尊重市场规律，有利于市场的稳定和发展，切实保护投资者特别是公众投资者合法权益”的总体要求。2005 年 9 月 4 日，中国证监会发布《上市公司股权分置改革管理办法》，中国的股权分置改革进入全面铺开阶段。内蒙古包钢稀土高科技股份有限公司董事会自 2006 年 2 月 27 日起向上交所申请股票停牌。公司具体实施方案，非流通股股东向流通股股东支付 4076.8 万股稀土高科的股票，方案实施股权登记日登记在册的流通股股东每持有 10 股流通股将获得非流通股股东支付的 2.8 股股份，总计共获 4076.8 万股。股权分置改革方案实施后首个交易日，公司非流通股股东持有的非流通股份即获得上市流通权。2006 年 3 月 9 日，内蒙古包钢稀土高科技股份有限公司股票在上交所复牌。该对价安排执行完成后，稀土高科的总股本、每股净资产、每股收益均保持不变。公司利益、大小股东利益、资本市场利益实现一致。

2006 年 3 月 29 日，稀土高科出台《股权分置改革方案》，公司非流通股股东以其持有的 4659.20 万股公司的股票作为对价，向公司流通股股东送股以获得上市流通权，即流通股股东每持 10 股流通股将获得非流通股股东支付的 3.2 股的股份对价。上述送股对价于 2006 年 4 月 13 日实施完成后，公司股份总数不变，股份结构发生相应变化。

2007 年 12 月 10 日，中证指数有限公司发布公告，进行为期半年一次的沪深 300 指数调整。包钢稀土于 2008 年第一个交易日进入沪深 300 指数，这是自 2005 年 4 月 5 日沪深 300 指数发布以来包钢稀土首次入选。

2007 年，公司完成对包钢（集团）公司内稀土产业的资产重组工作，实现包钢（集团）公司稀土产业的整体上市，成为包钢（集团）公司乃至内蒙古自治区稀土产业发展的平台。公司股票简称变更为“包钢稀土”。

九、社会责任

2008 年，上海证券交易所下发《关于加强上市公司社会责任承担工作暨发布〈上海证券交易所上市公司环境信息披露指引〉的通知》，要求上市公司根据《证券法》《上市公司信息披露管理办法》的相关规定，及时披露公司在承担社会责任方面的特色做法及取得的成绩，并在披露公司年度报告的同时在上交所网站上披露公司的年度社会责任报告。

公司根据稀土行业及自身经营特点，形成了符合公司实际的社会责任战略规划及工作机制。公司的社会责任战略规划包括公司的商业伦理准则、员工保障计划及职业发展支持计划、合理利用资源及有效保护环境的技术投入及研发计划、社会发展资助计划等内容。公司还在年度社会责任报告中披露每股社会贡献值，即在公司为股东创造的基本每股收益的基础上，增加公司年内为国家创造的税收、向员工支付的工资、向银行等债权人给付的借款利息、公司对外捐赠额等为其他利益相关者创造的价值额，并扣除公司因环境污染等造成的其他社会成本，计算形成的公司为社会创造的每股增值额，从而帮助社会公众更全面地了解公司为其股东、员工、客户、债权人、社区以及整个社会所创造的真正价值。

公司按照监管要求，每年定期在年度董事会、监事会上审议《社会责任报告》并披露。自2008年以来连续发布8次。公司通过编制并发布《社会责任报告》，向社会公众全面展示了公司在股东回报、安全生产、产品质量、环境保护、员工权益保护、社会公益等方面践行社会责任的各项举措和成果，履行了上市公司作为企业公民应尽的责任。

十、中介机构及变更情况

1998年4月19日，公司召开临时股东大会，聘请建中律师事务所为常年法律顾问。至2016年12月在任。

1998年4月19日，公司召开临时股东大会，聘请内蒙古会计师事务所为公司年审会计师事务所。

2000年，公司年审会计师事务所由内蒙古会计师事务所变更为北京中天华正会计师事务所。

2007年3月7日，公司接到审计机构通知，为公司承担2006年审计工作的原北京中天华正会计师事务所有限公司经北京市工商局核准，名称变更为北京立信会计师事务所有限公司。

2008年8月23日，由于立信会计师事务所内部重组，北京立信会计师事务所有限公司与立信会计师事务所有限公司进行重组合并，公司年审会计师事务所变更为立信会计师事务所有限公司，公司原与北京立信会计师事务所有限公司签署的业务约定书约定的事项，均由重组后的立信会计师事务所有限公司履行。公司三届十五次董事会会议审议通过本次变更事项。

2009年8月15日，由于立信会计师事务所内部的资源重组行为，导致原为公司提供审计服务的立信会计师事务所北京分所的人员和承接的业务，并入北京立信会计师事务所有限公司，因此为公司提供年审服务的会计师事务所变更为北京立信会计师事务所有限公司。公司四届四次董事会会议审议通过了此事项。

2009年12月28日，公司接到北京立信会计师事务所有限公司通知，称北京立信会计师事务所有限公司已更名为“立信大华会计师事务所有限公司”，并取得法人营业执照。因此，公司2009年度审计机构名称变更为立信大华会计师事务所有限公司。

2011年10月26日，公司收到年审会计师事务所立信大华会计师事务所有限公司发来的《立信大华会计师事务所名称变更的通知》，《通知》称该审计机构因发展需要，已将其名称变更为“大华会计师事务所有限公司”，并已取得营业执照。据此，公司2011年度审计机构名称变更为大华会计师事务所有限公司。

2011年度，大华会计师事务所有限公司完成特殊普通合伙会计师事务所转制工作，转制后该所名称变更为“大华会计师事务所（特殊普通合伙）”。

2016年1月21日，公司2016年第一次临时股东大会解聘大华会计师事务所。

2016年1月21日，公司第一次临时股东大会聘请致同会计师事务所为公司年审会计师事务所。

十一、资本市场荣誉奖励

2008年，公司荣获“中国证券报第十届（2007年度）中国上市公司金牛奖成长性百强及股东回报百强”荣誉。

公司入选由证券时报、南方基金共同评选的“中国上市公司价值百强”名单。

公司入选由中国上市公司市值管理研究中心评选的“2008年度中国上市公司市值管理百佳

奖”名单。

2009 年，公司被中国上市公司市值管理研究中心、经济观察日报评为“2009 年中国资本市场最佳创富 IR 奖”。

2010 年，公司被中国上市公司市值管理研究中心等评为“2010 年中国最佳创富 IR 奖”。

2011 年，公司获得“2011 年度中国上市公司市值管理百佳”奖。

2012 年，公司荣获“2012 年度中国上市公司资本品牌百强”。

公司荣获“2012 年度中国上市公司市值管理百佳奖”。

公司董事会荣获“第八届中国上市公司董事会金圆桌优秀董事会”奖。

公司荣获《中国证券报》“2011 年度金牛上市公司百强”荣誉称号。

公司入选“央视财经 50 指数十佳成长公司”。

2013 年，公司获得“第二届中国星光董事局传媒大奖——最具股民人气董事局”。

公司荣获中国证券报“2013 年度上市公司金牛奖——最高效率公司”奖。

公司荣获“2012 年度金牛上市公司百强”。

2015 年，公司荣获中国上市公司协会“2014 年度最受投资者尊重的上市公司百强奖”。

2016 年，公司荣获“2015 中国最受投资者尊重的上市公司”入围奖。

公司荣获“内蒙古自治区 2015 年度推进资本市场发展贡献奖”。

第四章　人力资源管理

第一节　机构、人员编制

1997年，根据内蒙古自治区政府“内政股批〔1997〕1号《关于同意筹建包钢稀土高科技股份有限公司的批复》”的文件精神，由原包钢稀土三厂改制为内蒙古包钢稀土高科技股份有限公司，并于1997年9月12日召开创立大会。同年9月30日，按照公司办字〔1997〕第10号文件《关于成立内蒙古包钢稀土高科技股份有限公司所属机构的通知》，成立研究开发部、生产部、设备动力部、销售供应部、财务部、证券业务部、综合管理部、办公室、党群工作部、一车间、三车间、四车间、六车间、七车间、八车间、动力车间、机修车间、化验室。公司高级管理人员9人，分工如下：党委书记、监事会主席孙鸣凤，全面负责公司党群和监事会工作；总经理陈隆淮，全面负责公司生产经营及行政工作；党委副书记、监事会副主席杨兴山，协助党委书记、监事会主席负责党群和监事会工作，协助总经理负责集体企业工作；副总经理邹连顺，负责公司机动、能源、设备、基建工程、技改实施工作；总工程师王晓铁，负责公司技术、质量、环保、工艺，推标贯标工作；总经理助理刘忠涛，负责生产组织工作；董事会秘书赵占斌，负责公司信息披露事务，准备和递交有关机构要求的报告和文件，负责办理公司与董事、中国证监会、上交所、各中介机构之间的有关事宜；财务总监邢斌，协助总经理负责财务管理、资金运作、销售经营等工作；副总工程师赵春晖，协助总工程师负责技术工作。

1998年3月23日，根据公司办字〔1998〕第37号文件《关于成立稀土高科公司技术中心的通知》，成立稀土高科公司技术中心，任命王晓铁为稀土高科公司技术中心主任，李冬为副主任，稀土高科公司技术中心办公室设在研究开发部。

2002年5月25日，为贯彻党和国家关于深化国有企业改革精神，落实《包钢（集团）公司“精干主体、减员分流”及“定编定岗定员”暂行办法》文件精神，内蒙古包钢稀土高科技股份有限公司党委和公司联合下发《稀土高科公司机构改革方案》（公司发〔2002〕24号）文件，对公司职能部室的设置和科级干部的聘任原则进行调整。公司职能部室的设置坚持“精干、统一、高效”原则，重点解决机构臃肿、职责不清、效率低下的问题，将原有13个机关部室改编为9部1室，新增企业发展部与成本管理中心。原党群工作部业务和综合管理部的劳资培训业务划归新改建的组织人事部，分管组织、人事、宣传、纪检、劳资工作。

2008年4月28日，按照公司发〔2008〕23号《关于组织机构设置、行政部门工作职责的通知》，设置如下部门：物资供应部、仓储部、财务部、审计部、资本运营部、战略规划部、生产技术部、销售部、资源管理部、人力资源部、党委工作部、基建设备部、质量管理部、证券部、办公室、武装保卫部、董事会秘书处。

2009年7月17日，内蒙古包钢稀土高科技股份有限公司更名为“内蒙古包钢稀土（集团）高科技股份有限公司”。

2012年9月19日，内蒙古包钢稀土（集团）高科技股份有限公司下发《关于公司职能管理部门组织机构及人员调整的方案》（公司发〔2012〕94号），方案本着精简高效原则，对包钢稀土原职能管理部门组织机构及人员进行调整。调整后的机构由9个职能部门和1个分公司组成：综合办公室，原办公室职能及人员；工会，原工会职能及人员；组织（人事）部，原党委工作部职能及人员、人力资源部职能及人员、团委职能及人员；计划财务部，原财务部职能及人员，原战略规划部年度计划职能及相关人员；生产技术部，原生产技术部职能及人员，原质量管理部质量管理、贯标、品牌建设、标准化等职能及相关人员，原战略规划部企业技术创新联盟职能及相关人员，原物资供应部物资采购计划职能及相关人员，原质量管理部负责质量检查和质量统计的工作人员划归各直属厂；集团管理部，原资本运营部职能及人员，原资源管理部稀土精矿、碳酸稀土加工业务职能及人员，原战略规划部中长期产业规划、企业管理创新职能及相关人员，综合绩效管理职能，5S管理办公室职能及人员，原资源管理部产品收购计划及相关人员划归国贸公司；审计部，原审计部职能及人员；证券部，原证券部职能及人员，同时行使董事会秘书处职能；建设部，原基建设备部职能及人员、原战略规划部项目管理前期工作、土地管理、基建技改规划等职能及相关人员、原仓储部备品备件管理职能及相关人员（库管）。物资供应分公司，原物资供应部物资采购计划执行职能及人员、原仓储部原燃材料管理职能及相关人员（库管）。

2014年，根据包钢（集团）公司《关于部分机构调整的通知》（编委〔2014〕4号）精神，包钢稀土增设技术质量部，原生产技术部更名为生产部。

2016年，根据包钢（集团）公司《关于北方稀土成立规划发展部的批复》（编委〔2016〕6号）精神，成立规划发展部。集团管理部“战略规划”“投资并购”等职能划归规划发展部。

第二节 员工队伍来源与构成

一、员工来源

员工队伍主要以原来企业职工为基础，加上调入人员、大学毕业生、复转军人，组成员工队伍。

调入人员。有准确资料记载，2011年，公司先后从包钢（集团）公司调入6人，调出2人；2012~2015年，公司管理人员与普通操作人员总计调入58人，全民合同制职工总数为3228人。

接收大学毕业生。公司接收大学毕业生遵循包钢（集团）公司大学生毕业分配制度相关规定执行。2005~2006年共接收大学毕业生10人；2007年接收大学毕业生9人；2008年接收大学毕业生32人，其中研究生2人，本科生30人；2009年接收大学毕业生28人，其中研究生4人；2010年接收大学毕业生54人，其中研究生10人；2011~2015年，共接收大学毕业生255人，其中硕士研究生59人，博士研究生3人。

复转军人安置。根据国家对复转退伍军人的安置政策，2011年公司安置复转军人7人；2012年安置复转军人14人；2013年安置复转军人7人。

截止到2016年12月底，公司共有全民合同制职工3115人。

二、员工队伍构成

2002年12月底至2016年12月底，公司全民合同制员工性别构成、民族构成、年龄构成、学历构成详见表4-10~表4-13。

表4-10 北方稀土主要年份员工性别构成表 （人）

年份	2002	2005	2007	2008	2009	2014	2015	2016
男	1279	1279	1156	1243	1253	1674	2191	2158
女	532	527	433	495	506	1757	1037	957
合计	1811	1806	1589	1738	1759	3431	3228	3115

表4-11 北方稀土主要年份员工民族构成表 （人）

年份	2002	2005	2007	2008	2009	2014	2015	2016
汉族	1680	1665	1456	1597	1617	3169	2969	2869
蒙古族	59	63	61	64	65	127	125	117
其他民族	72	78	72	77	77	135	134	129
合计	1811	1806	1589	1738	1759	3431	3228	3115

表4-12 北方稀土主要年份员工年龄构成表 （人）

年份	总计	25岁以下	26~30岁	31~35岁	36~40岁	41~45岁	46~50岁	51~55岁	55岁以上
2002	1811	140	356	471	438	210	108	83	5
2005	1806	124	229	409	515	318	102	98	11
2007	1589	98	223	396	518	304	47	3	0

续表 4-12

年份	总计	25 岁以下	26~30 岁	31~35 岁	36~40 岁	41~45 岁	46~50 岁	51~55 岁	55 岁以上
2008	1738	136	253	426	548	324	47	4	0
2009	1759	115	255	430	561	337	50	11	0
2014	3431	160	308	271	427	876	922	401	66
2015	3228	131	317	283	348	713	871	471	95
2016	3115	78	338	253	314	657	840	500	135

表 4-13　北方稀土主要年份员工学历构成表

（人）

年份	本科以上	本科	大专	中专	其他
2002	5	95	191	96	1424
2005	7	134	311	67	1287
2007	17	166	338	56	1012
2008	17	229	423	60	1009
2009	20	264	449	51	975
2014	186	734	520	126	1865
2015	203	774	543	95	1613
2016	228	738	486	53	1610

第三节　员工培训

公司从 1997 年上市起，就注重对员工的培训、培养，逐步建立起职能完备的职工教育培训管理体系。紧密结合公司生产经营和发展需要，本着“干什么、学什么，练什么、比什么”的原则，坚持“向培训要素质，以素质促发展”的职工队伍培养方针，采取各种培训形式，努力保证培训时间、人员、内容、效果与稳定性、有效性、实用性的统一，使培训工作取得实实在在的效果。

一、岗前培训

结合公司的生产经营性质，公司对员工的教育培训始终从入职抓起。凡有新入职员工报到，公司都要组织开展不同形式岗前培训。培训内容主要包括：公司发展历程、组织架构、安全生产知识、公司各项规章制度、基本操作办法等。

1997~2002 年，采取集中办班的方式，举办新入职员工培训 6 期，培训职工 120 多人。

2003 年起，岗前培训内容增加生产工艺流程等内容。有针对地进行培训，实行公司、车间、班组三级培训方式，并在培训结束后进行考试或考核，合格者方可上岗工作。2003~2006 年，举办新入职员工培训 5 期，培训职工 60 多人。

2007 年起，随着稀土高科完成稀土产业资产重组工作，整合后形成全新的稀土产业集团。岗前培训内容增加了公司下属各单位发展历程等相关内容。2007~2009 年，举办新入职员工培训 13 期，培训职工 300 多人。

2010 年起，岗前培训内容增加企业文化知识，培训新职工 135 人。

2011 年，岗前培训职工 117 人。2012 年，岗前培训内容增加公司资本运作及公司专题宣传片等，培训职工 110 多人。

2013 年，针对新分流员工，岗位培训内容增加 5S 管理制度、稀土职业危害因素及防护知识等内容。培训职工 100 余人。

2014 年，岗前培训内容增加稀土选矿生产工艺、稀土冶炼生产工艺、稀土贮氢材料生产工艺、稀土磁性材料生产工艺、稀土抛光粉生产工艺、金属镍电池生产工艺及参观稀土展览馆等。培训职工 40 多人。

2015 年，岗前培训内容增加了关于员工成长、成才励志教育、员工职业生涯规划讲座及各项人事制度介绍；组织新入职员工到直属厂、分子公司观摩学习。培训职工 30 多人。

二、岗位技能培训

公司始终倡导员工终身教育制度，对员工进行持续性培训。只要在岗工作，不论公司处于哪个发展阶段，每位员工都要接受专业技能或理论培训。

1997 年，公司组织 150 人参加稀土湿法冶炼岗位培训，80 人参加稀土火法冶炼岗位培训，70 人参加萃取岗位培训，30 人参加化验分析培训。通过开展上述各项岗位技能培训，提高了员工整体素质。

1998 年，公司组织 30 人参加技术工人岗位培训，60 人参加萃取岗位培训，160 人参加稀土湿

法冶炼岗位培训，70 人参加稀土火法冶炼岗位培训。

1999 年，为提升稀土选矿岗位人员技能水平，公司组织 40 人参加选矿岗位培训，200 人参加稀土湿法冶炼岗位培训，70 人参加稀土火法冶炼岗位培训，60 人参加萃取岗位培训。

2000 年，公司继续组织开展稀土湿法冶炼、稀土火法冶炼、冶金分析、萃取、选矿等岗位培训，培训人数 380 多人。同时为提升电池制造工技能操作水平，组织 30 人参加的镍锌电池培训班。

2001 年，公司组织 100 人参加安全教育培训。2002 年，公司组织 40 人参加热力司炉岗位培训。2003 年，为提升电工、电焊工、气焊工等通用工种操作人员技能水平，公司组织 190 人参加通用工种技能培训。2004 年，公司组织 700 人参加各类岗位技能和技能鉴定培训。

2005 年，公司组织 30 人参加锅炉水质化验技能培训，12 人参加化学防腐塑料岗位技能培训，4 人参加稀土电解岗位技能培训。同时，选派 100 多人参加上级单位组织的汽车司机、叉车司机、钳工、管工、天车工、衡器操作等技能培训。

2006 年，为提高班组长安全意识，公司组织 180 人参加班组长安全培训。同时，选派 4 人参加见习工程造价基础知识培训，1 人参加有色金属国际标准化英语培训，5 人参加液压事故诊断培训。

2007 年，公司组织 20 多人参加财务知识培训，120 人参加化学品安全知识培训，4 人参加上级单位组织的职业技能竞赛培训，2 人参加干部测评软件使用培训。

2008 年，为提升参赛人员技能水平，公司组织 90 人参加稀土化学分析工竞赛前培训；同时，结合公司办公人员计算机操作水平，公司组织 26 人参加计算机运用能力提升培训，组织 54 人参加保密知识培训，组织 8 人参加劳动合同法实施案例分析解读培训。

2009 年，公司组织 500 多人参加稀土贮氢材料、稀土萃取等岗位培训、技能培训，组织 300 人参加岗位环境因素培训，组织 60 人参加危化品取证培训。

2010 年，为提高办公人员 OA 操作水平，公司组织 50 人参加 OA 网络运行培训；为提升化学分析人员分析能力和操作水平，公司组织 500 余人参加 12 期的化学分析专题讲座，组织 35 人参加计量器具技能培训。

2011 年，为提升熔炼岗位人员理论知识和技能水平，公司组织 38 人参加真空熔炼工职业技能竞赛前培训；为提升办公人员岗位技能水平，组织 200 多人参加现代办公管理培训；为提升专业技术人员理论水平，拓宽知识面，组织 330 人参加 7 期的稀土功能材料专题讲座；同时，选派 4 人参加管道工新材料新工艺培训，85 人参加技术创新理论方法培训。

2012 年，公司组织稀土萃取工、稀土化工操作工、稀土选矿工、化学分析工、稀土贮氢材料工、稀土永磁材料工、稀土抛光粉工、金属氢化物镍电池制造工等各类特有工种岗位技能培训，培训人数 1500 人次。由于进行工艺改造，公司组织 28 人参加三效蒸发工艺培训，64 人参加“后处理连续沉淀工艺”培训。

2013 年，结合岗位培训，并按照“先培训、后鉴定，不培训、不鉴定”的原则，公司继续组织开展各工种鉴定前技能培训，培训人数 1200 多人次。组织 80 多人参加自动化控制稀土培训，48 人参加档案知识培训，45 人参加保密知识培训，76 名人事干部参加劳动用工与收入分配业务培训。同时，选派 50 人参加“营改增”及税务风险培训，20 人参加第二工种技能鉴定培训，5 人参加高压电设备安全运行维护培训。

2014 年，公司组织 30 人参加多效蒸发知识及操作培训，95 人参加电池制造操作规程及操作界面培训，120 人参加消防安全教育培训，32 人参加废水预处理、排放及多效蒸发系统技术培训，60 人参加财务知识培训。同时，选派 11 人参加组织人事系统科级干部轮训，16 人参加自主改善活动辅导员培训，23 人参加职业技能鉴定考评员、管理员培训，23 人参加优秀工段、班组长能力提升示范培训。

2015 年，为提升员工法律意识，公司组织开展普法学习，培训人数 1000 多人次。为提高员工的新闻写作水平，公司组织 70 人参加新闻的采访与写作讲座；为提升消防人员理论知识和技能水平，公司组织开展 10 期消防、安全培训，培训人数 700 多人次，公司组织 260 多人参加设备操作培训，360 人参加 5S 管理知识培训，4000 多人次参加安全教育培训，200 多人参加职业技能鉴定前培训。

2016 年，公司组织 187 名操作人员参加职业技能鉴定前培训，22 人参加包钢专业技术人员能力提升培训，2 名员工参加了国际焊接技术高技能人才研修提升培训，1 名员工参加中国钢铁工业协会组织的设备点检管理研修班。据统计，2016 年公司共计 3299 人次参加了各类专业技能提升培训。

三、管理能力及素质培训

公司重视管理层员工管理能力及素质培养与提升，通过内培为主、外培为辅的培训方式组织开展各类培训、学习。

1997 年，公司组织举办计算机管理知识、质量管理培训班，培训人数 100 人次。

1998 年，公司组织 60 多人参加两期质量管理及新标准培训。

1999 年，公司组织举办 2 期质量管理及贯标培训班、1 期微机管理及操作培训班，100 余人参加。

2000~2002 年，公司组织举办 3 期质量管理及贯标培训班，90 多人参加。

2003 年，公司组织 220 多人参加了 2 期“双基”教育和工商管理培训，组织 150 人参加了 3 期党建知识轮训学习。同时，选派 5 人外出参加车间主任培训，15 人参加干部专修培训。

2004 年，公司组织 150 多人参加 2 期质量管理培训，并选派 15 人外出参加工段班组长能力提升培训，2 人外出参加党的理论骨干培训。

2005 年，公司组织 90 多人参加 2 期质量管理培训。

2006 年，公司组织 50 余人参加企业管理沙盘模拟培训，组织 52 人参加质量管理培训；选派 4 人参加心态管理知识培训、1 人参加企业战略决策能力培训。

2007 年，为提高财务人员管理能力，公司组织举办 22 人参加的财务管理培训，组织 60 人参加研究开发项目管理培训；选派 70 多人外出参加综合素质培训、7 人参加工会主席专职培训。

2008 年，公司组织 107 人参加全面质量管理培训，26 人参加计算机运用能力提升培训；组织 2 人外出参加厂处级干部培训、8 人参加支部书记培训、9 人参加车间主任培训。

2009 年，公司组织 180 人参加“质量、环境、职业健康”三标一体化培训；组织 14 人外出参加车间主任培训、8 人参加人事干部业务知识培训。

2010 年，为提高仓储人员管理水平，公司组织 58 人参加仓储管理培训，组织 200 余人参加质量管理培训，35 人参加计量器具管理人员培训；组织 12 名女工干部外出参加素质培训、35 人参加 5S 管理专题培训、6 人参加工段班组长能力培训。

2011 年，公司组织 250 多人参加卓越绩效管理模式培训，组织 320 多人参加 5S 管理知识培训，组织 209 人参加现代办公管理培训。选派 12 人参加车间主任安全及员工绩效考核培训、185 人参加 5S 管理知识轮训、10 人参加专兼职安全管理人员培训、3 人参加安全生产管理高级研修培训。

2012 年，公司组织 100 余人参加三标一体化管理培训，250 人参加 5S 管理“整洁、素养”阶段专题培训，77 人参加环保核查知识培训。选派 235 人外出参加科职干部和专业技术主管、区域技术主管、高级专业技术职务人员培训。

2013 年，公司组织 188 人参加“包钢稀土贯彻落实‘8337’战略”培训，117 人参加党的十八大精神学习培训，48 人参加档案管理培训，154 人参加工业工程管理培训；组织厂处级干部参加压力管理与阳光心态培训、宏观经济环境与经济发展趋势分析培训等，培训人数 160 多人次；选派 20 人参加优秀工段、班组长示范培训，8 人参加职业卫生管理人员培训。

2013 年劳资业务培训

2014 年，公司组织 187 人参加车间主任及专职安全员安全管理培训，117 人参加创新思维能力与提升培训，49 人参加企业内部控制制度的建设和实施专题培训。选派 12 人外出参加车间主任轮训，2 人参加大中型企事业单位总会计师素质提升培训，16 人参加自主改善活动辅导员培训，11 人参加组织人事系统科级干部轮训，3 人参加精益安全管理实战培训。

2015 年，公司组织 70 人参加高绩效团队建设培训，600 人次参加精益管理培训，组织 50 人参加中国经济新常态培训，70 人参加职场礼仪培训，1100 多人次参加消防安全培训，1200 人次参加新安全生产法培训，1600 多人次参加精益管理相关培训。选派 5 人外出参加采购领域相关人员培训，31 人参加专兼职培训师能力提升培训，30 人参加工段、班组长能力提升示范培训班，18 人参加车间主任培训。

2016 年，公司组织 465 人参加精益管理专题培训，80 人参加组织人事业务培训，420 人参加普法学习，550 人参加团校组织的培训班，3 人参加包钢组织的兼职培训师能力强化培训班，30 人参加车间主任岗位能力提升培训。

四、特种作业培训

特种作业人员的培训工作是安全生产培训教育的重要内容，公司严格按照国家相关要求组织开展各类特种作业培训。

2006 年，公司组织 168 人进行特种作业人员培训。

2008 年，公司组织 79 人参加特种作业（电工）培训，54 人参加特种作业（金属焊接）培训，71 人参加特种作业（场内车）培训，37 人参加特种作业（起重机械）培训。

2009 年，公司组织 70 多人参加特种作业培训。

2010 年，公司组织 12 人参加特种作业培训。

2012 年，公司组织 186 人参加特种作业（电工、电焊工、气焊工）取证前安全技术人员培训，44 人参加煤气作业安全培训。

2015 年，公司组织 67 人参加特种设备安全管理培训。

五、委培在职研究生

公司多年来致力于人才培养，依据包钢（集团）公司的相关政策，培养了大批优秀在职研究生。

1996 年，根据包钢（集团）公司《关于印发〈公司选送培养高层次人才有关问题的规定〉的通知》（包钢人字〔1996〕296 号）规定，第一，被高等院校录取的研究生，其培养费（包括定向培养费等）由公司负担 2/3，个人负担 1/3；研究生考前辅导费，由个人负担。第二，从已取得工程师以上职称的优秀大学毕业生中，选拔确有培养前途、在工作中已取得了较好成绩，并且已承担了重要课题的少数人员在职攻读工程、管理等专业的硕士、博士学位（不拿研究生学历），取得学位后，在公司内部与其他毕业研究生同等对待。其培养费由公司负担 3/4，个人负担 1/4。

2013 年，包钢（集团）公司下发了《关于印发〈包钢（集团）公司培养在职人员攻读博士学位研究生管理办法（试行）〉的通知》（包钢字〔2013〕134 号），对报考条件、审批程序、管理、培养费用做了详细描述。

从 1999 年到 2015 年期间，公司共培养硕士 38 名，博士 1 名。名单如下：李学舜、白宝生、高新华、成中、李金玲、赵治华、国树山、白文平、赵增琪、丁开鸿、郑天仓、包玉敏、刘国征、梁乃茹、许涛、梁行方、谢丽英、李梅、王小青、柳召刚、张沛臣、姜银举、刘海旺、郭咏梅、苏秀兰、郝茜、李素珍、琚建勇、杨进峰、朱毅、刘治平、苏晓云、闫慧忠、王兴汉、康伟、张日辉、刘培勋、腾云、刘建军（博士）。

六、员工培训投入

公司十分重视职工培训工作，鼓励员工积极参加各种形式的专业技术学习，凡经公司批准参加的各类培训，其培训费、教材费、住宿费和交通费等，均按公司规定标准报销。历年公司组织的各类员工培训，所有培训费用均在年度教育经费中列支。

2004 年，发生培训经费 49668. 3 元；在培训过程中采用大屏幕投影仪、计算机、VCD 影像等高科技教学设备进行授课；王晓铁、李冬、赵治华、周晓东等 4 人分别被聘为包钢（集团）公司“继续教育基地”名誉教授、兼职教授、兼职副教授。

2005 年，发生培训经费 114530. 4 元；新增设 1 个培训教室，专用教室数量增至 3 个，教室面积达到 130 多平方米。可同时开设 3 期培训班，容纳 150 人左右。

2006 年，发生培训经费 132463.65 元；教室数量、教室面积未变。从专业技术人员、生产操作骨干中选拔、壮大兼职教师队伍，兼职教师有 20 人，包钢继续教育培训基地兼职教授 4 人。

2007 年，发生培训经费 242333.36 元。

2008 年，发生培训经费 183116.2 元；增加 1 个容纳 120 人的多功能会议厅和 1 个大型会展中心。

2009 年，发生培训经费 127100 元；在原有 3 个培训教室和 1 个 120 人的多功能会议厅、1 个大型会展中心的基础上，又增设 1 个培训教室，可同时开设 6 期培训班，可容 300 人同时参加培训。

2010 年，发生培训经费 103007 元。

2011 年，发生培训经费 139817 元；已具有 4 个培训教室和 1 个可容纳 120 人的多功能会议厅、1 个大型会展中心，可同时开设 6 期培训班，300 人可同时参加培训。

2012 年，发生培训经费 237434.5 元；2013 年，发生培训经费 191179.5 元；2014 年，发生培训经费 226822.1 元；2015 年，发生培训经费 185292.82 元。公司拥有一星级兼职培训师 19 人，二星级兼职培训师 12 人。同时还有多名内部兼职培训教师。所属单位都有固定培训教室，可同时举办多个培训班。

第四节　员工考核

一、员工年度考核

2009 年开始，公司按照《包钢（集团）公司员工绩效考核管理试行办法》，在每年底组织员工进行年度考核工作。主要按百分制通过以下几方面进行考核：一是个人素质，包括品德修养；二是工作态度，包括责任心、积极主动性、协助精神、遵章守纪等；三是工作能力，包括组织协调能力、技术研发能力、创新能力、发现解决问题能力、分析判断能力等；四是工作成绩，包括任务或目标完成情况、技术成果、工作质量、工作效率等；五是身体状况，包括身体素质状况。年度绩效考核采用自我评价、主管领导评价及民主测评相结合方式进行。其中，自我评价占 20%，主管领导评价占 30%，民主测评占 50%。考核结果分为优秀、良好、基本胜任、不胜任 4 个等级，并严格按照优秀率在 10% 以内，基本胜任原则上不低于 5%，不胜任原则上不低于 2% 的原则进行考核。考核结果与绩效奖（年终奖）挂钩，并由所在单位进行兑现。连续两年基本胜任或当年为不胜任者，下岗培训。下岗培训员工培训期满考核合格后，单位重新安排上岗或调整工作岗位。当年，组织 2417 人进行员工年度考核，265 人考核结果为优秀，2014 人考核结果为良好；97 人考核结果为基本胜任；41 人考核结果为不胜任。

2011～2016 年度员工考核结果见表 4-14。

表 4-14　北方稀土 2011～2016 年度员工考核结果明细表

（人）

年度	员工总数	优秀	良好	基本胜任	不胜任
2011	2375	278	1972	96	29
2012	2522	288	2113	90	31
2013	3266	319	2771	131	45
2014	3230	304	2763	124	39
2015	2971	287	2549	99	36
2016	2944	281	2500	115	48

二、专业技术人员考核

2006 年开始，公司按照包钢（集团）公司下发的《关于开展 2006 年度专业技术人员考核工作的通知》（人通字〔2006〕44 号），在每年年底组织专业技术人员进行年度考核工作。年度考核突出能力和业绩，重点考核学识水平、技术研究与创新能力、解决实际问题能力。考核采用理论考试、技术答辩、民主测评和领导评议等方式进行。年度考核结果分优秀、胜任、基本胜任和不胜任 4 档。同一职称等级人员优秀率控制在 15% 以内。每位专业技术人员都需要填写专业技术人员考绩表及专业技术工作总结，由各单位人事部门填写考核结果后装入专业技术人员档案。专业技术人员年度考核的各环节成绩及考核结果都在本单位公示，单位人事部门将考核结果以书面形式及时反馈被考核对象。

2013 年年底，公司有 850 名专业技术人员参加年度考核。通过考核，高级职称 220 人，评出优秀人员 31 人；中级职称 262 人，评出优秀人员 36 人；初级职称 368 人，评出优秀人员 49 人。

2014 年年底，公司有 917 名专业技术人员参加年度考核。通过考核，高级职称 219 人，评出优秀人员 26 人；中级职称 304 人，评出优秀人员

42 人；初级职称 394 人，评出优秀人员 47 人。本次考核，评出基本胜任 1 人，不胜任 1 人。按照文件规定，基本胜任、不胜任人员 3 年内不得推荐晋升高一级专业技术资格。

2015 年年底，公司有 944 名专业技术人员参加年度考核。考核分为两部分：专业技术职务新序列人员和未实施专业技术职务新序列人员。专业技术职务新序列人员 78 人，其中高级职称 5 人，评出优秀人员 1 人；中级职称 31 人，评出优秀人员 4 人；初级职称 42 人，评出优秀人员 6 人。未实施专业技术职务新序列人员 866 人，其中高级职称 240 人，评出优秀人员 26 人；中级职称 299 人，评出优秀人员 40 人；初级职称 327 人，评出优秀人员 40 人。本次考核，评出基本胜任 2 人，不胜任 1 人。按照文件规定，基本胜任、不胜任人员 3 年内不得推荐晋升高一级专业技术资格。

2016 年年底，公司有 1028 名专业技术人员参加年度考核。考核分为 3 个部分：管理人员、专业技术人员和操作人员。管理人员 583 人，评出优秀 76 人；专业技术人员 416 人，评出优秀 68 人；操作人员 29 人，评出优秀 1 人。本次考核，评出基本胜任 7 人，不胜任 6 人。按照文件规定，基本胜任、不胜任人员下一年度不得推荐晋升高一级专业技术资格。

三、专业技术职务工程新序列竞聘与考核

（一）专业技术职务新序列竞聘

1. 开展专业技术职务新序列背景

2008 年，包钢（集团）公司为调动广大专业技术人员的积极性，拟建立专业技术人员成才通道，实行“岗位管理”，即专业技术职务新序列。为此对所属 28 家分子公司的专业技术人员情况进行详细调研。在此基础上，于 2009 年 2 月，包钢党委下发《关于建立专业技术职务新序列，深化专业技术职务聘任制的实施意见（试行）》（党通〔2009〕4 号文件）。文件出台标志着包钢（集团）公司专业技术职务新序列工作正式拉开帷幕。作为包钢 6 家试点单位之一的公司冶炼厂主动参与了专业技术职务新序列工作。

2. 历届专业技术职务新序列聘任工作

2009 年 3 月中旬起，公司在冶炼厂开展工程系列专业技术职务新序列聘任制改革试点工作。根据工作部署，专业技术职务新序列工作只在工程系列专业技术岗位中开展，全面竞争上岗，工程技术职务新序列暂由 4 个职级、8 个档次组成。职级由高到低分别为：专业技术主管、区域技术主管、区域技术主办、技术协理。每个职级由高到低划分，对应薪酬待遇。各职级在岗人员根据年度考核结果按一定比例晋档。每个职级由若干个岗位组成，职级越高，岗位越少。每个岗位只聘 1 人，不另行编制岗位定员。编制各岗位的岗位说明书，明确岗位准入条件、岗位职责。岗位准入条件重点突出专业知识水平和能力要求。岗位职责结合岗位特点，确定工作范围、主要工作和责任。聘任制改革试点工作经过岗位与薪酬设置、组织竞聘、聘任录用和考核管理 4 个阶段，历时近 3 个月，顺利完成工程系列 7 个专业，40 个岗位的聘任工作。共聘任专业技术主管 3 名，区域技术主管 6 名，区域技术主办 15 名，技术协理 16 名。随着新序列聘任制试点工作的推行，建立并打通了专业技术队伍发展通道，改革了过去以职称定薪酬的分配方式，完善了以岗位职责、职务享受待遇的薪酬激励机制，形成一套全面系统、动态的人力资源管理体系。

专业技术职务新序列的聘期为 2 年。公司冶炼厂专业技术职务新序列换届聘任工作自 2013 年 4 月中旬开始，重新修订了竞聘方案及实施细则，岗位增设至 81 个。历时近两个半月，完成 8 个专业，63 个岗位的聘任工作。共聘任专业技术主管 3 名，区域技术主管 10 名，区域技术主办 27 名，技术协理 23 名。

2014 年 11 月，公司冶炼厂第三次专业技术职务新序列换届聘任工作开始。此次换届聘任工作历经两个多月，完成 11 个专业、79 个岗位的聘任工作。共聘任专业技术主管 3 名，区域技术主管 13 名，区域技术主办 27 名，技术协理 36 名。本次换届聘任较上一届纯增 3 个专业：安全、质量与网络，且重新修订了考核细则，更加注重对工作实绩的考核。

（二）专业技术职务新序列考核

2009 年公司冶炼厂首次推行专业技术职务新序列工作，对于新聘任的专业技术人员的考核分为日常考核和年度考核；日常考核由各单位根据实际情况制定考核办法，报公司人力资源部批准；年度考核由两部分内容组成，一部分为日常工作业绩，一部分为年度目标完成情况。根据职级不

同，两部分考核内容所占比例不同，专业技术主管分别为40%和60%；区域技术主管各为50%；区域技术主办分别为60%和40%；技术协理分别为70%和30%。年度考核结果分为优秀、胜任、基本胜任和不胜任4档。其中优秀人员比例控制在15%以内。考核结果为优秀人员，下一年度在本职级中晋升一个档次；考核结果为胜任的人员，下一年度职级、档次不变；考核结果为基本胜任的人员下一年度在本职级中下调一个档次；考核结果为不胜任的人员解聘专业技术职务。另外，考核结果为优秀，并在本岗位工作业绩突出的人员，单位可根据实际情况给予一定奖励，奖励幅度原则不超过本人年收入的10%。本次考核有39名专业技术职务新序列人员参加，其中有4名被评为优秀，其余均为胜任。

2013年专业技术职务新序列换届聘任考核较上届的变化体现在加大优秀人员的比例，控制在20%以内。本次考核有63名专业技术职务新序列人员参加，其中有6名被评为优秀，其余均为胜任。

2014年专业技术职务新序列换届聘任有79名专业技术职务新序列人员参加，其中有12名被评为优秀，其余均为胜任。

2015年专业技术职务新序列中的专业技术主管、区域技术主管的年度考核以量化指标考核为主，结合民主测评和主管领导评议进行。量化指标考核、民主测评、主管领导评议满分均为100分。单位可按照量化指标考核50%、民主测评25%、主管领导评议25%的权重进行考核。

2015年，专业技术职务新序列人员78人，其中11人被评为优秀，其余均为胜任。

四、表彰奖励

从1994年开始，公司积极申报国家、自治区、包头市的各类人才奖项，通过严格的甄选，对享受国务院政府特殊津贴的人员，每人一次性发给财政特殊津贴20000元，并免征个人所得税。国务院授权人事部颁发政府特殊津贴证书。公司有如下人员获得了各级荣誉称号及相应的奖金：

（1）国务院政府特殊津贴名单及入选年份：王标（1995），张志宏（2002），郝先库（2010），刘国征（2012），张瑞祥（2015）。

（2）国家有突出贡献中青年专家名单及入选年份：王琦（1987），叶祖光（1988），宋焕臣（1988），谢宏祖（1991）。

（3）国家“千人计划”人选名单及入选年份：连建宇（2012）。

（4）新世纪百千万人才工程国家级人选名单及入选年份：张志宏（2007）。

（5）全国青年科技标兵名单及入选年份：王标（1996）。

（6）内蒙古自治区有突出贡献的中青年专家名单及入选年份：张志宏（2004），郝先库（2008），赵增祺（2010），杨占峰（2012），王标（2012），张忠（2015）。

（7）内蒙古自治区深入工农牧业生产一线做出突出贡献的科技人员名单及入选年份：孙良成（2005、2009），赵治华（2011）。

（8）内蒙古自治区新世纪“321人才工程”第二层次人选名单及入选年份：张志宏（2004、2008、2010），王标（2004、2008、2010），闫慧忠（2008），刘国征（2008），李学舜（2008、2010），赵治华（2010、2012），李冬（2010）。

（9）内蒙古自治区杰出人才奖名单及入选年份：王标（2009）。

（10）内蒙古自治区优秀专业技术人员名单及入选年份：耿朝青（1999）。

（11）内蒙古自治区青年科技奖人员名单及入选年份：陈国华（2009），王士智（2011），孔繁清（2011）。

（12）入选“草原英才”工程人员名单及入选年份：赵增祺（2010），张志宏（2010），王标（2011），郝先库（2011），连建宇（2011），刘国征（2012），杨占峰（2012），黄焦宏（2013），闫慧忠（2013），张瑞祥（2013），江丽萍（2014），娄树普（2014），崔凌霄（2015）。

（13）内蒙古自治区“草原英才”工程高层次人才创新创业基地名单及入选年份：包头稀土研究院（2011）。

（14）内蒙古自治区“草原英才”工程产业创新创业人才团队名单及入选年份：稀土火法冶金及环境保护工程化创新人才团队（带头人：张志宏，2012），稀土永磁磁共振（MRI）研发创新人才团队（带头人：连建宇，2012），包钢磁材高性能稀土永磁材料创新人才团队（带头人：王标，2013），稀土抛光材料创新人才团队（带头人：崔凌霄，2014），稀土清洁生产工艺及应用材料创新人才团队（带头人：郝先库，2014），稀土磁制冷技术研发创新人才团队（带头人：黄焦宏，2015）。

（15）包头市知名专家名单及入选年份：王晓铁（1997），叶祖光（1997），梁乃茹（2001），王标（2001）。

（16）包头市专业技术拔尖人才名单及入选年份：张志宏（2004）。

（17）包头市跨世纪学术和技术带头人名单及入选年份：王标（1997），张志宏（1997），郝先库（1997），耿朝青（2001）。

（18）包头市享受市政府特殊津贴人员名单及入选年份：郝先库（2011），孙良成（2011）。

（19）包头市优秀专家名单及入选年份：许涛（2008），孙良成（2008）。

（20）包头市"新世纪人才工程"首批拔尖人才名单及入选年份：郝先库（2008），黄焦宏（2008）。

（21）包头市"新世纪人才工程"首批入选青年学术带头人名单及入选年份：李德辉（2008），孙晓华（2008），周昱（2008），马志鸿（2008）。

（22）包头市"5512工程"创新团队名单及入选年份：包头稀土研究院内蒙古自治区稀土高温冶金工程技术研究中心电解法生产稀土金属技术团队（带头人：梁行方，2012），包钢稀土磁材工程技术研发中心磁性材料团队（带头人：王标，2012），包头稀土研究院国家商务部科技兴贸创新平台稀土产品实验检测平台建立稀土新材料物理化学检验标准团队（带头人：许涛，2012），包头华美稀土企业技术中心稀土系列产品生产工艺的改进及研制开发团队（带头人：陈建利，2012），包头市京瑞新材料有限公司环保型稀土应用材料团队（带头人：郝先库，2012），包头钢铁（集团）有限责任公司稀土火法冶金及环境保护工程化实验室稀土火法冶金及环境保护团队（带头人：张志宏，2012）。同时评出"5512工程"领军人才29人，学术技术带头人55人，中青年骨干46人。

（23）入选"鹿城英才"工程人员名单及入选年份：许涛（2015），琚建勇（2015），孙良成（2015），马志鸿（2015），郝茜（2015），以及"草原英才"直接认定为"鹿城英才"的人员。

（24）包头市跨世纪学术和技术带头人后备人选名单及入选年份：郭炳麟（1997），刘建军（2001）。

（25）包钢首席技术专家人选名单及入选年份：黄焦宏（2016），许延辉（2016）。

第五节 职称评审

按照国家人事部《企事业单位评聘专业技术资格若干问题暂行规定》精神，各企事业单位根据专业技术工作的实际需要，按照中发〔1986〕3号文件和各专业技术职务试行条例，开展经常性的专业技术资格评聘工作。

1991年以后，根据中办发〔1990〕8号文件、中宣发文〔1990〕8号、内职改字〔1991〕1号文件、内职改办字〔1991〕11号文件精神和自治区的统一安排和部署，包钢系统从事思想政治工作人员专业职务评审工作，严格、审慎、有序地进行。1993年，依据内蒙古企业思想政治工作人员专业职务评审工作领导小组办公室内企政职字〔1993〕1号文件精神执行。1994年后评审工作转入经常化。

1998年，包钢系统按照内蒙古自治区人事厅的统一部署，开展了专业技术资格评审工作。年初，根据各单位实际情况，测算了评审控制数，并召开职称评定专门会议，下发评审文件，进行资格审查和组织评审工作。除政工系列外，其他系列于9月底全部结束。完成国家以考代评系列的资格审查及报名工作。

1999~2000年，职称评定继续实行"条件、推荐、评审、结果"四公开原则，采取"集中、封闭、量化、差额"的办法评审。2000年，取消控制指标，严格进行资格审查，对于符合条件的鼓励申报，不符合条件者一律不上评委会参评。

2001年，在工程系列部分专业中采取考评结合的办法，使专业技术人才评价更趋科学、准确、客观、公正。

2016年公司工程系列职称评审执行的文件是《内蒙古自治区专业技术资格评审试行办法》（内人社发〔2005〕32号）、《关于印发〈内蒙古自治区冶金工程高（中）级专业技术资格评审条件（试行）〉的通知》（内人社发〔2015〕110号）、

《关于印发〈内蒙古自治区正高级工程师专业技术资格评审条件〉的通知》（内人社发〔2014〕28号）；经济系列职称评审执行的文件是《关于印发〈内蒙古自治区正高级经济师和高级经济师专业技术资格考试评审条件〉的通知》（内人社发〔2014〕25号）。

依据内蒙古自治区和包钢（集团）公司关于职称评审的相关规定，公司职称评审分为考评结合、以考代评、职称初定3种方式。考评结合的职称主要是：经济、统计、会计系列高级职称；工程系列初、中、高级职称；政工系列初、中、高级职称。以考代评的职称主要是经济、统计、会计、审计、计算机等国家规定专业的初级、中级职称。职称初定主要是针对全日制新分配大学生开展的职称评定方式，具体是指新分配本科生在相应岗位工作满一年，可以初定助理级职称；硕士研究生在相应岗位工作满两年，可以初定中级职称；博士研究生在相应岗位工作满两个月，可以初定中级职称。

多年来，公司一直积极宣传职称申报政策、鼓励广大专业技术人员晋升职称。截至2016年12月底，公司共有全民合同制员工3115人，其中专业技术人员998人：高级职称262人，中级职称364人，初级职称372人，专业技术人员占员工总数的比例为32%。

第六节 技能人才管理

一、操作技能人员管理

2005年，公司聘任4名技师，发给技师每人每月200元津贴。2006年，公司新聘任1名技师，并给予技师每人每月200元津贴。同年，对5名技师组织开展两年一度的换届考核工作。

2007年，公司下发《关于聘任涂涛等13名工人技师及聘期考核事项的通知》，其中，新聘任8名技师。并给予技师每人每月200元津贴。

2008年，公司下发《关于聘任吕胜利等5名工人技师及聘期考核事项的通知》，并给予技师每人每月200元津贴，对19名技师进行了两年一度换届考核工作，还组织举办了化学分析工职业技能竞赛。

2009年，公司对32名技师、高级技师进行了年度考核工作。公司下发《关于公布取得技师资格和技师、高级技师换届考核合格人员名单及有关聘任事宜的通知》。新取得技师职业资格人员7人，高级技师换届考核合格人员2名，技师换届考核合格人员25人。公司下发《关于聘任张学江等32名技师、高级技师及聘期考核事项的通知》，聘任30名技师、2名高级技师，并给予技师每人每月300元津贴，高级技师每人每月600元津贴。同年，公司组织专业技术人员参与编撰《包钢（集团）公司职业（工种）分类标准》。

2010年，公司对2009年高技能人才年度考核结果进行公示。3月1日下发《关于公布芦永和等11名同志高级技师和技师资格人员名单及有关聘任事宜的通知》。其中，新取得高级技师资格人员1人、技师资格人员10人。3月16日下发《关于聘任芦永和等11名同志高级技师和技师及聘期考核事项的通知》，聘任1名高级技师、10名技师。给予技师每人每月300元津贴，高级技师每人每月600元津贴。对39名技师、2名高级技师组织开展两年一度的换届考核工作。推荐4名技能人才申报包钢（集团）公司操作能手评选工作。为3名操作能手办理聘任手续。

2011年，公司于4月13日下发《关于公布技师、高级技师换届考核合格人员名单及有关聘任事宜的通知》。其中，高级技师换届考核合格人员1人，技师换届考核合格人员36人。4月13日下发《关于公布吴广伟等17名同志高级技师和技师资格人员名单及有关聘任事宜的通知》。其中，新取得高级技师资格人员1人、技师资格人员16人。4月25日下发《关于聘任芦永和等54名同志高级技师和技师及聘期考核事项的通知》，其中，聘任2名高级技师、52名技师。并给予技师每人每月300元津贴，高级技师每人每月600元津贴。有1名技师符合离岗退养条件，为其办理解聘手续。推荐1名高技能人才申报第三届内蒙古自治区技师高级技师突出贡献奖评选工作。公司组织申报第一届全区技能人才培育突出贡献奖评选工作。推荐7名技能人才参加第六届全国钢铁行业化学分析工职业技能竞赛前的选拔工作。

2012年，公司于2月8日下发《关于公布2011年通过职业技能鉴定考评取得高级技师、技师职业资格人员名单及有关聘任事宜的通知》。其中，新取得高级技师资格人员3人、技师资格人员11人。3月26日下发《关于聘任赵建红等14

名同志高级技师和技师及聘期考核事项的通知》，其中，聘任3名高级技师、11名技师，并给予技师每人每月300元津贴，高级技师每人每月600元津贴。有2名技师所从事工作岗位发生变动，为其办理解聘手续。对6名高级技师、60名技师组织开展两年一度的换届考核工作。推荐7名高技能人才申报包钢（集团）公司操作状元、操作能手评选工作；推荐1名高技能人才申报国家技能人才培育突出贡献奖评选工作；推荐1名高技能人才申报享受自治区政府特殊津贴人员评选工作；推荐3名高技能人才申报包钢（集团）公司技能大师工作室的建立工作。建立张文斌稀土化工操作工技能大师工作室，技能大师给予每月3000元津贴。包钢稀土被自治区人民政府授予“内蒙古自治区技能人才培育突出贡献奖”荣誉称号。组织65名高技能人才参加包钢（集团）公司的健康体检。

2013年，包钢稀土公司于2月21日下发《公布技师、高级技师换届考核合格人员名单及有关聘任事宜的通知》。其中，高级技师换届考核合格人员6人，技师换届考核合格人员58人。公司于2月21日下发《关于公布郑昆等4名同志高级技师职业资格及王昌华等11名同志技师职业资格的通知》。包钢稀土公司于3月8日下发《关于聘任吴广伟等76名同志高级技师和技师及聘期考核事项的通知》，其中，聘任6名高级技师、70名技师，并给予技师每人每月300元津贴，高级技师每人每月600元津贴。公司于5月2日下发《关于包钢（集团）公司操作状元、操作能手换届聘任的通知》，聘任3名操作能手，并给予操作能手每人每月1000元津贴。为新聘任的1名操作状元、2名操作能手办理聘任手续。由于2名操作能手、4名技师所从事工作岗位发生变动，为其办理解聘手续。公司于11月14日下发《关于公布取得技师、高级技师资格人员名单的通知》。其中，新取得高级技师职业资格人员2人、技师资格人员4人。11月25日下发《关于聘任赵瑞玲等6名同志高级技师和技师及聘期考核事项的通知》，其中，聘任2名高级技师、4名技师，并给予技师每人每月300元津贴，高级技师每人每月600元津贴。推荐张文斌稀土化工操作工技能大师工作室申报自治区级技能大师工作室的评选工作。

2014年，公司于3月27日下发《关于开展两级技能大师工作室建设工作的通知》。由于2名高级技师、1名技师所从事工作岗位发生变动，为其办理解聘手续。对1名操作状元、2名操作能手、9名高级技师、57名技师组织开展高技能人才换届考核工作。推荐2名高技能人才申报包钢（集团）公司操作能手评选工作；推荐1名高技能人才申报包钢（集团）公司技能大师工作室的建立工作；推荐1名高技能人才申报第四届内蒙古自治区技师高级技师突出贡献奖评选工作；推荐1个技能大师工作室申报内蒙古自治区技能大师工作室评选工作。建立胡刚稀土萃取工技能大师工作室，技能大师给予每月3000元津贴；推荐10名技能人才参加中国技能大赛——内蒙古包头市职业技能竞赛；推荐9名管理人员、14名专业技术人员参加包钢（集团）公司组织的职业技能鉴定考评员、管理员培训、取证工作。

2015年，公司于1月20日下发《关于聘任胡刚等80名高技能人才及聘期考核事项的通知》。其中，聘任1名操作状元、2名操作能手、12名高级技师、65名技师，并给予技师每人每月300元津贴，高级技师每人每月600元津贴，操作能手每人每月1000元津贴，操作状元每人每月2000元津贴。公司于2月11日下发《转发〈关于聘任李东青等38名同志为包钢（集团）公司操作状元、操作能手的通知〉的通知》，聘任2名操作能手，并给予操作能手每人每月1000元津贴。12月11日下发《关于聘任陈善坤等12名高技能人才及聘期考核事项的通知》，聘任12名技师，并给予技师每人每月300元津贴。

2016年，公司于10月17日下发《关于开展高技能人才换届考核及评选工作的通知》，对75名高技能人才进行换届考核工作，并推荐11名高技能人才申报包钢（集团）公司操作能手、2名高技能人才申报包钢（集团）公司操作状元评选工作。经理论考试、操作技能考核、组织考察等程序，1名高技能人才获得包钢（集团）公司操作状元称号，4名高技能人才获得包钢（集团）公司操作能手称号。

二、职业技能鉴定

2002年，是包钢（集团）公司职业技能鉴定工作由试点转向全面推开的第一年，公司没有组织申报职业技能鉴定。

2003年，公司组织323人申报职业技能鉴定，涉及5个工种。经鉴定，5人取得初级《职业资格证书》、47人取得中级《职业资格证书》、162人取得高级《职业资格证书》，共计214人鉴定合格，合格率66.25%。

2004年，公司下发《稀土高科2004年特有工种申请鉴定工作的通知》和《关于2004年开展技师职业技能鉴定工作的通知》，对开展鉴定的工种、申报条件及材料报送时间等内容提出具体要求。公司组织653人申报职业技能鉴定，涉及12个工种。经鉴定，46人取得初级《职业资格证书》、474人取得中级《职业资格证书》、3人取得高级《职业资格证书》，共计523人鉴定合格，合格率80.09%。为2003年职业技能鉴定合格的214人办理相应等级的《职业资格证书》。

2005年，公司下发《2005年稀土高科职业技能鉴定工作安排》和《关于2005年开展技师职业技能鉴定工作的通知》，对开展鉴定的工种、申报条件、材料报送时间及2004年职业技能鉴定不合格人员补考工作等内容提出具体要求。公司组织409人申报职业技能鉴定，涉及22个工种。经鉴定，5人取得初级《职业资格证书》、85人取得中级《职业资格证书》、217人取得高级《职业资格证书》，1人取得技师《职业资格证书》，共计308人鉴定合格，合格率75.31%。为2004年职业技能鉴定合格的523人办理相应等级的《职业资格证书》。

2006年，公司下发《2006年稀土高科职业技能鉴定工作安排》，对开展鉴定的工种、申报条件、材料报送时间及2005年职业技能鉴定不合格人员补考工作等内容提出具体要求。公司组织118人申报职业技能鉴定，涉及15个工种。经鉴定，2人取得初级《职业资格证书》、19人取得中级《职业资格证书》、67人取得高级《职业资格证书》、7人取得技师《职业资格证书》，共计95人鉴定合格，合格率80.51%。为2005年鉴定合格的308人办理相应等级的《职业资格证书》。

2007年，公司下发《2007年稀土高科职业技能鉴定工作安排》，对开展鉴定的工种、申报条件、材料报送时间及2006年职业技能鉴定不合格人员补考工作等内容提出具体要求。公司组织20人申报职业技能鉴定，涉及8个工种。经鉴定，1人取得初级《职业资格证书》、8人取得高级《职业资格证书》、5人取得技师《职业资格证书》，共计14人鉴定合格，合格率70.00%。为2006年鉴定合格的95人办理相应等级的《职业资格证书》。

2008年，公司下发《2008年包钢稀土职业技能鉴定工作安排》，对开展鉴定的工种、申报条件、材料报送时间及2007年职业技能鉴定不合格人员补考工作等内容提出具体要求。公司组织30人申报职业技能鉴定，涉及8个工种。经鉴定，5人取得中级《职业资格证书》、18人取得高级《职业资格证书》、6人取得技师《职业资格证书》，共计29人鉴定合格，合格率96.67%。为2007年鉴定合格的14人办理相应等级的《职业资格证书》。

2009年，公司下发《2009年包钢稀土职业技能鉴定工作安排》，对开展鉴定的工种、申报条件、材料报送时间及2008年职业技能鉴定不合格人员补考工作等内容提出具体要求。公司组织318人申报职业技能鉴定，涉及17个工种。经鉴定，18人取得初级《职业资格证书》、27人取得中级《职业资格证书》、178人取得高级《职业资格证书》、10人取得技师《职业资格证书》、1人取得高级技师《职业资格证书》，共计234人鉴定合格，合格率73.58%。为2008年鉴定合格的29人办理相应等级的《职业资格证书》。

2010年，公司下发《2010年包钢稀土职业技能鉴定工作安排》，对开展鉴定的工种、申报条件、材料报送时间及2009年职业技能鉴定不合格人员补考工作等内容提出具体要求。公司组织310人申报职业技能鉴定，涉及20个工种。经鉴定，7人取得初级《职业资格证书》、23人取得中级《职业资格证书》、196人取得高级《职业资格证书》、16人取得技师《职业资格证书》、1人取得高级技师《职业资格证书》，共计243人鉴定合格，合格率78.39%。为2009年鉴定合格的234人办理相应等级的《职业资格证书》。

2011年，公司下发《2011年包钢稀土职业技能鉴定工作安排》，对开展鉴定的工种、申报条件、材料报送时间及2010年职业技能鉴定不合格人员补考工作等内容提出具体要求。公司组织171人申报职业技能鉴定，涉及15个工种。经鉴定，44人取得初级《职业资格证书》、2人取得中级《职业资格证书》、60人取得高级《职业资格证书》、11 人取得技师《职业资格证书》、3 人取得高级技师《职业资格证书》，共计 120 人鉴定合格，合格率 70.18%。为 2010 年鉴定合格的 243 人办理相应等级的《职业资格证书》。根据《国家职业分类大典（冶金部分）修订工作的通知》（中钢协〔2011〕77 号）文件要求，公司承担《国家职业分类大典》冶金部分稀土冶炼工职业（工种）修订工作，并下发《关于做好包钢稀土职业分类（冶金部分）申报工作的通知》。

2012 年，公司下发《包钢稀土 2012 年职业技能鉴定工作安排》，对开展鉴定的工种、申报条件及材料报送时间及 2011 年职业技能鉴定不合格人员补考工作等内容提出体要求。公司组织 714 人申报职业技能鉴定，涉及 21 个工种。经鉴定，199 人取得初级《职业资格证书》、15 人取得中级《职业资格证书》、145 人取得高级《职业资格证书》、11 人取得技师《职业资格证书》、4 人取得高级技师《职业资格证书》，共计 374 人鉴定合格，合格率 52.38%。为 2011 年鉴定合格的 120 人办理相应等级的《职业资格证书》。协助中钢协进行《国家职业分类大典》冶金部分稀土冶炼工职业（工种）修订工作。

2013 年，公司下发《包钢稀土 2013 年职业技能鉴定工作安排》，对开展鉴定的工种、申报条件及材料报送时间及 2012 年职业技能鉴定不合格人员补考工作等内容提出具体要求。公司组织 714 人申报职业技能鉴定（其中 21 人申报第二工种职业技能鉴定），涉及 26 个工种。经鉴定，192 人取得初级《职业资格证书》、19 人取得中级《职业资格证书》、114 人取得高级《职业资格证书》、4 人取得技师《职业资格证书》、2 人取得高级技师《职业资格证书》。共计 321 人鉴定合格，合格率 44.96%。为 2012 年鉴定合格的 374 人办理相应等级的《职业资格证书》。协助中钢协完成《国家职业分类大典》冶金部分稀土冶炼工职业（工种）修订工作。组织专业技术人员完善职业技能鉴定理论知识试题库，并建立实际操作技能试题库。

2014 年，公司下发《包钢稀土 2014 年职业技能鉴定工作安排》，对开展鉴定的工种、申报条件及材料报送时间及 2013 年职业技能鉴定不合格人员补考工作等内容提出具体要求。公司组织 476 人申报职业技能鉴定（其中 15 人申报第二工种职业技能鉴定），涉及 32 个工种。经鉴定，54 人取得初级《职业资格证书》、67 人取得中级《职业资格证书》、121 人取得高级《职业资格证书》、13 人取得技师《职业资格证书》、4 人取得高级技师《职业资格证书》，共计 259 人鉴定合格，合格率 54.41%。为 2013 年鉴定合格的 321 人办理相应等级的《职业资格证书》。

2015 年，公司下发《包钢稀土 2015 年职业技能鉴定工作安排》，对开展鉴定的工种、申报条件及材料报送时间及 2014 年职业技能鉴定不合格人员补考工作等内容提出具体要求。组织 274 人申报职业技能鉴定（其中 3 人申报第二工种职业技能鉴定），涉及 26 个工种。经鉴定，34 人取得初级《职业资格证书》、65 人取得中级《职业资格证书》、61 人取得高级《职业资格证书》、11 人取得技师《职业资格证书》、1 人取得高级技师《职业资格证书》，共计 172 人鉴定合格，合格率 62.77%。为 2014 年鉴定合格的 259 人办理相应等级的《职业资格证书》，为 2015 年鉴定合格的 172 人办理相应等级的《职业资格证书》。

2016 年，公司下发《北方稀土 2016 年职业技能鉴定工作安排》，对开展鉴定的工种、申报条件及材料报送时间及 2015 年职业技能鉴定不合格人员补考工作等内容提出具体要求。公司组织 187 人申报职业技能鉴定，涉及 20 个工种，其中申报初级 28 人、中级 47 人、高级 68 人、技师 24 人、高级技师 13 人、第一批次第二工种 7 人。经鉴定，13 人取得初级《职业资格证书》、32 人取得中级《职业资格证书》、45 人取得高级《职业资格证书》、9 人取得技师《职业资格证书》、9 人取得高级技师《职业资格证书》，共计 108 人鉴定合格，合格率 57.75%。

第七节 员工待遇

一、经济待遇

（一）改革完善薪酬制度

1997~2003 年，实行岗位技能工资制，岗位技能工资由技能工资、岗位工资、年功工资、效益工资、津（补）贴、奖金 6 个单元构成。

1999 年，按照《包钢（集团）公司 1999 年工资考核分配办法》，将职工的工资分为基础工资、浮动工资和奖金。基础工资由技能工资、年功工资和国家政策性补贴等构成，浮动工资由岗位工资、综合补贴、效益工资等构成，奖金根据公司总体效益及各项考核指标完成情况确定。基础工资保障发放，浮动工资和奖金与单位的效益挂钩，普遍晋升一级技能工资。执行了《2000年〈包钢（集团）公司调整职工工资实施方案〉第二步调资实施细则》。

2003年1月，执行《包钢（集团）公司分配制度改革方案》和《包钢（集团）公司机关岗位效益工资实施办法》，建立了以岗效工资为主要模式的分配制度。突出岗位要素在工资分配中的核心作用，合理拉开各类人员的收入差距，收入分配向关键岗位倾斜，做到以岗定薪，岗变薪变。2003年1月~2016年12月，实行岗位效益工资制。

2003年，公司实行包钢（集团）公司《关于进一步完善工资分配制度的实施办法》和包钢（集团）公司《经营者、管理者年薪制试行办法》。根据效益完成情况，提高了各单位岗效工资基数；合理调整了年功工资计发办法，提高了老职工年功工资标准；完善了经营者、管理者年薪制，建立了公司机关管理人员绩效薪酬制，使经营者和管理者的责任、风险、业绩、利益得到充分体现；提高了关键岗位、特殊岗位工资水平。

2005年，公司执行包钢（集团）公司《建立岗位薪酬制度及调整和完善岗位效益工资分配制度实施细则》。执行岗位薪酬制度员工的工资水平高于一般岗位员工的工资水平。拉开了效益高、贡献大的关键岗位员工与一般岗位员工之间的收入差距，对关键岗位员工起到了较好的激励作用。

2006年，公司执行包钢（集团）公司《进一步提高职工收入水平实施办法的通知》，提高了保障工资标准和基点工资标准，扩大了执行岗位薪酬制的单位和执行人才津贴的比例。

2007年，公司执行包钢（集团）公司《2007年提高职工收入水平实施办法》，通过增设业绩工资单元，建立和完善对技术拔尖人才和高技能人才的激励机制，调整职工加班工资计发基数和标准等措施，较大幅度地提高了在岗人员的工资水平，完善了岗效工资制度。

2008年，公司执行包钢（集团）公司《2008年提高职工收入水平实施办法》，通过提高保障工资标准，完善对技术拔尖人才和高技能人才的激励机制，较大幅度地提高了在岗人员的工资水平。主要内容：坚持职工收入水平与企业经济效益同步增长；效率优先、注重公平；民主参与，有效促进工资分配激励与约束机制的建设；以公司集团化管理模式，逐步向统一的人事政策和制度过渡的基本原则，取消工资中的“补保险”、“浮动工资”、“知补”和“书报费”单元。调整后的基础工资部分由保障工资、年功工资两个单元构成。原工资单元中的“补保险”、“浮动工资”、“知补”和“书报费”全部作为效益工资进行分配；基点工资由420元调整到500元；提高了职工岗效工资中的保障工资标准，保障工资由560元提高到680元；提高了业绩工资水平，2008年新增业绩工资水平以每人每月360元为标准。

2009年继续执行上年分配制度。

2010年，按照坚持职工收入水平与企业经济效益同步增长；坚持优化薪酬分配结构，合理确定投入总量；坚持效率和公平相结合；坚持强化激励效应，当前激励与中长期激励相统一；坚持完善收入分配制度与创新管理体制相结合的基本原则。提高基础工资中的保障工资标准，保障工资由680元提高到900元，每人每月提高220元，提高业绩工资水平，2010年新增业绩工资标准为每人每月280元。

2011年，按照坚持职工收入增长与企业生产经营任务完成情况及5S管理、厂容治理相结合；坚持优化薪酬分配结构，加大降本增效，合理控制人工成本；坚持增大劳动积累在收入分配中所占的比重，体现劳动积累与岗位贡献相匹配；坚持效率和公平相结合，最终分配更加注重公平的基本原则。为了增大在岗职工劳动积累因素在收入分配中所占的比重，体现在岗职工劳动积累与劳动贡献相联系，提高基础工资水平，将原年功工资与当年新增投入合并计算，改称劳动积累工资，保留工作年限分段办法，并按比例提高劳动积累工资，保障工资标准不变。2011年在岗职工劳动积累工资（月）=劳动积累工资基数×工作年限×调节系数。其中，2011年在岗职工劳动积累工资基数为90元。调节系数按工作年限分段，其标准对应工作年限分档，具体标准见表4-15。

表4-15 劳动积累工资调节系数标准

工作年限	1~6年	7~12年	13~18年	19~24年	25年及以上
调节系数	0.1	0.12	0.14	0.16	0.18

公司提高了业绩工资水平，新增业绩工资月人均为350元。为稳定提高全体职工收入水平，充分体现效率和公平相结合，使分配更合理，适度提高岗位效益工资水平，基点工资由500元调整到530元。

2012年，公司提高保障工资标准。提高基础工资单元中的保障工资标准，保障工资标准由900元提高到1050元，每人每月提高150元；提高业绩工资水平，新增业绩工资月人均为90元，增加后的业绩工资总额为1450元。

2013年，提高基础工资单元中的保障工资标准，由1050元提高到1200元，每人每月提高150元。

2014年，继续执行上年分配制度。

2015年，调整了新入职员工的收入分配办法。其中，见习期业绩工资按50%发放；全日制硕士研究生见习期为3个月，期间不发放绩效考核工资。本科、专科毕业生见习期为1年，前半年原则上不发放绩效考核工资，后半年至转正定岗定级期间，依据见习单位绩效考核情况，按一定比例发放绩效考核工资，但不得超过平均标准的50%。

2016年，继续执行上年分配制度。

（二）改革完善津贴制度

2003年，公司执行包钢（集团）公司《分配制度改革方案》，设立研究生津贴、特岗津贴和技师津贴。博士研究生每人每月500元，硕士研究生津贴每人每月200元；特岗津贴每人每月50元；高级技师每人每月80~120元，技师每人每月50~80元。

2005年，公司执行包钢（集团）公司《建立岗位薪酬制度及完善岗效工资分配制度实施细则》，设立关键专业技术人才津贴、关键操作人员津贴和班组长津贴。关键技术人员津贴每人每月300元，关键操作人员津贴每人每月300元，班组长按照每人每月90元、120元、150元3个档次自行调节。

2008年，公司执行包钢（集团）公司《2007年提高职工收入水平实施办法》（包钢董发〔2007〕9号），专业技术后备人选津贴每人每月1000元，操作状元津贴每人每月2000元，操作能手津贴每人每月1000元，高级技师津贴每人每月600元，技师津贴每人每月300元。

表4-16为2000~2013年公司调整工资执行的文件。

表4-16 2000~2013年公司调整工资执行的具体文件

年度	工资调整文号	工资调整重点内容
2000	包钢人字〔2000〕54号	调整岗位系数标准、提高厂区津贴、技能工资浮动升级
2002	包钢人字〔2002〕75号	技能工资调整为岗效工资，第一次工资改革
2003	包钢字〔2003〕148号	提高年功工资、经营者年薪试行
2005	包钢董发〔2005〕11号	建立了岗位薪酬制度，保障工资由280元提高到420元
2006	包钢董发〔2006〕10号	保障工资由420元提高到560元、提高了基点工资等
2007	包钢董发〔2007〕9号	设立了业绩工资单元、调整了年薪人员生活费标准
2008	包钢董发〔2008〕6号	保障工资由560元提高到680元、增加业绩工资
2010	包钢董发〔2010〕11号	保障工资由680元提高到900元、增加业绩工资、提高年薪人员生活费标准
2011	包钢董发〔2011〕9号	提高劳动积累工资、提高业绩工资
2012	包钢董发〔2012〕9号	保障工资由900元提高到1050元、提高业绩工资
2013	包钢董发〔2013〕7号	保障工资由1050元提高到1200元、提高岗位薪酬人员职务工资

二、福利待遇

公司员工的社会保险统筹工作由包钢（集团）公司组织部（人事部）下设保险中心统一管理，各项保险费用按月足额缴至包钢（集团）公司计划财务部。

（一）基本养老保险

1991年12月，依据包钢（集团）公司相关规定，公司参加包头市养老保险统筹。

1997年9月，公司养老保险的统筹、核定依据包钢（集团）公司的相关规定执行。

1998年12月，包钢（集团）公司为深化养老保险制度改革，改善企业内部养老保险运行机制，为企业全面参加社会养老保险创造更有利的条件，结合包钢的实际情况，制定《包头钢铁（集团）公司对全民职工实行养老保险内部统筹的暂行办法》（包钢人字〔1998〕259 号），并执行包头市统筹比例：用人单位缴纳的养老保险金标准为上年度月平均工资总额的 25.2%，个人缴纳标准为本人上年度月平均工资总额的 4%。员工本人月平均工资低于包头市上年度在岗职工月平均工资 60%的按 60%计算，高于包头市上年度在岗职工月平均工资 300%的按 300%计算。

2004 年 1 月起，依托包钢（集团）职工医疗保险管理信息系统，把公司的养老保险和失业保险征缴模块纳入信息共享系统，实现四险合一（含生育保险）的管理模式，实现无纸化办公。2004 年 7 月，养老保险统筹比例调整为 28%，其中用人单位缴纳的养老保险金标准为上年度月平均工资总额的 20%，个人缴纳标准为本人上年度月平均工资总额的 8%。2004～2016 年，北方稀土累计向包钢（集团）公司计划财务部上缴基本养老保险金 34578 万元，其中单位缴纳 25172 万元，个人缴纳 9406 万元。北方稀土 2004～2016 年基本养老保险金上缴情况见表 4-17。

表 4-17　北方稀土基本养老保险金上缴情况表

年度	缴纳比例/%		缴纳金额/万元		年缴纳合计/万元
	企业	个人	企业	个人	
2004	20	8	495	140	635
2005	20	8	527	168	695
2006	20	8	592	207	799
2007	20	8	675	258	933
2008	20	8	1300	452	1752
2009	20	8	1557	564	2121
2010	20	8	1673	641	2314
2011	20	8	2056	806	2862
2012	20	8	2430	997	3427
2013	20	8	3321	1234	4555
2014	20	8	3623	1371	4994
2015	20	8	3562	1313	4875
2016	20	8	3361	1255	4616
合　计			25172	9406	34578

注：此表只包括北方稀土所属母公司全民合同制职工。

（二）基本医疗保险

1999 年包钢（集团）公司根据《国务院关于建立城镇职工基本医疗保险制度的决定》及《内蒙古自治区建立城镇职工基本医疗保险制度实施意见》，制定了《包钢内部职工基本医疗保险制度改革试行办法》，本着医疗费用由公司（分公司、子公司、股份公司等）和职工分别合理负担的原则，建立医疗统筹基金与职工个人医疗账户相结合的职工基本医疗保障制度，北方稀土医疗保险由包钢（集团）公司筹集、核定。

1999 年 1 月包钢（集团）公司开始实施职工医疗保险制度，要求各所属单位每月足额缴纳保险基金，基数为各投保单位职工上年度工资总额的 4.5%，员工个人按本人上年度工资收入的 1%缴纳，由员工所在单位从其工资中代扣。

2000 年 4 月包头市城镇职工基本医疗保险改革实施方案出台后，包钢（集团）公司于 2000 年 6 月进行了政策调整，调整后与包头市相关政策一致。

2001 年 1 月 1 日起，根据包钢（集团）公司的规定，公司基本医疗保险费缴费率调整为职工工资总额的 8%，其中用人单位按 6%缴纳，职工本人按 2%缴纳。员工本人上年月平均工资为个人缴纳基本医疗保险的基数，员工本人月平均工资低于包头市上年度在岗职工月平均工资 80%的按 80%计算，高于包头市上年度在岗职工月平均工资 300%的按 300%计算。同时，分不同年龄段，按比例注入个人账户：45 岁以下（含 45 岁）按个人缴费基数的 2.5%注入，45 岁至正常退休年龄的按个人缴费基数的 3%注入，退休人员按本人统筹养老金的 3.25%注入。

2001 年 5 月，根据内蒙古自治区人民政府主席办公会议纪要《研究包钢社会保障工作有关问题》（〔2001〕40 号）精神，明确了包钢医疗保险工作可暂时实行内部运行和管理，待条件成熟后，一并纳入包头市基本医疗保险统筹范围。

2003 年 5 月，包钢（集团）公司下发《关于大病医疗保险暂行办法的通知》（包钢字〔2003〕144 号），公司建立了大病医疗保险筹资渠道，并于 2003 年 7 月 1 日实行。大病医疗保险实质是一种补充医疗保险，是对基本医疗保险保障范围以外的补充保险，是中国建立多层次医疗保障的重要组成部分之一。大病医疗保险费的征缴为每年个人 80 元，单位 20 元。职工大病医疗保险用于支付超出基本医疗保险封顶线以上的费用，最高支付80000元，直接在医院就医时报销。

2004年1月1日，包钢医疗保险新系统正式运行。当月员工医疗保险个人账户实现按月注卡，同时启用医疗保险医院端结算程序和门诊慢性病网上审批、结算程序。

2013年，开展了包钢医疗保险定点药店相关工作，并列入包钢（集团）公司“民生工程行动计划”中，筹备期间对医保系统的硬件设备进行了全面升级。同时，为规范定点药店的管理，制定并下发《包钢职工基本医疗保险定点零售药店管理暂行办法》（人字〔2013〕52号）。包钢职工基本医疗保险定点药店系统从2014年1月1日起正式投入运行。

2015年1月1日起，包钢医疗保险正式纳入包头市统筹管理，缴纳比例不变。2015年4月，按照包头市医保局要求，并根据包钢（集团）公司人通字〔2015〕10号文件规定，开始办理职工医疗报销费用结算的相关业务。2004～2016年，公司累计向包钢（集团）公司计划财务部上缴基本医疗保险金9300万元，其中单位缴纳7027万元，个人缴纳2273万元。北方稀土2004～2016年基本医疗保险金上缴情况见表4-18。

表4-18 北方稀土基本医疗保险金上缴情况表

年度	缴纳比例/%		缴纳金额/万元		年缴纳合计/万元
	企业	个人	企业	个人	
2004	6	2	90	38	128
2005	6	2	134	46	180
2006	6	2	153	55	208
2007	6	2	195	65	260
2008	6	2	301	97	398
2009	6	2	395	129	524
2010	6	2	432	152	584
2011	6	2	593	183	776
2012	6	2	673	230	903
2013	6	2	931	300	1231
2014	6	2	1080	332	1412
2015	6	2	1056	330	1386
2016	6	2	994	316	1310
合　计			7027	2273	9300

注：此表只包括北方稀土所属母公司全民合同制职工。

（三）失业保险

根据国家《失业保险条例》和《内蒙古自治区失业保险实施办法》（自治区人民政府令第102号）规定，包钢（集团）公司自2001年1月1日起参加包头市失业保险统筹。公司失业保险由包钢（集团）公司筹集、核定。缴费比例为3%，其中用人单位缴纳比例为2%，个人缴纳比例为1%。

2015年8月份，按照包钢（集团）公司转发内蒙古自治区人力资源和社会保障厅、财政厅、地方税务局《关于调整失业保险费率有关问题的通知》（内人社发〔2015〕37号）规定，于2015年7月将失业保险费率由3%降至2%。其中，用人单位失业保险费率由2%降至1.5%；个人失业保险费率由1%降至0.5%。2004～2016年，公司累计向包钢（集团）公司计划财务部上缴失业保险金3408万元，其中单位缴纳2344万元，个人缴纳1064万元。北方稀土失业保险金上缴情况见表4-19。

表4-19 北方稀土失业保险金上缴情况表

年度	缴纳比例/%		缴纳金额/万元		年缴纳合计/万元
	企业	个人	企业	个人	
2004	2	1	40	17	57
2005	2	1	45	20	65
2006	2	1	51	25	76
2007	2	1	65	34	99
2008	2	1	166	56	222
2009	2	1	153	71	224
2010	2	1	160	80	240
2011	2	1	198	101	299
2012	2	1	235	125	360
2013	2	1	325	154	479
2014	2	1	356	171	527
2015	1.5	0.5	305	131	436
2016	1.5	0.5	245	79	324
合　计			2344	1064	3408

注：此表只包括北方稀土所属母公司全民合同制职工。

（四）工伤保险

2004年10月，根据《包头市人民政府关于印发包头市贯彻落实〈工伤保险条例〉实施方案的通知》（包府发〔2003〕38号）文件精神，包钢（集团）公司下发《关于参加包头市工伤保险统筹的通知》（包钢字〔2004〕292号），明确包钢（集团）公司从2004年7月起参加包头市工伤保险统筹。公司工伤保险由包钢（集团）公司统一筹集、核定。

2005年11月，转发《关于调整陈旧工伤人员待遇的通知》（包钢字〔2005〕276号文件）。包钢（集团）公司对陈旧工伤人员的待遇进行了调整。

2006年7月，转发了《关于转发自治区劳动和社会保障厅〈内蒙古自治区工伤职工停工留薪期暂行办法〉的通知》（人通字〔2006〕27号），明确了工伤职工停工留薪期的相关待遇问题，并贯彻执行。

2008年8月，转发了《转发包头市劳动和社会保障局〈关于转发〈内蒙古自治区工伤职工配置辅助器具管理办法（试行）〉的通知〉》（人通字〔2008〕24号），加强了工伤职工配置辅助器具的管理。

2012年2月，转发了《转发包头市人力资源和社会保障局〈关于工伤职工享受有关工伤保险待遇标准的通知〉》（人通字〔2012〕10号），明确了住院治疗伙食补助费标准及交通、住宿费用标准。2004~2016年，公司累计向包钢（集团）公司计划财务部上缴工伤保险金1199万元。北方稀土工伤保险金上缴情况见表4-20。

表4-20 北方稀土工伤保险金上缴情况表

年度	缴纳比例/%		缴纳金额/万元		年缴纳合计/万元
	企业	个人	企业	个人	
2004	1.5	—	10	—	10
2005	1.5	—	19	—	19
2006	1.5	—	23	—	23
2007	1.5	—	27	—	27
2008	1.5	—	80	—	80
2009	1.5	—	81	—	81
2010	1.5	—	79	—	79
2011	1.5	—	91	—	91
2012	1.5	—	132	—	132
2013	1.5	—	156	—	156
2014	1.5	—	181	—	181
2015	0.7	—	175	—	175
2016	0.7	—	145	—	145
合计			1199	—	1199

注：此表只包括北方稀土所属母公司全民合同制职工。

（五）生育保险

2004年6月，根据包钢（集团）公司《关于实行职工生育保险的通知》（包钢字〔2004〕177号），正式明确2004年7月1日起在全公司范围内启动职工生育保险，同时下发《包钢（集团）公司职工生育保险待遇支付办法》和《包钢（集团）公司职工生育保险待遇审批表》等工作程序文件。

2006年11月，公司转发了包头市劳动和社会保障局《关于印发〈包头市城镇职工生育保险实施细则〉的通知》（人通字〔2006〕38号），进一步明确了职工生育保险待遇支付范围和支付标准。

2015年包钢职工生育保险纳入包头市级统筹。公司转发了包钢（集团）公司《关于医疗、生育保险纳入市级统筹后办理报销费用结算业务的通知》。2015年4月，包头市医保局开始办理公司职工生育保险报销费用结算的相关业务。2004~2016年，公司累计向包钢（集团）公司计划财务部上缴生育保险金907万元。北方稀土生育保险金上缴情况见表4-21。

表4-21 北方稀土生育保险金上缴情况表

年度	缴纳比例/%		缴纳金额/万元		年缴纳合计/万元
	企业	个人	企业	个人	
2004	0.8	—	2	—	2
2005	0.8	—	18	—	18
2006	0.8	—	21	—	21
2007	0.8	—	26	—	26
2008	0.8	—	57	—	57
2009	0.8	—	66	—	66
2010	0.8	—	58	—	58
2011	0.8	—	79	—	79
2012	0.8	—	90	—	90
2013	0.8	—	124	—	124
2014	0.8	—	144	—	144
2015	0.8	—	140	—	140
2016	0.8	—	82	—	82
合计			907	—	907

注：此表只包括北方稀土所属母公司全民合同制职工。

（六）企业年金

企业年金是指在国家政策指导下，由企业及其职工在依法参加基本养老保险的基础上，自愿建立的补充养老保险制度。为了更好地保障职工退休后的生活，进一步完善企业薪酬福利制度。根据国家相关规定，以及包钢（集团）公司的要求，公司推行了企业年金制度。2011年12月31日《包钢（集团）公司企业年金方案（试行）》审议通过。公司2012年6月转发《关于印发〈包钢（集团）公司企业年金方案（试行）〉的通知》（包钢字〔2012〕136号），按照包钢（集团）公司的统一要求，公司于2012年7月正式开始实施企业年金政策。

2016年7月，根据《包钢（集团）公司企业年金方案（试行）》第三十六条（一）款第一项“公司在上年度出现亏损，企业年金管理委员会决定暂停缴费”的规定，经包钢（集团）公司企业年金管理委员会讨论决定，并经包钢（集团）公司四届职代会第六次联席会议表决通过，决定从2016年8月1日起暂停包钢（集团）公司企业年金缴费，待包钢（集团）公司经营状况好转后，按相关规定，再恢复企业年金缴费。公司按照此项规定于2016年8月起暂停企业年金缴费。

自2012年起，公司企业年金缴纳比例始终为5∶1（企业缴纳∶个人缴纳），按照工作年限分档，5年一档，共7档。2012~2016年7月，公司累计向包钢（集团）公司计划财务部上缴企业年金4257万元，其中单位缴纳3548万元，个人缴纳709万元。北方稀土企业年金缴费比例和北方稀土企业年金上缴情况见表4-22和表4-23。

表4-22 北方稀土企业年金缴费比例表

工作年限	单位缴费比例/%	个人缴费比例/%	
		在岗职工	离岗退养职工
5年及以下	1	0.2	0.1
6~10年	2	0.4	0.2
11~15年	3	0.6	0.3
16~20年	4	0.8	0.4
21~25年	5	1.0	0.5
26~30年	6	1.2	0.6
31年及以上	8	1.6	0.8

注：此表只包括北方稀土所属母公司全民合同制职工。

表4-23 北方稀土企业年金上缴情况表

年　度	缴纳金额/万元		年缴纳合计/万元
	企业	个人	
2012	609	122	731
2013	679	136	815
2014	891	178	1069
2015	880	176	1056
2016	489	97	586
合计	3548	709	4257

注：此表只包括北方稀土所属母公司全民合同制职工。

（七）住房公积金

1997年初，公司应包钢统一要求开始实行住房公积金制度。起初，住房公积金单位及个人缴存比例各定为5%，以此确定职工住房公积金月缴存额。1997~2013年，包钢先后进行过7次住房公积金缴存基数的调整：分别是1999年、2006年、2008年、2010年、2011年、2012年及2013年。1999年、2006年两次所调整的基数均为技能工资、岗位工资、年功工资之和，其他5次所调整的基数均为包钢社保基金基数。缴存比例进行过3次调整：1999年由5%提高到6%，2006年由6%提高到10%，2008年由10%提高到12%。包钢稀土均按照包钢统一要求及时调整缴存基数。

住房公积金的使用主要分提取及贷款两方面。

住房公积金的提取主要有购房提取、贷款提取及销户提取三大类，购房提取和贷款提取都跟职工购买住房有关，销户提取是指职工发生离退休、死亡、户口迁出本市、调离及解除劳动合同等情况时，终止职工住房公积金缴存关系的一项业务。

按照包钢（集团）公司的统一要求，1999年，开始办理住房公积金提取业务，即为符合提取条件的离退休、死亡、调离及解除劳动合同的职工办理销户提取公积金手续。2004年，开始办理购房提取及贷款提取业务。2008年，推出“对冲还贷”业务，即“按月提取住房公积金缴存总额偿还当月贷款额”、“使用公积金账户余额一次性偿还剩余贷款本金”等一系列新的住房公积金贷款提取政策，减轻职工偿还贷款的压力。2012年11月，包钢（集团）公司下发《关于适度放宽住房公积金提取条件的通知》。此政策有效地缓解了职工在住房消费及偿还贷款方面的资金压力。2015年，为放宽住房公积金提取条件，让员工更好地使用住房公积金，包钢（集团）公司将提取住房公积金类型划分为四类，即：所购房产为新建商品房，未办理《房屋所有权证》；所购房产为新建商品房，已取得《房屋所有权证》；所购房产为二手房；在商业银行办理住房贷款且还款1年以上、贷款尚未还清。另外，所购房产为父母或子女姓名的（同户籍）也可以同时办理提取住房公积金业务。

住房公积金贷款分类主要有商品房、经济适用房、拆迁房及二手房贷款。包钢（集团）公司自2002年开展住房公积金贷款业务以来，公司积极做好配合工作，为职工如实填写贷款审批书相关内容。2000年，为每位职工发放《住房公积金手册》和查询卡；2007~2013年，每年给缴存职工发放住房公积金个人对账单；2010年5月，为职工办理住房公积金联名卡，用于查询及办理公积金业务。2014年，包钢（集团）公司出台《包钢职工商业银行住房按揭贷款转住房公积金贷款业务》的文件，使职工本人或者配偶尚未结清的商贷余额（或一次性提前结清时间不超过两个月的商贷），可以转为住房公积金贷款。进一步拓宽了住房公积金的受众面，提高住房公积金的使用率，减轻了职工购房压力。

2004~2016年，公司累计向包钢（集团）公司计划财务部上缴住房公积金22068万元，其中单位缴纳11034万元，个人缴纳11034万元。北方稀土2004~2016年住房公积金上缴情况见表4-24。

表4-24 北方稀土住房公积金上缴情况表

年度	缴纳比例/%		缴纳金额/万元		年缴纳合计/万元
	企业	个人	企业	个人	
2004	6	6	52	52	104
2005	6	6	51	51	102
2006	10	10	285	285	570
2007	10	10	259	259	518
2008	12	12	460	460	920
2009	12	12	470	470	940
2010	12	12	593	593	1186
2011	12	12	999	999	1998
2012	12	12	867	867	1734
2013	12	12	1495	1495	2990
2014	12	12	1902	1902	3804
2015	12	12	1795	1795	3590
2016	12	12	1806	1806	3612
合　计			11034	11034	22068

注：此表只包括北方稀土所属母公司全民合同制职工。

第八节 人事制度改革

北方稀土人事制度以执行包钢（集团）公司人事制度为主，用工类型分为：全民合同制员工、人才派遣员工、劳务派遣员工、自主用工。

一、全民合同制员工

（一）劳动合同

1997年实行了全员劳动合同制，企业与职工都签订了劳动合同。1999~2000年，对公司内部新成立或缺员单位实行公开招聘上岗制度。2000年包钢（集团）公司制定下发《关于加强劳动合同管理工作有关问题的通知》，建立了一套规范化、制度化的劳动合同管理体系。2003年包钢（集团）公司制定下发《关于进一步加强职工劳动合同管理的通知》（组通字〔2002〕18号），通知中规定新职工入厂1个月内必须签订劳动合同，并到包钢（集团）公司人事部办理签证手续。在职职工劳动合同签订率要达到100%，杜绝漏签现象。职工工作岗位变动后，要及时变更劳动合同的相关内容。职工本人的劳动合同文本要发给职工自己保管，不得集中代管。对该解除劳动合同但未及时解除造成一定影响的，要追究责任。2005年，包钢（集团）公司下发《关于重申解除职工劳动合同规定及严格履行法律手续的通知》（包钢字〔2005〕117号），通知中对解除劳动合同的条件及解除劳动合同的程序进行了规定，并明确指出解除劳动合同要严格按照法律程序履行解除手续，保障用人单位和劳动者的权益。公司严格遵守包钢有关劳动合同管理的相关规定，切实保障了全民合同制员工的权益。

（二）人才引进

2002年12月9日，内蒙古包钢稀土高科技股份有限公司下发《稀土高科人才引进的暂行办法》（公司发〔2002〕49号），根据包钢（集团）公司人字〔2002〕167号文件精神，结合公司的实际情况，公司决定对于2002年及以后接收的大学本科毕业生和招聘来公司的人才，取消见习期工资待遇，入厂后即实行定级工资，月工资不低于800元，低的补足，超的不退；对于外地毕业生给予一次性补贴（安家费）2000元；未尽事宜，根据包钢（集团）公司的有关政策，经公司研究后决定。

2001~2006年：招收应届毕业生35人，其中本科25人、大专10人。

2007年：招收应届毕业生9人，其中本科9人。

2008年：招收应届毕业生37人，其中硕士研究生4人，本科32人，大专1人。

2009年：招收应届毕业生44人，其中硕士研究生6人，本科24人，大专14人。

2010年：招收应届毕业生53人，其中硕士研究生10人，本科43人。

2011年：招收应届毕业生65人，其中硕士研究生9人，本科56人。

2012年：招收应届毕业生98人，其中博士研究生3人，硕士研究生19人，本科76人。

2013年：招收应届毕业生66人，其中硕士研究生20人，本科46人。

2014年：招收应届毕业生32人，其中硕士研究生5人，本科27人。

2015年：招收应届毕业生36人，其中本科32人，大专4人。

（三）离岗退养

2001年3月22日，包钢（集团）公司下发《包钢（集团）公司关于职工办理离岗退养相关规定》（包钢人字〔2001〕201号）。文件中指出，凡在劳动合同期限内，连续工龄满15年并符合下列条件之一者，可以申请办理离岗退养：一般管理和专业技术人员男年满50周岁、女年满45周岁的；操作人员男年满50周岁、女年满40周岁的；未达到上述要求，但连续工龄男满30年以上、女满25年以上的；患有癌症、瘫痪、精神病及难以治愈的重病症的职工，不受年龄限制，原则上都要办理离岗退养。公司严格按照《包钢（集团）公司关于职工办理离岗退养暂行办法》执行。

2002年8月12日，公司下发《关于一般管理岗位定员及在岗员工内部退养的通知》（公司发〔2002〕37号），文件规定，各部室、分厂、车间的在岗操作员工，男1953年12月31日前出生，女1957年12月31日前出生的，原则上按照公司新的政策办理内部退养手续。同年8月15日，公司下发《稀土高科在岗员工内部退养管理办法（暂行）》（公司发〔2002〕38号），结合包钢（集团）公司减员分流及公司实际情况，经公司党政联席会议讨论研究，特制定公司在岗员工内部退养管理办法（暂行）。内部退养管理办法（暂行）中指出凡未达到国家规定退休年龄，而按包钢（集团）公司政策和公司相关政策应办理离岗退养的在岗的员工（男49周岁，女45周岁），均按照规定执行国家和包钢（集团）公司对有毒有害单位员工工龄加倍计算的办法计算工龄，即有1年工龄按1.5年计算。达到上述规定年龄、折合计算工龄满30年的员工，均应办理内部退养手续。

2005年6月29日，公司下发《关于职工离岗退养执行包钢（集团）公司有关政策的通知》（人通字〔2005〕8号）。鉴于公司生产经营的客观形势发生了较大变化，2002年公司制定的《稀土高科在岗员工内部退养管理办法（暂行）》（公司发〔2002〕38号）已不能适应公司的实际需要。为进一步加强管理，规范运作，经公司党政联席会议研究决定，从2005年7月1日起，停止执行公司于2002年制定的《稀土高科在岗员工内部退养管理办法（暂行）》（公司发〔2002〕38号）；今后职工办理离岗退养手续，按照包钢人字〔2001〕201号文件的离岗退养规定执行。同年，按照内蒙古自治区关于坚持控制职数、减少干部、优化结构、推进干部年轻化的总体要求，加大对厂处职领导干部交流和“能下”的力度。正处职57岁、副处职55岁离开领导岗位，调整到正处职55岁、副处职53岁，女处职干部53岁离开领导岗位。

2006年包钢（集团）公司下发《包钢（集团）公司改革离岗退养人员生活费计发办法》（人通字〔2006〕5号）。

2007年进一步加大了厂处职领导干部公开选拔、竞争上岗的选人用人力度。执行领导干部正处职55周岁、副处职53周岁、女处职干部不分正副均53周岁退出领导岗位的规定，退出时间按周岁足月计算，各单位厂长（经理）助理和副三总师年满52周岁均退出领导岗位。

2008年4月16日，公司下发《关于印发〈内蒙古包钢稀土高科技股份有限公司关于调整员工离岗退养年龄的办法〉的通知》（人通字〔2008〕8号），经公司党政联席会议研究决定，对员工离岗退养年龄做如下调整：（1）一般管理人员和操作人员，男年满53周岁、女年满48周岁，原则上要办理离岗退养；（2）科职管理人员，男年满50周岁、女年满48周岁，解聘科职职务。女同志可以直接办理离岗退养；（3）科职管理人员中具有高级专业技术职称，从事本专业而且是公司所需要的专业技术人才，身体健康，经所在单位提出申请，公司同意，男可以延长至53岁，女可以延长至50周岁解聘科职职务；（4）曾被评为包钢（集团）公司级的技术专家、专业技术带头人、后备人选；承担省级以上科研、建设重大项目课题的主要负责人；曾被评为包钢（集团）公司的操作状元、操作能手，被聘为包钢（集团）公司的技师以上人员；在特殊岗位、被各方面公认的技术能手、操作能手，身体健康，经所在单位提出申请，公司同意，不受离岗退养年龄的限制，可工作至办理退休；（5）在近5年内被评为包钢（集团）公司级以上的劳动模范，身体健康，经所在单位提出申请，公司同意，可工作至男55周岁、女50周岁；（6）单亲家庭员工，本人申请，经所在单位和公司同意，办理离岗退养年龄可以延长至男55周岁，女50周岁。夫妻双方均在包钢稀土工作，一方已办（拟办）离岗退养，另一方申请，经所在单位及公司同意，其办理离岗退养年龄可以延长至男55周岁、女50周岁；（7）非上述（3）、（4）款等限制提前办理离岗退养手续的员工，男年满50周岁、女年满45周岁，或连续工龄男满30年、女满25年的合同制员工，本人自愿提出申请，经公司同意，可按包钢（集团）公司的规定办理离岗退养。

2012年11月，包钢（集团）公司董事会下发《关于印发〈包钢（集团）公司2012年调整离岗退养人员生活费办法〉的通知》（包钢董发〔2012〕10号），调整离岗退养人员生活费构成中的基础生活费单元。

二、人才派遣员工

2005年，包钢（集团）公司为探索和改革用工制度，激活用工机制，颁布关于印发《包钢（集团）公司使用派遣员工暂行办法》的通知。该办法规定了使用派遣员工的人员范围、使用派遣员工程序、包钢用工单位与中国包头高新技术人才市场人力资源服务事务所的责任与义务及其他的相关规定。同年，出台了《包钢（集团）公司派遣员工管理办法》。2006年，包钢（集团）公司颁布《包钢（集团）公司派遣员工绩效考核管理试行办法》。2009年，包钢（集团）公司颁布《包钢（集团）公司员工奖惩管理办法》。该办法明确了员工的奖励、处分细则、劳动纪律管理及请假权限的规定。2010年，包钢（集团）公司颁布《关于派遣员工相关管理办法的调整、补充规定》。该规定补充了激励派遣员工尽早转为公司合同制员工的相关条款、使用派遣员工的范围及签订《上岗协议》期限、派遣管理费的交纳、派遣员工绩效考核及结果运用。2011年，包钢（集团）公司不断完善派遣员工管理制度，深入各单位组织召开派遣员工座谈会，广泛征求意见和建议，起草下发《关于规范派遣员工学历认定程序等相关事宜的通知》，对学历认定、请销假、劳务费转账与工资发放等工作提出了明确要求，整理编印了《派遣员工手册》并发放到全部派遣员工手中。

2009~2010年：2010年共招收派遣员工76人。共考核264人（其中2008年以前派遣到包钢稀土的共计71人），优秀为25人、基本胜任8人、不胜任8人，其余均为良好。

2011年：招收派遣员工51人。共考核339人，优秀34人、基本胜任9人、不胜任8人，其余均为良好，转正4人。

2012年：招收派遣员工44人。共考核383人，优秀38人、良好333人、基本胜任10人、不胜任1人，转正6人。

2013年：招收派遣员工15人。共考核383人，优秀41人、良好345人、基本胜任9人、不胜任3人，转正8人。

2014年：招收派遣员工6人。共考核430人，优秀39人，良好363人，基本胜任10人，不胜任8人，转正17人。

2015年：未招收派遣员工。共考核388人，优秀41人，良好329人，基本胜任11人，不胜任7人，转正23人。

2016年：未招收派遣员工。共考核363人，优秀36人，良好304人，基本胜任12人，不胜任11人，转正23人。

三、劳务派遣员工、自主用工

2008年3月以来，公司对全公司的劳务用工进行了清理整顿，并推行了劳务派遣为主，项目承揽、工程发包等多种形式并存的劳务用工新机制。2008年6月，公司下发《关于转发〈包钢（集团）公司劳务用工管理办法的通知〉的通知》（人字通〔2008〕17号），进一步完善劳务用工派

遣制，强化公司劳务用工管理，使公司劳务用工管理逐步走上规范化、制度化的轨道。2012 年 2 月，包钢（集团）公司下发了《关于进一步规范劳务用工管理的通知》（包钢字〔2012〕40 号），经包钢（集团）公司研究决定，对现行劳务用工管理程序及管理模式做出适当调整。自 2013 年下半年以来，公司面对稀土市场大幅下滑的不利形势，公司果断进行限产保价，同时发挥灵活用工制度的优势，要求冶炼厂、稀选厂根据各自实际情况，做出合理人员编制，及时清理清退闲散人员，解除工作量不饱和的临时工、劳务工。2014 年 2 月，对隶属于包钢（集团）公司的 9 家单位人员（不含稀土院、稀选厂）进行了细致的定员核定工作，通过定员工作核减劳动用工 310 人，提高了工作效率。

截至 2016 年 12 月底北方稀土下属子公司中，有 3 家公司（包头稀土研究院、包头华美稀土高科有限公司、内蒙古包钢稀土磁性材料有限公司）设有自主用工，其自主用工的招聘、考核、管理等制度由各分子公司自行制定及实施。

第五章　计划财务管理

第一节　预算管理

公司上市初期，预算管理的形式主要是按照包钢（集团）公司的要求编制成本利润计划，根据公司年度计划产量、品种、主要消耗指标编制。从2006年以后，公司开始逐步推行全面预算管理，并随着公司规模的扩大，全面预算管理模式逐步由母公司推及全公司范围内。公司设立预算管理委员会（办公室设在公司计划财务部），财务总监负责组织全面预算的日常编制、分析、考核工作。

公司全面预算编制的流程是按照“上下结合、分级编制、逐级汇总”的程序进行。

一、全面预算的编制

各单位根据集团公司的战略布局，结合自身特点以及客观条件，提出详细的本单位预算方案，主要包括：

（1）**销售预算**。各单位根据市场情况及自身生产能力，在预测市场销量、产品结构及市场价格的基础上编制销售收入计划。

（2）**生产预算**。在销售预算的基础上，依据各种产品的生产能力、各项材料及人工的消耗定额及其物价水平和期末存货状况编制生产成本计划及销售成本计划。

（3）**期间费用预算**。主要包括管理费用、财务费用、销售费用等预算。根据上年实际费用水平和预算期内的变化因素，结合费用开支标准和企业降低成本、费用的要求，分项目、分责任单位进行编制。

（4）**投资预算**。主要包括固定资产投资预算、权益性资本投资预算。

（5）**筹资预算**。根据预算期内需要的长短期借款、拟发行的债券以及对原有借款、债券还本付息的预算。

公司计划财务部对各预算执行单位上报的预算方案进行审核、汇总，编制合并预算表，并提出综合平衡建议。在审核、平衡过程中，预算管理委员会进行充分协调，对发现问题提出初步调整意见，并反馈给有关预算执行单位予以修正。

公司计划财务部在有关预算执行单位修正调整的基础上，编制出公司总预算方案，报预算管理委员会讨论并提交总经理办公会审议通过，报董事会审议批准。

公司计划财务部将审议批准的年度总预算，下达各预算执行单位执行。公司预算下达以后，各单位将预算指标层层分解，从横向和纵向落实到内部各部门、各车间、各环节和各岗位，形成全方位的预算执行责任体系，以确保年度预算目标的实现。

公司全面预算管理模式的实施提升了公司的管理水平。2007年，公司计划财务部提交的论文《以全面预算管理为支点，全面提升公司管理水平和经济效益》，获得包钢（集团）公司管理现代化创新成果一等奖。

二、公司历年全面预算的确定和完成

2006年，稀土市场有所复苏，当年公司确定的营业收入预算9.5亿元，期间费用预算1.2亿元，归属母公司净利润预算3500万元，实际完成营业收入13.28亿元，期间费用1.5亿元，归属母公司净利润7906万元。

2007年，稀土市场继续向好，公司全力加快整合扩张，当年确定营业收入预算20亿元，期间费用预算2亿元，归属母公司净利润预算1亿元，实际完成营业收入25亿元，期间费用2.57亿元，归属母公司净利润3.08亿元。

2008年，公司确定当年的营业收入预算35亿元，期间费用预算3亿元，归属母公司净利润预算3.7亿元。但受国际金融危机影响，稀土市场低迷，实际完成营业收入32.24亿元，期间费用

3.56 亿元，归属母公司净利润 1.67 亿元。

2009 年，公司确定营业收入预算 30 亿元，期间费用预算 3.88 亿元，归属母公司净利润预算 1 亿元。由于国际金融危机的影响，下半年将年度预算调整为营业收入 22 亿元，归属母公司净利润 3000 万元，实际完成营业收入 25.9 亿元，期间费用 4.67 亿元，归属母公司净利润 5577 万元。

2010 年，国家高度重视稀土产业发展，大力整顿稀土行业秩序。同时，随着全球经济的复苏和国内经济的增长，稀土行业景气度显著提升。当年公司确定营业收入预算 28.5 亿元，期间费用预算 5.3 亿元，归属母公司净利润预算 1.5 亿元，实际完成营业收入 52.58 亿元，期间费用 6.4 亿元，归属母公司净利润 7.5 亿元。

2011 年，公司确定的营业收入预算 60 亿元，期间费用预算 7.8 亿元，归属母公司净利润预算 8 亿元。由于当年国家加大对稀土行业的支持和管理力度，密集出台一系列相关政策，稀土行业迎来空前的发展机遇，加之社会资本的大力炒作，导致当年稀土价格暴涨，公司收益超预期。下半年以后，公司将年度目标调整为营业收入 110 亿元，归属母公司净利润 30 亿元，实际完成营业收入 115.28 亿元，期间费用 8 亿元，归属母公司净利润 34.78 亿元。

2012 年，公司确定的营业收入预算 85 亿元，期间费用预算 10.8 亿元，利润总额预算 9 亿元。由于 2011 年稀土价格暴涨，导致供需关系发生扭转，2012 年稀土价格暴跌，公司克服种种不利因素，当年完成营业收入 92.4 亿元，期间费用 10.8 亿元，利润总额 20.96 亿元。

2013 年，公司确定营业收入预算 75 亿元，期间费用预算 13.6 亿元，利润总额预算 9 亿元。当年稀土市场继续低迷，公司积极开拓市场、运作国储，大力开展对标升级和降本增效工作，实际完成营业收入 84.72 亿元，期间费用 10.8 亿元，利润总额 12.08 亿元。

2014 年，公司确定营业收入预算 64 亿元，期间费用预算 13.3 亿元，利润总额预算 4 亿元。当年稀土市场继续低迷，公司狠抓降本增效工作，实际完成营业收入 58.4 亿元，期间费用 11.3 亿元，利润总额 4.27 亿元。

2015 年，公司确定营业收入预算 58 亿元，期间费用预算 11.8 亿元，利润总额预算 4.7 亿元。当年稀土市场继续低迷，公司积极开拓市场，实际完成营业收入 65.5 亿元，期间费用 9.3 亿元，利润总额 3.7 亿元。

2016 年，公司确定营业收入预算 50 亿元，期间费用预算 10 亿元，利润总额与预算持平。当年稀土市场仍未有好转，公司自我加压，一方面积极开拓市场，一方面落实提质增效工作，于 8 月份将预算营业收入调整为 55 亿元，将预算期间费用调整为 8.41 亿元，将预算利润总额调整为 3 亿元。实际完成营业收入为 51.1 亿元，期间费用 7.5 亿元，利润总额 3.1 亿元。

三、预算的考核与分析

为加强财务管理，建立激励与约束机制，充分调动各单位的积极性，提高公司整体经济效益，科学评价公司内部单位的经营效益和经营者业绩，确保完成年度利润预算目标，公司根据预算目标制定了配套的考核办法。考核对象从对母公司各单位逐步过渡到集团内部各单位，实现全覆盖，考核指标包括产量、技术指标、质量、成本、费用、收入、利润等。公司要求各单位按月、按季、按年进行生产经营完成情况分析，并将分析情况上报公司计划财务部；公司财务部门每月对各单位经营情况进行深入分析，通过分析查找原因，从而发现各单位在管理中存在的问题，为降低成本、增加效益提出建议。通过分析，广泛地开展可比企业间的对标升级活动，促进了各单位收率、单耗等技术指标的改善。

2006 年，公司主要以考核冶炼厂、稀选厂和机关管理部门为主，对冶炼厂和稀选厂的考核指标有月度生产经营计划、单位成本、内部利润总额、应收款项余额、存货余额、安全、质量、综合治理；对管理部门的考核指标有销售费用、管理费用、财务费用总额、应收款项余额、产成品余额。

2007 年，除考核母公司各单位以外，增加对子公司的考核，考核指标为销售收入和净利润。

2008 年，在以前年度考核办法的基础上进行了修订，增加对产品质量的考核，对部分子公司增加产量的考核。

2009 年，根据各考核单位的分工、责任和公司对其定位，考核指标又作了调整，对公司直属厂的考核指标为收率、单耗、产量、单位成本、维修费、机物料消耗、质量；对公司管理部门的考核指标为母公司整体经营指标、部门费用等；对子公司考核指标为销售收入、净利润。

2010 年，随着公司对外投资的不断增加，从投资收益的角度出发增加对子公司净资产收益率的考核。

2011~2012 年，在上一年度考核办法的基础上，对机关管理部门的考核增加公司合并净利润这一指标。

2013 年，公司对考核体系又重新作了梳理和修订。增加母公司各单位与公司整体利益挂钩的观念，对子公司的考核更加细化。其中对公司直属厂的考核指标为产量、成本、收率、单耗，并与母公司净利润挂钩；对公司管理部门的考核指标为母公司净利润、合并净利润、部门费用等；对分公司的考核指标为产量、利润，并与母公司净利润挂钩；对子公司的考核指标为销售收入、净利润、产量、销量、成本、收率。

2014 年，公司的考核工作由计划财务部划转到集团管理部。考评指标按考核范围分别制定，分为否定性指标、关键绩效指标和企业管理指标三类。否定性指标包括工亡事故、突发环境事件、重特大设备事故等，实行“一票否决制”，考核范围覆盖直属厂、分子公司。关键绩效指标包括利润、产量、收率、加工费的单位变动成本、可控费用总额等。考核范围覆盖机关部室、直属厂、分子公司。企业管理指标主要本着提升企业管理水平和强化专业管理原则，结合各项管理工作的管理目标责任，按照相应分值设定，总计 100 分。

2015 年，考核方式基本与 2014 年相同。

公司经过全面预算工作的开展，成效显著。营业收入与利润稳步增长，在同行业中名列前茅，所属各单位管理水平也得到提高，生产技术指标不断进步。2005 年以前，冶炼厂稀土分离综合收率不足 93%，2014 年以后已提升至 95%以上。

第二节　会计核算

1997 年 8 月，内蒙古包钢稀土高科技股份有限公司股票经中国证监会〔1997〕423 号文批准，于当年 9 月 24 日在上海证券交易所挂牌交易。公司按照《企业会计准则》《股份制试点企业会计制度》及有关补充规定进行会计核算。公司无附属企业，不编制合并会计报表。从 1998 年 1 月 1 日执行《股份有限公司会计制度》，公司执行会计制度的变更对公司当期财务状况和经营成果没有产生重大影响。

1999 年，根据财政部《关于印发〈股份有限公司会计制度有关会计处理问题补充规定〉的通知》（财会字〔1999〕35 号）和财政部《关于〈股份有限公司会计制度有关会计处理问题补充规定问题解答〉的通知》（财会字〔1999〕49 号）的有关规定，从当年 1 月 1 日起改变如下会计政策：一是坏账损失核算原采用直接转销法，改为备抵法，按应收款项（包括应收账款和其他应收款），年末或半年末余额的 6%计提坏账准备。二是期末存货原按成本计价，改按成本与可变现净值孰低计价。三是期末短期投资原按成本计价，改按成本与市价孰低计价，并按投资总体计提跌价准备。

上述会计政策变更（短期投资不需追溯）已采用追溯调整法，调整了 1999 年度会计报表相关项目的年初数或上年数。

2000 年，稀土高科与外资公司共同建立了中外合资公司，分别是内蒙古稀奥科贮氢合金有限公司、内蒙古稀奥科电池极板有限公司、内蒙古稀奥科镍氢动力电池有限公司。公司对 3 家公司均持股 75%，实施绝对控制，纳入合并范围。

公司按照财政部《合并会计报表暂行规定》（财会字（95）11 号）和《关于合并报表合并范围的复函》等有关文件的要求编制合并会计报表。对母公司拥有其过半数以上权益性资本的或虽不足 50%但具有实质控制权的，被投资企业纳入合并会计报表范围。子公司采用的会计政策和会计处理方法与母公司所采用的相一致。编制合并会计报表时，对公司内部之间的投资、重大交易及其应收、应付款项的余额均相互抵销。

2001 年 1 月 1 日起，公司执行《企业会计制度》（财会〔2000〕25 号）、《关于贯彻实施〈企业会计制度〉有关政策衔接问题的规定》和《实施〈企业会计制度〉及其相关准则问题解答》等文件，改变以下会计政策：一是开办费由按 5 年期限平均摊销，改为采取在开始生产经营当月起一次摊销处理；二是期末固定资产由按账面净值计价，改为按固定资产净值与可收回金额孰低计价，对可收回金额低于账面价值的差额，计提固

定资产减值准备；三是期末在建工程由按账面价值计价，改为按在建工程账面价值与可收回金额孰低计价，对可收回金额低于账面价值的差额，计提在建工程减值准备；四是期末无形资产由按账面价值计价，改为按无形资产账面价值与可收回金额孰低计价，对可收回金额低于账面价值的差额，计提无形资产减值准备。

对上述会计政策变更已采用追溯调整法，调整了年初留存收益及相关项目的年初数；利润及利润分配表的上年同期数，已按调整后的数字填列。

2003年，公司通过收购股权持有了包头华美稀土高科有限公司33.3%的股权、山东淄博包钢灵芝稀土高科有限公司40%的股权、上海鄂博稀土贸易有限公司90%的股权以及包头京瑞新材料有限公司30%的股权。公司对上述公司均具有实质控制权，以上4家公司纳入合并会计报表。公司从2003年7月1日起执行《企业会计准则——资产负债表日后事项》（财会〔2003〕12号），资产负债表日后至财务报告批准报出日之间建议或批准分派的现金股利在资产负债表所有者权益中单独列示为拟分派现金股利，同时对相应事项作了追溯调整。

2004年初，稀土高科与日本公司共同投资建立中日合资企业——包头科日稀土材料有限公司，公司持股50.5%，科日公司纳入合并会计报表。

2007年，根据财政部、证监会的有关规定，公司于2007年1月1日起执行新的会计准则。按照《企业会计准则——基本准则》和其他各项会计准则的规定进行确认和计量，在此基础上编制财务报表。资产负债表年初数和可比期间的利润表，系按照证监发〔2006〕136号和证监会计字〔2007〕10号文的规定，对《企业会计准则第38号——首次执行企业会计准则》第五条~第十九条以及财政部《企业会计准则解释第1号》规定需要追溯调整的事项，对财务报表项目进行了追溯调整，按照追溯调整原则进行调整后而编制的。本年度公司通过收购包钢集团公司稀土类相关资产，将包头稀土研究院（持股：100%）及所属子公司、包头天骄清美抛光粉有限公司（持股：60%）、中山市天骄稀土材料有限公司（持股：66.5%）、包头瑞福鑫磁材有限责任公司（持股：50.49%）和包头瑞鑫稀土金属材料股份有限公司（持股：58.42%）5家公司纳入合并报表范围。

2008年，公司合并收购内蒙古包钢和发稀土有限公司（持股：51%）及其下属2家公司，投资新设控股子公司内蒙古包钢稀土国际贸易有限公司（持股：67%），公司将这4家公司纳入合并报表的范围。本年减少合并单位1家，原因是：公司控股子公司包头瑞鑫稀土金属材料股份有限公司的子公司包头瑞和金属材料有限公司董事会做出终止经营的决议，不再纳入公司合并范围。

2009年，公司根据财政部发布的《企业会计准则解释第3号》（2009年6月11日），“高危行业企业按照国家规定提取的安全生产费，应当计入相关产品的成本或当期损益，同时记入‘4301专项储备’科目。本解释发布前未按上述规定处理的，应当进行追溯调整”。子公司淄博包钢灵芝稀土高科技股份有限公司前期安全生产费从税后净利润提取，未计入当期成本。淄博包钢灵芝稀土高科技股份有限公司根据文件对相关账务进行了追溯调整。与上年相比本年合并报表新增合并单位1家，是北京三吉利新材料有限公司，公司持有北京三吉利新材料有限公司44%的股权。公司全资子公司包头瑞福鑫磁材有限责任公司更名为内蒙古包钢稀土磁性材料有限公司。

2010年公司合并报表增加合并单位3家，分别是包头稀宝博为医疗系统有限公司（持股：40%）、信丰县包钢新利稀土有限责任公司（持股：48%）和全南包钢晶环稀土有限公司（持股：49%），公司对以上3家公司实际控制。

2011年增加合并报表单位2家，即本年新设控股子公司安徽包钢稀土永磁合金制造有限责任公司（持股：60%）和子公司内蒙古包钢稀土国际贸易有限公司新设全资子公司包钢稀土国贸（赣州）有限公司。与上年相比本年减少合并单位3家，本年同一控制下由内蒙古稀奥科镍氢动力电池有限公司吸收合并内蒙古稀奥科电池极板有限公司，包头华美稀土高科有限公司全部转让内蒙古包头阳光美景环保有限责任公司股权，包头稀土研究院注销包头市源磁科技有限公司。

2012年公司合并会计报表增加二级子公司2家，本年新设控股子公司宁波包钢展昊新材料有限公司（持股：51%）、包钢天彩靖江科技有限公司（持股：35%）。

2013年公司合并报表范围比上期减少三级子

公司1家。子公司包头稀土研究院原控股子公司上海瑞源磁性材料科技有限公司，接受其原少数股东增资，包头稀土研究院持股比例变为25.39%，对其长期股权投资改为权益法核算，期末，不再将上海瑞源磁性材料科技有限公司纳入合并范围。

2014年公司根据《企业会计准则第2号——长期股权投资》（财会〔2014〕14号）规定，将原成本法核算的对被投资单位不具有控制、共同控制或重大影响的权益性投资纳入可供出售金融资产核算，其中，在活跃市场中没有报价、公允价值不能可靠计量的权益工具按照成本进行后续计量，其他权益工具按公允价值进行后续计量。公司根据《企业会计准则第30号——财务报表列报》（财会〔2014〕7号）规定，将递延收益单独列报。公司根据《企业会计准则第33号——合并财务报表》（财会〔2014〕10号）规定，子公司向母公司出售资产所产生的未实现内部交易损益，应当按照母公司对该子公司的分配比例在“归属于母公司所有者的净利润”和“少数股东损益”之间分配抵销，子公司之间出售资产所产生的未实现内部交易损益，应当按照母公司对出售方子公司的分配比例在“归属于母公司所有者的净利润”和“少数股东损益”之间分配抵销，公司根据以上文件对相关账务进行了追溯调整。

2015年，公司合并会计报表增加3家子公司，即包头市红天宇稀土磁材有限公司（持股：34%）、五原县润泽稀土有限责任公司（持股：34%）、包头市飞达稀土有限责任公司（持股：34%）。

2016年，根据《增值税会计处理规定》（财会〔2016〕22号）的规定：2016年5月1日之后发生的与增值税相关交易，影响资产、负债等金额的，按该规定调整。利润表中的“营业税金及附加”项目调整为“税金及附加”项目，房产税、土地使用税、车船使用税、印花税等原计入管理费用的相关税费，自2016年5月1日起调整计入“税金及附加”。根据《增值税会计处理规定》（财会〔2016〕22号）的衔接规定，2016年1~4月，印花税等相关税费仍在“管理费用”核算；5~12月在“税金及附加”核算。

公司合并会计报表增加2家子公司，分别为：包头市金蒙稀土有限责任公司（持股：34%）；内蒙古希捷环保科技有限责任公司（持股：45%）。

第三节　成本管理

北方稀土母公司的主营业务是稀土精矿选矿及稀土冶炼分离，截至2016年年底，子公司有11家从事上游稀土加工及冶炼分离生产，7家从事功能材料生产，3家从事应用产品生产。在成本管理上，不同类企业的成本核算有很大差异，经过多年的规范，北方稀土逐步统一了冶炼分离企业、功能材料加工企业及应用产品企业的成本核算方法和核算口径，规范了生产成本报表的编制。

一、成本核算机构

公司1997年上市时，是一家单一法人公司，无子公司，主营业务为稀土精矿及冶炼分离产品生产，产品成本核算由公司财务部负责。2002年成立成本核算中心，成本核算职能转移至成本核算中心。此后，稀土高科通过投资并购等方式陆续增加子公司，其成本核算均由各自的财务部负责。2003年稀土高科增加本部这一管理层级，冶炼厂和稀选厂作为非法人分支机构独立进行财务核算，成本中心解散，冶炼厂财务科和稀选厂财务科分别负责各自的成本核算，母公司计划财务部不具体核算成本。

二、成本核算方法

公司的成本核算按照原材料、化工材料、燃料动力、直接人工、制造费用设置成本项目，冶炼分离产品采用分步法核算成本，按照生产过程中各个生产工序（分品种）为成本核算对象，归集和分配生产成本，计算各步骤半成品和最后产成品成本；在产品只核算原料成本，不分摊动力、人工、制造费用；成本费用的分配，按产值进行分配。生产稀土精矿及稀土功能材料的企业采用品种法核算成本，以产品品种作为成本核算对象，归集和分配生产成本，计算产品成本。

三、成本预算编制

各分子公司在编制年度预算时同时编制成本预算，参考上年或历史先进水平并参考本年生产实际，确定主要消耗指标，根据公司下达的年度计划产量、品种等要求编制成本预算。成本预算上报公司，由计划财务部会同生产部、技术质量部、集团管理部负责核定，有异议处共同商量修正，最后确定各分子公司成本预算。

四、成本分析考核

为加强成本的控制与管理，做好成本、利润分析工作，为绩效考核提供依据，2015 年公司制订并下发《北方稀土绩效考评方案》，涉及成本分析的指标有产量、收率、单位生产成本、主要材料单耗、可控费用总额。对直属厂和分公司以考核成本指标为主，对部分子公司在考核收入、利润的基础上同时考核成本指标。公司要求各分子公司与预算对比，按月、按季、按年进行成本经营情况分析，并上报公司；公司财务部门每月对各单位成本情况进行深入分析，通过分析查找原因，从而发现各单位在成本管理中存在的问题，并随时深入到分子公司了解生产工艺，解决成本管理中存在的问题，为降低成本、增加效益提出建议。

五、对标升级工作

公司在成本分析与考核的基础上，每月进行经济活动分析，对同类企业的生产经营指标进行对标，通过分析后发现，各分子公司存在生产规模、生产工艺、产品品种等方面不可比现象，剔除不可比因素，公司每月对各分子公司可比的主要成本指标进行对标，促使分子公司降低原辅材料单位消耗、提高收率、降低单位成本。

第四节 资产管理

一、固定资产管理

（一）固定资产的确认标准

按照 2006 年财政部颁发的《企业会计准则第 4 号——固定资产》的文件要求，公司从 2007 年 1 月 1 日起，实行新的确认固定资产的标准：为生产商品、提供劳务、出租或经营管理而持有的资产；使用寿命超过一个会计年度的资产。

（二）固定资产折旧率（或折旧年限）的调整

根据 1991 年自治区财政厅《关于包头钢铁稀土公司实行固定资产加速折旧的办法的通知》（内财工字〔1991〕第 902 号）精神，“八五”期间生产线上使用的机器设备在原规定折旧年限的基础上加速 25%。生产线上使用的机器设备包括生产用设备和专用设备，不包括非生产用机器设备。

2003 年和 2004 年，对固定资产折旧年限进行过两次调整。

2013 年，根据自治区国有资产监督管理委员会《关于对包钢（集团）公司调整固定资产折旧率请示的批复》（内国资财统字〔2013〕245 号），公司调整了部分固定资产折旧年限，调整起始日期为 2013 年 1 月 1 日，净残值率不变，见表 4-25。

表 4-25 2013 年 1 月 1 日起执行的固定资产折旧年限明细表

固定资产类别及名称	变更前折旧年限	变更后折旧年限	预计净残值率/%
（1）机械设备	9	14	3
（2）动力设备	7	12	3
（3）传导设备	7	12	3
（4）运输设备	6	8	3
（5）自动化控制及仪器仪表			
1）自动化、半自动化控制设备	8	8	3
2）电子计算机	8	8	3
3）通用测试仪器设备	8	8	3
（6）工业炉窑	5	8	3
（7）工具及其他生产用具	4	9	3
（8）非工具及其他生产用具			
1）设备工具	4	9	3
2）电视机、复印机、文字处理机	4	4	3

（三）固定资产的报废管理制度

2001 年，根据包钢《关于固定资产盘点及报废管理制度》（财字〔2001〕234 号）精神，公司财务部进一步规范了固定资产盘点及报废的管理制度，规定公司各单位在年末盘点固定资产，对固定资产的盘盈、盘亏需报公司主管部门审查，经公司主管领导批准后进行账务处理；按规定的程序办理固定资产报废手续。

2003 年，包钢（集团）公司下发《关于进一步加强固定资产投资管理的通知》（包钢字〔2003〕118 号）、《公司零星购置固定资产管理办法》（包钢字〔2003〕127 号），公司按照这两个文件对全公司固定资产进行管理。

2010 年，为了进一步规范零购固定资产，包钢（集团）公司下发《进一步加强零购固定资产的通知》文件，公司按照文件要求对全系统生产备件与固定资产进行区别管理。

2011 年，自治区国有资产监督管理委员会颁发《内蒙古自治区国资委所出资企业实物资产处置管理办法（试行）》（内国资产权字〔2011〕225 号），办法规定：企业账面原值在 100 万元以上的单项实物资产、房屋建筑物及所有车辆处置，均应进入省级以上国资监管机构选定的产权交易机构公开交易。北方稀土 1997~2016 年固定资产原值变动情况见表 4-26。

表 4-26　北方稀土 1997~2016 年固定资产原值变动情况表　（万元）

年　份	期末固定资产原值	期末固定资产净值
1997	30320. 11	22445. 99
1998	31996. 6	22682. 3
1999	48475. 47	37399. 88
2000	51318. 57	37211. 44
2001	53120. 08	36231. 31
2002	57426. 97	38314. 03
2003	103465. 64	78624. 98
2004	111371. 77	82173. 54
2005	115077. 18	80805. 97
2006	116829. 27	79148. 02
2007	185031. 50	132779. 70
2008	219564. 67	152430. 60
2009	244767. 44	167055. 65
2010	269745. 86	177491. 68
2011	301704. 24	200184. 77
2012	324921. 50	211798. 13
2013	350825. 58	215985. 48
2014	363378. 57	214352. 03
2015	396804. 97	226823. 43
2016	447540. 84	268409. 3

二、在建工程管理

在建工程是以立项项目分类核算。在建工程项目按建造该项资产达到预定可使用状态前所发生的全部支出，作为固定资产的入账价值。在建工程已达到预定可使用状态，但尚未办理竣工决算的，自达到预定可使用状态之日起，根据工程预算、造价或者工程实际成本等，按估计的价值转入固定资产，并按本公司固定资产折旧政策计提固定资产的折旧，待办理竣工决算后，再按实际成本调整原来的暂估价值，但不调整原已计提的折旧额。

公司在每期末判断在建工程是否存在可能发生减值的迹象。在建工程存在减值迹象的，估计其可收回金额。可收回金额根据在建工程的公允价值减去处置费用后的净额与在建工程预计未来现金流量的现值两者之间较高者确定。1997~2016 年北方稀土在建工程变动情况见表 4-27。

表 4-27　1997~2016 年北方稀土在建工程变动情况表　（万元）

年　份	期初余额	期末余额
1997	16309. 51	1391. 87
1998	1391. 87	9534. 46
1999	9534. 46	841. 11
2000	841. 11	2216. 34
2001	2216. 34	8952. 58
2002	8952. 58	47940. 84
2003	47940. 84	33581. 62
2004	33581. 62	30148. 23
2005	30148. 23	29436. 16
2006	29436. 16	31435. 46
2007	32623. 44	4228. 93
2008	4228. 93	20771. 13
2009	20771. 13	28997. 88
2010	28997. 88	35592. 1
2011	35592. 1	14680. 8
2012	14680. 8	25741. 52
2013	25741. 52	33644. 41
2014	33644. 41	36620. 71
2015	36620. 71	25678. 09
2016	25678. 09	4882. 94

三、存货管理

存货是企业日常活动中持有的以备出售的产成品或商品、处在生产过程中的在产品、在生产过程或提供劳务过程中耗用的材料和物料等。

自公司成立以来，非常重视对生产耗用材料、燃料、修理用备品备件等存货的管理，建立健全了采购保管制度，每年年终进行盘点，保证账物相符。

公司对存货实行归口管理原则，即原料、产品、辅助材料、燃料、包装物归物资供应分公司管理；备品备件归建设部管理；为提高公司仓储管理效能，降低存货资金占用，提升存货周转率，进一步清理盘活死库存、杜绝不合理库存，提高资金使用效率，公司集中对材料物资的采购、储备、调配、委托加工管理和会计核算实行统一管理体制。

公司对大宗原材料采用计划成本计价，同时设置“材料成本差异”科目，核算材料购进的差异，以及发出和库存材料应分摊的差异额。公司对库存商品的发出采用加权平均法确定实际成本。财务部门按照存货的类别、品种和规格设置明细账。

北方稀土 1997～2016 年存货变动情况见表 4-28。

表 4-28 北方稀土 1997～2016 年存货变动情况表

（万元）

年份	期末存货账面余额	期末存货跌价准备	期末存货账面价值
1997	2974.50		2974.50
1998	6575.66	238.90	6336.76
1999	9296.77	621.63	8675.14
2000	6675.29	238.47	6436.83
2001	13355.24	477.00	12878.24
2002	14449.27	395.91	14053.36
2003	30013.86	501.27	29512.59
2004	41384.94	895.62	40489.33
2005	35778.71	1331.66	34447.05
2006	49633.47	2316.80	47316.67
2007	81328.88	166.71	81162.18
2008	87133.63	7197.13	79936.50
2009	148081.72	2715.84	145365.88
2010	202009.16	4874.14	197135.02
2011	680565.04	20853.55	659711.49
2012	843138.97	74012.43	769126.54
2013	828094.58	74567.37	753527.21
2014	775729.33	83983.51	691745.82
2015	591063.60	105055.74	486007.87
2016	637861.78	108562.90	529298.88

第五节 融资管理

公司上市之前，生产经营规模较小，生产经营资金通过自有资金解决，基本无融资需求。

1997 年 9 月，公司在上海交易所挂牌上市，首次募集资金 39815 万元，其中向发起人募集资金 4375 万元，向社会公众募集资金 35440 万元。

2000 年 3 月，公司以 1999 年末的股本为基数，向全体股东每 10 股配售 3 股，共募集资金 28820 万元。

2001 年公司增加流动资金贷款 5000 万元。

2002 年年末流动资金贷款增至 11000 万元，并开具银行承兑汇票用于补充流动资金，年末余额 3232 万元。

2003 年随着公司生产规模扩大，对外投资开始起步，子公司增加，因此对外融资进一步增加。同年末，流动资金借款增至 3.45 亿元，并增加了 1 年期以上贷款 3002 万元，开具银行承兑汇票年末余额 7850 万元。

2004 年年末，公司流动资金贷款 3.2 亿元，1 年期以上贷款 2600 万元，开具银行承兑汇票 8800 万元。

2005 年年末，公司流动资金贷款 3.5 亿元，1 年期以上贷款 420 万元，开具银行承兑汇票 2500 万元。

2006 年，稀土行业景气度大幅回升，公司生产规模扩大，资金需求也相应增长，当年末流动资金贷款余额 4.88 亿元，1 年期以上贷款 5420 万元，开具银行承兑汇票 3500 万元。

2007 年，稀土市场继续向好，公司效益创历史最好水平，自有资金相对充裕，当年没有新增银行贷款，但增加了银行承兑汇票，用以补充支付方式，降低资金成本。年末，公司流动资金贷款余额 4.52 亿元，1 年期以上贷款 6072 万元，开具银行承兑汇票 2.55 亿元。

2008 年，公司借助稀土行业发展的好时机，积极投资扩张，合并范围子公司大幅增加，融资规模也相应大幅增加。同年末，公司流动资金贷款升至 21.23 亿元，1 年期以上贷款 7150 万元，开具银行承兑汇票 2.42 亿元。

2009 年，受国际金融危机影响，稀土市场回落，公司业绩大幅下滑，流动资金趋紧，公司加大融资规模并调整融资结构，发行 7 亿元短期融资券，调减短期借款调增长期贷款，并增加了银行承兑汇票的签发。同年末，公司流动资金贷款余额 15.14 亿元，1 年期以上贷款 5.2 亿元，短期融资券本息余额 7.09 亿元，开具银行承兑汇票 4.04 亿元。

2010 年，稀土行业开始复苏，公司业绩显著增长，融资规模有所下降。同年末，公司流动资金贷款余额 13.58 亿元，1 年期以上贷款 9.28 亿元，短期融资券本息余额 4.06 亿元，开具银行承兑汇票 2.6 亿元。

2011 年，受国家政策利好的影响，稀土市场空前火爆，公司业绩暴增，流动资金充裕，但同时公司也加大了投资和生产规模。因此，总体融资规模并未降低。同年末，公司流动资金贷款余额 17.7 亿元，1 年内到期的长期借款 4.9 亿元，1 年期以上贷款 6.12 亿元，开具银行承兑汇票 1.67 亿元。

2012 年，稀土市场暴跌，公司业绩大幅下滑，部分子公司出现较大金额亏损，流动资金紧张，融资规模相应增加。同年末，公司流动资金贷款余额 48.4 亿元，1 年内到期的长期借款 3.2 亿元，1 年期以上贷款 5.45 亿元，开具银行承兑汇票 4.78 亿元。

2013 年，稀土市场持续低迷，公司资金紧张的局面进一步加剧，当年发行 10 亿元短期融资券以补充流动资金。年末，公司流动资金贷款余额 49.9 亿元，1 年内到期的长期借款 1.8 亿元，1 年期以上贷款 4.1 亿元，短期融资券 10 亿元，开具银行承兑汇票 6.7 亿元。

2014 年，公司总体融资规模变化不大，融资结构有所调整，当年归还短期融资券 10 亿元。同年末，公司流动资金贷款余额 43.86 亿元，1 年内到期的长期借款 3 亿元，1 年期以上贷款 1.67 亿元，开具银行承兑汇票 3.9 亿元。

2015 年，公司归还了长期借款和部分短期借款，融资规模有所下降，年末公司流动资金贷款余额 25.9 亿元，开具银行承兑汇票 2.55 亿元。

2016 年，公司采购原料的需求有所上涨，扩大了融资规模，所增加的均为短期借款。年末公司流动资金贷款余额 35.48 亿元，开具银行承兑汇票 3.86 亿元。

公司每年的融资规模和授信额度均通过年度董事会审议授权，根据实际需求和资金成本情况选择时机办理每一笔融资业务。随着公司规模逐渐壮大，公司的行业地位也得到更大范围内的认可，凭借良好的业绩和市场形象，公司在与金融机构办理融资业务时有较强的议价能力，母公司和包钢稀土国贸公司的银行贷款利率基本能比同期银行贷款基准利率下浮 10%，子公司凭借母公司的担保，也能够取得基准利率的贷款。由于信用等级高，两次发行短期融资券的利率都比同期银行贷款利率下浮 20% 以上。因此，在融资业务方面，公司的成本优势明显，多年来节约了可观的财务费用。

第六节　综合统计管理

综合统计的主要工作职责为依据统计法律、法规及制度，按照专业方法，对公司生产经营的数据进行汇总、整理、分析、审核，并上报或公布。

北方稀土的综合统计管理工作，1997～2002 年归属于生产部管理，2003 年至今归属于计划财务部管理。

1997 年，贯彻执行国家修订后颁布的《中华人民共和国统计法》《统计法实施细则》和《法定计量单位》等法律法规，进一步规范公司统计业务的基础工作。

2003 年和 2007 年，公司积极开展第四次、第五次全国投入产出调查工作，均按要求圆满完成工作任务，并被评为第四次全国投入产出调查工作先进集体，同时被包钢（集团）公司评为 2003 年度统计工作先进集体。

2004 年和 2009 年，配合包头市统计局圆满完成第一次、第二次全国经济普查工作，被中国有色金属行业协会、包钢（集团）公司评为 2004 年度统计工作先进集体。

2012 年，国家统计局全面推行“企业一套表”改革，公司顺利完成“企业一套表”衔接的工作，达到网上直报统计数据的目标，并被包头市统计局评为“企业一套表”联网直报先进集体；同时被包钢（集团）公司评为 2012 年度统计工作先进集体。

2013 年，为加强公司的综合统计管理，科学、有效地开展统计工作，依据《中华人民共和国统计法》及公司集团化管理的要求，下发《内蒙古包钢稀土（集团）高科技股份有限公司综合统计管理办法》，对公司各单位的统计工作作出明确规定，以此来推进统计工作的制度化建设，使公司统计工作做到有规可依，有章可循；统计工作者依法统计意识不断增强，公司统计管理工作得以进一步完善；被包钢（集团）公司评为2013年度统计工作先进集体。

2014年，协助包头市统计局开展统计人员培训工作，组织全公司59名统计人员参加培训考试，其中办理统计从业资格证42人，年检换证17人。

2015年，按照包钢关于做好《包钢“十二五”统计资料汇编》工作的通知相关要求，对公司所属各单位进行统计资料汇总上报，确保数据的真实性、准确性及时效性，圆满完成汇编资料的上报工作。

第七节　财务稽核

财务稽核制度是公司计划财务部对于会计核算工作进行的一项自我检查或审核工作。建立会计机构财务稽核制度，防止会计核算工作的差错和有关人员舞弊。

为提高会计信息质量，保护资产的安全、完整，确保有关法律法规和规章制度的贯彻执行，制定和实施了一系列的控制方法、措施和程序。公司分别制定了内控会计控制制度、预算控制制度、资金控制制度，确保公司遵守国家各项会计法规规定，为审计和监督提供真实、有效的依据；确保各项会计信息得以恰当、准确、完整地记录，财务状况和经营成果在所有重要方面公允、可靠地表达；确保会计组织设置合理，内部牵制原则始终有效，不相容职务分离，舞弊风险得以防范。

公司制订了严格、细致的控制标准：会计核算应按照职责分离、相互牵制的原则进行分工，会计与出纳员职责分离、会计记录与稽核职责分离；会计核算以实际发生的经济业务为依据，按照《中华人民共和国会计法》和国家统一的会计制度及公司制定的专项会计核算办法进行会计核算。

第八节　税费缴纳与管理

一、1997~2016年纳税与管理

（一）公司本部纳税与管理

根据国务院《国务院关于增建国家新技术产业开发区的批复》（国函〔1992〕169号）、内蒙古自治区人民政府《关于包头国家稀土新技术产业开发区规划建设发展总体方案及两项优惠政策问题的批复》（内政函〔1994〕113号）、《包头市人民政府关于实施包头国家稀土高技术产业开发区若干政策的暂行规定和财政税收管理的若干规定的通知》（包头市人民政府〔1994〕42号）等文件精神，经包头稀土高科技产业开发区管理委员会的批准（包开管发〔1997〕044号文），1997年公司享受如下税收优惠：

（1）增值税。7年内由开发区财政返还25%（先征后返）。

（2）营业税。按具体应税项目固定税率缴纳，3年所征税款由开发区财政返还。

（3）城建税、教育费附加。按实际应缴流转税额的7%和3%计算缴纳。

（4）所得税。股份公司成立前1~3月份执行33%的所得税率，筹建期包钢统一纳税，股份公司成立后执行15%的所得税率，上缴所得税由开发区财政返还，实际税负为零。

在1997年相关税务政策的基础上，根据内蒙古自治区财政厅《关于对包钢稀土高科技股份有限公司所得税问题的批复》（内财税政字〔1998〕1379号）精神，从1998年开始公司享受如下税收优惠：

（1）增值税。按产品销售收入为计税额，稀土精矿税率13%，其他产品税率17%，7年内由开发区财政返还25%（先征后返）。

（2）营业税。按具体应税项目固定税率缴纳，3年所征税款由开发区财政返还。

（3）城建税、教育费附加。按实际应缴流转税额的7%和3%计算缴纳。

（4）所得税。执行15%的所得税率，所得税款前5年全额返还，第6年到第10年按50%返还。

2010年根据内蒙古自治区地方税务局《关于内蒙古包钢稀土（集团）高科技股份有限公司继续享受西部大开发税收优惠政策的批复》（包开地税发〔2011〕3号），母公司的主营业务属于《当前国家重点鼓励发展的产业、产品和技术目录》中的鼓励类生产项目，按照《财政部、国家税务总局关于落实西部大开发有关税收优惠政策具体实施意见的通知》（国税发〔2002〕47号），母公

司减按 15%的税率计缴企业所得税，此项优惠政策一直沿用至今。

稀土资源税税额标准有所调整，财政部、国家税务总局财税〔2011〕22 号文件规定：经国务院批准，自 2011 年 4 月 1 日起，统一调整稀土矿原矿资源税税额标准。调整后的税额标准为：轻稀土，包括氟碳铈矿、独居石矿，60 元/吨；中重稀土，包括磷钇矿、离子型稀土矿，30 元/吨。开采与铁矿共生、伴生的氟碳铈矿、独居石矿等稀土矿，除征收铁矿石资源税外，按本规定征收稀土资源税。调整前资源税暂行条例实施细则中规定，稀土所属的“其他有色金属矿原矿”税额为 0.4~3 元/吨。

（二）包头华美稀土高科有限公司纳税与管理

2003 年度华美公司执行 15%的所得税税率。

2004 年度华美公司执行 33%的所得税税率。

2005 年，根据内蒙古自治区地方税务局《关于包头华美稀土高科有限公司享受鼓励类产业优惠政策问题的批复》（内地税字〔2005〕263 号）和包头市稀土高新技术产业开发区地方税务局《关于包头华美稀土高科有限公司申请享受鼓励类产业优惠政策的批复》（包开地税发〔2005〕80 号），包头华美稀土高科有限公司符合西部大开发中国家给予鼓励类产业的税收优惠政策条件，允许在 2005 年享受减按 15%税率征收企业所得税的税收优惠。从 2005 年开始，包头华美稀土高科有限公司每年需按照包头市地方税务局《转发自治区地税局关于落实西部大开发税收优惠政策具体实施意见的通知》（包地税函〔2003〕41 号）的要求进行审核，包头华美稀土高科有限公司按照 15%的税率计算缴纳企业所得税。

2011 年 11 月 9 日，公司被认定为高新技术企业，高新技术企业资质证书编号为 GF201115000008，有效期 3 年，减按 15%的所得税税率计缴企业所得税。

2015 年 11 月 3 日，根据内蒙古自治区发展和改革委员会文件号内发改西开函〔2015〕484 号文件《内蒙古自治区发展和改革委员会关于认定包头华美稀土高科有限公司属于西部大开发鼓励类产业企业的复函》，公司按照 15%的税率计算缴纳企业所得税。此项优惠政策一直沿用至今。

（三）包头天骄清美稀土抛光粉有限公司

2007 年，根据内国税外字〔2003〕34 号文件，公司 2001~2010 年企业所得税减按 15%计征。

2016 年 11 月 29 日，被认定为高新技术企业，高新技术企业资质证书编号为 GR201615000035，有效期 3 年，减按 15%的所得税税率计缴企业所得税。

（四）包头京瑞新材料有限公司

2003 年，公司根据《内蒙古自治区促进高新技术成果转化和高新技术产业化的若干规定的通知》（内政发〔2001〕60 号）及内蒙古自治区地方税务局内地税发〔2002〕3 号文件，被认定为国家高新技术开发区外的高新技术企业，从认定日起（即 2003 年 8 月 15 日）所得税免征 5 年。

2008 年，根据科学技术部火炬高技术产业开发中心《关于内蒙古自治区 2008 年第一批高新技术企业备案申请的回复》（国科火字〔2009〕031 号），子公司包头市京瑞新材料有限公司被认定为高新技术企业，按 15%的税率缴纳企业所得税。

2011 年 11 月 9 日，被认定为高新技术企业，高新技术企业资质证书编号为 GF201115000014，有效期 3 年，减按 15%的所得税税率计缴企业所得税。

2016 年，根据内蒙古自治区国家税务局〔2011〕第 2 号《内蒙古自治区国家税务局关于西部大开发鼓励类项目继续执行企业所得税税收优惠政策的公告》，且主营业务收入达到企业总收入的 70%以上，经主管税务机关确认后，包头市京瑞新材料有限公司减按 15%的所得税税率计缴企业所得税。

（五）中山市天骄稀土材料有限公司

2007 年，公司被认定为国家高新技术开发区外的高新技术企业，享受 15%的优惠税率。

（六）内蒙古包钢和发稀土有限公司

2008 年，根据内蒙古自治区发展和改革委员会《关于对内蒙古和发稀土科技开发股份有限公司申请享受西部大开发税收优惠政策的复函》，“根据财政部、国家税务总局、海关总署《关于西部大开发税收优惠政策问题的通知》（财税〔2001〕202 号）和《内蒙古自治区实施西部大开发优惠政策》（内政发〔2003〕16 号）的相关规定”，子公司内蒙古包钢和发稀土有限公司（原内蒙古和发稀土科技开发股份有限公司）从 2008 年起可以享受西部大开发优惠政策，减按 15%的税率计缴企业所得税。

2009年9月1日，公司被认定为高新技术企业，高新技术企业资质证书编号为GR200915000014，有效期3年，减按15%的所得税税率计缴企业所得税。

2013年3月29日，根据包头市发展和改革委员会包发改西开字〔2013〕168号文件《包头市发展和改革委员会关于对内蒙古包钢和发稀土有限公司申请享受西部大开发战略税收优惠政策年审的复函》，公司按照15%的税率计算缴纳企业所得税。此项优惠政策一直沿用至今。

（七）北京三吉利新材料有限公司

2010年12月24日，被认定为高新技术企业，高新技术企业资质证书编号为GF201011000530，有效期3年，减按15%的所得税税率计缴企业所得税。

2013年11月11日，被认定为高新技术企业，高新技术企业资质证书编号为GF201311000417，有效期3年，减按15%的所得税税率计缴企业所得税。资质到期后未进行再次认定，优惠政策不再享受。

（八）信丰县包钢新利稀土有限责任公司

2013年12月10日，经赣高企认办〔2013〕16号文认定为高新技术企业，减按15%的所得税税率计缴企业所得税。资质到期后未进行再次认定，优惠政策不再享受。

（九）安徽包钢稀土永磁合金制造有限责任公司

2013年7月16日，被认定为高新技术企业，高新技术企业资质证书编号为GR201334000166，有效期3年，减按15%的所得税税率计缴企业所得税。

2016年10月21日，公司被重新认定为高新技术企业，高新技术企业资质证书编号为GR201634000694，有效期3年，减按15%的所得税税率计缴企业所得税。

（十）包头瑞鑫稀土金属材料股份有限公司

2015年10月12日，被认定为高新技术企业，高新技术企业资质证书编号为GR201515000032，有效期3年，减按15%的所得税税率计缴企业所得税。

（十一）中外合资企业

内蒙古稀奥科贮氢合金有限公司、内蒙古稀奥科电池极板有限公司、内蒙古稀奥科镍氢动力电池有限公司、包头科日稀土材料有限公司属于中外合资企业，按照税法规定中外合资生产经营企业自盈利年度之日起执行“两免三减半”所得税税收政策。

2008年，按照之前相关优惠政策新增《国务院关于实施企业所得税过渡优惠政策的通知》（国发〔2007〕39号）文件第一条规定，自2008年1月1日起，原享受企业所得税“两免三减半”、“五免五减半”等定期减免税优惠的企业，新税法实施后继续按原税法优惠办法及年限享受至期满为止。

除上述子公司外，其他子公司均按法定税率纳税。

二、1997~2016年纳税工作所获荣誉

（1）2002年，公司获诚信纳税企业称号。

（2）2004年，获包头市先进纳税人、获自治区地方税收纳税大户称号。

（3）2010年，被包头市稀土开发区评为纳税突出先进单位、2010~2011年度内蒙古自治区A级信用纳税人。

（4）2011年，获包头市稀土开发区纳税突出单位称号。

（5）2013年4月，内蒙古自治区地税局进行2012年度全区地税纳税“百强企业”表彰，公司以33.9亿元纳税总额紧随内蒙古电力和包钢集团，位列榜单第三名，公司所属华美稀土公司亦榜上有名。

（6）2014年，在内蒙古自治区国税局、地税局联合开展的纳税人信用等级评定工作中，公司及子公司国贸公司、和发公司获评“A级（最佳）信用纳税人”。

三、1997~2016年利税完成总额

1997~2016年利税完成总额见表4-29。

表4-29 1997~2016年利税完成总额

（万元）

年 份	利税总额	其中利润	其中税金
1997	7762	7115	647
1998	10582	7832	2750
1999	10211	6340	3871
2000	16283	9808	6475
2001	12111	8056	4055

续表 4-29

年　份	利税总额	其中利润	其中税金
2002	12065	7417	4648
2003	7247	3787	3460
2004	5879	2187	3692
2005	8076	1304	6772
2006	22904	11231	11673
2007	69941	40287	29654
2008	51413	22391	29022
2009	47617	10975	36642
2010	219906	137109	82797
2011	850601	560881	289720
2012	506683	167273	339410
2013	190130	95008	95122
2014	77088	26345	50743
2015	75107	5763	69344
2016	62629	8027	54602

第九节　会计信息化管理

公司自 1997 年上市以后，根据《中华人民共和国会计法》《会计基础工作规范》《会计电算化工作规范》和《会计档案管理办法》等规定，不断完善会计信息管理，母公司及下属分子公司逐渐以计算机替代手工记账，已形成较为成熟的会计信息管理系统。各公司使用的主要是用友财务软件，依据不同的需求，购置不同的模块，力求节俭高效。

2014 年，母公司及国贸公司等子公司升级财务软件，由软件服务商提供日常维护，业已达到安全准确、高效全面的管理水平。

第十节　会计档案管理

公司会计档案管理严格遵照国家 1998 年颁布的《会计档案管理办法》的要求，定期将应归档的会计资料，按顺序立卷登记入档。每年年终后，将财务部门的会计凭证、账簿、报表统一编制、整理，次年将档案存放到计划财务部档案室。计划财务部将 1997～2005 年会计档案存放于冶炼厂档案馆。公司于 2013 年年底建成档案馆后，分别于 2014 年、2016 年将 2006～2012 年会计档案存放入公司档案馆。以后每隔 2 年将前期会计档案移交至北方稀土公司档案馆，以确保会计档案管理工作做到手续齐全、资料完整、入档及时、存入有序、方便查阅、安全保密。计划财务部档案室存放近 3 年的档案，以便查阅。

第六章 生 产 管 理

公司是国内最大的稀土生产企业，具备从稀土精矿、冶炼分离产品、稀土金属到功能材料和稀土应用产品的完整的稀土产业链。具有年产稀土精矿 25 万吨、冶炼分离产品 7 万吨、稀土金属 7000 吨、抛光粉 5000 吨、贮氢合金 1500 吨、磁性材料 3 万吨、镍氢电池 700 万只、核磁共振仪 100 台的生产能力。

第一节 计划与统计管理

一、生产计划管理

（一）生产计划的编制

1991~1997 年，生产计划的编制按照包钢集团公司总体的产量要求进行。具体由稀土三厂生产科负责编制。生产计划编制程序是：根据各个车间、厂（分公司）工艺衔接情况、生产能力、检修计划、国贸销售、仓储以及“三废”处理要求，采取“自上而下、上下结合”的方式进行编制。生产计划的下达，以“包钢稀土三厂文件，厂生字（×）×号，199×年生产经营计划”形式下发，签发人为主管生产副厂长。

1997 年，成立内蒙古包钢稀土高科技股份有限公司，公司设生产部。1997~2003 年生产计划的编制依据是包钢稀土高科技股份有限公司年度经济技术指标预算。2004~2007 年公司没有下发生产计划，由冶炼厂和稀选厂分别制订各自的生产计划。2008~2016 年公司生产部编制下发生产计划。1998~2002 年，生产计划由公司设生产部编制，以“内蒙古包钢稀土高科技股份有限公司文件，公司生字（199×）×号或公司发（200×）×号，××××年生产经营计划”形式下发，签发人为主管生产的副总经理。2002 年 5 月公司生产部更名为生产技术部。2002~2003 年，生产技术部以月度下发生产计划。2003 年冶炼厂成立后，2004~2007 年公司没有下发年度生产计划，由冶炼厂和稀选厂各自下发生产计划。2008 年后，生产计划由公司生产技术部下达。2014 年生产技术部更名生产部，生产计划由公司生产部下达。

（二）生产计划的内容与范围

1997 年后，生产计划的内容包括产品名称、规格、单位、计划产量、备注。产品收率指标、能源（水、电、汽）消耗考核指标，大宗原燃材料消耗（单耗）指标，产品包装物规格、数量、用途。2000 年后，由于环保压力加大，对“三废”治理有关工作安排篇幅相应加大。2002 年的月计划中有检修计划，局部或全厂停 1 至几天，停水、停电、停汽、做绝保、设备检修等。计划开头对本月的重点工作进行强调安排，如要进行安全月活动、质量月活动等。

生产计划的范围：1991~1997 年生产计划的执行范围为稀土三厂内部各生产车间。1997 年扩大到稀选车间。2009 年 7 月，白云博宇公司纳入生产计划。2011 年 7 月，华美公司和和发公司纳入生产计划。

（三）生产计划的签发与执行

1991~1997 年，生产计划由主管生产的副厂长签发，下达到各生产部门具体执行。1997 年以后，由公司主管生产的副总经理签发下达到各生产单位执行。

二、生产统计管理

1997 年以前，稀土三厂各生产车间按照生产计划组织生产，定期上报生产数据。生产科专人负责生产数据汇总并存档；生产报表内容主要是：各类稀土冶炼分离产品的数量、规格及生产技术指标。每月底各个车间对原辅料进入量、结余量，各品种、规格产品、半成品，不合格品生产量、消耗量、结余量进行盘点、统计。根据统计结果计算各项单耗、劳动生产率、利润，再形成统计报表。统计报表基本反映本车间生产经营情况，但有的车间根据厂部奖惩条例会调节部分数据。每年年底，厂部对各个车间进行大盘点，按车间统计报表进行经济技术分析，对一些没完成的指标进行原因分析。车间统计报表一式四份，车间主任、车间统计员、生产部统计员、财务部（科）各一份。

1993 年 2 月，根据包钢公司《关于对统计报表、原始记录进行清理整顿的通知》，冶炼厂成立清理整顿领导小组，对全厂各单位的统计报表、台账和原始记录进行了较为全面的清理整顿，全厂共清理统计报表 94 种，台账 73 种，原始记录 102 种。对各单位原始记录按文件要求进行了统一编码。以后各单位新增原始记录上报生产科进行编码，生产科上报计划处审批后方可打印，否则视为无效。

1997 年以后，由包钢稀土高科技股份有限公司生产部安排专人负责生产数据的统计汇总工作，除稀土冶炼分离产品外，稀土精矿纳入统计报表；各生产单位按照生产计划组织生产，定期上报生产数据，包括产量、规格及相关的生产技术指标，生产部专人汇总；同时每月定期对各单位的生产完成情况进行考核，每月考评一次，与奖金挂钩。

2002 年 7 月 15 日，按照稀土高科公司发〔2002〕第 2 号文件，公司专门成立成本管理中心。把降本增效作为企业一项长期战略任务。成本管理中心的职责是综合性的，主要是对企业的产品成本、质量成本、预算成本、销售成本、采购成本等进行全过程预测、计划、监督、考核、分析，同时提出决策依据。具体负责成本计划的编制、成本核算、成本考核与分析等。同日，按照公司发〔2002〕第 26 号文件，决定将公司所属各分厂、车间、部室成本核算员实行统一管理。成本核算员（统计）人事关系调入成本管理中心，人员派驻各分厂、车间、部室，并根据工作需要设置了成本核算员（统计）岗位。同年 8 月 13 日，根据公司财字〔2002〕第 11 号文件，实行“统一成本核算程序”，以正确计算产品成本，加强成本管理，充分发挥成本核算的职能作用。使成本易于比较，能够便捷找出实际成本与计算成本、实际成本与上期成本之间的差距。生产单位能够依据分析结果制定切实可行的措施予以实施。上述措施的宗旨是向成本最低化、利润最大化的目标努力。2009 年，该项工作由公司生产部负责，执行生产日报表制度，各生产单位每天向生产部报告当天生产量和相关的生产技术指标，生产部每天汇总生产日报表，由生产部部长签字后向主管生产的副总经理报告。

2013 年起，生产技术部统计报表的范围包括直属厂、全资子公司及控股子公司。随之形成了从稀土矿产品、冶炼分离产品、稀土金属、功能材料到应用产品的完整的产业链。

第二节　调度管理

一、生产调度管理机构

1997~2002 年，稀土高科公司生产部负责生产的组织调度与管理。2002 年以后，公司生产部不再设生产调度，原生产调度职权下放到各生产单位。2013 年 7 月，公司恢复生产部，下设调度指挥中心。

二、生产调度与管理

公司生产部负责组织生产调度。组织、计划、指导、控制、协调生产过程中的各种活动和资源，综合平衡年度生产任务；负责协调解决生产过程中出现的各种问题；组织有关部门对安全生产、环境保护及生产工艺的实施情况进行定期或不定期检查，发现问题、分析原因，采取有效措施，确保生产正常运转；建立和完善各项生产流程，提高生产效率；改进现场管理，引进先进的管理机制；确保所属部门和各类人员职责、权限规范化；审核日度、周度、月度生产计划；随时掌握生产过程中的质量状态，协调各部门之间沟通与合作；负责对工厂基础设备维护管理，保证生产现场能够正常生产，设备处于良好状态；指导、监督、检查所属下级的生产过程，掌握生产情况和相关数据；并根据公司年度经营目标，综合协调控股子公司的生产指标及计划安排；贯彻执行公司的安全管理规章制度，确保安全生产，杜绝重大火灾、设备、人身伤亡等严重事故的发生。

三、生产运行

2007 年 12 月 11 日，一车间萃取年处理氧化物 12000 吨分离生产线恢复重建工程完工，生产氯化镧铈溶液、氯化镨钕溶液、氯化镧溶液、氯化铈溶液、氯化镨溶液和氯化钕溶液。形成铈镨分离生产线、镧铈分离生产线、镨钕分离生产线及相应公辅设施。工艺流程以分组氯化稀土溶液为原料，采用先进、成熟的P_{507}—煤油—盐酸萃取分离工艺。

2011 年 10 月 16 日，由于稀土市场产品价格不断下滑，下游需求不旺、供过于求，为进一步稳定市场、供需平衡，包钢稀土宣布自 10 月 19 日起，公司所属冶炼厂、华美公司、和发公司、山东灵芝公司停产 1 个月，停产期间，包钢稀土对以上冶炼分离企业及外部合作企业的原料供应也相应停止。

2012 年 10 月 23 日，包钢稀土宣布，公司所属应用包头稀土矿的焙烧、冶炼分离企业及应用南方稀土矿的全南包钢晶环公司、信丰包钢新利公司停产 1 个月。同时，公司相应暂停向有关焙烧、冶炼分离企业的原料供应。这是包钢稀土面对稀土市场下滑所作出的第二次保价行动。

2012 年 11 月 26 日，包钢稀土下发公司发〔2012〕123 号，关于办理《稀土生产“三废”回收与利用工程》规划设计要点的申请。该项目是提高产业集中度，提高综合环境治理水平的基础项目，符合国家产业政策。

2014 年 1 月 1 日，尾矿库周边企业停止向尾矿库排放生产废水，冶炼分离企业开始在生产废水零排放的基础上组织生产并实现生产废水全部回收利用。

稀选厂全年搬迁改造停产，主要工作：一是配合物资供应分公司承担包钢稀土对外精矿发货工作，稀选厂 2014 年全年合计发货量 95200 吨；二是配合内科大稀土选矿试验工作；三是按照氧化矿搬迁指挥部的指令，稀选厂在 12 月底进行试车准备，组织了氧化矿搬迁上山人员安全培训，制定了稀土选矿部分试车方案。

白云博宇 2014 年开始按照 50%稀土精矿标准组织生产，1 月份停产，2 月份试生产，产量比较低，同时水玻璃和捕收剂的单耗也大幅度超过考核指标，从 3 月份开始提产提量，生产逐步进入稳定运行，随着天气转暖进入黄金生产季节，稀土精矿和铁精粉产品产量、质量保持稳定，水玻璃和捕收剂的单耗也稳步降低，并于 10 月和 11 月达到最好水平。

从 2014 年 11 月开始，筹备中贫矿选矿工业试验的各项工作，12 月 17 日中贫矿工业试验正式开始，12 月由于筹备采用中贫矿实验工作，排产和实际产量较低。

2014 年，冶炼分离企业在进行“三废综合治理”项目的同时，在生产废水零排放的前提下以水定产，冶炼厂、华美公司采取联动组产的形式组织生产；由于受生产废水零排放的限制，原料生产企业的混合碳酸稀土供应不足，全年生产组织面临很大困难，通过各冶炼分离企业联动组产，多方协调，积极外转生产废水，加紧完善冶炼厂三效蒸发系统，到年底具备结晶能力。

冶炼分离企业全年共完成总氧化物 42095.097 吨，完成全年计划的 101.1%，比年度预算计划超产 468 吨。其中，冶炼厂、灵芝公司、京瑞公司不同程度超年度预算计划，华美公司、和发公司、信丰新利完成年度预算计划；全南晶环欠产 1173 吨，稀土冶炼分离产品总体上完成年度预算计划。全年冶炼分离企业生产中存在的主要问题：一是由于稀土市场低迷，南方矿和稀土产品价格倒挂，信丰新利和全南晶环已经无法执行 2014 年生产计划，因此信丰新利积极转向回收钕铁硼废料，全年完成钕铁硼废料回收折氧化物约 850 吨，完成了全年生产计划。二是从 2014 年 4 月份开始，混合碳酸稀土原料不足导致和发公司未能超计划组织生产。三是由于内蒙古自治区腾格里沙漠环境污染事件持续发酵引发的“环保百日整治行动”以及北京 APEC 会议召开期间要求废气和废水排放超标的相关企业停产或减产，在此期间华美公司停产约一个半月，同时冶炼厂、和发公司相应减产导致 11 月和 12 月两个月冶炼分离产品总产量比较低，未能超计划进度组织生产。

2014 年由于受稀土市场低迷的影响，四大功能材料总体比预算进度欠产 1065 吨，其中抛光粉产量超计划完成全年生产计划，但贮氢合金、荧光粉、磁性材料均不同程度欠产。

2015 年，按照北方稀土的统一部署，稀选厂上半年停产，无产量计划，主要工作是配合物资供应分公司包装精矿、装车及精矿外发工作；氧化矿搬迁工程情况：$\phi 30$ 米浓密机渗水情况正在处理，待 $\phi 30$ 米处理结束后稀选厂将继续进行通水试车工作。稀选厂上山工作包括现场所需材料、备品备件、人员、后勤保障等都正在有条不紊地进行，氧化矿工程设备安装进入最后收尾阶段。

2015 年度产量预算计划 8 万吨，原定下半年正式投产后实现，但由于受氧化矿上山项目进度的影响，全年未组织生产；年底稀选区域试车圆满结束。12月，在稀选浮选车间搅拌槽基础出现裂纹、过滤车间粉尘严重等内部问题短时间难以解决的情况下，接包钢生产部指令，为配合选铌作业部降低尾矿，打通流程，稀选厂主要工作转为配合选铌打通流程及自身消缺。

2015年，白云博宇完成中贫矿试验，并根据中贫矿工业试验的指标和数据，正在抓紧编制中贫矿工业试验报告，为下一步投入正式生产奠定了基础。

2015年，根据上级环保部门检查要求，华美公司西厂从5月6日开始停止外转生产废水，导致萃取分离生产线停车，未完成5月份生产计划，6月底开始生产，7月2日又因外转废水障碍停产，连续3个月未完成生产计划，8月27日~9月5日国庆阅兵期间按照应急预案要求停产。10月7日，华美公司发生火灾事故，造成萃取分离生产线停产。同时，华美东厂环保项目未能按照原定计划正常投入生产运行，且运行过程出现故障导致各月产量较低，只有12月份超额完成产量计划；截至12月份，华美公司总体上欠产，未完成全年生产计划。灵芝公司因淄博桓台东润兴化工有限公司“8·22”爆炸事故，接临淄区人民政府的紧急通知，自8月26日~9月15日前停止处理精矿，集中处理碱渣，冶炼分公司停止分离氯化稀土，11月和12月由于污水车间设备正在调试中，安全等相关手续正在办理中，连续两个月产量较低，截至12月份灵芝公司总体上欠产。科日公司生产废水（硝铵废水）的处理一直没有解决方案，全年停产。信丰新利积极转向处理钕铁硼废料生产，运行良好。全南晶环因稀土市场低迷价格倒挂，产量很低，未做产量计划。京瑞公司2015年考虑荧光粉市场低迷，全年排产量相对于产能来说不饱和，经过累积原料的方式集中组织间歇性生产，氧化铕完成年度计划的240.85%。和发公司生产组织运行总体平稳，超年度预算计划的进度；冶炼厂12月份由于西骏运行不正常影响氯化铵废水接收导致未完成月产量计划，但全年总体运行较平稳，年产量略超计划进度。

2016年，稀选厂上半年按照公司整体部署和要求，主要进行停产检修及消缺作业，组织试生产工作，争取早日达产。进入6月，遵照包钢生产部指令停车，氧化矿稀土区域完成交接，稀选厂山上工作人员开始陆续撤离。3季度主要工作是恢复稀选厂山下生产线，在完成一期生产线复产改造后，于8月26日开始试车，9月8日带负荷联动试车，至9月16日结束，产量、质量基本达到预期目的。但稀选厂外部条件不稳定，选矿厂频繁停车检修，单系统送矿时间长，由于选矿厂供矿不足，稀选厂基本上都在低浓度下生产，供矿条件达不到稀选厂生产要求，所以产量偏低，产率、收率降低。

2016年，白云博宇公司在上一年度完成选矿试验的基础上，全部采用中贫矿组织生产，生产的主要问题是稀土精矿产量减少和药剂消耗的增大；间接地导致选矿比增大，成本增加。主要原因：一是环保标准提升，生产水不可外排，无更好的净化水质措施和净化设施，水质逐渐恶化。二是原矿性质复杂且品位相对偏低，对稀土选别难度增大。三是配合环保检查随时停车使设备作业率降低。白云博宇公司环评验收工作分步进行，截至12月底，白云矿选矿厂已通过环评验收，并已拿到白云区环境保护局出具的竣工环境保护验收批复。下一步重点工作：一方面继续配合环保部门对本单位存在的环境问题进行检查和治理；另一方面在中贫矿试验结果的基础上对全年生产工作认真总结，确定中贫矿的品位和收率等技术指标，作为编制生产计划的依据。

2016年，冶炼分离企业生产中存在的问题：一是冶炼厂氯化稀土料液不足，华美硫铵项目未投入使用，酸溶混碳能力受限。二是生产组织受环保建设项目进度和环保设施运行的影响，冶炼厂生产组织和建设项目交叉进行，工程进度延迟，后处理设施能力限制，目前冶炼厂委托华美西厂进行碳沉。三是西骏公司氨水、冷凝水储池储量不足，氯化钙储存场地不足。四是生产组织仍然采取以水定产的方式进行，排产的前提是废水处理和氨水、冷凝水回用的平衡；同时如果维持冶炼分离企业生产正常进行，需要冶炼厂、华美公司、和发公司、西骏公司互相配合。冶炼厂、华美公司、西骏公司之间任何一家出现问题都会打破水平衡，影响生产正常进行。五是两个环保设施有待进一步完善并稳定运行，西骏公司上半年生产运行时有故障发生，华美东厂环保设施仍然在试运行阶段且运行不稳定，作为西骏公司氨水的一个主要出口，直接影响了生产的顺利进行。六是各单位由于所有制不同，且源于公司在成本

或效益方面的绩效考核，在排产、原料分配、废水处理、氨水分配等方面的协调需要考虑利益的平衡。

进一步做好生产组织工作的措施：一是环保项目的配套和完善是保证生产正常进行的前提。二是采用联动组产，各分离企业互相配合是保证生产正常进行的基础。三是理顺价格、平衡各方利益是保证生产正常进行的根本。

第三节 安全管理

一、安全管理机构

1997年9月30日，公司成立生产部，原安环科及其管理职能并入生产部。生产部负责安全生产工作。

2011年8月3日，包钢稀土下发了《关于职业卫生管理制度的通知》（生技字〔2011〕23号），文件规定本着落实“管生产必须管安全”的原则，明确了各生产部门和职工对职业病防治工作职责，明确生产部为本单位职业卫生管理机构，设专（兼）职职业卫生专业人员，负责职业病防治工作；明晰了职业病防治工作职责，各司其职、各负其责，做好职业病防治工作，促进生产持续发展；建立了职业卫生档案和劳动者健康监护档案，依法对劳动者进行上岗前、在岗期间、离岗时的职业体验，定期对劳动者进行职业卫生健康教育、培训，向劳动者提供符合防治职业病要求的职业病防护设施和个人使用的职业病防护用品，积极改善工作条件。同时，生产部进行职业病危害因素日常监测。每年联系有相关资质的职业卫生技术服务机构进行职业病危害因素监测、评价，监测结果向劳动者公布。检验人员负责内部检测，及时记录上报存档，对查出的问题及时处理。按照《职业病防治法》，依法执行审查制度，并成立应急救援分队，落实职责，以利急需。

2012年，生产技术部成立，安全生产管理职能并入生产技术部。同年12月13日，包钢稀土下发了《关于易制毒化学品管理制度》（公司发〔2012〕128号），强化易制毒化学品管理，严防易制毒化学品流入非法渠道。此后，包钢稀土成立了易制毒化学品专管小组，法定代表人为易制毒化学品管理工作第一责任人，担任组长，并落实了以下具体管理措施：供应商运输易制毒化学品车辆，必须携带易制毒化学品购买备案证明和运输备案证明及易制毒化学品运出地、装车时的过磅单；供应商运输易制毒化学品车辆必须有上岗证、押运证、罐车罐体检验合格证、道路运输证；供应商运输车辆必须符合厂区规定，并保证罐体无泄漏。该制度的执行，切实加强了易制毒化学品的管理工作，有效防止其流入非法渠道，保障了公司的合法权益和正常生产经营秩序。

2013年5月15日，公司发〔2013〕63号文件，以贯彻落实《国务院关于进一步加强安全生产工作的通知》精神，进一步明确企业安全生产监管责任，体现责、权、利对等管理原则，形成了长效安全考核激励机制，使安全生产责任人经济利益与企业长期安全生产目标有机结合。从2013年1月1日起，公司实行安全生产绩效风险抵押金奖惩制度，并制定了事故责任追究考核办法，同时，直属厂、在包绝对控股分子公司制定了本单位安全风险抵押金奖惩实施方案，把抵押和奖惩单报公司生产技术部备案。

2014年，生产技术部划分为生产部和技术质量部，安全管理工作职能归属生产部。同年9月9日，包钢稀土安委会召开会议，对以前执行的《安全生产责任制》和《安全检查制度》两个安全管理制度进行进一步完善修订。为体现职责明确、分工协作的原则，生产部依据公司现行管理体制，切实加强公司对所属企业的安全管理工作，进一步明晰各级管理职责。生产部以《企业安全生产标准化基本规范》为依据，按照《安全生产检查制度》进行考核，将安全管理划分为3个层面（即在包企业、外埠企业、参股公司），建立起全面监管、专项监管和定期监管相结合的模式，落实了属地管理职责，提升了管理者重在防范的安全治理理念。

2016年，公司制定下发了《北方稀土安全生产责任制》，明晰了公司领导、各职能部门及直属厂和分子公司的安全职责。坚持“党政同责、一岗双责、齐抓共管、失职追责”，进一步完善北方稀土（集团）公司安全生产责任体系，着力强化“管行业必须管安全、管业务必须管安全、管生产经营必须管安全”。

二、安全管理

2004年2月26日，经过包头市经济贸易委员会等有关部门审核，稀土高科获得危险化学品经营许可证。

按照2006年9月20日国家安全生产监督管理总局发布的《生产经营单位安全生产事故应急预案编制导则》（AQ/T 9002—2006），为进一步贯彻落实“安全第一，预防为主，综合治理”的方针，规范稀土高科应急管理工作，提高应对和防范风险与事故的能力，保证职工生命安全与健康，最大限度减少财产损失、环境损害和社会影响。稀土高科结合实际，按照统一领导、分级负责原则，从公司、车间、岗位分别制定相应的应急预案，形成体系。并于2007年5月14日，稀土高科公司以〔2007〕27号文件印发《关于安全生产应急预案（试行）》，规定从即日起试运行，同时要求各单位组织好预案的宣传、落实和执行，对执行过程中出现的问题及时向企业发展部反馈，以对预案进行完善和修订。

2008年1月18日，稀土高科下发公司发〔2008〕1号文件《2008年安全工作计划》。此后，公司都在年初首先以1号文件下发年度安全工作计划，具体安排安全工作。

2011年7月8日，包钢稀土生技字〔2011〕20号转发《关于全区冶金工贸企业开展安全生产标准化建设工作方案》（内安委办〔2011〕33号）。公司要求各单位结合各自实际，做好此项工作。

2012年6月18日，包头市安全生产监督管理局下发《关于进一步做好冶金等工贸行业企业安全生产标准化建设工作的通知》（包安监综监字〔2012〕175号）。要求有关企业按照安全生产标准化考评实施办法有关规定抓紧落实，确保企业限时达标。包钢稀土贯彻执行自治区和包头市两级安监局精神，积极推进安全生产标准化工作。通过建立安全生产责任制，制定安全管理制度和操作规程，排查治理隐患和监控重大危险源，建立预防机制，规范生产行为，使各生产环节符合有关安全生产法律法规和标准规范的要求，人、机、物、环经常处于良好的生产状态，并持续改进，不断加强企业安全生产规范化建设。建立起较完善的安全生产标准化体系，包括目标、组织机构和职责、安全生产投入、法律法规与安全管理制度、教育培训、生产设备设施、作业安全、隐患排查和治理、重大危险源监控、职业健康、应急救援、事故的报告和调查处理、绩效评定和持续改进等13个方面工作规范。该体系实际运行，进一步体现了“安全第一、预防为主、综合治理”方针和“以人为本”的企业安全管理的科学性；体现了企业安全生产工作的规范化、科学化、系统化和法制化；强化风险管理和过程控制，注重绩效管理和持续改进，符合安全管理的基本规律，代表了现代安全管理的发展方向。经过先进安全管理机制与传统安全管理方法具体实际的有机结合，有效地提高了公司安全生产水平，推动公司安全生产状况根本好转。

2012年8月3日，包钢稀土下发生技字〔2012〕13号文，《关于试行安全生产事故隐患治理情况月通报的通知》，要求各单位每月25日前，将安全事故隐患排查治理情况以月通报成文报送公司生产技术部。通过执行安全生产事故隐患治理情况月通报制度，进一步落实了各单位安全生产责任制，加强安全隐患的排查治理，确保了全系统安全生产。

2013年2月20日，包头市安全生产监督管理局、包头市工业企业质量协会颁发“内蒙古包钢稀土高科技股份有限公司冶炼厂（冶金基地）安全生产标准三级企业”证书。公司档案号：3-3.020。

2013年2月20日，包头市安全生产监督管理局、国家安全生产监督管理总局颁发“内蒙古包钢稀土（集团）高科技股份有限公司冶炼厂安全生产标准化”证书，证书编号：AQBIIIQT蒙201300030。公司档案号：3-3.021。

公司从2011年起，按照《国务院关于进一步加强企业安全生产工作的通知》（国发〔2010〕23号）、国务院安委会办公室《关于深入开展全国冶金等工贸企业安全生产标准化建设的实施意见》（安委办〔2011〕18号）要求，“在2013年底前，规模以上工贸企业实现安全达标；2015年底前，所有工贸企业实现安全达标”，逐年实施安全生产标准化推进工作，至2014年底，有17家（科研、贸易、参股企业除外）单位通过了企业所在地安监部门安全生产标准化三级验收。

2015年3月8日后，包钢无缝厂、轨梁厂等单位连续发生安全工亡事故，公司生产部召开紧急会议，针对严峻的安全生产形势，提出安全工作的具体措施：各单位、各部门重点落实相关安全管理规范，对外包单位资质严格把关，加强资质检验。同时进行安全宣传告知，签订安全协议。加强安全管理和教育培训力度，宣传新《安全生产法》，加强新法的贯彻落实；专门开展涉及皮带作用、机械传动作用的专项检查，进行全面的“反违章、查隐患”安全检查工作。

2015 年，各单位在组织生产、设备检修、基建技改等工作中，按照公司要求，首先考虑安全因素，严守红线规则，严防各类安全事故的发生。各级党政领导高度重视生产安全，在部署生产任务的同时，对进行部署。经常督促主管部门进行安全工作的落实，采取最有效的措施全方位强化安全生产。同年初，按照包钢（集团）公司开展“反违章、防事故”百日活动方案具体要求，北方稀土公司决定于 2015 年 3~6 月，开展百日安全生产大检查、大落实，确保安全生产万无一失。

2015 年 8 月 21 日，公司召开安委会扩大会议，就天津“8・12”特别重大责任事故，传达党中央、国务院、自治区领导指示、批示和电视电话会议精神，重点布置所属企业深入开展危险化学品、易燃易爆气体、金属粉尘专项安全检查工作。专项检查从 8 月 21 日一直持续到 9 月 30 日，分自查自纠和监督检查两个阶段进行。9 月 15 日，公司生产部、综合办公室、工会、集团管理部、建设部、物资供应分公司共同组成检查组，对各单位进行了全面的安全工作监督检查。通过实地检查，在危险品产生、存储、使用、运输等环节上依然存在问题，检查组按照《公司安全生产考核办法》向责任单位下达了隐患整改指令书。经统计，在专项隐患排查工作中，北方稀土所属单位召开专题安全会议 13 次；制定专门工作方案 10 个；共排查隐患 82 项，落实整改 71 项，有 11 项未能整改的项目制定的整改方案，进行了可靠防护。

2016 年 9 月份，按照安监局下发的职业病危害防治评估要求，各单位按照《用人单位职业健康监护监督管理办法》的内容，逐项落实本单位职业健康年度检查完成情况、警示标识设置情况。通过对职工的工作环境、工作设施和健康的检查评审，识别影响劳动安全的危险源，并采取措施进行整改，降低企业安全风险。针对包头市安监局对稀选、冶炼等单位职业卫生存在的共性问题，举一反三落实整改。

北方稀土安全工作会议

2016 年，公司开工的建设项目较多，稀土生产“三废”综合治理技术改造工程进入了攻坚阶段，为正确处理好安全与工程质量、施工进度和工程效益的关系，公司制定下发了《北方稀土相关方安全管理制度》，明确了相关方的责任，规避了基建技改、大中修、设备维护、服务等协作项目的安全风险。在确保安全的基础上，确保工程质量和进度，以期预防各类事故的发生，确保公司生产经营的安全稳定。

2016 年，为充分吸取赤峰“12・3”特别重大事故的教训，在包钢（集团）公司的领导下，北方稀土全面启动了安全大检查工作。此次大检查由公司主要领导亲自挂帅、亲自部署，同时公司组成了由分管领导、部门领导、受检单位主要领导为责任人的 12 个检查组。为检查工作的顺利实施，公司统一了安全大检查工作的有关工作要求与安排，制定规范了安全大检查专项、综合检查表、隐患整改指令书等工作手段。目前，检查组已经对在包的 18 家分子公司开展全面检查。根据已经检查出的问题，公司要求各单位从反馈意见及本次通报中总结经验教训，举一反三地抓好各项落实。此次安全大检查深入落实“三个必须”原则，按照职责分工，大力开展本单位安全自查，把管行业管安全和管业务管安全工作落到实处。

三、重大生产安全事故

2002 年 9 月 14 日，包钢综合企业（集团）公司稀土三厂综合厂发生一起重大窒息死亡事故，死亡 3 人。稀土高科根据内经贸安全发〔2002〕982 号，“关于稀土三厂综合厂9・14 事故调查报告的批复”要求，稀土高科公司对死亡职工进行了妥善安置后，对综合厂设备设施进行了全面检修，对作业环境的有毒有害物进行了全面检测检验，对责任者和单位采取了严肃的行政罚款处理。对涉事单位加大了安全教育力度，提高职工的安全意识，进一步强化安全管理措施，避免安全事故的再次发生。

2003 年 4 月 14 日，稀土高科动力分厂在进行碳沉槽的拆除工作中发生一起工亡事故，造成 1 人死亡。同年 6 月 5 日，稀土高科公司下发生计字〔2003〕第 12 号文件，对伤亡事故作出处理决定。对有关责任人通报批评及罚款，同时要求各单位认真汲取教训，切实引以为戒，坚决杜绝各类生产安全事故的再次发生。

2007 年 6 月 7 日早 7 时 20 分许，稀土高科公司冶炼厂萃取车间在生产过程中发生一起无人员伤亡的火灾事故。6 月 9 日，公司以〔2007〕31 号文件，向包头市人民政府报告了事故，恳请相关部门对此次事故进行调查处理。经包头市事故调查领导小组聘请的国家著名火调专家现场调查取证和现场勘查认定：本次火灾是由于设计缺陷、电缆老化引起的，为生产过程意外事故。经立信会计师事务所有限公司核定经济损失近 3000 万元。经包头市环保局监测，产生的烟气、废水对外环境没有造成不良影响。2007 年 7 月 9 日，公司以〔2007〕39 号《关于恢复建设稀土高科冶炼厂萃取分离生产线的请示》，上报包钢和自治区发改委稀土办公室，请求在原有厂房基础上复建年产 12000 吨先进的萃取分离生产线，淘汰落后生产线。同年 7 月 27 日，包钢公司会纪〔2007〕47 号明确：恢复重建稀土高科冶炼厂一车间萃取工段。要求快速、优质、安全、低耗完成恢复重建工作。同年 12 月 10 日，包头市人民政府〔2007〕111 号文件，同意事故调查组认定。要求包钢公司和稀土高科深刻吸取教训，认真查找存在的隐患和不足，进一步建立健全各项管理制度，完善安全生产责任制。同时，要求稀土高科向包头市人民政府写出深刻书面检查，防止事故的再次发生。同年 12 月，包钢稀土委托包钢设计院完成了冶炼厂一车间萃取分离生产线恢复建设的可行性研究报告，委托包头市环境科学研究院编制完成了项目环境评价报告，并通过专家评审。

2014 年 3 月 21 日 15:30，内蒙古包钢和发稀限公司和发分离厂检修员工在对氨水储罐上部进行焊接作业时，突然发生爆炸，将正在罐体上部作业的 4 名员工掀起并坠落，造成 1 死 3 伤。经过此次事故，公司全系统进一步吸取教训，加强安全生产的管理，特别对员工加强了安全知识培训，加强安全隐患排查和治理，避免类似事故再次发生。

2015 年 10 月 7 日，北方稀土子公司华美公司厂区发生火灾事故，经消防部队和企业员工共同努力，16 小时后，完成火灾抢险。事故原因认定：为高空意外坠物引起电器短路放电，导致可燃性萃取剂（煤油载体）燃烧起火。过火范围内生产设施全部损毁，直接经济损失 633 万元。此次事故责任单位华美公司，基本履行了企业安全管理职责，但也暴露了存在的问题：对安全隐患辨识不清，存在侥幸心理，安全管理认识不到位，隐患未能做到及时正确处置，导致事故发生，预案针对性不强，事故控制方式选择不合理。对照《中华人民共和国安全生产法》《中华人民共和国矿山安全生产法》《安全生产违法行为行政处罚办法》（国家安监总局令第 15 号）、《包钢集团公司防火安全管理办法》（包钢字〔2013〕196 号），认定此次事故为一般安全生产管理事故。

2016 年 7 月 17 日下午 14:30 左右，包头华美稀土高科有限公司“转型废水池移位”项目在施工过程中，防土墙突然坍塌，造成在基坑内正在进行钢筋绑扎作业的 2 名施工人员被砸伤，送医院抢救无效后死亡。“转型废水池移位”项目通过招标，由扬州市福特地源热泵科技有限公司承建，死亡的 2 人是其雇佣的施工人员。北方稀土下发生产字〔2017〕第 1 号文件，对伤亡事故作出处理决定，同时要求各单位认真吸取教训，切实引以为戒，坚决杜绝各类生产安全事故的再次发生。

四、安全教育

北方稀土的安全教育工作主要遵循包钢集团各项安全教育制度，在全公司树立“安全第一，预防为主，综合治理”为中心的安全理念。坚持新工人入厂的三级安全教育，除采用班前安全会、安全生产技术板报等传统的安全教育形式外，不断增加电化教育、安全知识竞赛、安全刊物教育等各种形式的安全教育，始终把安全生产规程培训教育作为安全教育的一项重要内容。此外，对于特殊工种采取专门安全技能教育，进行专业安全培训，在取得合格证之后方可上岗。各生产单

位针对安全教育及培训需求，制定、实施本单位安全生产教育和培训计划；设置培训记录，建立培训档案；坚持经常性安全教育，提高全体员工安全意识，营造全员遵守安全操守的浓厚氛围。着力将安全红线意识、底线思维根植于生产经营的方方面面。

生产厂的处级领导、科级干部、安全管理人员、职业从业人员、特种作业人员依照国家法律法规，经过安全培训、考试合格，持证上岗。凡是证件到期未进行年检或复审的，一律按照无证上岗（操作）进行考核处理。日常安全教育，既要突出特种作业人员、新员工、转岗和调岗等重点人员的安全教育，又要兼顾全员常规安全教育。全员安全教育时间每年不少于20个学时，做到重点培训与全面教育相结合。教育员工不仅掌握本岗位危险有害因素、实际操作技能，还要保证员工及时接受最新的安全教育，掌握最新的安全技能。此外，利用“安全生产月”、“班组安全活动日”、“安康杯”和“青安岗”等活动形式，全面推动和确保安全生产贯彻始终。

五、安全检查

公司自1997年以后，每年坚持全面安全检查活动。主要形式有：每年开展的春季、秋季安全生产大检查，节前安全生产检查，安全生产月活动，各类安全生产专项检查工作等。春季、秋季、节前安全生产检查等常规工作主要检查各单位领导的安全思想、职工的安全意识、各项规章制度的建立和执行情况，以查事故隐患为主要内容，对于查出的安全隐患定期进行整改。

监督检查的具体内容：一是职业健康安全相关法律、法规、政策的执行和落实情况，是否依据北方稀土安全生产各项规定，落实本企业安全生产工作任务。二是安全生产责任制、安全管理制度、安全操作规程、安全目标、指标和计划等制定和执行情况。三是安全管理机构及安全生产委员会建立和工作情况，是否配备专（兼）职安全管理人员；安全生产会议召开情况。四是安全教育和培训工作开展情况。五是建立员工工伤保险、安全生产责任保险的管理制度，足额缴纳工伤保险费。六是职业健康安全体系建设和安全标准化实施推进情况。七是危险源识别情况，应急预案制定和演练情况。八是主要负责人和安全生产管理人员，是否经过培训、考核、合格，是否具备与本单位所从事的生产经营活动相适应的安全生产知识和管理能力。九是企业招聘用人是否符合国家和地方用工政策，是否符合《中华人民共和国安全生产法》《中华人民共和国劳动法》中的相关规定。十是企业是否在员工上岗前告知其职业危害和作业危险因素，是否开展有针对性的岗前安全培训。十一是安全隐患排查与整改落实工作开展和落实情况。十二是特种设备及设施检验和使用情况。十三是依据《生产安全事故报告和调查处理条例》，监督生产安全事故（视同、轻伤、设备）调查与处理工作。检查结束后，检查组对各单位安全生产情况进行通报，对存在的问题除追究当事人的责任外，还要按照公司相关制度，追究有关人员的责任，并按照责任落实考核。

专项安全检查包括以易燃易爆气体、危险化学品有限空间作业、特种作业、机械传动装置、粉尘、建筑物、构筑物等为主要内容来进行。具体内容：一是涉及危险化学品、易燃易爆气体、金属粉尘的单位执行相对应的安全管理制度和安全操作规程，落实安全生产责任制情况。二是着重检查危险化学品接收、存储、使用、运输等环节，检查供应方、运输方的资质，操作人员持证作业情况。三是检查危险化学品存储区域的安全隐患及安全防范措施，以及存储数量、种类是否符合设计和限值的要求。四是检查煤气、天然气及其他危化品在生产和使用过程中是否存在火灾、爆炸、中毒、窒息等隐患，履行危险区域作业审批程序的情况。五是检查金属粉尘在生产过程中的每个环节、规程、作业指导书执行情况。六是检查各类固定式、移动式报警装置的管理和维护和定期检定。七是检查作业人员安全培训和持证上岗情况，检查人员是否有违章指挥、违规作业的行为。八是各单位按照危险源等级划分，对存在的风险进行辨识，切实加强应急管理，加大对应急物资和个人防护装备的投入，加强演练并完善应急预案，不断提高现场处置能力的情况。

通过深入进行安全生产检查和隐患排查整改，巩固阶段性成果，把该安全工作常态化，持续加强安全管理过程管控，全面加强安全生产工作，坚决遏制各类人身伤害事故。

第四节 环境保护管理

一、环保管理基础工作

1997 年 9 月 30 日，按照稀土高科下发公司办字〔1997〕第 10 号文件，公司成立了生产部，原安环科及其管理职能并入生产部。

2008 年，稀土高科成立生产技术部，环保职能并入生产技术部。2014 年，公司生产技术部划分为生产部和技术质量部，原环保管理工作职能归属生产部。

2005 年 1 月 27 日，稀土高科下发 2005 年环保工作计划，并下达具体的环保指标计划。全年环保工作重点是：加快废水综合治理工程进度，实现“三废”达标排放。按照年度环保工作计划，生产部一是年初召开了环保会议，强化责任管理，和下属企业签订了环保责任书，进一步明确了治理目标，落实了责任，为环保工作的顺利开展打好基础；二是对环境因素进行了常规性动态识别，使环境因素控制有效。

2007 年 1 月，稀土高科决定编制《稀土工业污染物排放标准》。专门成立该项目工作组，具体由生产部牵头，开展编制《稀土工业污染物排放标准》。对编制工作的内容进行分工，明确具体工作计划、完成时限和经费预算等事宜。

2007 年 9 月 7 日，公司成立环境污染源普查领导小组，在全公司范围内开展污染源普查工作。

2008 年 3 月，按照环境保护部编制国家标准——《稀土工业污染物排放标准》的通知精神，稀土高科成立《稀土工业污染物排放标准》的编制领导小组，同时给相关各单位下达工作任务，确保按计划完成标准编制工作。

2009 年 10 月 22 日，稀土高科印发了《包钢稀土放射性环境管理办法》。公司生产部作为监管部门对旗下各生产单位，依据该项管理办法进行环保工作的监管，并按月度进行考核。公司各二级单位严格执行了该管理办法。

2011 年 5 月 16 日，内蒙古自治区环境保护厅下发了《稀土工业污染物排放标准》的通知。稀土高科转发了该标准。同时，组织各生产单位进行了集中学习，要求各单位严格按照稀土工业污染物排放标准执行，要求各生产单位对废水、废气、废渣进行定期检测，做到达标排放。

2014 年，稀土高科下发《包钢稀土环保考核办法（试行）》，本办法明确了环境保护监督管理的范围，包括对公司大气环境、水环境、危险废物及剧毒药品、放射环境、环境监测及环保管理等监督管理；明确公司生产部是环保监督管理工作的主管部门，负责全公司的环保监督管理和考核工作。主要监督管理事项：第一，有关环保法规、方针、政策、规章制度的贯彻执行情况。第二，年度环保计划完成情况。第三，建设项目环保“三同时”执行情况和环保审批情况。第四，环保设施同步运行情况和环保设备状况。第五，污染物排放情况和减排任务完成情况。第六，环保限期治理任务完成情况。第七，固体废物处理处置情况。以进一步规范和完善环保工作，提升环保管理水平。

2015 年，随着新环保法的实施，环保部各项配套文件也随之出台，对企业的环保行为做出了更为明确、严格的要求。公司面临的环保形势也更加严峻。在此背景下，公司为进一步强化环保基础管理工作，一是强化责任管理，2015 年初召开了环保会议，确定了今年的环保工作重点和任务，和下属企业签订了环保责任书，进一步明确了目标，落实了责任，为环保工作的顺利开展打基础。二是在环保规程上下功夫，结合新法规，对原有的环保程序文件及时进行了修订，使企业的环保行为有章可循。各部门、直属厂对环境因素进行了动态识别，环境因素控制有效，2015 年 8 月顺利通过了环境管理体系外审。三是以法律为准绳，督促企业遵纪守法。公司不定期对各企业的环保情况进行检查，对检查出的问题要求企业立即整改。2015 年，北方稀土的国控污染源企业已经全部实现了环保信息公开；各企业建立了环保诚信档案，进行了初始排污权申报工作。

2016 年，北方稀土进一步加强环保管理工作：一是完善环保制度，修订了《北方稀土环保考核办法》等规章制度，增强了相关制度的可行性。二是强化信息公开，将北方稀土所做的环保工作及取得的环保成绩及时公开，提升企业形象；监督相关企业做好环保自行监测工作，接受公众监督。三是组织各企业环保管理人员互相调研学习，互相监督指导，提高企业环保管理人员的业务水平，配合相关部门进行环境管理体系评审。四是做好协调工作，本着服务于企业的态度，积极和

西郊污水处理厂及深加工园区协调，力促尾矿库周边稀土企业生活废水能早日由西郊污水处理厂接收；积极和包头市辐射处沟通，为五原润泽解决放射性废渣的存放问题；积极和包钢沟通，解决冶炼厂氯化铵废水运输、处理问题。五是全力以赴做好中央环保督察组、内蒙古环监局及内蒙古环保厅的3次督查准备工作。六是做好专项资金申报工作，成功申报节能减排示范城市项目一项。

二、环保治理

2000年，稀土高科对“三废”的治理进行了立项，同时，对企业开始进行内部的清洁生产审核工作。通过对审核中存在的问题逐步进行整治。在一定程度上促进了废水、废气、废渣的治理工作。同年10月17日，包头市计划委员会对内蒙古包钢稀土高科技股份有限公司废水、废气、废渣治理项目立项，向上级对口部门进行了呈报。2001年2月5日，内蒙古自治区计委对内蒙古包钢稀土高科技股份有限公司利用外国政府贷款，进行废水治理项目作出同意批复，并建议重点引进废水处理剂回收设备，同时改造现有生产工艺，减少了废气的排放量。

2001年7月23日，稀土高科向包头市稀土开发区管委会申请“环保综合治理”立项。7月24日，包头市稀土开发区综合经济发展局同意该项目立项。之后，公司委托包头钢铁设计研究总院进行了该项目可行性研究报告的编制，并由开发区综合经济发展局主持完成了对该项目可行性研究报告的评审。在修改、完善后于10月10日，公司向包头市稀土开发区管委会呈报了“污染综合治理建设工程可行性研究报告”。

2002年，内蒙古环保局经审查，通过了对稀土高科年产5000吨高性能钕铁硼项目（一期工程1000吨）环评报告。

2002年，包头市稀土开发区管委会下发5号文件，通过了对稀土高科3000吨单一稀土分离生产线后续工程环评审查。

2002年5月23日，稀土高科就《污染综合治理》项目向工商银行包钢支行申请贷款4942万元，用于新建年处理1.5万吨稀土精矿的酸法生产线、5000吨稀土精矿的碱法生产线、3000吨单一稀土分离生产线相配套的污染综合治理设施及其公用辅助设施。项目建成后，年废水处理总量140万立方米，尾气处理量38880万立方米，放射性废渣处理量15000吨，利用苛化渣2700吨，最终所有污染物达标排放。

2002年12月，稀土高科向包头市环保局呈报了《3000吨/年单一稀土分离线后续工程环境影响报告书》。

2003年10月，稀土高科向包头市环保局申请，“精矿湿法冶炼清洁生产工程”环境保护样板工程，请求扶持资金。该项目投产后，将有效缓解稀土高科及包头市其他稀土分离企业所需碳酸稀土原料供应的紧张局面及环境污染问题，可尽快实现包头稀土精矿清洁生产产业化。

2005年11月，稀土高科就冶炼厂辊道窑试生产向包头市环保局请示。稀土高科冶炼厂辊道窑烟气是包头市环保局限期治理项目，按要求已安装除尘设施，具备试生产及烟气监测条件，特向包头市环保局申请试生产，以便进行生产过程中的烟气检测。包头市环保局组织专家进行验收，通过评审。

2007年3月26日，稀土高科申请包头市环保局环境监测站，对冶炼三分厂酸法改碱法项目中的酸泡和酸溶工艺产生的盐酸气体进行检测，并提供检测数据。

2007年7月13日，按照稀土高科下发公司发〔2007〕41号文件，延期进行清洁生产审核验收。

2007年11月6日，公司向包头市环保局环保局申请出具“包钢稀土高科污染物达标证明”，请求包头市环保局向自治区环保局出具申报稀土出口配额的初审意见。

2008年2月，公司就发生于2007年6月7日的火灾事故，经包头市环保局监测，产生的烟气、废水对外环境没有造成不良影响。向社会各界做了慎重说明。

2008年2月，稀土高科确定2008年及近期公司环保工作重点为：开展大气环境治理和循环经济建设，力争在较短的时间内使公司的环境面貌有一个根本的转变。

2008年秋，稀土高科按照包头市环保局的要求，在重点排污企业的废气排放点源和废水排放点源安装完成了在线检测设备的安装、监测数据的传输工作，公司首先进行总体验收。

2008年11月26日，稀土高科下发公司发

〔2008〕116 号文件，出具了环保自查报告。主要内容为：稀土高科已向自治区环保局说明，根据“稀土企业出口配额出具环保证明专题会议”的要求，本公司已进行了环保自查。

2009 年 2 月 1 日，稀土高科向包头市环保局提出“包钢稀土冶炼厂灼烧、浓缩生产线改造项目”污染物排放总量的申请。主要内容为：该项目用天然气替代燃煤，是清洁生产项目，希望包头市环保局批准该项目的废物排放量。项目获得批准。

2009 年 2 月，稀土高科为完成本年度生产任务，给包钢生产部上报了关于向尾矿库排放废水的请示，包钢生产部同意给予稀土高科一定的废水排放量。

2009 年 3 月，公司对“污染综合治理项目”盐回收工程（氯铵回收工程）进行过考察。该项目主体工艺由三门峡市新港化工设备有限公司提供，主体设备采用石墨蒸发器。于 2009 年 6 月开工建设，2009 年 11 月初建设完成，工程总投资 3600 万元，其中主体工程投资 1500 万元。项目位于冶炼厂厂区东南侧。此项目建成后，年减排废水 18 万吨，年减排盐 12000 吨，既利用了废水中的有用资源，又解决了废水排放造成的污染。

2009 年 10 月 28 日，稀土高科向包头市经济委员会申报 2009 年工业清洁生产示范项目——“稀土萃取皂化废水资源化处理及循环利用项目”。该项目采用钠皂化工艺，配套离子膜烧碱工艺，是资源循环利用的清洁生产工艺。希望包头市经济委员会给予专项资金的支持。

2009 年 11 月 10 日，“包钢稀土冶炼厂氯化铵废水回收工程”是废水限期治理工程，经过整治已达到环保要求，包钢稀土向包头市环保局提出了关于《包钢稀土冶炼厂氯化铵废水回收工程》试生产的请示，并通过了包头市环保局试生产验收。

2009 年，冶炼厂在线监测设备安装完毕。主要监测总排废水中的 pH 值、氨氮、流量，经调试稳定运行后，2010 年 4 月 28 日，冶炼厂在线监测设备通过了包头市环保局验收。2010 年 5 月，根据包头市环保局《关于开展包头市重点监控企业污染源自动监测设备第三方运营工作的通知》，包钢稀土委托金汇达公司为第三方运营公司，负责冶炼厂在线监测设备的整体运营工作。2010～2013 年在线监测设施运行一直比较稳定，2013 年年底，冶炼厂通过工艺改造实现了生产废水全回收，拆除了废水外排流槽，在线监测设施处于闲置状态至 2016 年年底。

2010 年 4 月，包钢稀土冶炼厂一车间萃取恢复抢修工程，通过了包头市环保局环保验收。

2010 年 4 月，氯化铵废水回收利用工程是包钢稀土冶炼厂主要环保工程，实现了生产废水循环利用，现工艺运行平稳。包钢稀土向环保局申请“公司冶炼厂氯化铵废水回收工程”环保验收并已通过。

2011 年 1 月 26 日，公司按照包环管字〔2011〕17 号文件要求，下发了公司实施强制性清洁生产审核重点企业名单的通知。要求有关单位尽快制订方案，确保按时限要求完成清洁生产审核任务。2011 年 8 月，内蒙古自治区环保厅下发了《关于公布内蒙古自治区第六批实施强制性清洁生产审核重点企业名单的通知》，接着，包头市环保局下发《关于加强重点企业清洁生产审核工作的通知》，要求有色金属冶炼及压延加工行业每两年完成一轮清洁生产审核工作。稀选厂、白云博宇分公司、华美公司、和发公司等单位被列为强审企业。

2012 年，内蒙古环保厅下发了《关于 2012 年度全区强制性清洁生产审核情况的通报》和《关于 2012 年前三季度全区强制性清洁生产审核情况的通报》，对包钢稀土旗下的磁材、白云博宇、天骄清美、冶炼厂、科日、贮氢、动力电池、和发、华美公司等单位的清洁生产审核成果进行了通报。

2012 年 8 月 16 日，包钢稀土向包头市环保局就包钢稀土选矿部分搬迁等环保治理项目完成时限，做出按时完成治理的承诺。

2012 年 11 月 26 日，包钢稀土向包头市规划局呈报办理“稀土生产‘三废’回收与利用工程”规划设计要点的申请。该项目是提高产业集中度，提高综合环境治理水平的基础项目，符合国家产业政策，希望包头市规划局尽快办理规划设计要点。“三废”项目建设地点为北方稀土冶炼厂和华美公司，在保持原有生产规模的情况下，整合部分生产工序，对环保设施进行升级改造，主要建设内容为：改造精矿焙烧尾气净化处理系统；改造酸回收系统；新建氟酸深加工系统；对产生废水的工序进行整合，便于集中处理；新建废水处理系统；清洁能源替代工程；配套公辅设施。

其中，华美公司主要建设内容是：尾气净化工序，改造脱硫系统，新增两套喷淋系统和一套电除雾；酸回收工序，新增换热和蒸发设备以提高酸回收能力；新建氟酸深加工系统；焙烧生产线过滤设备升级改造，水浸渣减重化；新建硫酸铵废水预处理系统，回收硫酸铵晶体；新建碳沉、皂化废水澄清过滤系统，输送至冶炼厂进行处理；能源系统改造：华美西厂新增锅炉 3 台 15 吨燃气锅炉，淘汰原有燃煤锅炉；新建原辅材料区；新建放射性废渣处理系统；其他公辅设施。

冶炼厂主要建设内容是：对冶炼厂涉及废水汇集项目的工序进行整合改造，涉及前后处理等工序和生活废水，便于废水分类汇集，集中处理；在厂内主要液体转送区域完善管网，以便于各类水的输送；新建后处理集中生产线；采用连续碳沉新工艺，提高氯铵废水浓度，减少废水产出量；新建生产废水预处理系统；实施全厂清洁能源改造工程，新增2 台 20 吨燃气锅炉和 1 台 25 吨燃气锅炉，淘汰其他燃煤锅炉，实现锅炉烟气达标排放；其他公辅设施。

2013 年 5 月 17 日，包头市环保局下发了《关于对尾矿库及包钢稀土所属稀土企业进行限期整改的通知》，要求所有向尾矿库排水的稀土企业 2013 年 12 月底前实现污水“零排放”，包钢稀土高科其他所属企业 2014 年 8 月底前实现污水“零排放”。由于各企业环保设施废水处理能力不足，包钢稀土的冶炼厂、华美公司等企业只能以水定产，纷纷通过升级环保设施、压缩产能等措施实现了生产废水零排放。2013 年 12 月 27 日，包钢稀土举行废水零排放仪式，现场切断了外排流槽，向世人宣布包钢稀土实现了生产废水零排放。

2013 年，冶炼厂对蒸发设施进行了大修改造。对蒸发设施 A、B 系统进行喷涂维修，将连接管道材质全部改为钛材，在原设施基础上增加泡沫捕捉器，保证冷凝水的水质达到回用标准。2014 年 1 月 2 日，安装完成三效蒸发系统配套结晶罐；2014 年 1 月 27 日生产线全线试车。耗资约 962 万元的“冶炼厂六车间氯化铵三效蒸发系统改造项目”，于 10 月 7 日顺利进入调试阶段。该项目正式投产后，稀土折氧化物日产量将由 20 吨/天提升到 30 吨/天以上，含氨工业废水全部综合利用，冷凝水全部回用生产线，氯化铵固体全部合规外售。

2014 年 3 月 9 日，包头市政府下发了《包头市大气污染综合治理实施方案（2014—2017 年）》，要求 2014 年底前完成“十二五”淘汰落后产能任务，2014 年完成燃煤锅炉治理任务量的 50%以上，天然气集中供热管网覆盖的区域全部完成，城市建成区范围内严禁使用硫分高于 0. 5%、灰分高于 16%的煤炭。

包钢稀土冶炼厂淘汰了 2 台 ϕ800 毫米×16000 毫米焙烧窑、3 台 ϕ1800 毫米×21000 毫米焙烧窑、8 条 45 米灼烧窑，淘汰产能 0. 52 万吨；包头华美稀土高科技有限公司淘汰 1 套 V500×90 萃取槽、1 套 V1130×96 萃取槽，淘汰产能 0. 36 万吨；包钢和发稀土公司淘汰 2 套 V200×70 萃取槽，淘汰产能 0. 14 万吨。上述 3 家单位均通过了自治区验收。包钢稀土冶炼厂拆除了 4 台 10 吨锅炉和 3 台 20 吨锅炉，包钢稀土获评“包头市大气污染治理先进单位”。

2015 年，北方稀土各单位环保设施正常运行，冶炼厂取缔了煤场，2 台燃气锅炉已安装完毕，西骏氯化铵废水资源化项目已进入调试阶段，冶炼厂、华美西厂和西骏公司物料转接正常；华美东厂的氯化铵废水蒸发项目已经试运行；和发、京瑞、金蒙、红天宇等稀土分离企业均依靠自有的环保设施实现了生产废水的资源化，各企业清洁能源替代工程按计划进行。

随着新环保法的实施，环保部各项配套文件也随之出台，对企业的环保行为做出了更为明确、严格的要求，公司面临的环保形势也更加严峻。为此，一是强化责任管理，2015 年初公司召开了环保会议，确定了全年的环保工作重点和任务，和下属企业签订了环保责任书，进一步明确了目标，落实了责任，为环保工作的顺利开展打基础。二是在环保规程上做文章。结合新法规，对原有的环保程序文件及时进行修订，使企业的环保行为有章可循。各部门、直属厂对环境因素进行了动态识别，环境因素控制有效。2015 年 8 月，顺利通过了环境管理体系外审。三是以法律为准绳，督促企业遵纪守法。2015 年北方稀土国控企业已经全部实现了环保信息公开。白云博宇环评久拖不验问题已通过专家评审；北方稀土在包各企业均递交了初始排污权申报材料；各企业建立了环保诚信档案。为提高各企业环保自主守法的能力，2015 年，公司邀请环保局专家对在包下属所有企业的环保主管领导、环保专工、车间级环保管理人员进行新环保法的培训，培训人员 100 余人次，实现了环保宣传全覆盖。并以 6·5 环境日为契机开展环保宣传活动，普及了环保法律知识，提高了环保管理人员的专业素质。

2015 年，北方稀土积极进行环保专项资金的申请工作，分别进行了节能减排示范城市项目、包头市循环经济项目和包头市水污染专项治理项目等项目的申报。

2016 年，北方稀土冶炼分公司积极开展清洁生产审核工作。同时公司就稀选厂的排污费缴纳等情况和环保部门进行对接，并做好稀选厂的精矿仓封闭工作。白云博宇加快稀土选矿厂的环评验收及辐射环评报批工作。新建环保逐步进入运行调试，公司有关部门及对外全力配合进行硫铵废水处理设施、氯铵废水处理设施等项目的运行调试工作，并努力协调环保和生产之间的关系。

第五节　能源计量管理

一、能源计量管理制度

1997 年 3 月 20 日，稀土三厂下发了厂能字〔1997〕第 14 号文件，为了贯彻国家对能源实行开发和节约并重的方针，稀土三厂成立了厂能源监察小组，为了推进节能管理工作的进一步开展，提高能源利用效率和经济效益，保护环境，制止一切违规使用能源行为，充分发挥各种能源产品的作用，适应生产发展的需要，根据《中华人民共和国节约能源法》及《包钢（集团）公司能源监察、监测规则》特制定本规则。生产部是能源监察、监测工作的主管部门，负责对全公司的能源监察、监测工作进行考核。在有关科室设置专职或兼职能源监察人员，负责本单位的能源监察工作，业务上受生产部领导。由生产部、各单位监察小组、各车间的兼职能源监察人员共同组成能源监察三级网络。监察小组的职责是保证本条例的贯彻实施。监察组对各单位进行的监察事项如下：一是有关能源法令、方针、政策、规章制度的贯彻执行情况。二是对各单位使用动力情况进行监督，发现问题及时提出整改意见，并通知有关单位限期整改。三是节能技术措施的落实和新技术及先进经验推广应用等情况。四是对违章使用能源的单位和个人提出处理意见，经公司批准后执行。五是对动力管线跑、冒、滴、漏以及乱接、乱用、私自转供等不合理现象提出处理意见，并限期整改。

1997~2008 年，内蒙古包钢稀土高科技股份有限公司机动能源部负责能源计量管理工作。

1999 年 11 月 1 日，根据包钢公司 1999 年 9 月 23 日召开的“关于整顿过磅员队伍”会议精神，结合稀土高科公司的实际情况，公司发〔1999〕第 61 号文件，颁布稀土高科计量（称重）器具管理规定，该管理规定进一步规范了稀土高科过磅人员队伍，严格执行计量制度，确保生产正常进行。

2008~2014 年，由包钢稀土生产技术部负责能源计量管理工作。

2009 年 9 月 2 日，包钢稀土下发生技字〔2009〕14 号，《计量器具管理制度、内部校准规程》的通知，按照《用能单位能源计量器具配备和管理通则》（GB 17167—2006）要求，重点系统地识别计量器具的配置及设施、设备用能情况，为完善能源计量标准化管理提供依据。能源计量器具的配备：第一，应满足能源分类计量的要求。第二，应满足用能单位实现能源分级分项考核的要求。第三，能源计量器具的配备应符合相关的标准要求。第四，能源计量器具的性能应满足相应的生产工艺及使用环境。第五，用能设备的设计、安装和使用应满足 GB/T 6422—2009、GB/T 15316—2009 关于用能设备的能源监测要求。第六，按照《监视和测量设备的控制程序》和《包钢稀土计量器具管理制度、内部校准规程》的要求，各单位做好能源计量器具的检定及管理工作；能源计量器具的管理应建立相应的台账、档案并定期检定。

2010 年 3 月 31 日，包钢稀土下发生技字〔2010〕9 号，《关于下发〈包钢稀土（集团）公司能源监察、监测管理规则〉的通知》。为了推进包钢稀土节能降耗工作的开展，提高能源利用率和经济效益，制止一切违规使用能源行为，充分发挥各种能源产品的作用，能源监察工作是保证能源供应不可缺少的一部分，各供户、用户的兼职能源监察人员，应按照公司制定的有关能源方针、规程、制度进行监督检查，以保证安全进行、正常生产、合理供应，节约使用。本规则依据国家、中国钢铁工业协会和自治区及包钢公司有关节能法规、标准和方法，对公司各供、用能单位的能源收入储存、加工转换、分配输送、使用及外销等各个环节实施监督、检测，并根据有关规定，对浪费能源的行为实施处罚。

2011 年 7 月 19 日，按照包钢稀土高科技股份有限公司生技字〔2011〕21 号文件要求，《关于加强对外结算计量器具检定的通知》。包钢稀土生产部依据文件要求对计量器具的管理制度进行了修订，主要修订内容：检定周期时间缩短，强调电子汽车衡的使用规范。通过强化计量器具的管理进一步加强了对外结算计量器具的管理。

2012~2014 年，包钢稀土生产技术部主管能源计量工作。

2013 年 1 月 28 日，包钢稀土下发公司发〔2013〕8 号，《关于成立包钢稀土能源管理领导小组的通知》，旨在进一步加强能源管理，促进能源合理利用。各直属厂根据公司下达的能耗考核指标制订了本厂的能耗指标，并将电、水、汽消耗考核指标层层分解到车间、班组，积极开展节能降耗工作。各直属厂根据《2013 年能源计量工作计划》结合本厂的具体情况，制订了严格的能源工作计划及考核办法，同时对单耗成本进行定额考核，考核结果与奖金挂钩，大大提高了员工节能降耗的意识。公司不定期对各直属厂进行能源检查，各直属厂的能源监察小组也不定期进行自检自查，强化了现场的能源管理力度，减少了跑、冒、滴、漏现象的发生，努力成为节能型企业。

2013 年 5 月 2 日，包钢稀土下发公司发〔2013〕45 号包钢稀土（集团）公司安全、质量、环保、能源、计量考核办法，按照该考核办法，公司生产部对各二级生产单位的能源、计量工作严格考核，特别是以对直属厂的能源管理考核为重点，按月对其节能指标进行绩效考核并与降价挂钩，极大地调动了各企业开展节能降耗工作的积极性。

2014 年，经过机构调整，公司生产技术部分为生产部和技术质量部，公司能源计量工作由生产部主管。

2015 年，为了进一步加强公司能源计量管理工作，促进能源的合理利用，降低成本，提高经济效益，推动节能减排工作的顺利进行，同时按照国家、自治区节能目标要求，制定 2015 年能源计量工作计划。坚持以科学发展观为指导，以推进“节约型企业”为目标，以节能降耗为重点，根据包头市经信委下发的“十二五”节能目标，在公司内积极开展能源计量标准化基础管理工作，以提升公司能源管理水平。同时制定了年度能源计划目标及指标如下：

（1）贸易结算、强制检定计量器具及标准计量器具周期受检率 100%。

（2）对重点用能设备和用能单元的计量仪表的配置率达到 100%。

（3）2015 年，生产原料上游企业完成三级能源管理，功能材料企业完善三级能源管理。

（4）完成 2015 年节能量 782.68tce，实现包头市经信委下发的“十二五”节能量 9959.26 tce 的目标。

2016 年的节能措施北方稀土建立了三级能源管理网络，各单位建有节能领导小组，组织机构和岗位职责明确。公司制定有节能目标，并将节能目标层层分解，制定了《包钢稀土（集团）公司能源监察、监测管理规则》和《包钢稀土（集团）公司能源计量考核办法（试行）》等考核制度，每月对各单位的节能情况进行检查，依照考核文件对各单位的节能情况进行奖惩，有效推动了节能降耗工作的开展。公司目前正在着手能源管理体系的建立工作，2016 年邀请咨询公司对能源管理体系进行了培训，按照《用能单位能源计量器具配备和管理通则》（GB 17167—2006）要求，配备了能源计量设施并定期检验，有效地保证了计量器具的精准性。公司直属厂筹划车间用能数据接入 DCS 系统，实现能耗数据的在线采集和监测。每月对能源利用情况进行统计分析和报告，查漏补缺，做到持续改进。公司编制节能规划和年度节能计划，按计划开展相关工作。制定节能对标方案，和同行企业进行节能对标活动。为激发员工的节能积极性，制定员工自主改善管理办法，对在节能工作取得成效的单位和个人进行奖励，并以 5·20 世界计量日为契机开展节能宣传活动，极大地提升了员工的节能意识。

二、节能措施技改及效果

1996 年 8 月 5 日，根据殷经理在“包钢上料能源工作总结会议”上的指示，节能项目经能源处审批后，可不进入维修费结算，发布厂能字〔1996〕第40号文件，包钢稀土三厂集中浓缩改造工程立项申请。该工程是把原一、二、三、四、五车间的氯化稀土浓缩工序，集中到四车间。改造完成后，按每月产300吨氯化稀土计算，可节约水13000吨、汽150吨，2～3年可收回投资。由于改造资金大，向包钢能源处节能科申请，动力部分改造资金68万元不进入厂设备维修费用。

2007年12月17日，稀土高科下发公司发〔2007〕68号，关于核准《包钢稀土高科冶炼厂一车间萃取分离生产线恢复建设项目》的请示。主要内容为：向包头市发改委稀土办请求，本着节能减排的精神，恢复建设年处理稀土氧化物1.2万吨目前先进的生产线，逐步淘汰布局分散且消耗高、设备老化生产设施。

2016年公司投入专项资金进行节能技术改造工作，冶炼分公司的污水治理项目，把污水集中处理后回收利用，以达到节能减排的目的，目前已投入使用。锅炉、灼烧窑煤改气已经完成，2016年正式运行。冶炼分公司做了连续碳沉、氯铵膜浓缩等节能技术改造项目。安装电容补偿装置，停掉国家明令淘汰的落后变压器及电机。

三、能源消耗及节能量

2010年4月26日，包经资环发〔2010〕107号文件，下达了《关于2010年全市重点用能企业节能考核目标的通知》，按照通知要求的精神，包钢稀土成立了节能领导小组，制定了相应的节能措施和方案，通过加强考核管理，完成了全年节能量目标。

2011年6月17日，包经信资环字〔2011〕110号，《关于下达2011年全市重点用能企业节能考核目标的通知》。要求重点用能企业按照节能目标分解表开展工作；按照《通知》要求的精神，包钢稀土在上一年度完成节能目标的基础上，制定和细化三级能源管理制度，逐步淘汰落后和高能耗用电设备，超额完成全年节能目标指标。

2013年3月12日，包钢稀土下发生技字〔2013〕7号，关于印发《包钢稀土（集团）公司2013年能源计量工作计划》的通知。北方稀土作为包头市重点用能单位纳入“十二五”万家企业节能规划，坚持以科学发展观为指导，以推进“节约型企业”为目标，以节能降耗为重点，根据包头市经信委下发的“十二五”节能量9959.26tce的目标（3个直属厂，不含分子公司），在公司内积极开展能源计量标准化基础管理工作，以提升公司能源管理水平；截至2014年已完成节能量9176.58tce，完成进度的92%，2015年完成“十二五”节能指标。

北方稀土2016年节能目标完成情况：

（1）2016年冶炼分公司总能耗为22185.32tce，2016年实际完成单位产品综合能耗比2015年同期降低了0.43 tce/t，重复水的利用率达到40%。

（2）2016年稀选厂总能耗为5244.89tce。

第七章　质 量 管 理

公司从组建伊始，遵从“质量强企、质量兴企”的质量观，高度重视质量管理工作，关注客户、关注服务，强化质量意识，促进产品质量及工程、检修、服务等质量工作全面提升。依据顾客需求和市场状况、国家法律法规与政策、行业竞争对手及经营目标，质量年度实现目标制定质量方针、目标，从横向和纵向两方面层层分解，制定措施，进行考核。1998 年通过 ISO9002:1994 质量体系认证，制定了从原料入厂、生产过程控制、产品出厂、服务等全过程质量管理体系，为生产企业如何落实主体责任有了更加明确的目标和思路。2009 年，整合 ISO9001 质量管理、ISO14001 环境管理、OHSAS18001 职业健康安全管理体系，使公司的管理水平得到进一步提升。重点产品均采用内控标准组织生产，常年坚持开展对标升级、工序监督、5S 管理、精益管理、合理化建议及 QC 小组等活动，并制订了技术指标控制规范，确保产品质量的稳定性。根据每年度技术质量计划，开展内部审核、管理评审、外部审核、日常考核及监督检查工作。2012 年，公司率先在公司职能部室、生产厂及 10 家分子公司推行卓越绩效管理模式，统一认识，更新理念，增强质量意识、发展意识、卓越意识，在全集团形成“大质量”理念。并通过合作方 BASF（巴斯夫）提出的第三方社会责任审计，实现与相关方和谐发展，积极履行社会责任。

第一节　质量管理体系

一、质量管理机构及内审体系

1997 年，稀土高科下发《关于任命总工程师为管理者代表，颁布重新修订的稀土高科质量方针、质量目标、质量保证手册、质量体系程序文件、成立贯标小组的通知》，任命王晓铁总工程师为公司管理者代表，重新修订了公司质量方针、目标。

1998 年 1 月 5 日，根据贯标工作需要，经公司管理者代表批准，稀土高科任命熊军、蔡茂、张建忠等 16 人为公司质量体系内审员。6 月 3 日，稀土高科下发《质量体系认证前期工作职责分工及暂行考核办法》（公司生字〔1998〕第 24 号），并付诸实施。

7 月 5 日，稀土高科总经理陈隆淮与中国质量管理协会质量保证中心主任屠菊龙就认证标准、认证产品或服务范围、费用等有关事项签订《出口商品生产企业质量体系认证协议》。

12 月 26 日，由陈隆淮总经理签发并在全公司范围内实施《质量保证手册》。该手册是阐明公司质量方针，描述质量体系及实施的纲领性文件，是公司各项质量活动遵循的法规。

12 月 29 日，公司下发《稀土高科质量运行情况检查考核办法》（公司质字〔1998〕第 53 号），为进一步推动公司贯标工作，决定每月第一个星期对体系覆盖的职能部室及生产单位按考核细则检查，并于当月 25 日公布考核结果。

稀土高科通过 ISO9002 质量体系认证后，每年对公司各职能部室、冶炼分公司、稀选厂进行内审、管理评审和外审，并对审核中查出的问题和一般不符合项进行整改；同时，随着国家政策、行业等的要求及企业发展的需求，及时制修订有关体系文件，确保公司管理体系持续有效运行。

1999 年 1 月 26 日，公司下发《关于稀土高科质量体系运行情况检查考核办法的补充规定》（公司质字〔1999〕第 5 号），对原文件部分条款进行了修改。9 月 30 日，稀土高科下发《关于实施 1999 年内部质量体系审核工作计划的通知》（公司发〔1999〕第 53 号），经管理者代表同意，公司决定于 1999 年 9 月 20~23 日，在全公司范围内实施《1999 年内部质量体系审核工作计划》。12 月 27 日，稀土高科公司下发《关于重新修订质量目标的通知》（公司发〔1999〕第 87 号），修订后的质量目标为“努力实现产品零缺陷，创造最佳质量效益”。

2000年11月，稀土高科公司下发《关于实施2000年内部质量体系审核工作的通知》（公司发〔2000〕第88号），按照2000年内部质量体系审核工作计划要求，经管理者代表同意，决定于11月13~15日在体系覆盖范围内实施年度内部质量体系审核工作。

2002年1月30日，稀土高科下发《关于重新修订质量方针和质量目标的通知》（公司发质字〔2002〕第1号），修订后质量方针：面对不断发展的国际稀土市场，开发、生产高科技、高质量的稀土产品，满足新世纪市场需求。修订后质量目标：重点产品实物质量保持国内先进水平，其他产品3年内达到国内先进水平。用户满意度2003年达到97%，2005年达到99%。用户投诉处理率达100%。

2004年4月15日，由于稀土高科组织机构人员变化，稀土高科下发《关于调整质量委员会的通知》（公司发〔2004〕第14号），对稀土高科质量管理委员会组成人员做了适当调整，以更好地开展工作。

2011年9月20日，由于包钢稀土质量委员会成员工作变动，为进一步提升质量管理工作，包钢稀土下发《关于调整质量委员会的通知》（公司发〔2011〕106号），对包钢稀土质量委员会进行了重新调整，同时，进一步明确工作职责，强化质量管理工作。

按照公司2013年质量工作计划中的《年度内审计划》安排，于7月2~5日，公司进行了2013年质量、环境、职业健康安全管理体系内部审核工作。

2013年7月13日，公司下发《包钢稀土2013年质量、环境、职业健康安全管理体系内部审核报告》（公司发〔2013〕98号），本次审核共查出一般不符合项9项，已按要求整改有效。

7月29日，公司下发公司发〔2013〕99号《包钢稀土2013年度质量、环境、职业健康安全管理体系管理评审计划》，根据内部管理体系审核情况，按照《管理评审控制程序》要求，经最高管理者安排，计划8月召开管理评审会议。

8月14日，公司下发公司发〔2013〕109号《包钢稀土2013年质量、环境、职业健康安全管理体系管理评审报告》，通过评审认为，包钢稀土现行的质量、环境、职业健康安全管理体系适宜、充分，运行持续有效。

按照质量工作计划安排，每年初制定并下发年度《质量、环境、职业健康安全管理体系目标、指标及监测方法》。各单位按周期测量完成情况并实施管理。

2014年5月12日，公司下发《关于开展质量、环境、职业健康安全管理体系内部审核的通知》（公司发〔2014〕34号），按照2014年内部体系审核工作计划要求，经管理者代表同意，决定于5月20~22日对公司管理体系覆盖的各单位开展年度内部管理体系审核工作。

6月17日，公司下发《包钢稀土2014年质量、环境、职业健康安全管理体系内部审核报告》（公司发〔2014〕39号），本次审核共查出一般问题27项，建议项7项，并组织内审员对一般问题的整改情况进行逐一落实，整改有效。

7月16日，公司下发《包钢稀土2014年质量、环境、职业健康安全管理体系管理评审计划》（公司发〔2014〕55号），根据内部管理体系审核情况，按照《管理评审控制程序》要求，经最高管理者安排，计划7月召开管理评审会议。

8月18日，公司下发《包钢稀土2014年质量、环境、职业健康安全管理体系管理评审报告》（公司发〔2014〕62号），通过评审认为，包钢稀土现行的质量、环境、职业健康安全管理体系适宜、充分，运行持续有效。

9月，为了更好地适应公司生产发展的需求，结合内审、管理评审及监督审核中存在的不符合项整改落实情况，公司决定将管理手册、程序文件、管理制度及办法中不适宜的内容进行修订。于2015年2月完成修订工作。

2015年3月19日，由于公司质量委员会成员工作变动，进一步提升质量管理工作，北方稀土下发《关于调整北方稀土质量委员会的通知》（公司发〔2015〕33号），对北方稀土质量委员会进行了调整。

6月10日，公司下发技术字〔2015〕4号《关于开展质量、环境、职业健康安全管理体系内部审核的通知》，按照2015年内部管理体系审核工作计划要求，经管理者代表同意，决定于6月16~18日对公司管理体系覆盖的各单位实施年度内部管理体系审核工作。

7月10日，公司下发公司发〔2015〕82号《北方稀土2015年质量、环境、职业健康安全管理体系内部审核报告》，本次审核共查出一般不符合项13项，已按要求整改，整改有效。

7月15日，公司下发技术字〔2015〕6号《关于召开〈北方稀土2015年质量、环境、职业健康安全管理体系管理评审会议〉的通知》，根据内部管理体系审核情况，按照《管理评审控制程序》要求，经最高管理者安排，计划7月召开管理评审会议。

8月3日，公司下发公司发〔2015〕92号《关于下发〈北方稀土2015年质量、环境、职业健康安全管理体系管理评审报告〉的通知》，通过评审认为，北方稀土现行的质量、环境、职业健康安全管理体系符合标准要求，具备适宜、充分的特性，运行持续有效。

2016年4月28日，公司下发公司发〔2016〕24号《关于开展质量、环境、职业健康安全管理体系内部审核的通知》，经管理者代表批准，定于2016年5月10~13日，对北方稀土管理体系覆盖的各单位开展质量、环境、职业健康安全管理体系内部审核工作。

6月6日，公司下发公司发〔2016〕39号《关于下发〈北方稀土2016年质量、环境、职业健康安全管理体系内部审核报告〉的通知》，本次审核共查出一般不符合项11项，已按要求整改，整改有效。

二、质量、环境、职业健康安全管理体系

将质量、环境、职业健康安全管理体系实行一体化管理和认证，即“三标一体化”管理模式，有利于企业管理效率及绩效的提高。

2008年12月19日，公司下发公司发〔2008〕122号《关于成立稀土高科“三标一体化”管理体系领导小组的通知》，为实行“三标一体化”管理建立组织机构，并明确了领导小组职责等事宜。

2009年，稀土高科下发公司发〔2009〕34号文件。将公司管理手册、程序文件以电子版形式下发，并在全公司范围内试行。第一次将质量、环境、职业健康安全管理三个体系整合为一，并每年将公司质量、环境、健康安全管理体系目标分解下发到各相关单位，层层落实，公司管理体系更加充分、有效。

2010年4月30日，包钢稀土下发公司发〔2010〕34号文件，为确保包钢稀土质量、环境、职业健康安全管理体系有效运行，任命刘义副总经理为质量、环境、职业健康安全管理体系的管理者代表，并规定了管理者代表职责。

三、管理体系认证

每年度由认证机构对公司质量、环境、职业健康安全管理体系所涉及的管理文件、生产过程、服务现场等内容及体系覆盖的各单位进行监督审核。每三年对公司质量、环境和职业健康安全管理体系覆盖的场所、管理体系文件、过程控制情况、相关法律法规和其他要求等的遵守情况进行全面审核，以判断管理体系与审核准则的持续符合程度，确保公司质量、环境、职业健康安全管理体系持续有效运行，通过审核后认证公司颁发新的证书。

1998年8月8日，内蒙古包钢稀土高科技股份有限公司通过ISO 9002：1994认证，北京中质协质量保证中心为稀土高科颁发了ISO 9002：1994认证证书，注册号：0398B477。

2003年7月1日，内蒙古包钢稀土高科技股份有限公司通过GB/T 19001—2000质量管理体系认证。北京国金恒信管理体系认证有限公司为稀土高科颁发了ISO9001：2000质量管理体系认证证书，证书号：0398B477。

2006年7月10日，内蒙古包钢稀土高科技股份有限公司通过GB/T 19001—2000质量管理体系认证。北京国金恒信管理体系认证有限公司为稀土高科颁发了ISO9001：2000质量管理体系认证证书，证书编号：02206Q10085RIM。

2009年9月10日，内蒙古包钢稀土（集团）高科技股份有限公司通过ISO9001：2008质量、ISO14001：2004环境管理体系认证，上海恩可埃认证有限公司为包钢稀土颁发ISO9001：2008质量、ISO14001：2004环境管理体系认证证书，证书编号：33327、E3082。

11月10日，内蒙古包钢稀土（集团）高科技股份有限公司通过GB/T 28001—2001职业健康安全管理体系认证，北京新世纪认证有限公司为包钢稀土颁发GB/T 28001—2001职业健康安全管理体系认证证书，注册号：01609S10435ROM。

2012年9月28日，内蒙古包钢稀土（集团）

高科技股份有限公司通过 ISO9001：2008 质量、ISO14001：2004 环境、OHSAS18001：2007 职业健康安全管理体系认证，上海恩可埃认证有限公司为包钢稀土颁发 ISO9001：2008 质量、ISO14001：2004 环境、OHSAS18001：2007 职业健康安全管理体系认证证书，证书编号：33327、E3082、H1628。

2015 年 9 月 25 日，内蒙古包钢稀土（集团）高科技股份有限公司通过 ISO9001：2008 质量、ISO14001：2004 环境、OHSAS18001：2007 职业健康安全管理体系认证，上海恩可埃认证有限公司为包钢稀土颁发 ISO9001：2008 质量、ISO14001：2004 环境、OHSAS18001：2007 职业健康安全管理体系认证证书，证书编号：33327、E3082、H1628。

2016 年 11 月 14 日，中国北方稀土（集团）高科技股份有限公司冶炼分公司分析检测中心获得中国合格评定国家认可委员会实验室认可，注册号：CNASL9449。

第二节　质量监督管理

一、建章立制与监督管理

按照“三级工序”管理理念，以预防为主的主动管理方式，强化工序质量控制，以工序质量保过程质量，以过程质量保产品质量。实行三级工序控制点管理。在关键工序以及质量控制的薄弱环节建立工序质量控制点，对重要的质量特性进行强化管理，制定了关键工序控制标准。原辅材料严格按照公司体系文件要求和原材料验收标准验收。

1997 年 11 月 19 日，为加强质量管理，提高公司的产品质量，确保在市场中的竞争力，稀土高科下发了《内蒙古包钢稀土高科技股份有限公司质量考核办法》（生字〔1997〕第 20 号），文件规定从工序抽查、产品实物质量抽查、不合格品、质量异议等方面进行考核，稀土高科为贯彻生产技术操作规程，认真执行“三个百分百”的规定，保证工序质量，提高产品实物质量，公司下发生字〔1997〕第 21 号《生产技术操作规程违规违制工序管理点管理制度及考核办法》，使产品质量管理有章可循，稀土高科为强化生产工艺过程的管理，提高产品实物质量，公司下发生字〔1997〕第 22 号《工序管理点管理制度及考核办法》，使产品生产工序控制点管理有章可循。

1998 年 2 月 5 日，稀土高科下发生字〔1998〕第 7 号《1998 年质量工作计划》，从产品实物质量、工序质量、QC 活动、质量教育、贯标工作方面做出安排，并付诸实施。

2000 年 1 月 17 日，稀土高科下发公司发〔2000〕第 3 号《2000 年质量工作计划》，从产品创名牌、质量体系监督检查、质量教育、工序质量、新产品开发、提高产品实物质量、质量考核方面作出安排，并付诸实施。

2001 年 11 月 11 日，稀土高科下发质字〔2001〕第 6 号《关于加强和改进稀土精矿质量管理的决定》，从加强和改进稀土精矿质量管理的基本原则、需要明确的问题、具体要求、经济责任考核等方面作出具体可操作的规定，实施后取得明显效果。

2002 年 1 月 1 日，稀土高科为加强灼烧工序管理，进一步提高产品实物质量，满足合同、标准要求，制定下发 ZB/022 09 01 01—2002《产品灼烧管理细则》，实施后，工序产品质量明显提高。

3 月 11 日，稀土高科为进一步加强成品库质量管理，保证产品质量，制定下发 ZB/022 15 01 01—2002《成品库质量管理细则》，实施后取得明显成效。

5 月 25 日，稀土高科为使转料流程规范化、程序化，物料计量和采样公正、合理，样品具有代表性、真实性、可靠性，制定下发 ZB/022 10 01—2002《物料取样、抽样补充细则》，使得物料转接程序更加规范、有序。

2005 年 5 月 18 日，稀土高科的“氧化稀土”产品被列入国家免检产品目录。

2006 年 12 月，稀土高科生产的山梅牌、白云鄂博牌有色金属及稀土，获得中华人民共和国质量监督检验检疫总局产品质量免检证书。

2008 年 3 月 25 日，公司下发关于委托加工混合碳酸稀土验收标准原料质量控制要求，制定了两个混合碳酸稀土验收标准和结算要求。

4 月 15 日，稀土高科下发公司会纪〔2008〕4 号《关于委托加工回收混合碳酸稀土验收标准的会议纪要》，规定了混合碳酸稀土结算、要求混

合碳酸稀土交货及时率和合格率。

2009年，稀土高科下发生技字〔2009〕3号《关于冶炼厂外购盐酸执行标准及取样方式》。要求冶炼厂严格按照此标准取样、验收。

2009年4月1日，稀土高科下发公司发〔2009〕44号《关于对直属厂化验室进行分析检测授权决定》，授权冶炼厂分析检测中心对原材料、过程产品及最终产品进行分析并出具分析报告；授权稀选厂、白云博宇化验室对稀土精矿进行分析并出具分析报告，并明确了直属厂具体分析人员。

2010年9月6日，包钢稀土生技字〔2010〕19号转发包钢（集团）公司《检化验管理实施细则通知》，以强化公司检化验管理。

12月20日，公司下发公司会纪〔2010〕15号《关于协调稀土精矿、混合碳酸稀土质量事宜的会议纪要》，针对提出的问题，制定了5项措施，规定了混合碳酸稀土结算方法、加工混合碳酸稀土交货及时率和合格率。

2011年3月16日，公司资源管理部下发混合碳酸稀土原料质量控制要求，规定了混合碳酸稀土验收标准、加工企业及数量、加工产品出现质量问题的处理方法。

7月4日，包钢稀土下发公司发〔2011〕574号《包钢稀土样品管理制度》，规范了公司各类样品的管理，避免了样品流失，确保可追溯。

2012年1月13日，包钢稀土下发公司发〔2012〕2号《2012年质量工作计划》的通知，对2012年质量工作进行安排，具体指标：顾客满意率不小于98%，稀土精矿品位一次合格率不小于93.5%，水分一次合格率不小于93%；矿后产品综合一次合格率不小于97.2%；主要产品实物质量达到、保持同行业先进水平；质量、环境、职业健康安全管理体系顺利通过审核；顺利完成“卓越绩效”导入工作暨争创“内蒙古自治区主席质量奖”等9项质量目标，各单位按计划完成，稀选厂、冶炼厂产品合格率达到考核要求，质量、环境、职业健康安全管理体系顺利通过复评。

11月1日，公司下发公司会纪〔2012〕9号《关于包钢稀土机构调整后业务流程梳理会议纪要》，重新规范了有关直属厂报产、外发稀土精矿及混合碳酸稀土的工作流程。

2013年3月5日，包钢稀土下发公司发《2013年技术质量工作计划》，制定了2013年技术质量的重点工作，对技术指标进行考核，提出顾客满意率不小于98.00%、公司采购物资合格率达98.00%、稀土精矿品位一次合格率不小于95.00%、稀土精矿水分一次合格率不小于94.00%、氧化物产品一次合格率不小于97.20%等12项质量目标，各单位已按计划完成工作。

2014年2月7日，包钢稀土下发公司发〔2014〕9号《包钢稀土2014年生产技术质量工作计划》，对2014年技术质量工作进行安排。首次对包钢稀土分子公司的技术指标进行统一规范、考核；其目的是为了有计划地开展生产技术质量工作，推动管理方针落实及预算和对标指标的达成，促进管理体系、卓越绩效的持续改进，使公司的产品质量稳步提升，提高顾客满意度。

5月15日，包钢稀土下发了生技字〔2014〕14号《稀土精矿取制样管理规范》，进一步规定了稀土精矿生产过程中的原矿、精矿、尾矿以及外发精矿等全过程的取样、制样工作要求，规范了样品管理、分析方法及异议处理等流程。

12月9日，根据包头市质量技术监督局《关于推广企业首席质量官制度的通知》（包质监质发〔2014〕17号）文件精神，经包钢稀土党政联席会研究决定聘任许涛为内蒙古包钢稀土（集团）高科技股份有限公司首席质量官（CQO），并明确了首席质量官职责。这是包钢稀土首次设立首席质量官，标志着公司在完善企业质量管理体系、提升企业质量管理水平方面迈出重要步伐。

2014年，包钢稀土开展“生产工序及产品的质量检测及环保监测控制标准体系的研究”项目。2015年2月，北方稀土完成稀土精矿质量控制体系，其内容包括原辅材料、工序及产品的质量要求、取制样规范、检测方法等，进一步推进了企业质量标准化管理。

2015年4月20日，公司发〔2015〕2号，关于印发《北方稀土2015年技术质量工作计划》的通知，对2015年技术质量工作进行安排，提出5项技术质量目标，即完成质量管理体系覆盖下量化的管理指标；按计划完成体系文件（管理手册、程序文件）修订工作；按期完成年度内外审、管理评审工作，体系运行持续有效，保持证书；定期组织开展卓越绩效、质量、品牌内部评价工作；新注册“白云鄂博”商标2015年正式使用。各单位按计划完成，质量、环境、职业健康安全管理体系顺利通过内审、外审工作。

2016年5月27日，公司发〔2016〕35号，关于印发《北方稀土2016年技术质量工作计划》的通知，对2016年技术质量工作进行安排，提出6项技术质量目标，即完成质量管理体系覆盖下量化的管理指标；完成质量、环境、职业健康安全管理体系的内审员培训及换证工作；公司“三标一体化”管理体系顺利通过第三方监督审核；按期完成年度内审、管理评审工作，确保体系运行持续有效；按计划推进冶炼分公司实验室认可工作；按照质量控制体系有关要求，在全公司冶炼企业内部进一步规范操作规程、关键工序标准及原材料、产品的质量控制及分析方法；天骄清美H-900、氧化铈产品争创内蒙古自治区、包头市名牌产品；“白云鄂博”、“华美稀土”商标争创包头市知名、内蒙古自治区著名商标；“物华”商标完成日本、韩国、美国、欧盟注册等6项技术质量目标，各单位按计划完成，冶炼分公司分析检测中心获得中国合格评定国家认可委员会实验室认可，质量、环境、职业健康安全管理体系顺利通过复评。

11月14日，公司下发公司发〔2016〕164号《关于印发〈稀土精矿、混合碳酸稀土、混合氯化稀土溶液加工管理流程〉的通知》，使稀土精矿、混合碳酸稀土、混合氯化稀土溶液加工管理流程更加合理、科学。

12月13日，公司下发技术字〔2016〕6号《关于印发〈中国北方稀土（集团）高科技股份有限公司质量事故管理办法〉的通知》，为加强质量管理，减少和预防质量事故的发生，规范重大质量问题的职责、界定、报告处理及记录等要求。

二、产品工序与实物质量

重在强化源头管理，严禁不合格原辅材料流入工序。依据国家、行业、地方、企业的标准，结合公司质量管理体系的要求，公司制定了原辅材料验收标准，包括质量要求、取制样要求、检测方法及规范的操作流程等体系文件。

工序管理按照“三级工序”管理理念，以预防为主的主动管理方式，强化工序质量控制，以工序质量保过程质量，以过程质量保产品质量。公司在关键工序以及质量控制的薄弱环节建立工序质量控制点及技术指标要求，对重要的质量特性进行强化管理，制定了工序管理办法，实行公司、厂级、车间三级管理的模式，按控制计划、检验要求及频次进行检验控制，重点关注过程产品的符合性、稳定性和一致性，杜绝不合格品流入下道工序，保证了工序产品符合质量要求。

以顾客为关注焦点，依据相关方要求，公司制定了严于国标、行标的产品企业内控标准。严格遵循产品取制样、分析检测等相关规范，同时，坚持对标升级工作，优化生产工艺，提升产品质量，满足顾客要求。

三、技术操作规程管理

公司技术规程按照《文件控制程序》（文件编号：BFXT/CX-01）要求进行管理，由各生产厂根据工艺编制技术操作规程或作业指导书上报公司技术规程主管部门，由公司主管部门审核后，报总工程师批准。总工程师批准后由主管部门按照《文件控制程序》（文件编号：BFXT/CX-01）要求进行下发，并建立台账及发放清单。各生产厂如有工艺技术调整应及时编制新的规程报公司技术规程主管部门审核，审核通过后按上述程序下发新的技术操作规程或作业指导书，根据实际情况同时废止旧版本的规程。所建立的技术操作规程或作业指导书同时报综合办公室备案。

四、质量考核

2000年5月31日，稀土高科下发公司发〔2000〕第51号《质量工作考核办法》，按照考核办法对下属企业从质量体系、质量事故、实物质量、产品质量一次合格率等方面进行一年一度考核。

2007年4月9日，稀土高科下发公司发〔2007〕19号文件，修订完善了《质量考核办法》。《质量考核办法》增加了有关质量奖励的条款，激发了员工积极参加质量管理及合理化建议活动的主动性。

2009年，包钢稀土下发公司发〔2009〕19号文件《关于质量责任追究考核办法》。主要针对原燃材料和设备备件的采购环节、产品设计、研发、生产、贮运和销售环节，以及各职能部门日常管理过程中发生重大质量问题的责任单位和责任人的追究和考核。考核办法实施后收到明显效果。

2013 年 5 月 2 日，包钢稀土下发公司发〔2013〕45 号《安全、质量、环保、能源、计量考核办法》，本考核办法分基础工作考核和专项考核，基础工作考核包括质量、环境、职业健康安全管理体系运行、工序管理、一次合格率；专项考核包括实施技术对标、优化技术指标、开展质量攻关，引进先进管理工具考核。综合考核办法实施后收到显著效果。

2016 年 12 月 13 日，公司下发技术字〔2016〕5 号《中国北方稀土（集团）高科技股份有限公司质量责任追究考核办法》，对质量责任者进行考核和责任追究。

2014 年至今，直属厂质量考核，同时执行公司绩效考核。

五、产品质量荣誉

2006 年 12 月，内蒙古包钢稀土高科技股份有限公司生产的山梅牌、白云鄂博牌有色金属及稀土获得中华人民共和国质量监督检验检疫总局产品质量免检证书。

2012 年 9 月 21 日，国家质量监督检验检疫总局下发国质检字〔2012〕551 号质检总局关于批准命名内蒙古包头稀土高新技术产业开发区为“全国稀土新材料产业知名品牌创建示范区”，是全国第一批 13 家示范园区之一，示范区内 6 家骨干企业中有 5 家为包钢稀土及其下属企业。

9 月 30 日，内蒙古自治区质量技术监督局下发内质监质发〔2012〕562 号《关于第一批内蒙古 A 级质量信用等级企业的通报》，内蒙古包钢稀土（集团）高科技股份有限公司被评为内蒙古 A 级质量信用等级企业。

2013 年 2 月 25 日，内蒙古质检局下发了《内蒙古质检局关于印发 2012 年制造业上市企业品牌价值测算结果的通报》，包钢稀土品牌测算价值 174.03 亿元、品牌强度 75.67%。稳居全区首位，两项量化指标远高于全国平均水平。

2013 年 4 月，内蒙古包钢稀土（集团）高科技股份有限公司及法人，被包头市评为 2011 ~ 2012 年度质量管理先进集体及质量工作先进个人。

4 月 12 日，内蒙古自治区人民政府下发〔2013〕65 号文件，授予内蒙古包钢稀土（集团）高科技股份有限公司 2012 年度自治区主席质量奖。

8 月 16 日，包头稀土高新技术产业开发区质量高新活动领导小组办公室下发稀质小组办〔2013〕5 号《关于对稀土高新区荣获 2012 年质量奖情况的通报》。包钢稀土及法人被开发区评为 2012 年质量管理先进单位和质量工作先进个人。

9 月，包钢稀土参加内蒙古自治区质量技术监督局举办的产品质量法知识竞赛活动，并获得企业组第二名。

2014 年，中国品牌价值评价，公司以 59.21 亿元的品牌价值荣登该榜单，并位列冶金建筑行业第二名，仅次于内蒙古蒙牛乳业股份有限公司，位居自治区入选企业第二名。

2015 年 9 月 18 日，北方稀土荣获包头稀土高新技术产业开发区质量管理先进单位。

10 月 14 日，内蒙古自治区质量技术监督局下发〔2015〕第 3 号《关于内蒙古质监局集中公布质量守信和严重质量失信企业名单的通告》，北方稀土被评为内蒙古自治区第一批质量守信企业。

2015 年，公司被包头市质量技术监督局和包头市教育局认定为“包头市中小学质量教育社会实践基地”和“包头市质量标杆暨质量管理孵化基地”；并通过“内蒙古自治区中小学质量教育社会实践基地”的验收。

2016 年 9 月 26 日，北方稀土荣获包头稀土高新技术产业开发区质量管理先进单位。

第三节　品牌建设

北方稀土始终坚持以提高自主创新能力和核心竞争力为目标，以“推进商标战略”为主线，在品牌战略的实施过程中，公司把品牌战略作为北方稀土企业文化建设的核心内容，真正把“白云鄂博”注册商标的使用和保护作为企业发展的重要战略内容，使“白云鄂博”商标永葆中国驰名这一荣誉。

一、商标管理

1997 年 9 月，“白云鄂博”商标完成国内注册。

2007 年 3 月 1 日，稀土高科公司印发〔2007〕12 号《关于成立商标管理领导小组的通知》，稀土高科成立商标管理领导小组。商标管理领导小组办公室设在质量保证部。质量保证部全面负责公司商标的日常管理工作。

5月28日，根据公司发〔2007〕27号《关于申报包头市知名商标的申请》文件要求，稀土高科“白云鄂博”商标已具备申报知名商标的资格，并提出申请，于8月23日被包头市知名商标认定委员会认定为包头市知名商标。

7月6日，根据公司发〔2007〕40号《关于申报内蒙古著名商标认定的申请》文件要求，包钢稀土“白云鄂博”商标已具备申报著名商标的资格，并提出申请，于10月被内蒙古自治区著名商标认定委员会认定为内蒙古著名商标。

2008年4月11日，稀土高科下发公司发〔2008〕18号《关于“白云鄂博”商标申报中国驰名商标认定的申请》文件要求，稀土高科“白云鄂博”商标已具备申报中国驰名商标的资格，并提出申请。

4月28日，内蒙古自治区下发内工商商标字〔2008〕42号《关于认定内蒙古包钢稀土高科技股份有限公司“白云鄂博文字及图形”组合商标为中国驰名商标的请示》，认为包钢稀土“白云鄂博文字及图形”组合商标已具备申报中国驰名商标的资格，并提出申请于2009年4月24日，根据商标驰字〔2009〕第260号《关于认定“白云鄂博RE及图”商标为驰名商标的批复》文件，认定内蒙古包钢稀土高科技股份有限公司使用在商标注册用商品和服务国际分类第1类稀土族、金属土商品上的“白云鄂博RE及图”注册商标为驰名商标。

2012年，公司对“白云鄂博”商标重新设计，新图案更加体现包头白云鄂博稀土资源丰富，商标主体由“白云鄂博”拼音首字母“BYEB”的创意造型构成。造型形似宝山，结构如钻石切面，意旨宝山贵重，矿藏丰富，与“白云鄂博”的蒙语意思交相呼应。商标下面部分为“白云鄂博”字标所组成，恢宏大气易于阅读。

2013年1月7日，公司“白云鄂博”商标新图案完成在澳大利亚的注册，获准使用。

2013年5月3日，公司“白云鄂博”商标新图案完成在欧盟的注册，获准使用。

2013年5月31日，公司“白云鄂博”商标新图案完成在日本的注册，获准使用。

2013年9月27日，公司“白云鄂博”商标新图案完成在韩国的注册，获准使用。

2014年5月7日，完成了“白云鄂博”商标新图案在中国的注册，获准使用。

2014年5月27日，公司“白云鄂博”商标新图案完成在美国的注册，获准使用。

为加强“白云鄂博”商标新图案的宣传，维护“白云鄂博”商标新图案的品牌信誉，公司决定在包钢稀土产品包装上使用“白云鄂博”商标新图案，于2014年12月9日下发了技术字〔2015〕1号《关于包钢稀土产品包装标志使用“白云鄂博”商标新图案的通知》及《包钢稀土白云鄂博标志使用规范》。

2016年7月21日，包头市知名商标认定委员会下发包商定委〔2016〕2号文，北方稀土“白云鄂博”商标新图案被包头市知名商标认定委员会认定为包头市知名商标。

北方稀土1989~2014年商标统计见表4-30。

表4-30 北方稀土1989~2014年商标统计表

名称	核定使用商品	注册号	注册时间	续展情况	发证单位
天鹅	（第26类）氯化稀土	181489	1989年7月	1989~1993年（5年） 1993~2003年（10年） 2003~2013年（10年） 2013~2023年（10年）	国家工商行政管理总局商标局
山梅	（第1类）稀土化合物、稀土金属	602488	1992年7月	1992~2002年（10年） 2002~2012年（10年） 2012~2022年（10年）	国家工商行政管理总局商标局
白云鄂博	（第1类）稀土族；金属土（截止）	1099414	1997年9月	1997~2007年（10年） 2007~2017年（10年）	国家工商行政管理总局商标局

续表 4-30

名称	核定使用商品	注册号	注册时间	续展情况	发证单位
山梅	（第 6 类）独居石精矿、氟碳铈精矿、氟碳铈/独居石精矿（截止）	1974364	2002 年 8 月	2002~2012 年（10 年） 2012~2022 年（10 年）	国家工商行政管理总局商标局
白云鄂博	（第 1 类）稀土、稀土金属、稀土盐类、稀土化合物、稀土合金	1534508	2013 年 1 月 7 日	2013 年 1 月 7 日~ 2023 年 1 月 7 日	澳大利亚
	（第 1 类）稀土、稀土金属、稀土金属盐、稀土金属合金、稀土氧化物	11394715	2013 年 5 月 3 日	2012 年 12 月 4 日~ 2022 年 12 月 4 日	欧盟
	（第 1 类）稀土、稀土金属、稀土金属盐、稀土金属合金、稀土氧化物	5586027	2013 年 5 月 31 日	2013 年 5 月 31 日~ 2023 年 5 月 31 日	日本
	（第 1 类）稀土、稀土金属、稀土金属盐、稀土金属合金、稀土氧化物	40-0997423	2013 年 9 月 27 日	2013 年 9 月 27 日~ 2023 年 9 月 27 日	韩国
	（第 1 类）稀土、稀土金属、稀土金属盐、稀土金属合金、稀土氧化物（截止）	11781862	2014 年 5 月 7 日	2014 年 5 月 7 日~ 2024 年 5 月 6 日	国家工商行政管理总局商标局
	（第 1 类）稀土、稀土金属、稀土盐类、稀土合金、稀土氧化物	4535656	2014 年 5 月 27 日	2014 年 5 月 27 日~ 2024 年 5 月 27 日	美国

二、产品品牌成果

（一）名牌产品

1995 年 5 月 1 日，稀土高科公司生产的山梅牌混合稀土金属，被内蒙古自治区人民政府命名为 1995 年度内蒙古名牌产品。

1998 年 9 月 7 日，稀土高科公司生产的山梅牌混合稀土金属、不分组碳酸稀土，被内蒙古自治区人民政府命名为 1998 年度内蒙古名牌产品。

2005 年 5 月 25 日，内蒙古自治区人民政府下发内政字〔2005〕126 号《关于授予“包钢”牌低中压锅炉管等 82 个产品为“2004 年内蒙古名牌产品”称号的通告》，其中，稀土高科公司生产的“山梅牌”镨钕系列稀土产品荣获内蒙古自治区 2004 年名牌产品。

9 月 13 日，包头市质量立市活动领导小组办公室下发〔2005〕6 号《关于包头市荣获中国、内蒙古名牌产品、国家免检产品有关情况的通报》，稀土高科公司生产的“山梅牌”镨钕系列稀土产品、氧化镧荣获内蒙古自治区名牌产品。

2006 年 9 月，稀土高科公司生产的氧化镧、富铈氧化物产品荣获内蒙古自治区名牌产品。

2007 年 9 月，稀土高科公司生产的钐铕钆富集物、镨钕系列稀土产品、混合稀土金属荣获内蒙古自治区名牌产品。

2009 年 9 月，公司生产的“白云鄂博”牌氧化镧产品被内蒙古自治区人民政府评为内蒙古自治区名牌产品。有效期：2009 年 9 月 ~ 2012 年 9 月。

2011 年 2 月，公司生产的氧化铈、镨钕氧化物、混合稀土金属产品被内蒙古自治区人民政府评为内蒙古名牌产品。有效期：2011 年 1 月 ~ 2014 年 2 月。

2012 年，公司生产的“白云鄂博”牌氧化镧产品，被内蒙古自治区人民政府评为内蒙古名牌产品。有效期：2012 年 7 月 ~2015 年 7 月。

2015 年 1 月，内蒙古自治区质量奖审定委员会下发〔2015〕1 号《关于授予“白云鄂博”牌镨钕氧化物等 91 个产品“2014 内蒙古名牌产品”称号的通报》，公司生产的“白云鄂博”牌氧化镧、氧化铈、镨钕氧化物产品荣获内蒙古自治区名牌产品。有效期：2015 年 1 月 ~2018 年 1 月。

（二）等级产品

2004 年 11 月 25 日，稀土高科公司生产的山梅牌低氯根氧化镧、低铝碳酸铈、镨钕氧化物产品，符合产品质量等级确认条件，被内蒙古自治区质量技术监督局定为优等品。

2006年11月13日，稀土高科公司生产的山梅牌低氯根碳酸铈、少钕碳酸稀土、混合碳酸稀土产品，符合产品质量等级确认条件，被内蒙古自治区质量技术监督局定为一等品。

2006年11月13日，稀土高科公司生产的山梅牌混合稀土金属、氧化铈、氧化钕产品，符合产品质量等级确认条件，被内蒙古自治区质量技术监督局定为优等品。

第四节 质量工作专项活动

一、“质量月”活动

公司按照包钢（集团）公司统一部署积极组织各单位开展“质量月”活动，对在“质量月”活动中成效显著的单位进行奖励。

2011年9月2日，包钢稀土下发公司发〔2011〕85号《关于开展2011年公司“质量月”活动的通知》，本次“质量月”活动的主题为“质量缔造品牌，品牌提升效益”。设立“质量月”活动专项奖，对开展“质量月”活动成效显著的单位进行奖励。

2011年9月28日，包钢稀土下发公司发〔2011〕89号《关于开展包钢稀土“质量月”活动检查、评审的通知》，评审内容主要包括计划、宣传动员、质量攻关、论文征集、体系管理（现场环境、设备运转、工序控制、用户走访）、总结等方面。组织相关评审人员对稀选厂、冶炼厂进行检查评审，对获得优秀单位、优秀组织、优秀论文等有关单位及个人进行了奖励。

2013年9月6日，包钢稀土下发公司发〔2013〕91号《关于开展2013年包钢稀土“质量月”活动的通知》，“质量月”活动的主题为“质量为根，铸就品质”。所属各单位按照《通知》要求，围绕活动主题开展了座谈讨论、讲座和征文活动。

9月19日，包钢稀土下发公司生技字〔2013〕25号《关于开展包钢稀土“质量月”活动检查、评审的通知》，从组织策划、信息宣传、专项活动、总结4个方面进行评审。

2014年9月10日，包钢稀土下发技术字〔2014〕2号《关于开展2014年包钢稀土“质量月”活动的通知》，“质量月”活动的主题为“重视过程质量，提升创效能力”，各单位按照《通知》要求，围绕活动主题，经过座谈讨论、讲座和征文等多种形式开展了“质量月”活动，努力营造企业追求质量，全员关注质量的良好氛围。

2015年9月8日，公司下发技术字〔2015〕7号《关于开展2015年北方稀土“质量月”活动的通知》，“质量月”活动的主题为“提升品质，服务升级”，各单位按照《通知》要求，围绕活动主题开展了座谈、讲座和征文等活动。

2016年9月1日，公司下发技术字〔2016〕4号《关于开展2016年北方稀土“质量月”活动的通知》，“质量月”活动的主题为“强化质量效益 服务转型升级”，各单位按照《通知》要求，围绕活动主题，开展了座谈会、展板、板报、条幅、主题辩论赛等活动。本次质量月活动征集论文共59篇，评选出优秀论文15篇，送到包钢（集团）公司进行参选。

二、QC活动

1997~2013年，公司按照包钢（集团）公司要求，开展群众性质量管理活动，组织各生产厂积极参加包钢（集团）公司质量“QC”改进活动。2006年，申报3项QC课题。2013年，申报3项课题。2014年，按照包钢（集团）公司要求，由工会组织开展自主改善活动。

2006年，稀土高科冶炼厂二分厂QC小组“降低碳酸铈中Cl^-元素的含量，提高碳酸铈产品的合格率”课题荣获国家冶金行业优秀质量管理奖。

2013年6月，包钢稀土冶炼厂六车间QC小组被评为2013年度内蒙古自治区质量管理小组三等奖。

三、讲理想、比贡献活动

2009年，包钢稀土“讲理想、比贡献”立项13项，完成13项，完成项目总经济效益6260.43万元。

2010年，包钢稀土“讲理想、比贡献”立项11项，完成11项。

2011年，包钢稀土“讲理想、比贡献”立项8项，完成8项。

2012年，包钢稀土冶炼厂荣获包钢（集团）公司“讲理想、比贡献”竞赛活动先进集体；崔淑欣、朱万君荣获包钢（集团）公司“讲理想、比贡献”竞赛活动先进个人；卢龙获包钢（集团）公司“讲理想、比贡献”竞赛活动优秀组织者。

2013 年，包钢稀土及分子公司共上报“讲理想、比贡献”活动 27 项，完成 22 项，实现降本增效 690. 35 万元。冶炼厂二车间荣获包钢（集团）公司“讲理想、比贡献”竞赛活动先进集体；谢红莲、牟保畏、赵延、贾春明荣获包钢（集团）公司“讲理想、比贡献”竞赛活动先进个人。

2014 年，包钢科协改变了以往科协“讲理想、比贡献”活动评先工作方式，采用实际工作与现场讲解相结合的方式评选“讲理想、比贡献”活动优秀个人和优秀集体。包钢稀土根据包钢科协文件要求，积极组织各单位参与包钢科协“讲理想、比贡献”竞赛活动，包钢稀土冶炼分公司五车间经过层层比拼，获得“讲理想、比贡献”竞赛活动先进集体并以资鼓励，同年，由包钢（集团）公司科协和包头市科协推荐申报了内蒙古“讲理想、比贡献，奋力实现中国梦”活动先进集体。

2015 年，包钢科协对活动评选方式又进行了进一步的改进，分为大区制评选，本次活动北方稀土共推荐了 8 个集体、5 个个人参与了包钢第五大区的评选，其中有 4 人入围竞赛活动最终评选环节，华美公司刘磊、贮氢公司李倩获得包钢（集团）公司“讲理想、比贡献”竞赛活动突出贡献奖；稀选厂崔涛、电池公司王云波获得包钢（集团）公司“讲理想、比贡献”竞赛活动贡献奖。

根据包钢（集团）公司科协字〔2016〕1 号文件“讲理想、比贡献”工作安排，北方稀土为 2016 年“讲理想、比贡献”工作第五大区组织单位，第五大区共有 13 家单位，技术质量部已将 2016 年“讲理想、比贡献”工作安排发到第五大区各单位，8 月 26 日北方稀土组织了第五大区各单位的“讲理想、比贡献”活动，按照包钢科协字〔2016〕1 号文件要求，集体及个人各选出 1/3 进入包钢最终评审，本次比赛共有 19 个个人及 18 个集体参加第五大区复评，通过演讲比赛最终评出 7 个个人、6 个集体入围竞赛活动的最终评审环节。北方稀土 3 个集体、2 个个人进入包钢最终评审，3 个集体分别是：北方稀土冶炼分公司胡刚大师工作室、包头华美公司技术中心和稀土院中试基地；2 个个人分别是：华美公司许国华、稀土院赵二雄。2016 年 11 月 24 日，包钢组织了“讲理想、比贡献”最终评审，北方稀土的参赛集体与个人均取得了不错的成绩。

四、生态示范企业建设（LCA）

2014 年 9 月，包钢出台了创建生态设计示范企业实施方案，依据方案包钢稀土负责稀土部分“钕铁硼磁性材料”和“稀土抛光粉”的两个产品的生态设计工作。

2015 年 7 月 10 日，包钢生态办公室下发了生态办字〔2015〕1 号文件《关于包钢生态设计示范企业创建工作推进办公室组成人员及工作职责的通知》，北方稀土为稀土组责任单位；联络人为卢龙；按照生态设计示范企业创建工作进度，落实具体工作安排，协调处理具体问题，实现生态设计示范企业工作创建目标。

12 月 25 日，包钢生态办公室下发了生态办字〔2015〕2 号文件《关于“包钢产品生命周期评价（LCA）项目”正式启动的通知》，确定了包钢产品生命周期评价（LCA）项目组人员名单，北方稀土产品全生命周期评价工作正式启动。

2016 年 2~5 月，北方稀土与包钢生态办、内蒙古科技大学卢虎生教授、包钢西创新联公司对北方稀土涉及生态产品生命周期评价的单位进行了现场考察与调研及数据收集、核实工作。涉及稀选厂、冶炼分公司、华美公司、瑞鑫公司、磁材公司及抛光粉公司 6 个生产单位。

2016 年下半年，由内蒙古科技大学卢虎生老师团队对采集到的数据输入生态设计计算软件进行数据计算及模拟计算，并对北方稀土部分数据进行了再次确认，并且对稀土产品的生命周期技术评价规范标准进行了起草编制，目前正处于讨论阶段。

第五节 卓越绩效管理

一、卓越绩效管理模式

2011 年，公司率先推行卓越绩效管理模式，统一认识，更新理念，增强质量意识、发展意识、卓越意识，在全集团形成“大质量”理念。卓越绩效管理模式以顾客和市场为中心，以持续改进为动力，从领导、战略、顾客与市场、资源、过程管理、测量分析与改进、经营成果等 7 个方面指导企业追求卓越，不断提高组织的整体绩效和能力，以期为顾客创造更高的价值，使公司建立持续改进和提升经营质量的优秀管理模式。不断在新的管理平台上实现新发展，为市场提供质量过硬的产品，实现员工拥有良好的生产工作环境，为客户提供满意的产品，并通过合作方 BASF 提出的第三方社会责任审计，实现与相关方和谐发展，积极履行社会责任。

二、卓越绩效管理

2011 年，为贯彻落实科学发展观，推进质量兴企战略，引导和激励企业不断增强质量意识，建立和完善以经营结果为导向的绩效改善系统，推动包钢稀土生产经营各项工作又好又快发展，公司决定导入卓越绩效模式。为此，12 月 22 日，包钢稀土下发〔2011〕123 号《关于举办包钢稀土“卓越绩效管理”模式培训班的通知》。聘请咨询公司有丰富经验的管理顾问、审核专家进行了卓越绩效评价准则、“自治区主席质量奖”相关知识的培训。

为积极响应自治区推进质量兴区战略的号召，提升包钢稀土综合管理水平和核心竞争力，实现卓越的经营绩效，同时，也为了参评“自治区主席质量奖”工作的顺利开展，公司决定导入卓越绩效管理模式。2012 年 1 月 18 日，包钢稀土下发公司发〔2012〕5 号《关于包钢稀土开展“卓越绩效管理模式”项目工作的通知》，为了使此项工作有效推进，特成立包钢稀土“卓越绩效管理模式”项目组织机构及工作职责，并制定了“卓越绩效管理模式”项目工作内容、工作进度及工作要求。

3 月 9 日，包钢稀土下发公司发〔2012〕18 号《关于包钢稀土成立卓越绩效管理改进专项工作小组的通知》，公司根据调研、诊断提出的重点改进方向，成立企业文化建设组、战略规划组、流程梳理组、关键绩效指标制定组 4 个管理改进专项工作小组，并具体规定 4 个管理改进专项工作小组职责及主要内容，以推进卓越绩效管理模式在公司的进一步开展。

3 月 14 日，包钢稀土下发公司发〔2012〕20 号《关于包钢稀土卓越绩效模式推行暨创奖活动现场调研与诊断报告的通知》，报告中明确提出公司的优势和改进空间及建议。

2012 年 6 月公司下发了《关于包钢稀土自评师与自评报告编写任务分配的通知》。

按照内蒙古自治区质量技术监督局下发的《关于进行第二届内蒙古自治区主席质量奖现场评审的通知》的要求，公司制定了《包钢稀土申报内蒙古自治区质量奖现场评审计划》，认真做好各项迎审工作，于 2012 年 12 月 3～5 日通过专家组的现场验收。12 月，内蒙古自治区质量技术监督局为包钢稀土出具了《内蒙古自治区主席质量奖企业申报现场评审报告》，报告中综合评价了组织经营管理的成熟度。

2013 年 2 月 18 日，包钢（集团）召开卓越绩效推进动员大会。为进一步提升公司管理的成熟度，以此为契机，包钢稀土继续推行卓越绩效管理，重点以质量、环境、职业健康安全管理体系为基础，结合《包钢稀土卓越绩效模式推行暨创奖活动现场调研与诊断报告》《内蒙古自治区主席质量奖企业申报现场评审报告》中的优势及改进建议，确认改进空间，继续推行各专业标准化管理。每季度，公司组织相关领导、咨询组专家、自评师对各单位的管理成熟度进行评价；重在评审改进项目的实施情况，使各专业标准化工作系统的改进与提升。

2013 年 3 月 22 日，按照包钢字〔2013〕262 号关于印发《包钢（集团）公司推进卓越绩效管理，争创“中国质量奖”工作计划》的通知，包钢稀土下发公司发〔2013〕9 号《推进卓越绩效管理工作计划》，成立了包钢稀土卓越绩效管理推进领导小组、工作小组及推进办公室，明确各小组主要职责、主要工作内容及进度安排。

三、卓越绩效管理成果

2013 年 4 月 12 日，内蒙古自治区人民政府下发〔2013〕65 号文件，授予“内蒙古包钢稀土（集团）高科技股份有限公司等 5 家企业 2012 年度自治区主席质量奖”。

第八章　物资采供管理

第一节　原辅材料采购

在1997年以前，包钢稀土三厂所有物资采购业务归包钢材料处管辖，生产用原燃辅材料均由包钢材料处负责采购供给，采购程序、价格机制、合同签约、仓储等均执行包钢相关规定。

1997年9月12日，内蒙古包钢稀土高科技股份有限公司（以下简称稀土高科）上市，依据上市公司运营机制，原燃辅材料全部由稀土高科自行采购，物资仓储（仓库）归物资采购部门管辖。1997年9月～1998年4月，物资采购部门所采购的原燃辅材料主要供给各车间生产所需。

1998年4月10日，稀土高科下发《关于选矿厂稀选车间成建制划归包钢稀土高科技股份有限公司的会议纪要》（会纪〔1998〕31号）中规定：稀选车间使用的原材料全部归属稀土高科自行采购。1998年4月～2003年3月，采购物资主要满足稀土高科各生产车间及稀选车间生产所用，仓库归物资采购部门管辖。

2003年3月19日，为了真实地反映各车间生产成本，便于加强企业管理，稀土高科公司下发《内蒙古包钢稀土高科技股份有限公司稀选分厂独立运行的决定》（公司发〔2003〕第8号），公司决定，稀选分厂实行独立经济运行，包括采购、生产、设备、销售、财务等。原则合并稀选一、二、三分厂的管理机构，相应成立供应、设备、生产等管理部门；合并财务组，精矿成本单独核算。稀选分厂所需的材料，若公司有同类的从公司领用，特殊用途的自行采购，但采购必须执行公司的采购管理办法。各单位领用稀土精矿，由供应部协调。

2003年5月6日，稀土高科下发《关于稀土高科公司稀选分厂机构设置的决定》（公司发〔2003〕第21号），稀选分厂设置办公室、生产技术部、财务部、供应部，对稀选分厂下属3个车间和内蒙古稀土（集团）公司4个代管单位进行统一管理；稀选分厂供应部负责稀选分厂所需材料、备件的采购及发放、库存。

2003年9月23日，为适应稀土高科的发展，规范公司管理，稀土高科公司下发《关于成立稀土高科公司冶炼厂的决定》（公司发〔2003〕第35号），成立内蒙古包钢稀土高科技股份有限公司冶炼厂。经营范围：稀土产品的开发、生产、销售。

2003年3月～2008年4月，公司物资采购部门所供原燃辅材料主要满足直属厂冶炼厂各车间生产所需。

2008年4月28日，为适应稀土高科集团化发展，建立并完善集团化的组织框架结构，打造公司层面强有力的控制平台，实现对公司内部各单位、各种资源统一管理、控制，充分发挥集团整合效应。根据现代企业管理制度的组织管理理论，本着岗位分离、部门牵制的内部控制原则，稀土高科公司下发《关于内蒙古包钢稀土高科技股份有限公司组织机构设置（行政）和部门工作职责的通知》（公司发〔2008〕23号），设置物资供应部等部门，负责公司本部、稀选厂、冶炼厂所需燃料、材料、包装物及低值易耗品等生产物资统一采购。

2013年5月24日，包钢稀土下发《关于对公司部分所属单位大宗物资供应业务进行集中统一管理的通知》（公司发〔2013〕70号）。《通知》规定：自发文之日起，华美、和发、白云博宇分公司的大宗物资采购工作与冶炼厂、稀选厂一并由包钢稀土（集团）公司物资供应分公司统一实行集中管理。

集中管理后，华美、和发、白云博宇分公司3个单位物资采购部门仍然保留，但只负责除大宗物资以外物资采购业务。大宗物资由物资供应分公司统一通过比价、招标等形式采购。

2015年2月13日，包钢字〔2015〕35号文件，整合重组包头市飞大稀土有限责任公司等5家稀土企业，公司名称变更为“中国北方稀土（集团）高科技股份有限公司”。为此，将包钢稀土在包钢（集团）公司内部使用的简称规范为“北方稀土”。根据以上文件规定，原“包钢稀土物资供应部”于2012年9月19日更名为“北方稀土物资供应分公司”。

一、物资计划与采购管理

（一）物资材料计划

1. 物资材料计划分类

物资材料计划分年度计划、月计划、追加计划。物资采购部门根据各使用单位审批后上报的材料需求计划，由物资供应部门在平衡材料库存及调研市场价格的基础上，编制材料采购计划，材料采购计划经物资采购部门主管领导审批后方能执行采购工作。

2. 材料计划编制程序及要求

（1）年度计划：每年年初，材料各使用单位依据全年稀土产品生产计划，结合材料单耗计算，提供本年的大宗物资材料需求计划。物资采购部门根据各单位上报的年度材料计划，在平衡库存基础上，编制公司本年度材料采购计划，包括名称、规格、期初库存、单位、数量、计划价格、金额、期末库存等。

（2）月度材料计划：各使用单位于每月24日前将次月审批后的材料需求计划上报物资采购部门，物资采购部门结合本月底库存，于次月5日前完成次月材料采购计划的编制，并经物资采购部门主管领导审批后采购。

1997年9月~2003年4月，物资需求计划由稀土高科各车间及稀选车间直接提供。

2003年5月~2008年4月，物资需求计划由冶炼厂各车间直接提供。

2008年5月~2012年12月，物资需求计划由冶炼厂及稀选厂直接提供。

2013年1月~2015年2月，物资材料需求计划由包钢稀土生产技术部提供。

2015年3月~2016年12月，物资材料需求计划由北方稀土生产部提供。

月计划材料到货期一般为5~15天，特殊情况需与供货商洽谈而定。

（3）追加计划：指各使用单位对于本月度漏报、临时急用等材料所申报的计划。追加计划随时产生，随时审批；审批程序同“月度采购计划”。

3. 材料计划实施

物资采购部门汇总各使用单位上报的“材料需求计划”时，严格审核物资名称、规格、型号、数量、计量单位及到货时间是否准确，对计划内容有疑问的，及时与用料单位沟通核实，避免由于计划不准确造成的采购失误，引起物资积压或退货。

4. 材料计划考核

1997年9月~2012年9月，要求各单位上报材料计划准确率平均达90%以上。

2012年10月~2016年12月，要求各单位上报材料计划准确率平均达95%以上，低于95%扣该单位当月绩效奖0.5%。

2016年10月21日，物资采购部门重新修订的《北方稀土物资供应分公司采购管理细则及考核办法》中，对年度、月度及追加计划相关内容作了补充规定，不在全年采购计划中的物资如急需采购，需求单位要提出申请并说明情况，报物资供应分公司，物资供应分公司根据相关制度规定给予采购；使用单位每月办理材料追加计划不超过四次；生产抢修（事故）用的原辅材料可以先进料，后办理追加计划，使用单位必须在三日内办理追加计划。以上规定均以绩效考核扣分的形式给予考核。

这一补充规定提高了使用单位年度、月度计划的准确率，同时也满足了急需材料的保障供给。

（二）采购管理

从1997年9月，稀土高科上市后，开始拥有独立采购权，历经近20年，建立、完善了一系列原材料采购原则、程序和制度等，健全了对供货商全方位的评价。

1. 采购原则

坚持“先内后外、先近后远、质优价廉、随行就市”的采购原则。对物资选购，进行比质、比价、比售后服务。做到无计划不采购；质次价高不采购；售后服务不好的不采购；运输方式不合理的不采购。按照公安部门要求，对于剧毒化学品使用，必须办理危险品使用资质及相关手续。在采购剧毒化学品时，选择具备剧毒化学品合法经营或生产资质的供货单位。对易制毒化学品的采购，做到所采购的易制毒化学品符合国家法律法规及相关规定。

2016 年 10 月，物资供应分公司重新修订两项管理制度，即《北方稀土物资供应分公司采购管理细则及考核办法》及《北方稀土物资供应分公司仓库管理办法》，以加强对原辅材料采购及仓储相关工作的监督管理。其中包括“材料采购供应工作例会制度”，通过按月开例会，解决问题，协调工作，提高工作效率。

2. 供方的选择

1997 年 4 月~2004 年 5 月，根据 1997 年供应销售部“原材料采购管理制度”及“规范采购行为奖惩制度”，通过对供应商资质、供货价格、质量、供货能力、运力等评估，公开、公平、公正竞争，选取合格供货商。

2004 年 5 月~2012 年 10 月，对新供方的选择通过“供方调查表”及“供方评价记录”提供的相关内容进行选择。对老供方的选择，是每年元月，供应部对前一年的合格供应商做复评审核，依据其前一年供货质量、价格、信誉、评分等评价内容，评出本年的合格供货商。

2005 年 5 月 6 日，由稀土高科供应部编制的“稀土高科冶炼厂供应部管理制度汇编”正式实施，其中对原材料采购管理程序、领用、保管等 10 项制度做出详细的规定，并补充了“铁路线车辆卸车规章制度”。对大宗物资供方实行采购前的“供方评价”，形成合格供方，按制度规范进货。

2007 年 4 月 9 日，稀土高科下发公司发〔2007〕20 号《包钢稀土高科技股份有限公司质量责任追究考核办法》。《办法》明确，由于外购原料、燃料、材料等没有按规定标准及确认的技术条件采购（特殊情况除外）或采购不及时的责任追究与考核办法。

2009 年 7 月 14 日，稀土高科会纪〔2009〕15 号《关于规范公司剧毒化学管理的会议纪要》，根据《包钢（集团）公司危险物品管理办法》（包钢字〔2006〕219 号），按照公安部门要求，经会议研究决定，包钢稀土建立剧毒化学品信息管理系统，负责包钢稀土及其所属单位剧毒化学品采购，同时必须按照国家有关规定，办理危险品使用资质、采购等相关手续，在采购时必须选择具备剧毒化学品合法经营或生产资质的供货单位。

2012 年 9 月 19 日，包钢稀土下发公司发〔2012〕94 号文件，成立“包钢稀土物资供应分公司”（以下简称物资供应分公司），全面负责下属生产企业的大宗物资供应。12 月 1 日，物资供应分公司出台《包钢稀土物资供应分公司管理制度》，从采购程序到对供应商管理，均作出翔实规定。同时增加了 ISO14001、OHSMS18001 管理内容，增添易制毒化学品及应急预案的管理制度。做到所采购的易制毒化学品符合国家的法律法规及相关规定，严防易制毒化学品流入非法渠道。

2013 年 4 月 25 日，国家禁毒委下发〔2013〕2 号《关于进一步加强易制毒化学品管理工作的通知》，公司认真落实了关于生产、经营、购买、使用和运输易制毒化学品的相关规定，做到了各项工作程序合法，手续齐全。在 2014 年、2015 年连续两年，北方稀土被包头市禁毒委授予“全市易制毒化学品管理工作先进单位”。

2016 年，《北方稀土物资供应分公司采购管理细则及考核办法》中对供应商选择、易制毒化学品管理等相关规定执行情况进行了全面考核，与绩效挂钩，加大了监管力度，提升工作效率。

1998~2016 年供方质量保证能力评价结果见表 4-31。

表 4-31 1998~2016 年供方质量保证能力评价结果报告

起止年限	1998~2004 年	2004~2012 年	2012~2016 年
供方调查表	分承包方业绩	供方基本情况	供方供货能力
	分承包方“三证”	供方供货能力	供方产品自检能力
	分承包方生产能力	供方产品自检能力	供方“三标一体”认证
	分承包方供应能力	三证情况	供方供货信誉
	产品采用标准	所供产品获奖情况	供方运输方式及能力
	分承包方检测能力	供货信誉	供方公共责任
	分承包方包装、运输能力	所供产品标准	供方道德行为
	分承包方信誉	运输方式及能力	供方公益支持

续表 4-31

起止年限	1998~2004 年	2004~2012 年	2012~2016 年
评价内容	对供方评价记录	对供方评价记录	物资供应分公司调研记录
		供方评分表	供方评分表
			供方社会责任调查表
			社会责任调查验证表
复评	年度合格供方评审报告	年度合格供方评审报告	供方评审记录
结果	合格分承包方、候选分承包方、不合格分承包方	合格供方、候选供方、不合格供方	合格供应商、准合格供应商、不合格供应商
合格供方	合格分承包方名录	合格供方名录	合格供方名录

3. 采购制度的建立

为规范采购行为，降低物资采购成本，确保公司各项物资供应，加强企业物资采购的监督管理，制定了一系列的规章制度。

1997~2004 年，采购部门对材料采购、库房管理及采购人员违规奖惩等制定了一系列规章制度，使采购人员在采购工作中做到有规可依。

2004~2012 年，根据工作实际，对原规章制度作了修改和完善；同时增加消防制度管理、危化品管理等规章制度，提高了应急措施，增强安全意识。

2012 年，采购部门根据公司经营情况重新制定 19 项规章制度，并装订成册汇编为《包钢稀土物资供应分公司管理制度》；随着公司“三标一体”、卓越绩效、5S 管理、精益管理工作的推进，在 2014~2016 年，物资采购部门又修订及新增 12 项管理制度，建立健全了采购制度，保证供应工作及时性、合理性、计划性、科学性和预测性展开。

不同时期物资供应管理制度见表 4-32。

表 4-32　1997~2016 年物资供应管理制度

序号	1997~2004 年	2004~2012 年	2012~2013 年	2014~2016 年 12 月（修订、新增制度）
1	原材料采购管理制度	稀土高科原材料管理办法	招标、投标、议标管理制度	供应商管理制度（修订）
2	规范采购行为奖惩制度	稀土高科冶炼厂比价采购管理办法	计划、采购管理制度	采购价格管理制度（修订）
3	材料领用制度	供应部原材料领用制度	采购供应商管理制度	混合碳酸稀土及稀土精矿出入库流程
4	油库管理制度	库房管理规则	采购合同管理制度	盐酸安全管理制度
5	仓库防火制度	仓库保管员安全规程	仓储管理制度	盐酸管理制度
6	保管员管理制度	保管员工作标准	原材料领用管理制度	大宗物资接收制度
7	账、物、卡相符管理制度	保管员交接、对账制度	物资统计管理	
8	保管员交接、对账制度	铁路线车辆卸车规章制度	产品防护管理制度	物资采购调研制度
9		消防管理制度	库房管理制度	关于对煤的供货管理办法
10		危化品管理制度	产品发货、退货管理制度	物资供应分公司氨水管理制度
11			仓库保管员管理制度	北方稀土物资供应分公司采购管理细则及考核办法（重新修订）
12			仓库盘点管理制度	北方稀土物资供应分公司仓储管理办法（重新修订）

续表 4-32

序号	1997~2004 年	2004~2012 年	2012~2013 年	2014~2016 年 12 月（修订、新增制度）
13			危化品管理制度	
14			剧毒化学品管理制度	
15			应急预案管理制度	
16			包钢稀土易制毒化学品管理制度	
17			消防管理制度	
18			混合碳酸稀土管理	
19			物资验收管理制度	

二、价格机制及合同管理

（一）价格机制

材料市场供大于求时，可根据材料采购原则“先内后外、先近后远、质优价廉、随行就市”进行采购。当材料市场供不应求时，在不影响最终产品质量的同时，可做让步接收处理，以满足生产所需。

1997 年 12 月，在价格机制方面执行《原材料采购管理制度》及《规范采购行为奖惩制度》相关规定。

1998 年 3 月 10 日，包头钢铁公司下发体改字〔1998〕59 号文件，《关于规范包钢公司内部与包钢稀土高科技股份有限公司相关关系的决定》，从 1998 年 3 月 1 日起，稀土高科与包钢公司间互供产品、原材料、备品备件等按关联交易合同执行，有承诺价的按承诺价执行，无承诺价的按市场价定价，以现金结算。理顺包钢与稀土高科的法律、经济关系。此后，稀土高科在互供产品、原材料、备品备件等往来中严格执行这一决定。

2000 年 2 月 1 日，稀土高科下发公司发〔2000〕第 13 号文件，《关于成立稀土高科价格委员会的决定》，旨在达到更好地适应市场变化、科学引导消费，加强行业内沟通与合作。价格委员会成员有稀土高科公司相关领导、纪委、财务部、生产部、供应部等相关人员，大宗物资采购价格均上会研究定价。

2007 年 4 月 9 日，稀土高科下发公司发〔2007〕19 号《包钢稀土高科技股份有限公司质量考核办法》，办法明确，对于公司产品形成过程中，原燃材料和设备备件的采购、过程控制、最终产品、质量体系运行情况进行质量考核。

2012 年，物资供应分公司制定了《易制毒化学品管理制度》，对易制毒化学品的采购、存储做了详细规定。为规范招投标活动，制订了《大宗物资采购、招标、投标、议标管理制度》，并纳入价格机制管理，一直沿用。

2016 年，《北方稀土物资供应分公司采购管理细则及考核办法》中新增“物资采购调研制度”，要求业务员对其所采购物资每月进行市场调研，并在每月召开价格分析会上进行讨论定价。大宗物资每月必须全部进行调研，辅助材料物资由各业务员对当月采购物资进行抽样调研，抽样比例不低于 50%，被调研单位不少于 2 家，同时做好调研记录，并归档保存。

（二）合同管理

物资采购部门负责供货合同的管理工作。材料计划员根据经主管领导审批过的“材料采购计划”签订合同，合同中有计划员、部门领导、部门主管经理签字加盖合同章后生效。

1997 年 12 月 1 日，稀土高科公司财字〔1997〕第 15 号文件，出台《稀土高科公司经济运行的有关规定（试行）》。规范了股份公司正常运作、加强企业管理、维护股东利益、制定经济业务运行的审批程序，其中包括材料计划和经济合同的审批程序。

1997 年 12 月 11 日，由供应部门编制的《原材料采购管理制度》及《规范采购行为奖惩制度》出台，其中规定一种物资一次性采购在 5000 元以上的，必须签订合同，严格执行公司财字〔1997〕第 25 号文件。进货遵循“质优价廉、比质比价、先内后外、先近后远、先厂家后中间商的采购原则”。

1998 年 1 月~2001 年 12 月，供应部门签订合同一式三份，合同分别交需方一份，财务一份，存档一份。作为各有关单位发货、检查、结算、变更、处理异议和验收的依据。

2008 年 10 月 30 日，包钢（集团）公司下发包钢字〔2008〕227 号文件，《关于廉洁诚信协议暂行规定》。《规定》明确指出，公司在对外采购招标中，要认真履行协议内容；规范供需双方行为，创建诚实守信、廉洁有序的经营环境。

2012 年 1 月~2016 年 12 月，签订合同一式三份，合同分别交供方一份，需方（财务）一份，供应部门存档一份。合同管理执行《物资供应分公司管理制度》相关内容。采购合同签约率 100%。

三、物资供应监督

物资采购部门对其采购计划、供货渠道和新增供货单位的资质证明及供应能力和质量信誉等进行审查；制定公司物资采购招议标管理办法，对采购管理中出现的较大问题进行协调；不同时期、不同机构对物资部门的材料采购进行监督和检查。

1997 年 12 月 4 日，稀土高科公司下发财字〔1997〕第 25 号文件，成立经济合同管理领导小组和外委外购检查小组，审定 10 万元以上的经济合同，解决经济合同中出现的问题。

1998 年 10 月 27 日，稀土高科下发〔1998〕第 3 号文件，《关于加强经济合同管理的补充规定》，以加强外委外购经济合同的管理和监督，同时成立“供应部商谈签订合同小组”。

2006 年 9 月 6 日，包钢纪委纪检九组常派驻包钢稀土工作，并对物资采购工作进行监督。

2012 年 9 月~2016 年 12 月，对物资供应分公司管理工作的监督，依据“包钢稀土物资供应分公司管理制度”相关内容执行。

供方所供材料如出现质量、环保和安全问题，物资供应分公司以口头或书面的形式通知供方。如两次发出处置单而质量没有明显改进的，取消其供货资格。

对供方提供服务的控制：为公司提供服务的供方，如运输公司、检测、培训机构等，经审核其资质合格后方可向公司提供服务。对国家授权的计量实验室，不再做服务质量评价。截至 2016 年底，物资采购人员未发现违规违纪现象。

2016 年，《北方稀土物资供应分公司采购管理细则及考核办法》对以下 8 项工作进行考核，以扣分的形式与绩效挂钩。第一，计划的及时性、准确性、保密性。第二，追加计划。第三，物资接收。第四，物资领取。第五，库存资金平均占用额。第六，供应商选择的考核。第七，易制毒化学品管理。第八，大宗物资采购月度报表。

第二节 仓　　储

1997 年 9 月~2006 年 6 月，仓储归物资采购部门管辖。

2006 年 7 月 1 日，公司发〔2006〕29 号文件，决定成立稀土高科公司仓储部，同时启用仓储部、稀选厂供应科、冶炼厂物资供应科印章。2006 年 7 月~2012 年 9 月，仓储部作为储存物资部门独立存在，主要负责冶炼厂、稀选厂物资材料的接收、发货和储存工作。

2012 年 10 月~2016 年 12 月，材料仓储归属于物资采购部门管理。

一、仓储管理

（一）材料收、发、存管理

1997~2006 年，冶炼厂、稀选厂仓库由物资供应部门管理。1997 年编制的《原材料采购管理制度》中，对仓库材料收、发、存管理做出规定，要求材料账物卡相符，出入库材料平衡。

2007 年 3 月 1 日，由仓储部编写整理的《包钢稀土高科技股份有限公司仓储部管理文件》，编号为 BGXT/CC-ZD-01~07，于 2007 年 3 月 18 日正式实施。《管理文件》详细规范了仓储收、发、存一整套制度。

2012 年 9 月 19 日，公司发〔2012〕94 号文件，成立“包钢稀土物资供应分公司”，由原物资供应部管理人员、原仓储部原燃材料管理职能人员及相关人员组成。与此同时，原仓储部撤销。稀选厂、冶炼厂仓库归属物资供应分公司管理。仓储材料收、发、存管理执行《包钢稀土物资供应分公司管理制度》，相关内容一直沿用。

2016 年 10 月 21 日，采购部门重新修订了《北方稀土物资供应分公司仓库管理办法》，对原材料、碳酸稀土、稀土精矿的入库、验收、保管、领用等各项管理制度做了更翔实的规定，重点加强对碳酸稀土、稀土精矿的出入库的管理，新增稀土精矿库房管理制度；对稀选厂、白云博宇分公司发放精矿程序作了严格规定，保卫部全程跟踪。

（二）危险、剧毒化学品管理

2009 年 10 月 20 日，包钢稀土下发人通字〔2009〕28 号《关于举办危化品管理人员、作业人员取证培训班的通知》。经过专业培训，管理危化品的人员掌握危险化学品安全管理法律法规、基础知识和事故应急救援知识，做到从业持证上岗。

危险、剧毒化学品储存保管除正常遵循仓储条例外，必须做到以下条款：

（1）危化品仓库只能贮存同类化学品物资，不同品种分片存放，不能超储，保证安全距离，通道顺畅。

（2）氧化剂不得与易燃物品同存一库。

（3）对于遇水易爆，遇高温、低温、暴晒发生分解的化学危险品，不能在露天贮存。

（4）对剧毒品、易制毒品必须实行双人收发、双人双锁、双人运输和双人使用的“四双”制度。

（5）危化品的领用需经使用人员提出，部门主管批准，仓库人员同意后方可出库。

2009 年 7 月 14 日，公司会纪〔2009〕15 号《关于规范公司剧毒化学管理的会议纪要》，根据《包钢（集团）公司危险物品管理办法》（包钢字〔2006〕219 号），按照公安部门要求，包钢稀土建立了剧毒化学品信息管理系统，负责包钢稀土及其所属单位剧毒化学品采购。同时，按照国家有关规定，办理了危险品使用资质、采购等相关手续，在采购时，选择具备剧毒化学合法经营或生产资质的供货单位。

2012 年 12 月 13 日，包钢稀土下发《包钢稀土易制毒化学品管理制度》，要求加强易制毒化学品管理，严防易制毒化学品流入非法渠道。

2013 年 3 月、4 月，包头市禁毒委员会连续下发包禁毒字〔2013〕2 号、8 号文件，对易制毒材料使用单位提出更高要求，从领导到专管人员责任到人，有错必究。从第二季度开始，公司全面贯彻包头市禁毒委《关于进一步加强易制毒化学品管理工作的通知》精神，牢固树立“一点一滴”易制毒品危险不能流失的“微量管理意识”。从购买、运输、使用、库存等各个环节，制定制度，落实责任，严格管理，做到各项工作程序合法，手续齐全。继续保持公司易制毒化学品零流失、零发案的工作业绩。以上制度一直沿用至今。

仓储指标：大宗材料入库合格率 100%，物资错发率小于 1‰，材料保管完好率不小于 98%。

二、物资验收

2003 年 8 月 25 日，公司发〔2003〕第 30 号《稀土高科供应物资进货验收制度》，规定了从计划、进货、验收（取样、分析、计量）等制度，严禁不负责任、弄虚作假和损公肥私现象发生。物资入库时，要按照公司标准化仓库管理的要求做好物资的保管工作，确保库存物资质量的完好，符合生产需要，对入库的物资做到 100%验收。送货人员要持有供应相关人员填写的材料入库单到仓储计划员核对计划，准确后方可入库。验收的工作流程执行《包钢稀土物资供应分公司管理制度》中的相关规定。

2012 年，包钢稀土设立“包钢稀土物资供应分公司”，负责直属企业（稀选厂、冶炼厂）的物资采购和验收，并遵循以下原则：第一，材料入库时没入库验收单不接收。第二，核对名称、数量、规格，不符不接收。第三，质量不合格的物资不接收。第四，计划不符的物资不接收。

2016 年 10 月 21 日，物资采购部门重新修订下发了《北方稀土物资供应分公司仓库管理办法》，其中对碳酸稀土入库验收做了全方位的细化管理。从取样分析、过磅、卸车、空车回皮到验收合格，全程必须由两人以上跟踪，管理更加科学严谨。

第九章 营销管理

第一节 机构与人员

中国北方稀土（集团）高科技股份有限公司生产经营范围逐步扩大，公司的销售机构在不同的时间段，有着不同的变化。

1991 年 7 月 1 日，包头钢铁稀土企业集团成立大会在包头市召开。包头钢铁稀土企业集团是以包头钢铁稀土公司为核心企业，由包头稀土铁合金厂、包头市稀土冶炼厂、包头市火石厂、包头磁性材料厂、光华化学工业公司以及包头稀土研究院等单位，在自愿互利基础上组成的经济联合体。包钢稀土集团办全面负责稀土产品的销售、结算和资源分配；而稀土集团的主体单位包钢稀土一、二、三厂负责生产，年终企业进行内部财务核算。

1997 年 9 月 12 日，内蒙古包钢稀土高科技股份有限公司创立大会暨首次股东大会在包头市召开，宣布建立内蒙古包钢稀土高科技股份有限公司（以下简称“稀土高科”）。同年 9 月 30 日，稀土高科下发《关于成立内蒙古包钢稀土高科技股份有限公司所属机构的通知》（公司办字〔1997〕第 10 号），成立稀土高科销售供应部，主要负责储备、配货以及运输，国内销售工作依旧由稀土集团办负责，而公司生产的出口产品全部由中国冶金出口包钢分公司代为销售。年终稀土高科与稀土集团办和中国冶金出口包钢分公司进行统一财务结算。

1998 年初，包钢稀土集团办依旧负责国内销售。1998 年 3 月 1 日，包钢（集团）公司下发《关于规范包钢公司内部与包钢稀土高科技股份有限公司相关关系的决定》（包钢体改字〔1998〕59 号），指出：稀土集团办销售二科人员连同相关业务，成建制归入稀土高科入驻包头市稀土开发区。至此，稀土高科产品的国内销售业务全部划转稀土高科自行管理，其业务范围包括统一管理稀土精矿及其分离产品的销售，原稀土集团办签订的 1998 年销售合同交稀土高科履行，这时期由王成印副总经理和洛朝阳部长负责；公司出口产品依旧由中国冶金出口包钢分公司代为销售。直至 1998 年 10 月，包钢生产的稀土精矿粉全部按配额集中到稀土高科销售，即统一销售、统一价格、统一收款、统一结算，最后按各厂销售产品收款数，由稀土高科如数返还各厂。同年 11 月 20 日，公司下发会议纪要《关于研究对包钢稀土精矿实行统一管理等事项的纪要》，指出：鉴于集团办现状，没必要存在，应予以解散并且不再使用稀土集团办的称谓。同时，公司提出对于生产稀土精矿厂实行“五统一”的管理思路。

1999 年 11 月 28 日，内蒙古稀土集团公司正式挂牌成立。内蒙古稀土集团公司组建后，充分利用包头稀土高新技术开发区的良好政策环境，组织和协调集团成员单位，发挥“集团军”的规模优势，迅速拓展国内外市场，形成发展中国北方稀土深加工产品的技术创新优势、企业规模优势、市场占有优势和经济发展优势。

2002 年，为了整合稀土资源、调节产业结构、加大治理稀土散、乱问题，包钢（集团）公司董事会下发《包钢（集团）公司关于重组内蒙古稀土集团的实施方案》（董发〔2002〕14 号），研究决定对内蒙古稀土集团进行重组，其范围为包钢内部的 9 家稀土生产企业。内蒙古稀土集团设立资源管理部，具体负责稀土原料的“五统一”管理，即统一发展规划、统一生产计划、统一产品价格、统一对外销售、统一收款结算，并且实行产供销、人财物一体化管理。

2007 年底，稀土高科公司完成对包钢（集团）公司内稀土产业的资产重组工作，实现包钢（集团）公司稀土产业整体上市，公司和股票简称变更为“包钢稀土”，成为包钢（集团）公司乃至内蒙古自治区稀土产业发展的平台。

2008 年，包钢稀土为了更好利用和发挥稀土资源优势，提高包头稀土产业的集中度，维护稀土原料产品市场价格平稳、实现稀土原料集中销售，就地转化，营造包头稀土产业发展的小环境，吸引更多的国内外附加值较高的稀土深加工企业、应用企业，落户包头、聚集包头，推动包头稀土产业集群的形成与壮大，促进与包头稀土资源有关的稀土企业跨越式发展。同年 12 月 10 日，由内蒙古包钢稀土高科技股份有限公司（以下简称“包钢稀土”）、内蒙古高新控股有限公司（简称“高新控股”）、包头华美稀土高科有限公司（简称“华美稀土”）、山东淄博包钢灵芝稀土高科有限公司（简称“灵芝稀土”）、内蒙古和发稀土科技开发股份有限公司（简称“和发稀土”）、包头市金蒙稀土有限责任公司（简称“金蒙稀土”）、包头市新源稀土高新材料有限公司（简称“新源稀土”）、包头市飞达稀土有限责任公司（简称“飞达稀土”）等八方股东，出资 7 亿元，设立组建了内蒙古包钢稀土国际贸易有限公司（以下简称“包钢稀土国贸公司”）。至此，包钢稀土销售部职能和业务全部划归到包钢稀土国贸公司。

2009 年 1 月 12 日，包钢稀土国贸公司举行第一次股东会，会议通过了“内蒙古包钢稀土国际贸易有限公司运营模式”。其运营的指导思想：坚持以控制包头稀土原料产品生产为基础；以与包头资源有关的稀土原料产品统一收购、集中销售为手段；以保持全国稀土原料产品价格相对稳定为目的，以实现包头地区稀土原料产品的就地转化，深度加工。公司下设 8 个部门：国内贸易部、国际贸易部、计划部、仓储部、质量检验部、财务部、综合管理部、驻外办事处。由总经理邢斌全面负责。

国内贸易部主要职责：负责公司购进稀土产品的国内销售工作；负责销售合同的签订与执行；负责产品国内市场开发、市场信息收集与市场预测；负责货款回收与客户往来账目核对；负责客户询单处理及售后服务。

国际贸易部主要职责：负责公司分离产品及金属出口销售部分，建立与维护销售渠道；负责出口合同签订、翻译、传递及合同执行情况的统计与管理；负责货物出口所需的出口许可证申领、网上报检、租船订舱、关税支付、单据制作与交付、催收货款及结汇核销、办理海运保险；负责国外稀土市场调研、市场分析；负责与各工厂协调货源及配额资源；负责售后服务。

仓储部主要职责：负责收购产品的收发、仓储、物流管理；负责配合财务部进行每月一次月底签证结算工作；负责配合质检部库存产品质量抽检，确保发货产品质量符合客户要求；负责配合盘点、审计工作。

2012 年 9 月，包钢稀土国贸公司下发《关于包钢稀土国贸公司领导班子成员工作分工的通知》（公司发〔2012〕14 号），由邢斌担任董事长，李忠担任经理全面主持公司经营管理工作。《通知》明确下设国内贸易部、国际贸易部、仓储部、质量检验部、财务部和综合办公室 6 个部门，并在赣州设立子公司。其中，将计划部职能划归包钢稀土国贸公司综合管理部。同年 8 月 8 日，包头稀土产品交易所在稀土论坛上正式挂牌成立。包头稀土产品交易所是由包钢稀土牵头国储中心、高新控股、厦门钨业、中铝稀土、广东稀土、四川江铜、中钢贸易、中核投资、甘肃稀土、五矿稀土、中色股份、新华指数等 13 家稀土骨干企业共同组建的大型稀土现货交易平台。

2014 年 9 月，包钢稀土国贸公司领导班子换届上任，由王福生担任董事长兼总经理管控公司全局，黄绍东副总经理负责全部销售工作，并且将国内贸易部划分为销售组和市场计划组。同年 9 月 28 日，包钢稀土国贸公司下发会议纪要（会纪〔2016〕14 号），将已划入综合管理部的计划部职能划归国内贸易部，同时将综合管理部的国储业务划归国内贸易部。至此，国内贸易部承担计划和销售两大职能。

2016 年 7 月，包钢稀土国贸公司对部门作出新的调整，计划部职能和国储业务全部划归综合管理部。同年 9 月 8 日，包钢稀土国贸公司印发《关于领导班子成员工作分工的通知》（公司发〔2016〕23 号），公司领导层调整方案：刘海峰任总经理，主持全面工作；黄绍东担任副总经理，负责国内外市场、产品销售、产品回购、物资平衡、运输等工作，潘燚担任副总经理负责仓储、库房管理、综合办公室、产品出入库的质量检验、质量异议、三标一体审核等工作。

第二节 市场开发与销售

受国内外经济政治影响，中国稀土市场大致

可分为 3 个时期，1997~2009 年为稀土市场低迷时期，这时期为买方市场。稀土高科制定“限产保价、定量投放、以销定产”等销售策略，基本依靠销售人员走出去开拓市场，且不断研发新产品满足客户需求，以及建立销售协作网络，拓展销售渠道，来扩大市场份额。2010 年、2011 年是稀土市场向好的两年，又称为卖方市场。包钢稀土国贸公司运用收、储、销紧密结合的营销模式，紧盯市场变化，及时调整营销策略“优先满足大客户、长期客户需求，兼顾下游合作伙伴利益”。通过运用自身影响力维护市场稳定，引导市场良性发展。同时，努力建设包头稀土电子交易平台，优化营销资源配置，降低销售成本，推进中国稀土价格指数形成与打造。2012~2016 年，稀土市场再一次回落，进入买方市场。包钢稀土国贸公司提出“适度放宽镧铈、精心运作镨钕、平衡中重稀土”的营销策略，并且加强营销服务管理，通过优质的产品质量和周到的售前、售后服务为客户提供全方位的产品和服务，显著提升了客户的忠诚度。

一、国内市场开发与销售

（一）第一阶段（1997~2009 年）

1997~2009 年，是稀土的买方市场。

1999 年，由于受亚洲金融危机的影响，稀土销售市场非常疲软，加之稀土精矿的产量太大及精矿市场的无序竞争，导致矿后产品出现严重的供大于求局面。同年 2 月 8 日，包钢（集团）公司试行《稀土精矿集中统一管理实施细则》。《实施细则》明确，稀土高科对包钢矿研所实验厂、包钢综企（集团）公司选矿回收厂、包钢选矿事故泵站选矿厂、包钢综企（集团）公司钢球厂选矿厂及包钢稀土三厂综合厂实施统一安排生产计划、统一销售、统一价格、统一收款、统一结算的“五统一”管理，其中销售部门负责上述五厂销售业务开展及销售价格的制定。具体职责为：制订销售计划、签订销售合同、组织发货和运输工作。这一时期的市场均由稀土高科销售部通过走访、电话和定期展会等销售形式进行基础开发，并且定期进行市场调查与预测，努力建立销售协作网络，把产品销售与售后技术服务结合起来，为公司进一步开拓占领市场奠定基础。

2000 年，稀土市场处在低迷时期，为了适应稀土市场激烈竞争的变化，稀土高科销售部采取统一原材料市场，限产保价的销售策略，使公司的稀土产品价格不断回升，逐步稳定稀土市场。同时，在同年 10 月 10 日，公司印发《关于成立新产品开发协调领导小组的通知》（公司发〔2000〕第 82 号），积极开发适销对路的高附加值产品，满足客户需求，增加公司国内外稀土市场份额。稀土高科销售部通过走访、电话和订货会等基本销售形式进行市场调研，及时了解稀土动向，准确掌握用户对稀土新产品的需求和使用情况，努力提高产品质量，稳定产品的市场占有率。这一举措使公司增加了稀土产品销量，提升了稀土价格，降低了产品库存，促进了再生产。

2001 年，稀土市场依旧疲软，稀土价格继续在低位运行，市场竞争激烈，销售困难。稀土高科销售部继续采取统一原材料市场、限产保价的销售策略，使得稀土市场趋于稳定。稀土高科销售部通过基本销售形式进行市场调研，准确了解稀土动向，掌握用户对稀土产品的需求和使用信息，及时反馈给生产单位，努力提高产品质量，从而扩大了销售，稳定产品的市场占有率。

2002 年，受国内外稀土市场持续疲软的影响，产品的销售价格在低位运行。但中国加入 WTO 后，对稀土产业有着积极的影响，稀土产业进入机遇与挑战并存的时期。公司销售部努力开拓新的销售渠道，走访客户，尽力摆脱被动销售局面。同时，稀土高科根据包钢（集团）公司《关于进一步加强稀土精矿集中统一管理办法》（包钢办字〔2002〕90 号）的规定，委托内蒙古稀土（集团）公司对稀土高科一、二、三分厂、矿研所实验厂、综企集团白云建安公司选矿厂、综企集团钢球厂选矿厂、综企集团稀土三厂综合厂、选矿厂（稀选回收系统）实施“统一发展规划、统一生产计划、统一产品价格、统一对外销售、统一收款结算”的管理方法，收到积极效果。

2003 年，受“非典”疫情影响，稀土市场仍旧处在低迷时期。公司继续加大销售工作力度，并利用每周召开“生产、销售、财务协调会”方式，推行“以销定产、产销结合”的销售策略。按照经济责任制，努力提高销售人员工作积极性，组织销售人员走访用户，拓展销售渠道，扩大市场份额。坚持“做一流企业，选一流客户”的经营方针，深挖市场潜力，牢固树立尊重客户、服务客户的市场营销理念。到2003年末，稀土市场在国际金融形势转暖的影响下，出现复苏迹象，部分稀土产品价格略有回升。

2004~2005年，国民经济虽保持较快的发展势头，但稀土市场总体供需没有发生显著变化，稀土产品价格仍旧在低价位徘徊，公司的整体经营承受较大压力。因此，公司依旧沿用“以销定产”和“限产保价”的销售策略，努力加大销售力度，不断加强内部稀土原料“五统一”的管理力度，严格控制稀土原料市场投放量，通过减少供给、调控市场价格，逐步推动产品价格的回升。与此同时，公司领导和销售部每周召开“生产、销售、财务协调会”，及时了解销售进度和需要协调解决的问题。销售人员走访大客户、老客户，加强与他们的沟通与合作。同时发展新客户，不断拓展公司的客户资源，努力为客户提供满意的服务。

2006~2007年，国家有关部门陆续出台一系列规范稀土行业发展的利好政策，特别是实施稀土矿山治理整顿。同时，部分重点稀土企业主动调控产量，导致以镨钕产品为代表的稀土产品价格有所上涨，带动了稀土行业稳步回升。公司抓住稀土市场转暖的有利时机，在加强资源管理、控制总量的基础上，以推进全面预算管理为核心，以促进销售为龙头，严抓业绩考核，促进销售增盈。并且通过调整稀土精矿的产销政策，将“五统一”管理延伸到碳酸稀土和分离产品。推行限量保价措施，有效平衡了稀土市场供求，加速了产业升级，增大了稀土高科在行业内的话语权和控制力。同时，公司坚持以科技创新为先导，不断开发适应市场的新产品，满足客户需求，不断提高产品质量，创优质产品和名牌产品，树立品牌意识，进一步扩大产品的市场占有率。

2008年，受国际金融危机导致全球经济放缓的影响，稀土产品下游应用不断减少，特别是进入下半年，应用萎缩致使稀土产品价格持续走低。面对严峻的稀土市场，包钢稀土筹建内蒙古包钢稀土国际贸易有限公司。2008年12月16日，包钢稀土国贸公司正式运营，实现了稀土市场销售模式的重大转变。包钢稀土国贸公司主要职能是：以控制包头稀土原料产品生产为基础，对白云鄂博矿为原料的稀土氧化物、稀土金属实施统一收购、集中销售，以实现全国稀土原料价格相对稳定为目的，实现包头地区稀土原料就地转化为目标，进一步延伸公司对稀土行业的资源控制力，对公司及整个北方稀土行业的发展产生重要影响。2008年年底，包钢稀土国贸公司主动调整销售策略，稳定产品价格，通过走访客户、展会等形式积极开拓市场，积极培育新的地域客户和大客户，提高市场占有率和话语权，市场份额进一步扩大。

2009年，受国际金融危机冲击，稀土行业发展遇到严重困难，产品价格大幅下降，市场需求急剧萎缩。针对这种形势，包钢稀土国贸公司积极贯彻“以市场为导向，以质量为手段以最优的产品、最佳的服务满足客户的需求”的质量理念，改变原有营销模式，充分发挥自身的优势，利用价格调控和投放量对市场进行积极引导，提高市场话语权，促进了稀土市场的止跌回升和稳步复苏。2009年4月，成立“内蒙古包钢稀土国际贸易有限公司太原分公司”新销售机构，并且与宁波展杰磁性材料有限公司协商，建立了华东地区总代理，进一步扩大了区域销售网络，大幅减少销售中间环节，提高了公司产品的市场占有率。同年8月8日，国贸公司通过参加第一届中国包头·稀土产业论坛，向全国稀土企业介绍和展示了包钢稀土公司稀土产品，扩大了影响，开拓新的销售市场。公司加强与客户联系、强化为客户服务为出发点，更直接地贴近市场、贴近客户，及时将客户的需求反馈到生产环节，既促进了公司的生产，又满足了客户需求，实现了共赢。

（二）第二阶段（2010~2011年）

2010~2011年，稀土的卖方市场。

2010年是稀土市场全面回暖的一年，各类产品的销售都保持良好的势头，全年的销售收入较上年有大幅度的提高。包钢稀土国贸公司经过两年多运行，价格引领作用愈发明显，各类产品的价格调整已经成为市场的风向标。包钢稀土国贸公司为不断提高市场运作水平，深入调研下游市场行情，掌握市场需求。对下游行业重点跟踪，根据市场运行态势采取相应的营销策略；继续完善销售网络布局、巩固并发展供需联盟，保证稳定销售。2010年10月，包钢稀土国贸公司在赣州成立“内蒙古包钢稀土国际贸易有限公司赣州分公司”，创立新营销模式基地，推进了南北稀土合作，实现了南北方稀土产品的优势互补，加强在南方地区的销售工作。同时，公司积极筹备组建包头稀土产品电子交易平台，打造中国稀土价格指数的形成，着力提升国内、国际稀土市场的话语权。

2011年上半年，整体稀土市场上升走势强劲，特别是5月19日国务院出台《关于促进稀土行业持续健康发展的若干意见》，使得稀土行业迎来空前的发展机遇，国内稀土产品价格再创新高。这时，包钢稀土国贸公司坚持诚信经营，加强市场运作。在上半年产品价格快速上涨时，优先满足大客户、长期客户需求，兼顾下游合作伙伴利益。同年5月底，由于市场情况变化，经公司研究决定，撤销了太原分公司。下半年，在全国整体经济不景气的形势下，稀土市场出现供需失衡，下游需求不旺的情况，各企业间的报价也参差不齐，客户选择余地很大，产品价格下跌，成交量萎缩。但全年平均价格同比涨幅仍然较大。这期间包钢稀土国贸公司运用收、储、销紧密结合的营销模式，紧盯市场变化，及时调整营销策略。通过运用自身影响力，采取收购托市、停产保价等措施，维护市场稳定，引导市场良性发展。同时，公司积极开展销售工作创新，建立新型现代营销渠道，完成包头稀土电子交易平台建设，优化营销资源配置，降低销售成本，推进中国稀土价格指数打造。2011年11月，包钢稀土国贸公司将赣州分公司变更为赣州子公司，充分发挥新的销售渠道，加强市场运作，促进市场平稳、持续发展。

（三）第三阶段（2012~2016年）

2012~2016年，稀土的买方市场。

2012年，受全球经济下滑以及稀土供需关系失衡等多方面的影响，稀土市场持续低迷，稀土产品价格一路下行，行业陷入低谷。针对稀土市场持续下跌、下游需求不旺的局面，2012年初，包钢稀土国贸公司销售部对涵盖抛光粉、磁性材料等领域的分子公司及合作良好的联盟企业，计25家下游企业进行了走访和电话回访，切实了解下游企业的需求和对市场预期；同时，制定了“多方向努力，多渠道争取，拓宽销售领域，提升销售业绩”的营销策略，并且产品价格在贴近市场价格的基础上，根据采购数量给予一定优惠。进入下半年，稀土产品价格依旧低迷，包钢稀土国贸公司面对市场低迷态势，及时调整销售策略，通过进行市场运作，努力引导稀土市场健康运行，对稳定市场起到了积极作用。包头稀土产品交易所的成立为公司带来了新的营销模式，使得国贸公司对于整合国内稀土销售资源，打造中国稀土价格指数，引导稀土市场规范透明发展具有重要的现实意义。2012年10月，为了进一步拓展市场，引导市场价格顺势上行，再次实行限产保价的销售策略，起到稳定稀土市场的作用。

2013年，稀土市场仍未完全走出低迷期，整体市场行情以震荡走低为主，下游用户采购谨慎，需求动力不足。上半年基本延续2012年的低迷态势，各类稀土产品市场价格持续走跌。导致下游采购商为寻求更低的价格而保持观望态度，采购意愿较弱。面对严峻形势，包钢稀土国贸公司采取“适度放宽镧铈、精心运作镨钕、平衡中重稀土”的营销策略。下半年，国务院工信部加大力度打击稀土非法开采，推进组建全国性稀土大集团，在一定程度上支撑了部分稀土产品的价格，镨钕及中重类产品市场有所回暖。但由于缺乏有效需求的拉动，此次回暖显得有些乏力。因此，公司本着“一切以客户为中心”的态度，通过全员销售、客户走访、提供准确及时的售前、售后信息服务等方式拓展新客户、巩固老客户，增加客户满意度，一定程度提高公司的销售量。

2014年，全球经济增长乏力，国内经济下行压力加大。受宏观经济景气度的影响，稀土下游需求依然不足，产品价格整体走低。特别是镧铈类稀土产品跌幅较大，市场成交清淡。面对行业低迷的发展态势，包钢稀土国贸公司巩固执行“进一步放开镧铈、努力运作镨钕、平衡中重稀土”的销售策略，首先努力提高镧铈类产品的销售数量和市场占有率为工作重点，灵活适时营销，降低库存，完成大客户销售任务，争取利润最大化；其次，提高销售服务质量，更好的引导和培养客户的忠诚度，及时掌握市场动态，对市场做出正确的预知，使得镨钕类产品的销售利润也能更大化。最后，包钢稀土国贸公司充分利用稀交所网络平台，吸引更多产品实现网上交易，开拓新的销售市场。

2015年，整体稀土市场呈疲弱走势，继续受经济低迷影响，加之稀土市场供需失衡的情况没有得到有效缓解，各主要稀土产品基本处于下滑走势。2015年，包钢稀土国贸公司根据市场变化情况调整营销策略，不断加大镧铈类产品营销力度，适时推进镨钕类产品的销售，并且采取加强

客户维护及开发、拓宽客户应用广度、贴近市价销售等措施，以保证公司销售业绩。尽管在10月份六大集团发布限产保价公告后出现短暂的大幅回升，但由于缺乏有效需求，11月、12月稀土价格再次小幅下调。为此，公司进一步加强营销服务管理，通过优质的产品质量和周到的售前、售后服务为客户提供全方位的产品和服务，显著提升了客户的忠诚度，销售得到大幅度增加。

2016年上半年，稀土市场依旧延续了2015年的态势，而稀土产品价格也出现了先抑后扬再抑的走势。但国内稀土产业发展环境发生了较大变化，加之受出口配额取消以及市场需求的共同影响，下半年稀土市场慢慢回暖，稀土价格也有所回升。2016年7月前，包钢稀土国贸公司依旧沿用了年初制定的销售政策，从8月、9月开始，国贸公司在新一届领导班子的带领下，在原有销售模式的基础上，添加了社会贸易和其他有色金属贸易，使得国贸公司的销售范围一进步扩大。而且针对目前的稀土销售状况，及时调整了销售方案“镨钕产品限量保价、镧铈产品全员销售”，并且于10月18日中国北方稀土联合甘肃和四川地区共6家稀土企业成立“中国轻稀土企业联盟”，有效地控制了无序波动的市场环境，使得镧铈类产品价格开始止跌上扬，稀土销售取得很大提升，稀土市场有了明显的好转态势。

二、国际市场开发与营销

从1997~2016年间，中国稀土行业经历了稀土出口配额许可证管理制度从无到有，再到取消的三个阶段。1998年之前无出口配额管理、1998~2014年执行出口配额管理、2015年1月1日起正式取消配额管理制度。

1998年之前，国家尚未颁布稀土产品出口配额管理制度。1997年内蒙古包钢稀土高科技股份有限公司上市，还未获得进出口经营权。

1998~2014年，国家对稀土产品出口实行出口配额管理。1998年8月，经国家经贸委和国家外经贸部批准，稀土高科获得进出口经营权。1998年8月27日，公司申请海关注册并获得包头海关批准开展自理报关业务。由于公司刚获得进出口经营权，尚未完全开展进出口业务，所以主要销售模式仍然以国内供货为主。

1999年，公司在开发市场方面做了大量的工作，业务得到迅速发展，与美国、日本、韩国、奥地利、法国、澳大利亚等国家和地区的10家用户达成贸易合作，还有28家用户处于开发阶段。同年，稀土高科被国家经贸委指定为“国家自营进出口重点联系企业”。

2000年，内蒙古自治区经济贸易委员会，对外贸易经济合作厅正式下发稀土出口配额，自营出口工作有了大幅度的飞跃。合作客户发展到24家，产品出口到日本、美国、法国、奥地利、荷兰、韩国、澳大利亚等11个国家和地区。市场开发主要以公司销售部电话联系客户为主，还有拜访客户、客户来访等形式争取订单，也有部分客户通过公司网站主动联系。

2001年，稀土高科从大部分代理商手中收回之前为公司代理出口的订单，自营进出口数量不断上升，客户开发遍及十几个国家和地区。

2002年，市场价格出现大幅下挫，主要由于产量过增导致供大于求。在市场状态低迷的情况下，稀土高科销售部门相关人员听取了客户提供的大量市场信息，与客户认真探讨市场变化和前景规划，并分别访问了韩国和日本的大部分客户，直接走到客户中间了解市场，得到了许多关于稀土市场变化的第一手资料。并且在发展新客户的同时保住老客户，为公司多接订单打下了坚实的基础。

2003年，国家发展和改革委稀土办公室会同商务部出台《稀土产品出口管理规定》及《稀土行业管理规定》，并将两个管理规定纳入国家发展和改革委2003年立法计划。稀土高科的一些国外客户由于对中国政策的恐慌，在配额作废之前大量采购稀土原材料，并对工艺进行改良，尽量少用或不用稀土作为原材料。

2004年，国家在进行配额分配时，主要考虑稀土出口地区或企业前3年的出口实绩，再用创汇额的平均值确定配额分配数量。这就造成以生产轻稀土为主的内蒙古地区企业配额短缺，稀土高科在出口方面也同样遇到配额限制问题。

2005年5月1日，国家取消稀土出口退税。同年11月18日，为进一步加强稀土出口管理，规范出口经营秩序，商务部公布《2006年稀土出口企业资质标准和申报程序》，其中不含外商投资企业。

2006年，内资稀土出口企业实行资质认证以来，出口企业数量大幅减少，其中有资质企业47

家。外资出口企业没有实行资质认证制度，出口企业数量没有明显变化，外资企业还是维持 13 家。10 月 27 日，国务院关税税则委员会发出《关于调整部分商品进出口暂定税率的通知》，要求自 2006 年 11 月 1 日起，国家以暂定税率形式对 110 项商品加征出口关税。其中稀土金属矿、稀土化合物等加征出口暂定关税，税率为 10%。

2007 年，内资稀土出口企业数量继续减少到 41 家。从 6 月 1 日起，国家对稀土出口产品关税税率作出调整。对金属钕、镝、铽以及其他稀土金属、氧化镝、氧化铽等产品开征 10%的出口关税；并将稀土金属矿的出口税率由 10%提高到 15%；其他保持不变，实施 10%的关税。

2008 年，稀土产品价格全面持续下滑，随着全球经济形势的进一步恶化，稀土产品的需求量锐减，供大于求的局面日益突显，造成许多稀土企业竞相降价销售。11 月，国家对钇、铕、镝、铽、钪等元素出口关税上调到 25%，其他产品均上调至 15%。12 月，此前不征税的金属镝铁和钕铁硼追加 20%出口关税。另外，恰逢 2008 年起配额使用期限，由次年的 2 月底提前至当年的 12 月底，各出口企业为了避免配额作废，也会预支下一年的出口订单量，进一步造成下一年度稀土产品需求量的减少。

2009 年，包钢稀土国贸公司成立后，将包钢稀土的出口渠道统一，并根据市场的变化及时对销售策略进行调整。由于稀土配额制度的制约，出口数量有限，公司积极保证对大客户的供应，以维护良好的长期合作关系。

2010 年，各国经济逐渐恢复，市场需求稳步增加，稀土产品价格随之回升。国家对源头的管理加强，国土资源部对稀土等矿产开发秩序专项整治行动初见成效。收储工作的进行使得市场供应紧缩，总体货源数量减少，市场信心进一步恢复，稀土产品价格逐步回升。

2011 年，由于中国稀土出口配额、关税及限价的三重管制，导致稀土产品国内外价差大，开发替代产品及减量技术也在进行。另外，部分国外企业将使用稀土的工序转移至中国，加工成不需要稀土配额的产品间接出口，因此造成稀土产品直接出口减少。包钢稀土公司受到巨大影响，全年配额使用量为总下发配额使用量的 15%。面对市场的各种变化，公司在出口报价时采取灵活应对的方式，在客户寻求新领域产品应用时，及时与公司各生产厂联系，尽量满足客户的最大需求。

2012 年，受欧债危机、海关出口限价政策、稀土价格暴涨暴跌等诸多因素的影响，国外稀土市场承受了巨大冲击，下游用户继续采用减少稀土添加量或选择其他产品代替的办法降低成本。加之国外矿源的陆续开发，以及中国非正常渠道出口产品的影响，中国稀土产品出口数量维持在 2011 年较低水平，国际稀土市场交易冷清。包钢稀土国贸公司出口情况也没有太大好转，只是维持上年的出口水平。包钢稀土国贸公司主要维护长期客户的利益关系，密切关注客户动态，并且积极与客户探索开发新的应用。

2013 年，国际稀土市场依旧延续 2012 年的弱势，出口价格仍持续下跌，市场形势并无好转。国外采购商为避免库存贬值，继续按需采购，基本以“即买即用”的策略进行交易。包钢稀土国贸公司主攻欧美市场，积极联络客户，洽谈业务，并与多个客户签订了长期稳定产品订单。另外，在维护老客户的基础上，积极开发、拓展有潜力的新客户。对于每一个询价的新客户，基本都做到“贴身式”服务。公司自营出口量比 2012 年增加 209%。

2014 年，国际稀土市场整体呈现持续下滑趋势，稀土市场依旧处于弱势。国外矿山开发产出的产品进入市场，挤占了部分国际市场份额，而整体稀土产品的需求只是处于微弱的恢复期，实际采购量较上年增加不明显。面对如此严峻的出口形势，包钢稀土国贸公司一方面维护好与老客户的良好关系，争取扩大对其销售份额，积极开拓新客户，拓宽销售领域。另一方面，在现有配额不足的情况下，公司积极与贸易公司联系，增加出口配额。自营及间接出口数量比 2013 年增加 23%。

2015 年 1 月 1 日起，中国稀土政策正式取消配额管理制度，稀土政策经历了较大调整。出口方面，先后取消稀土产品出口配额和关税，国际与国内的稀土市场价格趋于一致；稀土资源税由“从量计征”改为“从价计征”。包钢稀土国贸公司与国外多家大客户保持密切联系，加强深入合作，并就国际稀土市场发展动态及下游产业应用情况等热点问题进行深入探讨交流，取得认同。

2016年，稀土出口延续“量增价减”的趋势，出口数量进一步放大，稀土新增出口企业数量及其所占的出口份额仍在增加，加上国外稀土资源的开发和投放市场，挤占了一部分中国稀土在国际稀土市场的份额，稀土出口贸易已经完全转变为买方市场。国际稀土市场询单有所增加，但多数采购商以比价的形式进行采购，产品价格竞争更加激烈。此外，出口价格已经与国内市场价格持平，由于国内市场疲软导致出口市场和价格也有所下滑，甚至个别产品还出现阶段性地低于国内市场的情况。

第三节 价格形成机制

稀土产品的销售价格主要受市场供需、国家政策、稀土储备资源整合等因素影响。1997~1999年，稀土价格机制是：稀土高科每年都在不同的地区举办客户座谈会，又称为订货会。该会议中包括上年销售情况总结、客户意见反馈和下年计划用量及价格制定情况。销售部通过客户的反馈，参照结合不同时期各类稀土产品的主流价格拟订、公示稀土价格。

2000年2月1日，稀土高科下发〔2000〕第13号文件，成立了稀土高科价格委员会。从2000~2008年，稀土价格机制是：销售部参照客户反馈意见和不同时期的稀土主流价格拟定价格，然后将拟定价格上报公司，经过公司价格委员会评审当期报价，最后，通过挂牌公示真正的销售价格。

2008年，国贸公司成立后，稀土价格机制是：由包钢稀土国贸公司遵循市场规律、依据市场现行价格而拟定，然后由国贸公司组织“价格评审会议”，会议确定当月报价后报给客户，客户认可后确定为当期稀土销售价。

2009年1月12日，国贸公司形成“包钢稀土国贸公司运营模式”，其中规定了包钢稀土国贸公司制定稀土冶炼分离产品销售价格的原则：第一，对入驻稀土高新区内的稀土应用型企业，根据落户在包头稀土高新区稀土园区的稀土深加工企业、应用企业对稀土氧化物或化合物、稀土金属产品的需求情况（包括产品品种、数量和质量），依据当时的市场价格，实行“优惠、优先、满足”供应的政策。保障稀土高新区内企业所需稀土产品的供应量。第二，对稀土高新区外企业，由包钢稀土国贸公司依据市场现行价格，确定稀土产品的销售价格。

2014年10月14日，国贸公司下发《包钢稀土国贸公司销售定价方法》（公司发〔2014〕34号），将销售价格采取决策和执行分开进行的原则。依据产品成本核算、市场供求关系、市场竞争状况、国家政策等因素来确定，并通过价格委员会共同制定产品售价并下发文件，然后与客户签订正式的合同价格。

相同时期的稀土出口价格基于国内市场价格，再根据实际出口合同价格条款，增加各项出口费用，如海运费、港杂费、内陆运输费、出口关税（2015年5月后取消稀土出口关税，无此项费用）等，拟订最终出口价格。再由公司主管领导审核后对外报价。

第四节 合同与执行

一、国内贸易部

（一）合同管理

（1）需求的确定。销售人员通过电话、传真、邮件等多种形式进行市场调研，并且在顾客询单过程中充分沟通，获取客户对产品及服务的需求，如产品质量、包装、价格、交付及交付后活动（如运输、售后服务）等要求；收集、识别与产品有关的法律法规要求、行业要求、需方要求及产品实现过程有关的要求；确定本公司的任何附加要求。

（2）合同评审。公司需要对签订的常规合同和特殊合同中已确定的产品指标、包装、价格、交货期和货源及服务要求实施评审。在评审过程中，如果评审人员对特殊产品要求中有关内容提出问题或修改建议时，应由销售人员及时与顾客联系，征求其意见。

1）常规合同的评审。常规合同为技术规格能够符合公司产品标准或现有库存产品技术指标、顾客要求的产品数量及交货期在本公司产品库存或生产经营计划能满足的范围之内、包装符合现有公司产品包装、产品价格符合公司销售政策、结算方式符合公司规定。常规合同产品评审：当顾客需求的产品指标、包装符合《国贸公司收购产品质量要求》《国贸公司产品包装要求》时，销售部应及时与仓储部沟通，如果确认有现货以及货物存放位置时，销售人员找部门主管签署的《销售合同通知单》，即完成了评审；如果确认无现货时，销售部应先向市场计划组提交《订货申请单》，并确认生产能力，由计划组下达调整《生产计划》，然后销售人员找部门主管签署的《销售合同通知单》，即完成了评审。

2）特殊合同的评审。特殊合同为本公司收购产品以外的稀土产品、产品质量有特殊要求、生产量大、交付期短。特殊合同产品评审：当顾客需求的产品指标和包装不符合《国贸公司收购产品质量要求》《国贸公司产品包装要求》时，销售部向市场计划组提交《订货申请单》。如需变更包装，应根据客户要求向仓储部发出包装变更说明，并由国内贸易部组织评审并填写《特殊产品要求评审表》，市场计划组和仓储部要及时配合国内贸易部满足客户特殊需求；如果该产品本公司没有，仍旧由国内贸易部组织评审并填写《特殊产品要求评审表》，然后由生产工厂确认产品质量指标和生产能力及交付期。

3）产品报价。产品评审完毕后，销售部通过电话、邮件等多种形式向客户提供产品价格，并由双方协商确定合同价格。

（二）合同执行

（1）合同的签订和实施。当完成合同评审并且确认报价，销售人员就可以与客户签订合同。销售合同内容包括：客户名称，签订日期，合同编号，签订地点，产品名称、数量、指标、单价及金额，收款方式，质量要求技术指标；交货时间、地点及方式；运输方式及费用，合理损耗，包装标准，提出异议期限，结算方式及期限，违约责任，解决合同纠纷的方式，其他约定事项。首先，销售人员将《销售合同》给双方经办人、法定代表人签字并加盖合同章，并留存合同复印件一份，记录在《合同台账》上。其次，及时给仓储部下发《合同通知》，《合同通知》包括备货有关的产品指标、包装要求以及交货时间等内容，销售人员需将部门领导审核签字的合同通知转交仓储部和质检部，以便仓储部按要求备货，销售人员仍需留存一份《合同通知》复印件备查，最后，如果有新生产的产品要向市场计划组下达订货申请，并且要及时跟踪备货情况，与相关部门核实产品入库及质量检验情况，有问题及时与顾客沟通。产品在出库之前到达现场查验产品包装唛头、外观、颜色等情况。

（2）收款确认。合同签订完毕之后，国内贸易部负责与客户协商货款事宜。先款后货的，依据合同金额收款，严格执行收到多少款发多少货；合同约定按折百价计算货值的，收款时坚持高估货值多收货款，实际货值确定后退余款的原则。待收到货款后，即可安排发货。特殊合同约定后付款的，在发货后根据发货日期或开发票日期确定回款期限，和客户催要欠款。

（3）产品交付。依据合同确认收款后，国内贸易部负责填写《发货通知单》，一式四联，内容包括买方、卖方、合同号、价格、货物品名、运输方式等信息，并在备注中注明合同执行进度（合同量，已执行数量）。发货通知单连同合同正本交财务部，审核签字、盖章后第一联销售部留存，第二联财务部留存，第三、四联交仓储部作为发货凭证。合同约定客户自提的，由客户提供《提货委托书》，内容包括提货人姓名、身份证号、司机电话、车号、所提货物及数量、加盖委托公司公章，销售人员将《委托提货书》交给仓储部，准备发货。公司负责运输的货物，发货前销售人员落实送货地址、收货人姓名、联系电话，连同合同号、需方税号并制作《委托提货书》给运输公司，同时市场计划组下达《运输发货通知单》给运输公司，并签订运输合同，然后进行发货。销售人员要在货物出库后，追踪货物物流情况并及时与客户沟通。仓储部和质检部配合销售部出具产品质量分析单及出库单转交国内贸易部。产品质量检验单一式两份，一份和出库单一起交给财务部，开增值税发票。另一份及时传真给客户，如有特殊要求的，复印留存后将产品质量检验单正本和发票一并寄给客户。

（4）合同结算。销售部负责将质量检验单和出库单交于财务，财务部门及时给客户结算货款和开具发票。如果客户为本地的，自行领取发票及质检单；客户为外地的，有销售人员通过 EMS 邮寄给客户。

（5）售后服务。当接到顾客提出“客户质量异议”后，销售部要及时与顾客沟通，并将“客户质量异议”转交质量检验部进行处理。质量检验部按“质量异议管理程序”与相关部门协商，对质量异议共同认可后，根据认可结果进行处理。

当此次质量异议完结后，国内贸易部及时将处理结果通知客户，并做好质量异议台账及入档保管。

（三）合同归档

2008年，内蒙古包钢稀土国际贸易有限公司成立。销售部合同管理分为纸质合同、电子合同、小组台账与总台账。其中纸质合同全部归入文件夹中，按时间和产品放入文件柜中保存，电子合同最终按时间汇总为电子版归档。各组台账由各小组组员自行负责，总台账由专人进行整理和记录。

二、国际贸易部

2000~2008年，由稀土高科销售部外贸部统一对外签订出口合同。双方以电话或者传真、邮件形式，协商确定出口各项条款后，签订出口合同。合同由所属部门负责人审核无误后，再申报公司董事长审批，确认签字后，由外贸部加盖出口合同章。以传真件或扫描件形式发送给客户方，客户签字回传合同。传真件或扫描件均视为有效合同。

合同签订后留存一份复印件，预先登记出口货物台账，并将合同统一归档在合同文件夹中，每月整理一份合同统计表。出口货物后，将相关出口信息登记在出口货物台账上。

2009~2016年，外贸合同由北方稀土国贸公司统一对外签订。双方以电话或者传真、邮件形式，协商确定出口各项条款后，开始签订出口合同。国贸公司合同由所属部门负责人审核无误后，申报国贸公司总经理审批，确认签字后，由国际贸易部加盖出口合同章。以传真件或扫描件形式发送给客户方，客户签字回传合同。传真件或扫描件均视为有效合同。

在合同执行中，需使用其他企业的配额时，以国内买断的方式进行。出口企业需再与国外买家签订实际出口合同，把国贸公司外销合同作为附件。国内买断合同签订前，根据费用情况测算合同价格。发货当月，以合同签订时的价格作为结算价格，开出增值税发票交财务办理入库及出库手续。实际费用确认后，再重新测算合同价格。发票金额与合同金额的差额记账，在以后的贸易中逐步调整。

合同签订后留存一份复印件，交合同管理员，登记台账，原件在发货前交财务。每一笔出口合同对应的执行情况记录统一。每月合同，管理员要出一份合同统计表。只有文本的外贸合同，电脑中要留存扫描件，并归档在此合同项下的出口业务文件夹中。

三、合同销售情况

（一）国内销售情况

随着北方稀土（集团）公司的不断发展壮大，公司的销售机构也在不断发展和变化。稀土高科的销售范围和内容与国贸公司销售范围和内容不一致，因此不进行全面的对比。

1997~2007年，内蒙古包钢稀土高科技股份有限公司主营业务收入如下图所示。

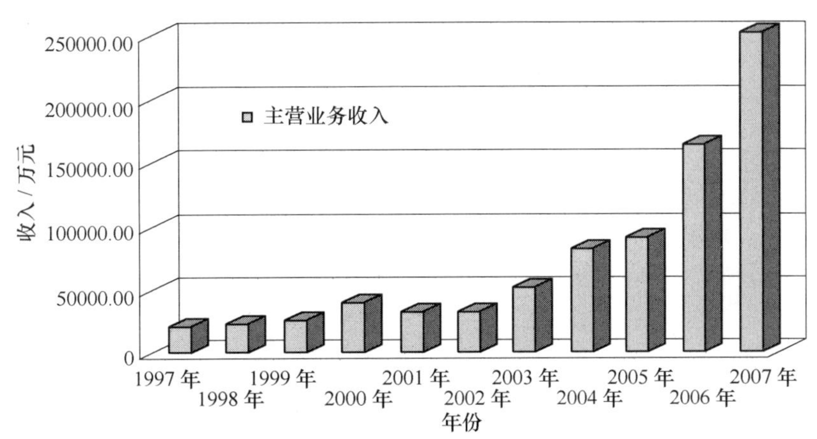

1997~2007年稀土高科主营业务收入对比图

2008年，国贸公司成立以后的销售情况如下：

2008年，稀土市场需求萎缩，价格不断下降。公司销售稀土精矿易货、矿后分离产品、金属镨钕、金属钕，全年合计销售收入19.85亿元（不含税），完成全年任务的 115%。

2009 年，随着市场逐步回暖，产品销量逐步增加，但销售价格并没有明显升高。全年累计销售收入 20.29 亿元（不含税）。其中，镨钕氧化物及金属类产品的销售收入占到总收入的 67%。

2010 年，市场进一步回暖，产品销量大幅增加，全年累计销售收入 42.01 亿元（不含税）。其中，镨钕氧化物及金属类产品的销售收入占到总收入的 70.15%。

2011 年，销售价格从低谷到达顶峰，2011 年全年实现销售收入为 100.69 亿元（不含税），2011 年销量收入较上年增加 58.68 亿元，增幅达 139%。由于当年的价格普遍上涨且涨幅巨大，因此虽然销量较上年减少，但销售收入较上年仍有巨大增幅。

2012 年开始，由于供需失衡，稀土市场再次进入下滑阶段，公司的销售量和价格都下降。但国贸公司全年仍实现销售收入 63.56 亿元（不含税），超额完成包钢稀土下达给国贸公司的目标任务。

2013 年，稀土市场依旧低迷，但国贸公司克服现状，努力销售，全年累计销售收入 74.37 亿元，远超 2013 年包钢稀土给国贸公司下达的全年销售任务。

2014 年，公司销量与价格大幅下滑。但公司经过多年经营，销售区域不断增加，销售对象也由最初的几十家增加到上百家之多。2014 年实现销售收入 47.9 亿元，圆满完成公司制定的销售任务。

2015 年，国贸公司实现销售收入 47.64 亿元，较预算销售收入超额完成 8.7 亿元。其中，国贸公司自销总额 31.27 亿元，较预算自销收入 26.1 亿元相比超 5.17 亿元。

2016 年，稀土市场依旧冷清，但国贸公司努力改变现状，配合北方稀土牵头组建“中国轻稀土企业联盟”，实现了轻稀土产品价格的合理回归。2016 年，国贸公司实现销售收入 31.56 亿元（不含税），顺利完成公司预算任务。

（二）国外销售情况

2000~2008 年，包钢稀土自营出口产品主要包括镧铈类化合物、混合类稀土金属及少量中重稀土。主要出口国家及地区包括日本、美国、欧洲地区。

1999 年，统计数据信息不全。

2000 年，出口产品主要以氧化铈、少钕氧化稀土为主，主要出口到日本等国家和地区。

2001 年，出口产品主要以氧化铈、镧铈氯化稀土、混合稀土金属为主，主要出口到日本、德国。

2002 年，出口产品主要以氧化铈、少钕氧化稀土、混合稀土金属为主，主要出口到日本。

2003~2005 年，出口产品种类逐渐多元化、主体出口产品结构基本上变化不大。主要有氧化铈、氧化镧、混合稀土金属、干燥碳酸铈等，主要出口到日本、韩国、美国等国家和地区。

2006 年，主要出口产品氧化镧到美国，碳酸铈到法国，其他产品混合稀土金属、镨钕金属、氧化铈、氧化铕基本都出口至日本。

2007 年，主要出口产品氧化镧、少钕氧化稀土、混合稀土金属、金属铈、金属钕，除氧化镧还是主要出口到欧洲以外，其他产品基本上出口至日本。由于配额量远远不能满足出口量，以其他方式出口供货和出口买断的数量逐渐增多。

2008 年，主要出口产品为氧化镧，占全年总出口量的 70%，主要出口至美国。另外，少钕氧化稀土出口量占 27%，主要出口至日本。其他产品碳酸镧、碳酸铈出口数量占少部分。

2009~2014 年，包钢稀土国贸公司成立后，将包钢稀土、华美稀土、和发稀土的出口渠道统一到国贸公司，由国贸公司统一对外签订合同，再由 3 家有配额的公司出口给客户，国贸公司给予出口方一定的出口费用。

2009~2014 年，包钢稀土、华美稀土、和发稀土自营出口产品主要包括镧铈类化合物、混合类稀土金属及少量中重稀土。主要出口到日本、美国、欧洲等国家和地区。

2009 年，出口产品主要有氧化镧、氧化铈、混合稀土金属、少钕氧化稀土、碳酸铈等。主要出口到美国、日本、欧洲等国家和地区。

2010 年，主要出口产品为氧化镧、干燥碳酸镧、氧化铈、碳酸铈、少钕氧化稀土等。主要出口到美国、日本、加拿大、荷兰等国家和地区。

2011 年，主要出口产品为混合稀土金属、氧化镧、碳酸铈。主要出口到日本、美国等国家和地区。

2012 年，主要出口产品为氧化镧，出口地区以美国为主。另外，少钕氧化稀土主要出口地区以日本为主。

2013 年，出口主要产品有氧化镧、氧化铈、碳酸铈、少钕氧化稀土等。主要出口到美国、日本、欧洲。另外，出口了少部分中重稀土产品，主要出口国家为俄罗斯、加拿大等。

2014 年，出口产品有氧化镧、氧化铈、少钕氧化稀土等 14 种产品，出口国家也比较多元化，除美国、日本两大国家以外，其他国家有法国、荷兰、越南、韩国等。

2015 年，取消出口配额及关税后，包钢稀土、华美稀土及和发稀土出口均由包钢稀土国贸公司完成。2015 年，国贸公司出口量占全自治区总出口量 70%以上。出口主要产品有氧化镧、碳酸铈及金属类产品。其中碳酸铈、金属类产品较往年数量增幅较为明显，而少钕氧化稀土产品数量较 2014 年有较大幅度减量。其他产品种类出口数量基本与往年持平。主要出口至日本、美国及欧洲。由于出口业务的延续性，华美公司、和发稀土仍有一部分的出口业务。

2016 年，大部分客户已全部转至国贸公司进行出口。出口主要产品有氧化镧、氧化铈、碳酸铈、少钕氧化物及金属类产品等，主要出口至日本、美国及欧洲。另外，出口了少部分中重稀土产品，主要出口国为法国、俄罗斯等。但由于出口业务的延续性，华美公司、和发稀土仍保留了少量出口业务。

（三）国内客户状况

根据市场情况的变化，客户数量也在随之而变。顾客结构重新调整，同时不同顾客的需求也发生变化。2011 年稀土市场达到高峰时，公司顾客数量达到 88 家之多，但 2012 年市场开始走低，公司顾客也随之锐减，全年仅 18 家企业采购，并且以分子公司计划性采购为主。直至 2013 年，针对依旧低迷的镧铈市场，公司采取新的销售策略，使新老顾客逐渐回归，客户数量达到 67 家。2014 年稀土市场依旧没有回暖迹象，但公司沿用 2013 年的销售策略，再加上服务营销的理念，公司客户数量依旧保持 67 家。

2015 年，国内贸易部销售组从销售的各个方面入手，在公司领导的领导下，为客户提供最优质的服务。因此，2015 年产品销量有所增长，尤其，镧铈类产品客户在 2015 年采购稳定且高于 2014 年，可见客户的忠诚度大幅提高。2015 年，公司客户数量已达 99 家，其中，集团内部企业 10 家，贸易公司 19 家，直接用户 70 家，其中抛光粉用户 32 家，玻璃陶瓷用户 15 家，催化剂 5 家，金属冶炼及深加工 25 家。截至 2016 年，公司客户数量已达 100 家，其中，集团内部企业 10 家，贸易公司 20 家，直接用户 70 家。

2011～2016 年国贸公司客户变化情况见表 4-33。

表 4-33　2011～2016 年国贸公司客户变化情况表

时　间	客户数量	客户分类	数量
2011 年	88 家	联盟企业	8 家
		贸易公司	54 家
		直接用户	26 家
2012 年	18 家	联盟企业	4 家
		贸易公司	5 家
		直接用户	9 家
2013 年	67 家	联盟企业	5 家
		贸易公司	32 家
		直接用户	30 家
2014 年	67 家	联盟企业	5 家
		贸易公司	32 家
		直接用户	30 家
2015 年	99 家	集团内部企业	10 家
		贸易公司	19 家
		直接用户	70 家
2016 年	100 家	集团内部企业	10 家
		贸易公司	20 家
		直接用户	70 家

第五节　稀土产品仓储管理

一、稀土产品来源

1997 年 9 月～2003 年 9 月，稀土高科上市公司创立后，稀土产品库房归属销售部统一管理，接收入库产品主要是稀土高科各车间所生产的稀土产品。

2003 年 9 月～2006 年 7 月，稀土产品库房归属销售部统一管理，接收入库产品主要是稀土高科冶炼厂各车间所生产的稀土产品。

2006 年 7 月～2008 年 12 月，仓储部成立之后，销售部各库房划归仓储部统一管理。根据收购计划只接收入库冶炼厂各车间生产的稀土产品。

2008 年 12 月～2016 年 12 月，仓储部产品库存管理业务整体并入国贸公司，仓储部根据收购计划接收包钢稀土公司用精矿对外加工的各分离厂生产的稀土产品。

二、仓储部硬件建设

（一）库房建设

1997 年，稀土高科销售部设 1 个库房，面积 3870 平方米。

2008 年 12 月，国贸公司成立后，仓储部根据收购计划接收包钢稀土公司用精矿对外加工的各分离厂生产的稀土产品，为降低成本，国贸公司租用包头 5 处库房、外埠 2 处库房作为稀土产品存储地。随着公司发展壮大，收购产品种类及数量增加，租用库房数量逐年增加。

（二）库房内搬运设施

产品的搬运主要依靠叉车，1997 年有 1 台叉车，随着业务量增加，2015 年底叉车数量增至 7 台。

2008 年 12 月～2016 年 12 月，国贸公司库房变化情况见表 4-34。

表 4-34　2008 年 12 月～2016 年 12 月国贸公司库房变化统计表

库房名称	公司成立时库房数量/个	库房可用面积/平方米	开始租用库房时间	现库房数量/个	现库房可用面积/平方米
冶炼厂库	1	3870	2008 年 12 月	7	23498
华美西库	2	2600	2008 年 12 月	3	5555
和发库	1	2010	2008 年 12 月	2	3276
华美东库	1	1152	2008 年 12 月	3	2748
瑞鑫库	1	324	2008 年 12 月	1	324
甘肃库	1	1845	2008 年 12 月	1	1845
山东库	2	3500	2008 年 12 月	4	12321
赣州库	1	1500	2010 年 12 月	1	2751
开发区库	1	6967	2011 年 11 月	1	6967
金蒙汇磁库	1	8936	2012 年 5 月	1	8936
合　计	12	32704		24	68221

（三）稀土产品种类

1997～2008 年，库存产品为碳酸稀土、氧化物、氯化稀土、氯化物、金属等。

2008 年 12 月，国贸公司成立之初，收购产品主要为轻稀土，分为 7 大类，共 30 种，见表 4-35。

表 4-35　2008 年收购产品

序号	种类	品　名	序号	种类	品　名
1	氧化物	氧化铈	17	氯化稀土	混合氯化稀土
2		氧化镧	18		分组氯化稀土
3		氧化钕	19		少钕氯化稀土
4		镨钕氧化物	20		镧铈氯化稀土
5		少铕氧化物	21	氯化物	氯化镧
6		富铈氧化物	22		氯化铈
7		镧铈氧化物	23	金属	混合稀土金属
8	碳酸物	碳酸钇	24		镨钕金属
9		碳酸铈	25		金属钕
10		碳酸镧	26		金属镧
11		碳酸钕	27		金属铈
12	碳酸稀土	少钕碳酸稀土	28		少钕金属
13		镨钕碳酸稀土	29	草酸稀土	草酸钇
14		分组碳酸稀土	30		镨钕草酸稀土
15		镧铈碳酸稀土			
16		镨钕草酸稀土			

2016 年 12 月，国贸公司收购产品种类增加，产品包括轻稀土及部分重稀土，分为氧化物、盐类、金属 3 大类，共 39 种，见表 4-36。

表 4-36 2016 年收购产品种类

序号	种类	品名	序号	种类	品名
1	氧化物	氧化铈	21	氯化稀土	混合氯化稀土
2		氧化镧	22		无水氯化稀土
3		氧化钕	23		镧铈氯化稀土
4		氧化镨	24	氯化物	氯化镧
5		氧化铕	25		氯化铈
6		氧化稀土	26	碳酸物	碳酸镧
7		氧化富铕	27		碳酸铈
8		氧化富镧	28		碳酸铈（无油）
9		氧化镧铈镨钕（少钕）	29		碳酸铈（干燥）
10		氧化镝	30		碳酸镨
11		氧化铽	31	醋酸盐	醋酸铈
12		其他氧化稀土（少铕）	32		醋酸镧
13		氧化镧铈	33	硝酸盐	硝酸铈
14		氧化钇	34	金属	混合稀土金属
15		氧化铒	35		少钕金属
16		镨钕氧化物	36		镨钕金属
17	草酸物	草酸镨钕	37		金属钕
18	碳酸稀土	碳酸镧铈镨（少钕）	38		富镧金属
19		碳酸稀土（镧铈）	39		少钕金属
20		碳酸稀土（镨钕）			

三、仓储部队伍建设

（一）仓储部队伍构成

1997 年 12 月，稀土高科上市之时，负责产品保管 2 名，发货人员 2 名，叉车司机 1 名。至 2008 年国贸公司成立前，仓储部人员增至 16 人，产品收发存均由保管人员负责，包括打更人员 4 名。

2008 年 12 月，国贸成立后由于产品收购量加大及库房数量增加，仓储部人员数量增加至 45 人，包括的岗位有仓储部部长、仓储部副部长、库管员、计划结算、统计发货、打更人员、材料管理、现场安全管理、叉车司机。

2015 年 12 月，仓储部共有人员 42 人，劳务 13 人，6 名打更人员转为保管。

（二）仓储管理职责

仓储工作主要职责是产品出入库管理、产品储存管理产品盘点、审计、抽检管理、环境保护、职业健康。

（三）工作流程

出库流程：合同通知单（备货）→发货通知单（实物发货）→核对委托书→留下收条→填写出门证→填写日统计报表→出库台账→填写记录卡→上报批次重量→质保书→出库单→月底对账单→结算。

入库流程：入库单（核对标准）→实物入库（检查外观抽重）→合理摆放 → 现场防护→填写记录卡→填写验收单→填写日统计报表→填写台账→月底对账单→结算。

四、仓储部管理制度建设

2008 年国贸公司成立后，仓储部租用的库房分散，每个库房均设有库房负责人，部门领导每天到库房查看收发货及了解日常库房管理工作。本地库房负责人每周二召开部内例会，总结上一周收发货情况，并将工作中遇到的问题统一汇总处理，部门领导对下一周的工作做具体安排。

2009 年 1 月 15 日，仓储部制定了各项制度：《仓储部工作职责》《产品出入库管理制度》《产品储存管理制度》《库房盘点管理制度》《现场安全管理制度》《驻外人员工作职责》《产品出门证管理制度》《储备工作管理制度》《统计数据管理制度》《库房消防应急措施》和《库房安全防火管理制度》。2011 年，开展国储代储业务，为完善国储代储库管理。同年 6 月 17 日，制定了国储库《仓管员职责》《仓管员日常检查制度》《安全管理制度》《防汛抢险救灾处置预案》和《火灾应急预案》。仓储部管理制度的制定和严格实施使仓储部各项业务工作顺利开展。从 2009 年 1 月 15 日各项制度建设以后，至 2016 年 12 月，各项制度在实施过程中未发现问题，从而保证了仓储管理各项任务的全面完成。

仓储部管理制度的完善。2014 年，公司实施“三标一体化”管理，仓储部对既定的管理制度进行重新整理完善，将所有制度总括为三大制度：《仓储部制度》《仓储部安全管理制度》和《仓储部应急预案》。

《仓储部制度》规范了产品出入库、存储、盘点、统计数据、出门证的管理，库管员按管理制度对每个工作流程实行规范化操作，做到出入库产品的名称、指标、数量、规格均符合合同要求；库存产品苫盖完好；做到定期盘点，确保统计数据、出门证的真实准确。

《仓储部安全管理制度》保证现场操作人员人身安全，确保库房无偷盗、火灾等重大安全责任事故发生，力争做到触电事故为0；火灾事故为0；重大交通事故为0；定期安排员工体检；按要求配备劳动保护用品；法律法规获得及时率100%；固体废弃物分类处理率100%；排除办公区不可容许的危险源，杜绝重大安全事故；保障员工健康。

《仓储部应急预案》，一旦库房突然发生灾害，确保受伤人员得到及时救治，防止和控制事故的蔓延，减少环境污染，使事故损失降到最低。

第十章 建设项目管理

第一节 建设工程管理改革

上市初期，部分建设工程项目由包钢公司管理（包括项目立项、地勘、工程实施等方面工作），包钢稀土高科作为项目业主单位参与配合，包括地勘、工程实施等方面工作。2000 年后，随着稀土高科不断发展，管理制度的完善，队伍的壮大，管理经验的积累，逐步自行管理工程建设，并继续沿用《包钢公司工程建设管理办法》。

2008 年后，随着公司集团化发展，各职能部室相继完善，工程项目管理由战略规划部、生产部、基建建设部分别承担，监督工作由审计部、财务部、党委工作部共同承担。即以公司职能管理部门为主、产权管理和使用单位为辅的工程管理方式，实现了集团内部建设工程的统一管理。2010 年，包钢稀土制定了《包钢稀土建设工程管理办法》。2012 年后，随着公司部分机构及职能调整，工程管理及监督的分工有所变化。

第二节 重点工程建设

一、上市前稀土三厂重点工程

稀土三厂采用“三代硫酸法工艺技术”，年处理精矿 2400 吨/年氯化稀土生产线（包括产品车库），由包钢计划处、内蒙古冶金厅批准，项目于 1988 年 10 月 1 日开工建设，1991 年 12 月 31 日竣工，总投资 1198. 60 万元。项目建设于稀土三厂院内，占地面积 5313. 74 平方米，建筑面积 8512. 9 平方米。实现年处理包头稀土精矿（REO ≥50%）2400 吨，产品为年产钐铕钆富集物 26. 5 吨，分组氯化稀土 1750 吨。

稀土三厂年产 5000 吨氯化稀土生产线于 1993 年破土动工，于 1994 年 12 月竣工。

1993 年 5 月，500 吨电解金属工程开工建设，1994 年 6 月建成投产，建筑面积 3038. 88 平方米，总投资 1480. 14 万元。

1993 年，稀土三厂在厂院内建设年处理 1000 吨氟碳铈矿工程，于 1994 年 9 月 1 日竣工。项目年处理包头氟碳铈矿 1000 吨（REO>68%），占地面积 2555 平方米，投资 123. 78 万元。

1994 年 12 月 22 日，包头天骄稀土有限公司成立，1995 年生产线竣工投产。

1996 年 8 月 18 日，包头天骄清美稀土抛光粉有限公司工程奠基开工，1997 年 8 月 18 日竣工投产，总投资 3727. 29 万元。该公司由包钢和日本清美化学株式会社、大仓商事株式会社、中外钢铁稀土株式会社 3 家企业合资兴建，主要产品为 H-500 型稀土抛光粉。

二、单一稀土分离生产线项目

1998 年，稀土高科单一稀土分离生产线项目（俗称 3000 吨全分离生产线），由包钢计划处（包钢计字〔1998〕83 号）、自治区计划委员会（内计原工字〔1998〕336 号）审批。项目于 1998 年 5 月 1 日开工，1999 年 3 月 1 日竣工投产，建筑面积 31174. 15 平方米，总投资 13611. 656 万元。项目建设规模为年处理包头矿氯化稀土（碳酸稀土）能力 6700 吨、钐铕钆富集物 70 吨。产品方案为年生产 21 个品种 24 个规格，纯度 99. 00% ~ 99. 99%单一稀土氧化物 2835. 74 吨。项目主要建设内容包括：溶液配料、P_{507}全萃取分离、高纯产品处理、产品沉淀、灼烧、包装等设施。该项目是稀土高科应用上市所筹集资金建设的第一个重点工程，是改变产品结构、生产高附加值产品、增强市场竞争能力及应变能力的创新升级工程。工程由稀土院作为工艺技术总负责，包钢设计院为设计负责单位，稀土高科委托包钢基建工程处承担工程发包、施工管理工作，包钢质量监督站监督工程质量。稀土高科作为业主单位，参与工程管理及工程结算。主体施工单位为中国二冶、包钢建安公司，工程质量合格，项目投产顺利。

三、镍氢动力电池项目

1999 年，稀土高科与美国 ECD/OBC 公司签署镍氢动力电池项目合同及协议。翌年 3 月，稀土高科与美国 ECD/OBC 公司、美国 WKC（和光）交易公司共同成立合资公司（内蒙古稀奥科贮氢合金有限公司、内蒙古稀奥科电池极板有限公司、内蒙古稀奥科动力电池有限公司），合并为包钢稀土镍氢动力电池项目建设。该项目于 2000 年 7 月 15 日奠基开工，受 2001 年美国发生的“9 · 11 事件”、2003 年中国发生的“非典”疫情等突发事件及合资方工艺设计的影响，项目建设进度严重滞后。2003 年 5 月，镍氢动力电池项目的贮氢合金生产线投产，进入生产运营期。2003 年末，其余生产线也初步具备生产运营条件。该项目引进美国成套先进技术，利用包钢的稀土资源，生产高技术、高附加值产品，发展北方稀土产业的重要项目。项目建成后，贮氢合金公司形成年生产混合稀土贮氢合金粉 1500 吨能力，生产的贮氢合金粉可作为镍氢动力电池的原料。镍氢电池极板公司形成年产镍氢电池正负极板 700 万套，用于镍氢动力电池的需要。镍氢动力电池公司形成年产 700 万只镍氢动力电池的能力。

四、抛光粉生产线项目

2003 年 9 月 19 日，包头天骄清美稀土抛光粉有限公司 TE 稀土抛光粉生产线竣工投产，进一步完善了稀土抛光粉产品体系，提升了企业竞争力。

五、4 万吨稀土精矿清洁生产一期工程

依据国家发展计划委员会文件（计产业〔2002〕235 号）、内蒙古计划委员会文件（内计工字〔2002〕301 号），2003 年 11 月 8 日，包头华美稀土高科有限公司 4 万吨稀土精矿清洁生产一期工程竣工投产。项目主要建设内容为新建稀土精矿分解生产线，钍回收生产线，氟盐、铵盐回收生产线，碳酸稀土、氯化稀土生产线及配套的水、电、汽设备及地下管网等公辅设施，采用低温浓硫酸焙烧工艺，建成后形成年处理稀土精矿 4 万吨的能力。该工程为国家计委批准立项，并列为国家、自治区、包头市稀土项目重点工程。

六、2002 年改造项目

2002 年，稀土高科根据稀土市场需求，根据各条生产线的状况，对酸法冶炼、部分碱法冶炼、萃取分离生产线进行改造，并于改造期间增加 1 条硝酸铈生产线，项目于 2002 年 12 月陆续开始改造，受 2003 年中国发生的“非典”疫情等突发事件影响，延期于 2004 年 6 月完成改造项目，总投资 6412.31 万元。

七、碱回收项目

2004 年，稀土高科控股华美公司，延伸“五统一”战略，将原有的酸法生产线全部淘汰，共计 9000 吨精矿处理能力，减排废水 150000 立方米。产线改建成 16000 吨碱法生产线，并配套建成碱回收生产线。

八、包钢稀土冶炼厂一车间萃取分离生产线恢复建设工程

2007 年上半年，包钢稀土冶炼厂一车间萃取分离生产线遭受火灾，生产能力受限。依据包头市发展和改革委员会文件（包发改稀土字〔2008〕20 号）及稀土高科文件（公司发〔2007〕68 号），公司决定立即实施冶炼厂一车间萃取分离生产线恢复建设工程。项目于 2007 年 9 月 12 日开工建设，历时 90 天，于 2007 年 12 月 11 日竣工，项目总投资 4983.51 万元。该项目基于原生产线恢复建设的同时，积极采用先进工艺技术，淘汰落后、老化的生产设施，优质、高效地恢复了冶炼厂年处理稀土氧化物 12000 吨生产规模。

九、2008 年稀土高科冶炼厂技改工程项目

2006 年，包钢稀土冶炼厂稀土分离工艺被国家环保总局评为 21 个国家级清洁生产示范合作项目。为进一步发挥冶炼厂新建萃取车间的技术、产能和环保优势，2008 年包钢稀土冶炼厂以萃取配套设施改造为主线，对镧铈氯化稀土、氯化镧、碳酸盐灼烧窑及蒸汽锅炉等产线设施实施了技术改造。升级改造后，冶炼厂稀土化合物年生产能力达到 2 万吨以上，稀土金属年生产能力达 1500 吨，并大大拓展了冶炼厂未来的发展空间，降低成本、节能减排效益十分显著。依据冶炼厂编制的预可研报告，包钢稀土高科三届十二次董事会批准了立项申请。建设内容主要包括：浓缩与灼

烧设施、蒸汽锅炉等。投资估算为3176.5万元（其中浓缩与灼烧设施投资估算为1176.5万元，蒸汽锅炉投资概算为1950.81万元）。实际投资为3577万元（其中浓缩与灼烧设施投资1761万元，蒸汽锅炉投资1770万元）。较投资估算多支出资金400.5万元（原因是灼烧能力由新增650吨REO/月变为900吨REO/月）。新增建筑面积3558.5平方米。本次改造于2008年6月陆续开工，主体工程于2008年8月竣工。根据包钢稀土确定的改造工期，基建设备部组织冶炼厂等相关单位精心编制了网络推进计划，协调项目参建方提前做好进厂准备，按期组织招标、设备订货和施工图设计工作，有效保证了工程进度。项目由包钢质量监督站负责工程质量监督，监理工作委托包头市诚信达工程监理咨询公司负责，工程地质勘查委托了内蒙古天石基础工程有限责任公司实施，工程造价咨询委托包头市驰誉工程造价咨询有限公司开展。基建设备部负责组织设备和施工招标，冶炼厂和党工部、审计部、财务部以及包钢纪检九组参与监督。设备质量均符合要求且按合同约定时间到货，保证了安装进度。目前设备运行正常。

基建技改工程投资对比见表4-37。

表4-37　稀土高科冶炼厂基建技改工程投资对比表

项目名称	项目投资/万元	开工日期	竣工日期	主要施工单位
35吨锅炉房	1771.87112	2008年7月25日	2008年12月25日	中国第二冶金建设有限责任公司中南分公司 包钢集团电气有限公司 呼市景汇安装工程有限责任公司
灼烧窑	1241.664568	2008年10月6日	2009年4月25日	湖北黄冈中亚窑炉有限公司 包头纪元建筑工程有限责任公司
镧铈氯化稀土	521.756081	2008年6月21日	2008年8月23日	包头纪元建筑工程有限责任公司 包头市新天地环保防腐工程有限责任公司
解冻库	44.975724			包钢正兴工程贸易有限责任公司
动力车间浴室工程	70.8235			包钢建安（集团）第七分公司
架空蒸汽管道工程	17.2656			包钢建北机电工程

十、2008年稀土高科稀选厂技改工程

由于稀选厂的稀土选矿生产能力并未随着包钢（集团）公司原矿处理能力的大幅增加而增加，项目实施前包钢（集团）选矿厂氧化矿（平均稀土品位6%）处理能力已达到600万吨，而稀选厂仍然维持在原有的年产50%稀土精矿10万吨左右的规模，点线分散，难以满足国家提高已开采的稀土资源回收率的战略要求。针对这种情况，稀选厂组织编制了工艺恢复、更新、配套及优化技术改造的预可研报告，经公司三届十五次董事会批准立项。建设内容主要包括：原矿配送流程的新建，三、四车间的技术改造、扩容以及新建ϕ50米浓缩机。投资估算为6280.27万元（其中优化配套投资估算为4780.27万元，新建ϕ50米浓缩机投资估算为1500万元）。实际投资为5972.395553万元（其中优化配套投资为4381.361551万元，新建ϕ50米浓缩机投资估算为1591.034002万元），节约资金307.874447万元。新增建筑面积共计5195.56平方米。本次改造于2008年7月25日相继开工，主体工程陆续于2008年12月25日竣工（由于新建ϕ50米浓缩机于2008年10月6日才开工，受气候影响于2009年4月25日竣工）。

根据稀土高科确定的改造工期，基建设备部组织稀选厂等相关单位编制了网络推进计划，各项目参建方提前做好施工准备，项目顺利推进。该项目工程质量监督工作由包钢质量监督站负责，包头市诚信达工程监理咨询公司负责工程监理。内蒙古天石基础工程有限责任公司负责工程地质勘查。基建设备部组织各管理部门按规定开展设备和施工招投标，项目实施效果良好。

基建技改工程投资对比见表4-38。

表 4-38　稀土高科稀选基建技改工程投资对比表

项目名称	项目投资/万元	主要施工单位
二车间技改工程	351.763624	包钢正兴工程贸易有限责任公司 包钢万泰工程修建有限责任公司
三车间技改工程	1191.79474	包钢综企（集团）鑫盛工程设备有限责任公司 包钢铁烨工程修造有限责任公司 包头市金麟机电设备修理有限责任公司
四车间技改工程	1484.167589	包钢建安（集团）天骄工程设备有限责任公司 包钢正和建筑安装技术有限责任公司 包钢钢球工程修建有限责任公司 包头市金麟机电设备修理有限责任公司
五车间技改工程	93.673321	包钢正兴工程贸易有限责任公司
中压蒸汽外网工程	331.762361	包钢钢构
物料输送工程	758.482927	包钢育欣建筑安装工程有限公司第一分公司
50米大井	1536.914847	中国第二冶金建设有限责任公司中南分公司 包头市金麟机电设备修理有限责任公司

十一、稀土高科办公楼装修工程

原稀土高科在稀奥科动力电池有限公司院内办公，随着企业发展和机构扩充，原有办公设施不能满足公司办公需要，经研究公司决定新建或购置办公楼，解决发展问题。2008 年 6 月，公司决定购入华德酒店（包头市稀土高新开发区黄河路 83 号），装修改造后作为包钢稀土综合办公楼使用。

公司办公楼建筑面积 15196.6 平方米，总高 49.5 米，地下 1 层，地上 11 层，局部 14 层。办公楼改造于 2008 年 6 月 24 日开工，2008 年 9 月 20 日完工。公司针对办公需要对原建筑的空间布局及空调、给排水、电气、通信等配套设施进行改造，使其符合公司综合办公的要求。改造项目总投资 1906.26 万元，其中建安费用 1633.83 万元，设备 241.50 万元，其他费用 30.93 万元。建安明细见表 4-39。

表 4-39　建安明细表

施工单位	合同编号	项目名称	金额/万元
内蒙古华图装饰装潢有限责任公司	JJA08-043 办公楼 2008-01	办公楼装修	1339.6467
内蒙古永龙环艺装饰有限责任公司	JJA08-046 办公楼 2008-01	3 楼、11 楼装修	262.5212
昆区勇钢花卉	JJA08-61 办公楼 2008-01	绿化	8.0827
包头纪元建筑工程有限责任公司	JJA08-96 办公楼 2008-01	滤油池及地下室装修	6.51
包头市新纪元信息技术有限责任公司	JJA08-137 办公楼 2008-01	网络设备安装调试	11.9059
内蒙古华图装饰装潢有限责任公司		新电话前期布线安装	5.1730
合计			1633.8395

十二、包钢稀土冶炼厂氯化铵回收项目

包钢稀土冶炼厂氯化铵回收项目，总投资 3036.74 万元，于 2009 年 7 月 20 日开工建设，2009 年 11 月上旬竣工。该项目采用先进的三效蒸发工艺回收固体氯化铵，日处理氯化铵废水 600 立方米，有效利用了废水中的资源，解决了废水排放而造成的水污染问题，贯彻执行了国家环保要求和绿色发展的理念。

十三、2009 年包钢稀土冶炼厂基建技改项目

2009 年，受国际金融危机的影响，以包钢稀

土为代表的上游企业供过于求的矛盾加剧。根据提高稀土产业集中度的战略布局和国家节能减排优惠政策提供的发展机遇，北方稀土适时启动以环保改造和工艺提升为主线的基建技改工作。围绕北方稀土“一号工程”即氯化铵回收工程，开展了一系列节能减排、产品储备、降本增效及公辅设施配套建设等项目。

冶炼厂原日常排放各类废水总计约7000立方米/天，全部排放至包钢尾矿坝。2008年年底尾矿坝的水位已处于危险水位，为保证坝体安全，包钢禁止各稀土厂向尾矿坝排放废水，冶炼厂被迫停产。若恢复生产，每天必须实现减排2700立方米以上，以缓解尾矿坝废水承受能力。冶炼厂的节能减排改造项目本着先易后难的思路，积极为冶炼厂恢复生产创造条件，同时推进氯化铵回收工程项目的实施，控制废水中氨氮含量，实现进一步节水和减排的目的。

基于上述原因，2009年初，稀土高科董事会研究通过基建技改立项最后审批。计划包括基建技改项目12项，包括废水集中排放、节能减排、三车间后处理、萃取降温等，投资概算1514.1139万元，实际投资1029.3545万元，节约484.7594万元。工程监理委托包头市诚信达工程监理咨询公司，地质勘查委托内蒙古天石基础工程有限责任公司承担。本次技改工程于2009年3月陆续开工，相继于2009年11月22日竣工，工程质量合格。2009年冶炼厂基建技改工程投资对比见表4-40。

表4-40 2009年冶炼厂基建技改工程投资对比表

项目名称	决算/万元	开工日期	竣工日期
废水集中排放	39.319695	2009年3月9日	2009年3月22日
节能减排	117.355921	2009年3月12日	2009年6月30日
三车间后处理	106.512321	2009年7月8日	2009年8月20日
萃取降温	44.784362	2009年6月	2009年8月
一车间电葫芦梁	10.6736	2009年7月13日	2009年7月29日
二车间叉车库	53.7916	2009年9月	2009年11月
电信改造	25.0339	2009年3月1日	2009年5月1日
监控系统	56.1882	2009年8月27日	2009年10月16日
仓储库房（2号、3号）	425.0972	2009年7月	2009年11月
大门改造	57.5959	2009年9月	2009年10月
萃取通风	15.665257	2009年8月	2009年9月
余热利用	77.336549	2009年8月	2009年10月
合 计	1029.354505		

（一）冶炼厂节能减排工程

冶炼厂节能减排改造项目，批准概算622.78万元，实际投资117.355921万元，其中建筑安装投资99.095582万元，设备决算投资18.260339万元。

（二）冶炼厂三车间后处理工程

改造目的是实现部分碳沉上清液回收利用，降低后处理沉淀用水，减少废水排放。项目批准概算95.99万元，实际投资106.51万元，其中建筑安装投资87.12万元，设备决算19.40万元。

（三）冶炼厂萃取降温工程

萃取料液发生化学反应放热，夏季高温环境下，塑料槽受热膨胀量很大，槽体焊缝裂开的风险增大，可能造成槽体裂缝渗漏。因此，采取循环水降温改造方案并实施。

十四、2010年稀选厂基建技改工程

2010年初，包钢稀土董事会研究通过稀选厂基建技改立项审批。本年度共计划完成稀选厂一二四车间检修库及大井改造、稀选厂50米井配套平流池、采暖局部蒸汽改水、监控系统等工程共计基建技改项目10项。投资总概算1744.01万元。实际投资1828.171万元。工程监理由包头市诚信达工程监理咨询公司完成，设计单位为包钢设计院。本次改造于2010年7月陆续开工，相继于2010年12月底竣工，工程质量合格。2010年

稀选厂基建技改工程投资对比见表4-41。

表4-41 2010年稀选厂基建技改工程投资对比表

项目名称	投资概算/万元	决算/万元	增减/万元	开工日期	竣工日期
四车间储矿场	220	214.6828	-5.3172	2010年8月30日	2010年10月15日
一车间50米井边储矿池	260	267.9802	+7.9802	2010年6月21日	2010年8月31日
采暖局部汽改水	295	378.734513	+83.734513	2010年9月15日	2010年10月15日
稀选厂50米大井配套平流池	280	323.867791	+43.867791	2010年9月10日	2011年5月30日
一车间检修库、门卫室	80	79.730547	-0.269453	2010年9月1日	2010年10月31日
二车间检修库	50	53.897541	+3.897541	2010年9月1日	2010年10月31日
四车间备品备件库	70	65.205523	-4.794477	2010年9月1日	2010年10月31日
二车间 ϕ12米、ϕ15米、ϕ18米大井改造	284.51	287.8624766	+3.3524766	2010年9月2日	2010年11月30日
三车间 ϕ18米大井改造	124.5	78.1526964	-46.3473036	2010年9月2日	2010年10月8日
监控系统	80	78.0576	-1.9424	2010年9月2日	2010年11月5日
合计	1744.01	1828.171688	+84.161688		

(一)稀选厂四车间储矿场

该储矿场建筑面积约9000平方米，计划投资220万元，实际投资214.6828万元。由包头市博信建筑勘察设计有限责任公司设计，包头市大禹建筑安装有限责任公司施工，包头市诚信达工程咨询监理有限责任公司进行监理。

(二)稀选厂一车间50米井边储矿池

稀选厂生产能力增加，精矿临时储备能力饱和，影响到稀选厂正常的生产储矿场地。该项目建筑面积12235.2平方米，计划投资260万元，实际投资267.9802万元。由包头市博信设计院设计。

(三)稀选厂采暖局部汽改水

该项目总采暖面积21000平方米。项目核心部分采用国内先进的专利产品——换热机组，通过汽水压缩混合，使水温升高，利用压力激波技术达到无外力增压效果，热交换效率达到99%，改变了以前蒸汽采暖能源浪费的弊端。实际投资378.7345万元，由包钢集团设计研究院进行设计。

(四)稀选厂50米大井配套平流池

项目于2010年9月初开工建设，计划投资280万元。建成后每小时处理700立方米溢流水。由于平流池与50米大井相邻，施工时对大井产生安全隐患，经论证在平流池与大井之间打钢管桩进行支护。实际总投资323.8677万元，该项目委托包钢集团设计研究院进行设计。

(五)稀选厂一车间检修库、门卫室

稀选厂现有检修空间不足，需增加检修操作间，改善员工检修操作环境。该工程建筑面积1160平方米，计划投资80万元，实际投资79.7305万元。项目由包头市博信建筑勘察设计有限责任公司设计。

(六)稀选厂二车间检修库

稀选厂二车间检修库，实际投资53.8975万元。

(七)稀选厂四车间备品备件库

稀选厂四车间备品备件库工程，实际投资65.2055万元。

(八)稀选厂二车间 ϕ12米、ϕ15米、ϕ18米大井改造

原大井建成时间较早，不能满足现在的生产能力，且设备需要更新，井池结构需加固、加高。为不影响生产，根据工艺流程需要及技术要求，基建设备部会同稀选厂、设计单位制定了详细的施工方案，改造先后顺序为 ϕ15米、ϕ12米、ϕ18米，改造总概算为409.1万元。分别委托包钢设计院、包头博信设计院进行设计。实际投资287.8624万元。

(九)稀选厂三车间 ϕ18米大井改造

项目委托包钢设计院进行设计，实际投资78.1527万元。

(十)稀选厂监控系统

由于稀选厂精矿存储量增大，为了达到防火、防盗等目的，更好地做好各项安全防范工作，安装了视频监控系统。实际投资78.0576万元。

十五、2010年包钢稀土冶炼厂基建技改项目

包钢稀土于2010年初召开的董事会上通过了此次基建技改的立项审批。本次工程包括冶炼厂三车间钕钐Ⅰ改造、冶炼厂一车间镨钕改造、冶炼厂动力车间净水站改造、冶炼厂采暖局部汽改水、冶炼厂物料输送通道、冶炼厂光纤测温、冶炼厂监控系统二期、仓储部避雷设施安装共计8项，投资概算4159.356万元，决算2670.521261万元，节约资金1488.834739万元。本次改造于2010年7月陆续开工，相继于2010年11月底竣工。2010年冶炼厂基建技改工程投资对比见表4-42。

表4-42 2010年冶炼厂基建技改工程投资对比表

项目名称	投资概算/万元	决算/万元	增减/万元	开工日期	竣工日期
冶炼厂三车间钕钐Ⅰ改造	1173.461	844.700132	-328.760868	2010年8月9日	2010年9月27日
冶炼厂一车间镨钕改造	701.895	597.107082	-104.787918	2010年8月16日	2010年9月28日
冶炼厂动力车间净水站改造	264	147.790024	-116.209976	2010年7月20日	2010年9月30日
冶炼厂采暖局部汽改水	1787	866.485225	-920.514775	2010年8月5日	2010年9月30日
冶炼厂物料运输通道	160	153.266	-6.7340	2010年9月1日	2010年10月15日
冶炼厂一车间光纤测温系统	28	23.5607	-4.4393	2010年6月11日	2010年7月26日
冶炼厂监控系统二期	20	16.783098	-3.216902	2010年10月10日	2010年11月2日
仓储部（冶炼厂）避雷设施	25	20.829	-4.171	2010年10月15日	2010年12月1日
合计	4159.356	2670.521261	-1488.834739		

（一）冶炼厂三车间钕钐Ⅰ改造

本项目投资概算1173.461万元，实际投资844.700132万元，其中建筑安装决算投资555.711502万元，设备投资288.98863万元，批准的概算1173.461万元，节约资金328.760868万元。原三车间萃取厂房于1994年投入使用，设备、设施老化出现许多隐患。本次改造主要对三车间钕钐Ⅰ萃取槽体进行更换，将原有玻璃钢萃取槽及配套设备全部拆除，更换为PVC萃取槽，同时为改进流量系统的控制形式，完成流量系统自动控制的配套改造，并对高位区以及通风系统进行重新规划，以改善钕钐生产线的整体操作环境，计划工期为63天。经过指挥部的精心组织，各参战队伍的日夜奋战，于2010年9月27日全部结束，并具备生产条件，比计划工期提前14天。该项目充分考虑了施工现场条件复杂、施工难度大、不可预见费多、充槽费用高的特点，通过设备利用和合理规划组织，节约了投资。

（二）冶炼厂一车间镨钕改造

本项目批准概算701.895万元，实际投资597.107082万元，其中建筑安装投资504.898103万元，设备投资92.208979万元，节约资金104.787918万元。为满足三效蒸铵回收氯铵的原料浓度要求，冶炼厂进行了高浓度碳沉工艺的实验。实验结果表明：在保证产品质量的前提下，用碳沉上清液稀释料液，提高沉淀料液浓度，淋洗水全部回收利用配碳铵，可全面降低碳酸盐沉淀工艺的用水量和排水量，因此冶炼厂制定了一车间后处理的改造方案。

（三）冶炼厂动力车间净水站改造

本项目批准的概算264万元，实际投资147.790024万元，其中建筑安装投资101.237124万元，设备投资46.5529万元，节约资金116.209976万元。净水站已停运三四年，澄清池本体渗漏、刮泥机锈蚀、刮板下沉、加药系统技术落后、虹吸滤池出水水质劣于进水水质，已不能满足生产生活用水需求。当地下水供应不能保证时，没有旁路水源的支持，就会面临停产，基于这种现实情况，迫切需要启动水净化系统，作为备用水源。因此，公司决定对净水站进行改造，由于现有控制技术能满足净水要求，故自动化系统未进行安装，比概算节约了资金。

（四）冶炼厂局部汽改水

该项目原定完成一、二、三车间汽改水，但因临近采暖期，如不能完成将影响到生产厂房供暖，所以二、三车间施工暂缓实施。2010年实施的是以一车间为主的Ⅱ区汽改水工程，总采暖面积45943平方米。该项目委托包钢集团设计研究

院进行设计。实际投资 866.4852 万元。

（五）冶炼厂物料运输通道

冶炼厂新建 1 条物料运输通道，作为生产原料运输的专用通道，从而实现人流与物流的完全分离。该项目施工面积 9000 平方米左右，计划投资 160 万元，实际投资 153.226 万元。该项目由包头市博信建筑勘察设计有限责任公司进行设计。

（六）冶炼厂一车间光纤测温系统

一车间萃取工段由于电缆桥架长，电缆回路多，电缆老化，绝缘下降，极易造成短路拉弧现象，引起火灾等事故，需要进行相应改造。该系统采用包头嘉创科技有限公司 DTS-2000 光纤测温系统能够连续检测电缆在线运行的实际温度，及时反馈电缆周围温度并报警。实际投资 23.5607 万元。

（七）冶炼厂监控系统二期

由于冶炼厂生产规模扩大，材料及产品量增多，堆放于冶炼厂库房及各个角落，为有效防火、防盗等，相应区域安装了视频监控系统。实际投资 16.7831 万元。

（八）冶炼厂仓储部避雷系统

该项目委托包钢设计院进行设计。实际投资 20.829 万元。

十六、包钢稀土 2011 年基建技改项目

2011 年初，包钢稀土董事会上通过了基建技改的立项审批。本年度共计划完成冶炼厂新建办公楼、食堂，冶炼厂采暖蒸汽改水，新建武装保卫部炮库，国贸仓储部消防报警工程，稀选厂精矿储料场，包钢稀土办公大楼舞台背景工程，包钢稀土稀奥科生产厂房扩建工程计 7 项，投资概算 2830 万元，决算 2758.1138 万元，节约资金 71.8862 万元。部分项目委托包钢勘察测绘研究院进行地勘工作，包钢集团设计研究院进行设计工作，包头市诚信达工程咨询监理有限责任公司进行监理工作。本次改造于 2011 年 3 月底陆续开工，工程质量合格，相继于 2011 年 12 月底竣工。2011 年包钢稀土基建技改工程投资对比见表 4-43。

表 4-43　2011 年包钢稀土基建技改工程投资对比表

项目名称	投资概算/万元	决算/万元	增减/万元	开工日期	竣工日期
冶炼厂新建办公楼、食堂	1450	1470.911953	+20.911953	2011 年 3 月 30 日	2011 年 8 月 23 日
冶炼厂采暖汽改水	60	49.154013	-10.845987	2011 年 8 月 1 日	2011 年 10 月 1 日
武装保卫部炮库	70	60.7437	-9.2563	2011 年 7 月 30 日	2011 年 11 月 15 日
国贸仓储消防报警系统工程	130	119.6294	-10.3706	2011 年 4 月	2011 年 12 月
稀选厂精矿储料场	480	455.6069	-24.3931	2011 年 7 月	2011 年 9 月
包钢稀土办公楼舞台背景工程	90	74.7964	-15.2036	2011 年 5 月 23 日	2011 年 6 月 20 日
稀奥科生产厂房扩建工程	550	527.271434	-22.728566	2010 年 10 月	2011 年 5 月
合　计	2830	2758.1138	-71.8862		

（一）冶炼厂新建办公楼、食堂

原有办公楼、食堂始建于 20 世纪 60 年代，建筑体量过小，随着生产规模的逐渐扩大，人员的不断增加，其功能已远远不能满足生产需要。

包钢稀土冶炼厂办公楼、食堂工程分为两个建筑单体，其中办公楼为 3 层框架结构，建筑面积为 3059.4 平方米，食堂为单层框架结构，建筑面积为 1868.35 平方米。该项目 2011 年 3 月 30 日开工建设，于 8 月 23 日竣工验收，并具备使用条件。

该项目批准概算 1450 万元，实际投资 1470.911953 万元，其中建筑安装决算投资 1373.315372 万元，设备投资 97.596581 万元，增加投资 20.911953 万元。

（二）冶炼厂采暖局部汽改水

2011 年实施的是以三车间为主的Ⅲ区汽改水工程，总采暖面积约 41000 平方米。该项目委托包钢集团设计研究院进行设计，实际投资 49.154 万元。

（三）包钢稀土武装保卫部炮库

该项目建筑面积 276 平方米，满足武装保卫部人员的正常工作，同时满足武装器械的存放。项目委托包头市博信建筑勘察设计有限责任公司

设计。该项目批准概算70万元，实际投资60.7437万元，较概算节约资金9.2563万元。

（四）冶炼厂国贸仓储库消防报警系统工程

国贸公司仓储库被列为国家储备库项目。仓储库原有消防设施不符合国家储备库的规范要求。该项目由内蒙古亨利新技术工程有限公司设计并进行施工，针对7个成品库进行火灾报警系统的更新升级，达到国家储备库的消防技术要求。实际投资119.6294万元。

（五）稀选厂精矿储料场

该储料场建筑面积约21000平方米，计划投资480万元。项目委托包头市博信建筑勘察设计有限责任公司设计。该项目批准概算480万元，实际投资455.6069万元，节约资金24.3931万元。

（六）包钢稀土办公楼多功能舞台背景工程

包钢稀土办公楼舞台背景采用全彩LED显示屏的先进技术和材料，主屏采用P6三合一标贴全彩，会标屏采用P7.62三合一标贴全彩。能实现公文、图文信息、视频的播放以及大型活动显示信息的要求。同时可保证硬件与软件能够长期稳定运行及日常信息顺利播放，能实现显示与音像同步。实际投资74.7964万元。

（七）包钢稀土稀奥科生产厂房扩建工程

内蒙古稀奥科贮氢合金有限公司设计能力为年产1500吨混合稀土贮氢合金粉，生产和检验设备均从国外引进。公司自2003年3月在国家工商局注册成立以后，经过几年的不懈努力，逐步发展成为集科研、开发、生产、销售于一体的高新技术企业。为进一步扩大生产规模和能力，公司决定扩建生产厂房。该项目建筑面积1216平方米，集生产、生活、办公为一体，进一步提高和满足生产、办公要求。项目委托包头市博信建筑勘察设计有限责任公司设计，项目批准概算550万元，实际投资527.271434万元，节约资金22.728566万元。

十七、包钢稀土高性能抛光材料异地扩建（搬迁）工程

包钢稀土高性能抛光材料异地扩建（搬迁）工程，总投资8470.61万元，于2010年4月开工建设，2011年11月建成投产。该项目采用动态焙烧技术，通过控制窑体的转速和单位时间内燃料的消耗量来控制焙烧温度，使窑温精度控制在2℃之内，为焙烧品的物相、晶型控制提供了重要保障，项目建成后年产3000吨稀土抛光粉材料。

十八、包钢稀土稀宝博为稀土永磁核磁共振影像系统产业化项目

包钢稀土稀宝博为稀土永磁核磁共振影像系统产业化项目，由内蒙古自治区发展和改革委员会备案审批（内发改工字〔2008〕2635号），建设地点为包头稀土高新技术产业开发区，建设规模为年产稀土永磁核磁共振成像系统300台，投资估算14000万元，项目于2010年8月6日开工建设，2011年10月建成投产。该项目为北方稀土与新奥集团新奥博为技术有限公司联合投资建设，目的在于促进稀土资源的转化与综合利用、加快稀土产业链延伸、普及社区和家庭医疗等方面发挥重要作用。

十九、包钢稀土展览馆工程

包钢稀土作为稀土产业的一个窗口，经常接待来自国家机关部委、项目合作方、外国相关公司等专家负责人，尤其是国家领导人，多次到访包钢稀土。每年较高规模的接待300批次左右。随着稀土战略资源地位的确定，越来越多的目光汇集在“稀土”，建设一座现代化的稀土展览馆，利用各种高科技手段来全方位、多视角展示包钢、包头市乃至自治区稀土产业发展历程、产业新貌、稀土科技成就，进一步提升包钢稀土行业的知名度和影响力成为包钢稀土发展的客观需要。

该工程包括1座展览馆和配套建设的400立方米地下消防水池。展览馆是集稀土展厅、会议室和稀土研究院办公室为一体的混凝土框架结构建筑。总建筑面积6123.87平方米，建筑层数为3层（局部2层），1层为展览接待区（展厅建筑面积为2288平方米，展区建筑面积为1647平方米），层高为6.9米；2层为办公区，层高5.1米；3层为办公区，层高为4.5米，总高度18.6米。该项目投资概算5997.81万元，决算6314.362877万元，增加投资316.552877万元。项目于2011年9月23日开工建设，2013年10月31日竣工，并具备参展条件。项目委托青岛市建筑设计研究院集团股份有限公司、包头市大福装饰设计工程有限责任公司设计。内蒙古明旺建设项目管理有限责任公司对该工程进行监理工作。工程质量合格。

二十、稀土交易所项目

该项目为包头稀土产品交易所及包钢稀土国贸公司装饰装修工程，装饰装修面积为 3222 平方米。投资概算 2214.77 万元。项目于 2013 年 6 月 10 日开工，2013 年 10 月 9 日竣工。

本次改造批准概算 2214.77 万元，实际投资 2032.401676 万元，其中建筑安装投资 1155.5288 万元，设备投资 876.872876 万元，节约投资约 182.368324 万元。国贸部分委托包头市大福装饰设计工程有限责任公司进行设计，包头市诚信达工程咨询监理有限责任公司进行监理工作。包头稀土产品交易所部分委托包头市大福装饰设计工程有限责任公司进行设计，包头市诚信达工程咨询监理有限责任公司监理。工程质量合格。

二十一、稀土材料中试实验基地建设项目

由包头稀土研究院承建的稀土材料中试实验基地建设项目，计划投资 7955 万元，该项目于 2012 年 8 月 18 日正式开工，2013 年 8 月 16 日竣工。项目建设内容为：稀土镁合金、高纯稀土金属、烧结钕铁硼磁环 3 条中试线的新建；钐钴永磁中试线的改造；循环水泵房等公共辅助设施等。项目总建筑面积为 9082 平方米。

二十二、包钢氧化矿选矿搬迁及白云鄂博矿资源综合利用工程（稀土部分）

包钢氧化矿选矿搬迁及白云鄂博矿资源综合利用工程为包钢尾矿库综合治理工程的子项目，包钢稀土作为业主单位参与承建该工程的稀土选矿部分。稀土选别工序浮选车间按 3 个浮选系列设计，建成后形成年产 25 万吨稀土精矿能力。为满足工艺连续性及环保、安全职业健康要求，该项目中新增干燥及自动包装线。总投资约 23783 万元，由包钢（集团）公司建设部总体组织，包钢稀土作为业主单位配合工作。项目于 2012 年 10 月 17 日开工建设，2015 年 6 月开始调试，9 月底带料生产，项目于 2016 年移交宝山公司。

二十三、包钢稀土白云博宇公司新建 100 万吨破碎站

2013 年，包钢稀土白云博宇公司新建 100 万吨破碎站工程通过公司内部立项，新建破碎站工程目标为实现白云博宇年处理原矿 100 万吨，改变原料矿石委托白云铁矿破碎再拉进厂，生产供应受限的弊端，确保了选别原矿的供给，同时可降低白云博宇公司生产成本。该项目投资约 762 万元，于 2013 年 8 月 15 日开工建设，12 月底竣工。

二十四、华美稀土东厂环保设施综合升级改造建设项目

本项目是确保稀土生产废水“零排放”以及实现全厂清洁化生产的重要环保措施之一。项目将以环境友好、可持续发展、循环经济为理念，实现污染物排放最小化为目标，对华美公司东厂进行环境综合治理改造。主要建设内容：一是改造现有稀土生产废水处理系统；二是能源清洁化改造，利用天然气代替燃煤，将现有 2 台 4 吨燃煤锅炉，替换为 1 台 20 吨、1 台 15 吨燃气锅炉。项目于 2011 年 11 月 27 日召开的专题会议确认开展前期工作；2014 年 6 月 9 日通过公司党政联席会完成内部立项。建设单位为华美公司。项目备案时间及文号：2014 年 6 月 17 日，包九原经信字〔2014〕66 号；能评批复时间及文号：2015 年 6 月 10 日，包九原经信字〔2015〕14 号；安评批复时间及文号：2014 年 12 月 5 日，包 YP－2014010；环评批复时间及文号：2014 年 6 月 2 日，包环管字〔2014〕133 号。项目于 2015 年 5 月 8 日组织召开初步设计审查会议；于 2016 年 1 月 23 日组织完成工程验收。该项目委托包钢集团设计研究院进行设计，包头市诚信达工程咨询监理有限责任公司监理，由包钢神马建筑安装有限责任公司负责土建及配套设施施工，陕西华陆化工对华美东厂废水预处理、除钙镁、除油系统设备总包，麦王环境技术股份有限公司对华美东厂氯化铵废水蒸发结晶处理系统进行设备系统制安总包。预估投资约 5100 万元。

二十五、稀土生产“三废”综合治理技术改造工程

本项目是保证包钢尾矿坝及周围地区生态恢复的重要环保治理措施。项目以环境友好、可持续发展、循环经济为理念，实现污染物排放最小化为目标，对华美西厂、冶炼分公司进行环境综合治理改造和工艺技术升级。项目可行性研究报告于 2014 年 6 月 9 日公司党政联席会完成内部立项，8 月 26 日，通过公司五届十八次董事会正式

批准实施。项目备案时间及文号：2014 年 6 月 16 日，包开经信发〔2014〕45 号；能评批复时间及文号：2015 年 7 月 28 日，包开经信审批发〔2015〕27 号；安评批复时间及文号：2015 年 4 月 27 日，包 YP-2015021；环评批复时间及文号：2015 年 8 月 27 号，包环管字〔2015〕139 号。项目于 2016 年 1 月 13 日组织召开初步设计审查会议，2016 年上半年陆续开工。项目委托包钢集团设计研究院、中核第四研究设计工程有限公司负责设计，包钢勘察测绘研究院进行地勘，包头市诚信达工程咨询监理有限责任公司监理，同时，委托内蒙古招标有限责任公司进行招标代理工作。目前项目整体接近收尾阶段，大部分子项目已竣工投产。整体项目立项批准投资估算 79397.12 万元（不含水浸废渣暂存库工程），初步设计概算 80922.11 万元。

项目工程内容涉及华美公司西厂和冶炼分公司两部分。

（一）华美公司

（1）硫酸铵系统。新建年处理 95 万吨硫酸铵废水处理系统一套，包括气浮、加药、膜处理、蒸发等多个单体工程。建成运行后，使废水资源得以循环利用。实现混碳生产废水零排放。

（2）尾气净化处理系统。新建配套现有稀土生产尾气脱硫生产系统一套，包括综合楼、净化配电室、脱硫、干吸、转化等单体工程。处理回转窑焙烧产生的 SO_2 气体，使处理后的尾气达标排放，并回收副产品浓硫酸。

（3）原辅材料区。新建配套现有稀土生产的配酸、配碳铵系统。

（4）锅炉房。新建锅炉房，包括 1 台 15 吨、3 台 25 吨锅炉及其配套设施，以天然气为燃料，实现清洁能源的替代。

（5）水泵房。新建全厂各类废水及回用水中转储池、泵房及配套设施。

（6）门房及地磅。新建门房、地泵及配套设施。

（7）喷嘴改造。改造 10 条回转窑、4 条隧道窑的喷嘴及配套设施，以天然气为燃料，实现清洁能源的替代。

（8）天然气外线。敷设天然气外线到各用户点，并建设配套调压设施。

（9）厂内综合管廊及厂际间管道。新建华美各工序间，华美至西骏、冶炼之间的地下管沟、地上支架、直埋管道以及对应的热力、工艺、给水等管道敷设及安装。

（10）厂区道路、绿化、硬化、照明、监控的建设及安装。

（11）综合外网。新建区域的给排水、消防、电力等外网的建设。

（12）水浸及过滤系统改造。对现有设施进行改造使硫酸铵废水与硫酸镁废水分开，以便后续的分类处理。

（13）硫酸镁废水处理系统。新建配套现有稀土生产的硫酸镁废水生产系统及配套设施一套。该项目为与河北丰源环保科技股份有限公司合作项目，由合作单位负责项目的投资、建设及运营。

（14）氟酸深加工。新建配套现有稀土生产的含氟废酸资源化回收利用生产系统及配套设施一套。该项目为与包头市英杰化工有限责任公司合作项目，由合作单位负责项目的投资、建设及运营。

（15）喷淋废水换热。改造、增加现有窑尾喷淋换热系统及其配套设施以匹配现有生产能力。

（16）蒸酸车间。新建蒸酸系统一套匹配现有生产系统，并进一步提升废酸浓度，以便后续的处理。

（17）混碳车间。对现有混碳生产系统进行优化改造并新建混碳初溶生产线 1 套。

（18）水浸废渣暂存库工程。建设日处理 25 吨放射性水浸废渣暂存库及配套设施。

（19）电力外线。进行电力增容及配套设施建设，以匹配项目电力增容需求。

（二）冶炼分公司

（1）盐酸配制。于新建氯化铵废水预处理厂房内新建配套现有稀土生产的盐酸自动配制生产线 1 套。

（2）新建配碳铵。新建配套现有稀土生产的碳酸氢铵配制生产线 1 套。

（3）新建 N_{235} 及环烷酸除铝生产线。于三车间萃取生产线厂房内迁建 N_{235} 及环烷酸除铝生产线。

（4）铈镨生产线。改造一车间萃取闲置的 P/N 分离生产线为年处理 5000 吨铈镨的 C/P 分离生产线。

（5）新建高纯镧生产线。改造一车间前处理厂房内新建一套年处理200吨氧化镧系统，包括萃取、草沉、灼烧及辅助设施。截至2016年12月该项目方案仍未落实。

（6）完善酸溶除杂工序。改造三车间原焙烧厂房，迁建酸溶生产线，并完善工艺。

（7）新建后处理生产线。新建三条碳酸稀土生产线及配套设施，采用连续沉淀工艺整合全厂碳酸镧、铈、镧铈生产能力。

（8）灼烧生产线改造。恢复完善已有窑体的配套公辅设施。

（9）一车间后处理改造生产线。于一车间后处理西侧建设低氯根硝酸铈、碳酸铈共两条碳沉生产线及其配套设施（含硝酸溶解及配碳铵工序）。

（10）氟盐生产线。将二车间镧段厂房进行改造，建设年产1000吨稀土氟盐生产线。

（11）氯化铵废水预处理（含综合水泵房及水池）。新建废水年处理低浓度氯化铵废水90万吨预处理生产线1套，流量计标定线1条，全厂各类废水及回用水中转储池、泵房及配套设施。

（12）氯化铵废水处理系统（西骏）。新建年处理90万吨氯化铵废水生产线1套。该项目为合作项目，由合作单位负责项目的建设、投资、经营。

（13）数字化工厂。利用现有建筑建立安全生产调度指挥中心。该项目截至2016年12月仍没有确定实施方案。

（14）锅炉房改造。利用现有燃煤锅炉房新建2台20吨及1台25吨燃气锅炉以及配套公辅设施，以天然气为燃料，全面淘汰燃煤锅炉。

（15）新建浴室。新建集浴室、职工之家为一体的多功能建筑。

（16）总图及外线。对全厂道路进行重新规划建设，完善全厂给排水、热力、电气、电信等外网；新建工艺管廊；对新建厂房、道路周边进行硬化、绿化等。

（17）新建备件库。利用现有设施改建备件库，实现备件集中管理。

（18）66号变电所增容改造。为配套“三废”治理工程，对原有包钢66号变电所及其电气外网进行增容改造。

第三节　工程计划（立项）管理

上市以来，随着公司工厂化管理向集团管理转变，建设工程的管理也逐步形成一个完整的运行体系。

2012年之前，公司实施集团化管理，工程的计划（立项）管理，由职能部室战略规划部集中管理，2012年，公司机构调整，该职能并入建设部。建设工程由项目提出单位负责编写项目建议书或方案，报送主管职能部室，由职能部室初审后，提交公司技术委员会审查。通过审查的项目，报公司经理办公会讨论，批准后开展可行性研究工作。可研报告编制完成后，由主管职能部室组织专家论证。通过后，按照《公司章程》的规定，依次报公司经理办公会、董事会、股东会审批。内部立项审批后，方可申请办理政府机关部门立项批复工作。通过立项的建设项目视情况并入本年度或下一年度投资计划中。公司下属各单位于每年第三季度向主管职能部室上报下一年度建设投资计划，主管职能部室逐项落实后形成下一年度初步投资计划依次通过公司经理办公会、董事会或股东大会审批，形成最终的下一年度投资计划。

2013年起，公司设立在建工程月报制度，对项目计划的落实及完成情况进行落实。

第四节　工程设计管理

1998~2008年，稀土高科公司未建立设计管理制度，由各业主单位自行管理。

2008~2012年，设计图纸由职能管理部门相应专业人员进行统一领取、发放、管理。设计变更通用流程：施工方或业主单位提出变更要求，由业主、监理、公司职能部室会签后，由设计单位出具设计变更。主要实施依据为《包钢（集团）公司基建技改建安工程施工现场联系单分类原则及补充规定》（建设工程字〔2007〕2号）。

2012年以后，公司按照包钢下发的《包钢（集团）公司建设项目管理办法（试行）》（包钢字〔2011〕282号）。这一时期对设计管理进行了细化，包括设计管理程序、限额设计管理、设计合同管理、初步设计概算管理、设计变更管理、

设计发放文件管理。

第五节 工程招投标及合同管理

1998年起，按照包钢集团相关管理规定开始推行施工招投标管理，以招投标及议标相结合的方式确定承建单位，以工程量清单报价开展建安工程施工招标、议标工作，节约建设投资。

2006年，开始实施包钢集团下发的《基建技改建安工程（议）标管理细则》，规范管理程序，实施阳光招标。2007年，以“提前介入、交叉准备”的创新思路，交叉准备招标文件，成熟一个，准备一个，以工程量清单报价形式积极组织开展建安工程施工招标工作，以确保工程按期开工建设。对一些工期要求较紧、且不具备招标条件的工程采取议标方式发包。无论何种发包方式都做到择优选择施工单位，合理价格中标，在保证工期、质量的前提下，最大限度地降低工程造价、节约建设资金。

2008年后，以年产15000吨高性能磁性材料产业化项目为标志，属非包钢自主规划区域的建设项目进入包头市有形市场，在包头市城乡建设委员会的监督下进行建设项目招投标工作。

第六节 工程造价管理

一、工程造价管理模式

1998年后，公司预算审批及预算管理工作不断发展，取得长足进步。公司采用分级分层的工程管理模式。董事会、公司高管层面在项目立项时对项目估算进行审批，由职能部室（建设部）组织对初步设计概算进行审查。招标采购，采用外聘造价公司编制预算和定额管理相结合的方式进行预算确定。工程决算委托第三方造价咨询公司审定管理。

二、工程造价管理类型

（一）定额管理

2003年以前工程造价管理，以1997年《内蒙古自治区建筑工程综合预算定额》和2000年《全国统一安装工程预算定额》为依据，合理确定和有效控制工程造价。2005年，推进冶金行业“工程量清单计价”管理模式，规范工程造价定额管理工作。2007年起，稀土高科执行《关于测算包钢基建技改建安工程造价所采用价格标准的暂行办法》，开展“模拟工程量清单招标”的工作方法，有效解决了由于设计单位部分施工图出图滞后而影响正常招标发包、工程不能按时开工建设的矛盾。从2009年开始，公司工程造价定额管理向“工程量清单计价”管理方向发展。

（二）预算管理

2008年开始，工程预算审批和管理由分散型变为集中型，工程预算严格按照合同约定的预算审核原则审核。做到量价费清楚明确，预算审核建立了工程预算分级审批制度。严格按照建设程序办理，加强工程项目的“三算管理”，使工程项目的概算、预算、决算，做到一一对应、环环相扣，保证工程项目的决算不超概算、概算不超决算，最终达到控制建设项目总投资的目的。

（三）材料价格管理

材料预算价格在20世纪90年代一直采用由政府统一定价的方式。2000年以后，随着市场经济的逐步建立和价格放开，多年不变的材料预算价难以适应工程实际变化的要求。对于一些特殊材料，由于同种材料在品质和价格上差异较大，公司借鉴其他企业的经验，按货比三家的采购原则，采取按质论价、多家询价的方式确定材料预算价，确保材料品质优良、价格合理。

2008年后，公司实施集团化管控，由公司相应职能部室集中管理。目前包钢厂区外工程的材料预算价格依据《包头市建设工程造价管理站发布的工程造价信息》进行管理，包钢厂区内部工程按照《包钢建筑工程预算定额》进行管理。对于特殊材料采用计划财务部、建设部、审计部、造价公司联合询价的方式进行材料预算价格的确定。

第七节 工程竣工及交工验收

施工单位按照施工图完成所承包的全部施工内容，按照《建设工程监理规范》的规定，向监理单位提交工程竣工资料及《工程竣工报告》。待竣工资料审核通过后，由监理单位组织，会同建设单位、设计单位、勘察单位、施工单位进行工程预验收，并确认。待工程消缺完成后，在质量监督站的监督下，由建设单位组织，会同监理单位、设计单位、勘察单位、施工单位组成验收组对工程实体及工程竣工资料进行查验，最终认定各参建单位均符合国家规定的验收标准，并形成一致意见，同意对项目进行验收。

验收后，将竣工资料及加盖竣工图章的竣工图，交档案管理部门归档留存。同时办理消防验收、规划验收等验收程序，并最终出具《工程竣工验收备案》。

建设单位根据项目费用组成及财务入账情况，办理工程决算手续。

第十一章　设 备 管 理

第一节　基础管理

一、管理机构与职能

上市前，设备管理工作分三级管理。包钢公司机动处为设备管理的主管部门，稀土三厂负责自厂的设备管理工作，各车间作为设备的使用单位负责车间范围内的设备管理工作。

1997年9月12日，稀土高科上市，依据上市公司运营机制，设备管理工作在包钢公司机动处的指导下，开始独立运行。稀土高科设备动力部作为公司的设备主管部门，负责公司内部设备综合管理工作。

2003年3月19日，为真实反映各车间生产成本，便于加强企业管理。根据稀土高科下发《内蒙古包钢稀土高科技股份有限公司稀选分厂独立运行的决定》（公司发〔2003〕第8号），稀选分厂实行独立经济运行，包括采购、生产、设备、销售、财务等。原则合并一、二、三分厂的管理机构，相应成立供应、设备、生产等管理部门；合并财务组，精矿成本单独核算。稀选分厂所需的备品备件，若公司有同类的从公司领用，特殊用途的自行采购，但采购必须执行公司的采购管理办法；稀选分厂的设备修理、维护等由分厂自主安排，修理计划、委托、预决算均需按公司规定办理。

2003年5月6日，根据稀土高科下发《关于稀土高科公司稀选分厂机构设置的决定》（公司发〔2003〕第21号），稀选分厂设置办公室、生产技术部、财务部、供应部，对稀选分厂下属3个车间和内蒙古稀土（集团）公司4个代管单位进行统一管理；稀选分厂供应部负责稀选分厂所需材料、备件的采购及发放、库存。

2003年9月23日，为适应稀土高科公司的发展，规范公司的管理。根据稀土高科下发《关于成立稀土高科公司冶炼厂的决定》（公司发〔2003〕第35号），成立内蒙古包钢稀土高科技股份有限公司冶炼厂。经营范围：稀土产品的开发、生产、销售。

2003年10月~2008年4月，公司未设置专门的设备管理部门，设备管理由各直属厂自行负责。

2008年4月28日，为适应内蒙古包钢稀土高科技股份有限公司集团化发展，建立并完善集团化的组织架构，打造公司层面强有力的控制平台，实现对公司内部各单位、各种资源的统一管理、控制，充分发挥集团整合效应，根据现代企业管理制度的组织管理规则，本着岗位分离、部门牵制的内部控制原则。根据稀土高科下发《关于内蒙古包钢稀土高科技股份有限公司组织机构设置（行政）和部门工作职责的通知》（公司发〔2008〕23号），设置了基建设备部，负责公司本部、冶炼厂、稀选厂设备综合管理工作，仓储部负责设备、备品备件的计划和收、发、存工作。

2012年9月19日，包钢稀土按照公司发〔2012〕94号文件，对内设机构及职能进行调整，撤销仓储部，原仓储部备品备件管理职能及相关人员（库管）划归建设部。

二、设备管理制度建设

2008年之前，包钢稀土尚未建立独立的设备管理体系，参照执行上市之前包钢集团公司设备管理制度。

2008年，随着公司产业链的逐步延伸，产品结构不断优化，为适应现代化装备水平提高，公司设备管理工作开始与包钢集团公司对接，使其不断适应新的发展需要。参照包钢集团公司2008年编发的《包钢集团公司设备管理制度》，制定了《包钢稀土设备管理制度》，于2010年下发执行。同时制定了《包钢稀土设备、备件采购管理办法（试行）》和《基建技改、维检修工程管理办法》。

2012 年，为进一步做好设备管理工作，公司对原《包钢稀土设备管理制度》进行了修订，增加了新的内容，形成系统的《包钢稀土设备管理文件》（公司发〔2012〕3 号）汇编：文件内容对设备管理全新定义，提出设备管理在企业生产经营中的地位和作用、设备综合管理的指导思想、设备综合管理理论体系的主要内容及设备管理部门的职责；《设备综合管理的考核评价办法》《设备管理制度执行评价办法》《设备使用维护检修规程管理办法》《设备前期管理办法》《设备更新改造管理办法》《固定资产管理办法》《闲置、报废固定资产及备件处置管理办法》《设备修理费管理办法》《设备检（维）修工程计划管理办法》《设备检（维）修施工单位管理办法》《设备检（维）修工程造价管理办法》《设备技术状况管理办法》《设备点检管理办法》《设备事故管理办法》《设备隐患管理办法》《工业建（构）筑物管理办法》《工业炉窑管理办法》《动力管线管理办法》《锅炉、压力容器管理办法》《高压输配电设备管理办法》《起重机械设备管理办法》《工业控制计算机管理办法》《设备液压润滑管理办法》《液压润滑油品的使用、保管、报废管理办法》《电机管理办法》《设备检（维）修工程施工管理办法》《备品备件计划及采购管理办法》《进口备件（设备）国产化及备品备件修旧利废管理办法》《关于公司内部备品备件制作管理办法》《引入备品备件新产品的管理办法》《检修工程招议标投标管理细则》《设备基础资料管理制度》《设备使用管理制度》和《设备技术档案管理制度》，共 34 项管理办法。

三、设备及备品备件采购的计划管理

备件采购计划按性质分为年度计划、月度计划和事故急件报告。年度计划，每年 9 月底，各使用单位根据设备运行状况及次年生产计划安排制定本单位次年的备品备件采购计划统一汇总，结合公司设备总体运行情况、库存备件情况及备件消耗情况制订次年度公司备品备件采购计划，经公司经理办公会批准后下发执行。月度计划，每月 15 号各使用单位上报次月备件需求计划，由备件采购部门统一汇总，结合库存情况制订月度采购计划，经公司主管领导批准后执行。事故急件报告仅适用于突发事故抢修或防止事故发生的急需备件。

1998 年 4 月～2003 年 3 月，备件计划统一由公司设备动力部负责管理。

2003 年 4 月～2008 年 4 月，备件计划由各直属厂设备部门自行管理。

2008 年 4 月～2016 年 12 月，备件计划由设备主管部门统一管理。

四、采购与招（议）标管理

（一）供方的选择

上市之前，稀土选矿、冶炼分离的设备以非标件、非金属制品为主，部分设备、备件由内部机修车间制作完成，部分委托包钢公司下属几家机加厂制作，少部分为定型产品。

随着我国机械制造业标准化程度的发展，新材料不断应用于该领域，使得设备的装备水平得到了很大的提升，传统地按图定做被越来越多的定型产品逐步替代。稀土生产工艺技术的逐步提升，经历了近 10 年的历程，高耗能、噪声大、运行成本高的设备逐渐退出了历史舞台。交通、通信的发展也促进了设备向专业化厂家的采购，供方不再限于包头市内，而面向国内的专业设备制作厂家。

（二）采购办法

1. 备品备件采购

上市之前，备品备件主要来源于内部小机修加工，包钢公司下属几家加工厂制作提供。

1997～2007 年，备件采购的方式逐步由比价采购向议标、邀请招标过渡。

2007～2012 年，备件采购的方式逐步由邀请招标向以公开招标的方式来进行。

2012～2016 年，备品备件采购采用《包钢稀土设备、备件采购管理办法（试行）》中的相关办法进行采购。

2016 年开始，备品备件采购依据《包钢（集团）公司招标投标管理办法》中的相关内容进行采购。

2. 基建、技改设备采购

2002 年之前，由以加工制作为主逐步向采购定型产品为主的方向发展。

2003～2007 年，以定型产品为主，以比价采购的方式来进行，学习探索向招标采购的模式发展。

2007～2010 年，设备采购方式逐步由以邀请

招标为主向以公开招标为主的方式来进行。

2010年至今，设备采购主要采用公开招标的方法。

（三）招标、议标和采购规定

2011年开始，基建、技改设备采购根据国家及地方的有关招投标的相关法律法规来进行采购，对于依法必招的设备采用公开招投标的方式进行，非依法必招的设备沿用《包钢稀土设备、备件采购管理办法（试行）》中的相关规定进行采购。采购依据是设计院发的设备清单、设计图纸。

（1）合同金额超过30万元，必须招标或议标，设备备件采购必须选择3家以上供货单位进行比价或招标，原则上不允许议标。

（2）独家产品或其他原因不能进行3家比价、招标的，专业人员说明原因，经部长批准后办理合同或上会议标。

（3）标底金额在50万元以上的招标和标底金额在30万元以上的议标，专业人员要提前3天向包钢稀土主管副总经理汇报招标议标内容。

（4）标底金额在100万元以上的招标和标底金额在50万元以上的议标，应由包钢稀土主管副总经理或授权下属主持招标会。

（5）标底金额超过500万元的招标，应邀请包钢稀土总经理参加。

五、合同管理

合同是约束供需双方行为的法律文件，签订合同时，原则上使用工商局统一印刷的合同纸。在合同签订后经基建设备部部长、主管副总经理审批后生效。2008年，制定《包钢稀土设备、备件采购管理办法（试行）》后，同时执行管理办法中的相关内容。备件合同生效后，专业人员按供方单位分类装订成册。基建技改合同生效后，各专业人员留存并分发供方、财务部。

六、仓储管理

无论基建技改设备，还是生产备件到货后，专业人员必须进行清点、验收，固定资产及重要设备填写《到货验收记录》。备件交付使用单位时，专业人员、供货单位、仓储和使用单位代表要共同验收数量和外观质量，使用单位开具料单。备件出库时，使用单位以支出单、调拨单、报废单为凭据，上述凭据必须有提货单位公章、提货人签字。基建技改设备的支出由设备使用单位出具支出单，专业人员，仓储部保管员和使用单位代表共同验收。

七、供方的准入与管理

（一）供方的入围

供方单位的入围评审、年度业绩评价及战略伙伴单位的确定，由基建部门每季度组织一次入围评审会，使用单位和审计部门参加，会上讨论通过的供方单位，经公司副总经理批准后方可办理入围手续。

（二）合格供方管理

2008年开始，公司每年度根据《包钢稀土设备、备件采购管理办法（试行）》中的相关内容对《合格供方目录》中的全部供方单位进行一次年度复评。被取消合格供方资格的供方单位不允许再与本公司发生新的业务关系。

第二节　设备运行维护管理

一、设备运行管理

1997年，主要以实现设备稳定运行为目标，努力实现安全生产，杜绝重特大设备事故的发生，不断加强设备运行管理的一种管理思路。

2004年，对设备点检制进行了优化，既负责设备的点检，又负责设备的管理，把点检、操作、检修联系在一起，是全员设备管理的核心，是贯彻预防为主方针的科学手段，是设备运行维护管理的一项基本制度。通过优化的点检制，及时发现和处理存在的缺陷和隐患，随时掌握设备的静态、动态技术状况和趋势，保证设备的可靠运行，减少设备事故，降低维修费用，延长设备使用寿命，提高设备管理水平。

2010年，设备管理工作不断与包钢集团公司对接，应用现代管理思想和先进理念，对设备进行综合管理，保持设备完好，不断改善和提高企业装备技术水平，充分发挥设备效能，初步形成了较为完整的设备管理体系。

2012年，制定了《设备综合管理的考核评价办法》，公司将在包的14家分子公司纳入到设备综合管理体系，结合设备综合检查制定考核指标，做好设备故障统计分析，设备故障要记录故障时间、故障次数、故障原因及责任分析等，使设备管理人员对每月故障熟悉掌握，对设备运行管理起到了极大的促进作用。

二、设备维护管理

1997 年以后，设备点检和定修管理逐步规范，公司的设备运行状态日趋稳定，为生产高品质产品奠定了坚实的基础。

2004 年，进一步深化了设备检修管理工作，制定了《设备日常维护和设备检查制度》。通过此举措，及时发现和处理设备存在的缺陷和隐患，随时掌握设备静态、动态技术状况，充分发挥设备效能，杜绝设备突发性故障，延长设备磨损期，使设备获得最佳经济效益。

2010 年，设备系统广大干部职工发扬开拓进取、锐意创新的工作精神，从设备基础管理工作入手，积极探索新形势下的设备运行规律，做好设备的点检、巡检和设备的计划定修工作，努力改善现场运行设备的技术状况，实现公司主要生产设备的高效稳定运行。

2012 年，为提高设备使用的综合效能，突出全生命周期管理，以确保科学地使用、维护、检修设备，重新修订《设备使用、维护、检修规程》，同时按《设备综合管理的考核评价办法》中的相关内容进行考核。

三、设备液压润滑管理

1997 年以后，设备润滑管理是采用传统的管理模式，以保证设备的稳定运行。2004 年，制定了《设备润滑管理制度》，作为设备管理工作的主要内容，以延长设备使用寿命、降低消耗、保证安全生产、减少维修工作量为目标，保证设备的灵活可靠运行。2012 年，制定了《设备液压润滑管理办法》和《液压、润滑油品的使用、保管、报废管理办法》，将油品从新油、油品使用、油品报废的全生命周期纳入设备的统一管理，使各项管理工作走向规范化。

四、设备长寿化攻关管理

2010 年起，公司进行了设备长寿化攻关探索，实施了几项重点改造，降低设备运行成本，见表 4-44。

表 4-44　设备长寿化攻关管理

项 目 名 称	改造前检修周期	具体措施及方案	改造后检修周期
冶炼厂钕钐生产线	6 个月/次	对原萃取器结构进行改造，并进行全面封闭，克服对环境的污染，同时节能降耗实现自动化控制，提高工作效率，避免人为因素缺陷	5 年/次
冶炼厂沉淀生产线	1 年/次	采用带式真空过滤机替代高速运转的离心机，提高了设备的稳定性，降低了故障停机率	2 年/次
稀选厂浓缩机	2 年/次	改造后新浓缩机实现自动提耙和强制降耙，减少了设备故障次数，缩短了检修时间，提高作业率	5 年/次
稀选厂浮选机	3 个月/次	通过浮选机槽体加衬高分子耐磨材料，避免了物料与槽体钢结构的直接接触	2 年/次

第三节　设备检修管理

1997 年以后，公司的设备检修工作主要由设备使用单位根据设备技术状况及劣化趋势、检修周期、生产计划、安全环保要求、技术改造和设备更新的安排及资金情况等编制设备检修年计划。每年 11 月份上报下一年度检修计划，公司建设部负责对各设备使用单位的检修项目进行勘察、审核及计划管理。设备使用单位负责检修工程的具体实施，工程招标、合同签订、施工管理、工程竣工验收、工程决算。

2012 年 1 月 6 日，公司下发《检（维）修工程招（议）标投标管理细则》，进一步规范了公司检（维）修工程招（议）标工作，保证检修工程质量，合理降低了检修工程费用。

2003~2016 年检修工程完成情况见表 4-45。

表 4-45　2003~2016 年检修工程完成情况统计

（万元）

年份	冶炼厂	稀选厂	白云博宇	公司机关
2003	372.1931	—	—	—
2004	438.5080	—	—	—
2005	204.9112	—	—	—
2006	759.0645	—	—	—
2007	777.7154	—	—	—
2008	894.4121	—	—	—
2009	1302.0837	892.6632	—	—
2010	1613.6586	1171.4632	—	—
2011	1609.2277	1122.9532	87.2500	196.4146
2012	1382.6344	1179.9424	—	649.5849
2013	1188.8546	637.7235	28.4919	182.6959
2014	806.7668	156.3781	51.9390	61.9294
2015	1539.6951	176.4554	31.7720	30.3692
2016	931.2966	261.3244	123.79	17.13
合计	13821.02	5598.903	323.2429	1138.124

第四节　固定资产管理

1997~2016 年底，公司固定资产管理先后由冶炼厂机动科、机动能源部、公司基建设备部、建设部管理。2012 年，为了保证设备固定资产的实物形态完整和完好，价值形态清楚、完整和正确无误，强化设备固定资产的动态管理，完善企业资产产权管理机制，充分发挥设备效能，规范设备固定资产的日常管理工作，包钢稀土特重新制定《固定资产管理办法》。《办法》明确，建设部负责公司各项生产用房屋、建（构）筑物、机器设备、计量仪器、计算机的使用、维护、检修、调拨、报废、处置的管理。固定资产实行统一管理，公司、厂（矿）、车间三级分工负责，各级按《固定资产分类与代码》（GB/T 14885—2010），对固定资产进行建账管理。

固定资产管理的主要任务是对所属归口单位的固定资产进行实物管理。具体业务包括：建立固定资产台账，掌握设备动态情况（数量、价值、技术状况等）；办理固定资产增减、调拨移动、报废；加强固定资产日常使用、维护和保管工作等。

新增加的固定资产，主要包括：基本建设完成的固定资产；零购固定资产；改建、扩建、设备更新改造等项目完成的固定资产；从公司外部有偿调进的固定资产。以上各项经办理入账、建卡手续后纳入固定资产管理。固定资产的减少，一般有固定资产报废、盘亏（丢失）或有价外调等。公司内部各单位互相转让或借用属于固定资产异动。固定资产的增减、封存、调拨异动均按规定程序办理业务手续。北方稀土从 2008 年起经申报上级主管部门批准办理报废的固定资产共 5220 台/套，原值 354019405.46 元，净值 104746687.21 元。

从表 4-46 和表 4-47 可知，北方稀土总体装备水平处于国内先进及国内领先水平，随着基本建设及设备更新改造大量投入，尤其是环保项目的推进，促使公司整体装备技术水平再上新台阶。

表 4-46　北方稀土 2008~2016 年固定资产报废情况表

年份	数量/台·套$^{-1}$	原值/元	净值/元
2008	422	18644576.08	10576189.83
2009	322	20442614.96	7403799.08
2010	204	30489491.76	11171695.66
2011	569	27213721.28	943010.98
2012	800	34782836.77	4355616.67
2013	72	7442996.3	167370.18
2014	1170	114427436.04	36566997.87
2015	1661	100575732.27	33562006.94
2016	—	67720040.56	24319099.77
合计	5220	421739446.02	129065786.98

表 4-47　北方稀土关键设施设备情况

<table>
<tr><th>名　称</th><th>数量</th><th>位　置</th><th>技　术　水　平</th><th>比较优势</th></tr>
<tr><td>萃取器</td><td>698 级</td><td>冶炼一车间 552 级，三车间 132 级，N_{235} 14 级</td><td>全封闭式 PVC 萃取器，减少对环境污染，同时节能降耗；充分运用自动化技术，实现流量系统的自动化控制，提高效率，避免人为因素缺陷</td><td rowspan="4">国内先进</td></tr>
<tr><td>辊道窑</td><td>8 条</td><td>冶炼四车间</td><td>新浓缩、灼烧生产线以天然气清洁能源替代煤作为燃料，彻底改变对环境的污染</td></tr>
<tr><td>浓缩机</td><td>16 台</td><td>稀选厂：一车间 2 台、二车间 5 台、三车间 4 台、四车间 5 台</td><td>采用液压传动，实现自动提耙和强制降耙，液压缸工作压力随给料浓度改变，以调整耙架的位置，满足生产需求，彻底淘汰原有高耗能设备，减少设备故障率，可靠性增强，缩短设备检修时间</td></tr>
<tr><td>浮选机</td><td>165 台</td><td>稀选厂：一车间 38 台、二车间 51 台、三车间 24 台、四车间 52 台</td><td>采用 SF/JJF 式浮选机，吸气量大、功耗低；每槽兼有吸气、吸浆和浮选三重功能，自成浮选回路，不需任何辅助设备，水平配置，便于流程的变更；矿浆循环合理，最大限度地减少粗砂沉淀；配有矿浆面的自控装置，调节方便</td></tr>
<tr><td>过滤机</td><td>11 台</td><td>稀选厂：一车间 3 台、二车间 4 台、三车间 2 台、四车间 2 台</td><td>改造过滤机传动方式，密封性强、耐磨损、耐腐蚀，力学性能得到改善；变速器改为调速电机调速，占地面积小、操作连续、自动运行、维修方便</td><td>国内平均水平</td></tr>
<tr><td>FMII600R 真空冶炼炉</td><td>18 台</td><td>磁材：一车间 7 台、五车间 11 台</td><td>采用速凝技术，以 10000 摄氏度/秒的降温速度去掉合金中的 α 铁；同等规模下单体容量小，节约电能约 10% 以上，采用循环水系统，冷却水使用率达 95% 以上</td><td rowspan="10">国内领先</td></tr>
<tr><td>磁场压机</td><td>16 台</td><td>磁材：三车间 8 台、四车间 8 台</td><td>浮动式双向压，磁场成型</td></tr>
<tr><td>等静压机</td><td>5 台</td><td>磁材：三车间 3 台、四车间 2 台</td><td>钢丝缠绕式等静压技术</td></tr>
<tr><td>烧结炉</td><td>53 台</td><td>磁材：三车间 26 台、四车间 27 台</td><td>温控，恒温烧结技术</td></tr>
<tr><td>球磨机</td><td>8 台</td><td rowspan="4">抛光粉公司：一车间、二车间均分</td><td>采用料浆液位自动控制、高低速变频调速的粒度控制技术可使被粉碎物料中心粒径达到 0.1 微米级</td></tr>
<tr><td>干燥窑</td><td>8 条</td><td>以燃料为热源，采用内热回转，温度和窑体转速可控的方式除水</td></tr>
<tr><td>烧成窑</td><td>8 条</td><td>采用动态焙烧技术，以燃料为热源、通过控制窑体的转速和单位时间内燃料的消耗量来控制焙烧温度，使窑温精度控制在 2℃ 之内，为焙烧品的物相、晶型控制提供了重要保障</td></tr>
<tr><td>混料机</td><td>4 台</td><td>采用大容量、自转公转同时进行搅拌，使被混合物料形成稳定性和一致性很好的产品；公司采用世界领先生产技术，为产品的生产和控制提供了极为重要的保障，产品水平与罗地亚、昭和所生产的产品品质相当</td></tr>
<tr><td>回转窑</td><td>10 台</td><td>华美一分厂</td><td>硫酸高温焙烧</td></tr>
<tr><td>灼烧窑</td><td>4 台</td><td>华美二分厂</td><td>采用煤气加热技术，保障连续进出料，工艺稳定性好</td></tr>
<tr><td>正极板生产线</td><td>1 条</td><td rowspan="4">电池公司</td><td rowspan="3">工艺先进，自动化程度高</td><td rowspan="4">国际先进
国内领先</td></tr>
<tr><td>负极板生产线</td><td>1 条</td></tr>
<tr><td>电池装配生产线</td><td>1 条</td></tr>
<tr><td>电池化成生产线</td><td>1 条</td><td>单只电池监控、同步充放电技术</td></tr>
</table>

续表 4-47

名 称	数量	位 置	技 术 水 平	比较优势
真空熔炼炉	2台	贮氢公司	循环水冷却浇注技术	国内领先
真空退火炉	4台		采用氩气保护技术，保证合金性能指标稳定	
研磨设备	1台		旋转冲击磨制粉技术	
龙门式加工中心	1台	稀宝博为：机加车间	对磁体机架中的上下轭、侧轭零件采取工序集中的方式进行加工，减少生产成本，保证产品质量和生产进度，达到每年300台核磁共振产品	国内先进
卧式加工中心	1台			
立式加工中心	2台			
数控立车	3台		完成极板和极环的加工，可将极板和极环零件的内外圆、平面及孔在同一机床上完成	
水切割机	3台	稀宝博为：梯度车间	进行梯度线圈铜板的切割	
可控硅整流电解设备	54台	瑞鑫：三、四、五车间各14台、二车间12台	采用拥有自主知识产权10千安大型电解槽技术可以均衡、稳定生产高质量的产品	
高频整流电解设备	10台	瑞鑫：三车间5台、四车间2台、五车间3台		
电加热式隧道窑	1条	京瑞：湿法车间	采用电加热式隧道窑，具有清洁、能源消耗低等特点	国内平均水平
串级萃取设备	14套		行业能用的萃取设备	
强制外循环三效废水处理实施	1套	京瑞：废水车间	采用三效废水处理，能源消耗低，处理废水量大	
同步热分析	1台	稀土研究院	利用温度控制程序测量物质的物理性能与温度之间的关系，进行定量热焓测定、热稳定性、熔点、比热、结晶水含量、化合物相转变、玻璃化转变等	国内先进
氧氮分析	1台		利用脉冲加热、红外吸收及热导检测原理对样品中氧、氮进行定量分析	
扫描电子显微镜	1台		利用高能电子束激发样品，采集各种射线和电子信号观察各种材料、矿物等固体样品的表（界）面形貌分析；适用于观察各种材料、矿物等的显微端口分析	
等离子发射光谱仪	1台		利用原子发射光谱的原理对样品中的元素进行定性、定量分析	
真空热压炉	1台		温度2100℃，压力300吨，用于靶材的热压成型，现已可压制多种金属、化合物及氧化物	国内领先
振动样品磁强计	1台		美国Lake Shore公司生产，振动样品磁强计VSM能够获得的磁性参量：M-T曲线、居里温度、磁滞回线及回线上各参数	
X射线能谱仪	1台		可以对物相进行定性、定量分析，晶体学分析，纳米材料的粒度分析和非晶材料的结晶度分析，薄膜样品的X衍射分析，高温附件可以分析样品的物相随温度的变化情况等	国内先进
X射线荧光光谱仪	1台		利用X射线荧光分析原理对样品中的元素进行定性、定量分析；可以分析块状固体、压型或松散粉末、熔融片、液体、金属片、颗粒状和薄膜样品中含量大于0.0001%（质量分数）的元素	
电感耦合等离子质谱仪	1台		利用等离子源激发、质谱检测的原理，定性、定量分析样品中的元素	

从表中看，北方稀土总体装备水平处于国内先进水平，随着基本建设及设备更新改造大量投入，尤其是环保项目的推进，促使公司的整体装备水平再上新台阶。

第五节 工业建筑管理

2004年以前，设备主管部门负责制定公司工业建筑管理及有关方面的规章制度，全面掌握公司工业建筑技术状况，组织实施有关工业建筑大中修工程及日常维护等方面工作。2004年，修订了《工业建（构）筑物管理办法》，提出“以预防为主，维护检修并重”的方针，明确了工业建（构）筑物“十不准”，该制度一直沿用至2012年。

2012年，修订了《工业建（构）筑物管理办法》和《工业炉窑管理办法》，对工业建筑的管理原则、账物管理、技术状况管理、使用维护、隐患管理、可靠性鉴定管理、检查制度等方面做了详细规定，并制定了工业建筑“十禁止”及相关维护标准，推进工业建筑管理工作更加系统化、标准化。

第十二章 内部审计管理

第一节 审计制度建设及工作流程

一、审计制度建设

2004年2月，内蒙古包钢稀土（集团）高科技股份有限公司成立审计部，主要负责集团公司下属直属厂及分子公司经营状况及管理方面的审计工作。在审计部成立之初，根据初步确定的审计部工作职能、职责，制定印发了《审计部工作职责》和《审计工作规定》两项管理办法。

2010~2012年，随着包钢稀土的规模不断扩大，审计部的工作业务范围、内容也逐渐扩大和深入。审计部重新修订制定了《公司审计部岗位职责》《包钢稀土（集团）公司内部审计工作管理办法（试行）》和《包钢稀土基建、技改、维检修项目预结算审核办法（试行）》。审计部还制定了《2013~2015年审计工作规划》，在规划中明确了3年中要开展的工作，并对指导思想、总体目标、基本要求以及工作重点作出了说明。

2013年4月27日，包钢稀土第一次召开审计工作会议，党委书记、监事会主席张志坚作了题为《加大审计力度 增强服务意识 不断促进公司管理水平和经济效益的提高》的审计工作报告，充分肯定了审计工作在全公司的管理运营中发挥的重要作用，也对审计部的审计工作提出新要求。

二、审计工作流程

准备阶段：审计部在每一年的年底对下一年的审计工作做出年度审计计划，然后根据制订的计划向被审计单位下发审计通知书，同时下发被审计单位需要准备的资料清单。审计部成立审计组并指定审计组长，进入被审计单位后，同被审计单位主管领导召开审计入场会议。

实施阶段：审计人员入场后，由审计组长根据被审计单位的实际经营情况制定出人员分工方案，正式开始实施审计工作。审计人员对被审计单位提供的材料、账簿、单据、合同、实物等进行查阅分析，找出管理中存在的问题。

结尾阶段：审计人员把查出的问题形成审计签证单，被审计单位签字盖章。然后与被审计单位各相关人员开会沟通，出具审计报告初稿。审计报告的初稿交由被审计单位征求不同意见，经过沟通形成审计报告定稿，被设计单位负责人签字加盖公章，最后上报公司相关领导审批，归档保存。

后期跟踪：被审计单位在规定的时限内提交整改报告，然后审计部择期到各单位进行跟踪检查，保证审计提出建议得到采纳，整改措施得到落实。

第二节 财务审计

一、专项审计调查

审计部成立初期，由于部门人员较少，审计工作大部分以审计调查形式开展。

2004年，审计部配合本公司纪委对冶炼厂成品车间的辊道窑工程的效能进行专项检查。

2005年，审计部对公司所属的分公司（冶炼厂、稀选厂）的利润预算执行情况进行内部审计；对稀奥科贮氢合金有限公司、包头科日稀土材料有限公司的利润预算执行情况进行内部审计。

2006年，审计部对冶炼厂萃取槽进行全面盘点，针对2004年包钢稀土高科技术分公司审计结果，审计部又进行了跟踪监督。

2007年，冶炼厂萃取生产线进行恢复建设，审计部参与投标程序并监督实施。

2008年，继续深入开展审计工作。对白云博宇分公司进行专项审计；对北方稀土原退休办资金账进行了审计；对包头市昆区新宇华综合经营部经营状况进行了审计。

2009年，与财务部配合对昭和稀土高新材料公司进行会计检查，并出具检查报告；对瑞鑫稀土公司扩建项目及搬迁改造项目资金使用情况进行审查，并提交了审计报告。

2010 年，对昆区新宇华综合经营部近两年的经营状况和经营结果进行了审计，出具审计报告。

2011 年，配合包钢纪检九组对白云博宇公司下属修理厂停产时承包人的债务异议进行审计，并出具审计报告；与财务部就和发公司的子公司内蒙古天之娇有限公司的经营情况进行了深入调查，并出具报告。

2012 年开始，包钢（集团）公司审计部对包钢稀土进行全面大范围的经营管理审计，审计部配合其工作。

通过审计、专项审计调查，充分掌握被审计单位的实际运营情况。针对审计得出的结果，审计部会提出合理的审计建议及意见供决策参考。同时对于审计过程中发现的其他管理缺陷，审计工作中也已提出，督促其改正规范，规避风险。

2013 年、2014 年，没有进行专项审计。

2015 年，对国贸赣州分公司开展了专项审计工作。

2016 年，没有进行专项审计工作。

二、经济责任审计

经济责任审计包括任中经济责任审计和离任经济责任审计两种。主要是针对本公司组织（人事）部聘任的各下属公司的行政负责人及外派高管。由审计部派出审计组进行审计。目的在于评价行政负责人任职期间的履职情况，对其任职期间的经营管理作出客观公正的评价，明确经济责任。

2012 年，对两家分子公司进行离任审计，即稀奥科贮氢合金有限公司、中山天骄有限公司的行政负责人离任进行审计。

2013 年，对稀选厂、白云博宇公司、包钢稀土国际贸易有限公司 3 家下属公司的行政负责人进行离任审计。

2014 年，审计部对 3 位下属公司行政负责人进行了离任审计，即稀奥科镍氢动力电池公司、冶炼厂和国际贸易有限公司。

2015 年，没有开展经济责任离任审计工作。

2016 年，对稀土院蒙稀磁业有限公司、包钢稀土国际贸易（赣州）分公司、磁性材料有限公司、包头华美稀土材料公司、天骄清美抛光粉有限公司、包钢稀土国际贸易有限公司进行离任经济责任审计。

三、绩效审计

绩效审计，主要是通过分子公司年度的产、供、销的量及各种收率等，计算分析出各分子公司年度全面预算考核指标完成情况的真实性和准确性。

2014 年，根据公司实际管理情况，审计部新增了绩效审计，主要审查公司对下属分子公司下达的全面预算考核指标完成情况，查证其财务报表中利润、产量、收率等指标的真实性与准确性；同时对一年中的往来账、资产管理情况等进行检查。

2014 年，分别对磁性材料公司、天骄清美抛光粉公司、科日稀土公司进行了绩效审计。

2015 年，对白云博宇公司、京瑞稀土材料公司进行了绩效审计。

2016 年，没有开展绩效审计工作。

对各公司上年度的经营管理以及考核指标完成情况的真实性进行核实。对于存在年度利润不准确的公司，在审计报告中提出，督促其纠正经营管理中存在的问题，确保财务指标的真实性。

四、经营管理审计

经营管理审计，是审计类型中最常规的一种审计。通过审计，掌握生产经营中已出现的问题及风险所在，及时解决问题，防范风险，提高企业管理水平。

2012 年，完成 4 家分子公司的经营管理审计，即稀宝博为医疗系统公司、包头华美稀土高科有限公司、淄博包钢灵芝稀土高科技有限公司和白云博宇分公司。

2013 年，对 5 家公司进行了经营管理审计，即京瑞新材料公司、稀奥科动力电池公司、国贸公司赣州分公司、全南晶环有限公司和信丰包钢新利稀土公司。

2014 年，对 3 家公司开展经营管理审计，即安徽永磁合金公司、和发稀土公司和北京三吉利稀土公司。

2015 年，审计部对瑞鑫公司、稀土院以及宁波展昊公司进行了经营管理审计。

2016 年，审计部对天津稀土院分公司、稀宝

博为医疗器械公司和天骄清美抛光粉材料公司进行了经营管理审计。

通过多年度审计，系统详细地查看被审计单位各年度的生产、采购、销售、财务材料、账簿以及实物等，进而发现管理和生产中的一些问题。例如，在生产中，各生产车间是否建立清晰准确的生产记录；库房的库管，是否做到每样产品的收、发、存数量记录准确清晰；销售部不但要做好产品的销售，还应该关注货款的回款情况，减少回款风险等。管理中存在一些细小问题，审计也会提出，促进分子公司管理水平的提升。

五、跟踪审计

跟踪审计，就是对审计提出的问题整改情况的追踪确认。督促被审计单位尽快上报整改报告，限期整改。对已经整改的问题实地进行核实；不能近期整改的，写出整改报告，报告整改进度。

2004~2011 年，进行的是专项审计，不需要进行跟踪审计，所以没有开展跟踪审计工作。

2012 年，没有开展跟踪审计工作。

2013 年，跟踪审计了 3 家分子公司，即包头华美稀土公司、白云博宇分公司和稀奥科贮氢合金有限公司。

2014 年，跟踪审计了 4 家分子公司，即国贸公司、包头华美稀土公司、包头市京瑞新材料公司和全南包钢晶环稀土有限公司。

2015 年，对包头市京瑞新材料公司进行了跟踪审计。

2016 年，没有进行跟踪审计工作。

六、审计成果

通过对各直属厂及分子公司的现场审计，发现在各分子公司及直属厂的经营管理中，普遍存在的一些共性的细小问题。比如：各类实物资产台账设置不齐全；采购、销售合同签订及执行不到位；工程管理不进行招投标；固定资产管理不严谨等问题；其他出现概率较高的问题是潜盈潜亏问题。比如：多计成本少计产量形成潜亏；发生的各类费用不及时入账形成潜亏；销售的收入不及时入账会形成潜盈等。还有一些分子公司在“三重一大”政策执行方面会出现疏漏，比如购买大金额固定资产、大金额投资等，不经过北方稀土董事会批准进行决策，等等。

审计结束时，形成审计报告及整改建议，被审计单位都能进行及时整改。

第三节 工程审计

2008~2016 年，审计部出具结算审核报告 347 份，报审金额约 4.1 亿元。制作标底 95 份，标底累计金额约 1.1 亿元。参加各类招议标监督工作 500 余次。

2008 年，审计部先于包钢（集团）公司，外聘工程造价咨询事务所“驰誉造价咨询公司”，对包钢稀土审计部委托的基建、技改工程进行结算审核。主要工程是对稀选厂升级改造项目进行了结算审核。同年，审计部对建设部组织施工建设的直属厂、分子公司基建、技改项目进行结算审核工作。对建设部的工程、设备、备品备件招议标工作进行监督，为建设部基建技改项目出具工程标底。

2009 年，审计部委托内蒙古金策隆造价咨询公司对包钢稀土磁性材料一期工程进行结算审核。至此，审计部在基建工程审计工作方面保持两家外聘事务所，完全能够适应公司的发展需要，为公司的基建技改项目保驾护航。

2010 年，审计部完成对冶炼厂三车间钕钐改造工程、冶炼厂六车间改造工程、冶炼厂成品库新建工程、稀选厂 50 米大井新建工程、稀选厂 12 米、15 米、18 米大井改造工程、稀选厂一车间堆场工程等项目的结算审核。

2011 年，审计部重点对稀宝博为项目、冶炼厂新建办公楼、新建食堂工程、稀选厂一车间平流沉淀池等工程进行结算审核。

2012 年，审计部着重对包钢稀土磁性材料二期工程配套及附属设施、稀土院展览馆工程配套及附属设施进行施工全过程跟踪。

2013 年，审计部对稀土院展览馆项目主体工程配套及附属设施、磁材二期项目配套及附属设施进行结算审核。

2014 年，审计部对稀土院展览馆布展工程、稀土院中式项目、稀土交易所装饰装修工程等进行结算审核。对稀土“三废”项目冶炼厂拆除工程一、二标段进行标底编制及过程跟踪。对华美东厂环保设施综合升级改造项目进行施工过程跟踪。

2015 年，审计部全力开展对稀土“三废”项目及配套附属设施建设的施工全过程跟踪。完成对稀土“三废”项目冶炼厂拆除工程的结算审核，完成华美东厂环保设施综合升级改造项目主体工程的结算审核。

由于内蒙古金策隆造价咨询公司业务调整不再适合为我公司提供造价咨询服务。2015 年，审计部改聘包头方圆高士德工程造价咨询公司。改聘后审计部仍然保持两家外聘工程造价咨询机构为我公司提供造价咨询服务。

2016 年，审计部继续把稀土“三废”项目作为工程审计工作重心。对冶炼分公司（华美公司）“三废”项目 37 个单位工程进行施工过程跟踪。完成对华美东厂环保设施综合升级改造项目的全部结算审核工作并出具审核报告。

第四节　内控体系建设

一、内控管理初始建设

2006 年 8 月，公司根据《中华人民共和国公司法》《上海证券交易所上市公司内部控制指引》等法律法规的规定，开始内部控制体系的建设工作。经过一年不懈努力，完成了以决策控制、管理控制、业务控制、子公司控制、会计控制、内部检查与评价六大分册组成的《企业内部控制手册》编制工作。

二、内控管理升级

2010~2012 年，公司在战略规划、经营规模、业务板块等方面发生了较大变化。董事会决定，在已有的内控体系建设成果基础上，进一步推进、完善内控建设工作。2012 年，按照财政部、中国证监会等五部委下发的《企业内部控制基本规范》及《上海证券交易所上市公司内部控制指引》要求，全面实施内控制度的完善工作。审计部在外聘咨询公司的指导下，对内部控制手册进行修订完善，重新收集各部室岗位职责，并进行访谈，发放调查问卷；同时走访在包的数家分子公司，了解各分子公司现有的管理情况，经过近一年时间，完成了《企业内部控制手册》修订工作。修订完成后，由审计部向直属厂、分子公司发放，帮助下属公司更好地执行内部控制制度。

三、内部控制评价

根据《企业内部控制基本规范》及其配套指引的规定和其他内部控制监管要求，公司要对内部控制制度的执行情况进行内部评价。审计部对公司 2012~2014 年的内部控制执行情况开展内部控制评价工作。评价范围主要包括：公司本部、稀土科研机构、稀土选矿板块、稀土冶炼分离板块、稀土功能材料板块、稀土应用产品板块六大业务板块。评价分别从内部环境、风险评估、控制活动、信息与沟通、内部监督 5 个方面进行分析判定。通过内部控制自我评价工作，使公司各管理部门以及被列入自我评价抽查的分子公司，在整体的管理意识上有了提高。首先，通过被评价单位报送的资料清单的审核，发现被评价单位在具体管理中流程设计与衔接上存在的缺失或遗漏；其次，通过审核被评价单位提供的实质性材料（文件、单据账簿等的复印件）与资料清单要求的材料种类的符合度，查找出管理中存在的缺陷和漏洞；再次，通过查看被评价单位提供的实质性材料，发现各部门及分子公司在实际管理操作中存在的一些问题。例如，各类文件单据的审批程序及执行情况存在的问题。最后，通过对所有提供材料的归类、汇总、评价，作出整个公司的缺陷汇总及建议整改意见表，限期整改，出具内部控制评价报告。

第十三章　行 政 管 理

第一节　文件信息服务

一、文秘

1997年9月，成立了稀土高科办公室，负责文秘、调研、保密、档案管理、车辆管理、信息化建设、接待工作、会务管理和服务工作。2012年9月，办公室更名为综合办公室，将武装保卫部、机关工委职能统一划归综合办公室管理。

1997年公司上市后，公司办公室建立了办公室业务管理制度，制定了公文管理制度、收发文管理制度、会议管理制度、印章管理制度等，并确立了办公室各岗位职责。

2010年，公司办公自动化（OA）系统投入使用。公司内部传统办公业务都通过OA网处理，实现了企业内部信息的统一管理和发布，全面实现了无纸化办公。

文秘工作主要负责起草、修改、审核公司下发的文件；公司领导相关讲话稿、公司重要文件的草拟；公司行政、党委办公会议及其他重要会议的会务准备，并做好会议记录、整理、编写、印发会议纪要、信息报送等。

（一）收文处理

收文分为外部文件和内部文件。外部文件主要包括：上级管理部门等外部机构发来的文件、电报、传真、电子邮件等。内部收文主要包括公司各单位形成的、上报公司内部流转的文件（指各单位上报的请示、报告）。收文程序：对收到文件及时分类编号，呈送综合办公室主任提出拟办意见；根据综合办公室主任签阅的意见，呈送公司总经理（党委书记）或分管领导进行批阅，根据公司总经理（党委书记）或分管领导批阅意见转交公司各职能部门具体办理。按文件轻重缓急、时限要求进行督办、催办，做到规范及时。机要文件禁止在OA网上传阅。

（二）发文处理

发文包括向上级管理部门等外部机构报送的文件和公司内部文件等。公司发文程序：拟以公司名义发文的，经部门、单位主要领导签署意见后，报综合办公室核稿；综合办公室对文件审核后，呈送综合办公室主任提出拟办意见；公司领导批准发文后，由综合办公室及时履行复审、排版、用印、发放等程序。

公文办理有时限要求的，按限定时间办结。未明确办理时限的，收文、审核呈报，综合办公室主任签批，公司领导审阅，原则上每个文件办理时间不超过1个工作日。部门、单位承办时间一般不得超过2个工作日；如需调研或多个部门承办的事项，公文办结时间最长不超过5个工作日。

2012年8月，按照《中共中央办公厅、国务院办公厅关于印发〈党政机关公文处理工作条例〉的通知》（中办发〔2012〕14号）精神，结合自治区、包头市党政机关公文处理相关规定，包钢公司修订并印发了《包钢（集团）公司党政公文处理实施细则》。

为进一步规范公司公文管理流程，严肃办文纪律，明确相应职责权限，提高办文质量和时效，充分发挥公文在各项工作中的指导作用。2016年10月，北方稀土根据相关法律法规及上级规章制度，结合自身实际情况，制定了《北方稀土公文流转制度》，规范了公文收发、拟办、运转、传输、递送各环节的操作程序，做到办文高效快捷。

（三）印信管理

使用印章和出具介绍信严格执行上级部门和公司制定的各项管理制度，对公司印章的刻制、更换、保管、启用和销毁等，严格执行相关程序。做到重要情况用章经负责人领导批准签字，并进行用章登记；一般性用章不得外借，确因公事非外用不可的，需经负责人同意，并限制外用时间，严格登记外用地点、事宜和外用人，做到公章的严格管理。

2016年11月23日，包钢公司下发《关于印发〈包钢（集团）公司印章管理办法〉的通知》（包钢字〔2016〕161号）文件，对印章的刻制、启用、销毁，印章的保管、交接，印章的使用范围及要求等做出了明确的管理规定，北方稀土按规定遵照执行。12月16日，包钢公司下发《关于印发〈包钢（集团）公司法定代表人名章管理细则〉的通知》（包钢字〔2016〕169号）文件，对法定代表人名章的刻制、启用、销毁，法定代表人名章的使用范围，法定代表人名章的审批和使用，法定代表人名章的日常管理事项等做出了明确的管理规定，进一步规范了用印程序。

二、调研

北方稀土历来重视调研工作，把调研工作作为一切工作的出发点和落脚点。公司调研工作既有纵向到底的深度，又有横向到边的广度，注重形成全面覆盖、多点观察、持续跟进的调研格局。

1997年9月22日，内蒙古包钢稀土高科技股份有限公司总工程师王晓铁、研究开发部部长高新华、基建办主任杨纯福、包钢稀土研究院高级工程师叶祖光一行4人赴美国考察设备。

2003年10月21~26日，第十五次中日稀土交流会在日本仙台市举行。时任稀土高科常务总经理王晓铁赴日本参加此次会议。会上双方代表通报了两国2002年度稀土及主要有色金属的产销情况（含进出口），并就双方共同关心的问题交换了意见。会议期间，中方代表还参观了日本有关金属冶炼厂、资源回收利用企业和研究单位。

2006年，稀土高科为了整合稀土产业，促进企业联合，进一步做大做强包钢稀土产业，围绕资源优势，努力提高效益，巩固控制能力，稀土高科分别对甘肃稀土集团、达茂稀土集团及和发稀土公司进行了全面的工作调研，并就有关合作事宜进行了商谈，与甘肃稀土集团签署合作意向协议，与和发公司也有进一步发展。

2007年7月，包钢公司下发的公办〔2007〕12号《关于进一步加强信息调研工作的通知》，对做好信息、调研工作提出明确要求。稀土高科按照通知精神进行贯彻落实。2008年开始，稀土高科的调研工作主要围绕公司党政中心工作和生产经营、改革发展的重点、难点、热点问题开展。通过对稀土市场的调研分析，结合公司自身发展情况和需要，公司编制了《关于组建稀土产品交易市场可行性分析》《包钢稀土“十二五”发展规划》和《抓住战略机遇，推进快速发展，为打造世界级稀土生产、科研、贸易基地而努力奋斗》等调研报告，具有较高参考价值，为各级领导了解情况、科学决策提供了资料和依据。

2009年7月，包钢公司办公厅《信息报送和采用情况》将稀土院、稀奥科公司、天骄清美抛光粉公司的信息报送工作纳入到包钢稀土统一考核。包钢稀土作为包钢公司的重点企业，重视并加强上下环节信息报送与传递。

2011年，为贯彻落实《国务院关于促进稀土行业持续健康发展的若干意见》，做好产业升级和节能减排工作。公司调研起草的《包钢稀土“十二五”发展规划》，逐级进行上报。

随后，包钢稀土领导向包钢公司董事长、党委书记、包钢稀土董事长周秉利，包钢公司总经理李春龙作了《关于包钢稀土“十二五”发展规划编制落实情况的汇报》，内容包括稀土资源战略、环境整治、重点项目落实、稀土科研等。周秉利听取汇报后要求包钢稀土要通过资源整合进一步提升掌控稀土资源的能力，高度重视环保问题，稀土研究院等科研院所要跟上脚步，为包钢稀土的快速发展能提供有力的科研支撑。

为加大领导班子和领导干部调研工作力度，建立调研工作长效机制，进一步促进领导班子和领导干部提高调查研究、掌握实情能力，提高科学决策、民主决策能力，提高解决问题、化解矛盾能力，提高宣传群众、组织群众能力，加快推进公司科学发展，2013年7月，包钢公司下发了《关于加强领导班子和领导干部调研工作的通知》的文件。文件要求领导班子和领导干部年度调研工作从每年年初至年底为1个循环，每个循环分4个阶段实施。在开展调研工作各个阶段，包钢公司领导和机关部门领导干部每月深入基层不少于2次，各直属单位领导干部每月不少于4次。

2014年7月31日，包钢公司党委副书记，包钢稀土董事长、党委书记孟志泉率专题调研组赴贮氢公司就企业生产经营情况、市场及销售情况、原材料采购、科技创新、企业管理、企业发展方向等进行专题调研。

1997~2016年，公司领导先后出访瑞士、泰

国、马来西亚、美国、加拿大、日本等多个国家学习考察，参加论坛交流会等。同时，对各地稀土企业、直属厂进行调查研究，为公司发展、决策等提供依据。

三、保密工作

北方稀土一向重视各类保密工作，保密工作由综合办公室具体负责。

1997 年，包钢稀土三厂在办公室设立保密委员会，专门负责厂内国家秘密、商业秘密、工作秘密等各类保密工作的管理。

1998 年 8 月 31 日，内蒙古包钢稀土高科技股份有限公司党委下发公司党发〔1998〕第 14 号文件，成立稀土高科保密委员会。主任由公司党委书记孙鸣凤兼任，保密工作办公室设在稀土高科办公室。

1999 年 1 月 14 日，内蒙古包钢稀土高科技股份有限公司党委根据包钢（集团）公司党保字〔1998〕第 8 号文件精神，结合稀土高科保密工作的实际情况，制定下发《国际互联网保密管理工作暂行规定》（公司党保字〔1999〕第 2 号）。对稀土高科国际互联网在使用、传输、存储和处理稀土行业科研动态、市场信息及业务来往等信息数据作出具体规定：涉及重要商业信息及国家秘密信息不得通过网络传输。

同年 10 月 23 日，为保护稀土高科商业秘密权利人的合法权益，促进企业走向市场参与竞争，保障公司生产经营健康发展，稀土高科党委制定下发《稀土高科公司商业秘密保护暂行规定》，对公司商业秘密管理的范围进行了具体划分，制定了商业秘密的保密制度，同时也细化了保密责任与管理内容。

2000 年 3 月 15 日，公司党委根据包钢公司党保办字〔2000〕1 号文件精神及保密工作的需要，重新调整稀土高科保密委员会，主任由公司党委书记孙鸣凤兼任。同年 8 月 24 日，为适应改革开放和经济技术发展的需要，在提高稀土高科知名度、推动招商引资和技术引进、加强对外经济技术交流与合作的同时，进一步做好公司稀土资源、稀土生产工艺技术，以及先进设备等的保密工作。公司党委下发《关于来宾参观的保密暂行规定》（公司党发〔2000〕第 25 号）。

2001 年 2 月 22 日，公司党委根据包钢公司党保字〔2001〕第 2 号文件，转发《内蒙古自治区确定国家秘密及其密级工作程序的规定》精神及工作需要，下发党发〔2001〕第 2 号文件，成立公司定密工作领导小组，小组组长由公司党委书记孙鸣凤兼任。公司定密工作领导小组机构设在公司办公室。

同年 9 月 22 日，公司党委根据原保密委员会成员及定密工作领导小组成员变动情况，为进一步加强对保密工作的领导，下发党发〔2001〕第 27 号文件，对稀土高科党委保密委员会成员及定密工作领导小组成员进行了调整。保密委员会主任、定密工作领导小组组长由公司党委书记刘石政担任。公司党委保密委员会和定密工作领导小组下设办公室，机构设在公司办公室，办公室主任由保密办主任黄立东兼任；定密工作具体责任人黄立东。

同年 10 月 20 日，公司党委依据《国家秘密及其密级具体范围的规定》和包钢公司公办〔1999〕56 号文件精神，确定公司商业秘密 56 项，工作秘密 8 项，涉密通信和办公自动化设备 13 台。

2006 年 6 月 15 日，公司党委根据包钢公司保密办转发国家保密局《关于加强新技术产品使用保密管理的通知》精神，结合自身实际，对新技术产品按照国家新技术产品使用保密管理的办法进行管理。

稀土高科作为上市公司，除了遵守国家一般保密制度外，还必须按照中国证监会、上海证券交易所等上市公司监管机构的要求，面向资本市场必须履行特殊的保密义务，为保证内幕信息在披露前能够在公司内部被严格保密。2007 年，稀土高科根据《公司法》《证券法》《上市公司信息披露管理办法》及相关法律规定，制订了稀土高科党委《信息披露管理制度》，对公司内部信息的保密、传达、披露做出了全面、严格的规定，保证了公司信息披露的及时、公平、真实、准确和完整。

2008 年 8 月 11 日，为进一步加强对各类工作的领导和管理，明确工作职责。公司党委下发《关于调整公司各类委员会、领导小组成员的通知》（党通〔2008〕第 17 号）。其中，保密委员会主任兰一平；定密工作领导小组组长为王晓铁；加强涉密计算机及网络安全保密工作领导小组组长兰一平。

2009 年 9 月 11 日，公司党委为切实加强信息化条件下的保密工作，下发《关于印发包钢稀土严禁用涉及计算机上互联网的规定的通知》（公司发〔2009〕第 112 号）公司各单位根据通知精神，重新拟订了本单位的工作秘密、商业秘密事项以及涉密计算机的管理制度。

自 2010 年起，按照国土资源部制定的《国土资源“十一五”规划纲要》，建立国家矿产战略储备体系的要求，稀土资源也纳入国家战略储备计划中，包钢稀土作为中国北方稀土骨干企业担当相应的工作。该项目作为包钢稀土重点项目，在储备的产品品种、储量、价格等方面均为保密事项，在对外报送材料方面，特别注意了上述指标的报送，相当文字材料均按密件处理。

2011 年 11 月 18 日，包钢公司党委保密委员会办公室下发《包钢（集团）公司保密、机要工作考核标准》（党保办字〔2011〕第 1 号）。为此，包钢稀土按照考核标准进行了全面自查考核，根据考核现状及存在的问题，先后制定下发《包钢稀土保密工作管理规定》《包钢稀土保密工作职责》《包钢稀土保密、机要工作制度》《包钢稀土涉密人员管理规定》《包钢稀土工作秘密管理制度》《包钢稀土商业秘密管理制度》《国家秘密载体保密管理制度》《包钢稀土涉密载体管理制度》《包钢稀土保密要害部门、部位管理制度》《包钢稀土办公自动化和计算机信息系统保密管理制度》《包钢稀土重大涉密活动和涉外活动保密管理制度》和《包钢稀土泄露国家秘密事件报告和查处制度》，这一系列配套保密管理制度的贯彻落实，提高了包钢稀土保密工作的科学化、保密管理的法制化、保密技术的现代化和保密队伍的专业化水平。同时，在网络信息安全方面，公司保密办根据包钢（集团）公司保密办的要求，制定了《关于涉密计算机的管理规定》，《规定》明确，各单位要遵守保密制度，不得在互联网上谈论国家秘密、企业秘密、商业机密等，自觉履行保守国家、企业秘密的义务。公司确定涉密计算机 10 台，其中商业秘密 6 台，工作秘密 4 台，均实行单机操作，加大了对计算机的保密管理力度。

2012 年，包钢稀土办公室更名为综合办公室。公司重新划定各类保密事项及涉密等级。同年 12 月 25 日，公司党委根据《包钢（集团）公司工作秘密范围》《包钢（集团）公司商业秘密范围》和《稀土行业国家秘密及其密级具体范围的规定》，下发《关于进一步加强包钢稀土保密管理工作的通知》（党发〔2012〕第 39 号）。公司要求各部门及各分子公司，参照上述规定的工作秘密、商业秘密范围，坚持最小化原则，按内容定密，按需要加密，做到定密、接触、知悉范围最小化，并形成权责明晰、程序规范、定密标准、解密及时、督查有力的定密管理机制，并拟定了包钢稀土各单位的工作秘密和商业秘密事项。同时，根据制定的秘密事项内容，确定了包钢稀土各单位的保密要害部门、部位和涉密人员，建立了保密要害部门、部位和涉密人员数据库，以加强对涉密计算机的管理和保密工作。

2013 年 4 月 1 日，包钢稀土根据《中华人民共和国保守国家秘密法》和《中共中央关于加强新形势下保密工作的决定》，制定实施了《关于党政领导干部保密工作责任制的实施办法》，包钢稀土担任公司领导职务的厂处职党政领导干部及党政领导班子成员，在日常工作和生活中应当遵守公司保密守则；公司党政领导干部对本单位的保密工作负有总的领导责任，理应履行保密工作职责；公司分管保密工作的领导干部，对保密工作负有直接的领导责任，就具体事项作出相关处罚决定。

同年 5 月 17 日，公司党委下发《关于调整保密工作各类委员会及领导小组的通知》（党通〔2013〕第 9 号）。由于公司机构调整，为了进一步加强对保密工作、定密工作和涉密计算机及网络安全的领导和管理，明确工作职责，公司对相应的委员会及领导小组进行了调整，保密委员会主任由公司党政主要领导担任；定密工作领导小组组长由公司总工程师担任；加强涉密计算机及网络安全保密工作领导小组组长为公司党委书记担任。

2015 年 7 月 1 日，中共中国北方稀土（集团）高科技股份有限公司委员会下发《关于印发〈北方稀土保密工作分级管理规定（试行）〉及〈北方稀土保密、机要工作检查考核办法（试行）〉的通知》（党通〔2015〕10 号文件）。为加强北方稀土保密工作，按照包钢（集团）公司板块分级管理的要求，进一步明确各单位管理职责，依据包钢公司党保办字〔2014〕1 号文件以及北方稀

土保密工作相关制度，特制定《北方稀土保密工作分级管理规定（试行）》及《北方稀土保密、机要工作检查考核办法（试行）》。北方稀土保密工作分级管理规定（试行）中包括管理职责划分、保密工作日常管理、保密宣传教育工作和重点涉密部门、部位的管理；北方稀土保密、机要工作检查考核办法（试行）中检查内容包括基础工作管理、国家秘密载体管理和计算机保密管理。

同年8月4日，包钢公司委员会保密委员会下发《关于印发〈包钢（集团）公司计算机保密安全管理办法〉的通知》（党保字〔2015〕4号）文件，为进一步加强公司计算机保密安全管理工作，杜绝泄密隐患，确保国家秘密和公司秘密的安全，根据《中华人民共和国保守国家秘密法》《中华人民共和国保守国家秘密法实施条例》及上级保密部门的有关要求，特制定此办法。本办法适用于纳入公司保密管理范围的所有单位。办法中包括职责内容的确定、涉密计算机管理、非涉密计算机管理、移动存储介质管理及责任追究等内容。

2016年10月8日，中共中国北方稀土（集团）高科技股份有限公司委员会下发《关于印发〈北方稀土内外宾参观实习保密管理办法〉的通知》（党通〔2016〕15号文件），为了进一步规范公司参观、实习保密管理工作，严防失泄密事件发生，依据《中华人民共和国保守国家秘密法》及其实施条例和公司保密管理相关制度，特制定此办法，此办法包括参观管理、实习管理及责任考核等相关规定。

同年，北方稀土制定了《中国北方稀土（集团）高科技股份有限公司科技项目及对外提供科技信息保密审查管理规定（试行）》，根据《中华人民共和国保守国家秘密法》《包钢（集团）公司科学技术秘密工作暂行规定》和《包钢（集团）公司对发表科技论文进行保密审查的管理规定》，结合中国北方稀土（集团）高科技股份有限公司实际情况，制定此办法，加强了公司科技项目保密管理和对外提供科技信息审查。

四、信息化建设

北方稀土综合办公室把开展党务、政务信息工作作为一项重要内容，积极创新信息工作方式方法，加强信息网络的建设，规范各类重要信息的保密管理工作。1997～2008年，稀土高科机关办公地点变动较大，因工作条件的限制，一直是纸质化办公，没有形成统一的网络管理系统及管理办法。

1999年7月15日，稀土高科根据包头市委办公厅〔1999〕第36号文件精神及工作需要，下发公司办字〔1999〕第40号文件，成立稀土高科信息网。信息网办事机构设在稀土高科办公室。对月度生产、效益情况，重大改革、经营措施，影响企业改革发展的重要问题，需要市委、市政府及有关部门协调解决的有关问题，有可能发生或已经发生的突发事件等动态通过信息网进行报送。

2008年，稀土高科办公地点进行搬迁新址（包头市稀土高新技术产业开发区黄河路83号），办公环境得到很大改善，配备了现代化办公设施设备，开始信息化办公的建设。

2010年，包钢稀土OA办公自动化系统投入使用，（集团）公司各部室信息交换实现内部网络无纸传递，实现企业信息集成和知识管理的办公管理业务的计算机信息管理系统，信息收集、加工、统计实现计算机自动管理，使信息处理质量、效率大幅提高。但是，由于公司在包头市内各分子公司因办公区域以及生产区域不是集中在一处，形成信息化建设只能是独立建设、独立管理的局面，加上公司对信息化的建设工作尚未提升到战略高度，缺乏与总体战略配套的信息化规划，信息化水平偏低。为此，包钢稀土综合办公室提出并实施《包钢稀土（集团）公司网络平台建设项目实施方案》，将在包头市内的各分子公司网络通过光纤链路与公司连成一个大网，建立包钢稀土集团网络平台，形成了统一出口、集中管理的集团专用高速网络。

2013年6月17日，包钢稀土党政联席会议原则通过《包钢稀土（集团）公司网络平台建设项目实施方案》。由公司副总经理李金玲负责招投标等相关事宜，综合办公室配合完成。同年12月15日，整个公司集团网络互连、互通建设顺利完工，并对现有应用进行整合管理，实现现代化、电子化管理办公，完成了网络信息对包钢稀土各分子公司的全覆盖，建立了统一的信息访问和管理平台。

2014年，为加强公司信息网络（以下简称公司网）建设和运行管理，确保公司网安全和稳定运行，促进公司信息化的健康发展，依据国家《计算机信息系统安全保护条例》《计算机信息网络国际联网管理暂行规定》和《计算机信息网络国际联网安全保护管理办法》，国家对企业使用国际互联网的相关政策要求，按照《包钢（集团）公司企业信息网络管理办法》（包钢字〔2006〕94号）和《关于加强公司信息网络平台国际互联网使用管理的通知》（包钢办公〔2014〕5号）的具体规定，制定了《包钢稀土信息网络管理办法》，对入网管理、上网管理、网络安全管理和网络维护管理进行了明确规定，同时制定了《计算机使用考核制度》及《上网行为保证书》，保障了公司计算机网络信息的安全使用和管理。

随着信息网络的不断建设，各项管理工作的不断规范，2016年，北方稀土将所有应用系统进行整合集中管理，实现所有系统数据共享整合、单点登录。同时，制定了《北方稀土办公自动化系统管理办法》，其中包括管理机构主要职责的划分、电子公文和流程的管理、信息发布管理和信息安全等内容，加强了公司办公自动化系统（OA系统）应用管理，保证OA系统能够安全可靠运行，促进其应用的规范化、标准化、制度化。

五、档案管理

北方稀土档案管理严格遵照上级档案管理部门和北方稀土制定的各项管理制度及管理办法，定期将应归档的文件、资料进行收集、整理、组卷、装订、入柜、登记造册，存放档案室保存。

2002年（含2002年）以前的文书档案、会计档案（2005年前）存放于冶炼分公司档案室，由冶炼分公司管理。2003年年底公司档案馆建成后，文书档案、会计档案由公司管理。科研档案、设备档案、基建档案依然由冶炼分公司管理。

2002年8月，稀土高科依据包钢公司〔2002〕第42号文件，建立信用档案工作的要求和自身工作需要，稀土高科办公室着手建立信用档案信息库，收集和整理稀土高科各类信用档案资料，并下发《稀土高科关于建立和加强信用档案工作的通知》，明确了信用档案的归档范围，细化了信用档案的归档要求，保证了档案内容的准确性、完整性。

2004年，国家档案局、国务院国有资产监督管理委员会下发《国有企业文件材料归档办法》。稀土高科结合自身实际情况严格贯彻文件精神，逐步完善档案制度，规范档案工作。同年9月，包头市档案局转发自治区档案局《关于档案利用服务考核办法》的通知。稀土高科按照考核标准开展争创档案利用服务优秀单位活动。

2008年9月12日，包钢公司办公厅为进一步加强档案管理，提高档案利用服务水平，下发《公司馆藏档案查（借）阅管理办法》。稀土高科根据包钢的档案管理办法，进一步规范档案管理，健全档案制度。明确规定：所有查（借）阅人员需履行借阅手续，查（借）阅时不得涂改、损坏、丢失档案。

2013年，进一步完善了档案管理制度。对各部室形成的各种资料的收集、整理、立卷、归档工作进行监督和指导；要求档案管理人员严格执行档案资料保密制度；接收验收档案，办理交接手续，同时按照档案归档的具体要求装订案卷；按规定做好档案借阅登记手续，熟悉档案的种类、数量、存放位置，以便快速准确地查档；对档案进行定期保养、管理，对损坏的文件档案，及时进行修补和复制；做好档案鉴定工作，对应销毁的文件资料及时清理，按规定销毁；积极主动地收集各处室、部门的有关资料，接收档案、文件、材料时必须验收并办理好移交手续；确保档案管理安全；根据上级部门的要求，开展公司的电子档案建设工作。

2013年，公司的稀土材料中试实验基地建设项目、包钢氧化矿选矿搬迁及白云鄂博矿资源综合利用工程、“三集中”项目、包头稀土产品交易所建设及运营、包头稀土产品储备库项目、包钢稀土展览馆项目、氟化稀土及中重稀土金属生产线技改搬迁等项目稳步进行，对公司档案的利用率加大，档案室为生产经营、基建、技术改造及企业各项管理工作提供各类档案86件，62人次。

2013年12月，公司档案室迁至包头稀土研究院院内。档案室馆舍总建筑面积296平方米，其中办公室使用面积10平方米，查阅室使用面积20.48平方米，库房使用面积265.52平方米。档案设备包含密集架72组及档案柜6组。为保证档案的完整和安全，档案室配有1个防磁柜、1台加湿器、1台除干机。档案室保管的档案种类有文书档案、会计档案、科技档案、声像档案和信用档案。

包钢稀土档案室的管理人员在包钢档案馆进行了系统培训，培训内容包括科技档案的整理录入、文书档案的分类归档、会计档案的归档整理。包钢稀土档案室为便于查阅和更好地提供利用档案，编制了必要的检索工具和参考资料，积极开发档案信息资源，充分发挥档案现代化管理的优势，及时输入档案信息条目和扫描原件，做到查找调卷迅速、准确。

2014年，包钢稀土档案室开展电子化档案、信息化档案工作，加强档案信息资源建设，加快档案目录数据库建设，充分利用计算机技术、网络技术、扫描技术等先进技术手段。一方面保证档案信息的完整性安全性，另一方面提高档案利用率，便于检索。

2014年5月，包钢稀土办公室按照国家和自治区有关企业档案工作的要求，以及包钢公司印发的相关文件，组织制定了《立卷归档制度》《档案资料查阅利用制度》《档案库房管理工作人员岗位责任制》《档案鉴定制度》《档案室管理制度》《档案统计制度》《档案保密制度》和《档案管理办法》一套完整的管理制度，完善了包钢稀土档案管理。

截至2016年12月底，北方稀土档案室档案库存总数为9752卷，其中文书档案永久类483卷、长期类730卷、短期类329卷；科技档案永久类836卷、长期类2714卷、短期类296卷；会计档案永久类75卷、长期类2155卷、短期类1797卷；声像照片29557张；书稿337卷；其他档案178件。

第二节 综合事务服务

一、公务接待

北方稀土的接待工作由办公室负责，主要职责是负责重要会议、上级领导视察、国内外来宾参观的接待。外事部分涉及内容主要包括对国外的市场调查、技术交流及引进、产品销售等。

（一）接待国内来宾

1997年7月24日，全国政协副主席万国权率中央慰问团到包钢稀土研究院慰问，并题词：“发展稀土优势，支持祖国建设”；10月16日，国务院副总理李岚清到包钢稀土研究院视察，并对稀土的发展前景作了重要讲话。

1998年6月8日，包头市市长胡忠、包钢党委书记张志公一行十余人到稀土高科，听取了筹建稀土集团公司建设汇报；6月15日，国家经贸委中国经济技术协会处长柳刚、上海仪表（集团）有限公司副董事长一行3人到稀土高科参观考察；7月6日，中国质量协会一行6人到稀土高科进行ISO9002质量体系认证，稀土高科办公室相关人员负责接待事宜。

1999年1月29日，中共中央总书记、国家主席、中央军委主席江泽民在国务院副总理吴邦国，政治局候补委员、中央书记处书记曾庆红陪同下到包钢视察及调研，随后，江泽民主席一行到包钢稀土院视察。并题词：“搞好稀土开发应用，把资源优势转化为经济优势”。

2000年9月28日，中央政治局常委、中纪委书记尉健行一行在自治区及包钢领导陪同下，到包钢稀土研究院视察。

2001年5月21日，中科院高新技术研究与发展局处长岑静芬，中科院长春应用化学研究所教授、博士后导师李德谦，中科院长春应用化学研究所副处长张洪杰，中科院长春应用化学研究所科技处副处长石威到稀土高科就稀土精矿焙烧新工艺合作开发进行谈判，并签订合同。6月18日，国家经贸局李双喜副局长一行，到稀土高科视察。8月16日，北京市政协副主席毕群，稀土专家徐光宪一行到稀土高科考察，并参观全分离车间。9月6日，国家经贸委改革发展司副司长邓实际一行，到稀土高科视察。9月15日，内蒙古自治区副书记、副主席岳福洪在包头市委书记胡忠、市委副书记廉素陪同下来稀土高科视察，并参观了全分离车间。11月14日，内蒙古自治区副主席王凤岐来稀土高科视察，并参观了全分离车间。12月5日，包头市政府副市长余德辉、包头市经贸委副主任李聪来稀土高科视察。

2002年1月14日，包头市委书记邢云一行到稀土高科调研。1月16日，国家经贸委副主任蒋黔贵，国家计委稀土办公室王彩凤，自治区副主席牛玉儒，包钢集团公司董事长林东鲁陪同到公司调研。3月28日，攀枝花市政府代表团到公司考察，并参观了全分离车间。4月9日，包头市副市长朱蒙来稀土高科调研。4月24日，北京市中国质量协会检查人员到公司检查工作。7月9日，中央政府驻澳门联络办公室经济部部长叶一新一行3人来稀土高科考察。7月20日，内蒙古经贸考察团来稀土高科参观考察。

2003年3月19日，江西省赣州市市长王昭悠、经贸委主任刘琮、赣州市稀土办主任何洪、赣州市稀土金属冶金公司经理龚斌、中共江西省兴国县委书记赖连明、江西南方稀土高科技股份有限公司董事长何昌洪、董秘刘彦、副总经理彭青、包头市副市长朱蒙、经贸委主任张晔、稀土办主任姚卫华等一行来稀土高科参观考察。8月4日，北京环境科学规划院来稀土高科参观考察。

2004年5月，中央书记处书记何勇一行到公司进行考察调研，公司领导陪同何勇书记参观了稀奥科镍氢动力电池公司。

2006年6月19日，全国政协“稀土资源合理开发利用和保护”专题调研组来稀土高科调研。8月15日，内蒙古证监局检查稀土高科治理商业贿赂专项工作。

2007年3月2日，上海迪捷、美国天骄公司携Altair纳米技术公司到内蒙古包钢稀土高科技股份有限公司进行会谈，双方先后陈述了各自公司的情况，并就二氧化碳酸镧供货事宜进行探讨；5月22日，江西寻乌县书记一行到稀土高科参观。

2008年1月23日，中石化、新奥集团客人来访参观。11月14日，甘肃省国资委主任马艾武、稀土公司董事长杨文浩一行来稀土高科参观。12月16日，内蒙古工业大学访问团来稀土高科访问。

2009年1月12日，甘肃903稀土集团杨文浩、李发金来稀土高科访问。1月24日，江西省全南县县长赵多仙一行来稀土高科商讨合作事宜。2月24日，国家发改委经调局副局长李仰哲一行到稀土高科调研指导，公司总经理张忠、副总工程师李冬、财务部部长郭根全陪同、接待。3月25日，国家审计署来稀土高科调研。9月15日，证监局上市处王芳、王俊生来公司现场检查，主要针对公司近3年的三会资料、近3年的年度报告、公司各项制度及财务报表进行检查，办公室安排相关接待事宜。12月18日，上海工程化学设计院有限公司副总经理、副院长顾晓、副总工程师、教授级高级工程师张诚中、商务部经理殷昉、原上海天原集团（中国最早的氯碱企业、中国氯碱化工发源地）副总工程师、氯碱专家沈志良等一行人到包钢稀土交流访问，包钢稀土总经理张忠、副总经理李金玲等领导及相关部门负责人参加了会议，双方就稀土萃取钠皂化废水资源化处理及循环利用进行了技术上的交流。

2010年2月21日，北京万东医疗装备股份有限公司董事长卫华诚、总经理蒋达等到包钢稀土访问，包钢稀土董事长孟志泉、总经理张忠、包钢稀土磁性材料公司总经理王标等领导在公司会议室进行座谈。7月15日，国务院参事调研组课题组组长、国务院参事、中国有色金属工业协会副会长、党委副书记陈全训，中国有色金属工业技术开发交流中心总经理金锐，中国有色金属工业协会科技部副部长、中国有色金属工业技术开发交流中心副总经理史文方在内蒙古自治区政府研究室副处长陈国庆等的陪同下来包钢调研包钢稀土工作。8月17日，国家发改委副主任杜鹰带队的国家联合调研组综合一组到包钢稀土研究院参观考察。9月29日，全国人大常委会副委员长布赫在自治区人大常委副主任、总工会主席云秀梅、包头市人大常委会主任张俊华的陪同下到包钢稀土研究院考察。

2011年3月16日，内蒙古环保厅到包钢稀土调研，公司领导张日辉及有关部门负责人在会议室接待。3月29日，东方电机有限公司党委书记刘辉、副总经理兼东方电气新能源设备（杭州）有限公司总经理兰向军等人到包钢稀土访问，公司总经理张忠、包钢稀土磁性材料有限责任公司总经理王标及相关部门负责人与刘辉一行就新能源产业合作相关事宜进行了交流。6月17日，中国中央政治局委员、国务院副总理王岐山一行到包钢稀土研究院视察。7月26日，内蒙古广播电台记者联合采访团到包钢稀土采访。

2012年2月16日，内蒙古发改委相关负责人到包钢稀土调研有关电子交易所进展情况。2月28日，包头市白云鄂博矿区国土资源局局长范志亮等一行4人来包钢稀土与总经理张忠及有关部门负责人签署《2012年内蒙古自治区稀土矿开采总量控制合同书》。3月31日，由中国科学院院士、中国工程院院士王淀佐，中国工程院院士陈毓川、中国地质科学院战略主任王安建，中国工程院院士殷瑞钰、裴荣富等多位院士、专家组成的考察组到包钢稀土研究院参观。4月27日，内蒙古证监局王俊生、王鹏、李修超就包头地区上市公司现金分红情况进行调研。6月7日，内蒙古国资委驻包钢监事到包钢稀土调研，公司总经理张忠、副总经理李忠及有关部门负责人在公司会议室就稀土生产、科研、贸易进行了会谈。6月11日，国家工信部副部长苏波、国家工信部原材料司副司长国家稀土办主任贾银松、国家工信部稀土处副处长靖大伟一行来包钢集团公司就稀土产业发展情况进行调研，苏波一行先后到白云铁矿、包钢尾矿库、稀土冶炼厂、包钢磁材、稀宝博为、稀土高新区展厅等视察，实地了解包钢稀土产业从矿石开采、选矿、冶炼分离、功能材料、终端应用的过程。7月3日，内蒙古自治区国资委副巡视员辛尚奎、包钢（集团）公司监事会监事高琨、自治区国资委规划发展处副处长王欣、自治区国资委规划发展处副处长王庆、自治区国资委政策法规处副处长肖磊、自治区国资委财务监督与统计评价处副处长肖剑、自治区国资委规划发展处科员高勋到包钢稀土调研。8月7日，中国科学院院士苏锵、中国工程院院士唐任远到包钢稀土研究院。9月11日，包头市保密局局长张学军一行来公司就保密工作进行检察。9月13日，江西信丰县委副书记、县人民政府县长邱建军，信丰县委常委、县人民政府常务副县长丁少松等一行来包钢稀土考察。9月14日，内蒙古自治区金融办、经信委，包头市金融办、经信委，高新区金融办、经信委就组建稀土交易所的相关事宜进行汇报并到包钢稀土调研。同日，国家工信部原材料司司长骆铁军到包钢稀土调研。11月20日，国家工信部节能司处长黄波一行到包钢稀土研究院调研稀土行业清洁生产情况。11月22日，国家质检总局产品质量监督司巡视员郑卫华、国家质检总局质量监督司许可证管理处处长王军、管理处干部秦树桐及内蒙古质监局副局长张立忠、监督处处长李洁、包头质监局局长袁宏志、副局长肖运孟等一行来包钢稀土参观。2012年12月4日，中共中央政治局出台《关于改进工作作风、密切联系群众的八项规定》，包钢稀土结合自身情况，贯彻落实八项规定具体内容，深入基层调研，掌握实际情况。

2013年2月20日，包头市市长孙炜东、副市长刘德君等一行到包钢稀土白云博宇分公司进行调研。4月10日，内蒙古自治区人大常委会副主任吴团英一行到包钢稀土研究院调研。5月13日，中共中央政治局常委、国务院总理张高丽一行，在内蒙古自治区党委书记王君，主席巴特尔，自治区副主席、包头市委书记郭启俊，市长孙炜东等陪同下，到包钢稀土研究院视察。8月15日，国家工信部原材料工业司司长陈燕海、稀土处处长史瑞庭、博士刘玉柱一行到包钢稀土研究院调研。12月21日，中国科学院院长、党组书记白春礼、办公厅主任汪克强、中国科学院长春应用化学研究所书记张洪杰和中国科学院北京分院副院长李静一行到包钢稀土研究院调研。

2014年4月24日，内蒙古自治区总工会副主席李建军一行8人到白云博宇分公司指导检查工作。6月17日，全国政协副主席卢展工率团到包钢稀土研究院调研。8月7日，国家工信部原材料工业司巡视员、国家稀土办主任贾银松到包钢稀土调研。9月26日，中国钢铁股份有限公司事业发展处处长陈钟勋一行3人到包钢稀土展览馆、磁材公司考察。2014年，内蒙古自治区党委办公厅、自治区人民政府办公厅联合下发《内蒙古自治区本级党政机关公务接待管理办法》。国家及自治区出台的相关政策，为包钢稀土推进建立接待管理制度提供了标准和依据，包钢稀土严格按国家有关政策规定进行接待经费管理。

2015年2月2日，内蒙古自治区国资委副主任及永乾与中智人力资源管理咨询公司咨询师一行，在包钢党委组织部（人事部）部长胡静等陪同下来到包钢稀土调研。4月15日，中国银行内蒙古分行行长孟和平率队到北方稀土走访考察。5月14日，包头市安监局督察组到北方稀土进行安全生产督查。7月28日，全国政协副主席、科技部部长万钢到北方稀土稀宝医疗调研。8月7日，商务部许可证事务处及中国五矿化工进出口商会有关领导来到北方稀土，就国家有关稀土政策调整后，北方稀土及其他包头相关稀土企业在贸易、进出口等方面遇到的问题进行调研。8月12日，自治区国资委副主任朝克图一行到北方稀土就推进区属企业“互联互促、互保互助”指导意见落实情况、生产经营情况、“十三五”发展规划及面临的困难和问题进行调研。11月3日，国家工信部原材料司巡视员、稀土办主任贾银松一行到稀土院天津分院调研。

2015年7月7日，包头市委副书记、市长杜学军到北方稀土调研。8月4日，全国人大常委会委员、财政经济委员会主任委员李盛霖一行，参观包钢稀土展览馆。8月12日，共青团中央书记处第一书记秦宜智到北方稀土调研，内蒙古自治区团委书记常青，包头市委副书记徐德林、副市长乌云及包头团市委相关人员陪同。8月24日，中国标准化研究院专家到北方稀土调研标准化工作，包头市、稀土高新区技术监督局相关人员陪同。11月5日，内蒙古自治区国资委党委书记、主任张金亮率国资委调研组到北方稀土调研。

通过接待交流、参观来访，使各级领导、稀土专家、贸易考察团等对北方稀土生产、产品、科研及发展规划有了全面的了解和认识，从而扩大对外交流，提升了北方稀土企业形象。

（二）接待国外来宾

1997年6月12日，日本住友商事会社鹈饲重行，钢铁第一本部副本部长、副总经理文沼文，北京事务所所长代理、钢铁部部长代理有友晴彦、日本中央电气株式会社长杉田等一行4人来稀土高科参观考察。11月25日，日本PE·VE公司社长太田、日本三井金属浅野新三井物产上村等一行8人来稀土高科洽谈电池级金属合作有关事宜。

1999年8月，稀土高科接待中国进出口公司总裁钱本源、美国ECD公司董事长奥佛辛斯基、美国和光公司总裁陈文波，并于26日与美国ECD/DBC公司在内蒙古自治区政府礼堂举行镍氢动力电池项目合同签字仪式。

2001年5月27日，加拿大专家来公司参观。

2002年6月，与日本昭和电工株式会社相关人员，进行商务谈判。

2003年7月，法国罗地亚公司工业总监、中国区总裁、亚太地区总经理、包头罗地亚公司总经理一行5人，来稀土高科参观。

2004年3月，法国罗地亚公司到公司进行参观考察。

2006年3月，日本三井金属公司、日本三活公司及江苏迈特瑞奥贸易有限公司一行5人到稀土高科参观、座谈。公司领导及办公室对来访客人进行了接待。

2007年9月14日，比利时Scandmetal International公司来稀土高科进行了会谈，并参观了冶炼厂金属生产线。

2008年，包钢公司办公厅根据中央、自治区和包头市有关文件精神，结合自身情况，制定下发《关于外事接待及港澳台地区来宾接待工作有关事宜的通知》。《通知》明确：外事接待必须遵守“事前申请、事后总结”的原则。包钢公司各部门、单位接待外宾，必须提前书面申请，并填写“包钢（集团）公司外事接待申请登记表”，由部门、单位主管领导签字同意、盖章后报包钢（集团）公司外事办公室，经包钢公司分管外事领导同意后方可进行接待工作。承担外事接待的部门、单位接待完毕后，要在10个工作日内，填写“包钢（集团）公司外事接待总结”，上交至包钢公司外事办公室汇总、归档。包钢出台规范的接待管理办法，使稀土高科外事接待工作便于操作、有章可循，进一步促进了稀土高科的外事工作有序进行。

2009年3月27日，澳大利亚摩根大通自然资源组负责人Hugh Thomas先生来公司拜访，公司总经理张忠、副总经理张日辉，证券部部长白宝生接待来访客人。

2010年，公司受国际制冷学会委托，第四届国际室温磁制冷会议由包钢稀土研究院承办，会议收到论文100多篇，有来自欧、美、日等25个国家的150名国际磁制冷协会的成员、世界范围内室温磁制冷技术研究领域的权威专家以及企业界、科研界对室温磁制冷技术及相关的稀土合金制备技术感兴趣的专家、学者参加本次会议。8月22日，巴西矿业资源公司总经理Jubo Barroso先生到包钢稀土访谈，包钢稀土领导张忠、邢斌、王晓铁等主要领导参加，双方就巴西矿产资源（稀土、钛矿）开发合作事宜进行了探讨。

2011年3月3日，美国通用能源科技股份有限公司（GET）董事长兼总裁、内蒙古稀奥科贮氢有限公司董事曾敏，太平洋能源稀土有限公司法兰克、英格沙利到包钢稀土访问，公司总经理张忠、内蒙古稀奥科贮氢有限公司总经理蒿建生及有关部门负责人在公司会议室商讨内蒙古稀奥科贮氢合金有限公司股权转让事宜。7月22日，丹麦格陵兰稀土公司董事总经理Mike Drew、英国李贞驹律师行主席等人到包钢稀土访问，包钢矿业公司总经理章自强、包钢稀土总经理张忠、包钢稀土研究院院长杨占峰及有关部门领导在公司会议室接待洽谈。

2012年4月24日，挪威豪塔投资集团董事长Kjetil Holta先生及总裁Dag Teigland先生、卢森堡宁捷国际有限公司北京代表处首席代表范怀宇及卢森堡宁捷国际有限公司北京代表处业务经理陈伟和北京嘉和汇成公司赵建辉、董文湘来访公司。公司总经理张忠、财务总监邢斌及有关部门负责人接待洽谈。5月，罗地亚稀土全球事业部总裁杜华、罗地亚中国投资有限公司总经理朱铭岳、罗地亚稀土中国区总经理周敬民、包头罗地亚总经理张补河到包钢稀土访问，公司总经理张忠、公司常务副总经理国贸公司总经理邢斌及有关部门负责人在公司会议室商谈稀土市场形势及两公司业务事宜。10月12日，韩国LG访问团到包钢稀土访问，包头市副市长冀学斌、包钢公司董事长、包钢稀土董事长周秉利、包钢稀土总经理张忠、包钢稀土常务副总经理、账务总监邢斌及有关部门负责人在公司会议室接待，双方就MQ3项目合作事宜进行了交谈。

2013年1月14日，澳大利亚北部矿业代表团常务董事George Bauk、商务经理Robert Sill、财务总监Mark Tory、顾问Wenjie Hao、董事长岳琮林、财务总监蔡斌一行到包钢稀土访问洽谈。10月10日，日本AGC清美化学株式会社董事社长小野裕朗来到包钢稀土，就包头天骄清美稀土抛光粉有限公司的发展与包钢稀土领导交流沟通。

2013年12月，公司执行财政部、外交部印发《因公临时出国经费管理办法》，对原执行的因公临时出国经费开支标准进行了调整。

2014年1月15日，澳大利亚Lynas公司首席运营官Jean一行到包钢稀土访问，公司总经理张忠、副总经理财务总监王晔、副总经理刘义及有关部门负责人在公司会议室接待，双方就稀土环境保护与治理、市场发展趋势、未来合作等方面进行深入交流。

截至2016年12月，北方稀土先后接待前来参观考察、技术交流、贸易洽谈的美国、日本、澳大利亚、加拿大、丹麦、蒙古、法国、比利时等多个国家。通过贸易洽谈、技术交流、智能引进等多种形式，提高了包钢稀土在海外的知名度，扩大了对外交流。

随着北方稀土在国际市场上的地位提升，外事交流的层次、内容相应提升，外事活动随之增加，综合办公室外事工作量随之增加，主要包括：一是及时办理各类团组出国工作、考察、学习、交流的相关手续；二是接待来北方稀土经贸洽谈、科技交流的外国经贸人员、专家学者；三是承办大型涉外会议和活动等。经过全体工作者共同努力，保证了北方稀土对外活动的正常开展，维护和提升了北方稀土的国际形象。

在外事接待工作中，北方稀土工作人员严格遵守国家有关部门以及自治区的有关规定，严格执行外事政策，遵守外事纪律和有关规章制度，维护国家的主权和企业利益。

二、公务出国、出境

北方稀土公务出国、出境管理严格遵照包钢公司公务出国、出境的管理办法执行，首先将因公务出国、出境人员事宜情况公示5个工作日。其次，北方稀土出示请示文件后上报包钢（集团）公司进行审批，审批后将请示返回北方稀土。最后，根据包钢公司的要求办理因公务出国、出境人员相关手续。因公务出国、出境人员回国后要求向北方稀土提交出国报告，并送审内蒙古自治区外事办进行审查，同时因公务出国、出境人员在回国一周内将护照送交内蒙古自治区外事办。

2014年9月，北方稀土为了进一步规范因公临时出国经费管理，根据中共中央政治局《党政机关厉行节约反对浪费条例》的精神，结合财政部印发的《因公临时出国经费管理办法》，印发了《关于包钢稀土因公临时出国经费开支标准调整的通知》，对原执行的因公临时出国经费标准做了调整。将因公临时出国经费全部纳入预算管理；出访团组实行计划审批管理；出国经费的支付，严格按照国库集中支付制度和公务卡管理制度的有关规定执行；建立因公临时出国计划与财务管理的内部控制制度。因公临时出国经费包括国际旅费、国外城市间交通费、住宿费、伙食费、公杂费和其他费用。

三、公务车辆管理

北方稀土公务车辆管理主要包括：公司领导用车、机关部室公务用车和接待及会务用车的调度工作，以及车辆、设备的维护与保养；车辆和驾驶员年审办证，确保车辆、设备及职工人身安全等。为满足公司领导、各部室人员的用车需要，从2002年至2016年，综合办公室分别购买金顺17座面包车1辆、桑塔纳1辆、帕萨特1辆、别克商务1辆、捷达轿车4辆、轻型载货汽车1辆。截至2016年12月，共有轿车、面包车、商务车8

辆，专职司机 8 人。

四、总务工作

综合办公室总务工作主要负责：公司机关所需物资、办公用品、办公自动化耗材的计划采购、验收入库、配发与保养维护，保障公司各项工作的顺利进行；公司机关通信、水、电、暖、网络、基础设施的维修和消防安全管理等日常工作；公司的绿化、美化，办公大楼内环境卫生的工作，保证楼内干净整洁，亮化公司整体形象；公司本部食堂等各类后勤管理的工作，确保食堂干净卫生，每日伙食的营养搭配；公司固定资产、低值易耗品的管理等。其中，物业管理主要包括：管理区域秩序维护（门岗门禁、前台接待、保安巡逻、监控、消防等）；管理区域交通管理（交通安全与指挥、办公停车管理、电梯运行及安全管理等）；卫生保洁（提供日常卫生清洁服务及消毒杀菌工作）；环境绿化美化与保养（绿地日常维护保养、管理区域或租摆服务、节庆日服务区布置）；职工餐厅（职工餐厅的环境和卫生管理）以及会议服务等。

第三节　治安综合治理

北方稀土综合治理工作是在包头市综合治理办公室和包钢公司的领导下开展工作，运用政治、经济、行政、法律、教育等有效手段维护公司内部生产秩序和政治稳定。

一、组织机构

1997 年，稀土高科综合治理工作由综合管理部负责，主要以预防减少职工违法犯罪，提高职工队伍素质为工作重点，并负责公司消防安全及治安管理。2008 年，包钢稀土完善职能部门的设置，成立武装保卫部，综合治理工作划归武装保卫部，进一步理顺了综合治理工作的领导机构。2012 年，包钢稀土各职能管理部门、组织机构及人员进行调整，原归武装保卫部职能及人员一同并入综合办公室，实现了机构统一对口的管理。

公司上市初期，将综合治理工作纳入企业管理责任制，实行层层分解承包，年终考核。在公司内部实行党政工团上下齐抓共管，对帮教人员进行管理，组织基层各单位建立帮教档案，制定帮教工作制度。同时，公司党委将综治工作列入总体工作重要议事日程，成立政治稳定领导小组，每年年初结合公司的具体情况制定综治工作要点，研究分析影响内部稳定因素，解决突出问题，维护公司内部的稳定。

2000 年后，面对包钢稀土发展形势，根据公司生产经营管理特点，提出“全面防控”的综治工作理念，突出强调基础管理、制度执行和队伍建设。在每年的综合治理会议上，公司领导与各分子公司签订年度综合治理承包责任书、消防安全责任状和禁毒责任状，使公司综合治理工作责任得以层层落实。同时，在每年的“综合治理宣传月”活动中，公司开展形式多样的宣传活动，要求各分子公司利用报纸、OA 网、信息网站、横幅、LED 屏、展板、广播和播放录像等形式进行综合治理相关法律法规与政策的宣传。

2013 年，包钢稀土按照包钢公司治安综合治理委员会下发的〔2013〕2 号文件要求，社会治安综合治理实行一票否决权制的管理办法。为完善综合治理工作制度，包钢稀土建立健全了责任查究机制、齐抓共管机制、督查考评机制、宣传培训机制和行使好治安综合治理一票否决权制，保证公司治安综合治理工作平稳运行。

2015 年 6 月 8 日，根据包钢公司治安综合治理委员会等机构文件要求，中共中国北方稀土（集团）高科技股份有限公司委员会和中国北方稀土（集团）高科技股份有限公司联合下发《关于调整公司治安综合治理委员会等机构的通知》（党发〔2015〕29 号），调整了公司治安综合治理委员会、信访（维护稳定）工作领导小组、维护政治稳定领导小组、人民武装工作委员会、防范和处理邪教问题领导小组、防火安全委员会、禁毒委员会、平安单位建设领导小组、治安保卫委员会等机构，进一步规范了公司综合治理的各项管理职能。

二、要害部位、危险品管理

公司的生产保卫工作，主要任务是保证生产经营有序、安全，实施对要害部位、重点工程、危险品等治安防范，并进行监督、检查、管理。公司按照《中华人民共和国爆炸物品管理条例》的要求，每年开展爆炸物品、易燃物品安全检查活动，及时整改隐患，确保安全。同时，加强对重点部门现金、票据、贵重物品及保险柜、放射源的管理。

2010 年 3 月，公司武装保卫部对各分子公司重点部位增设了储备库的围墙、钢丝网等防范设施，投入资金 70 余万元安装视频监控设备，全面覆盖重点要害部位。

2012 年，包钢稀土下发《包钢稀土易制毒化学品管理制度》文件，有效规范了易制毒化学品的管理。通过严格落实易燃、易爆、辐射、剧毒和易制毒化学品等危险品的管理制度，有效预防并控制危害源发生问题。

2013 年 6 月 7 日，包钢公司保卫部根据国务院关于《冶金钢铁企业治安保卫重要部位风险等级和安全防护要求》的文件要求，下发了《包钢（集团）公司治安保卫重要部位管理办法》（保发〔2013〕17 号），包钢稀土遵照执行，管理办法主要包括重要部位的确定和变更、重要部位管理职责、重要部位管理要求以及考核办法。

2014 年 6 月 18 日，包钢稀土根据《包钢（集团）公司治安保卫重要部位管理办法》的文件要求，制定下发《包钢稀土（集团）公司治安保卫重要部位管理办法（试行）》（公司发〔2014〕41 号），管理办法主要包括各单位重要部位的确定、重要部位管理职责、重要部位管理要求以及考核办法。按照管理办法，对公司各单位重要部位进行了全面梳理、建档。

2015 年，北方稀土加强对公司要害部位及保险柜、危化品的管理，不定期组织有关人员进行专项安全检查，对存放贵重物品的保险柜严格按照上级有关部门的要求进行双门双锁管理，做到安全防范深入、细致，杜绝可防性案件的发生，全年公司未发生财物偷盗事件。

2016 年，北方稀土加强易燃易爆、剧毒物品、易制毒化学品等各项管理制度建设，做好情报信息的收集上报工作，配合公司相关部门处置好各类的突发事件。

三、消防安全

2010 年，公司继续贯彻执行公安部 61 号令和包钢公司 2010 年消防安全工作安排的有关规定，坚持“预防为主、防消结合”的方针，每月定期进行防火安全检查，节假日进行大检查。2010 年，全年共组织检查 23 次，其中“春节”、“五一”、“十一”安全防火大检查 3 次，共查出火灾隐患 5 项，并全部整改完毕。同时，公司对以前的灭火器进行整体更换，共计 4 公斤干粉灭火器 783 瓶，35 公斤推车式灭火器 93 台，2 公斤二氧化碳灭火器 90 瓶，更换消防标志牌 30 块，更换地下消火栓 2 台，全年消防投入计 29 万余元。

2012 年，公司在安全防范工作上，重点加强流程物料管理。各单位生产的中间物料做到及时入库，尽可能缩短物料现场留存时间。未能办理入库的，由单位值班人员负责盯守。通过防控应急小组建设和防控预案（制度）建设，保证了突发事件的及时处置；通过视频监控、电子围栏等封闭管理系统建设，提升保卫技术水平。

2013 年 6 月 6 日，包钢公司保卫部下发《包钢（集团）公司爆破作业管理办法》（保发〔2013〕16 号）。包钢稀土结合公司实际情况，严格遵照管理办法，保证公司生产、经营、建设和职工群众安全。同时，公司消防安全工作认真贯彻执行公安部 61 号令的有关规定，不断加强消防安全日常预防工作，落实《消防安全工作责任状》及相关安排。

2014 年，包钢稀土制定实施了《包钢稀土突发防控事件的应急预案（试行）》，以控制、降低和消除突发事件的危害，指导和规范了应急处理工作，取得了明显的工作效果。

2015 年，公司消防安全工作根据公司生产建设中心要求，认真贯彻执行公安部 61 号令的有关规定，加强消防安全日常预防工作，提高消防责任主体意识，落实《消防安全工作责任状》及有关安排，坚持“预防为主，防消结合”的方针，公司各单位共组织消防演练、培训 25 次，投入 78 万余元对消防器材进行全面维修、保养，做到灭火器材齐全、可靠、好用。公司对各单位灭火器材共更换 4 公斤干粉灭火器 187 瓶，2 公斤二氧化碳灭火器 161 瓶，35 公斤干粉灭火器 12 台，消防标识牌 10 块，消防应急灯 72 台，消防水带 13 盘。维修 4 公斤干粉灭火器 1126 瓶，2 公斤二氧化碳灭火器 304 瓶，35 公斤干粉灭火器 95 台。

2016 年 10 月 17 日，根据《中华人民共和国消防法》《机关、团体、企业、事业单位消防安全管理规定》等法律法规，中国北方稀土（集团）高科技股份有限公司下发《北方稀土防火安全管理办法》（公司发〔2016〕147 号），切实加强公司防火安全管理，预防和减少火灾危害，保护职工人身和公司财产安全，保障公司生产、建设和经营活动的顺利进行。管理中包括防火安全责任及制度、防火安全管理、消防监督检查、消防设施、器材的管理、火灾预防管理、动火管理、火灾扑救、奖励与处罚等具体管理内容。

截至2016年12月，北方稀土保卫人员共有294人，其中专职保卫干事41人，外聘保安66人，各单位视频探头总数1189个，红外报警器95个。同时，根据包头市消防支队要求建立微型消防站8家，规范了义务消防队伍的建设。

四、禁毒宣传

2011年，内蒙古自治区党委办公厅、政府办公厅等18个部门转发自治区禁毒委员会下发《关于深化全民禁毒宣传教育工作的实施意见》的文件；紧接，包头市下发《深化全民禁毒宣传教育工作的实施意见》的文件；11月10日，包钢（集团）公司禁毒委员会下发了《关于深化全民禁毒宣传教育工作的实施意见》的文件。包钢稀土积极贯彻落实上三级的禁毒精神，履行禁毒宣传教育职责，深入开展禁毒法治教育及毒品预防知识的教育活动，大力宣传《中华人民共和国禁毒法》《戒毒条例》和有关禁毒法律法规。

2012年5月31日，包钢公司治安综合治理委员会下发《关于开展禁毒宣传月活动的通知》（综治办字〔2012〕2号），包钢稀土根据《中华人民共和国禁毒法》、国家禁毒办《关于深化全民禁毒宣传教育工作的指导意见》和包头市、区禁毒委、包钢（集团）公司关于组织开展禁毒宣传月的部署，组织开展了宣传《中华人民共和国禁毒法》和《易制毒化学品管理条例》、防范新型毒品危害及禁止种植毒品原植物为重点内容的多种形式宣传教育活动。

2013年7月8日，包钢公司禁毒委下发《包钢（集团）公司禁毒管理办法》（禁毒委〔2013〕4号）。包钢稀土结合公司实际，按照包钢具体要求，将禁毒工作实行专门工作与群众路线相结合、教育与惩处相结合原则，坚持有毒必禁、贩毒必惩、种毒必究、吸毒必戒，进行全面排查综合治理。公司被包头市政府评为“2013年度全市禁毒工作先进单位”，被包头市禁毒委命名为“全民禁毒宣传教育示范点”。

2014年，公司禁毒工作按照包头市、包钢公司的统一部署和要求，建立“441”易制毒化学品管理体系，发挥四级管理机构的作用，避免易制毒化学品非法流失。同时，加强禁毒法制教育，使禁毒法律法规深入人心，员工识毒、防毒、抗毒意识普遍增强，巩固了公司禁毒工作成果，为平安企业建设奠定了坚实基础。

2015年，北方稀土按照包钢公司禁毒委的要求，制作禁毒宣传图板，参加包钢公司禁毒工作的巡展。公司各单位在禁毒月期间，通过展出展板、悬挂横幅、利用网络、报纸、广播等多种形式向广大员工进行禁毒宣传教育活动。

2016年，按照包钢公司禁毒委的要求，公司各级共青团组织紧扣“无毒青春，健康生活”的宣传主题，深化“青年职工远离毒品”行动，加强禁毒工作在青年职工队伍中的宣传。

五、平安创建

2011年，包钢稀土下发《关于开展平安单位建设，构建最安全企业的实施意见》的文件，从基层抓起，按照实施意见开展了基层单位的综合治理基础建设。

2013年6月20日，包钢公司治安综合治理委员会下发《考核细则》和《综合治理和平安建设目标管理责任书》，包钢稀土根据文件的要求，制定下发了《包钢稀土综合治理和平安建设考核办法》，把平安建设列入综治工作的重要议程，研究解决平安创建活动中遇到的困难和问题，深入开展矛盾纠纷排查调处和安全创建活动。年末进行治安综合治理工作的全面检查，对综治责任制和各项工作措施落实情况进行全面考核。

2015年，北方稀土平安创建工作坚持“稳定压倒一切”的方针，由公司党政主要领导负责，分管领导具体抓，形成了齐抓共管的局面。公司平安建设领导小组，根据自身的实际情况，制定了相应的防控体系，掌握各种信息、动态以及不安定因素，积极开展反邪教法制宣传教育。

2016年10月17日，北方稀土为切实加强治安综合治理工作的检查、考核，进一步促进综治责任制和各项工作措施的落实，维护公司政治、治安秩序的稳定，根据《北方稀土综合治理和平安建设目标管理责任书》的要求，重新修订了《北方稀土综合治理和平安建设考核办法》和《北方稀土综合治理和平安建设考核细则》，进一步完善公司综治领导责任制和目标管理责任制的考核考评制度。

六、普法教育

1997年上市后，稀土高科严格按照上市公司的法律法规从事经营管理。在年度董事会和指定网站、《中国证券报》《上海证券报》披露年度工作报告后，召开职代会；年度董事会30天后，召开年度股东大会，依法经营，从而保证了广大股民和投资者的权益不受损失。在日常工作中，在提高广大职工政治理论素养的同时，公司通过各种形式加强职工的法制意识，广泛深入开展法制宣传教育活动，营造了全公司人人自觉学法、人人主动用法的良好氛围，职工的法律素质逐年提高。

1997~2000年，公司党委宣传部按照内蒙古自治区、包头市、包钢三级普法领导小组关于认真搞好“三五”普法教育的指示精神，坚持“一手抓建设，一手抓法制”，圆满地完成了“三五”普法教育任务。公司普法办公室利用每月一次的法制学习日，组织职工学习《中华人民共和国公司法》《中华人民共和国产品质量法》和《中华人民共和国节约能源法》等多部法律法规及企业内部的规章制度。1999年，稀土高科领取了由包钢公司编印的《法律法规选编》材料（第八集），下发到基层单位各车间、工段、班组；从包钢宣传部领取了由内蒙古自治区统一使用的《干部学法登记证》。同年10月，组织全公司科级以上干部进行“三五”普法知识考试，合格率100%。

2001~2005年，稀土高科贯彻落实包钢公司关于搞好“四五”普法工作的精神，紧紧围绕“两个提高、两个转变”的工作目标，积极开展了多种形式的法制宣传教育活动，为公司树立了良好的依法治企形象。稀土高科不仅被包钢公司确立为21家普法试点单位之一，而且还在包钢公司普法经验交流会上被推选为4家上会介绍经验的单位之一，同时被包钢推选为出席包头市普法经验交流会的2家介绍经验单位之一。2005年，公司党委制定下发了《党委中心组学习制度》文件，将《中华人民共和国公司法》《中华人民共和国证券法》《上市公司治理准则》和《上市公司股东大会规范意见》等与上市公司相关的法律法规安排进中心组学习计划中，进行系统的讲座学习。同时，公司按照包钢“四五”普法检查验收细则，以高标准、高要求开展了“四五”普法总结验收工作，规范了基础档案资料，进行了自查工作，并接受了包钢、包头市、自治区的抽查，达到了检查验收的要求。

2006~2011年，公司落实“五五”普法规划，根据自治区、包头市、包钢公司的安排，开展了有效的法制宣传教育，加强领导干部学法用法，健全和完善领导干部法制讲座。同时，配合新劳动合同法签订等重点工作，加大《中华人民共和国公司法》《中华人民共和国劳动合同法》《中华人民共和国物权法》和《信访条例》等相关法律法规的宣传学习，依法维护职工的合法权益。以“安全生产活动月”、“质量活动月”、“节能周”、“6·5环境日”、“计量宣传周”、“12·4全国法制宣传日”等专项活动为契机，以职工群众喜闻乐见的活动形式，大力宣传相关法律法规，做到有重点、有落实，进一步扩大法制宣传教育的影响力和覆盖面。2007年，组织公司处级干部参加包头市统一组织的法律知识考试，组织科级和一般管理人员参加包钢公司内部统一组织的经营管理人员法律知识考试。2008年，公司系统购进相关法律书刊，为处职管理层购买了《领导干部学法用法读本》和《企业经营管理人员学法用法读本》等书刊；为各单位一般经营管理人员订购《企业经营管理人员学法用法读本》；为所属单位党委（总支）订购了法制报刊。2011年，公司被评为“包头市五五普法宣传先进单位”。

2012年，公司成立了依法治厂领导小组，结合生产实际，采取了集中讲座学习、知识竞赛、辩论赛、播放录音、录像等形式进行普法教育工作。同时，利用《包钢稀土专刊》、广播、公司网站、图片橱窗等媒体，开展法制宣传教育活动。

2014年，公司根据包钢公司《关于组织经营管理人员参加包头市法律知识统一考试的通知》（包钢依法治厂办发〔2014〕1号），于10月下旬组织厂处级、科级及一般经营管理人员共计400人进行了2014年度法律知识考试，最终把各单位考试成绩整理汇总后，上报到包钢公司。

2015年，公司把推进年度普法依法治厂工作与“六五”普法相结合，广泛开展法制宣传教育。公司组织（人事）部每月组织机关员工进行法律法规学习一次，观看普法宣传教育片 20 部，公司投入一定资金为所属单位党委（总支）订阅法制报刊、购买法律书籍、杂志、影像等，举办普法答题活动、制作普法专题展板，确保法制宣传教育的效果。

2016 年，北方稀土按照包钢公司宣传部要求，公司 60 名厂处职领导干部全部参加网络在线学法。为深入贯彻十八届四中全会全面推进依法治国方针，北方稀土按照包钢普法办的文件要求，组织公司机关及所属 10 家单位科职及以上领导干部、专业技术人员和党群干部共计 724 人添加关注了“法治内蒙古”微信公众号，进行法制学习，促进法律素养、法治观念的提高。北方稀土紧紧围绕“法治宣传月”的活动主题“法在身边 · 法治包钢”，制定了《北方稀土关于开展“法治宣传月”活动的方案》。

七、武装保卫

北方稀土武装工作主要包括民兵组织整顿、防凌防汛、军事训练、民兵参建、民兵政治教育和全民国防教育等。2008 年，包钢稀土成立武装保卫部，对民兵建设、优抚、双拥、共建等武装工作进行统一管理。2012 年，武装保卫部划归综合办公室，进一步规范和完善包钢稀土的武装工作。根据包钢武字〔2012〕5 号文件精神，进行了 07 式预备役服装的配备工作，并抽调 3 名预备役人员参加由包钢（集团）公司人民武装部组织的 07 式预备役服装着装展示。

2013 年，根据包钢公司武字〔2013〕第 3 号文件精神，对民兵组织进行整顿，及时制订了整组工作计划，成立了整组领导小组，并组织广大员工利用每周政治学习的机会学习文件精神，利用广播、板报、播放录像、发放学习资料等形式进行民兵组织整顿宣传教育活动，使青工受教育面达到 98%。按照包钢公司武装部下达命令，包钢稀土编制了 1 个民兵营，其中 1 个高炮连 57 人，应急分队 4 人，两个普通连 180 人。共计 241 人，其中男民兵 221 人，女民兵 20 人，转复军人 13 人，党团员 158 人。6 月，包钢稀土根据包钢公司武装部民兵防汛抢险工作安排意见，制定下发《2013 年民兵防汛抢险工作安排意见》，做到早准备、早部署、早落实，组建了 80 人防汛抢险应急分队和民兵防汛抢险队伍，并及时成立了民兵防汛抢险领导小组。7 月 19 日，包钢（集团）公司保卫部下发《包钢（集团）公司治安保卫工作考核办法》（保发〔2013〕21 号文件），包钢稀土按照考核办法，进一步安排部署了各项治安保卫武装工作。治安保卫武装工作全面有效得到落实，有力地维护了公司内部政治、治安秩序的稳定。

2014 年，“八一”期间，公司组织在包各单位进行了实弹射击军事比武活动，为现有的 107 名复转军人和 18 户军属购买纪念品和慰问品，有效开展了拥军优属活动。

2015 年，北方稀土根据包钢武字〔2015〕第 2 号文件精神，对民兵组织进行整顿，成立了整组领导小组。按照包钢公司武装部的要求，北方稀土编制一个民兵营，公司民兵、预备役组织整顿工作组对编入民兵组织的民兵进行了审查，保证了民兵的质量。6 月，公司根据包钢公司武装部民兵防汛抢险工作安排的精神，按照要求组建了 90 人和应急分队 8 人的民兵防汛抢险队伍，成立了防汛抢险应急编队领导小组，完成全年防汛工作。7 月，公司根据包钢武字〔2015〕5 号文件精神，派出 2 名预备役人员，参加了内蒙古陆军预备役第三十师对应急二中队检查考核工作。

2016 年，北方稀土根据包钢武装部的要求，派出 3 名民兵参加包钢武装部组织的双 37 高炮分队集训，并圆满地完成了任务。2016 年是中国人民解放军建军 89 周年，公司积极开展拥军优属工作，“春节”、“八一”期间为现有的复转军人和军属购买纪念品和慰问品并全部发放到个人手中，活动共计用款 32250 元。10 月 17 日，为了加强公司内部治安保卫工作，保护公司财产和广大职工群众人身安全，维护公司政治、治安秩序良好稳定，根据国务院 421 号令《企业事业单位内部治安保卫条例》的规定，公司下发了《北方稀土治安保卫工作细则》（公司发〔2016〕148 号文件）。

八、青工帮教

1997 年以来，北方稀土青年帮教工作围绕公司党政中心工作大局，全面落实综治委工作部署，不断加强青年维稳和普法教育，青年思想引导和法制教育工作，提升青年员工的技术业务素质，开展志愿服务活动，加强生产安全教育，切实发挥好公司共青团组织在治安综合治理工作中的作用。

每年年初调整青工帮教领导小组。领导小组由分管共青团工作的公司党委副书记任组长，公司团委、工会、武装保卫部及各分子公司团组织负责人等相关人员组成。领导小组制定了相应的工作制度，要求公司各单位团组织内建立帮教小组，开展帮教工作。做到年初有计划，年终有总结，平时有帮教档案。将青工帮教工作有机地融合在团组织的各项工作中。

多年来，北方稀土青年帮教工作围绕公司党政中心工作大局，组织开展“团校每月一课，助力青年成长”活动、职业技能竞赛、青工安全工作，以青年文明号、青年志愿者、青年文化活动为载体，对青年开展“五帮一教”工作。

第五篇　党群工作

DANGQUN　GONGZUO

第一章　党 的 建 设

第一节　组 织 建 设

一、组织机构

（一）中共中国北方稀土（集团）高科技股份有限公司委员会

1997年9月21日，中共包钢委员会下发《关于成立内蒙古包钢稀土高科技股份有限公司党委的通知》（党通字〔1997〕10号），包钢稀土三厂改制为内蒙古包钢稀土高科技股份有限公司，包钢稀土三厂党委改称为内蒙古包钢稀土高科技股份有限公司党委（以下简称“稀土高科党委”）。

9月下旬，根据稀土高科党委下发《关于成立内蒙古包钢稀土高科技股份有限公司各基层党支部的通知》（公司党办字〔1997〕第4号），共成立14个党支部、31个党小组。

1997年11月11日，启用“中共内蒙古包钢稀土高科技股份有限公司委员会”印章，同时作废“中共包钢稀土三厂委员会”印章。

1998年，由于机构合并，党支部并为12个。后因机构变动，到1999年，稀土高科党委下设14个党支部，41个党小组。

随着稀土高科的发展壮大，2000年6月29日，稀土高科党委下发《关于成立中共内蒙古包钢稀土高科技股份有限公司委员会机关第一党支部等机构的通知》（公司党发〔2000〕23号）。成立了机关第一党支部、机关第二党支部、机关营销党支部、稀奥科公司党支部、汽车队党支部。至此，稀土高科党委下设21个党支部、50个党小组。

2001年，因机构变动稀土高科党委下设20个党支部、54个党小组。

2002年，因机构变动稀土高科党委下设16个党支部、48个党小组。

2003年9月23日，稀土高科党委下发《关于成立稀土高科冶炼厂党总支的决定》（党发〔2003〕33号），成立了中共内蒙古包钢稀土高科技股份有限公司冶炼厂总支部委员会，下设7个党支部。11月28日，稀土高科党委下发《关于成立稀土高科公司机关党支部的通知》（党发〔2003〕38号）。鉴于稀土高科管理体制变化，为理顺党组织关系，使党的工作正常开展，撤销原稀土高科机关第一党支部、第二党支部、营销党支部，成立了稀土高科机关党支部。至此，稀土高科党委下设15个党支部。同年12月8日，稀土高科党委下发《关于同意成立稀奥科公司党总支的通知》（党发〔2003〕40号），成立了中共内蒙古包钢稀土高科技股份有限公司稀奥科公司总支部委员会，下设管理、贮氢、电池3个党支部。

2004年7月21日，稀土高科党委下发《关于同意成立稀选厂党总支的批复》（党发〔2004〕18号），成立了中共内蒙古包钢稀土高科稀选厂总支部委员会，下设4个党支部。至此，稀土高科党委下设22个党支部、53个党小组。

2005年，稀土高科党委下设23个党支部。

2006年，稀土高科党委下设21个党支部，47个党小组。

2007年10月30日，稀土高科党委下发《关于调整党组织机构的决定》（党发〔2007〕16号），撤销中共内蒙古包钢稀土高科技股份有限公司稀奥科公司总支部委员会编制，成立了中共内蒙古包钢稀土高科技股份有限公司稀奥科贮氢合金有限公司总支部委员会和中共内蒙古包钢稀土高科技股份有限公司稀奥科镍氢动力电池有限公司总支部委员会。

2007年年底，公司完成了对包钢（集团）公司内稀土产业的资产重组工作，实现了包钢（集团）公司稀土产业的整体上市，成为包钢（集团）公司乃至内蒙古自治区稀土产业发展的平台。至此，稀土高科党委下设1个党委、6个党总支、55个党支部。

2008年5月20日，稀土高科党委下发《关于包钢稀土党群组织机构设置和工作职责的通知》（党发〔2008〕13 号）。为进一步加强稀土高科党的建设各项工作和工会、共青团工作，适应稀土高科快速发展的战略要求，党群工作设置为如下机构：党委工作部（内设组织干部、宣传统战、企业文化、纪检监察）、工会、机关工委、团委。

由于机构调整，中共内蒙古包钢稀土高科技股份有限公司白云博宇分公司总支部委员会于 2008 年 2 月划归稀土高科党委。至此，稀土高科党委下设 1 个党委、1 个机关工委、7 个党总支、55 个党支部、81 个党小组。

2009 年 7 月 8 日，中共内蒙古包钢稀土高科技股份有限公司委员会下发《关于同意成立中共内蒙古包钢稀土国际贸易有限公司总支部委员会的批复》（党发〔2009〕11 号），成立了中共内蒙古包钢稀土国际贸易有限公司总支部委员会。

2009 年 7 月 28 日，中共内蒙古包钢稀土（集团）高科技股份有限公司委员会下发《关于启用"中共内蒙古包钢稀土（集团）高科技股份有限公司委员会"印章的通知》（党发〔2009〕17 号），根据《关于成立内蒙古包钢稀土集团及集团母公司名称相关事宜的通知》（公司发〔2009〕84 号）精神，中共内蒙古包钢稀土高科技股份有限公司委员会变更为中共内蒙古包钢稀土（集团）高科技股份有限公司委员会（以下简称"包钢稀土党委"）。

同年 12 月 4 日，包钢稀土党委下发《关于包钢稀土磁性材料有限责任公司成立党总支部委员会的批复》（党发〔2009〕11 号），成立了中共内蒙古包钢稀土磁性材料有限责任公司总支部委员会，下设 3 个党支部。至此，包钢稀土党委下设 1 个党委、1 个机关工委、9 个党总支、52 个党支部、90 个党小组。

2010 年，包钢稀土党委下设 1 个党委、1 个机关工委、9 个党总支、58 个党支部、92 个党小组。

2011 年，包钢稀土党委下设 1 个党委、1 个机关工委、9 个党总支、57 个党支部、90 个党小组。

2012 年 12 月 28 日，包头钢铁（集团）有限责任公司党委组织部下发《关于调整包钢稀土党委基层党组织的通知》（组字〔2012〕19 号），将原包钢稀土稀选厂党总支和包钢稀土冶炼厂党总支，调整为包钢稀土稀选厂党委和包钢稀土冶炼厂党委，均直属于包钢稀土党委。至此，2012 年，包钢稀土党委下设 3 个党委、1 个机关工委、7 个党总支、55 个党支部、97 个党小组。

2013 年，包钢稀土党委下设 3 个党委、1 个机关工委、7 个党总支、56 个党支部、100 个党小组。

2014 年 9 月 28 日，中共包头钢铁（集团）有限责任公司委员会组织部下发《关于调整包钢稀土党委所属基层党组织的通知》（组通字〔2014〕28 号），根据昆区党委组织部《关于同意将包头华美稀土高科有限公司党组织关系划归包钢稀土（集团）公司党委的函》的相关意见，经包钢（集团）公司党委决定，党组织隶属关系变更后的包头华美稀土高科有限公司由党支部调整为党总支，直属于包钢稀土党委。同年 9 月 5 日，包钢稀土党委下发《关于成立"中共包头瑞鑫稀土金属材料股份有限公司总支部委员会"的批复》（党发〔2014〕11 号），成立了中共包头瑞鑫稀土金属材料股份有限公司总支部委员会，隶属稀土院党委。至此，包钢稀土党委下设 3 个党委、1 个机关工委、9 个党总支（其中 7 个直属党总支、2 个非直属党总支）、58 个党支部。

2015 年 3 月 12 日，中国北方稀土（集团）高科技股份有限公司下发《关于公司更名及启用新印章的通知》（公司发〔2015〕30 号），按照包钢（集团）公司《关于包钢稀土更名的通知》（包钢字〔2015〕35 号）要求，公司党委名称由"中共内蒙古包钢稀土（集团）高科技股份有限公司委员会"变更为"中共中国北方稀土（集团）高科技股份有限公司委员会"（以下简称"北方稀土党委"）。至此，北方稀土党委下设 3 个党委、1 个机关工委、9 个党总支（其中 7 个直属党总支、2 个非直属党总支）、56 个党支部、125 个党小组。

2016 年 8 月 19 日，按照包钢（集团）公司党委的安排，北方稀土党委下发《关于成立中共中国北方稀土（集团）高科技股份有限公司物资供应分公司总支部委员会的决定》（党发〔2016〕12 号），成立了北方稀土物资供应分公司党总支。为加强对北方稀土外派人员中党员的管理，2016 年 9 月 2 日，北方稀土党委下发《关于成立北方稀土区内子公司党支部和北方稀土区外子公司党支部及有关管理关系的决定》（党发〔2016〕17

号)，成立北方稀土区内子公司党支部和北方稀土区外子公司党支部，分别负责对应区域外派人员中的党员管理。同时，明确新成立的两个党支部与物资供应分公司党总支一并由北方稀土机关工委代管。根据包钢（集团）公司《关于北方稀土部分机构调整的函》(包钢函〔2016〕72号)，华美公司与冶炼分公司合并，实行一个机构两块牌子。为加强基层党组织建设，2016年10月27日，北方稀土党委下发《关于组成冶炼分公司（华美公司）党委的通知》(党通〔2016〕20号)，将原冶炼分公司党委与原华美公司党总支统一组成冶炼分公司（华美公司）党委。为进一步规范党支部管理层级，2016年10月27日，北方稀土党委下发《关于科日公司党支部由冶炼分公司（华美公司）党委代管的通知》(党通〔2016〕21号)，原直属于北方稀土党委的科日公司党支部由冶炼分公司（华美公司）党委代管。至此，北方稀土党委下设3个党委、1个机关工委、9个党总支（其中6个直属党总支、3个非直属党总支)、61个党支部、130个党小组。

党 委 书 记：孙鸣凤（1997.09~2001.06）
刘石政（2001.06~2005.03）
张　忠（2006.02~2008.01）
兰一平（2008.01~2009.08）
郑玉君（2010.05~2012.12）
张志坚（2012.12~2014.01）
孟志泉（2014.01~2016.05）
张　忠（2016.05~　　　　）

党委副书记：杨兴山（1997.09~2003.04）
赵占斌（2003.04~2005.03）
兰一平（2005.03~2008.01）
刘忠涛（2005.06~2011.01）
琚建勇（2008.01~2016.07）
张志坚（常务副书记，2014.01~2016.07）
代兆丰（2011.04~　　　　）
杨　志（2016.08~　　　　）

（二）基层党委（总支）

1. 中国北方稀土（集团）高科技股份有限公司冶炼分公司（华美公司）党委

新组成的冶炼分公司（华美公司）党委下设19个党支部、48个党小组，共计529名党员。

党委书记：赵治华（2016.11~　　　　）

党委副书记：于永江（2016.08~　　　　）

中国北方稀土（集团）高科技股份有限公司冶炼分公司党委　2003年9月23日，中共内蒙古包钢稀土高科技股份有限公司委员会下发《关于成立稀土高科冶炼厂党总支的决定》(党发〔2003〕33号)，成立了中共内蒙古包钢稀土高科技股份有限公司冶炼厂总支部委员会，下设7个党支部。

2004年，稀土高科冶炼厂党总支下设党支部7个。2005年，发展党员13人，转正党员12人。2006年，发展党员11人，转正党员16人。2007年，发展党员11人，转正党员12人。2008年，下设党支部10个，发展党员8人，转正党员12人。2009年，下设党支部10个、党小组27个；发展党员6人，转正党员14人，党员人数349人，入党积极分子46人。2010年，下设党支部11个、党小组29个；发展党员15人，转正党员17人，党员人数368人，入党积极分子34人。2011年，下设党支部11个、党小组32个；发展党员16人，转正党员24人，党员人数370人，入党积极分子49人，写入党申请书58人。

2012年12月28日，包头钢铁（集团）有限责任公司党委组织部下发《关于调整包钢稀土党委基层党组织的通知》(组字〔2012〕19号)，将原包钢稀土冶炼厂党总支，调整为包钢稀土冶炼厂党委，直属于包钢稀土党委。下设党支部11个、党小组33个；发展党员8人，转正党员14人，党员人数398人，入党积极分子40人，写入党申请书68人。

2013年，下设党支部11个、党小组36个；发展党员7人，转正党员9人，党员人数404人，入党积极分子35人，写入党申请书68人。

2014年，下设党支部11个、党小组38个；发展党员9人，转正党员7人，党员人数394人，入党积极分子35人，写入党申请书86人。

2015年5月1日，冶炼厂党委改称为中共中国北方稀土（集团）高科技股份有限公司冶炼分公司党委。下设党支部11个，发展党员10人，转正党员10人，党员人数401人，入党积极分子48人，写入党申请书70人。

2016年（截至9月)，下设党支部12个、党小组38个；发展党员9人，转正党员10人，党员总数406人。

党总支书记：刘忠涛（2003.09~2005.06）
李金玲（2005.06~2008.05）
于永江（2008.05~2012.09）
党 委 书 记：刘 义（兼，2012.09~2014.08）
党委副书记：于永江（2012.09~2014.08；主持党委工作，2014.08~2016.08）

包头华美稀土高科有限公司党总支 2014年9月28日，根据昆区党委组织部《关于同意将包头华美稀土高科有限公司党组织关系划归包钢稀土（集团）公司党委的函》的相关意见，包钢（集团）公司党委依据《中国共产党章程》和《包钢基层党组织建设工作细则》及有关规定，结合实际需求，决定对包钢稀土党委部分基层党组织进行调整。按照包钢（集团）公司党委组织部下发《关于调整包钢稀土党委所属基层党组织的通知》（组通字〔2014〕28号），原包头华美稀土高科有限公司党支部调整为党总支，隶属于包钢稀土党委。

2014年，包头华美稀土高科有限公司党总支下设党支部6个、党小组13个；发展党员10人，党员人数105人，入党积极分子42名，申请入党人数129人。2015年，下设党支部6个、党小组13个；发展党员4人，转正党员10人，党员人数113人，入党积极分子38名，申请入党人数130人。2016年（截至9月），下设党支部6个、党小组11个；发展党员4人，转正党员4人，党员人数115人，入党积极分子33名，申请入党人数121人。

党总支书记：郭成龙（2014.08~2016.08）

2. 中国北方稀土（集团）高科技股份有限公司稀选厂党委

2004年7月21日，根据稀土高科党委下发《关于同意成立稀选厂党总支的批复》（党发〔2004〕18号），成立了中共内蒙古包钢稀土高科技股份有限公司稀选厂总支部委员会。

2004年，稀选厂党总支下设党支部4个，党员人数74人，预备党员8人。2005年，下设党支部4个，党员人数79人，写入党申请36人，积极分子6人。2006年，下设党支部4个，党员人数82人，发展党员3人，写入党申请32人，积极分子6人。2007年，下设党支部4个，党员人数86人，发展党员2人，写入党申请33人，积极分子5人。2008年，下设党支部6个、党小组6个，党员人数128人，发展党员7人，写入党申请48人，积极分子16人。2009年，下设党支部6个、党小组6个，党员人数149人，发展党员10人，党员转正7人，写入党申请48人，积极分子19人。2010年，下设党支部6个、党小组16个，党员人数159人，发展党员11人，党员转正10人，写入党申请48人，积极分子19人。2011年，下设党支部5个、党小组18个，党员人数169人，发展党员4人，党员转正12人，写入党申请44人，积极分子20人。

2012年12月28日，包头钢铁（集团）有限责任公司党委组织部下发《关于调整包钢稀土党委基层党组织的通知》（组字〔2012〕19号），将原包钢稀土稀选厂党总支调整为包钢稀土稀选厂党委，直属于包钢稀土党委。下设党支部5个、党小组17个，党员人数168人，发展党员6人，党员转正4人，写入党申请54人，积极分子16人。2013年，下设党支部5个、党小组17个，党员人数176人，发展党员4人，党员转正7人，写入党申请45人，积极分子29人。2014年，下设党支部5个、党小组17个，党员人数180人，发展党员6人，党员转正4人，写入党申请47人，积极分子18人。

2015年4月10日，稀选厂党委改称为中共中国北方稀土（集团）高科技股份有限公司稀选厂党委。下设党支部4个、党小组13个，党员人数151人，发展党员4人，党员转正4人，写入党申请28人，积极分子21人。2016年，下设党支部4个、党小组15个，发展党员5人，党员转正4人，党员人数153人，写入党申请30人，积极分子15人。

党总支书记：赵生平（2004.08~2008.05）
郝玉峰（2008.05~2012.09）
党 委 书 记：蒿建生（2012.09~ ）
党委副书记：郝玉峰（2012.09~2014.08）
夏学文（2014.08~ ）

3. 中国北方稀土（集团）高科技股份有限公司白云博宇分公司党总支

中国北方稀土（集团）高科技股份有限公司白云博宇分公司成立于1979年4月，其前身是包钢白云铁矿建筑安装工程公司，后更名为包钢白云铁矿博宇公司，30年来公司历经多次变更。2008年2月，稀土高科根据《包头钢铁（集团）

有限责任公司董事会关于同意包钢稀土产业整合重组的决议》（包钢董决〔2007〕23号）和包钢稀土2007年临时股东大会通过的决议，成立了内蒙古包钢稀土高科技股份有限公司白云博宇分公司。同年，党总支划归稀土高科党委，改称为中共内蒙古包钢稀土高科技股份有限公司白云博宇分公司总支部委员会。

2008年，白云博宇分公司党总支发展党员1人。2009年，发展党员2人，转正党员1人。2010年，下设党支部5个、党员人数120人，发展党员4人，转正党员2人。2011年，下设党支部5个，转正党员4人，党员人数107人。2012年，下设党支部5个，发展党员4人，党员人数105人。2013年，下设党支部5个，发展党员2人，转正党员4人，党员人数103人。2014年，下设党支部5个，发展党员3人，转正党员3人，党员人数96人。入党积极分子6人，写入党申请书16人。

2015年3月18日，白云博宇分公司党总支改称为中共中国北方稀土（集团）高科技股份有限公司白云博宇分公司总支部委员会。2015年，下设党支部4个、党小组7个，发展党员2人，转正党员3人，党员人数67人，入党积极分子3人，写入党申请书14人。2016年，下设党支部4个、党小组7个，发展党员2人，转正党员2人，党员人数65人。

党总支书记：解金铭（2008.02~2009.08）
关晓光（2009.08~2012.12）
陈建东（2012.12~2014.08）
郝玉峰（2014.08~　　　）

4. 包头稀土研究院党委

包头稀土研究院成立于1963年，直属原冶金工业部。1992年划归包钢（集团）公司。2007年10月26日，包钢（集团）公司同意稀土高科以现金收购包头稀土研究院100%国有股权，包头稀土研究院成为包钢稀土的全资子公司。同年，包头稀土研究院党委划归稀土高科党委。

2007年，包头稀土研究院党委有1个总支、12个党支部，发展党员3人。2008年，有1个总支，12个党支部，发展党员6人，转正党员3人，党员人数162人。2009年，有1个总支，12个党支部，发展党员5人，转正党员6人，党员人数161人。2010年，有1个总支，12个党支部，发展党员7人，转正5人。2011年，有1个总支，13个党支部，发展党员4人，转正党员7人，党员人数166人。2012年，有1个总支，13个党支部，发展党员7人，转正党员4人，党员人数189人。2013年，有1个总支，14个党支部，发展党员3人，转正党员7人，党员人数203人。2014年，有2个总支，15个党支部，发展党员2人，转正党员3人，党员人数205人。2015年，有2个总支，15个党支部，发展党员4人，转正党员2人，党员人数204人。2016年，有2个总支，15个党支部，发展党员4人，转正党员4人。党员人数209人。

党委书记：琚建勇（2006.03~2014.08）
（2016.04~2016.07）
孟志泉（2014.08~2016.04）
杨　志（2016.08~　　　）
党委副书记：赵增祺（2007.01~2011.05）
琚建勇（2014.08~2016.04）

5. 内蒙古包钢稀土磁性材料有限责任公司党总支

2009年12月4日，按照中共内蒙古包钢稀土（集团）高科技股份有限公司委员会下发《关于包钢稀土磁性材料有限责任公司成立党总支部委员会的批复》（党发〔2009〕11号），成立了中共内蒙古包钢稀土磁性材料有限责任公司总支部委员会，下设3个党支部。

2010年，中共内蒙古包钢稀土磁性材料有限责任公司总支部委员会有党支部3个，党员人数18人。2011年，党支部3个，党小组9个，发展党员1人，转正党员1人，党员人数29人，写入党申请书8人。2012年，有党支部3个，党小组11个，发展党员1人，转正党员1人，党员人数45人，写入党申请书12人。2013年，党支部3个，党小组11个，发展党员2人，转正党员1人，党员人数51人，写入党申请书15人。2014年，党支部3个，党小组11个，发展党员2人，转正党员2人，党员人数53人，写入党申请书18人。2015年，党支部3个，党小组11个，发展党员2人，转正党员2人，党员人数54人，写入党申请书18人。2016年，党支部3个，党小组4个，发展党员1人，转正党员2人，党员人数53人，写入党申请书19人。

党总支书记：王　标（2009.12~2016.05）
张日辉（2016.05~2016.08）

樊海涛（2016.08～　　　）

6. 内蒙古稀奥科镍氢动力电池有限公司党总支

2007年10月30日，根据中共内蒙古包钢稀土高科技股份有限公司委员会下发《关于调整党组织机构的决定》（党发〔2007〕16号），中共内蒙古稀奥科公司总支部委员会改称中共内蒙古稀奥科镍氢动力电池有限公司总支部委员会。

2007年，内蒙古稀奥科镍氢动力电池有限公司党总支下设党支部2个，党小组4个。2008年，党支部2个，下设党小组4个，发展党员1人，转正党员1人，党员人数34人。入党积极分子4人，写入党申请书4人。2009年，党支部2个，党小组4个，转正党员6人，党员人数34人，入党积极分子4人，写入党申请书8人。2010年，党支部2个，党小组4个，党员人数34人，入党积极分子4人，写入党申请书9人。2011年，党支部2个，党小组4个，发展党员2人，党员人数34人，入党积极分子4人，写入党申请书8人。2012年，党支部2个，党小组4个，转正党员2人，党员人数37人，入党积极分子4人，写入党申请书11人。2013年，党支部2个，党小组4个，党员人数35人，入党积极分子4人，写入党申请书14人。2014年，党支部2个，党小组4个，发展党员1人，党员人数37人，入党积极分子4人，写入党申请书14人。2015年，党支部2个，党小组4个，发展党员2人，转正党员1人，党员人数38人，入党积极分子6人，写入党申请书14人。2016年，党支部2个，党小组4个，发展党员2人，转正党员2人，党员人数37人，入党积极分子4人，写入党申请书12人。

党总支书记：徐绍萍（2007.10～2012.09）
李金华（兼，2012.09～2014.08）
曹生彪（兼，2014.08～2016.08）
蒋振峰（2016.08～　　　）

7. 内蒙古稀奥科贮氢合金有限公司党总支

2007年10月30日，根据中共内蒙古包钢稀土高科技股份有限公司委员会下发《关于调整党组织机构的决定》（党发〔2007〕16号），中共内蒙古包钢稀土高科稀奥科公司总支部委员会改称为中共内蒙古稀奥科贮氢合金有限公司总支部委员会。

2007年，内蒙古稀奥科贮氢合金有限公司党总支下设党支部2个，发展党员1人，党员人数23人。2008年，党支部2个，党员人数31人，发展党员2人，转正党员1人，写入党申请书1人。2009年，党支部2个，党员人数32人，发展党员1人，转正党员2人，写入党申请书3人。2010年，党支部2个，党员人数41人，转正党员2人，发展党员2人，写入党申请书3人。2011年，党支部2个，党员人数45人，转正党员3人，发展党员2人，写入党申请书3人。2012年，党支部2个，党员人数46人，转正党员2人，发展党员2人，写入党申请书1人。2013年，党支部2个，党小组4个，发展党员1人，转正党员2人，党员人数45人，入党积极分子3人，写入党申请书8人。2014年，党支部2个，党小组4个，发展党员1人，转正党员1人，入党积极分子3人，写入党申请书7人，党员人数46人。2015年，党支部2个，党小组4个，发展党员1人，转正党员1人，入党积极分子3人，写入党申请书9人，党员人数49人。2016年，党支部2个，党小组4个，发展党员2人，转正党员1人，写入党申请书4人，党员人数48人。

党总支书记：刘　义（兼，2007.10～2012.09）
杨永刚（兼，2012.09～　　　）

8. 内蒙古包钢稀土国际贸易有限公司党总支

2009年7月8日，根据稀土高科党委《关于同意成立中共内蒙古包钢稀土国际贸易有限公司总支部委员会的批复》（党发〔2009〕11号），成立了中共内蒙古包钢稀土国际贸易有限公司总支部委员会。

2009年，内蒙古包钢稀土国际贸易有限公司党总支下设党支部2个，党员28人。2010年，党支部2个，写入党申请书2人，党员31人。2011年，党支部2个，写入党申请书4人，党员31人。2012年，党支部2个，党小组4个，写入党申请书3人，党员31人。2013年，党支部2个，党小组4个，入党积极分子3人，写入党申请书1人，党员39人。2014年，党支部2个，发展党员2人，转正党员2人，写入党申请书1人。2015年，党支部2个，党小组5个，转正党员2人，发展党员1人，入党积极分子4人，写入党申请书3人，党员人数49人。2016年，党支部2个，党小组5个，转正党员1人，发展党员2人，入党积极分子2人，写入党申请书2人，党员人数50人。

党总支书记：邢　斌（兼，2009.07~2012.09）
　　　　　　李　忠（2012.09~2014.08）
　　　　　　刘海峰（2016.08~　　　　）

9. 包头天骄清美稀土抛光粉有限公司党总支

包头天骄清美稀土抛光粉有限公司成立于1995年12月，由包钢（集团）公司与日本AGC清美化学株式会社出资组建。2007年10月，按照包钢董决〔2007〕23号的文件要求，对包钢稀土产业整合重组，包钢（集团）公司决定将所持天骄清美60%的股份转让给内蒙古包钢稀土高科技股份有限公司。2008年9月全部完成股份收购。至此，天骄清美公司成为内蒙古包钢稀土高科技股份有限公司绝对控股子公司，包头天骄清美稀土抛光粉有限公司党总支划归稀土高科党委。

2007年，包头天骄清美稀土抛光粉有限公司党总支下设党支部2个，党员人数27人。2008年，党支部2个，党员人数29人。2009年，党支部2个，党员人数32人。2010年，党支部2个，党员人数33人。2011年，党支部2个，党员人数56人。2012年，党支部3个，党员人数55人。2013年，党支部3个，发展党员6人，转正党员4人，党员人数52人。2014年，党支部3个，发展党员3人，转正党员2人，党员人数55人。2015年，党支部3个，发展党员3人，转正党员3人，党员人数56人。2016年，党支部3个，发展党员2人，转正2人，积极分子7人，党员人数59人。

党总支书记：李学舜（2007.10~2008.05）
　　　　　　王永中（2008.05~2012.09）
　　　　　　徐绍萍（2012.09~　　　　）

二、党员代表大会

1998年12月，中共内蒙古包钢稀土高科技股份有限公司委员会按照组织工作制度换届选举细则和包钢党委组织部〔1998〕第17号文换届选举批复，根据公司党员的结构状况，经过自下而上、自上而下的酝酿和协商，确定了代表候选人。各党支部经过差额选举和无记名投票方式，民主选举产生了出席稀土高科第一次党代会的97名代表。

1998年12月26日，中共内蒙古包钢稀土高科技股份有限公司委员会召开第一次代表大会。97名代表出席会议。公司党委书记孙鸣凤代表中共内蒙古包钢稀土高科技股份有限公司委员会作了题为《大力加强党的建设，发挥党组织的政治核心作用，为把稀土高科建成充满活力、经济效益走进全国同行业前列而奋斗》的工作报告，杨兴山同志代表中共内蒙古包钢稀土高科技股份有限公司委员会作了题为《加强党风廉政建设，为稀土高科抓住机遇快速发展创造良好的内部环境》的纪检工作报告。大会选举产生了中共内蒙古包钢稀土高科技股份有限公司委员会第一届委员会。7名党委委员是：王成印、刘忠涛、孙鸣凤、杨兴山、陈隆淮、邹连顺、赵占斌（按姓氏笔画排名），党委书记：孙鸣凤，党委副书记：杨兴山。大会选举产生了中共内蒙古包钢稀土高科技股份有限公司委员会第一届纪律检查委员会（共5人，其中1名书记、1名副书记）。5名纪委委员是：张道明、杨兴山、胡连仲、赵洪英、高信（按姓氏笔画排名）。纪委书记：杨兴山，纪委副书记：赵洪英。大会圆满完成了预定的各项任务。

自2012年12月开始，截至2013年1月17日，包钢稀土所属各单位完成了本单位的党组织换届选举工作，并选出包钢稀土党代会201名正式代表、20名列席代表。2013年1月24日，中共内蒙古包钢稀土（集团）高科技股份有限公司委员会召开第一次代表大会。公司党委书记张志坚代表公司党委作了题为《围绕中心抓党建，凝心聚力谋发展，为把包钢稀土建成“国内最强、世界一流”的稀土企业而努力奋斗》的工作报告。大会选举产生了中共内蒙古包钢稀土（集团）高科技股份有限公司第一届委员会。7名党委委员是：于志军、王晔、代兆丰、张志坚、张忠、李忠、琚建勇（按姓氏笔画排名）；党委书记：张志坚，党委副书记：琚建勇、代兆丰。

三、党员队伍建设

1997年，稀土高科党委在发展党员工作的过程中，突出了生产一线和青年职工两个重点，实行了严格的预审制。党员总数340人，在职党员265人，积极分子79人，申请入党职工162人，新发展党员39人。党员汇报思想114人。建立党员责任区121个。党员培训总计80课时227人次，培训内容涉及党建理论、现代企业制度、廉政讲座等。观看录像教育4次，参加454人次，内容包括六中全会决议、党风党纪。

1998年，稀土高科党委认真做好党员发展工作，不断壮大入党积极分子队伍，同时严格党员发展程序，认真做好预审工作，以保证新发展党员的质量。党员总数 435 人，在职党员 334 人，新发展党员 42 人。党员培训总计 80 课时 359 人次，培训内容涉及党的基础知识、十五大、邓小平理论等。观看录像教育 6 次，参加 1077 人次，内容包括警钟长鸣、中国大案要案纪事、党的知识讲座。

1999 年，稀土高科各基层党组织注重对入党积极分子的培养，定期和不定期举办培训班，尤其是抓好入党前的培训工作，坚持了不培训不发展的原则。党员总数 467 人，在职党员 371 人，预备党员 45 人，申请入党职工 189 人，积极分子 82 人，新发展党员 28 人。党员培训总计 120 课时、371 人次，培训内容包括党的基础知识、“三讲”教育、党风党纪、证券法教育等。观看录像教育 5 次，参加 608 人次，内容包括《党章》《抗洪抢险》《反腐败从每个党员做起》《怪圈》。

2000 年，稀土高科党委按照“坚持标准、保证质量、改善结构、慎重发展”的方针，严把发展党员预审关，保证新发展党员的质量。党员总数达 526 人，在职党员 430 人，预备党员 31 人，写入党申请书 206 人，积极分子 67 人，新发展党员 30 人。共召开党支部大会 63 次，党小组会 173 次，上党课 26 次。党员培训总计 120 课时 420 人次，培训内容涉及党的基础知识、三个代表、党风党纪教育、执政之基力量之源等。观看录像教育 9 次，参加 1316 人次，内容包括“三个代表”、反腐纪要、警钟长鸣、湛江特大走私案、党的基础知识。

2001 年，为庆祝中国共产党成立 80 周年，稀土高科党委在广大党员和入党积极分子中，开展了党史教育和党的知识竞赛活动，各基层党组织在“七一”前夕举行了新党员入党宣誓活动，使广大党员受到一次深刻的党的观念和党的宗旨教育。党员总数 576 人，在职党员 473 人，积极分子 35 人，新发展党员 23 人。党员培训总计 40 课时 149 人次，培训内容涉及党的基础知识、三个代表等。观看录像教育 5 次，参加 745 人次，内容包括七一讲话辅导、巨贪之监、风雪之夜、劲挽强弓。

2002 年，稀土高科各级党组织认真做好党员发展工作，严把入口关，坚持发展党员预审制度，保证新党员质量。党员总数 630 人，在职党员 470 人，预备党员 27 人，少数民族党员 47 人，发展党员 27 人，预备党员转正 31 人，写入党申请书 211 人，积极分子 73 人，列为发展对象 30 人。党员培训总计 120 课时 485 人次，培训内容涉及党的基础知识、党风党纪教育等。

2003 年，稀土高科党员总数 662 人，在职党员 506 人，预备党员 30 人，少数民族党员 48 人，发展党员 30 人，预备党员转正 25 人，写入党申请书 218 人。

2004 年，稀土高科党员总数 692 人，在职党员 525 人，预备党员 23 人，少数民族党员 50 人，发展党员 23 人，预备党员转正 27 人，写入党申请书 228 人，列为发展对象 30 人。党员培训，基层办班 1 期，培训人次 82 人。建立责任区 110 个，党员责任人 110 人，生产一线骨干 21 人。先进党组织 3 个，优秀共产党员 38 人，优秀党务工作者 5 人。

2005 年，稀土高科党员总数 708 人，在职党员 544 人，预备党员 37 人，少数民族党员 50 人，发展党员 24 人，预备党员转正 23 人，写入党申请书 52 人，列为发展对象 27 人，积极分子 50 人。先进党组织 16 个，优秀共产党员 43 人，优秀党务工作者 6 人。党员培训，基层办班 6 期，培训人次 223 人。建立责任区 55 个，党员责任人 96 人。

2006 年，稀土高科党员总数 1292 人，新发展党员 19 人。建立责任区 58 个，党员责任人 88 人，党员培训，基层办班 6 期，培训人次 363 人。

2007 年，稀土高科党员总数 1049 人（当年转出组织关系 288 人，所以与上年统计数字差距大），在职党员 979 人，预备党员 14 人，少数民族党员 75 人，发展党员 31 人，预备党员转正 38 人，写入党申请书 144 人，列为发展对象 40 人，积极分子 99 人。先进党组织 15 个，优秀共产党员 96 人，优秀党务工作者 20 人。

2008 年，稀土高科党员总数 1055 人，在职党员 1013 人，预备党员 14 人，发展党员 35 人，预备党员 44 人，写入党申请书 301 人，积极分子 136 人，预备党员转正 27 人。建立责任区 121 个，党员责任人 258 人。党员培训，基层办班 8 期，培训人次 797 人。

2009 年，包钢稀土党员总数 1134 人（整合后

党员数字变化较大），在职党员 1089 人，少数民族党员 75 人，预备党员转正 26 人，发展党员 23 人。建立责任区 120 个，党员责任人 227 人。党员培训，基层办班 26 期，培训人次 1088 人。

2010 年，包钢稀土党员总数 1179 人，在职党员 1179 人，少数民族党员 84 人，预备党员 51 人，发展党员 34 人，预备党员转正 43 人，列为发展对象 56 人，积极分子 170 人。建立责任区 120 个，党员责任人 130 人。党员培训，基层办班 18 期，培训人次 1130 人，兼职教师 15 人，基层党校 15 个。

2011 年，包钢稀土党员总数 1237 人，在职党员 1213 人，写入党申请书 379 人，积极分子 127 人，预备党员转正 19 人，发展党员 32 人。建立责任区 126 个，党员责任人 126 人。党员培训，基层办班 26 期，培训人次 1826 人，兼职教师 15 人，基层党校 11 个。

2012 年，包钢稀土党员总数 1266 人，在职党员 1251 人，少数民族党员 82 人，预备党员 51 人，发展党员 26 人，预备党员转正 24 人。建立责任区 126 个，党员责任人 192 人。党员培训，基层办班 27 期，培训人次 1736 人，兼职教师 7 人，基层党校 5 个。

2013 年，包钢稀土按照“坚持标准、保证质量、改善结构、慎重发展”的方针，加强了对入党积极分子的教育培养和考察，支持团组织开展“推优”工作，认真做好发展党员工作，逐步建立“把各岗位的业务骨干培养成为党员”的组织发展机制。党员总数 1335 人，预备党员转正 20 人，发展党员 24 人，积极分子 175 人。建立责任区 105 个，党员责任人 131 人。党员培训，基层办班 24 期，培训人次 1659 人，兼职教师 9 人。

2014 年，包钢稀土党委认真贯彻落实中央最新颁布的《中国共产党发展党员工作细则》，按照“控制总量、优化结构、提高质量、发挥作用”总要求，认真开展了新形势下的发展党员工作。组织（人事）部对党员发展工作程序、流程进行了细致的图解，深入基层单位进行发展党员工作培训。2014 年党员总数 1339 人，积极分子 129 人，发展党员 35 人，申请入党 356 人，提交入党申请书 42 人。为群众办实事、好事 141 件，党员、入党积极分子义务献工 2024 人次。建立责任区 115 个，党员责任人 118 人。党员培训，基层办班 53 期，培训人次 3000 人，兼职教师 9 人。

2015 年，北方稀土各基层党组织以“三会一课”为主要方式，充分发挥基层教育阵地的作用，采取职工“大讲堂”、党员宣誓、“七一”座谈、党日活动、慰问老党员和特困党员、党务知识竞赛等活动开展教育。在培训内容上，遵照教育和实践的指导思想，突出科学发展观、党的群众路线教育、党章党纪理论、理想信念、宗旨观念、法律法规和党员教育管理知识等。公司推行党员目标管理，认真落实党建工作责任制，并纳入公司半年一次的党建工作目标化管理考核中，通过定期考核加强了对基层党员队伍管理教育。2015 年，党员总数 1330 人，积极分子 170 人，申请入党 372 人，提交入党申请书 61 人，积极分子 146 人，发展党员 35 人。为群众办实事、好事 127 件，党员、入党积极分子义务献工 835 人次。建立责任区 157 个，党员责任人 185 人。党员培训，基层办班 112 期，培训人次 4185 人，兼职教师 19 人。

2016 年 7 月，北方稀土纪念建党 95 周年大会

2016 年，北方稀土党委及所属各级党组织结合“两学一做”学习教育，认真组织党员开展“学习党规党章、学习习近平总书记系列讲话和做合格党员”系列活动，积极组织党委（总支）书记、党支部书记讲党课，向广大党员发放学习资料和书籍，通过“三会一课”以及党员自学等形式，进一步增强党员的党性意识。有效实施党员素质提升、管理改进、先锋引领三项计划，重点突出党员先锋引领计划，通过党员标准具体化、业绩定量化、先锋模范作用有形化，切实激发党员自我持续攀登、主动争创优秀的内生动力。深入结合包钢（集团）公司“减亏治亏、提质增

效”主题实践活动，成立以项目命名的党员奉献专题活动小组并开展“减亏治亏、提质增效”系列攻关活动，以党员持续提升个人素质和发挥先锋模范作用为目标，鼓励和引导党员围绕“减亏治亏、提质增效”目标提出切合实际的个人行动计划。2016 年，党员总数 1361 人，积极分子 103 人，发展对象 74 人，申请入党 266 人，提交入党申请书 36 人，发展党员 35 人。党员培训，基层办班 25 期，培训人次 1510 人，兼职教师 11 人。

1997~2016 年党员情况见表 5-1。

表 5-1　1997~2016 年党员情况一览表　　（人）

年份	党员总数	在职党员人数	入党积极分子人数	申请入党人员人数	发展党员人数	培训人数
1997	340	265	79	162	39	227
1998	435	334			42	359
1999	467	371	82	189	28	371
2000	526	430	67	206	30	420
2001	576	473	35		23	149
2002	630	470	73	211	27	485
2003	662	506		218	30	
2004	692	525		228	23	82
2005	708	544	50	52	24	223
2006	1292				19	363
2007	1049	979	99	144	31	
2008	1055	1013	136	301	35	797
2009	1134	1089			23	1088
2010	1179	1179	170		34	1130
2011	1237	1213	127	379	32	1826
2012	1266	1251			26	1736
2013	1335		175		24	1659
2014	1339		129	356	35	3000
2015	1330		146	372	35	4185
2016	1361		103	266	35	1510

四、党组织品牌建设

2011 年，为进一步加强和改进新形势下党组织建设工作，包钢（集团）公司党委启动实施“党组织建设品牌工程”，以培育党组织建设工作新亮点，破解党组织建设工作新难题，浓厚党组织建设工作新氛围。按照包钢（集团）公司党委的整体安排，包钢稀土党委积极开展创建党组织建设品牌、打造党组织建设精品，目的就是要搭建一个平台、找到一个抓手、形成一个载体，不断激发党建工作的内在活力和内生动力。党组织品牌建设围绕“创新”和“精品”两条线开展。“创新”主要是针对本单位党组织建设存在的薄弱环节制定改进措施，或者对已有的创新活动成果进行充实、完善、提升，从而创建党组织建设的品牌。“精品”主要是对本单位已在一定时期内持续实施、行之有效且获得表彰的党组织建设品牌，进行提炼、规范、改进和再加工，构建党组织建设品牌长效工程，进一步形成“一个党委一个品牌，一个支部一个特色”的良好局面。

自 2011 年包钢（集团）公司启动实施“党组织建设品牌工程”以后，包钢稀土党委、所属各单位党委（总支）及党支部通过“党组织建设品牌活动”的实施，有目标、有任务地把基层党建工作与北方稀土生产经营、降本增效、项目建设、技术创新、内部管理和精神文明建设等工作结合起来，在推进各项工作顺利开展的过程中，形成了一批优秀党组织建设品牌，并获得包钢（集团）公司的立项和奖励。2011 年，稀土院功能材料研究中心党支部“发挥党员主题作用”项目获得包钢党组织建设品牌活动审核立项。2012 年，稀土院功能材料研究中心党支部“加速青年科技人才成长”活动获得包钢党组织建设品牌活动审核立项。2013 年，稀土院功能材料中心党支部“营造学术氛围，提升创新能力”活动和冶炼厂一车间党支部“学习型党支部创建活动”两个项目，获得包钢党组织建设创新品牌审核立项。2014 年，稀土院理化检测中心党支部“打造名优品牌实验室”活动和稀奥科贮氢公司第二党支部“一岗双责勇担当，精益求精做表率”活动，获得包钢党组织建设创新品牌审核立项。其中，稀土院理化检测中心党支部“打造名优品牌实验室”活动荣获包钢（集团）公司“党组织建设优秀创新品牌”。2015 年，稀土院理化检测中心党支部“全力打造名优品牌实验室”活动获得包钢党组织建设长效品牌审核立项。冶炼分公司党委“党组织 3455 争创”活动和稀选厂党委“文化建设助推企业转型升级”活动，获得包钢党组织建设创新品牌审核立项。

五、干部队伍建设

（一）干部管理权限

按照党管干部和人才的原则，公司上市以后，

根据包钢（集团）公司党委1998年下发的《包钢（集团）公司厂处级及以上干部管理和任免程序》和1999年下发的《包钢（集团）公司科职干部管理办法》之规定，公司经理层领导干部均由包钢（集团）公司党委统一任免、管理、考核；科职干部由稀土高科自行管理。

1999年11月，内蒙古稀土（集团）公司成立，稀土高科成为内蒙古稀土集团控股51.06%的子公司，稀土高科高级管理人员由内蒙古稀土集团公司党委任命、考核。

2005年以后，稀土高科高级管理人员（厂处职）由包钢（集团）公司任免、考核。

2007年2月，包钢（集团）公司党委进一步修订《包钢（集团）公司科职干部管理办法》，规定稀土高科负责对本单位的正、副科职干部的任免、考核以及日常管理，同时报包钢组织部（人事部）干部管理处备案。

2012年8月，包钢（集团）公司党委印发《内蒙古包钢稀土（集团）高科技股份有限公司及其所属各单位干部管理暂行规定》，《规定》明确，包钢稀土及所属各单位所有厂处职以上干部、各单位经理助理、副三总师均由包钢（集团）公司党委管理。领导班子年度考核、干部任免、交流、奖惩等由包钢（集团）公司党政统一安排和研究决定，或经包钢（集团）公司董事会研究决定并提出建议。包钢稀土及所属各单位科职管理人员的管理工作，由包钢稀土党委负责。合资合作公司外派高管，由包钢稀土发文任免并参照《包钢（集团）公司外派专（兼）职高管人员管理办法》（暂行），制定相关规定并决定外派高管薪酬待遇，并报包钢（集团）公司党委组织部（人事部）备案。外派高管的考核管理由包钢稀土负责。

2015年，包钢（集团）公司党委下发《包钢（集团）公司厂处职干部选拔任用管理办法》。按照干部管理权限，包钢（集团）公司党委履行选拔任用厂处职干部职责。2015年12月，修订下发了《包钢（集团）公司科职干部管理办法》，北方稀土党委负责本单位及所属各单位科职干部的选拔任用、审核监督及日常管理。

（二）干部选拔任用

1. 厂处职干部

1998年公司党委贯彻落实《内蒙古自治区1998~2000年干部制度改革规划》和《内蒙古自治区公开选拔领导干部（竞争上岗）实施办法》，强化了领导班子建设。选拔任用干部坚持“四化”方针和德才兼备的原则，严格按标准、条件、程序办事，把好选人、用人关，破除论资排辈、求全责备、平衡照顾等陈旧观念，在考核中坚持实绩第一，注重社会公论，拓宽识人渠道，把文化层次较高、年富力强、锐意进取、政绩突出的优秀年轻干部选拔到领导岗位上来，对优秀的提拔重用，胜任的继续留用，不胜任的采取组织措施进行调整。

1999~2000年，公司党委贯彻落实《关于加强领导班子建设的实施意见》，不断深化改革，积极探索适应现代企业制度要求的选人用人机制和管理办法，大力培养和选拔年轻干部，优化领导班子结构。

2001年，根据《包钢（集团）公司企业领导人员管理办法》（试行），按照干部的“四化”标准和德才兼备的要求，突出了注重实际和群众公论的原则，首次实行了任前公示制和试用期制。

2003~2004年，公司领导层共9人。

2005年，按照内蒙古自治区关于坚持控制职数、减少干部、优化结构，推进干部年轻化的总体要求，加大对厂处职领导干部交流和“能下”的力度，由正处职57岁、副处职55岁离开领导岗位，调整到正处职55岁、副处职53岁，女处职干部无论正副职53岁都离开领导岗位。2005~2006年，公司领导层（厂处职）共9人；财务部部长（厂处职）1人。

2007年8月28日，包钢稀土产业整合有关内容会议在稀土高科召开。本次包钢稀土产业整合重组涉及的包钢内部资产范围为：包头稀土研究院、包头天骄清美稀土抛光粉有限公司、中山市天骄稀土材料有限公司、包头瑞福鑫磁材有限责任公司、包钢集团矿山研究院选矿试验分公司、包钢综合企业（集团）公司钢球加工厂稀土资产（非国有产权）、包钢白云铁矿博宇公司稀土资产（非国有产权）以及位于包头稀土开发区包高新国用〔2006〕第018号的土地使用权。根据人随资产走的原则，以上资产涉及的人员随资产一并由稀土高科接收。2007~2008年，公司领导层（厂处职）13人，其中，正处职7人，副处职6人；

分子公司正处职 1 人，副处职 13 人。

2009 年，公司领导层（厂处职）13 人，其中，正处职 7 人，副处职 6 人；分子公司正处职 1 人，副处职 13 人。

2010 年，公司领导层（厂处职）14 人，其中，正处职 8 人，副处职 6 人；分子公司正处职 1 人，副处职 13 人。

2011 年，公司领导层（厂处职）14 人，其中，正处职 8 人，副处职 6 人；分子公司副处职 14 人。

2012 年，包钢（集团）公司党委下发《包钢（集团）公司厂处职干部任免工作程序》的通知，明确了厂处职干部任免的基本程序。根据包钢（集团）公司党委批复意见，2012 年 9 月 19 日，公司下发《关于公司职能管理部门组织机构及人员调整的方案》，对包钢稀土原职能管理部门组织机构及人员进行调整。调整后，各职能部门成为处级部室。同年，公司领导层 13 人，其中，正处职以上 12 人，副处职 1 人；公司机关及分子公司正处职 2 人，副处职 38 人。

2013 年，公司领导层 13 人，其中，正处职以上 12 人，副处职 1 人；公司机关及分子公司正处职 2 人，副处职 34 人。

2014 年，公司领导层 15 人，其中，正处职以上 14 人，副处职 1 人；公司机关及分子公司正处职 3 人，副处职 35 人。

2015 年，根据《包钢（集团）公司厂处职干部选拔任用管理办法》的规定，选拔任用厂处职干部，实行民主推荐、组织考察、讨论决定等环节，在符合上述条件下，进行公开选拔和竞争上岗。同年，公司领导层 15 人，其中，正处职以上 14 人，副处职 1 人；公司机关及分子公司正处职 3 人，副处职 35 人。

2016 年，根据《包钢（集团）公司从严管理干部推进干部能上能下实施办法》规定，重点解决干部能下的问题，男性正处职干部未满 55 周岁、副处职干部未满 53 周岁，女性（无论正副）处职干部未满 53 周岁，自愿申请退出岗位的，免去现职务，符合公司员工离岗退养条件的，可按一般员工办理离岗退养；不符合公司员工离岗退养条件的，由所在单位安排岗位，待遇按所安排岗位工资待遇标准执行。男性正处职干部年满 55 周岁、副处职干部年满 53 周岁，女性（无论正副）处职干部年满 53 周岁，需提前 3 个月向包钢（集团）公司党委组织部（人事部）提交留用申请，对于留用的男性正处职干部年满 57 周岁、副处职干部年满 55 周岁，原则上解聘职务退出岗位，待遇按厂处职干部离岗退养现行政策执行；女性（无论正副）处职干部年满 55 周岁，解聘职务办理退休。2016 年，公司领导层 12 人，其中，正处职以上 11 人，副处职 1 人；公司机关及分子公司正处职 5 人，副处职 44 人。

2. 科职干部

按照干部管理权限，科职干部由公司自行管理。

2007 年 10 月，为减少同业竞争、关联交易，完善包钢稀土产业的生产流程，做强做大包钢稀土产业，包钢（集团）公司一届董事会通过了《关于同意对包钢稀土产业整合重组的决议》（包钢董决〔2007〕23 号），内蒙古包钢稀土高科技股份有限公司以现金收购包钢（集团）公司所属稀土产业资产，对包钢内部稀土产业进行了整合重组。整合后公司科职干部共 213 人。其中，正科 89 人，副科 124 人。

2008 年，稀土高科坚持党管干部和人才的原则，对全公司的中层干部进行管理。稀土高科党委在提拔任用中层干部之前，都要进行考核、考察和公示。公司积极探索领导干部选拔任用新办法。试行公开招聘制度，为公司团委公开招聘了 1 名负责人。全年，公司换届调整 50 余名中层干部，新提拔 30 名中层干部。并且对这些新提拔干部进行了群众测评，测评结果表明，这些新任命的中层干部，都能够承担本岗位的领导职责和工作职责，得到了职工群众的认可。

2009 年，根据包钢（集团）公司离岗退养政策和包钢稀土实际，公司下发了《包钢稀土关于调整员工离岗退养年龄的办法》，规定科职管理人员，男年满 50 周岁、女年满 48 周岁，解聘科职职务。女性可以直接办理离岗退养。科职管理人员中具有高级专业技术职称，从事本专业而且是公司所需要的专业技术人才，身体健康，经所在单位提出申请（直属厂负责所属干部的申请，公司机关部室副职由业务分管领导和正职提出意见，部室正职由业务分管领导和组织人事部提出意见），公司同意，男可以延长至53周岁，女可以延长至50周岁解聘科职职务。由于公司团委负责人职务调动，公司按照公开招聘制度，招聘了1名团委负责人。2009年，新提拔干部10人；到龄解聘科职干部15人。

2010年，包钢稀土出台《关于向控股子公司派出董事、监事、高级和中层管理人员的若干规定》，对派出外派高管作出明确规定，同时加强了对14个控股子公司的管理。2010年，新提拔干部6人；到龄解聘科职干部3人。

2011年，通过公开招聘，为安徽合金、宁波展昊、全南晶环、信丰新利、包钢天彩选派了副经理、财务总监或监事。2011年，新提拔干部11人。

2012年，根据包钢（集团）公司下发《包钢稀土及其所属各单位干部管理暂行规定》和包钢稀土下发《关于包钢稀土（集团）公司职能管理部门组织机构及人员调整的方案》，公司对原包钢稀土各职能部室的组织机构和人员进行调整。调整为9个部室和1个分公司，各部室升级为处级部室，同时对领导班子成员的分工进行重新划分。关于中层管理人员待遇，在充分考虑包钢稀土中层管理人员经历及现状基础上，经2012年12月29日公司党政联席会议讨论决定，对科职管理人员解聘后相关待遇做如下规定：科职管理人员，男年满50周岁、女年满48周岁，解聘职务。解聘后按照原单位副科职工资待遇执行一年，机关及外派到合资单位的科职人员按直属厂副科职待遇执行；一年后按照一般管理人员的工资待遇标准执行。2012年，公司新提拔干部4人；到龄解聘科职干部23人。公司科职干部176人（钢球厂改制减少科职干部21人），正科87人，副科89人。

2013年，根据中共中央《党政领导干部选拔任用工作条例》，参照《包钢（集团）公司厂处职干部任免工作程序》，结合包钢稀土实际，公司制定了科职干部任免工作基本程序。同时，按照《包钢（集团）公司进一步规范干部选拔任用工作意见》和《包钢（集团）公司科职干部管理办法》及包钢（集团）公司机构编制委员会办公室《关于包钢稀土机关职能管理部门科职职数设置的批复》等相关规定，经包钢稀土党政联席会决定，本着公开、公正、公平、择优录取的原则，包钢稀土开展了公开选拔副科职干部及干部换届调整工作，这是公司2000年后规模最大的一次干部调整，达到了干部换届聘任和选拔一部分年轻骨干力量进入到科职岗位的目的，使干部队伍的结构得到进一步优化。同时，也考察了一批干部进入到后备科职干部队伍中，为今后选人用人做了组织准备工作。在公开选拔副科职干部的工作中，有291人报名应聘，经资格审查后219人参加笔试，180人参加面试，117人进入考核阶段。经包钢稀土党政联席会议研究决定，有54人被提拔为副科职干部。干部换届调整有46人由副科职干部被提拔为正科职干部。由各单位交流到公司机关的干部10人，由公司机关交流到各单位的干部8人，各单位间横向交流的干部6人。2013年，公司科职干部238人，其中，正科123人，副科115人；到龄解聘科职干部11人。

2013年2月科职干部招聘考试

2014年，包钢稀土为白云博宇分公司通过公开招聘的方式，选拔了6名科职干部。当年，到龄解聘科职干部26人。

2015年，为进一步规范干部选拔任用工作，切实加强选人用人全程监督，北方稀土根据《包钢（集团）公司干部选拔任用工作纪实办法（试行）》，开始执行选拔任用干部工作纪实制度。主要是对干部选拔任用工作总体情况纪实，记载每一批次干部选拔任用工作动议、民主推荐、考察、讨论决定和任职等各个环节的运行情况。同年，根据公司对合资公司管理的需要，对外派专兼职高管人员进行调整，并对新整合的合资公司根据相关章程、协议及工作需要任命专兼职高管人员，进一步加强母公司对合资公司的管控力度。2015年，到龄解聘科职干部6人。

2016 年，北方稀土党委严格执行干部选拔任用工作各项规定。根据《包钢（集团）公司科职干部管理办法》《包钢（集团）公司干部选拔任用工作纪实办法（试行）》及北方稀土《关于开展科职干部换届工作的通知》的相关规定，2016 年 3~7 月，公司陆续在所属各单位开展科职干部换届工作。本次换届聘任工作坚持公开、公平、公正的原则，从落实人才强企战略的高度着眼，严格按照干部选拔任用程序，在纪委派驻纪检监察四组全程参与监督下，选出了一批德才兼备、政治过硬、善于管理的中层干部，为公司生产经营各方面输送了优秀的中坚力量。此次科职干部换届聘任共涉及 215 人，其中新提拔正科职 30 人，新提拔副科职 29 人，平职交流 22 人。北方稀土积极配合包钢（集团）公司开展青年人才池入池选拔工作。经过层层选拔，北方稀土共有 31 人符合条件，17 人进入面试，9 人进入测评环节。根据考察综合成绩排名，最终公司有 3 名优秀青年人才入选人才池。根据《关于做好 2016 年厂处职后备干部调整充实工作的通知》（组通字〔2016〕33 号）精神，北方稀土组织（人事）部自 7 月底开始了厂处职后备干部的推荐工作，经过民主推荐、民主测评、组织考察、审核档案、会议讨论等环节，最终确定了 55 名厂处职副职后备干部建议人选，并上报包钢党委组织部（人事部）备案。根据公司对合资公司管理的需要，对 30 家合资公司董事、监事、高级管理人员进行调整，并对新整合的合资公司根据相关章程及工作需要委派董事、监事及专职高管人员，进一步加强母公司对合资公司的管控力度。截至 2016 年 10 月底，北方稀土科职干部 302 人，其中，正科 144 人，副科 158 人；到龄解聘 12 人。

2016 年 5 月，北方稀土机关科职干部候选人民主推荐大会

第二节 思想建设

一、领导层中心组学习

（一）加强组织领导

公司党委和各单位党组织都建立了党委（党总支）中心组，成员由领导班子成员组成，并吸收有关人员参加。党委（党总支）书记和副书记任正副组长。党委（党总支）中心组组长是第一责任人，负责审定学习计划，确定研讨专题，提出学习要求，指导和检查中心组成员的学习。两级党委中心组配备了学习秘书，负责学习的联络、讨论记录、考勤登记，管理学习档案，提供学习资料，组织讲课辅导。

（二）明确学习内容

公司各单位党委党总支中心组的学习以邓小平理论为中心内容，把学习邓小平理论与选学马列著作和毛泽东著作结合起来，与学习江泽民同志重要论述和党中央的重大方针政策结合起来，深入学习江泽民同志一系列重要讲话精神和“三个代表”重要思想，学习中共十五大、十六大、十七大、十八大精神，学习习近平系列讲话，学习包钢党委的重要文件。同时学习市场经济理论，现代科学技术知识，金融、财税、管理、法律和世贸组织等方面的基本知识，开阔了视野，提高了理论素养和科学决策、分析解决问题的能力。

2016 年 11 月 3 日，北方稀土党委中心组学习

（三）改进学习方式方法

公司各单位党委（党总支）中心组，坚持理论联系实际的马克思主义学风，把学习理论与研究解决实际问题结合起来，与深入调查研究、坚

持科学决策结合起来，与改造主观世界、加强党性锻炼结合起来，改进学习方式和学习方法，坚持个人自学、调查研究、集中学习研讨和专家辅导相结合。一是坚持个人自学。中心组成员制订了个人的学习计划，充分利用8小时以外时间读书学习。自学以读原著为主，做好读书笔记，写出见解深刻具有创意的学习体会文章。二是开展调查研究。公司各单位党委（党总支）中心组成员根据公司的工作重点，结合分管工作的实际，经常深入基层调查研究，把学习理论与解决实际问题紧密联系起来，使理论学习更有针对性和实效性。三是集中学习研讨。公司各单位党委（党总支）中心组，紧紧围绕公司生产经营、改革发展的重点、难点问题，在搞好自学和调研的基础上开展集中学习研讨活动。每次集中学习研讨都突出一个重点，集中一个主题，解决一个方面的实际问题。四是专家辅导。根据形势任务和公司一个时期的工作重点以及推进企业发展的需要，以及党中央关于重大理论学习的部署，公司党委中心组举行扩大学习会，适时地邀请一些专家学者作专题辅导或报告，提高了思想认识，扩大了学习效果。

（四）建立考核检查制度

公司党委建立了领导干部理论学习考核检查制度。一是通过检查来考核中心组成员特别是处级以上领导干部理论学习的自觉性、遵守学习制度的情况。二是通过考试来评估领导干部的理论学习情况，测试领导干部的政策理论水平，考试成绩按一定比例记入各单位党建目标考核的分数之中。三是通过干部年度考核和党员民主评议，报告本人理论学习情况、理论知识掌握的程度，运用理论改造主观世界、指导工作实践的成效，以及存在的问题和今后改进的措施。

公司中心组学习情况：1997年，公司中心组成员学习了党的十五大精神、邓小平理论和党的基本路线，中国特色社会主义理论、市场经济理论以及党在社会主义初级阶段的基本纲领。

1998年，公司中心组成员学习了党的十五大、十五届二中全会精神、江泽民同志系列重要讲话等。

1999年，公司中心组成员学习了党的十五大、十五届二中、三中全会精神、邓小平理论和江泽民同志系列重要讲话等。

2000年，公司中心组成员有计划、有步骤、分阶段地系统学习了邓小平理论和江泽民同志“三个代表”重要思想。一是依据党的十五大对邓小平理论的高度概括，着重从九个方面来把握邓小平理论。二是根据上级下发的关于学习邓小平理论的通知，在通读《邓小平文选》第三卷的基础上，全面地学习了邓小平同志的一系列重要理论观点，完整准确把握邓小平理论的科学体系。三是围绕“三个代表”重要思想，认真学习了江泽民同志“七一”讲话等重要篇目。四是认真学习“三讲”教育的必读书目。

2001年，公司中心组成员重点学习了江泽民同志关于“三个代表”的重要思想论述、人民日报评论员文章。

2002年，公司中心组成员学习了中央经济工作会议精神，学习了江泽民同志在这次会议上的重要讲话。

2003年，公司中心组成员学习了党的十六大精神、邓小平理论、《“三个代表”重要思想学习纲要》等内容。

2004年，公司中心组成员学习了党的十六届三中全会精神、有关保持共产党员先进性的若干文件、《中国共产党党内监督条例》和《中国共产党纪律处分条例》等。

2005年，公司中心组成员学习了《建立健全教育、制度、监督并重的惩治和预防腐败体系实施纲要》、党的十六届五中全会公报和《构建社会主义和谐社会（学习读本）》等。

2006年，公司中心组成员重点学习了胡锦涛总书记有关“八荣八耻”的社会主义荣辱观内容。

2007年，公司中心组成员按照贯彻落实科学发展观的目标要求，认真学习领会胡锦涛总书记在中央经济工作会议上的重要讲话精神，进一步增强理论思维和战略思维。

2008年，公司中心组成员学习了《高举中国特色社会主义伟大旗帜，为夺取全面建设小康社会新胜利而奋斗》和《中共中央纪委关于严格禁止利用职务上的便利谋取不正当利益的若干规定》等。

2009年，公司中心组成员学习了结合形势和工作重点组织学习了《党的十七大辅导读本》、胡锦涛同志在党的十七届三中全会上代表中央政治局作的工作报告、胡锦涛在纪念改革开放30周年大会上的重要讲话、包钢“两会”精神等多项学习内容。

2010 年，公司中心组成员学习了《党员领导干部廉洁从政若干准则》《国有企业领导人员廉洁从业若干规定》和《关于党员领导干部报告个人有关事项的规定》等。

2011 年，公司中心组成员学习了党的十七大和十七届三中、四中、五中全会精神、胡锦涛同志在中纪委十七届六次全会上的重要讲话及全会工作报告、胡锦涛同志关于向杨善洲同志学习的重要指示、党的群众工作的有关路线方针政策、《党员领导干部廉洁从政若干准则》和《关于党员领导干部报告个人有关事项的规定》等党纪条规，以及公司一届六次全委会和三届三次职代会报告、公司“7·4”干部大会和上半年工作总结大会精神。

2012 年，公司中心组成员重点学习了党的十八大、包钢重要会议精神和重要讲话精神；学习国家及包钢“十二五”发展纲要及相关政策文件，不断加强现代经济文化知识学习，提高驾驭能力；学习胡锦涛同志在中纪委十七届七次全会上的重要讲话和中纪委十七届七次全会精神，开展腐败预警防控工作；学习《社会主义核心价值体系学习读本》，积极推进社会主义核心价值体系建设，增强干部职工对社会主义核心价值的认同感，达到凝聚人心、鼓舞斗志的作用；学习《中共中央关于加强和改进新形势下党的建设若干重大问题的决定》和《中国共产党章程》，开展党史教育活动。

2013 年，公司中心组成员学习了党的十八大精神、胡锦涛同志在中纪委十七届七次全会上的讲话、《党员领导干部廉洁从政若干准则》《国有企业领导人员廉洁从业若干规定》和《关于领导干部报告个人有关事项的规定》及中央政治局《改进工作作风密切联系群众的八项规定》等党纪党规、中共包钢（集团）公司一届八次全委（扩大）会和三届五次职代会工作报告等内容。

2014 年，公司中心组成员重点学习了党的十八大和十八届三中、四中全会精神，认真研读了《习近平总书记系列重要讲话读本》，深入学习党章和中央关于严格党内生活的有关规定，学习了《中国共产党党员领导干部廉洁从政若干准则》《国有企业领导人员廉洁从业若干规定》和《关于领导干部报告个人有关事项的规定》，学习了《转发〈关于认真学习贯彻习近平总书记在党的群众路线教育实践活动总结大会上的重要讲话的通知〉的通知》和王君书记在自治区教育实践活动总结大会、九届十二次全委扩大会、自治区盟市厅局党委（党组）书记述职评议大会上的重要讲话精神等。

2015 年，公司中心组成员重点学习了习近平总书记关于党员领导干部践行“三严三实”的新思想、新观点、新要求，学习了党章和《中国共产党廉洁自律准则》《中国共产党纪律处分条例》等规章制度。

公司中心组学习坚持理论联系实际，把学习成果体现在指导实践、解决重大问题上，进一步理清了发展思路，形成了发展战略。面对近年来稀土产品价格持续低位波动、市场需求低迷、供需矛盾进一步加剧，环保、成本压力不断增加的严峻形势，公司坚持科学发展，以效益为中心，以降本增效为手段，重点推进稀土生产“三废”综合治理技术改造工程和组建大集团两项工作，突出抓好科技创新、管理创新和商业模式创新，持续提升企业综合素质，几年来基本完成了公司董事会下达的年度任务目标。

2016 年，公司中心组成员重点学习了党的十八届六中全会精神、自治区第十次党代会精神以及包钢两会精神。通过学习，深刻认识十八届六中全会及自治区党代会的主要精神，对于会议的重大意义、根本要求、指导思想、基本原则、奋斗目标、主要任务以及战略举措有了深入了解。此外，重点学习了《内蒙古自治区党委办公厅关于认真学习贯彻〈中国共产党巡视工作条例〉》《中共包头市委员会关于深入学习贯彻习近平总书记在中央政治局“三严三实”专题民主生活会上的重要讲话的通知》《中共中央办公厅印发〈关于在全体党员中开展“学党章、党规、学系列讲话，做合格党员”学习教育方案〉》以及《中国共产党章程》等。

二、主题思想教育

1999 年，公司本着“围绕生产抓党建，抓好党建促生产”的指导思想，开展了形式多样扎实有效的活动，如党支部升级达标竞赛、创先争优、学员责任区等，使党组织建设与生产经营结合得

更加紧密，同时增强了员工的凝聚力和向心力。

2000年，稀土高科党委在全公司范围内开展了“三讲”活动。

2001~2002年，稀土高科党委各级党政工团组织围绕生产经营目标和任务，进一步加强了党的思想、组织和作风建设，深入开展了党风廉政建设和反腐败工作，营造了团结向上、奋发有为的良好氛围。

2003年，公司围绕生产经营中心工作，先后开展了“保安全、保质量、保矿后利润持平、降成本”的“三保一降”和“我为技改做贡献”等专题活动。

2004年，公司党委对各基层党组织进行了集中整顿，进一步加强了公司基层党组织和党员队伍的思想、组织和作风建设，开展了“一名党员一面旗，我为高科做贡献”的党员奉献专题活动，完成了党支部年度升级达标竞赛活动。

2005年，公司切实发挥了党组织的政治核心作用和党支部的战斗堡垒作用，持续开展了共产党员的先进性教育活动。

2006~2007年，公司开展了“提高两个素质，发挥两个作用，实现稀土高科又好又快发展”党员奉献专题活动，有效地促进了生产经营工作的正常进行。

2008年5月12日四川汶川大地震后，各级干部和广大共产党员执行包钢（集团）公司的各项工作要求。在5月22日公司党委向各单位党组织、全体共产党员发出倡议，在很短的时间内就收到900多名共产党员交纳的支援灾区特殊党费126179元。

按照包钢（集团）公司党委的统一部署，稀土高科于2008年10月至2009年3上旬，开展了深入学习实践科学发展观活动。主要分为学习调研、分析检查和整改落实三个阶段。

2009年，公司开展了“提高政治素质、增强业务能力、创新工作业绩”党员奉献专题活动。公司还组织党员开展捐献“爱心包裹”活动，全公司共有607名党员干部为四川地震灾区捐献“爱心包裹”644份，共计6.44万元。

除每年固定开展“创先争优”活动外，自2010年下半年开始，包钢稀土党委按照包钢（集团）公司党委《关于进一步推进创先争优活动深入开展的通知》精神，围绕活动目标，明确活动主题，在全公司范围内深入开展了以争创“四强”党组织，争做“四优”共产党员为主要内容的“创先争优”活动。2011年4月份，包钢稀土党委下发了《包钢稀土关于深入推进2011年创先争优活动和开展2010年度创先争优活动评选表彰的通知》，在总结、提高“创先争优”活动第一阶段的基础上，为开展好下一轮的“创先争优”活动进行了详尽的安排和部署。截止到2011年10月，公司党委已完成了2011年向职工承诺的主要内容。这一年还开展了以“凝聚力量降本增效、奉献稀土党员先行”等专题活动，制定并实施了以“履职尽责创先进，立足岗位争优秀”为主要内容的党组织建设工作创新活动方案。

2011年，公司重点开展了“降本增效争当先锋，环境治理再创新颜”为主题的党员奉献活动。组织了“颂歌献给党”百人大合唱、“红色旅游”等活动，有效地提升了党组织的战斗力。同时，继续加强反腐倡廉工作，落实党风廉政建设责任制和推进惩防体系建设。公司党委荣获“自治区国资委系统先进基层党组织”和“2006~2010年全市普法依法治理先进集体”（即“五五”普法先进集体）荣誉称号。

2012年，公司开展了以“降本增效创佳绩、建设稀土当先锋”为主题的党员奉献专题活动，形成人人关心节能降耗、人人参与节能降耗的良好氛围。同时，还于下半年在全体党员中开展了“降成本增效益、渡难关求生存”党员主题实践活动。

自2013年7月开始，按照包钢（集团）公司党委的要求，深入开展了党的群众路线教育实践活动。公司党委首先召开“党的群众路线教育实践活动工作会议”，讨论通过了《包钢稀土党委深入开展党的群众路线教育实践活动实施方案》以及活动领导小组及办公室成员名单。接着召开“包钢稀土深入开展党的群众路线教育实践活动动员部署会”，公司党委书记张志坚同志作了动员讲话，所属各单位党的群众路线教育实践活动正式启动。2014年2月8日，公司党委召开了党的群众路线教育实践活动总结会，强调教育实践活动要做到收尾不收场。

2014年5月20日，组织召开了包钢稀土党委党的群众路线教育实践活动整改落实情况督查工作汇报会，对公司教育实践活动“两方案一计划一措施”的整改落实情况进行了通报，并对下一步持续整改落实提出了要求。

2015年，按照《包钢（集团）公司两级党委中心组开展“三严三实”专题学习研讨方案》的要求，公司认真开展了“三严三实”专题教育。北方稀土党委开展了9次中心组学习，认真组织了“严以修身”、“严以律己”、“严以用权”专题研讨会，并于2016年1月22日召开了以“三严三实”为主题的2015年度党员领导干部民主生活会。

2016年1月，以“三严三实”为主题的2015年度党员领导干部民主生活会

2016年，按照《关于印发〈包钢（集团）公司“两学一做”学习教育专题研讨方案〉的通知》（包钢党字〔2016〕24号）以及《北方稀土党委中心组“两学一做”学习教育专题研讨安排》，北方稀土党委开展了22次中心组学习，认真组织召开了“遵守党章党规”、“学习贯彻习近平总书记系列重要讲话精神”和“做合格党员”3次专题研讨会。

2016年5月，北方稀土“两学一做”学习教育部署大会

2016年6月，北方稀土“两学一做”推进会

三、职工思想政治工作

自1997年公司上市以来，公司党委始终重视做好职工的思想政治工作，这一期间，公司组织广大职工学习马列主义、毛泽东思想、邓小平理论；学习党的十五大、十六大、十七大精神；学习江泽民同志“三个代表”重要思想；学习胡锦涛同志提出的科学发展观。公司采用答题、调查问卷、召开座谈会等多种形式，以及报纸、广播、宣传栏等各种宣传载体，对广大职工进行思想政治教育。

1998年，公司的宣传报道工作、思想政治工作、民族团结进步工作被包钢（集团）公司评为先进，公司党委、纪委被包钢（集团）公司党委、纪委评为先进党委、先进纪委。

1999年，公司结合时事，在我国驻南使馆被炸、邪教组织“法轮功”闹事、李登辉搞“台独”等事件发生时，精心安排，及时组织广大职工进行座谈，做深入细致的思想政治工作，把员工激愤的爱国热情转化为工作热情，稳定员工的思想和情绪，保证了正常生产经营秩序。

2000年，公司坚持用邓小平建设有中国特色社会主义理论武装全体员工，通过深入细致的思想政治工作，使全体员工了解了企业的困难和发展方向，增强了市场竞争的紧迫感、危机感及战胜困难的信心。

2001年，公司开展了“三个代表”的学习教育活动，以“三个代表”重要思想为指导，切实加强了党建和思想政治工作。公司利用各种会议和学习机会，向广大职工宣传要保持清醒的头脑，彻底抛弃“大锅饭”、“等靠要”等旧体制下的思想桎梏，敢于冲破不符合市场经济规律和束缚企业发展的条条框框，解放思想，转变观念。

2002年，公司以提高员工思想素质、强化职业道德为突破口，加强思想政治工作和精神文明建设。认真学习贯彻“三个代表”重要思想和十六大精神，通过中心组学习、全委会、读书会和干部大会，不断在全体干部和党员中统一思想，形成跨越式、超常规发展的共识。

2003年，公司以学习贯彻党的十六大精神为主线，使职工的政治理论素质在夯实巩固中提高。公司以党的十六大精神全面武装职工的头脑，切实打牢政治理论基础。教育中通过集中备课、专题研讨，实现了教育资源共享，减轻了基层政工干部的压力和负担。学习中坚持政治教育的主阵地，确保了教育人员、内容、时间、效果的落实。

2004年，公司采取问卷调查、召开座谈会、个别谈话等方式，对全公司职工思想动态情况进行了深入调研。通过调查分析，得出90%以上的职工思想稳定，积极乐观，对企业发展有较强的责任意识、忧患意识的结论；但是也有个别职工思想上存在这样那样的问题，如存在个人主义、小集团主义倾向；工作态度较差，冷、横、硬、推；个别职工纪律散漫，随随便便，遇事不请示，不汇报，各行其是；安于现状，不求进取等。

2005年，通过集中学习与自学、导读与讨论、读原文与谈体会相结合等形式，组织职工认真学习了“三个代表”重要思想、党的十六大会议精神等一系列重要讲话和文件。根据不同时期干部职工的思想状况，公司还有针对性地组织职工开展各种形式的学习教育活动。动员全体干部职工参加各种形式的学习，如动员职工参加自学考试、函授学习等。通过多种途径的系统学习，全体干部职工进一步强化了政治意识，认清了当前形势，增强了政治敏锐性和政治鉴别力，从而把思想和行动统一到了“三个代表”的高度上来。

2006年，在包钢（集团）公司党委的领导下，公司党委认真贯彻党的十六届六中全会精神，围绕服务大局和思想建设、组织建设、党风廉政建设、机关作风、精神文明建设等方面加强公司各单位党的建设，为完成公司“十一五”开局工作提供了坚实的政治和组织保证。

2007年，在包钢（集团）公司党委、内蒙古稀土集团党委的正确领导下，稀土高科党委始终把党建工作和思想政治工作贯穿于生产经营的全过程，认真贯彻落实科学发展观，深入谋划公司发展战略，全面组织和开展党群工作，政治核心作用进一步突显。广大党员立足本职很好地发挥了先锋模范作用，有力地促进了生产、经营、管理等各项工作的发展进步。公司党政积极支持配合纪委派驻纪检监察组的工作，主动接受其监督、检查和指导。全面落实领导干部廉洁自律各项规定，将党风廉政建设和反腐倡廉的各项工作层层分解落实，有效保证了公司生产经营各项工作的顺利进行，促进了企业的和谐发展。

2008年，公司及所属各单位党组织围绕生产经营中心工作，充分发挥党组织政治核心作用，卓有成效地推进党建工作和职工思想政治工作。特别是通过深入开展学习实践科学发展观活动，使各项工作再上新台阶，为公司上下攻坚克难，提供了强有力的思想动力和组织保证。在活动中，公司党政密切配合，立足企业发展实际，力求解决实际问题，公司及所属各单位先后开展了35次专题讲座，实现了“党员干部受教育、科学发展上水平、人民群众得实惠”的目标要求。

在加强精神文明建设和企业文化建设方面，公司注重把“尊重客户、善待员工，以良好的业绩回报投资者”理念贯穿于企业文化中，注重文明企业建设和文明员工培养，加强各种形式的宣传教育活动。2008年，公司共编发各类简报126期、新闻稿件110篇，累计被包头市、包钢新闻等媒体采用稿件99篇，提高了公司工作的透明度，扩大了公司的影响和知名度。

2009年，公司党委坚持每季度召开一次工作联席会，及时了解和掌握所属各单位职工思想情况，并紧紧围绕公司生产经营开展工作。公司党委下发并认真实施《包钢稀土“苦练内功、开拓进取、用一流业绩回报投资者”党建工作创新专项活动工作方案》和《关于组织开展“提高政治素质、增强业务能力、创新工作业绩”党员奉献专题活动的通知》等文件，通过中心组学习等形式，统一党员干部思想，鼓舞士气，为公司全年抵御金融危机提供了坚强的政治保障。

2010年，公司继续组织职工开展政治理论学习，重点学习邓小平理论和“三个代表”重要思想，学习党的十七大和十七届五中全会精神，引导职工牢固树立大局意识、政治意识、忧患意识、群众意识和法治意识；在思想上、政治上、行动上始终与党中央保持高度一致。公司于 2010 年 5 月组织了近百名工段、班组长参加能力提升培训班，2010 年共培训员工 2834 人次。

2011 年，公司着重用先进的企业文化占领员工的思想领域，坚持从各个方面对员工进行理想信念、爱岗敬业等教育。一年来公司在员工中深入开展了社会主义核心价值体系教育、认真贯彻落实《公民道德建设实施纲要》教育、“共筑理想信念、共促科学发展”主题教育、形势任务教育和法律法规教育等，以及在党员中开展各类教育培训。为提高广大员工岗位技能，公司深入开展了“创建学习型组织，争做知识型员工”活动，有效利用技能培训、技术交流讲座、职业技能竞赛、专项立功竞赛等活动，营造全员学技术、学知识的良好氛围。

2010 年 6 月和 2011 年 7 月分别请来包钢教育培训中心教师，为广大干部职工进行落实科学发展观以及“思想大解放，推动大发展，建设大包钢”大讨论活动的专题讲座。

2012 年，党的十八大召开，公司组织职工学习党的十八大和十八届三中、四中全会精神，认真研读《习近平总书记系列重要讲话读本》。为进一步推进学习型企业建设，公司根据包钢（集团）公司《关于“包钢职工大讲堂”建设的实施意见》文件精神，于 2012 年 3 月底建立了“包钢稀土职工大讲堂”，启动了一系列职工大讲堂宣讲活动。

2013 年，在全体领导干部党员中开展了党的群众路线教育实践活动，把贯彻落实中央八项规定、自治区 28 项具体规定和包钢（集团）公司《关于改进工作作风和密切联系职工群众的规定》精神作为切入点，进一步突出作风建设，坚决反对形式主义、官僚主义、享乐主义和奢靡之风，着力解决职工群众反映强烈的突出问题，提高做好新形势下群众工作的能力。为进一步学习宣传贯彻党的十八大精神，深刻理解习近平总书记提出的实现中国梦的深刻内涵，从包头市委宣传部购买了“共筑中国梦——实现中华民族的伟大复兴宣传图片”、“为民、务实、清廉——深入开展党的群众路线教育活动宣传图片”和“雷锋精神永放光芒宣传挂图”，悬挂在公司一楼宣传展板上，为公司开展党的群众路线教育实践活动营造了良好的舆论氛围。

2014 年，根据包钢党委宣传部的安排，下发了“职工思想调查问卷”，组织在岗职工 300 人参加答题，并进行了调查问卷结果的梳理和汇总，撰写了职工思想调研报告，上报党建和思想文化创新成果材料 13 篇。根据包钢（集团）公司党委的统一要求，4 月 9 日下午，公司请来教育培训中心（党校）教授王华，为机关各部门正、副职及主办，各单位部分车间主任、党支部书记、车间工会主席、团支部书记及部分工段长、班组长和职工代表 110 余人宣讲了《包钢（集团）公司 2014 年的形势与任务》。

2015 年，职工大讲堂宣讲队伍逐渐壮大，宣讲人员达 37 人。开展了北方稀土精神文明建设评比和参加包钢第四届“道德模范”评选活动。采取各种措施组织开展纪念中国人民抗日战争暨世界反法西斯战争胜利 70 周年群众性主题教育活动，在包钢（集团）公司纪念抗战胜利 70 周年暨第九届艺术节职工歌咏比赛中，公司机关代表队从 30 多支队伍中脱颖而出进入决赛，最终获得铜奖。

2016 年，包钢（集团）公司改革正处于攻坚区和深水区，减亏治亏、提质增效迫在眉睫，“两学一做”学习教育已进入全面推进的重要时期。结合正在开展的“两学一做”学习教育，按照“高效、务实、简约、透明、合规”工作要求，为充分发挥党组织的领导核心和政治核心作用及群团组织的桥梁纽带作用，公司党委在公司范围内开展了“减亏治亏、提质增效”主题实践活动，引领广大职工提振精神、奋力拼搏、突围困境。

第三节　党风廉政建设

一、组织保障体系建设

1998 年，稀土高科召开第一次党员代表大会。选举产生中共包钢稀土高科第一届纪律检查委员会。5 名纪委委员是：张道明、杨兴山、胡连仲、赵洪英、高信。纪委书记：杨兴山；纪委副书记：赵洪英。

2003 年，稀土高科纪委书记：赵占斌（1 月任职）；纪委副书记：胡治海（9 月任职）。

2005 年，稀土高科党委副书记兼纪委书记：刘忠涛；纪委副书记：胡治海。

2005年底，包钢（集团）公司对纪检监察审计机构进行了调整，对主体单位纪检监察机构实行统一管理垂直领导。

2006年，按照上级纪委要求，稀土高科取消纪委，由包钢（集团）公司纪委派驻纪检监察审计组继续履行监督职责。

2006年2月~2008年1月，稀土高科党委书记张忠分管纪检工作。

2008年2月~2009年9月，包钢稀土党委书记兰一平分管纪检工作。

2009年10月~2010年4月，包钢稀土党委副书记刘忠涛分管纪检工作。

2010年5月~2012年12月，包钢稀土党委书记郑玉君分管纪检工作。

2013年1月~2014年1月，包钢稀土党委书记张志坚分管纪检工作。

2014年2月~2015年2月，包钢稀土党委常务副书记张志坚分管纪检工作。

2015年3月~2016年6月，北方稀土党委常务副书记张志坚分管纪检工作。

2016年7月后，北方稀土党委书记张忠分管纪检工作。

二、党风廉政建设

北方稀土坚持党风廉政建设“党委统一领导，党政齐抓共管，部门各负其责，依靠职工的支持和参与”的反腐败领导体制和工作机制，执行“一岗双责”制度，明确所属各单位党政主要领导是党风廉政建设的第一责任人。每年年初，北方稀土都要召开党风廉政建设专门会议，由党委书记代表公司党委与班子成员和所属单位主要领导分别签订《××××年度落实党风廉政建设责任制和推进惩防体系建设工作责任状》，并要求所属各单位领导班子成员都要签订《责任状》。在健全完善落实党风廉政建设责任制和推进惩防体系建设工作领导体制和工作机制的基础上，北方稀土明确并分解落实本单位重点工作目标，制订反腐倡廉建设工作计划。每年年初，公司党委制定《××××年度公司领导落实反腐倡廉建设重点工作责任分解表》和《××××年度机关工委各部门落实反腐倡廉建设重点工作责任分解表》，要求公司领导、机关工委所属各单位党委（党总支）认真履行各自的职责，加强协调配合，充分发挥引领示范的作用。

1999年是公司改革、生存、发展的重要一年。根据包钢制定的《关于贯彻执行党风廉政建设责任制的实施细则》的要求，公司制定了《稀土高科党风廉政建设责任制实施办法》，于1999年8月17日正式施行。根据《包钢公司纪检监察工作安排》，主要以三项工作为重点，全面推进反腐倡廉工作。第一，继续抓好科职以上干部廉洁自律工作。根据中共中央关于厉行节约抵制奢侈浪费行为的八项规定和《廉政准则》，一是对车间、部室结余资金严格审计，严禁用公款“吃喝玩乐”、“请客送礼”；二是加强通信工作管理，严禁用公款报销不符合要求的通信费用；三是召开以反对奢侈浪费为重点内容的民主生活会。第二，加大查办案件力度，严肃处理违法违纪人员。重点在科职以上干部和“三管六外”及人、财、物管理部门及人员中违反政治纪律、组织人事纪律和金融法规的案件，对以权谋私、贪污受贿、玩忽职守的案件认真查处。第三，开展纠风和专项治理工作。改制后公司从原料采购到产品销售已全面走向市场，自行采购和销售。公司重点对财务管理、财会制度规范运作、外围外购管理、关键岗位职业道德教育、材料出入库制度进行了专项治理。

2000年是公司改革和发展的振兴之年。纪委工作主要以三项工作为重点。一是贯彻执行中纪委四次全会和上级纪委对企业领导干部明确提出的“六项规定九个不准”，对各车间、分厂、部、室结余资金严格审计，不存在挪用公款现象。二是对厂务公开进行监督检查，对职工关心的热点问题进行公开。三是根据包钢（集团）公司纪委工作会议要求，开展了效能监察。

2001年是公司深化改革和持续发展的一年。公司党风廉政建设和反腐倡廉工作总体要求是：贯彻落实中纪委五次全会和包钢（集团）公司纪检监察工作会议精神，坚持从严治党方针，深化反腐倡廉各项工作，进一步加大从源头上预防和治理腐败的力度。围绕公司发展这一主题，推进公司党风廉政建设和反腐倡廉工作不断深入，为公司实现生产经营和改革发展总体目标提供有力保证。按照中纪委和包钢（集团）公司纪委的要求，公司纪委健全了科职以上党员、干部的行为准则，有效预防和制止依靠权利和职务影响谋取不正当利益的情况。落实公司级领导干部重大事项报告制度，严格按照上级纪委要求，全面及时进行重大事项报告。

2002 年，公司成立落实党风廉政建设责任制领导小组，并就责任制的检查、考核和责任追究提出具体要求。公司贯彻落实中纪委和上级纪委关于领导干部廉洁自律的各项规定，对领导干部接受和赠送现金、有价证券和支付凭证以及公款参加健身活动的情况进行了检查，没有发现违反规定的情况。

2003 年，加大了监察考核和责任追究的力度，按照包钢（集团）公司责任制考核办法，制定了本公司的考核办法。按照包钢（集团）公司纪委的要求，转发了《领导干部通讯费用管理办法》，重申了《关于严格执行厂处级领导干部个人重大事项报告制度的若干规定》，促进了领导干部廉洁自律工作的深化。

2004 年，严格按照《包钢落实党风廉政建设责任制工作考核办法（试行）》进行全面自查。纠正工资管理中存在的突出问题，提出了进一步加强结余工资管理的意见和建议。

2005 年，以治理中纪委五次全会提出的“五个突出问题”和贯彻落实《国有企业领导人员廉洁从业若干规定（试行）》为重点，根据包钢（集团）公司要求，转发了《关于严禁领导干部在各种节日和各类活动中收受礼金、有价证券和各种代金券的纪律规定》和《关于进一步落实领导干部不准利用职权为配偶、子女及其他有利益关系的人经商办企业提供便利和优惠条件的有关规定》，重点治理了领导干部收受现金、有价证券和代金券等问题，没有发现违纪违规行为。根据包钢（集团）公司《关于印发〈公务用车改革纪律规定〉的通知》和《关于稀土高科公司实施公务用车改革的通知》要求，制定了《公务用车改革纪律规定》，对车改后，公务用车做了明确的纪律规定。

2006 年，公司根据包钢（集团）公司要求，转发了《关于对党员领导干部进行诫勉谈话和函询的实施办法》和《关于党员领导干部述职述廉的实施办法》，加强对领导干部的日常教育、管理和监督。落实领导干部个人重大事项报告制度，坚持半年检查制度，提高领导干部执行制度的自觉性。配合包钢（集团）公司健全了公司厂处级领导干部的廉政档案，实现了领导干部重大事项的随时归档。对领导干部及其配偶、子女、其他有利益关系人违规经商办企业问题进行清理和纠正，未发现有违规违纪行为。

2007 年，按照《中共中央纪委关于严格禁止利用职务上的便利谋取不正当利益的若干规定》要求，结合公司实际，转发了《包钢（集团）公司关于严格禁止利用职务上的便利谋取不正当利益的若干规定》，并开展了专项清理活动。公司科职及以上领导干部均撰写了自查报告，全体党员也进行了自查登记。

2008~2009 年，公司根据《包钢（集团）公司贯彻落实〈建立健全惩治和预防腐败体系 2008~2012 年工作规划〉》和《关于进一步加强党风廉政建设责任制工作的意见》的要求，印发了《包钢稀土贯彻落实〈建立健全惩治和预防腐败体系 2008~2012 年工作规划〉》，进一步明确了今后 5 年的惩治和预防腐败工作方向和进程。为了更好地坚持“三重一大”原则，将党风廉政建设责任制落实到生产经营的实际工作中，2009 年，公司出台了《包钢稀土质量责任追究考核办法》《包钢稀土基建、技改、检修工程造价管理办法》《包钢稀土重大经济事项管理办法》《包钢稀土人力资源管理暂行规定》以及《包钢稀土关于向所属子公司派出董事、监事、高级管理人员的若干规定》等有关政策、措施和办法，为生产经营建设工作起到了保驾护航的作用。

2010 年，按照《包钢（集团）公司所属单位“三重一大”决策制度实施办法（试行）》有关内容及精神，包钢稀土认真贯彻并转发了此办法。实施方法制定后，包钢稀土以“三重一大”为前提，进一步加强了领导班子和干部队伍建设，凡涉及重大问题决策、重要干部任免、重大项目投资、大额资金使用等，均由包钢稀土领导班子集体讨论研究决定。2010 年 7 月，根据包钢（集团）公司下发《关于深入开展小金库专项治理工作的通知》文件精神，包钢稀土在全公司范围内全面开展了对“小金库”的自查自纠活动。公司党委责成有关单位和部门在时限要求的范围内深入开展“小金库”自查自纠工作，将这次专项治理工作的重点放在公司产品销售、质检化验、工程建设、物资采购、维护检修、武装保卫以及其他涉及对外业务往来、提供各种劳务服务的单位和有业务处置权的人员中。要求这些单位和部门对违反公司有关规定，应列入而未列入公司财务管理的各项资金以及利用职务之便获取的各项资金等均纳入治理范围。经过调查摸底和自查自纠，包钢稀土对有关单位和部门的私设“小金库”情况掌握了一定依据，对于管理上的薄弱环节和制度上存在的漏洞，有针对性地健全和完善了符合本单位特点的防范措施和管理制度，切实增强了廉洁从业意识，建立了标本兼治的长效机制，从而有效地防止了今后违反规定私设“小金库”等行为的发生。2010 年 10 月，包钢稀土根据包钢（集团）公司下发《关于进一步加强“小金库”专项治理工作的通知》文件精神，在全公司范围内进一步开展了对私设“小金库”情况的自查自纠“回头看”工作，所属各单位如实填报了《国有及国有控股企业“小金库”自查自纠情况报告表》和《国有及国有控股企业“小金库”自查自纠情况统计表》，进一步查清了所属各单位私设“小金库”的情况。

2011 年，包钢稀土启动了“清风岗创建活动”。在启动阶段，包钢稀土各单位按照实施方案要求建立清风岗创建活动档案，每名相关岗位人员填写《清风岗创建活动手册》。在教育阶段，为厂处职以上领导干部及有业务处置权人员订购 20 套反腐倡廉书籍，并要求领导干部按照时限要求写出心得体会。在查找风险点过程中，包钢稀土有关岗位人员对照岗位职责、工作制度、职业道德规范，认真查找并分析了个人在履行岗位职责、执行制度、廉洁从业风险内容等，认真填写了《活动手册》中《岗位廉洁从业风险防范承诺表》，同时及时纠正完善工作流程中存在的问题，制定出切实可行的管理办法。在完善制度机制阶段，包钢稀土根据查找出的廉洁从业风险点，对现有的各项规章制度进行了全面梳理，制定出廉洁从业风险的防控措施，形成以岗位为点、以程序为线、以制度为面环环相扣的岗位廉洁从业风险防控机制，为实现廉洁从业无违纪的“清风岗创建活动”工作目标的实现奠定了良好的基础。2011 年 11 月，包钢（集团）公司纪委首批命名了 100 个“清风岗”名单，稀土院理化检测中心调度组调度员岗位和冶炼厂机动科设备检修管理岗位分别列入其中。

2012 年 8 月，根据包钢（集团）公司对重点领域加强监督管理的要求，公司下发了《包钢稀土廉洁从业风险防控机制建设实施方案》，对各阶段的工作进行了详细说明。包钢稀土还根据包钢纪委下发的《包钢（集团）公司专项治理领导干部违反规定收送礼金问题工作方案》的指示精神，开展了一系列自查自检和专项治理工作。包钢稀土领导干部及有关部门认真查找了管理上的薄弱环节和制度上的漏洞，健全和完善了防范措施和管理制度，切实增强了廉洁从业意识，建立了标本兼治的长效机制，有效地防止了违反规定收送礼金等行为的发生。此外，包钢稀土还在本公司范围内开展对私设“小金库”问题的自查自纠工作，进一步树立了企业的良好形象，维护了企业的健康发展。

2012 年，按照包钢（集团）公司纪委的要求，包钢稀土在全公司范围内继续深入开展了创建“清风岗”的活动。2012 年 3 月，在包钢（集团）公司召开的反腐倡廉工作大会上，包钢稀土被评为“2011 年度落实党风廉政建设责任制和推进惩防体系建设工作先进单位”，冶炼厂于永江被评为“首届勤廉兼优典型”。2012 年 11 月 29 日，在包钢（集团）公司纪委第二批命名的 200 个“清风岗”名单中，包钢稀土共有 19 个岗位名列其中，10 个岗位接受现场授牌。

2013 年，包钢稀土坚持领导干部因公、因私出国（境）的管理、审批和备案等有关规定，根据公司的中心工作和对外交流交往的需要，合理安排公司领导的出访活动，并严格执行领导出访次数、时间、出访国家、公务活动、经费预算等有关规定。为进一步加强领导干部因私出国（境）管理，落实证照（护照、往来港澳通行证、大陆居民往来台湾通行证）统一管理制度，做好信息登记备案工作，2013 年 5 月，包钢稀土要求公司 51 名厂处职以上领导干部认真填写了《包钢（集团）公司因私出国（境）登记备案人员证照登记表》，进一步规范了领导干部因私出国（境）管理工作。

2014 年，包钢稀土领导班子成员及所属单位领导干部严格执行党的政治纪律、组织纪律、工作纪律、财经纪律和生活纪律等各项纪律。7 月，公司厂处职党员领导干部全部填写了《党员领导干部不出入私人会所、不接受和持有私人会所会员卡的承诺书》，对约束个人行为作出郑重承诺；同时，有关部门统计并上报了机关主办以上领导干部“裸官”及其配偶子女经商办企业有关情况。根据上级单位加强廉洁从业的相关规定，结合公司全年实际情况，公司两次更新了《廉洁从业风险防控目录》，通过动态监管，形成了企业内部自主监管、定期循环推进、保证风险在控的良好机制。

2015 年，为进一步树立领导干部严于律己、清正廉洁的良好形象，按照上级纪委要求，公司对所属各单位厂处职领导干部经商办企业问题开展了两次自查工作，各位领导均如实填写了情况报告，组织（人事）部统一送达派驻纪检监察审计九组备案。5 月，根据公司纪委要求，北方稀土对 2014 年 1 月～2015 年 4 月期间业务招待费使用、工资发放、奖金分配等情况进行了一次自查，不存在超支和返现的问题，并将自查结果上报了派驻纪检监察审计九组。公司坚持“查、防、控、评”四轮驱动循环推进模式，建立健全风险防控动态管理制度。7 月底，根据 2015 年上半年实际情况，公司更新了机关《廉洁从业风险防控目录》，分别从 4 类风险情况、风险点、风险等级等 9 个类目识别出涉及人事任免、资金管理、内部审计、物资采购、工程管理等 18 项职权。

按照《包钢（集团）公司“清风岗”管理办法》，为了巩固“清风岗”创建活动成果，发挥先进典型的引领带动作用，使“清风岗”创建活动学有目标、赶有榜样，公司对已命名的 21 个“清风岗”进行梳理、确认，建立数据库，使创建活动进一步规范化、常态化、数字化。

2016 年 4 月，北方稀土反腐倡廉建设工作会议

2016 年，公司领导班子积极践行“反对四风”、“三严三实”、“两学一做”、“五个必须”和“忠诚、干净、担当”等要求，制定下发《北方稀土领导班子“约法三章”》，党政主要领导带头、班子全体成员共同落实严守政治规矩、正确履行职权、遵守廉洁自律三个方面内容，并接受广大职工群众的监督。为坚决整治和查处侵害群众利益的不正之风和腐败问题，进一步严明工作纪律和群众纪律，整顿工作作风。根据《包钢（集团）公司整治“吃拿卡要”专项行动实施方案》的要求，北方稀土党委利用半年时间，在全公司范围内集中开展了“吃拿卡要”专项整治工作。2016 年 2 月，北方稀土党委召开了整治“吃拿卡要”专项行动动员会，进一步表明了公司开展此次专项整治活动的坚强决心。此次专项活动，公司共确定了 129 个有业务处置权岗位和 41 个窗口服务岗位，向管理和服务对象征求意见和建议 21 条。各单位对重点岗位和窗口单位员工结合工作职责和岗位特点，均做出了“忠诚尽责担当、抵制吃拿卡要”公开承诺，有的单位还将岗位职责以及工作流程图悬挂张贴于各岗位区域，使岗位职工眼中有图、心中有数。同时，职责与流程一目了然，便于广大管理和服务对象的监督。

为持续推进公司廉洁文化进岗位，夯实惩防体系建设的文化基础，公司形成了“清风岗”岗位的动态管理机制。2016 年，公司党委对 2011 年和 2012 年被包钢（集团）公司纪委命名的“清风岗”进行了重新确认和梳理，最终确定了 16 个岗位为“清风岗”。公司党委强化“清风岗”动态管理，严格申报退出标准和程序，不定期对“清风岗”开展抽查，保持“清风岗”的纯洁性。

三、反腐倡廉教育

公司上市以后，结合党的大政方针政策、上级有关精神以及公司生产经营实际，每年制订年度反腐倡廉教育工作计划，通过多种途径、方式开展了形式多样的反腐倡廉教育活动。

（一）学习中央及自治区、包钢党委有关政策

1997 年以后，公司组织各级党员领导干部、基层党员利用政治学习、三会一课、中心组学习等先后学习贯彻党的十四大、十五大、十六大、十七大、十八大精神、历届全会精神、中纪委历次会议内容等党的大政方针政策，以及《中国共产党党章》《习近平总书记系列重要讲话读本》《中国共产党纪律处分条例》《中国共产党党员领导干部廉洁从政若干准则》《中国共产党廉洁自律

准则》《中国共产党问责条例》《关于新形势下党内政治生活的若干准则》《中国共产党党内监督条例（试行）》《中国共产党党员权利保障条例（试行）》《关于落实〈国有企业领导人员廉洁从业若干规定（试行）〉的实施意见》《关于严禁领导干部在各种节日和各类活动中收受礼金、有价证券和各种代金券的纪律规定》《关于进一步落实领导干部不准利用职权为配偶、子女及其他有利益关系的人经商办企业提供便利和优惠条件的有关规定》《领导人员任职和公务回避交流暂行规定》《重申〈关于严格执行厂处级领导干部个人重大事项报告制度的若干规定〉》和《中共中央纪委关于严格禁止利用职务上的便利谋取不正当利益的若干规定》等有关法律法规和制度文件。使各级党员、领导干部增强了政治理论水平，提高了党性修养。

（二）警示教育

1998 年 5 月，公司对在职党员干部进行典型案例电化轮训教育，轮训率达到 100%。

1999~2000 年，通过举办轮训班、案例剖析、电化教育、专项讲座等形式，开展反腐倡廉宣教工作，党员干部受教育面达到 98%。1999 年，公司纪委组织党员、干部观看了《中国共产党纪律处分条例（试行）》电视系列片、最高人民法院摄制的《反诈骗启示录》；2000 年 9 月，开展党风廉政“教育月”活动，组织全体党员、干部观看了《生死抉择》和《胡长清案件警示录》等警示教育片，收到良好教育效果。

2001~2002 年，公司纪委开展以党纪政纪为主要内容的党风廉政教育活动，着重对厂处级以上干部重点集中教育，充分利用正反两反面的典型，开展了向朱言学习的活动。此外，配合包钢（集团）公司对新提拔厂处职干部和科职干部进行了廉政谈话教育。

2003 年，公司纪委认真开展了“三个代表”重要思想，“两个务必”和党性党风党纪教育。组织公司厂处职干部进行了廉洁自律集中警示和示范教育，下发了《案例教育读本》，作为开展警示教育的教材。

2004 年，公司组织科职以上党员、干部参加了全区领导干部两个条例知识测试答卷活动；组织观看了《立党为公、执政为民先进事迹报告》和《王怀忠的两面人生》警示教育片；深入开展了禁赌和反对“四股歪风”的集中教育活动。

2005 年，公司组织观看了反腐败影片《暖秋》和肖占武案件的警示教育片。

2006 年，公司组织党员领导干部学习贯彻党章宣传教育活动和观看影片《生死牛玉儒》、警示教育片《忏悔录》以及文艺演出《清新的风》等活动。利用包钢预防职务犯罪警示教育基地，对科职以上干部和有业务处置权的人员深入开展了预防职务犯罪警示教育。

2007 年，公司下发了内部学习警示教育材料《腐败迟早是要付出代价的》。要求厂处职以上领导干部都要认真学习这篇内部学习材料，并要求每人撰写一篇“心得体会”，有 3 篇“心得体会”被《包钢日报》所采用，交流了经验和体会，扩大了影响。在此基础上，公司还组织党员领导干部参观了包钢厂史馆，在党员干部中开展爱岗敬业以及预防职务犯罪的警示宣传教育活动，进一步提高了职工的思想认识，增强了他们抵御风险的能力。

2009 年，公司组织副科及以上干部以及有业务处置权岗位人员共计 260 人分别观看了《责任的呼唤》和《扭曲的人生》等教育片（6 次），收到了很好的教育效果。

2010 年，包钢稀土把副科职以上干部和有业务处置权岗位人员作为教育重点，10 月邀请公司反腐倡廉讲师团成员进行案例教育和预防职务犯罪专题教育。另外，公司以原物资供应部部长陈立东的违纪问题为教材，对广大党员干部进行了一次深刻的反腐倡廉宣传教育，增强了广大党员干部的廉洁从业意识，从而进一步加强了反腐倡廉建设。

2011 年，包钢稀土深入开展警示教育，针对人、财、物管理等不同岗位特点，开展岗位风险防范教育，全年组织观看警示教育片 3 部，使党员干部引以为戒、防微杜渐。同时转发了包钢（集团）公司纪委关于《2011 年案件查处情况通报》，所属各单位党委、总支、机关工委及直属党支部组织职工认真学习，以此为戒。加强对职工的思想教育，严格各项管理制度，杜绝各类案件的发生。

2012 年 3 月 30 日下午，包钢稀土党委工作部组织公司机关全体党员和员工在 306 会议室观看了反腐倡廉警示教育片。教育片以两个真实典型的腐败案例为背景，通过“以案说法”的形式，为广大党员深深敲响了党风廉政的警钟。6月15日，公司党委按照包钢（集团）公司纪委的要求，在公司党委的指导下，公司党委工作部经过周密计划安排，组织了机关及各分子公司科职干部、党支部书记及有业务处置权的人员等105人到包钢（集团）公司警示教育基地参观警示教育展览，受到了一次深刻的廉洁自律教育。

2013年4月，包钢（集团）公司纪检九组组长黄力群为公司通过公开竞聘上岗的副科职干部，以及副科提为正科的30名干部，做了题为“廉洁从业、清白做人”的廉政集体谈话，加强了这些干部的廉政意识。7月，公司组织厂处职及正科职干部观看了中纪委及天津市纪委、青海省纪委联合制作的反腐倡廉电化教育片《天津市人防办副主任的生意经》和《青海省公安厅长的蜕变》。

2014年，公司组织党员领导干部近百人，观看了廉政警示教育片《代价》。影片真实而生动地揭示了3位国家公职人员怎样从一个有抱负、有作为的领导干部一步步蜕变为腐败分子的悲情历程。所属各单位除安排观看该片外，还观看了《四风之害》《廉政公署》《狠刹浪费之风》和《零容忍惩治腐败》等廉政警示教育片。

2015年，公司坚持每月组织主办以上党员领导干部、有业务处置权人员观看廉政警示教育片。一年来，已观看了《四风之害》《高墙里的官员们》和《廉政微电影》等十多部廉政教育片，使受教育人员从一个个鲜活的案例中，得到警示教育，做到防微杜渐。公司党委还组织机关主办以上领导干部参观包钢预防职务犯罪警示教育基地，受到良好的警示教育。

2016年，公司配合包钢（集团）公司纪委首次在全公司组织开展了以“预防职务犯罪，弘扬社会主义法治文化、廉政文化”为主题的首届全国检察机关预防职务犯罪专题微电影特等奖、一等奖作品展播活动。展播影片共13部。各单位利用政治学习或自学等方式组织广大党员观看，自觉接受廉政教育。2016年，北方稀土配合包钢（集团）公司纪委派驻纪检监察组对厂处职领导干部和公司2016年新提拔干部进行了集体廉政谈话。8月18日，公司又组织新提拔干部参观了包钢预防职务犯罪警示教育基地。通过廉政谈话和警示教育，提高了广大党员领导干部和新提拔干部贯彻执行党的各项纪律和公司党政重大决策的自觉性，强化了廉洁从业意识，营造了不敢、知止的氛围。

（三）其他教育活动

1997年第二季度，公司纪委举办了以党纪政纪条规知识为主要内容的抢答赛活动。公司纪委每月进行一次党风党纪教育检查，并将检查结果纳入包保核考核。

2001年，公司纪委开展了纪检监察调研活动，围绕“国有企业改制过程中党风廉政建设和反腐倡廉改制存在的重要问题、原因和应采取的对策以及股份公司如何从源头上预防和治理腐败等问题”的重点课题开展调研，择优向上级纪委上报多篇高质量论文。

2005年，公司纪委认真贯彻落实包钢（集团）公司纪委下发的《关于利用肖占武案件开展党风党纪教育活动的通知》精神，公司开展了“学习牛玉儒，警惕肖占武，做好廉洁自律的表率”活动。同时，结合保持共产党员先进性教育活动，广泛深入地开展反腐倡廉教育。在党员干部中开展《建立健全教育、制度、监督并重的惩治和预防腐败体系实施纲要》知识答题活动。

2007年，按照上级纪委要求，公司党委举办了“牢记宗旨、廉洁从业”主题系列活动，使公司全体党员干部受到了生动的教育。

2009年6月，公司党委在全公司范围内举行了“做勤廉表率、促科学发展”主题演讲比赛，比赛内容涉及反腐倡廉及法律法规知识，观看比赛的200余名员工深受教育。由于比赛组织得力，效果显著，公司被包钢（集团）公司纪委评为优秀组织单位。在包钢（集团）公司纪委组织的“勤廉颂”演讲比赛中，公司再次获此殊荣。2009年8月，在全公司开展的“反腐倡廉宣传教育活动月”过程中，我公司请来包头市昆区人民检察院副检察长邬卫君同志为公司领导班子、公司所属各单位党政主要领导、副科职以上干部以及有业务处置权岗位人员进行反腐倡廉的案例教育和预防职务犯罪的专题报告，起到了很好的警示作用。

2010年，按照包钢（集团）公司要求，公司党委制作了关于“廉洁文化建设特色成果”展板，宣教月期间在包钢范围内进行集中巡展，为积极营造包钢（集团）公司宣教月氛围，强化廉洁从

业意识，推动廉洁文化“四进活动”做出了贡献。认真组织了包钢稀土“勤廉颂”主题诗歌朗诵比赛选拔活动。根据包钢（集团）公司纪委的有关要求，9月2日上午，组织所属各单位举办了“勤廉颂”主题朗诵选拔赛，并选送出4个节目于9月17日参加了包钢（集团）公司的复赛（两组节目获优秀奖，包钢稀土获优秀组织奖）。按照包钢（集团）公司纪委要求，公司共撰写反腐倡廉及纪检监察方面有关论文12篇。2010年1月包钢（集团）公司纪委授予我公司“2009年度纪检监察调研活动优秀组织单位”称号，两名同志的论文分别获得纪检监察调研论文二、三等奖。2010年，还组织了公司高管及所有中层干部（共计122人）参加包钢（集团）公司纪委组织的“廉政法律法规”知识测试，同时组织所属各单位共计200名职工参加了关于“中华人民共和国行政监察法”知识竞赛活动，收到很好效果。

2011年，公司党委以建党90周年为契机，按照包钢（集团）公司纪委要求，开展了“读书思勤廉，清风沐包钢”系列教育活动。为全公司的厂处职领导干部（含助理）、科职干部以及有业务处置权人员，每人订阅一套廉政丛书并要求每人撰写一篇心得体会；以宣传展板、宣传栏等为载体，刊载以讴歌廉洁、颂扬廉洁为主要内容的文艺作品，培育广大员工的廉洁理念、增强广大员工的廉洁意识；组织6支队伍共计18人参加了包钢（集团）公司纪委以“增强制度意识、争做执行表率”为主题的知识竞赛；向全体员工征集廉政短信、廉政格言。经过严格筛选，将员工自创的廉政短信、廉政格言各5条，一并上报包钢（集团）公司纪委。2011年9月，集中开展了反腐倡廉宣传教育月活动，营造了反腐倡廉的浓郁氛围。

2012年，为有效运用新兴媒体推进新形势下公司反腐倡廉宣传教育工作和廉洁文化建设，营造公司“十二五”发展风清气正的良好环境，根据包钢（集团）公司纪委有关精神，公司所属各单位积极参加了反腐倡廉电子展板大赛。展板作品内容鲜活，图文并茂，兼具教育性和观赏性，突出了廉洁从业、诚实敬业的主题，具有较强的吸引力和感染力，充分展现了包钢稀土廉政文化建设的成果。

2013年，为进一步加强反腐倡廉基础工作，公司结合以“学习贯彻党章，弘扬优良作风”为主题的反腐倡廉宣传教育月活动。9月，公司组织所属各单位党政主要领导及科职干部分两批参观了“争当勤廉楷模、建设廉洁包钢”主题书画展，包钢稀土获“优秀组织单位”荣誉称号。按照包钢（集团）公司党委要求，公司自行开展了“包钢稀土反腐倡廉宣教月学习新党章知识测试”。公司有关部门精心编制试卷、提供学习资料，并下发到各单位党委（总支），要求所有在岗党员必须认真答卷，在回答问题的过程中加深对新《党章》的认识和理解。

2014年，在包钢（集团）公司举办的“越清廉越轻松”主题平面公益广告暨清廉漫画征集活动中，公司共上报79件作品，其中8件作品分获一、二、三等奖。上报及获奖作品数量都居包钢（集团）公司首位。公司开展了“作风纪律建设大家谈”活动，围绕作风纪律建设，征集到46条意见、建议和优秀征文34篇。9月上旬，公司组织干部职工填写了坚决克服“组织涣散、纪律松弛”现象的问卷调查。通过问卷调查汇总情况看，有干部职工认为，身边党员干部仍有“组织涣散、纪律松弛”现象，但不严重。绝大多数干部职工能够看到或感受到党员干部在遵守和执行党的纪律方面的新面貌、新风气。围绕中央、自治区和公司有关作风建设的各项规定，包钢稀土开展了廉政答题测试活动。所属各单位科职以上干部参加了测试，合格率（60分以上）为100%。2014年，公司被包钢（集团）公司党委授予“反腐倡廉宣传教育工作先进单位”、“落实党风廉政建设责任制和推进惩防体系建设优秀单位”。

2015年，为配合包钢和昆都仑区人民检察院检企合作建设，按照上级纪委要求，在公司各单位组织开展了《职务犯罪预防网格化资料收集单》填报工作，为同步推广预防职务犯罪工作提供了基础资料。根据包钢（集团）公司《关于开展反腐倡廉微电影剧本征集活动的通知》要求，公司党委开展了反腐倡廉微电影剧本征集活动，征集到微电影剧本12个，其中3个作品分获一、二、三等奖。在各单位厂处职及科职党员领导干部和有业务处置权岗位人员中推荐关注了“清风沐包钢”微信公众平台，目前已有334人关注了该平台。同时，公司通过《包钢日报·稀土专刊》、LED屏、微博、QQ群等媒体平台发布廉政标语、廉政格言；在办公场所张贴“廉政公益广告”、展出宣传展板等多种途径丰富宣传载体，在全公司范围内营造出了浓厚的反腐倡廉宣传教育氛围。2015年，北方稀土还被包钢（集团）公司评为“2014年度反腐倡廉宣传教育工作先进单位”。

2016年，北方稀土党委以反腐倡廉宣传教育月为载体，大力开展廉政教育。6月，公司党委集中一个月时间组织开展了以“贯彻落实两部法规，坚决执行‘八项规定’”为主题的反腐倡廉宣传教育月活动。公司党委组织了“三个一”活动（即党政领导讲一次党课、开展一次廉政谈话、开展一次自查自纠）和“互联网+预防”系列工作，以严肃问责推动责任落实，推动宣传教育工作转型升级，持续实施反腐倡廉宣传全覆盖。宣教月期间，公司配合包钢（集团）公司纪委组织开展了“贯彻落实两部党内法规”百题有奖知识竞答，各单位广大党员干部纷纷踊跃答题，答题参与率达80%以上。同时，公司获评“优秀组织单位”称号。

第二章 工会工作

第一节 工会机构设置

一、公司工会机构设置

北方稀土工会前身为包钢稀土三厂工会，成立于1961年，是公司党委领导下的群众组织。2016年，有专职工会干部9人。北方稀土工会委员会、工会女职工委员会、工会经费审查委员会。每3年换届1次。

北方稀土工会主席人选由上级党组织批准，经公司工会委员会选举产生。工会副主席由公司党委提名，经工会委员会选举产生。北方稀土工会主席为公司党委委员、公司领导班子成员，正处职待遇，参与公司重大决策，重要会议等，行使话语权。工会主席还代表员工与公司行政领导班子进行平等协商，签订公司《集体合同》《工资集体合同》《女职工权益保护专项集体合同》和《劳动安全卫生专项集体合同》。

二、下级工会机构设置

由于股权及属地关系，目前在北方稀土下属直属厂、分子公司中，工会工作主要服务在包头的、上缴工会经费的单位。共有12个基层工会，16名二级单位工会主席、副主席，55个车间工会，296个工会小组，会员总数5466人，专兼职工会干部78人。

第二节 职工、会员代表大会

一、稀土高科一届一次职工、会员代表大会

稀土高科一届一次职工、会员代表大会于1999年4月22日召开。大会正式代表123名，列席代表21名。

会上，与会代表听取审议了公司总经理陈隆淮作的题为《抓住机遇、知难而进、强化管理、加快发展，夺取生产经营和建设的新胜利》的行政工作报告；听取审议了公司工会主席杨兴山作的题为《加强民主管理、依靠职工群众，为建设一个充满生机与活力的稀土高科而奋斗》的工会工作报告；听取审议了副总经理刘忠涛作的《提案处理工作报告》及《1998年业务招待费使用情况的报告》，审议通过了《大会决议》。陈隆淮、杨兴山分别代表行政、职工签订了《集体合同》。

会议解答了职工代表提案64件，提案解答率100%。其中，已经落实和正在落实的提案有52件，占提案总数的81.25%，由于受资金、技术或政策等客观因素制约而暂时无法解决给予解释性答复的12件，占提案总数的18.75%。

会议还选举产生了稀土高科工会首届委员会委员11名，杨兴山当选为主席，乔永长当选为副主席。选举产生了稀土高科工会一届经费审查委员会，通过了职代会4个专门委员会名单，并对11名公司领导进行了民主测评。

二、稀土高科一届二次职工、会员代表大会

稀土高科一届二次职工、会员代表大会于2000年4月26日召开。大会正式代表121名，列席代表22名，特邀代表70名。

会上，与会代表听取审议了公司总经理陈隆淮作的题为《转变观念、调整结构、励精图治、战胜困难，以改革为动力，谱写稀土高科新篇章》的行政工作报告；听取审议了公司工会主席杨兴山作的题为《维护职工经济利益、保障职工民主权利，为实现稀土高科生产经营总目标再立新功》的工会工作报告；审议了副总经理刘忠涛作的《提案处理工作报告》及《1999年业务招待费使用情况的报告》；审议通过了1999年《集体合同》执行情况的说明和《大会决议》等议题，并对11名公司领导进行了民主测评。

会议解答了职工代表提案42件，解答率100%。其中，已经落实和正在落实的提案有36件，占提案总数的85.72%，由于受资金、技术或

政策等客观因素制约而暂时无法解决给予解释性答复的6件，占提案总数的14.28%。

三、稀土高科一届三次职工、会员代表大会

稀土高科一届三次职工、会员代表大会于2001年3月30日召开。大会应到正式代表123名，实到121名，列席代表23名。

会上，与会代表听取审议了公司总经理陈隆淮作的题为《依靠技术创新、调整产品结构、降低经营成本、确保资产收益，为全面完成全年各项任务而共同奋斗》的行政工作报告；听取审议了公司工会主席杨兴山作的题为《围绕生产经营、强化民主管理、充分调动广大员工积极性，为实现2001年总体目标建功立业》的工会工作报告；审议了副总经理刘忠涛作的《提案处理工作报告》及《2000年业务招待费使用情况的报告》；审议通过了2000年《集体合同》执行情况的说明和《大会决议》等议题，并对11名公司领导进行了民主测评。

会议解答了职工代表提案32件，解答率100%。其中，已经落实和正在落实的提案有27件，占提案总数的84.4%，由于受资金、技术或政策等客观因素制约而暂时无法解决给予解释性答复的5件，占提案总数的15.6%。

四、稀土高科二届一次职工、会员代表大会

稀土高科二届一次职工、会员代表大会于2003年3月14日召开。大会正式代表145名，列席代表21名。

会上，与会代表听取审议了公司总经理刘石政作的题为《迎难而上，加快发展，为全面完成2003年各项任务而努力奋斗》的行政工作报告；听取审议了公司党委副书记、工会代主席赵占斌作的题为《以党的十六大精神为指导，紧紧围绕公司“十五”期间的奋斗目标，努力开创工会工作新局面》的工会工作报告、2002年《集体合同》执行情况的说明；听取审议了副总经理刘忠涛所作的《提案处理工作报告》及《公司2002年业务招待费使用情况的报告》；审议通过了《大会决议》。

会议解答了职工代表提案17件，解答率100%。其中，已经落实和正在落实的提案有13件，占提案总数的76.47%，由于受资金、技术或政策等客观因素制约而暂时无法解决给予解释性答复的4件，占提案总数的23.53%。

会议选举产生了稀土高科工会第二届委员会委员17名，赵占斌当选为工会主席，郝玉峰当选为副主席。选举产生了稀土高科工会第二届经费审查委员会，通过了职代会4个专门委员会名单，并对9名公司领导进行了民主测评。

五、稀土高科二届二次职工、会员代表大会

稀土高科二届二次职工、会员代表大会于2004年4月9日召开。大会正式代表145名，列席代表21名。

会议期间，与会代表听取审议了公司总经理刘石政作的题为《加强运作和管理、创新优良的形象和业绩，推动稀土高科工作再上一个台阶》的行政工作报告；审议了副总经理刘忠涛作的《提案处理工作报告》及《公司2003年业务招待费使用情况的报告》；听取审议了公司党委副书记、工会主席赵占斌同志作的题为《紧紧围绕生产经营奋斗目标，进一步开创工会工作新局面》的工会工作报告；审议通过了2003年《集体合同》执行情况的说明、《2003年福利费使用情况的报告》、《大会决议》等议题，并对9名公司领导进行了民主测评。

本次职代会共解答提案27件，提案答复率100%。其中得到落实的提案有19件，正在落实的有2件，占提案总数的77.78%，因为多种原因暂时不能解决给予解释性答复的有6件，占提案总数的22.22%。

六、稀土高科二届三次职工、会员代表大会

稀土高科二届三次职工、会员代表大会于2005年4月6日召开。大会正式代表145名，列席代表21名。

会上，与会代表听取审议了公司副总经理王晓铁作的题为《加强管理、规范运作，推动稀土高科持续稳定发展》的行政工作报告；听取审议了公司工会副主席夏学文作的题为《围绕中心、服务大局，努力开创工会工作新局面》的工会工作报告；审议了副总经理刘忠涛作的《提案处理工作报告》及《2000年业务招待费使用情况的报告》；审议通过了2004年《集体合同》执行情况的说明和《大会决议》等议题，并对9名公司领

导进行了民主测评。

本次职代会共解答提案23件，提案答复率100%。其中得到落实提案有18件，正在落实的有3件，占提案总数的91.3%，因为多种原因暂时不能解决给予解释性答复的有2件，占提案总数的8.7%。

七、稀土高科三届一次职工、会员代表大会

稀土高科三届一次职工、会员代表大会于2006年4月27日召开。大会正式代表137名，列席代表22名。

会上，与会代表听取审议了公司总经理赵生平作的《以人为本，忠诚实干，加快发展，为提升企业效益和综合素质，增强竞争能力而奋斗》的行政工作报告；听取审议通过了公司党委副书记、工会代主席刘忠涛作的题为《围绕中心抓服务、突出维权创新，为构建和谐企业，顺利实现公司目标任务做出贡献》的工会工作报告；听取审议了副总经理、总工程师王晓铁作的《提案处理工作报告》及《公司2005年业务招待费使用情况的报告》；审议通过了《工会财务工作报告》《工会经费审查委员会工作报告》《2005年福利费使用情况报告》、2005年《集体合同》执行情况的说明、《大会决议》。赵生平、刘忠涛分别代表行政、职工签订了《集体合同》。

会议解答了职工代表提案19件，解答率100%。其中，已经落实和正在落实的提案有15件，占提案总数的78.95%，由于受资金、技术或政策等客观因素制约而暂时无法解决给予解释性答复的4件，占提案总数的21.05%。

会议选举产生了稀土高科工会第三届委员会委员17名，刘忠涛当选为工会主席，夏学文当选为副主席。选举产生了稀土高科工会第三届经费审查委员会，通过了职代会4个专门委员会名单，并对11名公司领导进行了民主测评。

八、稀土高科三届二次职工、会员代表大会

稀土高科三届二次职工、会员代表大会于2007年3月9日召开。大会正式代表136名，列席代表19名。

会议期间，与会代表听取审议了公司总经理赵生平作的题为《强化管理、开拓进取，提高核心竞争力，为开创稀土高科又好又快发展的新局面而奋斗》的行政工作报告；听取审议通过了公司党委副书记、工会主席刘忠涛作的题为《服务大局、维护权益、促进和谐，为实现高科又好又快发展而奋斗》的工会工作报告；审议了副总经理、财务总监邢斌作的《提案处理工作报告》及《公司2006年业务招待费使用情况的报告》；审议通过了2006年《集体合同》执行情况的说明、2006年福利费使用情况的报告、《大会决议》等议题。并对9名公司领导进行了民主测评。

会上解答了职工代表提案12件，解答率为100%。其中，有11件提案得到落实或正在落实，占提案总数的91.67%；有1件提案由于受政策等原因暂时无法解决，给予解释性答复，占提案总数的8.33%。

九、稀土高科三届三次职工、会员代表大会

稀土高科三届三次职工、会员代表大会于2008年4月22日召开。大会正式代表138名，列席代表18名。

会议期间，与会代表听取审议了公司总经理张忠作的题为《优化资源配置、构建产业集群、推进稀土产业化，为实现百亿元目标而努力奋斗》的行政工作报告；听取审议了公司工会主席于志军作的题为《全心全意依靠员工发展企业，努力构建包钢稀土和谐劳动关系》的工会工作报告；审议了副总经理、财务总监邢斌作的《提案处理工作报告》及《2007年业务招待费使用情况的报告》；审议通过了2007年《集体合同》执行情况的说明、《大会决议》等议题，并对11名公司领导进行了民主测评。

本次会议解答提案18件，提案解答率100%。其中，已经落实或正在落实的提案有15件，占提案总数的83.33%；由于受到政策、资金、技术及其他因素影响暂时无法解决给予解释性答复的提案有3件，占提案总数的16.67%。

十、包钢稀土一届一次职工、会员代表大会

2009年，内蒙古包钢稀土高科技股份有限公司更名为内蒙古包钢稀土（集团）高科技股份有限公司（简称“包钢稀土”），公司职代会也随之换届。包钢稀土一届一次职代会于2009年4月20~21日在公司11楼多功能厅召开。大会正式职工代表275名，列席代表17名。

会议期间，与会代表听取并审议了总经理张忠作的题为《坚定信心、科学发展，为做大做强包钢稀土而努力奋斗》的行政工作报告，工会主席于志军作的题为《坚持科学发展、保民生促和谐、争创一流企业工会》的工会工作报告，副总经理、总工程师王晓铁作的《提案处理工作报告》。会议根据《职代会条例》，分别审议通过了公司工会三届委员会财务、经费审查委员会等工作报告、《包钢稀土（集团）公司集体合同》《包钢稀土（集团）公司工资集体合同》《包钢稀土（集团）公司女职工权益保护专项集体合同》和《包钢稀土（集团）公司劳动安全卫生专项集体合同》。会上，公司工会主席于志军代表员工与公司总经理张忠签订了《包钢稀土（集团）公司集体合同》《包钢稀土（集团）公司工资集体合同》《包钢稀土（集团）公司女职工权益保护专项集体合同》和《包钢稀土（集团）公司劳动安全卫生专项集体合同》。

会议选举产生了公司首届工会委员会委员 13 名，于志军当选为工会主席，黄立东当选为副主席。大会选举产生了工会经费审查委员会、女职工委员会及职代会 3 个专门委员会。

此次会议解答提案 14 件，解答率 100%，其中，已经落实或正在落实的提案有 11 件，占提案总数的 78.57%；由于受到政策、资金、技术及其他因素影响暂时无法解决给予解释性答复的提案有 3 件，占提案总数的 21.43%。

十一、包钢稀土一届二次职工、会员代表大会

包钢稀土一届二次职代会于 2010 年 4 月 20 日在公司 11 楼多功能厅召开。大会正式职工代表 263 名，列席代表 8 名。

大会期间，与会代表听取并审议了总经理张忠作的题为《统一思想、扎实工作，努力开创包钢稀土科学发展的新局面》的行政工作报告，工会主席于志军作的题为《凝心聚力　和谐发展　为创建包钢一流工会而努力工作》的工会工作报告，常务副总经理、财务总监邢斌作的《提案处理工作报告》。会议根据《职代会条例》，分别审议通过了《包钢稀土（集团）公司集体合同》《包钢稀土（集团）公司工资集体合同》《包钢稀土（集团）公司女职工权益保护专项集体合同》和《包钢稀土（集团）公司劳动安全卫生专项集体合同》。会上，公司工会代表员工与公司签订了《包钢稀土（集团）公司工资集体合同》。大会还对公司领导进行了民主评议。

此次会议解答提案 21 件，解答率 100%，其中，已经落实或正在落实的提案有 17 件，占提案总数的 80.95%；由于受到政策、资金、技术及其他因素影响暂时无法解决而给予解释性答复的提案有 4 件，占提案总数的 19.05%。

十二、包钢稀土一届三次职工、会员代表大会

包钢稀土一届三次职代会于 2011 年 4 月 8 日在公司 11 楼多功能厅召开。大会正式职工代表 257 名，列席代表 7 名。

会上，与会代表听取并审议了总经理张忠作的题为《抓住战略机遇、推进快速发展、为打造世界级稀土生产、科研贸易基地而努力奋斗》的行政工作报告，工会主席于志军作的题为《立足本岗位、把握新机遇、为实现包钢稀土大发展建功立业》的工会工作报告，常务副总经理、财务总监邢斌作的《提案处理工作报告》。会议根据《职代会条例》的规定，分别审议通过了《包钢稀土（集团）公司集体合同》《包钢稀土（集团）公司工资集体合同》《包钢稀土（集团）公司女职工权益保护专项集体合同》《包钢稀土（集团）公司劳动安全卫生专项集体合同》执行情况的说明和《包钢稀土（集团）“十二五”发展规划》。会上，公司工会主席于志军代表员工与公司总经理张忠签订了《包钢稀土（集团）公司工资集体合同》。

此次会议解答提案 17 件，解答率 100%，其中，已经落实或正在落实的提案有 12 件，占提案总数的 70.59%；由于受到政策、资金、技术及其他因素影响暂时无法解决而给予解释性答复的提案有 5 件，占提案总数的 29.41%。

十三、包钢稀土二届一次职工、会员代表大会

包钢稀土二届一次职代会于 2012 年 3 月 27 日在公司 11 楼多功能厅召开。大会正式职工代表 245 名，列席代表 27 名。

会议期间，与会代表听取审议了总经理张忠作的题为《提升发展质量、加快转型升级、为打造“国内最强　世界一流”的稀土企业而努力奋斗》的行政工作报告，工会主席于志军作的题为《抓基层、促和谐、创一流，为实现公司“十二五”奋斗目标做好工会工作》的工会工作报告，常务副总经理、财务总监邢斌作的《提案处理工作报告》。会议根据《职代会条例》的规定，审议通过了《包钢稀土（集团）公司集体合同》《包钢稀土（集团）公司工资集体合同》《包钢稀土（集团）公司女职工权益保护专项集体合同》和《包钢稀土（集团）公司劳动安全卫生专项集体合同》执行情况的说明。会上，公司工会主席于志军代表员工与公司总经理张忠签订了“一大三小”《集体合同》。大会还对公司领导进行了民主评议。

会议选举产生了内蒙古包钢稀土（集团）高科技股份有限公司第二届工会委员会委员 13 名，于志军当选为工会主席，黄立东当选为副主席。会上还选举产生了第二届工会经费审查委员会委员、女职工委员会委员。

此次会议解答提案 7 件，解答率 100%。7 件提案已经得到落实或正在落实，落实率 100%。

包钢稀土二届一次职工、会员代表大会会场

包钢稀土民主协商会

签订包钢稀土“一大三小”《集体合同》

十四、包钢稀土二届二次职工、会员代表大会

包钢稀土二届二次职代会于 2013 年 3 月 30 日在公司 11 楼多功能厅召开。大会正式职工代表 238 名，列席代表 31 名。

会议期间，与会代表听取并审议了总经理张忠作的题为《适应新形势、构筑新优势、谱写新篇章》的行政工作报告，工会主席于志军作的题为《主动服务、积极作为，为实现公司全年奋斗目标而努力工作》的工会工作报告，副总经理李忠作的《提案处理工作报告》。会议根据《职代会条例》的规定，审议通过了《包钢稀土（集团）公司集体合同》《包钢稀土（集团）公司工资集体合同》《包钢稀土（集团）公司劳动安全卫生专项集体合同》和《包钢稀土（集团）公司女职工权益保护专项集体合同》执行情况的说明。会上，公司工会主席于志军代表员工与公司总经理张忠签订了《包钢稀土（集团）公司工资集体合同》。大会对公司领导进行了民主评议。

此次会议解答提案 6 件，解答率 100%。6 件已经落实或正在落实，落实率 100%。

十五、包钢稀土二届三次职工、会员代表大会

包钢稀土二届三次职工、会员代表大会于

2014 年 3 月 21 日在公司 11 楼多功能厅召开。大会正式职工代表 243 名，列席代表 30 名。

会议期间，与会代表听取审议了总经理张忠作的题为《坚持科学发展、加快转型升级、依托创新驱动做强做优包钢稀土》的行政工作报告，听取审议了工会主席于志军作的题为《齐心协力克难关、转型升级促发展，为实现“十二五”奋斗目标再立新功》的工会工作报告和副总经理刘义作的《提案处理工作报告》。根据《职代会条例》规定，会议分别对公司 2014 年生产经营预算、科研工作计划、生产技术质量工作计划等方案进行了审议。同时，审议通过了《包钢稀土绩效考核管理办法》、2014 年安全和环保工作计划等方案以及包钢稀土《集体合同》《工资集体合同》《劳动安全卫生专项集体合同》和《女职工权益保护专项集体合同》执行情况的说明。会上，公司工会主席于志军代表职工与公司总经理张忠签订了 2014 年《包钢稀土工资集体合同》。大会还对公司领导进行了民主评议。

此次会议解答提案 5 件，解答率 100%。5 件已经落实或正在落实，落实率 100%。

十六、北方稀土一届一次职工、会员代表大会

2015 年 1 月，内蒙古包钢稀土（集团）高科技股份有限公司更名为中国北方稀土（集团）高科技股份有限公司（简称“北方稀土”），公司职代会也随之换届为中国北方稀土（集团）高科技股份有限公司一届一次职工、会员代表大会，并于 2015 年 4 月 3 日在公司 11 楼多功能厅召开。大会正式职工代表 209 名，列席代表 40 名。

会议期间，与会代表听取审议了总经理张忠作的题为《适应新常态、把握新机遇、为推进北方稀土科学发展而奋斗》的行政工作报告，工会主席于志军作的题为《适应新常态，展现新作为，为实现北方稀土和谐发展、创建国内一流企业工会而努力奋斗》的工会工作报告和副总经理王晔作的《提案处理工作报告》。根据《职代会条例》规定，会议分别对公司 2015 年绩效考核方案、安全、环保工作计划等重大事项和涉及员工切身利益事项进行审议并表决通过。审议通过了上届工会经费审查委员会工作报告等。对 2014 年公司《集体合同》《工资集体合同》《劳动安全卫生专项集体合同》和《女职工权益保护专项集体合同》执行情况进行了说明。会上，公司工会代表职工与公司签订了 2015～2017 年北方稀土《集体合同》《劳动安全卫生专项集体合同》《女职工权益保护专项集体合同》及 2015 年《工资集体合同》。会议还对公司领导进行了民主评议。

会议选举产生了北方稀土首届工会委员会委员 15 名，于志军当选为工会主席，黄立东当选为副主席。会上还选举产生了工会经费审查委员会、女职工委员会以及职代会 3 个专门委员会。

此次会议解答提案 7 件，解答率 100%。7 件提案已经得到落实或正在落实，落实率 100%。

北方稀土一届一次职代会主席团会议

十七、北方稀土一届二次职工、会员代表大会

北方稀土一届二次职工、会员代表大会于 2016 年 4 月 18 日召开。大会正式职工代表 207 名，列席代表 37 名。

会议期间，与会代表听取并审议了总经理张忠作的题为《提质增效坚持“五大发展理念”，优化结构创“十三五”良好开局》的行政工作报告，工会主席于志军作的《攻坚克难促转型，凝心聚力谋发展，为实现北方稀土和谐发展做贡献》的工会工作报告和副总经理王晔作的《提案处理工作报告》。根据《职代会条例》规定，会议分别对公司 2016 年绩效考评方案等重大事项和涉及员工切身利益事项的工作报告、方案进行审议，并表决通过。对 2015 年公司《集体合同》《工资集体合同》《劳动安全卫生专项集体合同》和《女职工权益保护专项集体合同》执行情况进行了说明。会上，公司工会代表职工与公司签订了 2016 年

《工资集体合同》。会议还对13名公司领导进行了民主评议。

此次会议解答提案8件，解答率100%。其中7件已经落实或正在落实，占提案总数的87.5%；有1件提案暂时无法解决给予解释性答复，占提案总数的12.5%。

第三节 送温暖工程

公司工会开展“送温暖工程”，上级工会、公司党政班子大力支持工会此项工作。每年元旦春节期间，各级党政领导都会同工会一起，深入到基层一线和困难职工家庭，开展大规模的送温暖活动；每当职工遭遇突发困难时，工会首当其冲为他们奔波，申请困难救助、组织职工伸出援助之手，捐款捐物；还有“金秋助学”的实施等送温暖工程，大大缓解了困难职工燃眉之急，使他们切身感受到北方稀土这个大家庭的温暖，感受到社会主义制度的优越性，从而激发他们爱岗敬业、助人为乐的热情。

上述费用分别来自上级工会、本公司行政专项拨款及工会经费。

一、“送温暖”慰问活动

1997~1998年，公司各级工会组织走访慰问职工家属185户（次），救济困难职工500余户（次），发放慰问及救济款62650元，为伤病住院职工购买价值11968元的慰问品。

1999~2002年，公司各级工会组织共走访慰问职工800余人次，发放慰问金、物合计14万元，慰问生病住院员工224名，支出费用35649.10元。

2003~2005年，公司共慰问离退休、伤病、困难职工784人次，发放慰问金和救济款12.85万元。建立特困职工档案，实行动态管理。对于因职工本人或家属患大病造成生活困难的，工会发动员工自愿捐款5次，共捐款4.5万元。

2006~2008年，公司慰问困难员工765名，发放慰问金近20万元。慰问伤病员工68名，购买近11200余元的慰问品。发动员工为因患重病而造成生活极度困难的员工捐款7次，捐得款额68740元，缓解了他们的困难。

2009~2011年，共慰问贫困、工伤、生病员工684名，总计投入帮扶救助资金25万余元。

2012~2014年，慰问贫困、工伤、生病员工684名，总计投入帮扶救助资金25万余元。2012年元旦、春节期间，通过员工卡为公司全体在岗职工发放800元/人节日福利金。

2015年，根据包钢（集团）公司要求，建立了包钢级困难职工档案。进一步实施“送温暖”工程，共慰问困难员工、伤病员工159名，发放慰问金13.7万元。为3909名在岗员工办理重大疾病互助保险续保。中国职工保险互助会为6名患大病员工赔付5.14万元。

2016年，进一步实施“送温暖”工程，公司生活困难员工帮扶救助实现全覆盖、不遗漏、经常化、社会化。共慰问困难员工、伤病员工124名，发放慰问金28.07万元。为8名患大病员工办理了中国职工保险互助会赔付4.742万元；为644名女工办理了女工特殊疾病保险。对公司困难员工进行摸底，按困难程度分级管理。公司困难员工包头市级困难的有15户，包钢级困难的有5户。全年公司行政、工会累计投入帮扶救助资金30.43万元。

二、“金秋助学”活动

1999~2002年，公司工会出资9600元，解决4名死亡员工职工子女的学费问题，帮助他们顺利地完成了学业。

2003~2005年，开展捐资助学活动，在包钢（集团）公司开展的助学活动中，为6名困难员工子女申请到资助金9000元。做到了不让任何1名职工子女因交不起学费而辍学。

2006~2008年，公司工会对考上大学的特困职工子女给予一次性经济资助2000~3000元，有2名特困职工子女接受资助10000元。

2009~2011年，公司建立了扶贫帮困工作机制，用于帮助困难员工以及助学奖学活动。对于考上一本重点大学的员工子女每人奖励3000元，考上二本奖励1500元。对于困难员工子女，在此基础上每人再补助3000元。使扶贫帮困工作实现常态化、制度化。“金秋奖优助学”逐步扩大受益面，资助、奖励242名高考生，共投入奖励和资助金额54.55万元。

2012~2014年，金秋助学、奖学等活动共资助、奖励207名员工子女46.55万元，实现了对困难员工子女助学的全覆盖。

2015～2016 年，公司共计对 167 名考上一、二本大学的员工子女进行资助、奖励，发放助学金、奖学金 37.35 万元。

2012 年度“金秋助学”奖学金、助学金发放仪式

三、职工健康休养、疗养

1997～2004 年，公司共派出 340 名员工赴北戴河、无锡职工休养院休养。

2005 年，公司在资金十分紧张的情况下，安排 40 名对公司有突出贡献的先进个人、科技人员及一线员工外出休养。同年，被包钢工会授予“职工疗休养工作先进单位”称号。

2006～2008 年，安排 282 名员工前往四川九寨沟、桂林、无锡及包钢疗养院等地进行健康休养。公司连续 3 年被包钢工会授予“职工疗休养工作先进单位”。

2009～2011 年，组织 507 名员工到青山疗养院进行短期休养，以及赴成都、张家界、桂林等地休养。公司连续 3 年被包钢工会授予“职工疗休养先进单位”。

2012～2014 年，派往青山疗养院短期休养、四川九寨沟、桂林、无锡及包钢疗养院等地进行健康休养的职工达 559 人。

2015～2016 年，选派包钢（集团）公司级及以上级别的先进个人代表、一线员工代表 217 名前往青山疗养院健康休养。

第四节　群众性经济技术创新

1999～2002 年，按照包钢（集团）公司提高企业经济效益、提高企业市场竞争实力的“双提高”要求，公司工会围绕质量、品种、效益等方面展开了群众性经济技术创新立功竞赛活动。4 年评出公司级先进生产（工作）者 425 人（次）。其中，出席包钢（集团）公司劳模 4 人次，先进生产（工作）者 42 人次，先进集体 22 个。

开展合理化建议、技术协作、技术攻关和“节约百元”活动，4 年征集合理化建议 951 条，采纳立项 679 条，实施 332 条，创经济效益 710 余万元。小改小革、修旧利废 42 项，创经济效益 50 余万元。公司工会先后两次被包钢工会评为“合理化建议优秀组织单位”及“节约百元优秀组织单位”。

开展“双优”竞赛、“粉尘治理达标创优赛”、“安康杯”竞赛等活动。建立健全了三级监督检查网络体系。1999～2002 年，两级劳动保护检察委员会共查处各类隐患 883 件，整改 859 件。公司先后被包头市、包钢（集团）公司评为“安康杯”竞赛先进单位、“劳动保护监督检查先进单位”等。

2003～2005 年，继续围绕公司生产经营目标，以完成指标任务、提高产品质量、降本增效、提升规模效益为重点，深入开展群众性劳动竞赛和经济技术创新活动，以及合理化建议、技术革新、技术攻关、小改小革和“节约百元”等活动。共征集合理化建议 529 条，采纳立项 379 条，实施 292 条，创经济效益 900 余万元。公司连续 3 年被上级工会委员会评为“合理化建议”优秀组织单位。工会通过开展劳动保护工作、职工劳动安全卫生工作以及“安康杯”、“双优”、“粉尘治理”竞赛等活动，为职工安全与健康提供了有力保障，杜绝了各类安全事故的发生。3 年中，两级劳动保护检察委员会共查处各类隐患 418 件，整改 415 件。公司连续被包钢工会评为“安康杯”竞赛优胜单位。2005 年，公司工会与包钢工会签订了劳动保护目标管理责任状，年终获得兑现奖励。3 年中，评比出公司级先进生产（工作）者 314 人（次）。其中选送出席包钢劳模 4 人（次），先进生产（工作）者 25 人（次）。

2006～2008 年，工会各级组织围绕公司总体发展规划和年度生产经营目标，以提升产能、技术创新、降本增效等工作为重点，以群众性立功竞赛、合理化建议、技术革新、小改小革等经济技术创新工程为载体，开展了立功竞赛、“安康杯”竞赛、“女职工双文明建功立业”、“六小”竞赛等多项竞赛活动；还开展了“三组织、四能手”、创建“工人先锋号”活动，组织引导广大员

工立足本岗、争创一流，千方百计为提升公司经济效益和增强市场竞争实力做贡献。同时，广泛发动员工深入开展合理化建议活动。在改进工艺技术、提高产品质量、降低生产成本、治理环境污染等方面创造经济效益达数百万元。从中涌现出许多先进典型和劳动模范。公司工会先后评比表彰先进单位13个（次）、评比表彰先进生产（工作）者267人（次）。有3名员工分别获全国“五一”劳动奖章、自治区劳动模范、包头市“五一”劳动奖章。

2009~2011年，公司各级工会组织围绕公司总体发展规划和年度生产经营目标，以优化工艺、技术创新、对标升级、降本增效等工作为重点，以群众性立功竞赛、合理化建议、技术革新、小改小革等经济技术创新工程为载体，开展“三组织、四能手”、创建“工人先锋号”、“女职工双文明建功立业”等活动，积极组织引导广大员工立足本岗位，在改进工艺技术、提高产品质量、降低生产成本、治理环境污染等方面做了大量的工作，充分调动了职工的积极性和创造性，有力地促进了生产和经营。大力培养、选送先进典型和劳动模范。3年先后评比表彰先进单位22个（次）、评比表彰先进生产（工作）者171人（次）；其中，有包钢级劳动模范6人（次）、包头市“五一”劳动奖章获得者1名、内蒙古自治区劳动模范1人、全国冶金行业劳动模范1人。为17名各级劳动模范发放荣誉津贴。

2012~2014年，在深入开展“我为降本增效做贡献”等系列主题活动的基础上，全面开展厂际立功、“一厂一赛”等劳动竞赛，大力组织开展员工自主改善等职工创新实践特色活动。选送包钢级“工人先锋号”5个；申报创新、节约、质量和效益型组织12个、工人“六小”成果65项、优秀合理化建议217条、收集采纳员工自主改善建议259项，累计创效2117万元，有力促进了公司经济效益的提升。冶炼厂张文斌等提出的“高浓度连续沉淀生产稀土碳酸盐操作法”被包钢（集团）公司命名为“先进操作法”，填补了公司此项工作的空白。

全面开展以“安康示范班组”创建和“安全月”系列活动为主要内容的“安康杯”竞赛，有效提高员工职业健康与安全工作水平；全面实施《劳模评选表彰及服务管理办法（试行）》，深化劳模评选机制，健全劳模档案，加大劳模等先进的宣传力度，选送自治区级劳模2名、包钢级劳模7名，并落实相应待遇。

2015年，围绕公司“共抗危机保生存，创新驱动促转型”的工作主题，大力开展员工自主改善管理工作。加大推进力度，完善考核评价体系，建立健全项目初评、复审和现场审核制度。公司14家单位员工提出改善项目671项，其中，390项实施完成，申请成果奖励170项。公司各单位员工自主改善工作共计创造经济效益2408万元，发放奖励33.49万元。全年各单位上报参评公司级项目45项。根据员工自主改善评审程序，公司专家评审组对上报项目进行了初评、复评。最终评审出公司特等奖1项，一等奖3项，二等奖9项，三等奖11项，评选出1家优秀组织单位和7名先进个人。有3项自主改善成果获包钢（集团）公司一等奖。

规范各类先进评比制度，加强过程管理审核。表彰命名先进单位（部室）6个、先进集体18个、模范班组18个、先进个人57名。开展总结命名先进操作法工作，冶炼分公司胡刚的“稀土离子颜色比色操作法”被包钢（集团）公司命名为“先进操作法”。认真开展劳模推荐工作，稀土院张玉玺、冶炼分公司桑晓云2人被包钢（集团）公司表彰命名为劳动模范。

2016年度，公司各单位共提出员工自主改善项目313项。共有5家单位择优上报参评公司级成果奖项目25项。根据员工自主改善评审程序，公司专家评审组对上报项目进行了评审，对4个重点项目进行了现场审核。经评审，共有20个项目获得成果奖。公司向包钢（集团）公司上报优秀员工自主改善成果7项，其中，电池公司吴风明“钢壳装载站供料系统改造”被评为包钢（集团）公司特等奖，获得3万元的奖励；电池公司冯恒志“改进涂浆系统，提高极板的收率及一致性”项目和天骄清美李海林“粉碎工序除杂系统的优化”项目被评为包钢（集团）公司一等奖，分别获得2万元的奖励，其余4项成果分获二、三、四等奖。对获得包钢奖励的项目，公司对特等奖嘉奖5000元、一等奖嘉奖3000元、二等奖嘉奖2000元、三等奖嘉奖1000元。

第五节 职工文化建设

一、职工文艺活动

1997年，公司工会组织职工参加包钢元宵节灯展，获优秀奖；参加包钢春晚文艺演出；组织稀土高科春节联欢会文艺演出。

1998 年，公司工会组织职工参加包钢元宵节灯展，获特别奖；参加包钢艺术节“稀土之光”文艺专场演出。朱洪刚获优秀歌手奖。

2000 年，工会组织举办了稀土高科年终文艺汇演；选拔优秀节目参加包钢春晚演出；组织举办了稀土高科书画摄影兴趣爱好展。

2001 年，公司工会组织职工参加包钢元宵节灯展，稀土高科的“俄罗斯城堡组灯”获一等奖；参加了包钢举办的庆祝建党 80 周年暨第二届艺术节“新世纪、新包钢”文艺汇演。

2006 年，工会组织职工参加包钢职工文学、文艺、美术、书法、摄影等群众活动，吸引许多职工踊跃参与。

2007 年，工会组织职工参加包钢以迎接党的十七大、庆祝内蒙古自治区成立 60 周年和包钢工会成立 50 周年为主题的包钢第五届职工艺术节；组织部分职工参加了书法、美术、摄影、集邮、文学成果、手工制作等包钢第五届艺术节职工艺术作品联展。

2009 年，工会组织职工参加包钢公司第六届职工艺术节，组织“魅力包钢”歌手赛、“祖国你好”歌咏赛、“超越自我”综合文艺汇演、“庆祝建国 60 周年”书法、绘画、摄影联展，“机遇与挑战”主题有奖征文活动等 5 项文艺活动。

2010 年，工会组织举办了以“稀土之光”为主题的春节联欢会；参加包钢庆祝建国 60 周年、“魅力昆都仑”（首届）暨昆区第二十四届鹿原文化艺术节——包钢（集团）公司专场文艺晚会。公司职工王妍获优秀演员奖；参加包钢文联举办的“全健排舞”比赛，获优秀组织奖。

2011 年，工会组织举办了“包钢稀土 2011 年春节联欢暨 2010 年度先进集体、先进个人表彰会”；参加包钢以纪念建党 90 周年“颂歌献给党，建设大包钢”为主题的公司第七届职工艺术节系列活动，包钢稀土组织的百人合唱队获歌咏比赛银奖；组织参加包钢“稀土畅想”文艺专场演出，有两个节目获包钢优秀节目奖。

承办包钢集团第七届职工艺术节“稀土畅想”演出专场

2012 年，工会组织举办“包钢稀土 2012 年春节联欢暨 2011 年度先进集体、先进个人表彰会”；参加包钢第三届职工春晚、公司元宵节灯展、街头文艺调演、职工书画影展、“魅力包钢达人秀”职工综艺大赛；公司职工牛晓彤的绘画作品获二等奖。

2013 年，工会组织举办“包钢稀土 2013 年春节联欢暨 2012 年度先进集体、先进个人表彰会”；参加包钢以“激情梦想，美丽包钢”为主题的公司第八届艺术节系列比赛：其中主持人比赛，吕妍获银奖，王晨、陈琳、刘世轶获铜奖；歌咏比赛获银奖；诵读大赛，磁材公司孙丽君获银奖；组队参加庆祝包钢成立 60 周年文艺汇演。

包钢稀土百人合唱队获包钢歌咏比赛银奖

包钢稀土2013年春节联欢暨2012年度先进集体、先进个人表彰会

2014年，工会组织举办“包钢稀土2014年春节联欢暨2013年度先进集体、先进个人表彰会”；参加了包钢“圆梦2014”第四届春晚；公司制作彩灯、花车参加包头市元宵节灯展和花车巡展。

2015年，工会举办了“包钢稀土2015年春节联欢暨2014年度先进集体、先进个人表彰会”。参加包钢第九届艺术节，美文诵读比赛，稀土院贾涛获铜奖；微电影大赛，机关的《青春无悔》获铜奖；参加歌咏比赛，获铜奖。

2016年，工会举办了“北方稀土2016年春节联欢暨2015年度先进集体、先进个人表彰会”。选派员工参加了包钢（集团）公司2015年春节联欢会、书画作品展等活动；参加了包头市举办的正月十五灯展；组队参加包钢“安全在我心中”演讲比赛，于泽翔获第二名的好成绩。

二、职工体育活动

1997~1998年，工会举办了篮球、乒乓球、桥牌、棋类、钓鱼比赛。1998年元旦期间，工会举办“迎新春全民健身越野赛”。9月，参加包钢首届职工田径运动会。

1999~2000年，参加包钢第二届运动会田径比赛、“房产杯”棋类比赛、“给水杯”钓鱼比赛。

2001~2003年，2001年7月24日~9月11日，组队参加包头市九运会12个项目的比赛。2002年，参加包钢第三届运动会田径比赛和健康麻将、“火神杯”乒乓球、“运输杯”健身长跑、“无缝杯”羽毛球、“房产杯”棋类、“给水杯”钓鱼、“物供杯”篮球和“建设杯”桥牌等比赛。2003年，参加包钢健康麻将、乒乓球、长跑、羽毛球、篮球等比赛。

2004~2006年，参加包钢第四届运动会及系列由各直属单位冠名的健康麻将、乒乓球、羽毛球、钓鱼、信鸽、篮球和健身长跑及全民健身周等比赛。在本公司组织了乒乓球比赛、羽毛球比赛、钓鱼比赛、篮球比赛、职工体能比赛等赛事。2005年，参加包钢各类文体活动：钓鱼、气排球、网球等比赛。2006年，以“体育健身年”为主线，参加包钢气排球、“选矿杯”乒乓球、“冶金渣杯”网球、“无缝杯”羽毛球、“运输杯”健身长跑、“健康杯”职工体能赛、“焦化杯”足球、“给水杯”钓鱼、田径运动会、拔河、大众体育、“物资杯”篮球12项体育比赛。

2007~2009年，2007年以“与奥运同行”为主题开展职工体育工作，积极参加包钢首届“炼钢杯”拔河比赛等体育赛事。2008年，以第六个“体育年”为载体，参加包钢第六届职工运动会，相继开展网球、游泳、健身长跑、羽毛球、职工体能赛等活动。开展钓鱼、拔河、女职工“迎奥运”健身操等比赛及“田径运动会”，组织500名职工组成奥运火炬传递欢迎队伍。2009年，以“每天锻炼一小时，健康工作50年，幸福生活一辈子”为健康理念，在全公司推广以班组、车间、科室为单位，利用工余时间，进行多项体能锻炼活动。参加包钢公司“焦化杯”气排球比赛、“选矿杯”乒乓球比赛、“运输杯”健身长跑、“销售杯”万人健步行、“给水杯”钓鱼比赛、“炼钢杯”拔河比赛6项大型体育赛事。

2010年，参加包钢“焦化杯”气排球、“无缝杯”羽毛球、“建安杯”乒乓球、“给水杯”钓鱼、游泳、“炼钢杯”拔河等比赛和“运输杯”健身长跑比赛暨“全民健身日”活动。参加在鞍钢举办的“全国冶金职工桥牌比赛”，获团体第二名。获包头市自治区第十二届运动会突出贡献单位。参加自治区围棋比赛获团体冠军；包钢稀土组织承办矿山系统羽毛球比赛，获男子团体冠军，女子团体亚军；承办包钢2010年“稀土杯”棋牌赛；参加包钢“焦化杯”气排球比赛，获男子团体第六名；参加包钢游泳比赛获优秀组织单位；参加包钢“无缝杯”羽毛球比赛获体育道德风尚奖；参加包钢“建安杯”乒乓球比赛，获女子团体第四名；参加包钢长跑比赛获团体第六名；参加包钢田径运动会获团体总分第五名；参加包钢拔河比赛获女子团体第五名；在包钢2010年全年七运会以团体总分458分获团体总分第六名。

包钢稀土第一届“稀土杯”乒乓球比赛

组织了包钢稀土气排球比赛、第二届“稀土杯”乒乓球比赛、游泳比赛、羽毛球比赛、钓鱼比赛及庆三八职工体能比赛。通过一系列文体活动的开展，在包钢（集团）公司2008~2010年度体育工作表彰大会上，包钢稀土被评为体育工作先进单位。

2011~2013年，参加包钢首届“炼铁杯”篮

球赛，获乙组第二名；“稀土杯”棋牌赛，获团体第一名；“薄板杯”排球赛，获男团第三名，女团第五名；参加“全民健身日”活动暨第二届“销售杯”全健排舞比赛；参加乌海矿业公司第十三届“矿山杯”乒乓球比赛，获团体第二名；组织开展了包钢稀土的排球赛、羽毛球比赛及“三八节”体能比赛。

2012年，参加包钢第八届运动会，包括职工田径运动会及各类冠名杯赛；参加“销售杯”体能比赛，获体育道德风尚奖；参加包钢篮球赛，获第五名；参加包钢排球赛，获女子团体冠军；参加包钢运动会田径比赛获团体总分第二名；参加包钢拔河比赛，女队获第三名，获优秀组织奖；参加矿山系统羽毛球比赛，获混合团体第一名。组织了包钢稀土羽毛球比赛、篮球赛、体能比赛、排球赛、拔河比赛，举办了包钢稀土首届田径运动会比赛，包括外埠单位在内的23家分子公司参加了开幕式、闭幕式。2013年，在包钢（集团）公司表彰2011~2012年度做出突出贡献的体育工作先进集体以及先进个人会议上，包钢稀土获2011~2012年度突出贡献先进单位。年内参加包钢第三届“选矿杯”游泳比赛，获团体第四名；参加“薄板杯”排球比赛，获男团第五名，女团第三名；参加“给水杯”钓鱼比赛，获优秀组织单位奖；参加包钢“运输杯”健身长跑比赛暨“全民健身日”活动，获团体第六名。举办了包钢稀土“稀土杯”排球赛、气排球比赛、棋牌赛、游泳比赛、羽毛球比赛、排球比赛。

2014~2016年是包钢“体育年”。公司组队参加包钢九运会第二届“稀土杯”棋牌赛，获团体第一名；参加包钢“销售杯”乒乓球比赛，获优秀组织单位；参加包钢羽毛球比赛，获男子团体第二名；参加包钢九运会田径比赛，获团体总分第二名；参加包钢排球赛，获女团第三名，男团第四名；参加包钢拔河比赛，获女团第三名。举办包钢稀土第四届“稀土杯”棋牌赛、乒乓球比赛、羽毛球比赛、庆“三八”气排球比赛、排球赛、拔河比赛；举办包钢稀土第二届田径运动会。参加内蒙古第十三届桥牌锦标赛，参加矿山系统乒乓球比赛，获团体第二名。2015年，参加包钢5人制足球赛获第三名；冠名承办包钢“包钢稀土杯”健步行活动；参加包钢游泳比赛，获团体第四名；包钢稀土组织开展庆“三八”气排球比赛、乒乓球比赛、游泳比赛。2016年，组织开展了棋牌赛、气排球、拔河比赛、羽毛球赛等活动；参加了包钢举办的棋牌赛等活动；参加包钢第十届运动会，获优秀组织单位。

北方稀土庆“三八”气排球比赛

文体活动群众组织有钓鱼协会、桥牌协会、羽毛球协会、足球协会，丰富了各项活动的开展。1997~2016年，公司积极参加包钢各项文体活动，在参加包钢比赛前，公司组织各项文体活动，选拔优秀队员，参加包钢比赛。故参加包钢各项活动均取得优异成绩。在包钢每年度文体工作表彰会上，包钢稀土多次获文体工作先进单位。

三、文体活动设施建设

1997~2016年，公司文体活动设施建设情况如下：

稀土院建棋牌室1个，健身房1个，羽毛球场地4个，乒乓球场地5个。冶炼厂建有篮球场地2个，文体活动室8个。稀选厂为矿山职工新建影音播放室，购置播放设备，为各车间购置相机，各基层工会有乒乓球案40多台。

第六节 女职工工作

一、女职工组织建设

1990年12月，包钢工会第一届女职工委员会成立。1991年，稀土三厂工会女职工委员会成立。1997~2005年，根据工作需要，对公司工会女职工委员会人员进行过几次调整。公司工会女职工委员会连续被包钢授予“优秀女职工委员会”。

2006年，公司工会严格执行《包钢（集团）公司女职工委员会工作条例》，重新调整公司系统各级女职工委员会，在全公司逐步建立三级工会女职工委员会，即公司级、厂级和车间级女职工委员会。

2009年开始，各级工会女职工委员会均由职工（会员）代表大会或职工（会员）大会民主选举产生。在2009年4月召开的包钢稀土一届一次职工（会员）代表大会上，选举产生由公司工会机关有关人员、部分直属工会女职工委员会主任及女职工代表等7人构成的公司首届工会女职工委员会。

同年，公司工会制定《包钢稀土女职工工作目标管理考核办法（试行）》，以着力加强女职工工作。

2011年，工会女职工委员会被包头市授予“包头市妇女工作先进集体”，并连续被包钢工会授予“优秀女职工委员会”。

2012~2016年，工会女职工委员会连续被包钢工会授予“优秀女职工委员会”。

截至2016年底，公司共有公司级女职工委员会1个，厂级女职工委员会11个。

二、女工素质建设及建功立业活动

1997~2001年，公司工会结合实际，深入落实内蒙古自治区总工会女职工委员会《关于在全区广泛开展“女职工双文明建功立业竞赛”活动的意见》，引导女职工投身“女职工双文明建功立业”竞赛、“五好文明家庭”创建等活动。各单位相继举办“我爱我家”有奖征文、“美好家庭”展示会、“美德在我家”家庭联谊会以及“家庭读书角”等活动。

2002~2008年，公司“女职工双文明建功立业”竞赛活动深入开展，各单位女工踊跃参赛。公司工会着力深化“四进家庭、四不进家庭”教育活动，即思想教育进家，科学技术进家，文体艺术进家，道德法律进家；赌博不进家，毒品不进家，邪教不进家，暴力不进家。组织女工参加包钢工会女工部与包钢日报社举办“文明新风进我家”征文活动，征集稿件28篇，其中5篇获奖；组织女工干部参加包钢工会举办女职工干部适应性岗位培训班；组织开展妇女理论、家教理论论文、调查报告征集活动。2008年，组织女工参加了包钢工会举办的女职工“迎奥运”健身操比赛。此外，每年还组织500余名女职工参加在全国范围内开展的“女职工健康知识巡回讲座”。每年“三八”节，公司对涌现出的“女职工双文明建功立业”竞赛先进集体、先进个人进行表彰。

2009年，公司工会结合职工书屋的建立，重点推动女职工读书活动，各基层单位的职工书屋均设有女职工读书园地，组织开展“快乐学习、快乐工作、快乐生活”为主题的女职工读书活动。“三八”节，公司表彰29名女职工双文明建功立业先进个人、10个女职工双文明建功立业先进集体。

从2010年开始，公司工会落实“中华全国总工会女职工委员会关于实施女职工提升素质建功立业工程的意见”，通过多种形式深入实施女职工提升素质建功立业工程。2010年，适逢纪念“三八”国际劳动妇女节100周年，公司女职工委员会积极组织女工参加包钢工会组织开展系列庆祝活动。

2011~2015年，公司工会以“巾帼建新功、岗位争一流”为主题，深入实施女职工提升素质建功立业工程，继续深入开展“女职工双文明建功立业”竞赛活动。2013年是《女职工劳动保护特别规定》的宣传落实年，公司工会在全公司组织开展“女职工权益保障法律法规知识竞赛”活动，公司75%以上女职工参加竞赛，同时，又组织800多名党政领导、女职工参加全总《女职工劳动保护特别规定》知识竞赛。每年的“三八”期间，公司对当年涌现出的“女职工双文明建功立业”竞赛先进集体、先进个人进行表彰。公司女职工委员会连续被包钢工会授予“优秀女职工委员会”。

2016年，围绕公司生产经营目标任务，继续在女工中开展“女职工双文明建功立业”竞赛活动和“巾帼文明示范岗”创建活动，开展“双优”竞赛活动。结合公司开展员工自主改善活动，动员广大女职工积极投身活动之中。在广大女职工中倡导“干一行、爱一行、专一行、精一行”。公司女工委员会在女工中积极开展培养选树女先进、女标兵、巾帼科技之星活动，冶炼分公司桑晓云被授予自治区“五一巾帼标兵”、稀土院于亚辉被授予包钢巾帼标兵、稀土院贾丽娜被授予包钢巾帼科技之星。

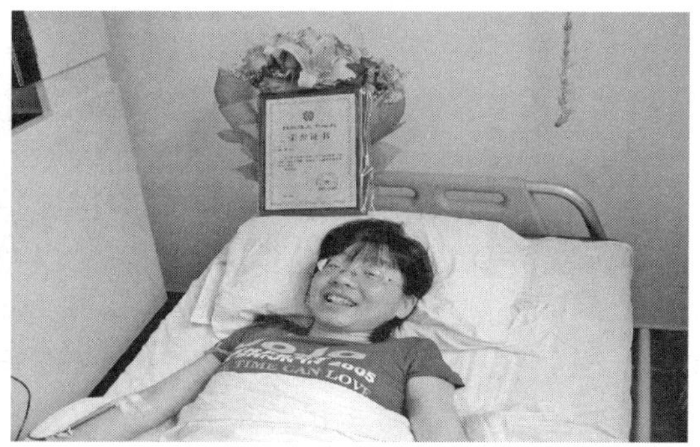

公司女职工郭英作为包头市捐献造血干细胞第一人获包头市“三八”红旗手等称号

三、“巾帼文明岗”创建工作

1999~2010年，自1999年开始，公司工会按照上级妇联女工部统一部署，在女职工比较集中的岗位开展“巾帼文明示范岗”创建工作。2010年，冶炼厂分析检测中心被命名为包钢级“巾帼文明岗”，实现了包钢稀土“巾帼文明岗”创建零的突破。

2011~2012年，公司工会通过组织培训、观摩学习等多种形式，推动了创建工作更加广泛、深入地开展。冶炼厂分析检测中心创建工作又上了个新台阶，被命名为包头市级“巾帼文明岗”。随着创建工作持续有效推进，2012年，冶炼厂分析检测中心被命名为内蒙古自治区级“巾帼文明岗”。

2013~2015年，公司工会深化巾帼文明岗品牌建设，重点结合公司推行的5S管理，引导各单位改善创建岗位工作环境，营造温馨氛围。冶炼厂一车间监量工段被命名为包钢级“巾帼文明岗”。2014年，冶炼厂一车间监量工段被命名为包头市级“巾帼文明岗”；华美公司化验室被命名为包钢级“巾帼文明岗”。

2016年，公司加大了“巾帼文明岗”创建力度，对创建“巾帼文明岗”的基础资料进行了统一规范。从3月开始，在8个单位进行了摸底，对有条件创建的单位予以了指导。2016年，公司共申报全国级“巾帼文明岗”1个、包钢级“巾帼文明岗”7个。到2016年底，共有10个创建岗位全部接受了包头市、包钢组织的“巾帼文明岗”创建验收检查。

四、维护女职工权益工作

1998年以后，公司工会贯彻落实《中华人民共和国妇女权益保障法》《女职工劳动保护规定》等法律法规，切实维护女职工合法权益和特殊利益，加大维护力度。1999年，重新调整女职工劳动保护领导小组，做到女工接待来信来访调解率达100%。公司工会继续坚持每年会同职工代表视察，对基层女职工劳动保护工作、维权工作进行检查，发现问题及时协调解决。

2005年，在全公司组织开展女职工维权周活动，悬挂横幅10余条、制作宣传板报20余块；组织女工参加了包钢工会举办的法律法规专题讲座、各类知识答题等活动。

2006~2008年，公司工会为所有女工小组发放《妇女权益保障法》学习手册，举办知识竞赛，抢答赛。通过集体合同平等协商机制，将5元/月的女职工卫生费提高到12元/月。2008年，公司工会通过集体合同平等协商机制，实现在册女职工卫生费发放标准的再次提高，由12元/月提高到20元/月。

2009年，公司工会落实上级工会关于推行《女职工权益保护专项集体合同》的有关要求，在包钢稀土一届一次职工（会员）代表大会上，由公司工会主席于志军与公司总经理张忠正式签订《包钢稀土女职工权益保护专项集体合同》，对女职工“四期”保护、劳动安全卫生、妇科疾病的普查、卫生费用的发放标准以及女职工自身发展权利等涉及女职工合法权益和特殊利益的问题作了明确规定，要求公司各单位独立签订女职工权益保护专项集体合同。同年，公司工会加大女职工劳动保护落实和监督力度，组织各基层单位开展女职工劳动保护自检，各单位在劳动保护方面努力为女职工办好事、实事，解决女职工生产生活中存在的困难和问题。

2010年6月，在包钢工会召开的“包钢（集团）公司女职工权益保护专项集体合同工作推进会”上，公司工会被包钢工会授予“工会女职工劳动保护工作先进单位”，并在包钢召开的女职工劳动保护专题会议上作了先进经验介绍。

2011 年，组织女工参加包钢工会以“健康生活，快乐工作”为主题，开展“关爱女职工健康系列活动”。邀请中华全国总工会“女性健康讲座组”专家深入到公司机关、冶炼厂、稀选厂、白云博宇 4 家单位进行健康知识巡讲 4 场。

2012 年，公司工会以宣传贯彻新颁布的《女职工劳动保护特别规定》为契机，检查各单位对包钢（集团）公司下发《关于修订产假和哺乳假的通知》等具体政策执行落实情况，进一步加强女职工劳动保护工作。

2013~2014 年，进一步推进各基层单位《女职工权益保护专项集体合同》签订与实施工作，切实保证女职工特殊权益得到保护。

2015~2016 年，公司重新修订了《女职工权益保护专项集体合同》，并在 2015 年 4 月召开的北方稀土一届一次职工（会员）代表大会上，由公司工会主席于志军与公司总经理张忠签订了《北方稀土女职工权益保护专项集体合同》，对涉及女职工合法权益和特殊利益的问题作了明确规定，要求公司各单位独立签订女职工权益保护专项集体合同。在职代会上，还对上一年公司《女职工权益保护专项集体合同》执行情况进行了说明。同年，公司工会还组织各基层单位开展女职工劳动保护自检，各单位在劳动保护方面努力为女职工办好事、实事，解决女职工生产生活中存在的困难和问题。

第七节　职工之家建设

1998~2006 年，公司工会以审议企业重大决策，维护职工群众合法权益，监督公司行政部门执行国家各项法令和规章制度为职能，在公司党委领导下，发挥联系群众、教育群众、代表和吸引职工参与企业建设和管理的作用，通过建设职工之家等活动，激发职工的主人翁意识。每年开展一次工会系统表彰工作，对当年评选出的“模范职工之家”、“车间模范职工小家”、“班组模范职工小家”、“优秀工会工作者”、“优秀工会积极分子”优秀职工代表进行表彰。开展创建学习型工会活动，加大工会干部培训力度，组织基层工会专职干部参加各类岗位培训。

2007 年，根据包钢工会总体工作要求，结合贯彻《企业工会工作条例》，开展“企业工会建设年”、“对标规范”、“对标升级”活动。加强“建家”活动管理、考核和评比、选树工作。积极开展“工会工作创新奖”的培养选树工作，有 1 项工会工作创新成果受到上级工会委员会表彰。进一步强化工会干部业务素质能力的提升，选派工会干部参加上级工会组织的各类培训学习活动。

2008 年，按照“组织健全、维权到位、工作活跃、作用明显、职工信赖”的建家目标和要求，进一步完善基层单位的建家管理工作，全年共评选表彰模范职工之家 3 个，车间、班组级模范职工小家 13 个。

2009~2011 年，公司工会以贯彻《企业工会工作条例》为契机，修订、调整“建家”活动内容和考核办法，对各基层单位进行年度建家工作验收考核，表彰先进集体 81 个，各类模范、先进个人 174 名。“党建带工建、工建促党建”工作进一步深化，通过向党委汇报，与行政沟通，工会工作得到党委重视和行政的支持。有效推进“抓特色、育精品、创品牌”活动，公司申报的“做好多种经济体成分共存维权工作”获包钢优秀项目奖。加大工会干部岗位培训工作力度，近 50 名工会干部参加了各级各类岗位培训。

2012~2014 年，以建设“职工之家”为载体，坚持每年对基层工会工作进行验收评比。公司职工代表在包钢四届一次职代会期间提出的“解决包钢稀土基层单位工会主席配备问题”的提案，受到了包钢的高度重视，被评为包钢四届一次职代会优秀提案。白云博宇、稀土院、磁材公司、电池公司、贮氢公司 5 家单位工会主席配备问题，在 2014 年年底得到很好解决，有力推动了公司工会组织建设。规范会员会籍管理，加强工会工作信息化建设，工会基础建设得到不断夯实。不断创新工会工作，2 项创新成果受到上级工会委员会表彰。加大学习教育力度，公司专兼职工会干部岗位培训实现全覆盖。通过对基层会费 100%返还的激励政策，有效地调动了基层工会工作的创新开展。

2015~2016 年，认真开展建设职工之家工作。对基层建家工作进行了考核验收。持续开展会员评议“职工之家”活动，对每年度涌现出的公司级“模范职工之家”、“模范职工小家”、“优秀工会工作者”、“优秀工会积极分子”进行了命名表彰。通过对基层模范职工之家的规范建设，有效地调动了基层工会工作的创新开展。公司工会连续被包钢授予“模范职工之家”称号。

第三章　共青团工作

在包钢团委和公司党政的正确领导下，公司团委坚持“德育为先，以人为本，突出重点，创新发展”的工作理念；突出务实基础、加强服务、务求实效三项工作重心；扎实推进青年凝聚力工程、青年技能提升工程、青年安全保障工程、阳光团务工程；全面履行组织青年、引导青年、服务青年的职能，团结带领公司广大团员青年积极投身公司的生产经营建设中，推动公司共青团事业的新发展。

第一节　组 织 建 设

一、公司团组织建设

1997 年 9 月 30 日，内蒙古包钢稀土高科技股份有限公司成立共青团内蒙古包钢稀土高科技股份有限公司委员会。

2003 年 8 月 26 日，公司团委召开共青团内蒙古包钢稀土高科技股份有限公司第一次代表大会。会上，团委副书记赵依峰作了题为《朝阳事业，朝阳人，为全面开创稀土高科共青团工作新局面而努力奋斗》的工作报告。大会通过选举产生了由 5 人组成的共青团内蒙古包钢稀土高科技股份有限公司第一届委员会及团委书记赵依峰。

2012 年 9 月 9 日，包钢稀土下发《关于职能管理部门组织机构及人员调整的方案》，将团委职能及人员划归组织（人事）部，组织机构名称及职能不变。

历任负责人

书　记：赵依峰（2001. 06~2002. 05）
赵依峰（2003. 09~2006. 09）
胡治海（2006. 09~2008. 05）
郭文亮（2008. 05~2009. 01）
魏晓鸥（2013. 03~　　　　）

团委副书记：
黄立东（1997. 09~2002. 05）
赵依峰（2002. 05~2003. 09）
郭文亮（2009. 01~2010. 08）
魏晓鸥（2010. 08~2013. 03）

二、基层组织建设

2008 年 7 月 23 日，稀土高科党委批准冶炼厂成立中国共产主义青年团总支部委员会。

2009 年 9 月 16 日，包钢稀土党委批准稀选厂、贮氢公司成立中国共产主义青年团总支部委员会。

2010 年 12 月 3 日，包钢稀土党委批准磁材公司、国贸公司、电池公司成立中国共产主义青年团总支部委员会。

2011 年 1 月 20 日起，共青团包钢稀土研究院委员会、共青团包头天骄清美稀土抛光粉有限公司总支委员会隶属于共青团内蒙古包钢稀土（集团）高科技股份有限公司委员会。

2012 年 7 月 31 日，包钢稀土团委下发《关于白云博宇分公司恢复团组织工作的批复》。同意白云博宇恢复团组织工作，成立团支部。

2013 年 4 月 19 日，共青团包钢稀土（集团）公司冶炼厂总支部建制升格为共青团包钢稀土（集团）公司冶炼厂委员会。

2013 年 4 月 26 日，共青团包钢稀土（集团）公司稀选厂总支部委员会建制升格为共青团包钢稀土（集团）公司稀选厂委员会。

2014 年 11 月 5 日，按照包钢稀土党委的要求，在包钢团委的积极支持下经与昆区团委协商，将华美稀土团委的组织关系由昆区团委划入包钢稀土团委。

2014 年 11 月 14 日，共青团包钢稀土（集团）公司白云博宇分公司支部委员会建制升格为共青团包钢稀土（集团）公司白云博宇总支委员会。

截至 2016 年年底，北方稀土团委下设直属二级团组织 10 个，基层团支部 34 个。直属二级团组织为冶炼分公司（华美公司）团委、稀选厂团委、稀土院团委、白云博宇团总支、磁材公司团总支、贮氢公司团总支、电池公司团总支、天骄清美团总支、国贸公司团总支、机关团支部。

三、团员发展

大力加强团的基层组织建设，力争使团的基层组织网络覆盖全体青年，使团的各项工作和活动影响全体青年，是北方稀土党委对新形势下对北方稀土团委提出的明确要求。特别是随着北方稀土不断发展壮大，加强团组织覆盖，不断扩大共青团在广大青年职工中的覆盖面和影响力，对于更好地把广大青工紧紧团结凝聚在公司党政周围，促进青年职工的成长成才具有重要意义。

2008 年，稀土高科共有团员 108 名。2010 年，包钢稀土 35 岁以下青年 825 人，团员 453 人。2012 年，包钢稀土 35 周岁以下青年 1491 人，团员 917 人。2013 年，包钢稀土 35 周岁以下青工 1484 人，团员 993 人。2014 年，包钢稀土 35 周岁以下青工 1813 人，团员 948 人。2015 年，北方稀土 35 周岁以下青年 1634 人，团员 810 人。2016 年，北方稀土 35 周岁以下青年 1626 人，团员 518 人。

第二节　团组织主要工作

公司团委充分发挥共青团组织引领作用，动员公司广大团员青年以蓬勃的朝气和扎实的工作，与时俱进、改革创新、求真务实、努力开创共青团工作的新局面。

一、重点工作

（一）青工职业技能竞赛

北方稀土团委主动参加、紧密配合包钢（集团）公司各类职业技能竞赛，同时，开展北方稀土内部青工技术比武、岗位培训、“青工拜师学技”、“青工技术讲坛”、争创“青年岗位能手”等活动。使青工职业技能竞赛成为企业团组织培养和发现优秀青年技能人才的重要工作载体。

2003 年，稀土高科马婷获得包钢（集团）公司青工技术大赛计算机类第二名。

2006 年，稀土高科鲍云庆获得包钢（集团）公司青工技术大赛钳工类第四名。

2008 年，稀土高科团委成功承办了包钢职业技能竞赛稀土化学分析工比赛，并在比赛中取得优异的成绩，包揽了前六名。前三名获奖选手分别为黄海英、魏晓鸥、王东杰。

2011 年，包钢稀土承办了包钢（集团）公司职业技能竞赛真空熔炼工比赛。包钢稀土在此次比赛中取得优异成绩，包揽前六名。前六名获奖选手为于兵、李宝犬、马庆光、黄志军、弓斌、刘永活。同时该工种也作为承办内蒙古自治区职工职业技能竞赛的工种之一，填补了自治区工种设置的空白。

2012 年，稀选厂梁斌获包钢（集团）公司职业技能竞赛选矿脱水工种第七名。

2013 年，包钢稀土团委获包钢（集团）公司“青工技能振兴计划优秀组织单位”荣誉称号。包钢稀土计划财务部陶成克获得包钢（集团）公司职业技能竞赛财务技能工种第一名，冶炼厂赵君获得办公系统工种第五名。

2015 年，北方稀土承办包钢化学分析工职业技能竞赛并包揽前六名。前六名获奖选手为于亚辉、张红、常诚、刘春、高立红、张海蓉。

（二）志愿者活动

公司团委一直致力于弘扬青年志愿者精神，秉承自觉自愿、力所能及的原则，有效地动员和整合企业中各类资源共同推动企业的发展和进步，广泛动员员工力量参与志愿服务，为建设和谐企业作出应有的贡献。

在每年“青年志愿者活动月”、全国“助残日”、“交通日”期间，公司团委组织带领青年志愿者广泛开展志愿服务活动。持续关注困难青年、异地单身青年、离退休老干部和残疾人等其他弱势群体，有针对性地提供生活料理、信息咨询、心理疏导、文体娱乐等志愿服务；同时开展义务植树、厂区卫生清理、“一线送清凉”等志愿活动。截至 2016 年年底，北方稀土注册志愿者为 466 人达到青工总数的近 1/3，已成为一支有组织、有规模的青年志愿者群体。

2008 年，汶川地震抗震救灾期间，团员累积捐款 6400 元。2010 年 5 月，全国“助残日”期间，组织团员为西南旱区捐款 10811 元，为灾区人民奉献了一份爱心。2013 年，冶炼厂团委向雅安灾区捐款 43490 元。2013 年 10 月，联合包钢共青团第六片区兄弟单位团委，组织开展了“情系北梁爱心助学活动”，通过爱心捐赠的形式为留守儿童送去了关爱。2014 年 8 月，在全国钢铁行业

团指委一届三次全委会期间，组织团员向“郭明义爱心基金”捐款1526元。2015年，北方稀土冶炼分公司团委联合国贸公司团总支志愿者赴新光小学对贫困孩子进行“学雷锋”帮扶活动，共捐赠衣物、玩具、图书等百余件。2016年，北方稀土各级团组织全年开展志愿活动30余次，人均服务4小时，年服务时间累计达到500小时。

（三）“青安杯”竞赛

按照包钢（集团）公司团委“青安杯”竞赛的精神，结合公司生产实际，在各直属厂、分子公司广泛开展了以创建“青年安全生产示范岗”为重点的竞赛活动，通过签订安全承包协议、加强青工安全教育、查找安全隐患等措施，在推进各直属厂、分子公司“青安岗”建立的同时，进一步强化青工安全生产和管理意识，增强了一线青工安全生产责任感。截至2016年年底，共设33个青安岗。

1997～2016年，公司团委多次被评为包钢（集团）公司“青安杯”竞赛优胜单位。有资料记载：2013年，包钢稀土稀选厂青安岗获“全国钢铁行业最佳青年安全监督岗”。2014年，包钢稀土冶炼厂自动化小组获“全国钢铁行业青年安全示范青安岗”。2015年，北方稀土白云博宇分公司荣获全国钢铁行业“青安杯”竞赛最佳青年安全监督岗。2016年，北方稀土团委荣获全国钢铁行业“青安杯”竞赛先进集体。

二、特色工作

（一）团校建设

2013年11月25日，共青团包钢稀土（集团）高科技股份有限公司委员会下发团发〔2013〕15号文件，经公司党委同意，决定成立包钢稀土团校，并开始筹建工作。2014年5月5日，包钢稀土隆重举行“纪念五四运动95周年表彰大会暨包钢稀土团校揭牌仪式”。在会上由时任包钢（集团）公司党委副书记、包钢稀土党委书记孟志泉和包钢（集团）公司董事、包钢稀土总经理张忠共同为包钢稀土团校揭牌。表彰大会结束后，包钢稀土原党委书记兰一平为参会的团员青年讲授了团校成立后的第一课。

包钢稀土团校是公司团委下属的青年团员进行培训、教育的阵地。其设制、校内事务的重大决策均受公司党委领导。教学组织、教学内容的确定及安排、学员考核等具体工作由公司团委负责。

团校分设东、西、北三个校区，东校区设在稀土院，西校区设在冶炼厂、北校区设在白云博宇分公司。东、西、北校区的日常管理由所在校区团委负责。东校区所属单位为稀土院、磁材公司、天骄清美、贮氢公司、电池公司、国贸公司、白云博宇公司、公司机关。西校区所属单位为冶炼厂、稀选厂、华美公司、天骄清美（西厂）。北校区所属单位为白云博宇分公司。

团校每月至少开课一期。聘请公司各级领导、专家、业务骨干、先进模范人物为青年团员授课。团校的主要教学内容有理想信念教育、青年职业素质培训、青年才艺素质培养。主要教学形式有课堂授课、专题讲座、专题研讨、演讲辩论、参观考察、能力测试、技术交流、拓展培训等。力求在授课形式上有所创新，不再以原有单一的你教我学形式为主，提倡教学相长、互动提高。

包钢稀土团校成立以后，团课内容已涵盖Excel的实用技巧、安全生产知识、《新环保法》讲座、PPT的实用技巧、“用良好的沟通照亮前进之路”专题讲座、“稀土工业的发展历史及稀土工业知识”专题讲座、“个人执行力的提升”、“英语学习方法”、“稀土纵横谈”、“我的青春岁月”等专题讲座。截至2016年年底，团校共开课28期，累计培训青年团员2080人次。通过团校的组织学习和交流活动，有效地提升了青年职业素养，同时搭建起团组织与青年之间的沟通桥梁。为加快推进企业科学发展、实现转型升级提供了强有力的人才保障。

（二）稀土青年杂志

2008年11月，为加强包钢稀土共青团的活动宣传阵地建设，团委在征求各方面意见、充分调研的基础上，出版了第一本团内刊物《包钢稀土青年》。杂志常设简报聚焦、共青广场、新作快递、青春加油站、休闲驿站等栏目，内容包括国家大政方针和集团公司的经营决策及重大事件、共青团工作成果发布、青工技能知识普及、青年文学创作等。一季度出版一期。2009年年底，包钢稀土团委对《包钢稀土青年》杂志内容和版面进行了重新设计改进，印册从每期发行100册增至300册。栏目设置为卷首语、风向、聚焦、话题、团旗飘飘、技术论坛、白云鄂博、学知堂几大板块。2010 年，在原有 32 版面的基础上，扩大至 48 版面。2010 年年底扩至 64 版面，并由黑白印刷改为全彩印刷。杂志根据时代和公司生产经营主题不断增设、更换栏目。2011 年，开设了“我与祖国共奋进　我与祖国共发展”、“永跟党走 建功‘十二五’”等专栏，增强青年主人翁意识，为公司生产经营大局服务。

2011 年 8 月，编印《包钢稀土青年》纪念建党 90 周年特刊。2013 年 10 月，《包钢稀土青年》杂志被包头市图书馆地方文献部收藏，使该杂志影响力进一步扩大。《包钢稀土青年》杂志不仅是稀土高新区企业唯一一家企业团刊，也是包钢共青团系统二级单位中唯一的团刊，多次得到了各级领导的高度赞扬。截至 2016 年年底，共计编印《包钢稀土青年》杂志 26 期。

三、其他工作

（一）宣传工作

公司团委以团中央、包钢（集团）公司“两会”、包钢稀土职代会精神作为贯彻落实团员青年理想信念教育的核心内容。以宣讲、座谈会、团课等多种形式在各级团干部和全体团员青年中开展学习活动，使团员青年明确了工作重心，并自觉将自身发展与企业命运联系在一起，强化“主人翁”意识。

2009 年 12 月，成立包钢稀土共青团宣传报道组。

2010 年 1 月，成立团组织特约记者团队，共有 36 名特约记者，范围涵盖各分子公司、集团本部职能部室，定期召开会议部署工作任务，畅通稿件信息通道。在公司的《稀土专刊》中开辟团委专栏，及时报道团情资讯。

2012 年 12 月，包钢稀土团委开通“北方稀土青年”新浪微博，截至 2016 年年底，共发布微博 16622 条，共有微博“粉丝”279 名。重点建立起了自下而上的微博传播体系，通过微博平台定期进行企业形势任务、团内重要活动的宣传，使微博逐渐成为了新时期有效开展青年思想政治工作的时尚载体。

2014 年，包钢稀土团委在公司 OA 网开辟了“团委专栏”，内容不定时更新。

2015 年年底，北方稀土团委创建“北方稀土青年”微信公众平台，每周不定期推送团情资讯、美文分享、好书推荐等贴近团员青年的内容，长期开设“青·风采”专栏，推送各单位开展的活动、团干部和团员青年所写的学习体会、时事述评、工作思考、读书笔记、生活随感等各方面内容。

目前，包钢稀土团委已经形成了以杂志、报纸、微博、微信、团委专栏、QQ 群为主体的团属宣传阵地，定期向《包钢日报》《包钢青年》等刊物投稿，经常被刊用。截至 2016 年年底，在《稀土专刊》报纸发表团内报道 50 篇，上报包钢团委团内通讯 40 篇，在北方稀土团委新浪微博发布各类消息 16621 余条，在包钢微信平台发表团内信息 20 篇，及时反映了团内的重点工作和包钢稀土青年良好的精神风貌。

（二）青年文化活动

2008 年 8 月 16 日，为促进青年交流，丰富青年业余生活，喜迎“奥运”，共庆盛世，包钢稀土团委组织开展了“与青春有约，与奥运同行”为主题的户外体验活动。

2009 年 3 月，组织调研建立“青年创业见习基地”，5 月举行了青年创业见习基地签字仪式。

2009 年 5 月，为引导广大青年积极传承五四精神，感受与时俱进的企业新风尚，包钢稀土团委举办“歌颂时代新风，传递青春梦想”配乐朗诵比赛。

2009 年 12 月，为解决青年团员报考驾照费用高等实际问题，包钢稀土团委积极联系包头市交警支队与驾校达成优惠协议，极大地节省青工的学习成本，有 500 余名青工受益，得到广大青年的好评。

2010 年 4 月，为引导广大团员青年关心企业发展的热点，包钢稀土团委举办首届以开创“包钢稀土科学发展新局面”为主题的“青春·责任·使命”青年辩论赛。

2010 年 10 月 16 日，包钢稀土团委举办公司首届团干部培训班。

2011 年，公司团委继续抓好《包钢稀土青年》宣传主阵地的作用，开设了“我与祖国共奋进　我与祖国共发展”、“永远跟党走　建功‘十二五’”等专栏，增强了青年的主人翁意识、统一思想更好地为公司生产经营大局服务。

2011 年 4 月，积极参加包钢开展的第二届“包钢十大杰出青年”评选活动。包钢稀土京瑞公

司生产部副主任王士智获得“包钢十大杰出青年”荣誉称号。

2011年5月，组织召开包钢稀土纪念五四运动九十二周年暨表彰大会；组织团员参加包钢团委举办的“永远跟党走，青春红歌秀”、“激情的梦想”主持人大赛、“薄板杯”英语大赛活动。

2011年6月，号召全公司团员青年积极投身厂容治理等活动中，团员青年主动承担了5S宣传板的设计制作、道路标示、绘制物品定制图、厂房设备粉刷等工作，受到领导的一致好评。

2012年6月，围绕建团90周年包钢稀土团委组织广大青年团员开展“青春建功、奉献稀土”主题征文活动和“青春建功‘十二五’，创先争优当先锋”主题系列活动。同年，参加包钢团委举办的“舞林大赛”、“党建带团建知识竞答赛”、“网络知识大赛”。

2012年8月，包钢稀土团委开展以“立足团的舞台，规划精彩职场人生”为主题的青年大讲堂活动。

2012年11月，包钢稀土团委组织举办“感悟职业，感受稀土，感想青春”为主题的参观学习活动。

2013年3月，包钢稀土及各分子公司范围内开展“降本增效　青年先行”主题教育活动，带动广大青年职工在工作和生活中树立正确的降本增效观念，形成节约意识，倡导节能环保、绿色经济等科学理念。

2013年5月，包钢稀土团委借助“五四”青年节的契机，筹备拍摄了“奋进中的青春——包钢稀土共青团工作风貌”宣传片，片长11分钟，内容涵盖了包钢稀土团组织基本情况、“青”字号活动、新媒体建设、青年先进人物介绍等。将包钢稀土团委近几年亮点工作进行了梳理和集中展示。

2013年7月，包钢稀土团委组织团员青年编排了《茉莉花》，作为稀土专场舞蹈节目做了演出。同时，被选为包钢艺术节表彰晚会的节目做了演出。

2013年9月，包钢稀土各级团组织开展了“青春志，钢铁情，强国梦”包钢稀土青年爱心圆梦系列活动。中秋节期间，组织新入职异地单身大学生包饺子、放烟花、发礼品、联谊会等活动，拉近了团组织与团员青年的联系。

2013年10月，以导师带徒为手段，以将青年打造成企业未来发展新支柱为最终目的，积极开展青年职业生涯导航工作。帮助青年更好地进行职业生涯的规划、设计和管理，共同培养造就一支素质高、能力强、作风好、结构合理的青年人才队伍。

2014年5月，为引导青年团员培育和践行社会主义核心价值观，包钢稀土团委开展“美德作为，才艺作品”申报活动。活动期间，收到美德申报80项，才艺申报85项。通过汇集、核实和评比综合反映出青年团员德才情况，形成人人争当有为青年的良好氛围。

2014年6月，包钢稀土团委联合包钢共青团第六片区各单位举办了“共圆绿色包钢梦·生态环保我先行”的主题演讲比赛。

2014年8月，包钢稀土团委承办了“相约青春　你我同行　2014年包钢单身青年中秋联谊会”，包括包钢职工医院、幼教处、机关工委等11家单位在内的近200名单身男女青年参加了活动，为包钢单身青年搭建了很好的交流沟通平台。

2014年8月，包钢稀土团委组织49名青年组成方阵，参加了公司第二届运动会开闭幕式列队表演。青年方阵作为包钢稀土青年的代表，以积极进取的精神风貌、排列整齐的严整阵容、昂扬向上的青春活力，展现了新时代包钢稀土青年的风采。

2015年5月，北方稀土团委举办“青春·责任·梦想”第二届青年辩论赛的决赛。正反双方以“打造一流稀土企业，坚持大处着眼与坚持小处着手哪个更重要”为辩题，进行了激烈的辩论。最终公司机关代表队获得了本届辩论赛的冠军。

2015年，组织参加包钢第五届“包钢十大杰出青年”、“包钢十大优秀青年”的评选活动，稀土研究院中试基地副主任胡文鑫最终获得“包钢十大优秀青年”的荣誉称号。

2015年6月，北方稀土团委组织9家单位的54名选手参加包钢“反违章　防事故”百日安全知识竞赛活动，经过初赛、复赛，北方稀土华美公司顺利挺进决赛并获得三等奖。

2015年8～10月，北方稀土团委开展“北疆青年学习进行时”和“团干部如何健康成长”大讨论活动。

2016年1月，组织青年参加2015年度包钢

(集团)公司青年标兵评选活动，天骄清美销售部副部长张磊获得“包钢青年标兵”的荣誉称号。

2016 年五四青年节期间，北方稀土团委与包钢离退管职工管理服务中心科教离退管科合作，筹划启动北方稀土团校共建项目，并为共建项目拍摄了视频短片。该项目以“党旗团旗相映红、老少携手并肩行”为主题，以专家团授课、职业问题咨询会、技术沙龙、“学生”成果汇报会等为主要活动载体，致力于传承老一辈稀土专家潜心科研、执着事业、奉献国家的崇高精神。

2016 年 7 月，在青年安全活动月期间，北方稀土各级团组织将“减亏治亏、提质增效”活动主题纳入进来，共拍摄安全微电影 3 部，征集建言献策 20 余条，合理化建议 30 余项，组织应急演练 3 次，开展安全主题培训 5 次，查出并排除各类安全隐患 50 余项。各所属团组织举办了主题演讲比赛、主题征文比赛、“佩戴青安岗臂章”、稀土生产主要工艺模拟动画制作等特色安全活动，提高了一线青工安全生产责任感。

2016 年 9 月，北方稀土召开出席包钢第三次团代会代表选举大会，共选出 7 名正式代表，1 名列席代表参加包钢第三次团代会。

2016 年 11 月，北方稀土团委举办“弘扬长征精神　展示青年作为”纪念红军长征胜利 80 周年主题教育活动。各单位团员青年通过诗朗诵、演讲、小合唱、评书的形式重温那段光辉岁月。作为新时代的包钢青年，更应大力弘扬长征精神，自觉肩负起责任和担当，为包钢和北方稀土迈上“十三五”的新征程贡献青春力量。

2016 年 8~11 月，指导各分子公司结合自身实际，鼓励并督促公司各生产单位开展包钢共青团系统第一届创新创意大赛暨 2016 年五小攻关活动，不断提高青年技工干事创业的热情。各分子公司共申请立项 40 余项，涉及设备改造、办公用品再利用、厂区美化等方面，为公司提质增效贡献青春力量。

2016 年 12 月中旬，北方稀土团委开展机关青年职场礼仪提升活动，通过在团委微博、微信平台宣传文明用语、礼仪规范；公司大楼摆放宣传展板；为机关青年发放职场礼仪培训教材；举办职场礼仪讲座等形式强化职场礼仪的意识，推动文明礼仪成为青年员工的自觉行为，提升企业文明程度，充分展示稀土青年的良好形象。

第三节　团组织主要荣誉

一、包钢稀土团委集体荣誉

1997~2002 年、2005 年、2010 年、2011 年、2013 年，公司团委获包钢“青安杯”竞赛优胜单位。

2010 年，包钢稀土团委获包钢“五四红旗团委”荣誉称号；包钢稀土团委获包钢“青年志愿者活动先进集体”荣誉称号；包钢稀土团委获“包钢青年文化活动先进集体”荣誉称号；包钢稀土团委获包钢“学习 5S、参与 5S、感悟 5S、享受 5S”职工演讲比赛优秀组织单位。

2011 年，获包钢第五届“薄板杯”英语大赛优秀组织单位；获包钢“永远跟党走　经典红歌秀”歌手比赛优秀组织单位。

2011 年，包钢稀土团委获包钢“五四红旗团委”荣誉称号；荣获包钢“青年文化活动先进集体”荣誉称号；荣获“青年志愿者活动先进集体”称号；荣获包钢“青工技能振兴计划优秀组织单位”荣誉称号。

2012 年，包钢稀土团委被评为“计量杯”包钢青年第四届网络知识大赛优秀组织单位。

2013 年，包钢稀土团委获“包头市五四红旗团委”荣誉称号，并作为全市五四红旗团委代表在包头市纪念“五四”运动 94 周年大会上发言；包钢稀土团委获包钢五四红旗团委荣誉称号；包钢稀土团委获包钢“青工技能振兴计划优秀组织单位”荣誉称号；包钢稀土团委获包钢“青年志愿者活动先进集体”称号；包钢稀土团委获包钢“青年文化活动先进集体”荣誉称号；包钢稀土团委获包钢“青年职业生涯导航优秀单位”荣誉称号；包钢稀土团委获包钢“青工帮教工作优秀单位”荣誉称号。

2014 年，包钢稀土团委荣获包钢“五四红旗团委”荣誉称号；荣获包钢“青年志愿者活动先进集体”荣誉称号；荣获包钢“青年文化活动先进集体”荣誉称号；荣获包钢“青年职业生涯导航优秀单位”荣誉称号；荣获包钢“青工帮教工作优秀单位”荣誉称号。

2015 年，北方稀土团委荣获包钢“五四红旗团委”荣誉称号；荣获包钢“青安杯竞赛优胜单位”荣誉称号；荣获全国钢铁行业“青安杯”竞

赛先进集体。

二、基层团组织荣誉

2005 年度，稀土高科分析检测中心团支部获包钢“最佳青安岗”。

2006 年度，稀土高科冶炼一车间团支部获包钢“最佳青安岗”。

2008 年度，包钢稀土稀选厂青安岗获包钢“最佳青安岗”。

2010 年度，包钢稀土冶炼厂动力车间团支部、稀选厂一车间团支部获包钢“最佳青安岗”。

2010 年度，包钢稀土冶炼厂动力车间团支部、稀选厂三车间团支部获包钢“五四红旗团支部”荣誉称号。

2010 年度，包钢稀土冶炼厂二车间团支部获包钢“包钢级青年文明号”荣誉称号。

2010 年度，包钢稀土稀选厂二车间团支部获包钢“优秀青年突击队”荣誉称号。

2011 年度，包钢稀土稀奥科电池公司青年突击队获包钢“优秀青年突击队”荣誉称号。

2011 年度，包钢稀土冶炼厂一车间团支部、稀选厂三车间团支部获包钢“五四红旗团支部”荣誉称号。

2011 年度，包钢稀土冶炼厂三车间青安岗、稀奥科贮氢公司团支部获包钢“最佳青安岗”。

2011 年度，包钢稀土冶炼厂一车间团支部获包钢“五四红旗团支部”荣誉称号。

2013 年度，包钢稀土稀选厂青安岗获“全国钢铁行业最佳青年安全监督岗”荣誉称号。

2013 年度，包钢稀土冶炼厂自动化小组获全国钢铁行业“青安杯”竞赛“青年安全示范青安岗”荣誉称号。

2013 年度，包钢稀土冶炼厂二车间获“包头市青年文明号”荣誉称号。

2013 年度，包钢稀土磁材公司机关团支部、电池公司生产车间团支部荣获包钢“五四红旗团支部”荣誉称号。

2013 年度，包钢稀土研究院理化检测中心获包钢“青年文明号”荣誉称号。

2013 年度，包钢稀土国贸公司青年突击队获包钢“优秀青年突击队”荣誉称号。

2013 年度，包钢稀土白云博宇公司团支部青安岗获包钢“最佳青安岗”。

2013 年度，包钢稀土冶炼厂自动化小组获包钢“青年安全生产示范岗”。

2014 年度，北方稀土冶炼厂一车间团支部荣获包钢五四红旗团支部。

2014 年度，北方稀土白云博宇分公司荣获全国钢铁行业“青安杯”竞赛最佳青年安全监督岗。

2015 年度，北方稀土团委荣获“包钢五四红旗团委”。

2015 年度，北方稀土团委荣获全国钢铁行业“青安杯”竞赛先进集体。

2015 年度，包头稀土研究院环保实验室荣获包钢“青年文明号”。

2015 年度，北方稀土华美公司三分厂团支部荣获包钢“五四红旗团支部”。

2015 年度，北方稀土冶炼分公司一车间团支部荣获全国钢铁行业“五四红旗团支部”。

三、个人荣誉

稀土高科马永亮被评为 2005 年度包钢最佳青安岗岗长。

稀土高科武祺斌被评为 2006 年度包钢最佳青安岗岗长。

包钢稀土郭英被评为 2008 年度“包钢十大杰出青年”荣誉称号。

包头稀土研究院赵长玉被评为 2008 年度包钢最佳青安岗岗长。

包钢稀土魏晓鸥被评为 2010 年度全国钢铁行业“青安杯”竞赛先进个人。

包钢稀土于兵 2010 年获内蒙古自治区职工职业技能比赛包钢分赛区包钢职业技能竞赛真空熔炼工工种比赛第一名，被授予“包钢杰出青年岗位能手”荣誉称号，荣获自治区五一劳动奖章。

包钢稀土魏晓鸥被评为 2010~2015 年度包钢优秀团干部。

包钢稀土苏鹏飞、胡佳被评为 2010 年度包钢优秀团员。

包钢稀土张光睿被评为 2010 年度包钢优秀青年志愿者。

包钢稀土刘丽丽被评为 2010 年度包钢最佳青安岗岗长。

包钢稀土刘忠涛被评为 2010 年度包钢共青团工作最佳支持者。

包钢稀土魏晓鸥被评为 2011 年度包钢优秀团

干部。

包钢稀土季晨光、韩君燕被评为2011年度包钢优秀团员。

包钢稀土姜婷婷被评为2011年度包钢优秀青年志愿者。

包钢稀土庞慧君被评为2011年度包钢最佳青安岗岗长。

包钢稀土党委副书记代兆丰被评为2011年度包钢共青团工作最佳支持者。

包钢稀土魏晓鸥被评为2012年度包头市优秀共青团干部。

包钢稀土邹继章、刘宸远被评为2012年度包钢优秀团员。

包钢稀土方治华被评为2012年度包钢优秀青年志愿者。

包钢稀土苗瑞娟被评为2012年度包钢最佳青安岗岗长。

包钢稀土党委书记张志坚被评为2012年度包钢共青团工作最佳支持者。

包钢稀土靳晶荣获2012年度“计量杯”包钢青年第四届网络知识大赛第二名。

包钢稀土郭剑、崔智恒被评为2013年度包钢优秀团员。

包钢稀土王瑞东被评为2013年度包钢优秀青年志愿者。

包钢稀土刘继勇被评为2013年度包钢最佳青安岗岗长。

包钢稀土党委副书记、稀土院党委书记琚建勇被评为2013年度包钢共青团工作最佳支持者。

北方稀土魏晓鸥被评为2014年度包钢优秀团干部。

北方稀土于泽翔被评为2014年度包钢优秀共青团员。

北方稀土胡文鑫被评为第五届包钢十佳优秀青年。

北方稀土刘楚楚被评为2014年度“全国钢铁行业优秀共青团员”。

北方稀土于亚辉被评为包钢职业技能竞赛化学分析工种状元。

北方稀土张磊被评为2015年度包钢青年标兵。

北方稀土魏晓鸥被评为2015年度包钢优秀团干部。

北方稀土刘楚楚被评为2015年度包钢优秀团员。

第四章 宣传工作

第一节 精神文明建设

一、文明单位创建

1997年，成为上市公司后，稀土高科秉承“尊重客户，善待员工，以良好的业绩回报投资者”的经营理念，始终坚持以创造经济和社会效益为目标，为打造中国乃至世界规模最大、实力最强的多元化、现代化、国际化企业集团而努力。

1998年，公司结合稀土市场形势任务，组成宣讲小组深入到各车间、工段宣讲，讲形势、讲任务、找差距、鼓干劲，教育全体员工认清市场经济的本质和规律，明确企业面临的困难和发展方向，破除计划体制下形成的各种陈旧观念。

1999年1月，江泽民总书记视察包头时提出“要大力发展稀土事业”，并题词“搞好稀土开发应用，把资源优势转化为经济优势”，为稀土行业调整产业结构吹响了号角。

通过有组织有计划有目的地在员工中开展教育，使员工树立起正确的世界观、人生观、价值观，将原来被动的“要我干”变为主动的“我要干”，使企业的精神文明建设成为全体员工与企业同呼吸共命运的思想源泉，也使企业的精神文明建设同经济建设工作更加紧密地结合在一起。同年，公司获“先进纪委”、“先进团委”、“民族团结进步工作先进单位”等荣誉称号，公司基层党校被包头市党委评为一级基层党校。

2000年，公司精神文明建设成效显著，基层党校继续保持公司一级党校荣誉，市级文明单位连续保持殊荣。

2001年10月16日，稀土高科根据需要重新调整了公司精神文明建设委员会，委员会下设办公室，办公室设在党群工作部。

2005年，公司精神文明建设工作向纵深方向迈进。公司注重企业发展战略研究，积极探索推进质量工作，努力打造名优品牌。公司多个部门获得包钢公司及以上先进称号，为公司争得了荣誉。工会的9项工作被包头市和包钢评为先进单位；团委被包钢评为“五四”红旗团委；纪委被包钢评为先进纪委；公司被包钢评为思想政治工作优秀单位、培训工作先进单位，被包头市授予遵守劳动保障法律法规诚信单位称号。

2006年，公司本着“尊重客户，善待员工，以良好的业绩回报投资者”的经营理念，努力打造“内有凝聚力、外有形象力、远有发展力”的稀土高科新形象，积极开展素质教育和诚信建设活动。“七一”前夕，公司组织近90名党员到延安宝塔山重温入党誓词。同年，公司各方面荣获包钢及以上奖励42项。这一年，公司开始使用“白云鄂博”注册商标，并成为公司对外使用的名片，使公司发展理念与品牌理念在国内外广泛传播。

2007年，在包钢（集团）公司党委、内蒙古稀土（集团）公司党委的正确领导下，公司党委始终把精神文明建设贯穿于生产经营的全过程，深入谋划公司发展战略，全面组织和开展党群工作，政治核心作用进一步显现。广大党员立足本岗，很好地发挥了先锋模范作用，有力地促进了生产、经营、管理等各项工作的发展进步，有效地保证了公司生产经营各项工作的顺利进行，促进了企业和谐发展。

2008年，公司在加强精神文明建设和企业文化建设方面，把企业经营理念贯穿于企业文化中，注重文明企业建设和文明员工培养，加强各种形式的宣传教育活动。公司编发各类简报126期、新闻稿件110篇，累计被包头市、包钢新闻等媒体采用稿件99篇，提高了公司工作的知名度和透明度，扩大了公司的影响力。

2009年，公司继续提高员工收入水平，将人均年收入由43848元增至46692元，增长6.5%。公司通过组织各类文体活动，推动了企业文化建设蓬勃发展，增强了企业的凝聚力和向心力。同年，包钢稀土的“白云鄂博”商标被国家工商总局认定为“中国驰名商标”，成为中国稀土界唯一获此殊荣的企业。员工们像爱护自己的眼睛一样爱护着自己的品牌，他们按照“用户第一，品牌至上”的质量理念，为国内外用户生产出一批批优质的稀土产品。

2010 年，公司以良好的业绩回报投资者，发展成果惠及广大员工。全年在岗员工人均年收入达到 6 万元，较上年增长 23%。全年投资近 1 亿元用于改善一线员工的办公、生产、通勤和就餐环境；投入 34.37 万元，用于员工体检和疗休养；投入 7.82 万元慰问 147 名贫困、工伤、生病困难员工；投入 23.05 万元奖励 94 名高考生，资助 4 名中考生，受到了员工的广泛好评。公司积极推进厂务公开，发动广大员工，通过各种渠道有序参与企业民主管理，采用员工合理化建议，为员工实现自身价值创造了条件，形成了企业以人为本、和谐发展的良好氛围。同年，在公司快速发展的新形势下，公司加大对外宣传工作力度，通过电视、报纸、网络等形式全面宣传公司发展。年内，公司设计制作宣传展板 30 块，刊发《包钢稀土报》10 期，报送新闻稿件 90 篇，累计被包头市、包钢等新闻媒体采用 58 篇，较好地提升了公司的知名度和美誉度。同时，公司妥善处理与媒体、投资者和证券监管机构的信息披露、接待来访和汇报沟通工作，维护公司在资本市场的良好形象，2010 年，公司荣耀入选上证 50 指数。

2011 年，公司制定下发《包钢稀土（集团）公司企业文化建设发展规划》，力争用 5~8 年的时间，用文化的创新推动理念的创新、管理的创新和机制的创新。以一流的文化，打造一流的管理、一流的队伍、一流的产品和一流的环境，以文化力提升公司核心竞争力，为进一步深化并打造具有稀土行业特色的企业文化绘制了发展蓝图。同年，公司始终坚持以人为本，构建和谐企业的理念，积极为员工办好事、办实事。在岗员工平均年收入继续保持大幅提高。通过对生产一线员工休息室、员工餐厅进行新建与改造，持续改善员工的生产、生活环境。分别投入 35 万元、17 万元用于员工体检与疗休养，投入 16.3 万元慰问 254 名贫困、工伤、生病员工，投入 13.05 万元开展奖学、助学送“温暖”工程，为每位员工增发交通补贴每月 200 元，发放注卡福利金每人 800 元。全年共培训员工 2639 人次，有效提升了员工整体素质与工作能力。公司不断加大宣传工作力度，通过电视、报纸、网络等形式及时全面地宣传公司发展的大好形势。年内印制宣传板 32 块，编印《包钢稀土报》10 期、《包钢稀土青年》杂志 4 期，报送新闻稿件 85 篇，累计被多家主要新闻媒体采用 50 篇，较好地树立了公司形象。同年，稀土产能和规模进一步提升，科研创新实力进一步增强，产业布局进一步充实完善，市场竞争力和话语权进一步巩固和加强，快速提升了公司经济总量和盈利水平，成为中国上市公司十大盈利王，被评为央视财经 50 指数十佳最具成长性公司。包钢稀土的行业领军地位进一步巩固，在资本市场保持了良好的形象。

2012 年，公司文化宣传工作有序开展，通过电视、报纸、网络等渠道及时全面做好公司对外宣传。全年共印制宣传板 60 块，编印《稀土专刊》16 期、《包钢稀土青年》杂志 4 期，报送新闻稿件 92 篇，有 54 篇被多家主要新闻媒体采用，较好地展示了公司形象。民族团结进步、普法宣传教育等工作取得了实效。公司被自治区和包头市分别授予“内蒙古自治区国资委‘四强’基层党组织”、“包头市民族团结进步示范企业”荣誉称号。被包钢党委授予“先进基层党组织”、“标兵文明单位”、“纪检监察审计调研活动优秀组织单位”、“民族团结进步先进集体”、“新闻宣传工作先进集体”等荣誉称号。同年 8 月，包头稀土交易所在第四届中国包头稀土产业（国际）论坛开幕式上揭牌。包头稀土产品交易所秉承公平、公正、公开原则，以规范、透明的交易规则，优良的服务理念，创新的服务体系，有机整合行业资源，为稀土上下游企业提供了全新的贸易对接平台。同时，公司参加了第四届中国包头国际稀土产业博览会。公司还面向所属各单位开通了包钢稀土文明传播 QQ 群。

2013 年年初，为加强包钢稀土文明单位创建活动，公司开通了以传播包钢稀土文明新风为主的腾讯微博和新华博客，利用这些新传媒及时、高效等特点，向广大员工以及社会大众积极宣传包钢稀土的企业文化和重大新闻事件，为提升公司知名度和美誉度提供了新平台。3 月，公司成立了企业文化理念推进工作小组。工作小组主要是分析研究公司现有的文化理念，对文化理念进行系统的总结、梳理、提炼、完善与创新。进一步

完善了企业文化手册，制订公司企业文化宣贯实施方案并组织实施，使员工理解并贯彻于实际行动。同年，公司不断加大宣传力度，积极拓展宣传平台。与包钢新闻中心合作成立了该中心驻包钢稀土记者站，增加了《包钢日报·稀土专刊》的发行频次，并在新华社、《内蒙古日报》《包头日报》等媒体上刊发各类稿件40余篇，保持了企业良好的形象。

2011~2013年，包钢稀土展览馆建成。2013年年底，包钢稀土展览馆正式开馆，馆内企业文化部分以一张张展示包钢稀土发展历程的老照片为线索，讲述企业的发展历程、展现企业精神。此外，为满足职工群众阅读需求，北方稀土各单位都设立了职工书屋。

2014年，公司进一步提升宣传质量，加强新闻报道，运用微博、微信等新媒体，传播正能量，为企业发展营造了良好的内外部舆论氛围。密切与包钢新闻中心的合作，增发《包钢日报·稀土专刊》频次，全年累计在《内蒙古日报》《包头日报》刊发稿件60余篇，多篇新闻被新华社、中新社采用。利用北方稀土展览馆这个窗口，全年接待290批次包括各级政府、企事业单位、科研院所、重点高校、外籍来宾等在内的4300余人。

2015年，公司组织开展了纪念中国人民抗日战争暨世界反法西斯战争胜利70周年群众性主题教育活动；开展了首个“企业文化宣传活动月”活动；更新了公司民族统战数据库；开展了以“守望相助适应新常态，团结奋斗谋求新发展”为主题的第七个民族政策宣传月活动。

2016年，公司充分利用职工大讲堂的优势，组织开展了十八届六中全会精神宣讲、自治区第十次党代会精神宣讲以及包钢“两会”精神的宣讲，同时组织开展了以“减亏治亏、提质增效”为主题的“四微”活动，激发和调动广大职工全力推进减亏治亏、提质增效、转型升级。在“内蒙古志愿云”上注册志愿者1050人，认真开展了法治宣传月、民族政策宣传月、民族团结进步活动月等活动。

二、各级文明单位创建成果

1984年，稀土院被包头市昆区政府评为“昆区文明单位”。

1987年，稀土高科被包头市昆区政府命名为“昆区文明单位”。

1988年，稀土院被包头市昆区政府评为“昆区标兵文明单位”。

1989年，稀土院被评为“包头市文明模范单位”。

1989年，稀土院被评为“包头市标兵文明单位”。

2009年，稀土院被评为“包钢精神文明建设标兵文明单位”。

2009年，华美公司被评为“包头市文明单位”。

2010年，包钢稀土被评为“包钢精神文明建设标兵文明单位”。

2011年，包钢稀土被包头市昆区政府评为“昆区文明单位”。

2011年，包钢稀土、稀土院分别被评为“包钢精神文明建设标兵文明单位”。

2012年，稀选厂、磁材公司分别被评为“包钢精神文明建设标兵文明单位”。

2013年，冶炼厂、稀土院、华美公司分别被评为“包钢精神文明建设标兵文明单位”。

2013年，包钢稀土被评为“昆区标兵文明单位”。

2014年，稀土院、冶炼分公司分别被评为“包钢精神文明建设标兵文明单位”。

2015年，北方稀土冶炼分公司被评为“包钢精神文明建设标兵文明单位”。

第二节　民 族 工 作

中国北方稀土（集团）高科技股份有限公司（简称北方稀土）的前身是包钢稀土三厂，1997年进行改制，内蒙古包钢稀土高科技股份有限公司（简称稀土高科）成功在上海证券交易所上市。北方稀土共有38家分子公司，职工总数10000余名，员工队伍除主体民族汉族外，还有9个少数民族，少数民族职工共计259名，其中蒙古族126名，满族92名，回族34名，达斡尔族2名，苗族2名，朝鲜族2名，土家族1名。多年来，党的民族政策在北方稀土不断得到贯彻落实，形成了民族团结进步的崭新局面。按照中共内蒙古自治区委员会和自治区政府及包钢每年9月“民族团结表彰活动月”的要求，北方稀土每年参加包钢民族团结进步表彰活动，至今已连续参加表彰31次。

1997年，在中共包钢委员会召开的第15次民族团结表彰大会上，稀土高科共有2个厂矿（处室）、1个车间（科、队）、1个工段（班组）、6名先进个人受到表彰。

1998年，稀土高科党组织带领各族职工深入贯彻《民族区域自治法》和《城市民族工作制度》，进一步落实党的民族政策。各族职工紧密团结，在市场经济的严峻考验面前，“同呼吸、共命运、心连心”，以改革求生存、求发展，积极克服资金紧张、市场疲软、自然灾害严重等诸多不利因素，拼搏进取，共渡难关，为各项生产经营任务做出了突出贡献。1998年，在中共包钢委员会召开的第16次民族团结表彰大会上，稀土高科1个厂矿（处室）、2个车间（科、队）、3个工段（班组）、6名先进个人受到表彰。

1999年，在包钢第17次民族团结进步表彰大会上，稀土高科共有先进厂矿2个、先进车间1个、先进工段1个、先进个人7人受到表彰。

2000年，为了表彰先进，弘扬民族团结进步事业中典型的人和事，包钢召开了第18次民族团结进步表彰大会，稀土高科共有先进厂矿1个、先进工段2个、先进个人8人受到表彰。

2001年8月，稀土高科接受由10个单位20人组成的包钢民族工作检查组，对公司进行检查评比。9月，召开了包钢第19次民族团结进步表彰大会，大会上，稀土高科共有先进车间1个、先进工段1个、先进个人5人、民族工作先进工作者1人受到表彰。

2002年，稀土高科认真组织公司第20次“民族团结进步表彰月”活动，先后开展落实《民族区域自治法》宣传活动。在包钢举办的“包钢第20次民族团结进步表彰会暨颁奖晚会”上，公司1个民族团结进步先进厂矿、2个先进车间科室、3个先进工段班组、12名先进个人、1名先进工作者受到表彰。

2003年，在包钢精神文明建设暨第21次民族团结进步表彰会上，稀土高科共有1个民族团结进步先进厂矿、1个先进车间、先进个人5人、先进工作者1人受到表彰。

2004年，在包钢精神文明建设暨第22次民族团结进步表彰会上，表彰稀土高科先进单位1个、先进车间4个、先进个人5人、先进工作者1人。

2005年9月，在包钢召开的第23次民族团结进步表彰会上，稀土高科荣获“包钢民族团结进步先进单位”称号，共有4个民族团结进步先进集体、5名民族团结进步先进个人受到表彰。

2006年，开展《民族区域自治法》宣传教育，9月组织开展第24次民族团结进步表彰活动，在包钢召开的第24次民族团结进步表彰会上，共表彰稀土高科民族团结进步先进单位1个、民族团结进步先进集体6个、民族团结进步先进个人4人。

2008年，公司认真组织开展党的民族理论和民族政策宣传教育活动，在《包钢日报》开辟的“民族团结花盛开”专栏上，稀土高科积极投稿，宣传公司民族团结进步事业中涌现出的先进典型事迹，宣传公司改革开放30年来民族团结进步工作成就。在包钢召开的第25次民族团结进步表彰会上，共表彰稀土高科民族团结进步先进单位1个、民族团结进步先进集体8个、民族团结进步先进个人11人。

2009年，公司参加包钢举办的第26次民族团结进步评比表彰，共有1个先进单位、9个先进集体、10名先进个人受到表彰。

2010年，在包钢召开的第27次民族团结进步工作表彰大会上，共表彰包钢稀土先进单位1个、先进集体8个、先进个人6人。春节前夕，对少数民族特困职工代表进行慰问，并发放慰问金。

2011年，公司开展了“一周两月”民族团结宣传教育活动，参加了包钢组织的民族与宗教问题专题讲座 。在包钢开展的第28次民族团结进步评比表彰活动中，包钢稀土共有民族团结先进单位1个、先进集体8个、先进个人11人受到表彰。

2012年，组织参加了包钢开展的特色鲜明的民族团结进步创建活动，在包钢召开的第29次民族团结进步表彰大会上，包钢稀土共有民族团结进步先进单位1个、先进集体8个、先进个人13人受到表彰。

2013年，公司继续开展民族团结创建活动和“一周两月”活动，在包钢召开的第30次民族团结进步表彰大会上，表彰了包钢稀土民族团结进步先进单位4个、先进集体9个、先进个人9人。

2014年，在包钢召开的第31次民族表彰大会

上，表彰了包钢稀土民族团结进步先进单位4个、先进集体9个、先进个人9人。一年来，包钢稀土努力完成包钢下达的对口帮扶任务，为少数民族地区的经济、文化和社会发展尽一份社会责任。包钢稀土与土默特右旗美岱召镇结成“对口帮扶”单位，为土默特右旗美岱召镇巧儿气村送去价值近3万元的钢材，用于支持该地区的公共基础设施建设。

2015年，在包钢召开的第32次民族团结进步表彰大会上，表彰了北方稀土民族团结进步先进单位4个、先进个人11人。7月1日~7日，在全公司范围内开展了第七个民族宗教蒙古语文法制宣传周活动。9月是包头市第32个民族团结进步活动月，北方稀土围绕“守望相助适应新常态，团结奋斗谋求新发展”的活动主题，认真组织开展了民族团结进步活动月各项活动。

2016年，在包钢召开的第33次民族团结进步表彰大会上，北方稀土、北方稀土冶炼分公司、北方稀土稀选厂3家单位分别荣获包钢2016年度“民族团结进步先进单位”，北方稀土职工代自慧、金瑾等8人荣获包钢“民族团结进步先进个人”荣誉称号。同时，公司利用宣传展板、网站、报纸等载体，认真组织开展民族政策宣传月活动、民族宗教蒙古语文法制宣传周活动、民族团结进步活动月等活动。

第三节　新闻宣传

2005年前，稀土高科自办媒体有《稀土高科报》、周刊《高科内参》。随着保持共产党员先进性教育活动的开展，包钢稀土《简报》应运而生，它是继《稀土高科报》《高科内参》之后的又一宣传公司的有效载体。《简报》虽小，但作用不小。通过《简报》，反映公司最新的生产动态、经营状况、公司重大事件及取得的成绩、获得的各项荣誉，同时也宣传公司特定时期的先进人物和感人故事；通过《简报》，传达上级指示精神，推动下面工作，起到上通下联、互通信息、取长补短的作用。

2006年，本着“尊重客户，善待员工，以良好的业绩回报投资者”的经营理念，公司努力打造“内有凝聚力、外有形象力、远有发展力”的稀土高科新形象，积极宣传开展素质教育和诚信建设活动取得的新成绩。4月13日，稀土高科股票复牌，标志着稀土高科股权分置改革工作圆满结束。对此，公司宣传部门进行了大量宣传。

2007年，利用内蒙古自治区成立60周年庆祝活动期间，各级各类媒体关注包钢及稀土的有利时机，公司突出宣传了发展的成就、愿景。同年，公司成功召开了上市十周年庆典大会，负责宣传工作的部门联合包钢新闻中心录制了大会实况，并制作了DVD光盘，作为历史资料资政、育人、存史，同时邀请包钢、包头市新闻媒体记者宣传报道公司上市十周年大事。同年，大力宣传了公司三届二次职工、会员代表大会，第三届董事会第八次会议，第三届董事会第九次会议等重要会议。

2008年，公司编发各类简报126期、新闻稿件110篇，累计被包头市、包钢新闻等媒体采用稿件99篇，提高了公司工作的透明度，扩大了公司的知名度和影响力。为公司“白云鄂博”牌商标申报国家驰名商标做了部分资料的收集、整理工作。宣传了公司职代会、董事会、监事会等各类重要会议精神。同年11月，稀土高科被评为包头市首批创新型试点企业、内蒙古自治区质量效益型先进企业，对此事公司宣传口进行了集中的宣传报道。

2009年，公司品牌建设取得重大突破。经过积极申报和国家工商总局评选，公司的“白云鄂博”商标被国家工商总局认定为“中国驰名商标”，公司企业形象、社会知名度大大提升。这是至2016年稀土行业唯一获此殊荣的企业品牌。公司科技创新、品牌建设等知识产权开发与保护工作成绩优异，成功入选第四批“全国知识产权试点单位”。

2010年，在公司快速发展的新形势下，公司加大对外宣传工作力度，通过电视、报纸、网络等形式全面宣传企业发展。年内，公司展出宣传展板30块，刊发《包钢稀土报》10期，报送新闻稿件90篇，累计被包头市、包钢等新闻媒体采用58篇，较好提升了公司的知名度和美誉度。同时，公司妥善处理与媒体、投资者和证券监管机构的信息披露、接待来访和汇报沟通工作，维护了公司在资本市场的良好形象，2010年公司荣耀入选上证50指数。

2011年5月，公司收购华美公司其他股东所持有的全部股权，完成了对华美公司全资持股，给“天宫一号”和“神舟八号”成功发射提供了优质钐钴永磁器件，为中国航天事业再立新功，也为公司赢得了荣誉。公司不断加大宣传工作力度，通过电视、报纸、网络等形式及时全面宣传企业发展取得的成就。年内共印制宣传板32块，编印《包钢稀土报》10期、《包钢稀土青年》杂志4期，报送新闻稿件85篇，累计被多家主要新闻媒体采用50篇，较好地树立了公司形象。

2012年，公司新闻主要包括以下内容：公司配合稀土高新区申报并荣获“全国稀土新材料产业知名品牌创建示范区”称号，公司及所属4家单位被评为“品牌建设示范企业”；科研成果转化取得新成效，为“神舟九号”载人飞船成功发射提供了优质钐钴永磁器件；研发的“新能源汽车用镍氢动力电池”被列为国家重点新产品；公司当年以总分第一的成绩获评2012年度“自治区主席质量奖”。年内，公司与包钢新闻中心联合出版的《包钢日报·稀土专刊》面世，并于7月2日刊发创刊号，该报每半月刊发一次，标志着公司新闻宣传工作迈上新台阶。

2013年，公司不断拓展宣传平台，增加《包钢日报·稀土专刊》的发行频次，7月《包钢日报·稀土专刊》由半月刊改为旬刊，全年重点报道了包钢稀土获得“2012年度内蒙古自治区主席质量奖”；2012年制造业上市企业品牌价值测算结果发布，包钢稀土品牌价值174亿元居自治区参评企业首位；连建宇当选第十二届全国政协委员；中共包钢稀土（集团）高科技股份有限公司第一次代表大会隆重举行；稀土院建院50周年，蓄势待发再谱新篇；包钢稀土牵头的国家“863”重大课题“先进镧铈材料制备技术及应用”通过科技部验收；稀交所准备就绪，将试营业；稀土展览馆对外开放，成为展示企业发展的新窗口；包钢稀土实现废水零排放，“三集中”项目开工；公开选拔科级干部，规范劳动用工制度等重大事件。在新华社、《内蒙古日报》、《包头日报》等媒体上刊发各类稿件40余篇。年内，包钢新闻中心驻包钢稀土记者站揭牌成立，为公司新闻宣传工作再添新生力量。

2014年，加强新闻报道，提升宣传质量，运用微博、微信等新媒体，传播正能量，为企业发展营造良好的内外部舆论氛围。全年累计在《内蒙古日报》《包头日报》刊发稿件60余篇，多篇新闻被新华通讯社、中国新闻社采用。《包钢日报·稀土专刊》重点报道了包钢牵头组建中国北方稀土集团获工信部备案同意；包钢稀土荣获全国五一劳动奖状；包钢稀土连续四年入选《财富》杂志中国企业500强；包钢稀土品牌价值59.21亿元，位居自治区前列；“白云鄂博”商标新图案完成国际注册；中国首家稀土交易所正式运营，谋求打造中国稀土价格指数；包钢稀土发起组建先进稀土材料产业技术创新战略联盟；包钢稀土重拳治污提升环保水平；包钢稀土11个科研项目获国家专项资金支持等大事要闻。利用包钢稀土展览馆，全年接待290批次各级政府、企事业单位、科研院所、重点高校、外籍来宾等4300余人。

2015年1月1日，《包钢日报·稀土专刊》进一步增加刊发频次、加强宣传力度，由旬刊改为周刊。同年上半年，经中国证监会上市部确认的“2014年度最受投资者尊重的上市公司”评选活动结果揭晓，北方稀土最终荣获“2014年度最受投资者尊重的上市公司百强奖”。2月，公司名称由“内蒙古包钢稀土（集团）高科技股份有限公司”变更为“中国北方稀土（集团）高科技股份有限公司”。公司加大宣传，在《包钢日报·稀土专刊》上进行大量新闻报道。公司高管参加了第七届中国包头·稀土产业论坛，本届论坛主题为“新常态下稀土产业的和谐发展”，公司宣传部门对此活动进行了全程跟踪报道。对公司纪念“五四”青年节暨共青团工作表彰大会、纪念中国共产党成立94周年暨创先争优表彰大会、公司党委“三严三实”专题教育活动进行宣传报道。春节前夕，公司开展新春走基层慰问活动，为一线职工送去新春问候与祝福，宣传部门对慰问活动进行及时报道，并在橱窗上布展宣传。

2016年8月，因包钢新闻中心改革，《包钢日报·稀土专刊》主办方变更为北方稀土与内蒙古铁花文化产业投资有限责任公司（简称铁花文化公司）。

年内，《包钢日报·稀土专刊》出版业务趋于成熟，走上平稳运行轨道，先后报道了自治区4项科学技术奖花落北方稀土；北方稀土两产品入选内蒙古名牌产品；北方稀土3项目入选中国稀土十大科技新闻；北方稀土获自治区推进资本市

场发展贡献奖；白云鄂博稀土资源研究与综合利用国家重点实验室建设与运行实施方案通过论证评审；张忠被授予包头市“政府质量奖”获奖个人；中科院包头稀土研发中心举行重大项目启动签字仪式；魏栓师当选北方稀土董事长；稀宝医疗获“中国好技术”奖项；包头稀土产业联盟成立，张忠当选会长；团中央书记处第一书记秦宜智调研北方稀土；北方稀土与四川万凯丰稀土签署战略协议；稀土医疗产业基地项目通过论证；北方稀土团委获全国钢铁行业“青安杯”竞赛先进集体称号；“年产5万立方米稀土基SCR烟气脱硝催化剂生产线项目”开工建设；自治区国资委主任张金亮率队调研北方稀土；北方稀土召开2016年科技大会；稀土院、电池公司曹生彪分别荣获第八届中国技术市场金桥奖集体奖、个人奖；北方稀土9人入选包钢首席技术专家、技术专家及主责工程师；中国有色金属工业协会稀土分会成立，张忠当选副会长等与公司密切相关的重大事件。

截至2016年年底，《包钢日报·稀土专刊》共刊发175期、315万余份。

第五章 企业文化建设

第一节 企业文化的内容

企业文化是企业长期生产、经营、建设、发展过程中所形成的管理思想、管理方式、管理理论、群体意识以及与之相适应的思维方式和行为规范的总和，是企业领导层提倡、上下共同遵守的文化传统和不断革新的一套行为方式，它体现为企业价值观、经营理念和行为规范，渗透于企业的各个领域和全部时空。

企业文化建设的核心内容是企业价值观、企业精神、企业经营理念的培育，是企业职工思想道德风貌的提高。通过企业文化的建设实施，使企业人文素质得以优化，归根结底是推进企业竞争力的提高，促进企业经济效益的增长。企业文化对形成企业内部凝聚力和外部竞争力所起到的积极作用，越来越受到人们的重视。企业竞争，实质是企业文化的竞争。面临全球经济一体化的新挑战和新机遇，公司从实际出发，制定相应的行动规划和实施步骤，虚心学习优秀企业文化的经验，努力开拓创新，不失时机地推进企业文化建设。

企业文化体系主要包括三部分内容，即理念识别系统、视觉识别系统和行为识别系统。三个系统相互贯通、相互依存、互相影响形成统一的整体体系，三者具有同样重要的地位。

第一，理念识别系统。理念识别系统，简称理念系统，是企业文化的核心和灵魂，它明确了企业的主导意识和价值体系，决定了企业的理想、信念、精神和价值观。公司理念识别系统，就是公司确定的四大核心理念，分别为企业目标、企业精神、企业使命和企业核心价值观。这是理念系统的共性。各分子公司根据这四大理念的精神实质，清理和整理自身的理念系统，拓展延伸、补充，确定符合本公司实际的经营理念、安全理念、管理理念、质量理念及职工的道德观和职业观等，是理念系统的特性，与理念系统的共性一起构成了整套的理念识别系统。

第二，视觉识别系统。视觉识别系统，简称标识系统，是理念识别系统的视觉体现。通过一套完整、独特、具有强烈视觉冲击力的视觉符号，对外展示企业形象，对内增强向心力和归属感。北方稀土视觉识别系统由基础部分和应用部分组成，其主要内容包括：公司标识、标准色彩、正式名称、专用字体、旗帜、办公用品、公关事物、服装饰物及其他各种视觉符号。标识系统是一个企业的统一符号，呈现在公司相关层面。各分子公司及使用标识的部室按照公司颁布的《企业文化手册》标准使用。

第三，行为识别系统。行为识别系统，简称行为系统，是理念识别系统的行为体现。目的是把企业文化理念贯穿于企业的组织行为之中，体现在员工的群体行为之中。公司行为识别系统，就是公司确定的整体行为规范、以管理人员为重点的员工行为规范和公共礼仪行为规范等，这是行为系统的共性；各分子公司根据公司行为规范的要求，结合本单位自身特点，整理并细化本单位的行为系统，建立完善的符合各分子公司实际的部门行为规范、员工行为规范等，这是行为系统的特性，与行为系统共性一起构成了整套的行为识别系统。

第二节 企业文化的作用

先进的企业文化是企业持续发展的精神支柱和动力源泉，加强企业文化建设是推动公司整合和发展、不断提高企业核心竞争力的重要举措。

第一，企业文化建设是一项系统工程，是现代企业发展必不可少的竞争法宝。一个没有企业文化的企业是盲目的企业，一个没有良好信念的企业是没有希望的企业。企业文化建设既是企业在市场经济条件下生存发展的内在需要，又是实现管理现代化的重要方面。为此，公司从建立现代企业发展的实际出发，树立科学发展观，讲究

经营之道，培养企业精神，塑造企业形象，优化企业内外环境，全力打造具有自身特制的企业文化，为公司快速发展提供了动力和保证。

第二，加强企业文化建设是推动北方稀土发展壮大的客观要求。先进的企业文化具有凝聚作用、导向作用和激励作用，能够把广大职工紧紧地团结在一起，激发调动职工的积极性、主动性和创造性，提高责任感和使命感，为企业发展壮大带来源源不断的动力。因此，对企业的发展壮大具有非常重要的作用。北方稀土的发展壮大，需要企业发展战略目标的指引；需要经营管理制度、质量方针的保证；需要全体职工扎实工作，奋力拼搏，为企业奉献智慧和力量；需要社会组织的广泛认同。为此，公司逐步建立起引领企业又好又快发展的企业文化体系，确定企业发展目标，明确企业使命，建立企业核心价值观，树立企业精神。将全公司一万余名职工的个人理想同化于公司确定的企业目标之中，公司宏伟的发展目标融入每一个职工的意识之中，形成万众一心求发展、众志成城促生产的强大精神动力和实际行动，进而推进北方稀土又好又快地发展。

第三，加强企业文化建设，是促进职工全面发展、建设高素质职工队伍的必然选择。职工是企业文化建设的主体。企业文化建设既要依靠广大职工，更要着眼于塑造人、培养人、提高人。加强企业文化建设，首先通过开展系列文化创建活动，规范职工行为，提高企业管理水平；通过开展生动活泼的职工业余文化活动，丰富职工生活，提高职工生活品位和情操，满足职工的文化需求，为职工营造一个积极向上、充满正气的企业文化氛围。坚持以人为本，用先进的文化理念统一、引领职工思想，用科学的制度、机制规范职工行为，用良好的形象激发职工爱厂热情；进而激励广大职工自觉弘扬“坚韧不拔，超越自我”的企业精神，坚持“立己达人，实现可持续发展”的企业核心价值观，把“国内最强，世界一流”的企业目标作为职工个人的奋斗目标；不断增强职工的归属感，促进职工的全面发展，培养和造就一支高素质的职工队伍。

第四，企业文化是企业生存发展的一部分，是与物质生产相适应、相依存的软实力。2007年后，公司已经通过企业联合重组实现了企业资产结构、组织结构和产品结构的进一步优化，通过加强企业文化建设，在思想上实现统一，在观念上实现融合，在行动上保持一致。通过加大对各子公司企业文化精华的融合与再造力度，不断归纳、提炼、吸纳、升华、创新，形成体现公司发展要求、具有公司特色的企业文化。成为全体职工共同遵循的统一的企业目标、统一的价值观、统一的职业道德和统一的行为规范，为推动公司深化改革、扎实发展提供强有力的文化支撑，逐步发挥无形的作用和力量。

第三节　北方稀土企业文化发展脉络

在过去的半个多世纪里，公司经历了四个不平凡的发展时期，可以把它们分为探索期（1961~1978年）、建设期（1979~1997年）、改革期（1998~2007年）和创新期（2008年至今）四个阶段。

探索期，创业、创新、创优、厚德、高远、奉献；建设期，无私奉献、锐意进取、同心同德、精益求精、超越自我、顽强拼搏；改革期，尊重客户、善待员工，以良好的业绩回报投资者；创新期，打造“国内最强，世界一流”的稀土企业。

1961年，北方稀土的前身，即八八六一厂开工建设。八八六一厂隶属于当时的包头冶金研究所（即现在的包头稀土研究院）。从理论到实践，从失败到成功，第一代北方稀土人以刀耕火种般的辛勤劳动，一步步探索，一点点求证，终于实现了最初的梦想。至1970年，八八六一厂已具备选矿、前处理、提取、分离四个基本工艺流程。

截止到20世纪中后期，我国的稀土事业虽然已经有了长足的进展，但始终在探索中艰难前行。稀土生产的先进技术长期被国外少数厂商垄断，他们将这些技术视作高度机密。中国是稀土资源大国，却不是稀土应用大国。而稀土串级萃取理论及其工业实践，有力地推动了包头乃至我国整个稀土工业的发展。

20世纪70~80年代，北京大学教授、中国科学院院士徐光宪先生多次亲赴稀土三厂（北方稀土前身），结合生产实践创建了稀土串级萃取理论及工艺，令高纯度稀土产品的生产成本下降了3/4，使我国稀土萃取技术达到了世界先进水平，徐光宪由此被称作“稀土界的袁隆平”。

稀土产业的建设与发展，得到中央领导同志的关怀与重视。冶金部对稀土企业的大力支持、包钢公司对稀土企业的无私帮助，北方稀土在发展建设的过程中几经改换名称和身份，更为她增加了传奇的色彩。无私奉献、锐意进取，同心同德、精益求精、超越自我、顽强拼搏，成为这一时期令人们昂扬向上的主题歌。

1978~1986 年期间，国务院副总理方毅受党中央和国务院委托，先后七次到包头组织召开“包头资源综合利用科技工作会议”，组织全国各有关部门和单位针对白云鄂博资源，特别是稀土资源综合利用，开展科技攻关，取得丰硕成果，有力地促进了以包钢为主的我国稀土产业和稀土应用的发展。1986 年，全国稀土总产量超过美国，跃居世界第一，从此成为世界第一稀土生产国和供应国。

北方稀土的前身先后隶属于冶金工业部稀土公司—中国稀土公司—包钢稀土公司—包钢稀土企业集团，隶属关系的变迁印证着中国稀土事业的发展。

经过多年的建设与发展，北方稀土已经形成了从稀土选矿、冶炼、深加工到应用的完整的稀土工业体系，拥有完备、先进的稀土生产技术和工艺，能够生产各种稀土氧化物、化合物、稀土金属以及多种稀土新材料和稀土应用产品。1997 年成为上市公司后，公司秉承“尊重客户，善待员工，以良好的业绩回报投资者”的经营理念，始终坚持以创造经济和社会价值为目标，为打造中国乃至世界规模最大、实力最强的多元化、现代化、国际化企业集团而努力。以德为先、以能为重，精诚团结、务实创新，自强不息、追求卓越，诚信为本、居安思危，成为新一代稀土人的精神支柱。

为客户创造价值，为员工创造机会，为股东创造效益，为社会承担责任，在这个企业中达成共识。多元化的发展促进了稀土产能的提升，先后成立的多个公司在稀土资源的控制上迈出重要步伐，稀土深加工产品的生产和应用为稀土开拓了更加广阔的市场空间。新一代稀土人以“专业执着，精益求精，不断超越，追求完美”的工作理念，上下同欲，诚实劳动，树立行业典范，铸就知名品牌，为企业赢得商机而忘我工作。2006 年，公司开始使用“白云鄂博”注册商标。“白云鄂博”商标从此成为公司对外使用的名片，使公司发展理念与品牌理念在国内外广泛传播。2009 年，“白云鄂博”商标被国家工商总局认定为“中国驰名商标”，北方稀土是我国稀土界唯一获此殊荣的企业。员工们按照“严守标准，高效诚信，用户第一，品牌至上”的质量理念，为国内外的用户们生产出一批批优质的稀土产品。

2007 年年底，公司完成了对包钢（集团）公司内稀土产业的资产重组工作，实现了包钢（集团）公司稀土产业的整体上市，成为包钢（集团）公司乃至内蒙古自治区稀土产业发展的平台。公司股票简称变更为“包钢稀土”。公司的规模与过去已不可同日而语。稀土人将“绿色稀土，和谐共赢”作为企业发展的战略，将建成“国内最强，世界一流”的稀土企业作为目标。

公司各直属厂及分子公司在公司党政的正确领导和大力支持下，奋勇争先，开拓进取，带领本单位职工群众真抓实干，共克时艰，使稀土产能和规模进一步提升，科研创新实力进一步增强，产业布局进一步充实完善，市场竞争力和话语权进一步巩固和加强，快速提升了公司经济总量和盈利水平。2011 年，成为中国上市公司“十大盈利王”之一，被评为央视财经 50 指数十佳最具成长性公司。公司的行业领军地位进一步巩固，在资本市场保持了良好的形象。

公司的企业文化总结提炼工作自 2011 年年底就已经开始了，当时是为了配合申报自治区主席质量奖而着手的，是卓越绩效工作当中的一项重要内容。到了 2012 年 3 月，公司卓越绩效企业文化的建设、提炼及完善工作进入了实施阶段，为了按时并保质保量完成任务，公司还成立了企业文化组，对公司企业文化的历史传承进行认真的梳理和总结，企业文化组把此项工作纳入重要议事日程，要求作为企业文化组成员的相关部门及各分子公司群策群力，为全面实现企业文化建设工作任务发挥应有作用。

第一，企业文化组制定出公司今后 3~5 年企业文化建设实施纲要（讨论稿），并向各单位征求意见，对企业文化建设实施纲要（讨论稿）进行修订和完善。第二，明确了公司的企业宗旨、企业愿景、企业目标、企业精神、企业核心价值观等理念。第三，制定了公司统一的员工道德规范、行为规范、礼仪规范，使企业文化建设在员工日常生活工作中有所体现。第四，做好企业文化建设的外延工作，对公司的各种文化标识（包括厂

旗、厂徽、工作服等）进行统一规范（如字体、颜色、比例等），明确具有公司企业文化内涵的雕塑或标志性建筑。第五，组织相关部门查阅资料，包括公司的发展历史、每年具有重大意义的获奖经历、重大历史事件等（文字和图片），结合已有的“宣传画册”内容，完成了《包钢稀土企业文化手册》的制作工作。

在做好以上工作的基础上，把企业文化建设的内容贯穿于整个北方稀土的发展历程，将企业文化元素融入到公司建设与发展的每一个历史阶段，以此作为企业建设、发展与传承的精神支撑。通过总结和梳理，把公司的历史大致分成探索期、建设期、改革期、创新期四个时期。从创业、创新、高远、奉献，到无私奉献、锐意进取，再到以德为先、以能为重，诚信为本、创新为魂，到最终要致力于世界稀土生产技术开发和资源综合利用，为客户创造价值，为员工创造机会，为股东创造效益，为社会承担责任，为人类进步作出贡献，把打造“国内最强，世界一流”的稀土龙头企业作为奋斗目标。每一个阶段的文化理念都成为公司从艰苦创业到做优做强的精神写照，成为广大职工的开拓进取、不断创新的精神支柱。

这期间修改完善了《包钢稀土企业文化建设发展规划》，特别是在学习了《包钢（集团）公司企业文化新理念及管理文件》之后，公司迅速行动起来，制定了《包钢稀土企业文化新理念及管理文件》，对其中的“企业核心价值观”和“企业精神”进行了重新修订，也就是不再延用这两个理念的原意，而是秉承了包钢（集团）公司的“企业核心价值观”和“企业精神”内容，对其他的重要理念也进行了补充、完善和修改，更加凸显了公司企业文化的内涵。

2013年12月，包钢（集团）公司同9家整合重组企业签订《内蒙古自治区稀土上游企业整合重组协议》，至此，内蒙古自治区稀土上游企业整合重组工作已全面完成，迈出了北方稀土集团组建关键性的第一步。

2014年，根据包钢（集团）公司卓越绩效评价报告有关企业文化方面的改进意见，公司领导班子三次召开会议，对公司现有的企业文化理念进行梳理、充实、完善和优化，并对核心理念加以释义说明。7月底，包钢（集团）公司下发了《包钢（集团）公司企业文化新理念及管理文件》，明确提出作为母公司的核心层理念、基本层理念、执行层理念等。因此，在原有理念基础上加以调整，秉承包钢（集团）公司核心理念中的价值观及企业精神、基本层理念。企业使命、愿景和执行层理念依然保持北方稀土特色。

2014年12月，由包钢（集团）公司牵头，以包钢稀土为平台，组建的中国北方稀土（集团）高科技股份有限公司正式挂牌成立。

企业文化建设工作也随着北方稀土的挂牌成立而有所变化。通过自下而上、自上而下的讨论和研究，最终确定了北方稀土企业文化的各种理念精神，目前已经制作出新的《北方稀土企业文化手册》，下发到直属厂和分子公司，让企业文化的理念渗透到每一名职工心中。

第四节 北方稀土文化理念

一、企业使命

为企业创造价值，为股东赢得利益，为社会承担责任，为中国及世界稀土事业发展做出贡献。

释义

“中东有石油，中国有稀土”。中国北方稀土（集团）高科技股份有限公司历经五十多年的发展壮大，不断改进和完善自身的内在生命力，随着时代的发展变化而进步。公司凭借独特的资源优势和科学的运营体系，坚持以创造经济效益和社会价值为目标，以良好业绩回报股东长远利益，为客户提供物超所值的产品和服务，为员工搭建实现自身与企业共同发展的平台。特别是上市以来，公司以行业领军者的责任与担当，专注发展，自强不息，在承担社会责任的同时全面回馈社会，努力推动我国及世界稀土事业向前发展。

这一理念设计中包含两层含义：一是公司重视企业本身的发展；二是公司的发展壮大与股东、客户、员工以及社会休戚与共，息息相关。

二、企业愿景

打造“国内最强，世界一流”的稀土企业。

释义

北方稀土作为中国稀土行业的龙头企业，拥有明显的资源优势和科研优势。公司开发利用举世闻名的稀土宝藏——白云鄂博稀土矿山，建有稀土选矿、冶炼分离、深加工、应用产品、科研等完善的稀土工业体系。公司旗下的包头（包钢）稀土研究院，是全球最大的以稀土资源开发利用为宗旨的专业研究机构。公司内部拥有十几个国家级、自治区级、包头市级技术中心。突出的科研优势助力公司始终处于行业领先地位。

展望未来，公司将不断适应国内国际新常态，完善集团化管控，坚持科学发展，依托创新驱动，加快转型升级，坚持“绿色稀土，和谐共赢”的发展战略，在打造“国内最强，世界一流”稀土企业的征程中阔步前行。

这一理念高度契合了公司发展战略，同时融入了创建一流企业的内涵，既体现了企业长远规划，又体现了目前企业的奋斗目标和发展方向。

三、企业核心价值观

立己达人。

释义

“立己达人”语出自孔子《论语·雍也》，原文是：“仁者，己欲立而立人，己欲达而达人。”意为仁德的人，自己成功首先要使别人也成功，自己做到通达事理首先要使别人也通达事理。这是儒家道德修养中处理人际关系的重要原则。

“立己达人”的价值观，对个人而言，是通过激励北方稀土每一位员工自立自强、挖掘潜能、完善自我，使自己成为八小时内外的有用之才；通过勤奋的工作、出色的业绩，报答父母、感恩亲人、服务企业、报效祖国，从而使自我人生价值得以实现，获得人生的成就感。

“立己达人”的价值观，对企业而言，是指北方稀土努力将自身发展与职工幸福、客户利益、股东权益、社会发展和谐统一起来。在企业做强做大的同时，为职工谋求更多福祉，让职工与企业共同出彩；为客户提供更优产品，实现互利共赢；为股东创造更多财富，实现同步发展；为社会创造更大价值，更好履行国企的社会责任，最终达到各利益相关方和谐共赢。

“立己达人”是一个双赢的理念。此理念既有深厚的中国传统文化底蕴，也有全新形势下现代社会所必需的深刻精神内涵，同时也与社会主义核心价值观相融相通。

四、企业精神

坚韧不拔，追求卓越。

释义

坚韧不拔，形容信念坚定，意志顽强。坚韧不拔是几代北方稀土人铸就的企业精神中最深邃的内核，也是北方稀土半个多世纪以来积淀的最重要、最鲜明的文化基因。

坚韧不拔是北方稀土最为宝贵的精神财富，蕴含着奋斗的热血、奉献的汗水、克服一切困难的智慧和迎接一切挑战的勇气。凭借着坚不可摧、韧不可折、百折不挠的精神，北方稀土创造了无数令人瞩目的成绩。

坚韧不拔作为一种精神传承，更是北方稀土人攻坚克难、不断向前发展的强大精神支撑。

追求卓越，卓越是将自身的优势、能力以及所能使用的资源发挥到极致的一种状态，是优秀中的最优。卓越代表永不满足，不断创新，在各个方面追求一流与完美的一种精神。追求卓越是一个时代特征，唯有卓越，才能永恒。

追求卓越就是追求行业顶尖水平。北方稀土的发展是开放式的发展，一方面要不断超越自我，今天做得比昨天更好；另一方面要对标行业一流，不断实现新的超越，更需要以宽阔的视野、国际化的战略眼光，在更大的舞台上彰显作为。

追求卓越是北方稀土人勇于挑战、突破自我、超越自我精神内涵的升华，理念的更新必将引领北方稀土人追求卓越的新境界、新高度。

五、基本层理念

人本、诚信、协同、创新。

释义

人本，人本理念是企业发展的立足点，是凝聚职工的基础。

坚持以人为本，保障职工的基本权益，关爱职工，体察职工冷暖，了解职工诉求，解决职工生产生活中的困难，处理好职工关心的敏感问题，才能让职工有归属感，热爱并忠诚企业。

要将北方稀土的发展成果惠及每位职工，共享改革发展成果，实现物质富裕、精神富有。广大职工是公司的宝贵财富，要全面提升职工的职业道德素养和业务技能，为职工提供公平、科学、合理的职业发展平台，实现企业与职工共同发展。

诚信，是企业的基本准则，是社会主义核心价值观的重要内容，是企业的无形资产。

在与各相关方的交往中始终以诚待人，充分尊重对方的意见。在追求自身经济利益的同时，充分考虑他人的利益，做到和谐共赢。在生产经营过程中，严格遵守经济法规与道德准则，明码标价、货真价实、信守合同，将信誉当做企业的生命线来守护，让诚信成为促进企业长期效益不断提高的根本保证。

诚信也是员工在企业的立足之本。要求员工做到以诚为本、以信为基，认真负责，恪尽职守。员工之间要团结合作、以诚相待、相互信任，为企业的发展同心戮力，携手共进。

协同，是北方稀土发展必然的要求。

北方稀土需要各直属厂、分子公司之间团结协作、各项工作紧密配合，企业的发展方可协调、均衡。

北方稀土的发展必然与各界发生深入、广泛的联系，因此必须与股东、客户、供方、社会等相关方面紧密协同，共同发展。

北方稀土未来的发展应具有全球化的战略视野，北方稀土人则应具备协同发展的思维，以市场为导向，以效益为中心，密切联动，打造系统、完整、协同一致的规则文化。公司与下属单位、领导与员工、下属单位之间、工序之间要上下协调，左右呼应，才能通过协同创造更多价值。

创新，是一个永恒的主题，唯有创新，才有发展。

增强全体干部职工的危机感和使命感，培育机遇意识、发展意识，从而激发北方稀土人的创新意识，形成敢于突破的创新文化，激发挑战传统、学习赶超先进的精神，大力提升各项工作的创新能力。要建立完善的创新机制，从而有明确的制度鼓励，保障创新，形成完善的创新驱动，形成新的经济增长方式，为北方稀土发展服务。

创新不是某一方面，或某几方面的创新，也不是关起门来的创新，而是汲取一切优秀企业精华，加快文化、经营模式、管理、技术、产品、服务等各方面的系统创新，注重系统创新的协同一致，引领企业不断追求卓越。

六、执行层理念

企业发展战略：绿色稀土，和谐共赢。

企业作风：务实创新，开拓进取。

经营理念：尊重客户，善待员工，以良好的业绩回报投资者。

生产理念：树行业典范，铸知名品牌。

团队理念：团结互助，风雨同舟。

人才理念：以德为先，以能为重。

安全理念：以人为本，关爱生命。

质量理念：用户第一，品牌至上。

管理理念：公正合规，严格高效。

研发理念：锲而不舍，精益求精。

第五节　公司标志

一、公司标志的作用及由来

企业标志是企业视觉要素的灵魂，企业标志承载着企业的无形资产，是企业综合信息传递的媒介。标志作为企业发展战略的主要部分，在企业形象传递过程中，是应用最广泛、出现频率最高，同时也是最关键的元素。

为了扩大公众对公司的识别认同，树立良好的公司形象，稀土高科于1998年5月22日启用公司标志，一直沿用至今。

二、标志图案

三、标志主题

标志象征公司如东升旭日，朝气蓬勃，走向世界。

四、标志释义

（1）总轮廓为外圆（红色）寓意朝阳，最能显示稀土高科朝阳工业，前景辉煌的特点；总轮廓为多数证券、金融企业所取，意喻“外圆内方”（货币）、“发展经济”。

（2）“RE”为“稀土”的英文缩写（Rare Earth），采用英文缩写“RE”做识别关键，有利于公司走向世界，为全世界认同。

(3)“RE”上缘形成渐高的三个台阶，象征公司走向世界的三个战略发展阶段、三个台阶；标明上市公司创三个第一的宗旨：质量第一，效益第一，员工和股东收益第一。

第六节 员工道德规范

一、热爱祖国

了解中华民族悠久历史，继承优良传统文化，懂得国旗、国徽的内涵，会唱国歌；牢固树立中华民族自尊、自信、自强的精神和祖国利益至上的意识；党员要热爱中国共产党，了解党史、党章内容，以党员的标准严格要求自己，在工作和生活中艰苦奋斗，奋发图强，为把北方稀土建成“国内最强、世界一流”的稀土企业而奋斗，为把中国建设成为富强、民主、文明的社会主义国家做贡献。

二、奉公守法

学习《宪法》和国家基本法律，遵守国家法律法规，依法行使权利和履行义务；不参加非法组织和非法活动，不搞封建迷信，自觉抵制黄、赌、毒的侵害，敢于同违法行为和邪恶势力做斗争，维护社会和企业的稳定。领导干部要廉洁自律、遵章守纪，维护自身良好形象。

三、爱岗敬业

了解北方稀土的发展史和企业现状，明确公司在社会发展中肩负的责任，树立强烈的事业心和责任感；培养工作的积极性和创造性，立足本职，不断进取，做到干一行、爱一行、专一行，为企业改革发展稳定勇挑重担，乐于奉献。

四、服从大局

牢固树立“一盘棋”思想，以大局为重，听从上级指挥和领导安排，做到令行禁止，雷厉风行，局部服从全局，个人服从整体；在生产中坚决贯彻“安全第一、预防为主”的方针，严格执行公司各项行政指令，自觉维护正常、稳定的生产秩序和良好的经营氛围。

五、严守规章

严格遵守本企业的各项规章制度，无论从事何种工作，都要认真执行工作标准、岗位规范和作业规程；模范遵守劳动纪律及相关制度，不发生违章违纪行为，杜绝违章指挥和违章操作。不迟到不早退，工作时间不从事与工作无关的事情。

六、保守秘密

涉密岗位人员要严格遵守保密法规和保密纪律，不泄露国家秘密和企业商业秘密，妥善保管涉密文件和资料，不传播、不复制、不随意借阅给他人机密信息和文件，不携带机密资料出入公共场所，自觉维护国家安全和企业利益。

七、紧密配合

大力弘扬集体主义精神和团队精神，正确处理开展团队竞争与团队合作的关系；交接班时上下班次互相负责，上下工序互相严格把关，单位部门之间紧密配合，团结协作，不各自为政，不推诿扯皮，不搞内耗，齐心协力干好工作。

八、同心同德

上下级之间相互尊重，相互依存，领导支持下级单位、部门及个人工作，维护职工民主权利，关心群众疾苦，自觉接受群众监督；下级单位、部门和个人服从上级领导管理，对工作勇于负责并承担责任，创造性地完成本职工作及领导交办任务，维护企业整体利益和形象。

九、诚信做人

以诚实守信为基本准则，做到言必信、行必果，在工作中说老实话，办老实事，做老实人，表里如一；利用学习和工作中的一切有利时机加强修养，完善人格，提高素质，扬善祛恶；对工作求真务实、恪守职责，坚持真理、修正错误，以诚实的劳动为企业创造财富、为自己获取相应报酬。

十、真挚服务

坚持优质、方便、规范、真诚的服务方针，以服务提升企业形象和自身价值。认真执行规范化服务标准和文明服务行为规范，自觉接受社会

监督，虚心听取客户意见，做到服务态度端正、服务行为规范、服务纪律严明、服务语言文明、服务效果优良。

第七节　员工行为规范

一、领导干部行为规范

信念坚定　胸襟宽广　大局思维　统筹规划
勇于创新　勇于担当　崇尚学习　弘扬文化
发扬民主　举贤任能　以人为本　廉洁自律

二、管理人员行为规范

目标清晰　管理科学　组织缜密　敢于担当
求真务实　开拓创新　服务基层　协同高效

三、技术人员行为规范

严谨勤奋　一丝不苟
不断创新　精益求精
尽职履责　攻坚克难

四、操作人员行为规范

爱岗敬业　团结协作
遵章守纪　诚实守信
勤于学习　善于改进

第八节　员工礼仪规范

一、仪表仪容

总体要求：注意个人卫生，保持干净大方，要适时剪发，并且梳理整齐。

（1）指甲经常修剪。

（2）男士胡须要刮净。

（3）女士不做奇形怪状的发型。

（4）女士可作必要的化妆，但不要浓妆艳抹。

二、仪态规范

总体要求：仪态标准，展现风采。

（1）站：姿势应端正，胳膊自然垂放，双脚自然分开，距离不要过大，与宾客会面交谈时，忌双手抱肘、叉腰，忌倚墙站立，勿将手插入衣袋或裤袋中。

（2）坐：落座时，应大方、沉稳。落座后，保持上身平直，全身自然放松，切忌跷二郎腿或随意抖动，双膝不能分得太开。

（3）行：

1）抬头，挺胸，直腰，步履稳健，注重节奏感，切忌鞋底摩擦地面发出噪声。

2）上楼梯与人相遇，应主动靠边谦让并主动打招呼问候。两人一起行走时，不要勾肩搭背。多人行走，避免横排齐进。

3）进入他人办公室或房间，应先轻轻敲门。听到“请进”后方可进入。

三、着装礼仪

总体要求：着装统一，穿着规范。

（1）按要求统一着装。

（2）始终保持服装整洁、整齐。

四、接待礼仪

总体要求：热情大方，周密安排。

（1）接待前的准备工作要充分，对来宾的情况要做到心中有数。

（2）接待客人主动热情，不卑不亢。

（3）不论对方地位高低，都应平等相待。

（4）客人与领导初次见面，一般由接待人员介绍。介绍时，一般先把身份较高、年纪较长的介绍给身份较低、年纪较轻的；先把男士介绍给女士。

（5）初次见面要握手问候，同性之间的握手应当有力，以示热情友好。异性之间则只需轻轻一握。上级、长者或女士先伸出手后，下级、年轻者或男士才能接握。

（6）接待过程中要诚恳地征求来宾对接待工作的意见。

五、电话礼仪

总体要求：语言标准简洁，语气礼貌亲切。

（1）电话铃响后，需在三声之内接听，主动介绍自己：“您好！请问您找谁？”

（2）不要靠话筒太近，避免因呼吸传去杂音。

（3）尽量使用标准普通话应答，注意使用文明语言。

（4）当对方挂机后，轻轻挂机，以示尊重，并及时作重要电话的记录。

（5）工作时，避免占用工作时间接打私人电话，即便有重要私事，也应注意尽量使通话简要。

（6）同事不在岗时，应及时帮忙接听座机，公务电话需记录来电人的姓名、联系方式、事项，及时转交当事人。

（7）文明电话用语范例："您好！请问您找哪位？""请稍等。""对不起，他不在，您有什么事需要我转告给他吗？"

六、名片使用

总体要求：双手接送，妥善保管。

（1）名片应该装在名片夹或皮夹中，不可随手拿出一沓，勿把有缺陷的名片交给对方。

（2）交换名片的合适时机是在自我介绍或别人介绍你的同时，也可视当时的实际情况，或在辞别时，以示有进一步深交的愿望。

（3）递名片给对方，要双手递送，注视对方，微笑致意，并将名片正面朝上。

（4）接受名片时，在把对方的名片放入名片夹之前，要先认真地看一遍。

（5）在互赠名片时，应先由职务低的呈给职务高的，年轻的呈给年长的。

七、聆听礼仪

总体要求：专心致志，积极思考。

（1）仔细听清对方的话，不可三心二意、东张西望。

（2）保持目光接触，鼓励畅所欲言。

（3）注意观察对方的表情，以便于理解他人的真实想法。

（4）积极思考，敏锐把握对方话语里的深层含义，做到善解人意。

八、交谈礼仪

总体要求：态度真诚，谦让为先。

（1）选取对方感兴趣的话题作为交谈的切入点，尽量避免一些不愉快的事情，对方不愿回答和私人生活方面的一些问题，不要详细追问。

（2）交谈时要保持目光交流，但不要目不转睛地盯着对方，或目光冷漠地看着对方。

（3）谈话时，可以适当用一些手势来加强语气，但不要幅度过大。

（4）拒绝对方应礼貌、委婉，态度要真诚。

九、拜访礼仪

总体要求：守时守约，举止得体。

（1）先约好时间，征得对方同意。

（2）必须守时。

（3）服饰整洁，举止得体，做到彬彬有礼。

（4）拜访时间不宜过长，特别是与不太熟悉的人，谈完公事即可告辞。

（5）拜访结束后，主动向被拜访人道谢、道别，并主动伸手握别。

十、会议礼仪

总体要求：严谨会风，提高效率。

（1）会务人员提前 20~30 分钟安排，追求精细，做到准确无误。

（2）参加会议必须守时，如遇到不能出席会议的特殊情况，必须事先请假或请合适的有关人员代替参加。

（3）会前确保要将手机等通信工具调至静音或关机状态。

（4）讨论研究问题要积极主动，群策群力。

（5）发表个人意见时，态度要谦和，谈论问题要实事求是。

（6）与会者之间要以礼相待，尊重他人的发言，认真听取他人的意见，不随意说话。

（7）努力创造认真、融洽、民主的会议气氛。

（8）会议迟到者进入会场时，应点头默视主持人，表示歉意。需中途离开时，要与主持人联系，必须动作缓慢，不引人注意。

十一、文明用语

应使用"您好"、"请"、"对不起"、"谢谢"、"再见"等礼貌语言，语言运用要准确简明，轻重得当，尊重对方。

十二、其他礼仪

乘车：乘坐公司班车时，应注意文明礼让，保持车内清洁卫生。因公外出需用车时，应遵守公司有关规定。

吸烟：不能在禁烟场所吸烟，应在指定地点并尽量在休息时间内吸烟，勿将烟灰、烟蒂随地乱扔。

用餐：在指定时间、地点用餐时，合理取用，餐后保持用餐地点整齐干净，并把剩饭菜及餐具放到指定地点。

第六篇　人　物

RENWU

第一章　人物简介

第一节　董事会成员

一、现任董事会成员（截止时间2016年12月底）

魏栓师　男，汉族，1964年2月生，原籍内蒙古达拉特旗，1986年7月参加工作，同年加入中国共产党，高级经济师，硕士研究生。

1986年7月~1998年6月，任包钢计划处副科长，计划财务处副科长；1998年6月~2004年12月，任包钢办公厅秘书科秘书、副处长、主任，包钢董事会秘书处副处长、处长，机关工委书记；2004年12月~2012年6月，任包钢党委常委、纪委书记、党委副书记，包钢矿业监事会主席（其间，2003年6月~2007年12月，任包头市第十二届人大常委会委员，2006年10月~2011年8月，任中共包头市第十届纪律检查委员会委员）；2012年6月~2015年4月，任内蒙古自治区国资委党委委员、副主任兼内蒙古国有资产运营有限公司董事长；2015年4月~2016年4月，任内蒙古自治区国资委党委书记、主任；2016年4月至今，任包钢董事长、党委书记兼包钢股份董事长、北方稀土董事长（其间，2016年10月至今，任中共包头市第十二届委员会委员）。

魏栓师参与的"集体企业创新与实践"被评为2014年"中国钢铁工业协会管理创新二等成果"和"内蒙古企业联合会管理创新一等成果"。

汪辉文　男，1961年12月生，高级经济师。曾任Nivalis公司副总经理，河北国投信托部总经理，曾任嘉鑫有限公司董事、副总经理，2006年8月~2009年7月，任稀土高科副董事长；2009年7月~2015年2月，任包钢稀土副董事长；2015年2月至今，任北方稀土副董事长。

张　忠　男，汉族，1963年3月生，原籍甘肃省榆中县，1984年参加工作，1991年6月加入中国共产党，正高级工程师，博士研究生。

1984年~2000年3月，任内蒙古冶金研究所所长助理、内蒙古冶金研究院副院长；2000年3月~2006年2月，历任稀奥科贮氢合金公司常务副总经理、总经理，内蒙古包钢稀土高科技股份有限公司董事，稀奥科镍氢电池极板有限公司总经理（其间，2004年9月~2008年1月，就读于燕山大学材料学，取得博士学位）；2006年2月~2008

---

① 人物篇部分时间节点的公司简称：1997年9月以前称"稀土三厂"；1997年9月~2009年7月称"稀土高科"；2009年7月~2015年2月称"包钢稀土"；2015年2月~2016年12月称"北方稀土"。

② 人物简介顺序以董、监、高进行排列，以首次出现为主，之后不再重复罗列记述。

③ 独立董事及外聘人员均无照片。

年1月，任稀土高科董事、党委书记，稀奥科公司总经理；2008年1月~2009年7月，任稀土高科董事、总经理、党委委员；2009年7月~2011年4月，任包钢稀土董事、总经理、党委委员；2011年4月~2015年2月，历任包钢副总工程师、董事，包钢稀土董事、总经理；2015年2月~2016年4月，任包钢董事兼北方稀土董事、总经理；2016年4月至今，任包钢董事兼北方稀土董事、总经理、党委书记。2012年受聘“十二五”国家科技部重大专项（稀土材料专项）专家组专家，中国稀土行业协会、中国稀土学会常务理事；2016年8月至今，任包头稀土产业联盟理事长。

张忠致力创新营销模式，积极实施战略储备，打造中国稀土产品价格指数，组建包钢稀土国贸公司与稀交所，提升中国稀土世界竞争力。推进南北联合，实现优势互补，提升稀土产业集中度，完成中国北方稀土集团实质性重组；调整产业结构，走绿色环保发展道路，开展稀土生产的“三废”回收与资源循环利用工程；率领公司团队在保持和巩固资源优势的同时，创新发展方式，引领和加快推动北方稀土的持续健康发展。通过这一系列重要举措使公司迎来了历史上发展最快速的黄金时期，曾荣膺中国资本市场十大“盈利王”。1999年、2004年、2005年、2009年、2010年，获包钢“优秀共产党员”称号；2010~2011年度获“管理现代化创新成果一等奖”；2011年获“冶金企业管理创新成果”；2003年获包钢“劳动模范”称号；2004年、2005年获稀土高新区“优秀企业家”称号；2010年度获内蒙古自治区“诚信人物”；2015年度获内蒙古自治区“有突出贡献的中青年专家”和内蒙古“十大经济人物”、内蒙古自治区“诚信人物”称号。

杨占峰　男，汉族，1963年9月生，原籍内蒙古和林格尔县，1984年8月参加工作，1993年3月加入中国共产党，正高级工程师，博士研究生。

1984年8月~2006年2月，任包钢白云铁矿安全环保科副科长、生产科副科长，主矿车间副主任、主任、生产部部长、副矿长兼总工程师；2006年2月~2011年4月，任巴润矿业公司总经理兼白云铁矿党委书记；2011年4月~2012年12月，任包头稀土研究院院长、包钢稀土董事；2012年12月~2015年2月，任包钢副总工程师，包头稀土研究院院长、常务副院长、包钢稀土董事；2015年2月至今，任包钢副总工程师，北方稀土董事，包头稀土研究院院长、常务副院长。2011年至今，任中国稀土学会副理事长；2016年8月至今，任白云鄂博稀土资源综合研究与利用国家重点实验室主任。

杨占峰曾获自治区科技进步一、二、三等奖各1项，自治区管理奖3项，冶金科技进步奖二、三等奖各1项，冶金企业管理奖2项，包钢和包头市科技进步奖等22项奖项，获奖项目产生的经济效益达数十亿元。公开发表论文32篇，参编出版著作8部，获“自治区有突出贡献的中青年专家”和“草原英才”等称号。

翟文华　男，汉族，1961年10月生，原籍内蒙古四子王旗，1984年8月参加工作，1988年5月加入中国共产党，正高级工程师，硕士研究生。

1984年8月~2008年9月，任包钢选矿厂破碎车间副主任、选矿车间副主任、主任、副厂长、厂长（其间，2003年12月~2007年7月，就读于北京科技大学环境工程专业，获得工程硕士学位）；2008年9月~2009年7月，任包钢选矿厂厂长、稀土高科董事；2009年7月~2015年2月，任包钢选矿厂厂长、包钢稀土董事；2015年2月~2016年6月，任包钢选矿厂厂长、北方稀土董事；2016年6月至今，任包钢集团宝山矿业有限公司经理兼北方稀土董事。曾任包钢稀土协会会员、中国冶金协会理事成员。

翟文华曾获包钢“优秀共产党员”、“劳动模范”、“先进消防工作管理者”、“职工教育培训工作先进工作者”、“管理创新先进个人”、“实施送温暖工程先进个人”、“工会工作最佳支持者”称号；获包头市“5·3地震抗震救灾先进个人”称号；获全国钢铁工业“劳动模范”、获全国冶金矿业行业“优秀厂矿长”、第四和第五届全国冶金矿业行业“十佳厂矿长”称号；2012年度自治区科学技术进步一等奖获得者。

张日辉 男，汉族，1970年10月生，原籍山东省龙口市，1992年参加工作，1997年12月加入中国共产党，高级经济师，本科硕士。

1992年7月~1995年7月，在包钢选矿厂工作；1995年7月~1999年11月，任包钢办公厅秘书科干事、副科长；1999年11月~2004年3月，任内蒙古稀土集团综合办公室副主任、主任、秘书、负责人兼稀土高科董事会秘书；2008年1月~2009年7月，任稀土高科副总经理兼董事会秘书；2009年7月~2015年2月，任包钢稀土董事、副总经理、董事会秘书；2015年2月~2016年5月，任北方稀土董事、副总经理兼董事会秘书；2016年5月至今，任北方稀土董事、副总经理兼磁材公司经理、党总支书记。

张日辉曾获包钢管理创新工作优秀个人、保密工作“先进工作者”；获《新财富》第六、七、八、十、十一届“金牌董秘”称号；获2010、2011、2012年度“金治理·投资者关系公司董秘奖”；获“2011、2012年度最佳创富董秘奖”；获“第八届（2011）、第九届（2012）中国上市公司董事会金圆桌奖——最具创新力董秘”称号；2015年，获2014第四届中国“星光董事局”传媒大奖——年度金牌董秘奖；获“中国董秘勋章”、“2015中国最受投资者欢迎的上市公司董秘”入围奖。

李金玲 男，汉族，1968年11月生，原籍山西省山阴县，1990年7月参加工作，1992年12月加入中国共产党，高级经济师，博士研究生。

1990年7月~1997年6月，在包钢设计院工作；1997年6月~1999年3月，在包钢稀土三厂办公室、证券部工作；1999年3月~2000年12月，任稀土高科办公室副主任、主任，贮氢公司工程指挥部办公室主任；2000年12月~2004年3月，任贮氢公司工程指挥部副总指挥、副总经理，贮氢、极板、电池公司副总经理；2004年3月~2009年7月，任稀土高科副总经理，冶炼厂党总支书记、副厂长、行政负责人；2009年7月~2015年2月，任包钢稀土董事、副总经理；2015年2月~2016年6月，任北方稀土董事、副总经理；2016年6月至今，任北方稀土董事、副总经理、董事会秘书。

王占成 男，汉族，1967年9月生，原籍内蒙古凉城县，1987年8月参加工作，2002年5月加入中国共产党，高级会计师，党校研究生。

1987年8月~1989年9月，在包钢行政处工作；1989年9月~1990年12月，任包钢驻北京办事处干事；1990年12月~2002年4月，在包钢计划处财务科、财务处投资科、财务处成本科、资

金科工作；2002 年 4 月～2012 年 12 月，任包钢计划财务部经营预算处主办、主管、副处长、处长，驻焦化厂财务科科长；2012 年 12 月～2016 年 8 月，任包钢计划财务部副部长；2016 年 8 月至今，任北方稀土董事、副总经理、财务总监，包钢财务董事。

王占成曾获包钢青年八工种技术状元赛会计工种第五名、“劳动模范”、“管理创新工作优秀个人”称号；《长期借入资金的条件、风险和优点的比较》获冶金价格协会 2003 年度优秀论文三等奖；2006 年，“钢铁企业价格策略的优化管理”获自治区企业管理现代化创新成果三等奖；2007 年，“包钢成本差异跟踪与分析系统的应用”项目，获自治区企业现代化创新成果三等奖；“优化销售与排产，加大品种调整力度，利用有限资源为公司创造最大的效益”获 2009～2010 年包钢管理现代化创新成果一等奖；“包钢（集团）公司成本核算系统的开发及应用”获 2013～2014 年包钢管理创新成果二等奖。

甘韶球　男，1965 年 1 月生，法学硕士。历任共青团北京市委干事、中国石油化工管理干部学院讲师、国家经济贸易委员会科员、南方证券股份有限公司北京投资银行部副总经理、中国建银投资证券有限公司北京投资银行部副总经理、嘉鑫公司投资管理部副总经理。2008 年 9 月～2009 年 7 月，任稀土高科董事；2009 年 7 月～2015 年 2 月，任包钢稀土董事；2015 年 2 月至今，任北方稀土董事。

苍大强　男，1949 年 2 月生，北京科技大学冶金工程专业博士毕业，教授、博士生导师。历任一机部第五设计研究院工业炉研究所技术员、工程师，北京科技大学冶金学院讲师、教授、博士生导师、冶金系主任，联合国环保署（UNEP）工业技术部技术顾问，日本东北大学客座教授，北京科技大学冶金与生态学院教授、博士生导师、生态系主任，北京科技大学节能环保研究中心副主任，日本“过程中技术”委员会委员，中国工业炉学会秘书长，国资委节能顾问，任《High Temperature Materials and Process》《钢铁》中英文版等六本杂志编委。2016 年 5 月至今，任北方稀土独立董事。

苍大强承担过国家多项科技攻关项目及国家自然科学基金重点项目、欧盟项目及国际合作项目，获 28 项国家专利，获国家科技进步二等奖 2 项、省部级科技进步一等奖 4 项，国家级和省部级教学一等奖 5 项。曾在国内外学术杂志和学术会议上发表论文 390 余篇，出版中文专著 3 部、教材 2 种，先后获国务院学位办、国家教委“做出突出贡献的中国博士”以及“全国优秀教师”、“国家五一劳动奖章”、“首都五一劳动奖章”、“宝钢优秀教师”等称号。

郭晓川　男，1966 年 2 月生。1988 年 7 月毕业于复旦大学管理科学系，获学士学位，1994 年 12 月毕业于复旦大学管理科学系，获硕士学位，1997 年 12 月毕业于复旦大学管理科学系，获博士学位。历任内蒙古大学管理学教授、内蒙古大学经济管理学院院长，2011 年 1 月～2015 年 2 月，任包钢稀土独立董事；2015 年 2 月至今，任北方稀土独立董事。

钱明星　男，1963 年 4 月生。1983 年于北京大学获法学学士学位，1986 年于北京大学获法学硕士学位，2001 年于北京大学获法学博士学位。历任北京大学法学院教授、博士生导师，主要研究领域为民商法学。1988 年 8 月晋升讲师，1993 年 8 月晋升副教授，1999 年晋升教授。兼职中国法学会民法学会常务理事、北京市民商法研究会副会长、中国国际经济贸易仲裁委员会仲裁员、广州海鸥卫浴用品股份有限公司独立董事。已在全国重点学术刊物上发表论文 30 余篇，专著 2 部。其中《物权法原理》（北京大学出版社 1994 年出版）为中国大陆第一部物权法著作，1996 年获北京市第四届哲学社会科学优秀成果二等奖，并于近年参加了国家担保法、合同法、物权法等多项重大立法活动。2014 年 12 月~2015 年 2 月，任包钢稀土独立董事；2015 年 2 月至今，任北方稀土独立董事。

丁文江 男，1953 年生，中国工程院院士，上海交通大学教授。1978 年参加工作。1981 年毕业于上海交通大学铸造专业。历任上海交通大学副校长、上海市科委副主任、上海市科协副主席、紫江企业独立董事、轻合金精密成型国家工程研究中心主任、中国镁业协会副会长、中国材料研究学会常务理事、中共上海交通大学材料科学与工程学院委员会委员。长期从事先进镁合金材料及加工方面研究，作为第一获奖人，获国家科技进步二等奖、国家技术发明二等奖、国防工业科技进步二等奖、上海市技术发明一等奖、上海市科技进步二等奖、中国汽车工业科技进步二等奖各 1 项。在 SCI 源期刊上发表论文 308 篇，获得授权发明专利 114 项，其中两项获中国专利优秀奖。曾获“中国优秀青年科技创业奖”、“全国先进工作者”、“上海市劳动模范”、“全国优秀科技工作者”等荣誉。2014 年 12 月~2015 年 2 月，任包钢稀土独立董事；2015 年 2 月至今，任北方稀土独立董事。

徐万春 男，1962 年 1 月生，审计师，高级经济师，注册会计师。1984 年 7 月~1989 年 9 月，呼和浩特市审计局工作；1989 年 10 月~1995 年 9 月，任呼和浩特审计事务所副所长；1995 年 10 月~1996 年 12 月，任清水河县暖泉乡扶贫工作队队长、党委副书记；1997 年 1 月~2016 年 12 月，任内蒙古普正会计师事务所有限公司、内蒙古普正资产评估有限责任公司、内蒙古普信工程造价咨询有限责任公司董事长、管委会主任。2014 年 12 月~2015 年 2 月，任包钢稀土独立董事；2015 年 2 月至今，任北方稀土独立董事。

二、历任董事会人员

曾国安 男，汉族，1937 年 8 月生，原籍湖南省长沙市，1956 年 8 月参加工作，1960 年 4 月加入中国共产党，高级工程师，大专。

1956 年 8 月~1958 年 3 月，任包钢技校教师；1958 年 3 月~1958 年 9 月，在包头郊区下放劳动；1958 年 9 月~1975 年 7 月，任包钢初轧厂技术员、办公室秘书、科长；1975 年 7 月~1977 年 10 月，任包钢初轧厂党委副书记；1977 年 10 月~1981 年 1 月，任包钢轨梁厂厂长；1981 年 1 月~1981 年 9 月，任包钢小型厂厂长；1981 年 9 月~1983 年 8 月，任包钢线材厂厂长；1983 年 8 月~1997 年 9 月，任包钢党委常委、党委副书记、党委书记、副经理、经理；1997 年 9 月~1998 年 4 月，任包钢党委书记兼经理、稀土高科董事长；1998 年 4 月，离开领导岗位。曾任内蒙古人大常委。

张志公 男，蒙古族，1944 年 6 月生，原籍内蒙古土右旗，1966 年 9 月参加工作，1973 年 12 月加入中国共产党，高级政工师，本科。

1966 年 9 月~1976 年 9 月，任乌海市第一中学、第二中学教师、教导主任；1976 年 9 月~1979 年 7 月，在乌海市教育局、文化局工作；1979 年 7 月~1990 年 6 月，任乌海市科委办公室副主任、乌海市委常委、组织部部长；1990 年 6 月~1995 年 7 月，任包钢党委常委、纪委书记；1995 年 7 月~1998 年 4 月，历任包钢党委常委、纪委书记、党委副书记、党委书记，综企（集团）公司党委书记；1998 年 4 月~2002 年 10 月，历任包钢党委书记、副董事长，稀土高科董事长；2002年10月~2008年3月，调至包头市工作。

张志公曾获包头市“优秀党务工作者”、内蒙古自治区“优秀党务工作者”称号；全国冶金企业“优秀思想政治工作者”称号；全国“优秀党务工作者”称号。

乔　木　男，汉族，1950年生，研究生，高级工程师。历任乌海市海勃湾玻璃厂副厂长，内蒙古建材工业学校副书记，内蒙古自治区建筑材料工业局计划处副处长、人事处处长、副局长，内蒙古建材集团公司副总经理、党委委员，包头市副市长（分管工业经济）、党组成员，包头稀土高新技术产业开发区管委会主任，包钢副董事长，内蒙古稀土集团董事长、党委书记。1999年10月~2002年9月，任稀土高科董事长；2002年9月，离开领导岗位。

廖二鸣　男，历任中国科学院成都计算机应用研究所副所长，海南华信集团有限公司副总裁，天津逸仙科学工业国际有限公司总裁，香港嘉鑫有限公司总经理，1997年7月~2000年3月，任稀土高科副董事长。

王子仁（1940年4月~2014年11月）　男，汉族，原籍河南省西华县，1966年9月参加工作，1985年3月加入中国共产党，高级工程师，本科。

1966年9月~1968年9月，留校参加“文革”；1968年9月~1985年3月，在包钢炼钢厂平炉车间、转炉车间、技术科工作，后任包钢炼钢厂厂长助理；1985年3月~1987年2月，任包钢总调度室副总调度长；1987年2月~1991年5月，任包钢炼钢厂厂长兼党委书记；1991年5月~1995年4月，任包钢总调度室总调度长；1995年4月~1998年5月，任包钢副经理兼包头稀土研究院院长、党委书记，内蒙古稀土集团办主任，稀土高科副董事长；1998年5月~1999年11月，任包钢董事兼包头稀土研究院院长、党委书记、稀土高科副董事长；1999年11月~2000年6月，任包钢董事、稀土高科副董事长；2000年6月，离开领导岗位。曾任中国稀土行业协会副理事长、中国稀土学会党务理事。

王子仁曾获包钢“先进生产（工作）者”、“劳动模范”、“质量先进个人”称号；包头市“劳动模范”、“包头市优秀企业家”；“内蒙古优秀厂长”称号；1987年，包钢炼钢厂“目标成本管理”课题负责人，该项目获包钢现代化管理一等奖、内蒙古优秀奖。

张　毅　男，副总经理，历任于日本三井物产株式会社北京事务所、香港嘉鑫有限公司副总经理。2000年4月~2001年9月，任稀土高科副董事长。

许万成 男，汉族，1945年1月生，原籍内蒙古临河市，1969年9月参加工作，1975年12月加入中国共产党，高级经济师，本科。

1969年9月~1972年6月，在哈尔滨铁路局工程五队实习；1972年6月~1984年12月，在包钢运输部铁路大修队工作，历任包钢运输部工务车间副主任，包钢运输部党委副书记、纪委书记；1984年12月~1998年5月，历任包钢党委常委、副经理、党委副书记、党委书记，稀土高科董事；1998年5月~2001年12月，历任包钢党委常委、副董事长兼副总经理，稀土高科董事；2001年12月，离开领导岗位。曾任中国冶金企业管理协会副董事长。

许万成曾获包钢“模范共产党员”称号；获全国冶金系统“劳动模范”称号；1996年2月，出席内蒙古自治区人民代表大会。

徐福贵 男，汉族，1939年11月生，原籍河北省保定市，1963年9月参加工作，1973年11月加入中国共产党，正高级工程师，硕士研究生。

1963年9月~1971年6月，先后在包钢科技处、包钢炼铁厂、包钢政治部工作；1971年6月~1983年5月，任稀土一厂质检组组长、代副厂长；1983年5月~1985年10月，任稀土二厂副厂长（其间，1984年，毕业于东北工学院，研究生毕业）；1985年10月~1991年4月，任包钢总调度室总调度长；1991年4月~1997年9月，任包钢总经济师；1997年9月~2001年，任包钢总经济师、稀土高科董事、包钢董事；2001年，离开领导岗位。曾任北京兴大豪斯科技有限公司副总经理、金融法律顾问，美国平天公司副总经理、董事，麦士威科技公司首席顾问，北京太阳城集团总经济师、金融法律顾问，中国医促会常务理事、项目部长、金融法律顾问，国际针灸联合会理事、金融法律顾问，医疗器械专业委员会副主任、金融法律顾问。

徐福贵曾获包钢“先进生产（工作）者”、“模范共产党员”、“劳动模范”称号，包头市“劳动模范”称号；1983年，参加美国休斯敦举行的国际稀土博览会；2007年，在中国首届老龄产业研讨会发表了“中国老龄产业与资本市场”一文，收录进国家有关刊物。

颜维华 男，汉族，1946年1月生，原籍上海市，1967年9月参加工作，1985年7月加入中国共产党，高级工程师，本科。

1967年9月~1985年6月，先后在包钢选矿厂选矿车间、机动科、过滤车间工作，后任过滤车间副主任、选矿车间副主任、检修车间副主任；1985年6月~1996年12月，任包钢修建部副主任、主任；1996年12月~1998年2月，任包钢经理助理、包钢综合企业（集团）公司第一副经理、包钢副经理、稀土高科董事；1998年2月~2002年7月，任包钢副经理、董事，包钢综合企业（集团）公司经理，包钢劳服公司经理、残疾人分会主席，稀土高科董事；2002年7月~2006年4月，任包钢董事，中国二冶董事长、党委书记；2006年4月，离开领导岗位。

颜维华曾获包钢“先进生产（工作）者”、“先进个人”、“优秀共产党员”、“模范共产党员”称号。

陈隆淮 男，汉族，1944年2月生，原籍四川省成都市，1967年9月参加工作，1989年6月加入中国共产党，正高级工程师，本科。

1967年8月~1970年3月，解放军1302部队学生连战士；1970年3月~1972年12月，在包钢轨梁厂工作；1972年12月~1987年12月，在包钢钢铁研究所工作，后任包钢钢铁研究所劳培科副科长；1987年12月~1991年4月，任包钢钢铁研究技术开发办公室副主任、高工、主任；1991年4月~1993年10月，历任包钢冶金研究所副所长、试验厂副厂长、党总支书记；1993年10月~1994年8月，任稀土一厂厂长；1994年8月~1997年9月，任稀土三厂厂长；1997年9月~2003年5月，任稀土高科董事、党委委员、总经理；2003年5月，离开领导岗位。曾任中国稀土学会理事、内蒙古自治区高级技术职称评定委员会委员。

1997年7~8月，只身赴北京，居住于北京的地下室，为了解决公司资金严重不足、生产经营难以维持的困难，辗转于国家计委、国有资产管理局、证监会等部门，大力宣传稀土上市对发展我国民族稀土工业、促进民族自治地区经济发展具有重要意义。经过艰苦努力，终于在1997年9月顺利上市，开创了国内稀土企业上市的先河，极大地促进了包钢、包头市、内蒙古自治区乃至全国稀土工业的发展。

陈隆淮曾获包钢“劳动模范”称号，包头稀土高新技术开发区“优秀企业家”称号，内蒙古自治区“有突出贡献的中青年专家”称号；曾获内蒙古企业技术进步一等奖1项、内蒙古科委二等奖1项、三等奖1项，内蒙古人民政府科技进步三等奖1项，包头市科技进步一等奖1项。

白凤仁 男，汉族，1942年6月生，原籍辽宁省海城市，1958年10月参加工作。

1958年10月~1988年1月，在包钢废钢厂工作；1965年4月~1972年4月，任包钢选矿厂革委会副主任、连长，选矿厂机修车间副主任，破碎车间党支部副书记，焙烧车间主任，选矿车间主任；1988年1月~1997年9月，任包钢选矿厂副厂长、厂长、党委委员；1997年9月~2001年4月，任包钢选矿厂厂长、党委委员，稀土高科董事；2001年4月~2002年6月，任包钢选矿厂调研员；2002年6月，离开领导岗位。

白凤仁曾获包钢“劳动模范”、“模范共产党员”、“优秀共产党员”、“先进生产（工作）者”称号；获包头市“先进生产（工作）者”、“劳动模范”、双向协作“先进个人”称号、经济技术双向“先进工作者”、扶贫开发“先进工作者”称号。

崔　臣 男，汉族，1952年5月生，原籍辽宁省复县，1969年12月参加工作，1984年6月加入中国共产党，高级工程师，本科。

1969年12月~1970年7月，响应国家号召，下乡到乌海市海勃湾青年农场；1970年7月~1972年2月，分配到千里山钢铁厂工作；1972年

2月~1975年10月，就读于包头钢铁学院轧钢专业；1975年10月~1980年3月，任内蒙古冶金研究所技术员；1980年3月~1998年9月，任内蒙古冶金厅（冶金机械厅）助理工程师、工程师、高级工程师、副处长、处长、办公室主任；1998年9月~1999年10月，任包钢总经理助理兼办公厅主任；1999年10月~2002年4月，历任内蒙古稀土集团总经理，稀土高科副董事长、董事长；2002年4月~2003年2月，历任包钢党委常委、副总经理，内蒙古稀土集团总经理、党委书记，稀土高科董事长；2003年2月~2007年5月，历任包钢党委常委、副总经理、董事、党委书记，内蒙古稀土集团总经理、党委书记兼稀土高科董事长；2007年5月~2009年5月，任包钢董事长、党委书记，稀土高科董事长，包钢钢联董事长；2009年5月~2009年7月，任包钢党委书记、副董事长，包钢钢联董事长兼稀土高科董事长；2009年7月~2010年4月，任包钢党委书记、副董事长，包钢钢联董事长兼包钢稀土董事长；2010年4月~2012年，任内蒙古自治区经济和信息化委员会副主任。

孙国龙　男，汉族，1963年7月生，原籍辽宁省昌图县，1985年9月参加工作，1991年11月加入中国共产党，正高级工程师，博士研究生。

1985年9月~1994年12月，在包钢炼铁厂工作，后任包钢炼铁厂三高炉车间副主任、厂长助理；1994年12月~2002年4月，任包钢炼铁厂副厂长、厂长；2002年4月~2003年2月，任包钢副总经理，稀土集团董事，稀土高科副董事长；2003年2月~2005年3月，任包钢副总经理，稀土集团董事、党委副书记，稀土高科副董事长；2005年3月~2010年5月，历任包钢副总经理，包钢股份董事，包钢党委常委、董事，包钢股份董事（其间，2002年9月~2008年1月，就读于北京科技大学钢铁冶金专业，取得工学博士）；2010年5月~2013年7月，任包钢党委常委、董事，包钢股份董事，包钢矿业董事长、党委书记（其间，2011年4月~2012年1月，挂职五矿集团公司黑流中心“五矿发展”战略本部副总监）；2013年7月~2016年4月，任内蒙古矿业（集团）有限责任公司筹建办公室主任、总经理、党委副书记、董事；2016年4月，调任包钢董事、总经理、党委副书记兼包钢股份副董事长。

1990年，参加全国冶金系统青工大赛获高炉炉长第一名，获冶金部命名的“全国冶金系统技术能手”称号，获团中央命名的“全国新长征突击手”称号；获“包头市十大杰出青年”称号；获“首届内蒙古十大杰出青年二十名候选人”；获“包头市优秀青年企业家”称号；获“内蒙古自治区优秀青年企业家”称号；获“内蒙古杰出人才”称号；获“内蒙古草原英才”称号。曾获内蒙古自治区冶金机械工业科学技术进步奖二等奖1项、内蒙古自治区企业技术进步奖评审委员会三等奖1项、内蒙古自治区人民政府一等奖1项、三等奖1项、全区青年知识分子科技创新奖1项、中国钢铁工业协会、中国金属学会“冶金科学技术奖”二等奖2项、三等奖1项。

陈宁宁　女，1970年7月生。1993年1月以来历任 Prudential- Securities LTD 基金经理、Winease-Investment Co. 副总经理、嘉鑫有限公司董事、副总经理、任嘉鑫有限公司董事长、总经理，2001年9月~2006年4月任包钢稀土副董事长。

刘石政　男，汉族，1952年9月生，原籍内蒙古土右旗，1975年6月加入中国共产党，1978年9月参加工作，正高级工程师，本科。

1978年9月~1989年12月，在包头稀土院工作，后任包头稀土院一车间副主任；1989年12月~1992年5月，任江苏泰兴稀土冶炼厂总工程师兼副厂长；1992年5月~1994年8月，任包头稀土院湿法室副主任；1994年8月~1995年12月，任包钢稀土三厂副厂长；1995年12月~2001

年6月，任包头清美稀土抛光粉有限公司总经理兼党总支书记；2001年6月~2005年3月，任稀土高科党委书记、常务副总经理、总经理；2005年3月~2006年2月，任包头稀土院党委书记、纪委书记；2006年2月~2007年9月，任内蒙古稀土集团副总经理；2007年9月，离开领导岗位。曾任中国稀土学会第四届理事会常务理事。

刘石政曾获包钢“优秀科技管理人员”称号，获包头市稀土高新技术产业开发区“优秀企业家”称号，2002年5月，被中国稀土学会聘为中国稀土学会《稀土》杂志第三届编委会委员。曾获冶金部科学技术进步三等奖2项、四等奖1项，内蒙古科技进步二等奖2项、三等奖1项，内蒙古企业进步一等奖1项，包头市科技进步一等奖1项，包钢科技进步四等奖1项。

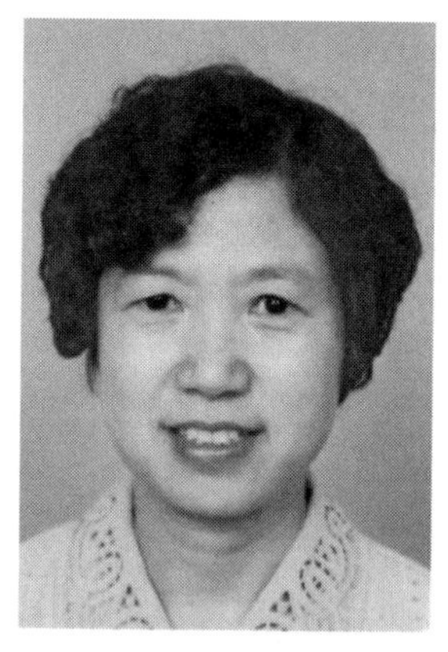

胡玉林（1942年7月~2015年6月） 女，汉族，原籍安徽省寿县，1961年4月加入中国共产党，1965年9月参加工作，正高级工程师，本科。

1965年9月~1966年9月，在包头冶金研究所工作，在包头郊区参加四清运动工作组进行劳动锻炼；1966年9月~1989年2月，在包头冶金研究所工作，任湿法室副主任、科研处副处长、党委副书记；1989年2月~1995年4月，任包头稀土研究院党委书记、副院长、院长、党委常务副书记、党委书记；1995年4月~2002年11月，任包钢副经理、党委常委、包钢监事会主席；2002年11月~2009年7月，任稀土高科独立董事；2009年7月~2009年12月，任包钢稀土独立董事。

胡玉林曾获“全国少数民族地区优秀知识分子”、“包头市三八红旗手”、“包头市优秀党务工作者”、“内蒙古稀土推广应用先进个人”、“全国稀土推广应用先进个人”、“冶金职教先进个人”、包头市“勤工俭学”先进个人等称号。

刘志忠 男，汉族，1950年4月生，原籍辽宁省沈阳市，1968年12月参加工作，1978年1月加入中国共产党，高级政工师，本科。

1968年12月~1972年9月，任内蒙古生产建设兵团班长；1972年9月~1973年3月，任包钢第五小学教师；1973年3月~1986年12月，任包钢氧气厂政工科副科长、空压车间党支部副书记；1986年12月~1988年8月，任包钢党委办公室秘书科副科长；1988年8月~1992年3月，任包钢经理办公室秘书科副科长、科长、文书科科长；1992年3月~1998年2月，任包钢党委办公室副主任、主任、秘书科科长；1998年2月~2002年7月，任包钢经理助理、总经理助理、综企（集团）党委书记；2002年7月~2007年11月，任包钢总经理助理兼综企（集团）党委书记、经理，稀土高科董事；2007年11月，离开领导岗位。

1988年，被包头市人民政府授予“优秀查办员”；曾多次获包钢“先进生产（工作）者”、“优秀党务工作者”称号。

燕洪全 男，汉族，1954年6月生，原籍山东省平度市，1971年10月参加工作，1984年12月加入中国共产党，正高级工程师。

1971年10月~1985年1月，在包钢白云铁矿工作，后任包钢白云铁矿西矿车间副主任、主矿车间副主任；1985年1月~1987年6月，任包钢白云铁矿矿长助理、总调度室主任、副矿长；1987年6月~1988年5月，任包钢白云铁矿矿长助理兼总调度室主任；1988年5月~1989年6月，任包钢白云铁矿矿长助理；1989年6月~2001年4月，任包钢白云铁矿副矿长、矿长；2001年4月~2001年9月，任包钢选矿厂厂长；2001年9月~2006年2月，任包钢选矿厂厂长、稀土高科董事；2006年2月~2011年4月，历任包钢副总工程师、北方矿业公司总经理、稀土高科董事；2011年4月，离开领导岗位。

班　均 男，1967年5月生，注册会计师，高级会计师，高级经济师。历任巴盟教育学院总务处副主任、内蒙古会计师事务所部门经理、北京中天华正会计师事务所高级经理、天健会计师事务所高级经理、中国总会计师协会理事，2002年4月~2008年9月，任稀土高科独立董事。

李　刚 男，1962年9月生，证券业律师。历任内蒙古诚誉律师事务所副主任、中华人民共和国人事部专家服务中心专家顾问委员、中国政法大学法学院兼职教授、北京市广住律师事务所主任。2002年4月~2008年9月，任稀土高科独立董事。

李含善 男，1946年9月生，教授，包头市自动化协会理事长。1970年7月毕业于天津大学动力工程系自动化仪表专业。历任包头市水暖器材厂、包头市无线电厂、包头市蓄电池厂技术员，包头钢铁学院系副主任、主任，包头钢铁学院院长、代书记，日本神户大学访问学者，内蒙古工业大学校长，北京科技大学兼职教授，太原理工大学客座教授，乌海市政府顾问，教育部全国高等学校设置评议委员会专家，教育部本科教学水平评估专家。2003年8月~2009年7月，任稀土高科独立董事；2009年7月~2009年12月，任包钢稀土独立董事。

2000年，获内蒙古自治区“劳动模范”称号；2001年，获内蒙古自治区“优秀教师”称号；2004年，享受国务院政府特殊津贴专家；2007年，获全国“五一劳动”奖章。2002年，“大型热轧辊表面激光强化处理技术研究”获内蒙古自治区科技进步一等奖；2001年，“锅炉燃烧系统变频调速计算机自动控制装置的研制”获内蒙古自治区科技进步三等奖；2009年，“构建西部地方院校校内教学评价长效机制的研究与实践”获高等教育自治区级教学成果一等奖。

易尚聪 男，1970年5月生，原籍中国香港，香港理工大学会计学学士。历任吕礼会计师事务所中级审计员、德勤·关黄陈方会计师行（香港）一级会计师、安永会计师事务所（香港）高级资深审计师、联想金山控股有限公司财务总监、德勤国际会计师行企业财务顾问部经理、天津东海燃气股份有限公司财务总监、香港嘉鑫有限公司财务总监。2004年5月~2006年10月，任稀土高科董事。

孟志泉 男，汉族，1958年12月生，原籍陕西省咸阳市，1982年8月参加工作，1994年12月加入中国共产党，正高级工程师，硕士研究生。

1982年8月~1991年7月，在包钢炼钢厂工作；1991年7月~1993年9月，先后任包钢炼钢厂质量科科长助理、生产科值班副主任、厂长助理兼生产科科长；1993年9月~2002年8月，任包钢炼钢厂副厂长、厂长；2002年8月~2004年

12 月，任包钢总经理助理兼炼钢厂厂长；2004 年 12 月～2009 年 7 月，历任包钢副总经理，稀土集团总经理兼党委副书记，稀土高科副董事长、包钢董事；2009 年 7 月～2010 年 6 月，任包钢董事、包钢稀土副董事长；2010 年 6 月～2013 年 12 月，任包钢董事、包钢股份总经理兼董事；2013 年 12 月～2014 年 1 月，任包钢党委副书记，包钢股份总经理、董事；2014 年 1 月～2014 年 8 月，任包钢党委副书记，包钢稀土党委书记、董事；2014 年 8 月～2014 年 12 月，任包钢党委副书记，包头稀土研究院院长、党委书记，包钢稀土副董事长；2014 年 12 月～2015 年 2 月，任包钢党委副书记，包头稀土研究院院长、党委书记，包钢稀土董事长；2015 年 2 月～2016 年 5 月，任包钢党委副书记，包头稀土研究院院长、党委书记，北方稀土董事长；2016 年 5 月至今，任包钢党委副书记。

李学舜（1964 年 10 月～2012 年 1 月） 男，汉族，原籍内蒙古扎赉特旗，1987 年 9 月参加工作，1992 年 12 月加入中国共产党，正高级工程师，博士研究生。

1987 年 9 月～1994 年 5 月，在稀土三厂工作；1994 年 5 月～1995 年 12 月，任稀土三厂主任助理、副主任；1995 年 12 月～1998 年 12 月，任包头天骄清美稀土抛光粉有限公司筹建处技术负责人、生产部部长；1998 年 12 月～2001 年 6 月，任包头天骄清美稀土抛光粉有限公司总工程师兼生产部部长；2001 年 6 月～2002 年 11 月，任包头天骄清美稀土抛光粉公司总经理兼总工程师；2002 年 11 月～2009 年 7 月，历任包头天骄清美稀土抛光粉公司总经理、党总支书记兼总工程师，稀土高科董事，内蒙古稀土集团副总经理；2009 年 7 月～2012 年 1 月，任包钢稀土董事、包头天骄清美稀土抛光粉有限公司总经理；2012 年 1 月，离开领导岗位。

李学舜曾获内蒙古自治区企业技术进步一等奖 1 项、三等奖 2 项，获内蒙古自治区人民政府二等奖 1 项，获内蒙古自治区青年科技奖，荣获内蒙古自治区“新世纪 321 人才工程”第二层次人选。

杨　颖　女，汉族，1953 年 7 月生，原籍浙江省湖州市，1970 年 6 月参加工作，1996 年 8 月加入中国共产党，高级会计师，本科。

1970 年 6 月～1975 年 12 月，内蒙古生产建设兵团八连，上士；1975 年 12 月～1986 年 7 月，在包钢炼钢厂工作；1986 年 7 月～1991 年 10 月，任包钢财务处会计科干事；1991 年 10 月～1999 年 9 月，任包钢财务处结算科副科长、科长，结算中心副主任；1999 年 9 月～2001 年 12 月，任包钢财务部部长助理；2001 年 12 月～2002 年 3 月，任包钢计划财务部部长助理；2002 年 3 月 ~2003 年 12 月，任包钢计划财务部部长助理兼会计处副处长，稀土集团财务部部长；2003 年 12 月 ~ 2006 年 4 月，任稀土集团财务部部长，稀土高科财务总监、董事；2006 年 4 月，离开领导岗位。

杨颖曾获包头市侨眷“先进个人”称号、包钢“职业道德先进个人”称号、会计学会“先进工作者”称号；2002 年，受内蒙古财政厅邀请在香港参加世界会计师大会；2002 ~ 2006 年，连续四年被内蒙古财政厅、内蒙古人事厅聘为自治区高级职称评委。

赵生平 男，汉族，1965 年 2 月生，原籍山西省原平市，1984 年 10 月参加工作，1986 年 9 月加入中国共产党，本科硕士。

1984 年 10 月 ~ 1987 年 1 月，解放军 51051 部队，战士；1987 年 1 月 ~ 1994 年 12 月，在稀土三厂工作；1994 年 12 月 ~ 1999 年 11 月，历任稀土三厂天骄分厂副厂长，动力车间（稀土综合厂、稀土开发厂）党支部副书记，开发厂党支部副书记；1999 年 11 月 ~2001 年 2 月，任稀土高科稀选三分厂厂长兼党支部副书记；2001 年 2 月 ~ 2003 年 2 月，历任稀土高科总经理助理，稀选二、三分厂厂长；2003 年 2 月 ~ 2006 年 2 月，任稀土高科副总经理，稀选分厂厂长、党总支书记；2006 年 2 月 ~ 2008 年 5 月，历任稀土高科总经理、董事，稀选分厂厂长、党总支书记，稀土高科监事会主席（其间，2004 年 3 月 ~ 2006 年 8 月，就读于北京科技大学环境工程专业，获得工程硕士学位）；2008 年 5 月 ~2008 年 9 月，任包深稀土总经理、党总支书记，稀土高科董事；2008 年 9 月 ~ 2014 年 8 月，任包深稀土总经理兼党总支书记；2014 年 8 月 ~ 2016 年 5 月，任包钢资产管理部副部长；2016 年 5 月至今，任包钢资产管理部部长。

张国佐 男，博士研究生。1994 年 8 月 ~ 1994 年 12 月在中冶大连分公司实习，1994 年 12 月 ~ 2000 年 12 月，任中钢集团出口部业务经理；2004 年 1 月 ~ 2004 年 10 月，任山西科信技术发展有限公司总经理助理；2004 年 10 月 ~ 2006 年 8 月，任嘉鑫有限公司销售经理；2006 年 9 月，任嘉鑫有限公司投资经理。2007 年 4 月 ~ 2008 年 4 月，任稀土高科董事。

周秉利 男，汉族，1963 年 1 月生，原籍河北省秦皇岛市，1984 年 8 月参加工作，1996 年 12 月加入中国共产党，正高级工程师，博士研究生。

1984 年 8 月 ~ 1995 年 12 月，任包钢炼铁厂工程科检修车间副主任、科长；1995 年 12 月 ~ 1998 年 9 月，任包钢炼铁厂厂长助理、副厂长；1998 年 9 月 ~ 2002 年 8 月，任包钢机动处副处长、处长；2002 年 8 月 ~ 2004 年 12 月，任包钢总经理助理兼设备动力部部长；2004 年 12 月 ~ 2009 年 5 月，任包钢副总经理；2009 年 5 月 ~ 2010 年 4 月，任包钢党委副书记、董事、总经理；2010 年 4 月 ~ 2010 年 7 月，任包钢董事长、党委书记；2010 年 7 月 ~ 2014 年 4 月，任包钢董事长、党委书记，包钢稀土董事长（其间，2007 年 9 月 ~ 2011 年 6 月，就读于北京科技大学管理学院管理科学与工程专业，获得理学博士学位）；2014 年 4 月 ~ 2016 年 4 月，任包钢董事长、党委书记，内蒙古自治区党委委员；2016 年 4 月，调任内蒙古自治区安全生产监督管理局副局长。曾任中国钢铁工业协会副会长、中国稀土协会副会长、中国金属学会常务理事、中国企业文化研究会副理事长、内蒙古自治区劳动模范协会第二届理事会副理事长、内蒙古自治区人力资源和社会保障信息理事会副理事长。

朝　鲁（1952 年 8 月～2012 年 8 月）　男，蒙古族，原籍黑龙江杜尔伯特县，1968 年 8 月参加工作，1982 年 12 月加入中国共产党，高级工程师，本科。

1968 年 8 月～1971 年 7 月，参加巴盟乌拉特中旗下乡活动；1971 年 7 月～1974 年 9 月，在包钢炼钢厂实习；1974 年 9 月～1977 年 10 月，就读于东北工学院炼铁专业；1977 年 10 月～1984 年 9 月，在包钢烧结厂工作，后任原料车间副主任、整党办公室副主任；1984 年 9 月～1991 年 9 月，任包钢烧结厂党委副书记；1991 年 9 月～1993 年 4 月，任包钢机运修理厂党委书记；1993 年 4 月～1995 年 9 月，任包钢烧结厂厂长兼党委书记；1995 年 9 月，任包钢副经理；1995 年 9 月～1997 年 11 月，任呼和浩特钢铁厂厂长；1997 年 11 月～2008 年 1 月，历任包钢党委常委、副总经理，呼和浩特钢铁厂厂长，包钢董事；2008 年 1 月～2010 年 5 月，任包钢董事、包钢西创董事长；2010 年 5 月～2010 年 7 月，任包钢董事；2010 年 7 月～2012 年 6 月，任包钢董事、包钢稀土副董事长；2012 年 6 月，离开领导岗位。

邢　斌　男，汉族，1965 年 4 月生，原籍内蒙古丰镇市，1983 年 8 月参加工作，1992 年 3 月加入中国共产党，高级会计师，大专。

1983 年 8 月～1997 年 9 月，在包钢运输部工作，后任财务科副科长、科长（其间，1995 年 5 月～2001 年 5 月，就读于北方交通大学经济系工商管理专业）；1997 年 9 月～2004 年 3 月，任稀土高科财务总监、财务部部长；2004 年 3 月～2006 年 2 月，任贮氢公司副总经理；2006 年 2 月～2008 年 1 月，任稀土高科财务总监；2008 年 1 月～2009 年 7 月，历任稀土高科常务副总经理、财务总监、董事；2009 年 7 月～2012 年 9 月，任包钢稀土常务副总经理、财务总监、董事；2012 年 9 月～2012 年 12 月，任包钢稀土常务副总经理、财务总监、董事，国贸公司董事长；2012 年 12 月～2014 年 1 月，任包钢计划财务部部长、稀土钢板材公司成本管理部部长；2014 年 1 月～2016 年 5 月，历任包钢计划财务部部长、稀土钢板材公司成本管理部部长、包钢矿业董事；2016 年 5 月至今，任北方稀土监事会主席，兼任稀宝医疗董事。

赵增祺　男，满族，1955 年 9 月生，原籍辽宁省鞍山市，1974 年 10 月参加工作，1987 年 6 月加入中国共产党，正高级工程师，博士研究生。

1974 年 10 月～1978 年 2 月，在包头稀土研究院工作；1978年2月~1982年1月，就读于大连理工大学金属材料专业；1982年1月~1985年8月，在包头稀土研究院物理室工作，任包头市青年联合会副主席；1985年8月~1988年7月，就读于大连理工大学金属材料专业，攻读硕士学位；1988年7月~1990年5月，任燕山大学材料工程系讲师、党支部委员；1990年5月~1999年12月，任包头稀土研究院物理室副主任、功能材料室主任、希苑稀土功能材料工程技术研究中心主任；1999年12月~2006年2月，任包头稀土研究院副院长（其间，2000年8月，就读于钢铁研究总院金属材料专业，攻读博士学位）；2006年2月~2008年9月，历任包头稀土研究院院长、党委副书记，稀土高科董事；2009年7月~2011年4月，任包头稀土研究院院长、党委副书记，包钢稀土董事；2011年4月~2011年10月，任包钢副总工程师、包钢稀土董事；2012年12月，任包钢副总工程师；2012年12月，离开领导岗位。

赵增祺曾获内蒙古科技进步二等奖1项、三等奖2项，获中国有色金属工业科学技术三等奖2项，获内蒙古自治区青年知识分子科技创新奖，获国防科技工业协作配套"先进个人"称号，获内蒙古自治区"科技创新杰出人才"、"草原英才"称号，享受国务院政府特殊津贴，获"十一五"自治区科技计划执行优秀奖。

在国内外著名学术杂志上发表论文60余篇，其中许多论文为SCI和EI收录；获得国家发明专利4项、实用新型专利1项。承担项目期间获省部级和包头市各类科技进步奖16项。

李保卫　男，1960年6月生。1982年毕业于西北大学理论物理专业，2002年，毕业于北京科技大学钢铁冶金专业，获博士学位。1982年7月~1997年2月，任包头钢铁学院基础部、冶金所讲师；1997年2月~1999年3月任包头钢铁学院冶金所副所长、所长；1999年3月~2003年6月，任包头钢铁学院院长助理、副院长；2003年6月~2008年9月，任内蒙古科技大学副校长、校长；2008年9月~2016年12月，任内蒙古科技大学党委书记、校长。2009年12月~2014年12月，任包钢稀土独立董事。

李保卫曾获内蒙古自治区"优秀青年知识分子"、"优秀专业技术人员"、"有突出贡献中青年专家"、"科教兴区突出贡献先进个人"称号，享受国务院政府特殊津贴专家，获包头市"专业技术拔尖人才"称号，获"宝钢教育奖——优秀教师奖"，入选"国家新世纪百千万人才工程"，获内蒙古自治区"科教兴区特别奖"、获乌兰夫基金会"第五届乌兰夫基金奖"，被遴选为内蒙古自治区中国工程院院士候选人。

裴治武　男，1955年7月生。1973~1978年，在吉林省辉南县楼街公社下乡；1978年3月~1982年1月，就读于吉林大学无机化学专业；1982年2月~1985年1月，就读于中国科学院长春应用化学研究所，获理学硕士学位；1985~2001年，任中国科学院长春应用化学研究所实习研究员、助理研究员、副研究员（其间，于1993年4月~1994年4月作为访问学者在荷兰Utrecht大学从事科研工作，1994年10月~1995年10月，在香港城市大学进行合作研究）；2001~2016年，任中国科学院长春应用化学研究所研究员；2009年12月~2015年2月，任包钢稀土独立董事；2015年2月~2016年5月，任北方稀土独立董事。

吴振平　男，1968年10月生。1990年毕业于西南政法大学民法研究生班，1990~2002年，任内蒙古大学讲师、副教授、法律系副主任、法学院副院长、内蒙古大学经济与社会发展中心副主任。后在北京普华律师事务所，律师。2008年9月~2009年7月，任稀土高科独立董事；2009年7月~2014年12月，任包钢稀土独立董事。

赵文小　男，1969年7月生。1990~1994年，任内蒙古呼和浩特市和林格尔县第二砖瓦厂质量检验员、车间副主任；1994~1997年，任和林格尔县新型建材厂财务科科长；1998~1999年，任和林格尔县养猪场、三平商贸有限公司、元亨兽药厂兼职会计；2000年，任内蒙古国正会计师事务所审计员；2001~2007年，任中天华正会计师事务所项目经理、高级项目经理。后在呼和浩特市易德普通合伙会计师事务所。2008年9月~2009年7月，任稀土高科独立董事；2009年7月~2014年12月，任包钢稀土独立董事。

王　晔　女，满族，1962年11月生，原籍内

蒙古乌兰察布市，1984 年 7 月参加工作，1996 年 8 月加入中国共产党，高级会计师，本科。

1984 年 7 月，毕业于内蒙古财经学院工业经济专业；1984 年 7 月～1986 年 3 月，在内蒙古呼市管理干部学院工作；1986 年 3 月～2002 年 4 月，任包钢财务处综合科、结算科副科长、财务部结算中心业务主管、副主任；2002 年 4 月～2006 年 3 月，任包钢计划财务部综合信息处副处长、处长；2006 年 3 月～2013 年 1 月，任包钢审计部副部长；2013 年 1 月～2015 年 2 月，任包钢稀土董事、副总经理、财务总监；2015 年 2 月～2016 年 8 月，任北方稀土董事、副总经理、财务总监、党委委员，包钢财务有限公司董事；2016 年 8 月，离开领导岗位。

2005～2010 年，连续 6 年被评为全区内部审计先进工作者；2009 年获得包钢优秀党务工作者荣誉称号。

李　忠　男，汉族，1961 年 9 月生，原籍辽宁省台安县，1981 年 8 月参加工作，1986 年 8 月加入中国共产党，高级经济师，本科。

1981 年 8 月～1986 年 8 月，在包钢氧气厂工作；1986 年 8 月～1994 年 9 月，在包钢线材厂工作，后任原料成品车间副主任，棒材精整车间主任兼书记；1994 年 9 月～2003 年 12 月，任包钢线材厂厂长助理、生产副厂长、厂长；2003 年 12 月～2006 年 2 月，在包钢党校学习；2006 年 2 月～2008 年 1 月，任内蒙古稀土（集团）公司管理部部长；2008 年 1 月～2009 年 7 月，任稀土高科副总经理；2009 年 7 月～2012 年 9 月，任包钢稀土副总经理；2012 年 9 月～2014 年 8 月，历任包钢稀土副总经理，国贸公司经理，包钢稀土董事；2014 年 8 月～2014 年 12 月，任包钢纪委纪检监察九组组长，包钢稀土董事；2014 年 12 月，任包钢纪委纪检监察九组组长。

李忠曾获包钢“优秀共产党员”、包头市“对外开放先进工作者”称号；参与创建的“创新营销模式，提升市场控制力”成果，获 2010～2011 年度包钢管理现代化创新成果一等奖；2015 年，“稀土电子交易平台建设的探索与实践”获冶金企业管理现代化创新成果（三等成果）。

第二节　监事会成员

一、现任监事会成员（截止时间 2016 年 12 月）

邢　斌　详见董事会成员简介。

黄立东　男，汉族，1969 年 7 月生，原籍广东省梅县，1987 年 5 月参加工作，1996 年 12 月加入中国共产党，高级政工师、经济师，党校研究生。

1987 年 5 月～1997 年 9 月，在包钢稀土三厂工作，后任包钢稀土三厂团委副书记；1997 年 9 月～2000 年 9 月，任稀土高科团委副书记；2000 年 9 月～2001 年 4 月，任稀土高科冶炼厂五车间党支部副书记；2001 年 4 月～2008 年 8 月，任稀土高科办公室副主任、主任；2008 年 8 月～2009 年 7 月，历任稀土高科工会副主席、职工监事；2009 年 7 月～2015 年 2 月，任包钢稀土工会副主席、职工监事；2015 年 2 月至今，任北方稀土工会副主席、职工监事（其间，2014 年 6 月～2015 年 6 月，内蒙古自治区国资委挂职一年，任办公室副主任）。

黄立东曾获包钢“保密工作先进个人”、“信访工作先进个人”、“优秀工会工作者”称号，获包头市“社会扶贫工作先进个人”称号。任工会副主席期间，工会连续多年被包钢工会评为“模范职工之家”、“厂务公开民主管理先进单位”、“扶贫济困先进单位”、“职工互济互助先进单位”、“人民调解先进单位”、“优秀女职工委员会”。

张庆峰　男，汉族，1972 年 4 月生，原籍河北省南宫市，1992 年 7 月参加工作，1995 年 3 月加入中国共产党，高级政工师，党校研究生。

1992 年 7 月～1993 年 6 月，在包钢焦化厂工作；1993 年 6 月～2008 年 5 月，在包钢组织部（人事部）工作，后任干部管理处业务主办、主管（其间，2008 年 1 月，内蒙古党校公共管理专业，研究生毕业）；2008 年 5 月～2011 年 8 月，任包钢组织部（人事部）教育培训处副处长；2011 年 8 月～2013 年 2 月，任内蒙古包钢还原铁有限责任公司总经理助理兼综合部部长；2013 年 2 月～2014 年 8 月，任内蒙古包钢还原铁有限责任公司总经理助理、工会主席兼综合部部长；2014 年 8 月～2015 年 2 月，任包钢稀土组织（人事）部部长、监事；2015 年 2 月至今，任北方稀土监事、组织（人事）部部长。

胡治海　男，汉族，1966 年 4 月生，原籍河北省故城县，1983 年 10 月参加工作，1986 年 11 月加入中国共产党，政工师，大专。

1983 年 10 月～1987 年 10 月，先后在空二十四师教导队、七十一团、七十团，混成五旅气象站担任过战士；1987 年 10 月～1991 年 12 月，在包钢线材厂工作（其间，1988 年 9 月～1990 年 7 月，就读于内蒙古大学）；1991 年 12 月～1997 年 8 月，先后在稀土三厂财务科、纪委工作；1997 年 8 月～2003 年 11 月，任稀土高科纪委纪检员、机关一支部书记、监事；2003 年 11 月～2008 年 5 月，任稀土高科纪委副书记、机关党支部书记、监事；2008 年 5 月～2009 年 7 月，任稀土高科审计部副部长、机关工委一支部书记、监事；2009 年 7 月～2012 年 9 月，历任包钢稀土审计部副部长、机关工委一支部书记、监事，包钢稀土 5S 办公室主任；2012 年 9 月至今，任包钢稀土审计部部长兼机关工委一支部书记、监事。

胡治海曾获包钢“优秀共产党员”、“纪检监察信访工作先进个人”、“5S 管理工作优秀督导员”称号；获稀土高科“优秀党务工作者”称号。

赵治华　男，汉族，1968 年 3 月生，原籍内蒙古清水河县，1991 年 6 月加入中国共产党，1991 年 7 月参加工作，正高级工程师，硕士研究生。

1991 年 7 月～1994 年 12 月，在包钢稀土三厂工作，后任稀土三厂团委副书记；1994 年 12 月～2002 年 5 月，任稀土三厂天骄分厂副厂长、五车

间副主任、一车间副主任；2002 年 5 月～2002 年 11 月，任稀土高科技术中心副主任；2002 年 11 月～2008 年 5 月，任稀土高科技术中心副主任、监事；2008 年 5 月～2009 年 7 月，任稀土高科监事、稀土高科冶炼厂总工程师；2009 年 7 月～2012 年 9 月，历任包钢稀土监事，包钢稀土冶炼厂总工程师、行政负责人；2012 年 9 月～2015 年 2 月，任包钢稀土监事，包钢稀土冶炼厂副厂长、总工程师；2015 年 2 月～2016 年 8 月，任北方稀土监事，冶炼分公司副厂长、总工程师，主持行政工作；2016 年 8 月至今，任北方稀土监事、冶炼分公司（华美公司）经理兼科日公司董事长。

赵治华曾获包钢科技进步一等奖 1 项、二等奖 5 项；获包钢“先进生产（工作）者”、“科技人员”、“劳动模范”称号；获包头市科技进步二等奖 1 项、三等奖 1 项，包头市稀土高新区科研贡献奖；获内蒙古自治区人民政府“劳动模范”称号；获包钢优秀设计二等奖及中国冶金建设协会优秀设计三等奖 1 项；获内蒙古自治区科技进步三等奖 1 项；获内蒙古国资委“四优”共产党员称号。

郝玉峰　男，汉族，1966 年 8 月生，原籍山东省青岛市，1987 年 5 月参加工作，1995 年 7 月加入中国共产党，高级政工师，本科。

1987 年 5 月～1999 年 12 月，在稀土三厂工作，后任行政科副科长；1999 年 12 月～2003 年 12 月，任稀土高科工会副主席（其间，2001 年 8 月～2003 年 12 月，就读于中央党校经济管理专业，本科毕业）；2003 年 12 月～2008 年 5 月，任上海鄂博公司副总经理；2008 年 5 月～2009 年 7 月，任稀土高科稀选厂党委副书记兼工会主席；2009 年 7 月～2014 年 8 月，历任包钢稀土稀选厂党委副书记兼工会主席、包钢稀土监事；2014 年 8 月～2015 年 2 月，任包钢稀土监事、白云博宇分公司党总支书记兼副经理；2015 年 2 月至今，任北方稀土监事、白云博宇分公司党总支书记兼副经理。

郝玉峰曾获包钢“扶贫开发先进工作者”、“优秀工会工作者”、“优秀党务工作者”、“民族团结进步工作先进个人”称号。

二、历任监事会成员

孙鸣凤　男，汉族，1941 年 2 月生，原籍辽宁省盘锦市，1958 年 9 月参加工作，1969 年 9 月加入中国共产党，高级政工师，大专。

1958～1976 年，在包钢运输部工作（其间，1963～1966 年，在中国人民大学函授学院工业经济系学习）；1976～1982 年，任包钢运输部党委秘书、办公室主任；1983～1991 年，任包钢运输部党委常委、工会主席；1991～1994 年，任包钢氧气厂党总支书记；1994～1997 年 9 月，任稀土三厂党委委员、书记；1997 年 9 月～2001 年 12 月，任稀土高科监事会主席、党委委员、党委书记；2001 年 12 月，离开领导岗位。

孙鸣凤曾获包钢“先进（生产）工作者”、“优秀党务工作者”、“共青团工作最佳支持者”称号，获包头市“先进工作者”称号。

杨兴山　男，汉族，1943年12月生，原籍山东省乳山市，1959年10月参加工作，1966年3月加入中国共产党，高级政工师，大专。

1959年10月~1963年3月，在包钢七〇四厂试验车间工作；1963年3月~1985年7月，在稀土三厂工作，后任选矿车间段长、代理党支部副书记；1985年7月~1991年10月，任稀土三厂选冶车间党支部书记；1991年10月~1996年3月，任稀土三厂党委委员、厂工会主席；1996年3月~1997年9月，任稀土三厂党委委员、党委副书记、纪委书记、厂工会主席；1997年9月~2001年8月，任稀土高科监事会副主席、党委委员、党委副书记兼纪委书记、公司工会主席；2001年8月~2003年4月，任稀土高科监事会主席、党委委员、党委副书记兼纪委书记、公司工会主席；2003年12月，离开领导岗位。

车淑先　女，汉族，1952年11月生，原籍辽宁省营口县，1970年9月参加工作，1977年加入中国共产党，政工师，大专。

1970~1975年，在稀土三厂工作；1975~1979年，任稀土三厂机修车间团支部书记、厂团委组织委员；1979~1982年，任稀土三厂组织部干事（其间，1980年、1982年先后两次任昆区法院人民陪审员）；1982~1995年，在稀土三厂办公室做文书工作（其间，1989年8月~1992年6月，在中央党校89级大专班党政管理专业毕业）；1995~1997年，任稀土三厂机修车间支部副书记；1997~1999年，任稀土高科工会副主席、监事；1999~2001年，任稀土高科监事、退管科党支部副书记；2001~2002年，任稀土高科监事、汽车队、供应部党支部副书记；2002年，离开领导岗位。

车淑先曾多次被评为包钢公司、稀土三厂先进工作者、优秀党员、优秀党务工作者、优秀工会工作者、保密工作先进个人、职业道德先进个人。在法院陪审期间被评为昆区法院优秀陪审员。

赵洪英　女，汉族，1953年3月生，原籍天津市，1970年6月参加工作，1975年7月加入中国共产党，助理政工师，中专。

1970年6月，毕业于包钢一中；1971年4月~1975年12月，加入共青团，兵团期间，曾被评为“五好战士”，受到连队、团部通令嘉奖，出席“团先代会”获先进个人；1975年12月~1978年7月，在包头二冶三公司一大队工作（其间，两次被评为二冶三公司先进个人）；1978年7月~1992年5月，在稀土三厂工作；1992年5月~1992年7月，被聘为稀土三厂基层党校教师；

1992 年 7 月～1997 年 9 月，在稀土三厂工作，后任稀土三厂纪委委员、纪委副书记兼机关第一党支部书记；1997 年 9 月～2002 年 7 月，任稀土高科监事、纪委委员、纪委副书记、党群工作部部长；2003 年，离开领导岗位。

赵洪英曾被评为包头市基层党校模范教师；1994 年 1 月，当选包头市昆都仑区第十一届人大代表；获包钢“优秀党务工作者”称号；获稀土高科“优秀党务工作者”、“优秀共产党员”称号；被评为包钢优秀纪检监察干部、稀土高科优秀干部，被评为稀土三厂“先进工作者”、“优秀共产党员”、“三八”红旗手。

陈秀昆 男，汉族，1969 年 2 月生，原籍河北省安新县，1988 年 10 月参加工作，1992 年 6 月加入中国共产党，高级经济师，本科。

1988 年 10 月～1993 年 2 月，在稀土三厂工作，后任稀土三厂团委副书记；1993 年 2 月～1997 年 9 月，任稀土三厂生产科副科长、一车间主任、党支部副书记；1997 年 9 月～2003 年 2 月，任稀土高科监事、证券部副部长、部长（其间，1999 年，在中央党校函授学院经济管理专业学习）；2003 年 2 月～2004 年 3 月，任董事会证券事务代表兼证券部部长；2004 年 3 月～2008 年 5 月，任稀土高科稀选厂副厂长；2008 年 5 月～2009 年 7 月，任稀土高科资本运营部部长；2009 年 7 月～2012 年 10 月，任包钢稀土资本运营部部长；2012 年 10 月～2015 年 2 月，任包钢稀土集团管理部部长；2015 年 2 月～2016 年 8 月，任北方稀土集团管理部部长；2016 年 8 月，调任至包钢公司。

陈秀昆曾在国家级刊物《稀有金属》杂志发表过论文；获包钢“十大青年标兵”、“优秀团干部”称号；获包钢公司技术进步二等奖 1 项、中国有色金属工业总公司技术进步四等奖 1 项；获包钢“模范共产党员”称号。

赵占斌 男，汉族，1951 年 8 月生，原籍河北省蠡县，1969 年 11 月参加工作，1972 年 8 月加入中国共产党，高级政工师，本科。

1969 年 11 月～1974 年 5 月，参加人民解放军，在京字 355 部队 23 分队任战士、班长、文书；1974 年 5 月～1976 年 10 月，任解放军 51224 部队 93 分队排长；1976 年 10 月～1983 年 6 月，任伊克昭盟军分区司令部军动科参谋，动员科正连职参谋、副营职参谋；1983 年 6 月～1986 年 10 月，任内蒙古东胜市人武部动员科正营职科长；1986 年 10 月～1997 年 9 月，历任稀土三厂机关党支部副书记、组织部副部长、部长、办公室主任（其间，1992 年 8 月～1994 年 12 月，就读于中央党校函授学院包头市委党校学区经济管理专业，本科毕业）；1997 年 9 月～2003 年 2 月，任稀土高科党委委员、董事会秘书；2003 年 2 月～2005 年 4 月，任稀土高科党委副书记、纪委书记、工会主席；2005 年 4 月～2006 年 12 月，任稀土高科党委副书记、纪委书记、工会主席、监事会主席；2011 年 8 月，离开领导岗位。

赵生平 详见董事会成员简介。

张君强 男，汉族，1959 年 10 月生，原籍河北省新城县，1985 年 2 月参加工作，1990 年 10 月加入中国共产党，助理工程师，本科。

1985 年 2 月～1999 年 12 月，在稀土三厂工

作，任三车间代理主任，生产部副部长、调度员，稀土三厂1000吨项目筹备组组长、五车间主任、三车间主任；1999年12月~2002年4月，任稀土高科全分离分厂厂长（其间，2000年8月~2002年12月，中共中央党校函授学院经济管理专业本科毕业）；2002年4月~2011年10月，任稀土高科监事；2002年4月~2003年9月，任稀土高科职工监事、冶炼厂副厂长；2003年9月~2008年5月，任稀土高科职工监事、冶炼厂厂长、党委副书记；2008年5月~2009年7月，任稀土高科职工监事、稀选厂厂长、党委副书记；2009年7月~2012年9月，历任包钢稀土监事、稀选厂厂长、党委副书记；2012年9月，离开领导岗位。

张君强曾获稀土三厂“优秀党务工作者”、“先进工作者”称号，获包钢“优秀党务工作者”、“2008年度先进个人”称号；2001~2003年，主要负责的“碳酸铈降 Cl^- QC小组”，被中国质量协会冶金工业分会评为优秀质量管理小组。

张洪涛　男，汉族，1972年9月生，原籍辽宁省台安县，1988年12月参加工作，1996年11月加入中国共产党，助理政工师，本科。

1988年11月~1996年5月，在包钢综企磁块厂工作；1996年5月~1999年5月，任包钢综企（集团）公司钢球厂磁块车间团支部书记；1999年5月~1999年11月，任包钢综企（集团）公司同仁厂成品组组长；1999年11月~2002年9月，在稀土高科稀选厂二、三分厂工作；2002年9月~2009年7月，历任稀土高科监事，稀选厂二、三分厂工会干事、工会副主席，办公室副主任（其间，2004年8月~2006年12月，就读于中共中央党校函授学院本科班法律专业，本科毕业）；2009年7月~2015年2月，历任包钢稀土稀选厂办公室副主任，五车间副主任，三车间主任兼党支部书记；2015年2月~2016年7月，任北方稀土稀选厂三车间主任兼党支部书记；2016年7月至今，任北方稀土稀选厂选矿车间党支部书记。

于永江　男，汉族，1964年9月生，原籍内蒙古固阳县，1987年7月参加工作，1987年7月加入中国共产党，高级政工师，党校本科。

1987年7月~1989年9月，在稀土三厂工作；1989年9月~1994年11月，在包钢党委组织部工作；1994年11月~2002年5月，任包钢建安公司党委组织部部长、组织部部长、机装三部党支部书记（其间，2001年8月~2003年12月，就读于中央党校法律专业）；2002年5月~2008年5月，历任稀土高科组织人事部副部长、部长，稀土高科监事，内蒙古稀土（集团）公司党工部第一副部长；2008年5月~2009年7月，任稀土高科冶炼厂党总支书记；2009年7月~2012年9月，任包钢稀土冶炼厂党总支书记；2012 年 9 月 ~ 2015 年 2 月，任包钢稀土冶炼厂党委副书记、工会主席；2015 年 2 月 ~ 2016 年 8 月，任北方稀土冶炼分公司党委副书记、工会主席；2016 年 8 月至今，任北方稀土冶炼分公司（华美公司）党委副书记。

于永江曾多次获得包钢“优秀党务工作者”称号。

滕　云　男，汉族，1955 年 8 月生，原籍辽宁省营口市，1974 年 9 月参加工作，1993 年 7 月加入中国共产党，高级工程师，本科硕士。

1974 年 8 月 ~ 1978 年 8 月，在冶金部包头冶金研究所工作；1978 年 8 月 ~ 1982 年 8 月，就读于沈阳机电学院金属材料专业，本科毕业；1982 年 8 月 ~ 2000 年 1 月，在包头稀土研究院工作，后担任项目负责人（其间，1996 年 6 月 ~ 1999 年 7 月，就读于中国人民大学工商管理专业，取得硕士学位）；2000 年 1 月 ~ 2002 年 5 月，在稀土高科工作；2002 年 5 月 ~ 2003 年 4 月，任稀土高科证券部副部长；2003 年 4 月 ~ 2008 年 5 月，任稀土高科监事、证券部副部长；2008 年 5 月，离开领导岗位。

滕云曾获冶金部科技进步一等奖、二等奖各 1 项，冶金部科技成果三等奖、四等奖各 1 项，内蒙古科技进步一等奖、二等奖各 1 项，包钢科技进步二等奖 1 项。

于志军　男，蒙古族，1960 年 10 月生，原籍内蒙古凉城县，1984 年 8 月参加工作，1991 年 10 月加入中国共产党，高级工程师，本科硕士。

1984 年 8 月 ~ 1997 年 3 月，在包钢冶研所工作，后任试验一车间副主任、试验厂技术科高级工程师、技术科副科长；1997 年 3 月 ~ 2001 年 12 月，任包钢铸造厂副厂长、厂长；2001 年 12 月 ~ 2006 年 3 月，任包钢恒耐辊业公司副董事长、经理；2006 年 3 月 ~ 2008 年 1 月，任稀土高科监事会主席（其间，2006 年 6 月，毕业于南开大学工商管理专业，获工商管理硕士学位）；2008 年 1 月 ~ 2009 年 7 月，任稀土高科工会主席；2009 年 7 月 ~ 2015 年 2 月，任包钢稀土工会主席；2015 年 2 月 ~ 2016 年 7 月，任北方稀土工会主席；2016 年 7 月，离开领导岗位。

于志军曾获包头市“体育工作先进个人”称号，获包钢“实施送温暖工程先进个人”、“模范工会主席”称号。

张志坚　男，汉族，1961 年 3 月生，原籍内蒙古四子王旗，1977 年 1 月参加工作，1979 年 10 月加入中国共产党，高级政工师，本科。

1977 年 1 月 ~ 1980 年 12 月，任解放军 51054 部队战士、班长；1980 年 12 月 ~ 1981 年 7 月，复员待分配；1981 年 7 月 ~ 1984 年 7 月，在包头市统计局工作；1984 年 7 月 ~ 1985 年 8 月，任包钢四中教师；1985 年 8 月 ~ 1996 年 3 月，在包钢组织部工作，后任管理科副科长、科长，包钢组织部（人事处）干部管理科科长；1996 年 3 月 ~

1997年8月，任深圳包深公司党总支书记兼副总经理；1997年8月~2008年5月，任深圳包深公司总经理兼党总支书记（其间，1997年12月，就读于中央党校函授学院经济管理专业，党校本科毕业）；2008年5月~2009年7月，任稀土高科监事会主席；2009年7月~2012年12月，任包钢稀土监事会主席；2012年12月~2014年1月，任包钢稀土监事会主席、党委书记；2014年1月~2015年2月，任包钢稀土党委副书记、监事会主席；2015年2月~2016年8月，任北方稀土党委常务副书记、监事会主席；2016年8月，离开领导岗位。

张志坚曾获包钢“优秀党务工作者”、“先进生产（工作）者”称号、共青团工作最佳支持者、工会工作最佳支持者，获国资委系统“优秀党务工作者”称号。

王　欣　男，汉族，1960年7月生，原籍北京市，1979年10月参加工作，1990年9月加入中国共产党，高级政工师，大专。

1979年11月~1986年6月，在包头稀土院湿法室工作；1986年6月~1986年12月，在包头稀土院人事处干部科工作（其间，1984年9月~1986年7月，在芜湖师范专科学校化学系学习）；1986年12月~1987年12月，在包头稀土研究院一车间技术组工作；1987年12月~1990年4月，任包头稀土院人事处干部科干事；1990年4月~2008年5月，任包头稀土研究院组织人事部科长；2008年5月~2008年9月，任稀土高科党委工作部部长；2008年9月~2009年7月，任稀土高科监事、党委工作部部长；2009年7月~2012年9月，任包钢稀土监事、党委工作部部长；2012年9月~2015年5月，任山东淄博灵芝公司监事；2015年5月，离开领导岗位。

王欣曾获“2004年度稀土院优秀党务工作者”称号。

郭成龙　男，汉族，1964年3月生，原籍内蒙古土默特左旗，1985年8月参加工作，1992年12月加入中国共产党，会计师，大专。

1985年8月~2002年6月，在包头稀土研究院计划财务处工作，后任计划财务处副科长、科长（其间，1996年8月~1999年6月，就读于中共中央党校函授学院经济管理专业在职教育，取得党校大专学历）；2002年6月~2008年5月，任包头瑞鑫公司财务总监；2008年5月~2009年7月，任稀土高科审计部部长、监事；2009年7月~2012年9月，任包钢稀土监事、审计部部长；2012年9月~2014年8月，任包钢稀土监事、物资供应分公司经理；2014年8月~2016年8月，历任包钢稀土监事，包头华美稀土高科有限公司党总支书记；2016年8月至今，任北方稀土冶炼分公司（华美分公司）工会代主席。

白宝生　男，汉族，1967年9月生，原籍内

蒙古苏尼特右旗，1990 年 7 月加入中国共产党，1991 年 7 月参加工作，高级工程师，硕士研究生。

1991 年 7 月～2003 年 5 月，历任稀土一厂技改办副主任，铁合金车间副主任，生产科副科长，销售科副科长、科长（其间，1996 年 9 月～1999 年 7 月，就读于西安交通大学管理学院工商管理专业，研究生毕业）；2003 年 5 月～2008 年 9 月，任稀土高科销售部部长，资源部副部长、部长；2008 年 9 月～2009 年 7 月，任稀土高科监事、资源部部长；2009 年 7 月～2015 年 2 月，任包钢稀土监事、证券部部长；2015 年 2 月～2016 年 8 月，任北方稀土监事、证券部部长；2016 年 8 月，调任包钢股份副总经理兼证券部部长。

第三节　公司现任领导成员

（截止时间 2016 年 12 月底）

张　忠　详见董事会人物简介。
杨占峰　详见董事会人物简介。
邢　斌　详见董事会人物简介。
张日辉　详见董事会人物简介。
李金玲　详见董事会人物简介。

刘　义　男，汉族，1968 年 5 月生，原籍山西省大同市，1988 年 10 月参加工作，1995 年 6 月加入中国共产党，高级工程师，本科硕士。

1988 年 7 月，内蒙古大学化学系稀土专业毕业；1998 年 10 月～1999 年 9 月，在包钢稀土三厂工作，历任三车间提铈段长、技术组组长，五车间主任助理、副主任，天骄分厂副厂长，八车间主任；1999 年 9 月～2003 年 2 月，任稀土高科常务副总工程师、总经理助理；2003 年 2 月至今，任北方稀土副总经理（其间，2005 年 6 月，毕业于内蒙古大学经济管理学院工商管理专业，获得硕士学位；2007 年 10 月～2012 年 9 月，兼任内蒙古稀奥科贮氢公司党总支书记、副总经理；2012 年 9 月～2014 年 8 月，兼任冶炼厂厂长、党委书记）。工作期间多次参加由中国证券业协会、内蒙古自治区党委组织部、内蒙古国资委、包钢集团公司分别在清华大学、中山大学、浙江大学、德国布莱梅应用科技大学举办的多个培训班的学习。

刘义曾获包钢工程技术人员“讲理想、比贡献先进个人”、“先进生产（工作）者”、“青年标兵”、“劳动模范”、“优秀党务工作者”等荣誉称号；2005～2010 年连续 5 年获包头市“质量工作先进个人”称号。

工作期间完成多项科研成果，其中获得包钢科技进步二等奖 2 项、包钢科技进步三等奖 3 项，并获得 1 项国家专利（专利号：ZL201510383126.6）。发表多篇论文，有 3 篇论文获奖，分别被《稀土文集》《全国第二届青年学术年会论文集》《内蒙古第二届青年学术年会优秀论文集》录用出版，论文《贮氢合金自放电性能研究》在中文核心期刊《稀土》发表。

代兆丰　男，蒙古族，1962 年 10 月生，原籍辽宁省彰武县，1978 年 12 月参加工作，1995 年 10 月加入中国共产党，高级经济师，党校研究生。

1978 年 12 月～1979 年 5 月，在包钢白云铁矿工作；1979 年 5 月～1986 年 9 月，在包钢电修厂工作；1986 年 9 月～2002 年 3 月，先后在包钢企业管理处、基础科、升级科、标准科、企协办工作，后任综合科副科长、升级科副科长，管理处职能科副科长，管理处升级科科长；2002 年 3 月～2008 年 5 月，任包钢企业管理处副处长、处长；2008 年 5 月～2011 年 4 月，任包钢集团管理部副部长兼企业管理处处长（其间，2007 年 9 月

~2010年7月，就读于中央党校研究生院经济学经济管理专业)；2011年4月~2015年2月，任包钢稀土党委副书记；2015年2月~2016年8月，任北方稀土党委副书记；2016年8月至今，任北方稀土党委副书记、工会主席。

代兆丰曾获包钢“民族团结进步先进个人”、“先进生产工作者”、“管理创新工作先进（优秀）个人”、“优秀科技管理人员”、“共青团工作最佳支持者”、“消防工作先进管理人”、“治安综合治理先进工作者”称号。

杨　志　男，汉族，1963年11月生，原籍山西省万荣县，1987年7月加入中国共产党，1987年8月参加工作，高级工程师，本科硕士。

1987年8月~1988年7月，在包钢带钢厂实习；1988年7月~1992年1月，在包钢带钢厂工作，后任第三焊管车间代理副主任，副主任兼党支部书记；1992年1月~1994年6月，在包钢带钢厂机动科工作；1994年6月~2003年1月，历任包头天诚线材公司设备部部长助理、办公室副主任、办公室主任；2003年1月~2011年4月，历任包头天诚线材公司党委副书记、纪委书记、工会代主席、工会主席（其间，2006年3月~2009年6月，就读于内蒙古工业大学管理学院工商管理专业，取得硕士学位)；2011年4月~2012年12月，任包钢轨梁厂党委副书记、工会主席；2012年12月~2016年8月，任包钢热电厂党委书记；2016年8月至今，任包头稀土研究院党委书记兼中国北方稀土党委副书记。

杨志曾获包钢“模范工会主席”、“工会工作最佳支持者”、“优秀党务工作者”称号。

许　涛，女，汉族，九三学社，1963年8月生，原籍内蒙古乌拉特前旗，1984年7月参加工作，正高级工程师，硕士研究生。

1984年7月，巴彦淖尔市奋斗中学任教；1985年~1988年7月，内蒙古大学化学化工学院研究生毕业；1988年7月~2006年7月，任包头稀土研究院理化检测中心技术员、副主任、主任；2006年7月~2014年8月，任包头稀土研究院副院长，兼任瑞科稀土冶金及功能材料国家工程研究中心有限公司副总经理，兼任内蒙古中蒙技术转移中心主任；2014年8月~2015年2月，任包钢稀土总工程师；2015年2月至今，任北方稀土总工程师。曾任全国稀土标准化委员会副主任委员、内蒙古化学学会副理事长、中国稀土行业协会检测与标准分会秘书长、包头市政协委员、政协包头市昆都仑区副主席。

许涛曾在核心期刊发表了几十篇学术论文，与他人合作完成了《稀土冶金分析》著作。2006年，成为内蒙古大学的硕士研究生导师，带领学生及团队在稀土化学、稀土固体废物综合利用等领域完成了多项科研成果。多项成果获得中国有色金属工业科学技术一、二、三等奖，中国标准创新三等奖，全国技术标准一、二、三等奖。多次获得全国稀土标准化技术委员会稀土标准“先进工作者”称号；获得包头市高新区科技突出贡献奖、包头市优秀提案奖、优秀政协委员等荣誉。

王占成　详见董事会人物简介。

王　臣　男，汉族，1969年12月生，原籍内蒙古赤峰市，1992年6月加入中国共产党，1993年7月参加工作，高级经济师，硕士研究生。

1993 年 7 月 ~ 1993 年 12 月，在包钢炼钢厂工作；1993 年 12 月 ~ 1997 年 7 月，任包钢运输部劳资科干事；1997 年 7 月 ~ 2003 年 7 月，任包钢党委组织部（人事处）调配科干事；2003 年 7 月，清华大学工商管理专业硕士研究生毕业；2003 年 7 月 ~ 2006 年 5 月，历任包钢党委组织部（人事部）综合管理处干事、主办、主管；2006 年 5 月 ~ 2008 年 5 月，任包钢党委组织部（人事部）综合管理处副处长；2008 年 5 月 ~ 2012 年 12 月，任包钢党委组织部（人事部）综合管理处处长；2012 年 12 月 ~ 2016 年 8 月，任包钢组织部（人事部）副部长；2016 年 8 月至今，任中国北方稀土副总经理。

李德东 男，汉族，1971 年 9 月生，原籍辽宁省辽阳市，1993 年 7 月参加工作，1996 年 6 月加入中国共产党，高级工程师，本科硕士。

1993 年 7 月 ~ 1999 年 10 月，在包钢地质勘察院工作；1999 年 10 月 ~ 2003 年 4 月，任包钢工程质量监督检测中心专职工程师、技术负责人；2003 年 4 月 ~ 2005 年 1 月，任包钢工程质量监督检测中心副主任；2005 年 1 月 ~ 2006 年 6 月，任包钢建设部（质监站）检测中心副主任；2006 年 6 月 ~ 2012 年 12 月，任包钢建设部（质监站）检测中心主任（其间，2007 年 6 月，毕业于南开大学工商管理专业，取得硕士学位）；2012 年 12 月 ~ 2014 年 6 月，任包钢建设部工程指挥兼质监站副站长、建管办主任；2014 年 6 月 ~ 2016 年 8 月，任包钢设备动力部副部长；2016 年 8 月至今，任北方稀土总经理助理、建设部部长。

第四节　公司离任领导

邹连顺（1948 年 4 月 ~ 2011 年 3 月） 男，汉族，原籍辽宁省营口市，1965 年 7 月参加工作，1980 年 3 月加入中国共产党，高中。

1965 年 7 月 ~ 1980 年，在稀土三厂工作，先后任选冶车间工长、设备助理；1980 ~ 1982 年，任稀土三厂选矿车间代理副主任；1982 ~ 1983 年 8 月，任稀土三厂动力车间代理副主任；1983 年 8 月 ~ 1990 年 9 月，任稀土三厂动力车间副主任兼副书记；1990 年 9 月 ~ 1991 年 8 月，任稀土三厂动力车间主任兼书记；1991 年 8 月 ~ 1993 年 5 月，任稀土三厂厂长助理；1993 年 5 月 ~ 1997 年 8 月，任稀土三厂党委委员、副厂长；1997 年 8 月 ~ 2003 年 2 月，任稀土高科党委委员、副总经理；2003 年 2 月，离开领导岗位。

王晓铁 男，汉族，1954 年 12 月生，原籍山西省离石县，1973 年 12 月参加工作，1995 年 1 月加入中国共产党，本科。

1973 年 12 月 ~ 1976 年 10 月，在包头市开关厂工作；1979 年 10 月，兰州大学化学专业毕业；1979 年 10 月 ~ 1994 年 5 月，在包头稀土院工作（其间，1988 ~ 1990 年，同时兼任广东两联营稀土冶炼厂的副总工程师、总工程师）；1994 年 5 月 ~

1994年9月，任包头稀土院一车间副主任；1994年9月~1997年9月，任稀土三厂总工程师；1997年9月~1999年9月，任稀土高科总工程师；1999年9月~2002年2月，任内蒙古稀土集团总工程师；2002年2月~2009年7月，历任内蒙古稀土集团总工程师，稀土高科副总经理、总工程师；2009年7月~2010年1月，任包钢稀土副总经理兼总工程师；2010年1月，离开领导岗位。曾任中国稀土学会理事、中国稀土学会专家组成员、《稀土》《稀土信息》《包钢科技》编委、内蒙古科技大学兼职教授等。

王晓铁曾获内蒙古自治区"有突出贡献的中青年专家"称号，享受政府特殊津贴专家；获包头市科技进步一等奖2项、三等奖1项，包头市科技成果三等奖1项、包钢科技成果一等奖1项；在国内外核心期刊多次发表论文；获得专利2项。

刘忠涛 男，汉族，1958年2月生，原籍辽宁省鞍山市，1976年12月参加工作，1979年8月加入中国共产党，工程师，大专。

1976年12月~1980年1月，参加解放军，任52928部队60分队战士、班长；1980年1月~1984年12月，在二冶机电公司三队工作（其间，1980年9月~1983年9月，就读于内蒙电大电子专业）；1984年12月~1996年2月，在稀土三厂工作，历任四车间副主任、能源科副科长、三车间主任兼党支部书记、七车间主任兼党支部书记、天骄分厂厂长；1996年2月~1998年4月，任稀土三厂厂长助理；1998年4月~2003年9月，任稀土高科副总经理；2003年9月~2005年6月，任稀土高科副总经理、冶炼厂厂长、党总支书记；2005年6月~2009年7月，历任稀土高科副总经理、党委副书记、纪委书记、工会代主席；2009年7月~2011年4月，任包钢稀土党委副书记；2011年1月，离开领导岗位。

王成印 男，汉族，1947年2月生，原籍内蒙古包头市，1968年9月参加工作，1986年8月加入中国共产党，经济师，中专。

1968年12月~1973年10月，任包钢白云铁矿调度员；1973年10月~1983年8月，任包钢销售处调度员、计划员、销售员；1983年8月~1984年12月，任包钢销售处稀土科副科长；1984年12月~1991年8月，任包钢销售处稀土科科长、市场科科长、计划科科长；1991年8月~2004年12月，任包钢稀土集团办销售部部长、内蒙古稀土集团总经理助理、稀土高科副总经理；2004年12月，离开领导岗位。2011~2015年，受聘于包头稀土企业联合会，任秘书长。

王成印曾获包钢"优秀共产党员"称号。

洛朝阳 男，汉族，1954年11月生，原籍山西省朔州市，1970年5月参加工作，1990年12月加入中国共产党，高级工程师，本科。

1980 年 9 月，毕业于北京科技大学科冶专业；1980 年 9 月～1984 年 1 月，在稀土二厂工作；1984 年 1 月～1984 年 9 月，在包钢稀土办工作；1984 年 9 月～1991 年，在包钢总调度室稀土科工作；1991 年～1997 年 9 月，任包钢稀土集团销售二科科长、销售部副部长；1997 年 9 月～2001 年 9 月，任稀土高科销售部部长；2001 年 9 月～2003 年 5 月，任稀土高科总经理助理、销售部部长；2003 年 5 月～2007 年 1 月，任稀土高科总经理助理；2007 年 1 月，离开领导岗位。

洛朝阳曾获包钢峙峪矿“先进生产（工作）者”、“优秀共产党员”、“销售工作先进个人”、“优秀专业技术人员”等称号，装岩机操作技术能手。

赵春晖 男，汉族，1955 年 11 月生，原籍内蒙古呼和浩特市，1982 年 2 月参加工作，1988 年 2 月加入中国共产党，高级工程师，本科。

1982 年 2 月～1994 年 5 月，在稀土三厂工作，历任选矿车间副主任、技术科副科长、三车间主任、生产科科长；1994 年 5 月～1997 年 9 月，任稀土三厂副总工程师、工程师室主任、天骄分厂厂长；1997 年 9 月～1999 年 11 月，任稀土高科副总工程师兼工程师室主任、天骄分厂厂长；1999 年 11 月～2008 年 12 月，在内蒙古稀土集团工作，后任资源管理部负责人，资源管理部副部长；2008 年 12 月，离开领导岗位。

赵春晖曾获包钢科研成果奖 2 项、包钢科技进步奖 6 项、国家专利 1 项；荣获内蒙古稀土推广应用奖、国家级企业管理现代化创新成果奖、中国钢铁协会创新成果奖、包钢管理创新成果奖等奖项。

兰一平 男，汉族，1954 年 5 月生，原籍山西省大同市，1970 年 7 月参加工作，1983 年 5 月加入中国共产党，高级政工师，党校研究生。

1970 年 7 月～1976 年 12 月，在包钢炼钢厂工作；1976 年 12 月～1978 年 3 月，就读于内蒙古大学政教系；1978 年 3 月～1985 年 10 月，在包钢党校任教（其间，1979 年 9 月～1983 年 7 月，在内蒙古党校理论师资班学习）；1985 年 10 月～1990 年 2 月，任包钢党校经济教研室副主任；1990 年 2 月～1993 年 10 月，任包钢纪委办公室调研科副科长、科长；1993 年 10 月～1997 年 12 月，任包钢纪委办公室主任；1997 年 12 月～2005 年 3 月，任包钢纪委副书记兼监察室主任；2005 年 3 月～2008 年 1 月，任内蒙古稀土集团党委副书记；2008 年 1 月～2009 年 9 月，任稀土高科党委书记；2009 年 9 月，离开领导岗位。

兰一平曾获包钢“优秀党务工作者”称号、包头市“优秀党务工作者”称号；2001 年，受到中央纪委监察部嘉奖。

郑玉君 男，达斡尔族，1962 年 3 月生，原籍黑龙江省龙江县，1985 年 4 月加入中国共产党，

1985年8月参加工作，高级经济师，本科。

1985年8月~1993年4月，在包钢机械总厂工作，后任包钢机械总厂办公室秘书、副主任、代主任；1993年4月~1993年7月，任包钢人事处干部管理科副科长；1993年7月~1993年11月，任包钢人事处调配科副科长；1993年11月~2002年2月，任包钢组织部（人事处）专业技术干部管理科副科长、科长；2002年2月~2006年3月，历任包钢组织部（人事部）人力资源开发处处长、包钢组织部（人事部）副部长（其间，2001年9月~2004年3月，就读于北京科技大学工商管理专业，取得硕士学位）；2010年5月~2012年12月，任包钢稀土党委书记；2012年12月~2016年5月，历任包钢稀土钢板材公司党委副书记、工会代主席、工会主席；2016年5月至今，任包钢稀土钢板材公司党委副书记、稀土钢板材厂党委书记。

郑玉君曾获包钢“先进生产（工作）者”、“优秀科技管理人员”、“督查工作先进个人”、“保密工作先进工作者”、“优秀党务工作者”、“民族团结进步先进个人”称号；获内蒙古自治区“全区人才工作先进个人”、内蒙古国资委系统“优秀党务工作者”、内蒙古国资委系统“创先争优活动先进工作者”称号；获冶金行业职业技能鉴定工作“先进个人”称号；获钢铁行业职工教育培训工作“先进个人”称号。

琚建勇 男，汉族，1961年4月生，原籍山西省长治市，1983年8月参加工作，1985年12月加入中国共产党，正高级工程师，硕士研究生。

1983年7月~1989年4月，在辽宁省抚顺石油化工研究院环保所工作，后任党支部书记、副所长；1989年4月~1996年4月，在包头稀土研究院工作，历任团委副书记、二车间党支部书记；1996年4月~2006年2月，历任包头稀土研究院院长助理、副院长；2006年2月~2008年1月，任包头稀土研究院党委书记兼副院长；2008年1月~2009年7月，任包头稀土研究院党委书记兼副院长、稀土高科党委副书记；2009年7月~2014年8月，任包头稀土研究院党委书记兼副院长、包钢稀土党委副书记（其间，2008年9月~2016年12月，武汉理工大学环境工程，博士在读）；2014年8月~2015年2月，任包头稀土研究院党委副书记兼副院长、包钢稀土党委副书记；2015年2月~2016年8月，任包头稀土研究院党委副书记兼副院长、北方稀土党委副书记；2016年8月，离开领导岗位。曾聘为中国稀土学会第五届理事会理事。

琚建勇曾获包钢“优秀党务工作者”、“共青团工作最佳支持者”称号，获包头市“5512工程”领军人才，获内蒙古自治区“511工程”人才称号。

王 标 男，汉族，1962年7月出生，原籍内蒙古呼和浩特市，1983年8月参加工作，1993年6月加入中国共产党，正高级工程师，博士研究生。

1983年7月~1999年12月，在包头稀土研究院工作，历任新材料研究室副主任、磁性材料事业部主任；1999年12月~2011年5月，历任包头稀土研究院院长助理、副院长（其间，2001年9月~2006年，任烟台首钢磁性材料股份有限公司副总经理兼总工程师）；2011年5月~2012年9月，任包钢稀土总工程师、磁材公司经理；2012年9月~2014年12月，任磁材公司经理（其间，2014年，就读于山东大学物理与微电子学院，获材料物理与化学专业博士学位）；2014年12月~2015年2月，任包钢稀土副总经理、磁材公司经理；2015年2月~2016年5月，任北方稀土副总经理、磁材公司经理；2016年5月~2016年7月，任北方稀土副总经理、磁材公司董事长、经理；2016年8月，离开领导岗位。

王标曾获内蒙古“优秀青年知识分子”、首届内蒙古自治区“科技标兵”、“内蒙古自治区杰出人才”、“突出贡献中青年专家”、“青年标兵”、“劳动模范”等称号；获内蒙古青年“五四”奖章、享受国务院政府特殊津贴等荣誉；获“全国青年科技标兵”称号，获冶金科研院所“优秀科技青年”称号，获包头“十大杰出青年”、“知名专家”、“学术带头人”、“优秀科技人员”称号；2003年，入选内蒙古自治区“321人才工程”人员；2010年，入选内蒙古自治区“321工程”第一层次入选人员；2011年，入选为“草原英才”个人；2012年12月入选为“5512工程”领军人才。

王福生　男，汉族，1963年6月生，原籍内蒙古包头市，1986年6月加入中国共产党，1986年7月参加工作，高级经济师，本科硕士。

1986年7月~1988年7月，在包钢农副处工作；1988年7月~1989年1月，在包钢原料处原料科工作；1989年1月~1993年3月，任包钢经理办公室秘书科秘书；1993年3月~1998年9月，任包钢原料处原料科科长；1998年9月~1999年4月，任包钢原料公司原料科科长；1999年4月~2001年12月，任包钢材料公司副经理；2001年12月~2005年3月，任包钢物资公司副经理；2005年3月~2008年5月，任包钢棒材厂党委书记、工会主席、纪委书记；2008年5月~2014年8月，任包钢特钢分公司经理；2014年8月~2015年2月，任包钢稀土副总经理兼国贸公司董事长、总经理；2015年2月~2016年8月，任北方稀土副总经理、国贸公司董事长、总经理；2016年8月，调任至包钢。

王福生曾获包钢“优秀党务工作者”、“保密工作先进工作者”称号。

李　冬　男，汉族，1966年12月生，原籍辽宁省昌图县，1988年7月参加工作，高级工程师，本科。

1988年7月~1995年3月，先后在稀土三厂机动能源科、实验室、生产科工作；1995年3月~1997年5月，任稀土三厂四车间副主任；1997年5月~2003年2月，任稀土高科研究开发部部长；2003年2月~2007年12月，任稀土高科冶炼厂技术中心主任；2007年12月~2008年5月，任稀土高科技术中心主任；2008年5月~2009年7月，任稀土高科副总工程师兼生产技术部部长；2009年7月~2015年2月，任包钢稀土副总工程师兼生产技术部部长；2015年2月~2016年8月，任北方稀土副总工程师兼生产技术部部长；2016年8月至今，任包头稀土研究院副院长。

第五节 享受国务院、自治区（省部）政府特殊津贴专家

张志宏 男，汉族，1962年6月生，原籍江苏省南京市，1983年7月参加工作，1985年6月加入中国共产党，正高级工程师，本科。

1983~1999年3月，在包头稀土研究院火法冶金研究室工作；1999年3月~2002年8月，任内蒙古希苑稀土功能材料工程技术研究中心副主任；2002年8月~2006年6月，任包头瑞鑫稀土金属材料股份有限公司常务副总经理、总工程师；2006年6月~2016年2月，任包头稀土研究院副院长、瑞科稀土冶金及功能材料国家工程研究中心副总经理；2016年2月~2016年8月，任包头稀土研究院副院长、瑞科稀土冶金及功能材料国家工程研究中心副总经理、白云鄂博稀土资源研究与综合利用国家重点实验室副主任；2016年8月至今，任包头稀土研究院副院长、瑞科稀土冶金及功能材料国家工程研究中心总经理、天津包钢稀土研究院院长。

张志宏曾在国内外学术杂志及重要学术会议上发表文章、论文等12篇。先后获得国家科学技术进步二等奖1项、内蒙古科技进步二等奖3项、中国有色科学技术二、三等奖各1项、中国冶金科学技术三等奖1项、“全国杰出专利工程技术评审”预展项目奖1项、中国专利优秀奖1项、内蒙古自治区专利实施金奖1项、包头市科技进步一等奖1项。获得国家发明专利5项，实用新型专利2项。曾获国家新世纪百千万人才、国务院特殊津贴、全国优秀科技工作者、内蒙古“草原英才”等荣誉，被评为内蒙古自治区“有突出贡献的中青年专家”。

郝先库 男，汉族，1962年11月生，原籍山东省蓬莱市，1985年5月加入中国共产党，1987年7月参加工作，本科。

1987年7月~2001年12月，在包头稀土研究所工作，后任包头稀土研究院湿法室副主任、主任；2001年12月~2006年6月，任包头市京瑞新材料有限公司副总经理、总工程师；2006年6月至今，任包头市京瑞新材料有限公司副总经理、总工程师。

先后完成了50多项国家、内蒙古和包头市科研课题和技术攻关项目，同时完成10多项工业规模试验和工业规模生产工艺，分别获国家发明四等奖、冶金部科技进步二等奖、内蒙古科技进步一等奖、二等奖2项等科研成果；申报中国发明专利64项（已授权专利31项），申报欧洲专利1项（授权1项）。在国际会议和国内杂志发表论文60多篇，出版2部稀土专业书籍。曾获内蒙古自治区“有突出贡献的中青年专家”、内蒙古“草原英才”、包头市“新世纪人才工程”拔尖人才、包头市“5512工程”领军人才、内蒙古自治区“十大科技标兵”、包钢十大科技明星等称号，享受国务院政府津贴和包头市政府特殊津贴。

刘国征 男，汉族，1962年3月生，原籍内蒙古赤峰市，1985年参加工作，1993年6月加入中国共产党，正高级工程师，博士研究生。

1985年9月~1988年2月，就读于东北大学金属材料与工程专业，研究生毕业；1988年2月~2002年5月，在包头稀土研究所工作，后任包头稀土研究院希苑中心常务副主任、课题组长；2002年5月~2012年8月，任包头稀土研究院希苑中

心常务副主任、主任、党支部书记、课题组长（其间，2005 年 9 月~2011 年 7 月，就读于钢铁研究总院，博士研究生）；2012 年 8 月~2013 年 5 月，任包头稀土研究院副总工程师；2013 年 5 月~2014 年 10 月，任包头稀土研究院副总工程师、中试基地副主任；2014 年 10 月至今，包头稀土研究院，中试基地技术专家。

刘国征曾获省部级科技进步三等奖 7 项，包头市科技进步奖 8 项。在国内外公开杂志上发表论文 30 余篇。曾任中国稀土学会专家组专家、中国稀土学会永磁专业委员会副主任委员、中国稀土学会固体材料与科学委员会副主任委员、中国电工技术学会永磁电机专业委员会委员、《稀土》杂志编委会委员、中国稀土行业协会专家组专家。享受国务院政府特殊津贴专家、内蒙古自治区“草原英才”、包头市“5512 工程”领军人才、“鹿城英才”称号专家。

张瑞祥　男，汉族，1967 年 9 月生，原籍河北省故城县，1988 年 7 月参加工作，正高级工程师，本科。

1988 年 7 月~2002 年 2 月，在包头稀土研究院湿法室工作；2002 年 2 月~2004 年 12 月，任包头市京瑞新材料有限公司生产技术部部长；2004 年 12 月~2013 年 7 月，任内蒙古环保型稀土应用材料工程技术研究中心副主任兼包头市京瑞新材料有限公司生产技术部部长；2013 年 7 月至今，任包头市京瑞新材料有限公司副总经理，同时负责包头稀土研究院生产管理和新产品研发工作。

2000~2016 年，先后主持完成国家科技型中小企业创新基金项目 1 项、国家火炬计划项目 1 项、国家高新技术出口产品研究开发资金项目 1 项、国家重点新产品计划项目 2 项、国家高技术研究发展计划项目子课题 1 项；主持和参与完成内蒙古科研项目 11 项，多项科技成果达到国际先进水平。“荧光级氧化铕清洁生产及资源综合回收利用”，获 2007 年度内蒙古科技进步一等奖；“高纯无水氯化铈产业化技术”，获 2011 年度内蒙古科技进步二等奖；“包头矿中重稀土分离废水循环利用工艺”，获 2012 年度内蒙古科技进步二等奖；主持研发的高纯无水氯化铈 2009 年被评为内蒙古自治区十大科技名牌产品。已申报国家发明专利 56 项，已授权专利 31 项。在国内外核心及以上期刊及国际会议发表学术论文 20 多篇。曾获包头市“5512 工程”领军人才称号；获自治区“草原英才”称号；2014 年，享受政府特殊津贴。

衣晓飞　男，汉族，1968 年 6 月生，原籍黑龙江省肇州县，1990 年参加工作，1999 年 8 月加入中国共产党，正高级工程师，本科。

1990~2000 年，在吉林高特集团有限公司任过副总工程师、总经理助理（其间，1999 年 6 月，北京科技大学材料科学和工程专业，研究生毕业）；2001~2004 年，任幸来磁业上海有限公司总工程师、副总经理；2004~2005 年 9 月，任上海洛克磁业有限公司常务副总经理；2005 年 9 月至今，任安徽永磁总经理、总工程师。

衣晓飞主持参与完成了“高性能、高热稳定性钕铁硼磁体的研制与开发项目”，被列入2006年安徽省“十一五”科技攻关项目；“耐高温250℃高性能烧结钕铁硼磁体及关键制备工艺的研究与开发”，被列入2007年国家重点新产品计划；2008年，被评为安徽省科技进步二等奖和市科技进步一等奖；2007年，参与了“新型耐高温、高矫顽力稀土永磁材料”的研制与开发，被列入国家“863”计划项目；2008年，主持开发的“兆瓦级永磁直驱风力发电机专用高性能烧结钕铁硼磁体开发及制备关键技术研究”、“纳米晶/非晶复合镀层在烧结钕铁硼磁体防腐中的应用研究”，两项成果于2009年5月通过省科技成果鉴定，其中“纳米晶/非晶复合化学镀项目”被列入2008年省重大科技攻关项目。2010年，获安徽省学术和技术带头人，并获省政府特殊津贴；2012年，被评为安徽省首届战略性新兴产业领军人才。

第六节　自治区（省部）级先进人物

连贵生　男，汉族，1970年3月生，原籍内蒙古乌兰察布市，1994年9月参加工作，2008年7月加入中国共产党，助理、注册安全工程师，清洁生产审核师，本科。

1994年9月~1996年8月，任乌兰察布市贲红镇中学老师；1999年7月~2002年5月，在内蒙古第一机械制造厂六分公司工作；2002年5月~2003年3月，任包头华美稀土高科有限公司二分厂碳沉车间班长、车间主任、一分厂副厂长；2003年12月~2006年8月，任包头华美稀土高科有限公司生产部副部长、综合部部长；2006年8月~2008年11月，任包头华美稀土高科有限公司总经理助理；2008年11月至今，任包头华美稀土高科有限公司副总经理（其间，2011年1月~2013年7月，就读于北京科技大学，完成了函授本科行政管理专业）。包头市稀土质量协会副会长、包头市昆区第十五届人大代表。

连贵生曾获包头市“质量工作先进个人”、包头市“节能工作先进个人”、包头市“安全工作先进个人”、包头市“禁毒工作先进个人”、包头市“环境保护工作先进个人”、包头市“工商联宣传信息工作先进个人”称号；“稀土工业污染物排放编制”项目，获中国有色金属工业科学技术进步一等奖；“废酸回收产业化技术的研发与应用”环保节能项目，获2009年度包头市科学技术进步二等奖、自治区科技进步三等奖；2009年，获内蒙古自治区“劳动模范”称号。

马志鸿　男，汉族，1964年11月生，原籍上海市松江县，1986年7月参加工作，1995年6月加入中国共产党，正高级工程师，博士研究生。

1986年7月~2001年5月，在包头稀土研究院工作；2001年5月~2005年10月，任包头市恒益通稀土有限公司总经理；2005年10月~2011年3月，在包头稀土研究院工作，后任包头稀土研究院科研管理部部长；2011年3月至今，任包头稀土研究院副院长、湿法室主任（其间，2007年9月~2012年9月，钢铁研究总院材料物理与化学专业，获博士学位）。曾任中国稀土学会第四、五届理事会理事，中国材料研究学会六届理事会理事，中国金属学会功能材料分会第四届委员会副主任委员。2011年11月，被聘为贵州工业强省十大产业科技思想库专家；2012年7月，被聘为中国科协企业创新学会支持平台专家；2008年至今，担任科技部国际合作项目评审专家；2014 年，被聘为中国稀土行业协会专家组专家。

马志鸿在国内外学术期刊上发表了论文 30 余篇，其中多数为 SCI、EI 收录；参与完成了《2014 高技术发展报告》（中科院）（2014）等 4 部专著的编撰工作。获得授权发明专利 5 项、内蒙古科技进步三等奖 2 项、包头市科技进步二等奖 2 项；曾获包头市“新世纪人才工程”青年学术带头人称号，获中国钢铁工业协会冶金企业管理现代化创新成果三等奖 1 项，获“全国企事业知识产权管理先进工作者”称号，获包钢“先进生产（工作）者”称号，入选包头市“5512 工程”领军人才，获“十一五”自治区科技计划组织管理优秀奖，获包头市第一批“鹿城英才”称号。

刘海峰　男，汉族，1970 年 10 月生，原籍河北省南宫市，1992 年参加工作，1997 年加入中国共产党，国际商务师、高级经济师，本科硕士。

1992 年 9 月～1994 年 6 月，在包钢修建部土建二队工作；1994 年 6 月～2008 年 5 月，包钢国际经济贸易有限公司出口部业务员（其间，2003 年 3 月～2005 年 6 月，在内蒙古大学 MBA 教育中心工商管理硕士学位学习）；2008 年 5 月～2016 年 8 月，任包钢国际经济贸易有限公司副经理；2016 年 8 月至今，任内蒙古包钢稀土国际贸易有限公司经理、董事。

刘海峰曾获包钢“党员奉献在岗位”优秀党员、“优秀共产党员”、“劳动模范”称号，获全国商务系统“劳动模范”称号，获包钢科技进步新产品三等奖 。

陈国华　男，汉族，1973 年 3 月生，原籍吉林省梨树县，1994 年 7 月参加工作，2004 年 6 月加入中国共产党，正高级工程师，本科。

1994 年 7 月～2002 年 8 月，在包头稀土研究院工作；2002 年 8 月～2009 年 4 月，在包头瑞鑫稀土公司工作；2009 年 4 月～2016 年 8 月，任包头稀土研究院火法室副主任、主任；2016 年 8 月至今，任包头稀土研究院金属材料研究所主任。

内蒙古自治区青年科技奖获得者；内蒙古自治区“321 人才工程”入选第二层次人选；内蒙古自治区“草原英才”工程团队、“稀土火法冶金及环境保护工程化创新人才团队”主要人员；中国材料研究学会青委会理事；中国有色金属学会稀有金属冶金学术委员会委员；中国稀土学会火法冶金委员会副主任。

陈国华曾获冶金科学技术三等奖 1 项；内蒙古科技进步二等奖 2 项，三等奖 1 项；包头市科技进步一等奖 1 项，二等奖 2 项，三等奖 1 项；包钢科技进步一等奖 1 项，二等奖 1 项，三等奖 1 项；中国有色金属工业科学技术二等奖 1 项，三等奖 3 项。授权国家发明和实用新型专利 6 项；制订国家标准 4 项；发表论文 7 篇。

闫慧忠　男，汉族，1962 年 4 月生，原籍内

蒙古乌拉特前旗，1982年8月参加工作，2004年6月加入中国共产党，正高级工程师，博士研究生。

1982年8月~1986年8月，任内蒙古巴盟中学教师；1986年9月~1988年12月，就读于大连理工大学应用化学专业，研究生毕业；1989年3月~1994年2月，在包头稀土研究院工作；1994年2月~2001年6月，任包头市通达胶粘剂厂厂长；2001年6月~2006年4月，在包头稀土研究院、内蒙古希苑稀土功能材料工程技术研究中心工作（其间，2004年9月~2007年12月，华南理工大学材料加工工程专业，研究生、博士毕业）；2006年4月~2012年8月，任包头稀土研究院副总工程师、稀土冶金及功能材料国家工程研究中心科研管理部部长；2012年1月~2014年1月，包头稀土研究院技术专家；2014年1月至今，任天津包钢稀土研究院有限责任公司副总经理兼项目部部长、包头稀土研究院技术专家。曾任内蒙古大学、内蒙古科技大学硕士生导师。

闫慧忠在国内外学术期刊发表论文40余篇，论文《$La_{15}Fe_{77}B_8$型储氢合金的结构和电化学性能》被中国科学技术信息研究所评为中国精品科技期刊顶尖学术论文。申报国内外专利30多项，已授权9项。

曾获包钢“劳动模范”、“模范共产党员”称号；获包头市“5512工程”领军人才、“鹿城英才”称号；内蒙古自治区“草原英才”、“优秀科技工作者”称号。

郝　茜　女，汉族，1965年2月生，原籍陕西省府谷县，1987年7月参加工作，2004年6月加入中国共产党，正高级工程师，研究生。

1987年7月~2002年7月，在包头稀土研究院理化检测中心工作（其间，1996年9月~1999年9月，就读于天津大学材料学院仪器分析专业）；2002年7月~2016年4月，任包头稀土研究院理化检测中心副主任、主任；2016年4月至今，在包头稀土研究院理化检测中心工作。

郝茜负责起草及参与起草的国家标准多次获得全国稀土标准化技术委员会技术标准优秀奖以及中国有色金属工业科学技术奖。曾获包头市“5512工程”领军人才证书，包钢“劳动模范”、包头市“劳动模范”以及全国钢铁工业“劳动模范”称号。

黄焦宏　男，汉族，1962年11月生，原籍辽宁省沈阳市，1984年7月参加工作，高级工程师，博士研究生。

1986年3月~1987年7月，中科院物理所王震西课题组NdFeB永磁研究；1999年6月~2008年10月，在包头稀土研究院工作（其间，2002年9月~2007年1月，北京工业大学材料学院攻读博士，取得博士学位）；2008年10月~2012年9月，任包头稀土研究院国家工程中心副总工程师；2012年1月至今，包头稀土研究院技术专家。曾任合肥工业大学特聘教授、内蒙古师范大学兼职教授；被内蒙古工业大学、内蒙古科技大学、北京工业大学聘为硕士研究生指导教师。曾任中国稀土行业协会专家组专家、中国稀土学会固体与新材料委员会委员、科技部国际合作专家库评审专家、《稀土》编委。

黄焦宏在国内外发表本专业学术论文50多篇；获得国家发明专利5项，实用新型专利5项。近几年，先后被中国民主同盟中央委员会授予“先进个人”、自治区“劳动模范”、包头市“五一劳动奖章”、内蒙古“草原英才”、包头市“新世纪工程”拔尖人才、包钢技术带头人、包头市“5512工程”领军人才、包钢“劳动模范”、包钢

"先进生产（工作）者"、包钢标兵文明职工等荣誉。

陈建利 男，汉族，1968年11月生，原籍河北省唐山市，1991年5月加入中国共产党，1992年7月参加工作，正高级工程师，本科硕士。

1992年7月~1993年11月，在稀土三厂工作；1993年11月~1994年11月，在包头稀土研究院工作；1994~1996年，在稀土三厂组织部工作；1996~2003年12月，任稀土高科一、二、三车间副主任、主任、支部书记；2003年12月~2008年5月，任稀土高科冶炼厂总工程师、副厂长；2008年5月~2011年5月，任冶炼厂厂长（其间，2005~2010年，就读于内蒙古工业大学，获得硕士学位）；2011年5月~2016年8月，任包头华美稀土高科有限公司总负责人、经理；2016年8月待分配；2016年11月至今，任北方稀土生产部部长。

陈建利曾获包钢科技进步一等奖1项、包钢科技进步二等奖2项、包钢优秀设计二等奖1项、全国冶金行业优秀工程设计三等奖1项、包头市科技进步二等奖1项；获包钢"优秀科技管理人员"、"劳动模范"、"模范共产党员"、"十大优秀青年"称号，获包头市"劳动模范"、"优秀共产党员"称号，获全国钢铁工业"劳动模范"称号。

江丽萍 女，汉族，1961年4月生，原籍山东省海阳市，1983年8月参加工作，1991年6月加入中国共产党，正高级工程师，博士研究生。

1983年8月~1984年8月，在包头稀土研究院物理室实习；1984年10月~1996年2月，在包头稀土研究院物理室工作；1996年2月至今，在包头稀土研究院希苑中心工作（其间，2002年9月~2007年3月，在东北大学材料冶金工程学院博士研究生学习）。

江丽萍曾获冶金部科技进步四等奖1项、冶金部科技进步三等奖1项；获包钢科技进步二等奖1项；完成"稀土超磁致伸缩材料研制"工作，研究成果达到国际先进水平；获包头市科技进步一等奖1项、内蒙古科技进步二等奖1项；主持国家标准修订，《铽镝铁大磁致伸缩材料》于2013年颁布实施。申请发明专利8项，其中6项获得国家知识产权局的专利授权，在国内外学术期刊上发表论文70余篇，其中部分被SCI、EI收录。

江丽萍曾获内蒙古自治区"草原英才"、包头市"鹿城英才"、包头市专业技术拔尖人才等荣誉称号；获包钢"先进生产（工作）者"、"优秀科技人员"、"女职工双文明建功竞赛先进个人"、女职工双文明建功竞赛"科技之星"、"优秀共产党员"等称号。

娄树普 男，汉族，1962年11月生，原籍山东省潍坊市，1984年参加工作，正高级工程师，本科。

1984年7月~2000年1月，在包头稀土研究所工作，参加国内第一条钕铁硼中试生产线设计调试、安装，在包头稀土研究院磁性材料部，负责真空冶金方面的工艺设备技术管理工作；2000年1月~2004年4月，受包头稀土研究院委派，在烟台首钢磁性材料股份有限公司负责国家计委下达的高新技术产业化示范项目，“300吨高性能钕铁硼产业化示范工程项目的建设”工艺设计及设备安装等调试工作，先后担任该公司设备部部长及技术生产部长；2004年4月~2006年12月，任包头稀土研究院科研人员；2006年12月~2008年10月，在包头稀土研究院任科技部院所专项基金项目“钕铁硼氢粉碎柔性加工系统研制”课题组组长；2008年6月~2009年5月，在包钢稀土年产15000吨高性能磁性材料产业化项目指挥部任技术部部长；2008年10月~2009年5月，在包头稀土研究院承担国家科技部“863”重点项目“过程控制流量传感器及系统”课题组任组长；2009年5月~2014年7月，任内蒙古包钢稀土磁性材料有限责任公司副总工程师；2014年7月，离开领导岗位。

2008年，获内蒙古自治区科技进步一等奖；2011年，获得教育部颁发的教育部科技成果完成者证书；2012年，获包钢科技进步一等奖、包头市科技进步一等奖、教育部科技进步一等奖；2013年，获自治区科技进步二等奖；曾获得第五批“草原英才”称号和“鹿城英才”称号。

孙良成　男，汉族，1962年2月生，原籍山东省成武县，1985年参加工作，1995年11月加入中国共产党，正高级工程师，硕士研究生。

1985~2002年7月，在包头稀土研究院工作；2002年7月~2012年9月，任瑞科稀土冶金及功能材料国家工程研究中心有限公司董事兼内蒙古希苑稀土功能材料工程技术研究中心副主任（其间，2002年4月~2004年12月，就读于山东大学工程硕士）。曾任中国金属学会稀土分会会员、包头科协会员、包头《政策研究》特聘研究员、内蒙古科技大学硕士生导师、包头市昆都仑区第十二届人民代表大会人大代表、昆都仑区法院陪审员、中国稀土行业协会专家组成员。

孙良成在国内外核心学术期刊杂志上发表论文40多篇。主持研发的“超高温电致热陶瓷发热体”项目，在第十七届全国发明展览会上荣获金奖，《超高温电致热陶瓷发热体制备方法》获中国专利优秀奖。获得8项专利授权。《超高温电致热陶瓷发热体制造方法》专利，获得中国专利优秀奖和发明协会金奖。完成的项目获得过山东省科技进步二等奖3次，内蒙古自治区科技进步三等奖4次，包头市科技进步三等奖2次 。曾获1999~2002年度包头市拔尖人才三等奖；2008年，获包头市“新世纪人才工程”优秀专家称号；获内蒙古自治区“深入生产一线做出突出贡献的科技人员”称号，获包头市稀土高新区“青年科技创新创效奖”，获内蒙古自治区“人才储备先进个人”称号，被内蒙古科技厅和知识产权局聘为内蒙古知识产权维权专家，享受包头市政府特殊津贴，获内蒙古自治区包头稀土高新区科技贡献奖，获内蒙古自治区“优秀共产党员”称号。

于　兵　男，汉族，1987年12月生，原籍内蒙古通辽市，2010年7月参加工作，工程师，本科。

2010年7月至今，在包头稀土研究院火法实验室工作（其间，2014年4月至今，就读于北京科技大学化学工程专业）。

于兵先后参加国家工信部、内蒙古科技厅、包头市科技局、包钢及北方稀土各级研发项目 20 余项，发表论文 4 篇，发明专利 3 项。2011 年，在内蒙古自治区职业技能大赛中获得真空熔炼工第一名、获包钢“杰出青年岗位能手”称号；2012 年，获内蒙古自治区“五一劳动奖章”；2015 年，被评为“包钢优秀科技人员”；2014～2016 年，连续入选“包头稀土研究院技术后备人选”第一层次。

第二章 人物名录

第一节 历届党代会代表名单

一、1998年内蒙古包钢稀土高科技股份有限公司第一次党代会人员名单

宁连军 苏建成 王 苏 肖殿贵 郭洪利 高忠耀 徐向东 于晶雪 马文勇 马元胜 方玉清 王 英 王 波 王天富 王生虎 王东超 王成印 王秀荣 王宝忠 王艳林 王晓铁 贝学军 车淑先 边永峰 申 魁 申连清 包立勇 孙鸣凤 刘 威 孙荣军 卢文琪 刘忠涛 刘建刚 刘树林 刘恒昌 齐少彤 安亚新 邢 斌 朱长军 苗 龙 乔永长 任彦志 杜户民 陈立东 陈秀昆 陈恩鹏 陈淑娥 陈隆淮 杨文奎 杨兴山 杨建鹏 杨培彬 邹连顺 宋茂勇 李玉英 李有军 李亚婷 李明恒 李朝辉 李建成 张文彬 张全胜 张连顺 张君强 张宝元 张金平 张建军 张建忠 张朝文 张德文 肖殿贵 范先普 武同平 武焕元 孟令军 呼 哲 周 杰 郭凤文 郭洪利 祖永胜 赵生平 赵占斌 赵建军 赵洪英 赵润年 郝玉峰 胡连仲 胡治海 姚成毅 高 信 高文达 梁 文 高生仁 高忠耀 高喜凤 徐向东 雷振刚 曹生彪 谢景全 蒙建新 项 强 蔡 茂

二、2013年内蒙古包钢稀土（集团）高科技股份有限公司第一次代表大会

于永江 谈包临 刘晓飞 苗洪英 王久成 刘 英 张洪涛(冶炼厂) 李永明 赫秀伟 杨文奎 陈宝宝 刘培勋 高 巍 王晓华 马 珺 韩建军 刘 义 张太红 桂立君 娄利平 刘 威 李俊平 边永峰 常学利 刘晓昆 朱万君 赵治华 王建军 王 平 王宏刚 包立勇 苗 龙 古玉琛 钟德刚 于 鹏 张俊莲 刘 梅 桑晓云 杨蕾华 夏长林 高 媛 张永华 聂 磊 焦自学 薛建民 卢俊维 张桂梅 马 勇 马荣茂 张锦新 董二铁 云 强 姬智强 王万顺 王成刚 许朝晖 李树义 康翠杰 王利平 吴建乐 田建林 刘 旭 宋秀杰 李宏东 任晓光 尹庆坤 王云飞 王心强 王桂枝 白志忠 任秀凤 刘金柱 刘 栋 成福利 冷云光 郎铁柱 张洪涛(稀选厂) 张明华 张树鹏 张 彪 李小刚 李春玲 李 霞 杨慧云 陈宏超 陈 鑫 姚建梅 郝玉峰 剧世荣 夏德东 曹 艳 梅昌云 蒿建生 陈建东 班 印 张玉莲 金树旗 刘文武 赵静儒 郭 涛 王彩霞 孙美云 杨柳安 张 禄 陈金莲 杨占峰 琚建勇 张志宏 马志鸿 张文骞 孙德友 时 炜 王海涛 吴 江 宋洪芳 张沛臣 陈国华 马 莹 许延辉 王晶晶 孙晓华 江丽萍 王 波 闫慧忠 杨家勇 李泽军 张 涛 郝 茜 张翼明 王东杰 汪立新 梁行方 郭海涛 王佐成 王光跃 王 标 高新华 郭晓萍 张 瑛 曹 巍 李金华 曹生彪 李劲松 陈娅静 武海玲 王亚男 王志忠 刘红霞 杨永刚 李 冰 李解国 种法耀 崔凌霄 徐绍萍 谢 兵 浦海丹 王海军 张 磊 罗慧妍 刘致文 李 忠 黄绍东 顾 明 于晶雪 米 娜 刘 升 姚成毅 赵国栋 李培忠 马建平 梁少峰 张德文 陈建利 夏学文 乔喜庆 王永中 周 昱

第二节　历届职工、会员代表大会名单（含出席包钢）

一、公司出席包钢公司历届职工、会员代表大会名单

（一）包钢一届职工、会员代表大会（1998~2003 年）

陈隆淮　杨兴山　刘忠涛　赵生平　杨　颖　张　忠　肖殿贵　高　学　乔喜庆　宋茂勇　张全胜　钱雅辉　肖　明　赵占斌　刘石政

（二）包钢二届职工、会员代表大会（2004~2007 年）

张　忠　赵生平　王晓铁　刘忠涛　邢　斌　于志军　肖殿贵　高　学　乔喜庆　张全胜　宋茂勇　钱雅辉　肖　明　兰一平　郝俊义　谢金铭

（三）包钢三届职工、会员代表大会（2008~2013 年）

张　忠　于志军　孟志泉　兰一平　邢　斌　赵增祺　李学舜　琚建勇　王晓铁　刘忠涛　关晓光　郭根全　张钧强　陈建利　郭文亮　黄绍东　刘国征　马　莹　郝胜民　朱晓梅　张大勇　宋日中　谢　兵　吕继文　郭　英　徐树林　董二铁　张　萍　肖殿贵　杨晓东　张明涛　张　军　王　萍

（四）包钢四届职工、会员代表大会（2014~2016 年）

张　忠　孟志泉　张志坚　杨占峰　琚建勇　李　忠　王　标　王　晔　刘　义　代兆丰　于志军　蒿建生　崔凌霄　李金华　杨永刚　于永江　郝玉峰　班　印　陈建利　银建伟　马　莹　魏晓鸥　张大勇　张洪涛　刘　威　边永峰　王云飞　云　强　杨家勇　姜婷婷　刘建军　张翠英　肖殿贵　罗慧妍　王福生　郭美桃　张　禄　张明涛　陈雅静　张　军　吴晓飞　李　欢　曹　霞　代　瑞　曹生彪　马　莹

二、公司历届职工、会员代表大会名单

（一）内蒙古包钢稀土高科技股份有限公司一届职工、会员代表大会（1999~2001 年）

王成印　郭洪利　高忠耀　王　苏　杜景华　梅吕云　魏礼强　马文勇　肖殿贵　魏守峰　张　萍　张文斌　孙鸣凤　武焕元　任彦志　赵治华　苏建成　安亚新　祖永胜　祁长东　薛建民　张淑萍　赵占斌　张君强　常学利　赵润年　刘　威　王　英　王新利　赵福金　宋茂勇　项　强　冯希斌　马志杰　刘凤春　汪　萍　杨兴山　张连顺　高文达　孙宝志　高喜凤　陈隆淮　杨建鹏　陈立东　温和平　张金平　周　杰　朱力华　王喜刚　谢　明　武同平　刘　丽　王春梅　李博建　杜利明　窦　宁　赵志强　赵德奎　邢　斌　刘　义　王生虎　吴振海　徐树林　南丽君　刘　旭　刘恒昌　成　忠　安宝娥　胡　刚　李　冬　刘忠涛　王艳林　王东超　王　平　边永峰　李玉英　李清双　张国民　张建平　杨文奎　钟　声　梁丽梅　邹连顺　侯炳恒　谢景全　王庆山　王晓铁　陈淑娥　吴广伟　熊　军　钱亚辉　王　波　贝学军　乔永长　刘建刚　杜户民　陈秀昆　杨纯福　郝玉峰　董全文　赵洪英　呼　哲　赵春晖　胡连仲　洛朝阳　姚成毅　梁　文　高　巍　高　信　高新华　张建忠　张道明　黄立东　盛春利　蔡　茂　胡治海　谢彬翔　方玉清　赵生平　李卫华　李宝忠　刘石政　黄绍东　申　魁　刘秋收　卢文琪　桑晓云　雷振刚　桂丽君　赵立平　齐少彤　李朝辉　蒋宝珠　郎跃庭　沈连荣　刘晓昆　蒙建新　侯成祥　郭兰洁　刘殿勋　何早娥　刘立军　王泽民　全　分　王刚英　张海营　赵依峰　高明伟　巨世荣　王云飞　张洪涛　姚建梅　王　林　李树义　彭素芝　贾艳凌　沈润清　金长清

（二）内蒙古包钢稀土高科技股份有限公司二届职工、会员代表大会（2003~2005 年）

张　忠　邢　斌　刘　义　张日辉　李金玲　王晓铁　高　信　刘　丽　雷振刚　夏常林　马　珺　胡　刚　李　斌　乔喜庆　蒋宝珠　冯希斌　高　虹　谢　明　孙世义　董拥军　姬志强　云　强　张俊莲　赵占斌　陈建利　常学利　贾延凌　王　英　李永明　李昌石　汪　萍　范思刚　刘凤春

宋茂勇 张相国 刘忠涛 陈立东 王刚英 翟书江 盛洪起 朱力华 王喜刚 李 冬 张树新
吕继文 李俊平 张全胜 杨明涛 张德文 黄 丽 赵微微 徐树林 焦安波 谢景全 张金平
胡连仲 闫冰夷 温德智 刘石政 侯炳恒 朱万军 王晓华 王 平 张子元 赵鹏飞 杜建军
张宏野 王建清 梁 文 周晓东 于晶雪 刘玉英 高 巍 赵治华 刘恒昌 张君强 王建军
张 伟 蒙建新 王 波 盛春利 桂立君 闫立彬 孙文山 王 静 张翠英 徐自强 底 迪
赵生平 陈秀昆 刘金柱 夏德东 杨根来 梅昌云 姚建梅 尹庆坤 朱世贤 李晓红 杨 颖
田胜利 刘广俊 吴佰玲 高 学 黄永家 党 霞 李爱玲 姜春梅 张洪涛 魏礼强 肖殿贵
杨培斌 成福利 刘 波 尹占军 张青亮 任真星 李建国 朱大明 苏建成 张 超 洛朝阳
滕 云 于永江 胡治海 郝玉峰 赵依峰 刘建刚 姚成毅 郭根全 黄立东 夏学文 苗 龙
彭振飞 原素清 温和平 乔永长 王艳林 张道明 罗 坤 方玉清 刘羽星 马吉国 郭晓萍
梁维强 张 兴 邢志强 刘 威 王万顺 范会霞 赵 刚 潘 涛 王志富 杨文奎 银建伟
陈宝宝 汤运国 赫秀伟 卢文琪 王云飞 包立勇 龚树春 林晓军 薛建民 陈丕生
巴达荣贵

（三）内蒙古包钢稀土高科技股份有限公司三届职工、会员代表大会（2006~2008 年）

张 忠 刘忠涛 张日晖 李金玲 刘 义 赵占斌 于永江 王兴汉 王 静 姚成毅 夏学文
闫立彬 张翠英 胡治海 郝玉峰 赵依峰 原素清 黄立东 彭振飞 陈秀昆 张洪涛 姚建梅
成福利 李春玲 田胜利 全 强 吴佰玲 刘广俊 杜景华 巴达荣贵 吴丽云 于志军
梅昌云 剧世荣 肖殿贵 张 萍 卢 林 陈永忠 洛朝阳 夏德东 高 学 吕胜利 姜春梅
刘桂娟 王永新 徐建军 王云飞 张青亮 赵生平 高 信 常学利 刘 威 张顺喜 乔喜庆
胡 刚 马 珺 夏长林 王万顺 姬智强 邢建禹 云 强 吴建乐 王金龙 郝爱元 樊富山
凌 强 冯希斌 王建平 谢 明 董拥军 张俊莲 陈立东 贾延凌 赵福金 王 英 李永明
刘凤春 安亚新 汪 萍 宋茂勇 王晓铁 雷震刚 张德文 徐树林 刘 丽 张全胜 王利平
盛洪起 王喜刚 王志富 刘 栋 翟书江 邢 斌 张君强 张金平 刘海明 潘 利 王立新
田建林 闫冰夷 王 平 王丽霞 王晓华 田 慧 吕高安 赵利平 侯炳恒 郎耀庭 胡宝元
陈建利 梁 文 刘玉英 杨玉芳 赵治华 张锦新 马建平 马 鑫 王 波 王建军 贺云芳
盛春利 蒙建新 王刚英 刘 忠 刘树林 沈连荣 徐自强 韩玉池 陈金华 朱惜林 郭晓萍
赵午亮 张 兴 肖 明 蔡 茂 卢国贞 李培忠 刘 忠 高 巍 谢景全

（四）内蒙古包钢稀土（集团）高科技股份有限公司一届职工、会员代表大会（2009~2011 年）

张 忠 邢 斌 张日辉 许 涛 刘忠涛 李 忠 王 欣 王兴汉 王 静 白宝生 邢 宏
李 冬 马 鑫 王 波 闫立彬 盛春利 杨玉芳 凌 强 赵利平 邢建禹 盛洪起 张锦新
谢 明 樊福山 王永新 徐建军 刘桂娟 姜春梅 张俊莲 闫冰夷 谢景全 张全胜 翟书江
王立新 乔喜庆 王丽霞 田 慧 吕高安 胡宝元 郎耀庭 王喜刚 贾延凌 杨建然
张大勇（办公室） 张大勇(证券部) 张淑萍 张翠英 陈立东 陈秀昆 胡治海 贺云芳
原素清 顾 明 高新华 郭成龙 郭根全 黄立东 银建伟 兰一平 李金玲 于守宏 王云飞
王心强 王永德 尹占军 尹庆坤 卢文旗 白志忠 吕胜利 刘 栋 刘金柱 李 霞 李春玲
杨晓东 肖殿贵 吴 平 吴 军 冷云光 张 彪 张玉龙 张君强 张青亮 张洪涛 张路军
张 萍 张明华 陈永忠 马建平 蒙建新 张金平 陈宏超 郎铁柱 赵 渊 赵玉生 郝玉峰
郝玉辉 姜宝君 姚建梅 夏德东 高 学 剧世荣 黄永家 梅昌云 曹 艳 王晓铁 张志坚
于永江 马 珺 王 平 王 英 王万顺 王成刚 王刚英 王志富 王利平 王宏刚 王建平
王建军 王俊宏 王桂枝 王晓华 云 强 尹 明 尹 亮 申 魁 田建林 包立勇 冯希斌
邢践禹 吕继文 刘 旭 刘 丽 刘 英 刘 威 刘凤春 刘志斌 刘建军 刘俊兰 刘晓飞
刘海明 刘培勋 安亚新 许朝晖 孙国庆 李永明 李树义 李雪松 杨文奎 杨明涛 吴建乐
沈连荣 宋茂勇 张子兵 张太红 张玉喜 张延杰 张顺喜 张德文 陈宝宝 陈建利 武同平

苗　龙　苗洪英　国树山　周晓东　赵治华　赵福金　郝爱元　胡　刚　南丽君　娄利平　桂立君
夏长林　徐树林　高　信　高　巍　郭　英　谈包临　姬智强　龚　飞　常学利　康翠杰　梁　文
董二铁　韩建军　安　波　雷震刚　赫秀伟　潘　利　薛包平　赵增祺　琚建勇　马志鸿　马　莹
马铁铮　王　标　王海涛　王艳荣　包香春　任明洲　刘国征　江丽萍　许延辉　孙良成　孙晓华
孙德友　杨明生　杨家勇　闫慧忠　时　炜　吴华杰　何宏山　宋洪芳　张　涛　张文骞　张宇生
张志宏　郝　茜　夏　宁　郭晓萍　黄焦宏　崔爱端　简文斌　于志军　马泽新　谢　峰　马立英
王大力　勾先宝　朱洪刚　刘万喜　刘文武　刘文斌　刘欲晓　关晓光　孙美云　李全恒　杨　文
杨柳安　杨新瑞　宋日中　张凌云　张瑞延　张秀华　陈树华　张　军　陈俊华　金树旗　赵平军
侯丽霞　姚胜喜　秦中民　李　冰　秦曲亮　柴雪蒙　倪凤兰　曹京亮　康建平　董昭秋　安　青
蒋旭清　解金铭　李学舜　王永中　杨丽芬　罗慧妍　谢　兵　崔凌霄　卢国贞　陈立民　姚成毅
安卫国　赵继承　刘　义　袁一平　李培忠　王志忠　朱惜林　孙志刚　张明涛　米　娜　蒿建生
郭文亮　冯恒志　朱晓梅　李金华　杨永刚　吴凤明　贾春明　徐绍萍　刘治平　于晶雪　刘桂林
李国华　夏学文　黄绍东　许维友　龚丽华　马永茂　连贵生　郝胜民　王光跃　王佐成　梁行方
王士智　蔡　茂　肖　明　刘树林　赵午亮　徐自强　王金龙　董拥军　侯炳恒

（五）内蒙古包钢稀土（集团）高科技股份有限公司二届职工、会员代表大会（2012~2014 年）

张　忠　张日辉　杨占峰　琚建勇　邢　斌　李　忠　李金玲　刘　义　王　标　代兆丰　郑玉君
张志坚　于志军　王　静　王　欣　王兴汉　白宝生　邢　宏　刘宝民　闫立彬　李　冬　李春晖
陈秀昆　杨建然　张大勇（办公室）　张大勇（证券部）　张翠英　贺云芳　胡治海　赵国军
原素清　郭成龙　郭根全　顾　明　黄立东　盛春利　银建伟　蒙建新　魏晓鸥　王　艳　王云飞
王心强　王永德　刘　栋　刘桐桐　李　霞　李春玲　杨晓东　杨慧云　肖殿贵　冷云光　张卫路
张君强　张明华　陈　鑫　陈永忠　陈宏超　武传平　郎铁柱　郝玉峰　姚建梅　夏德东　梅昌云
曹　艳　于永江　马　珺　王　平　王　坚　王利平　王建军　王桂枝　云　强　包立勇　边永峰
吕高安　吕继文　朱万君　朱彦迪　刘　旭　刘　威　刘凤春　刘建军　刘晓飞　刘晓昆　刘培勋
李树义　杨文奎　吴建乐　张万辉　张太红　张洪涛　武同平　赵治华　赵福金　南丽君　饶　霞
娄利平　桂立君　徐树林　高　信　高　巍　郭　英　谈包临　姬智强　康翠杰　董二铁　韩建军
焦安波　雷震刚　薛建民　马　莹　马志鸿　王　波　王小青　王海涛　刘国征　闫慧忠　许　涛
孙德友　杨明生　杨家勇　宋洪芳　张文骞　张志宏　张翼明　黄焦宏　崔建国　王光跃　王　芳
孔向民　白永生　梁行方　王士智　郝先库　谢　峰　马泽新　牛进财　白志宁　刘文武　孙　权
朱洪刚　关晓光　宋日中　林跃山　祝　翔　赵静儒　郭美桃　郭　涛　贾慧慧　曹京亮　焦庆华
王　璐　韩铁山　王大伟　王永生　王刚英　王秀艳　王春江　赵　辉　田迎春　史固萍　冯希斌
乔喜庆　刘　茂　刘文彬　刘俊明　齐晓春　杨　光　连贵生　时　静　吴桂梅　张　帅　张世宇
张俊龙　陈　暄　陈建利　赵利平　柳凌云　项　强　康啊树　程光明　王海军　李海林　罗慧妍
郑　玮　崔凌霄　谢　兵　卢国贞　姚成毅　黄瑞清　王永录　王掌印　卢喜中　安卫国　李宪亭
张　军　张丽萍　张新蛇　陈丽萍　赵继承　袁一平　李培忠　王亚男　王志忠　郝　峰　朱惜林
张明涛　蒿建生　李劲松　李金华　李建平　肖　锐　杨永刚　陈雅静　徐绍萍　曹生彪　史玉章
刘治平　米　娜　李国华　姜婷婷　夏学文　黄绍东　于晶雪　李振宏　张卫东　侯利生　王晓霞
张延杰　娄树普　夏　宁　高新华　郭晓萍　董改华　刘　勇　张相良　谢志忠　吴健华　容开志
鲍永平　林虎军　张玉忠　仝　明　刘　强　连建宇　穆金婷　张德文　金柱根　田　丰　钟庆华
陈建东　王　晔　朱晓梅　李　冰　王永中　吕忠山　阿木古冷

（六）中国北方稀土（集团）高科技股份有限公司一届职工、会员代表大会（2015~2016 年）

张　忠　孟志泉　李金玲　许　涛　张日辉　刘　义　张志坚　代兆丰　杨占峰　琚建勇　马　宁
卢　龙　肖　杰　包文君　白宝生　刘建军　闫立彬　孙文山　杨建然　肖　剑　冷云光
张大勇（稀土院）　张庆峰　张洪涛（机关）　张翠英　陈秀昆　陈建东　周晓东　胡治海

郭　平 郭金枝 郭美琴 郭根全 贺云芳 原素清 黄立东 银建伟 于　鹏 于永江 马　珺
王　平 王万顺 王利平 王建平 王雄飞 云　强 方　斌 田建林 包立勇 边永峰 刘　威
刘凤春 刘海明 刘培勋 李　欢 李树义 李俊平 李集斌 杨蕾华 时　雨 吴晓飞 张桂梅
张晓东 张锦新 武同平 苗　龙 国树山 赵冬冬 赵治华 南丽君 段　越 夏长林 谈包临
曹民权 常学利 梁永生 韩建军 赫秀伟 魏晓鸥 王　艳 王云飞 王永德 成福利 刘　军
李　霞 李春玲 杨振华 肖殿贵 张　萍 张　彪 张洪涛（稀选厂） 陈　鑫 陈宏超 郎铁柱
郝玉辉 侯艳茹 姚建梅 夏学文 夏德东 剧世荣 曹　艳 曹　霞 蒿建生 白志宁 李劲松
李美英 张　禄 林跃山 郝玉峰 祝　翔 班　印 郭美桃 康　影 马　莹 王　波 王　荣
王小青 闫慧忠 孙良成 杨家勇 李　波 李志强 张大勇（证券部） 张文骞 张志宏 郝　茜
秦丽琳 黄焦宏 王士智 汪立新 郝先库 王光跃 顾　明 白永生 梁行方 王　标 代　瑞
杨建东 张延杰 季晨光 高新华 郭晓萍 康　伟 李　冬 王　丹 冯希斌 李培忠 陈建利
项　强 郭成龙 于志军 王云波 李建平 陈娅静 曹生彪 蒋振峰 王　晔 刘永活 刘海龙
肖　明 杨永刚 曹　慧 李　冰 史玉章 王福生 白　金 刘树林 姜婷婷 姚　鑫 黄绍东
杨志钢 罗慧妍 徐绍萍 黄　平 崔凌霄 谢　兵 王永录 王掌印 卢喜中 安卫国 李海军
张　军 陈丽萍 赵继承 袁一平 张德文 陈勇军 周　昱 武传平 赵怀师 赵树新 韩丽娟
姚成毅 钟伟雄 刘　勇 谢志忠 仝　明 刘　强 刘晓斌 连建宇 律云杰 龚丽华 蔺春燕
王兴汉 徐　军 潘伟林 田　丰 张颖秋 邢　宏 郭　康 伟晓萍 孙喜平 张　核 王永中
林　兵 依金苏娜

第三节　公司高级专业技术资格人员名单❶

一、正高级工程师

刘石政 王　标 刘国征 张志宏 许　涛 梁行方 孙良成 杨占峰 黄焦宏 江丽萍 许延辉
张　忠 孙晓华 郝先库 宋洪芳 张沛臣 徐绍萍 张忠义 马　莹 李晓丽 吴双霞 马志鸿
谢　兵 陈蓓新 沈雷军 李德辉 金培育 闫慧忠 赵治华 刘金荣 谢丽英 郝　茜 蒿建生
娄树普 杨国胜 郭海涛 尹祖平 刘海旺 张瑞祥 吴文琪 郭咏梅 崔凌霄 琚建勇 刘树峰
王　强 孔繁清 洪　梅 刘思德 陈建利 周　昱 王士智 杜　梅 刘晓杰 刘治平 张翼明

二、高级工程师

王　静 李兴才 闫冰夷 于雅樵 孙奕立 李　红 于志军 张玉玺 范明洋 李　冬 刘　跃
洛朝阳 高新华 陈大力 潘伟林 关晓东 李夏艳 王小青 国树山 张宇生 阮　航 杨　志
赵午亮 陈玉龙 马洪军 赵　勇 熊晓柏 苏秀兰 任明洲 聂永强 张大勇（稀土部）
李泽军 黄继民 孟剑夫 常　叔 杨家勇 王其伟 郑天仓 吕卫东 史守华 张志刚 李　冰
李晓春 刘　义 白宝生 陈立东 乔　军 李满才 李瑞宏 王佐成 刘培勋 赵海鹰 黄绍东
张先恒 顾　明 王　荣 孙志刚 封世群 乔丽萍 周晓东 石钱军 高俊梅 胡安娜 秦丽琳
张小琴 韩　莉 张太红 西月茜 李德东 康　伟 陈国华 张　俐 齐广和 于晶雪 朱晓梅
王云飞 李莉萍 樊海涛 戎利军 马逸君 赵志强 武　斌 班　印 王丽霞 刘建军 崔国红
曹生彪 赵小龙 刘翠兰 张桂梅 孔向民 闫治国 王　彦 侯利生 董晓军 鲁富强 高励珍
王晓华 卢俊维 李俊义 银建伟 李培忠 邢全生 廉　华 常忠亮 延　青 熊　玮 贾恩泽
李　洁 贾春明 刘小鱼 解　萍 张志军 徐志广 王利清 周艳新 桑晓云 王　峰 赵　军

❶ 人员罗列顺序按：工程系列（正高级工程师、高级工程师），经济系列（正高级经济师、高级经济师），会计系列（高级会计师），政工系列（高级政工师），翻译系列（副译审）排列，职称相同的以取得时间先后排序。

赵明静　侯复生　李俊平　种法耀　冀丽安　朱　毅　张志远　陈丕生　闫宏伟　陈翠英　陈宏超
孙广杰　李玉梅　张术杰　包香春　白　富　郝宏波　李宝犬　李兆强　胡文鑫　王素梅　杜　娟
邱晓梅　张旭霞　申孟林　王东杰　张立锋　张英德　张光睿　王忠志　王　利　李　金　边永峰
吴风明　王蒙军　吉力强

三、正高级经济师

李金玲　王　臣

四、高级经济师

魏忠勤　郑玉君　代兆丰　王福生　范小林　张日辉　张文骞　王　芳　郭晓萍　蒋振峰　陈秀昆
赵秋菊　刘改珍　周永悦　向　宇　肖　飞　陈　靖　孙　燕　石　岚　张　健　张大勇(证券部)
许立勇　乔　芳　赵瑞霞

五、高级会计师

王　晔　王兴汉　邢　斌　王占成　贺　君　王永中　石文兵　韩丽娟　肖　锐　汪立新　王　波

六、高级政工师

孙鸣凤　兰一平　孙德友　张志坚　侯补玉　曹京亮　杨建然　马　鑫　王　欣　于永江　高　信
常凯旋　张翠英　张庆峰　王亚男　肖　剑　高　巍　梁　文　刘　军　乔慧峰　原素清　孙英刚
王海涛　吴　江　刘　英　包立勇　黄立东　张淑萍　吴华杰　谈包临　苗洪英　闫立彬　郝玉峰
陈建东　桂立君　刘红艳　王春福　刘德华　邢　宏　何艳梅　郑雪飞　张　超　时　炜

七、副译审

王春笋

《北方稀土志》供稿人员

（按姓氏笔画排序）

于泽翔　马　慧　王　冰　王雨潇　卢　龙　叶春雪　史玉章　冯晓兰

朱　毅　朱贵龙　乔丽萍　任旭东　任宇飞　刘　洋　刘　鑫　刘小燕

刘楚楚　刘谨铭　汤闳钦　许立勇　许宗泽　苏若薇　李　麟　李红燕

李建国　李春玲　杨亦然　杨建然　杨慧宇　吴　岚　何小丽　汪占军

沈连荣　张　华　张　核　张　毓　张亚林　张明华　张相良　张翠英

张燕琴　陈　博　陈　璐　陈旦莹　陈旭阳　苗景阳　周晓东　郑静超

孟　浩　赵薇薇　胡　佳　胡云忠　胡亚烈　贺永强　秦俊峰　莎　莉

徐　军　郭　平　郭小敏　陶成克　黄瑞清　龚丽华　常　凤　康　影

董晓军　韩宝荣　靳　晶　槐　迪　鲍永平　廖继红　虢培军　魏　勃

后　记

为了记述北方稀土上市20年的发展历史，2015年6月，公司决定编纂《北方稀土志》，成立了《北方稀土志》编纂委员会，拟定了编纂方案。编委会下设办公室，并组建了编志工作组，具体负责志书组织、编纂工作。2015年10月，《北方稀土志》编纂工作全面启动。2016年秋，由巴彦淖尔市临河区原党史地方志办主任高智常主持《北方稀土志》总纂工作，并于年底顺利完成初审稿。2017年1月，在初审稿基础上，公司进行了系统全面的补充、完善、修改工作。同时，编委会向包头市地方志办公室申报评审请示，选定11位评审专家着手审改志稿。2017年3月29日，包头市地志办主持召开《北方稀土志》评审会，正式成立评审委员会。各位评审专家提出进一步修改、补充和完善的具体意见；评审委员会提出全面的评审意见。会后，全体编辑人员按照评审意见进行逐条责任落实和全面系统的最后修改。4月下旬，由编委会主编、副主编对志稿进行了最后审定。

《北方稀土志》编纂工程如期告竣，得益于多方面的支持、合作。她饱含了公司领导的高度重视，各部门密切配合，全体编志人员坚定的事业信念；她凝聚了北方稀土上市20年发展的光辉结晶，更蕴含了公司历届领导和干部职工对北方稀土做出的贡献。编志人员三年艰辛工作，公司各单位、部门不遗余力紧密配合，最终完成这部文化巨著。在此，编委会谨向关心支持编纂工作的上级单位、公司各级领导、同志们，表示最诚挚的感谢！

本书虽经多次修改，终因编者水平所限，加之时间紧促，经验不足，书中舛漏与误述之处在所难免，为了弥补这些缺憾，特请当期同仁及后人弥补、匡正。

《北方稀土志》编纂委员会

2017年8月